William L. Shirer

DER ZUSAMMENBRUCH FRANKREICHS

Aufstieg und Fall der Dritten Republik

Band 1

Wilhelm Heyne Verlag
München

Titel der amerikanischen Originalausgabe
The Collapse of the Third Republic
Deutsche Übersetzung von Norbert Wölfl, Dr. Karl Abshagen
und Peter de Mendelssohn

Lizenzausgabe mit freundlicher Genehmigung der Droemerschen
Verlagsanstalt Th. Knaur Nachf., München/Zürich

Printed in Germany 1978
Personenlexikon und Bibliographie wurden erarbeitet von Monika Woehlken
Gesamtherstellung: Ebner, Ulm

ISBN 3-453-48040-6

Inhaltsverzeichnis

Vorwort

Dies ist das zweite Buch, in dem ich versuche, aus meiner eigenen Erfahrung und der Fülle geschichtlichen Materials, das nach und nach verfügbar wurde, die Geschicke einer großen europäischen Nation in jenen Jahren nachzuzeichnen, die dann im Zweiten Weltkrieg gipfelten. Im ersten Werk beschrieb ich Aufstieg und Fall des Dritten Reiches; wie es geschehen konnte, daß ein kultiviertes, christliches Volk mitten im zwanzigsten Jahrhundert in die Barbarei zurücksank, freudig seine Freiheiten und die einfachsten Sitten menschlichen Zusammenlebens aufgab und der Grausamkeit, mit der es andere Völker und Rassen behandelte, seltsam gleichgültig gegenüberstand. Diese Aufgabe wurde mir dadurch erleichtert, daß ich eine einmalige Informationsquelle benutzen konnte: die Geheimarchive des Dritten Reiches, die bei Kriegsende den Alliierten in die Hände gefallen waren. Ich glaube, auch meine persönliche Bekanntschaft mit dem Deutschland Hitlers half mir dabei; ich hatte für mehr als die Hälfte seines zwölfjährigen Bestehens in diesem Land gelebt und gearbeitet.

Der Mangel an zeitlichem Abstand, der von allen empfunden wird, die sich die zeitgenössische Geschichte als Arbeitsgebiet gewählt haben, wird – so glaube ich – mehr als ausgeglichen: durch die persönliche Erfahrung dessen, der alles selbst miterlebt hat, durch das Wissen aus erster Hand, das man über die maßgebenden Persönlichkeiten dieser Zeit erwirbt, durch das *Gefühl,* das man für die Eigenart des Landes, die vorherrschende Stimmung, die Gesellschaft, die Institutionen und vor allen Dingen für das Volk in einer Krisenzeit erlangt. Mir scheint, daß die *Geschichte des Peloponnesischen Krieges* nicht darunter leidet, daß Thukydides »den ganzen Krieg miterlebt hat«, wie er uns selbst berichtet, einen Krieg, über den er uns einen unvergessenen Bericht hinterlassen hat. Man muß ihm dafür dankbar sein, daß er seine Beschreibung nicht anderen überlassen hat, die nach ihm folgten.

Ich habe eine ganze Reihe von Jahren in Frankreich gelebt und gearbeitet, und zwar seit 1925, als dieses Land nicht nur die größte Macht auf dem Kontinent Europa darstellte, sondern – für mich zumindest – auch die zivilisierteste und aufgeklärteste Nation war. In den nachfolgenden Jahren beobachtete ich mit zunehmender Besorgnis, wie es mit der Dritten Republik bergab ging, wie ihre Kraft immer mehr von Uneinigkeit und Spaltung, von einer unerklärlichen Blindheit gegenüber der Innen-, Außen- und Militärpolitik, von der Unfähigkeit ihrer führenden Persönlichkeiten, der Korruption innerhalb der Presse und einem Gefühl zunehmender Verwirrung, Hoffnungslosigkeit und zynischer Gleichgültigkeit *(Je m'en foutisme)* im Volke aufgezehrt wurde. Auch wenn ich zu Beginn der dreißiger Jahre an anderer Stelle tätig war, weilte ich während des ganzen Jahrzehnts häufig in Paris und konnte somit aus nächster Nähe die Verschleißerscheinungen beobachten – oder doch zumindest fühlen.

Gleich von Beginn an faßte ich eine Zuneigung zu Land und Leuten und widmete mich voll echter innerer Anteilnahme der Diskussion und dem Studium der französichen Probleme, der Führer, der Politik, des Journalismus, der Literatur. Wie Jefferson und viele andere Amerikaner, die hier gelebt und gearbeitet haben, betrachtete ich Paris allmählich als meine zweite Heimat. Dieses Zugehörigkeitsgefühl hat mich bis heute nicht verlassen. Doch obgleich ich nie versuchte, meine Sympathien und Vorurteile zu verhehlen, war ich schließlich doch Ausländer. Das verlieh eine gewisse Objektivität. Man hielt sich aus dem Parteienkampf heraus und stand den vielen Forderungen der Rechten, der Linken und der Mitte skeptisch gegenüber. Da die extremen Rechten und Linken in den dreißiger Jahren aus gegensätzlichen Gründen das Ende der Dritten Republik anstrebten, fühlte ich mich den linken Sozialisten, den Radikalsozialisten in der Mitte und den gemäßigten Konservativen ein wenig rechts von der Mitte zugetan. Diese repräsentierten die überwiegende Mehrheit der Franzosen, sie bildeten das Bollwerk der Republik, und man hoffte, daß sie es verstehen würden, diese Republik durch dick und dünn zu bewahren.

Natürlich sind der Sturz Frankreichs und der Zusammenbruch der Dritten Republik im Sommer 1940 für die Franzosen ein schmerzliches Thema, das sie lieber vergessen möchten. Nur wenige französische Historiker haben sich bisher darangewagt. René Rémond, Politologe und Historiker, hat 1957 den Mangel an Literatur über die letzten zehn Jahre der Republik beklagt. Nach seinen Worten wichen nicht nur die Historiker, sondern auch die Journalisten, diesem Thema aus, und selbst wissenschaftliche Zeitchriften befaßten sich nur ungern damit. Seitdem wurde ein Anfang gemacht. Jacques Chestenet und Edouard Bonnefous haben ihre vielbändigen Geschichtswerke über die Dritte Republik mit Darstellungen ihrer letzten Jahre und des Endes herausgebracht. Davor schon schrieb E. Beau de Loménie gekonnt über ihren »Tod«, und andere französische Historiker haben sich mit verschiedenen Aspekten befaßt, darunter auch Pierre Renouvin, Maurice Baumont, François Goguel, René Rémond, J.-B. Duroselle und Pierre Dhers.

In keinem anderen Land, nicht einmal in meiner eigenen Heimat, bin ich bei meinen Forschungen auf eine solche Hilfsbereitschaft gestoßen wie in Frankreich; bereitwillig halfen mir Historiker, Redakteure, Bibliothekare und auch einige der führenden Personen des Dramas selbst. Persönlichkeiten aus den ersten drei Bereichen verschafften mir nicht nur neue Erkenntnisse, sie vermittelten mir auch den Zugang zu Material, das mir sonst verschlossen geblieben wäre. Oft stellten sie mir ihre eigenen privaten Informationsquellen zur Verfügung. Paul Reynaud, der Ministerpräsident der letzten hektischen Monate der Republik, beantwortete meine Anfragen mit sehr ausführlichen Briefen und Aktenvermerken und ergänzte dieses Material in langen Unterhaltungen in seiner Wohnung hinter der alten Deputiertenkammer. Edouard Daladier, der in den vier Jahren bis zu seiner Ablösung durch Reynaud ganz zum Schluß entweder Ministerpräsident oder Verteidigungsminister oder auch beides war, unterhielt sich stundenlang mit mir. Dies waren in den letzten Jahren der Republik die beiden politischen Schlüsselfiguren.

Um es gleich zu sagen: Es gab auch Schwierigkeiten. Das Haupthindernis bestand in einem Gesetz, das es verbot, Gelehrten oder anderen Personen vertrauliche Staatsdokumente zugänglich zu machen, bevor sich auf ihnen der Staub von fünfzig Jahren angesammelt hat. Aber selbst nach fünfzig Jahren zeigt sich die französische Regierung noch zurückhaltend. So erklärte mir beispielsweise M. de la Fournière, technischer Berater des Armeeministeriums, schriftlich, daß die Archive der Historischen Abteilung der Armee »leider« Forschern nicht zur Verfügung stünden, »nicht einmal«, so fügte er hinzu, »den Generälen der französischen Armee« – jedenfalls nicht für den Zeitraum nach 1900. Das französische Außenministerium übersandte mir freundlicherweise die Abschrift einer Verordnung, nach der für den Gebrauch der Gelehrten gewisse *dossiers* »bis zum Jahre 1815«, andere »bis 1849«, wieder andere »bis 1896« freigegeben wurden. Vor dem zwanzigsten Jahrhundert schien man allgemein zurückzuschrecken. In jüngster Zeit hat das Außenministerium jedoch mit der Veröffentlichung seiner vertraulichen Dokumente aus den dreißiger Jahren begonnen. Ein Handikap stellte der Verlust vieler Originalunterlagen dar, die am 16. Mai 1940 im Hof des Quai d'Orsay in einem Augenblick der Panik verbrannt wurden, als den verängstigten Beamten das Herannahen deutscher Panzer und Soldaten gemeldet wurde. Winston Churchill gehörte zu den Persönlichkeiten, die das Freudenfeuer aus einem Fenster im zweiten Stock beobachteten.

André Chamson, Direktor des Nationalarchivs, drückte schriftlich sein »tiefstes Bedauern« darüber aus, daß er mir die Gerichtsakten Riom, die ich erbeten hatte, nicht zur Verfügung stellen könne. Er fügte hinzu: »Aber wir müssen sehr strikt den Grundsatz der fünfzig Jahre einhalten, insbesondere hinsichtlich der Unterlagen, die den vergangenen Krieg und die Besetzung betreffen.« Chamsons Bedauern ist ehrlich gemeint. Als angesehener Schriftsteller und Mitglied der Académie Française hat er Verständnis für die Sorgen eines Autors. In diesem Falle vertrat er leider nicht das Gesetz. Selbst der berühmte Professor Pierre Renouvin von der Sorbonne, nach dem Krieg selbst verantwortlich für die Veröffentlichung der geheimen Staatsakten, klagte 1958 darüber, daß »die französischen Archive immer noch nicht zugänglich sind, nicht einmal bevorzugten Forschern«. Und Reynaud wie auch Daladier beklagten sich mir gegenüber, daß man ihnen sogar den Zugang zu ihren eigenen Staatsakten, die während ihrer Amtszeit angelegt worden waren, verwehrte; Reynaud muß allerdings den größten Teil davon mitgenommen haben, da sie häufig in seinen veröffentlichten Memoiren auftauchen.

Französische Historiker hat das berühmte – oder, wie sie sagen, berüchtigte – *loi de cinquante ans* schier zur Verzweiflung gebracht. Dennoch stellte ich – genau wie sie – schließlich fest, daß man an die meisten vertraulichen Unterlagen doch herangelangen konnte, ohne gegen das Gesetz zu verstoßen. Zunächst haben die politischen Führer und Generäle, insbesondere die letzteren, diese Unterlagen entweder in ihren Memoiren oder in ihren Aussagen bei Nachkriegsprozessen gegen Kollaborateure aufgedeckt, beonders in den Prozessen gegen Pétain und Laval, aber auch bei den erschöpfenden Befragungen durch den Parlamentarischen Untersuchungsausschuß, der von der Nationalversammlung den Auftrag erhalten hatte, »die Ereignisse in Frankreich von 1933 bis 1945« zu durchleuchten. Dieser Ausschuß hörte sich fünf Jahr lang, von 1945 bis 1950, Zeugenaussagen an und sammelte Dokumente. Es war ein recht alltäglicher Anblick, daß frühere Kabinettsmitglieder, Diplomaten, Generäle und Admirale bei dieser Gelegenheit mit dickbäuchigen Aktenmappen auftraten, denen sie dann zum Beweis ihrer Unschuld Geheimdokumente entnahmen, die sie für sich behalten hatten. Der Parlamentarische Untersuchungsausschuß veröffentlichte mehrere hundert entscheidende Dokumente; viele stammten von den Befragten, andere wurden einer widerstrebenden Regierung entlockt. Die neunbändige Veröffentlichung des Ausschusses mit den Aussagen fast aller Hauptpersonen aus den letzten Jahren der Republik, die durchweg einem peinlichen Kreuzverhör unterworfen worden waren, stellt umfangreiches Material aus erster Hand dar.

Mehr noch: Bevor ich meine Studien in Paris in den späten sechziger Jahren abgeschlossen hatte, war das Material so umfangreich geworden, daß es einige Zeit dauerte, bis ich mich durch die Berge von Dokumenten und Aussagen hindurchgearbeitet hatte.

Die sogenannten »Wilhelmstraße-Dokumente«, herausgegeben vom deutschen Auswärtigen Amt im Jahre 1941, umfassen die Ereignisse in Frankreich vom 29. Mai 1939 bis zum 3. Juni 1940 und sind von beträchtlichem Wert. Sie bestanden aus einer Auswahl von Geheimakten des französischen Außenministeriums, verteilt in 1800 Kartons (anscheinend dem gesamten nicht verbrannten Rest), und 30 Kartons vertraulicher Militärakten, darunter vielen Papieren von General Gamelin, dem Oberkommandierenden der französischen Armeen von 1939–1940. Deutsche Soldaten hatten die Kartons im Juni 1940 in einem französischen Eisenbahnzug entdeckt, der nach einem Bombenangriff in einem Dorf an der Loire steckengeblieben war*. Um der Veröffentlichung unter dem Titel »Die Geheimdokumente des französischen Oberkommandos« Authentizität zu verleihen, brachte das Auswärtige Amt in diesem Werk die Originale im Faksimile.

Es wäre unmöglich gewesen, die Schlacht um Frankreich zu beschreiben, wenn man dazu nicht die geheimen Befehle und Berichte des französischen Oberkommandos und der kommandierenden Frontgeneräle in Händen gehabt hätte. (Die entsprechenden deutschen Dokumente besitzen wir bereits aus den erbeuteten Unterlagen.) Trotz der gesetzlichen Einschränkungen wurden die meisten davon inzwischen zugänglich gemacht, und zwar durch die Veröffentlichungen von Oberst Pierre Lyet, einem halboffiziellen Militärhistoriker. Sie erschienen sowohl in seinem Buch über den Krieg als auch in Artikeln der von ihm herausgegebenen Zeitschrift *Revue Historique de l'Armée.* Andere Offiziere, darunter auch einige aus dem Service Historique de l'Armée, haben unter der Federführung des freundlichen und gelehrten Generals de Cossé-Brissac in dieser Publikation und auch in der unschätzbaren *Revue d'Histoire de la Deuxième Guerre Mondiale* weitere Befehle, Meldungen und Entscheidungen enthüllt. Umfangreiches Material findet man in den dreibändigen Memoiren von General Gamelin und in den Memoiren seines Nachfolgers, General Weygand. Viel hat auch General Roton, Stabschef bei General Georges, der eigentliche Kommandeur der Kampfhandlungen, in seinem veröffentlichten Tagebuch hinzugefügt. Dieses Material ist zwar nicht annähernd so vollständig wie die nach dem von Frankreich siegreich beendeten Ersten Weltkrieg veröffentlichten Militärunterlagen, zu denen auch zwei Bände Befehle und Meldungen gehören, aber es reicht doch aus, ein genaues Bild der Ereignisse und insbesondere der Fehler zu zeichnen.

Die Memoiren, Aufzeichnungen und Tagebücher Prominenter aus Regierung, Parlament, Armee und Diplomatie, von denen es seit dem Ende des letzten Weltkriegs eine wahre Sturzflut gegeben hat, besitzen nach meiner Meinung einen Wert, der weit über die normale Bedeutung solcher Quellen hinausgeht. Trotz der üblichen Vorbehalte gegenüber besonderen Anliegen der Autoren (die bei Gamelin, Weygand, Paul Baudouin und Georges Bonnet manchmal erschütternd sind), werden wir hier nicht nur aus erster Hand über das informiert, was tatsächlich gesagt und getan – und manchmal auch an Ränken

* Am 14. April 1945 wurden sie von den Amerikanern in Thüringen zurückerobert und vierzehn Tage später nach Paris überführt. Dort liegen sie seitdem unter Schloß und Riegel.

geschmiedet – wurde, sondern diese Werke bieten auch eine Fülle von Texten von Geheimdokumenten, die anderweitig nicht zu beschaffen wären. Ihre Richtigkeit läßt sich nicht nur anhand rivalisierender französischer Autoren überprüfen, sondern auch durch einen Vergleich mit den vertraulichen Meldungen und Memoranden der Briten, Deutschen und Amerikaner über ihren Umgang mit den Franzosen. Diese Dokumente sind jetzt größtenteils verfügbar.

Alles in allem bin ich zu dem Schluß gelangt, daß wir jetzt trotz des »Gesetzes der fünfzig Jahre« auf dem einen oder anderen Wege so gut wie alle wesentlichen Dokumente über die letzten Jahre der Republik und ihren Zusammenbruch im Juli 1940 erreichen können.

Wie schon bei meinem Buch über das Dritte Reich schien es mir erforderlich, in der Geschichte ein Stück zurückzugreifen. Besonders wichtig empfand ich das bei der Darstellung vom Ende der Dritten Republik. Ich habe nicht versucht, eine Geschichte dieser Dritten Republik zu schreiben. Das würde mehrere Bände in Anspruch nehmen. Aber es war erforderlich, etwas tiefer zu schürfen, wenn man nicht nur begreifen wollte, was bei ihrem Untergang verlorenging, sondern auch, wie und warum dieser Sturz sich vorbereitete. Eine große Nation bricht auch dann, wenn ihr das schlimmste Unglück widerfährt, nicht plötzlich aus heiterem Himmel zusammen. Der Keim zum Untergang wird lange vorher gelegt. Die Spuren, die schließlich zur Katastrophe führen, lassen sich nachzeichnen. Das gilt ganz besonders für die Dritte Republik. Man kann beobachten, wie der Keim schon im neunzehnten Jahrhundert gelegt wurde; es ist nicht schwer, die Spur aufzunehmen und sie zurückzuverfolgen.

Es stimmt schon, daß der Sturz Frankreichs das Ergebnis einer Schlacht war, die im Frühjahr und Sommer 1940 sechs Wochen lang tobte. Aber bereits Montesquieu bemerkte: »Wenn der Ausgang einer einzigen Schlacht, also eine spezielle Ursache, einen Staat ruiniert, dann gab es eine allgemeine Ursache dafür, daß dieser Staat an einer einzigen Schlacht zugrunde gehen mußte.« Doch nur ein Vierteljahrhundert zuvor war die Dritte Republik stark genug gewesen, waren Regierung, Armee, Volk und Institutionen standhaft genug, eine ganze Folge blutiger und verheerender Schlachten zu überstehen. In den nachfolgenden fünfundzwanzig Jahren ereignete sich etwas, das diese Kraft und Standhaftigkeit aushöhlte, so daß die Republik bei der ersten Belastung versagte und dahinschied. Mit diesem Thema befaßt sich der größte Teil dieses Buchs.

Ich habe bewußt vermieden, aus diesem Bericht Lektionen für diejenigen abzuleiten, die heute in den Demokratien der westlichen Welt leben oder sie lenken. Dem Leser wird es jedoch, so meine ich, nicht schwerfallen, seine eigenen Schlüsse zu ziehen. Die Geschichte muß für sich selbst sprechen. Ein Historiker muß schon zufrieden sein, wenn es ihm gelingt, ein wenig Licht auf die Sache zu werfen. So hat der französische Dichter und Diplomat Paul Claudel einmal gesagt: »Es genügt nicht, die Vergangenheit zu kennen. Man muß sie auch begreifen.« Daraus leitet sich die Lektion ab, die zu lernen wäre.

Wo ist Frankreich? Was wurde aus Frankreich?
GEORGES CLEMENCEAU zur Zeit der Dreyfus-Affäre

Welcher Art der endgültige Triumph auch immer sein mag, es wird viele Jahre dauern, bis der Schandfleck von 1940 getilgt ist . . . Es war der schrecklichste Zusammenbruch in der ganzen langen Geschichte unserer nationalen Existenz.
MARC BLOCH vor seiner Hinrichtung durch die Deutschen im Jahre 1944

Die Generation, zu der ich gehöre, hat versagt.
L ´EON BLUM

1914 war der Generalstab auf den Krieg von 1870 vorbereitet und 1940 auf den von 1914.
GUY LA CHAMBRE, Luftfahrtminister 1938–1940

Für uns ist die Geschichte zu einer Art von ständigem Bürgerkrieg geworden. Sie lehrt uns, einander zu hassen.
FUSTEL DE COULANGES

Wir waren an jenen letzten Tagen angelangt, als wir sowohl unsere Sünden als auch die Mittel dagegen nicht länger zu ertragen vermochten.
TITUS LIVIUS über den Niedergang Roms

Wenn es in einer Republik verschiedene Fraktionen gibt, so ist die schwächste Partei nicht mehr benachteiligt als die stärkste, sondern die Republik ist es, die benachteiligt ist. Wenn der Ausgang einer einzigen Schlacht, also eine spezielle Ursache, einen Staat ruiniert, dann gab es eine allgemeine Ursache dafür, daß dieser Staat an einer einzigen Schlacht zugrunde gehen mußte.
MONTESQUIEU (Grandeur et Décadence des Romains, Ch. XVIII)

Jenes feige Nachgeben aber rettet dich nicht vom Untergange, sondern es gibt dir nur eine kurze Frist schmählicher und ehrloser Existenz . . .
FICHTE nach Jena

Es genügt nicht, die Vergangenheit zu kennen. Man muß sie auch begreifen.
PAUL CLAUDEL

Prolog

1 Debakel
Sommer 1940

Der Zusammenbruch der Dritten Republik in Frankreich in den lauen Tagen des Mai, Juni und Juli 1940 war ein furchterweckendes Schauspiel.

Dieser Frühling und Frühsommer brachte ein schöneres Wetter, als es irgend jemand in Frankreich seit dem Ende des vorigen Krieges erlebt hatte. Innerhalb von sechs Wochen erlitt diese alte parlamentarische Demokratie, das zweitgrößte Imperium der Welt, eine von Europas führenden Großmächten und vielleicht die zivilisierteste, ein Land, das angeblich über eine der besten Armeen der Welt verfügte, eine totale militärische Niederlage. Die Bürger, Erben einer langen und ruhmreichen Geschichte, waren wie benommen und völlig demoralisiert.

Noch bevor sie ihre Fassung wiedererlangten, machte ein vierundachtzigjähriger seniler Marschall, ein legendärer Held des Ersten Weltkriegs, unterstützt und sogar noch angespornt von einer Handvoll geschlagener Generäle und defätistischer Politiker, das Debakel vollkommen, indem er Mitte Juli mit Zustimmung eines verschreckten Parlaments die Dritte Republik und ihre demokratischen Grundsätze über Bord warf und sie durch eine faschistische Diktatur ersetzte, die sich bemühte, das totalitäre Regime der deutschen Eroberer in vielfältiger – wenn auch nicht in jeder – Hinsicht nachzuäffen.

Auf diesem Wege hofften diese Franzosen nicht nur die bitteren Folgen der Niederlage zu mildern, sondern auch die eingestandenermaßen unvollkommene Demokratie auszulöschen. Diese Demokratie hatte sie zwar mit Ehren und Gunstbeweisen überhäuft und ihnen sowohl hinsichtlich ihrer Karriere als auch ihres Privatlebens großartige Chancen geboten – ganz abgesehen von den zumeist auch wohlgefüllten Brieftaschen; sie hatten sie trotzdem schon seit langem verachtet, und jetzt, im Elend, wurde diese geschmähte Demokratie für die schreckliche Niederlage verantwortlich gemacht.

Das zwanzigste Jahrhundert war zwar übersät von den Wracks so mancher gestrandeter, einstmals mächtiger Reiche, aber eine so plötzliche und verheerende Katastrophe hatte es bis dahin noch nicht erlebt. Um eine auch nur annähernde Parallele zu entdecken, mußte man schon ins vorige Jahrhundert zurückgreifen. 1806 hatte das Frankreich Napoleons I. Preußen rasch in die Knie gezwungen. 1870 war das Frankreich Napoleons III. in zweiundvierzig Tagen von Preußen zermalmt worden. Aber im Ersten Weltkrieg hatte sich Frankreich mit der Unterstützung der Alliierten nicht nur vier Jahre lang gegen den Ansturm des Erbfeindes behauptet, sondern es war 1918 auch noch siegreich aus der Auseinandersetzung hervorgegangen. Kein Wunder, daß die rasche Vernichtung Frankreichs durch Hitler-Deutschland im Juni 1940 nicht nur für Sieger und Besiegte wie ein Schlag vor den Kopf war, sondern auch für die meisten anderen, die den Verlauf der Schlacht von nah und fern verfolgt hatten. Verstandesmäßig schien dieser Vorgang nicht mehr erfaßbar zu sein.

»Es war der schrecklichste Zusammenbruch in der ganzen langen Geschichte unserer nationalen Existenz«, erklärte ein französischer Historiker* traurig[1]. Für den katholischen Philosophen Jacques Maritain war es eine »noch nie dagewesene Demütigung einer großen Nation«[2].

In Paris, der eroberten Hauptstadt, notierte ich am 17. Juni in meinem Tagebuch[3]: »Ich habe das Gefühl, daß das, was wir hier erleben, der völlige Zusammenbruch der französischen Gesellschaft ist – ein Kollaps von Armee, Regierung und Volksmoral, so verheerend, daß man es fast nicht glauben möchte**.«

Wie, so fragte ich mich, war es dazu gekommen? Wie war das überhaupt möglich? Worin bestanden die schrecklichen Schwächen, die Mängel, die Blindheit, die Fallstricke, die dieses begabte Volk in eine so jammervolle Tiefe gestürzt hatten? Ich versuchte mich zu erinnern, daß schon manchmal im Verlauf der Geschichte eine Nation nicht so sehr aufgrund er eigenen Fehler, sondern vielmehr wegen der unerwartet gewaltigen Kraft der angreifenden Nation untergegangen war. War dies hier nichts weiter als das neueste Beispiel dafür? Von Berlin aus hatte ich jahrelang Deutschlands phänomenalen Aufstieg zu einer gewaltigen Militärmacht beobachtet; die schlummernden Demokratien des Westens versuchten kaum, dem etwas Gleichwertiges entgegenzustellen. Ich hatte auch aus nächster Nähe Hitlers zynische, aber erstaunlich erfolgreiche Diplomatie verfolgt, die den Westen so spielend überlistet und den Weg für eine rasche militärische Eroberung nach der anderen geebnet hatte. Trotz alledem war das

* Es handelte sich um Professor Marc Bloch von der Pariser Universität. Der Jude und Widerstandskämpfer Bloch wurde von der Gestapo verhaftet, barbarisch gefoltert und am 16. Juni 1944, wenige Wochen vor der Befreiung, in Frankreich erschossen.

**Drei Wochen zuvor, am 26. Mai, hatte der französische Innenminister Georges Mandel gegenüber General Edward L. Spears in Paris erklärt: »Es ist kein Kampfeswille vorhanden . . . Die ganze französische Nation ist zusammengebrochen[4].« Mandel, ebenfalls Jude, wurde später unter Beihilfe der Nazis von der faschistischen Miliz Frankreichs ermordet.

französische Debakel, in das ich nun hineingeraten war, völlig unverständlich. Nicht einmal die deutschen Generäle, mit denen ich in Berlin gesprochen hatte, hatten es erwartet. Sie kannten zwar einige der Schwächen der französischen Armee und hatten auch ihre Planung darauf ausgerichtet, doch sie hatten andererseits auch einen heilsamen Respekt vor dieser Armee, teils aus eigener Erfahrung im Krieg der Jahre 1914–1918, teils aus ihrer Kenntnis der Geschichte bis zurück zu den Napoleonischen Kriegen.

Um die Mittagszeit des 17. Juni 1940 war ich im Gefolge der rasch vorstoßenden deutschen Armee nach Paris gekommen. Als Neutraler war ich akkreditierter Korrespondent bei dieser Armee, da Amerika zu diesem Zeitpunkt noch nicht durch die Japaner und durch Hitler in den Krieg hineingezogen worden war. Es war einer jener wunderschönen Junitage, strahlend schön und sonnig und trotz des wolkenlosen Himmels nicht zu heiß, ein Tag, wie er das Leben in dieser alten und schönen Metropole oft so märchenhaft erscheinen läßt. Ich hatte zwischen den beiden Weltkriegen einige Jahre lang hier gelebt und gearbeitet, bevor ich in andere europäische Hauptstädte und schließlich nach Berlin gelangte. Aber auch dann verging kein Jahr, in dem ich nicht mit irgendeinem Auftrag oder unter einem Vorwand wieder nach Paris reiste. So konnte ich – bis zu einem gewissen Grad – aus nächster Nähe die Schwierigkeiten eines Landes verfolgen, das meine zweite geistige Heimat geworden war*.

An diesem Junitag sah man auf den sonst so betriebsamen Straßen keinen einzigen Franzosen. Auf den Bürgersteigen begegnete man kaum Menschen, höchstens einmal einer Gruppe dahinschlendernder deutscher Soldaten in den feldgrauen Uniformen, die wie Touristen die berühmten Wahrzeichen der Stadt bestaunten. Die Läden waren geschlossen, die eisernen Rollgitter vor den Schaufenstern herabgelassen, die Rouleaus der Fenster in den Wohngebieten geschlossen, wie man sie sonst nur im August antraf, wenn die Hälfte aller Pariser die Stadt verließ und irgendwo am Meer oder auf dem Lande ihre Ferien verbrachte.

Nun waren die meisten Einwohner geflohen. Nach polizeilichen Schätzungen hielten sich am 14. Juni, dem Tag des deutschen Einmarsches, von den fünf Millionen Einwohnern nur rund 700000 in der Stadt auf[5]. Zwei Tage zuvor, als eine gewaltige Rauchwolke von den brennenden Öltanks in den Vororten über der fast verlassenen Stadt hing, konnte man eine ausgebrochene Rinderherde von einer der Milchfarmen in Auteuil auf dem Place de l'Alma mitten in Paris umherlaufen sehen, fast schon im Schatten des Eiffelturms drüben auf dem anderen Seineufer[6].

* Thomas Jefferson schrieb einmal: »Frankreich ist jedermanns zweite Heimat.«

Jetzt, in der dritten Juniwoche, zog ein mehrere hundert Meilen langer Treck von mehr als acht Millionen verängstigter Flüchtlinge über die Straßen südlich von Paris, zwischen der Seine und der Loire und noch weiter südlich. Noch vor der Massenflucht der Pariser beim Herannahen der Deutschen hatten sechs Millionen andere, darunter auch zwei Millionen Belgier, Heim und Hof im Norden und Nordosten verlassen und waren mit den verschiedensten Fahrzeugen südwärts gezogen, um nicht dem Feind in die Hände zu fallen. Viele von ihnen hatten bereits im Ersten Weltkrieg die deutsche Besatzung erlebt und waren entschlossen, sich und ihren Kindern diesmal dieses Schicksal zu ersparen. Da beinahe alle Straßen in Frankreich nach Paris führen, waren viele dieser Flüchtlinge in der zweiten Maihälfte durch Paris gekommen, eine beträchtliche Anzahl davon verhältnismäßig bequem in überfüllten Eisenbahnzügen. Der Durchzug verlief geordnet, und manche waren in der Stadt geblieben, in der Annahme, daß Paris, wie schon 1914, gehalten würde. Ihre Ankunft verstärkte jedoch die Unruhe unter den Parisern, die in Ermangelung zuverlässiger Nachrichten von seiten der Regierung und der Heeresleitung über die zusammenbrechende Front auf Gerüchte angewiesen waren und allmählich das Schlimmste befürchteten.

Gegen Ende der ersten Woche der Schlacht hatte es eine böse Überraschung gegeben, als am 15. Mai bekannt wurde, daß die Deutschen an den Maasübergängen bei Sedan und nördlich davon durchgebrochen waren. Der Fall dieser Unglücksstadt hatte 1870 Frankreichs Schicksal besiegelt. Das Oberkommando hatte daraufhin die völlig überraschte Regierung davon in Kenntnis gesetzt, daß nichts mehr die feindlichen Armeen daran hindern konnte, Paris innerhalb von vierundzwanzig Stunden zu erreichen.

Ministerpräsident Paul Reynaud hatte dem neuen britischen Premierminister Winston Churchill ein eindringliches Telegramm gesandt: »Vergangene Nacht haben wir die Schlacht verloren. Der Weg nach Paris liegt nun offen[7].«

Von Panik gepackt, hatten hohe Beamte des französischen Außenministeriums damit begonnen, geheime Staatsakten aus den Fenstern in die Feuer zu werfen, die unten im Hof loderten. Der Rauch war die Seine hinauf zur nahe gelegenen Deputiertenkammer gezogen und hatte die Abgeordneten darauf hingewiesen, daß es höchste Zeit wurde, an die eigene Flucht zu denken. Es sprach sich in Paris herum, und viele Bürger reisten überstürzt ab. Doch die deutschen Panzerkolonnen waren an Paris vorbeigerollt. Sie waren ungehindert nach Westen in Richtung auf den Kanal vorgestoßen und hatten die Elite der französischen Armee, das gesamte belgische Heer und neun der zehn Divisionen der britischen Expeditionsstreitmacht in Flandern abgeriegelt. Das bedeutete eine Atempause für Paris.

Am Sonntag, dem 19. Mai, einen Tag nachdem der vierundachtzigjährige Marschall Henri Philippe Pétain, der Held von Verdun, als Stellvertretender Ministerpräsident in die Regierung eingetreten war, versammelten sich die Mitglieder von Regierung und Parlament, angeführt vom Präsidenten der Republik und vom Ministerpräsidenten, in der Kathedrale von Notre-Dame zum Gebet um die Errettung durch ein Wunder. Genau an diesem Tag löste der dreiundsiebzigjährige General Maxime Weygand, Fochs Adjutant im Ersten Weltkrieg, den schwankenden Generalissimus Maurice Gamelin als Oberkommandierender ab. Der Achtundsechzigjährige war einst Joffres Adjutant gewesen*. Zweifellos dachten sie an das »Wunder« an der Marne, als die heranstürmenden Deutschen im zweiten Monat der Schlacht von 1914 vor Paris aufgehalten wurden. Damals bedeutete dieser Erfolg eine Wende des Krieges. Doch jetzt, gerade am zehnten Tag des Krieges, gab es keinen Joffre, keinen Foch und keinen Galliéni, der die französische Armee hätte führen und mitreißen können. Ihre Nachfolger Gamelin, Weygand und Georges waren aus einem anderen Holz geschnitzt.

Die vom Kardinal-Erzbischof von Paris angeführten Gebete wurden nicht erhört. Am 28. Mai kapitulierte die belgische Armee bedingungslos. Die Deutschen rieben erst die umzingelten französischen Streitkräfte auf, soweit sie nicht zusammen mit den Briten von Dünkirchen aus über den Kanal entweichen konnten oder wollten, und nahmen am 5. Juni ihre Offensive an Somme und Aisne wieder auf. Die französischen Verteidiger waren nun im Verhältnis zwei zu eins unterlegen und wurden nur noch von einer britischen Division unterstützt; sie wichen rasch zurück. Am 9. Juni war der Feind so nahe an Paris herangerückt, daß die französische Regierung beschloß, am nächsten Abend abzureisen. Als die Pariser von der Flucht ihrer Regierung hörten, flohen sie auch.

Zwischen dem 9. und 13. Juni, dem Tag, an dem die Deutschen vor den Toren der Stadt erschienen, brachen zwei Millionen Pariser – Männer, Frauen und Kinder – in panischer Hast nach Süden auf. Sie packten nur wenige Habseligkeiten auf die Dächer ihrer Kleinautos, auf die Gepäckträger von Motorrädern und Fahrrädern, in Kinderwagen, Handkarren und viele andere Gebilde auf Rädern, die sie gerade erwischen konnten. Viele von ihnen flohen zu Fuß**. Sie hatten

* »Ein herrlicher Tag . . . Nichts konnte die Schönheit der blühenden Kastanien, den strahlenden Glanz von Bois, Champs Élysées und Seine beeinträchtigen«, erinnert sich Vincent Sheean, ein amerikanischer Korrespondent und Schriftsteller. Doch als er vor der Kathedrale den Auszug der Würdenträger beobachtete, fiel ihm die »leere, höfliche Gleichgültigkeit in den Gesichtern, die sich ihnen aus der Menge zuwandten« auf.[8].

** Zehntausende, die sich in den Pariser Bahnhöfen wie die Sardinen drängten, konnten in Zügen entkommen. Zwischen dem 8. und 13. Juni verließen 198 Personenzüge, 87 Frachtzüge und 37 Postzüge, alle mit Männern, Frauen und Kindern vollgestopft, die Bahnhöfe der Stadt in Richtung Südwesten. In dem Debakel war die französische Eisenbahn anscheinend die bei weitem am besten funktionierende Organisation im ganzen Land. Sie hatte daneben noch den größten Teil der Truppentransporte zu bewältigen[9].

keine Ahnung, wohin es ging. Sie wollten nur nicht den Deutschen in die Hände fallen, die unter Hitlers barbarischem Regime angeblich noch grausamer vorgehen sollten, als zur Zeit Kaiser Wilhelms II., als sie 1914 bei der Überrennung Belgiens und Nordfrankreichs viele Geiseln erschossen*.

Für die vielen plötzlich in Bewegung geratenen Millionen war weder für Essen und Trinken noch für Unterkunft gesorgt. Die Behörden hatten nicht mit einem so gewaltigen und mitleiderregenden Exodus gerechnet. Wenn diese verzweifelten Menschen nachts rasteten, schliefen sie in ihren Wagen oder unter freiem Himmel. Tagsüber organisierten sie Eßwaren, wo immer welche aufzutreiben waren, manchmal auch durch Diebstahl. Die Städte und Dörfer, durch die sich der Zug auf den verstopften Straßen mühsam vorwärtsschob, waren zumeist von den eigenen Bewohnern schon verlassen worden; diese hatten sich in einer Art von Kettenreaktion den ersten auftauchenden Flüchtlingstrecks angeschlossen. Somit waren Lebensmittelgeschäfte und Bäckereien geschlossen, die Regale leer. Einige Bauern entlang des Fluchtwegs verteilten Nahrungsmittel und Wasser, häufig zu wahren Wucherpreisen, aber das war nur ein Tropfen auf den heißen Stein**.

Wir in Paris erfuhren durch zurückkehrende Korrespondenten von diesem verängstigten, führerlosen Menschenhaufen auf der Flucht nach Süden. Die Straßen waren so verstopft, daß man, selbst wenn der Treibstoff reichte und die überhitzten Motoren sich weiterdrehten, von Glück sagen konnte, wenn man an einem Vierundzwanzigstundentag vierzig bis fünfzig Kilometer zurücklegte. Die Autos waren mit Familienangehörigen vollgestopft, die Wagendächer mit festgezurrtem Gepäck überladen, darüber noch eine Matratze, von der man hoffte, daß sie irgendwie gegen Bomben von oben schützen sollte. Die deutsche Luftwaffe, die zunächst unter den französischen Truppen Angst und Schrecken verbreitet hatte, bombardierte jetzt nämlich Zivilflüchtlinge, insbesondere Menschenansammlungen, die sich vor Brückenauffahrten und Kreuzungen stauten. Diese wären militärische Ziele gewesen, wenn sie von französischen Soldaten verteidigt worden wären. Seit einer Woche gesellten sich zu den deutschen Fliegern auch noch die Italiener, von denen die entsetzten Flüchtlinge den Eindruck hatten, daß sie die Deutschen bei ihren Angriffen noch übertrafen[12].

Am 10. Juni war Italien auf der Seite Deutschlands in den Krieg eingetreten und hatte versucht, den Rest des geschlagenen Frankreichs

* Insgesamt wurden während des Zweiten Weltkriegs von den Deutschen 29 660 französische Geiseln hingerichtet[10].

** In der Nähe von Chartres gab es einen Bauern, der neben seiner Wasserpumpe stand und einer großen Gruppe durstiger Flüchtlinge zurief: »Herbei! Raus mit dem Geld! Ein Glas Wasser zehn Sous, zwei Francs die Flasche[11]!«

zu überfallen*. Eine Woche lang kam die italienische Armee um keinen Schritt voran, und bis zum Ende des Krieges sollte es ihr gegen die Handvoll französischer Soldaten, die die Alpenpässe verteidigten, nicht gelingen, in die Riviera einzubrechen. Aber gegen die sich stauenden Massen verzweifelter Zivilisten auf den Straßen operierten die Italiener aus der Sicherheit des unverteidigten Luftraums heraus erfolgreicher.

Entlang der überfüllten Hauptverbindungsstraßen mischten sich nun auch französische Soldaten unter die Zivilisten. Es war ein verzweifelter Versuch, dem nachstoßenden Feind zu entrinnen. Die meisten dieser Soldaten waren in den Wirren des Rückzugs von ihren Einheiten abgeschnitten worden und hatten ihre Waffen weggeworfen. Sie gingen rasch in den Kolonnen der Flüchtlinge unter. Noch intakte und bewaffnete Einheiten drängten sich in Städten und Dörfern oder an Brückenzugängen und warteten auf Befehle, die nie gegeben wurden. Der Präsident der Republik, Albert Lebrun, am 14. Juni selbst auf der Flucht von Tours nach Bordeaux, bemerkte[13]: »Die Städte und Dörfer sind voller Soldaten, die nichts zu tun haben. Was liegen sie da herum, wenn sie woanders so dringend gebraucht werden?« Ausgerechnet er mußte hinzufügen: »Ein Rätsel!«

Da die Flüchtlinge die Straßen blockierten, behinderten sie nicht nur die Bewegungen jener Truppenteile, die sich dem Ansturm der Deutschen entgegenstemmen wollten, sondern sie hielten auch häufig zurückflutende Einheiten so lange auf, bis sie von Panzerverbänden des Gegners überrannt und gefangengenommen wurden. Der Generalstab der siebten französischen Armee, der sich von der Seine an die Loire zurückzog, klagte: »Durch den Zustrom von Flüchtlingen, die mit ihren Autos und Karren die Straßen verstopfen, ist jede Bewegung fast unmöglich geworden. Die Dörfer und Straßenkreuzungen stellen unglaubliche Engpässe dar[14].«

Am demoralisierendsten für alle Armee-Einheiten, die noch zu kämpfen versuchten, waren jedoch die Bemühungen der Zivilisten, sie von weiterem Widerstand, bei dem ihre Häuser und Läden hätten Schaden nehmen können, abzuhalten. In einem Dorf am Indre löschten die Einwohner die bereits glimmenden Zündschnüre von Sprengladungen, mit denen die Pioniere die dortige Brücke zerstören und damit den Vormarsch der Deutschen behindern wollten. Französische Truppen, die sich bei Poitiers verschanzten, sahen zu ihrem Erstaunen, wie der Bürgermeister mit einer weißen Fahne den Deutschen entgegenfuhr, um die Stadt zu übergeben. Er wußte, daß die Stadtbewohner hinter ihm standen. Sie hatten angedroht, die Barri-

* Das veranlaßte Präsident Franklin Roosevelt, der an jenem Abend in Charlottesville in Virginia eine Rede hielt, zu dem Ausspruch: »An diesem zehnten Juni 1940 hat die Hand, die den Dolch hielt, ihn dem eigenen Nachbarn in den Rücken gestoßen.«

kaden niederzureißen, die vom Militär errichtet worden waren[15]. Die französische Zivilbevölkerung hatte – wie so viele der Soldaten – keine Lust mehr, den erst vor einem Monat ausgebrochenen Kampf noch fortzusetzen.

Vielleicht spielte es jetzt auch keine große Rolle mehr. Die noch verbliebenen französischen Armeen, die versucht hatten, erst Somme und Aisne und dann die Ufer von Seine und Marne zu halten, waren entweder von deutschen Panzerkolonnen zerschlagen worden, oder sie befanden sich auf einem überstürzten Rückzug in Richtung auf die Loire und den Oberlauf der Seine östlich von Paris. Am 11. Juni schätzte General Alphonse Georges, Oberbefehlshaber der zusammenbrechenden Front, daß ihm vom Meer bis an den Beginn der Maginot-Linie insgesamt nur noch rund dreißig Divisionen verblieben waren; eine Woche zuvor waren es noch sechzig gewesen. Die Truppen waren erschöpft von dem Versuch, bei Tage zu kämpfen und sich nachts zurückzuziehen. Am 12. Juni wurde das gewaltige Festungswerk der Maginot-Linie im Osten, das der Feind nicht durchstoßen hatte, auf Befehl von General Weygand aufgegeben. Doch diese Maßnahme erfolgte zu spät. Vier Tage später wurden die 400000 Verteidiger der Grenzfestungen auf dem Rückmarsch von den Deutschen eingekesselt.

Nach der Preisgabe von Paris war das Oberkommando vorübergehend nach Briare an der Loire, einem Ort östlich von Tours, verlegt worden. Dort verbrachte General Weygand, unterstützt von Marschall Pétain, einen guten Teil seiner Zeit damit, daß er die immer katastrophaler klingenden Meldungen von der Front an die Regierung weiterleitete und auf ein Eingeständnis der Niederlage sowie die Beendigung des aussichtslos gewordenen Kampfes drängte.

Bei der Regierung selbst herrschte heillose Verwirrung. Auf dem Herweg von Paris hatten sich die Kabinettsmitglieder und die Reste ihrer Mitarbeiter die ganze Nacht hindurch bemüht, sich auf verstopften Straßen durch die Massen der Flüchtlinge hindurchzuarbeiten. Am Morgen des 11. Juni hatten sie die Loire erreicht und im Umkreis von Tours weit verstreut verschiedene Châteaus bezogen. In jedem der Schlösser gab es nur ein einziges antiquiertes Telefon (zumeist in der Toilette im Erdgeschoß). Keiner der Apparate funktionierte zuverlässig, und man konnte damit auch nur das nächstgelegene Dorf erreichen. Dort beharrte das Telefonpersonal auf seiner zweistündigen Mittagspause und dem pünktlichen Feierabend um 18 Uhr.

So hatten die Minister untereinander kaum Verbindung und überhaupt keinen Kontakt zur Außenwelt. Paul Baudouin, Staatssekretär im Außenministerium und Chef des heimatlosen Außenamtes, verfügte über eine einzige Informationsquelle: ein tragbares Feldradio, das der britische Botschafter in weiser Voraussicht mitgebracht hatte. Als Baudouin am Nachmittag des 11. Juni den Präsidenten der Republik im Château de Cangé aufsuchte, traf er den ersten Mann im Staate »völlig isoliert« an, »ohne Nachricht vom Ministerpräsidenten, ohne Nachricht von der Heeresleitung, deprimiert, niedergeschlagen. Er weiß überhaupt nichts[16].«

Das Parlament, das vielleicht die kopflose Regierung in ihrer Entschlossenheit hätte bestärken können, trotz des Umfalls der Generalität weiterzukämpfen, konnte während einer so überstürzten Flucht nicht einberufen werden. Jedermann wußte, daß der Aufenthalt an der Loire wegen der nachdrängenden Deutschen nur von kurzer Dauer sein würde, aber niemand wußte, wohin die Regierung von hier aus fliehen würde. Am 12. Juni versuchte Reynaud, selbst müde und entmutigt, aber immer noch zum Kampf entschlossen, seine Kollegen zu einer Verlegung der Regierung nach Westen, auf die bretonische Halbinsel, zu überreden; dort hoffte er sich mit britischer Hilfe behaupten zu können. Doch er wurde überstimmt. Bordeaux, wo sich die Regierung 1914 während der Marne-Schlacht schon einmal vorübergehend aufgehalten hatte, erschien den meisten als ein sicherer Zufluchtsort. General Weygand selbst hatte die Regierung aufgefordert, auf das Risiko der Gefangennahme hin in Paris zu bleiben. Das veranlaßte Präsident Lebrun zu der Feststellung, der General müsse »verrückt geworden sein«[17].

Dem ausländischen Beobachter erschienen sie alle ein bißchen verrückt, diese Führer von Regierung und Armee, die an der Loire hin und her fuhren und sich darüber stritten, was als nächstes zu tun sei. General Sir Edward L. Spears, Churchills Verbindungsoffizier zu Reynaud, nannte es ein »Irrenhaus«. Er war sehr aufgebracht, als er am Morgen des 13. Juni zu einem Besuch beim Ministerpräsidenten im Château de Chissay erschien.

Auf dem Hof erblickte ich zu meinem größten Erstaunen Madame de Portes in einem Morgenmantel über einem roten Pyjama. Sie stand auf der Treppe zum Haupteingang und regelte den Verkehr. Mit lauten Rufen wies sie die Fahrer an, wo sie zu parken hätten[18].

Gräfin Hélène de Portes, Reynauds Mätresse, übte, wie man wußte, einen ebenso eigenartigen wie beachtlichen Einfluß auf den Ministerpräsidenten aus. Der empörte britische General spürte jetzt, daß sie diesen Einfluß weidlich ausnutzte. Sie hatte sich mit Pétain, Weygand, Baudouin und anderen Defätisten verbündet und bedrängte ihn, für Frankreich den Krieg zu beenden.

Bis vor wenigen Tagen hatte eine andere adelige Dame sehr im Vordergrund gestanden, nämlich die Marquise de Crussol, Edouard Daladiers Mätresse. Die beiden Damen waren ebenso erbitterte Rivalen wie ihre erlauchten Geliebten. Mit ihrem brennenden Ehrgeiz im Interesse des jeweiligen Freundes hatten sie noch zur Intrige, Verwirrung – und Unsicherheit – in der französischen Politik mit beigetragen. Aber Daladier, zehn Jahre lang eines der politischen Bollwerke der Dritten Republik und bei Kriegsbeginn Ministerpräsident und Verteidigungsminister Frankreichs, hatte seine Macht eingebüßt, als ihn Reynaud, der am 21. März sein Nachfolger als Ministerpräsident wurde, schließlich am 5. Juni, auf dem Höhepunkt des Debakels, ganz aus der Regierung entfernte. Was die weibliche Hauptrolle betraf, hatte die Gräfin de Portes nun die Bühne für sich allein. Sie flatterte hin und her, sie wütete, tobte, weinte und intrigierte, um den Mann, den sie angeblich liebte und für den sie solchen Ehrgeiz an den Tag legte, zu einer Handlungsweise zu veranlassen, die er offensichtlich entschieden ablehnte.

An jenem 14. Juni, als die deutsche Armee in Paris einrückte, floh die französische Regierung von ihrer Zwischenstation an der Loire nach Bordeaux in der südwestlichen Ecke Frankreichs. Das Ende nahte. Am späten Abend trafen die Kabinettsmitglieder, nachdem sie sich qualvoll durch die von ungezählten Flüchtlingen und Soldaten hervorgerufenen Verkehrsstauungen hindurchgekämpft hatten, erschöpft und demoralisiert in der Hafenstadt ein. General Spears, der Reynaud um Mitternacht besuchte, fand ihn »ausgepumpt . . . ohne Hoffnung und unentschlossen«[19].

General Weygand, der Oberkommandierende, reiste in seinem Sonderzug bequemer nach Bordeaux. Er traf am folgenden Nachmittag frisch ausgeruht ein, bereit, dem Ministerpräsidenten entgegenzutreten. Doch so erschöpft und deprimiert dieser auch war, er weigerte sich immer noch hartnäckig, aufzugeben. Der General war davon überzeugt, daß ein weiterer Kampf gegen die Deutschen sinnlos war. Er konzentrierte sich lieber auf den Kampf gegen Paul Reynaud und eine Regierung, die er verachtete.

Am Wochenende des 15. und 16. Juni erfolgte in Bordeaux der entscheidende Zusammenstoß zwischen diesen beiden so grundverschiedenen Männern. Reynaud bestand darauf, General Weygand sollte eine vorübergehende Feuereinstellung fordern, um der Regierung Gelegenheit zu geben, nach Französisch-Nordafrika überzusetzen und den Kampf von dort aus fortzusetzen. Weygand lehnte mit der Begründung ab, ein solcher Schritt ginge gegen die Ehre der französischen Armee. Er verlangte, daß die Regierung, die den Krieg erklärt hatte, nun die Deutschen um Waffenstillstand bitten sollte. Der ehrwürdige Marschall Pétain unterstützte ihn dabei. Während einer Kabinettsitzung am Morgen des 16. Juni reichte er schriftlich seinen Rücktritt ein. Die Regierung müsse, so erklärte er, »unverzüglich die Feindseligkeiten einstellen«. Viele Minister begannen unter der Führung des anderen Stellvertretenden Ministerpräsidenten, Camille Chautemps, des großen Meisters der Kompromisse, mit den Militärs zu sympathisieren.

Da sich Paul Reynaud nunmehr der Opposition der Mehrheit seines Kabinetts sowie des Oberkommandos gegenübersah, gab er nach und dankte am 16. Juni, kurz nach 20 Uhr, ab. Der Präsident der Republik, der bereits aufgegeben hatte, nominierte sofort Pétain als seinen Nachfolger. An diesem schicksalsschweren Sonntag bat eine halbe Stunde nach Mitternacht die neue französische Regierung des Marschalls mit Weygand als Verteidigungsminister die Deutschen um Waffenstillstand.

In der kleinen Lichtung im Wald von Compiègne bei Rethondes, nördlich von Paris, genau an derselben Stelle, an der die geschlagenen Deutschen am 11. November 1918 einen Waffenstillstand unterzeichnet hatten, wurde ich am 22. Juni 1940 Zeuge, wie nun die Franzosen ihrerseits kapitulierten. Die Feindseligkeiten wurden am 24. Juni um 0.35 Uhr beendet, nachdem die Franzosen am selben Abend in Rom auch einen Waffenstillstand mit den Italienern unterschrieben hatten. Tags zuvor war Pierre Laval, der zu seinem größten Ärger schon seit 1936 in der Versenkung verschwunden war, zum Außenminister der Pétain-Regierung ernannt worden. Schon im Wirrwarr von Bordeaux hatte er begonnen, der Dritten Republik das Grab zu schaufeln – der Republik, die ihm die höchsten politischen Ehren hatte zuteil werden lassen, der er es jedoch niemals vergeben konnte, daß sie ihm vier Jahre lang Amt und Würden verwehrt hatte. Sie hatte ihn »ausgespien«, wie er sagte, und nun wollte er sie »ausspeien«[20].

Zusammen mit Pétain, Weygand und anderen Gesinnungsgenossen vollendete er dieses Werk am 10. Juli in Vichy. Gemeinsam überrumpelten sie die verschreckte Nationalversammlung und veranlaßten sie, sich und damit die Dritte Republik aufzulösen und den greisen Marschall als Diktator einzusetzen. Hinter den Kulissen begann Laval nun die Fäden zu ziehen.

Ich war inzwischen auf meinen Posten in Berlin zurückgekehrt. Dort erfuhr ich über den Rundfunk von dem Abstimmungsergebnis der Nationalversammlung in Vichy. Es war kaum zu glauben. Wir wußten damals nichts von dem Druck, der auf die Deputierten ausgeübt worden war, nichts vom Ausmaß der Verwirrung, in der sie zusammentraten, nichts von dem furchterregenden Ausmaß ihres moralischen Zusammenbruchs, den Machenschaften Lavals und seiner Parteigänger, den Ideen und Ambitionen des halbsenilen Marschalls Pétain. Für das geschlagen am Boden liegende Volk war der Held von Verdun jedoch, wie jeder erkennen konnte, der diese letzten tragischen Tage in Frankreich miterlebt hatte, als strahlender Hoffnungsstern aufgegangen. Dennoch erschien es mir unbegreiflich, daß die Franzosen – und sei das Debakel noch so niederschmetternd – mit einem einzigen unbedachten Schritt das Rad ihrer Geschichte zurückdrehen und ihren Nationalcharakter sowie ihre demokratischen Einrichtungen so niederträchtig verleugnen konnten.

Ich stellte mir wieder die gleiche Frage wie in jenen Junitagen in Paris: Wie konnten die Franzosen in diesen Zustand verfallen? Was waren die Gründe für diese rasche militärische Niederlage und den plötzlichen politischen und moralischen Zusammenbruch? Hatten die Franzosen ehrlich gekämpft – wie im letzten Krieg gegen die Deutschen? Ich selbst hatte wenig davon bemerkt, aber ich hatte ja auch nicht alle Schlachtfelder besucht und überhaupt sehr wenig vom Kampf gesehen. Die Front hatte sich zu rasch bewegt, als daß man hätte Schritt halten können. Es stimmte zwar, daß eine verheerende militärische Niederlage oft ein Regime zu Fall bringt, das für sie verantwortlich ist, wie das 1870 in Frankreich und 1918 in Deutschland und Österreich-Ungarn der Fall war; aber hatte es die Dritte Republik wirklich nötig, Harakiri zu begehen, wie das offenbar am 10. Juli 1940 in Vichy geschehen war? Das französische Volk war jedenfalls nicht gefragt worden.

Und wer war verantwortlich für den niederschmetternden Zusammenbruch von Armee und Regierung? Die Generäle, die ihre Armee so schlecht vorbereitet und geführt hatten? Die Politiker, die es – wie Vichy bereits behauptete – verabsäumt hatten, diese Armee mit den nötigen Waffen auszurüsten? Oder lag die Hauptverantwortung beim französischen Volk selbst, das, wie die Vichy-Anhänger und ein Teil des katholischen Klerus schon behaupteten, unter dem »gottlosen« republikanischen Regime aufgeweicht worden war? Welche Verantwortung lag bei der extremen Rechten mit ihrer Abneigung gegen die Republik und ihrer Sympathie für die faschistischen Diktatoren, oder bei der extremen Linken, bei den Kommunisten, die sich auch dann noch sklavisch nach dem Befehl Moskaus richteten, als dieser, wie zum Beispiel nach dem deutsch-sowjetischen Pakt vom August 1939, Frankreichs lebenswichtigsten Interessen zuwiderlief? Bewies der Sturz Frankreichs, wie Laval behauptete, daß die Demokratien unserer Zeit den Diktaturen nicht standzuhalten vermochten? War die Demokratie in der westlichen Welt, wie Vichy – nach Rom und Berlin – erklärte, wirklich erledigt? War Frankreichs Zusammenbruch unvermeidbar, die logische Folge einer jener geradlinigen historischen Entwicklungen, von denen manche Historiker – wie zum Beispiel Spengler und Toynbee – behaupteten, sie nachträglich durchschauen zu können?

War der Zusammenbruch deshalb unvermeidbar, weil der Preis des Sieges von 1918 – fast eineinhalb Millionen gefallener Franzosen – so mörderisch hoch gewesen war, daß Frankreich sich nicht hatte hinreichend erholen können, um den industriell weiter fortgeschrittenen Deutschen nach so kurzer Zeit ebenbürtig begegnen zu können? Hätten die Briten, die selbst nach der achtmonatigen Gnadenfrist des »Scheinkrieges« nur verhältnismäßig wenige Truppen und Flugzeuge zur Verfügung stellten, mehr tun können? Und hätte man in diesem Falle die Deutschen wie schon 1914 in Frankreich aufhalten können, da doch damals der britische Beitrag noch geringer war, weil die Kampfhandlungen unmittelbar nach der Kriegserklärung begannen? Hätte sich das französische Debakel abwenden lassen, wenn wie im Ersten Weltkrieg die Zeit für eine amerikanische Intervention ausgereicht hätte?

Ich saß in jenem erschütternden Sommer in Berlin und dachte über diese Fragen nach, während außerhalb Großbritanniens fast jeder in Europa – und galt dies nicht auch für die Vereinigten Staaten? – glaubte, daß die Alte Welt unter die skrupellose Herrschaft Adolf Hitlers und seiner Herrenrasse von eigenen Gnaden fallen mußte. Die Deutschen, die Männer in Vichy und sogar manche Amerikaner waren sicher, daß Hitler die »künftige Strömung« verkörperte. Vielen von uns, die während der Hitlerzeit in Deutschland gelebt hatten, war klar, daß ein vom deutschen »Herrenvolk« beherrschtes Europa zu einer langen Nacht gedankenloser Barbarei verdammt sein mußte. Pétain und Weygand hatten das anscheinend nicht begriffen, und Laval war es vielleicht gleichgültig.

Selbst in jenem finsteren Sommer 1940 konnte ich mich nicht zu der Überzeugung durchringen, daß Europa ein so trauriges Schicksal beschieden sein sollte. Das zeigen meine Rundfunksendungen, meine Meldungen und mein Tagebuch. Niemals verlor ich die Hoffnung, daß Hitler schließlich doch gestürzt, sein brutales Reich zerschlagen und in der Welt so etwas wie Sitte und Anstand wiederhergestellt würden. Dann würde ich den Versuch unternehmen, herauszufinden, wie Europa an den Rand eines solchen Abgrundes geraten konnte. Als erstes stand die Aufgabe vor mir, der Entwicklung in Deutschland auf den Grund zu gehen und nach Möglichkeit aus eigener Erfahrung sowie aus allen irgendwie erreichbaren Dokumenten zu ergründen, wie es geschehen konnte, daß ein so großes und kultiviertes Volk wie die Deutschen mitten im zwanzigsten Jahrhundert in die Barbarei des Dritten Reiches zurücksinken konnte. Sodann wollte ich mich den Franzosen zuwenden, mit denen ich zugegebenermaßen mehr sympathisierte. Ich wollte herausfinden, warum dieses Volk – ebenso groß und noch zivilisierter und während des größten Teils des vergangenen Jahrhunderts Vorkämpfer für persönliche Freiheit, für Gleichheit und Brüderlichkeit unter den Menschen – in diesem Frühsommer des Jahres 1940 so schnell und so leicht in die Knie gezwungen wurde, warum es einen Zusammenbruch erlitt, der schrecklicher und totaler war als jeder andere zuvor in seiner ganzen langen Geschichte.

Der Zufall hatte mich zum Augenzeugen eines großen Teils dieser beiden welterschütternden Ereignisse werden lassen. Aber obgleich ich sie Schritt für Schritt miterlebte und über das berichtete, was ich in den ganzen turbulenten Jahren täglich beobachtete, gab es doch offenbar noch vieles, was ein Journalist weder wissen noch verstehen konnte, wenn er unter dem Druck täglicher Schlußtermine und größtenteils ohne Kenntnis der Staatsgeheimnisse zu arbeiten hatte.

Zwei Jahrzehnte später entledigte ich mich des ersten Teils dieser Aufgabe, die den Aufstieg und Fall des Dritten Reiches betraf, nach bestem Vermögen. Dann wandte ich mich dem zweiten Teil zu, der Untersuchung des Zusammenbruchs der Dritten Republik in Frankreich. Die Wurzeln dieser Ereignisse reichen weit zurück – bis zur Geburt dieser Republik und noch weiter.

1. BUCH

Der Aufstieg der Dritten Republik 1871–1919

2 Eine Mißgeburt und die ersten Kinderkrankheiten 1871–1891

Der Dritten Republik schien allein schon durch ihre Mißgeburt und die aus den turbulenten Jahren nach der großen Revolution von 1789 ererbten Meinungsverschiedenheiten ein kurzes und stürmisches Dasein beschieden zu sein. Daß sie überhaupt aus der Taufe gehoben wurde, war schon ein Wunder. Die große Mehrheit der Nationalversammlung, die zur Errichtung eines Nachfolgeregimes für das gestürzte Reich Napoleons III. gewählt wurde, neigte nämlich zu einer Monarchie. Und es ist weiterhin ein Wunder, daß sie so lange am Leben blieb – länger als jede andere Regierungsform seit dem Sturz Louis' XVI. –, denn der größte Teil der französischen Oberschicht widersetzte sich allein schon ihrer bloßen Existenz und kämpfte lange Zeit darum, sie zu untergraben und zu Fall zu bringen. Dahinter standen so mächtige Institutionen wie die Kirche, die Armee und die Bürokratie des gehobenen Beamtenstandes, einschließlich der Gerichtsbarkeit.

Sie kam durch einen Zufallstreffer zustande. Die 1871, nach dem Debakel der raschen und beschämenden Niederwerfung Frankreichs durch Preußen, gewählte Nationalversammlung wollte eigentlich gar keine Republik. Nahezu zwei Drittel ihrer Mitglieder – etwa 400 der insgesamt 650 Deputierten – waren Monarchisten. Aber sie konnten sich auf keinen König einigen. Einige wollten den Comte de Chambord, den legitimen Bourbonen-Erben; andere waren für den Comte de Paris, den Thronprätendenten der Orléans-Linie. Einige wenige erhofften sich die Wiederkehr eines neuen Bonaparte.

»Es gibt nur einen Thron«, erklärte Adolphe Thiers, Präsident der Provisorischen Republik, 1873 der Nationalversammlung. »Auf ihm können nicht drei Männer gleichzeitig sitzen.« Thiers selbst, der einst unter dem Orléans-König Louis-Philippe als Chefminister gedient hatte, wurde widerstrebend für die Republik gewonnen. »Sie spaltet uns noch am wenigsten«, sagte er später und legte damit den Finger auf eine ihrer Schwächen, unter der sie bis zuletzt krankte: ihre Neigung zu Verneinung und Kompromiß, ihre Unfähigkeit, die ganze Nation von sich zu überzeugen und zu einigen.

Seit 1792 Louis XVI. schließlich abgesetzt, verhaftet, abgeurteilt und geköpft worden war, hatten die Franzosen so ziemlich jede nur erdenkliche Regierungsform ausprobiert: eine kurzlebige Republik, die im Terror eines Robespierre gipfelte und 1795 von einer Art konstitutionellen Republik unter einem Direktorium abgelöst wurde; sie dauerte an, bis Napoleon Bonaparte 1799 als Erster Konsul an die Macht gelangte; das Napoleonische Reich von 1804 bis 1814; die Bourbonische Restauration unter Louis XVIII. und Charles X. von 1814 bis 1830 (mit Ausnahme der hundert Tage nach Napoleons Rückkehr von Elba); dann die Zweite Republik von 1848 bis 1852; danach das Zweite Napoleonische Reich unter Louis Napoleon, dem ersten und einzigen gewählten Präsidenten der Republik, der bereits 1851 für sich diktatorische Vollmachten in Anspruch nahm und sich selbst im darauffolgenden Jahr zum Kaiser ausrief. Er und sein Reich wurden 1870 gestürzt, als Preußen Frankreich eine vernichtende Niederlage beibrachte. Am 4. September, zwei Tage nach der Gefangennahme des Kaisers bei der Kapitulation in Sedan, rief Léon Gambetta als Anführer des revolutionären Mobs in Paris eine neue Republik aus. Aber erst knapp fünf Jahre später entschieden sich die Mitglieder der Nationalversammlung widerstrebend für eine Republik, in dem Bemühen, endlich irgendeine Form von dauerhaftem Regime zu finden, um dem Land die nach einer langen Periode der Ungewißheit dringend benötigte politische Stabilität zu geben, und entmutigt von den vergeblichen Versuchen, sich auf einen König zu einigen, der den Thron einer Monarchie hätte einnehmen können, deren Restauration in dieser oder jener Form die meisten von ihnen wünschten.

Wie eine monarchistische Mehrheit an der Aufgabe scheiterte, sich auf den künftigen König zu einigen, das ist eine so lange und komplizierte Geschichte, daß sie in einem solchen Buch unmöglich in allen Einzelheiten erzählt werden kann. Französische Historiker geben dazu – je nach ihrem politischen Standpunkt – voneinander abweichende Darstellungen und Erklärungen. Doch die meisten von ihnen sind sich darin einig, daß es hauptsächlich an der Unnachgiebigkeit des legitimen Thronbewerbers, des Comte de Chambord, lag, wenn ihm die Wiedereinsetzung der Bourbonen auf dem französischen Thron mißlang. Er hatte nach Jahrzehnten des Exils in einem österreichischen Landschlößchen jeden Kontakt zur Wirklichkeit und zur öffentlichen Meinung in Frankreich verloren. Die beiden Kandidaten für den Thron waren Chambord, der Enkel Charles' X., und der Comte de Paris als Enkel des Orléans-Königs Louis-Philippe. 1873 wurde eine scheinbar vernünftige Lösung zur Beilegung der Rivalität zwischen den beiden Bourbonen-Häusern gefunden: man einigte sich darauf, daß der dreiundfünfzigjährige, kinderlose Chambord König werden sollte, während der fünfunddreißigjährige Familienvater Paris sein Erbe werden sollte. Damit wären die Wahl des Königs geregelt und die rivalisierenden Bourbonen wieder geeint worden.

Aber Chambord zeigte sich in einer Reihe zeitlich ungelegener und unklug abgefaßter Manifeste so unnachgiebig, daß selbst die meisten seiner Anhänger zu dem Schluß gelangten, er wäre nicht der richtige

König. So bestand er darauf, die Fahne Frankreichs dürfte nicht die Trikolore der Revolution sein, die der Orleaner ohne Schwierigkeiten akzeptiert hatte, sondern das weiße Fleur-de-lis-Banner der alten Bourbonenkönige. In der Vorstellung der meisten Franzosen war die blauweißrote Fahne, die Trikolore, ein Symbol der Beseitigung des Feudalismus durch die Revolution und der nachfolgenden sozialen und politischen Verbesserungen. Chambord schien diese echten Errungenschaften zu bedrohen und zu einer grundlegenden Gegenrevolution entschlossen zu sein. »Ich wünsche nicht der legitime König der Revolution zu werden!« erklärte er. Als seine eigenen Anhänger in der Nationalversammlung darauf hinwiesen, daß er gewisse Opfer und Kompromisse nicht umgehen könne, erwiderte er: »Ich habe weder Opfer zu bringen noch Bedingungen zu akzeptieren!«

Seine Hartnäckigkeit war sein Verhängnis – und das der Monarchie. Thiers, der damalige Präsident der Provisorischen Republik, witzelte: »Von nun an wird das Volk nur einen Mann als den Begründer der Republik in Frankreich feiern – M. le Comte de Chambord. Die Nachwelt wird ihn den französischen Washington nennen!«

Natürlich gab es tieferliegende Gründe als Chambords obstinate Unbeugsamkeit. Die Spaltung unter den Franzosen, die im Leben der Dritten Republik eine so schicksalhafte Rolle spielen sollte, war einer der Hauptfaktoren. Die Legitimisten und die Orleanisten schienen sich zwar am Schluß zu einigen, da sie beide Monarchisten waren, aber dennoch trennten sie Welten. René Rémond hat einmal erklärt, sie verkörperten »zwei Systeme, zwei Religionen, zwei Geschichten, zwei Gesellschaften. Zwischen ihnen gähnte ein Abgrund[1].«

Aber das war in den frühen siebziger Jahren des vorigen Jahrhunderts nicht die einzige Spaltung unter den Franzosen. Eine zunehmende Minderheit waren Bonapartisten, die sich nach der Rückkehr eines neuen Napoleons sehnten. Und eine noch bedeutsamere und wesentlich rascher anwachsende Minderheit waren Republikaner. Sie vertraten die Auffassung, Frankreich hätte nun genug von Königen und Kaisern, Bourbonen und Bonapartes, und es sei allerhöchste Zeit, daß in Frankreich ein ernsthafter Versuch mit der Republik unternommen würde. Die Unfähigkeit der monarchistischen Mehrheit, einen König zu wählen, war Wasser auf ihre Mühlen.

So geschah es, daß die Gesetzgeber von Bordeaux, ermüdet von vier Jahren nutzloser Debatten darüber, wer auf dem Thron sitzen sollte, sich letztlich sozusagen in die Republik als das kleinere Übel flüchteten, und zwar mit einer Mehrheit von nur einer einzigen Stimme: Das Abstimmungsergebnis der Nationalversammlung lautete 353:352, und es hätte sogar noch Stimmengleichheit gegeben, wenn nicht einer der antirepublikanischen Abgeordneten zur Stimmabgabe zu spät erschienen wäre. Selbst danach war es vielen Mitgliedern noch nicht klargeworden, daß sie sich tatsächlich für eine Republik entschieden hatten. Noch tags zuvor hatten sie sie abgelehnt – oder glaubten zumindest, das getan zu haben.

Nach vier Jahren Zeitverschwendung war das Gremium endlich soweit, über eine Verfassung zu diskutieren. 1874 hatte eine dreißigköpfige Kommission mehrere Verfassungsentwürfe vorgelegt. Alle waren abgelehnt worden. Jetzt, im Januar 1875, wurde über einen neuen Entwurf debattiert. Die Zeit drängte, die Sitzungsdauer der Nationalversammlung näherte sich ihrem Ende. Wenn sie sich nicht auf irgendeine Regierungsform einigte, konnte es zur Anarchie oder zu einem Staatsstreich kommen. Davon hatten die Franzosen inzwischen genug. Es liefen Gerüchte über Verschwörungen um, die auf eine gewaltsame Wiedereinsetzung eines Bourbonen- oder Bonapartistenkönigs abzielten. An der Spitze der provisorischen Regierung standen zwei rechtsgerichtete Militärs mit royalistischen Neigungen, nämlich Marschall MacMahon (von irischer Herkunft) als Präsident und General Cissey als Ministerpräsident. Die beiden konnten eine Machtübernahme der Militärs ermöglichen.

Gegen Ende Januar gelangten zwei Zusatzartikel zur Abstimmung. Der erste, von einem Deputierten namens Laboulaye eingebracht, lautete einfach: »Die Regierung der Republik besteht aus zwei Kammern und zwei Präsidenten.« Er wurde am 29. Januar von der Nationalversammlung mit 359 gegen 336 Stimmen abgelehnt. Ein französischer Historiker schrieb dazu: »Die Nationalversammlung lehnte eine republikanische Staatsform ganz entschieden ab[2].« Am nächsten Tag lag ein Zusatz auf dem Tisch, den ein früherer Professor aus der Provinz, ein Altphilologe namens Wallon, eingebracht hatte. Ihm schien eine Ablehnung mit einer etwa entsprechenden Mehrheit sicher zu sein. Der Entwurf lautete: »Der Präsident der Republik wird mit absoluter Mehrheit vom Senat und der als Nationalversammlung tagenden Kammer gewählt. Seine Amtszeit beträgt sieben Jahre, eine Wiederwahl ist zulässig.« Nichts daran war offenkundig neu. Marschall MacMahons Amtszeit als »Präsident der Republik« war von der Nationalversammlung schon 1873 auf sieben Jahre festgesetzt worden, weil die monarchistische Mehrheit angenommen hatte, daß sich innerhalb dieser Frist die Differenzen zwischen den beiden Königshäusern würden beilegen lassen. Der Präsident sollte sodann einem König Platz machen. Aber Wallons Zusatzentwurf wurde hitzig diskutiert. Wallon selbst, ein Gemäßigter, der sich niemals als Republikaner betrachtete, entschuldigte sich bei Gott und der Welt dafür, daß er ihn überhaupt eingebracht hatte[3]. Am 30. Januar 1875 kam der Vorschlag mit 353 zu 352 Stimmen knapp durch.

Den Mitgliedern der Nationalversammlung muß das zwar verwirrend erschienen sein, aber die Annahme des scheinbar so harmlosen Wallon-Zusatzes mit nur einer Stimme Mehrheit sollte später sowohl von Politikern als auch von Historikern als die Geburtsstunde der

Dritten Republik angesehen werden. Mitte Juli 1875 hatte die Versammlung ihre Aufgabe abgeschlossen und ein Grundgesetz geschaffen, auf dem die Republik aufgebaut werden konnte. Doch die soeben flügge gewordene Republik wurde fast unmittelbar darauf in eine Verfassungskrise gestürzt, die sie beinahe zugrunde richtete, noch ehe sie richtig existierte. Es war die erste von vielen politischen Krisen, die dem republikanischen Frankreich bis zum Ende zu schaffen machten und die zum Sturz von 107 Kabinetten führten. Das sind im Durchschnitt fast zwei im Jahr.

Die Verfassung, die Frankreich die erste parlamentarische Republik der neueren Geschichte bescherte, sah eine Legislative in zwei Häusern vor, der Deputiertenkammer und dem Senat, ein den beiden Häusern verantwortliches Kabinett und einen Präsidenten mit beträchtlichen Vollmachten, zu denen auch das Recht zählte, die Deputiertenkammer mit Zustimmung des Senats aufzulösen. Nach Auffassung der Monarchisten ließ sich die Präsidentschaft leicht in einen Thron umwandeln; die meisten von ihnen erblickten im Flickwerk der Verfassung bereits den Rahmen für eine Monarchie. Bis dahin konnte man die Republikaner durch den sehr konservativen Präsidenten Marschall MacMahon sowie einen Senat in Schach halten, der allein schon aufgrund der Regeln seiner Wahl eine konservative Macht darstellen mußte.

Ein Viertel der 300 Senatsmitglieder sollte auf Lebenszeit gewählt werden, zunächst durch die auslaufende Nationalversammlung und danach vom Senat selbst. Für die übrigen war eine neunjährige Amtszeit vorgesehen, wobei jeweils ein Drittel alle drei Jahre neu gewählt werden sollte, und zwar indirekt durch Wahlmänner, wobei die ländlichen Gemeinden dominierten. Jede Gemeinde verfügte nämlich unabhängig von ihrer Einwohnerzahl über eine Stimme, so daß die konservativen Dörfer im Vergleich zu den größeren Orten und den Städten bei weitem überrepräsentiert waren. Ein Senator mußte mindestens vierzig Jahre alt sein. So war der Senat seiner Anlage nach ein Bollwerk des Konservativismus und ein wirksames Kontrollorgan gegenüber den 618 Mitgliedern der Kammer, die durch allgemeine Wahl der männlichen Bevölkerung gewählt wurden*. Schon Thiers hatte darauf bestanden: Die Republik sollte konservativ sein, »sonst würde es keine Republik geben«.

Aber wie konservativ? Diese Frage sollte schon bald durch eine politische Krise beantwortet werden, die das ganze Land erschütterte. Dadurch wurden die extremen Konservativen in die Flucht geschlagen und endlich durch die Stimme des Volkes das geschaffen, was eine »Republik der Republikaner« genannt werden sollte. Dieses Ereignis wird von der modernen französischen Geschichte unter der

* Die Frauen erhielten in Frankreich erst nach dem Zweiten Weltkrieg das Stimmrecht.

Bezeichnung des Datums festgehalten: *Seize Mai* – der 16. Mai (1877). Dieser Tag bescherte Frankreich die Form der Republik, die es bis zum katastrophalen Finale im Jahre 1940 beibehalten sollte.

Die Krise des sechzehnten Mai

Die ersten Wahlen unter der neuen Verfassung fanden Anfang 1876 statt. Aus ihnen ging, wie nicht anders zu erwarten war, der Senat mit einer konservativ-monarchistischen Mehrheit hervor, während in die Deputiertenkammer die Republikaner mit einer überwältigenden Mehrheit einzogen – etwa 363 gegen 180 andere, von denen 75 Bonapartisten waren. Léon Gambetta, der flammende Redner, der Mann, dem das Hauptverdienst für den republikanischen Sieg in der Kammer gebührte, war der logische Kandidat für den Posten des ersten Regierungschefs; die drei republikanischen Gruppen hatten es allerdings schon zu Beginn nicht fertiggebracht, sich zu einer Koalition zusammenzufinden. Aber Präsident MacMahon weigerte sich, ihn auch nur in Betracht zu ziehen. Dem erzkonservativen Marschall war Gambetta zu republikanisch, zu radikal. Statt dessen ernannte der Präsident einen farblosen Gemäßigten namens Dufaure zum ersten Ministerpräsidenten der Dritten Republik. Als dieser rasch gestürzt wurde, suchte sich MacMahon den konservativen Republikaner Jules Simon aus. Aber Simon, ein Philosophieprofessor und fruchtbarer Autor, war dem alten Soldaten auf dem Präsidentensessel nicht konservativ genug. MacMahon erteilte seinem Ministerpräsidenten einen scharfen schriftlichen Verweis, der diesem keine andere Wahl als den Rücktritt ließ. MacMahons Brief trug das Datum vom 16. Mai – daher ist die Krise unter diesem Datum in Erinnerung geblieben.

Auf Drängen der monarchistischen Clique in seiner nächsten Umgebung ernannte der Präsident den Duc de Broglie zum Ministerpräsidenten, aber die Kammer lehnte ihn ab. Daraufhin löste MacMahon die Kammer auf und schrieb Neuwahlen aus. Obgleich der Präsident selbst durchs Land reiste und die de-Broglie-Regierung jedes nur erdenkliche Mittel als Druck und Einschüchterung verwendete, um die Wahlen zu »schaffen«, ließ die Wählerschaft dennoch eine ansehnliche republikanische Mehrheit in die Deputiertenkammer zurückkehren. MacMahon ließ sich nicht beirren und ernannte einen General zum Ministerpräsidenten. Die Kammer wollte nichts von ihm wissen. Die Monarchisten und Generäle zettelten Verschwörungen an, um durch einen Militärputsch an die Macht zu gelangen und die Republik abzuschaffen, aber der ebenso ehrenhafte wie starrköpfige Marschall versagte ihnen seine Unterstützung. Schließlich gab er nach und ernannte einen der Kammer genehmen Ministerpräsidenten. Aber 1879 verschafften Teilwahlen in den ländlichen Bezirken den Republikanern überraschend eine Mehrheit im Senat. Die Dörfer in Frankreich hatten endlich in aller Stille ihre eigene Revolution vollzogen. Das war mehr, als MacMahon ertragen konnte. Er dankte ab und wurde durch Jules Grévy ersetzt, einen gemäßigten, strengen Provinzanwalt und überzeugten Republikaner.

Die Krise vom 16. Mai 1877 und die Abdankung Präsident MacMahons zwei Jahre später waren von entscheidender Bedeutung. Dadurch wurde die Dritte Republik als arbeitsfähiges demokratisches und parlamentarisches Regime in den Sattel gehoben. Dieses Datum bedeutete die endgültige Niederlage der Monarchisten und das Ende all ihrer Hoffnungen, in Frankreich doch wieder die Monarchie zu restaurieren. Die Konservativen des rechten Flügels sowie Armee und Kirche, die so erbittert gegen den Aufstieg des Republikanertums gekämpft hatten, erlitten eine vernichtende Schlappe. Allerdings war es ein Schlag, den sie niemals als endgültig hinnehmen sollten.

Der *Seize Mai* zeitigte noch andere Folgen, die für die Zukunft der Dritten Republik nicht so günstig waren. Die Artikel der Verfassung hatten dem Präsidenten als Gegengewicht zur Kammer weitgehende Vollmachten eingeräumt. Nach MacMahons bitterer Erfahrung wagte es nie wieder ein französischer Präsident, von seinem verfassungsmäßigen Recht Gebrauch zu machen und die Kammer aufzulösen. Der Präsident der Republik wurde zu einer Galionsfigur. Darüber hinaus neigte die Nationalversammlung dazu, für das Amt des ersten Dieners des Staates schwache, mittelmäßige Männer auszuwählen*. Clemenceau, der selbst als Bewerber für dieses Amt von einem weitaus Geringeren geschlagen wurde, hat einmal erklärt: »Ich stimme immer für den Dümmsten.« Die vom Volk gewählte Deputiertenkammer wurde allmächtig und unterlag nur der kaum fühlbaren Kontrolle durch den Senat. Sie wurde nicht nur zum beherrschenden Zweig der Legislative, sondern praktisch auch zum Ausführungsorgan der Regierung, da Ministerpräsidenten und ihre Kabinette sich nur halten konnten, wenn die Kammer das so wollte.

Nachdem die Angst vor der Auflösung von den Deputierten genommen und ihnen eine vierjährige Legislaturperiode garantiert war, konnten sie nicht mehr von ihren Parteien zur Rechenschaft gezogen oder von ihrer Wählerschaft mit der Drohung jeweils kurz bevorstehender Wahlen beeinflußt werden. Das führte zur Bildung einer Vielzahl lose organisierter Parteien, die stabile Mehrheitsverhältnisse in der Kammer unmöglich machten. Regierungen kamen und gingen – durchschnittlich etwa zwei pro Jahr –, aber die Zusammensetzung der Kammer änderte sich nur alle vier Jahre. Mehrheiten formten sich und lösten sich wieder auf, nicht aufgrund der Wählerschaft in diesen

* Dahinter steckt die Furcht der Republikaner, ein starker Mann im Sattel könnte die Macht an sich reißen und sich zum Diktator aufschwingen. Noch war die Erinnerung an die beiden Napoleons frisch. Wie begründet diese Furcht war, sollte sich schon bald in der Boulanger-Krise zeigen.

vier Jahren, sondern durch Absprachen, die von den Deputierten in den Wandelhallen getroffen wurden. Viele von ihnen strebten einen Ministersessel an. Die Minister lösten einander in atemberaubendem Tempo ab, aber oftmals blieben dieselben Männer im Amt, obgleich sich die Marschrichtung der Regierung angeblich änderte. Viele Politiker betrieben dieses Spiel des »Bäumchen-wechsle-dich«. Eine solche Instabilität und politische Leichtfertigkeit war wenig dazu angetan, den schwerwiegenden sozialen und wirtschaftlichen Problemen entgegentreten zu können, die allmählich auf jedes westliche Land zukamen, das im letzten Viertel des neunzehnten Jahrhunderts von der industriellen Revolution erfaßt wurde.

Doch diese grundlegenden Schwächen waren in den frohgemuten Tagen gegen Ende der turbulenten siebziger Jahre, als die Mehrheit des französischen Volkes sich endlich in den Wahlen zur Republik bekannt hatte, nicht ohne weiters zu erkennen. Nach der unerwarteten und demütigenden Niederlage, die Preußen dem Land zugefügt hatte, hatten fast zehn Jahre lang Streit und Unsicherheit darüber geherrscht, unter welcher Regierungsform die Franzosen leben sollten. Nun war endlich eine Entscheidung gefallen. Während Kirche, Militärs, Monarchisten und Erzkonservative voraussagten, ein demokratisches, auf dem Willen der Massen gestütztes Regime könne nur zu Anarchie und Unheil führen*, scheinen die meisten Franzosen gefühlt zu haben, daß ihnen ein neuer Tag dämmerte. Nun sollten sie wenigstens die persönliche Freiheit erhalten – wenn schon nicht Gleichheit und Brüderlichkeit –, wie es ihnen bei der Revolution vor neunzig Jahren versprochen worden war. Endlich sollten sie Herren und nicht nur Diener und Opfer des Staates sein**. Im Gegensatz zu einer beträchtlichen und mächtigen Minderheit erschienen ihnen die Aussichten für die Dritte Republik in hellem Licht.

Und dennoch . . .

Wenn man die französische Gesellschaftsstruktur genauer betrachtete, so erkannte man, daß die antirepublikanische Rechte zwar ihre politische Vorrangstellung eingebüßt hatte, aber sie bewahrte sich immer noch administrative und soziale Positionen, die ihr im Rahmen der Nation große Macht verliehen. Sie dominierte weiterhin in Armee, Marine, Diplomatie, Magistrat und in einem großen Teil des öffentlichen Verwaltungsapparats. Das Gebiet der Privatfinanz, des Geschäftslebens und der freien Berufe befand sich größtenteils in ih-

* Während des »parlamentarischen« Regimes der Orléans-Monarchie 1830–1848 waren nur 200000 Männer wahlberechtigt, hauptsächlich die örtlichen »Honoratioren«, wie man sie nannte. Das allgemeine Wahlrecht für alle Männer, von der kurzlebigen Zweiten Republik im Jahre 1848 eingeführt, ließ die Wählerzahl plötzlich um das Fünfzigfache emporschnellen.

** Die echte Pressefreiheit wurde erst 1881 eingeführt; das Recht zur Bildung von Gewerkschaften 1884; die Versammlungsfreiheit 1907. Es ist bezeichnend, daß selbst die Dritte Republik, die von den Ultrakonservativen doch als »gefährlich radikal« abgestempelt wurde, bei der Einführung grundlegender Freiheiten so langsam vorging.

ren Händen. Indem sie den größten Teil der Presse kontrollierte, konnte sie die öffentliche Meinung steuern. Ihr wurde durch die römisch-katholische Kirche tatkräftige Unterstützung zuteil. In den beiden letzten Jahrzehnten des neunzehnten Jahrhunderts sollte die Rechte ihre Macht in drei Krisen beweisen, durch die die gerade erst flügge gewordene Republik in den Grundfesten erschüttert wurde. Diese Krisen wurden ausgelöst durch die Boulanger-Episode, die Dreyfus-Affäre und den erbitterten Machtkampf zwischen Kirche und Staat. Obgleich die Beilegung aller drei Krisen zur Stärkung der Republik beitrugen, indem die Kräfte der antirepublikanischen Reaktion endgültig besiegt wurden, vertiefte und verschärfte sich auch gleichzeitig unter den Franzosen die Spaltung, die sich am Ende als so verhängnisvoll für den Bestand der Republik erweisen sollte.

Die Bedrohung durch General Boulanger

Als General Georges Boulanger im Januar 1886 Kriegsminister wurde, betrachtete man ihn allgemein als den republikanischsten aller Generäle – sogar als einen der wenigen republikanischen Generäle der ganzen Armee überhaupt*. Deshalb hatte Georges Clemenceau, der kompromißlose Sprecher der Radikalen** in der Kammer, auf seiner Ernennung bestanden.

Die Armee hatte sich gewandelt. Sie war nicht mehr das alte Berufsheer des Zweiten Reichs, da inzwischen die allgemeine Wehrpflicht eingeführt worden war. Diese Armee bedurfte dringend der Reorganisation und gewisser Reformen. Das ausgeprägt republikanische Kabinett Freycinets wollte diese Veränderungen von einem General durchgeführt wissen, dem es vertrauen konnte. Es war kein Geheimnis, daß die meisten höheren Offiziere der Armee in ihrem Herzen Monarchisten waren.

Boulanger, ein hochdekorierter Kämpe aus den Kriegen auf der Krim, in Nordafrika, Indochina und dem Französisch-Preußischen Krieg, ging mit aller Energie an die Erneuerung und Stärkung der Armee. Er entledigte sich der ehrgeizigeren unter den royalistischen Offizieren wie zum Beispiel des Duc d'Aumale***, eines Onkels des orleanistischen Thronprätendenten; er verbesserte innerhalb kurzer Zeit Lebensbedingungen, Disziplin und Moral bei Offizieren und Mannschaften; er modernisierte Ausbildung und Bewaffnung der Truppe. Dabei hatte er eine Schwäche für Publicity. In der Öffentlich-

* In ähnlicher Weise hielten ein halbes Jahrhundert später viele Marschall Pétain für den republikanischsten aller Generäle und sogar für einen relativ liberalen Politiker.

** Der Begriff »radikal« hat in Frankreich politisch nicht dieselbe Bedeutung wie in Amerika. Für amerikanische Verhältnisse wäre vielleicht die Bezeichnung »liberal« zutreffender. Die sogenannten »radikalen Republikaner« in der französischen Politik waren nicht sehr radikal, sondern echte Vertreter des Mittelstandes und in wirtschaftspolitischen wie sozialen Angelegenheiten recht konservativ.

*** Ihm verdankte er seine Beförderung zum General.

keit sprach es sich rasch herum, daß der gutaussehende junge General die Armee zu einer Streitmacht umformte, die vielleicht schon bald die Preußen in die Schranken fordern konnte und die darüber hinaus eine republikanische Volksarmee darstellte.

Am 14. Juli, dem Tag des Sturms auf die Bastille, einem hohen Nationalfeiertag, veranstaltete General Boulanger in Longchamps eine prächtige Militärparade. Er selbst trat im Sattel seines berühmten Rappen auf, umgeben von Spahis in prachtvollen Uniformen, und brachte es fertig, sich in den Mittelpunkt der Aufmerksamkeit zu rükken. Die gewaltige Menschenmenge jubelte ihm begeistert zu. Über Nacht wurde er zum Liebling des Volkes. In den Tanzlokalen und auf den Straßen wurde sein Loblied gesungen. Seit Gambetta hatte es keiner mehr fertiggebracht, so begeisternd auf die Massen einzuwirken. Innerhalb weniger Wochen wurde Boulanger der mit Abstand beliebteste Mann in Frankreich.

Das mißfiel den Politikern, sogar jenen Radikalen um Clemenceau, die auf einer Ernennung des Generals zum Kriegsminister bestanden hatten. Die alte Furcht vor dem siegreichen General hoch zu Roß überfiel sie wieder. Hinzu kam noch, daß Boulanger offenbar Frankreich in eine erneute Auseinandersetzung mit Preußen hineintreiben wollte. Der bisherige Held der republikanischen Volksmassen wurde nun von gewissen führenden Rechtspolitikern hofiert, darunter auch von den ausgewiesenen bourbonischen und orleanistischen Thronbewerbern. Sie sahen in ihm den möglichen Führer, der nicht nur die Monarchie wiederherstellen, sondern auch die Niederlage von 1870 an Preußen rächen konnte. Er wurde immer mehr voll Hochachtung »*Général Revanche*« genannt. Im Berliner Reichstag beklagte sich Bismarck darüber, daß Boulanger die friedlichen Beziehungen zwischen Frankreich und Deutschland bedrohe. Einmal, im Frühjahr 1887, forderte Boulanger sogar die allgemeine Mobilmachung, weil die Deutschen an der Grenze einen französischen Zollbeamten festgenommen hatten.

Das Kabinett und seine Anhänger in der Kammer reagierten besorgt. Der Kriegsminister wurde ihnen nicht nur zu populär, sondern auch zu kriegerisch. Boulanger mußte bald feststellen, daß sein Rückhalt bei Regierung und Parlament genau in dem Augenblick rasch im Schwinden begriffen war, da das Volk ihn als seinen Helden feierte. Vielleicht war angesichts der Auswirkungen einer Heldenverehrung auf die meisten Männer sein nächster Schritt unvermeidlich. Er wandte sich gegen das Parlament. Er verlangte die Auflösung der Kammer, eine Änderung der Verfassung und die Errichtung einer starken Exekutive als Spitze einer Art von autoritärer Republik. Er ließ keinen Zweifel daran, daß er nach seiner Meinung der einzige für diesen Posten geeignete Kandidat sei. Alle Rechtsgerichteten umarmten ihn dafür, aber die Verwirrung in Frankreich war so groß, daß er sich trotzdem auch weiterhin der tatkräftigen Unterstützung durch viele republikanische Radikale und sogar einige der Sozialisten erfreute.

In der Überzeugung, daß der draufgängerische Kriegsminister zu einer Bedrohung der Existenz der Republik geworden war, nahmen die gemäßigten Republikaner einen Regierungswechssel im Mai 1887 wahr, um Boulanger aus dem Kabinett zu entfernen. Man wies ihm einen Kommandoposten in der Provinz zu und hoffte, daß er dort schon bald in Vergessenheit geraten würde. Doch diese Annahme beruhte auf einer Fehleinschätzung der demagogischen Fähigkeiten des Generals und der Einstellung der Massen. Obgleich er immer noch im Staatsdienst und damit für öffentliche Ämter nicht wählbar war, ließ er es zu, daß bei verschiedenen Nachwahlen für die Kammer sein Name auf die Liste gesetzt wurde. Er gewann mit Leichtigkeit alle diese Wahlen. Die Regierung entließ ihn schließlich aus der Armee. Damit war er wählbar geworden. Schon eine Woche darauf hatte ihn ein Wahlbezirk im Norden in die Kammer gewählt; die Stimmen der Kumpel aus dem Kohlenbergbau und der Bauern verschafften ihm eine überwältigende Mehrheit.

Unterstützt wurde er durch einen Skandal, der im Herbst 1887 im Präsidentenpalais selbst ausbrach und der nicht nur die Regierung, sondern auch den Präsidenten der Republik, den gestrengen und würdigen Jules Grévy, zu Fall brachte. Es war ruchbar geworden, daß Grévys Schwiegersohn, ein Deputierter mit dem ausgefallenen Namen Daniel Wilson, von seinem Büro am Sitz des Präsidenten aus staatliche Orden, Ehren und Gunstbeweise verkauft hatte. Es war dies die erste einer langen Reihe schäbiger Affären, bei denen die Korruption aufgedeckt wurde, die bis in die höchsten Stellen hineinreichte. Auch zwei »republikanische« Generäle und mehrere Politiker waren in die Sache verwickelt. Diese Affären wurden zu einer Plage für die Dritte Republik und schwächten bis zum Ende das Vertrauen der Öffentlichkeit in die Integrität ihrer Führer und ihrer Institutionen. In den frühen dreißiger Jahren sollte, wie wir noch sehen werden, eine ganze Serie solcher Vorkommnisse das republikanische Regime aushöhlen und es reif werden lassen für das Schicksal, das es bald darauf ereilte.

Ein guter Teil der Kritik, die im letzten Jahrzehnt der Republik so weit um sich griff, wurde nun unter der Bezeichnung »Boulangismus« zu einer bedrohlichen Bewegung. Ein französischer Historiker aus dem linken Lager faßte die Kritik später so zusammen: Sterilität politischer Streitereien, ständig sich wiederholende Kabinettskrisen, die Leere der Parlamentsdebatten, Verzögerung bei der Durchführung der Reformen, die dem Volk oftmals versprochen worden waren, darunter auch eine Revision der Verfassung[4]. Fast gegen seinen Willen – er war nämlich ein oberflächlich denkender Mann ohne echte politische Überzeugung – wurde Boulanger zum Anführer der Unzufriedenen von links und rechts, zum Verfechter von Revision und Reform.

Am 4. Juni 1888 bestieg Boulanger, inzwischen Deputierter, das Rednerpult der Kammer und verlas ein Manifest, in dem die Revision der Verfassung gefordert wurde. Mit Worten, ähnlich denen, die ein halbes Jahrhundert später Pétain und Weygand benutzten, sagte er: »Frankreich leidet seit mehreren Jahren unter materiellen und moralischen Mißständen, die nicht ohne Gefahr für die Allgemeinheit fortgesetzt werden dürfen.« Das Parlament, so fügte er hinzu, sei nur noch ein Schauplatz fruchtloser Debatten, die das Land nicht weiterbrächten.

Clemenceau, bis vor kurzem sein politischer Rückhalt und sein Mentor, erwiderte ihm:

Diese Debatten, die Sie beklagen, ehren uns alle. Sie sind ein unbezweifelbarer Beweis dafür, daß wir leidenschaftlich jene Ideen verteidigen, die wir für gerecht halten. Diese Debatten haben ihre Nachteile, aber Schweigen wäre noch schlimmer. Ja, ein Hoch auf die Länder, in denen Männer ihre Meinung sagen! Schande denen, wo man schweigt! . . . Es ist die Republik selbst, die Sie frech herausfordern!

Ministerpräsident Charles Floquet drückte sich bissiger aus:

Ich frage mich immer wieder, was unseren Herrn Kollegen dazu bringt, vor diesem Haus eine so arrogante Haltung einzunehmen und wie General Bonaparte zu reden.

Aber seien Sie getrost! In Ihrem Alter, monsieur le général *Boulanger, war Napoleon schon tot*!*

Am 12. Juli 1888 beantragte Boulanger formell die Auflösung der Kammer und Neuwahlen. Der Antrag wurde abgelehnt – das Parlament war noch nicht bereit, Selbstmord zu begehen –, aber Boulanger gab sich noch lange nicht geschlagen. Seine eigenartige Ansammlung von Parteigängern, die von Sozialisten und Radikalen auf der Linken bis zu Bonapartisten und Royalisten auf der Rechten reichte, erhielt nunmehr großzügige finanzielle Unterstützung von der Duchesse

* Boulanger sah diese und andere Worte des Ministerpräsidenten, die auf einer nachfolgenden Sitzung fielen, als persönliche Beleidigung an und forderte ihn auf Säbel. Das Duell wurde am 13. Juli ausgetragen. Obgleich Floquet fünfundsechzig Jahre alt war, Boulanger jedoch erst fünfzig, und obgleich man hätte annehmen müssen, daß ein Offizier mit dem Säbel geschickter umzugehen wußte als ein Rechtsanwalt und Politiker, der doch die meiste Zeit an seinem Schreibtisch zubrachte, verwundete der Ministerpräsident im zweiten Waffengang Boulanger am Hals und wurde zum Sieger erklärt. In der Begleitung des Generals befand sich Madame Marguerite de Bonnemains, eine schöne und junge geschiedene Frau, in die er sich erst kürzlich unsterblich verliebt hatte und die seine Mätresse geworden war. Ihr entscheidender Einfluß auf den Mann und seine Karriere sollte sich schon bald erweisen. Wie wir sehen werden, standen noch manche anderen wichtigen Personen der Dritten Republik unter derartigem Einfluß.

d'Uzes, der Erbin des ungeheuer ertragreichen Champagnerkonzerns Veuve-Cliquot. Sie stellte der Sache Boulanger den Gegenwert von fast einer Million Dollar zur Verfügung, weil sie glaubte, damit die Restauration der bourbonischen Monarchie in Frankreich zu unterstützen. Die durch den Boulangismus gestiftete Verwirrung wollte offenbar kein Ende nehmen. Mit dieser Summe, die noch durch Beiträge reicher Rechtsgerichteter vermehrt wurde, konnten der General und seine Helfer eine Tageszeitung herausbringen, Millionen von Broschüren und Flugblättern drucken und verteilen und Wahlkämpfe großzügig finanzieren. Da 1889 allgemeine Wahlen bevorstanden, betrieb Boulanger nun folgende Strategie: Zunächst wollte er eine Reihe von Nachwahlen für die Kammer gewinnen, um dann, getragen von diesem Schwung, im folgenden Jahr auf Landesebene eine Mehrheit zu erringen. Vielleicht gab es in Form eines Staatsstreichs auch eine Abkürzung auf dem Wege zur Macht, falls die Nachwahlen seine Popularität genügend unter Beweis stellten. Einige seiner Berater befürworteten einen solchen Schritt. Sie rechneten nicht ohne Grund damit, daß weder die Armee noch die Pariser Polizei ernsthaften Widerstand leisten würden.

Am 19. August 1888 ging der General bei drei Provinzwahlen als überwältigender Sieger hervor. Am 27. Januar des folgenden Jahres hielten seine Anhänger insgeheim seine Stunde für gekommen. An diesem Tag stellte er sich einer Pariser Wählerschaft, die seit der Revolution ein Bollwerk des radikalen Republikanertums gewesen war. Fall er auch hier gewählt wurde, war der Beweis erbracht, daß die Franzosen nicht nur auf dem Lande, sondern auch in der »roten« Hauptstadt von ihm erwarteten, daß er die Geschicke der Nation in seine Hände nähme. Er brauchte dann nur noch zum Elyséepalast zu gehen, den Präsidenten hinauszuwerfen und die höchste Macht im Staate an sich zu reißen. Genau das wäre dann auch beinahe geschehen.

Die verschiedenen republikanischen Gruppen begruben ihren Zwist und einigten sich auf einen gemeinsamen Kandidaten, den sie dem Mann entgegenstellten, den sie nun einen militanten Abenteurer nannten. Sie warnten davor, daß Boulanger versuchen würde, die Republik zu stürzen, falls er diese Wahl in der Hauptstadt Frankreichs gewänne. Sie führten in allen Stadtbezirken einen erbitterten Wahlkampf. Aber vergebens. Boulanger wurde mit 240000 gegen 162000 Stimmen gewählt. Als das Wahlergebnis bekannt wurde, strömten riesige Menschenmengen auf die Straße und forderten, ihr Held solle zum Präsidentenpalais marschieren und die Macht übernehmen. Zufälligerweise befand er sich ganz in der Nähe. Während die Wahlergebnisse einliefen, dinierte er zusammen mit seinem Stab in dem eleganten Restaurant Durand in der Rue Royale, in einer Chambre séparée. Draußen in der kühlen Nachtluft hörte man die Rufe der Menge:

»Zum Elysée!« Seine Helfer drängten ihn, keine Zeit zu verlieren. Seine Stunde habe geschlagen, sagten sie.

Das war tatsächlich keine bloße Prahlerei. Mehrere Kabinettsmitglieder begannen in aller Eile ihre Ämter zu räumen. Im Elyséepalast selbst, wo der Präsident der Republik eine außerordentliche Kabinettssitzung einberufen hatte, herrschte fast Panikstimmung. Alle erkannten die Bedrohung ihrer Position.

Ein Historiker schrieb später darüber:

An diesem Abend ist Boulanger Herr der Hauptstadt . . . Er hat die Massen, die Polizei, die Republikanergarde und einen Teil der Armee auf seiner Seite . . . Wollte er wirklich zum Elyséepalast marschieren, wer sollte ihn noch daran hindern[5]*?*

Aber der heldenhafte Soldat hatte ein anderes Ziel im Sinn. Statt zum Präsidentenpalais zu marschieren und der Diktator Frankreichs zu werden, fuhr er nach Hause zu seiner Mätresse. Im entscheidendsten Augenblick seines Lebens bedeutete ihm die Gesellschaft von Madame de Bonnemains mehr als ein Staatsstreich. Als er in jener Nacht zu später Stunde noch einmal in das Restaurant Durand zurückkehrte, eröffneten ihm seine enttäuschten Helfer, daß es nun zu spät sei. Eine zweite derartige Chance bot sich ihm nie mehr.

Die bedrohte Republik wurde nicht durch das Können ihrer vereidigten Führer gerettet, sondern durch eine Wendung, die aus einer komischen Oper stammen konnte. Auf ebenso lächerliche Weise verblaßte schon bald die Boulanger-Drohung. Die Regierung stellte erleichtert fest, daß der kühne General doch nicht aus dem Holz geschnitzt war, aus dem man einen Helden macht; sie gelangte zu dem Schluß, daß er nicht einmal den Mut eines Märtyrers aufbrachte. Ein heimlicher Hinweis, daß ihn die Regierung vor den Senat als Obersten Gerichtshof zitieren und wegen seiner Verschwörung zum Sturz der Republik zur Verantwortung ziehen wolle, genügte schon, den General am 1. April zu einer überstürzten Flucht über die Grenze nach Belgien zu veranlassen. Die Behörden, die in Wirklichkeit vor einer Gerichtsverhandlung gegen einen so populären Mann zurückschreckten, begünstigten insgeheim seine Flucht.

Mit dieser kopflosen Flucht platzte die Seifenblase des Boulangismus. Der große Held, der um ein Haar die Dritte Republik gestürzt hätte, entpuppte sich nun als Scheinheld. Zwei Jahre später starb Marguerite de Bonnemains, die sich Lungentuberkulose zugezogen hatte, in Brüssel in den Armen ihres Geliebten. Zwei Monate danach besuchte General Boulanger dort ihr Grab, zog seinen Revolver und schoß sich eine Kugel in die Schläfe. In einem Abschiedsbrief teilte er mit, daß er ohne sie nicht weiterleben könne.

Ein britischer Historiker schrieb: »Der Boulangismus stellte eine echte Macht dar, auch wenn er als Farce endete[6].« Er hätte beinahe das Ende der jungen parlamentarischen Republik bedeutet. Die Rechte hatte ihn zwar als Werkzeug zum Sturz des Regimes gebraucht, aber ein guter Teil der linksorientierten Massen hatten im Boulangismus den Ausdruck ihres Unwillens nicht nur über die Korruption in der Regierung, sondern auch über deren Unfähigkeit gesehen, etwas zur Lösung der wirtschaftlichen und sozialen Probleme zu tun, die infolge der fortschreitenden industriellen Revolution sowie der Theorie und Praxis des Laissez-faire erwachsen waren. Diese Massen, zahlenmäßig angeschwollen durch die ständig zunehmende städtische Arbeiterschaft, waren im Parlament praktisch überhaupt nicht vertreten. Ihre Interessen wurden ignoriert.

Boulanger hatte versprochen: »Die Republik, auf die ich zumarschiere, wird den Schwachen, den Niederen, den kleinen Mann von der Straße schützen.« Millionen kleiner Leute hatten ihm in naiver Schlichtheit geglaubt. Der rasche Sturz ihres Helden hatte ihnen zwar die Illusionen geraubt, aber sie gaben die Bemühungen um eine Besserung ihrer miserablen wirtschaftlichen und sozialen Lage nicht auf. Je mehr ihnen das vom Bürgertum beherrschte demokratische Regime an Rechten vorenthielt, um so mehr wurden sie der Nation entfremdet, für die sie daher einen weiteren Aderlaß bedeuteten.

Was die Rechte betraf, so war sie durch die Unterstützung eines so offenkundigen Abenteuers gründlich in Mißkredit geraten. Die Sache der Monarchisten und Bonapartisten, die am Schluß den prahlerischen General so begeistert gestützt hatten, war ein für allemal verloren. Die Thronprätendenten konnten für die Republik nie wieder eine ernsthafte Gefahr werden. Das zumindest war ein Vorteil für das sich abmühende parlamentarische Regime. Die panische Angst vor einem »Mann hoch zu Roß«, vor einem neuen Staatsstreich von der Art, wie er die Erste und die Zweite Republik gestürzt hatte, war nun größtenteils gebannt.

Der Dritten Republik wurde eine Atempause gewährt. In aller Stille wurden aus der Armee und der Spitze der Zivilverwaltung einige weitere Antirepublikaner entfernt. Nicht so geräuschlos wurde eine Abrechnung mit der Kirche eingeleitet, die sich mit den übrigen Kräften der Rechten hinter Boulanger gestellt und durch ihn versucht hatte, die Republik zu stürzen.

Die Kräfte der Reaktion machten im Augenblick zwar ein Stadium der Verwirrung durch, doch waren sie noch keineswegs ausgelaugt. Fünf Jahre nach dem Ende des Boulangismus erhoben sie sich erneut, als die Nation durch die Dreyfus-Affäre erschüttert und zerrissen wurde.

3 Die Dreyfus-Affäre 1894–1906

Drei Tage vor Weihnachten 1894 wurde der fünfunddreißigjährige Hauptmann Alfred Dreyfus, Offizier auf Probe im Generalstab, von einem Militärgericht für schuldig befunden, Hochverrat begangen und militärische Geheimnisse an eine fremde Macht verraten zu haben. Er wurde zu Ausstoß aus der Armee, Degradierung und lebenslänglichem Kerker auf der Teufelsinsel verurteilt, einer barbarischen französischen Strafkolonie vor der südamerikanischen Tropenküste von Guayana. In Frankreich vertraten viele, darunter auch der große Sozialistenführer Jean Jaurès, die Auffassung, Dreyfus hätte für eine so schreckliche Untat den Tod durch Erschießen verdient.

Dreyfus war Jude. Seine Verurteilung wegen Hochverrats entfachte in Frankreich eine Welle des heftigsten Antisemitismus, der schon durch den Panama-Skandal ausgelöst worden war*. Anscheinend war nun ein großer Teil der Öffentlichkeit davon überzeugt, daß die Juden nicht nur für die erschreckende Korruption in hochgestellten politischen und finanziellen Kreisen verantwortlich waren, sondern auch für den Verrat militärischer Geheimnisse an die verhaßten Deutschen, und daß sie auf diese Weise die Sicherheit der Nation, die sich immer noch nicht ganz vom preußischen Sieg des Jahres 1870 erholt hatte, gefährdeten. Die meisten der wenigen noch verbliebenen jüdischen Offiziere und eine erheblich größere Anzahl von Protestanten, deren Patriotismus man ebenfalls anzweifelte, wurden nun von den fanatisch katholisch-nationalistischen Offizieren, die die Armee kontrollierten, verjagt.

Die volle Wahrheit über die Dreyfus-Affäre wird wohl niemals ans

* 1888 war die Gesellschaft, die Ferdinand de Lesseps, der berühmte Erbauer des Suezkanals, zum Bau eines Kanals durch Panama gegründet hatte, bankrott gegangen. Die Aktionäre, zumeist Kleinbürger, hatten dabei etwa dreihundert Millionen Dollar eingebüßt. Bei nachfolgenden Untersuchungen der Regierung und in mehreren Gerichtsverhandlungen stellte sich eine Korruption von erstaunlichem Ausmaß heraus: mehrere Minister, etwa 150 Abgeordnete und fast jede einzelne bedeutende Zeitung in Frankreich waren von der Gesellschaft in dem Bemühen, den finanziellen Zusammenbruch abzuwenden, mit hohen Summen bestochen worden. Gegen einige Personen wurden Gerichtsverfahren eingeleitet, aber von allen Beteiligten wurde nur ein einziger Mann für schuldig befunden und verurteilt, und zwar hauptsächlich deshalb, weil er als einziger Politiker ein Geständnis ablegte. (Wie einige französische Historiker witzelten, bestätigte dies den weisen Rat eines Adeligen, der gerade auf die Guillotine geschnallt wurde: »Vor allen Dingen darfst du niemals etwas gestehen!«)

Doch bei all dem Geschrei über den Panama-Skandal wurde die Schuld nicht so sehr den bestochenen Politikern und Zeitungsverlegern gegeben, sondern drei Finanzpromotern, die direkt für die Bestechungen durch die Gesellschaft verantwortlich waren. Alle drei waren Juden. An dieser Tatsache entzündete sich in Frankreich eine neue Welle des Antisemitismus. Es gab noch eine andere Konsequenz, ähnlich den Folgen anderer Finanzskandale in den dreißiger Jahren: Der kleine Mann verlor das Vertrauen in die Politiker, die die Dritte Republik führten, und in die Republik selbst.

Tageslicht kommen[1]. Französische Historiker neigen zu der Annahme, daß es tatsächlich einen – nie gefaßten – Generalstabsoffizier gegeben hat, der den Deutschen militärische Geheimnisse auslieferte[2]. Ein zweiter, nicht dem Generalstab angehörender Offizier war an dem Verrat beteiligt. Er wurde entlarvt, das Ausmaß seiner Schuld aber keineswegs einwandfrei geklärt. Die Tatsachen, die schließlich nach zwölf Jahren der Unruhen und erbitterten Debatten vom Obersten Appellationsgerichtshof dargestellt wurden, ergeben eine so fantastische Geschichte, daß ein Romanautor sie niemals erfinden könnte. Was uns hier interessiert, ist jedoch weniger die Geschichte der Dreyfus-Affäre selbst, so faszinierend und dramatisch sie auch sein mochte, sondern mehr das Licht, das sie auf den unsteten Kurs der Dritten Republik wirft. In dieser unglückseligen Zeit wurde – gleich den verhängnisvollen Elementen, die sich im griechischen Drama anhäufen – in der französischen Gesellschaft erneut der Same für künftige Ereignisse gelegt. Die Spaltungen in diesem uneinigen Volk vertieften sich, die Kluft zwischen rechts und links wurde breiter, die Aussichten auf eine allmähliche Annäherung zwischen beiden verringerten sich, wenn sie nicht ganz zerstört wurden.

Das einzige Beweisstück, das in der am 19. Dezember 1894 in Paris beginnenden Kriegsgerichtsverhandlung gegen Dreyfus vorgelegt wurde, war so geringfügig, daß wohl unweigerlich ein Freispruch erfolgt wäre, wenn das Kriegsministerium nicht in seinem verzweifelten Bemühen um eine Verurteilung des jüdischen Hauptmanns Zuflucht zu einem illegalen Schurkenstreich genommen hätte. Das Beweismaterial bestand aus einem einzigen Dokument, *bordereau* genannt. An sich ist das ein ganz harmloser Ausdruck, da er in der französischen Sprache lediglich eine detaillierte Liste von Papieren und Dokumenten bezeichnet, die jemandem übergeben werden. Aber im Verlauf der Affäre sollte dieser Begriff weltberühmt werden.

Bei diesem bestimmten *bordereau* handelte es sich allerdings nicht um ein harmloses Stück Papier. Es war die detaillierte Liste geheimer Militärdokumente, die ein französischer Armeeoffizier Oberst Max von Schwartzkoppen, dem deutschen Militärattaché in Paris, überreicht hatte. Schwartzkoppen hielt man für das Haupt des deutschen militärischen Spionagedienstes in Frankreich. Der Oberst erhielt die Dokumente, aber nicht den *bordereau,* der sie aufführte. Dieser wurde von einem französischen Agenten aus der deutschen Botschaft entwendet und am 26. September 1894 der Statistischen Abteilung des Zweiten Büros im französischen Generalstab übergeben. Das berühmte *Deuxième Bureau* war der Nachrichtendienst, und die Statistische Abteilung besorgte die Spionageabwehr.

Schon seit mindestens drei Jahren hegte die Spionageabwehr den Verdacht, daß Schwartzkoppen im französischen Generalstab einen

Kontaktmann haben müsse, der ihn mit militärischen Geheiminformationen belieferte. Es waren nicht nur militärische Karten verschwunden, sondern auch Unterlagen über neue Sprengstoffe, französische Pläne zur Mobilisierung und zur Zusammenarbeit mit Rußland. Im Jahre 1892 hatte Frankreich, bis dahin durch Deutschland isoliert, ein Militärbündnis mit Rußland unterzeichnet. Ein kleiner Agent war gefaßt und verurteilt worden. Aber der Generalstab übte zunehmenden Druck auf die Spionageabwehr aus, endlich den Verräter in den eigenen Reihen zu ermitteln. Der *bordereau,* der streng geheime Informationen über eine neue 12-cm-Kanone samt Gebrauchsanweisung und Einsatzmöglichkeiten, über die Umorganisierung der französischen Artillerie sowie das neueste Handbuch für die Feldartillerie verzeichnete, konnte nur entweder von einem Generalstabsoffizier selbst oder von einem Mann stammen, der im Generalstab einen Bundesgenossen hatte. General Auguste Mercier, der Kriegsminister, gab persönlich Anweisung, den Schuldigen aufzuspüren.

Dieses und jenes belastende Material gegen die deutschen und italienischen Militärattachés wurde erneut überprüft. Es fand sich eine Mitteilung Schwartzkoppens an seinen Mitarbeiter, nach der dieser für weitere militärische Karten 300 Francs an »den Mann von den Maasbefestigungen« oder an dessen Mutter auszahlen sollte. Eine Notiz Schwartzkoppens an seinen italienischen Kollegen Oberst Panizzardi, den italienischen Militärattaché, war abgefangen worden; beide Offiziere unterschrieben die gegenseitigen Briefe übrigens mit dem Namen »Alexandrine«. Die Mitteilung begann mit den Worten: »Beiliegend zwölf Detailkarten von Nizza, die mir dieser Schuft D. . . für Sie dagelassen hat.«

In Kreisen der französischen Intelligenz hielt man es für höchst unwahrscheinlich, daß der General den richtigen Anfangsbuchstaben des Namens seines Agenten genannt haben sollte. Doch der Verdacht des Generalstabs fiel auf einen Angestellten des Kartographischen Instituts, in dem die Karten hergestellt wurden. Der Mann hieß Dubois und hatte auch noch eine Mutter. Daraus ergab sich der weitere Verdacht, er könnte auch noch der »Mann von den Maasbefestigungen« sein. Aber trotz gründlicher Untersuchungen konnte man Dubois nichts nachweisen. Als kleiner Angestellter hätte er gar keinen Zugang zu solchen Informationen gehabt, wie sie im *bordereau* aufgeführt wurden. Darüber konnte nur jemand im Generalstab selbst Bescheid wissen. Da sich die meisten der Dokumente mit der Artillerie befaßten, mußte es sich um einen Artillerieoffizier handeln, allerdings um einen, der sich darüber hinaus auch in den anderen Waffengattungen auskannte. Das ließ auf einen Offizier auf Probe schließen, der noch nicht einem bestimmten Zweig des Generalstabs fest zugeteilt worden war, sondern zeitweilig in den verschiedenen Abteilungen eingesetzt wurde. Oberst Jean Sandherr, Chef der Spionageabwehr im Deuxième Bureau, ging die Liste sämtlicher Offiziere auf Probe durch, deren Namen mit einem D begann. Er entdeckte den Namen Dreyfus. Es fiel ihm wie Schuppen von den Augen. Erst vor einem Jahr hatte er formell gegen die Beförderung dieses jungen Offiziers in den Generalstab protestiert. Er hatte ihn als »Sicherheitsrisiko« bezeichnet, war aber mit seinem Einspruch nicht durchgedrungen. Jetzt war ihm schlagartig klar, daß er den Verräter gefunden hatte. Es konnte nur der Jude sein, der Mann, gegen dessen Ernennung er als einziger in weiser Voraussicht protestiert hatte.

Seine erste Maßnahme bestand darin, daß er Proben von Dreyfus' Handschrift mit der des *bordereau* verglich. Es war genau, wie er vermutet hatte: die beiden Proben wiesen eine auffallende Ähnlichkeit auf. Handschriftenexperten wurden hinzugezogen. Sie gelangten zwar zu unterschiedlichen Ergebnissen, waren sich jedoch darin einig, daß Hauptmann Dreyfus den *bordereau* sehr wohl geschrieben haben konnte. Einzig und allein aufgrund dieser Annahme wurde Dreyfus am 15. Oktober unter dem Verdacht des Hochverrats verhaftet und ins Militärgefängnis Cherche-Midi gebracht.

Noch bevor das Verfahren vor dem Militärgericht eingeleitet werden konnte, verurteilte ihn bereits hundertfach die Pariser Presse. Ihre Verantwortungslosigkeit und Bestechlichkeit sollte mit dazu beitragen, daß die französische Gesellschaft unter der Dritten Republik so vergiftet wurde, daß eine Heilung nicht mehr möglich war. Die Armee selbst wetteiferte mit der Presse in dem Bemühen, einen Offizier noch vor seinem Verfahren für schuldig zu erklären. Hohe Offiziere, darunter auch Major Hubert Henry vom Deuxième Bureau und der Kriegsminister General Mercier, fütterten die Pariser Zeitungen mit »Beweisen« für Dreyfus' Verrat.

In getrennten Interviews mit den beiden in Frankreich führenden Zeitungen *Le Matin* und *Le Figaro* erklärte der Kriegsminister Wochen vor der Verhandlung, an Dreyfus' Verrat könne kein Zweifel bestehen. General Mercier wurde wie folgt zitiert: »Der Generalstab weiß seit über drei Jahren, daß Dreyfus mit Agenten einer fremden Macht in Verbindung stand, wobei es sich weder um Italien noch um Österreich-Ungarn handelte.« Es war eindeutig, was damit gesagt werden sollte: Dreyfus war ein Spion für die Deutschen. Am 1. November 1894, zwei Wochen nach der Festnahme des Hauptmanns, »bestätigte« die antisemitische *La Libre Parole,* die von Major Henry mit Hinweisen versorgt wurde, diese Andeutung und fügte weitere Einzelheiten hinzu. Dank dieses seltsamen Offiziers konnte die Zeitung als erste die Identität des unter dem Verdacht des Hochverrats verhafteten Hauptmanns preisgeben.

Der elende und schändliche Offizier, der die Geheimnisse unserer Landesverteidigung verkauft und damit Hochverrat begangen hat, ist Hauptmann

Dreyfus . . . Vor fünfzehn Tagen wurde er verhaftet und hat ein volles Geständnis abgelegt. Es gibt unbestreitbare Beweise dafür, daß er unsere Geheimnisse an Deutschland verkauft hat.

Bald plapperten auch die anderen Zeitungen nach, daß der Verräter sein schreckliches Verbrechen »gestanden« habe. Sie fügten eigene fantasievolle Details hinzu. *L'Intransigeant* stellte Dreyfus als Spieler vor, der in einer Nacht zwei- oder dreitausend Francs verlor. *Le Temps* und *Le Matin,* zwei der konservativsten und scheinbar seriösesten Zeitungen von Paris, erklärten ihren Lesern, Dreyfus sei aus wahnwitziger Liebe zu einer italienischen Schönheit in Nizza zum Spion geworden. Diese *»magicienne d'amour«,* eine Dame von »edler Geburt«, sei eine italienische Geheimagentin gewesen und hätte den jüdischen Hauptmann dazu verleitet, ihr vertrauliches Material aus dem französischen Generalstab zu beschaffen. Gaston Méry von *Le Libre Parole* entdeckte andere Liebesbeziehungen, die Dreyfus zum Verhängnis geworden wären: Er habe ein intimes Verhältnis mit einer »gewissen Frau aus der gehobenen jüdischen Gesellschaft in Paris« unterhalten, »die ein wahres Zentrum der Spionage und des Verrats aufgebaut hat«. Andere bezichtigten Dreyfus, den Deutschen während seiner Stationierung in der Schießpulverfabrik von Bourges die Formel des neuen Melanits verraten zu haben.

Nun war es nicht schwer, den Wahrheitsgehalt all dieser Anschuldigungen aufzudecken. Als Dreyfus zum erstenmal in Bourges arbeitete, besaßen die Deutschen längst die Geheimunterlagen der neuen Granate. Er hatte während der Untersuchungshaft kein Geständnis abgelegt, sondern im Gegenteil immer wieder entschieden seine Unschuld beteuert. Was seine Spielleidenschaft und sein wildes Liebesleben betraf, so hatte Lepine, der Pariser Polizeichef, auf Ersuchen der Armee Ermittlungen angestellt. Dabei war er auf einen Dreyfus mit schlechter Führung gestoßen, doch dessen Vorname war Max. Lepine teilte der Armee in seinem Bericht mit, Hauptmann Alfred Dreyfus, ein verhältnismäßig wohlhabender junger Mann, sei ein häuslicher Typ, der nur selten den Schoß seiner glücklichen Familie verließe*. Da er ein begüterter Mann war, erschien es als unwahrscheinlich, daß er für finanzielle Vorteile Verrat begehen sollte.

Trotz alledem blieb die französische Presse, insbesondere jener Teil, der unter dem Einfluß militanter Antisemiten und Katholiken stand, dabei, daß Dreyfus' Schuld offenkundig sei, weil er ein Jude war und weil das »internationale Judentum« sich verschworen hatte, Frankreich zugrunde zu richten. So kommentierte die katholische Tageszeitung *La Croix:* »Dreyfus ist ein Agent des internationalen Ju-

* Spätere Beweise deuteten darauf hin, daß Dreyfus, wie so viele Offiziere, Affären mit anderen Frauen hatte. Doch das bestritt er bei seinen Vernehmungen.

dentums, das den Ruin des französischen Volkes beschlossen hat.« *La Libre Parole* erklärte: »Juden wie Dreyfus sind vermutlich nur untergeordnete Spione im Dienste der großen israelitischen Finanzmänner. Sie sind die Rädchen in der großen jüdischen Verschwörung, die uns, an Händen und Füßen gefesselt, dem Feinde ausliefern will.«

Schon bald brachte die Presse Berichte, nach denen die Juden angeblich die Regierung unter Druck setzten, um den Fall Dreyfus unter den Tisch fallen zu lassen und den schuldigen Hauptmann auf freien Fuß zu setzen. In Wirklichkeit ging die Regierung wegen des Fehlens wirklicher Beweise nur zögernd an das Verfahren heran. Bis Anfang Dezember war jedem Zeitungsleser in Frankreich die Überzeugung eingebleut worden, Dreyfus sei schuldig. Man wollte gar nicht, daß Dreyfus sich vor Gericht rechtfertigen sollte. Man wollte vielmehr ein Urteil, das bestätigte, was den Lesern gesagt worden war und was sie nun glaubten; man verlangte die gesetzliche Höchststrafe für den jüdischen Verräter. Einige Zeitungen forderten bereits die Todesstrafe, obgleich diese einige Jahre zuvor abgeschafft worden war. Die Regierung beugte sich dem Geschrei der Presse und setzte den Beginn des Verfahrens vor dem Kriegsgericht auf den 19. Dezember 1894 fest.

Da der *bordereau* der einzige belastende Beweis gegen Dreyfus war, da sich die Fachleute nicht darauf einigen konnten, ob der Hauptmann ihn wirklich geschrieben hatte, und da er selbst ausführlich und überzeugend darlegte, daß er diese Liste gar nicht verfaßt haben konnte, weil ihm ein guter Teil der darin enthaltenen Informationen überhaupt nicht geläufig war, sah es am Ende des ersten Verhandlungstages vor dem Militärgericht ganz danach aus, daß man den Angeklagten wegen Mangels an Beweisen würde freisprechen müssen. Das berichtete Major Georges Picquart, der offizielle Prozeßbeobachter des Kriegsministers. Doch Picquart, der wegen seiner unbeirrbaren Ehrlichkeit bald zum wahren Helden der Affäre werden sollte – selbst auf Kosten seiner Ehre als Offizier und vorübergehend auch seiner militärischen Karriere –, dieser Mann konnte nicht wissen, daß sein Chef und auch einer seiner Kollegen im Generalstab, nämlich Major Hubert Henry, dritter Mann in der Spionageabwehr, jetzt entschlossen waren, Dreyfus verurteilt zu sehen, koste es, was es wolle, Gesetze hin oder her.

Henry tat den ersten Schritt. Er war der einzige Generalstabsoffizier, der sich von ganz unten emporgedient hatte. Die aristokratischen Offiziere beklagten seine ungehobelten, bullernden Stabsfeldwebelmanieren, aber niemand zweifelte an seiner patriotischen Gesinnung und seiner Ehrenhaftigkeit. Auf Verlangen der Regierung und entgegen dem Einspruch der Verteidigung wurde der Prozeß vor dem Militärgericht unter Ausschluß der Öffentlichkeit geführt. Henry brachte eine schwerwiegende Anschuldigung vor. Er sagte aus, ein »über jeden Zweifel erhabener Herr« habe ihn darauf hingewiesen, daß es im Kriegsministerium einen Verräter gebe. »Und da steht der Verräter!« brüllte Henry und zeigte mit ausgestrecktem Finger auf den Angeklagten. Als Dreyfus' Verteidiger unter Berufung auf das französische Gesetz, nach dem der Beschuldigte ein Recht auf die Gegenüberstellung mit dem Anschuldiger hat, den Namen dieses »über jeden Zweifel erhabenen Herrn«* verlangte, tippte Henry an seine Mütze und antwortete: »Im Kopf eines Offiziers ruhen Geheimnisse, die nicht einmal sein Käppi kennt.« Der Gerichtsvorsitzende kam ihm zu Hilfe: »Sie brauchen den Namen dieser Person nicht zu nennen. Es genügt, wenn Sie bei Ihrer Offiziersehre beschwören, daß diese Person Ihnen gesagt hat, Dreyfus sei der Verräter.« Da brüllte Major Henry: »Ich schwöre!«

Das war ein vernichtender Schlag für Dreyfus. Aber ein noch folgenschwererer sollte am Ende der viertägigen Verhandlung geführt werden – eigentlich schon nach ihrer Beendigung, denn die Militärrichter hatten sich bereits zur Beratung des Urteilsspruchs zurückgezogen. Im Kriegsministerium hatte General Mercier mit Unterstützung eines recht eigentümlichen Mannes, des Marquis Mercier du Paty de Clam, Major im Generalstab, eine Geheimakte über Dreyfus zusammengebastelt, von der er sicher war, daß sie die Richter umstimmen würde, nachdem sie sich nach der Beweisaufnahme zur Beratung ihrer Entscheidung zurückgezogen hatten. Es war zwar ein offener Rechtsbruch, diese Akte ohne Wissen der Verteidigung einzureichen. Das wußte General Mercier sehr wohl, aber er war zu dieser Verzweiflungstat bereit. Der Jude mußte schuldig gesprochen werden.

Wie so viele Männer, die in die Dreyfus-Affäre verwickelt waren, stellte Major Paty de Clam, Sproß eines alten Adelsgeschlechts, eine seltsame Figur dar. Das Leben in der bürgerlichen Gesellschaft der Dritten Republik langweilte ihn; so lebte er in einer eigenartigen Welt kindischer Fantasien und Intrigen. Wie so viele andere reaktionäre Offiziere war er von der Vorstellung besessen, in Frankreich wimmelte es nur so von Spionen, und die meisten von ihnen wären Juden. Allerdings nicht alle. Zwei Jahre lang ließ er seinen eigenen Vetter beschatten, weil dieser mehrere Fremdsprachen beherrschte, viel ins Ausland reiste und daher ein Spion sein mußte.

Für den Kriegsminister entwarf der Marquis nun eine Art krimineller Biographie Dreyfus', die zeigen sollte, daß die ganze militärische Karriere des Juden nur auf Verrat abzielte. Dreyfus, so schrieb er, sei zweifellos der »Mann von den Maasbefestigungen«, der geheime

* Bei dem »über jeden Zweifel erhabenen Herrn« handelte es sich vermutlich um den Marquis de Val Carlos, einen früheren spanischen Militärattaché. Dieser als recht zwielichtig bekannte Typ hatte einmal einen Agenten des Deuxième Bureau gewarnt: »Um Ihre Schafherde schleichen ein oder zwei Wölfe.« Es gibt keine Beweise dafür, daß er jemals den Namen Dreyfus erwähnt hat, aber Major Henry war zu diesem Zeitpunkt von der Schuld des jüdischen Hauptmanns überzeugt und fest entschlossen, die Beschuldigung durchzudrücken. Dazu war ihm jedes Mittel recht.

Karten an den Feind verkaufte. Es war auch der Jude, der den Deutschen in Bourges die geheime Formel für Melanit zugespielt hatte. Es war Dreyfus, der gemeint war, wenn Oberst Schwartzkoppen sich auf einen »Schuft D. . .« bezog. General Merciers Geheimakte Dreyfus wurde um ein weiteres »Beweisstück« bereichert, das vierzehn Tage nach der Verhaftung des Juden aufgetaucht war. Es handelte sich um ein Telegramm des italienischen Militärattachés Oberst Panizzardi an Rom, das die Franzosen dechiffriert hatten. Panizzardi hatte auf Dreyfus' Verhaftung und die übertriebenen Enthüllungen in der Presse ebenso erstaunt reagiert wie sein deutscher Kollege. Am 2. November hatte er verschlüsselt nach Rom gekabelt: »Falls Hauptmann D. zu Ihnen keine Beziehungen unterhält, wäre zur Vermeidung von Pressekommentaren ein Dementi angebracht.«

Nachdem Major du Paty das Telegramm zu einem weiteren Beweis gegen Dreyfus umgearbeitet hatte, lautete es: »D. verhaftet. Vorkehrungen eingeleitet. Gewährsmann gewarnt.« Mit diesem Wortlaut übernahm es das Deuxième Bureau in die Akte Dreyfus. Patys einmalige Biographie des »Verräters«, die angeführten Dokumente und ein knapper Begleitbrief von General Mercier wurden durch Paty persönlich dem Vorsitzenden des Kriegsgerichts nach Abschluß der Beweisaufnahme unauffällig in einem versiegelten Umschlag zugesteckt. Der Richter wurde aufgefordert, den Inhalt vor dem Urteilsspruch seinen Kollegen vorzulesen und ihn dann versiegelt an Paty zurückzugeben. Später stellte sich heraus, daß General Mercier die Absicht hatte, den Begleitbrief zu vernichten und die übrigen Unterlagen in den Akten untertauchen zu lassen.

Der Begleitbrief an die Richter besagte unter anderem: »Der Name des Verräters beginnt mit einem D. . . Allgemeiner Eindruck: die oben erwähnten Fakten könnten auf Dreyfus zutreffen . . . Der D., der die Karten von Nizza verriet, der Verfasser des *bordereau* und der Hauptmann Dreyfus müssen miteinander identisch sein.«

Dem Verteidiger wäre es, wie er später sagte, leichtgefallen, solche »Beweise« zu zerpflücken und General Merciers voreilige Folgerungen zu entkräften. Aber er erfuhr erst viel später davon. Selbst dann konnte er es anfangs nicht glauben, daß der Generalstab und der ehrenwerte Herr Kriegsminister derartige falsche »Beweise« erfinden und ohne sein Wissen dem Gericht vorlegen konnten – ein glatter Verstoß gegen § 101 der Strafprozeßordnung.

Die französische Armee bekam ihre Verurteilung. Der Schuldspruch des Kriegsgerichts erfolgte einstimmig. Zunächst wurde der überführte Verräter auf dem Exerzierplatz der *Ecole Militaire* öffentlich degradiert. Es wird einem noch übel, wenn man siebzig Jahre später einen Bericht über diesen barbarischen Vorgang liest: dem verurteilten Offizier wurden die Achselstücke und die roten Generalstabsstreifen abgerissen, dann wurde sein Säbel zerbrochen, während der

Mob brüllte: »Tod dem Juden*!« Nach dieser erhebenden Zeremonie wurde Dreyfus auf die Teufelsinsel verfrachtet, wo ihn die tödliche, Tag und Nacht gleichbleibende Hitze allmählich verzehrte. Auf Anweisung der französischen Regierung wurde er lange Zeit vierundzwanzig Stunden in seiner winzigen Steinhütte in Einzelhaft gehalten. Nachts wurden seine Fußgelenke in Eisen geschlagen, die mit einer Kette am eisernen Fußende seines Lagers befestigt waren. Da von dieser abgelegenen Insel vor der Küste Südamerikas offenbar nicht die geringste Fluchtmöglichkeit bestand, kann man seine Behandlung nur als Folter ansprechen, angeordnet von einer zivilisierten Regierung in der überzivilisierten Stadt Paris.

Für Regierung, Armee und Öffentlichkeit war der Fall Dreyfus damit erledigt. Ein Verräter war gefaßt und nach einem Gerichtsverfahren entsprechend dem Gesetz verurteilt worden. Und dennoch gab es einige Menschen, für die Dreyfus' Unschuld feststand und die Tatsache, daß – falls ein Verrat begangen worden war – ein anderer Offizier der Schuldige sein mußte. Das waren seine Frau, sein Bruder und sein Anwalt Edgar Demange, ein schon älterer, hochangesehener Mann und gläubiger Katholik. Selbst bei Major Georges Picquart, der weder die Juden allgemein noch den jungen Hauptmann Dreyfus mochte, dessen unmittelbarer Vorgesetzter im Generalstab er gewesen war, nisteten sich leise Zweifel ein. Als offizieller Beobachter des Kriegsministers hatte ihn bei dem Verfahren die Spärlichkeit der Beweise beunruhigt.

Sechs Monate nach Abschluß des Prozesses wurde Picquart zum Leiter der Spionageabwehr im Deuxième Bureau ernannt. Er erhielt von seinen Vorgesetzten den Auftrag, die Motive zu untersuchen, die Dreyfus zu einem Verrat am Vaterland veranlaßt haben könnten – eine Angelegenheit, die den führenden Militärs immer noch Rätsel aufgab. Picquart konnte derlei Motive nicht entdecken. Aber dafür fand er etwas anderes, das sein Leben fast ebenso radikal veränderte wie das des Hauptmanns Dreyfus, etwas, das sein Land und die Armee in eine neue hektische Krise stürzte, nach der sich am Ende die Gerechtigkeit durchsetzte.

Während der nachfolgenden zwölf Jahre sollte Frankreich von der heftigen Diskussion über Recht und Unrecht in diesem Fall zerrissen werden. Zeitweilig geriet es bis an den Rand eines erbitterten, wenn auch unblutigen Bürgerkrieges. Familien wurden einander entfremdet, Freundschaften gingen in die Brüche, Duelle wurden ausgefochten, Regierungen gestürzt, Karrieren zugrunde gerichtet. Einige Männer wanderten ins Gefängnis, andere begingen Selbstmord. Es

* Am folgenden Tag kommentierte *La Libre Parole*: »Hier wurde nicht ein einzelner für ein individuelles Verbrechen degradiert. Die Schande einer ganzen Rasse wurde in aller Nacktheit bloßgestellt.«

ereigneten sich Straßendemonstrationen. Der Mob bedrohte das Leben führender Persönlichkeiten, die den Mut aufbrachten, Zweifel an der Schuld des verurteilten Juden auszusprechen. Der Präsident der Republik wurde angespuckt und verprügelt. Das ganze Land schien in blinden Haß und Intoleranz zu versinken. Es kam zu einer unüberbrückbaren und hysterischen Spaltung zwischen jenen – meist auf der Rechten –, die Dreyfus für schuldig hielten, und den anderen, hauptsächlich auf der Linken, die im Laufe der Jahre die Überzeugung gewannen, daß er unschuldig war – das Opfer einer gemeinen Rechtsverdrehung durch das reaktionäre, antisemitische Offizierskorps, die selbst dann noch aufrechterhalten wurde, nachdem das Oberste Appellationsgericht Meineide und gefälschtes Beweismaterial aufgedeckt hatte.

Schon längst vor dem Ende der *Affaire,* wie man den Fall in Frankreich allgemein nannte, ging die Frage um die Schuld Dreyfus' fast im allgemeinen Streit unter. Sie wich einer grundlegenden Auseinandersetzung um die moralischen Grundsätze der französischen Gesellschaft, die von da an bis zum Ende die Dritte Republik überschattete. Für die Armeeführung, ihre Parteigänger in der Kirche und die konservativen Schichten handelte es sich längst nicht mehr in erster Linie darum, ob Dreyfus schuldig war (obgleich sie das glaubten); selbst wenn er unschuldig sein sollte, hielt man es immer noch für besser, daß er auf der Teufelsinsel die Qualen der Verdammten erlitt (was er buchstäblich tat), als daß Prestige und Ehre der französischen Armee, von der die Verteidigung des Vaterlandes abhing, befleckt werden sollten. Was bedeuteten schon Leben und Ehre eines einzelnen im Vergleich zu Leben und Ehre von *la patrie**? Welche Bedeutung kam denn tatsächlich der nackten Wahrheit und reinen Gerechtigkeit für den einzelnen zu, selbst dem Respekt vor dem Menschen ohne Ansehen der Rasse oder Religion, wenn eine strikte Beachtung dieser Grundsätze das Vertrauen des Volkes in die Führer der Armee untergrub, den Glauben an die bestehenden Autoritäten zerstörte und damit den Lebensnerv der Nation schwächte? Über allem stand das nationale Interesse. Ihm waren im Laufe der Geschichte immer wieder einzelne – aber auch Wahrheit und Gerechtigkeit – geopfert worden.

Charakteristisch für diese Moralauffassung der Rechten war eine Zeile, die der Schriftsteller Paul Léautaud seinem Beitrag zu einem Unterstützungsfonds für die Witwe von Oberst Hubert Henry beilegte. Der Oberst gestand später die Fälschung von Dokumenten gegen Dreyfus und beging Selbstmord, nachdem er unter Militärarrest gestellt worden war. Der Autor schrieb: »Für Ordnung, gegen Gerech-

* Adolf Hitler beantwortete diese Frage einmal auf seine Weise[3]: »Was heißt Leben? Die Nation, das ist Leben. Das Einzelwesen muß sowieso sterben. Die Nation steht über dem Leben des einzelnen.«

tigkeit und Wahrheit*!« Oberst Henry wurde trotz der eingestandenen Fälschungen, die mit zur Verurteilung eines Unschuldigen beigetragen hatten, für die *Anti-Dreyfusards* zu einem Helden. Ein aufstrebender junger Dichter und Journalist namens Charles Maurras, der auf den Trümmern der Dreyfus-Affäre die royalistische und ultranationalistische Bewegung der *Action Française* gründen sollte, fiel zuerst durch einen Artikel in der monarchistischen *Gazette de France* auf. Darin verteidigte er Oberst Henrys ungesetzliches Handeln nicht nur aus patriotischen, sondern auch aus moralischen Gründen. Henrys Fälschungen, schrieb er, seien ein »Akt der Vaterlandsliebe« gewesen und »zum Nutzen und zur Ehre aller« geschehen. Maurras fügte hinzu: »Der Oberst opferte sich als Moralist und als Staatsmann.« Er versprach ihm dafür die »Unsterblichkeit«.

Aber es gab in Frankreich noch andere moralische Werte, die weitaus älter und weiter verbreitet waren als diejenigen der Rechten. Als sie durch das Bekanntwerden neuer Beweise für das grausame Unrecht, das an Dreyfus verübt worden war, erst einmal in den Köpfen und Herzen einer immer größeren Anzahl von Bürgern geweckt waren, triumphierten sie zuletzt auch, allerdings erst nach vielen Rückschlägen eines stürmischen Jahrzehnts. Diese Auffassung besagte schlicht und einfach, Wahrheit müsse Wahrheit und Gerechtigkeit müsse Gerechtigkeit bleiben, unabhängig von den eventuellen Folgen; keine Gesellschaft, und natürlich auch keine Armee, könne – oder sollte – fortbestehen, wenn ihre Grundlage nicht eine uneingeschränkte Achtung vor diesen Werten sei. Hatte die Armee eine Ungerechtigkeit begangen, indem sie einen Unschuldigen wegen Hochverrats aburteilte, dann mußte sie diesen Fehler wiedergutmachen. Aus diesem Schluß ergab sich die Forderung nach einer »Revision« des Falles Dreyfus – zuerst nur geflüstert, aber dann allmählich zu lautstarkem Nachdruck anwachsend.

Die Verfechter dieser Forderung – radikal-republikanische Politiker wie Georges Clemenceau, Sozialistenführer wie Jaurès, Schriftsteller wie Emile Zola und Anatole France und der fast schon mit einem Heiligenschein versehene junge Dichter Charles Péguy, Universitätsprofessoren und Schullehrer – ließen sich auch nicht durch die Anschuldigung beirren, sie schadeten der Nation oder der Armee. Im Namen der nationalen Ehre verlangte Péguy Gerechtigkeit für Dreyfus. Für ihn mußte die Ehre der Nation auf Wahrhaftigkeit begründet sein,

* Die antisemitische Tageszeitung *La Libre Parole,* die den Spendenaufruf erlassen hatte, ließ das Wort ›gegen‹ weg, so daß der Satz nun lautete: »Für Ordnung, Gerechtigkeit und Wahrheit!« Léautaud protestierte und drohte gesetzliche Maßnahmen für den Fall an, daß der Fehler nicht korrigiert würde. Er schrieb an die Zeitung: »Sie lassen mich sagen, ich sei *für* Gerechtigkeit und Wahrheit, während ich doch *dagegen* bin.« Auf der Liste der Spender stand auch Paul Valéry, der später ein bekannter Dichter, Essayist und Mitglied der Akademie wurde. Er bemerkte, sein Beitrag sei »nicht ohne Überlegung« geleistet[4]. Ein junger Armeehauptmann namens Weygand spendete zehn Francs für ein Denkmal zu Ehren von Oberst Henry. Seine politische Gesinnung trat schon jetzt deutlich zutage[5].

und diese Ehre war durch eine Lüge befleckt. »Die Leidenschaft für Wahrheit und Gerechtigkeit«, schrieb er später über jene Tage, »die Unzufriedenheit gegenüber allem Falschen, die Abscheu vor Lüge und Ungerechtigkeit, nahmen uns ganz in Anspruch und verzehrten all unsere Kräfte.« Sie sollten schließlich doch belohnt werden.

Le Petit Bleu – Wiederaufnahmeverfahren

An einem Märztag des Jahres 1896, über ein Jahr nachdem Dreyfus seine lebenslange Strafe auf der Teufelsinsel angetreten hatte, fing der französische Nachrichtendienst einen Brief des deutschen Militärattachés an einen Offizier der französischen Armee ab. Darin wurde eine »eingehende Erklärung der schwebenden Frage« verlangt. Der Brief war an Major Graf Ferdinand Walsin-Esterhazy, 27 rue de la Bienfaisance in Paris, adressiert. Er war auf *pneumatique* geschrieben, der Dünnpost, die bei den Franzosen ganz allgemein *petit bleu* genannt wurde, weil dieses vom Postamt für den innerstädtischen Rohrpostverkehr verkaufte Spezialpapier diese Farbe hatte. Für *l'Affaire* sollte dieses *petit bleu* ebenso große Bedeutung erlangen wie zuvor der *bordereau*.

»Was – noch ein Spion?« fragte Picquart, als ihm ein Ordonnanzoffizier das Schriftstück vorlegte. Nach einem flüchtigen Blick darauf befahl er eine Routineüberprüfung des Majors Esterhazy. Er entpuppte sich als Abkömmling eines der führenden ungarischen Adelsgeschlechter; die Esterhazys waren in ganz Europa bekannt. Er war zwar in Paris geboren, hatte jedoch 1866 in der österreichischen Armee gegen Preußen gekämpft und vier Jahre später mit der französischen Armee noch einmal gegen denselben Feind. Seine Führung als Soldat war ausgezeichnet. In seinem Privatleben sah es etwas anders aus. Als besessener Spieler steckte er dauernd in Schulden. Er hatte die Mitgift seiner Frau verschleudert, war in verschiedene undurchsichtige Transaktionen verwickelt und hatte Ärger mit verschiedenen Mätressen. Im Augenblick kommandierte er ein Bataillon des 74. Infanterieregiments von Rouen. Eine Zeitlang hatte er sich für einen Posten im Nachrichtendienst des Generalstabs beworben und dabei betont, daß er mehrere Sprachen beherrsche und über gute Kenntnisse der Verhältnisse in Deutschland, Österreich und Italien verfüge. Er hatte im Geheimdienst einen Freund – Major Henry –, der seine Bewerbung befürwortet hatte.

Diese schriftliche Bewerbung war zu Picquart gelangt. Als er über den *petit bleu* grübelte, kam ihm die Handschrift irgendwie bekannt vor. Er holte die Dreyfus-Akten, an denen er in seiner Freizeit arbeitete, hervor und nahm den *bordereau* heraus. Aufgeregt zog er einige Handschriftenexperten hinzu. Er ließ sogar Major du Paty rufen, dessen Vertrauen in die eigenen graphologischen Fähigkeiten ihn am

Anfang zu dem Schluß verleitet hatte, daß Dreyfus den *bordereau* verfaßt haben müsse. Nun war auch der Marquis sicher, daß Esterhazy ihn geschrieben hatte. »Natürlich – genau dieselbe Handschrift!« rief er aus. Die Experten stimmten ihm zu. Nun war Picquart davon überzeugt, daß Esterhazy, dessen landesverräterische Korrespondenz mit Oberst Schwartzkoppen bereits durch das *petit bleu* bewiesen war, auch der Verfasser des *bordereau* und damit der Offizier war, der den Deutschen militärische Geheimnisse verkauft hatte. Dreyfus mußte demnach unschuldig sein.

Er vertraute sich General Charles Gonse, dem Stellvertretenden Generalstabschef, an und bestürmte ihn, die Armee solle die Initiative zur Wiederaufnahme des Falles Dreyfus ergreifen, um den Kritikern vorzubeugen, die dieser Armee das Festhalten an einer Ungerechtigkeit vorwarfen. Er wies seinen Chef darauf hin, daß die Familie Dreyfus mit Unterstützung einer wachsenden Anzahl bedeutender Politiker ein neues Verfahren betriebe. Dem sollte die Armee zuvorkommen, erklärte er. Hätte sich General Gonse nach diesem vernünftigen Rat gerichtet, so wäre der Armee der Vertrauensverlust erspart geblieben, den sie sich schon bald einhandeln sollte, und der Nation wäre höchstwahrscheinlich die Krise erspart geblieben, die sie bis in die Grundfesten erschütterte. Der Armee wurde hier die Gelegenheit zu einem ehrenvollen Rückzug geboten. Sie brauchte lediglich zuzugeben, daß hier vielleicht Unrecht geschehen sei.

Aber General Gonse war nicht der Mann, der die Armee auf diese Weise kompromittieren wollte. Er tadelte den erst kürzlich zum Oberst beförderten Picquart wegen des Versuchs, die beiden Fälle in einen Zusammenhang zu bringen. Sehr bestimmt erklärte er: »Der Fall Dreyfus ist abgeschlossen. Außerdem«, fügte er hinzu, »was kümmert es Sie, ob dieser Jude auf der Teufelsinsel sitzt oder nicht?«

»Er ist unschuldig«, erwiderte Picquart.

Der General betrachtete den frischbackenen Oberst eine Weile nachdenklich und sagte schließlich: »Wenn Sie den Mund halten, braucht es niemand zu erfahren.«

»General!« schrie Picquart und vergaß den Rangunterschied. »Was Sie da sagen, ist abscheulich. Ich weiß nicht, wie ich mich verhalten werde. Aber ich werde jedenfalls dieses Geheimnis nicht mit ins Grab nehmen.«

Ehe es sich Picquart versah, wurde er von General Gonse an die Tunesienfront abkommandiert. Dort fanden gelegentlich bewaffnete Auseinandersetzungen mit den Arabern statt. Nach späteren Aussagen vor Gericht hofften einige der Generäle, daß der lästige Oberst nicht zurückkehren würde.

Aber Picquart war aus härterem Holz geschnitzt, als seine Vorgesetzten glaubten. Er unterschied sich auch noch auf andere Weise von den durchschnittlichen Armeeoffizieren. Er hatte sich eingehend mit

Geschichte, Philosophie und Literatur beschäftigt und nie zu lernen aufgehört, so daß er einen weiteren Horizont hatte als die meisten seiner Kollegen. Bedeutsamer noch war seine ungewöhnliche Charakterstärke. Er war ein so glühender Verfechter der Gerechtigkeit, daß bei ihm das Karrieredenken in den Hintergrund trat. Er hatte es ernst gemeint, als er seinen Vorgesetzten erklärte, er werde das Geheimnis von Dreyfus' Unschuld nicht mit ins Grab nehmen.

Am 2. April 1897 schrieb er einen persönlichen Brief an den Präsidenten der Republik. Er bekundete darin seine Überzeugung, daß Dreyfus unschuldig sei, daß der wahre Verräter Esterhazy heiße und daß man Dreyfus hereingelegt habe. Er gab diesen Brief zwar nicht auf, aber als er zwei Monate später in Paris auf Urlaub weilte, hinterlegte er ihn bei seinem Freund und Rechtsanwalt Louis Leblois mit der Anweisung, ihn im Falle seines Todes an den Präsidenten zu senden. Unter dem Siegel der Verschwiegenheit vertraute er seinem Anwalt an, welche Beweise er entdeckt hatte. Später erklärte er sich damit einverstanden, den Bericht an gewisse vertrauenswürdige Parlamentsmitglieder weiterzugeben, die sich mit dem Fall Dreyfus beschäftigten, allerdings unter der Bedingung, daß er nicht als Quelle genannt werden dürfe. Dieser Schritt sollte später die Generäle und andere Dreyfus-Gegner in Wut versetzen und dazu führen, daß Picquart in Ungnade fiel und verhaftet wurde, während Leblois für einige Zeit aus der Anwaltskammer ausgestoßen wurde.

Aber die Wahrheit war nun ans Tageslicht gekommen, und sie begann sich herumzusprechen. Der ehrwürdige Auguste Scheurer-Kestner, Vizepräsident des Senats und Elsässer wie Dreyfus, Picquart und Leblois, interessierte sich dafür, ebenso Georges Clemenceau, ein radikal-republikanischer Politiker und Verleger aus der Vendée. Er sah aus wie ein Mongole und hatte einen Charakter wie ein Fels, ein tiefverwurzeltes Mißtrauen gegenüber der für Irrtümer anfälligen menschlichen Rasse und einen fanatischen Gerechtigkeitssinn. Für ihn spielte es dabei keine Rolle, wer sich der Durchsetzung dieser Gerechtigkeit in den Weg stellte. Er war zunächst wie fast alle anderen von Dreyfus' Schuld überzeugt gewesen und hatte den »Verräter« mit der üblichen Schärfe verurteilt. Aber als die Wahrheit durchsickerte, griff er die Forderung nach einer Revision auf und bestürmte jahrelang Tag um Tag Armee und Regierung. Am Schluß hatte er in seiner Tageszeitung *L'Aurore* über achthundert Artikel über *l'Affaire* veröffentlicht. Jetzt sollte in seinem Blatt ein berühmter Romancier einen Artikel veröffentlichen, der den ganzen Fall platzen ließ – und das ausgerechnet in dem Augenblick, da die verfassungsmäßigen Behörden schon glaubten, ihn ein für allemal abgewürgt zu haben.

Nun liefen die Ereignisse in einem immer rascheren Tempo ab. Am 16. November 1897 beschuldigte Mathieu Dreyfus, der sich voll und ganz der Ehrenrettung für seinen Bruder widmete, Esterhazy öffentlich, der Verfasser des *bordereau* zu sein. Esterhazy forderte ein Gerichtsverfahren zur Bereinigung dieses Vorwurfs. Er erhielt es, und die Richter sprachen ihn am 11. Januar 1898 nach dreiminütiger Beratung einstimmig frei. Am selben Abend drängten sich auf den Straßen gewaltige Menschenmengen mit Parolen wie: »Lang lebe Esterhazy! Lang lebe die Armee! Tod den Juden!« Am folgenden Tag wurde Oberst Picquart, der gegen Esterhazy ausgesagt hatte, verhaftet und in die Festung Valérien gebracht.

Am nächsten Tag, dem 13. Januar, erregte ein offener Brief des Romanschriftstellers Emil Zola an den Präsidenten der Republik großes Aufsehen. Er erschien in *L'Aurore,* und der Herausgeber Clemenceau gab ihm aus einem genialen Einfall heraus den Titel, der diesen Brief weltberühmt machen sollte: *»J'Accuse!«* – »Ich klage an!« Er stellte den großen Wendepunkt in der Dreyfus-Affäre dar und schien zu beweisen, daß in Frankreich trotz allem die Feder noch mächtiger war als das Schwert. Zola stand damals als vieldiskutierter Autor auf dem Höhepunkt seines Ruhms. Er wurde gefeiert und angegriffen und nicht nur in Frankreich selbst, sondern in der ganzen westlichen Welt viel gelesen. Die zwanzig Romane der *Rougon-Macquart-*Serie hatte er bereits hinter sich. Er beendete gerade *Paris,* den Abschluß einer Trilogie unter dem Titel *Drei Städte.* Sein Weltruhm hatte ihm phänomenale Auflagen und eine Menge Geld eingetragen. Er bedurfte keiner weiteren Publicity, auch wenn ihm jetzt die *Anti-Dreyfusards* genau das vorwarfen.

Sein Brief war in heftigem Ton gehalten, die Vorwürfe waren ätzend und scharf. Er nannte die Generäle beim Namen und warf ihnen – besonders aber dem inzwischen zum Oberst aufgerückten Paty de Clam – eine bewußte Intrige gegen Dreyfus vor; die Armee selbst beschuldigte er, den Freispruch für Esterhazy, den echten Verräter, *befohlen* zu haben. Er schloß mit der kühnen Aufforderung, die Regierung oder die Armee solle ihn nur vor die Schranken eines Gerichts zerren und zu diffamieren versuchen.

Der Fehdehandschuh wurde aufgenommen. Die Regierung leitete unverzüglich auf Betreiben der Armee ein Verfahren gegen Zola ein. Dabei blieb sie fest entschlossen, den Fall Dreyfus nicht wieder aufzurollen, und beschränkte die Anklage lediglich auf Zolas Vorwurf, die Armee habe Esterhazys Freispruch befohlen. So wurde die Verteidigung daran gehindert, Beweise für die Intrige der Militärs gegen Dreyfus vorzulegen.

Die stürmische Gerichtsverhandlung dauerte zwei Wochen, aber dann brauchte das Gericht nur knapp eine Stunde, um den Schuldspruch gegen Zola zu fällen. Gegen ihn wurde die Höchststrafe verhängt: ein Jahr Gefängnis und 3000 Francs Geldstrafe. Wahrscheinlich konnte er von Glück sagen, daß er an diesem Tag überhaupt lebend nach Hause gelangte. Der Pöbel war in die Korridore des Gerichtsgebäudes eingedrungen und brüllte: »Nieder mit Zola! Tod den Juden!« Man wollte ihn lynchen, und am Abend wurde sein Haus von aufgebrachten Demonstranten mit Steinen beworfen*. Selbst Ministerpräsident Jules Méline stimmte mit in die antisemitischen Tiraden ein. Er erklärte vor der Kammer: »Die Juden, die unklugerweise diese vorbereitete Haßkampagne ausgelöst haben, beschworen gegen sich ein Jahrhundert der Intoleranz harauf – die Juden und jene intellektuelle Elite, denen es Vergnügen zu bereiten scheint, die Atmosphäre zu vergiften und blutigen Haß zu entfachen.« Er versprach, »von heute an die volle Strenge des Gesetzes gegen sie walten zu lassen«. Die Kammer nahm seine Worte beifällig auf und verabschiedete mit 428 gegen 54 Stimmen eine eigene Resolution:

Die Kammer empfiehlt der Regierung, mit aller Entschiedenheit . . . gegen die abscheuliche, mit fremdem Geld unterstützte Kampagne zur Rehabilitierung des Verräters Dreyfus vorzugehen, der nach dem Zeugnis von siebenundzwanzig französischen Offizieren einstimmig verurteilt wurde und der seine Schuld eingestanden hat.

Oberst Picquart, dem Offizierskorps inzwischen fast ebenso verhaßt wie Dreyfus, hatte bei der Verhandlung gegen Zola ruhig, aber entschieden bekundet, daß das von der Armee gegen Dreyfus ins Feld geführte Hauptdokument, in dem der italienische Militärattaché Dreyfus als den Spion bezeichnet hatte, offenbar eine Fälschung sei. Drei Tage nach Zolas Verurteilung, am 26. Februar 1898, wurde Picquart wegen seines Verhaltens, das eines Offiziers unwürdig sei, aus der Armee entlassen. Sein Anwalt Leblois erhielt wegen seines Einsatzes für seinen Freund und Klienten sechs Monate lang Berufsverbot.

Nun schien die Dreyfus-Affäre endlich doch abgewürgt zu sein. Sie wäre es vielleicht auch für immer gewesen, wenn sich nicht die Armee und der neue Kriegsminister, ein loyaler republikanischer Deputierter namens Godefroy Cavaignac, der von Dreyfus' Schuld überzeugt worden war, allzu zuversichtlich gezeigt hätten. Am 7. Juli 1898 erhob sich Cavaignac in der Kammer, entschlossen, der Agitation um Dreyfus ein für allemal ein Ende zu bereiten. Er verkündete, die Armee verfüge über unwiderlegbare Beweise von Dreyfus' Schuld. Er veröffentlichte sie hier erstmals, indem er vor den Deputierten die drei belastenden Dokumente verlas, in denen der deutsche und der

* Das Urteil gegen Zola wurde wegen eines Formfehlers für ungültig erklärt und ein neues Verfahren angeordnet. Am 18. Juli 1898 wurde er von einem Gericht in Versailles erneut verurteilt, nachdem er sich geweigert hatte, vor Gericht zu erscheinen. Bevor er zur Ableistung seiner Gefängnisstrafe verhaftet werden konnte, floh er auf Anraten seines Anwalts nach London. Vermutlich gab er selbst oder sein Verteidiger die Hoffnung auf, daß überhaupt jemand in Frankreich bei dem damals herrschenden Klima Gerechtigkeit erfahren konnte.

italienische Militärattaché von dem »Schuft D. . .« gesprochen und Oberst Panizzardi dann tatsächlich Dreyfus als Spion bezeichnet hatte. Die ganze Kammer spendete Cavaignac wegen seines Mutes frenetischen Beifall. Sie beschloß einstimmig, den Wortlaut der Rede auf den offiziellen Anschlagtafeln in den 36000 Gemeinden des Landes auszuhängen. Der neue zivile Kriegsminister wurde der Held des Tages. Ermutigt durch seinen Erfolg, empfahl er dem Kabinett, die wichtigsten der für Dreyfus eintretenden Männer, nämlich Senator Scheurer-Kestner, Clemenceau, Zola, Picquart und etwa zwanzig andere vor den als Oberstes Gericht tagenden Senat zu zitieren und sie wegen ihrer Verschwörung gegen die Sicherheit des Staates zur Verantwortung zu ziehen.

Aber dann begann sein Kartenhaus bald einzustürzen. Am 10. Juli schrieb der inzwischen aus der Armee entlassene Picquart einen Brief an den Ministerpräsidenten, in dem er bedauerte, welcher Mißbrauch mit Cavaignacs gutem Glauben getrieben wurde. Clemenceau veröffentlichte ihn prompt in *L'Aurore*.

Da der Kriegsminister drei jener Geheimdokumente vor der Kammer verlesen hat, auf die sich mutmaßlich der Schuldspruch gegen Dreyfus stützt, halte ich es für meine Pflicht, Sie davon zu unterrichten, daß ich imstande bin, vor einem zuständigen Gericht zu beweisen, daß sich die beiden Dokumente aus dem Jahre 1894 nicht auf Dreyfus beziehen und daß das andere aus dem Jahre 1896 alle Anzeichen der Fälschung aufweist.

Erbost befahl Cavaignac Picquarts Verhaftung wegen der Preisgabe von Staatsgeheimnissen. Auch Esterhazy wurde festgenommen – aber nicht unter dem Verdacht des Landesverrats, sondern wegen seines unmoralischen Lebenswandels, der sich für einen Offizier nicht gezieme. Der Topf begann erneut überzukochen.

Um Picquarts Vorwurf der Fälschung entkräften zu können, beauftragte der Kriegsminister einen jungen Generalstabsoffizier, den Hauptmann Louis Cuignet, mit einer Überprüfung der Akte Dreyfus und der Echtheit der angeführten Dokumente. Zu Cavaignacs Bestürzung fand der junge Offizier bald heraus, daß eines der drei Dokumente, die der Kriegsminister in seiner großen Rede als »unwiderlegbaren Beweis« für Dreyfus' Schuld zitiert hatte, gefälscht worden war – höchstwahrscheinlich von Oberst Henry. Der Oberst wurde zum Kriegsminister persönlich bestellt. Hier gestand Henry in Gegenwart des Generalstabschefs und dessen Stellvertreters seine Fälschung ein. Er wurde sofort verhaftet und in die Festung Mont Valérien gebracht. Die Presse wurde von seinem Geständnis unterrichtet. Am nächsten Tag fand man Henry tot auf seinem Lager. Er hatte sich die Kehle mit seinem Rasiermesser durchgeschnitten.

Er hatte zwar seine Fälschung zugegeben, aber Cavaignac keine

Einzelheiten geliefert. Dennoch wurde dieses Wissen nicht mit ihm begraben. Später stellte sich alles heraus. 1896, als die Bestrebungen für einen neuen Dreyfus-Prozeß zunahmen, hatte sich Oberst Henry gesagt, daß weitere »Beweise« gegen den verurteilten Hauptmann nur nützlich sein könnten. Der französische Nachrichtendienst hatte eine auf dem Briefpapier der italienischen Botschaft geschriebene Mitteilung von Oberst Panizzardi, mit der er Oberst Schwartzkoppen zum Diner einlud, abgefangen und Henry zugeleitet. Diese passende Gelegenheit hatte Henry wahrgenommen und einen gewissen Lemercier-Picard, einen Mann von zweifelhaftem Charakter und Experten für die Nachahmung von Handschriften, rufen lassen. Auf einem Stück Papier, das dem amtlichen Briefpapier der Botschaft möglichst ähnlich sah, ließ Henry diesen Lemercier-Picard eine interessante Notiz schreiben:

Lieber Freund, wie ich gelesen habe, will ein Abgeordneter den Minister wegen Dreyfus befragen. Sollte Rom erneut Erklärungen von mir verlangen, werde ich natürlich sagen, ich hätte mit diesem Juden niemals etwas zu tun gehabt. Würden Sie auf Anfrage das gleiche sagen? Keiner soll je herausfinden, wer mit ihm in Verbindung stand.

Diesen Text klebte Henry dann zusammen mit Panizzardis Original-Unterschrift auf das Botschaftspapier. Dieses Dokument war es, das Hauptmann Cuignet bei näherer Untersuchung als Fälschung entlarvte. Cuignet konnte sich niemals verzeihen, daß er damit in ein Wespennest gestochen hatte. Es erfüllte ihn mit Gewissensbissen, daß er unbeabsichtigt den Kriegsminister und die Armee so sehr in Verlegenheit gebracht hatte. Für den Rest seines Lebens bemühte er sich, oft einem Nervenzusammenbruch nahe, um eine Wiedergutmachung, indem er in seinen Schriften und Reden immer wieder Dreyfus' Schuld betonte.

Lemercier-Picard überlebte Henry nicht lange. Eines Tages, kurz nachdem ihn ein ehemaliger Adjutant Henrys besucht hatte, fand man ihn erhängt in seinem Zimmer.

Als Esterhazy von Henrys Selbstmord erfuhr, mochte er vielleicht darüber erleichtert sein, daß nun eine Reihe belastender Geheimnisse nie mehr ans Tageslicht gelangen würden, er hielt es aber dennoch für ratsamer, das Land zu verlassen. Nach seiner Verhaftung war er wegen moralischer Vergehen verurteilt worden und aus der Armee ausgeschieden. Nun floh er über die Grenze nach Belgien und von dort aus nach London. General Boisdeffre, der ehrwürdige Chef des Generalstabs, der bei der Gerichtsverhandlung gegen Zola die Echtheit des Dokuments beschworen hatte, trat von seinem Posten zurück und gab zu, von Oberst Henry getäuscht worden zu sein. Auch Cavaignac trat ab, blieb jedoch hartnäckig bei seiner Überzeugung, daß

Dreyfus trotz Henrys Fälschung schuldig sei. Vermutlich war er über das Ausmaß der Fälschungen des Obristen nicht unterrichtet. Allem Anschein nach wußte er nicht, daß der ränkevolle Oberst in seinem Eifer, Dreyfus die Schuld anzuhängen, auch aus heiterem Himmel sieben Briefe von Dreyfus an den deutschen Kaiser persönlich und eine Antwort Wilhelms II. erfunden hatte. Eine von Oberst Henry zur Verfügung gestellte Zusammenfassung dieses Schriftwechsels war am 12. Dezember 1897 in Rocheforts *L'Intransigeant* veröffentlicht worden.

Die Schreiben liefen darauf hinaus, daß Dreyfus den Kaiser gebeten hatte, als Offizier in der deutschen Armee dienen zu dürfen. Wilhelm II. hatte ihm über den deutschen Botschafter in Paris geantwortet, Dreyfus könne Deutschland am besten dienen, indem er als deutscher Spion in der französischen Armee bliebe. Weitere Briefe »bewiesen«, daß Dreyfus diesem Rat gefolgt war, obgleich sich der Kaiser mindestens einmal darüber beklagte, der »Schuft« stelle immer höhere Forderungen, aber der Ärger lohne sich. Als die französische Regierung noch am Tage der Veröffentlichung ein formelles Dementi erließ und versicherte, »diese Briefe existieren nicht und haben niemals existiert«, erklärte Rochefort seinen Lesern, daß die Regierung angesichts der Umstände »lügen mußte« und die Briefe natürlich echt seien. Die Originale, so behauptete er, seien der deutschen Botschaft zurückgegeben worden, aber Fotografien davon befänden sich bei den Akten der Armee; sie seien den Richtern beim Kriegsgerichtsverfahren gegen Dreyfus vorgelegt worden. Rochefort fügte hinzu, der Jude sei hauptsächlich aufgrund dieser überzeugenden Beweise des Hochverrats überführt worden.

»Wo ist Frankreich? Was wurde aus den Franzosen?« sollte Clemenceau bald klagen. Ja, wo war es, wenn – wie der eingekerkerte Oberst Picquart nun öffentlich beschwor – ein Mann aufgrund von gefälschten und entgegen dem Gesetz vorgelegten Beweisen als Verräter verurteilt werden konnte; wenn ein Esterhazy von einem Militärgericht reingewaschen und ein Zola von einem zivilen Gericht verurteilt wurde; wenn ein Oberst, der die Fälschung von Belastungsmaterial gegen den jüdischen Hauptmann eingestanden und sich dann umgebracht hatte, nun als Märtyrer der Wahrheit gefeiert werden konnte. Ein Ausländer, der verwirrt vor dieser moralisch verkehrten Welt stand, fragte einmal den jungen französischen Journalisten Paul Brulat[6]: »Wo sind denn die ehrlichen Männer in diesem Lande?« Und er erhielt die Antwort: »Die haben Angst*.«

In dieser von Angst und Haß vergifteten Atmosphäre wurde die Dritte Republik weiter geschwächt. Zumindest zwei Strömungen

* Genau wie viele anständige Amerikaner während der McCarthy-Ära in den fünfziger Jahren dieses Jahrhunderts.

hielten die Zeit für gekommen und das allgemeine Klima für reif, um einen Umsturzversuch zu wagen.

Madame Lucie Dreyfus, die Frau des verurteilten Offiziers, hatte bei Gericht offiziell um eine Revision des Schuldspruchs nachgesucht. Am 29. Oktober erklärte sich die Strafkammer des Obersten Appellationsgerichts bereit, den Fall zu überprüfen. Schon Wochen zuvor war in Erwartung dieser Entscheidung in der Presse und in der Kammer ein neuer Sturm losgebrochen. Den Richtern der Strafkammer wurde vorgeworfen, sie stünden dicht vor einem Ausverkauf Frankreichs an Deutschland. Sie wurden als Verräter gebrandmarkt. Rochefort schlug in *L'Intransigeant* vor, allen diesen Richtern die Augen auszustechen – anders könne man die Verräter nicht behandeln. Herausgeber von Zeitungen und Deputierten erklärten lautstark, wenn man die Geheimakten des Falles Dreyfus solchen Richtern vorlegte, würden die Papiere schon am nächsten Tag in den Händen des Kaisers auftauchen.

Mitten in diesem Wirrwarr regten sich die bereits totgeglaubten Royalisten wieder. Der offizielle Beauftragte des im Exil lebenden Thronprätendenten der Orleanisten in Frankreich fühlte sich dazu ermutigt, bereits Listen der künftigen Minister, Präfekten und Magistrate des Königs aufzustellen und den Duc d'Orléans, der sich gerade zur Jagd in Böhmen aufhielt, telegrafisch zu ersuchen, sich am 24. Oktober, dem Vorabend der Eröffnung der herbstlichen Sitzungsperiode des Parlaments, im nahen Brüssel bereit zu halten. Einige Monate später, als anläßlich der Beerdigung des Präsidenten der Republik eine neue Krise ausbrach, lauerte der Thronbewerber an der französisch-belgischen Grenze, bereit, die kurze Reise nach Paris zu unternehmen und sich dort zum König krönen zu lassen.

Félix Faure, ein früherer Fellhändler aus Le Havre, hatte lange Zeit in der Deputiertenkammer und in verschiedenen Kabinetten gedient, ehe er Präsident der Republik wurde. Am frühen Abend des 16. Februar 1899 starb er ganz plötzlich in seinem Büro im Elyséepalast an einem Herzschlag. Es ist durchaus möglich, daß die Gerüchte auf Tatsachen beruhten, die schon bald nach Faures Ableben in Paris kreisten. Man munkelte von der hübschen jungen Frau eines Malers, die in den Stunden vor dem Schlaganfall das Sofa des Präsidentenbüros benutzt haben sollte. Sie wurde durch einen Seitenausgang hinausgeschmuggelt, bevor man die Ehefrau rief. Diese Gerüchte um den Tod des Präsidenten linderten vorübergehend die Spannung um die Dreyfus-Affäre; die Zeitung des fanatischen Nationalistenführers Paul Déroulède beschuldigte sogar die Juden, den Präsidenten ermordet zu haben. Aber wichtiger als die Begleitumstände seines Todes war die Tatsache, daß damit einer der mächtigsten unter den Männern abgetreten war, die sich so hartnäckig einer Wiederaufnahme des Falles Dreyfus widersetzt hatten.

Von Emile Loubet, einem gemäßigten Kleinstadtanwalt, der zwei Tage später von der Nationalversammlung zu Faures Nachfolger gewählt wurde, wußte man, daß er dazu neigte, Dreyfus vor Gericht eine neue Chance zu geben. Das war für die Dreyfus-feindliche Presse Grund genug zu hysterischen Angriffen auf ihn. Als der neugewählte Präsident von der Wahl in Versailles zurückkehrte, wurde er vom feindseligen Straßenpöbel begrüßt. Déroulède und seine ultranationalistische *Ligue des Patriotes* hatten die Straße mobilisiert. Déroulède, ein alter Boulanger-Anhänger, wurde bestürmt, seinen Mob in den Elyséepalast zu führen und den neuen Präsidenten zu verjagen. Er beschloß, bis zu Faures Beerdigung am 23. Februar zu warten.

Mit einer tönenden Proklamation in der Tasche – er forderte darin die Abschaffung der Verfassung von 1875 – warteten Déroulède, der Schriftsteller Maurice Barrès und ihre Anhänger, verstärkt durch eine Anzahl von Rowdies aus anderen antisemitischen und royalistischen Organisationen, auf dem Place de la Nation. Sein Plan sah vor, die vom Trauerzug zurückkehrenden Soldaten aufzuhalten und ihren Kommandanten dazu zu überreden, mit ihm zur Machtübernahme in den Präsidentenpalast zu marschieren. Angeblich wußte er von der Anwesenheit des Duc d'Orléans an der Grenze und war gar nicht glücklich darüber, denn er war ein überzeugter Republikaner und wünschte lediglich eine Art von Republik, die – wie vor ihm schon Boulanger (und Louis Napoleon) gefordert hatten – auf dem Grundsatz des Volksentscheids anstelle des Parlaments beruhen sollte.

Als General Roget an der Spitze seiner Truppe erschien, hielt ihn Déroulède an und beschwor ihn, den Marsch zum Elyséepalast anzuführen. Aber der General – hoch zu Roß – war zu klug, sich auf eine solche Sache einzulassen. Er schob den Agitator mit seinem Säbel beiseite, führte seine Soldaten in die nahe gelegene Kaserne zurück und ließ dann Déroulède mitsamt seinen Anhängern wegen Landfriedensbruchs festnehmen. Der Versuch endete zwar mit einer Farce, aber er hätte durchaus gelingen können, wenn nicht General Roget, sondern einer der mit Déroulède sympathisierenden Generäle die Truppe angeführt hätte.

Wieder einmal war die Republik bedroht worden. Als Déroulède im nachfolgenden August zusammen mit Orleanisten, Bonapartisten und den führenden Antisemiten einen neuen Anschlag auf das Regime vorbereitete, ließ die Regierung, die nun von dem energischen Ministerpräsidenten Waldeck-Rousseau geleitet wurde, die Verschwörer verhaften und stellte sie vor den Senat als Obersten Gerichtshof. Déroulède, der von einem Pariser Gericht wegen seiner Beteiligung an der Affäre vom 23. Februar freigesprochen worden war, wurde nun für schuldig befunden. Seine Strafe lautete auf zehnjährige Verbannung aus Frankreich.

Eingeschüchtert von dem Geschrei der Dreyfus-Gegner, das Oberste Gericht betreibe ein verräterisches Komplott zur Rehabilitierung des verurteilten Juden, verabschiedete die Deputiertenkammer nun – ausgesprochen verfassungswidrig – ein Gesetz, das die Jurisdiktion in Berufungsfällen den zusammengefaßten drei Instanzen des Obersten Gerichts übertrug. Man nahm an, daß die Mehrheit sämtlicher Richter Antirevisionisten seien.

Ungeachtet ihrer früheren Einstellung trafen die sechsundvierzig Richter nach Beweiswürdigung und Anhörung des vom Präsidenten der Zivilkammer des Gerichts zusammengestellten Berichts ihre Entscheidung am 3. Juni 1899: Das Urteil gegen Dreyfus wurde aufgehoben und eine neue Verhandlung vor dem Militärgericht in Rennes angeordnet. Dreyfus wurde nach fast fünfjähriger Haft auf der Teufelsinsel zu der neuen Verhandlung zurückgeholt. Marquis du Paty de Clam saß übrigens wegen Fälschung von Dokumenten im Falle Dreyfus im Militärgefängnis Cherche-Midi. Oberst Picquart wurde, nachdem er 324 Tage im Gefängnis zugebracht hatte, freigelassen. Zola kehrte nach elfmonatigem Exil in England in dem Glauben zurück, daß die Gerechtigkeit endlich triumphierte.

Aufgrund von Oberst Henrys Geständnis und Selbstmord, der Verhaftung Patys und vor allen Dingen der Entscheidung des Obersten Appellationsgerichts, mit der die »Beweise« verworfen wurden, die ursprünglich zu Dreyfus' Verurteilung geführt hatten, rechnete man allgemein damit, daß das Militärgericht in Rennes ihn rasch freisprechen würde. Doch man unterschätzte die Unvernunft des Oberkommandos der französischen Armee und den Irrsinn der Dreyfus-Gegner, die nunmehr lautstark das Todesurteil für den Hauptmann und die Deportation aller Juden aus Frankreich verlangten.

Das neue Kriegsgericht trat in der tristen Stadt Rennes am 7. August 1899 zusammen und tagte vier Wochen lang. Dreyfus, noch zwei Monate von seinem vierzigsten Geburtstag entfernt, sah aus wie ein alter Mann. Sein Haar wurde schon grau, sein Körper war durch die höllischen fünf Jahre auf der Teufelsinsel geschwächt, aber sein Verstand war klar, und er war entschlossener denn je, seine Unschuld zu beweisen. Sein Mut schien zu sinken, als alle die alten Generäle in den Zeugenstand traten, erneut ihre Überzeugung von seiner Schuld bekundeten und jene Beweise wiederum vortrugen, die das Oberste Gericht als Fälschungen verworfen hatte. Die Meute wurde angeführt von dem inzwischen pensionierten General Mercier, der schon bald in den Senat gewählt werden sollte. Er war es gewesen, der dem ersten Kriegsgericht ohne Wissen des Angeklagten die angeblichen Beweisstücke zugeschoben hatte – eine Gesetzwidrigkeit, die das Hohe Gericht pflichtgemäß vermerkt hatte. Unbekümmert erklärte er, das sei seine moralische und patriotische Pflicht gewesen. Dann begann er erneut, sämtliches alte Material, einschließlich der Fälschungen, durchzukauen. Mit seinem Rang und seinem Ruf überfuhr er die jüngeren Offiziere des Gerichts.

Nach einem Monat der Beweisaufnahme – die Verhandlung mußte vorübergehend unterbrochen werden, als der Hauptverteidiger Fernand Labori von einem Fanatiker angeschossen wurde, den man niemals faßte – verkündeten die sieben Richter am 9. September ihren Urteilsspruch. Mit fünf gegen zwei Stimmen sprachen sie Dreyfus des Hochverrats schuldig, allerdings unter Anerkennung mildernder Umstände. Seine Strafe wurde auf zehn Jahre Gefängnis herabgesetzt.

Allen, mit Ausnahme der fanatischen *Anti-Dreyfusards,* erschien dieses Urteil lächerlich. Wie konnte es bei einem Hochverrat mildernde Umstände geben? Wieder einmal verzweifelte Clemenceau an der Gerechtigkeit in Frankreich und schrieb in *L'Aurore:*

Wahrhaftig mildernde Umstände!. . . Morgen wird uns das Volk betroffen fragen, was von der geschichtlichen Tradition noch geblieben ist, die uns zu Vorkämpfern für Recht und Gerechtigkeit auf der ganzen Welt gemacht hat . . . Frankreich ist heute ein Land, in dem es für Leben, Freiheit und Ehre der Bürger keine Sicherheit gibt.

Ministerpräsident Waldeck-Rousseau glaubte auch nicht mehr daran, daß die Armee ihrer Verpflichtung zur Wahrhaftigkeit jemals nachkommen würde. Er war entschlossen, das Urteil von Rennes nicht durchgehen zu lassen, aber er wußte auch, daß ein drittes Kriegsgericht nur genauso handeln würde wie das erste und das zweite. Er beschloß, den Verurteilten durch den Präsidenten der Republik begnadigen zu lassen.

Clemenceau, Picquart und andere, die sich auf Kosten der eigenen Karriere für Dreyfus eingesetzt hatten, widersprachen. Wenn Dreyfus einen Gnadenerweis annähme, so argumentierten sie, wäre das nur ein Anerkenntnis seiner Schuld. Und an Picquart würde dann ein Makel haftenbleiben. Die Regierung hatte ihn zwar aus dem Militärgefängnis herausgeholt, aber bei der Armee war er immer noch in Ungnade.

Das Urteil von Rennes war für Dreyfus zuviel gewesen. Er hatte einen Nervenzusammenbruch erlitten. Es erschien zweifelhaft, ob er noch einmal den langen Zeitraum überleben würde, den das Oberste Gericht zu einer Revision des zweiten Kriegsgerichtsurteils brauchte. Unter diesen Umständen akzeptierte er auf Anraten seiner Angehörigen und der meisten seiner Freunde einen Gnadenerweis, den er jedoch nur mit einem von Jaurès entworfenen Brief an den Präsidenten der Republik annahm.

Die Regierung der Republik gibt mir meine Freiheit wieder. Sie bedeutet mir nichts ohne meine Ehre. Von heute an werde ich nicht müde werden, eine Wiedergutmachung des grausamen Justizirrtums anzustreben, dessen Opfer ich immer noch bin. Ich will, daß ganz Frankreich durch ein endgültiges Urteil von meiner Unschuld erfährt.

Am 19. September 1899, fast fünf Jahre nach seiner ersten Verurteilung als Hochverräter, verließ Dreyfus das Militärgefängnis von Rennes als freier Mann.

Im Laufe der Zeit wurde sein Name und auch der von Oberst Picquart durch das von ihm geforderte »endgültige Urteil« reingewaschen. Sieben Jahre später, am 12. Juli 1906, hoben die wiederum gemeinsam tagenden drei Kammern des Obersten Gerichtshofes das Urteil von Rennes auf. Sie befanden, daß gegen den Verurteilten keinerlei Beweise vorlägen und daß er tatsächlich »irrtümlich und zu Unrecht« verurteilt worden war; jede weitere Strafverfolgung wurde untersagt. Es hatte zwölf Jahre gedauert, in dieser turbulenten Republik, in der Vorurteile und Leidenschaften so hohe Wellen schlugen, Gerechtigkeit zu erlangen – aber es war geschafft worden.

Das Parlament stimmte einem Gesetzentwurf der Regierung zu, mit dem sowohl Dreyfus als auch Picquart in der Armee rehabilitiert wurden. Dreyfus wurde zum Major befördert und zum Ritter der Ehrenlegion geschlagen. Oberst Picquart, der in stoischer Gelassenheit alles ihm von seinen Offizierskollegen angetane Unrecht ertragen hatte, wurde zum Brigadegeneral mit höchstem Dienstalter befördert. 1908 wurde er in Clemenceaus Regierung Kriegsminister. Bis zuletzt blieb er ein Mann von nobler Gesinnung und zeigte gegenüber den Generälen, die ihn so gnadenlos verfolgt hatten, keinerlei Ressentiments. Er war nur seinem Gewissen gefolgt, als er nach Einblick in die Beweise an Dreyfus' Unschuld festgehalten hatte, weil er fest daran glaubte, der Armee und seinem Land durch unerschütterliche Liebe zur Wahrheit und Gerechtigkeit am besten zu dienen.

Erst 1931, siebenunddreißig Jahre nach Dreyfus' erster Verurteilung, gelangte das Zeugnis des einzigen Mannes, der jederzeit hätte sagen können, ob nun Dreyfus oder Esterhazy die militärischen Geheimnisse an die Deutschen verkauft hatte, ans Licht des Tages. Endlich wurden einige von Schwartzkoppens Aufzeichnungen – er war 1917 in Berlin gestorben – postum veröffentlicht[7]. Sie klärten zwar nicht alle Punkte der *Affaire* auf, entlasteten jedoch Dreyfus völlig und enthüllten, daß Major Esterhazy der französische Armeeoffizier war, der dem deutschen Militärattaché in Paris militärische Geheimnisse verkauft und der auch den berühmten *bordereau* verfaßt hatte. Schwartzkoppen rechtfertigte sein langes Stillschweigen trotz des Umstandes, daß er mit einem Wort hätte einen gräßlichen Justizirrtum aufklären oder doch umgehend korrigieren können, mit der Begründung, der Chef des deutschen Generalstabs und sogar Kaiser Wilhelm II. persönlich hätten ihm verboten, die Wahrheit zu bekunden. Für Deutschland war es schließlich nur von Vorteil, wenn Frankreich durch die Dreyfus-Affäre erschüttert und geschwächt wurde. Und wer hätte schon Schwartzkoppen geglaubt, selbst wenn er seinerzeit den Mund aufgetan hätte – da doch jeder Offizier im Dienst der Spionage automatisch seine Taten abstreitet? Außerdem erhielt er trotz allem von Esterhazy noch wichtige militärische Informationen, als Dreyfus schon längst auf die Teufelsinsel abgeschoben worden war. Konnte man da erwarten, daß er seinen wirklichen Kontaktmann nannte? In seinen Unterlagen stellte er die Behauptung auf, er habe anläßlich seiner Rückberufung nach Berlin bei seinem offiziellen Abschiedsbesuch im November 1897 dem Präsidenten der Republik sein Ehrenwort als Offizier gegeben, daß er niemals auch nur das geringste mit Dreyfus zu tun gehabt habe und der Verurteilte seines Wissens unschuldig sei. Esterhazy hatte er dabei natürlich nicht erwähnt.

Aber er berichtete in seinen Papieren ziemlich ausführlich über seine Beziehungen zu diesem Individuum. Esterhazy war zum erstenmal am 20. Juli 1894 unaufgefordert in seinem Pariser Büro erschienen, hatte erklärt, in Geldverlegenheiten zu sein, und sich erboten, den Deutschen geheime französische Militärdokumente zu liefern. Er beschreibt dann weitere häufige Besuche Esterhazys, darunter auch einen am 1. September 1894, bei dem ihm der französische Offizier die später in dem *bodereau* aufgeführten Dokumente überreichte und dafür an Ort und Stelle 1000 Francs (etwa 200 Dollar) kassierte. Danach, so erklärte Schwartzkoppen, habe ihn Esterhazy fast zwei Jahre lang durchschnittlich alle vierzehn Tage in der deutschen Botschaft besucht und ihm französische Militärgeheimnisse »von großem Wert« ausgeliefert. Im März 1896, über ein Jahr nachdem Dreyfus seine lebenslängliche Strafe auf der Teufelsinsel angetreten hatte und genau in dem Monat, in dem Picquart das *petit bleu* entdeckt hatte – zu dessen Urheberschaft sich Schwartzkoppen bekennt –, will der deutsche Offizier die Verbindung mit Esterhazy abgebrochen haben, weil dieser keine weiteren Informationen anzubieten hatte. Auch wenn Schwartzkoppen das nicht ausdrücklich zugibt, kann der Grund darin gelegen haben, daß ihm der französische Sicherheitsdienst zu dicht auf die Fersen rückte.

Seine Memoiren erhellen noch einen weiteren Punkt. Schwartzkoppen erklärte darin, der »Schuft D . . .«, von dem in einer abgefangenen Nachricht an Oberst Panizzardi die Rede war, der Mann, der die zwölf Generalstabskarten von Nizza übergeben hatte, der nach Aussage von General Mercier in zwei Kriegsgerichtsverhandlungen angeblich nur Dreyfus sein konnte, sei in Wirklichkeit jener Dubois aus dem kartographischen Institut gewesen, den die Franzosen zuerst in Verdacht hatten, dann aber davon reinigten. Nach Angabe von Schwartzkoppen hatte dieser Dubois während eines langen Zeitraums zahlreiche Militärkarten sowohl an die Deutschen als auch an die Italiener verkauft.

Schwartzkoppens Enthüllung, daß sowohl Esterhazy als auch Dubois ihn noch lange nach Dreyfus' Verurteilung weiterhin mit geheimen Karten und Dokumenten belieferten, würde die Überzeugung des Deuxième Bureau erhärten, daß den Deutschen noch vertrauliche militärische Informationen zuflossen, als sie längst nicht mehr von Dreyfus stammen konnten*.

Mehr als jede andere Umwälzung wirft die Dreyfus-Affäre ein bezeichnendes Licht auf die verhängnisvolle Spaltung der französischen Gesellschaft zu einer Zeit, da die Dritte Republik ins zwanzigste Jahrhundert aufbrach. Die radikalen Republikaner, unterstützt von dem größten Teil der Sozialisten, hatten schließlich über die Kräfte der Rechten triumphiert, aber die Verbitterung zwischen ihnen hatte sich so sehr verschärft, daß kaum noch Hoffnung auf eine Überbrückung bestand. Die beiden Gruppen schienen mehr und mehr in getrennten, einander feindlich gegenüberstehenden Welten zu leben, nicht nur politisch geteilt, sondern auch in ihrer Grundeinstellung gegenüber Moral und Religion. Es gab keine Toleranz, keine Spur von Gemeinsamkeit, auf der man hätte im Interesse der nationalen Einheit eine Versöhnung herbeiführen können. Eine weitere gewichtige Lage war auf die Mauer gehäuft worden, die zwischen den beiden Frankreichs der Revolution aufgerichtet und dann durch die aufeinanderfolgenden Krisen der Junitage, des 2. Dezember; der Kommune, des 16. Mai und des Boulangismus Schicht um Schicht immer höher aufgetürmt worden war**.

Es wurde nicht nur die Armee, die beim Streit um Dreyfus eine so unrühmliche Rolle gespielt hatte, geschwächt, sondern auch das

* Nicht alle Dreyfus-Gegner ließen sich von den Enthüllungen in Schwartzkoppens Aufzeichnungen überzeugen. 1964 erschien in Frankreich ein Buch von Madame Henriette Dardenne, der Tochter des früheren Kriegsministers Cavaignac; wie man sich erinnern wird, war er auch dann noch von Dreyfus' Schuld überzeugt, nachdem Oberst Henry ihm gegenüber die Fälschung eingestanden hatte[8]. Seine Tochter war nun immer noch von seiner Schuld überzeugt, und zwar mit verblüffender Gewißheit. Es mag stimmen, was die Historiker geschrieben haben: Niemand, der die *Affaire* nicht selbst erlebt hat, kann sich auch nur die geringste Vorstellung von den überschäumenden und häßlichen Leidenschaften machen, die sie in Frankreich aufwühlte. Aber wenn man Madame Dardennes Buch liest, gelangt man dieser Vorstellung näher. Mehr als ein halbes Jahrhundert nach diesem Ereignis erweist sie sich als noch genauso heftig und leidenschaftlich und als genauso blind gegenüber Beweisen und Fälschungen wie der fanatischste und hysterischste Dreyfus-Gegner von damals. Für sie gibt es nicht den geringsten Zweifel daran, daß Dreyfus des Hochverrats schuldig, daß Oberst Picquart selbst ein elender Verräter war und daß die meisten jener miesen Charaktere, die nach Überzeugung des höchsten französischen Gerichts den unschuldigen jüdischen Hauptmann hereingelegt hatten, ehrenwerte, patriotische Helden und glühende Verfechter der Wahrheit waren.

** Hier handelt es sich um historische Daten und Ereignisse in der französischen Geschichte des neunzehnten Jahrhunderts, die in einem Werk dieser Art nicht alle aufgezeichnet werden können. Die Junitage bedeuteten die grausame Unterdrückung der Arbeiterschaft von Paris durch den republikanischen General Louis Cavaignac, nachdem durch den Aufstand von 1848 die Orléans-Monarchie gestürzt und

Land, das ein ganzes Jahrzehnt über so besessen von *l'Affaire* war, daß es anderen dringenden Problemen nur geringe Aufmerksamkeit widmete: der stagnierenden Wirtschaft, der hinter der Entwicklung herhinkenden sozialen Wohlfahrt, dem Arbeitskampf, den sinkenden Geburtenziffern, der Außenpolitik – und das ausgerechnet in einem Augenblick, da sich jenseits des Rheins eine neue Gefahr in Gestalt eines vereinigten, militaristischen, dynamischen und zunehmend unruhigen und kriegslüsternen Deutschland erhob.

4 Die Konsolidierung der Republik 1880–1914

Staat kontra Kirche

Da die katholische Kirche, insbesondere aber eine große Anzahl militanter Priester und Mönche der Assumptionisten und anderer Orden, sich an der erbitterten Kampagne zur Rechtsbeugung im Falle Dreyfus und zur Diskreditierung der schwer ringenden Republik in Wort und Tat beteiligt hatte, mußte diese Kirche nun auch die Folgen tragen. Der neue Ministerpräsident Waldeck-Rousseau war zwar ein Gemäßigter, aber während seiner Regierungszeit (1899–1902) dominierte im Parlament eine Koalition aus Radikal-Republikanern und Sozialisten. Sie waren überzeugt, daß die Affären um Boulanger und Dreyfus, bei denen der katholische Klerus eine so wesentliche Rolle gespielt hatte, eine Existenzbedrohung für die Republik waren; nun waren sie entschlossen, die Macht der Kirche zu beschneiden, damit sie nicht das Regime untergraben konnte.

Das erste Ziel bestand darin, die Machtposition der Kirche auf dem Gebiet der Erziehung zu beseitigen. Nach Ansicht der republikani-

eine Republik ausgerufen worden war. Der 2. Dezember 1851 war der Tag, an dem Louis Napoleon durch einen Staatsstreich die Republik zu Fall brachte. Die Kommune von 1871 war der blutigste aller Zusammenstöße im Paris des neunzehnten Jahrhunderts; dieses Ereignis hinterließ eine nie wieder heilende Wunde und trug mehr als jedes andere Geschehen bis zum Ende der Republik zur Entfremdung der Arbeiterklasse bei. Diese Revolte Pariser Arbeiter und anderer Republikaner kurz nach der Belagerung der Hauptstadt durch die Preußen wurde von Thiers mit Hilfe regulärer französischer Regierungstruppen mit brutaler Gewalt niedergeschlagen. Etwa 20000 Menschen kamen bei den wilden Straßenkämpfen in Paris um – mehr als während der Schreckensherrschaft der Revolution –, und weitere 4000 Kommunarden wurden nachher zum Tode verurteilt, darunter auch zwanzig Frauen. Es wurden allerdings nicht alle hingerichtet. Tausende wurden deportiert.

In dieser Zeit wurde noch auf andere Weise der Keim zur Katastrophe von 1940 gelegt. Es gibt einige tödliche Parallelen zwischen dem Defätismus der konservativen Politiker und Generäle im Krieg von 1870 gegen Preußen und der Haltung der gleichen Typen in den Jahren 1939–1940.

schen Mehrheit wurde die Jugend dadurch gegen die Republik und all ihre Ideale eingenommen. Ein Beginn in dieser Richtung war bereits in den achtziger Jahren unter Führung des zähen, antiklerikal eingestellten Jules Ferry unternommen worden. Bis dahin hatte die Kirche in den französischen Grund- und Mittelschulen dominiert. Die Hälfte der Jungen und nahezu alle Mädchen besuchten katholische Bekenntnisschulen, hauptsächlich deshalb, weil nicht genügend öffentliche Schulen vorhanden waren. In zahlreichen Dörfern gab es nur die katholische Schule. Selbst in den öffentlichen Schulen waren viele der Lehrer Priester, Mönche und Nonnen, und Religionsunterricht war Pflichtfach. Einer wachsenden Anzahl von überzeugten Republikanern erschien diese katholisch beeinflußte Erziehung als eine Bedrohung der Republik. Sie ließ die Jugend zu Gegnern der republikanischen Lebensform werden.

Gegen eine so alte und fest eingeführte Institution wie die Kirche war Ferry schrittweise, aber energisch vorgegangen. Mit einer Reihe gesetzlicher Maßnahmen, die er während der ersten Hälfte des Jahrzehnts durchsetzte, wurde in allen öffentlichen Schulen der Religionsunterricht verboten, Angehörige religiöser Orden durften (nach einer Übergangszeit von fünf Jahren) in ihnen nicht mehr lehren, das Schulgeld wurde abgeschafft, und große Summen wurden für den Bau zusätzlicher öffentlicher Schulen sowie für zahlreiche Fachschulen zur Ausbildung von Laienlehrern bereitgestellt. Bekenntnisschulen waren auch weiterhin zugelassen, aber ihnen durften keine öffentlichen Mittel mehr zufließen.

Im Klerus gab es einen Aufschrei der Empörung. Die weltlichen Schulen wurden als »atheistisch und unmoralisch« verleumdet; warnend wurde darauf hingewiesen, daß Ferrys Reformen nur den ersten Schritt darstellten. Darin hatten sie recht. Unter dem Eindruck der Agitation um die Dreyfus-Affäre ergriff die republikanische Regierung jetzt, im ersten Jahrzehnt des neuen Jahrhunderts, weitere und drastischere Maßnahmen.

Die Assumptionisten, der am lautstärksten gegen die Republik agitierende katholische Orden, wurde Anfang 1901 aufgelöst. Kurz danach wurde zur Eindämmung der anderen Orden das sogenannte Kongregationsgesetz erlassen. Die *congrégations,* wie man die verschiedenen Orden nannte, durften nur dann weiterbestehen, wenn sie vom Parlament anerkannt waren, und kein Ordensmitglied durfte in irgendeiner französischen Schule unterrichten, wenn sein Orden nicht anerkannt war. Waldeck-Rousseau wollte die großen katholischen Orden nicht unterdrücken, sondern sie nur steuern und aus der Politik entfernen. Er erwartete, daß das Parlament bei der »Autorisation« jener *congrégations,* die Wohlverhalten an den Tag legten, vernünftig vorgehen werde.

Und so wäre es auch wohl gekommen, wenn sich die katholischen Kleriker nicht so heftig in den Frühjahrswahlkampf 1902 gegen jene Koalition, die das Kongregationsgesetz verabschiedet hatte, eingeschaltet hätten. Diese Koalition blieb durch das Vertrauen der Wählerschaft an der Macht, aber ihre Führer waren nun gar nicht mehr gut auf jene Kirche zu sprechen, deren militante Vertreter wieder einmal den Versuch unternommen hatten, sie zu stürzen.

Waldeck-Rousseau ahnte, daß das neue Parlament bei der Anwendung des Gesetzes gegen die *congrégations* viel weiter gehen würde, als er beabsichtigt hatte; so stellte er im Juni 1902 sein Amt zur Verfügung. Sein Nachfolger als Ministerpräsident wurde Emile Combes*. Er war ein ganz anders veranlagter Mann. Waldeck war ein außerordentlich gebildeter erfolgreicher Rechtsanwalt aus Paris gewesen, der toleranteste Mensch, den man sich vorstellen konnte. Combes war ein Landarzt, der zuerst in einem Seminar Theologie studiert und eine Arbeit über Thomas von Aquin verfaßt hatte, es sich dann aber doch anders überlegte und nicht Priester, sondern Arzt wurde. Doch dabei war er zu einem erbitterten Gegner der Kirche geworden. Jetzt, im Jahre 1902, war er ein kleiner alter Herr von siebzig Jahren mit ausgiebiger Senatserfahrung. Dort hatte er gegen die Einmischung des Klerus in die Politik gekämpft, und nun war er von einem geradezu inquisitorischen Eifer besessen, ein für allemal mit den Katholiken abzurechnen.

Drei Wochen nach seinem Amtsantritt ließ er alle Mädchenvolksschulen schließen, die von Ordensschwestern betrieben wurden. Einen Monat später, im Juli 1902, ordnete er an, daß die noch verbliebenen 3000 Bekenntnisschulen in Frankreich innerhalb von acht Tagen endgültig zu schließen hätten. Im ganzen Land brach der Aufruhr los. Empörte Eltern, Priester, Nonnen und Mönche wandten sich gegen die Gendarme und Soldaten, die zum Vollzug dieser Anordnung ausgesandt worden waren. Aber die Schulen wurden geschlossen.

Sodann wandte sich Combes gegen seinen vermeintlichen Hauptfeind. Er überredete das Parlament dazu, sämtliche von vierundfünfzig *congrégations* vorliegenden Anträge auf »Autorisation« abzulehnen. Mit einem Schlag wurden sie alle aufgelöst, und viele der 20000 Mönche flohen ins Ausland. Im Juli 1904 schloß er die Liquidation der religiösen Orden dadurch ab, daß er ein Gesetz erzwang, das »jegliche Lehre durch die *congrégations* in Frankreich« verbot. Selbst die wenigen Orden, die schon zuvor die Lehrerlaubnis erhalten hatten, wurden unterdrückt. In einigen Fällen wurde ihnen allerdings eine Frist von zehn Jahren zur Abwicklung ihrer Angelegenheiten zugestanden. Rund 16000 »Lehrbrüder« wurden arbeitslos.

* Waldecks Regierung hielt sich drei Jahre und damit länger als jede andere Regierung der Dritten Republik. Ich glaube, er war der einzige Ministerpräsident, der am Morgen eines Wahlsiegs zurücktrat.

Daraufhin nahm Combes den Kampf gegen den Heiligen Stuhl selbst auf. Er war schon seit Jahren wütend darüber, daß der Papst die Ernennung gewisser Bischöfe durch den Staat ablehnte, obgleich das Recht der Ernennung dem französischen Staat nach dem 1801 zwischen Napoleon Bonaparte und Papst Pius VIII. unterzeichneten Konkordat zustand. Combes drohte mit Abbruch der diplomatischen Beziehungen zum Vatikan.

Im Frühjahr 1904 legte ein neuer Papst, Pius X., scharfen Protest gegen einen Staatsbesuch des Präsidenten der Republik, Emile Loubet, beim König von Italien ein. Rom war zwanzig Jahre zuvor von den Truppen des neuerdings vereinigten Königreichs besetzt und zur Hauptstadt ausgerufen worden. Damit ging dem Papsttum der letzte weltliche Herrschaftsbereich verloren. Der Vatikan hatte die Besetzung Roms durch Italien nie anerkannt. Pius X. verwahrte sich nun gegen die offensichtliche Anerkennung durch Frankreich, die durch Loubets Staatsbesuch zum Ausdruck kam. Aber seine Verärgerung war nichts im Vergleich zu Combes' Reaktion auf den Protest. Der Ministerpräsident bezeichnete ihn als eine »unerträgliche« Einmischung in die französische Außenpolitik und berief seinen Botschafter beim Heiligen Stuhl ab. Die Kammer stellte sich mit überwältigender Mehrheit (427 gegen 95 Stimmen) hinter ihn und verabschiedete im Herbst ein neues Gesetz, mit dem das Konkordat annulliert und die Trennung von Kirche und Staat verkündet wurde.

Das Gesetz trat im folgenden Jahr – 1905 – in Kraft, obgleich Combes inzwischen aus Gründen, die nicht mit dem Klerus zusammenhingen, aus dem Amt verdrängt worden war. Obwohl der Papst das Gesetz verurteilte, den französischen Katholiken verbot, sich danach zu richten, und jeden Deputierten, der dafür gestimmt hatte, exkommunizierte (in der Kammer waren es 341), fuhr die französische Regierung fort, Kirche und Staat endgültig zu trennen. Der gesamte Kirchenbesitz ging auf den Staat über, Priester und Bischöfe wurden nicht mehr aus öffentlichen Mitteln besoldet, und die Durchführung von Gottesdiensten wurde katholischen Laienorganisationen übertragen. Einige Jahre lang herrschten beträchtliche Spannungen und große Verwirrung, doch dann wurde unter der toleranten Regierung eines aufsteigenden jungen Sozialisten namens Aristide Briand – der das Trennungsgesetz ausgearbeitet und als Kultusminister ausgeführt hatte – ein Kompromiß erzielt. Die Kirchengebäude unterstanden wieder der Verfügungsgewalt des Klerus, und die katholische Hierarchie Frankreichs durfte alle kirchlichen Angelegenheiten wieder selbständig führen – zum erstenmal ohne staatliche Einmischung.

Wieder einmal hatte die Republik über ihre Gegner triumphiert, wie schon in den Krisen um Boulanger und Dreyfus. In den fünfundzwanzig Jahren von 1880 bis 1905 hatte sie gnadenlos die Machtstellung der Kirche beschnitten, ihre Finanzierung durch den Staat unterbunden, sie aus den Schulen verjagt, die mächtigen Orden aufgelöst, ihr noch vorhandenes Eigentum übernommen und sie aus der Politik verdrängt. Aber in einer Hinsicht war dies ein Gewinn für die Kirche.

Die Trennung von Kirche und Staat befreite die Kirche von staatlicher Kontrolle und Beeinflussung. Der Katholizismus hatte im letzten Jahrzehnt zwar einen Rückgang zu verzeichnen; das zeigte sich in einer Abnahme der Beteiligung an den Gottesdiensten, einer deutlichen Zunahme der Ziviltrauungen und einer ebenso einschneidenden Abnahme der Taufen; aber danach sollte sich in ihr allmählich neue Kraft regen.

Der Antiklerikalismus ging, nachdem er seine großen Schlachten gewonnen hatte, zurück, auch wenn er bis zum Ende der Republik eine – allerdings abnehmende – Kraft bleiben sollte.

Aber auch dieser Kampf ließ, wie alle anderen, Narben zurück. Viele Katholiken lehnten ab, was sie als Verfolgung durch den Staat empfanden. Die meisten von ihnen sahen sich aus jenen politischen Kreisen ausgeschlossen, die das öffentliche Leben bestimmten. Was die republikanische Mehrheit betraf, so behielten viele von ihnen trotz ihres Sieges das Mißtrauen gegenüber der Kirche und ihren überzeugten Anhängern bei. Das Freimaurertum goß ebenfalls Öl ins Feuer. Trotz kleiner Mitgliederzahl besaß es politisches Gewicht und war stets bereit, jedes Aufleben des politischen Katholizismus sofort zu erkennen und zu bekämpfen. Andererseits wurden die Freimaurer von der Kirche gefürchtet und geschmäht. Die meisten Generäle standen ihnen ablehnend gegenüber, insbesondere seit General André, Kriegsminister von 1900 bis 1904, sich in seinem Bemühen um eine Republikanisierung der Armee der Freimaurerlogen bediente und mit ihrer Hilfe die fanatischen Katholiken aus dem Offizierskorps ausmerzte.

Es stellte sich heraus, daß in gewisser Weise mit der Armee schwerer fertig zu werden war als mit der Kirche. Die großen militärischen Führer waren fast ausnahmslos Katholiken und Royalisten. Sie alle hinauszuwerfen wäre eine verhängnisvolle Schwächung der Armee gewesen. Es gab einfach nicht genug republikanische Generäle, um das Oberkommando mit ihnen zu besetzen. So erfolgte zwar ein Aufruhr im Parlament, als General Andrés Vereinbarungen mit den Freimaurern ruchbar wurden (sie führten seinen Sturz herbei), aber es gelang ihm und seinen unmittelbaren Nachfolgern doch immerhin, einige der schlimmsten Reaktionäre von den militärischen Spitzenpositionen zu entfernen. Er reformierte das Beförderungssystem, das bisher ausschließlich in den Händen einer katholisch-royalistischen Clique gelegen hatte. Jüngere Offiziere wurden gefördert, die sich nicht so eifrig für Monarchie und Kirche einsetzten wie die ältere Generation. Fast ein Jahrzehnt lang dauerte zwar der Tiefstand bei

Moral und Prestige der Armee, aber um 1910 zog ein neuer Geist ein, der das Militär verjüngen und – gerade noch rechtzeitig – auf die gewaltige Kraftprobe von 1914 vorbereiten sollte.

So hatte sich die Dritte Republik um das Jahr 1905 endlich und endgültig durchgesetzt. Ihre politischen Führer waren erfolgreich allen Anfechtungen entgegengetreten und hatten das Regime konsolidiert. Der Monarchismus stand auf verlorenem Posten. Auch der Bonapartismus*. Im großen und ganzen wollten die Franzosen jetzt keinen König und keinen Helden hoch zu Roß mehr haben. Die repräsentative Demokratie republikanischer Prägung wurde trotz all ihrer Tastversuche und ihrer Unzulänglichkeiten allgemein akzeptiert. Das Bündnis von Kirche und Armee war zwar nicht zerschlagen, aber doch durch die drastische Eindämmung des einen und die teilweise Säuberung des anderen Partners nach der Dreyfus-Affäre erheblich geschwächt worden. Es verfügte nicht mehr über die Kraft, die Republik zu stürzen.

Inmitten der Ablenkungen durch die leidenschaftlich bewegte Innenpolitik war, von allen fast unbemerkt, in Übersee ein riesiges Reich erstanden, das nur noch vom britischen Imperium übertroffen wurde. Die deutschen Bemühungen seit 1871, Frankreich auf Europa zu beschränken, waren fehlgeschlagen. Das Bündnis von 1892 mit Rußland und die 1904 mit Großbritannien geschlossene Entente bedeuteten für Frankreich einige Gewähr, daß es dem traditionellen Feind jenseits des Rheins, der inzwischen zur stärksten und bedrohlichsten Militärmacht ganz Europas wurde, nicht mehr allein würde entgegentreten müssen.

Das Frankreich der Dritten Republik konnte seine Aufmerksamkeit und seine Energien nunmehr von den Unruhen im eigenen Lande ab- und den neuen Aufgaben eines neuen Jahrhunderts zuwenden – zu Hause wie auch draußen in der Welt.

Die großen Aufgaben des zwanzigsten Jahrhunderts

Während der Dreyfus-Affäre und dem Konflikt zwischen Staat und Kirche waren diese Aufgaben kaum wahrgenommen worden. Die wackeren Republikaner, die Parlament und Regierung kontrollierten, waren so sehr von brennenden innenpolitischen Fragen in Anspruch genommen, daß sie gegenüber der Dringlichkeit der wirtschaftlichen und sozialen Probleme blind waren. Diese Probleme befielen etwa um die Jahrhundertwende alle westlichen Nationen, die eine rasche In-

* In der 1898 gewählten Kammer waren die Royalisten, die sich jetzt Konservative nannten, mit 80 Mitgliedern verschiedener monarchistischer Schattierungen vertreten. Die Bonapartisten, die einst mit 100 Deputierten vertreten waren, erlitten einen Rückschlag auf Null.

dustrialisierung durchmachten. Frankreich konnte sich ihnen nicht entziehen*.

In der industriellen Revolution, aus der die neuen ökonomischen und sozialen Probleme erwuchsen, hinkte Frankreich hinter den anderen führenden Nationen her – hinter Großbritannien, den USA und vor allen Dingen auch hinter dem großen Rivalen Deutschland. Den Franzosen fiel es schwer, den Übergang vom Zeitalter des Holzes, der Ausnutzung von Wind und Wasser zur komplizierteren Ära von Kohle, Dampf, Eisen und Stahl zu schaffen. Ihnen widerstrebte ganz allgemein dieser Wandel oder doch zumindest das Tempo, mit dem er sich in anderen Ländern vollzog. Sie blieben bei ihren Segelschiffen, als andere sie schon längst zugunsten der Dampfer aufgegeben hatten. Bei Gründung der Republik war Frankreich die zweitgrößte Industrie- und Handelsnation der Welt gewesen. Um 1914 war es auf einen kläglichen vierten Platz hinter Deutschland, Großbritannien und den USA zurückgefallen. Das Prokopfeinkommen in Frankreich betrug nur halb soviel wie in den Vereinigten Staaten.

Das Fehlen einer ausreichenden Versorgung mit Kohle behinderte die industrielle Entwicklung. Aber andere Gründe, die im französischen Charakter und Temperament sowie in der Geschichte seiner wirtschaftlichen Entwicklung zu suchen waren, spielten eine bedeutsamere Rolle. Zunächst war der Franzose zu sehr Individualist, um sich bereitwillig den unerbittlichen Gesetzen der Maschine zu unterwerfen oder ganz die neue Disziplin – und die Mißstände – des unumschränkten Kapitalismus zu akzeptieren, der im Ausland ein rapides industrielles Wachstum erzeugte. Aus Instinkt begegnete der Franzose dem großen Komplex in Geschäft, Finanz und Landwirtschaft mit Abneigung und Mißtrauen und beschränkte solche Unternehmen nach Möglichkeit auf die Größe des Familienbetriebs. Im Jahre 1914, am Vorabend eines Weltkrieges, der Industrieprodukte in einem Ausmaß verschlingen sollte, wie man es sich in der westlichen Welt niemals hätte träumen lassen, arbeitete die Hälfte aller französischen Fabrikarbeiter noch in Betrieben mit weniger als hundert Mitarbeitern; ein Drittel aller Arbeiter war in Kleinstunternehmen mit weniger als zehn Beschäftigten tätig. Der geschickte, fleißige Handwerker setzte seinen Stolz in hohe Qualität, wie sie der französische Kunde schätzte. Sie wurde der Quantität vorgezogen, die durch die neuen dampfgetriebenen Maschinen ermöglicht wurde, aber ihre Erzeugnisse waren in den Augen der Franzosen Schund.

Die extrem hohen Inlandssteuern verwehrten schon vom Preis her den meisten französischen Erzeugnissen den Weltmarkt. Soweit

* Sowohl auf der Linken wie auf der Rechten wurde die Meinung laut, die führenden Republikaner hätten zumindest teilweise deshalb die Kirchenfrage geschürt, weil sie die Massen in ihrer kirchenfeindlichen Politik hinter sich wußten und deren Aufmerksamkeit von längst überfälligen und immer wieder verschleppten wirtschaftlichen und sozialen Reformen ablenken wollten.

französische Exporte überhaupt möglich waren, beschränkten sie sich hauptsächlich auf Luxusartikel – Seidenstoffe, Spitzenweine, Parfüms, Damenbekleidung und Damenhüte, hergestellt im Modezentrum der Welt, in Paris. Hierbei handelte es sich um exquisite Waren, die von den französischen Kunden ebenso gepriesen wurden wie von den Ausländern, die sie sich leisten konnten. Aber in einem Europa, das zu Beginn des zwanzigsten Jahrhunderts auf einen Krieg zutrieb, bedeutete die Weltgeltung als Hersteller feiner Seiden, bester Weine, Parfüms und modischer Damenhüte kaum ein Äquivalent für die gewaltigen Hochöfen an der Ruhr drüben auf der anderen Seite des Rheins, die den Stahl für schwere Kruppgeschütze erzeugten.

Der Kurs, für den sich ein Volk entscheidet, hängt von der Gesellschaftsform ab, die es sich wünscht. Im großen und ganzen waren die Franzosen ein zufriedenes Volk. Die Landwirtschaft war zwar trotz des guten Bodens und des günstigen Klimas rückständig, aber Frankreich produzierte immerhin 90 Prozent des eigenen Nahrungsmittelbedarfs. Das Land war größtenteils autonom. Sein Wohlstand hing nicht von den Launen eines unberechenbaren, versachlichten Weltmarktes ab, der so vielen anderen Völkern wiederkehrende Depressionen bescherte. Die Franzosen hinkten zwar bei der Produktion von Stahl, Eisen und Fertigwaren hieraus hinter anderen her, aber sie waren (mit Ausnahme der Arbeiter in Stadt und Land) mit ihrem Los halbwegs zufrieden. Sie erfreuten sich wirtschaftlicher Stabilität und eines beträchtlichen Wohlstandes, und sosehr sie auch ihrer Regierung mißtrauten, so verdankten sie ihr doch einen ausgeglichenen Staatshaushalt und eine Währung, die scheinbar so solide wie Gold war. Beneidete nicht alle Welt, ganz besonders jedoch die Deutschen, die Franzosen wegen ihrer Lebensart*?

Strukturelle Mängel

Und dennoch wies die wirtschaftliche und soziale Struktur Mängel auf, die nur von wenigen erkannt oder begriffen wurden; vielleicht wollte man sie auch nur nicht eingestehen. Ihre Beseitigung, die bei einer energischeren, ehrlicheren und klügeren Führung in Regierung, Parlament, Geschäfts- und Finanzwelt durchaus möglich gewesen wäre, hätte Frankreich gestärkt und gegenüber den anderen Großmächten wettbewerbsfähiger gemacht. Einige dieser Mängel waren geschichtlich bedingt. Andere waren die Folge von Kurzsichtigkeit und Habgier einer kleinen besitzenden Klasse, die befürchtete, eine allzu rasche Industrialisierung könnte ihren fest etablierten Wohlstand gefährden. Es gab auch einen Zusammenhang zwischen der Geschichte und dieser uralten menschlichen Schwäche.

* Französische Autoren zitieren gern eine deutsche Redensart, die zumeist Goethe zugeschrieben wird: »Wie Gott in Frankreich leben.«

Wer in Frankreich eine beherrschende Stellung in den lukrativsten Unternehmen von Handel, Industrie, Finanz und Transport innehatte, verdankte dieses Glück zumeist staatlichen Gunstbeweisen. Nicht nur die Dritte Republik hatte solche Konzessionen gewährt, sondern auch alle anderen Regime davor, die hiermit Präzedenzfälle geschaffen hatten. Man erinnerte sich noch an eine Bemerkung, die meist dem »Bürgerkönig« Louis-Philippe (1830–1848) zugeschrieben wird, die aber tatsächlich von einem seiner Minister stammt: *»Messieurs, enrichez-vous!«* – »Bereichern Sie sich, meine Herren!« Man konnte wahrhaftig nicht behaupten, daß Bankiers wie Geschäftsleute diesen Rat nicht beherzigt hätten. Eine staatliche Konzession nach der anderen ließ sie reicher und immer reicher werden. Diese Praxis ging noch zurück auf die alte Bourbonen-Monarchie. Damals, insbesondere während des achtzehnten Jahrhunderts, wurden im Namen des Hofs finanzielle Transaktionen durchgeführt, die sich, wie ein Schweizer Historiker es ausdrückte, »zu einer staatlich organisierten Plünderung des nationalen Wohlstandes entwickelten«[1].

Der König wurde enthauptet, das *ancien régime* gestürzt, als jenes Jahrhundert zu Ende ging, aber die Gewohnheit, daß der Staat bevorzugten Personen und Familien gewinnbringende Konzessionen einräumte, setzte sich auch unter Republiken, zwei Bonaparte-Diktatoren, mehreren Monarchien und wieder einer Republik fort. Während der letzten Jahrzehnte des achtzehnten Jahrhunderts und während des ganzen neunzehnten wurden die meisten großen Familienvermögen und das, was ein interessanter zeitgenössischer französischer Historiker vom rechten Flügel *Les Dynasties Bourgeoises* nannte, mit Hilfe von staatlichen Geschenken begründet*.

Napoleon bewies kurz nach seiner Krönung zum Kaiser, wie großzügig der Staat gegenüber seinen Freunden sein konnte. In einer Botschaft an den Senat erklärte er 1808: »Es ist unsere Aufgabe, für das Wohlbefinden und den Wohlstand jener Familien zu sorgen, die sich ganz zur Verfügung stellen.« Im nächsten Jahr übergab er den größten Teil der Kanäle – damals einer der wichtigsten Transportwege – einem seiner Favoriten zur persönlichen Nutzung. Äußerst gewinnbringende Bergwerkskonzessionen folgten nach. Bei einer Korruption war es in der alten Monarchie Brauch gewesen, Bergwerkskonzessionen nur für kurze Zeitspannen zu vergeben. Nun ließ Napo-

* E. Beau de Loménie: *Les Résponsabilités des dynesties bourgeoises,* vier Bände. Dieses interessante Werk gibt den Standpunkt einer Minorität wieder. Beau de Loménie, ein langjähriger Royalist, der mit spitzer Feder die Mißstände der bürgerlich-kapitalistischen Welt fast ebenso scharf kritisiert wie die von ihm als beklagenswerte Erscheinung empfundenen Marxisten, vertritt folgende Hauptthese: Frankreich sei von Napoleons Zeiten bis zum Ende der Dritten Republik von den »bourgeoisen Dynastien« beherrscht worden, einer kleinen Gruppe von Familien, deren geschäftliche und finanzielle Imperien sich überwiegend auf staatlichen Konzessionen begründeten und die aufgrund ihrer Stellung und ihres Geldes die Presse kontrollierten und eine so große politische Macht ausübten, daß Parlament und Regierung üblicherweise nach ihrer Pfeife tanzten.

leon durch ein Gesetz von 1810 die Minen für alle Zeiten in Privatbesitz übergehen, und das sogar noch umsonst; er verlangte nur, daß fünf Prozent vom Nettogewinn dem Staat zufließen sollte. Noch bevor Napoleon Diktator geworden war, hatte er als Nationalbank die Bank von Frankreich gegründet. Sie trug zwar dazu bei, in den chaotischen Staatsfinanzen die Ordnung wiederherzustellen, aber sie brachte auch dem kleinen Kreis von Geldgebern, die nur ein kleines nominelles Kapital (zwei Millionen Francs)* investiert hatten, geradezu fantastische Gewinne. Fast das gesamte Kapital stammte aus Rücklagen von Staatseinkünften. Hinzu kamen Einnahmen aus den Bankprovisionen für die Diskontierung aller Handelstratten.

Rings um die Zitadelle der Bank von Frankreich etablierten sich alle einschlägigen Geschäfts- und Finanzinteressen. Die Teilhaber der Bank wurden immens reich, ohne ein Risiko eingehen oder auch nur viel Geld investieren zu müssen. Auch den anderen Geschäftsleuten wurde es erspart, ihr Kapital zu riskieren oder in größerem Umfang einsetzen zu müssen. Im weiteren Verlauf des neunzehnten Jahrhunderts wurden sie nämlich zu glücklichen Empfängern staatlicher Privilegien zur Gründung neuer Banken und Versicherungsgesellschaften, von Konzessionen für weitere Bergwerke und Kanäle und – was im Zeitalter von Dampf und Kohle noch lukrativer war – von Konzessionen für Eisenbahnen, Versorgungsbetrieben, öffentlichen Bauten und Schiffahrt und Nutznießer eines gewaltigen neuen Kolonialreichs.

Der Staat stellte in seiner Großzügigkeit den größten Teil des Kapitals für diese Unternehmen, leistete den glücklichen neuen Besitzern Ausfallbürgschaften, subventionierte erforderlichenfalls ihren Betrieb und setzte allem die Krone auf, indem er hohe Zollmauern aufzurichten begann, die die französischen Unternehmer vor der ausländischen Konkurrenz schützten und ihnen hohe und leichte Gewinne garantierten. In einem solchen System konnte es nicht ausbleiben, daß Geschäftsleute und Bankiers im Wettkampf um derart gewinnbringende Gunstbeweise des Staates Politiker bestachen, die ihnen dann den Weg ebneten. Dieser Zustand war zwar nicht auf Frankreich beschränkt (die Regierungen der einzelnen Staaten der USA standen dem französischen Parlament in nichts nach, was Korruption betrifft), aber er wirkte sich dennoch demoralisierend auf die Dritte Republik aus und sollte am Ende zu ihrer Untergrabung beitragen. Nirgendwo sonst wurden die anständigen Bürger so skeptisch gegenüber der Moral ihrer Volksvertreter und übrigens auch der Ethik im Geschäftsleben und in der Hochfinanz. Sie glaubten einfach nicht, daß Senatoren, Deputierte und Kabinettsminister oder die mit ihnen unter einer Decke steckenden Bankiers und Geschäftsleute das

* Etwa 400000 Dollar. Napoleon selbst beteiligte sich mit 30000 Francs.

Interesse der Nation und des Volkes tatsächlich über das Interesse ihrer eigenen dicken Brieftasche stellten*.

Dennoch waren in dieser Periode rapider industrieller Expansion die Unternehmer in Frankreich wie überall in der westlichen Welt fest davon überzeugt – so sehr, daß es uns heute schon lächerlich erscheint –, daß sie auf einem freien und allen zugänglichen Markt arbeiteten und daß sie ihren Erfolg sowie ihren Profit nur den Vorzügen des »freien Unternehmertums« verdankten, dem System also, das Männer mit Fantasie, Initiative und Können belohnte, wenn sie darüber hinaus auch noch den Mut zum Risiko aufbrachten. Natürlich gab es auch in Frankreich kühne, voraussschauende Geschäftsleute, die sich auf neue Gebiete vorwagten (z.B. Automobile, Gummi, Luftfahrt, Chemikalien), und zwar ohne großen Ansporn, wenn man von steuerlichen Erleichterungen durch den Staat absieht. Aber sie bildeten die Ausnahmen. Was sich der französische Kaufmann ebenso wünschte wie der Bürokrat, der kleine Krämer und der Angestellte, das war Sicherheit vor den Risiken einer unsicher gewordenen Welt.

Diese Sicherheit erhielt er größtenteils auch, allerdings zu einem Preis, den die Nation teuer bezahlen mußte. Von ihrer gesicherten Position aus, die sie staatlichen Konzessionen, Verträgen, Subventionen und hohen Schutzzöllen verdankten, sahen die Familiendynastien, die sich des Besitzes oder zumindest der Kontrolle der meisten großen Unternehmen erfreuten, mit großer Abneigung auf die Konkurrenz nicht nur von außen, sondern auch von innen herab. So leitete das »Establishment« die Ersparnisse des Landes, insbesondere der kleinen Leute, in die Kanäle von Auslandsdarlehen ab, statt sich für die Investition von freiem Kapital in Inlandsunternehmungen einzusetzen, die sie wettbewerbsfähig gemacht hätten. Auslandsdarlehen brachten zwar dem kleinen Anleger hohe Dividenden und den Banken, die sie abwickelten, fette Provisionen (bis zu 19 Prozent), aber die französische Wirtschaft stagnierte aufgrund des fehlenden Kapitalzuwachses. Um 1914 waren 45 Milliarden Francs** im Ausland investiert (davon 25 Prozent im zaristischen Rußland). Nur rund 60 Prozent des französischen Kapitals wurde im Inland investiert***.

* Der Zynismus einiger Politiker zeigte sich besonders kraß bei Anatole de Monzie, Minister für öffentliche Arbeiten und fünfundzwanzig Jahre lang in ununterbrochener Folge Kabinettsmitglied. Im Winter 1939, kurz vor dem Ausbruch des Zweiten Weltkriegs, hielt er in Paris vor einem erlesenen Kreis einen Vortrag über Talleyrand. »In der Politik ist Ehrlichkeit ein Beweis für Schwäche«, sagte er. Diese Bemerkung trug ihm von seiten seines mondänen Publikums amüsierten Beifall ein. Am nächsten Tag stimmte ihm *Le Figaro,* die bevorzugte Zeitung der Oberschicht, freundlich zu und bezeichnete diese Worte als »besonders witzig«. Vielleicht ließ sich der Amateur-Literat de Monzie auch vom Thema seines Vortrags ein wenig mitreißen[2].

** Etwa neun Milliarden Dollar.

*** »Nie war Geld in reichlicherem Maße vorhanden«, erklärte Baron Alphonse de Rothschild öffentlich im Jahre 1905. »Warum wird dieses Geld nicht zur Entwicklung von Handel und Industrie verwendet?« Niemand kannte die Antwort auf diese Frage besser als der Bankier Rothschild.
Die riesigen im Ausland investierten Summen, insbesondere die Darlehen an das zaristische Rußland, wurden im Krieg 1914–1918 ausgelöscht – eine verheerende Katastrophe für die kleinen Sparer.

Diese Behinderung der Entwicklung von Industrie und Handel in Frankreich war schon wirtschaftlich schlimm genug. Sie zeitigte jedoch auch nachteilige soziale Auswirkungen. Diese Politik bedeutete nämlich, daß eine Masse einfacher Bürger, die man gewinnbringend für produktive Arbeit hätte einsetzen können, nun gezwungen war, ihren Lebensunterhalt auf unwirtschaftlichen Sektoren zu verdienen, und das bei einem Lohn, der Millionen von ihnen an den Rand bitterer Not oder in echte Armut trieb. Viele von ihnen gingen als *petits fonctionaires* bei jämmerlichen Hungergehältern in den untersten Rängen der sich rasch ausweitenden Staatsbürokratie auf. Viele erhielten Konzessionen zum Betrieb kleiner Tabakläden, entsprechend dem staatlichen Tabakmonopol. Da sich die Gewohnheit des Rauchens ausbreitete, konnten sie so in einer kleinen Ecke ihren knappen Lebensunterhalt verdienen. Sie waren zur Mittelmäßigkeit verdammt, zu einem beengten Leben ohne Horizonte und ohne Hoffnung auf Besserung, zu einem ständigen Kampf, mit einem dürftigen Existenzminimum auskommen zu müssen. So sahen sie sich zu einer strikten Einschränkung der Kinderzahl gezwungen, weil sie nicht einmal eine mittelgroße Familie ernähren konnten. Ihr einziger Trost bestand darin, daß sie sich wenigstens – wie auch die großen Geschäftsleute – ihrer Sicherheit erfreuten. Sie verloren nur selten ihre minderwertigen Jobs.

Der Rückgang der Geburtenziffern

Der Rückgang der Geburtenziffern wurde für Frankreich in dem Bemühen, mit der übrigen Welt Schritt zu halten, allmählich zu einer Katastrophe. Später, als es mit der Dritten Republik bereits bergab ging, gaben einige Kirchenmänner, Konservative und Generäle wie Weygand dem »Atheismus« der Franzosen, dem Zusammenbruch der Familie und dem Mangel an Patriotismus und Moral alter Prägung die Schuld für die Abnahme der Geburtenzahlen, die das Land so sehr schwächte. Da sie selbst im Wohlstand lebten, konnten oder wollten sie nicht einsehen, daß eine der Hauptursachen für die streng geübte Geburtenkontrolle in Frankreich die wirtschaftliche Misere war: Zu vielen Franzosen fehlten einfach die Mittel, eine Familie mit mehr als ein bis zwei Kindern – wenn überhaupt – zu unterhalten*.

* Hierbei handelt es sich natürlich um ein kompliziertes Thema, das unter den Autoritäten auf dem Gebiet der Demographie große Meinungsverschiedenheiten ausgelöst hat. Der Amerikaner Dudley Kirk hat argumentiert, die Armut sei keineswegs die Ursache des langsamen Bevölkerungszuwachses in Frankreich gewesen. Die meisten französischen Fachleute, wie beispielsweise Leroy-Beaulieu und P. Bertillon, führen den relativen Rückgang der französischen Geburtenziffern auf den Stand der »Zivilisation« nach der Durchsetzung der industriellen Revolution zurück; sie habe ein Massenproletariat und eine große, arme untere Mittelschicht geschaffen, die sich in den rasch wachsenden Städten auf engstem Raum zusammendrängte. Aber eine ähnliche Situation herrschte auch in Deutschland, Großbritannien und den Vereinigten Staaten, wo die Geburtenziffern erheblich höher lagen als in Frankreich [3]. Professor

Zu Beginn des neunzehnten Jahrhunderts war Frankreich das volkreichste Land Europas, mit der einzigen Ausnahme Rußlands, das Frankreich gegen Ende des vorausgegangenen Jahrhunderts in der Bevölkerungszahl überholt hatte. Im Jahre 1815, am Ende der erregenden Napoleon-Ära, wohnten in Frankreich etwa dreißig Millionen Menschen, in Preußen elf Millionen, in Großbritannien dreizehn und im Habsburger Reich der vielen Nationalitäten 26 Millionen. Um 1870, zu Beginn des Krieges gegen Preußen, hatte Frankreich seine führende Stellung schon eingebüßt. Deutschland, das gerade von Bismarck vereint wurde, hatte 41 Millionen Einwohner, Frankreich nur 36 Millionen. In Frankreich ging die Geburtenziffer rascher zurück als in Deutschland. Dieser Rückgang war natürlich nur ein relativer, dessenungeachtet aber in einer Welt rivalisierender Mächte für die Nation nicht weniger kostspielig. Während des neunzehnten Jahrhunderts nahm die Bevölkerung Frankreichs um zwölf Millionen oder 44 Prozent zu. Aber die anderen großen europäischen Nationen wuchsen rascher: Großbritannien um 26 Millionen (mehr als das Dreifache), Deutschland um 32 und Rußland um 70 Millionen.

In verschiedenen Gegenden Frankreichs stagnierte die Bevölkerungszahl oder war sogar rückläufig. Im letzten Jahrzehnt des neunzehnten Jahrhunderts hatte über die Hälfte der französischen Departements – 49 von insgesamt 87 – mehr Sterbefälle als Geburten zu verzeichnen. Zahlreiche Dörfer starben aus. Es gab niemanden mehr, der sie hätte bewohnen können. Bergwerke und Industriebetriebe fanden nicht genügend einheimische Arbeitskräfte. Bis 1914 wurden über eine Million Gastarbeiter ins Land geholt, meist aus Italien, Belgien, Luxemburg und den polnischen Provinzen. Nur aufgrund dieser Masseneinwanderung konnte das Land weiterbestehen.

In militärischer Hinsicht gab dieser Bevölkerungsrückgang zu ernster Besorgnis Anlaß. Während 1870 die Bevölkerungszahl Deutschlands nur geringfügig über der Frankreichs lag, hatte sich 1914 beim Ausbruch des neuen Krieges das Gleichgewicht schon deutlich zuungunsten Frankreichs verschoben. Zu diesem Zeitpunkt lebten in Deutschland knapp 65 Millionen Menschen, in Frankreich jedoch nur 40 Millionen. Besorgt berechneten Regierung und Generalstab in Paris die sich daraus ergebenden Konsequenzen für die Zahl der Soldaten, die mobilisiert werden konnten. 1870 konnten sowohl Frankreich

Alfred Sauvy vom Collège de France, Frankreichs führender Demograph zum Zeitpunkt der Abfassung dieses Buchs, nennt folgende Gründe für die künstliche Beschneidung der Geburtenziffern: Rückgang der Kindersterblichkeit, Verstädterung, Verbesserung der Ausbildung und die »Klugheit« der französischen Eltern. Er weist darauf hin, daß die Geburtenkontrolle in wohlhabenden Familien ebenso praktiziert wurde wie in armen. Seine Untersuchungen haben ihn davon überzeugt, daß der Rückgang der Geburtenziffern in Frankreich bereits um 1760 einsetzte, ein volles Jahrhundert früher als in den meisten anderen westlichen Ländern. Einen Grund für diesen Vorsprung weiß er auch nicht anzugeben. Mir selbst wurde das Studium dieses Themas und auch anderer durch die Werke dieses genialen und anregenden Mannes und meine Unterhaltungen mit ihm sehr erleichtert[4].

als auch Deutschland mit ungefähr 4,5 Millionen Männern im wehrfähigen Alter – zwanzig bis vierunddreißig Jahre – rechnen. Als sich 1911 diese beiden Nationen zu einem scheinbar unvermeidlichen Kampf rüsteten, verfügte Deutschland aufgrund seiner höheren Gesamtbevölkerung über 7,7 Millionen Männer im Alter zwischen zwanzig und vierunddreißig Jahren. Frankreich hatte nur 4,5 Millionen, nicht mehr als 1870. Pessimisten in Paris prophezeiten für den Fall, daß die Deutschen wiederum angreifen sollten, ein ähnlich unvermeidliches militärisches Debakel für Frankreich wie 1871 – falls nicht Rußland und Großbritannien in der Lage waren, rasch zu mobilisieren und schnelle Hilfe zu leisten.

Oder gab es für die Franzosen selbst eine Möglichkeit, ihre zahlenmäßige Unterlegenheit gegenüber den Deutschen auszugleichen? Das war eine Frage, die sehr zum Nachdenken anregte; nicht nur in französischen Militärkreisen, sondern auch in Regierung und Parlament, in der Presse und sogar unter den Philosophen machte man sich hierüber ernsthafte und auch alberne Gedanken. Zunächst einmal würde wohl ein Anheben der Militärdienstzeit von Nutzen sein. 1913 wurde sie nach monatelangen stürmischen Debatten in der Kammer – obgleich das Land insgesamt gegen diese zusätzliche Belastung aufbegehrte – von zwei Jahren auf drei Jahre heraufgesetzt. Aber damit war Frankreich gegenüber Deutschland immer noch im Hintertreffen. Frankreich erweiterte das stehende Heer auf 700000 Mann, doch der Feind verfügte über eine Armee, die um 150000 Mann stärker war, und im gleichen Verhältnis bewegte sich auch der Zuwachs bei der Reserve.

Ein neuer Geist in der Armee

Das allein genügte nicht. Viele Männer in Regierung und Armee glaubten nun die Lösung in einer bemerkenswerten Gruppe jüngerer Offiziere entdeckt zu haben, die sich gegen Ende des neunzehnten Jahrhunderts emporgearbeitet hatte. Diesen Offizieren war es allein durch den Schwung ihres Intellekts und ihrer Willenskraft gelungen, einige Spinnweben aus den Köpfen der älteren Generalstäbler hinauszufegen und das Studium der militärischen Strategie und Taktik auf einen neuen Höchststand zu bringen. Aber dabei ließen sie sich vom eigenen Schwung bis zu einem Punkt mitreißen, der beinahe verhängnisvolle Folgen gezeitigt hätte – wie das so oft der Fall ist, wenn sich feingesponnene Theorien, die im Vorlesungssaal der Stabsschule recht überzeugend klingen, im Durcheinander des praktischen Einsatzes an der Front bewähren müssen. Ihre Forderung bestand darin, daß die Armee die ausschlaggebende Bedeutung der totalen Offensive vom ersten Augenblick der Feindseligkeiten an erkennen sollte. Sie predigten die *offensive à outrance,* die *attaque brus-*

quée, gipfelnd im Sturm mit dem aufgepflanzten Bajonett. Sie wurden nicht müde, immer wieder den Satz des brillanten Theoretikers Oberst Ardant dú Picque zu wiederholen, der 1870 bei Metz gefallen war und dessen tiefschürfende Schriften erst um die Jahrhundertwende veröffentlicht worden waren: »*Wer siegen will, muß angreifen!*«

In Verbindung dazu stand eine Lehre, die ihren Ursprung vielleicht der vielbesprochenen Theorie des Philosophen Bergson vom *élan vital* verdankt: daß der französische Soldat dem deutschen von vornherein als Kämpfer überlegen sei. Bergsons *élan* war etwas typisch Französisches. Sein leicht erregbares gallisches Temperament ließ ihn besonders geeignet erscheinen, stets die Offensive zu wählen. In den Reihen der Franzosen herrschte ein Geist, den Hauptmann Gilbert, Mitbegründer der Revolution der »Jungtürken« im militärischen Denken, treffend *furia francesa* nannte. Dieser Geist mußte unbesiegbar sein! Ein Angriff, vorgetragen mit »französischem Ungestüm«, mußte die zahlenmäßige Überlegenheit der Deutschen mehr als wettmachen.

Oberst de Grandmaison, Wortführer der »Jungtürken«, erklärte: »Die französische Armee kennt kein anderes Gesetz mehr als das der Offensive.« Aber eine Offensive um jeden Preis, jederzeit, selbst dann, wenn der Feind über die vorteilhafteste Ausgangsposition und die höhere Feuerkraft verfügt? Die »Jungtürken« beantworteten diese Frage mit »Ja«. Es durfte keine Ausnahmen geben.

Oberst Ferdinand Foch, der sich als originellster und subtilster Kopf der französischen Armee erweisen sollte, warnte vor der Offensive um jeden Preis. Nachdem er 1894 als Lehrer an die *Ecole supérieure de la guerre,* an die französische Kriegsakademie, berufen worden war, betonte er in seinen Vorlesungen allerdings auch die Notwendigkeit, schließlich die Initiative zu ergreifen, wenn man einen Krieg gewinnen wolle. Er trug ebensoviel wie irgendein anderer Offizier dazu bei, daß sich das Denken in der französischen Armee wandelte, daß man vom verbohrten Defensivdenken abrückte und Vertrauen in den Großangriff gewann. Doch obgleich Foch die Rolle der ständig zunehmenden Feuerkraft bei der Verteidigung unterschätzte – nur wenige französische Offiziere schätzten das neue Maschinengewehr oder die Anwendung von Stacheldraht, von den Japanern gerade erst so erfolgreich im Krieg gegen die Russen in der Mandschurei demonstriert, hoch genug ein –, wies er nichtsdestoweniger darauf hin, daß die bedingungslose Offensive gewissen »Qualifikationen und Einsichten« unterworfen werden müsse, weil Leichtsinn beim Angriff zu unverantwortlichen Verlusten und damit letztlich zur Niederlage führen könne.

In jener ungestümen Zeit gehörte ein gewisser Lehrer für Infanterietaktik an der Kriegsakademie fast schon zu einer Minderheit. Es war Oberst Henri Philippe Pétain, der in seinen Vorlesungen darauf beharrte, das Verhältnis der Feuerkraft müsse darüber entscheiden, ob man offensiv werden könne. Ist man dem Gegner an Kanonen haushoch überlegen, dann soll man angreifen; ansonsten bleibt man in der Defensive, bis man diese Überlegenheit erlangt hat. Er weigerte sich daher, den »Jungtürken« zuzustimmen, die eine Offensive um jeden Preis forderten. Diese Hartnäckigkeit trug ihm im Offizierskorps den Ruf eines Pessimisten, fast schon eines Defätisten und ganz gewiß eines Ketzers ein. Als der Krieg 1914 herannahte, hatte er – immer noch im Rang eines Oberst – fast die Altersgrenze für seine Pensionierung erreicht und hielt seine militärische Karriere selbst für so gut wie beendet*. Aber das Schicksal wollte es, daß diese Karriere gerade erst an ihrem Anfang stand. Die Folgen für die Nation sollten in den nächsten dreißig Jahren ungeheuer sein – zuerst positiv, dann verheerend.

Oberst Foch und die von ihm inspirierten »Jungtürken« brachten zwar eine intellektuelle und moralische Erneuerung der französischen Armee zustande, aber sie erkannten nicht in vollem Umfang die technologische Revolution auf dem Gebiet der Rüstung. Die älteren Generäle standen den Möglichkeiten, die diese neuen Waffen boten, noch blinder gegenüber – eine verknöcherte Einstellung, die nicht nur Frankreichs Überlebenschancen im Jahre 1914 gefährdete, sondern die Chance 1940 sogar vollends vernichtete. Es stimmte schon, daß die französische Armee als erste den Magazinkarabiner von Lebel übernahm. Das war bereits 1889. Zwei Jahre zuvor hatten die Franzosen mit der Herstellung des 7,5-cm-Schnellfeuer-Feldgeschützes begonnen, der mit Abstand besten Waffe der leichten Artillerie, die der deutschen 7,7-cm-Kanone haushoch überlegen war. Aber die berühmte »Fünfundsiebziger« wies eine Schwäche auf. Sie hatte eine flache Flugbahn. In den Bergen Elsaß-Lothringens, wo die Franzosen ihre Offensive einzuleiten gedachten, würde sie nicht viel nutzen. Zudem war das Oberkommando von der großartigen Leistung der »Fünfundsiebziger« so hypnotisiert, daß es die Entwicklung der schweren Artillerie verabsäumte. Genau da betätigten sich aber die Deutschen. Der Generalstab lehnte diese schweren Geschütze sogar bewußt ab. Einige Politiker in Paris fragten sich nach dem Grund. Sie sollten ihn von der Armee erfahren.

Noch 1909 trat beispielsweise ein Armeebeauftragter vor dem Finanzausschuß der Kammer auf und erklärte zuversichtlich: »Sie reden dauernd von schwerer Artillerie! Gott sei Dank haben wir keine! Was der französischen Armee ihre Stärke verleiht, ist gerade die Leichtigkeit ihrer Kanonen.«

* Er befehligte das 33. Infanterieregiment, in dem nach Absolvierung der Militärakademie Saint-Cyr im Jahre 1912 ein junger Leutnant namens Charles de Gaulle freiwillig diente. So trafen die beiden Männer, die das Schicksal achtundzwanzig Jahre später, als der eine berühmt und der andere unbekannt war, einander gegenüberstellen sollte, schon früh in unserer Geschichte aufeinander.

Auch der Leistungsfähigkeit des neuen Maschinengewehrs stand das Oberkommando blind gegenüber. Es hatte sich bereits im japanisch-russischen Krieg und in den Balkankriegen als tödliche Defensive bewährt. Dennoch vertraute noch 1910 der rangälteste General der Infanterie einer Gruppe von Parlamentariern selbstzufrieden an, der französische Generalstab lasse Maschinengewehre lediglich als Trostpflästerchen für die öffentliche Meinung herstellen. »Täuschen Sie sich nicht«, sagte er, »diese Waffe wird absolut nichts ändern.«

Als der Erste Weltkrieg ausbrach, besaßen die französischen Truppen 2000 Maschinengewehre, die deutschen 5000. Vergeblich hatte Oberst Pétain beim Oberkommando immer wieder eindringlich auf die große Bedeutung dieser neuen Waffe hingewiesen. Er bestand darauf, diesen Punkt auch in einem neuen Infanteriehandbuch hervorzuheben, das er zusammenstellen sollte, doch seine Vorgesetzten strichen es durch.

Ebenso blind standen die Generäle vor den militärischen Einsatzmöglichkeiten des Flugzeugs. Der französische Erfindergeist hatte dem Land bei der Entwicklung dieser aufregenden neuen technischen Errungenschaft einen Vorsprung gesichert. Doch die alten Armeechefs ließen sich davon nicht beeindrucken*. Kurz vor Kriegsausbruch beobachtete der Kommandeur der Kriegsakademie eine Luftfahrtschau. Einige der jüngeren Offiziere hatten dringend empfohlen, den Einsatz von Flugzeugen zu Beobachtungszwecken über und hinter der feindlichen Front und sogar zum Bombenabwurf auf feindliche Marschkolonnen ins Auge zu fassen. Der Leiter der Kriegsschule** betrachtete das als Unsinn. Während er zusah, wie die damals noch ziemlich primitiven Doppeldecker über dem Flugfeld kreisten, rief er einer Gruppe von Kollegen zu: »Das ist ja alles nur Sport! Für die Armee sind Flugzeuge gleich Null[5]!«

Trotz der Unterlegenheit an Menschen und Material traf das französische Oberkommando, gedrängt von den »Jungtürken«, die verhängnisvolle Entscheidung, sämtliche alten Verteidigungspläne über Bord zu werfen und an ihrer Stelle einen neuen Plan zu übernehmen, der im Augenblick eines deutschen Angriffs sofort eine bedingungslose Offensive vorsah. Es handelte sich dabei um den berühmten Plan XVII (die sechzehn vorangegangenen Pläne seit 1870 waren Defensivpläne gewesen), ausgearbeitet unter der Leitung des fähigen, aber phlegmatischen neuen Generalstabschefs Joseph César Joffre, der 1911 an die Spitze der Armee gestellt worden war***. Das Gros der

* Wie wir noch sehen werden, zeigten sich ihre Nachfolger in den dreißiger Jahren ebensowenig beeindruckt – trotz der Rolle, die das Flugzeug im Krieg 1914–1918 gespielt hatte. Die Folgen dieser Blindheit sollten sich als noch viel schlimmer erweisen.

** Es mußte sich wohl um Foch handeln.

*** Er löste General Victor Michel ab, der abgesetzt wurde, weil er die Überzeugung vertreten hatte, der deutsche Angriff werde durch Belgien vorgetragen werden (wie es dann auch der Fall war!), und der da-

französischen Armee sollte, sobald die Deutschen losschlugen, in Elsaß-Lothringen zum Angriff antreten. Obgleich der Geheimdienst hartnäckig immer wieder berichtete, der deutsche Hauptstoß werde vermutlich durch das neutrale Belgien erfolgen, verwandten Joffre und sein Stab bei der Planung kaum einen Gedanken auf diese Möglichkeit. Ihr Denken war ganz auf den *französischen* Angriff fixiert, der die beiden verlorenen Provinzen befreien und die Deutschen bis zum Rhein zurückdrängen sollte.

Das französische Oberkommando war fest davon überzeugt, daß der Krieg in den ersten großen Schlachten an der Frontlinie entschieden würde. Aus diesem Grunde maßen sie der Reserve keine große Bedeutung bei und glaubten auch nicht, daß die Deutschen das taten. Der Kampf sollte rasch von den vorhandenen regulären Einheiten entschieden werden. Das war ein Trugschluß, der Frankreich noch teuer zu stehen kommen sollte, denn der Feind hatte insgeheim bereits beschlossen, beim Großangriff quer durch Belgien die Reserven mit in den Kampf zu werfen*.

Das war, kurzgefaßt, die Lage der französischen Armee zu Beginn des zweiten Jahrzehnts des zwanzigsten Jahrhunderts, zu einem Zeitpunkt, da das Donnergrollen immer bedrohlicher aus dem unruhigen, kriegerischen Deutschland herüberdrang. Wie alle Armeen klammerte sie sich an vieles, das längst überholt war**, aber dennoch war ihr Geist durch Foch und die »Jungtürken« verjüngt worden. Sie war der Streitmacht, die 1870 bei Sedan und Metz so spielend von den Preußen geschlagen worden war, haushoch überlegen. Sollte wieder ein Krieg ausbrechen, so hing viel von den Führungsqualitäten der hohen Generalität ab, ganz besonders jedoch des Oberkommandierenden. Was ihn betraf, herrschten bei den aristokratischen Offizie-

her forderte, die französische Armee müsse sich darauf konzentrieren, diesen Angriffsstoß aufzufangen. Zu diesem Zweck wollte er die Front dadurch verstärken, daß er jedem aktiven Regiment ein Reserveregiment beiordnete. Im Licht der neuen Militärdoktrin war das krasse Ketzerei. Das Motto lautete jetzt: »*Les réserves, c'est zéro!*« Auf der entscheidenden Sitzung des Obersten Kriegsrates im Jahre 1911 unterstützte nicht ein einziger General seinen Chef. Einer von ihnen erklärte, General Michel sei »nicht richtig im Kopf«, und der Kriegsminister Adolphe Messimy, selbst früherer Berufsoffizier, der aus Protest gegen die Weigerung der Armee, das Dreyfus-Urteil zu revidieren, seinen Abschied genommen hatte, nannte den von Michel vorgeschlagenen Verteidigungsplan einen »Irrsinn«. Der Plan wurde mitsamt seinem Urheber fallengelassen.

* Sowohl vor 1914 als auch vor 1940 hatten die Regierungen Frankreichs und Großbritanniens erwogen, ob man in Belgien einrücken sollte, wenn es den Anschein hatte, als wollten die Deutschen dieses Land zur Vorbereitung des Angriffs auf Frankreich angreifen. Man beschloß jedoch, damit bis *nach* der Invasion durch die Deutschen zu warten. Der Nachteil für die Alliierten in beiden Fällen lag auf der Hand. Aber beide Male wollten auch die Belgier nicht erkennen, wo die eigentliche Gefahr lag. Ihre Pläne von 1914 sahen die Mobilisierung von drei Armeen vor: eine gegen Deutschland, die zweite gegen Frankreich, die dritte zur Abwehr eines eventuellen britischen Landungsversuchs.

** Zum Beispiel die roten Uniformhosen. Nicht einmal dem energischen Messimy gelang es, das Oberkommando oder die Regierung zu einer weniger auffälligen Farbe zu bewegen, obwohl die Deutschen auf Feldgrau umstellten und die Briten längst zu Khaki übergegangen waren. Einen französischen Soldaten in eine triste Uniform zu stecken – das war undenkbar. »Die roten Hosen aufgeben?« schrie ein ehemaliger Kriegsminister den Parlamentsausschuß an, der sich mit dieser Frage befaßte. »*Jamais! Le pantalon rouge c'est la France*[6]*!*« – »Niemals! Die rote Hose ist Frankreich!«

ren einige Zweifel vor. Joffre war nämlich ein echter Sohn der Dritten Republik, ein Bürgerlicher bescheidener Herkunft, der nicht einmal die berühmte Militärakademie Saint-Cyr absolviert hatte, sondern nur die *Ecole Polytechnique,* aus der sonst Ingenieure hervorgingen. Seine Erfahrung im Generalstab war gering. Bei seiner phlegmatischen Art, seiner unförmigen Gestalt, betont noch durch eine schlecht sitzende, ungebügelte, meist undekorierte Uniform, schien ihm ganz und gar jener kriegerische Elan zu fehlen, der den französischen Heerführern der Vergangenheit zu eigen gewesen war. Aber mit ihm und seinen Frontoffizieren war Frankreich 1914 besser bedient als in den Jahren 1870 und 1940.

5 Klassen und Konflikte 1875–1914

Eine Armee kann schwerlich stärker sein als das Land, dem sie dient. Wie stark war nun das Frankreich der Dritten Republik am Vorabend der schweren Prüfung, die ihm bevorstand? Einige seiner Schwächen haben wir bereits aufgezählt: die Unfähigkeit, bei der Industrialisierung das Tempo der anderen europäischen Großmächte mitzuhalten, den Rückgang in den Geburtenziffern, die Meinungsverschiedenheiten, die seit langem das Volk so tief spalteten. Wies diese zivilisierte Gesellschaft noch andere Mängel auf, die an ihrer Kraft zehrten?

Das Bürgertum, Rückgrat der Republik

Das Rückgrat der Dritten Republik war das Bürgertum, zu dem um die Jahrhundertwende etwa fünf bis sechs der insgesamt rund 39 Millionen Einwohner des Landes zählten. Hierbei handelte es sich um eine wackere Mittelschicht, die die Revolution von 1789 inszeniert, sich gegen zwei bonapartistische Diktatoren gewehrt und die kurze Restauration der Bourbonen-Monarchie überlebt hatte; sie war unter dem Orléans-König gut gediehen und hatte seit 1875 die Dritte Republik völlig beherrscht.

Jetzt, zu Anfang dieses Jahrhunderts, begann dieses französische Bürgertum die ersten Abnutzungserscheinungen zu zeigen – übersättigt von der Macht, die Regierung, Industrie, Finanzwesen, Handel, Erziehung, freie Berufe und die Presse kontrollierte. Diese Macht hatte ihren prominentesten Mitgliedern großen Reichtum eingetragen, und sie waren entschlossen, ihn zu erhalten und zu mehren.

Léon Blum, selbst ein recht wohlhabender Angehöriger des Bürgertums, der sein Leben dem Sozialismus verschrieben hatte, sollte später sagen: Der Saft begann ihnen aus den Adern zu rinnen. Das Bürgertum büßte Dynamik, Schöpferkraft, Kühnheit, Fantasie ein. Es verschanzte sich hinter seinen dicken Brieftaschen und den festen Positionen in Staat und Gesellschaft und fürchtete sich immer mehr vor einem Wandel. Für die Bürger dieses Landes stand viel auf dem Spiel. Ein Wandel der Verhältnisse konnte die Privilegien des Bürgertums ebenso gefährden, wie die oberen Stände vor einem Jahrhundert gefährdet worden waren, als das vermodernde *ancien régime* vom Wandel gestürzt wurde. Die breite Mittelschicht hatte ungemein davon profitiert, daß die Privilegien von Aristrokratie, Hochadel und Thron auf sie übergingen, und sie wollte naturgemäß diese Gewinne dem Zugriff der Massen weiter unten entziehen. Von unten her grollte es, und einige Männer, die weder oben noch unten, sondern außerhalb standen (einige Politiker, Schriftsteller, Philosophen und Lehrer), begannen sich zu fragen, ob die glorreiche Revolution vielleicht doch nichts weiter war als die Ablösung einer egoistischen und habgierigen Klasse durch eine andere – war nur die Geldaristokratie an die Stelle der Geburtsaristokratie getreten? Nachdem die Geldaristokratie ihr Schäfchen ins trockene gebracht hatte, wurde sie gegenüber den nationalen Interessen, die ihre Klasse nicht berührten, genauso blind, wie es zuvor die Geburtsaristokratie gewesen war. Zufrieden und überfüttert wollte sie die Uhren anhalten und vergaß dabei, daß Stillstand den Tod bedeutet.

Es muß klargestellt werden, daß das Bürgertum in Frankreich keineswegs einen monolithischen Block darstellte. Neben den Reichen und Privilegierten gab es viele ehrbare Bürger mit bescheidenem Einkommen und Auftreten. Zu ihnen zählten die Künstler und Schriftsteller, die Intellektuellen, die Universitätsprofessoren, die Schullehrer, die Rechtsanwälte, Ärzte, Ingenieure und Beamte, sodann die unzähligen kleinen Fabrikanten, Händler und Kaufleute. Es war wie in allen anderen Gesellschaften: Die Wohlhabenden befanden sich in der Minderzahl, aber sie bestimmten Stil und Tempo, sie hatten »die Hand am Drücker«. Zu den Unterschieden im Bankkonto kamen noch jene in der Politik hinzu. Während die Großunternehmer, die Bankiers und die von ihnen beherrschte Presse, politisch gesehen, natürlich konservativ waren, unterstützte die Masse des Mittelstandes die Radikale Partei oder Gruppen im Parlament, die ihren Zielen und ihrer Ideologie eng verbunden waren. Wer die französische Politik begreifen will, muß sich vor Augen halten, was der Historiker André Siegfried immer wieder sagte: Der mittelständische Franzose trage sein Herz zwar für gewöhnlich links, seine Brieftasche aber nach wie vor rechts.

Fast das gesamte gehobene, mittlere und niedere Bürgertum trat für bestimmte Ziele und Vorstellungen ein und wurde darin vom wohlhabenderen Teil der selbständigen Bauernschaft unterstützt. Regierung und Gesellschaft sollten ihnen die Freiheit belassen, Geld zu verdienen, es zu sparen und an die Kinder weiterzuvererben. Man wollte sich dieses Geld nicht durch Steuern abknöpfen lassen oder durch steigende Löhne für Fabrik- und Landarbeiter, auch nicht durch die Anforderungen jener neumodischen Politik sozialer Wohlfahrt, von der gewisse übergeschnappte Sozialisten – vermutlich aufgrund ausländischer, wohl deutscher Beeinflussung* – behaupteten, sie sei in einem industrialisierten Zeitalter unumgänglich.

Irgendwann gegen Ende des neunzehnten Jahrhunderts fror das Temperament der Bürger ein – jener Bürger, die in einer Revolution die jahrhundertealte Lebensordnung mit ihren unglaublichen Ungerechtigkeiten gestürzt hatten. Das Bürgertum trat entschieden für Recht und Ordnung zum Schutz von Eigentum, Investitionen und Ersparnissen ein. Es wehrte sich hitzig gegen Veränderungen, Reformen, soziale Agitation und Unordnung. Und aufgrund seiner Habgier und Selbstsucht weigerte es sich ebenso hartnäckig, wie die alte Aristokratie, einen gerechten Anteil an den Kosten der Erhaltung des Staates zu tragen.

Die Abneigung gegen Steuern

Die Abneigung der Bürger gegen die Entrichtung eines angemessenen Anteils an den Steuern war berüchtigt. Steuerhinterziehungen waren natürlich kein typisch französisches Übel. Das geschah auch in allen anderen Ländern. In Frankreich reichte diese Angewohnheit jedoch weit zurück. Unter der alten Monarchie war die Kirche mit ihrem gewaltigen Landbesitz, ebenso wie der gesamte Klerus, praktisch von allen Steuern befreit. Hochadel und Aristokratie, deren Reichtum sich hauptsächlich auf riesige Ländereien stützte, unterliefen die meisten jener Steuern, die ihnen die Krone aufzuerlegen versuchte, obgleich sich der Staat seit den Zeiten des extravaganten Sonnenkönigs Louis XIV., der für seine Kriege und den Aufwand in Versailles riesige Summen verbrauchte, ständig am Rande des Bankrotts bewegte. Und immer stöhnten die Bauern auf dem Lande, die Ladenbesitzer und Handwerker in den Städten unter einer unerträglichen Steuerlast. Als Machault d'Arnouville unter König Louis XV. den Versuch unternahm, die Verschuldung der öffentlichen Hand durch eine Steuer zu mildern, die ein Zwanzigstel betragen und ohne Ansehen der Person von allen ausnahmslos gezahlt werden sollte, erhob sich im Parlament – bei jenen kompromißlosen Gegnern jeglicher Steuerreform

* Wie zum Beispiel Bismarcks Sozialgesetzgebung. Teilweise aus Haß gegen den Sozialismus förderte er die soziale Wohlfahrt in Deutschland, um den Sozialismus zu schlagen und die Gesellschaft dennoch dem Maschinenzeitalter der Massenproduktion anzupassen.

und wachsamen Verteidigern der Privilegien einer Oberschicht – ein solches Geschrei, daß der König seinen Minister mitsamt seinem Reformplan opfern mußte.

Aber das aufsteigende Bürgertum war ebensowenig geneigt, Steuern zu zahlen, wie seinerzeit der Adel, dessen Stelle es immer mehr einnahm. Am 5. Mai 1789 traten in Versailles die Stände zusammen. Der Dritte Stand umfaßte 95 Prozent der Bevölkerung, wurde aber vom wohlhabenden, besitzenden Mittelstand beherrscht; er forderte einerseits eine möglichst leichte Steuerlast, bekannte sich aber andererseits zu einer »gleichen und gerechten Besteuerung«. Nachdem diese braven Bürger die Revolution durchgeführt hatten, waren sie imstande sich zu schützen – sogar vor der Gleichheit.

Die Dritte Republik drängte sie niemals, einen gerechten Anteil an der Steuerlast auf sich zu nehmen. Gegen Ende des neunzehnten Jahrhunderts war den meisten Wirtschaftswissenschaftlern im Westen klargeworden, daß eine Besteuerung des Einkommens die beste Methode nicht nur für die Gewährleistung der Steuergerechtigkeit, sondern auch zur Aufbringung eines Großteils der gewaltigen Summen war, die ein moderner, schwergerüsteter Staat brauchte. Außerdem konnte man die Einkommensteuer durch Erhöhung oder Senkung den jeweiligen Erfordernissen anpassen. Großbritannien hatte die Einkommensteuer 1842 eingeführt, Deutschland gegen Ende des Jahrhunderts. In Frankreich stieß allein schon die Idee einer solchen Steuer bei der besitzenden Klasse auf erbitterten Widerspruch.

Zwischen 1871 und 1914 waren den Parlamentsausschüssen über zweihundert Gesetzentwürfe für eine Fiskalreform auf der Grundlage der Einführung einer Einkommensteuer vorgelegt worden, aber die beiden Kammern widersetzten sich ihnen jahrzehntelang. Schließlich schlug 1896 eine radikale Regierung eine solche Steuer in außerordentlich bescheidenem Rahmen vor – die Progression sollte zwischen 1 und 5 Prozent betragen. Der Vorschlag wurde von jenen, die er betroffen hätte, mit einem wahren Entsetzensgeheul begrüßt. Eine solche Maßnahme, sagten sie, würde dem Franzosen seine Freiheit rauben. Das Land würde von einer Armee schnüffelnder Steuereinnehmer verseucht, die ihre Nasen in die geheiligten Geheimnisse der Vermögensverhältnisse eines jeden einzelnen stecken würden. Der hervorragende Wirtschaftswissenschaftler Paul Leroy-Beaulieu erklärte: »Eine Steuer dieser Art würde das gesamte Leben einer Demokratie vergiften; sie würde allenthalben auf Ablehnung stoßen und Anlaß zur Kapitalflucht sein;. . . sie wäre der Beginn eines Kampfes auf Leben und Tod zwischen Finanzbehörde und Steuerzahler . . .«

Die Steuerzahler – zumindest die wohlhabenderen – waren zu einem »Kampf bis aufs Messer« gegen eine solche Ungerechtigkeit bereit. Die Regierung, die einen solchen Vorschlag gemacht hatte, wurde gestürzt und durch Jules Méline, den konservativen Verfechter hoher Schutzzölle, ersetzt. Die neue Regierung versprach, den Franzosen eine so rohe Verletzung ihrer Freiheit und ihrer heiligsten Privatangelegenheiten nicht zuzumuten.

Doch das alte System direkter Steuern, das noch aus den Zeiten der alten Monarchie und Napoleons stammte (und das beispielsweise eine Steuer für die Zahl der Fenster und Türen in einem Wohngebäude enthielt), konnte den Geldbedarf eines fieberhaft aufrüstenden Landes einfach nicht mehr decken. Noch 1913 stammten drei Viertel aller staatlichen Einnahmen aus Verbrauchssteuern, und das gesamte Steueraufkommen belief sich nur auf 40 Prozent der Staatsausgaben. Eine drastische Finanzreform wurde dringend notwendig.

1909 hatte die Kammer auf Drängen des Ministerpräsidenten Clemenceau und seines Finanzministers Joseph Caillaux ein Gesetz zur Einführung einer bescheidenen Einkommensteuer verabschiedet. Der konservative Senat weigerte sich, über das Gesetz auch nur zu diskutieren, und brachte es damit zu Fall. Zur selben Zeit drängten die Konservativen auf eine drastische Beschleunigung der Aufrüstung und die Verlängerung der Dienstzeit von zwei auf drei Jahre. Aber sie wollten nicht dafür bezahlen. Das veranlaßte den Historiker François Goguel zu der Frage, ob »dem französischen Bürgertum nicht sein Gold mehr wert sei als seine Söhne«; noch zynischere Kritiker sahen sich zu der Feststellung veranlaßt, ein Franzose sei wohl bereit, für sein Vaterland zu sterben, aber nicht, dafür zu bezahlen.

Erst im Sommer 1914, als der Krieg bereits seine Schatten vorauswarf, stimmte das Parlament widerstrebend für eine Einkommensteuer, und sie trat erst 1916 voll in Kraft – nachdem bereits seit zwei Jahren ein Krieg von solchem Ausmaß tobte, daß Frankreich vor dem finanziellen Zusammenbruch stand. So geschah es, daß 1918, im furchtbaren letzten Jahr des verheerenden Krieges, die gesamten Einnahmen des französischen Staates nur zwölf Prozent seiner Ausgaben ausmachten. In diesen erbitterten Kriegsjahren, als die Deutschen nie weit von Paris entfernt standen, hielt sich die Nation nur durch Darlehen über Wasser, die sie teils bei den eigenen Bürgern, teils im Ausland – hauptsächlich in den Vereinigten Staaten – aufnahm. Nicht einmal die üppigen Gewinne der Waffenfabrikanten und anderer Heereslieferanten wurden ernsthaft besteuert.

Die Entfremdung der Arbeiterklasse

Die Haltung des florierenden Bürgertums gegenüber der Klasse, die für die Nation arbeitete, war keineswegs großzügiger als gegenüber dem verhaßten Steuereinnehmer.

Bittere Erinnerungen an die blutige Zerschlagung der Kommune, das Versäumnis des Parlaments, etwas zur Besserung der Notlage zu unternehmen, die feindselige Haltung der Arbeitgeber gegenüber dem geringsten Ansatz zur Bildung von Gewerkschaften und die grausame Verhinderung von Streiks durch Einsatz bewaffneter Truppen hatte die französische Arbeiterschaft entfremdet. Sie fühlte sich ausgeschlossen vom Hauptstrom – und den meisten Vorzügen – des Lebens in Frankreich. Daraus ergaben sich gewisse Konsequenzen. Unter den gegebenen Umständen mochten sie als natürlich erscheinen, aber sie stifteten auch große Verwirrung unter den Arbeitern. Die Arbeiterbewegung wurde zum erklärten Feind der politischen Demokratie*. Sie stellte sich gegen Parlament und Regierung, da sie von dieser Seite keine Lösung, nicht einmal Verständnis für ihre Probleme erwartete. Daher weigerte sich die Gewerkschaftsbewegung, irgendeiner politischen Partei ihre Unterstützung zu gewähren, auch nicht den Sozialisten, die sich unter der ausgezeichneten Führung von Jean Jaurès und dem doktrinäreren Einfluß von Jules Guesde bemühte, der arbeitenden Klasse politischen Ausdruck zu verleihen. Die 1906 von der CGT (der neun Jahre zuvor gegründeten Confédération Général du Travail) verfaßte Charter von Amiens verkündete, die einzige Rettung der Arbeiter liege in der »direkten Aktion«: im Sturz des mittelständischen republikanischen Regimes durch Einsatz des schwersten Geschützes, des Generalstreiks. Nicht Karl Marx, sondern der scharfsinnige, aber launenhafte Philosoph Georges Sorel wurde der »Chefideologe« der revolutionären Gewerkschaftsbewegung Frankreichs. Sorels Kult mit der Gewalt, dargelegt in seinem Buch *Réflexions sur la violence,* gipfelte im Generalstreik und im Sturz der Regierung und schuf eine Art philosophischer Basis für die Ziele und die Ideologie der französischen Gewerkschaftsbewegung**.

* Die Begründung dieses Standpunkts, der uns heute so seltsam erscheint, wurde damals von einem französischen Gewerkschaftsführer so angegeben: »Die organisierte Demokratie bekämpft Minderheiten zugunsten lammfrommer und konservativer Mehrheiten. So führt die Demokratie mit ihrem allgemeinen Wahlrecht und ihrer politischen Souveränität am Ende zu einer Zementierung der Versklavung der arbeitenden Massen.« Erst nach dem Krieg von 1914–1918 legte die französische Gewerkschaftsbewegung – zumindest offiziell – diese seltsame Idee ab.

** Sorel, ein beamteter Ingenieur im Ruhestand, war einer der originellsten, wenn auch unberechenbarsten Köpfe seines Jahrhunderts. Der Einfluß seiner Schriften auf die Arbeiterbewegung und einige aus ihr hervorgegangener Bewegungen war immens. Er verachtete stets die französischen und deutschen Sozialisten als bloße Opportunisten und war von den Gewerkschaften enttäuscht. So liebäugelte er eine Zeitlang mit der extremen Rechten von Mauras' *Action Française,* beschloß sein Leben jedoch als begeisterter Anhänger Lenins und des Kommunismus. Er verfügte über ein ausgedehntes, wenn auch etwas ungeordnetes Wissen und korrespondierte mit einer Anzahl von Denkern in ganz Europa, insbesondere mit dem italienischen Philosophen Croce. Mit ihm unterhielt er während der letzten zwanzig Jahre seines Lebens eine lebhafte Korrespondenz. Sorels Einfluß auf einen anderen Italiener führte dann zu historischen Konsequenzen.

Benito Mussolini gab später zu, daß ihm der Keim des Faschismus durch die Lektüre Sorels vor dem Ersten Weltkrieg eingepflanzt wurde. Damals lebte er als junger revolutionärer Sozialist in Mailand und redigierte das Parteiorgan *Avanti.* Als Sorel 1912 die Leitartikel des italienischen Hitzkopfs las, traf er eine bemerkenswerte Voraussage: »Unser Mussolini ist kein gewöhnlicher Sozialist. Glaubt mir, ihr werdet ihn vielleicht noch eines Tages an der Spitze eines geheiligten Bataillons erleben, wie er mit seinem Säbel die italienische Fahne grüßt. Er ist ein Italiener aus dem fünfzehnten Jahrhundert, ein *condottiere.* Das Volk ahnt es noch nicht, aber er ist der einzige energische Mann, der in der Lage wäre, die Schwächen der Regierung zu beseitigen[1].«

Nach der Kommune von 1871 hatte die Polizei die Kammern der Arbeitersyndikate, Vorläufer der Gewerkschaften, aufgelöst, obgleich sie sogar unter der Diktatur Napoleons III. geduldet worden waren. Thiers bestand darauf, die Dritte Republik sollte konservativ sein oder gar nicht existieren. In ihr war kein Platz für lästige organisierte Arbeiter.

Bei einer derartigen Ermutigung seitens der Regierung wollten die Arbeitgeber mit der Gewerkschaftsbewegung nichts zu tun haben. Sogar in den frühen zaghaften Versuchen einiger führender Köpfe zur Bildung von Gewerkschaften argwöhnten sie bereits den Aufruf zum Klassenkampf, zu Unruhen, wenn nicht gar zur Revolution. 1884 sah sich die Regierung schließlich gezwungen, zum erstenmal das Recht der Arbeiter, sich in Organisationen zusammenzuschließen, gesetzlich anzuerkennen, aber dieses Gesetz unternahm keinen Versuch, Arbeitgeber und Arbeitnehmer zu einer Beilegung ihrer Differenzen auf dem Wege der friedlichen Tarifverhandlungen zu veranlassen. Die Arbeitgeber ihrerseits weigerten sich mit den Gewerkschaftsführern über Löhne und Arbeitsbedingungen auch nur zu diskutieren. Diese starre Haltung trug dazu bei, daß sich die Gewerkschaften dem nach Meinung ihrer Mitglieder einzig möglichen Kampfmittel zuwandten: dem Streik. Aber das brachte die Gewerkschaften nicht nur mit den Arbeitgebern, sondern auch mit der republikanischen Regierung in Konflikt.

Von 1906 bis zum Vorabend des Ersten Weltkrieges wurde Frankreich von einer Streikwelle erschüttert. In vielen Fällen handelte es sich um undisziplinierte wilde Streiks, und die meisten davon wurden von der Regierung gewaltsam unterdrückt. Die Armee wurde oftmals zur Einschüchterung der Streikenden eingesetzt. In einigen Fällen wurde das Feuer eröffnet, und es gab Tote und Verwundete auf den Straßen. Sogar die Weinbauern des Südens streikten und veranstalteten in mehreren Städten undisziplinierte Demonstrationen. In Narbonne wurden Barrikaden errichtet. Das 17. Infanterieregiment weigerte sich, auf die Demonstranten zu schießen, und meuterte. 1910 zerschlug Ministerpräsident Aristide Briand, obgleich er sich selbst als unabhängiger Sozialist bezeichnete, einen Generalstreik der Eisenbahner, indem er die Gewerkschaftsführer verhaften und die Streikenden als Reservisten einziehen ließ. Darin lag eine gewisse Ironie, denn Briand hatte seine Karriere als Gewerkschaftsanwalt begonnen und einst die Notwendigkeit des Generalstreiks gepredigt!

In keinem anderen westlichen Land wurde die Arbeiterklasse der Gesellschaft so sehr entfremdet wie in Frankreich. In keinem anderen Land hinkte die Arbeitergesetzgebung so weit hinter den Mindestanforderungen des industriellen Zeitalters her. Erst 1900 wurde die Frauen- und Kinderarbeit auf zehn Stunden täglich beschränkt; die Männer arbeiteten immer noch zwölf Stunden am Tag. Und erst 1906 gewährte ein Gesetz dem Arbeiter einen freien Tag in der Woche – den Sonntag. Es kam in Frankreich gar nicht erst zu dem Versuch einer Nachahmung der Sozialgesetze, die Bismarck in Deutschland durchgepaukt hatte.

So erstaunt es nicht, daß die französischen Arbeiter nach dem Fehlschlag ihrer Versuche, ihr Los durch Tarifverhandlungen mit den Arbeitgebern, durch Streiks oder Sozialgesetze zu verbessern, zu dem Schluß gelangten, daß sie sich von der parlamentarischen Dritten Republik keine Beseitigung der Mißstände erhoffen durften. Sie fühlten sich als Bürger zweiter Ordnung. Das konnte kaum ihr Vaterland sein. So verschrieben sie sich damals immer mehr der von Karl Marx ausgegebenen Losung: »Der Arbeiter hat kein Vaterland.« Sie haßten den Militärdienst und befürworteten den Pazifismus – warum sollten sie auch für die Verteidigung einer ihnen so feindselig gegenüberstehenden Gesellschaft ihr Leben einsetzen?

Schon bald – im Jahre 1914 – sollten sie als Antwort auf die deutsche Aggression ihre Verbitterung begraben und zusammen mit den anderen Franzosen ihre Heimat verteidigen. Dennoch bedeutete ihre Entfremdung einen weiteren Bruch in der ohnehin schon angeschlagenen Nation, eine weitere Schwächung. Als die Deutschen im Jahre 1940 wieder angriffen, sollten sich diese Massen französischer Proletarier – in ihrem Gefühl, nicht als gleichberechtigte Bürger der Republik anerkannt zu werden, gedrängt vom Kommunismus, der inzwischen einen guten Teil der Arbeiterbewegung beherrschte und dessen Außenpolitik sich gemäß den Interessen Moskaus und für gewöhnlich zum Nachteil Frankreichs bedenkenlos im Zickzack bewegte – veranlaßt sehen, zu den anwachsenden rechtsgerichteten Gruppen zu stoßen, denen wenig an einer Verteidigung des republikanischen Regimes lag, nicht einmal gegen den alten Feind. Ich selbst erlebte in den Junitagen 1940, wie die Kommunisten gemeinsam mit den französischen Reaktionären unter dem Motto »Lieber Hitler als Blum« die Deutschen in Paris willkommen hießen, von ihnen die Freilassung ihrer Genossen aus französischen Haftanstalten erbaten und unterwürfig um die politische Anerkennung bettelten, die ihnen die eigene Regierung während der Krisenjahre des Krieges vorenthalten hatte.

Die extreme Rechte

Auf der anderen Seite der Barrikaden standen den Streikenden sozusagen – außer den bürgerlichen Radikalen und den gemäßigten Republikanern, die die Regierung beherrschten – die Konservativen und die Überreste der einst so mächtigen monarchistischen Rechten gegenüber. Zu Beginn des neuen Jahrhunderts setzten sie zu einem neuen Comeback an, wenn schon nicht in politischer Macht, so doch zumindest geistig. Sie verschrieben sich einem neuen, grob autoritären und chauvinistischen Nationalismus, der – so abwegig das auch klingen mag – zur Stärkung Frankreichs im Ersten Weltkrieg beitrug. Aber in den verhängnisvollen Wirren der dreißiger Jahre sollte er die wahren nationalen Interessen aus den Augen verlieren und an den Kräften der Nation zehren, bis sie so ausgelaugt war, daß sie in der Stunde der Prüfung den Fortbestand der Republik nicht mehr gewährleisten konnte. Dieser neue Nationalismus war, genau wie die Arbeiterbewegung, antidemokratisch und antiparlamentarisch orientiert und arbeitete auf den späteren Sturz des bürgerlich-republikanischen Regimes hin. Er war außerdem antiintellektuell, verherrlichte die nackte Gewalt, verabscheute die Vernunft und verachtete den kritischen Geist freier Meinungsbildung, den die Philosophen des achtzehnten Jahrhunderts zum Ruhme Frankreichs eingeführt hatten. Und dieser Nationalismus war auch entschieden antisemitisch.

In Wahrheit wurde damals hier der Grundstein für den Faschismus gelegt, früher als allgemein angenommen wird und an einer ganz unvermuteten Stelle. Er fiel um die Jahrhundertwende in Frankreich – ebenso wie in Italien und Deutschland ein Vierteljahrhundert später – nicht gerade auf unfruchtbaren Boden.

Plötzlich vollzog sich eine unerwartete Umkehrung der Klassenideologien. Seit der Revolution von 1789 war es stets die Linke gewesen, die sich nationalistisch, patriotisch, chauvinistisch oder gar militaristisch gebärdete. Dieser Geist hatte Frankreich in die Lage versetzt, nicht nur seine Grenzen erfolgreich gegen ein verbündetes monarchistisches Europa zu verteidigen, sondern unter Napoleon sogar mit seinen unbesiegbaren Armeen den größten Teil dieses Europas zu erobern. 1870/1871 war es die Linke gewesen – wie die Republikaner damals, nach dem Sturz des Zweiten Bonaparte-Reichs genannt wurden –, die unter Führung des leidenschaftlichen Gambetta eine Fortsetzung des Krieges gegen Preußen gefordert hatte. Vergebens hatte er an den Patriotismus aller Franzosen appelliert. Die Rechte, die überlegenen Monarchisten, hatten auf einem Friedensschluß bestanden, obgleich er die nationale Demütigung und die Besetzung des Landes durch das preußische Militär bedeutete. 1814/1815 hatten die französischen Royalisten den Einzug ausländischer Fürsten in Paris bejubelt; ihre Armeen hatten soeben Napoleon bezwungen, und sie brachten einen Bourbonenkönig mit, der auf den Thron gesetzt werden sollte. Mit ihm kehrten zahlreiche Legitimisten aus dem Exil zurück, die auf fremdem Boden gegen das eigene Vaterland konspiriert hatten.

Aber 1900 waren die Rollen vertauscht. Die Linken, insbesondere die Sozialisten und Gewerkschaftler, wurden pazifistisch. Selbst der Nationalismus der gemäßigten Republikaner wurde verwässert. Sie stemmten sich gegen die Kosten einer Erweiterung und Aufrüstung der Armee. Sie hegten keine Rachegedanken gegen die Deutschen mehr und brachten auch kaum noch große Begeisterung für die Rückeroberung Elsaß-Lothringens mit Waffengewalt auf. Bei ihnen war die alte Klage Gambettas über die verlorenen Provinzen fast in Vergessenheit geraten: »Niemals davon sprechen, immer daran denken!«

Aus den Trümmern heraus, die die Wahlniederlagen, das Boulanger-Fiasko, der Ausgang der Dreyfus-Affäre und die durchgreifende Eindämmung der Kirche durch die Republik hinterlassen hatten, suchten nun die versprengten Elemente der alten Rechten, die Royalisten, Bonapartisten, Boulangisten, *Anti-Dreyfusards* und unverbesserlichen Katholiken, verzweifelt nach einer neuen Grundlage für ihren Fortbestand. Sie hatten keine Führer, kein Banner, keine nationale Organisation, kaum eine eigene Doktrin – sie hatten nichts weiter als ihren bitteren und ohnmächtigen Haß.

Gegen Ende des neunzehnten Jahrhunderts hatten sie zwei Jahrzehnte lang versucht, sich zu organisieren, jedoch ohne großen Erfolg und ohne einheitliche Linie. Es hatte die *Ligue des Patriotes* gegeben, 1882 von nationalistisch gesinnten Republikanern zur moralischen und physischen Vorbereitung des Landes auf eine Rache an Preußen gegründet. Aber die Liga war von der Woge des Boulangismus ins ultranationalistische, antiparlamentarische Lager abgetrieben worden. Es gab die *Ligue Antisémite* von Jules Guérin. Sie war gegen Ende der Dreyfus-Affäre über die Verurteilung und Verbannung ihres Führers, eines Helden aus einer komischen Oper, gestolpert. Schließlich war 1899 eine neue, dritte Liga entstanden, die *Ligue de la Patrie Française.* Ihr Ziel war die Bekämpfung der radikalen, demokratischen, dreyfusfreundlichen Liga der Menschenrechte und die Förderung eines konservativen Nationalismus. Schon im ersten Jahr nach ihrer Gründung hatte sie hunderttausend Mitglieder angelockt, darunter die meisten bekannten Intellektuellen der Académie Française und der anderen erhabenen Akademien des *Instituts.* Aber es war nur ein kurzlebiger Erfolg.

Als Nachfolgerin all dieser Ligen bei dem Bemühen um eine Zusammenfassung der verworrenen Sehnsüchte aller uneinigen rechtsgerichteten Feinde der Republik entstand nun um die Jahrhundertwende eine eigentümliche Organisation, von einer seltsamen und unglaublichen Figur mit starker Hand geführt. Sie sollte ihnen allen eine Doktrin, einen Glauben, neue Zuversicht, eine Art von Ziel und Zusammenhalt geben. Sie sollte zwar niemals zu politischer Macht gelangen, aber dennoch einen Einfluß auf das Land ausüben, der in keinem Verhältnis zu ihrer Mitgliederzahl stand; zuletzt würde diese Organisation durch ihre Vergiftung aller Ursprünge der Demokratie und eine weitere Spaltung der Franzosen gemeinsam mit den deutschen Bajonetten entscheidend dazu beitragen, der so sehr verachteten Dritten Republik das Grab zu schaufeln.

Die Organisation nannte sich *Action Française.* Ein halbes Jahrhundert lang war Charles Maurras ihr unangefochtener Führer, ein stocktauber Dichter aus der Provence, erfüllt von der griechisch-römischen Klassik, ein Mann ohne jeden Kontakt zur modernen Welt, die er verachtete. Er war ein streitsüchtiger, wortgewandter Journalist und Pamphleteschreiber (seine Anhänger sahen in ihm einen geistvollen Philosophen), dessen Stärke in seiner Fähigkeit lag, zu hassen und mit seiner giftigen Feder Haß zu schüren. Die Liste dessen, was er haßte, war endlos: Die Revolution, die Republik, die Demokratie, das Parlament, die einfachen Leute, die Volksbildung, die Menschenrechte. Ein besonderes Gift verspritzte er gegen »die fremden Vaterlandsvergifter«, wie er sie nannte: Protestanten, Juden, Freimaurer und naturalisierte Ausländer, die er als *metèques** beschimpfte. Der Agnostiker Maurras, der die christlichen Evangelien als Märchen bezeichnete – verfaßt von »vier schäbigen Juden« (sein Antisemitismus war berüchtigt) – und das Christentum als Religion für den Pöbel, suchte und erhielt die Unterstützung der Kirche und der militanten Katholiken, bis der Papst endlich 1926 einschritt. Er liebte es, provozierende Autoren um sich zu versammeln, wie Léon Daudet, den angeberischen Sohn des Romanciers Alphonse Daudet und zeitweiligen Ehemann von Victor Hugos Enkelin, und Jacques Bainville, einen brillanten, wenn auch unberechenbaren Historiker. Er machte seine Tageszeitung *L'Action Française* zu dem am lebendigsten geschriebenen Blatt von ganz Paris. Es predigte zwar den Royalismus und andere Spielarten einer unsinnigen Reaktion – die Idee einer Wiederherstellung der Monarchie war damals in Frankreich bereits endgültig gestorben –, aber es war doch eine recht interessante Zeitung, was zweifellos zum Teil daran lag, daß sie so skurril, giftig und rüpelhaft geschrieben war. Wenn ich mich recht erinnere (ich las seine Artikel jahrelang täglich), dann wurde Maurras zwar langweilig, wenn er nicht gerade Rufmord betrieb oder zur Beseitigung irgendeines republikanischen Halunken aufforderte und sich dafür in pseudo-metaphysischen Spekulationen erging, bei denen er seine umfangreiche klassische Bildung bewies, aber Léon Daudet, dieser durch und durch echte leichtfertige Pariser, war fast immer amüsant und manchmal sogar vergnüglich zu lesen. Er verfügte über einen boshaften Verstand von fast Rabelaisscher Prägung – die meisten seiner Romane wurden als *riské,* wenn nicht gar pornographisch angesehen –, eine kindliche Vorliebe für Skandale und eine wahre Leidenschaft für ihre

* Im alten Griechenland, das Maurras so sehr verehrte, war das ein ehrenvoller Ausdruck. In der Blütezeit Athens waren die »Metöken« Fremde in der Stadt, die viele Privilegien genossen und dem Staat dienen durften, aber nicht die vollen Bürgerrechte besaßen. Maurras machte das Wort in Frankreich zu einem Synonym für Schimpf und Schande.

Aufdeckung, ein fantastisch reichhaltiges und vulgäres Vokabular an Schimpfworten, und er ging so sorglos mit der Wahrheit um, daß er häufig mit dem Gesetz in Konflikt geriet. Er zeigte außerdem eine Leidenschaft für die Literatur, in der er sehr belesen war, eine gewisse Toleranz für menschliche Schwächen, die dem Menschenfeind Maurras völlig abging, und eine aufrichtige Liebe zum Leben in Paris mit all seinen *chinoiseries,* seinen erregenden Momenten, seiner Schönheit. Die Verschwendung eines so großen Talents an eine abwegige und verlorene Sache versetzte mich oft in Erstaunen, aber ich muß dennoch gestehen, daß ich während meiner Jahre in Frankreich meinen Tag für gewöhnlich damit begann, daß ich beim Frühstück die Titelseite von *L'Action Française* mit den wüsten Ergüssen von Daudet, Maurras und ihren verhetzten Mitarbeitern aufschlug.

Wie sollte man sie auch ernst nehmen? Das taten in Wirklichkeit auch nicht viele. Die Auflage der Zeitung betrug selten mehr als 50000 Exemplare, und die Organisation selbst hatte noch weniger zahlende Mitglieder. Aber diese Leser und Mitglieder bildeten eine gewisse Elite. Zu ihnen zählten ziemlich viele Schriftsteller und Journalisten, hohe Beamte, Rechtsanwälte und Ärzte sowie die ruhelosen Studenten und jüngeren Assistenten der Universitäten, die sich instinktiv gegen die Korruption, den Kuhhandel und die Langeweile unter der republikanischen Regierung auflehnten. Armeeoffiziere, Priester und Bischöfe, die noch unter den Schlägen der Dreyfus-Affäre und der Maßnahmen gegen die Kirche litten, sowie die Reste des alten Adels, die immer noch von der Wiedererrichtung eines Thrones träumten, vor dem sie knien konnten, lasen eifrig *L'Action Française,* zahlten der Bewegung Beiträge und ermunterten ihre Söhne, sich den *Camelots du Roi** anzuschließen, die in zunehmendem Maße die Straßen zum Kampfplatz wählten. So hatte die *Action Française* nicht nur einen ziemlich tiefgreifenden Einfluß auf das intellektuelle Klima in Frankreich, sondern sie führte auch bei der politischen Rechten eine neue Technik der politischen Kriegführung ein. Zuvor hatte die Straße der Linken gehört. Sie hatte hinter den Barrikaden für die Revolution gekämpft. Nun machten die jungen Rowdys der *Camelots du Roi* den Sozialisten, Gewerkschaftlern und Polizisten die Straße streitig – das erste Beispiel der brutalen Taktik späterer Braun- und Schwarzhemden in benachbarten Ländern.

Wofür trat die *Action Française* eigentlich ein?

Wir haben aufgezählt, wogegen sie war: gegen die Republik, die Demokratie, die Protestanten, Juden und Freimaurer. Aber was

* Wörtlich »Straßenräuber des Königs«. Sie wurden von der *Action Française* hauptsächlich aus den Reihen der Büroangestellten, Verkäufer und Studenten für Straßenunruhen rekrutiert. In den dreißiger Jahren gesellten sich noch weitere ähnliche Gruppen rechtsgerichteter Organisationen hinzu, inzwischen angeregt durch Mussolinis und Hitlers Taktik der Straße, und 1934 sollten sie einmal beinahe die Republik stürzen, wie wir noch sehen werden.

wollte sie? Im wesentlichen wollte sie die Uhr zurückdrehen zum achtzehnten Jahrhundert und die Monarchie sowie die alte hierarchische Lebensweise wiederherstellen; ein König aus erhabenenr Höhe sollte über allen streitenden Parteien regieren, der Adel, unterstützt von rechtmäßig denkenden Beamten des gehobenen Mittelstands, sollte die königlichen Befehle ausführen und die Geschäfte des Staates in die Hand nehmen, um der französischen Gesellschaft die Einigkeit, den Ton und die herrlichen Ungerechtigkeiten zurückzugeben, deren sie sich in den goldenen Tagen des *ancien régime* erfreut hatte. Damit wäre das wiedergeschaffen worden, was Maurras das *pays réel* – das wahre Vaterland – nannte. Vierzig Könige, so predigte er, hatten Frankreich in tausend Jahren zum ruhmreichsten Mittelpunkt des Westens erhoben. Holt sie zurück, dann wird auch der Ruhm wiederkehren. Die von Giften wie Demokratie, Sozialismus, Gewerkschaften, Menschenrechten, Gleichheit vor dem Gesetz und Volksbildung infizierten Massen würden wieder auf den Platz verwiesen, der ihnen gebührte, von ihren gefährlichen Krankheiten geheilt und dazu gebracht, wieder ihre alte Rolle als zufriedene oder doch zumindest untertänige Diener ihres Herren zu spielen. Die lächerliche Herrschaft ungehobelter, ungebildeter Massen sollte beendet und die Herrschaft der Elite wiederhergestellt werden.

Daß die hochwohlgeborenen, rechtmäßig denkenden Oberschichten, vor allem jedoch Offiziere, Priester und Bischöfe, Schriftsteller und Intellektuelle, noch zu Beginn des zwanzigsten Jahrhunderts solchen Unsinn ernst nehmen konnten, enthüllte die damalige Sterilität der Rechten in Frankreich. Die Bestrebungen um die Restauration der Monarchie führten zu nichts. Die Volksmassen in Frankreich waren zu intelligent, um sich von solchem Unfug einwickeln zu lassen, selbst wenn er von hochgestellten Persönlichkeiten gepredigt wurde. In dieser Hinsicht erlitt die *Action Française* einen totalen Mißerfolg. Keiner der im Exil lebenden orleanistischen Thronbewerber hatte jemals die geringste Aussicht auf eine Rückkehr, sosehr auch Maurras und Daudet für sie die Trommel rühren mochten. Zuletzt distanzierten sie sich auch noch von ihren großsprecherischen Vorkämpfern, die nun nicht einmal mehr einen Kandidaten für ihren Thron aufzuweisen hatten.

Aber in anderer Hinsicht erzielte die *Action Française* auch Erfolge. Sie waren durchweg negativ. Es gelang Maurras und seinen Anhängern tatsächlich, der Elite eine leidenschaftliche Verachtung für die Dritte Republik und ihre schwankende demokratische Lebensform einzuimpfen. Sie überzeugten erwachsene Männer und Frauen, von denen die meisten gebildet und wohlhabend waren, daß sich das republikanische Regime aus einer Bande verruchter Schwindler und Verräter zusammensetzte, die das Land vernichteten. 1914 sollte die *Action* vorübergehend ihren Haß beiseite legen und sich aus einem alten Haß gegen die Deutschen sowie einen vom neuen Nationalismus frisch entfachten Patriotismus heraus zur Verteidigung von *la patrie* zusammenfinden. Dieser Umstand trug dazu bei, daß Frankreich nicht unterging. Ein Vierteljahrhundert später, als die Nation wiederum aus derselben Richtung bedroht wurde, waren die *Action Française* und ihre Verbündeten von der Rechten schon so erfüllt von Haß und Verachtung gegenüber einer Republik, die sie so gnadenlos verunglimpft hatten, daß sie es nicht mehr der Mühe wert fanden, diese Republik zu retten – nicht einmal vor denselben Deutschen. Sie sollten einen großzügig bemessenen Beitrag zum endgültigen Debakel leisten.

6 Die permanente politische Krise 1875–1914

Wie wir gesehen haben, war das auf schwachen Beinen stehende parlamentarische Regierungssystem der Dritten Republik Angriffen von links und rechts ausgesetzt. So stolperte es ins zwanzigste Jahrhundert und lieferte durch seine unfaßbare Instabilität seinen Gegnern laufend neue Munition und seinen Anhängern Grund zur Besorgnis. Das Land befand sich in einem Zustand permanenter politischer Krise. Regierungen wurden in schwindelerregendem Tempo gebildet und wieder aufgelöst. Einige hielten sich ein paar Monate lang, die dauerhaftesten kaum zwei oder drei Jahre, und bei fast allen war sowohl ihr Zustandekommen als auch ihr baldiger Sturz das Ergebnis kleinlicher Intrigen in den Lobbys der Deputiertenkammer, die von den befremdeten Bürgern kaum durchschaut und noch weniger gebilligt wurden. Keine Regierung hielt sich lange genug, um eine langfristige Politik entwickeln zu können, geschweige denn sie auch noch in die Tat umzusetzen, wenn es eine gegeben hätte.

Dieses politische Chaos herrschte seit den ersten Anfängen der Republik vor. Zwischen 1871, dem Jahr der Nationalversammlung in Bordeaux, und 1879, als sich die Republik einigermaßen etablierte, gab es zwölf Kabinette. In dieser Periode herrschte, wie ein französischer Historiker bemerkt hatte, die »vollkommene Verwirrung«[1]. Schon der Beginn war typisch für die Dritte Republik. Bis zum Ausbruch des Ersten Weltkrieges hatte sie fünfzig Regierungen erlebt, das ist im Durchschnitt eine pro Jahr. Nach dem Krieg sollten die Regierungen einander in noch rascherer Folge ablösen; die durchschnittliche Lebensdauer sank auf sechs Monate herab.

Um die Jahrhundertwende schien für ein Jahrzehnt eine relative politische Stabilität einzusetzen, als die wackeren Republikaner sich zur Beilegung der Dreyfus-Affäre und des Konfliktes mit der Kirche zu einem Block zusammenschlossen. Die Regierungen Waldeck-Rousseau, Combes und Clemenceau waren fast neun Jahre am Ruder und übten eine ungewohnte Autorität gegenüber den ungebärdigen Kammern, den Deputierten und dem Senat aus. Aber danach setzte die alte politische Anarchie wieder ein, obgleich an das Land, in einem Europa, das auf den Krieg zutrieb, besonders hohe Anforderungen gestellt wurden. Vom Sturz des Ministerpräsidenten Clemenceau im Juli 1909 bis zum Kriegsausbruch im August 1914 leistete sich die Republik unverantwortlicherweise den Luxus von elf verschiedenen Regierungen, etwas mehr als zwei im Jahr. Die meisten Kabinette traten wegen ausgesprochener Nebensächlichkeiten zurück. Der schon einmal erwähnte Historiker bemerkte in einem 1962 erschienenen Buch[2]: »Man ist oft erstaunt über die Trivialität der Gründe, aus denen sich die Volksvertretung zum Sturz von Regierungen veranlaßt sieht*.« Sosehr dieser politische Mumpitz der gewählten Vertreter des Volkes auch die Wählerschaft desillusioniert haben mag – die allgemeine Verzweiflung sollte sich am Ende als verhängnisvoll erweisen –, sosehr fanden sich die Deputierten und Senatoren mit der jährlichen oder gar halbjährlichen Regierungskrise ab und nahmen sie als liebgewordenen, ganz normalen Vorgang hin. Für sie war es ein faszinierendes Spiel.

Die Politiker scheinen die Folgen dieses seltsamen Zustandes zwar nicht erkannt zu haben, aber sie waren vorhersehbar. Sie schwächten die Republik von Anfang an und ebneten zuletzt den Weg ins Verderben. Wie sollte eine Regierung die zunehmend komplexer werdenden Probleme des zwanzigsten Jahrhunderts bewältigen, wenn sie nicht lange genug Bestand hatte, um ernsthaft zu planen oder diesen Problemen zu begegnen? Das war ausgeschlossen. So geschah es, daß die Regierungen, deren Zeit ohnehin kurz bemessen war, den langfristigen Problemen aus dem Weg gingen, weil ihre Minister die beruhigende Gewißheit hatten, daß nicht sie, sondern ihre Nachfolger sich mit der Lösung dieser Probleme herumzuschlagen hatten. So war es für die französischen Regierungen leichter, auf der Stelle zu treten und an alten Entscheidungen festzuhalten. Darauf ist auch ihre Rückständigkeit gegenüber den neuen Aufgaben zurückzuführen, die sich dem Land auf den Gebieten der Wirtschaft und des Sozialen stellten. Für die Minister wurde nicht die Lösung von Problemen vordringlich, sondern die Frage, wie sie im Amt bleiben konnten; hier bestand die beste Methode darin, so wenig wie möglich zu tun und so

* Diese Feststellung stammt von Jacques Ollé-Laprune. Er gab seinem Buch den Titel: »Die Stabilität der Minister in der Dritten Republik«. Er hätte kaum von der »Stabilität der Ministerien« sprechen können. Der Unterschied ist von einiger Bedeutung, wie wir noch sehen werden.

wenig wie möglich zu mißfallen. Die Amtszeit war notgedrungen kurz, aber dennoch wurden viele Mitglieder des Parlaments zu ewigen Ministern, indem sie völlig gleichmütig von einem Kabinett zum nächsten überwechselten. Die Instabilität der Ministerien wurde vielleicht sogar zum Teil durch die bemerkenswerte Stabilität ihrer Besetzung wettgemacht*. Briand zum Beispiel war Mitglied von fünfundzwanzig Regierungen der Republik. Damit hielt er zwar den Rekord, doch dieser wurde von einer ganzen Anzahl anderer bedroht, insbesondere nach dem Ersten Weltkrieg, als das Regime zu straucheln begann.

Die Instabilität der Regierungen unter der Dritten Republik ist teilweise der Schwäche des Parteiensystems zuzuschreiben. Während der ganzen Zeit hatte niemals – auch nicht annähernd – eine einzelne Partei die Majorität im Parlament. Jede Regierung war von der Unterstützung von mindestens zwei, manchmal aber auch einem halben Dutzend anderer Parteien mit all ihren widersprüchlichen Interessen und Zielen abhängig. Abgesehen von den Sozialisten war keine politische Partei wirklich auf Landesebene organisiert, wobei sich ihre Mitglieder hätten einer gewissen Parteidisziplin unterwerfen müssen. Es war sogar so, daß sich – abgesehen von der 1905 vereinigten Sozialistischen Partei und der 1901 gebildeten Radikalsozialistischen Partei – keine der damaligen politischen Gruppen jemals selbst als »Partei« bezeichnete. Statt dessen wählten sie Bezeichnungen wie »Förderation«, »Allianz« oder »Union«. Die Namen besagten gar nichts. Alle konservativen Gruppen nannten sich republikanisch, demokratisch, liberal oder gar linksgerichtet, während die im Hinblick auf wirtschaftliche und soziale Fragen konservativen Parteien der Mitte sich oft nicht nur radikal oder republikanisch, sondern sogar sozialistisch nannten. Sie waren nur locker organisiert und hatten, mit einer Ausnahme, keinen Rückhalt auf dem Lande. Falls sie überhaupt eine Ideologie aufzuweisen hatten, so war sie außerordentlich vage, und Parteidisziplin gab es nicht. Der praktisch und sachlich veranlagte französische Wähler fragte sich oft, welche Meinung diese Parteien vertraten; er stand ihnen allen, selbst der von ihm gewählten Partei, skeptisch gegenüber.

Wenn man die französische Politik in den ersten eineinhalb Jahrzehnten dieses Jahrhunderts, insbesondere aber in dem kurzen Zeitraum zwischen den beiden Weltkriegen, als sich die Dritte Republik den an sie gestellten Anforderungen nicht mehr gewachsen zeigte, verstehen will, muß man die eine politische Partei durchleuchten, die

* Ollé-Laprune spricht von einer sehr weitgehenden Kompensation und hält das Phänomen der »Beständigkeit der Minister« für den Schlüssel zum Verständnis der Dritten Republik. Der amerikanische Historiker Carleton Hayes vertritt den gleichen Standpunkt und erläutert ihn sehr überzeugend. Das mag zwar ein zutreffendes Argument sein, doch der Autor hat den Eindruck, daß die beiden die Folgen des ständigen Regierungswechsels in der Dritten Republik zu sehr verniedlichen. In einer Demokratie sind stabile Ministerien sicherlich besser als stabile Minister[3].

in den letzten vier Jahrzehnten das Regimes – abgesehen von wenigen Jahren – dominierend war.

Hierbei handelt es sich um die große Links-Mitte-Koalition, die sogenannte Radikale und Radikalsozialistische Partei; sie war kaum radikal und ganz gewiß nicht sozialistisch. Französische Historiker haben sie häufig »nicht eine Partei, sondern einen Geisteszustand« genannt. Mehr als jede andere Gruppe repräsentierte sie die Politik in diesen Jahren – das solide, in der Mitte lavierende, kleinstädtische Bürgertum und den wohlhabenden Bauernstand, die Bollwerke der Republik.

Die »Radikalsozialisten«, wie sie genannt wurden, betrachteten sich als die Erben der Jakobiner, der Französischen Revolution und Gambettas. Sie waren antiklerikal, antimilitaristisch, bourbonen- und bonapartistenfeindlich eingestellt. Sie traten für Dreyfus, weltliche, staatliche Schulen sowie den gesetzlichen Schutz des Eigentums, des Individuums und des kleinen Mannes (soweit es sich nicht um Arbeiter handelte) ein. Ihr Anhang war von einem ausgeprägten Individualismus beherrscht, der sich mit Mißtrauen erfüllte gegenüber Königen, Männern hoch zu Roß, Generälen, großem Reichtum, Privilegien für die Oberschicht, Sozialismus und einer starken, zentralen Regierung in Paris – selbst dann, wenn sie selbst in diesen Gruppen und Institutionen dominierenden Einfluß hatten. »Alain«*, der vielgelesene Philosoph der Radikalen Partei, hat einmal gesagt, die Funktion des Deputierten solle darin bestehen, »die Interessen des einfachen Normalbürgers gegen die ewige Konspiration der Starken, der Reichen, der Mächtigen zu vertreten«.

Die Partei wurde 1901 auf nationaler Ebene gegründet. Sie ging aus der Vereinigung zahlreicher Komitees in den Gemeinden und *départements* hervor, die von den sogenannten Radikalen gebildet worden waren, und verdankte ihre Stärke diesen provinziellen Kadern, denen weitgehende Autonomie zugestanden wurde**. Jeder dieser Kader bestand aus den mehr oder weniger selbsternannten örtlichen »Honoratioren« der Republikaner: Ärzten, Rechtsanwälten, Journalisten, Professoren und Lehrern, Kaufleuten und wohlhabenden Bauern. Einige von ihnen gehörten auch Freimaurerlogen an. Das waren die in der Gemeinde einflußreichen Bürger, und aus diesem Recht heraus – sie waren ja nicht gewählt – bildeten sie einen Ausschuß zur Wahl eines Deputierten für die Kammer, für den sie auch den Wahlkampf führten. Sie versuchten gar nicht, eine Massenmitgliedschaft anzuwerben, weil das ihre strikte Kontrolle des örtlichen Parteiapparats in Frage gestellt hätte. Die Mitgliederzahlen waren zwar klein, aber die Wählerzahl groß. Größtenteils war das dem französischen

* Professor Emile Chartier.

** Frankreich war in neunzig *départements* eingeteilt. Der oberste Verwaltungsbeamte war jeweils ein vom Innenministerium in Paris ernannter Präfekt.

Wahlsystem zu verdanken, das eine zweite Abstimmungsrunde in jedem *arondissement* vorsah, in dem der Kandidat bei der ersten Runde keine klare Mehrheit erreicht hatte. Im zweiten Wahlgang war nur die einfache Mehrheit nötig. Hierbei gaben für gewöhnlich die Mitglieder der zahlreichen linksliberalen Splitterparteien ihre Stimme einem Radikalsozialisten, um die Wahl eines Konservativen zu verhindern.

1906 errang die Partei über 250 Sitze in der Kammer und ging als größte Partei des Landes aus der Wahl hervor. Doch da die Partei von den autonomen Ortsverbänden beherrscht wurde, hatte sie kaum inneren Zusammenhalt und so gut wie keine Parteidisziplin aufzuweisen. Allein schon ihre Eigenart machte es ihr schwer, eine überregionale Politik zu formulieren. Die Deputierten lösten sich nicht von ihrer Kirchturmpolitik und betrachteten es – auch wenn es die Verfassung anders vorsah – als ihre erste Pflicht, im Parlament die Lokalinteressen zu vertreten. Erst in zweiter Linie kam die Nation. Das war es, was Bauernschaft und Kleinbürgertum von ihnen erwarteten. Die Radikalsozialistische Partei blieb tief im Boden verwurzelt, und das in einem noch überwiegend bäuerlichen Land. Sie wurde zum Kern der meisten Koalitionsregierungen der Republik und besetzte Schlüsselministerien selbst in jenen Regierungen, die vorübergehend nach rechts oder links abschwenkten. In den Stärken und Schwächen der Partei spiegelten sich die Stärken und Schwächen Frankreichs.

Zu der Schwäche des Parteiensystems gesellte sich noch die Art und Weise, in der das Parlament selbst funktionierte. Seit der MacMahon-Krise degradierte es konsequent den Präsidenten der Republik zu einem bloßen Aushängeschild und regierte selbst – ohne Kontrollen und Gegengewichte. Das Parlament, insbesondere aber die vom Volk gewählte Deputiertenkammer, war Regierung und Legislative in einem. Das Kabinett war nichts weiter als ein verlängerter Arm des Parlaments ohne Befugnisse, da sein Bestand von der Gunst launischer, ständig wechselnder Mehrheitsverhältnisse in diesem Parlament abhängig war. Doch 615 Deputierte waren einfach zuviel, um eine arbeitsfähige Regierung darstellen zu können. In England konnte sich ein vom Unterhaus gestürztes Kabinett in einer Neuwahl direkt der Wählerschaft stellen. Nach der Verfassung war das auch in Frankreich möglich, in der Praxis jedoch nicht. Die Wähler hatten kein Recht, ein Urteil über die Führung der Staatsgeschäfte abzugeben, oder doch nur einmal alle vier Jahre, wenn eine neue Kammer gewählt wurde. Aber inzwischen war dann die von fünf oder sechs aufeinanderfolgenden Regierungen gestiftete Verwirrung so groß und die Trennungslinien zwischen den einzelnen Parteien so undeutlich geworden, daß das Volk kein wohlüberlegtes Urteil mehr abzugeben vermochte.

Wie konnte die Republik inmitten einer derartigen politischen Instabilität überhaupt weiterhin funktionieren? Wie konnten ihre Eintagsregierungen die Geschäfte einer großen, mächtigen, zivilisierten Nation führen? Drei Faktoren wirkten sich hier günstig aus und verhalfen Frankreich zu einer gewissen Stabilität: das Temperament des Volkes, die Kontinuität der Minister (trotz des laufenden Sturzes von Ministerien) und die feste Hand der *Administration**, die sich im Laufe der Jahrhunderte trotz der Wirren von Revolution und Regierungswechsel kaum geändert hatte.

Politik besteht zwar aus Ideen und Interessen – diese waren es, die eine politische Spaltung der Franzosen mit sich brachten –, aber sie wird andererseits auch vom Temperament des Menschen geformt. Dieses liegt tief in einem Volk verwurzelt und bedeutet in Frankreich eine stabilisierende Kraft. Dieses Temperament ist schwer zu definieren, aber ein französischer Historiker hat es dennoch versucht[4]. Er glaubte, daß es damals tief unter der Oberfläche des französischen Alltagslebens »gewisse Sentiments, gewisse Überzeugungen« gab, »die vielleicht höchst irrational waren und mit der Vorstellung des Bürgers vom Sinn des Lebens, der Bestimmung des Menschen und den Zielen der Gesellschaft zu tun hatten«. Er behauptet, diese Urströmungen hätten in dem künstlich geschaffenen Chaos der französischen Politik für einige Stabilität gesorgt.

Der zweite Faktor war die Stabilität der Minister, die bis zu einem gewissen Grad die Instabilität der Ministerien ausglich. Regierungen kamen und gingen fast wie Sommer und Winter, aber es blieben dieselben Minister. Man spielte »Bäumchen, Bäumchen wechsle dich«. Wenn auf ein Zeichen hin wieder einmal eine Regierung stürzte, rannten alle Minister los, um einen der Sessel wieder zu ergattern, und zumindest einigen von ihnen gelang das unweigerlich auch. Manchmal erhaschten sie denselben Ministersessel, den sie bisher eingenommen hatten. Henri Queuille beispielsweise, einer der dauerhaftesten Minister, war in den beiden Jahrzehnten von 1920 bis 1940 – um ein Stück vorzugreifen – dreimal Staatssekretär im Landwirtschaftsministerium und elfmal Landwirtschaftsminister, die sechs anderen Kabinettsposten gar nicht mitgerechnet, die er innehatte, wenn er gerade einmal nicht die Landwirtschaft der Republik betreute. Théophile Delcassé leitete das Außenministerium in sechs verschiedenen Regierungen von 1898 bis 1905 und war damit imstande, den Beziehungen zum Ausland gerade in einer Zeit gewisse Kontinuität und Stabilität zu verleihen, als die Bündnisse geschmiedet wurden, die Frankreich 1914 retten sollten.

Den Rekord vor allen anderen Ministern hielt jedoch Aristide Briand. Zwischen 1906 und 1932 gehörte er fünfundzwanzig Kabinet-

* *L'Administration* bedeutet in Frankreich eine Anzahl von Regierungsämtern, besetzt mit Beamten auf Lebenszeit, die für die Durchführung der Gesetze und die öffentliche Verwaltung zuständig sind.

ten an. Elfmal war er Ministerpräsident, siebzehnmal Außenminister (wobei er in sieben Regierungen beide Posten innehatte), und er hatte in seiner langen Karriere auch noch andere Kabinettsposten aufzuweisen. Sein märchenhaftes Durchhaltevermögen als Minister sicherte ihm in seinen verschiedenen Ämtern eine beträchtliche Kontinuität. Als Kultusminister in fünf Regierungen (wobei er in zwei Fällen gleichzeitig Ministerpräsident war) konnte er zwischen 1906 und 1911 mit viel Taktgefühl die gesetzliche Trennung von Kirche und Staat in die Tat umsetzen. Als Außenminister in vierzehn Regierungen von 1925 bis 1932 (viermal war er gleichzeitig Ministerpräsident) verlieh er den außenpolitischen Beziehungen Frankreichs eine Stabilität die dazu beitrug, daß sich Europa einer der wenigen Perioden des Friedens und der Ruhe zwischen den beiden Weltkriegen erfreuen konnte.

Für die Langlebigkeit von Ministern gibt es, insbesondere in der Zeit nach dem Ersten Weltkrieg, noch zahlreiche Beispiele. Radikalsozialistische Politiker wie Albert Sarraut gehörten (genau wie Henri Queuille) zwanzig verschiedenen Ministerien an, Camille Chautemps, Edouard Daladier und Anatole de Monzie je siebzehn, Georges Bonnet dreizehn. Diesen Gestalten werden wir in den Kapiteln, die den Höhepunkt unserer Geschichte behandeln, wiederbegegnen.

Nach Ansicht der meisten zeitgenössischen französischen Historiker hat dieses seltsame gallische Phänomen der Beständigkeit von Männern trotz aller Unbeständigkeit der Institutionen viel dazu beigetragen, der Republik ein noch größeres Chaos zu ersparen[5]. Da die vertrauten Gesichter in einem Kabinett nach dem anderen immer wieder auftauchten, zeitigte der dauernde Regierungswechsel – die beiden letzten Jahrzehnte vielleicht ausgenommen – nicht ganz die Folgen, die er in anderen westlichen Demokratien gehabt hätte. In Kammer und Senat wurde das als der Normalfall betrachtet: die Kabinette wurden umgebildet, aber die Minister blieben. Es lag schon ein Körnchen Wahrheit in der witzigen Bemerkung Clemenceaus, mit der er die Kritik eines Deputierten zurückwies, er habe so viele Regierungen gestürzt. »Ich habe nur eine gestürzt«, erwiderte er. »Sie sind doch alle gleich.«

Und die andere Seite der Medaille?

Irgendwie ermöglichten es die Fähigkeiten zumindest einiger der Dauerminister und die vernünftigen Kompromisse, die auf den Korridoren des Parlaments geschlossen wurden – dort wurde wirklich über das Geschick der Regierung entschieden –, der Republik, sich so lange zu halten. Aber die Zeit sollte noch kommen, da ein auf so schwachen Füßen stehendes parlamentarisches System, das noch dazu von einer Dauerkrise beherrscht wurde, einfach nicht mehr ausreichte, die Dritte Republik durch die harten Anforderungen der dreißiger Jahre zu führen – durch eine Zeit, da die Wirtschaftssysteme der westlichen Welt zusammenbrachen, die Kommunisten sich eines Großteils der Arbeiterklasse bemächtigten, der Faschismus sein Gift unter den Wohlhabenden verspritzte und sich jenseits des Rheins die Drohung eines neuen, nazistischen Deutschlands erhob.

Vielleicht war es der dritte Stabilitätsfaktor, der das Land fester als alles andere zusammenhielt und die Republik in die Lage versetzte, einigermaßen zu funktionieren: das Beamtentum, das in Frankreich in Staat und öffentlichem Leben eine so bedeutsame Rolle spielte. Es bestand aus verschiedenen Organen, besetzt mit Beamten auf Lebenszeit, die verantwortlich und zuständig für die Ausführung der vom Parlament verabschiedeten Gesetze und für alle Hoheitsakte und Leistungen der Regierung waren. Von den Tagen der Capet-Könige bis hin zum Ende der Republik änderte sich die *Administration* kaum, was ihre Form und ihre Arbeitsweise betraf. In ihren seltsam anmutenden, aber beständigen Bemühungen liegt wohl das Geheimnis der Solidität und Beständigkeit im Leben der Franzosen begründet – über Jahrhunderte hinweg, trotz des Sturzes von Thronen, Diktaturen und Republiken, trotz des unablässigen Wechsels von Regimen und Regierungen. Im zwanzigsten Jahrhundert schien diese Bürokratie in mannigfaltiger Hinsicht als ein Anachronismus, ein altersgrauer, überholter Apparat. In Wirklichkeit war er einer der Eckpfeiler der Republik, wie er es auch in den alten und modernen Monarchien und unter den Napoleon-Diktaturen gewesen war.

Vierzig Könige konnten kommen und gehen, von denen einige den größten Teil ihrer Zeit mit den raffinierten Vergnügungen von Paris, Versailles und Fontainebleau vertrödelten; Parlamente konnten unterdrückt werden oder Dauerferien veranstalten; Minister mochten ihre Zeit überwiegend mit Jagen, Fischen oder Liebesabenteuern verbringen. Die Berufsbeamten, hoch oder niedrig, Juristen, Buchhalter und bescheidene Schreiber, sorgten dafür, daß der Staatsapparat knirschend weiterlief, daß Steuern erhoben, Verträge geschlossen, Armeen aufgestellt, Protokolle geführt, Recht gesprochen und die Leistungen des Staates sowie die öffentliche Ordnung größtenteils aufrechterhalten wurde. Trotz aller Wirren in den Jahrhunderten der französischen Geschichte hat die Bürokratie – das kann man sagen – niemals kapituliert, sie ist nie gestorben und hat sich auch nicht geändert. Seit der Herrschaft des Königs Philippe II. Augustus (1180–1223) trotzten diese Berufsbeamten wie der Fels von Gibraltar allen noch so chaotischen Stürmen und Brandungen der Zeiten. Sie waren ehrlich in einem Maße, wie es bei Hochadel und Aristokratie unbekannt und unüblich war (seit den frühesten Zeiten entstammten die Beamten dem Bürgertum), unüblich auch bei den späteren Parlamentariern und Ministern, fleißig auf pedantische Art, einigermaßen tüchtig, besessen von einem mächtigen Bewußtsein der Pflichterfüllung, einem bemerkenswerten Korpsgeist und dem Stolz auf ihr Berufsethos, aber auch beklagenswert fortschrittsfeindlich und unbeeindruckt von den Forderungen einer sich weiterentwickelnden Gesellschaft. Sie waren die Säulen des Staates.

Sie sind uns in den Gemälden und Zeichnungen Daumiers erhalten geblieben: krähenhafte Gestalten in feierlichen Roben oder Paradeuniformen mit Vollbart und strengem Blick, ein bißchen überheblich, Richter, die sich gewichtig über ihre Pulte beugen, niedere Beamte in schwarzen Jacketts, wie Vogelscheuchen, die über dicken Aktenstükken brüten, einen Federkiel in der Hand. Noch als ich zwischen den beiden großen Kriegen in Paris wohnte, konnte man solchen Gestalten auf den Korridoren und in den Sitzungssälen des Justizpalastes, des Parlamentsgebäudes der alten Monarchie oder – den bescheideneren unter ihnen – in den endlosen Gängen der Ministerien begegnen. In dem staubigen Kaninchenbau des Cour des Comptes (Rechnungshof), der die Finanzangelegenheiten des Staates verwaltet, traf man noch Buchhalter, die mit ihren Federkielen in dicken Büchern kritzelten, im Kopf und mit den Lippen Beiträge addierten und subtrahierten und ganz in einer Buchführung aufgingen, wie sie ohne Unterbrechung und ohne Verbesserung seit den Tagen des Mittelalters in Gebrauch war. Die Neuigkeit von der Erfindung der Schreib- und Rechenmaschine (Computer gab es damals noch nicht) war offenbar noch nicht durch diese dicken Mauern gedrungen, und auch von doppelter Buchführung hatte man noch nie etwas gehört[6].

An der Spitze der Pyramide bürokratischer Institutionen stand der ehrwürdige *Conseil d'Etat,* der Staatsrat. Bei ihm lag die Jurisdiktion für den gesamten Verwaltungsapparat, er herrschte selbstherrlich über die Instrumente staatlicher Macht, er interpretierte die vom Parlament verabschiedeten Gesetze und die von der Regierung herausgegebenen Verordnungen, er achtete darauf, daß sie nach seinen eigenen Vorstellungen eingehalten wurden. Der Staatsrat diente auch als Tribunal für die Beilegung von Meinungsverschiedenheiten zwischen Staat, Departements und Gemeinden einerseits und dem Bürger andererseits und schützte in dieser Eigenschaft die Rechte des kleinen Mannes gegenüber der mächtigen Staatsautorität. Dann gab es noch den *Cour de Cassation,* das Oberste Appellationsgericht, das wir in Aktion gesehen haben, nachdem in der Dreyfus-Affäre die Kriegsgerichte nicht Gerechtigkeit geübt hatten. Dieses Gericht hatte auf dem Gebiet des Zivilrechts ebenso das letzte Wort wie der Staatsrat auf dem Gebiet des Staatsrechts. Es gab die Finanzinspektion, eine Art Generalstab des Finanzministeriums, dessen Beamte – die Finanzinspektoren – man als die Creme des Beamtentums ansah. Für gewöhnlich stiegen sie bis in die höchsten Ränge der Zivilverwaltung auf, ehe sie von der Privatwirtschaft und insbesondere den Finanziers in Spitzenpositionen abgeworben wurden. Es gab das Korps der neunzig Präfekten, die im Namen des Innenministeriums in Paris die neunzig Departements regierten. Sie waren berechtigt, die Uniform eines Generalmajors zu tragen, und waren in ihrer Würde ebenso unantastbar – und meist genauso autokratisch – wie jeder General der Armee. Dann gab es noch die Gruppe von Beamten im Kolonialdienst sowie eine andere im Diplomatischen und Konsularischen Korps. Hier beherrschten Männer wie Philippe Berthelot und Alexis Léger (der Dichter Saint-John Perse) praktisch jahrelang das französische Außenamt, unabhängig davon, wer gerade Außenminister war. Damit führten sie die Tradition Talleyrands fort, der in einer früheren Zeit der alten Monarchie, der Revolution, Napoleon, der Restauration und Louis-Philippe gedient hatte. Und schließlich gab es jene unübersehbare Bürokratie des Postdienstes (der auch Sparkonten unterhielt), das Telegrafen- und Telefonsystem und der staatseigenen Eisenbahn; in Universitäten und öffentlichen Schulen unterrichteten Hunderttausende von Lehrern, die im Gegensatz zum amerikanischen System vom Staat kontrolliert und bezahlt wurden. Es wurde einmal geschätzt, daß jeder zwanzigste Franzose ein bezahlter Funktionär des Staates war.

Frankreich hatte eigentlich zweierlei Regierungen*: ein Parlament, das Gesetze verabschiedete sowie Politik und Leistungen des Staates festsetzte, und die *Administration*, die sie ausführte, und zwar oft auf eine Art und Weise, die nichts mehr mit den Absichten und Wünschen der gewählten Volksvertreter zu tun hatte. So diente das Berufsbeamtentum als Kontrollorgan gegenüber dem Parlament – eine andere Kontrolle gab es nicht – und sorgte dafür, daß die Regierungsgeschäfte auch in äußerst chaotischen Zeiten weiterliefen. Selbst der liberale, streng demokratische amerikanische Historiker französischer Herkunft Albert Guérard rief einmal aus: »Solange der Bürokrat noch an seinem Schreibtisch sitzt, wird Frankreich weiterleben[8]!«

Das stimmte wohl, doch die Dritte Republik hatte den Preis dafür zu bezahlen. Das Berufsbeamtentum war wohl oder übel etwas für Männer mit engem Horizont und konservativer Einstellung. Je länger sie im Amt waren, um so engstirniger wurden sie. »Alain« schrieb 1906: »In Frankreich sind alle *chefs de service* – d.h., die höheren Beamten – reaktionär. Wer das wirklich begreift, der hat den Schlüssel zu unserer Politik gefunden[9].« Für solche Männer war es nur natürlich, besonders wenn sie höhere Posten innehatten, daß sie die Winkelzüge des parlamentarischen Regimes mit wachsender Besorgnis und Abneigung betrachteten. Eine zunehmende Feindseligkeit gegen-

* Auch zweierlei Verfassungen, zumindest nach Meinung des konservativen Historikers Daniel Halévy. Er schrieb 1931: »Das republikanische Frankreich hat in Wirklichkeit zwei Verfassungen: die eine vom Jahre 1875 ist offiziell, sichtbar, oft in der Presse erwähnt – es ist die parlamentarische; die andere, geheime, stillschweigende, ist die vom *l'An VIII* – es ist die napoleonische Verfassung, durch die den Verwaltungsbeamten die Führung des Landes übertragen wird[7].«

über der Dritten Republik breitete sich in ihren Reihen aus und vertiefte sich insbesondere im Staatsrat, in der Finanzinspektion, im diplomatischen Dienst, in den Gerichten und den Universitätsfakultäten, denen die meisten von ihnen entstammten: der Jurisprudenz und den Politischen Wissenschaften. Zuletzt sollten viele von ihnen, angezogen vom reaktionären Royalismus der *Action Française* oder dem Faschismus des *Croix de Feu*, der *Cagoule* und ähnlicher Gruppen, mit dazu beitragen, die Republik zu verraten, auf die sie den Treueeid geleistet hatten.

7 Die Errungenschften der Dritten Republik 1875–1914

Bei allem politischen Chaos und trotz der Unfähigkeit oder mangelnden Bereitschaft der Dritten Republik, ihre wirtschaftlichen und sozialen Probleme zu lösen und mit der fieberhaften industriellen Entwicklung anderer westlicher Großmächte Schritt zu halten, konnte Frankreich am Vorabend des Ersten Weltkriegs doch auf einige hervorragende Errungenschaften zurückblicken. Auf geistigem Gebiet waren sie sogar überwältigend. Aber auch die Leistungen auf prosaischeren Gebieten waren bemerkenswert. Die Franzosen späterer Zeiten sollten die Ära vor 1914 sogar rückblickend *la belle époque* – die gute alte Zeit – nennen.

Der allgemeine Lebensstandard war erheblich gestiegen. Zwischen 1870 und 1914 verdoppelte sich das Bruttosozialprodukt beinahe, die Industrieprodukte verdreifachten sich, die Auslandsinvestitionen stiegen auf das Sechsfache an. Die Preise, die während der Stagnation in den siebziger und achtziger Jahren des vorigen Jahrhunderts um 40 Prozent nachgegeben hatten, erholten sich bis 1914 wieder auf den Ausgangsstand, und die Reallöhne waren inzwischen um 50 Prozent angestiegen. Der Außenhandel hatte um 75 Prozent zugenommen. Rund 190000 Kilometer an öffentlichen Straßen waren gebaut worden. Frankreich besaß damit das bei weitem beste Straßennetz Europas für das gerade volkstümlich werdende Automobil. Frankreich war auch wegbereitend auf dem Gebiet des Kraftfahrzeugbaus. 1913 wurden 40000 Autos gebaut, mehr als in jedem anderen europäischen Land. Etwa 90000 Kilometer an neuen Eisenbahnstrecken wurden gebaut. Alte Häfen wurden für die neuen Ozeandampfer und Schlachtschiffe vertieft und erweitert. In Le Havre und Saint-Nazaire waren zwei neue umfangreiche Hafenanlagen entstanden.

In dem neuen Zeitalter, in dem die Herstellung von Eisen und Stahl einen modernen Staat industriell und militärisch stark machte, wurde Frankreich auch auf diesem entscheidenden Gebiet zu einem der Hauptproduzenten. Dank der nachlässigen Arbeit deutscher Geologen im Jahre 1871 hatte sich die deutsche Regierung veranlaßt gesehen, die Grenzen des frisch annektierten Lothringen so zu ziehen, daß sie alle *bekannten* Eisenerzvorkommen einschlossen; so gelangten die Franzosen in den Besitz des größten Eisenerzlagers Europas dicht hinter ihrer zurückverlegten Grenze bei Briey. Das Eisen der Minen im französischen Lothringen konnte zuerst wegen seines hohen Schwefelgehalts nicht bearbeitet werden, aber die Entwicklung des Gilchrist-Thomas-Verfahrens in den frühen achtziger Jahren gab Frankreich mit einem Schlag die Grundlage zu einer mächtigen Eisen- und Stahlindustrie. 1914 produzierten zwanzig Schmelzereien im französischen Lothringen bereits zwei Drittel des Roheisen- und Stahlbedarfs des Landes, und Frankreich war zum größten Exporteur der Welt für Eisenerze geworden. Seine Reserven an Eisenerz wurden auf fast ein Fünftel der gesamten abbaufähigen Vorkommen der ganzen Welt geschätzt. Selbst in der Landwirtschaft, die trotz des fruchtbaren Bodens unrationell und rückständig blieb, wurden Fortschritte erzielt. Die landwirtschaftliche Produktion stieg von sechs Milliarden Francs im Jahre 1860 auf elf Milliarden im Jahre 1913 an. Wie wir bereits gesehen haben, konnte Frankreich den Nahrungsmittelbedarf zu 90 Prozent selbst decken. Hinter den Vereinigten Staaten und Rußland war es der drittgrößte Weizenexporteur und natürlich der mit Abstand größte Weinexporteur.

Zum natürlichen Reichtum des französischen Mutterlandes kamen noch die Rohstoffquellen eines gewaltigen neuen Kolonialreiches hinzu, das Jules Ferry und eine bemerkenswerte Gruppe energischer Armeeoffiziere, hoher Zivilbeamter und abenteuerlich veranlagter Kaufleute fast unbemerkt von Volk und Parlament erobert hatten. Die Erweiterung der Kolonien hat die Franzosen niemals so erregt wie die Briten. Die Sozialisten waren dagegen, und die Radikalen, die in der Regierung richtungweisend waren, duldeten sie nur widerstrebend. Plötzlich sah sich Frankreich im Besitz eines Kolonialreichs in Nord- und Mittelafrika sowie in Asien (wo Indochina erobert worden war), das an Größe und Bevölkerungszahl nur noch dem Britischen Imperium nachstand. Seine Eroberung bedeutete für die Handvoll Soldaten, die daran beteiligt waren, ein in der Heimat nicht vorhandenes Ventil für überschüssige kriegerische Energien und darüber hinaus die Gelegenheit, der Armee einen Teil des Prestiges zurückzugewinnen, das sie durch die militärische Katastrophe von 1870 und die Fehler in der Dreyfus-Affäre eingebüßt hatte. Auch die Kirche nahm begeistert Anteil an der Eroberung von Kolonien, da ihre Missionare hier ein ungeheures neues Betätigungsfeld fanden, in dem sie »Heiden« zum Christentum bekehren konnten. Erst allmählich begannen die Franzosen zu erkennen, daß der Besitz eines großen Kolonialreiches Frankreich zu einer echten Großmacht werden ließ – in dieser Hinsicht wurde der eifersüchtige Rivale Deutschland weit überflügelt. Wirtschaftlich gesehen eröffneten die neuen Kolonien dem Mutterland nicht nur gewaltige Rohstoffquellen, sondern auch einen wachsenden Markt für französische Güter und Dienstleistungen, wie beispielsweise den Bau von Eisenbahnen und Häfen. Rund dreizehn Prozent der Exporte und zehn Prozent der Auslandsinvestitionen gingen nun in die neugewonnenen Besitzungen. Der jährliche Handelsumsatz mit den Kolonien stieg von 350 Millionen Francs im Jahre 1879 auf zwei Milliarden im Jahre 1913 an[1].

Aber es waren Kunst und Wissenschaft sowie die Lebenskunst, in denen Frankreich damals zum führenden Land Europas wurde – wahrscheinlich der ganzen Welt. Paris, diese Stadt von unvergleichlicher Schönheit und Weitläufigkeit, mit ihrem Fluidum von Bildung und Zivilisation, wurde das moderne Athen der westlichen Welt. Wie ein Magnet zog Paris Dichter, Stückeschreiber, Romanciers, Künstler und sogar Philosophen nicht nur aus der Provinz, sondern aus allen Ecken der Welt, an – und mit ihnen all die vielen Menschen, die ihr Ferment, ihre schöpferische Kraft, ihre Lebensart in dieser Stadt des Lichts zu schätzen wußten. Wo sonst auf der Welt wäre das Klima der Bildung von Verstand und Geist so günstig gewesen? Ganz gewiß nicht in London, Berlin, New York, nicht einmal in Rom. Nietzsche verkündete: »Als Artist hat man keine Heimat in Europa außer in Paris*.« Selbst viele Amerikaner, auch solche, die selbst keine Künstler waren, teilten diese Vorliebe, wenn auch nicht immer für die Künste, so doch für die Lebenskunst. Sie richteten sich nach dem Wort eines vergessenen Mitbürgers: »Wenn gute Amerikaner sterben, dann gehen sie nach Paris**.«

Drei Männer hatten in den ersten drei Jahrzehnten der Republik einen großen Einfluß auf das Denken in Frankreich: Auguste Comte mit seiner Philosophie des Positivismus; Ernest Renan mit seiner tiefen Skepsis, die einer bekannten französischen Tradition entsprang; schließlich Hippolyte Taine mit seiner Forderung nach Logik und Klarheit in kartesianischem Sinn. Alle drei hatten den Romantizismus der frühen Jahrzehnte des neunzehnten Jahrhunderts abgelegt, einen Romantizismus, der in der Literatur seinen Höhepunkt in der gewaltigen Persönlichkeit eines Victor Hugo erreichte. Sie waren erfüllt vom neuen wissenschaftlichen Geist, der im Westen im letzten Drittel

* Im selben Werk (*Ecce Homo*) heißt es auch: »Ich glaube nur an französische Bildung und halte alles, was sich sonst in Europa ›Bildung‹ nennt, für Mißverständnis . . .«, und über sein eigenes Vaterland sagt der deutsche Philosoph abschließend: ». . . nicht zu reden von der deutschen Bildung . . .«

** Thomas Gold Appleton. Oliver Wendell Holmes machte dieses Sprichwort bekannt, indem er es in *The Autocrat of the Breakfast Table* zitierte.

des Jahrhunderts mit den spektakulären Fortschritten der Naturwissenschaften einsetzte und zu der beinahe fanatischen Überzeugung führte, daß der Schlüssel zum Geheimnis des Lebens in den nackten, trockenen, nachweisbaren Fakten liege. Emile Zola brachte diesen neuen wissenschaftlichen Rationalismus mit seiner Flut vielgelesener naturalistischer Romane zur Geltung. Anatole France, dessen Romane ein fast ebenso großes Publikum erreichten wie die von Zola, spiegelte den Skeptizismus von Voltaire und Renan wider. Er beschrieb mit sanfter Ironie und in einer beinahe schon klassischen Prosa die Schwächen des französischen Bürgertums und seiner aufgeblasenen politischen und militärischen Führer. Ihr Vorläufer war Gustave Flaubert gewesen; sein bekanntester Roman, *Madame Bovary*, war noch unter dem Empire veröffentlicht worden, sein letzter, unvollendeter Roman *Bouvard et Pécuchet* erschien 1881, ein Jahr nach seinem Tod. In beiden hatte er mit vernichtender Objektivität und streng naturalistisch die Verlogenheit und geistige Dürre des bürgerlich-provinziellen Daseins geschildert.

Es stimmte wohl, daß das Frankreich der Dritten Republik auf dem Gebiet der Literatur keine Romanciers vom Format eines Balzac oder Stendhal* hervorbrachte, jene beiden Genies, die man gelesen haben muß, wenn man die Verhältnisse in Frankreich in der ersten Hälfte des neunzehnten Jahrhunderts verstehen will; oder begabte Dichter wie Baudelaire und scharfsinnige Literaturkritiker wie Sainte-Beuve. Aber vielleicht kein anderes Land hatte so viele gute und vielgelesene Autoren aufzuweisen: Flaubert, Zola, Anatole France, Alphonse Daudet, Paul Bourget, Maurice Barrès, die Brüder Goncourt, den Kurzgeschichtenschreiber Maupassant, und schließlich als Höhepunkt den größten von allen: Marcel Proust. Als er am Vorabend des großen Krieges (1913) den ersten Band seines großen Romans *A la recherche du temps perdu* auf eigene Kosten herausbrachte, wurde er kaum beachtet, aber sein Rang und sein Einfluß auf die moderne französische Literatur sollten überragend sein.

Auch der in Amerika wenig bekannte Barrès übte großen Einfluß aus, nicht nur auf die Literatur, sondern auch auf Politik und Ideologie, denn in seinen Werken und in seinem Leben waren alle Widersprüchlichkeiten des Lebens und Denkens in der Dritten Republik zu finden. Er wurde als Republikaner zum Liebling der Royalisten, er war ein Mann des rechten Flügels, der zum Sozialismus neigte, ein Ungläubiger, der die Kirche unterstützte.

*** Stendhal fand in Frankreich – von Balzac abgesehen – erst lange nach seinem Tod im Jahre 1842 Anerkennung. Seine Werke wurden von seinen Zeitgenossen wenig gelesen und selten besprochen. Viele wurden damals nicht einmal verlegt. Aber er wußte genau, daß man ihn eines Tages lesen würde. In einem Brief an Balzac aus dem Jahre 1840 bemerkte er, daß er »nicht erwartet, vor 1880 gelesen zu werden«. Schon zuvor hatte er prophezeit, daß er »um 1935 gelesen werden würde«. In seiner unvollendeten Biographie wandte er sich an »die Leser von 1880 oder 1900«. Nie sonst in der gesamten Literaturgeschichte sind die Voraussagen eines Schriftstellers über sich selbst so weitgehend Wirklichkeit geworden.

Das Frankreich dieser Zeit hatte auch seine Dichter: Rimbaud, Mallarmé, Verlaine, diese drei Symbolisten; etwas später dann Péguy, Claudel, Valéry und Apollinaire. Die Malerei erlebte eine echte Renaissance, als die Impressionisten und dann auch andere Schulen aufkamen. Es genügt, an einige wenige Namen zu erinnern: Monet, Manet, Degas, Cézanne, Renoir, van Gogh, Picasso, Derain, Matisse; eine der ältesten und edelsten der schönen Künste erlebte in Frankreich eine Blütezeit. Das galt natürlich auch für die Bildhauerei, denn da gab es Auguste Rodin.

In der Philosophie haben wir bereits gesehen, welchen Einfluß Bergson auf das Militär ausübte, aber vielleicht noch größer war sein Einfluß auf Schriftsteller, Künstler und Erzieher in diesem Jahrzehnt vor dem Kriege. Er wurde zum Theoretiker des Anti-Intellektualismus und verneinte den Wert des Positivismus, Rationalismus und der Vernunft als äußerst wichtige Kräfte des Lebens. Der Einfluß seiner »Kreativen Entwicklung«, 1906 veröffentlicht, war immens. Er betonte darin die ausschlaggebende Bedeutung der Intuition und des Irrationalen als Triebkräfte menschlicher Schöpferkraft, des *élan vital* als treibender Kraft im Menschen und in der Gesellschaft. Die Dichter und Maler übernahmen diese Auffassung bald für ihre Arbeit. Sie führte zu Sorel, Proust und Freud. Aber als Bergson während des Zweiten Weltkriegs in Paris starb, hielt sich auch seine Lehre nicht mehr lange. Manche Kritiker rühmten zwar die Originalität und den Widerspruchsgeist von Bergsons Denken und seine Beredsamkeit, aber sie sahen bei ihm doch auch viele Mängel und glaubten, diese rührten zum Teil von seiner Unkenntnis der Geschichte her.

Obgleich die Regierung, die für Finanzierung und Leitung der Universitäten zuständig war, es auf geradezu skandalöse Weise versäumte, den französischen Wissenschaftlern für ihre Forschungen geeignete Laboratorien zur Verfügung zu stellen (Pasteur und das Ehepaar Curie beispielsweise sahen sich gezwungen, ihre ersten Experimente in denkbar primitiven und improvisierten Labors auszuführen), erzielte die Wissenschaft in den letzten Jahrzehnten der Republik vor dem Krieg bemerkenswerte Fortschritte. Es war eine ganze Gruppe, die der Welt der Wissenschaft ihren Stempel aufprägte: Henri Poincaré in der Mathematik, Marcellin Berthelot in der Chemie, Henri Becquerel (der 1896 mit seiner Entdeckung der Radioaktivität von Uransalzen das Atomzeitalter einleitete) sowie Pierre und Marie Curie (die das Radium entdeckten) in Physik und Chemie, Pasteur in der Medizin und Jean Charcot, Freuds Mentor, in der Psychopathologie.

»Die Literatur ist die Zivilisation selbst«, verkündete Victor Hugo, und die Franzosen stimmten ihm zu. In keinem anderen Land erlangten Schriftsteller (und Künstler) eine solche Bedeutung, nirgendwo anders wurden ihre Werke von der Öffentlichkeit so geschätzt.

Schriftsteller waren nicht nur populärer als Politiker (Geschäftsleute erlangten nie den Status, dessen sie sich in den USA erfreuten), man betrachtete sie auch als wichtiger. Ihr Leben wie auch ihre Romane, Theaterstücke und Gedichte wurden von der Presse verzeichnet und gefeiert, und sie waren beim Volk eines der vorherrschendsten Gesprächsthemen. In diesem Land wurden sie sozusagen zu Göttern und Halbgöttern erhoben, die auf dem Olymp Paris thronten.

Wenn die Geschichte einer Nation überwiegend die Geschichte ihrer Ideen* und ihrer Kunst ist, dann machte dieses Ferment die Zeit der ersten vierzig Jahre der Dritten Republik zu einer der interessantesten und fruchtbarsten Ären im langen Leben der Nation. Darüber hinaus herrschte Friede, einiger Wohlstand und für viele die Möglichkeit für ein gutes, sinnvolles Dasein. Frankreich hatte sich nach dem Debakel von 1870 wieder zum Rang einer der großen Weltmächte emporgeschwungen. Die Republik erwies sich trotz all ihrer Mängel als erfolgreich. Der Historiker Maurice Reclus wies darauf hin: Hätte Frankreich in diesen vierzig Jahren einen König oder Kaiser gehabt, dann wäre diese Epoche als eine der großen Herrschaftszeiten in die französische Geschichte eingegangen[2].

Der Franzose erfreute sich nun all jener kostbaren Freiheiten, die ihm Könige und Kaiser größtenteils vorenthalten hatten, und er wußte das zu schätzen. Er durfte frei sagen, schreiben und tun, was er wollte. Die Jahrhunderte einer fast ununterbrochenen politischen und rechtlichen Unterdrückung schienen nur noch eine Erinnerung zu sein. In diesem Land wurde der Individualismus besonders hochgeschätzt, kultiviert, praktiziert und respektiert. Andere Länder mochten mehr Eisen und Stahl herstellen, mehr Energie verbrauchen, mehr Waren pro Beschäftigtem produzieren, bei der Durchführung dieser Dinge mehr nationale Disziplin zeigen, einen härteren Konkurrenzkampf in der Geschäftswelt fördern und dem Volk mehr an Sozialleistungen und Bequemlichkeiten bieten – doch diese Beweise des »Fortschritts« kümmerten die Franzosen nicht sonderlich. Sie neigten mehr dazu, die neumodischen Maschinen, die qualmenden Hochöfen, die tristen Fabriken mit ihren Fließbändern und die in ihrer Umgebung wuchernden Slums als ein notwendiges Übel zu betrachten, das die neue Zeit eben mit sich brachte. Eine moderne Gesellschaft brauchte sie, aber man durfte nicht zulassen, daß sie zum Mittelpunkt der Zivilisation wurde oder sie gar beherrschte. Was hatten alle diese Dinge – und das galt für die meisten anderen Spielereien des zwanzigsten Jahrhunderts, die den Amerikanern so lieb geworden waren: moderne Installationen, saubere Toiletten, große Badewannen, Aufzüge und funktionierende Telefone – schon zu bedeuten, wenn man sie mit den Freuden des Daseins als uneingeschränk-

* »Die Ideen und Gefühle sind es, die ein Volk durchdringen«, erklärte Alexis de Toqueville. »Sie sind die wahre Ursache alles anderen.«

ter Individualist verglich, der selbständig dachte und sich das Recht vorbehielt, seine Gedanken auch auszudrücken, der weder daran interessiert war noch die Absicht hatte, sich in eine Organisation einzufügen und sich der zunehmenden Gleichförmigkeit einer geschäftstüchtigen, mechanisierten Welt unterzuordnen?

Aber hat nicht gerade dieser Kult mit dem Individuum, der damals in Frankreich so intensiv betrieben wurde, zur Schwächung von Nation und Gesellschaft beigetragen, die in den Augen der Franzosen besser und gesegneter waren als alle anderen? War das nicht der Grund für den übertriebenen Egoismus einzelner und eng zusammenhaltender Familienklans, den einige ausländische Freunde bei den Franzosen festzustellen glaubten? Nächstenliebe zum Beispiel, auf die die Anglo-Amerikaner so stolz waren, wurde in diesem Lande kaum praktiziert. Und hat dieser fanatische Individualismus nicht den Staat auf verhängnisvolle Weise geschwächt, indem er seine Regierung schwächte – und das zu einem Zeitpunkt, da ein starker Staat mit einer starken Regierung wesentliche Voraussetzung für den Weiterbestand der Nation gewesen wäre? Zweifellos hat dieser Individualismus die meisten Franzosen zu überzeugten Anhängern des Grundsatzes gemacht, daß jene die beste Regierung sei, die am wenigsten regiere. Anatole France wurde nie müde zu wiederholen, die Republik sei das beste Regime für die Franzosen, da sie das schwächste sei; sie belaste den einzelnen am wenigsten. »Alle Zügel sind gelockert«, sagte er. »Das schwächt zwar den Staat, aber auch die Bürde des Volkes wird dadurch leichter . . . Da sie wenig regiert, verzeihe ich ihr, daß sie schlecht regiert[3].«

Wie wenig und wie schlecht regiert wurde, haben wir bereits festgestellt. Doch auf einem Gebiet bewährte sich die Regierung. In der Außenpolitik hatten die Blindheit und Lähmung, die sich in den dreißiger Jahren (wie auch in England) mit so verheerenden Folgen für die Dritte Republik ausbreiten sollten, noch nicht eingesetzt. Im Gegenteil: Unter Clemenceau und Raymond Poincaré sowie dem hervorragenden Außenminister Delcassé betrieb Frankreich eine kühne und einfallsreiche Außenpolitik, die niemals auch nur für einen Augenblick den Schutz und die Förderung der nationalen Interessen Frankreichs außer acht ließ; sie wurde mit fester Hand und kühler Entschlossenheit geführt, obgleich außenpolitisch die zunehmende deutsche Herausforderung und innenpolitisch ideologische Streitigkeiten und zuweilen eine seltsame Interessenlosigkeit vorherrschten.

Frankreich war, wie wir gesehen haben, der Isolation entronnen, zu der Bismarck das Land nach 1871 verdammt hatte, und hatte 1894 ein Militärbündnis mit Rußland geschlossen. Delcassé hatte das Bündnis 1899 insofern vertieft, daß jede der beiden Mächte verpflichtet war, der anderen Hilfe zu leisten, falls sie angegriffen wurde – Rußland von Deutschland und Österreich-Ungarn, Frankreich von

Deutschland. 1904 war die jahrhundertealte Feindschaft zwischen Großbritannien und Frankreich angesichts der deutschen Drohung begraben und ein Vertragswerk unterzeichnet worden, das den alten Streit zwischen beiden Ländern sowie die koloniale Rivalität, die jüngeren Datums war, beilegte – noch 1898 war zwischen England und Frankreich um den Besitz von Fashoda im Sudan fast ein Krieg ausgebrochen. Damit wurde der Weg für eine Entente vorbereitet, die 1907 – hauptsächlich dank Clemenceaus Bemühungen – zur Tripelentente, unter Einbeziehung Rußlands, erweitert wurde. Auf diese Weise wurde ein Gegengewicht zum Dreibund Deutschland-Österreich-Ungarn-Italien geschaffen. Frankreich hatte nun eine noch größere Gewähr, im Kampf nicht allein dastehen zu müssen, falls sich seine beiden wichtigsten Nachbarstaaten Deutschland und Italien zu einem Angriff entschließen sollten.

Von seiten Italiens drohte allerdings trotz der Verpflichtung gegenüber dem Dreibund keine unmittelbare Gefahr. Dafür hatte Delcassé gesorgt. 1902 brachte er ein Geheimabkommen mit Rom zustande, in dem Frankreich und Italien für den Fall eines Angriffs auf den anderen Partner eine neutrale Haltung vereinbarten. Diese geheime Absprache bedeutete praktisch den Austritt Italiens aus dem Dreibund – wie sich noch erweisen sollte, als es soweit war.

So sah sich Deutschland, teils aufgrund der Sturheit des Kaisers und seiner säbelrasselnden Regierung, teils aber auch wegen der Klugheit und Zähigkeit der französischen Diplomatie, in Europa zunehmend isoliert. Seine Gegner waren die drei anderen Großmächte Europas, und die einzigen Verbündeten waren das offenkundig zerbröckelnde Österreich-Ungarn und ein nicht sehr starkes Italien, dem man nicht sonderlich traute. Aus Verärgerung und Enttäuschung provozierte die Regierung in Berlin eine Krise in Marokko, um Frankreich und Großbritannien mit der Drohung eines Krieges zu schrekken. Die Entente Cordiale von 1904 war dadurch möglich worden, daß Frankreich seinem Partner Großbritannien in Ägypten und im Sudan freie Hand ließ und sich dafür die britische Unterstützung bei der Besetzung Marokkos eingehandelt hatte. In Deutschland sah man es gar nicht gern, daß Großbritannien und Frankreich den größten Teil des afrikanischen Kontinents unter sich aufteilten. Deshalb beschloß man, sich der Besetzung Marokkos durch Frankreich zu widersetzen und gleichzeitig Großbritannien klarzumachen, daß sich Deutschland bei der Verteilung der noch verbleibenden afrikanischen Beute nicht ausschließen ließ.

Durch diese Kriegsdrohung tat Deutschland den ersten Schritt auf einem Wege, der zwangsläufig zum Ersten Weltkrieg der Geschichte führen sollte, zu der blutigsten und kostspieligsten Auseinandersetzung, die der Planet bis dahin erlitten hatte.

8 Das Herannahen des Ersten Weltkrieges 1905–1914

Am 31. März 1905 landete der ungestüme Kaiser Wilhelm II. in Begleitung seines Kanzlers Fürst von Bülow in Tanger und hielt eine seiner kriegerischen Reden. Er wies darauf hin, Deutschland werde darauf bestehen, daß Marokko ein unabhängiger Staat bliebe und daß allen Ländern hier die gleichen Handelsbedingungen geboten werden müßten. Deutschland werde nicht untätig zusehen, wie Frankreich Kontrolle über das Land erlange.

Das war für Frankreich eine wohlberechnete Ohrfeige von seiten des verhaßten Feindes. Delcassé hielt die Drohung für einen Bluff und wollte den Kaiser beim Wort nehmen. Aber der französische Ministerpräsident, der frühere Bankier Maurice Rouvier, wollte dieses Risiko nicht eingehen. Er erkannte, daß die Deutschen für ihre Provokation einen günstigen Zeitpunkt gewählt hatten. Frankreichs Verbündeter Rußland wurde nämlich gerade von den Japanern in der Mandschurei schwer geschlagen. Dieser Krieg ließ die militärischen Schwächen Rußlands für jedermann offenkundig werden. Die Elite der russischen Armee war im Fernen Osten abgeschlachtet worden, die Flotte – einschließlich der Baltischen Flotte – versenkt. Zu allem Überdruß war 1905 noch im ganzen Lande die Revolution ausgebrochen; sie drohte das morsche, reaktionäre zaristische Regime zu stürzen. Wenn Deutschland jetzt, wie man in Paris fürchtete, in Frankreich einfiel, konnte Rußland zu seiner Unterstützung keinen Finger rühren.

Die Franzosen selbst waren auf einen Krieg schlecht vorbereitet, das wußte die Regierung nur zu gut. Das Land wurde noch von der Dreyfus-Affäre und dem Konflikt zwischen Kirche und Staat erschüttert. Die Moral in der Armee war, wie wir gesehen haben, aufgrund dieser beiden Konflikte und auch wegen der Verringerung der Militärzeit von drei auf zwei Jahre auf einem Tiefpunkt angelangt. Beschämt opferte die französische Regierung ihren Stolz und den Außenminister Delcassé und stimmte für den Beginn des nächsten Jahres einer internationalen Konferenz zu, die in Algeciras in Spanien stattfinden sollte. Auf Deutschlands Drängen kamen die Großmächte überein, die Grenzen Marokkos und die Herrschaft seines Sultans zu respektieren und das Tor für alle europäischen Nationen geöffnet zu halten.

Damit hatte Deutschland vorerst Frankreichs Absicht, Marokko seinem wachsenden nordafrikanischen Imperium einzuverleiben, durchkreuzt. Aber etwas anderes war noch bedeutungsvoller: Die

Franzosen litten unter der Ohrfeige, die ihnen Deutschland versetzt hatte, und glaubten, daß die Regierung in Berlin Rußlands vorläufige Lähmung und Großbritanniens Zögern, die Entente Cordiale durch einen Militärpakt zu erweitern, zu einer Kriegserklärung ausnutzen werde. Instinktiv fühlten die Franzosen, daß die Tanger-Krise ein Wendepunkt war; alles trieb auf einen Krieg zu, den die Deutschen vom Zaun brechen und dem die Franzosen nicht entrinnen würden. Der feinfühlige Mystiker, Dichter und Journalist Charles Péguy spürte es gleich an jenem Morgen, an dem die Presse in Paris die Nachricht von der Rede des Kaisers in Tanger veröffentlichte. Er schrieb, er sei an diesem Morgen »wie alle anderen auch« um neun Uhr in die Stadt gekommen, und »wie jedermann wußte ich um halb elf, daß diese zwei Stunden eine neue Periode in der Geschichte meines Lebens, in der Geschichte unseres Landes, in der Geschichte der Welt eingeleitet hatten«[1]. Die Europäer näherten sich der großen Schicksalswende von 1914 und fühlten es auch.

Die Militaristen in Berlin zeigten – wie Adolf Hitler eine Generation später – mit jedem Tag deutlicher, was Deutschland mit der mächtigsten Armee der Welt im Sinn hatte. General Friedrich von Bernhardi, der große deutsche Militärhistoriker, arbeitete gerade an seinem Buch *Deutschland und der nächste Krieg*, das 1912 erscheinen sollte; darin griff er getreu den Lehren von Fichte, Hegel, Treitschke und einigen geringeren deutschen Denkern energisch den alten teutonischen Schlachtruf wieder auf, daß nämlich Krieg und Eroberung eine biologische Notwendigkeit seien und daß insbesondere Frankreich so vollständig zerschmettert werden müsse, daß es Deutschlands Wege niemals wieder kreuzen könne[2].

Als das Buch veröffentlicht wurde, provozierten die Deutschen gerade eine neue Krise in Marokko, die den Eindruck erweckte, als hielten sie die Stunde zur Zerschlagung Frankreichs für gekommen. Am 1. Juli 1911 lief das deutsche Kanonenboot *Panther* in den Hafen von Agadir ein, angeblich um »deutsche Interessen zu schützen«, in Wirklichkeit aber, um Frankreich erneut einzuschüchtern; französische Truppen hatten sechs Wochen zuvor auf Bitten des Sultans, der dort von Rebellen belagert wurde, die Stadt Fez besetzt. Wieder brach in den europäischen Staatskanzleien die Panik aus. Man fürchtete, daß Agadir nur das Vorspiel zu einem von Deutschland beabsichtigten europäischen Krieg sei.

Das plötzliche Auftauchen eines deutschen Kriegsschiffes, selbst wenn es sich nur um ein Kanonenboot handelte, in diesen Gewässern mußte natürlich die britische Admiralität aufhorchen lassen. Als der Schatzkanzler Lloyd George, ein walisischer Hitzkopf, Deutschland in einer öffentlichen Rede darauf hinwies, daß Großbritannien Frankreich in dieser Krise unterstützen werde, gab Berlin nach. Die Franzosen nahmen eine feste, wenn auch versöhnliche Haltung ein. Sie unterzeichneten am 4. November eine Vereinbarung mit den Deutschen, in der Deutschland zwei große Landstreifen im Kongo abgetreten wurden. Darüber hinaus erklärte sich Frankreich bereit, in Marokko eine Politik der »offenen Tür« zu betreiben, wofür Deutschland endlich erklärte, sich einem französischen Protektorat in Marokko nicht länger widersetzen zu wollen.

Wieder einmal war ein Krieg zwischen Frankreich und Deutschland mit knapper Not abgewendet worden. Dennoch hatte Deutschland an Boden verloren. Es hatte sich gezwungen gesehen, seinen Widerstand gegen die französische Herrschaft über Marokko aufzugeben. Und noch etwas hatten die Regierenden in Berlin getan, auch wenn sie es vielleicht nicht erkannten: Sie hatten Großbritannien in engere Beziehungen mit Frankreich hineingedrängt. Sieben Wochen nach dem Ausbruch der Agadir-Krise hielt der Verteidigungsausschuß in London unter Vorsitz des Premierministers Asquith eine Geheimsitzung ab. Es wurde dabei beschlossen, im Falle eines deutschen Angriffs gegen Frankreich, der für England den Kriegsfall bedeutete, sofort eine Armee von sechs Infanteriedivisionen und einer Kavalleriedivision überzusetzen, die an der linken Flanke der französischen Einheiten kämpfen sollte. Die Einzelheiten waren bereits in Verhandlungen auf unterer Ebene zwischen den beiden Ländern ausgearbeitet worden. So gering dieser Beitrag auch im Vergleich zu den zwei Millionen Soldaten, die sowohl Frankreich als auch Deutschland in die Schlacht zu werfen gedachten, sein mochte, er sollte sich in der Stunde bitterer Not als sehr bedeutsam erweisen.

Berlin schien entschlossen zu sein, die beiden westlichen Demokratien vor den Kopf zu stoßen und zu provozieren. Man war taub gegenüber Stimmen in London und Paris, die nach einer ehrenhaften und freundschaftlichen Verständigung mit Deutschland suchten. Denn selbst in der französischen Hauptstadt gab es zumindest zwei mächtige Bestrebungen für eine Annäherung mit den Deutschen. Beide schätzten die Stimmung in Deutschland falsch ein. Die von Jaurès inspirierten französischen Sozialisten glaubten nämlich, daß die deutschen Sozialdemokraten, die größte sozialistische Partei der Welt, stark genug sein müßte, dem deutschen Militarismus einen Riegel vorzuschieben und ihn daran zu hindern, das Land in einen Krieg hineinzuziehen. Joseph Caillaux, der neue französische Führer der Radikalen, hielt eine friedliche Regelung mit Deutschland durch wirtschaftliche und finanzielle Beziehungen für möglich.

Caillaux war bei Ausbruch der Agadir-Krise im Jahre 1911 gerade eben zum erstenmal Ministerpräsident geworden. Als hervorragender Finanzfachmann war er, bevor er sich der Politik zuwandte, im Finanzministerium zum höchsten Beamten aufgestiegen. Er war nicht nur als liberal denkender Mann für die Einführung der Einkommensteuer eingetreten, sondern er verfügte darüber hinaus auch über ein immenses Selbstvertrauen und eine unterkühlte Arroganz; er hatte sein Bestes getan, um zu verhindern, daß sich die deutsche Provokation in Agadir zu einem französisch-deutschen Krieg entwikkelte. Durch Geheimverhandlungen mit den Deutschen hinter dem Rücken des eigenen Außenministers brachte Caillaux schließlich am 4. November eine Einigung zustande. Er sah in dieser Regelung den hoffnungsvollen ersten Schritt zu einer Übereinkunft auf breiter Basis, die Deutschland schließlich Zugang zu den meisten Kolonien der Welt öffnen und die in Europa zu einer wirtschaftlichen Zusammenarbeit zwischen Frankreich und Deutschland führen sollte. Seine Gegner in Frankreich – sie waren Legion, da er ein wahres Talent dafür entwickelte, selbst seine eigenen Gesinnungsfreunde vor den Kopf zu stoßen – argwöhnten jedoch, daß Caillaux in Wirklichkeit das Bündnis mit Rußland und die Entente Cordiale mit Großbritannien zugunsten einer langfristigen Verständigung mit Deutschland aufgeben wollte. Dadurch wäre Frankreich ihrer Ansicht nach den Deutschen auf Gedeih und Verderb ausgeliefert worden. Caillaux selbst glaubte, eine französisch-deutsche Verständigung sei der einzige Weg zur Vermeidung eines europäischen Krieges, den Deutschland vermutlich gewinnen würde.

Doch Berlin reagierte nicht auf seine Angebote. Das Deutschland Kaiser Wilhelms zog es vor, sich aus eigener Kraft einen Platz an der Sonne zu erobern, hauptsächlich mit Hilfe seiner unbesiegbaren Armee und seiner erstarkenden Kriegsmarine, die allmählich die britische Vorherrschaft auf den Weltmeeren bedrohte. Eines sah Caillaux, genau wie seine radikalsozialistischen Nachfolger in den dreißiger Jahren, erst ein, als es schon zu spät war: Wenn man den Deutschen in einem Augenblick entgegenkam, da sie sich als Eroberer fühlten, regte man nur ihren Appetit an. Die Kammer billigte widerstrebend seine Abtretung großer Gebiete im Französischen Kongo an Deutschland und stürzte ihn sodann wegen dieser Maßnahme. Er wurde im Januar 1912 durch Raymond Poincaré abgelöst. Dieser glaubte, vielleicht weil er Lothringer war, nicht an die Möglichkeit einer Verständigung mit Deutschland, sondern er vertrat die Überzeugung, Deutschland könne jederzeit einen Krieg vom Zaun brechen, und es sei die erste Pflicht einer jeden französischen Regierung, das Land auf einen neuen deutschen Schlag vorzubereiten.

Ließ sich diese »erste Pflicht« in einem republikanischen Frankreich, das immer noch unter politischem Streit und Instabilität litt und das im Herzen immer noch pazifistisch war, überhaupt verwirklichen? Später sollte Poincaré, den die Nationalversammlung am 16. Januar 1913 gegen den erbitterten Widerstand Clemenceaus zum Präsidenten der Republik wählte, vorgeworfen werden, er sei ein Kriegstreiber und trage dazu bei, einen Krieg gegen Deutschland zu provozieren. »*Poincaré, c'est la guerre!*« wurde das Motto einiger seiner

Gegner. Es ist zweifelhaft, ob dieser Vorwurf berechtigt war, aber das französische Volk wollte jedenfalls keinen Krieg. Clemenceau selbst schien die im Land vorherrschende Stimmung auszudrücken, als er am 10. Februar 1912 vor dem Senat erklärte: »Wir wollen den Frieden. Wir wollen ihn, weil wir ihn zum Wiederaufbau unseres Landes brauchen. Wir sind Pazifisten, aber wir sind keine Kriecher. Wenn uns ein Krieg aufgezwungen wird, dann werden wir ihm nicht feige ausweichen.«

Im August 1913 stimmten Kammer und Senat widerwillig der Verlängerung der Militärdienstzeit von zwei auf drei Jahre zu, aber auch nur, weil Deutschland im Monat zuvor die effektive Stärke seiner Armee erhöht hatte. Trotz der dreijährigen Dienstpflicht war das stehende Heer Frankreichs dem deutschen immer noch zahlenmäßig unterlegen; außerdem war es im Lande unpopulär. So brachten die allgemeinen Wahlen im Frühjahr 1914 den Radikalen und Sozialisten wieder eine eindrucksvolle Mehrheit. Als *bloc des gauches* waren sie für die Wiedereinführung der zweijährigen Dienstpflicht eingetreten. Diese Wahl war in der Tat ein Volksentscheid für den Frieden. Außerdem waren Jaurès, dessen Sozialistische Partei imponierende 104 Sitze in der Kammer errungen hatte, und Caillaux, dessen Radikalsozialistische Gruppe mit 172 Sitzen einen noch größeren Erfolg erzielt hatte, für einen Frieden mit Deutschland. Beide Politiker hielten ihn auch für möglich. Vielleicht hätten sie sogar Erfolg gehabt, wenn sich in diesen Monaten der Hochspannung im Frühjahr und Frühsommer 1914 nicht drei Attentate ereignet hätten, die nicht nur in Frankreich, sondern in ganz Europa helle Aufregung hervorriefen.

Zwei Attentate ereigneten sich in Paris und eins in einem kleinen Ort im fernen Balkan. Am 16. März 1914 erschoß Caillaux' Frau Gaston Calmette, den Chefredakteur von *Le Figaro**. Am 31. Juli

* *Le Figaro* war eine der führenden konservativen Tageszeitungen. Am 5. Januar 1914 hatte Calmette unter seinem Namen eine Artikelserie gegen Caillaux begonnen, die in ihrer Heftigkeit selbst die an Beschimpfungen in der Presse doch gewöhnten Pariser schockiert hatte. Calmette setzte dazu an, Caillaux zu vernichten, und zwar aus Gründen, die er für hinreichend hielt: Caillaux war verantwortlich für den Versuch, Frankreich die Einkommensteuer aufzuzwingen; das war ein »Raubüberfall«, den *Le Figaro* und alle gut konservativen Zeitungen hysterisch bekämpften. Vor allen Dingen aber hatte Caillaux seine Deutschfreundlichkeit bis zu einem Punkt getrieben, der in Calmettes Augen schon an Verrat grenzte. Der kriegerische Redakteur kannte keinerlei Hemmungen. Seine Artikelserie gipfelte darin, daß er leidenschaftliche Liebesbriefe Caillaux' an dessen spätere zweite Frau im Faksimile veröffentlichte. Die Briefe waren mit »Dein Joe« unterschrieben und stammten aus einer Zeit, da beide noch anderweitig verheiratet waren. Seine erste Frau hatte sie entwendet. Das war für die zweite Madame Caillaux einfach zuviel. Am Nachmittag des 16. März 1914 suchte die das Büro von *Le Figaro* auf und begrüßte den Chefredakteur mit sechs Pistolenschüssen in den Magen. Es wurde Anklage wegen Mordes erhoben, und die im Juli beginnende Gerichtsverhandlung verdrängte fast die Nachrichten über den drohenden Krieg aus den Pariser Tageszeitungen. Die Pariser genossen zwar die Skandale und insbesondere *crimes passionels*, aber dieser Fall mit den täglichen Enthüllungen aus dem Intimleben eines Ministerpräsidenten übertraf doch bei weitem alles bisher Dagewesene. Madame Caillaux' Verteidigung stützte sich auf die Behauptung, ihre Pistole sei sechsmal »von selbst« losgegangen, und eine aus galanten Franzosen bestehende Jury sprach sie am 28. Juli frei – am Vorabend der Mobilisierung von Millionen Männern ganz Europas für einen Krieg, dessen Herannahen die Leser der Pariser Presse kaum gewahr wurden, weil sie begierig den pikanten Klatsch aus dem Gerichtssaal verfolgten.

wurde Jaurès von einem rechtsextremen Fanatiker in einem Pariser Café ermordet. Damit wurden aprupt die Führer der beiden größten Parteien in Frankreichs, die das Parlament kontrollierten und für den Frieden arbeiteten, von der politischen Bühne entfernt, denn Caillaux stellte sofort seinen Posten als Finanzminister zur Verfügung.

Zwischen diesen beiden Attentaten in Paris erfolgte, tausend Meilen entfernt, noch ein dritter Mordanschlag. Am 28. Juni wurde Erzherzog Franz Ferdinand, der Erbe des Habsburger Throns, zusammen mit seiner Frau in der bosnischen Stadt Sarajewo von einem jugendlichen serbischen Fanatiker ermordet. An diesem Funken entzündete sich der Erste Weltkrieg.

Bismarck, der 1890 von dem eigensinnigen jungen Wilhelm II. als Kanzler entlassen worden war, aber in tiefer Verbitterung bis 1898 weiterlebte, hatte ihm vorhergesagt. »Irgendeine ganz lächerliche Angelegenheit auf dem Balkan«, hatte er kurz vor seinem Tod noch gesagt, werde einen europäischen Krieg entfesseln[3]. Nachdem er mit kriegerischen Mitteln das neue Deutschland geschmiedet hatte, war er für einen langwährenden Frieden eingetreten, damit sein vor kurzem vereintes Land seine Gewinne konsolidieren konnte.

Die Franzosen waren unterdessen mit ihren innenpolitischen Streitereien und der Affäre um Madame Caillaux vollauf beschäftigt. Nur wenige von ihnen konnten begreifen, warum die Ermordung eines österreichischen Erzherzogs im fernen Balkan zwangsläufig zu einem bewaffneten Konflikt in Europa führen mußte. Vielleicht verstanden das in England, Deutschland, Österreich und Rußland auch nur die wenigsten Menschen. Vielleicht verstanden es nicht einmal die Staatsmänner; denn mit Ausnahme der Österreicher bemühten sie sich beinahe hysterisch, noch im allerletzten Augenblick den Krieg abzuwenden. Selbst die politischen Führer Österreichs glaubten bei aller Starrköpfigkeit, sie könnten zur Zerschlagung des kleinen Serbiens, dessen Regierung sie der Beteiligung an der Ermordung Franz Ferdinands beschuldigten und ihr vorwarfen, sie sei für die Slawenaufstände im einstürzenden Österreich-Ungarn verantwortlich, einen örtlich begrenzten Krieg führen, den sie innerhalb kürzester Zeit gewinnen müßten.

Aber die nationalen Rivalitäten nahmen zu. Es wurde fieberhaft gerüstet, die Großmächte standen sich in zwei feindlichen Lagern bewaffnet gegenüber, die Balkankriege von 1912/1913, in denen die Türken – abgesehen vom Brückenkopf Konstantinopel – aus Europa verjagt worden waren, hatten die Beziehungen zwischen den neuerdings unabhängigen Balkanstaaten und Österreich-Ungarn sowie zwischen Wien und Petersburg und den jeweiligen Alliierten in Berlin und Paris schwer belastet. Alle diese Vorgänge ließen die Spannung in Europa zu einem Höhepunkt ansteigen. Europa glich, wie bereits gesagt, einem Pulverfaß, und der Funke von Sarajewo mußte zur Explosion führen. Die armseligen kleinen Gestalten in den europäischen Staatskanzleien schienen dagegen machtlos zu sein.

Österreich-Ungarn mobilisierte gegen Serbien und erklärte diesem Land am 28. Juli den Krieg. Rußland mobilisierte am 30. Juli gegen Österreich-Ungarn. Am folgenden Tag stellte Deutschland den Russen ein Ultimatum: Die Mobilisierung solle innerhalb von zwölf Stunden widerrufen werden. Als keine Antwort einging, mobilisierte Deutschland ebenfalls und erklärte Rußland am 1. August den Krieg.

Nun folgte aus Berlin ein Ultimatum dem anderen. Am 31. Juli wurde Frankreich ultimativ aufgefordert, innerhalb von achtzehn Stunden zu erklären, ob es neutral bleiben werde; für diesen Fall wurde die Übergabe der französischen Schlüsselstellung Toul und Verdun an die deutsche Armee gefordert. Diese beiden Festungen blockierten die Einfallstraßen der Deutschen nach Frankreich. Am 1. August erwiderte die französische Regierung, sie werde »entsprechend ihren Interessen« handeln. Die unverschämte Forderung Deutschlands nach einer Übergabe der französischen Verteidigungsstellungen wurde keiner Antwort gewürdigt. Noch am selben Tag ordnete die französische Regierung die Generalmobilmachung an, und am 3. August erklärte Deutschland in aller Form Frankreich den Krieg. Berlin wurde nun vom Kriegsfieber gepackt und zeigte nach allen Seiten die Zähne.

Offen blieb nur noch die Frage, wie sich Großbritannien verhalten würde. Diese Frage beantwortete Deutschland selbst, indem es in Belgien einfiel, dessen Neutralität Großbritannien gemeinsam mit den anderen Großmächten feierlich garantiert hatte. Nun schickte die bisher schwankende britische Regierung selbst ein Ultimatum ab. Großbritannien konnte nicht untätig zusehen, wie die deutsche Armee auf der anderen Seite des Kanals Flandern besetzte. Die Deutschen wurden aufgefordert, die Neutralität Belgiens zu respektieren und bis Mitternacht des 4. August eine entsprechende Erklärung abzugeben. Aber schon damals zeigten die Deutschen ebensowenig Verständnis für das britische Temperament wie bei einer zweiten ähnlichen Gelegenheit, die in späteren Kapiteln noch behandelt wird. Der deutsche Kanzler Bethmann-Hollweg schrie in Berlin wütend den britischen Botschafter an, Großbritannien »täte . . . einer verwandten Nation . . . etwas Unvorstellbares an . . . und *alles nur wegen eines Fetzens Papier«!*

In seiner Verbohrtheit erkannte der Kanzler nicht, daß dieser Ausspruch zum Schaden Deutschlands die Runde um die ganze Welt machen sollte; er würde Deutschland sogar noch verfolgen, bis ein anderer deutscher Reichskanzler ein Vierteljahrhundert später wieder ein schriftlich gegebenes Versprechen an Belgien als »einen Fetzen Papier« betrachten sollte. Damit kam der Eindruck auf, daß diese Praxis für *jede* deutsche Regierung typisch sei.

Krieg!

Als Großbritanniens Ultimatum an Berlin in der Belgienfrage um Mitternacht des 4. August abgelaufen war, erklärte Großbritannien Deutschland den Krieg. So begann der Erste Weltkrieg. Im Gegensatz zur Ansicht aller Beteiligten, daß es sich um einen kurzen Konflikt handeln werde, weil keine Nation über ausreichende Reserven für einen langen Krieg verfügte, sollte er 1564 Tage dauern und zur blutigsten und kostspieligsten bewaffneten Auseinandersetzung werden, die die Welt bis dahin gesehen hatte.

Auf der einen Seite standen die Nationen der Tripelentente: Frankreich, Großbritannien und Rußland. Auf der anderen Seite hatte Deutschland nur Österreich-Ungarn neben sich. Die dritte Macht des Dreibundes, Italien, hatte nämlich am 3. August seine Neutralität mit der Begründung erklärt, seine Verbündeten Deutschland und Österreich hätten unter Verletzung der Vertragsbedingungen ohne Konsultation mit Italien einen Angriffskrieg entfesselt. Italiens Neutralitätserklärung ersparte Frankreich einen Zweifrontenkrieg. Das war, wie wir gesehen haben, dem Geheimabkommen mit Rom zu verdanken, das der schlaue Delcassé geschlossen hatte.

Aber um Mitternacht des 4. August wußten die Franzosen, daß das Gros der mächtigsten Armee der Welt zum Angriff angetreten war. Im Gegensatz jedoch zu einem ähnlichen Sommertag vor vierundzwanzig Jahren wußten sie (ebenfalls dank Delcassés kluger Diplomatie) auch, daß sie diesmal nicht allein gegen den mächtigen Feind zu kämpfen hatten. Im Osten zogen die Russen starke Streitkräfte an den Grenzen zu Deutschland und Österreich-Ungarn zusammen. Und genau zu dieser mitternächtlichen Stunde gelangten die Briten endlich zu der Einsicht, daß es in ihrem eigenen Interesse lag, Frankreich zur Seite zu stehen. Aber da die britische Armee für die Verhältnisse einer europäischen Großmacht überraschend klein war, wußten die Franzosen auch, daß sie die ersten schweren Schläge des Feindes an dessen Westfront würden allein hinnehmen müssen.

Die Militaristen in Berlin glaubten zuversichtlich, daß ihnen die Armeen der Republik nicht würden standhalten können. Gerechterweise muß hinzugefügt werden, daß daran auch in Paris – selbst unter den verschworenen Patrioten – viele ernsthaft zweifelten. Man befürchtete, daß die revolutionären Gewerkschaftler und die Sozialisten das Land durch einen Generalstreik lahmlegen würden. Damit hatten sie für den Kriegsfall oft genug gedroht. Die Regierung konnte nicht mit Sicherheit damit rechnen, daß die Masse der Arbeiter, deren Führer stets gegen die Armee und den Krieg Agitation getrieben hatten, der Einbeberufung Folge leisten würde. Die Ermordung Jaurès am 31. Juli, kaum vierundzwanzig Stunden vor dem Erlaß des Mobilmachungsbefehls, war ein betäubender Schlag für die Regierung.

Sie befürchtete, daß der gewaltsame Tod des großen Sozialistenführers die Arbeiter auf die Barrikaden treiben würde und daß sie sich weigern würden, dem Ruf zu den Fahnen zu folgen. Das 2. Kürassier-Regiment, das gerade zur Front verladen werden sollte, erhielt Befehl, in der Hauptstadt zu bleiben, damit notfalls zur Niederschlagung eines eventuellen Aufstands eine Kavallerieeinheit zur Verfügung stand.

Aber die unsichere Regierung von Ministerpräsident René Viviani schätzte die Haltung des französischen Volkes in dieser Stunde höchster Gefahr für das Vaterland falsch ein. Die Reaktion der Arbeiter auf die Ermordung ihres Führers bestand darin, daß sie – wie alle anderen auch – ruhig und geordnet zu den Mobilmachungszentren marschierten. Der junge Leutnant Charles de Gaulle, der sich gerade anschickte, in seinen ersten Krieg zu ziehen, erinnerte sich später stolzgeschwellt daran, daß sich trotz der Schätzungen des Generalstabs, nach denen dreizehn Prozent der Reservisten den Kriegsdienst verweigern würden, nicht einmal eineinhalb Prozent der Einberufung entzogen. Dafür wurden die Rekrutierungsämter von 350000 Freiwilligen belagert, und 3000 Deserteure aus Friedenszeiten kehrten zur Armee zurück. Von den 2501 Verdächtigen, die als mutmaßliche Linke und Pazifisten auf dem »Carnet B« aufgeführt waren (auch ein junger Links-Sozialist namens Pierre Laval befand sich darunter) und die am Tage der Mobilmachung unter dem Verdacht der Sabotageabsicht verhaftet werden sollten, meldeten sich rund 80 Prozent später freiwillig zu den Waffen. Der Innenminister widerrief den Haftbefehl für alle in der Liste aufgeführten Franzosen.

Die unmittelbare Folge in Frankreich war nicht die Fortsetzung des Streits, sondern die Einheit; alle bitteren alten Zwiste wurden begraben. Das hatte Präsident Poincaré gefordert, als er am 4. August vor der stürmisch applaudierenden Deputiertenkammer die Kriegserklärung verlas. Aber das Zustandekommen der *union sacrée* war nicht nur eine Reaktion auf die begeisternden Worte des Präsidenten. Sie erfolgte spontan aus dem französischen Volk, das zur Verteidigung des Heimatbodens entschlossen war. Ein französischer Historiker schrieb später darüber: »Die ersten Tage von 1914 zählen zu den ruhmreichsten, die unser Land je erlebt hat . . . Dieser von Anfang an herrschende Geist der Einigkeit rettete unser Land . . . Dafür, daß die Republik das möglich machte, verdiente sie den Dank aller Patrioten[4].«

Am 28. August wurde die Regierung der Radikalen durch eine Große Koalition aller politischen Parteien von der extremen Linken bis zur Rechten abgelöst. Ministerpräsident Viviani blieb im Amt. Das Parlament vertagte sich, nachdem es einstimmig den Beschluß der Regierung zu kämpfen gebilligt hatte. Man war sich stillschweigend darin einig, daß das Land im Augenblick der Gefahr vom militärischen Oberkommando ohne Einmischung von seiten der Zivilisten geführt werden müsse. Nicht einmal die radikalen und sozialistischen Parlamentsmitglieder befürchteten mehr, daß es die Generäle bei der Landesverteidigung würden an Eifer fehlen lassen oder daß sie gar gegen die Republik konspirieren könnten. Sie glaubten zuversichtlich, daß es diesmal kein Sedan, kein Metz, kein Bazaine geben würde, und vertrauten den Generälen, daß sie kämpfen und der Invasion des Erzfeindes Einhalt gebieten würden.

Aber bis zum Ende des Monats August mußten die Generäle und ihre Soldaten eine Reihe vernichtender Niederlagen hinnehmen, die ebenso schlimm – wenn nicht noch schlimmer – zu sein schienen wie die Niederlagen, die sie zu Beginn des französisch-preußischen Krieges erlitten hatten. Die französischen Armeen und die kleine britische Expeditionsstreitmacht befanden sich nördlich und nordöstlich von Paris in überstürztem Rückzug. Schon hörte man in der Hauptstadt selbst das Grollen des Artilleriefeuers, und am 2. September, dem 44. Jahrestag von Sedan, floh die Regierung nach Bordeaux. Frankreich sah einer Niederlage entgegen, die nicht weniger vollkommen war als jene von 1870, und es sah aus, als sollte es diese Niederlage vom selben Feind und auf genau die gleiche Art und Weise zugefügt erhalten.

Wie wir im ersten Kapitel gesehen haben, stand Frankreich 1940 zum drittenmal vor einer ganz ähnlichen Katastrophe. Und da es in unserer Untersuchung hauptsächlich um diese letzte Herausforderung geht, müssen wir versuchen herauszufinden, was es war, das Frankreich im August und September 1914 vor einer Wiederholung des Debakels von 1870 bewahrte und – was hier noch wichtiger erscheint – vor einem Debakel, wie es im Mai und Juni 1940 geschehen sollte.

9 Die größte Stunde der Dritten Republik 1914–1918

Vor allen Dingen zeichnete sich das Frankreich der Dritten Republik 1914 durch ein Volk und eine Regierung, die entschlossen und einig waren, und einen ebenso entschlossenen und umsichtigen Oberkommandierenden aus, der auch in den schwärzesten Augenblicken scheinbarer Ausweglosigkeit niemals seine Nerven oder sein Vertrauen in sich und seine Soldaten verlor.

Die Regierung übersiedelte zwar auf Anraten des Oberkommandos nach Bordeaux, um einer möglichen Gefangennahme zu entgehen, aber sie blieb – nach kurzer Panik in der letzten Augustwoche – einig und entschlossen, bis zum Ende zu kämpfen. Das gleiche galt für das Volk. Und es galt für die Soldaten, ihre Offiziere, das Oberkommando und die Spitze der Pyramide: General Joffre; es galt trotz des überstürzten Rückzugs der ersten drei Wochen, trotz einer raschen Niederlage nach der anderen, trotz gewaltiger Verluste an Toten und Verwundeten.

Wie später im Jahre 1940, so wurde auch 1914 der deutsche Hauptstoß aus einer Richtung geführt, aus der ihn die französischen Generäle am wenigsten erwartet hatten. Sie wurden zwar rechtzeitig gewarnt und darauf hingewiesen, woher der deutsche Angriff höchstwahrscheinlich erfolgen würde, aber sie glaubten den Warnungen nicht. Außerdem hatten sie eigene Pläne für gewaltige Offensiven an Stellen, die sie sich ausgesucht hatten.

Die Strategie des deutschen Generalstabs für einen raschen Sieg über Frankreich, nach dem dann die Russen erledigt werden sollten, wurde schon seit langem von den Lehren des Grafen Alfred von Schlieffen beherrscht. Er war von 1891 bis 1906 Chef des deutschen Generalstabs und hinterließ seinen Nachfolgern einen Plan, der später unter der Bezeichnung »Schlieffen-Plan« bekannt werden sollte. Während die Front gegen Rußland, das nicht so rasch mobilisieren konnte, von nur neun Divisionen gehalten werden sollte, wollte man das Gros der deutschen Armee – insgesamt sieben Achtel – gegen Frankreich einsetzen. Wie im französisch-preußischen Krieg sollte es ein kurzer Feldzug von höchstens sechs Wochen werden, an dessen Ende – wie schon 1870 – die Vernichtung sämtlicher französischer Armeen sowie der kleinen britischen Streitmacht stehen sollte, falls England unklug genug war, sich in den Krieg verwickeln zu lassen. Danach sollte die Masse der deutschen Armee in Stärke von einer Million Mann mit Zügen an die Ostfront geworfen werden, um in ähnlicher Weise die schwerfälligen Russen zu schlagen, die dann gerade erst ihre Armeen aufmarschieren ließen.

Das Kernstück des »Schlieffen-Plans« war die Konzentration übermächtiger Kräfte auf dem rechten Flügel. Sie sollten durch die Pforten von Lüttich-Namur nach Belgien einfallen, nach Westen zum Kanal vordringen (»der rechte Flügelmann soll den Kanal mit seinem Ärmel streifen«, hatte Schlieffen geraten), sodann in rechtem Winkel über Somme und Seine nach Süden vorstoßen und schließlich südlich von Paris nach Osten einschwenken, um die französischen Armeen vor ihren Festungen an der Grenze nach Elsaß-Lothringen aufzurollen. Schlieffen entwickelte diesen Plan zuerst im Jahre 1894 und vervollkommnete ihn dann immer weiter, bis die endgültige Version 1905, ein Jahr vor seiner Pensionierung, fertig war. Die Verletzung der durch sein eigenes Land und die anderen Großmächte feierlich garantierten Neutralität Belgiens kümmerte Schlieffen ebensowenig wie seine unmittelbaren Nachfolger oder seine späteren Berliner Nachfolger 1940. Als er 1913 achtzigjährig am Vorabend des Weltkriegs starb, galt sein letzter Gedanke der Strategie für einen siegreichen Vormarsch durch Belgien. Er soll noch auf dem Totenbett gemurmelt haben: »Macht mir den rechten Flügel stark!«

Sein Nachfolger General Helmuth von Moltke, Namensvetter und Neffe des Feldmarschalls, der die Franzosen 1870 vernichtend geschlagen hatte, beachtete diese letzten Worte – aber nicht ganz. Er konnte der Versuchung nicht widerstehen, den Plan seines Lehrmeisters dadurch etwas zu verwässern, daß er einige Divisionen vom deutschen rechten Flügel abzog und mit ihnen den linken Flügel in Elsaß-Lothringen, gegenüber den französischen Festungen, verstärkte. Er glaubte dadurch in der Lage zu sein, von beiden Flanken her vorgehen zu können, wie es Hannibal im Jahre 216 v. Chr. bei Cannae in der Schlacht gegen Rom getan hatte. So trug er mit dazu bei, die spätere Katastrophe vorzubereiten. Während Schlieffen darauf bestand, der rechte Flügel müsse siebenmal so stark sein wie der linke, senkte Moltke dieses Verhältnis 1913 bis auf drei zu eins herab. Dennoch sah sein abgeänderter »Schlieffen-Plan« ein ebenso rasches Vordringen des rechten Flügels vor wie der ursprüngliche Plan. Der Weg an Lüttich vorbei sollte am zwölften Tag nach der Mobilmachung freigekämpft sein, Brüssel am 19. Tag erobert werden, am 22. Tag war die französische Grenze zu überqueren, am 31. mußte eine östlich von Saint-Quentin verlaufende Linie erreicht und am 39. Tag die gesamte französische Armee südlich und östlich von Paris aufgerieben sein. Ein Sechs-Wochen-Krieg, genau wie 1870 (und wie 1940, um den Ereignissen ein wenig vorzugreifen!).

Trotz zahlreicher Warnungen wollte das französische Oberkommando einfach nicht glauben, daß der deutsche Hauptstoß durch Belgien hindurch erfolgen würde. Schon 1904, als Schlieffen noch letzte Hand an seinen Plan legte, war sein Inhalt von einem deutschen Generalstabsoffizier an die französische Armee verraten worden. Daraus ging die Absicht der Deutschen hervor, mit der Hauptstreitmacht über Lüttich, Namur und Charleroi in Belgien vorzustoßen und dann entlang des Tals der Oise in Frankreich einzudringen. Genauso geschah es dann auch zehn Jahre später. Der damalige französische Generalstabschef, General Pendezac, war geneigt, die gekauften Geheimunterlagen ernst zu nehmen, aber seine Kollegen zeigten sich skeptisch. Sie hielten den Plan möglicherweise für Spielmaterial. Später gelangten General Joffre, der neue Generalstabschef, und General de Castelnau, seine fähige rechte Hand, zu der Überzeugung, der deutsche Hauptstoß werde über das Plateau von Lothringen erfolgen. Sie glaubten nicht, daß die Deutschen genügend Kampftruppen hätten, um ihre Frontlinie westlich bis nach Belgien ausdehnen zu können. Sie wußten nicht, daß man in Deutschland schon längst dem Drängen Schlieffens nachgegeben und ein revolutionär neues Konzept in die moderne Kriegführung übernommen hatte: die Verwendung von Reserveeinheiten, als Fronttruppen. Wie wir gesehen haben, wiesen die Franzosen die Idee weit von sich, Reserveeinheiten könnten im eigentlichen Kampf viel taugen.

Wir haben ferner gesehen, daß zumindest ein führender französischer General einen Hauptangriff der Deutschen über Belgien befürchtete*. Es war General Michel. Als vorgesehener Oberkommandierender für den Fall eines Krieges hatte er in einem 1911 eingereichten Bericht vorausgesagt, daß ein massierter deutscher Angriff über Belgien erfolgen werde, und empfohlen, ihn mittels einer französischen Armee von einer Million Mann abzufangen, die sich entlang einer Linie zwischen Verdun und Antwerpen und weiter südlich über Namur an der Maas eingraben sollten. Für die anderen Generäle war dieser Gedanke aus zwei Gründen reine Blasphemie: erstens sah er einen deutschen Angriff an einer Stelle vor, an der er nach ihrer Meinung unter keinen Umständen erfolgen konnte; zweitens würde er die französischen Armeen in die Defensive drängen, während das ganze Denken in der neuen Armee auf Offensive ausgerichtet war. In ihren Augen wurde General Michels Irrtum dadurch noch schwerwiegender, daß er eine Verdoppelung der französischen Fronttruppen verlangte, indem jede reguläre Einheit durch eine Reserveeinheit verstärkt werden sollte. Genau das taten die Deutschen damals, doch auch das wollten die Franzosen nicht wahrhaben. Es wurde bereits erwähnt, daß man General Michel wegen seiner »Ketzerei« als Dummkopf abtat – wobei er doch, wie die Ereignisse noch beweisen sollten, völlig recht hatte**. Er wurde durch Joffre ersetzt, der zusammen mit seinen neuen Adjutanten, insbesondere Foch und Castelnau, Michels Empfehlungen als »Albernheiten« beiseite schob und neue Pläne entwickelte, die eine Offensive der französischen Armeen in Elsaß-Lothringen vorsahen und die belgische Grenze praktisch unverteidigt ließen.

Diese Planungen waren im »Plan XVII« zusammengefaßt. Er wurde im Frühjahr 1913 fertig und sah zwei Hauptangriffsrichtungen vor: eine nördlich und die andere südlich der deutschen Festungslinie Metz-Diedenhofen, wobei der zweite Stoß durch einen Angriff noch weiter südlich ins Elsaß unterstützt werden sollte, mit dem die Franzosen den Rhein erreichen und innerhalb der ersten Wochen eine der beiden verlorenen Provinzen zurückerobern wollten. In dem Plan wurde betont, daß die Franzosen auf der ganzen Front die Offensive

* Siehe hier Fußnote ***, S. 87.

** General Michel war nicht der einzige französische Offizier, der später recht behalten sollte. 1913 veröffentlichte Oberst Grouard ein Buch unter dem Titel *La Guerre éventuelle.* Darin warnte er: »Wir sollten unsere Aufmerksamkeit vor allen Dingen auf die deutsche Offensive über Belgien richten . . . Wenn wir von vornherein die Offensive ergreifen, werden wir geschlagen werden.«

ergreifen müßten. »Wir müssen über Mainz nach Berlin marschieren«, sagte General Foch, jetzt Kommandeur des xx. Korps in Nancy, 120 Meilen von der Stadt am Rhein entfernt. Alles in allem wollten die Franzosen fünf Armeen aufmarschieren lassen (gegenüber sieben deutschen), deren Frontlinie sich von Belfort im Elsaß, nahe der Schweizer Grenze, bis hinauf nach Hirson, rund hundert Meilen weiter nördlich an der französisch-belgischen Grenze, erstrecken sollte. Damit blieben zwei Drittel dieser Grenze zwischen Hirson und dem Ärmelkanal ungedeckt, nämlich genau der Bereich, für den General Michel eine Konzentration der Hauptmacht verlangt hatte.

In der dritten Augustwoche des Jahres 1914 war das Gros der deutschen Armee dann tatsächlich bei den belgischen Festungen Lüttich und Namur durchgestoßen und stürmte westlich von Hirson über die belgisch-französische Grenze. Zwischen ihren vordringenden Kolonnen und Paris lag nur wenig, was sie noch aufhalten konnte – nur die stark angeschlagene französische fünfte Armee und die fünf Divisionen des britischen Expeditionskorps, und beide waren im Rückzug begriffen. Für die Franzosen schien der Krieg schon verloren zu sein, noch ehe der erste Monat vorüber war.

»Das Wunder an der Marne«

Dann geschah das, was viele Historiker – nicht gerade sehr treffend oder genau – später das »Wunder an der Marne« nannten. Zur Überraschung beider Seiten sollte sich das Kriegsglück und damit der Verlauf des ganzen Krieges ebenso plötzlich wie dramatisch wenden. An den Ufern des kleinen Flüßchens Marne, gleich östlich von Paris und an einer heißumkämpften Front, die sich 250 Meilen weit von Paris bis nach Elsaß-Lothringen erstreckte, waren die französische erste und zweite Armee in einen erbitterten Kampf gegen Kronprinz Rupprechts Heeresgruppe verwickelt. Hier standen und kämpften die Franzosen, die von der kleinen, fünf Divisionen starken britischen Streitmacht unter Sir John French unterstützt wurden. Eigentlich hatte sich der britische Kommandeur ganz absetzen wollen. Vom 6. bis 13. September wütete die Schlacht an der Marne. Als sie begann, standen die Deutschen fast schon in Sichtweite von Paris und, wie es ihnen erschien, vor dem endgültigen, ruhmreichen Sieg. Eine Kavalleriepatrouille von General von Klucks erster Armee, die den Angriff auf der äußeren Flanke durch Belgien und Nordfrankreich angeführt hatte, war sogar schon so dicht an die Hauptstadt herangerückt, daß sie den Eiffelturm sehen konnte. Aber am Ende der Schlacht war der deutsche Angriff aufgehalten und zurückgeschlagen. Frankreich war noch einmal davongekommen, auch wenn die nördlichen Provinzen mit ihren Bergwerken und Fabriken in der Hand der Deutschen blieben.

Der Kampf konnte weitergehen, vier lange Jahre hindurch, wie sich herausstellen sollte.

Fast überall auf der Welt, auch in Deutschland, hatte man den Eindruck, daß an der Marne ein Wunder geschehen sei. Bergson verglich es mit dem »Wunder« der Jeanne D'Arc. Die Wahrheit war zugleich prosaischer und komplexer.

Trotz der Bedrohung seiner linken Flanke durch die Deutschen hatte General Joffre hartnäckig auf der Befolgung seines Plans XVII bestanden. Also wurden bei Eröffnung der Feindseligkeiten Angriffe im Elsaß, in Lothringen und dann auch in den Ardennen ausgeführt. Alle drei Versuche schlugen fehl. Noch am 20. August, als die Deutschen bereits in Brüssel einmarschierten und allen, bis auf die Generäle des französischen Oberkommandos, längst klargeworden war, daß der deutsche Hauptangriff über Belgien erfolgte, bestand General Joffre, wie im Plan »XVII« vorgesehen, auf der Durchführung seiner Ardennenoffensive. Vermutlich nahm er an, ein Sieg im Zentrum werde die Deutschen dazu zwingen, ihre rechte Flanke zurückzunehmen. Aber der Angriff wurde innerhalb von drei Tagen von überlegenen deutschen Kräften zum Erliegen gebracht. Unterdessen stießen drei deutsche Armeen über die französisch-belgische Grenze weiter nach Westen vor. Die französische fünfte Armee unter General Lanrezac (er hatte seit der ersten Kriegswoche vergebens versucht, Joffre klarzumachen, daß der schwerste deutsche Angriff über Belgien zu erwarten sei, und zwar gegen seine einzelne Armee) wurde am 22. und 23. August bei Charleroi von der zweiten und dritten deutschen Armee geschlagen und gezwungen, sich nach Süden über die französische Grenze abzusetzen. Am 23. August schlug General von Klucks mächtige erste Armee die zahlenmäßig unterlegenen Briten bei Mons. Die französische Front war damit durchbrochen. Zwischen den Deutschen und Paris standen nur die fliehende, schwer mitgenommene französische fünfte Armee und ein kleines britisches Kontingent.

Endlich sah Joffre der Wirklichkeit ins Auge. Inmitten der Trümmer so vieler französischer Illusionen und Hoffnungen legte er nun einen Charakter an den Tag – Mut, kühlen Kopf, Entschlossenheit und den festen Willen, die Lage auch durch verzweifelte Maßnahmen zu ändern –, der Marschall Bazaine 1870 gefehlt hatte und den man erst recht nicht bei Gamelin und Weygand finden konnte, als sich diese beiden illustren Generäle 1940 in der gleichen scheinbar hoffnungslosen Lage befanden. Wo sie in Panik gerieten, erstarrten oder aufgaben, blieb er ruhig, gesammelt, entschlossen, sogar zuversichtlich. Ohne diesen Mann und seinen unerschütterlichen Mut angesichts einer erdrückenden Notlage hätte Frankreich den September 1914 nicht überstanden. Hätte Joffre dazu noch über einen schärferen flexibleren Verstand verfügt, so wären wohl einige der Fehler vermieden worden, die während des ersten Kriegsmonats begangen wurden. Aber es kann kein Zweifel daran bestehen, daß seine Charakterstärke und seine erstaunliche Unerschütterlichkeit die französischen Armeen bei der Stange hielten, als sie schon im Begriff waren, sich aufzulösen.

Bei der entscheidenden Prüfung wurde er von einem anderen bemerkenswerten General unterstützt: Joseph Simon Galliéni, der in seiner Bescheidenheit den Posten abgelehnt hatte, den Joffre 1911 erhielt. Aus Gesundheitsgründen hatte er im April 1914, bei Erreichen der Altersgrenze von fünfundsechzig Jahren, seinen Abschied vom aktiven Militärdienst genommen. Am 25. August wurde er plötzlich wieder geholt und zum Militärgouverneur von Paris ernannt. Er sollte sein möglichstes tun, die Hauptstadt gegen die anrückenden Deutschen zu verteidigen.

Galliéni war einer der intellektuelleren Generäle in der französischen Armee. Mit seinem unvermeidlichen Kneifer auf der Nase hätte man ihn eher für einen Mathematikprofessor an der Universität halten können. Er befaßte sich unter anderem mit Sprachstudien und führte ein Tagebuch in Deutsch, Englisch und Italienisch; er nannte es *Erinnerungen of my life di ragazzo*[1]. Er hatte sich seine Lorbeeren hauptsächlich bei der Eroberung von Kolonien für Frankreich erworben und war als Held von Madagaskar gefeiert worden. Rascher von Begriff als Joffre, erkannte er als erster die Möglichkeiten, die sich aus Fehlern der Deutschen ergaben und die dann zur Schlacht an der Marne führen sollten. Gegen Joffres Widerstand hatte er darauf bestanden, daß es äußerst wichtig sei, mit allen verfügbaren Mitteln Paris zu halten – nicht nur aus moralischen Gründen, sondern auch weil die Hauptstadt Gehirn und Seele des Landes war, sein Nachrichten- und Verkehrszentrum, ein fast unerschöpfliches Depot, und weil ihre Industrieanlagen einer der Hauptlieferanten für kriegswichtige Güter waren. Er hatte sich gegen starke Kräfte in der Regierung und sogar im Oberkommando gestemmt, die – ähnlich wie Weygand später im Jahre 1940 – in den letzten Augusttagen Paris zur offenen Stadt erklären wollten, um ihr Verwüstungen zu ersparen. Am 3. August, einen Tag nach dem Rückzug der Regierung nach Bordeaux, tauchte an den Mauern der Hauptstadt folgendes Plakat auf:

Die Mitglieder der Regierung der Republik haben Paris verlassen, um der nationalen Verteidigung einen neuen Impuls zu geben. Ich habe Befehl, Paris gegen den Eindringling zu verteidigen. Diesen Befehl werde ich bis zum Ende ausführen.

Galliéni

Mit der Energie eines weitaus Jüngeren und trotz seiner Krankheit – er litt unter Prostatitis – machte sich Galliéni, zunächst ohne große Unterstützung durch Joffre, daran, Soldaten und Waffen zu organisieren und die Verteidigung von Paris vorzubereiten*. Aber genau

* Unter ihnen befand sich auch der inzwischen fünfundfünfzigjährige Major Alfred Dreyfus. Er wurde der Artillerie, seiner alten Waffengattung, zugeteilt. Das war die endgültige Ehrenrettung des Märtyrers.

wie Joffre blieb er für bessere Lösungen aufgeschlossen: nämlich den deutschen Koloß, der sich auf die Hauptstadt zuwälzte, aufzuhalten und zurückzuwerfen, ehe die Großstadt selbst angegriffen werden konnte. Diese Möglichkeit ging ihm plötzlich am 3. September auf. Er überredete den weniger einsichtigen Joffre, sie zu ergreifen.

Der unerschütterliche Oberkommandierende war auch nicht untätig gewesen und hatte einiges getan, um dem deutschen Angriff an seiner äußersten linken Flanke zu begegnen. Seit mehreren Tagen hatte er trotz des großen Risikos von den hart bedrängten Armeen im Osten ganze Armeekorps abgezogen, sie per Bahn rasch quer durch Frankreich geschleust und in der Umgebung von Paris neu aufgestellt. Aus diesen Divisionen und den letzten noch verfügbaren Reserveeinheiten hatte er zwei neue Armeen gebildet: die sechste Armee unter General Michel Joseph Maunoury, die er auf der äußersten Flanke links von den Briten einsetzte, und die neunte Armee unter General Foch, mit der eine klaffende Lücke zwischen der vierten und fünften Armee geschlossen wurde. Diese waren von der vorstoßenden ersten und zweiten Armee der Deutschen schwer angeschlagen worden, und zwar schon seit drei Wochen. An dem Tage, an dem Foch zur Übernahme seines neuen Kommandos sein geliebtes XX. Armeekorps verließ, das bei Nancy so tapfer und erfolgreich kämpfte, erhielt er die Nachricht, daß sein einziger Sohn in der Schlacht gefallen war. Unterwegs zu seinem neuen Posten, nahm er in aller Hast auf einer Bahnstation einen Kavallerieoffizier mit, der Chef seines improvisierten Stabes werden sollte. Es war Oberst Maxime Weygand, der später Chefadjutant des künftigen alliierten Generalismus werden und die französischen Armeen in den letzten Wochen des großen Debakels von 1940 befehligen sollte.

Auf diese Weise hatte Joffre wenigstens das zahlenmäßige Gleichgewicht zu dem auf Paris vorrückenden Feind hergestellt. Der erste ernsthafte strategische Fehler der Deutschen in diesem Krieg bot ihm die Gelegenheit dazu. Am letzten Augusttag änderte General von Kluck, Befehlshaber der ersten Armee an der deutschen Flanke, der laut Befehl westlich und südlich an Paris vorbeimarschieren sollte, seine Stoßrichtung und beschrieb einen Bogen nach innen, um in den *Norden* und *Osten* von Paris zu gelangen. Er nahm an, die kleine britische Armee genau vor ihm sei erledigt und die Franzosen würden nicht über genügend Kräfte verfügen, um seine Flanke im Westen zu umgehen. Er war sicher, die Überreste der französischen fünften Armee östlich von Paris aufreiben und so den Krieg rasch und siegreich beenden zu können.

Klucks erste Armee, deren weit ausholende Flankenbewegung quer durch Belgien und Nordfrankreich hindurch der Schlüssel zum Erfolg des abgewandelten »Schlieffen-Plans« gewesen war und die bisher ihre Aufgabe so hervorragend erfüllt hatte, sah sich plötzlich in der Flanke umfaßt. Das erkannte der deutsche Befehlshaber allerdings nicht gleich. Aus Befehlen, die einem gefallenen Kavallerieoffizier abgenommen wurden, erfuhr das französische Oberkommando schon am nächsten Tage, dem 1. September, von Klucks Abschwenken nach Südosten. Doch Joffre erkannte nicht sofort die Chance, die sich ihm hier bot: Kluck in die ungeschützte westliche Flanke zu fallen. Am 2. September befahl er den weiteren Rückzug bis an die Seine südöstlich von Paris. Hier wollte er, wie er sagte, »innerhalb weniger Tage« seine endgültige Frontlinie ausbauen und den Feind nach Möglichkeit zurückschlagen.

Galliéni war außer sich. Joffre war im Begriff, die Hauptstadt zu opfern, und schien in seinen Augen die Gelegenheit nicht erkennen zu wollen, den Deutschen in die Flanke zu fallen. Joffre hatte ihn zwar nicht über die am 1. September erbeutete Meldung von Klucks Wechsel der Marschrichtung unterrichtet, aber Galliéni hatte aus eigenen Quellen Wind davon bekommen. Am Morgen des 3. September wurde diese Meldung einwandfrei durch den Bericht eines französischen Piloten bestätigt, der Klucks Marschkolonnen überflogen und festgestellt hatte, daß sie in südöstlicher Richtung auf die Marne zu vordrangen und nicht nach Paris. Noch am selben Tage brachten ein zweiter französischer und zwei britische Piloten weitere Bestätigungen der gleichen Nachricht mit. Die deutsche Flanke war entblößt. Nun mußte Galliéni nur noch Joffre davon überzeugen und ihn dazu bringen, diesen Vorteil auszunutzen, solange es noch an der Zeit war. Obgleich es nicht gerade seine, sondern Joffres Aufgabe war, mußte er auch die Briten überzeugen, die zwar genauso angeschlagen wie die französische fünfte Armee und von ununterbrochenem Kampf und Rückzug völlig ausgepumpt waren, aber unmittelbar südlich der Marne eine entscheidende Stellung innehatten. Er wußte, daß Sir John French, der britische Kommandeur, so entmutigt war, daß er das Expeditionskorps aus der Schlacht nehmen wollte und daran dachte, sich auf eigene Faust ans Meer zurückzuziehen und die Franzosen sitzenzulassen. Dann wäre der deutsche Sieg sicher gewesen. Aber wenn man die britischen Expeditionsstreitkräfte dazu bringen konnte, ihre Stellungen zu halten und zu kämpfen, dann mochten sie, flankiert von der fünften und sechsten Armee, bei aller Kampfschwäche das Blatt noch wenden, wenn auch die französischen Armeen weiter östlich standhielten und zum Gegenangriff antraten. Die Luftaufklärung am frühen Morgen des 4. September zeigte Galliéni, daß Klucks Flanke nun völlig ungedeckt einem Angriff der vereinigten französisch-britischen Kräfte ausgesetzt war. Ohne Joffres Zustimmung abzuwarten, erteilte er Maunoury den vorläufigen Befehl, die sechste Armee in die Ausgangsstellung für einen Angriff in Klucks Rücken zu bringen. Sodann wandte er sich der nicht gerade leichten Aufgabe zu, seinen Oberkommandierenden und die britischen Verbündeten dazu zu überreden, im gegebenen Augenblick ihre Rolle zu spielen.

Nach zahlreichen telefonischen Bitten brachte Galliéni am selben Abend Joffre dazu, den großen Gegenangriff für den 6. September zu befehlen. (Später sollte er darüber witzeln: »Die eigentliche Marne-Schlacht wurde am Telefon ausgefochten.«) Noch am 4. September war er ins britische Hauptquartier gereist, hatte aber Sir John nicht angetroffen und bei seinem Stab nichts erreicht. Etwas später am selben Tage kam General Franchet d'Espérey, der energische neue Kommandeur der fünften Armee, der gerade Lanrezac abgelöst hatte, ein Stück weiter. Sir John ließ sich zwar bei dem verabredeten Treffen wieder nicht blicken, doch sein Stellvertreter, General Henry Wilson, erklärte sich bereit, das Expeditionskorps an dem entscheidenden Gegenangriff in Richtung auf die Marne teilnehmen zu lassen. Dennoch hatte das französische Oberkommando den Eindruck, daß Sir John French immer noch zögerte. So reiste Joffre am Nachmittag des 5. September, am Vorabend der geplanten Schlacht, die – das war jetzt auch Joffres Überzeugung – das Schicksal Frankreichs entscheiden sollte, persönlich die 180 Kilometer ins britische Hauptquartier in Melun südöstlich von Paris. Er wollte einen letzten Versuch unternehmen, den britischen Oberkommandierenden doch noch zur Teilnahme an dem Gegenangriff am folgenden Morgen zu veranlassen. Nun sollte sich Joffres Beredsamkeit erweisen. Seine phlegmatische Art war verschwunden. Er sprach voller Leidenschaft und mit deutlichen Gesten, die sonst gar nicht seine Art waren.

»Ich kann einfach nicht glauben«, sagte er, »daß sich die britische Armee weigern wird, in dieser schweren Krise ihre Pflicht zu tun.« Er schlug – vielleicht das erste- und letztemal in seinem Leben – mit der Faust auf den Tisch und rief: »*Monsieur le Maréchal* (General French war Feldmarschall), die Ehre Englands steht auf dem Spiel!« Der Engländer lief dunkel an, Tränen traten ihm in die Augen. Er erklärte sich bereit, den Rückzug des Expeditionskorps abzubrechen und seine Truppen am folgenden Tag in die Schlacht zu werfen.

Diese Schlacht, die als die erste Schlacht an der Marne in die Geschichte einging (es sollte 1918 noch eine zweite geben, als die Deutschen in einem letzten verzweifelten Versuch doch noch einmal die Hand nach dem Sieg ausstreckten), wurde von den Alliierten gewonnen. Im Verlauf von vier heißen, staubigen Septembertagen verwandelten sie die fast schon sicher erscheinende endgültige Niederlage in einen Sieg. Die scheinbar so unbesiegbare deutsche Militärmacht fand just in dem Augenblick ihren Meister, als die Eindringlinge den Triumph schon greifbar nahe glaubten. In der Stunde der Wahrheit, in dieser Schlacht, wurde die deutsche Armee aufgehalten und zurückgeschlagen. Das war nicht, wie man solange geglaubt hatte, ein Wunder. Es war die logische Folge von Fehlern auf deutscher Seite, die begangen wurden, weil einige Truppenkommandeure – allen voran Kluck – allzu zuversichtlich wurden, weil eine Handvoll französischer Generäle, vor allem Galliéni und Joffre, inmitten des scheinbaren Debakels einen kühlen Kopf behielten und diese Fehler ausnutzten und weil ihre Soldaten, Franzosen wie Briten, trotz aller Enttäuschungen und Strapazen von drei Wochen verlorener Schlachten und ständiger Rückzüge noch einmal die letzten Kraftreserven zusammenrafften und dadurch in der Lage waren, zum erstenmal gegen einen bisher weit überlegen erscheinenden Feind zur Offensive überzugehen. Wenn es wirklich ein »Wunder an der Marne« gegeben hat, so ist es im Kampfgeist der erschöpften anglo-französischen Truppen zu suchen.

Das begriff später auch der geschlagene Kluck, der eine so schlechte Meinung von seinen Gegnern gehabt hatte, nachdem sie sich wochenlang hatten so leicht von ihm zurückdrängen lassen. Unter Bezug auf die Ereignisse an der Marne erklärte er 1918: »Der Grund, der bedeutsamer ist als alle anderen, ist die außerordentliche und einzigartige Fähigkeit des französischen Soldaten (und des britischen, hätte er hinzufügen können), sich rasch zu erholen. Daß Männer sich töten lassen, wo sie stehen, ist eine wohlbekannte Tatsache – damit wird in jedem Schlachtenplan gerechnet. Doch daß Männer, die zehn Tage lang zurückgegangen sind, auf der Erde geschlafen haben und halb tot sind vor Müdigkeit, noch in der Lage sein würden, ihre Gewehre aufzunehmen und anzugreifen, wenn das Signal erklingt, damit haben wir niemals gerechnet. Diese Möglichkeit stand in unseren Kriegsschulen nicht auf dem Stundenplan[2].«

Wenn der kriegerische Befehlshaber der wichtigen deutschen ersten Armee schon vom *élan* des französischen Soldaten überrascht wurde, dann traf die plötzliche alliierte Gegenoffensive das deutsche Oberkommando noch unvorbereiteter. Das bestätigte später General von Kuhl, Klucks Stabschef:

Weder die Oberste Heeresleitung noch der Stab der ersten Armee hatten die entfernteste Ahnung, daß eine direkte Offensive der gesamten französischen Armee unmittelbar bevorstand. Die Fortsetzung des französischen Rückzugs wurde als selbstverständlich betrachtet. Es wurde lediglich die Frage aufgeworfen, ob unsere Flanke nicht von Paris aus bedroht werden könnte ... Die große Offensive an der ganzen Front ... kam völlig überraschend. Nicht ein Anzeichen, kein Wort von Gefangenen, kein Zeitungsartikel hatte uns darauf hingewiesen[3].

Für diese Überraschung war hauptsächlich General Joffre verantwortlich. Im Gegensatz zu Bazaine 1870 (und Gamelin und Weygand 1940) hatte er sich auf den geordneten Rückzug verstanden und den

Bestand seiner Armeen gesichert. Daß seine Armeen am linken Flügel geschlagen und zurückgedrängt wurden, lag daran: Er hatte zunächst trotz Lanrezacs rechtzeitiger Warnungen nicht erkannt, daß der entscheidende deutsche Vorstoß durch Belgien erfolgen würde. Mit der geordneten Rückführung seiner Truppen hatte er seinen Fehler teilweise wiedergutgemacht. Seine fünfte Armee, die vom deutschen Angriff hauptsächlich betroffen wurde und schwere Verluste erlitt, war dabei weder aufgerieben noch abgeschnitten worden. Seine vierte und dritte Armee weiter rechts waren parallel zum Rückzug der fünften Armee und des britischen Expeditionskorps zurückgenommen worden. So hatte es weder einen deutschen Durchbruch wie 1940 noch eine Einkesselung wie 1870 gegeben.

General von Moltke, der trotz seiner Siege so düster und unsicher war, wie Joffre bei seinen Niederlagen aufgeräumt und zuversichtlich blieb, saß in seinem neuen Hauptquartier in Luxemburg, weit hinter der turbulenten Front. Gegen Ende August begann er die allgemeine Lage zu überblicken, ganz im Gegensatz zu seinen Truppenkommandeuren an der Front, von denen ein jeder an seinem Abschnitt nach eigenem Ruhm strebte. »Wo bleiben die Gefangenen?« fragte er immer wieder, als ihm ein Frontgeneral nach dem anderen meldete, die Franzosen seien erledigt. Am 3. September erreichte General von Bülow, Kommandeur der zweiten Armee an Klucks östlicher Flanke, die Marne und telegrafierte an Moltke, die französische Armee sei »entscheidend geschlagen« und befinde sich »südlich der Marne auf dem völlig ungeordneten Rückzug«. Am nächsten Tag meldete Kluck, er habe aus Paris nichts zu befürchten.

Moltke wußte es besser. Er wußte nämlich etwas, worüber Kluck und Bülow noch nicht unterrichtet waren: daß Joffre im Zuge eines geschickt durchgeführten Rückmarsches mehrere Armeekorps von der östlichen Front in die Nähe von Paris verlegt hatte und daß die rechte Flanke der deutschen Front in Gefahr war. »Wir wollen uns nichts vormachen«, sagte Moltke am 4. September zu dem Staatssekretär Helfferich, der sein Hauptquartier besuchte. »Wir haben Erfolge gehabt, aber wir haben noch nicht gesiegt . . . Wenn sich Millionenheere gegenüberstehen, dann hat der Sieger Gefangene. Wo sind unsere Gefangenen? . . . Auch die verhältnismäßig geringe Zahl der erbeuteten Geschütze zeigt mir, daß die Franzosen sich planmäßig und in Ordnung zurückgezogen haben.«

Das jedenfalls war seine Einschätzung der Lage. Noch am selben Abend handelte Moltke auch entsprechend – zum Entsetzen seines Kaisers, der im Hauptquartier herumstolzierte, den obersten Kriegsherrn spielte und seinem Kommandierenden General im Wege stand, und zur Verblüffung seiner Truppenkommandeure draußen an der Front. Er erließ Befehle, die große Umfassungsbewegung seiner Armeen abzubrechen. Er wies die erste und zweite Armee an, nicht südlich der Marne weiter vorzudringen, sondern nach Westen, in Richtung auf Paris, um so die deutsche Flanke gegen einen Angriff aus der Hauptstadt abzuschirmen. Er sagte seinen Truppenkommandeuren ins Gesicht, was sie nicht hatten wahrhaben wollen: »Der Feind ist den Umklammerungsangriffen der ersten und zweiten Armee entronnen. Er stellt neue Einheiten auf und konzentriert in der Umgebung von Paris überlegene Streitkräfte, um die Hauptstadt zu schützen und die rechte Flanke der deutschen Armeen zu bedrohen.«

Auch das stimmte, und Moltkes Befehle zur Bereinigung dieser Situation waren vernünftig. Doch diese Befehle erfolgten zu spät. Kluck, der sie kaum glauben wollte, widersetzte sich ihnen zunächst. Joffre hatte zur Überraschung der Deutschen jetzt, am Abend des 5. September, tatsächlich eine zahlenmäßige Überlegenheit genau an der Stelle geschaffen, wo er sie brauchte. Zwischen Verdun und Paris, wo er am folgenden Tag zum Angriff antreten wollte, verfügte er über 56 Infanteriedivisionen, darunter 5 britische, sowie über 9 Kavalleriedivisionen. Die Deutschen hatten 44 Infanterie- und 7 Kavalleriedivisionen.

Joffre hatte es, wie Moltke schließlich zugeben mußte, mit kühlem Kopf fertiggebracht, einen planmäßigen und geordneten Rückzug durchzuführen. Dabei blieben seine Armeen intakt. Als er dann den strategischen Plan der Deutschen durchschaute, hatte er erfolgreich zu dem klassischen Manöver gegriffen, das so alt ist wie der Krieg selbst: Er hatte dafür gesorgt, daß er am Ort der Entscheidungsschlacht über zahlenmäßige Überlegenheit verfügte. Als der Feind ihm dann aufgrund von Klucks voreiligem Einschwenken nordöstlich von Paris die Flanke darbot, schlug er – gedrängt von Galliéni – zu.

Kluck wurde am Nachmittag des 5. September, am Tag vor Joffres vorgesehenem Termin, durch eine Vorhut von Maunourys improvisierter sechster Armee an der kaum geschützten Flanke angegriffen und sah sich gezwungen, seine Armee eilig aus der Gegend südlich der Marne zurückzunehmen, um dieser unerwarteten Drohung zu begegnen. Dabei öffnete er eine Lücke zwischen sich und Bülows zweiter Armee, die bald 50 Kilometer breit wurde. In diese klaffende Lücke stieß das kleine, aber strategisch placierte britische Expeditionskorps, unterstützt vom Gros der fünften Armee des Generals d'Espérey, vor. Rechts von der fünften Armee mußte Fochs improvisierte neunte Armee die Hauptwucht mehrerer schwerer deutscher Angriffe hinnehmen, die von der dritten und von Teilen der zweiten Armee zwischen Marne und Seine vorgetragen wurden. Während dieses Teils der Schlacht schickte der spätere alliierte Generalissimus eine berühmt gewordene Meldung an Joffre: »Werde auf meiner rechten und linken Flanke zurückgeschlagen. Greife in der Mitte an.« Er hielt aus und entledigte sich so seines wichtigsten Auftrags, die Flanke des alliierten Hauptangriffs weiter westlich zu decken.

Weiter östlich, beiderseits von Verdun und an der Mosel in Lothringen, hatte Moltke seinen dortigen vier Armeen die Fortführung des Angriffs befohlen, während die erste und zweite Armee nahe Paris zum Stehen kamen. An diesem östlichen Frontabschnitt tobten schwere Kämpfe, aber die Franzosen hielten hartnäckig ihre Front, obgleich sie um jene Einheiten geschwächt waren, die Joffre für die Marne abgezogen hatte. Die Schlacht wurde an Marne und Ourcq östlich der Hauptstadt entschieden.

Der Höhepunkt wurde am vierten Tag, dem 9. September, erreicht. An diesem Morgen geriet an der äußersten Flanke Maunourys sechste Armee in Schwierigkeiten, als die gesamte Kluck-Armee, die sich aus dem Gebiet südlich der Marne an die Ourcq zurückgezogen hatte, angriff. Hier geschah in diesem Augenblick etwas, das zu einer der großen Legenden aus der Schlacht an der Marne werden sollte: daß sie nämlich von Galliénis berühmter »Taxi-Armee« gewonnen wurde, die von Paris aus an die gefährdete Front geworfen wurde. Aber auch die Tatsachen sind interessant und dramatisch genug.

Maunoury wurde bereits am 8. September hart bedrängt, als Kluck immer stärkere Einheiten seiner Armee gegen ihn ins Feld schickte. Maunoury hatte nur sieben Divisionen, davon vier hastig zusammengestellte zweitklassige Reservedivisionen; er rief verzweifelt nach Verstärkung. Galliéni verfügte über das IV. Korps, das gerade mit der Eisenbahn aus dem Osten in Paris eintraf. Er beschlagnahmte 600 Taxis und ein buntes Gemisch von Omnibussen und Lastwagen, packte 6000 Mann des Korps hinein und schickte sie zur Verstärkung der sechsten Armee an den bedrohten Frontabschnitt. Die Taxis unternahmen in einer Nacht zweimal die 50-Kilometer-Fahrt und beförderten die Soldaten, die anderen Fahrzeuge schafften ihre Ausrüstung herbei. Aus dieser brillanten Improvisation, die Maunoury eine wesentliche Entlastung verschaffte – er wurde auch durch die schweren Geschütze der Pariser Forts unterstützt –, entstand die übertriebene Legende von den »Taxis der Marne«.

Unterdessen stießen das britische Expeditionskorps und die französische fünfte Armee in die Lücke zwischen der deutschen ersten und zweiten Armee hinein. Ihr Vormarsch wurde durch die eigene Erschöpfung nach vierzehn Tagen ununterbrochenen Rückzugs und ständiger Kämpfe, durch die Notwendigkeit, über drei Flüsse Brükken schlagen zu müssen (den Grand und Petit Morin und die Marne, die so tief waren, daß man sie nicht über Furten überqueren konnte), und den hartnäckigen Widerstand der Deutschen verlangsamt. Aber am Morgen des 9. September erreichten sie oberhalb und unterhalb von Château Thierry die Marne und überquerten sie.

Der drohende Durchbruch zwischen ihren beiden Armeen veranlaßte Kluck und Bülow kurz nach Mittag, den allgemeinen Rückzug bis an die Aisne zu befehlen. Die Lücke zwischen ihnen blieb zwar bis zum nächsten Tag bestehen, aber die Franzosen und Briten waren zu erschöpft und wahrscheinlich auch zu vorsichtig, um diese Chance voll auszunutzen. Die ebenso abgekämpften Deutschen konnten sich halbwegs geordnet und ohne wesentliche Bedrängnis zurückziehen. So entgingen sie der Katastrophe, verloren aber 30000 Mann an Gefangenen. Am 13. September waren die Kämpfe dann abgeflaut. Die Deutschen hielten allen Versuchen der Alliierten stand, sie von der Aisne zu verdrängen. Weiter östlich wurden die Armeen zurückgenommen, um die Front zu begradigen.

Am nächsten Tag, dem 14. September, wurde Moltke entlassen. Die Vierzehntagefrist für Frankreichs Niederwerfung war abgelaufen. 1870 hatte diese Frist ausgereicht, die französischen Armeen zu vernichten, und sie sollte sich auch 1940 als hinreichend erweisen. Aber 1914 stand am Ende dieser Frist eine Niederlage der Deutschen.

Paris und damit auch Frankreich waren gerettet, die Deutschen aufgehalten und zurückgeworfen, die Legende ihrer Unbesiegbarkeit zerstört. Sie hatten kühn und mit ungeheurer Anstrengung nach dem Sieg gegriffen und ihn fast auch erlangt, aber dann war er ihnen durch die Finger geglitten. Besser sollte es ihnen auch während der langen vier Jahre des Stellungskrieges nicht ergehen; nur einmal, vier Jahre später, sollten sie noch einmal an derselben Marne dicht vor einem Sieg stehen, aber auch dann mußten sie ihn sich wieder entreißen lassen. Darauf folgte die rasche und völlige Niederlage.

Sieg: Lang lebe die Republik!

Diese vier Jahre schrecklicher Prüfungen bedeuteten die größte Stunde der Dritten Republik. Aus der Tiefe ihrer langen Geschichte und ihres Nationalcharakters schöpften die Franzosen Kräfte, die ausreichten, den Eindringling zurückzuschlagen. Die Briten hatten in den ersten entscheidenden Wochen dazu beigetragen, die Schlacht zu gewinnen, und sie sollten noch weitere Hilfe bringen, als das grausige Gemetzel die Männer des Landes immer mehr dezimierte. Gegen Ende des Krieges griffen noch die Amerikaner mit frischen Divisionen ein, um ihren erschöpften, ausgebluteten Verbündeten zu Hilfe zu kommen. Aber in der Hauptsache waren es doch die Franzosen, die in jener Septemberwoche 1914 von der Marne bis Verdun und Lothringen das Blatt wendeten. Und sie trugen auch bis zuletzt die Hauptlast des Kampfes.

Nicht einmal in den strahlenden Zeiten der alten Monarchie und auch nicht unter Napoleon hatte sich Frankreich in einer Notlage so groß gezeigt wie in diesen vier Jahren unter der Dritten Republik. Wie in allen schicksalhaften Augenblicken eines Landes, dem es gelingt, sein Geschick zu meistern, erstanden der Dritten Republik einige große Führer sowohl auf politischem als auch auf militärischem Gebiet: Clemenceau und Poincaré, Joffre, Galliéni, Pétain und Foch. Jeder von ihnen, Zivilist wie Militär, erwies in schwärzester Stunde seine Unerschütterlichkeit, seine Entschlossenheit, den Eindringling aufzuhalten und ihn aus dem Land zu vertreiben. Als Präsident der Republik wurde der kühle und exakte Poincaré niemals in seiner eisernen Entschlossenheit schwankend, bis zuletzt zu kämpfen. Clemenceau, ein echter französischer Cato, der Regierung und Armee drei Jahre lang wegen ihrer Versäumnisse schwer getadelt hatte, wurde im November 1917 wieder Ministerpräsident, in der vielleicht schwärzesten Stunde des ganzen Krieges. Frankreich hatte Verluste in Höhe von über vier Millionen Mann zu beklagen, davon fast eine Million Gefallene. Die meisten von ihnen waren bei vergeblichen, blutigen Offensiven umgekommen, die zu keinem Ergebnis geführt hatten. Defätismus breitete sich im Land, in der Armee, in der Regierung aus, aber auch im Parlament, in der Presse und insbesondere unter den Arbeitern. Selbst an sehr hoher Stelle kam es zu Verrat. In den Fabriken wurde gestreikt, und die Meutereien in der Armee waren so ernst, daß die französische Armee im Sommer 1917 fast einen Monat lang aktionsunfähig war. Rücksichtlos ging nun der alte Tiger, wie Clemenceau bei Freunden und Feinden genannt wurde (wobei die Feinde bei weitem zahlreicher waren als die Freunde), daran, den Defätismus auszurotten, die Verräter einzusperren, und zwar echte wie angebliche, darunter auch den früheren Ministerpräsidenten Caillaux und den Innenminister Malvy, und den Glauben an den Endsieg wiederherzustellen. Im letzten Kriegsjahr regierte er praktisch als Diktator. Ohne ihn hätte die Dritte Republik wohl auf tragische Weise versagt.

Aber auch ohne Pétain. Er wurde 1916 nach Verdun gerufen, um die Festung gegen die bisher schwersten Angriffe der Deutschen zu verteidigen. Es war ihm gelungen, und so wurde er zum legendären »Helden von Verdun«. Als Joffre Ende 1916 seines Postens als Oberkommandierender enthoben und auch sein Nachfolger Neville 1917 abgesetzt worden war, folgte ihnen Pétain am 15. Mai 1917 im Alter von einundsechzig Jahren als Oberkommandierender. Seine unmittelbare Aufgabe bestand nicht nur darin, eine bevorstehende feindliche Generaloffensive aufzuhalten, sondern auch die französische Armee vor der völligen Auflösung zu bewahren, die als Ergebnis weitverbreiteter Meutereien am 29. April eingesetzt hatte. Mit einer Mischung aus fester Hand und echtem Verständnis für die berechtigten Klagen der Männer in den Schützengräben verbesserte er rasch die Lebensbedingungen der Soldaten, sorgte dafür, daß ihnen mehr Urlaub gewährt wurde, zwang die Regierung zu einer besseren Versorgung ihrer Familien und hämmerte Offizieren und Mannschaften ein, daß künftig nur noch dann angegriffen würde, wenn sie darauf vorbereitet waren und angemessene Unterstützung durch die Artillerie erhielten*. Er wurde als der General bekannt, der mehr als alle anderen die sinnlose Aufopferung von Soldaten ablehnte. Solange er den Oberbefehl führte, sollte es keine nutzlosen Blutbäder mehr geben. Aber auch Meuterei wurde nicht länger geduldet. Die Offiziere erhielten Befehl, die Ordnung wiederherzustellen. Eine kleine Anzahl von Meuterern, willkürlich aus den Reihen jener Einheiten ausgewählt, die sich geweigert hatten, in die Schützengräben zurückzukehren, wurde nach raschen und summarischen Kriegsgerichtsverhandlungen hingerichtet, andere zu Gefängnisstrafen verurteilt. Es gelang Pétain, bis Ende 1917 die Kampfmoral der französischen Armee wiederherzustellen.

Sein Charakterbild wies jedoch einen Fehler auf, der in den verzweifelten Tagen gegen Kriegsende offenbar wurde, als er nach den letzten deutschen Großangriffen den Eindruck hatte, daß die britische Armee erledigt war und die französische, die er damals befehligte, auch bald am Ende sein würde. Auf einem Treffen der anglo-französischen Militär- und Zivilführer auf höchster Ebene, die am 26. März 1918 in Doullens stattfand, zu einem Zeitpunkt also, als die britische fünfte Armee vernichtet war und die übrigen britischen Truppen vor dem Rückzug ans Meer und der Trennung von den französischen Armeen standen – diese wären nach einer solchen Maßnahme erledigt gewesen –, soll Pétain laut Clemenceau auf den britischen Oberkommandierenden Sir Douglas Haig gezeigt und geflüstert haben: »Er wird sich in fünfzehn Tagen draußen an der Front ergeben müssen, und wir werden das gleiche tun, wenn wir nicht viel Glück haben[4].« Im Gegensatz zu Joffre in den ersten Kriegsjahren und Foch in den letzten wurde Pétain immer pessimistischer und gar defätistisch, als sich der Krieg in diesem letzten Frühjahr und Sommer für die Alliierten scheinbar so hoffnungslos entwickelte. Bei einem General, der bei der Verteidigung Verduns und dem Wiederaufbau der Armee nach den Meutereien soviel Standfestigkeit und Fantasie bewiesen hatte, trat hier ein Charakterzug in den Vordergrund, der immer mehr von ihm Besitz ergriff und der in den schwarzen Tagen von 1940 noch fatale Folgen für die Dritte Republik haben sollte.

Wir haben gesehen, welchen Beitrag Galliéni und ganz besonders Joffre zur Errettung Frankreichs vor einer raschen Niederlage im Jahre 1914 leisteten. Joffres unbezwingbarer Mut, seine Fähigkeit, eine Panik auch dann abzuwehren, wenn alles verloren schien, sein kühler

* Schon lange vorher, als Pétain noch an der Kriegsschule Infanterietaktik lehrte, widersprach er als einziger, wie wir gesehen haben, der Offensive um jeden Preis, die Grandmaison und Foch zur neuen Doktrin der französischen Armee erhoben hatten. Er hatte immer wieder auf die entscheidende Bedeutung der überlegenen Feuerkraft hingewiesen und gewarnt, daß Offensiven ohne waffenmäßige Überlegenheit fehlschlagen würden. Nach seiner Auffassung mußte die Armee in der Defensive bleiben, bis sie diese Überlegenheit erlangt hatte. Diese Einstellung trug ihm, wie wir gesehen haben, im Offizierskorps den Ruf eines Pessimisten und Defätisten ein. Siehe auch Seite 85/86.

Kopf bei der Rückführung intakter Armeen, die Entschlossenheit, mit der er trotz größten Risikos von der östlichen Front mehrere Armeekorps abzog, um seine Überlegenheit in der entscheidenden Schlacht bei Paris zu gewährleisten, die Rücksichtslosigkeit, mit der er Frontgeneräle abschob, die sich als unfähig oder noch schlimmer erwiesen hatten – das waren die Gründe, die mehr als alle anderen zum Umschwung an der Marne beitrugen. Wir werden sehen, daß den beiden Oberkommandierenden des Jahres 1940 alle diese Eigenschaften abgingen.

Schließlich war da noch Foch. Sein Vertrauen in sich selbst und in seine Truppen, sein Glaube an den Endsieg waren ebenso groß und unerschütterlich wie bei Joffre. Bei dem Treffen von Doullens war er trotz seines niederen Ranges – er hatte seit Joffres Sturz Ende 1916 kein Kommando mehr geführt – gegen Pétains Pessimismus eingeschritten. Nach Clemenceaus späteren Erinnerungen soll er gesagt haben: »Sie kämpfen nicht! Ich würde pausenlos kämpfen. Ich würde vor Amiens kämpfen. Ich würde in Amiens kämpfen. Ich würde hinter Amiens kämpfen*. Ich würde immer kämpfen[5]!« Auf Haigs Vorschlag wurde General Foch an Ort und Stelle zum Koordinator der alliierten Armeen ernannt. Drei Wochen später, am 14. April 1918, wurde er mit Zustimmung der Briten und Amerikaner zum Oberbefehlshaber aller alliierten Armeen an der Westfront ernannt. Im Hochsommer fing er Ludendorffs letzte verzweifelte Anstrengung, einen Sieg zu erringen, ab und führte die alliierten Armeen in einem gewaltigen Gegenangriff zum endgültigen Sieg.

Am 11. November 1918, morgens um 5 Uhr, wurde auf einer kleinen Lichtung im Wald von Compiègne bei Rethondes der Waffenstillstand von den Deutschen in Marschall Fochs Eisenbahnwaggon unterzeichnet. Um elf Uhr morgens wurden die Kampfhandlungen eingestellt. In den alliierten Hauptstädten läuteten die Kirchenglocken, und die Menge feierte überschwenglich den Sieg und das Ende des Massakers. Der Krieg hatte die Franzosen 1357800 Gefallene, 4266000 Verwundete und 537000 Gefangene gekostet, genau 73 Prozent von den 8410000 Mann, die zur Verteidigung des Landes mobilisiert worden waren**. Das nördliche Drittel des Landes lag in Ruinen, gezeichnet von vier Jahren Krieg und mutwilligen Zerstörungen der Deutschen, die Kassen des Staates waren leer, die Kriegsschulden türmten sich so hoch auf, daß man sie kaum noch berechnen konnte.

Doch die gewaltigen Kosten und selbst der schreckliche Aderlaß, die tiefste aller Wunden, wurden in der allgemeinen Freude über den

* Amiens, das wichtige Bindeglied zwischen den britischen und französischen Armeen, wurde durch einen der deutschen Angriffe bedroht. Foch verlangte, daß die Stadt gehalten werde, koste es, was es wolle.

** Die Verluste der Briten betrugen 3190235 Mann oder 35,8 Prozent der Mobilisierten, darunter 908371 Gefallene. Die amerikanischen Verluste beliefen sich auf 350300 Mann oder 8 Prozent, davon 126000 Gefallene[6].

Sieg und die Beendigung des Blutbades vorübergehend vergessen. Frankreich hatte die schwerste Prüfung seiner ganzen Geschichte überstanden. Indem die Franzosen vorläufig ihre uralten Querelen zugunsten einer *union sacrée* begruben und sich zu einem bewunderswürdigen Geist der Selbstaufopferung und der eisernen Entschlossenheit, sich nicht besiegen zu lassen, aufgeschwungen hatten, überstanden sie trotz menschlicher Schwächen und manchen Schwankens in den beiden letzten Jahren die tödliche Bedrohung, der sie jemals ins Antlitz zu blicken hatten. Die Dritte Republik, die sich bei ihrer sturmbewegten Fahrt durch das letzte Drittel des neunzehnten und das erste Jahrzehnt des zwanzigsten Jahrhunderts so schwach und unsicher gezeigt hatte, erwies sich dabei als ein Regime, das so stark war wie kein anderes in Frankreich zuvor. Die autokratische Monarchie in Deutschland war gestürzt. Die demokratische Dritte Republik Frankreichs stand gefestigter da als je zuvor. Im Hochgefühl des Sieges während der Tage im Spätherbst 1918 schien es ihr beschieden zu sein, so lange zu währen, wie Menschen vorhersehen konnten, über alle Maßen gefestigt und geeint durch einen Triumph, zu dem die Masse des Volkes so unendlich viel beigetragen hatte.

Und dennoch . . .

Vermutlich lasen damals nur wenige Franzosen die eigenartig prophetischen Worte von Jules Cambon, eines der beiden Brüder, die damals als Diplomaten berühmt waren – er hatte vor dem Krieg als Botschafter in Berlin gedient. Und wenn man sie gelesen hätte, dann hätte man sie vermutlich nicht geglaubt. Als junger Soldat hatte Cambon im Französisch-Preußischen Krieg gekämpft und die ganze Bitterkeit einer demütigenden Niederlage zu spüren bekommen. In jenen Herbsttagen des Jahres 1918 warnte er: »Das siegreiche Frankreich muß sich an den Gedanken gewöhnen, daß es eine geringere Macht darstellt als ein geschlagenes Frankreich.«

Wie konnte das sein? Nach dem alliierten Sieg lag Deutschland vernichtet am Boden, die Verbündeten Österreich-Ungarn und die Türkei waren zerschmettert, in Rußland tobten Revolution und Bürgerkrieg, in Italien innere Unruhen. Das waren die anderen Großmächte auf dem Kontinent gewesen. Nun überragte Frankreich sie alle – triumphierend zumindest, was die militärische Macht anbelangte.

2. BUCH

Illusionen und Realitäten des Sieges

1919–1934

10 Siegreiches Frankreich – »Die stärkste Großmacht Europas« 1919–1931

Als ich 1925, frisch von der Universität, zum erstenmal nach Paris kam, um dort zu leben und zu arbeiten, empfing mich ein ebenso lieblicher Sommer wie jener fünfzehn Jahre später, der Frankreichs Fall sehen sollte. Damals war Frankreich die stärkste Großmacht auf dem europäischen Kontinent.

Seine Hegemonie wurde zwar von Großbritannien und den Vereinigten Staaten, den beiden Hauptverbündeten beim Sieg von 1918, ungern gesehen, von allen anderen Nationen aber anerkannt. Frankreichs Armee, jeder anderen weit überlegen, hielt Wacht am Rhein. Sie stützte Frankreichs Außenpolitik, die darin bestand, Deutschland wehrlos zu halten, ihm die zugesagten Reparationszahlungen abzuzwingen und die kleineren Staaten lebensfähig zu machen, die sich im Osten Deutschlands aus dem zerschlagenen Österreich-Ungarn gebildet hatten und die nun mit Frankreich verbündet waren.

Kein anderes Land auf dem Kontinent konnte Frankreichs Vorherrschaft antasten. Der Alptraum von der deutschen Drohung, der die Franzosen so lange geschreckt hatte, war getilgt. Deutschland stellte keine Bedrohung mehr dar; es war immer noch infolge der Niederlage erschüttert, seine Armee und Marine waren zu einer symbolischen Streitmacht zusammengeschmolzen, der Versailler Vertrag untersagte dem Land den Bau von Kampfflugzeugen, Tanks, schweren Geschützen, Unterseebooten und Kriegsschiffen, es trug die Last der Reparationen – es konnte nicht mehr gefährlich werden. Das Habsburger Reich, dessen starrsinnige Führer Europa so rücksichtslos in den Krieg getrieben hatten, existierte nicht mehr. Rußland war unter Führung der Bolschewiken dabei, sich nach der Revolution und jahrelangem Bürgerkrieg wieder aufzuraffen. Im Augenblick sonderte es sich immer noch von einem unfreundlich gesonnenen Europa ab.

England hatte sich zwar nicht abgesondert, aber es nahm auf seiner Insel eine immer distanziertere Haltung ein und kämpfte um den Zusammenhalt seines überseeischen Weltreichs, dessen Mitglieder – vor allen Dingen Indien – immer lauter den Ruf nach Unabhängigkeit anstimmten. Es war Großbritannien nicht gelungen, die alte wirtschaftliche und finanzielle Vorrangstellung in der Welt wiederzuerlangen. Diese war durch den großen Krieg erschüttert worden. Zunehmende Arbeitslosigkeit breitete sich wie eine schwärende Wunde aus. Es verfügte zwar immer noch über die stärkste Seemacht der Welt, hatte aber, wie die USA, seine Armee demobilisiert.

Das durch jahrelange innere Kämpfe und nationale Lähmungen geschwächte Italien wurde jetzt von den Faschisten regiert. Diese brachten es zwar fertig, die Züge pünktlich verkehren zu lassen, aber es fiel ihnen ebenso schwer wie ihren Vorgängern, die Halbinsel, der es an natürlichen Rohstoffquellen mangelte, zu einer erstrangigen Großmacht aufzubauen, die mit Frankreich hätte konkurrieren können; das war auch den Demokraten vorher nicht gelungen.

Abgesehen von der Vorherrschaft in Europa verfügte Frankreich noch über ein großes Weltreich, erweitert durch neue Gebiete in Afrika und dem Nahen Osten, die Deutschland und der Türkei abgenommen worden waren. Sie bildeten sogenannte Mandate, die Frankreich im Auftrag des Völkerbundes treuhänderisch verwaltete. Das französische Kolonialreich erstreckte sich in Afrika, dem Nahen Osten und in Asien über zwölf Millionen Quadratkilometer und hatte mit hundert Millionen Einwohnern eine doppelt so hohe Bevölkerungszahl wie das Mutterland. Während des Krieges war sein Wert offenkundig geworden; es stellte nicht nur dringend benötigte Rohmaterialien, sondern auch Soldaten zur Verfügung. Nicht weniger als 449000 Eingeborene der Kolonien kämpften in Frankreich, und 187000 weitere dienten in militärisch organisierten Arbeitsbataillonen. Jetzt, in der Mitte der zwanziger Jahre, verliehen die Kolonien Frankreich nicht nur den Status einer Weltmacht, sondern sie erwiesen sich darüber hinaus auch als wirtschaftlich sehr wertvoll. Sie boten dem Kapitalmarkt wie auch den Baufirmen ein gewinnbringendes Betätigungsfeld. Sie lieferten Rohmaterial. Und sie stellten auch – insbesondere während der 1929 einsetzenden Depression – einen immer größer werdenden Absatzmarkt für französische Waren dar. Um die Mitte der dreißiger Jahre sollte fast ein Drittel aller französischen Exporte in die eigenen Kolonien gehen.

Die Stadt des Lichts

Beherrschend in Europa, mächtig auf der ganzen Welt – das war das Frankreich der zwanziger Jahre. Aber das war noch nicht alles. Paris blühte wiederum zur kulturellen Hauptstadt der Welt auf. Angelockt von seinen Lichtern, seinem Glanz, seiner Schönheit, seinem Charme, seinen Annehmlichkeiten, den lauen Lüften der Freiheit, seinem Sinn für Kunst und Künstler sowie dem regen geistigen Leben, strömten aus allen vier Himmelsrichtungen Studenten, Lehrer, Schriftsteller, Maler, Bildhauer, Modeschöpfer und ein Schwarm von Touristen in die große Stadt und schienen sie zeitweilig fast überrennen zu wollen.

Das galt ganz besonders für die Amerikaner. Sie flohen aus dem tristen Land der Isolationspolitik, der Prohibition und des »Affenprozesses« gegen Scopes*. Neben den Scharen von Yankeetouristen, die nach Paris reisten, um es sich gutgehen zu lassen und um gelegentlich ein wenig Kultur zu schlürfen – das gotische Wunder von Nôtre Dame und der Sainte Chapelle, den Arc de Triomphe am höchsten Punkt der Champs-Elysées, die Kunstschätze des Louvre zu bestaunen, dazu frei von Verfolgung Alkohol zu trinken und einmal besser als zu Hause zu essen und das Nachtleben des Montmartre-Viertels zu genießen –, erschienen auch ausgebürgerte Amerikaner, für die Paris der Himmel auf Erden war. Viele von ihnen waren junge Autoren.

Aus diesem fröhlichen Exil, dieser dramatischen Episode in der amerikanischen Literaturgeschichte, wie Van Wyck Brooks es einmal nannte, begannen sich einige große Persönlichkeiten zu entwickeln.

Ein junger Zeitungsmann, den es zur Gruppe der Linken hinzog, lernte sie bald kennen: Hemingway, Fitzgerald (meist in der Ritz-Bar der Gruppe der Rechten), Cummings, MacLeish, Elliot Paul, Gertrude Stein (die in ihrem Salon in einem Haus nahe dem Jardin de Luxembourg hofhielt), Kay Boyle, Hart Crane, Harold Stearns, Glenway Wescott, Djuna Barnes, Ezra Pound, Eugéne Jolas, Herausgeber des *transition*, eines Blattes, das lautstark die »Weltrevolution« verkündete, und andere. Ihr führender Kopf war ein irischer Heimatvertriebener: James Joyce. Einige von ihnen lebten nicht im Exil. Sie schrieben zwar zumeist zu Hause, kehrten aber immer wieder nach Paris zurück: Sinclair Lewis, Dos Passos, Sherwood Anderson und Yeats aus Irland. Gegenüber dem Schriftstellerhotel in der Rue de Vaugirard lebte für einige Zeit Santayana ziemlich zurückgezogen. Dieses Jahrzehnt muß ihm schwindelerregend erschienen sein, und er ließ sich auch nicht vom französischen *esprit* beeindrucken. Obgleich er englisch schrieb und seine gesamte akademische Laufbahn in Harvard absolviert hatte, war er im Herzen doch wohl immer Spanier geblieben.

In einem Mansarden-Studio auf dem Montparnasse, gleich hinter dem Dôme, unterhielt eine geniale Amerikanerin ein offenes Haus für jedermann: Isidora Duncan, die große Tänzerin. Sie war zwar nicht mehr jung, aber immer noch schön mit ihren großen, leuchtendblauen Augen, ihrem beinahe klassischen Gesichtsschnitt und dem leuchtendroten Haar. Zu ihrem Hofstaat gehörten Künstler, Schriftsteller, Journalisten, Diplomaten und Politiker, die ihr Studio all-

* Ich selbst hatte Amerika in der Woche, als der Prozeß begann, auf einem Viehfrachter verlassen. In der Verhandlung gegen den Hochschuldozenten Scopes aus Dayton im amerikanischen Bundesstaat Tennessee vertrat William Jennings Bryan, zweimaliger Präsidentschaftskandidat und unter anderem früherer Staatssekretär, die Anklage, während Clarence Darrow die Verteidigung übernommen hatte. Man warf Scopes vor, im Gegensatz zu den Lehren der Heiligen Schrift, die Darwinsche Evolutionstheorie gelehrt zu haben. Er wurde am 21. Juli 1925 für schuldig befunden und zu einer Geldstrafe von 100 Dollar verurteilt. Dieser Prozeß war für viele Menschen meiner Generation ein Musterbeispiel für die in jener albernen Zeit in Amerika herrschende geistige Verbohrtheit.

abendlich aufsuchten. Hier herrschten Frohsinn, gute Gespräche, Musik – und, wenn der Abend weiter fortschritt, konnte man vielleicht sogar eine Solodarbietung der großen Künstlerin selbst erleben.

Die Exilschriftsteller lebten überwiegend in ihrer eigenen kleinen amerikanischen Welt zwischen Montparnasse und Seine. Sie waren zu sehr mit ihren eigenen schöpferischen Problemen in ihrer eigenen Sprache beschäftigt, um sich viel mit der französischen Welt der Literatur abgeben zu können.

Einige wenige taten sich allerdings mit den geräuschvollen Dadaisten und Surrealisten zusammen.

Die französische Literatur stand damals tatsächlich in voller Blüte. Sie wurde von den »großen Vier« beherrscht: den Dichtern Paul Claudel und Paul Valéry; Marcel Proust (er war zwar schon 1922 gestorben, aber sein Einfluß machte sich in zunehmendem Maße bemerkbar, als die Bände seines großen Romans *A la recherche du temps perdu,* vor seinem Tode vollendet, erschienen, der letzte davon 1927) und schließlich André Gide. Für viele, die in dieser goldenen Zeit in Paris lebten, ob jung oder alt, ob Franzose oder Ausländer, bedeutete die Welt der Literatur mit ihren Erzeugnissen an Büchern, Bühnenstücken und rauflustigen kleinen kritischen Beiträgen eine Quelle des Staunens und der Sensationen. In dieser lichterstrahlenden, zivilisierten Hauptstadt wurden die Produkte menschlicher Fantasie nicht nur ernst genommen, sie schienen sogar wichtiger zu sein als alles andere; wichtiger als die Frage nach dem Lebensunterhalt oder den Absichten von Bankiers und Geschäftsleuten, Politikern und Staatsmännern. Das zeigte sich sogar in den Pariser Zeitungen, obgleich sie überwiegend von Großbetrieben und Hochfinanz beherrscht wurden. Ein neues Buch oder Theaterstück, der jährliche *Prix Concourt* für einen Roman, ein Meinungsstreit zwischen zwei konkurrierenden Autorenschulen, die Heirat, Scheidung oder der Tod eines Schriftstellers – das waren die Ereignisse, die auf den Titelseiten erschienen, wie auch die neueste Kunstausstellung oder ein neues Gemälde von Picasso, Braque, Léger, Rouault, Matisse, Modigliani und anderen Malern oder eine neue Skulptur von Bourdelle. Als Anatole France 1924 starb, gab Paris ihm ein Begräbnis, wie es sonst nur Staatsmänner oder berühmte Soldaten erhielten.

Im Gegensatz zu vielen meiner Landsleute in Paris, die Gedichte, Kurzgeschichten, Romane und Theaterstücke schrieben oder doch schreiben wollten, arbeitete ich in der Zeitungsbranche, die sich überwiegend nicht mit der Literatur, sondern mit dem Leben der europäischen Völker, insbesondere Frankreichs, beschäftigte. Sie rangen darum, sich von dem bisher vernichtendsten Krieg zu erholen und sich auf den Frieden einzurichten.

Erholung

Allem Anschein nach war Frankreich trotz des schrecklichen Aderlasses und der Verwüstung seiner reichsten *départements* im Norden ein glänzendes Comeback geglückt. Das Land hatte acht Milliarden Dollar dafür ausgegeben, die gefluteten Bergwerke wieder betriebsfähig zu machen, die Fabriken wiederaufzubauen, öffentliche Gebäude, Läden und Wohnungen, Eisenbahnen, Straßen und Kanäle zu reparieren, die Landwirtschaft von den Trümmern des Krieges und von Tausenden von Kilometern Schützengräben zu befreien und den Viehbestand aufzustocken. Eigentlich sollten die Deutschen die Rechnung dafür bezahlen, aber die brachten es fertig, sich fast ganz um die Zahlungen zu drücken. So mußten die Franzosen das Geld aus eigener Kraft aufbringen. Die Produktion, die 1919 auf 57 Prozent vom Ausstoß des Jahres 1913 zurückgegangen war, stieg wieder an. 1923 war sie auf 88 Prozent geklettert, überstieg im darauffolgenden Jahr die Vorkriegswerte und rückte 1926 auf beeindruckende 126 Prozent.

Das Land blühte, das Volk war zufrieden, der Kontinent lebte endlich in Frieden. Haß und Intoleranz, Hektik und Angst, die sich schon bald hier und in ganz Europa ausbreiten sollten, hatten noch nicht begonnen, das Denken der Menschen zu vergiften.

Im Oktober 1925 wurde der Vertrag von Locarno unterzeichnet. Er führte das geschlagene Deutschland in die Gemeinschaft der westlichen Völker zurück. Der aus freiem Willen von einer demokratischen deutschen Regierung unterschriebene Vertrag schien den Frieden für so lange Zeit zu sichern, wie Staatsmänner sie abzusehen vermögen. Die Grenzen zwischen Frankreich und Deutschland sowie zwischen Belgien und Deutschland, über die jahrhundertelang die Armeen hinwegmarschiert waren, wurden von den vier Großmächten Frankreich, Großbritannien, Deutschland und Italien feierlich garantiert. Durch diesen Vertrag wurde Deutschland in den Völkerbund aufgenommen, in dem sich auf Anregung von Präsident Woodrow Wilson, aber gegen den unverständlichen Widerstand seines verblendeten Landes die meisten Nationen der Welt zusammengefunden hatten, um künftige zwischenstaatliche Konflikte mit friedlichen Mitteln beizulegen. Ganz Europa atmete im neuen Geist von Locarno befreit auf. Überall, vor allem in Frankreich, wuchs das Vertrauen zum Völkerbund. Man hatte sogar das Gefühl, daß das neue Mitglied Deutschland nun endlich doch für die Vorzüge der Demokratie und eines dauerhaften Friedens gewonnen worden war.

Doch über Paris ballten sich trotz der allgemeinen Euphorie bereits drohende Wolken zusammen. Französische Regierungen stürzten noch schneller als zuvor, und das galt auch für den französischen Franc, einst so fest wie Gold. Eine zweite Entwicklung war größtenteils die Folge der ersten. Vom April 1925, als die Regierung des *Cartel des Gauches* unter Edouard Herriot stürzte, bis zum Juli des darauffolgenden Jahres, als der Konservative Poincaré wieder an die Macht gelangte, waren von der Deputiertenkammer oder vom Senat insgesamt sieben Kabinette gestürzt worden – sämtliche stolperten über die Debatte zur Bereinigung der Geldwertkrise, der Stabilisierung der unsicheren Staatsfinanzen und zur Rettung des Francs. Aber es gelang dem strengen Lothringer Raymond Poincaré, dem ersten Präsidenten der Republik, der hernach Ministerpräsident wurde und der im Alter von fünfundsechzig Jahren am 26. Juli 1926 zum zweitenmal die Zügel des Staates in die Hand nahm, innerhalb kurzer Zeit das nationale Selbstvertrauen wiederherzustellen, die Staatsfinanzen auf eine solide Grundlage zu stellen, den Verfall der Währung aufzuhalten und 1928 den Franc bei einem Kurs von 1 zu 25 zum Dollar zu fixieren, einem Fünftel seines Goldwertes aus der Vorkriegszeit. Poincaré rettete den Staat vor dem Bankrott und die Nation vor dem finanziellen Zusammenbruch, aber es war ein Pyrrhussieg. Hunderttausende von Franzosen des soliden Bürgertums sahen ihre lebenslangen Ersparnisse, üblicherweise in Schatzbriefen aus der Vorkriegs- und Kriegszeit angelegt, in ihrem Wert um vier Fünftel beschnitten. Das mußte ihr Vertrauen in die Regierung – jede Regierung – erschüttern und bei ihnen das bittere Gefühl auslösen, daß die Republik sie betrogen hatte.

Dennoch herrschte noch ein weitverbreiteter Wohlstand. Die Industrieproduktion nahm zu, die Exporte schnellten in die Höhe, die Touristenschwärme brachten jährlich zehn Milliarden Francs ins Land, und die Staatskasse, die 1926 leer gewesen war, erwirtschaftete 1929 einen Überschuß von neunzehn Milliarden Francs. Die Spannungen zwischen den Nationen, insbesondere zwischen Siegern und Besiegten des vergangenen Krieges, ließen nach. Selbst Deutschland, das sich dank der unbegrenzten amerikanischen Darlehen von dem finanziellen und wirtschaftlichen Debakel der frühen zwanziger Jahre erholt hatte, schien unter einer demokratischen Regierung des verständigungsbereiten Gustav Stresemann, eines der Schöpfer des Vertrags von Locarno, zur Ruhe zu kommen. Paris verzeichnete erleichtert, daß aus Berlin kein so lautes Rachegeschrei mehr zu hören war. In Bayern war ein störender ultranationalistischer Agitator namens Adolf Hitler, der verkündet hatte, daß Frankreich gleich Karthago vernichtet werden müsse, gefangengesetzt und von der Regierung zum Schweigen gebracht worden. Seine Partei wurde aufgelöst. Für die Franzosen schien die »deutsche Gefahr« der Geschichte anzugehören. Die Militärdienstpflicht wurde von drei Jahren zuerst 1923 auf eineinhalb und dann 1928 auf ein Jahr herabgesetzt. Ende 1930 hatten die letzten französischen Besatzungstruppen das entmilitarisierte Rheinland verlassen.

Die fünf Jahre von 1926, dem Jahr nach meiner Ankunft in Frankreich, bis 1931, da sich die weltweite Depression ernsthaft bemerkbar machte, wurden von französischen Historikern und Memoirenschreibern als die glücklichste Zeit der Dritten Republik bezeichnet. Eines solchen Wohlstandes hatte sich Frankreich schon seit Napoleons – und davor Louis' XIV. – Zeiten nicht mehr erfreut. Und gegen Ende der goldenen zwanziger Jahre war dieser Wohlstand gleichmäßiger verteilt als je zuvor. Selbst ein junger Ausländer wie ich spürte, daß er in einem Paradies lebte, wie man es auf dieser unvollkommenen Erde nicht vollkommener finden konnte. Die Zivilisation schien hier einen strahlenden Gipfel erklommen zu haben.

Und doch wurden jetzt hier und da von einigen wenigen Fragen aufgeworfen, die eine leise Unruhe durchs Land gehen ließen. Wies das großartige Bild auch Fehler auf? Lebte dieses Volk vielleicht seit einem Jahrzehnt von einer gewaltigen Illusion? War diese Glückseligkeit mehr Schein als Sein? Breitete sich unter der glänzenden Oberfläche – während sich die friedlichen, sorglosen zwanziger Jahre ihrem Ende zuneigten, Poincaré aus gesundheitlichen Gründen zurücktrat und der amerikanische Bankkrach von 1929 dunkle Wolken über dem Atlantik aufziehen ließ – nicht ein Gefühl aus, daß die Franzosen allmählich um die Früchte des Sieges von 1918, für den sie so große Opfer gebracht hatten, betrogen werden sollten? Sollte ein so logisch denkendes Volk die Art dieses Sieges, seine echten Kosten und Folgen, ganz aus den Augen verloren haben?

Wer die Antwort finden wollte, mußte bis ins Jahr 1919 zurückgehen. Damals versammelten sich die siegestrunkenen Alliierten in Paris, um einen Friedensvertrag aufzusetzen und es Deutschland, wie sie glaubten, unmöglich zu machen, jemals wieder einen Krieg vom Zaune zu brechen. Der soeben beendete Krieg hatte einen höheren Preis gefordert, als irgend jemand wahrhaben wollte.

Der Preis des Sieges

Güter und Besitz im Werte von 134 Milliarden Goldfrancs, die während des Krieges in Rauch aufgegangen waren, konnten mit der Zeit wieder ersetzt werden, nicht aber die fast eineinhalb Millionen Toten.

Jeder zehnte Franzose war an der Front gefallen, und wie immer in einem langen Krieg hatte die Jugend, von der die Zukunft einer jeden Nation abhängt, den höchsten Blutzoll entrichten müssen. Drei von zehn jungen Männern im Alter zwischen achtzehn und achtundzwanzig waren umgekommen. Die zweitschwersten Verluste hatten die Intellektuellen hinnehmen müssen, die für das Leben eines Landes so entscheidend sind. Dreiundzwanzig Prozent aller Angehörigen der freien Berufe waren in den Schützengräben geblieben. Von den 4226000 Verwundeten waren eineinhalb Millionen für den Rest ihres Lebens Krüppel. Solche Verluste mußten eine Nation auf Jahrzehnte hinaus schwächen[1].

Aber das war noch nicht alles. Die schrecklichen Verluste mußten gerade in einem Land, das – wie wir gesehen haben – schon vor dem Krieg unter sinkenden Geburtenziffern litt, schwere demographische Folgen nach sich ziehen. Es wurde berechnet, daß es von 1915 bis 1919 um 1,4 Millionen weniger Geburten gab, als in Friedenszeiten zu erwarten gewesen wären. Ein weiterer Geburtenverlust von einer halben Million trat zwischen 1932 und 1939 auf, zu dem es bei einer normalen Geburtenrate während des Krieges nicht gekommen wäre. Um diese Zeit fehlten eben 1,4 Millionen Eltern. Fast eineinhalb Millionen Kriegsgefallene und ein Geburtenausfall von über zwei Millionen – diesen Preis mußte ein Land für den Sieg bezahlen, das am Ende des Krieges weniger Einwohner zählte als bei seinem Beginn, obgleich nun aus dem wiedergewonnenen Elsaß-Lothringen fast zwei Millionen Einwohner hinzugekommen waren. Frankreich ging aus dem Krieg mit neununddreißig Millionen Einwohnern hervor. Ihm stand ein Deutschland mit dreiundsechzig Millionen Menschen gegenüber. Und schon bald sollten die Geburtenziffern in Deutschland doppelt so rasch ansteigen wie in Frankreich.

Die Geburtenziffern nahmen in Frankreich überhaupt nicht zu. Nur eine staatlich geförderte Masseneinwanderung führte zu einem leichten Anwachsen der Bevölkerung. Nach dem Kriege wanderten zwei Millionen Ausländer, hauptsächlich italienische und polnische Arbeiter, nach Frankreich ein. Ohne sie hätten sich Frankreichs Industrie, Bergbau und Landwirtschaft nicht erholen können. Auf sie entfielen 80 Prozent des gesamten Bevölkerungszuwachses von 2700000 Personen, den Frankreich zwischen den beiden Kriegen zu verzeichnen hatte. Nach 1935 setzte dann sogar eine Entvölkerung ein, da die Sterbefälle die Geburtenziffern überwogen und die Einwanderung, infolge der nach der Depression von 1931 entstandenen Arbeitslosigkeit, gebremst wurde. Mit Ausnahme der zwei Jahre unmittelbar nach Kriegsende, als die überlebenden Soldaten heimkehrten und ein rasches Ansteigen der Geburten zu verzeichnen war, sanken die Geburtenziffern weiter, sogar im Vergleich zur Vorkriegszeit. Aufgrund der Kriegsfolgen hatte sich auch die Bevölkerungsstruktur verschoben. Es gab einen Überhang an alten Leuten, von denen viele natürlich nicht mehr produktiv waren. Frankreich hatte tatsächlich den prozentual größten Anteil an alten Leuten in ganz Europa. Dafür mangelte es aber an jungen Leuten. Als 1939 der Zweite Weltkrieg ausbrach, verfügte Frankreich nicht einmal über halb so viele Männer zwischen zwanzig und vierunddreißig Jahren wie Deutschland – rund vier Millionen gegenüber neun Millionen[2].

Der Friede von Versailles

Die Stunde des Ruhms hatte für das Frankreich der Dritten Republik geschlagen, als die Deutschen am 11. November 1918 endlich kapitulierten, nachdem sie vier Jahre lang auf französischem Boden gekämpft, mit ihren Armeen nie weit von Paris entfernt gestanden hatten und mehrfach nahe daran waren, die Front zu durchbrechen. In diesem Augenblick überschwenglicher Freude darüber, daß der furchtbare Krieg vorüber war, daß er gewonnen war und daß alle, die an diesem Tage noch lebten, auch am Leben bleiben würden, war es menschlich verständlich, wenn die Franzosen vorerst keinen Sinn für den entsetzlichen Preis dieses Sieges und die nackte Tatsache hatten, daß seine Armeen zwar die Hauptlast des Kampfes getragen und die bei weitem höchsten Verluste erlitten hatten, daß sie den Triumph aber doch nur der Hilfe der beiden demokratischen Alliierten Großbritannien und den – im letzten, aber entscheidenden Augenblick hinzugetretenen – Vereinigten Staaten zu verdanken hatten. Die Deutschen besaßen zu viele Soldaten und zu viele Fabriken, die Rüstungsgüter produzierten. Von beidem hatten die Franzosen zu wenig. Und so sollte es immer bleiben.

Aber spielte das jetzt noch eine Rolle, da das neue Jahr heranrückte und sich die Staatsoberhäupter der triumphierenden Alliierten am 18. Januar 1919 in Paris treffen wollten, um die Friedensbedingungen festzulegen? Deutschland lag am Boden, dort herrschte das Chaos. Der Kaiser war geflohen, die Monarchie gestürzt und eine Republik in Berlin ausgerufen worden, die von links und rechts bedroht wurde. Die erschöpften Deutschen wandten offenbar den allerletzten Funken Energie auf, sich gegenseitig zu bekämpfen. Mochten sie sich auch noch so bald erholen und die von ihnen so sehr geschätzte Ordnung wiederherstellen – die alliierten Friedensbringer würden sie doch zwingen, entwaffnet und hinter dem Rhein zu bleiben, der einzigen natürlichen Grenze zwischen ihnen und ihren westlichen Nachbarn, und für die Verwüstungen zu bezahlen, die sie in Belgien und Nordfrankreich angerichtet hatten. Daran zweifelten die Franzosen keinen Augenblick. Ihr Finanzminister Louis-Lucien Klotz und Lloyd George, Englands großer Premierminister aus dem Kriege, hatten verkündet, daß die Deutschen bezahlen würden. Marschall Ferdinand Foch, der Oberkommandierende der siegreichen alliierten Armeen, hatte auf einer Rückverlegung der französisch-deutschen Grenze an den Rhein bestanden, um Frankreich den erforderlichen militärischen Schutz zu sichern. Und bei der feierlichen Eröffnung der Friedenskonferenz am 18. Januar 1919 hatte Präsident Poincaré im Goldenen Saal am Quai d'Orsay mit seiner näselnden Stimme eiskalt verkündet.

Die Gerechtigkeit wird nicht ruhen . . . Wenn sie verletzt wurde, dann gebietet sie vor allen Dingen Ersatz und Wiedergutmachung für Völker und Individuen, die beraubt und mißhandelt wurden. Bei der Erhebung dieser berechtigten Forderung wird sie weder von Haß noch von einem instinktiven und gedankenlosen Verlangen nach Vergeltung geleitet. Sie strebt dabei ein zweifaches Ziel an: daß einem jeden Gerechtigkeit werde und daß sich solche Verbrechen nicht ungestraft wiederholen können.

Was sich die Franzosen in erster Linie von den Friedensvereinbarungen erhofften, war eine Garantie ihrer Sicherheit. Aus Gründen, die heute schwer verständlich sind, haben Frankreichs Hauptverbündete, Großbritannien und die Vereinigten Staaten, diesen Wunsch nie ganz begriffen. Vielleicht lag es daran, daß dem amerikanischen Präsidenten Woodrow Wilson wie auch dem britischen Premierminister Lloyd George ein echtes Verständnis der europäischen Geschichte fehlte. Diese Geschichte konnten die Franzosen nicht außer acht lassen. Sie konnten nicht vergessen, daß seit den Tagen der Hunnen etwa dreißigmal Invasoren über den Rhein hinweg in ihr schönes Land eingedrungen waren. Fünfmal in einem einzigen Jahrhundert, 1814, 1815, 1870, 1914 und 1918, hatten die Einwohner von Paris preußischen Kanonendonner vernommen, dreimal mußten sie miterleben, wie die Deutschen als Sieger durch ihre Straßen paradierten. Seit der Demütigung Frankreichs durch Preußen im Jahre 1870 hatte jeder Franzose fast ein halbes Jahrhundert lang in der beständigen Angst gelebt, »sie könnten wiederkommen«, 1914 waren sie wiedergekommen. Jetzt, 1918, hatte man sie geschlagen und verjagt. Jeder einzelne Bürger Frankreichs war fest entschlossen: »Nie wieder!« Dafür sollten die Männer sorgen, die jetzt den Frieden aushandelten.

Etwas sahen Wilson und Lloyd George nicht ein: daß die Friedensbedingungen, die sie gegen den hartnäckigen Widerstand Clemenceaus und Fochs durchzusetzen versuchten, zwar hart erschienen, daß sie Deutschland auf lange Sicht jedoch stärker machten, als es zuvor war. Abgesehen von der Rückgabe Elsaß-Lothringens an Frankreich und der Abtretung einiger wertvoller, industrialisierter Grenzgebiete an Polen – von dem die Deutschen sie zuvor annektiert hatten – blieb Deutschland praktisch unversehrt. Es hatte an Bevölkerung und Industriekapazität mehr aufzuweisen, als sie die Franzosen jemals erhoffen durften, und darüber hinaus waren seine Städte, die landwirtschaftlichen Betriebe und die Fabriken unbeschädigt geblieben, weil der Krieg in Feindesland ausgefochten worden war. Was die relativen Machtverhältnisse in Europa betraf, so war Deutschlands Position 1919 sogar noch günstiger als 1914 – oder sie würde es zumindest in dem Augenblick sein, in dem die Sieger ihr Versprechen eingelöst hatten, auf den Stand der Besiegten abzurüsten. Der Zusammenbruch Österreich-Ungarns stellte für Deutschland nicht die von Bismarck befürchtete Katastrophe dar, weil es kein russisches Reich gab, das diese Gelegenheit hätte ausnutzen können. Rußland, geschüttelt von Revolution und Bürgerkrieg, war zur Zeit machtlos und würde es wohl noch auf Jahrzehnte hinaus bleiben. Anstelle dieses mächtigen Landes an Deutschlands Ostgrenze waren nun kleine, wenig stabile Staaten entstanden, die Deutschland nicht ernstlich bedrohen konnten und die man eines Tages leicht dazu bringen konnte, einstiges deutsches Territorium wieder herauszugeben; vielleicht konnte man sie sogar ganz von der Landkarte ausradieren*.

Auf der Pariser Konferenz gab es viel müßiges Gerede über das Verschwinden der vier mächtigen Reiche Deutschland, Rußland, Österreich-Ungarn und der Türkei. Doch der zynische Clemenceau, der Leiter der französischen Delegation, wußte sehr wohl, daß das stärkste dieser Reiche bestehenblieb, auch wenn es widerstrebend zu einer Republik geworden war. Er sah seine Aufgabe bei den Friedensgesprächen darin, dafür zu sorgen, daß Deutschland auf Dauer geschwächt blieb oder – falls sich das nicht erreichen ließ – ihm mindestens für eine Generation eine Koalition der Alliierten entgegenzustellen. Sie hatte den Krieg gewonnen und sollte den Frieden sichern, indem sie Frankreichs Nordostgrenze sicherte und dafür sorgte, daß jedem künftigen Einbruchsversuch über den Rhein eine überlegene Streitmacht entgegentrat.

Auf Drängen des unversöhnlichen Foch hatte Clemenceau zuerst gefordert, Deutschlands Westgrenze an den Rhein zu verlegen. Am Westufer des Flusses sollte Frankreichs Armee Wache halten. Die deutsche Bevölkerung auf dieser Seite sollte einen autonomen, von Frankreich kontrollierten Staat bilden. Aber davon wollten Lloyd George und Wilson nichts wissen. »Sie wollen damit ein neues Elsaß-Lothringen schaffen!« warf ihm Wilson vor.

Lloyd George schlug einen Kompromiß vor. Wenn Frankreich seine Forderung nach der Rheingrenze aufgab, würden Großbritannien und die Vereinigten Staaten gemeinsam eine Garantie zum Schutz der französischen Grenze gegen eine künftige deutsche Aggression abgeben. Marschall Foch unternahm, gedrängt von dem kompromißlosen Poincaré, einen letzten Versuch, für Frankreich die einzige natürliche Barriere zu retten, die es gegen den Erbfeind gab. Am 31. März verlangte er, persönlich von den Großen Vier gehört zu werden, die für die Abfassung der Friedensbedingungen verantwortlich waren: Wilson, Lloyd George, Clemenceau und dem italienischen Ministerpräsidenten Orlando. Er sagte:

* Schon 1922 riet General Hans von Seeckt, der Schöpfer der Reichswehr, seiner Regierung vertraulich: »Polens Existenz ist unerträglich, unvereinbar mit den Lebensbedingungen Deutschlands. Es muß verschwinden und wird verschwinden.« Er fügte hinzu, daß die Vernichtung Polens »einer der festesten Richtungspunkte der deutschen Politik sein muß . . . Mit Polen fällt eine der stärksten Säulen des Versailler Friedens, die Vormachtstellung Frankreichs[3].«

Wenn wir den Rhein nicht auf die Dauer behalten, dann gibt es keine Neutralisierung, keine Abrüstung, keine irgendwie geartete geschriebene Klausel, die Deutschland davon abhalten könnte, über den Rhein vorzustoßen und die Oberhand zu gewinnen. Weder England noch Amerika könnten rechtzeitig Hilfe bringen, um Frankreich vor der völligen Niederlage zu retten.

Das waren prophetische Worte. Aber Clemenceau gab nach. Als Gegenleistung für die Aufgabe der Rheingrenze nahm er von seinen beiden mächtigen Verbündeten feierliche Garantien für die Grenzen seines Landes entgegen. Keiner der Verbündeten hielt Wort. Beide Häuser des britischen Parlaments billigten im Juli 1919 den Garantievertrag, jedoch unter der Voraussetzung, daß ihn auch die Vereinigten Staaten ratifizierten. Der US-Senat versagte sowohl diesem Vertrag als auch dem Versailler Vertrag seine Zustimmung, und damit war die britische Zusage gegenstandslos geworden.

Dieses Vorgehen betrachteten die Franzosen als Verrat. Sie sprachen davon, daß sie von ihren Verbündeten aus dem Kriege hintergangen worden seien. Das stimmte auch. Clemenceau hatten seine ausgesprochenen Sympathien für Großbritannien und die Vereinigten Staaten (er war kurz nach dem Bürgerkrieg als Zeitungskorrespondent in den USA tätig gewesen, hatte dort sein amerikanisches Englisch gelernt und eine Amerikanerin geheiratet) schon vor dem Krieg von seiten der Rechten den Vorwurf eingetragen, ein »Werkzeug« der Anglosachsen zu sein; jetzt war er verbittert und desillusioniert. Als der Ministerpräsident, der Frankreich in der letzten Kriegsphase noch einmal mitgerissen hatte, war ihm etwas klar, was die meisten Franzosen gern übersahen: daß der Krieg ohne die Hilfe der Briten und Amerikaner nicht hätte gewonnen werden können. Er erkannte auch, daß es in Zukunft, ohne die anglo-amerikanische Zusage einer Militärhilfe, Frankreichs Kräfte übersteigen würde, die nächste deutsche Invasion zurückzuschlagen. Diese Hilfe war ihm als Gegenleistung für die Aufgabe der Rheingrenze, die seine Generäle gefordert hatten, versprochen worden. Nun mußte Frankreich auf beides verzichten.

Der Betrug der Alliierten sollte verhängnisvolle Folgen haben. Selbst unter Hitler hätte es Deutschland niemals gewagt, wieder in Frankreich einzufallen, wenn die Regierenden und die Generäle in Deutschland im voraus mit dem Einsatz militärischer Macht von seiten der Briten und Amerikaner hätten rechnen müssen. Die Ablehnung des Garantievertrags durch den US-Senat belastete die Vereinigten Staaten mit einer gewissen Verantwortung für die nachfolgenden Ereignisse, die Westeuropa an den Rand der Vernichtung durch Deutschland brachten. Doch das wurde in Amerika kaum eingesehen. Die Handlungsweise des amerikanischen Senats ersparte den USA am Ende doch nichts. Die Rückeroberung Westeuropas von den Deutschen im Zweiten Weltkrieg wurde dadurch nur noch weitaus kostspieliger, was amerikanische Opfer an Menschenleben und Geld betraf, als es gewesen wäre, wenn der Senat gleich das vom Präsidenten gegebene Wort honoriert hätte. Die Vereinigten Staaten sonnten sich wohlgefällig in ihrer kurzsichtigen Isolierung und gingen als Machtfaktor für die Wahrung eines Friedens in Europa verloren, bei dessen Erringung sie mitgeholfen hatten; ihr Schicksal sollte immer mit dem Europas verflochten sein.

Die Reparationsfrage

Auch in der Frage der Reparationen fühlten sich die Franzosen am Ende nicht nur von den Deutschen hintergangen, sondern auch von den eigenen Verbündeten, die sich davor drückten, den Verlierer zur Zahlung zu veranlassen. Frankreich erhielt von Deutschland nur 20 Prozent der Kosten für den Wiederaufbau der verwüsteten Gebiete im Norden. Daran waren die Franzosen größtenteils selbst schuld. Auf der Friedenskonferenz erwiesen sie sich als zu habgierig, sie verlangten zu viel. Außerdem wollten sie nicht einsehen, daß nur ein vollauf erholter, wohlhabender Feind in der Lage sein würde, größere Reparationszahlungen zu leisten. Sie sahen nur eines: ein solches Deutschland würde dann auch mächtig genug sein, sich für die erlittene Niederlage zu rächen. Darin bestand das Dilemma. Die Franzosen versuchten das Unmögliche: Deutschland wirtschaftlich schwach zu halten und gleichzeitig aus diesem Land gewaltige Reparationen herauszupressen. Auf lange Sicht erreichten sie keines der beiden Ziele.

Zu Beginn waren die französischen Forderungen recht vernünftig. Bei den Waffenstillstandsbedingungen verlangten die Alliierten lediglich eine Wiedergutmachung des in Belgien und Nordfrankreich angerichteten Schadens von den Deutschen. Das war nur gerecht und wurde auch von den Deutschen anerkannt. Aber als dann die Pariser Konferenz begann, erweiterten sowohl die Franzosen als auch die Briten ihre Forderungen. Sie bestanden darauf, daß der Feind außerdem sämtliche alliierte Kriegs*kosten* sowie die Renten der Kriegshinterbliebenen und Kriegsversehrten tragen müsse. Dem widersetzte sich Präsident Wilson ganz entschieden. So wurde ein Kompromiß geschlossen, nach dem die Deutschen nur die Kriegs»schäden« bezahlen sollten (darunter auch die gewaltigen Schiffsraumverluste Großbritanniens durch deutsche U-Boote) sowie die Pensionen.

Doch über die Höhe der Rechnung konnten sich die Friedensstifter in Paris nicht einigen. Nach monatelangem Tauziehen faßten sie endlich den Beschluß, Summe und Zahlungsweise von den Ermittlungen der Reparationskommission abhängig zu machen, die ihrerseits im Mai 1921 einen Beschluß verkünden sollte. Bis dahin hatten die Deutschen nach dem Versailler Vertrag einen Vorschuß auf die Reparationen in Höhe von 20 Milliarden Goldmark zu entrichten, von denen zwei Fünftel für Belgien bestimmt waren. Kurz vor Ablauf der Frist, am 28. April 1921, setzte die Reparationskommission die Gesamthöhe der deutschen Reparationen auf 132 Milliarden Goldmark (33 Milliarden Dollar) fest. Davon sollte Frankreich 52 Prozent erhalten. Die jährliche Ratenzahlung sollte eine halbe Milliarde US-Dollar zuzüglich einem Betrag in Goldwährung oder Waren im Wert von 26 Prozent der deutschen Exporte betragen.

Bei der damaligen Wirtschaftslage konnte Deutschland einer solchen Verpflichtung nicht nachkommen. Es war auch nicht willens, die Summe zu bezahlen, die möglich gewesen wäre, wenn es sich irgendwie vermeiden ließ. Den Deutschen boten sich zahlreiche Gelegenheiten zur Reduzierung der Zahlungen, indem sie Meinungsverschiedenheiten zwischen den Alliierten, insbesondere zwischen Paris und London, ausnutzten. Um 1921 waren die Briten bereits zu der Erkenntnis gelangt, daß die Wiederherstellung des deutschen Marktes, der sich vor dem Kriege für sie als so gewinnbringend erwiesen hatte, für die stagnierende britische Wirtschaft wichtiger sei als das Einstreichen hoher Reparationssummen. Auch die Amerikaner hatten ein Auge auf den deutschen Markt geworfen. Ihre Bankiers waren gern bereit, für den deutschen Wiederaufbau Geld zu interessanten Zinssätzen auszuleihen. Die anglo-amerikanischen Demokratien zeigten wenig Verständnis oder Sympathie für die Franzosen, die unter dem Krieg weitaus mehr gelitten hatten als sie selbst, und die es nur als gerecht ansahen, daß die deutschen Zahlungen zumindest die immensen Kosten des eigenen Wiederaufbaus decken sollten.

Als einzige der Siegermächte sah sich Frankreich in jenen ersten Friedensjahren gezwungen, jährlich für den Wiederaufbau der Ruinen im Lande höhere Summen aufzubringen, als die Kriegführung gekostet hatte. Diese Bürde wurde den Franzosen keineswegs durch das Wissen erleichtert, daß in Deutschland selbst keine verwüsteten Gebiete wiederaufzubauen waren.

Gegen Ende des Jahres 1921 geriet Deutschland mit seinen Reparationszahlungen in Verzug und berief sich auf Zahlungsunfähigkeit. Den Deutschen wurden Aufschübe und Moratorien gewährt, aber die Geduld der Franzosen wurde auf eine harte Probe gestellt. Damals und auch noch später wurde in England und Amerika die Unduldsamkeit Poincarés angeprangert, der im Januar 1922 Ministerpräsident geworden war. In London und Washington warf man ihm vor, er wolle aus Deutschland auch noch den letzten Sou herauspressen, selbst wenn er das Land dadurch in den wirtschaftlichen Ruin trieb. Doch rückblickend erscheint er als viel verständigungsbereiter als damals den Anglo-Amerikanern. Auf den interalliierten Konferenzen, die im Dezember 1923 in London und im darauffolgenden Monat in Paris stattfanden, stimmte er einem zweijährigen Moratorium für die deutschen Zahlungen zu. (Die Deutschen hatten um zweieinhalb Jahre ersucht.) Er schlug vor, 82 Milliarden von der gesamten Reparationsschuld in Höhe von 132 Milliarden Goldmark als Schuldverschreibungen in Umlauf zu bringen und damit die interalliierten Kriegsschulden zu tilgen, insbesondere die Schulden Frankreichs bei Großbritannien und den Vereinigten Staaten. Nur der Rest von 50 Milliarden sollte direkt an die Sieger als Reparationen bezahlt werden. Da den Franzosen davon nur die Hälfte zustand, hätten die 25 Milliarden nur 20 Prozent der Wiederaufbaukosten gedeckt. Die Briten lehnten den Vorschlag ab.

Acht Tage später, am 11. Januar 1923, ließ Poincaré das Ruhrgebiet durch französische Truppen besetzen. Dieses Herzstück der deutschen Industrie produzierte 73 Prozent der Kohle und 83 Prozent des Eisens und Stahls. Mit der juristischen Spitzfindigkeit, die diesem Rechtsanwalt durchaus entsprach, hatte Poincaré nur die offizielle Feststellung der Reparationskommission abgewartet, daß Deutschland mit seinen Zahlungen an Frankreich in Verzug geraten sei. Der Versailler Vertrag berechtigte Frankreich in einem solchen Falle zu derartigen Sanktionen.

Die übrige Welt, insbesondere Großbritannien und die Vereinigten Staaten, erhob ein zorniges Geschrei gegen diese französische »Aggression«. Die deutsche Regierung antwortete mit einem Aufruf zum allgemeinen passiven Widerstand an der Ruhr. Sie befahl und finanzierte einen Generalstreik der Arbeiter. Sie veranlaßte die Unternehmen, Bergwerke und Fabriken zu schließen. Die Hochöfen wurden gelöscht. Keine Tonne Kohle wurde mehr gefördert, keine einzige Tonne Stahl produziert. Im Rheinland verkehrten die Züge nicht mehr. Von Berlin aus steuerte die Regierung bewußt den Währungsverfall. Im August kostete der Dollar bereits 4 Millionen Mark, am Ende sogar 4,2 Billionen. Poincaré beharrte auf seinem Standpunkt. Mit Hilfe von französischen und belgischen Ingenieuren und Arbeitern gelang es ihm, Bergwerke, Stahlwerke und Eisenbahnen wieder so weit in Gang zu bringen, daß etwas herauszuholen war*. Eine separatistische Rheinbundbewegung wurde insgeheim subventioniert und unterstützt. Als ihre deutschen Führer die Republik Rheinland ausriefen, fürchtete man in Berlin schon, das Reich würde sein reichstes Gebiet für immer verlieren. Poincaré hatte das Ruhrgebiet so abgeriegelt, daß keine einzige Tonne Kohle oder Stahl in das übrige Deutschland gelangte. Ohne dieses Gebiet konnte das Land jedoch nicht existieren. Am 26. September gab die deutsche Regierung schließlich nach, verkündete das Ende des passiven Widerstands an

* Insgesamt wurden unter dem Strich nach Abzug der Kosten Waren im Werte von 106 Millionen Dollar erwirtschaftet. Davon behielten die Franzosen 91 Millionen, den Rest gaben sie an Belgien und andere Alliierte weiter, denen Reparationszahlungen zustanden.

der Ruhr und erklärte sich zu Verhandlungen über die Wiederaufnahme der Reparationszahlungen bereit*.

In Paris drängten die rabiateren unter den Nationalisten, angeführt von Alexandre Millerand, dem Präsidenten der Republik (einem früheren Sozialisten, der zum Reaktionär geworden war), und Marschall Foch, Poincaré, das Nachgeben der Deutschen in vollem Umfang auszunutzen. »Das ist das größte Ereignis seit dem Waffenstillstand!« rief Millerand, und Foch schrie: »Wir werden ja sehen, ob wir wieder eine Gelegenheit vertun, wie es beim Waffenstillstand und dem Frieden der Fall war!« Millerand und seine Freunde wollten erreichen, daß sich Poincaré sofort mit der entmutigten deutschen Regierung und den Großindustriellen an der Ruhr zusammensetzen und sie dazu zwingen sollte, den Franzosen beträchtliche Besitzanteile an den Ruhrindustrien zu übertragen. Dann sollten die Kohlenbergwerke an der Ruhr und die Eisenindustrie Lothringens zu einem mächtigen französisch-deutschen Kartell zusammengelegt werden, das den größten Teil des europäischen Stahls und der Eisenwaren produziert und den Kontinent – unter Frankreichs Führung – zu einer wirtschaftlichen Vormachtstellung in der Welt geführt hätte.

Aber Poincarés Ambitionen für Frankreich gingen nicht ganz so weit. Er hatte von Anfang an betont, daß er mit der Besetzung des Ruhrgebiets lediglich Deutschland zwingen wollte, seine Reparationsverpflichtungen laut Versailler Vertrag zu erfüllen. Weiter wollte er nicht gehen. Er wollte Deutschland das nehmen, was es zu zahlen hatte, aber er wollte nicht an Deutschland zum Dieb werden. Und er glaubte ferner, daß die anglo-französische Entente, deren Wiederherstellung er sich erhoffte, trotz des zwischen London und Paris entstandenen bösen Blutes wegen der Ruhrbesetzung, die einzige sichere Garantie gegen künftige deutsche Aggressionen sei. Er plante auf lange Sicht. Aber vermutlich erkannte Poincaré, für den die angelsächsische Welt immer ein wenig unverständlich blieb, beim Abschluß seines Ruhrabenteuers nicht – wahrscheinlich war das erst rückblickend möglich –, daß seine entschlossene Aktion die letzte selbständige Handlung einer französischen Regierung gegenüber Deutschland unter Mißachtung Großbritanniens sein sollte. Künftighin würde Frankreich nur noch mit britischer Unterstützung vorgehen.

Diese Politik hätte vielleicht günstige Ergebnisse zeitigen können, wenn die Regierungen in London mit vorausblickenden Führern gesegnet gewesen wären, die etwas von den politischen Realitäten auf dem alten Kontinent und insbesondere in Deutschland verstanden

* Sechs Wochen später, am 8. November, nutzte der außerhalb Bayerns unbekannte Adolf Hitler das durch die wilde Inflation hervorgerufene allgemeine Chaos und die Abneigung des Volkes gegen die Republik wegen der Kapitulation an der Ruhr zu einem bewaffneten Aufstand in München aus, der später unter der Bezeichnung »Bürgerbräukeller-Putsch« bekannt werden sollte.

und sich auch danach richteten. Doch dieses Glück wurde weder den Briten noch den Franzosen zuteil. Ramsay MacDonald, Stanley Baldwin und Neville Chamberlain, die damals dominierenden Männer in der britischen Regierung und im Parlament, fehlten die erforderlichen Qualitäten. In Paris gab es viele, besonders auf dem rechten Flügel, die die Ansicht vertraten, daß ihr Land mit einer von Großbritannien unabhängigeren Politik besser fahren würde. Nach ihrer Auffassung lehrte die Geschichte, daß keine große Nation es ungestraft zulassen konnte, daß ihre Geschicke überwiegend von einer anderen Nation mit anderen Interessen und Standpunkten, die notwendigerweise überwiegend egoistisch sein mußten, entschieden wurden*. Doch gegen Ende der zwanziger Jahre wurden sich selbst auf der Rechten die denkenden Franzosen der Tatsache bewußt, daß ihre Nation angesichts eines wiedererstarkenden und rachedürstenden Deutschland nicht stark genug war, ihren Weg allein zu gehen. Nur in Zusammenarbeit mit Großbritannien konnte es Frankreich mit dem potentiell stärkeren Feind jenseits des Rheins aufnehmen.

Die deutschen Reparationszahlungen währten nicht lange. Nach dem 1924 ausgearbeiteten Dawes-Plan, der Deutschlands jährliche Zahlungen reduzierte, erhielten die Franzosen im Verlauf von fünf Jahren umgerechnet etwa eine Milliarde Dollar, zwei Drittel davon in Form von Warenlieferungen. Der Young-Plan von 1929 brachte eine weitere Ermäßigung der jährlichen Zahlungen Deutschlands mit sich. Zwei Jahre später führten die weltweite Depression, das Hoover-Moratorium von 1931 für Reparationen und Kriegsschulden und die Weigerung der Deutschen, weitere Zahlungen zu leisten, zum Abschluß der Reparationen. Am 9. Juli 1932 unterzeichneten Frankreich und Großbritannien zusammen mit ihren Verbündeten in Lausanne ein Abkommen mit Deutschland, durch das die restlichen Reparationen gestrichen wurden. Als Zugeständnis an die öffentliche Meinung in den Ländern der Alliierten erklärte sich Deutschland zu einer symbolischen Abschlußzahlung in Höhe von 3 Milliarden Reichsmark bis zum Jahre 1935 bereit, die bei der Bank für internationalen Zahlungsausgleich hinterlegt werden sollten.

Von den 132 Milliarden Goldmark, die Deutschland im Jahre 1921 auferlegt worden waren, hat Deutschland insgesamt an Geld und Sachwerten 53155000000 Goldmark[4] bezahlt. Davon erhielt Frankreich 9585000000 Goldmark.

In Deutschland war lautstark verkündet worden, daß das Volk im Reich dankbar aufatmen würde, wenn erst einmal die letzten französischen Truppen aus dem entmilitarisierten Rheinland abgezogen und die Reparationszahlungen von den Alliierten gestrichen sein

* Eine Lektion, die Charles de Gaulle in den sechziger Jahren immer wieder durchdachte, predigte und praktizierte.

würden, und daß diese großzügigen Gesten von seiten der einstigen Sieger, mit denen die Lasten – und Mahnmale – der Niederlage ausgelöscht würden, die Demokratie in Deutschland retten und festigen würden; die von links und rechts unter Beschuß genommene Republik würde dann eine weitere Gnadenfrist erhalten. Das glaubte man in Großbritannien und in den Vereinigten Staaten, und selbst weite Kreise in Frankreich huldigten dieser Überzeugung.

Doch genau das Gegenteil davon traf ein. Am 30. Juni 1930 zogen die Franzosen ihre letzten Truppen aus dem Rheinland ab. Knapp drei Monate später errang am 14. September Adolf Hitlers NSDAP, die aus ihrer Feindschaft gegen Demokratie, deutsche Republik und Frankreich kein Hehl machte, einen überwältigenden Wahlsieg. Sie konnte die Anzahl ihrer Wählerstimmen von 810000 im Jahre 1928 auf 6409600 und die Zahl ihrer Abgeordneten im Reichstag von 12 auf 107 steigern. Vom Rang der neunten und kleinsten Partei Deutschlands stieg sie auf den zweiten Platz auf. Am 31. Juli 1932, drei Wochen nach der Streichung der Reparationen durch die Alliierten, reagierte das deutsche Volk bei der Reichstagswahl mit einem noch größeren Wahlsieg für die NSDAP. Mit 13745000 Stimmen und 230 Sitzen im Reichstag wurde sie die größte politische Partei des Landes.

Alliierte Hilfe konnte die morsche deutsche Republik nicht retten. Sechs Monate nach dieser Wahl übernahmen die Nationalsozialisten die politische Macht in Berlin, zerstörten rasch die demokratische Republik und begannen ihre Rache an Frankreich für die Niederlage von 1918 und das Versailler Diktat vorzubereiten.

Das Tauziehen um die Kriegsschulden

Die Vereinigten Staaten wollten von Deutschland zwar keinen Pfennig an Reparationen haben, aber ihre Regierung und der Kongreß bestanden darauf, daß die eigenen Verbündeten, insbesondere Großbritannien und Frankreich, ihre Kriegsschulden samt Zinsen in voller Höhe beglichen. Die britische Regierung hatte auf der Friedenskonferenz die Niederschlagung sämtlicher interalliierter Schulden mit dem Hinweis empfohlen, das während des Krieges geliehene Geld sei ein Beitrag zum gemeinsam errungenen Sieg gewesen. Die gegenüber Großbritannien und den USA tief verschuldeten Franzosen stimmten zu. Präsident Wilson wies diesen Gedanken weit von sich. Später sollte Präsident Calvin Coolidge in seiner unnachahmlichen Art fragen: »Sie haben sich das Geld doch geliehen, oder nicht?«

Großbritannien und Frankreich hatten während des Krieges Geld sowohl geliehen als auch verliehen. Die britische Regierung hatte von den Vereinigten Staaten 4 Milliarden Dollar aufgenommen und ihren Verbündeten, hauptsächlich Frankreich, fast den doppelten Betrag geliehen. Als Großbritannien 1922 von Washington zur Rückzahlung gedrängt wurde, erklärte es, von den verbündeten Schuldnern und von Deutschland solle nur so viel Geld verlangt werden, wie zur Dekkung der Zahlungen an Amerika erforderlich sei. Das bedeutete die Niederschlagung von drei Vierteln des Großbritannien zustehenden Betrags. Frankreich hatte bei den Vereinigten Staaten 3,5 Milliarden Dollar aufgenommen, fast die Hälfte davon nach dem Waffenstillstand. Aber Frankreich hatte *seinen* Verbündeten über 5 Milliarden Dollar geliehen, die Hälfte davon an Rußland; die jetzt dort herrschenden Bolschewiken weigerten sich, auch nur einen Rubel davon zurückzuzahlen. Die Franzosen vertraten die Auffassung, der eigene Beitrag an Menschenopfern, den sie zum alliierten Sieg in weitaus höherem Maße als die USA geleistet hatten, könnte wenigstens teilweise durch Yankee-Dollars kompensiert werden.

Doch Washington blieb hart. Es verlangte, daß die einstigen Verbündeten, ihre Schuld restlos zu begleichen hätten. Bis 1929 hatten sich die meisten davon widerwillig dazu bereit erklärt. Die Briten mußten im Laufe von 62 Jahren rund 11 Milliarden Dollar für die 4-Milliarden-Schuld bezahlen (wobei die aufgelaufenen Zinsen fast das Dreifache der ursprünglichen Schuldsumme ausmachten), die Franzosen hatten 6,75 Milliarden Dollar für die ungefähr halb so hohe Anleihe zu entrichten[5]. Damals konnte man in ganz Westeuropa den Ruf »Onkel Shylock!« vernehmen. Obgleich die US-Regierung niemals einen Zusammenhang zwischen Reparationen und Kriegsschulden anerkannte, machte ihr Frankreich klar, daß es an Washington nie mehr zurückzahlen werde, als es an Reparationen aus Berlin erhielt.

Die Konferenz in Lausanne, die einen Strich unter sämtliche Reparationen zog, bedeutete das Ende weiterer Rückzahlungen interalliierter Schulden. Auf dieser Konferenz kamen die Alliierten überein, die Beendigung der Reparationen nur dann zu ratifizieren, wenn die Vereinigten Staaten ihrerseits einer Annullierung der Kriegsschulden zustimmten. Die amerikanische Regierung lehnte ab. Infolgedessen wurde der Vertrag von Lausanne niemals ratifiziert. Allerdings wurde die darin enthaltene Klausel, nach der Deutschland keine weiteren Reparationen mehr zu leisten brauchte, beachtet. Großbritannien und Frankreich stellten ihre Zahlungen an die Vereinigten Staaten ein, wenn man von einem mehr symbolischen Angebot Englands im Jahre 1933 absieht. Als Ministerpräsident Herriot darauf bestand, Frankreich müsse die am 15. Dezember 1932 fällige Zahlung von 19 Millionen Dollar an Washington einhalten, wurde er am Tag vor diesem Termin von einer erbosten Deputiertenkammer mit 403 gegen 187 Stimmen gestürzt. Genauso erbost war der amerikanische Kongreß. Er verabschiedete eine Resolution des Inhalts, daß es »gegen die Politik des Kongresses sei, Schulden dritter Länder gegenüber den USA in irgendeiner Form zu annullieren oder zu reduzieren«. 1934 verabschiedete der Kongreß ein Gesetz, das Nationen, die ihren Zahlungsverpflichtungen nicht nachkamen, die Kreditaufnahme in Amerika untersagte. Aber dieses Gesetz nutzte nichts. Nicht nur die Reparationen, sondern auch die Kriegsschulden waren praktisch gestorben. Nur Finnland fuhr mit der Rückzahlung seiner bescheidenen Kriegsschuld fort und wurde dafür in ganz Amerika hochgeschätzt.

Über ein Jahrzehnt lang verbreitete das Gerangel um die Kriegsschulden diesseits und jenseits des Atlantiks böses Blut. Als Hitler Anfang 1933 in Deutschland an die Macht gelangte, war die große Allianz der drei westlichen Demokratien, die 1918 die Vorgänger des Nazidiktators in die Knie gezwungen hatten, in Schutt und Asche gesunken. Von amerikanischer Seite aus sollte sie erst wiederbelebt werden, als Hitler Frankreich erobert, Großbritanniens Existenz bedroht und den USA den Krieg erklärt hatte.

11 Abstieg, I. Politisches und finanzielles Chaos und Erholung unter Poincaré 1924–1930

Um den Großteil der Reparationen, mit denen sie gerechnet hatten und auf die sie ein Recht zu haben glaubten, geprellt, von den Vereinigten Staaten ständig wegen der Rückzahlung der Kriegsschulden gedrängt, belastet mit der gewaltigen Aufgabe des Wiederaufbaus der verwüsteten Gebiete und einer von vier kostspieligen Kriegsjahren restlos ausgeschöpften Staatskasse, bemühten sich verschiedene französische Regierungen der Rechten und der Linken, die sich alle nicht lange halten konnten und von denen sich die meisten geradezu unfaßbare Dummheiten zuschulden kommen ließen, acht Jahre lang den nationalen Bankrott hinauszuschieben.

Nach dem Friedensschluß weigerte man sich zwei Jahre lang überhaupt, etwas zu tun oder dem Problem auch nur ins Gesicht zu blikken. Das Schlagwort der Politiker, daß die Deutschen alles bezahlen würden, machte Regierung und Parlament blind gegenüber der Notwendigkeit, für ausreichende Steuereinnahmen zur Übernahme des größeren Teils der Kosten zu sorgen. Statt die Steuern zu erhöhen, erhöhte die Regierung die Anleihen. Sie behielt damit eine Gewohnheit aus den Kriegsjahren bei, als die trotz aller Dringlichkeit kaum erhöhten Steuern nur 17 Prozent der gesamten Kriegskosten von 210 Milliarden Goldfrancs deckten (ca. 42 Milliarden Dollar); der Rest stammte aus massiven Anleihen und Vorschüssen der Bank von

Frankreich. In den zwanziger Jahren wurden die Anleihen und Vorschüsse, ob die Regierung nun konservativ oder radikal war, Jahr um Jahr fortgesetzt, bis der Punkt erreicht war – das geschah mehrmals –, an dem die kurzfristigen Darlehen bei Fälligkeit nicht zurückbezahlt werden konnten, die Vorschüsse der Bank von Frankreich gestoppt wurden und die Staatskasse buchstäblich leer war.

Es schien auf der Hand zu liegen, daß die Steuern erhöht und denjenigen, die es sich am ehesten leisten konnten, einige finanzielle Opfer abverlangt werden mußten. Doch dem Parlament erschien das gar nicht als so selbstverständlich. Fünf Jahre lang sträubte es sich nach dem Kriege, einer fühlbaren Steuererhöhung seine Zustimmung zu geben. Als der Finanzminister der Regierung des konservativen *Bloc National* 1923 zusätzliche Steuergelder in Höhe von sechs Milliarden Francs forderte, wurde er abgewiesen. Anfang 1924 konnte der Staat seine kurzfristigen Verpflichtungen nicht mehr erfüllen. Endlich entsprach das Parlament Poincarés Verlangen nach einer 20prozentigen Anhebung sämtlicher direkter und indirekter Steuern. Davon wurden am härtesten die Armen betroffen, da die indirekten Verbrauchssteuern nahezu die Hälfte der Staatseinnahmen ausmachten und die Einkommensteuer nur ein Viertel. Sie steckte außerdem voller Lükken und Hintertürchen und wurde von allen, die es irgendwie fertigbrachten, vor allem aber den Reichen, in skandalöser Weise hinterzogen. Der Egoismus der Besitzenden, die sich hartnäckig sträubten, für das Wiedererstarken ihres Vaterlandes finanzielle Opfer zu bringen, erschien später vielen Historikern als schockierend. Die Leute, die das meiste Geld besaßen und manipulierten, brachten es immer wieder fertig, der Übernahme eines gerechten Anteils an den Kosten des Krieges und des Wiederaufbaus auszuweichen.

Ebenso hartnäckig wie erfolgreich widersetzten sie sich allen Bemühungen des Parlamentes und der Regierung, die Einkommensteuer in angemessener und gerechter Weise anzuheben oder auch nur das untragbare Besteuerungssystem zu bereinigen, das die Armen so viel härter traf als die Reichen. In ihrer ängstlichen Besorgnis um ihr Kapital und ihre Profite, die nur noch von ihrer Gleichgültigkeit gegenüber der Rettung des Vaterlandes übertroffen wurde, schafften sie ihr Kapital in so großem Umfang außer Landes, daß unweigerlich die Währung zusammenbrechen, der Staat bankrott gehen und Inlandskapital fehlen mußten, das so dringend für den Wiederaufbau und insbesondere dafür benötigt wurde, den Bauern, den kleinen Geschäftsleuten und den Kaufleuten in dieser schwierigen Nachkriegszeit einen neuen Start zu ermöglichen.

Als die Regierung Herriot im Frühjahr 1925 das Parlament aufforderte, ein Gesetz gegen die massive Auslandsflucht französischen Kapitals zu erlassen, wurde sie von der führenden Nachmittagszeitung des Kapitals, *Le Temps,* dem Organ des Stahltrusts (Le Comité des Forges), erbittert angegriffen; dieser »blanke Sozialismus« werde das kapitalistische System zugrunde richten. Das Parlament billigte dieses Gesetz nicht, die massive Kapitalflucht ins Ausland hielt unvermindert an, die Staatskasse war wieder einmal leer, und der Franc fiel weiter – aber Frankreich blieb wenigstens dieser »blanke Sozialismus« erspart.

Doch etwas anderes blieb der Regierung nicht erspart: Sie mußte Geld beschaffen, damit die Staatsgeschäfte weiterlaufen konnten. Als im November 1924 in der Deputiertenkammer die Debatte über die Frage begann, woher man es nehmen sollte, machte der Sozialistenführer Pierre Renaudel einen Vorschlag, der bei den konservativen Kräften in Parlament und Presse einen Sturm der Entrüstung auslöste. »Sie müssen von da Geld herholen, wo welches ist«, empfahl er. Woher sonst? wäre man versucht zu fragen*. Aber allein schon der Gedanke, jenen die Hauptlast einer Steuererhöhung aufzubürden, die Geld besaßen, erschreckte sie zu Tode. Die Folge war ein neuer Exodus von Kapital in sicherere Gefilde. Das einflußreiche *Journal des Finances* rief besorgt aus: »Vor allen Dingen muß dieses stete Bedrängen der Besitzenden ein Ende haben!« Schon möglich, aber die Besitzenden schienen ständig in Sorge zu leben. Die Sorgen der Besitzlosen wurden nicht erwähnt, auch nicht die Bedrängnis der Regierung durch feindselige Handlungen von seiten der Hochfinanz, angeführt von der Bank von Frankreich. Sie lancierte im Frühjar 1925 eine Offensive gegen die »linksgerichtete« Regierung Herriot in der Absicht, sie zu stürzen und damit die Gefahr für die Geldsäcke zu beseitigen**.

Die Kapitalflucht selbst, an der die großen Finanzhäuser führend beteiligt waren, schadete nicht nur dem Land, sondern sie stellte auch eine Art Erpressung der Regierung dar, keine Steuererhöhung vorzunehmen und vor allen Dingen keine Kapitalsteuer ins Auge zu fassen. Die Banken nahmen zu anderen Formen der Erpressung Zuflucht. Sie boten der Staatskasse Darlehen für vierundzwanzig Stunden zur Abdeckung der Vorschüsse der Bank von Frankreich bis zum gesetzlichen Limit an, wenn die Regierung dafür über Steuerhinterziehungen hinwegsah und von einer Kontrolle des Kapitalexports absah. Als dann Anfang April 1925 zum entscheidenden Schlag gegen

* Ein Deputierter namens Bokanowski teilte der Kammer die Antwort der Geschäftsleute und Financiers mit: »Uns wurde gesagt, man müsse das Geld da hernehmen, wo es ist. Ich behaupte dagegen, daß man es zuerst da belassen muß, wo es ist!« Und dabei blieb es auch.

** Es muß noch einmal betont werden, daß »linksgerichtet« in Frankreich nicht dasselbe bedeutet wie in den USA. Das *Cartel des Gauches* (Kartell der linken Parteien), das aus den allgemeinen Wahlen vom 11. Mai 1924 als Sieger hervorging, bekämpfte Poincarés Außenpolitik, vor allen Dingen seine Besetzung des Ruhrgebiets, und seine Innenpolitik, insbesondere die zwanzigprozentige Erhöhung *aller* Steuern. Vorherrschend war dabei die Radikalsozialistische Partei, eine gemäßigte Gruppe der Mitte, nicht radikaler als die Demokratische Partei in den USA und natürlich ungeachtet des Namens nicht »sozialistisch«. Im Parlament wurde das Kartell durch die Sozialistische Partei unterstützt, die sich allerdings der Regierung Herriot nicht anschloß. Die Kommunistische Partei mit ihren 28 Deputierten sowie die konservativen Parteien bildeten die Opposition gegen das Kartell, wenn auch natürlich aus verschiedenartigen Gründen.

die Regierung Herriot ausgeholt wurde, verweigerten die Banken plötzlich weitere Darlehen, und sei es nur für einen einzigen Tag. Die Überschreitung der gesetzlich zulässigen Höchstgrenze bei den Vorschüssen von der Bank von Frankreich mußte publiziert werden. Das Ergebnis waren ein weiterer Rückgang des Francs und eine ausbrechende Panik.

Tatsächlich hatte die Bank von Frankreich während des konservativen Poincaré-Regimes vor 1924 der Staatskasse oft mehr vorgeschossen, als das Gesetz erlaubte. Darüber hinaus hatte sie Poincaré gewisse »Geheimfonds« der Bank zur Verfügung gestellt, die ganz beträchtlich waren. Jetzt, im April 1924, verweigerte sie der Kartellregierung, was sie dem gemäßigteren Kabinett Poincaré bereitwillig gewährt hatte. Am 1. April und noch einmal am 6. April wies die Bank von Frankreich die Regierung darauf hin, daß das gesetzliche Limit für die Vorschüsse an den Staat – 41 Milliarden Francs – nahezu erreicht war, daß das Gesetz höhere Vorschüsse untersagte und daß es der Regierung daher an Geldmitteln mangeln werde, ihren Verpflichtungen nachzukommen oder auch nur die Gehälter ihrer Beamten und Angestellten zu bezahlen. Insgeheim ließ die Bank diese Mitteilung an die Presse durchsickern. Der größte Teil der Presse, darunter auch die Tageszeitungen mit hoher Auflage, hatte die Hochfinanz bei ihren Bemühungen, die Kartellregierung zu stürzen, lautstark unterstützt. In jenen Tagen des beginnenden Abstiegs erlangte die Presse, die von Konzernen und Hochfinanz beherrscht wurde, bei dem Bemühen um eine Untergrabung nicht nur der vom Volk gewählten Regierung, sondern auch – was noch bedeutsamer war – der Dritten Republik selbst einen immer größeren Einfluß.

Anatole de Monzie, Herriots Finanzminister, war eine seltsame Gestalt – gleichzeitig radikaler Politiker und Amateur-Literat; er versuchte der Attacke der Financiers zu begegnen, indem er am 9. April die Kammer um ihre Zustimmung zu zwei drastischen Maßnahmen ersuchte, mit denen die Staatsfinanzen saniert werden sollten: erstens sollte das gesetzliche Limit der Geldzirkulation (bestimmt von den Vorschüssen der Bank von Frankreich) von 41 auf 45 Milliarden erhöht werden, und zweitens verlangte er eine Zwangsanleihe in Höhe von zehn Prozent von jedermanns Kapital.

In der Presse brach erneut ein Wutgeschrei los, aber als die Kammer gerade an diesem Tag durch ihr Vertrauensvotum für die Regierung zu erkennen gab, daß sie die beiden Maßnahmen billigen werde, wandten sich die Mächtigen aus Geschäft und Finanz verzweifelt an den Senat. Er war ihre letzte Hoffnung, die Regierung Herriot doch noch zu stürzen und etwas zu verhindern, was in ihren Augen ein gefährlicher Schritt in Richtung auf eine Inflation und ein noch gefährlicherer Übergriff gegenüber dem Kapital war. Es war keine Zeit zu verlieren.

Prompt tat ihnen der Senat am folgenden Tag den Gefallen. Diese Versammlung alter Herren, indirekt durch die Gemeinden für jeweils neun Jahre gewählt, war konservativer eingestellt als die Deputiertenkammer und fürchtete noch mehr jegliche Veränderung. Der Senat neigte schon immer dazu, hinter der öffentlichen Meinung herzuhinken, allein schon durch die Form seiner Zusammensetzung, die nur alle drei Jahre durch die Neuwahl eines Drittels seiner Mitglieder verändert werden konnte; er betrachtete voller Argwohn das Kartell linker Parteien, das die Kammer beherrschte und offenbar entschlossen war, die finanzielle Krise des Landes auf revolutionäre Art und Weise zu beheben. Ohne die Vorlage der beiden Maßnahmen Monzies abzuwarten, leitete der Senat am 10. April eine Debatte über die allgemeine Finanzpolitik der Regierung Herriot ein, stellte, noch ehe der Tag vorbei war, die Vertrauensfrage und stürzte die Regierung mit 156 gegen 132 Stimmen.

Die Frage, ob der Senat das verfassungsmäßige Recht hat, eine Regierung, die sich auf eine von der Mehrheit des Volkes gewählte Deputiertenkammer stützte, zu stürzen, war in Frankreich nie geklärt worden. Das hatte ein Senat bisher nur zweimal, in den Jahren 1896 und 1913, gewagt. Manche drängten Herriot, nicht zurückzutreten, sondern lieber die Auflösung der Kammer zu provozieren. Danach konnte er sich dem Volk in einer neuen Wahl stellen. Doch dieses Ansinnen lehnte er ab, vermutlich aus der Befürchtung heraus, der Staat könnte bankrott gehen, ehe eine Neuwahl abgehalten werden konnte. Unter diesen Umständen durfte das *Cartel des Gauches* kaum mit einem Wahlsieg rechnen. Andere meinten, daß er vermutlich eines erkannte: keine französische Regierung, auch wenn sie über eine noch so große Mehrheit in der Deputiertenkammer und im Volke verfügte, war imstande, sich gegen die Privatinteressen der Financiers und Kapitalisten zu stellen. Sie waren gegen höhere Steuern, und sie waren fest entschlossen, gegen ein Zwangsdarlehen auf das Kapital bis aufs Messer zu kämpfen.

Ein Jahr darauf legte Professor Gaston Jèze den Finger auf die wunde Stelle. Jèze war ein berühmter Staatsrechtler und kein Radikaler – Mitglied einer von der Regierung zur Ausarbeitung eines Plans zur Sanierung der Staatsfinanzen eingesetzten Sachverständigenkommission. Er bemerkte im *Journal des Finances:*

Ich persönlich halte eine Besteuerung des angehäuften Vermögens für die gerechteste Lösung. Doch solche Steuern sind bisher auf den unüberwindlichen Widerstand der Besitzenden gestoßen, die gleichzeitig die Mächtigsten sind. Das ist eine Tatsache. Der Egoismus der besitzenden Klasse ist unwandelbar. Wir müssen uns dieser Gegebenheit anpassen[1].

Aber diese »Anpassung« bedeutete für die Republik eine Kapitulation.

Die Macht, die Habgier und die Ängste der Oberklasse

Wir haben es hier beim Sturz Herriots im Frühjahr 1925 und auch bei den freimütigen Bemerkungen, die ein bekannter Jurist ein Jahr später machte, als sich die finanzielle Notlage des Staates trotz der Bemühungen von sechs aufeinanderfolgenden Regierungen nur noch verschlechtert hatte, mit einigen jener Mißstände in der Dritten Republik zu tun, die während der nächsten fünfzehn Jahre bis zu ihrem Ende so unheilvoll an ihren Kräften zehren sollten.

Die Macht einer kleinen Elite, die den größten Teil aller Güter besaß, war größer als die Macht der vom Volke gewählten republikanischen Regierung, die das Land angeblich zum Wohle aller Bürger lenken sollte. Diese Gruppe war fest entschlossen, ihre Vorrangstellung und damit ihr Geld zu bewahren. Es hatte sogar seit dem Triumph der Republik über Präsident MacMahon praktisch ein Bündnis zwischen der besitzenden Klasse und der Republik gegeben. Die Besitzenden manipulierten die Republik über die von ihr kontrollierte Presse, die Finanzierung politischer Parteien und den Einsatz ihrer gewaltigen Mittel zur Beeinflussung der Finanzpolitik der Regierung. Es war dabei gleichgültig, wenn das Volk wie 1924 eine radikale Deputiertenkammer wählte und ihr den Auftrag erteilte, im Lande wirtschaftliche, finanzielle und soziale Reformen durchzusetzen. Wie der Sturz Herriots gezeigt hatte, beherrschten Geschäftsleute und Bankiers inzwischen die Technik der Überrumpelung einer Mehrheit in einer demokratischen Gesellschaft. Aber nicht nur bei den Wahlen von 1924, sondern – wie wir noch sehen werden – auch 1932 und 1936 schickten die Wähler linksgerichtete Mehrheiten ins Parlament. Doch diese schmolzen jeweils rasch dahin, nicht aufgrund eines Gesinnungswandels bei den Wählern (zwischenzeitlich fanden keine Wahlen statt), sondern aufgrund eines politischen Kuhhandels der gewählten Volksvertreter im Parlament. In jedem einzelnen Falle schufen sie zunächst eine Regierung der Linken und ließen dann ihre Unterstützung entweder einer rechtsgerichteten Regierung oder der sicheren Mitte zuteil werden. Mochte das Wahlergebnis auch die Oberschicht vorübergehend besorgt machen, so wurde sie bald wieder durch die Fähigkeit des Parlaments beruhigt, den Mehrheitswillen der Wähler zu verfälschen. Und je mehr sich die Jahre der Dritten Republik ihrem Ende zuneigten, um so schwerer fiel es den Reichen, das Interesse der Nation über das Interesse ihrer Klasse zu stellen. Wenn sie an bestimmte Verpflichtungen gegenüber ihrem Land erinnert wurden, damit es nicht im Morast eines finanziellen Chaos versank, dann schreckten sie vor der Verantwortung zurück. Mochte die Republik ruhig untergehen, wenn nur ihr Besitz unangetastet blieb. Sie waren jedenfalls nicht bereit, diese Republik über Wasser zu halten, indem sie ihren gerechten Anteil an der Steuerlast trugen. Sollten andere diese Bürde auf ihre Schultern nehmen. Wenn die Politiker das begriffen, durfte die Republik weiterbestehen. Wenn nicht – nun, gab es nicht auch noch andere Regierungsformen, die dem etablierten Reichtum größere Sicherheit versprachen?

Das Denken einiger der größten Unternehmer wandte sich allmählich dem faschistischen »Experiment« in Italien und dem wachsenden Erfolg der NSDAP in Deutschland zu.

Einer dieser Großunternehmer war Ernest Mercier, ein Magnat auf dem Gebiet der Elektrizitätsversorgung. Er begründete 1926 mit Unterstützung einiger Kollegen als erste antiparlamentarische Bewegung *Redressement Français* oder »Frankreich erwache«. Diese Bewegung argumentierte, ein Kabinett von Politikern sei außerstande, die Staatsgeschäfte in einer kompliziert gewordenen Nachkriegswelt zu führen, in der die Kniffe des nationalen und internationalen Geschäfts- und Finanzwesens spezialisierte Kenntnisse verlangten. Parlament und Regierung sollten von »Technikern« geleitet werden, die etwas vom Funktionieren einer modernen Gesellschaft verstanden. Dem Land wurde versichert, daß die Großunternehmen aus Industrie, Handel und Finanz solche hochqualifizierten Männer zur Verfügung stellen könne. Mit anderen Worten: die eigenen Leute sollten direkt kontrollieren, was sie bisher nur indirekt kontrollierten. Mercier und Konsorten riefen die »Technokratie« ins Leben, deren führende Köpfe, vielleicht auch ihre Ideen, eine gewisse Rolle spielen sollten, als die Dritte Republik zu Grabe getragen und ihre kurzlebige Nachfolge aufgerichtet werden sollte. Unter diesen Technokraten in Merciers *Redressement Français* befand sich auch eine seltsame und verschwommene Erscheinung namens Raphaël Alibert, der sich in den zwanziger Jahren bei der *Action Française* als glühender Royalist hervortat und der schon bald zum politischen Mentor Marschall Pétains aufsteigen sollte.

François Coty war ein weiterer Geschäftsmann, der allmählich an der parlamentarischen Demokratie zu verzweifeln begann. Er hatte an der Herstellung von Parfüm ein riesiges Vermögen verdient und erheblich an der Abwertung des Francs profitiert. 1922 hatte er die konservative Morgenzeitung *Le Figaro* erworben. Als sich dann die finanzielle Krise verschärfte, hatte er begonnen, zahlreiche rechtsgerichtete antiparlamentarische Bewegungen zu subventionieren, von denen sich einige ganz offen faschistisch gebärdeten. Die politisch Unzufriedenen, die mit seinem Geld Angriffe gegen die Regierung vortrugen, umschmeichelten ihn, und schon bald begann sich Coty als der Retter der Nation zu fühlen, der in nicht allzu ferner Zukunft berufen sein könnte, für den Staat in die Bresche zu springen und ihn vor der Demokratie zu erretten. So lächerlich diese Vorstellung des politischen Einfaltspinsels Coty auch sein mochte, so scheint er sie doch immer ernster genommen zu haben. Er kam seinem Ziel niemals auch nur nahe – dafür reichten seine Millionen bei weitem nicht aus –, aber es gelang ihm doch, wie so vielen anderen kurzsichtigen Magnaten in Frankreich, die Dritte Republik mit zu untergraben, nachdem sie ihm zu solchem Wohlstand verholfen hatte.

Damals, um die Mitte der zwanziger Jahre, war bereits zu beobachten, wie sich die Entfremdung zwischen der besitzenden Klasse in Frankreich und der übrigen Nation immer mehr vertiefte. Da sich auch die Masse der arbeitenden Klasse – aus entgegengesetzten Gründen – sozusagen vom Rumpf der Nation abgetrennt fühlte, rückten auf die Republik notgedrungen größere Schwierigkeiten zu, als viele wahrhaben wollten.

Trotz seiner Macht war das gehobene Bürgertum, das in der Dritten Republik von Anfang an dominiert hatte, auf einem absteigenden Ast. In einer Welt, in der die Massen seine Vorrangstellung durch die Forderung nach mehr Gerechtigkeit bei der Vermögensverteilung und einer Beteiligung an den Lasten eines immer aufwendiger werden Staatsapparates bedrohten, fühlte es sich in die Defensive gedrängt. Gerade aufgrund des demokratischen Systems konnte es den Massen, die über die große Mehrheit der Wählerstimmen verfügten, sogar gelingen, ihre Forderungen durchzusetzen. Das großartige Prinzip der Demokratie war dem gehobenen Bürgertum gar nicht mehr so teuer wie seinerzeit gegen Ende des achtzehnten Jahrhunderts, als seine Führer sich seiner bedienten, um die Monarchie und Adelsherrschaft zu stürzen und die politische wie auch die wirtschaftliche Macht an sich zu reißen. Nachdem der Kampf gewonnen und der Besitz gesichert waren, begann die Lehre von der Demokratie für die nun vorherrschende Schicht an Interesse zu verlieren. Im Verlaufe des neunzehnten Jahrhunderts begann sie sogar Furcht einzuflößen.

1848 und mehr noch 1871 zur Zeit der Kommune wandte sich die gehobene Mittelklasse gegen die Demokratie und verteidigte ihre Privilegien mit der gleichen Brutalität und dem gleichen Egoismus, die sie angewandt hatte, als sie dem Adel die Vorrechte entriß. Das Aufkommen des Sozialismus und der Gewerkschaftsbewegung gegen Ende des neunzehnten Jahrhunderts schreckte die Besitzenden, und die bolschewistische Revolution von 1917 in Rußland sowie die Gründung der kommunistischen Parteien in Westeuropa, vor allem aber in Frankreich im Jahre 1920, vertiefte noch ihre Furcht.

Das Großbürgertum hatte sich für mehr als ein Jahrhundert innerhalb gewisser Grenzen der Demokratie verschrieben, weil diese ihm dazu verholfen hatte, Besitztümer anzuhäufen und sie zu schützen. Jetzt, in der Mitte der zwanziger Jahre, schien die Demokratie, wie sie in der wankenden Dritten Republik praktiziert wurde, seine etablierte Stellung zu gefährden und – was noch schlimmer war – auch Besitz und Brieftaschen. Daß diese Bedrohung größtenteils nur in der bürgerlichen Fantasie existierte, ließ sie in den Augen der Betroffenen nicht weniger wirklich erscheinen. Aus dieser Beunruhigung heraus begannen sie sich zusammenzuschließen, nicht, um Frankreich oder gar die Republik zu retten, sondern lediglich ihre eigene Klasse und ihren Reichtum.

Damals begann bei einigen von ihnen insgeheim der Gedanken Fuß zu fassen, daß man vielleicht die Nation – und damit ihre Klasse mitsamt all ihren Privilegien – durch die Rückkehr zu einem autokratischen Regime, vielleicht gar zu einer Diktatur, retten könne. Sie blickten über die Alpen hinüber nach Italien. Mussolini hatte der Demokratie und allen von ihr ausgehenden Bedrohungen ein Ende bereitet, indem er sie mit Leichtigkeit zerschlagen hatte. In Deutschland allerdings schien man den soeben aus dem Gefängnis entlassenen Hitler zum Schweigen gebracht zu haben. Er machte keine Schlagzeilen mehr. Aber als der Naziführer dann Ende der zwanziger Jahre sein Comeback feierte, wurde sein Programm zur Abschaffung der parlamentarischen Demokratie in rechtsextremen Kreisen nicht ohne eine gewisse Sympathie vernommen. Die Meinung verbreitete sich, daß ein autoritäres Regime in Frankreich vielleicht nicht nur an sich gut sein würde, sondern das Land darüber hinaus auch noch in die Lage versetzen könnte, in Frieden und Harmonie mit den ähnlich gearteten Regimen in Deutschland und Italien auszukommen – ähnlich wie die europäischen Autokratien sich gefunden hatten, nachdem Metternich sie nach dem Sturz Napoleons auf dem Wiener Kongreß zusammengeführt und ihnen gegen die Gefahren der Demokratien und anderer Stürme der Zeit den Rücken gestärkt hatte.

Daß der »Führer«, wie er in dem 1925 erschienen Buch »Mein Kampf« unmißverständlich zum Ausdruck gebracht hatte, gegenüber der französischen Nation und dem französischen Volk keineswegs freundschaftliche Gefühle hegte, ging der französischen Elite aus Industrie, Handel und Finanz erst auf, als es schon zu spät war. Am Ende sollten sie sich auch in Mussolinis Haltung gegenüber ihrem Vaterland getäuscht sehen[2].

Die Unzulänglichkeiten der Linken

Wenn die besitzende Klasse in Frankreich zu selbstsüchtig, habgierig und kurzsichtig war, um einer fairen und anständigen Lösung der finanziellen Krise des Staates zuzustimmen, so war die linksgerichtete Mehrheit der Kartellisten in der Deputiertenkammer, die den Franzosen mit bescheidenem Einkommen repräsentierten, andererseits zu unwissend, zu unsicher und zu zaghaft, um dem Land eine solche Lösung aufzuzwingen, obgleich sie dazu die verfassungsmäßigen Rechte und die Macht hatte. Auch die Linke trifft ein großer Teil der Verantwortung, wenn das Land am Rande des Bankrotts verharrte.

Sie hätte mit ihrer großen Mehrheit in der Kammer Anfang 1924 die Gesetze verabschieden können, die erforderlich waren, um dem Staat die nötigen Einnahmen zu sichern, der Inflation Einhalt zu gebieten und die Kapitalflucht sowie die weitverbreitete Hinterziehung der Einkommensteuer zu stoppen. Aber sie konnte sich dazu nicht entschließen. Indem sie mit Maßnahmen drohte, wie zum Beispiel der Einführung von Zwangsanleihen für das Kapital, der Umwandlung kurzfristiger Schuldverschreibungen in langfristige, der Anhebung der Einkommensteuer und der Schließung der Schlupflöcher im Steuergesetz, erschreckte sie nur die Reichen und jagte deren Geld aus dem Land. Indem sie trotz aller Drohungen dann doch nichts unternahm, half sie die Staatskasse leeren, die Währung schwächen und das Chaos vermehren.

Beim Entstehen der Misere spielte die Unkenntnis auf dem Gebiet der Nationalökonomie eine große Rolle – bei den Linken wie bei den Rechten. Auf der Rechten versuchten Bankiers und Geschäftsleute, die klassischen Lehren des Kapitalismus aus dem neunzehnten Jahrhundert auf das zwanzigste anzuwenden, dessen Probleme weitaus komplizierter gelagert waren. Auf der Linken waren die meisten Politiker in der Kammer Kleinstadtanwälte, kleine Kaufleute und Bauern, vermischt mit einigen Professoren, die kaum etwas davon verstanden, wie man einen mit den Kosten des vernichtendsten Krieges der Geschichte so sehr überlasteten Staat finanzieren konnte.

Ein treffliches Beispiel dafür war Edouard Herriot selbst, der Ministerpräsident der *Cartel*-Regierung. Er war hochintelligent, ein begabter, wenn auch etwas weitschweifiger Redner, ausgebildet in der *Ecole Normale,* ein brillanter Professor der Literatur, der seine Doktorarbeit über das interessante Thema der schönen Madame Récamier und später noch ein Buch über Beethoven geschrieben hatte – Musik gehörte wie Literatur und Geschichte zu den vielen Interessengebieten dieses sehr kultivierten Mannes –, ein leidenschaftlicher radikaler Politiker nach Gambettas Tradition, aber immer noch verhaftet in den alten Problemen wie dem Konflikt Staat-Kirche, die bereits zu Beginn des Jahrhunderts gelöst worden waren. Wie die meisten seiner politischen Freunde war er von Ausbildung und Erfahrung und Charakter her schlecht geeignet, die finanziellen und ökonomischen Probleme der Nachkriegszeit zu lösen. Herriot war ein liebenswerter Mann, entgegenkommend auch zu seinen Widersachern, immer zu Kompromissen bereit und nicht ehrgeizig genug, um rücksichtslos die Verwirklichung seiner Ziele zu erkämpfen. Er stand während der letzten sechzehn Jahre der Republik stets im Mittelpunkt des politischen Geschehens in der Dritten Republik (1912 war er als jüngstes Mitglied in den Senat gewählt worden), zweimal war er Ministerpräsident, oft hatte er andere Kabinettsposten inne, und bis zum Ende war er lange Zeit Präsident der Deputiertenkammer. Dieser Posten sagte ihm am meisten zu. Er war typisch für fast alle führenden Köpfe der Mitte und der Linken in diesem letzten Kapitel der Geschichte der Republik. Es fehlte ihnen die Härte, sich mit ihren Grundsätzen und Programmen durchzusetzen.

Sie verschlossen ihre Augen vor der Tatsache, daß zur Sanierung der Staatsfinanzen nicht nur unpopuläre und drastische Maßnahmen erforderlich waren, sondern daß darüber hinaus auch die gesamte staatliche Wirtschaft dringend einer gründlichen Überholung bedurfte. Während der ganzen Jahre zwischen den beiden Kriegen befand sich die Verwaltung in einem Dauerzustand beklagenswerter Verwirrung. Über dem Finanzministerium schien ein undurchdringlicher Nebel zu schweben. Es wurden keine ordnungsgemäßen Bücher geführt. Es gab keine ordnungsgemäßen staatlichen Statistiken von der Wirtschaftslage, keine ordnungsgemäße Überprüfung der Staatsfinanzen. 1924 verschwanden inmitten der allgemeinen Verwirrung Schatzbriefe im Werte von vier Milliarden Francs spurlos aus dem Finanzministerium. Vierzig Jahre später bemühte sich ein prominenter französischer Historiker und Nationalökonom vergeblich um die Klärung dieses Mysteriums. Er mutmaßte, daß »gewissen hochgestellten und entschlossenen Persönlichkeiten ein gigantischer Fischzug« geglückt war, vor dem selbst die Schwindeleien verblaßten, die zehn Jahre später die Republik erschüttern sollten. Aber beweisen konnte er nichts[3].

Zur Verschleierung der gewaltigen Defizite nach 1918 gab die Regierung drei gesonderte Haushalte bekannt. Der »ordentliche« Haushalt war stets ausgeglichen, und der Finanzminister konnte dem Land versichern, daß alles in bester Ordnung sei. Aber der zweite und größere Haushalt, »außerordentlicher« genannt, sah überhaupt keine Einnahmen vor. Er bestand nur aus Kosten und betrug 1919, als er zuerst erprobt wurde, 29 Milliarden, dreimal soviel wie der ordentliche »ausgeglichene« Haushalt.

Dann wurde noch ein dritter Haushalt unter der Bezeichnung »beitreibbare Unkosten« geschaffen, der sich auf die Hoffnung auf deutsche Reparationen begründete. Aber da diese sich nie allzu hoch beliefen, blieben die Kostenfaktoren in diesem Phantomhaushalt größtenteils nicht »beitreibbar«.

Dieses finanzielle Jonglieren konnte nicht lange über die Tatsache hinwegtäuschen, daß der Staat wesentlich mehr ausgab, als er einnahm – 17 Milliarden im Jahre 1920 und 7 bis 12 Milliarden jährlich in den nächsten vier Jahren. Unter diesen Umständen häufte sich eine Schuld an, die der Staat auf die Dauer einfach nicht tragen konnte; er hatte auch kaum Hoffnung auf die Möglichkeit einer Abtragung. Zuletzt schüttelte der Staat den größten Teil davon praktisch von sich, indem er den Franc fallen ließ, bis er sich endlich 1928 auf einem Fünftel seines Vorkriegswertes stabilisierte.

Ein Sturzbach von Kabinetten

In diesen qualvollen Jahren zwischen den beiden Weltkriegen wurden noch weitere Schwächen der Dritten Republik bloßgelegt oder – besser gesagt – wieder bloßgelegt. Keine Regierung hielt sich lange genug, um – selbst wenn sie dazu fähig gewesen wäre – mit diesen Problemen fertig zu werden, die in dieser Periode überwiegend fiskalischer Natur waren. Paradoxerweise blühte und gedieh die Wirtschaft nämlich in den zwanziger Jahren. In den vierzehn Monaten nach Herriots Sturz durch den Senat am 10. April 1925 folgten rasch nacheinander sechs verschiedene Regierungen – ein wahrer Sturzbach von Kabinetten. Einige wurden von der verwirrten und unberechenbaren Deputiertenkammer gestürzt, andere traten einfach zurück, um ihre Ministerien umzubesetzen und sich für einige Wochen oder Monate in der Kammer eine trügerische Mehrheit zu erhalten. Paul Painlevé, ein hervorragender Mathematiker von der Sorbonne, aber ein recht untüchtiger radikalsozialistischer Politiker, der 1917, während der schwärzesten Zeit des Krieges, schon einmal zwei Monate lang Ministerpräsident gewesen war, wurde Herriots Nachfolger. Seine beiden Regierungen hielten sich sieben Monate, von April bis November 1925. Dann wurde sein zweites Kabinett mit einer Mehrheit von drei Stimmen in der Kammer gestürzt. Die Deputierten konnten seinen kühnen Vorschlag nicht verdauen, das Dilemma des Staates durch eine einprozentige Kapitalsteuer zu beheben, die vierzehn Jahre lang eingezogen werden sollte.

Nach ihm gelangte Aristide Briand, der ewige Ministerpräsident der Dritten Republik, ans Ruder. In den nächsten sieben chaotischen Monaten bildete er nicht weniger als drei verschiedene Regierungen, nämlich seine achte, neunte und zehnte. Die neunte hatte eine Lebensdauer von knapp drei Monaten, die letzte von drei Wochen. Inzwischen schrieb man Mitte Juli 1926. Die Staatskasse war leer, Milliarden Francs in kurzfristigen Anleihen waren fällig und konnten nicht zurückgezahlt werden, der Franc selbst war auf 50 pro Dollar gefallen, vor der Deputiertenkammer grölte der Mob und machte die Abgeordneten für die neueste Krise verantwortlich; auf der anderen Seite der Seine warfen ein paar Aufrührer Steine gegen Omnibusse mit amerikanischen Touristen, weil sie diese und ihre Landsleute einer Verschwörung gegen die Währung beschuldigten (und sie beschimpften, weil sie den selbst ausgelösten Währungsverfall noch für einen billigen Aufenthalt in Paris ausnutzten); die Direktoren der Bank von Frankreich setzten die Regierung – und unter der Hand auch die Presse – davon in Kenntnis, daß das gesetzliche Limit der Vorschußzahlungen erreicht sei und die Staatskasse keinen einzigen Centime mehr erhalten werde. Auf den Boulevards stürmten Hausfrauen in gewaltigen Scharen die Warenhäuser und kleinen Läden, um rasch noch ihre verfallenden Francs in dauerhaftere Werte umzusetzen.

In der Hochburg der Finanz, der Bank von Frankreich, beglückwünschten sich unterdessen der Gouverneur und die Aufsichtsräte, geheiligte Sachwalter der »zweihundert Familien«, denen man – zu Recht – den Besitz oder die Kontrolle des größten Teils des Reichtums im Lande zuschrieb, zu ihrer festen Haltung gegenüber der Regierung. Sie waren nun entschlossen, diese Regierung aus dem Sattel zu heben. Zufälligerweise stand im Augenblick derselbe verhaßte Edouard Herriot an der Spitze dieser Regierung, der Mann, zu dessen Sturz sie schon einmal vor vierzehn Monaten tatkräftig beigesteuert hatten. Er hatte vier Tage zur Bildung dieser Regierung gebraucht, und als er sie am 21. Juli der Kammer vorstellte, wurde sie gleich wieder mit 290 gegen 273 Stimmen gestürzt.

Vor dem Palais Bourbon, in dem die Kammer tagte, drängte inzwischen der Pöbel so bedrohlich gegen die geschlossenen Eisentore, daß sich der Polizeipräfekt gezwungen sah, berittene Republikanergardisten zur Verstärkung herbeizurufen, weil die aufgebrachte Menge sonst das Gebäude besetzt und die belagerten Volksvertreter verprügelt hätte. Der »Mob« war gut organisiert. Die verschiedenen antiparlamentarischen Ligen, die auf der Rechten wie Pilze aus dem Boden schossen, hatten ihn zusammengetrommelt. Die Straße wurde mobilisiert, wie es die Braunhemden in Deutschland und die Schwarzhemden in Italien getan hatten – und zu genau dem gleichen Zweck*.

* Mit dem Sturz der Regierung Briand am 17. Juli 1926 verschwand auch Joseph Caillaux, ein Vierteljahrhundert lang ein ruhiges Sturmzentrum inmitten der wogenden Dritten Republik, für immer aus den Reihen der Kabinettsminister. Doch politisch war er noch keineswegs am Ende. Ein weiteres Jahrzehnt lang spielte er, wenn auch mit Unterbrechungen, eine Rolle in der Radikalsozialistischen Partei und im Senat, wo er dem mächtigen Finanzausschuß vorstand. Er war von Natur aus ebenso autoritär eingestellt wie sein erbitterter Gegner Clemenceau, zudem grob, hochfahrend und eitel (der Autor hat ihn niemals ohne sein Monokel erlebt), unpopulär im Parlament und bei seiner Partei, aber zum Ausgleich dafür mit einem ungewöhnlich scharfen Verstand begabt.

Seine Comebacks auf der politischen Bühne wurden legendär. 1912 wurde er als Ministerpräsident wegen seiner kostspieligen Einigung mit Deutschland gestürzt, saß aber im Jahr darauf schon wieder als Finanzminister im Kabinett. Nachdem 1914 seine Frau Calmette ermordet und er sie vor Gericht galant verteidigt hatte, schien sich Caillaux nach ihrem Freispruch endgültig von der aktiven Politik zurückgezogen zu haben. Seine Erlebnisse gegen Kriegsende schienen ihn erledigt zu haben. Er stand schon lange unter dem Verdacht, heimlich mit den Deutschen in Verbindung zu stehen. Es war ferner bekannt, daß er für eine Beendigung des Krieges und die Aushandlung eines Kompromißfriedens plädierte. 1917 wurde auf Clemenceaus Betreiben seine parlamentarische Immunität aufgehoben, und am 14. Januar 1918 wurde er verhaftet. Man warf ihm vor, heimlich mit dem Feind korrespondiert und in Kriegszeiten eine Verschwörung gegen die Sicherheit des Staates betrieben zu haben. 1920 fand schließlich die Verhandlung vor dem Senat statt, der in seiner Eigenschaft als Oberstes Gericht tagte. Er wurde mit 150 gegen 91 Stimmen der Fühlungnahme mit dem Feind für schuldig befunden, allerdings »unvorsätzlich«. Sein Urteil lautete auf drei Jahre Gefängnis und Verlust der bürgerlichen Ehrenrechte auf die Dauer von zehn Jahren.

Auch von diesem Schlag erholte sich Caillaux. 1924 wurde er zusammen mit vielen anderen amnestiert, bald wieder in den Senat gewählt und 1925–1926 in zwei Kabinette berufen. Sein ganzes Leben lang trat er für eine Verständigung mit Deutschland ein, ob nun Kaiser Wilhelm II. oder Adolf Hitler an seiner Spitze stand. Für diese Auffassung kämpfte er bis zuletzt vor dem Senat, noch zur Zeit des Münchener Abkommens, bis hin zu den letzten Tagen des Friedens. Caillaux starb am 21. November 1944 im Alter von einundachtzig Jahren, als Frankreich gerade von seinen Alliierten befreit wurde.

Um Mitternacht dieses stürmischen 21. Juli beauftragte der Präsident der Republik den inzwischen fünfundsechzigjährigen Raymond Poincaré mit der Bildung einer neuen Regierung der »Nationalen Einheit«, die nach Möglichkeit die Regierung vor dem Bankrott und den Franc vor der völligen Entwertung erretten sollte. Am 27. Juli sprach ihm die Deputiertenkammer, die 1924 von der Mehrheit des Volkes zur Beseitigung Poincarés mitsamt seiner Innen- und Außenpolitik gewählt worden war, mit der überwältigenden Mehrheit von 358 gegen 131 Stimmen das Vertrauen aus. Herriot, 1924 Poincarés Nachfolger im Amt und stets ein Gegner seiner Politik, wurde als Minister in diese neue Regierung berufen.

So sahen die politischen Wege der Dritten Republik aus. Ungeachtet des ausdrücklichen Wählerwillens schmolzen Mehrheiten in der Kammer dahin und wandten sich bald hierhin, bald dorthin. Wenn die Linke, wie bei den Wahlen von 1924, eine Mehrheit erhielt, dann wandte sich diese der Rechten zu. Das wurde für die restliche Lebensdauer der Republik zu einer unumstößlichen, wenn auch schwerverständlichen Gewohnheit und mehrte noch die Verwirrung und Enttäuschung, die im Land herrschte. Doch 1926 ging von diesem unberechenbaren Parlament noch einmal eine gewisse Kraft aus, die ein Jahrzehnt später, als für die Republik die alles entscheidende Krise ausbrach, nicht mehr aufgebracht werden konnte. Trotz des gallischen Temperaments, das in der politischen Auseinandersetzung die Wogen so hochschlagen läßt, kam im Sommer 1926 – ähnlich wie im Sommer 1914 – noch einmal ein Augenblick, wie er niemals wiederkehren sollte. Angesichts der drohenden Gefahr wurden die politischen Querelen vorübergehend zum Schweigen gebracht und die Reihen im Interesse der Erhaltung der Republik geschlossen.

»Sie bekommen wir nur in Notzeiten zu sehen!« rief ein kommunistischer Deputierter Poincaré zu, als dieser seine Regierung vorstellte. Falls das eine Kränkung sein sollte, so lag doch viel Wahres darin. Wieder einmal war das Land in Gefahr, und alle politischen Parteien, mit Ausnahme der Sozialisten und der Kommunisten, sammelten sich hinter Poincaré. Fünf frühere Ministerpräsidenten traten in seine Regierung ein. Es herrschte politischer Waffenstillstand.

Die Erholung unter Poincaré

Noch ehe der neue Kammerpräsident Zeit fand, eine neue Fiskalpolitik zu formulieren, kehrte Zuversicht ein. Der Franc stieg im Kurs. Der Kapitalrückfluß setzte ein. Die Aufsichtsräte der Bank von Frankreich, die Poincaré mehr bewunderten als er sie – er war zwar konservativ eingestellt, aber absolut integer, ein eingefleischter Republikaner und glühender Patriot –, waren zufrieden. Die Geschäftswelt atmete erleichtert auf.

Sie hatten allen Grund dazu. Poincaré konnte weder Wunder aus dem Ärmel zaubern, noch hielt er radikale Lösungen parat. Seine Vorstellungen von Staatsfinanzen waren konservativ und orthodox, und er beabsichtigte nicht, das Staatsschiff über Gebühren ins Schwanken zu bringen. Aber da es nun einmal auf Grund gelaufen war, ging er entschlossen daran, es wieder flottzubekommen. Er wollte die Schulden des Staates einlösen, wenn sie fällig wurden, und damit die Regierung wieder kreditwürdig machen. Er wollte die Kosten senken und die Einnahmen erhöhen, bis das Gleichgewicht hergestellt war. Und er wollte den Franc stabil machen.

All das tat er sehr rasch. Zur Einlösung der Staatsanleihen richtete er einen Tilgungsfonds ein, der von einer eigenen Behörde, unabhängig vom Finanzministerium, geleitet wurde. Das war die *Caisse d'Amortissement.* Ein Sondergesetz sicherte diesem Fonds die Erlöse aus bestimmten Steuern und aus dem Tabakmonopol, die vom Finanzministerium nicht angerührt werden durften.

Die Steuern wurden angehoben, doch ihre Verteilung blieb im wesentlichen unverändert. Die einschneidendsten Erhöhungen erfuhren die direkten Steuern, die am schwersten auf die Menschen mit bescheidenem Einkommen drückten. Die allgemeine Einkommensteuer wurde um die Hälfte, von 60 auf 30 Prozent, herabgesetzt, dafür die besondere Einkommensteuer auf Gehälter und landwirtschaftliche Einkünfte von 7 auf 12 Prozent erhöht. Geschäftsleute und Financiers zeigten sich hoch erfreut; ihr Vertrauen in Poincaré war wiederhergestellt – er hatte nicht die Absicht, die Reichen zur Kasse zu bitten. Ihr Geschäft blühte.

Aber der neue Ministerpräsident war zu ehrlich und zu klug, sie ungeschoren zu lassen. Er wollte sich zumindest einen Teil des Geldes, das er zum Ausgleich des Haushalts brauchte, da herholen, »wo es war«. In einer Atmosphäre des wiederhergestellten Vertrauens jagte er praktisch ohne Debatte eine Reihe von Gesetzen über neue Steuern und die Erhöhung bestehender Abgaben durch das Parlament, mit denen sich Bankiers, Finanzkreise und die Rechte bei einer weniger »konservativen« Regierung niemals abgefunden hätten. Zum erstenmal in der Geschichte Frankreichs belegte er einen Teil des Kapitals mit einer Steuer: beim Verkauf von Grundbesitz war eine Abgabe von 7 Prozent zu entrichten. Die niedrige Kapitalzuwachssteuer wurde um die Hälfte angehoben – von 10 auf 15 Prozent –, und die Abgabe auf nicht registrierte Auslandspapiere wurde von 14 auf 25 Prozent heraufgesetzt.

Ende 1926 konnte Poincaré, obgleich er noch nicht einmal ein halbes Jahr im Amt war, voller Stolz auf das zurückblicken, was er geleistet hatte. Die Einkünfte des Staates überstiegen die des Vorjahres um 6,5 Milliarden Francs, 1,5 Milliarden waren an die Bank von Frankreich zurückgezahlt worden, die Einkünfte des Tilgungsfonds gestatteten ohne alle Schwierigkeiten die Ablösung der kurzfristigen Verpflichtungen, und der Haushalt hatte einen Überschuß von einer Milliarde Francs zu verzeichnen – gegenüber einem Fehlbetrag von 1,5 Milliarden im Jahr zuvor. Der Rückgang des Francs war nicht nur aufgehalten, die Kurse begannen sogar wieder zu steigen. Im Juli hatte ein Dollar noch 50 Francs gekostet, und der Wert war noch im Sinken begriffen. Bis zum Jahresende hatte der Franc bereits den doppelten Wert erlangt. Innerhalb von sechs Monaten hatte Poincaré den Franc de facto auf einem Kurs stabilisiert, der zwei Jahre später gesetzlich als Valuta auf der Goldbasis festgelegt werden sollte.

Es war genügend Geld vorhanden, die Staatsfinanzen zu sanieren. Es war immer genug Geld dagewesen. Poincaré war als erster auf den Gedanken verfallen, die Banken zum Ankauf von Staatsanleihen zu zwingen, um sofort Mittel flüssig zu machen. Dabei richtete er sich nach einem Rat des Direktors der US-Notenbank.

Warum wenden Sie sich nicht an diejenigen, die über mehr Kapital verfügen als alle Ihre Banken zusammengenommen? An jene Leute, die Wertpapiere und Gold im Wert von über zehn Milliarden Francs im Ausland liegen haben? Warum wenden Sie sich nicht direkt an Ihre Franzosen[4]?

Der Ministerpräsident hatte sich nicht nur an seine Landsleute gewandt, sondern es aufgrund seiner Fähigkeit, Vertrauen zu wecken, bewerkstelligt, daß die Masse des französischen Kapitals aus dem Ausland zurückfloß. Er hatte den Armen eine schwere Bürde in Form höherer Steuern und steigender Lebensunterhaltskosten auferlegt; die Preise stiegen während der zweiten Hälfte des Jahres 1926 und in den drei darauffolgenden Jahren stetig an. Aber die meisten Franzosen, auch jene mit bescheidenem Einkommen, waren offenbar dankbar dafür, daß überhaupt etwas gerettet worden war – der Staat vor dem Bankrott, der Franc vor der völligen Entwertung – und daß Handel und Wandel ganz allgemein florierten. Bei den Wahlen von 1928 erteilte das Volk Poincaré ein Vertrauensvotum. Die Mitte und die konservativen Parteien errangen im neuen Parlament die Mehrheit aller Sitze. Unter Poincarés Führung und mit Unterstützung der Linken wie der Rechten hatte die schwankende Dritte Republik wieder einmal eine Krise gemeistert und dem Land einen bemerkenswerten Aufschwung beschert.

Aber nicht umsonst, wie man sich denken kann. Die geforderten finanziellen Opfer waren verhältnismäßig erträglich und betrafen zumeist die Armen und jene vielen Empfänger bescheidener Einkommen, die vor und während des Krieges mit Goldfrancs Staatsanleihen gekauft hatten und nun feststellen mußten, daß diese durch die Abwertung vier Fünftel ihres Wertes eingebüßt hatten. Manche Familien verloren dadurch den größten Teil ihrer lebenslangen Ersparnisse. In einer ähnlich beklagenswerten Lage befanden sich andere, die ihre Einkünfte überwiegend aus festen Rentenwerten und Zinsen bezogen. Um diese Zeit vollzog sich eine gewisse Proletarisierung vieler braver Bürger aus den Schichten des Mittelstandes. Wie auch den Arbeitern fiel es ihnen jetzt schwer, ihr Auskommen zu finden, doch im Gegensatz zu den Arbeitern suchten sie ihr Heil nicht bei der politischen Linken, sondern bei der extremen Rechten. Sie waren der Meinung, daß die Republik, der viele von ihnen ohnehin mißtrauten, ihr Versprechen nicht eingehalten hatte, die geliehenen Gelder mit Zinsen zurückzuzahlen, sondern sie praktisch um 80 Prozent ihrer Ersparnisse betrogen hatte.

Darüber hinaus brachte die ernste Inflation, die zu Beginn der zwanziger Jahre durch den Kursrückgang des Francs ausgelöst worden war, zusammen mit den steigenden Preisen und der Lähmung der Staatsfinanzen im französischen Volk eine tiefgreifende Währungsneurose mit sich. Für das solide Bürgertum wankten die Grundfesten der Welt. Plötzliche Verarmung, die Schwierigkeiten bei der Ernährung der Familie, die Unsinnigkeit jeglichen Sparens, wenn Kurseinbußen des Francs die Bankkonten oder Investitionen halbieren konnten – all das rüttelte an den Grundauffassungen, nach denen der gute Mittelstand ein Jahrhundert lang gelebt hatte. Die Franzosen waren von dem Gedanken besessen, daß der »Poincaré-Franc«, selbst wenn er zusammengeschrumpft war, nie wieder abgewertet werden durfte, weil sie sonst noch einmal ruiniert würden. Diese Besessenheit entwickelte sich zu einer nationalen Neurose, die wesentlich zu den Schwierigkeiten des Landes beitragen sollte, als zu Beginn der dreißiger Jahre dann die Depression auf Frankreich übergriff und die Briten wie auch die Amerikaner ihr Geld abwerteten, während die Franzosen hartnäckig – und zu ihrem Verderben – am Franc von 1928 festhielten.

Die finanzielle Krise Mitte der zwanziger Jahre beeinflußte noch auf andere Weise tiefgreifend die öffentliche Meinung; eine weitere Spaltung der Bürger und eine Schwächung der Republik sollten die Folgen sein. Bankiers, Industrielle und Geschäftsleute, aber auch die fleißigen Bauern und Kaufleute, gelangten zu einer Überzeugung, die unerschütterlich feststand: Die politische »Linke«, die – abgesehen von der kleinen Kommunistischen Partei – in Wirklichkeit kaum mehr war als eine Partei der Mitte mit reformistischem Einschlag, sei nicht imstande, das Land zu regieren. Die Überzeugung wurde laut, daß Frankreich verloren sei, wenn nicht die hinter Poincaré stehenden Konservativen die Vorherrschaft in Parlament und Regierung erringen. Es war zumindest damals bei solchen Leuten ganz natürlich, daß sie vor Eigenliebe, Widerstreben gegen die Übernahme eines gerechten Anteils an den entstandenen Lasten und Blindheit gegenüber der Tatsache, daß in einer modernen Industriegesellschaft ein gewisses

Maß an sozialer Sicherheit sowie eine gerechtere Aufteilung von Wohlstand und zunehmender Steuerlast herrscht, ihre eigenen Unzulänglichkeiten nicht erkannten. Das war in allen Ländern so. Hinsichtlich der Sozialleistungen hinkte Frankreich damals hinter allen Nationen des Westens, mit Ausnahme der wohlhabenderen Vereinigten Staaten, her, und hinsichtlich der Löhne und Arbeitsbedingungen rangierte Frankreich an letzter Stelle.

Ein paar weitblickende Leute, die nicht nur von der Linken kamen, drängten Poincaré, die nach 1926 fühlbar besser gewordene Lage auszunutzen und die ganze altmodische, noch aus dem neunzehnten Jahrhundert stammende französische Gesellschaftsstruktur zu renovieren, Regierung und Wirtschaft zu modernisieren, die so dringend benötigten neuen Wohnungen zu bauen, die Landwirtschaft aus ihrer kaum technisierten Starre zu erlösen, eine verantwortungsbewußte Gewerkschaftsbewegung zu fördern, aber auch die Beilegung von Lohnkonflikten durch verantwortliche Verhandlungen der Tarifpartner zu betreiben und ein kühnes Sozialprogramm zu entwerfen, wie es in Deutschland schon seit geraumer Zeit so gut funktionierte. In einem Land, in dem trotz des allgemeinen Aufschwungs Arbeiter und Bauern kaum existieren konnten*, wo ein guter Teil der unteren und mittleren Einkommensschichten des Bürgertums durch Inflation und Francabwertung zu Proletariern wurden und wo die Geburtenziffern infolgedessen schneller zurückgingen als jenseits des Rheins oder in irgendeinem anderen Land auf der Welt, hätte eine solche umfassende Maßnahme die Nation für die noch unsichtbaren, aber unausweichlichen Prüfungen, die ihr bevorstanden, stark gemacht.

Poincaré kam diesem Wunsch nach, aber nur zaghaft. Das Land war, zumindest in seiner parlamentarischen Vertretung, für eine so weitreichende Erneuerung noch nicht reif. Am 5. April 1928, gerade noch rechtzeitig vor den Wahlen, verabschiedeten Kammer und Senat endlich ein bescheidenes Sozialprogramm, das sich hauptsächlich auf die Fürsorge für Kranke und Alte beschränkte. Jeder Lohn- und Gehaltsempfänger hatte fünf Prozent seines Einkommens beizusteuern, die Arbeitgeber noch einmal den gleichen Betrag, und die Betriebskosten übernahm der Staat. Es war charakteristisch, daß dieses Gesetz nach dem Wunsch des Parlaments erst nach einer Frist von zweiundzwanzig Monaten in Kraft treten sollte**. Die Dritte Republik hatte es niemals eilig.

* Industriearbeiter verdienten 1930 im Durchschnitt 45 Francs (1,80 Dollar) pro Tag, landwirtschaftliche Arbeitskräfte 22 Francs (88 Cents). Die Preise lagen in Frankreich zwar niedriger als in den Vereinigten Staaten, aber nicht um mehr als die Hälfte und bei vielen Waren um noch weniger[5].

** Charakteristisch war auch, daß die verschiedenen Arbeitgeberverbände, nachdem es ihnen schon nicht gelungen war, das Parlament an der Einführung einer so bescheidenen Sozialgesetzgebung zu hindern, nun ihre üppig finanzierte Kampagne in Zeitungen und an Plakattafeln fortsetzten, mit dem Ziel, das Gesetz wirkungslos zu machen und einen Widerruf zu erzwingen[6].

Auch die Linke bewies in diesen schwierigen zwanziger Jahren ihre Schwächen. Sie war nicht weniger als die Rechte davon überzeugt, daß sie allein dazu berufen war, die Republik gemäß den wahren Interessen des Landes zu regieren, und daß eine Herrschaft der Konservativen ihr schönes Land schließlich zugrunde richten müsse. Die Massen glaubten, das »Wunder« der Erholung unter Poincaré sei hauptsächlich auf ihrem Rücken zustande gekommen. Und sie glaubten an eine umfassende Konspiration der *Mur d'Argent,* der »Mauer aus Geld«, mit dem Ziel, die linken Kartellregierungen zu stürzen, die sie selbst in freien Wahlen an die Macht gebracht hatten und die nichts weiter gewollt hatten, als ein wenig mehr Gerechtigkeit in Frankreich einzuführen. Sie waren verbittert durch die Erkenntnis, daß diese »Konspiration« geglückt war, daß das Kartell aus dem Sattel geworfen war und nun Poincarés Konservative ihn einnahmen. Diese Einstellung war nicht ganz unberechtigt. Aber wie die »Rechten«, so übersahen auch sie ihre eigenen Unzulänglichkeiten. Sie schienen ihre Verantwortlichkeit für das finanzielle Durcheinander des Staates nicht einzusehen, eine Verantwortlichkeit, die sich in erster Linie aus ihrer Unentschlossenheit ergab, ihrer Unfähigkeit, sich auf eine Politik zu einigen – geschweige denn sie auch durchzuführen –, die den Staat aus den roten Zahlen herausgebracht und die finanzielle Panik, die Kapitalflucht ins Ausland und den verheerenden Verfall des Francs gestoppt hätte.

In dieser Zeit wurde auch, trotz eines kurzen Waffenstillstands unter Poincaré, die Kluft zwischen rechts und links, zwischen den Besitzenden und den Massen, zwischen der Volkspresse und ihren Lesern, immer breiter. Während gegen Ende der zwanziger Jahre über New York die drohenden Wolken einer weltweiten Depression aufstiegen, standen sich die Franzosen durch eine breite Schlucht getrennt gegenüber. Sie konnten einander kaum noch hören, und mangels geeigneter Kommunikationsmittel wurde die Verständigung immer schwieriger, ja fast unmöglich. Jede der beiden Seiten verbohrte sich in der Überzeugung, die andere sei unfähig, die Republik zu regieren.

Im November 1928 zogen sich die Radikalsozialisten, die wegen ihrer Unterstützung Poincarés bei den Wahlen schwere Stimmenverluste hatten hinnehmen müssen, aus der Koalitionsregierung zurück. Der neunundsechzigjährige Ministerpräsident regierte noch eine Zeitlang mit einem rein konservativen Kabinett weiter. Dann dankte er, erschöpft von drei Jahren unermüdlicher Arbeit und geschwächt durch ein Prostataleiden, das sofort operiert werden mußte, am 26. Juli 1929 nach einundvierzig Jahren in der Politik zum letztenmal von seinem hohen Amt ab und zog sich in seine lothringische Heimat zurück – an die Grenze Deutschlands, das er so lange gehaßt hatte und dem er immer noch mißtraute. Dort verfaßte er die letzten fünf

Bände seiner zehnbändigen Memoiren unter dem Titel *Au service de la France*. Daneben schrieb er Artikel für die Presse. Ein langes und erfolgreiches Leben in der Politik als Abgeordneter, Senator, Minister und Präsident der Republik hatte ihm im Gegensatz zu vielen anderen Politikern keinen Wohlstand eingebracht, und er mußte für seinen Lebensunterhalt schreiben. Er war stets fanatisch auf die Integrität seiner persönlichen Finanzen bedacht gewesen. Er war zwar ein Mann von etwas engem Horizont, für den die Welt außerhalb Frankreichs unverständlich, kalt und trist blieb, er war oft kleinlich gegenüber anderen, aber nichtsdestoweniger sehr intelligent, von klarem Verstand, kultiviert und von einem Charakter, den niemand korrumpieren konnte. Er wurde niemals schwankend in seiner aufopfernden Liebe zur Republik und zu seinem Vaterland, einer Leidenschaft, die ihn oft bis zum Chauvinismus trieb. Poincaré hat sich trotz seiner Fehler, wie die Franzosen zu sagen pflegen, um sein Vaterland verdient gemacht.

Er lebte noch bis zum 15. Oktober 1934 – lange genug, um seine Welt daheim wie auch jenseits der Grenzen zerbrechen zu sehen. Die weltweite Depression und eine Reihe unfähiger französischer Regierungen der Rechten wie der Linken – sie standen sich in nichts nach – hatten inzwischen seine innenpolitischen Errungenschaften wieder verspielt, und sowohl seine Außenpolitik des Versuchs, Deutschland am kurzen Zügel zu halten, als auch die Absicht Briands, die beiden alten Feinde zu einem friedlichen Nebeneinander zu bewegen, waren in den Staub gesunken. Hitler hatte einundzwanzig Monate zuvor in Berlin die Macht übernommen und entschlossen einen Kurs eingeschlagen, wie Poincaré ihn als Präsident der Republik kurz vor 1914 schon einmal erlebt hatte. Als Poincaré in seiner Heimat Lothringen starb, soll er noch einmal über die nahe Grenze nach Deutschland hinübergeblickt und die Furcht geäußert haben, daß »sie wiederkommen« würden.

Das Dahinscheiden der Alten Garde

All die alten Gestalten, die eine Generation lang die Dritte Republik beherrscht, die sie in das unruhige zwanzigste Jahrhundert durch die grimmigen Kriegsjahre und die chaotische Ära der Nachkriegszeit gesteuert hatten, schieden nun dahin. Während das Land den ungewissen dreißiger Jahren entgegenging, tauchten neue, jüngere, unerfahrenere Männer auf und nahmen die Geschicke des Landes in ihre Hände. Der alte Tiger Clemenceau war 1929 im Alter von achtundachtzig Jahren gestorben. Verbittert darüber, daß er 1920 bei der Bewerbung um die Präsidentschaft von einem Geringeren geschlagen worden war, der sich dann als Verrückter entpuppte, verbrachte er seine letzten Jahre abseits von jeglicher Politik, verbittert und in düsterer Stimmung. 1922 sagte er: »Alles, was ich getan habe, war vergebens. In zwanzig Jahren wird Frankreich tot sein.«

Briand, eine weitere Säule der Republik, elfmaliger Ministerpräsident und siebzehnmaliger Außenminister in einem Zeitraum, der sich über ein Vierteljahrhundert erstreckte, starb am 7. März 1932 im Alter von siebzig Jahren. Auch er konnte, wie sein Gegner Clemenceau, die Tatsache nicht verwinden, daß man ihm einen mittelmäßigen Mann als Präsidenten vorgezogen hatte, und er war – wie Clemenceau und Poincaré – untröstlich bei dem Gedanken, daß fast sein ganzes Lebenswerk zerstört war.

Briand hatte zwar sein Debüt in der Politik als Sozialist des linken Flügels gegeben, aber er war dennoch weitaus weniger doktrinär eingestellt als Clemenceau und Poincaré. Während der letzten sieben Jahre seines Lebens, von 1925 bis 1932, hatte er sich in elf aufeinanderfolgenden Regierungen – vier davon wurden von ihm selbst geleitet – um einen ehrenhaften und dauerhaften Frieden bemüht. Mit Ausdauer und geschickter Hand hatte er versucht, eine Aussöhnung mit Deutschland zu erreichen, die Entente mit Großbritannien zu erneuern, den Völkerbund wirkungsvoll zur Erhaltung des Friedens einzusetzen, eine allgemeine Abrüstung herbeizuführen, den Krieg zu ächten und den Gedanken an die Vereinigten Staaten von Europa als Fernziel in die Köpfe einzupflanzen. Vielleicht war seine Vorstellung naiv, die menschliche Rasse könne vom Krieg abrücken. Als naiv erwies sich auch sein Vertrauen in die Deutschen unter Stresemann, mit dem er sich 1926 dem Friedesnobelpreis teilte*. Zweifellos überschätzte er die Fähigkeit des Völkerbundes, den Frieden zu wahren. Aber sieben Jahre lang riß er sein eigenes Land, Großbritannien und zum Teil sogar Deutschland in seinem Streben nach dem Frieden mit. Niemand, der in jenen Jahren seinen wortgewaltigen und vom Gefühl getragenen Reden in der Deputiertenkammer und vor dem Völkerbund in Genf gelauscht hat, wie es der Autor tat, kann jemals die Wirkung dieser goldenen Stimme, seiner mitreißenden Worte und der Gestik jener zarten und ausdrucksvollen Künstlerhände vergessen, die an den Klaviervirtuosen Paderewski erinnerten.

Er glaubte weder an die Lehren der Linken noch die der Rechten und war ein echter Mann der Aussöhnung. Er glaubte daran, daß man die erbittertsten Dispute am Ende durch Kompromisse schlichten könne. In Frankreich hatte er, wie wir gesehen haben, nach der Trennung von Kirche und Staat die Aussöhnung der Katholiken erreicht, und ein Jahrzehnt lang bemühte er sich als Außenminister in konservativen wie auch radikalen Kabinetten um eine ehrenhafte Verständigung zwischen den Nationen des Westens. Aber Vernunft, Kompromiß und Aussöhnung genügten nicht, die sich mit dem Be-

* Stresemanns postum veröffentlichte Memoiren machen das hinreichend klar.

ginn der dreißiger Jahre versteifenden Gegensätze zu überbrücken. Diese Mittel hatten sich schon bei Briands Verhandlungen mit der Weimarer Republik als ungeeignet erwiesen, weil die Deutschen nach jedem Zugeständnis ein neues verlangten, und als Hitler an die Macht gelangte, erwiesen sie sich als vollends nutzlos. Auch in Frankreich selbst verloren sie an Wirksamkeit, je mehr sich die Gegensätze vertieften und die Intoleranz zunahm. Die letzten beiden Jahre als Außenminister arbeitete Briand unter Ministerpräsident Pierre Laval. Dieser machte Briands Politik verächtlich und ließ ihn schließlich 1932 fallen. Damit beendete er die lange und ehrenvolle Karriere eines Mannes, der nun gebrochen, desillusioniert und krank war. Sieben Wochen später raffte ihn ein gnädiger Tod dahin.

Wie überall anders auch, so trat jetzt in Frankreich eine neue Sorte von Männern in den Vordergrund. Die Ära Briand war tot. Tot – oder doch im Sterben begriffen – waren auch die großen Illusionen: daß ein siegreiches Frankreich dem Besiegten für immer seinen Willen aufzwingen könne, daß die demokratischen Verbündeten aus Kriegszeiten auch in der Nachkriegsära Verbündete bleiben würden, daß der Völkerbund den Frieden bewahren würde – kurzum, daß das Leben in der westlichen Welt einigermaßen unverändert weitergehen würde und daß sich das Frankreich der Dritten Republik so ähnlich wie bisher würde durch das zwanzigste Jahrhundert hindurchmogeln können. Aber wenn auch die Illusionen verlorengingen, so sah man den nackten Tatsachen, die hinter ihnen auftauchten, doch nicht ins Auge. Die Erschütterungen des dritten Jahrzehnts, eingeleitet durch die weltweite Depression und schon bald verschärft durch Hitlers Machtübernahme und den Rückfall des Nationalsozialismus in die Barbarei, ließen die Dritte Republik bis in ihre Grundfesten erbeben. Für eine solche Folge von Schocks war Frankreich ebensowenig vorbereitet wie die USA oder Großbritannien. Da begann die Dritte Republik endgültig auf eine Katastrophe zuzuschliddern.

In Paris lösten sich wieder Regierungen der Rechten und der Linken in rascher Folge ab. Keine von ihnen blieb lange genug im Amt, um sich der ausbrechenden Krise wirkungsvoll annehmen zu können. Obgleich nach den Wahlen von 1928 eine konservative und nach denen von 1932 eine radikale in die Deputiertenkammer eingezogen war, fand sich für keine Politik und kein Kabinett eine tragfähige parlamentarische Mehrheit. Kammer und Senat brachten die Regierungen unter dem geringsten Vorwand zum Sturz. In den siebzehn Monaten nach Poincarés Abdankung im Juli 1929 wurden fünf Kabinette gestürzt. Von Juni 1932 bis Februar 1934 kamen und gingen sechs Regierungen. Die durchschnittliche Lebensdauer betrug nur noch drei Monate. Am 30. Januar 1933, dem Tage der Machtergreifung Hitlers, hatte Frankreich überhaupt keine Regierung, da das Kabinett Paul-Boncour am 28. Januar nach nur fünf Wochen gestürzt worden war und Edouard Daladiers erste Regierung erst am 31. Januar zustande kam. Der Kammer waren die Ereignisse im Ausland und ihre möglichen Auswirkungen auf Frankreich gleichgültig. Fünf Jahre später, am Tage von Hitlers Einmarsch in Österreich, sollte Frankreich wieder einmal ohne Regierung dastehen.

Die Schwäche der Präsidenten

Die Schwäche des Präsidentenamtes und die Mittelmäßigkeit jener Männer, die es in den letzten Jahren der Dritten Republik innehatten, trugen zur Instabilität der französischen Regierungen bei. Wir haben Clemenceaus Geständnis gehört, er wähle in der Nationalversammlung stets den dümmsten Kandidaten zum Präsidenten. Seine Kollegen im Parlament waren nicht anders. Gerade diese Einstellung führte 1920 zu Clemenceaus eigener Niederlage bei seiner Bewerbung um das höchste Amt im Staate. Es war ein Schlag, der seiner politischen Karriere ein Ende setzte und ihn für die restlichen neun Jahre seines Lebens bitter und mutlos werden ließ. Als »Vater des Sieges« erfreute sich Clemenceau im Land wie auch im Parlament eines so großen Prestiges, daß seine Wahl als Präsident der Republik und Nachfolger Poincarés, der sich ins Privatleben zurückzog, gesichert schien. Zweifellos hatte sein strenges und diktatorisches Regiment als Ministerpräsident während des letzten Kriegsjahres bei manchen Senatoren und Deputierten eine Abneigung erzeugt, und für manche am rechten Flügel ließ ihn sein alter Antiklerikalismus, mit dem Briand gegen ihn intrigierte, als ungeeignet erscheinen. Dennoch war das Land schockiert, als die Nationalversammlung am 17. Januar 1920 in Versailles nicht Clemenceau, sondern Paul Deschanel zum Präsidenten wählte, einen eleganten, weltgewandten Deputierten, der sich als Präsident der Kammer wenig politische Gegner gemacht hatte, weil er kaum einer Überzeugung huldigte. Aber das war noch nicht alles. Deschanel wurde bald danach verrückt. Kurz nach seiner Wahl zum Präsidenten der Repbulik sprang er eines Nachts aus dem Sonderzug, der gemächlich durch das Land dampfte, und suchte nach kurzem Fußmarsch entlang der Schienen, nur mit einem Pyjama bekleidet, einen einsamen Schrankenwärter auf. Als sich der Präsident zu erkennen gab, hielt ihn der Beamte für einen entsprungenen Irren und rief die Gendarmerie. Kurze Zeit später entdeckte man den Präsident, wie er hilflos in einem Teich nahe dem Präsidentepalais von Rambouillet herumplanschte und beinahe ertrank. Am 21. September, neun Monate nachdem er Clemenceau bei der Wahl geschlagen hatte, mußte Deschanel schließlich wegen Unzurechnungsfähigkeit von seinem hohen Amt abdanken*. Er wurde durch Alexandre

* Trotz seines Geisteszustandes wurde Deschanel prompt für den Bezirk Eure-et-Loire in den Senat gewählt.

Millerand, den einstigen Sozialisten, der inzwischen ein überzeugter Konservativer geworden war, ersetzt. Vier Jahre später sollte er das Schicksal MacMahons teilen und zum Rücktritt gezwungen werden, weil sich eine rebellierende Mehrheit in der Deputiertenkammer weigerte, vorher eine Regierung zu bilden.

Die Mitglieder des Parlaments bevorzugten als Präsidenten nicht nur mittelmäßige Schwächlinge, sondern auch Männer, die man als »sicher« ansah. Nach den Wahlen von 1924 war zwar eine Mehrheit des *Cartel des Gauches* ins Parlament eingezogen, doch die Nationalversammlung mißachtete den Wählerwillen und wählte den gemäßigten Senatspräsidenten Gaston Doumergue zum Präsidenten. Paul Painlevé, der Kandidat des siegreichen *Cartel*, wurde geschlagen.

1931 entschied sich die Nationalversammlung nicht für Aristide Briand, den einzigen französischen Staatsmann mit Weltgeltung, sondern für den gemäßigten, bescheidenen Paul Doumer. Inzwischen war es fast zu einer Gewohnheit geworden, den Senatspräsidenten zum Präsidenten der Republik zu wählen. Am 7. Mai 1932, einen Tag vor dem zweiten Wahlgang der Parlamentswahlen (der erste am 1. Mai hatte einen Ruck nach links gebracht), wurde Doumer bei der Eröffnung einer Buchausstellung in Paris von einem geistesgestörten Weißrussen ermordet. Der Wahlausgang am folgenden Tage sicherte eine starke linke Mehrheit in der Kammer, und man hätte annehmen sollen, daß dieses Ergebnis die Wahl des Präsidenten beeinflussen sollte. Doch das alte Parlament mit seiner konservativen Mehrheit, das als Nationalversammlung fungierte, entschied sich für den Senatspräsidenten Albert Lebrun, einen rechtschaffenen, aber farblosen Mann, der auf einen Wahlkampf verzichtet und daher weder die Rechte noch die Linke vor den Kopf gestoßen hatte. Er wurde am 10. Mai 1932 zum Präsidenten der Republik gewählt. Für die letzten acht Jahre sollte die Republik in ihm einen typischen Präsidenten haben. Doch in der entscheidenden Krise des schwer ringenden Regimes war ein »typischer« Mann an der Spitze eben nicht genug.

12 Abstieg, II. Die Aushöhlung der Militärmacht 1925–1934

Nicht nur die alten politischen Figuren, sondern auch die alten militärischen Köpfe, die 1918 französische und alliierte Armeen zum Sieg geführt hatten, verschwanden allmählich von der Bühne. Marschall Foch, der alliierte Oberkommandierende, starb 1929 mit achtundsiebzig Jahren voller Enttäuschung, weil der Friede nach seiner Ansicht sein Land der Früchte des Sieges beraubt hatte. Der Versailler Vertrag, so hatte er schon 1919 gesagt, bringe keinen Frieden, nur »einen Waffenstillstand für zwanzig Jahre«, eine Prophezeiung, die wie Clemenceaus Ausspruch in schrecklicher Weise zutreffend sein sollte.

Marschall Joffre, der Held der Marneschlacht, starb 1931 neunundsiebzigjährig, nachdem seine letzten Bemühungen um eine befestigte Nord- und Nordostgrenze fehlgeschlagen waren. Man wollte ihm nicht glauben, daß die Deutschen im Falle eines neuen Krieges wieder über Belgien angreifen würden.

Von dem großen Triumvirat der Militärs blieb nur Marschall Pétain. Umgeben von der Gloriole von Verdun, behielt er seinen Posten als Oberkommandierender der französischen Armee auch in Friedenszeiten noch dreizehn Jahre lang. Er schien unverwüstlich. Als er endlich 1931 pensioniert wurde, war er fünfundsiebzig, zehn Jahre jenseits der gesetzlichen Altersgrenze*. Kraftvoll wie ein Junger blieb er auch weiterhin im Kriegsrat. Sein Einfluß übertraf bei weitem den aller anderen Generäle und erlaubte es ihm, für weitere fünf Jahre die Militärpolitik Frankreichs zu bestimmen. Selbst danach, als er sich über achtzigjährig spät für die Politik zu interessieren begann, war er noch keineswegs am Ende.

Pétains Nachfolger wurde 1931 General Maxime Weygand, vierundsechzig, der hervorragende Adjutant Marschall Fochs aus dem Kriege, ein eitler Mann, dem man in republikanischen Krisen wegen seines offenkundigen Royalismus und fanatischen Katholizismus mit Argwohn begegnete. (Clemenceau, der ihn bewunderte, bemerkte einmal: »Natürlich steckt er bis an den Hals in den Priestern.«) Als Gegengewicht zu dieser Ernennung wählte die Regierung den einundsechzigjährigen General Maurice Gamelin, einst Marschall Joffres Adjutant, zum Generalstabschef. Er hatte seinerzeit, trotz seiner untergeordneten Position, die eigentlichen Pläne für die Marne-

* Das Pensionsalter für die Spitzenposition der Armee konnte zwischen 65 und 68 Jahren variiert werden.

schlacht von 1914 entworfen. Dieser kleine, schmächtige, freundliche Mann, der 1935 Weygands Nachfolger wurde, war überzeugter Republikaner und wurde in reaktionären Kreisen der Militärhierarchie sogar als »Liberaler« verdächtigt. Er hatte eine ungewöhnliche Karriere sowohl als Front- wie auch als Stabsoffizier hinter sich und galt als einer der klügsten Generäle dieser alternden Generation. Im Gegensatz zu Weygand, der nie Truppen im Kampf geführt hatte, verfügte Gamelin über praktische Erfahrungen aus den beiden letzten Kriegsjahren. Es gab in den dreißiger Jahren keinen Anlaß zu der Befürchtung, daß General Gamelins Tatkraft hinter seinem kultivierten und subtilen Verstand zurückbleiben würde.

Der einzige Grund war sein Alter. Er war fünfundsechzig, als er 1935 den höchsten Posten im Militär von dem achtundsechzigjährigen Weygand übernahm*. Nicht nur der Oberkommandierende, sondern auch alle anderen Generäle auf wichtigen Posten wurden alt. Eine bedeutende Zeitung schrieb, die französische Armee werde von einer seltsamen Kollektion von Methusalems geleitet. Sie waren während des Krieges, als Beförderungen rascher erfolgten, zu Generälen avanciert. (Pétain war in zwei Jahren vom Oberst zum Kommandierenden General aufgestiegen.) Und nach 1918 klammerten sie sich an ihre Posten und verbauten jüngeren, energischeren Offizieren mit neuen Anschauungen den Weg nach oben.

Charles de Gaulle blieb nach dem Krieg, trotz – oder vielleicht gerade wegen – seiner auffallenden Gründlichkeit als Lehrer von Saint-Cyr, zwölf Jahre lang Hauptmann und wurde erst 1927 mit siebenunddreißig Jahren zum Major befördert. Tausende von jüngeren Offizieren, Absolventen der Militärakademie Saint-Cyr oder der berühmten École Polytechnique, sahen keine Aussichten auf eine normale Karriere und konnten ihre Familien in den inflationären Jahren von dem kläglichen Sold, den untergeordnete Dienstgrade erhielten, nicht ernähren; sie wanderten in die Wirtschaft und in zivile Berufe ab. Anders glaubten sie weder Erfüllung zu finden noch anständig leben zu können. Andere Offiziere wurden schlichtweg entlassen, rund tausend allein 1933–1934, als das Militärbugdet unter den Auswirkungen der Depression um zwei Milliarden Francs gekürzt wurde. Dieses Bugdet sah sogar die Entlassung eines Sechstels des gesamten Offizierkorps, 5000 von 30000 Mann, vor und verursachte Panikstimmung im Oberkommando, bis das Projekt schließlich fallengelassen wurde.

Es war der Anfang der »mageren Jahre« bei den Wehrpflichtigen, verursacht durch das drastische Absinken der Geburtenziffern in den

* General Weygand hatte, wie schon Marschall Pétain vor ihm, den Posten eines Vizepräsidenten des Kriegsrates und Generalinspekteurs der Armeen inne. Dieser Titel designierte ihn für den Kriegsfall auch zum Oberkommandierenden. Als General Gamelin 1935 nachrückte, behielt er neben dem höchsten Amt noch seinen Posten als Generalstabschef bei.

Kriegsjahren 1914–1918. Kaum eine Viertelmillion wehrfähiger junger Männer erreichten jährlich das Einberufungsalter. De Gaulle wies in *Vers l'armée de métier*, einem seiner aufwühlenden Bücher, die die Militärhierarchie verärgerten und das Land aufschreckten, darauf hin: »Auf jeden Franzosen im Alter zwischen zwanzig und dreißig entfallen zwei Deutsche.« Da die Wehrpflichtigen nur ein Jahr dienten und diese Zeit für die Ausbildung nötig war, verfügte Frankreich kaum über eine nennenswerte Armee. Nur die 62000 Berufssoldaten, von denen viele als Ausbilder für die Rekruten abgestellt waren und die 72000 Soldaten der Kolonialtruppe bildeten eine schmale Grundlage für ein stehendes Heer. Die verheerenden Folgen dieses Zustandes sollten sich schon bald zeigen.

Als zu Beginn der dreißiger Jahre die Depression einsetzte, welkte die französische Armee, die man bisher für eine der stärksten der Welt gehalten hatte, dahin – nicht nur aus Personalmangel und aufgrund eingeschränkter Budgets, sondern auch aus anderen, ebenso wesentlichen Gründen. Die Armee litt unter der Verkalkung im Oberkommando, einer Welle des Pazifismus im Lande und der völligen Verwirrung im Parlament, Regierung und öffentlicher Meinung darüber, welche Art von Armee letztlich die Mindestanforderungen der Landesverteidigung erfüllen konnte, aber auch unter den wachsenden außenpolitischen Verpflichtungen Frankreichs und den Folgen der Nachkriegsrevolution in der Militärwissenschaft, ausgelöst durch die raschen technischen Fortschritte bei der Entwicklung von Flugzeug und Panzer. Gerade bei diesen beiden Waffengattungen hatten die Franzosen in den letzten Kriegsjahren hervorragende Pionierarbeit geleistet.

Verkalkung im Oberkommando

Die Generäle klammerten sich nach 1918 nicht nur an ihre Posten, sondern auch an die Ideen, die ihnen auf dem Schlachtfeld Erfolge eingetragen hatten. Sie waren engstirnig. Das gab Marschall Pétain viel später, gegen Ende seines langen Lebens, ganz offen zu. Er sagte vor einem Parlamentarischen Untersuchungsausschuß: »Nach dem Kriege von 1914–1918 war es für mich zu Ende. Ich nahm als Offizier nichts mehr auf. Wenn ich die Einführung anderer Ausrüstung, anderer Instrumente und Methoden sah, so muß ich sagen, daß sie mich nicht interessierten[1].« Noch im Januar 1935, kurz vor seiner Pensionierung, ermahnte der alte Kavallerist Weygand den Kriegsrat, beim Vorantreiben der Mechanisierung »umsichtig« vorzugehen und »nicht zu vergessen, daß Pferde immer nützlich sind«. Er erklärte, die Armee brauche dringend mehr Pferde, »insbesondere Reitpferde«[2]. Was – wie die Kavallerie – im Ersten Weltkrieg für den Sieg gut war, mußte ihn auch im Zweiten erringen helfen. »So hab' ich's gemacht, und es war erfolgreich«, ermahnte Marschall Foch kurz vor seinem Tode eine Gruppe junger Offiziere. »Und so müssen wir es immer machen.« Es schien fast, als hätten die meisten Armeeführer noch nichts vom Verbrennungsmotor gehört, der gegen Ende der zwanziger Jahre schnellere Maschinen (für Kampfflugzeuge), größere Flugzeuge mit größerer Reichweite (als Bomber und Transporter) sowie schwere Panzer ermöglichte, die man mit einer 7,5-cm-Kanone bestücken und mit 60 Stundenkilometern über unebenes Gelände fahren lassen konnte.

Es gab einen jung und frisch gebliebenen alten General, der eingestand, daß diese Dinge die Kriegführung revolutionierten. Es war General Estienne, in Frankreich »Vater des Tanks« genannt (er hatte ihn 1915 völlig unabhängig von den Briten entwickelt, die sich als seine Erfinder rühmten). Er hatte das Oberkommando zum Bau von Tanks gedrängt, sie 1916 zum erstenmal im Kampf eingesetzt und bei Kriegsende mehrere tausend davon befehligt. Er glaubte, eine der für den Sieg von 1918 entscheidenden Waffen gefunden zu haben, denn die Deutschen lagen auf diesem Gebiet weit hinter den westlichen Alliierten zurück*. Außerdem war General Estienne davon überzeugt, daß der Tank, insbesondere in Zusammenarbeit mit dem Flugzeug, die wichtigste Waffe in einem künftigen Landkrieg sein würde.

Die französische Militärhierarchie, in der Foch, Joffre und Pétain immer noch in hellem Glanz erstrahlten, ruhte sich schon auf der bequemen Überzeugung aus, daß man 1914 bis 1918 alles über den Krieg des zwanzigsten Jahrhunderts gelernt habe, was es zu lernen gab, da hielt General Estienne am 15. Februar 1920 in Paris vor jüngeren Armeeoffizieren einen ebenso kühnen wie prophetischen Vortrag; ein Jahr später wiederholte er ihn in Belgien, wo König Albert sein faszinierter Zuhörer war. »Ich glaube«, sagte er, »daß der Tank schon bald nicht nur die Taktik, sondern auch die Strategie und danach die gesamte Organisation moderner Armeen bis in die Grundfesten erschüttern wird.« Er entwickelte die Vision von einer 100000 Mann starken gepanzerten Truppe mit 4000 Tanks und 8000 Lastwagen, die an einem Tag oder in einer Nacht 80 Kilometer weit vorstoßen konnte, den Gegner abschnitt und ihn in die Flucht jagte. Das war genau die

* General Ludendorff, der unter Hindenburg die deutschen Armeen befehligte, berichtet in seinen »Kriegserinnerungen« von dem großen alliierten Tankangriff, der am 8. August 1918 begann. Dieses Datum nennt er den »Schwarzen Tag des deutschen Heeres in der Geschichte dieses Krieges«. Es war für die Deutschen der Anfang vom Ende. Ludendorff schreibt: »Am 8. August früh, . . . griffen die Engländer . . . und Franzosen zwischen Albert und Moreuil mit starken Tankgeschwadern, im übrigen aber mit keiner großen Überlegenheit an. Sie brachen . . . tief in unsere Front ein. Die dort stehenden Divisionen ließen sich vollständig überrennen. In ihren Stabsquartieren wurden Divisionsstäbe von feindlichen Tanks überrascht . . . Sechs bis sieben deutsche Divisionen, die durchaus als kampfkräftig angesprochen werden konnten, waren vollständig zerschlagen . . . Die Lage war ungemein ernst . . . Der 8. August stellte den Niedergang unserer Kampfkraft fest . . . Masseneinsatz von Tanks und künstlicher Nebel blieben auch in der Folge unsere gefährlichsten Feinde[3].«

Anzahl von Soldaten und Panzern, die General de Gaulle 1934 befürwortete, und es hätte eine exakte Beschreibung der Panzertruppe sein können, mit der die Deutschen im Mai 1940 nach Belgien und Frankreich vorstießen.

Zehn Jahre später verfeinerte General Estienne seine Gedanken und legte Richtlinien für den Panzerkrieg fest. »Die gepanzerte Truppe (er nannte sie ›Sturmartillerie‹) muß eine unabhängige Waffengattung sein, da sie nicht das geringste mit der Infanterie gemeinsam hat und sich von ihr in den Kampfmethoden, der Ausrüstung und Organisation wesentlich unterscheidet; sie muß notwendigerweise einen erheblichen Treibstoff- und Nachschubtroß im Rücken haben.« Schließlich betonte er mit einer heute fast übernatürlich anmutenden Hellsichtigkeit, von der er jedoch behauptete, sie käme aus den »Gefahren« seiner Karriere, die ihn zuerst einen der ersten Flieger und dann Panzerkommandant werden ließ, die Bedeutung einer engen Zusammenarbeit zwischen selbständigen Panzereinheiten und Flugzeugen. Diese sollten nicht nur der Luftaufklärung dienen, sondern in den Kampf und die Verfolgung mit eingreifen*. In Abwandlung eines Napoleonwortes schloß er: »Die Sturmartillerie (Panzertruppe) wird künftighin das Schicksal von Armeen und Völkern entscheiden[5].«

Das französische Oberkommando wollte ihm nicht glauben. Für die ehrwürdigen alten Generäle war dieses Gerede von einer starken, selbständigen Panzertruppe, die Infanterie- und Artilleriestellungen durchstoßen sollte, nichts als Gewäsch. Zuerst wurden General Estienne und seine Schüler, wie zum Beispiel der aufstrebende Oberstleutnant de Gaulle, für Opfer von Verirrungen gehalten.

Pferd gegen Tank

General Brécart, Mitglied des Kriegsrates und Generalinspekteur der Kavallerie, war entschieden gegen eine Ablösung des Pferdes durch gepanzerte Monstren. In der Militärzeitschrift *L'Officier de Réserve* griff er im Oktober 1933 heftig die Idee an, leichte motorisierte Divisionen zu schaffen und seine geliebten Tiere auf die Weiden zu verbannen. »Wir schaffen hier eine gefährliche Utopie!« rief er aus. »Wir haben keine Ahnung, wie das enden wird.« Im Interesse der »Zukunft unseres Landes« forderte er die Beschränkung der Kavallerie auf Pferde.

* Eigentlich hatten die Franzosen gegen Ende des Ersten Weltkriegs schon mit dem kombinierten Tank- und Fliegerangriff begonnen. Am 14. Mai 1918 wurde die erste Luftwaffendivision gebildet. Sie spielte eine Schlüsselrolle bei den großen Panzerangriffen im August. Die Einheit bestand aus 432 Spad-Flugzeugen, den Vorläufern der späteren Stukas. Ein junger deutscher Offizier, der dabei war, als seine Front von französischen Tanks, unterstützt durch die Luftwaffendivision, überrollt wurde, konnte dieses Erlebnis nicht vergessen. Es war Heinz Guderian, der Schöpfer der deutschen Panzerarmeen im Zweiten Weltkrieg. Später sagte er zu einem französischen Offizier: »Ich zog meine Schlüsse aus dem Einsatz Ihrer Tanks in Verbindung mit Ihrer Luftwaffendivision[4].«

Nach einer Beschreibung der wunderbaren in Frankreich gezüchteten Tiere, »eines der Reichtümer unserer Nation«, schloß er mit dem Appell: »Wir müssen die Aufzucht von Pferden sicherstellen!«

General Weygand, ein nicht ganz so leidenschaftlicher Pferdenarr wie General Brécart, war aufgeschlossen genug, zumindest die Ergänzung von Kavalleriedivisionen durch gepanzerte Fahrzeuge zu empfehlen. 1931 wurden die ersten zögernden Schritte in dieser Richtung unternommen. General Dufieux, Generalinspekteur der Infanterie und Tanks, war dagegen. Er stemmte sich insbesondere gegen den neumodischen Gedanken an selbständige Panzereinheiten und schrieb an seinen Chef: »Nach meiner Meinung ist es unmöglich, daß man jemals eine mechanisierte Kampfeinheit zu einer kompletten, eigenen Operation einsetzen kann . . . Ich kann daher nicht verstehen, weshalb die mechanisierte Kavalleriedivision eingerichtet wird, als genüge sie allein schon unter allen gegebenen Umständen.« Er betonte, der Tank sei dazu da, die Infanterie zu begleiten, und niemals, um in eigenen Einheiten zu operieren.

Das war der springende Punkt. Sollte der Tank lediglich als Hilfsmittel der Infanterie verwendet werden, wie im Großen Krieg? Oder sollte man daraus jetzt, da er sich zu einer mächtigen Angriffswaffe entwickelte, selbständige Einheiten bilden, die bei ihrer Wendigkeit Infanterie, Artillerie und Kavallerie weit hinter sich lassen würden? Diese Frage warf General Estienne 1928 und dann noch einmal 1931 auf. Er bestand auf einer zustimmenden Antwort. Das französische Oberkommando befaßte sich mit dieser Frage und beantwortete sie – ablehnend. Das 1930 zusammengestellte Handbuch »Instruktionen für den Einsatz von Tanks« begann:

Kampftanks sind Maschinen zur Begleitung der Infanterie . . . Im Kampf stellen Panzereinheiten einen integrierten Teil der Infanterie dar . . . Tanks sind nur Hilfsmittel, die der Infanterie vorübergehend zur Verfügung gestellt werden. Sie unterstützen die Aktion der letzteren beträchtlich, können sie aber nicht ersetzen. Soll ihr Einsatz wirkungsvoll sein, dann muß er von der Infanterie im Augenblick des Vorstoßes ausgenutzt werden; entscheidend ist allein das Vorgehen der Infanterie und das Erreichen ihrer Ziele.

Um keinen Zweifel daran zu lassen, daß das Oberkommando die Panzereinheiten als Parias betrachtete, schrieb das Handbuch vor, daß sie stets dem Befehl der Infanterieeinheiten, die sie unterstützten, unterstellt werden mußten. Von diesem bereits überholten Standpunkt rückten die französischen Armeechefs erst ab, als es schon zu spät war, und auch dann nur widerstrebend und unvollständig. Bis zum bitteren Ende beharrten die meisten französischen Militärexperten, darunter die berühmtesten, gegen die verzweifelten Vorstellungen des rebellierenden Oberst de Gaulle und seines Freundes Paul

Reynaud, des aufstrebenden jungen Politikers der Mitte, auf ihren alten Argumenten gegen den Einsatz von Panzern als selbständige, unabhängig operierende Einheiten. Genau das hatten die Deutschen fast von dem Augenblick an getan, als sie 1933 mit dem Bau von Panzern begannen, die ihnen bis dahin durch den Versailler Vertrag verboten waren.

Im Dezember 1938, neun Monate vor dem Ausbruch des Zweiten Weltkriegs, brachte die *Revue d'Infanterie* einen. Artikel von Major Laporte über die neuesten Erwägungen des Oberkommandos. Er schrieb darin: »Nicht einmal die modernsten Tanks können das Gefecht für sich allein führen. Ihre Aufgabe muß stets darin bestehen, gemeinsam mit dem Feuer von Artillerie und schweren Infanteriewaffen den Schutz und die Unterstützung von Angriffen zu übernehmen . . . Auf dem ewigen Schlachtfeld ist und bleibt der Hauptfeind des Soldaten zu Fuß der gegnerische Infanterist, der, wie wir uns aus dem Unterricht erinnern, allein imstande ist, Terrain zu besetzen, zu organisieren und zu halten. Der Tank muß vor allen Dingen als eines der Hilfsmittel des Infanteristen betrachtet werden.«

Knapp ein Jahr vor Kriegsausbruch nahm der ehrwürdige Marschall Pétain die letzten Verfeinerungen an der offiziellen Lehre vom Panzerkrieg vor. Pétain schrieb die vielgerühmte Einleitung zu einem umstrittenen Buch von General Chauvineau, Professor an der *École de Guerre,* das Anfang 1939 unter dem Titel »Ist eine Invasion noch möglich?« (die Frage wurde darin verneint) erschien. Pétain erklärte aus olympischen Höhen gegen die verrückten und absurden Ideen des Ketzers de Gaulle:

Es wäre töricht anzunehmen, daß eine gepanzerte Truppe, die angeblich 200 Kilometer am Tag zurücklegen, starke Befestigungen durchbrechen und im Rücken des Feindes Panik stiften kann, eine unwiderstehliche Waffe wäre. Die durch diese Waffe erzielten entscheidenden Erfolge würden den Morgen nicht erleben . . . Vor einem Wall von Panzerabwehrkanonen und Minen wäre die gepanzerte Division einem Flankenangriff auf Gnade und Ungnade ausgeliefert . . . Was die Tanks betrifft, die uns, wie manche meinen, eine Abkürzung der Kriege bescheren sollen, ist ihre mangelnde Eignung augenfällig.

Kurz nach Hitlers Machtübernahme 1933 begannen aus Berlin Nachrichten des Geheimdienstes einzutreffen, nach denen die Deutschen die Panzer zur Grundlage ihrer künftigen Armee machen wollten. Da die hohen französischen Militärs den Tanks trotzdem skeptisch gegenüberstanden, ist es nicht verwunderlich, daß ihre Entwicklung nur langsam voranging. Da die Deutschen seit 1919 keine Tanks mehr bauen durften, hatten die französischen Generäle einen ungeheuren Vorsprung. Aber sie waren zu verknöchert, ihn zu nutzen. General

Estienne selbst hatte bereits 1921 Pläne für den künftigen schwer gepanzerten, schwer bewaffneten und schnellen Tank, der einmal B-Panzer heißen sollte, ausgearbeitet. Um 1925 waren mehrere Prototypen hergestellt und erfolgreich getestet worden. Dann ließ das Oberkommando die Sache vier Jahre lang ruhen. Das Thema wurde 1929 wieder aufgegriffen, weitere vier Jahre lang diskutiert, und 1935 wurden endlich die ersten Aufträge erteilt. Inzwischen lief in Deutschland die Produktion schwerer Panzer auf vollen Touren. Das war auch der Hauptgrund, weshalb das französische Oberkommando endlich, wenn auch widerstrebend, nachgab. Aber man hatte es nicht eilig. Die Produktion wurde auf zehn B-Panzer pro Monat begrenzt, und nicht einmal diese bescheidene Zahl wurde erreicht. Anfang 1939, nachdem Hitler seine Panzerdivisionen nach Österreich und in die Tschechoslowakei hatte einmarschieren lassen und Frankreich Grund zu der Annahme hatte, es werde als nächstes an der Reihe sein, wurden monatlich acht B-Panzer hergestellt.

Die Armee hatte achtzehn Jahre seit dem Entwurf des schweren Tanks und vierzehn seit seiner erfolgreichen Erprobung zur Verfügung, genügend, um in dieser Zeit die mächtigste Panzergruppe der Welt aufzubauen. Der B-Panzer war nämlich fast in jeder Hinsicht den besten deutschen Panzern überlegen. Noch volle zwei Jahrzehnte nach seiner Entstehung kopierten ihn Briten und Amerikaner unter der Bezeichnung Churchill- und General-Grant-Panzer.

Wie mit den Panzern, so ging es auch mit den Flugzeugen. Das schläfrige französische Oberkommando hielt nicht viel von der Kriegsfliegerei. Zwölf Jahre nach dem Ende des Großen Krieges, in dem die französischen Flieger als Aufklärer, Kampf- und Bombenflieger eine immer größere Rolle gespielt hatten, war die französische Luftwaffe im wesentlichen noch immer unverändert mit den alten schwerfälligen Maschinen ausgerüstet, aber natürlich war sie zahlenmäßig verkleinert worden. Das Lehrbuch des Oberkommandos, 1921 von Pétain entworfen, nahm vom Flugzeug kaum Notiz. »Am Tage wird aufgeklärt, nachts bombardiert«, sagte es, und das war auch schon alles.

Das nächste Handbuch von 1936 ging kaum weiter. Es wurde darin zwar zugegeben, daß es seit 1921 hier und da Fortschritte auf dem Gebiet der Waffenentwicklung gegeben habe, aber »das ändert nicht unbedingt etwas an den in den früheren Instruktionen aufgestellten Grundregeln«. Von den 177 Seiten waren nur 3 der Luftwaffe gewidmet. Die Kampfflugzeuge hatten aufzuklären, die Bomber Flugplätze und Truppenansammlungen hinter den gegnerischen Linien zu bombardieren. Kein Wort über die Beteiligung der Flugzeuge an den Bodenkämpfen. »Ein direktes Eingreifen der Luftwaffe in die Kämpfe ist illusorisch«, hatte Pétain bestimmt und General Gamelin pflichtete ihm später bei. »So etwas wie einen Luftkampf gibt es nicht«, verkündete er. »Gekämpft wird nur am Boden.«

So vegetierte die französische Luftwaffe nach dem Krieg dahin. Sie mußte sich mit ihren antiquierten Maschinen und einer primitiven Technik zufriedengeben, die sich von 1915 bis 1918 bewährt hatte. Erst auf Drängen der jüngeren Piloten fand sich das Oberkommando 1937 bereit, Funkgeräte einzubauen. Die französischen Bomber erhielten sie nicht. Die Bomber, aber auch die damals hergestellten Kampfflugzeuge, waren in jeder Hinsicht minderwertig und den deutschen an Geschwindigkeit und Reichweite ebenso unterlegen wie den englischen und amerikanischen. Für das französische Oberkommando war die Luftwaffe so etwas wie ein ungebärdiges Stiefkind.

Später sollten sich die französischen Generäle bitter darüber beklagen, daß ihnen Parlament und Regierung nie die nötigen Waffen in die Hand gegeben hätten. Es stimmt, daß das Parlament in den ersten Depressionsjahren die Militärausgaben kürzte. 1934 erklärte sich das Kriegsministerium mit einer von der Regierung beschlossenen drastischen Kürzung der Rüstungskredite einverstanden. Aber wer war damals Kriegsminister? Es war Marschall Pétain, und als General Weygand erbost eine Sitzung des Kriegsrates zur Diskussion der verheerenden Folgen einer Kürzung forderte, lehnte Pétain ab.

Tatsache war, daß das Oberkommando die gewährten Rüstungskredite nicht einmal ausschöpfte. So blieben in General Weygands letzten zwei Jahren als Chef der Armee riesige Summen ungenutzt: 59 Prozent der Rüstungskredite im Jahre 1933, 33 Prozent 1934; dabei wurde laut nach mehr Geld für die Aufrüstung geschrien. Als 1935 General Gamelin Weygands Nachfolger wurde, blieben 60 Prozent der Rüstungskredite ungenutzt. Der Parlamentarische Untersuchungsausschuß bezeichnete später den Wirrwarr im Kriegsministerium und Generalstab über das Wie der Bewaffnung als »unglaublich«. Niemand schien verantwortlich zu sein. Nach den Worten des damaligen konservativen Finanzministers herrschte in der Armee »ein Fehlen jeglicher Gesamtplanung, keinerlei Führung«[6].

Die hohen Generäle wußten nicht, welche Waffen gebraucht wurden, weil sie keine Ahnung von der Anwendung der neuen Waffen hatten. Von der Anwendung von Panzern und Flugzeugen in einem künftigen Krieg wollten sie nichts wissen. General Estienne hatte seit 1921 und Oberst de Gaulle seit 1933 (ganz zu schweigen von Oberst Heinz Guderians in seinem Anfang der dreißiger Jahre erschienenen Buch *Achtung Panzer!*) immer wieder dringend darauf hingewiesen, daß Panzer und Luftwaffe gemeinsam im nächsten Krieg das Schlachtfeld beherrschen würden. Das französische Oberkommando hatte diese Ideen mit kaum verhohlener Feindseligkeit zur Kenntnis genommen – und zurückgewiesen.

Warum? Die Antwort war hauptsächlich in dem Schwund militärischen Bewußtseins in den Friedensjahren nach dem großen Sieg von 1918 zu suchen. Das zeigte sich nicht nur in der Unfähigkeit des Oberkommandos, mit der Entwicklung der Waffentechnik Schritt zu halten und eine neue Anwendungstechnik auszuarbeiten, sondern auch in den Lehren der hohen Militärschulen. Von der berühmten Generalstabsschule *(École Supérieure de Guerre)* meinte ein junger Offizier, sie sei »eine Schule von Eunuchen geworden, in der es nicht mehr um die Förderung des Denkens ging«. Ein anderer Offizier empfand die Lehre als »erstaunlich armselig«[7]. Die höchste Stabsschule *(Le Centre des Hautes* Études Militaires) war genauso tot. Vor 1914 hatten die brillanten Vorlesungen von Oberst Foch und Oberst de Grandmaison an der *École de Guerre* die jungen Offiziere elektrisiert und das Denken in der französischen Armee verjüngt, indem ein neuer Offensivgeist eingeimpft wurde. Doch nach dem Krieg wurde das Hauptgewicht auf die Defensive gelegt. Sie hatte sich 1914–1918 einmal bewährt und würde es wieder tun. Neue Ideen wurden unwillig abgelehnt. Kein Wunder, daß General Tony Albord, damaliger Schüler an der Kriegsschule, den »Niedergang des militärischen Denkens in Frankreich nach 1918« beklagen sollte. Diese Erscheinung war nach seiner Auffassung »ohne Beispiel« und die »Hauptursache« für die Ereignisse von 1940.

Die Furcht vor dem Neuen, vor neuen Waffen, die eine neue Taktik erforderten, wurde zu einem Wahn. Noch 1936, als bewährte Generäle unter Leitung von General Alphonse Georges das neue Instruktionsbuch zusammenstellten, wurde betont, daß trotz der technischen Fortschritte auf dem Gebiet des Waffenwesens

der Ausschuß, der diese Instruktionen erarbeitet hat, nicht daran glaubt, daß dieser technische Fortschritt die bisherigen Grundregeln auf dem Gebiet der Taktik verändert. Er glaubt infolgedessen, daß die zu Kriegsende (1918) von den großen Heerführern objektiv festgelegten Regeln Grundlage für den taktischen Einsatz großer Kontingente bleiben müssen[8].

Das ist das erschütternde, wenn auch ungewollte Bekenntnis, daß der Verstand der französischen Generäle festgefahren und schon dick mit Rost überzogen war. Sie klammerten sich, wie das Handbuch zeigt, an die Taktik von 1918. Doch die war überholt. Sie gründete sich auf Infanterie, unterstützt durch bespannte Artillerie, die sich in der Stunde knapp zwei Kilometer weit über Granattrichter und Drahtverhaue voranarbeiteten und den Feind allmählich zurückdrängten, aber niemals seine Front durchbrachen. Die französische Verteidigungstaktik war am Vorabend des neuen Krieges immer noch auf diesen schrittweisen Angriff ausgerichtet, die Offensivtaktik ebenfalls. Leider hatte der deutsche Generalstab inzwischen (1936) eine völlig neue Taktik entwickelt, entlehnt von einem französischen General (Estienne) und einem französischen Oberstleutnant (de Gaulle). Diese Taktik sah selbständige Divisionen schwerer Panzer, begleitet von motorisierter Infanterie, Pioniereinheiten, schwerer Artillerie auf Raupenschleppern und Treibstofftransportern, vor, die mit energischer Unterstützung von Kampfflugzeugen zwanzig- oder dreißigmal so schnell vorrücken konnten wie der Soldat zu Fuß. Sie sollten im Rücken des Feindes Verwirrung und Panik stiften, seine Nachrichten- und Nachschublinien zerstören und an einem einzigen Tag die »Frontlinie« aufrollen, die im Großen Krieg erstarrt war und an die das französische Oberkommando immer noch unverändert glaubte.

Nach dem Zweiten Weltkrieg stellte der Parlamentarische Untersuchungsausschuß fest: »Für das Oberkommando war Stagnation die höchste Form der Weisheit geworden.«

Unsere Strategen waren kaum mehr als Bücherwürmer, die ihre Unzulänglichkeiten hinter Präzedenzfällen verschanzten. Sie hatten aus dem Kriegsministerium, dem Kriegsrat und dem Generalstab gigantische Apparate gemacht, in denen der Stumpfsinn inmitten von Papierbergen regierte . . .

Der von seiner Unfehlbarkeit überzeugte Generalstab erhob die Verteidigung seiner Vorurteile zum Hauptzweck . . . Er hatte sich zwischen ewigen Wahrheiten und dem Schein eines verblaßten Ruhms auf einen eigenen Berg Sinai zurückgezogen, lebte am Rande der Ereignisse und widmete alle Energie dem Bemühen, an einer Organisation herumzuflicken, die von den Ereignissen längst überrollt worden war[9] .

Eine Zwangsvorstellung: Defensive und feste Frontlinien

Es erscheint logisch, daß das französische Oberkommando von der Idee der Defensive und einer festen Front besessen war. Sie stützte sich auf die Erfahrungen aus dem Kriege 1914–1918, in dem die Franzosen zusammen mit ihren Alliierten erfolgreich das Land verteidigt hatten, bis die Invasoren erschöpft und vertrieben waren. Die geschlossene Front hatte gehalten. Die Deutschen hatten sie zwar durchstoßen, aber die Lücken waren immer schnell wieder geschlossen worden. Es hatte gefährliche, aber nicht verhängnisvolle Durchbrüche gegeben. Foch, Joffre, Pétain und später auch Weygand wiesen voll Stolz auf diese Tatsache hin und prophezeiten, daß es im nächsten Krieg genauso sein werde.

Das erhabene Symbol der Verteidigungstaktik war jener Held, der die Deutschen 1916 vor Verdun aufgehalten hatte: Marschall Pétain. »Feuerkraft tötet!« hatte er seinen Schülern vor 1914 immer wieder eingehämmert, als er an der Kriegsschule Infanterietaktik lehrte. Das war klar, aber es war ebenso selbstverständlich, daß Feuerkraft, wie Pétain behauptete, einen ungeheuren Vorteil der Defensive gegenüber der Offensive bedeutete? Die Statistiken des Großen Krieges unterstützten diese These kaum. Die zumeist in die Verteidigung gedrängte französische Infanterie hatte fast doppelt so hohe Verluste erlitten wie die Deutschen. Und stimmte es auch, wie Pétain noch 1938 verkündete, daß »bisher bei den Bodenoperationen jede neue Erfindung im allgemeinen die Defensive mehr begünstigt hat als den Angriff«? Im Falle solcher »Erfindungen« wie des schnellen, schwergepanzerten und bewaffneten Tanks, des Sturzkampfbombers und des durch schnelle Jäger gedeckten schweren Bombers stimmte es offenbar nicht, weil es sich hier um Angriffswaffen handelte. Aber Marschall Pétain glaubte daran, und sein Wort war in Frankreich Evangelium.

Er glaubte auch an die »geschlossene Front«. Ihr überragender Wert war im Handbuch von 1921 fixiert und wurde in der Ausgabe von 1936 wiederholt. Und noch 1938 behauptete Pétain in seiner Einleitung zu General Chauvineaus Buch (aus dem auch das obige Zitat stammt), »die geschlossene Front ist die große Erkenntnis des letzten Krieges. Sie erwies sich als stabil . . . Sie wird auch weiterhin allem standhalten«.

Auch General Weygand glaubte daran. Nachdem er 1931 das Oberkommando von Pétain übernommen hatte, erinnerte er sich daran, daß im Großen Krieg »die Front niemals von einer der beiden Seiten wirklich durchbrochen wurde«. So war der Begriff der »undurchdringlichen Front«, wie er sagte, für ihn zu einem »Axiom« geworden.

Man muß Pétain, Weygand und den anderen führenden Generälen der französischen Armee zugute halten, daß einer ihrer Gründe für das Festhalten an einer defensiven Einstellung, gestärkt durch mächtige neue Befestigungsanlagen, ihre Entschlossenheit war, den Franzosen in einem künftigen Krieg blutige Verluste zu ersparen. Die Hölle von 1914–1918 hatte sie krank gemacht. Aber nicht nur das: Sie wußten auch, daß noch so ein Aderlaß selbst dann das Ende Frankreichs bedeuten würde, wenn es siegte. Wie wir gesehen haben, war es Pétain, der im Ersten Weltkrieg dem Massaker unter der französischen Infanterie ein Ende bereitet hatte, nachdem General Neville es mit seinen schlecht vorbereiteten und vergeblichen Angriffen angerichtet hatte. Danach legte Pétain als neuer Oberkommandierender fest, daß es keine Offensiven geben werde, bis die Franzosen eine erdrückende Übermacht an Artillerie besäßen und die Infanterie vorrücken konnte, ohne hingeschlachtet zu werden. Bei den Mannschaften war er als der General bekannt, der mit seinen Männern fühlte und Achtung vor ihrem Leben bewies.

Es gab noch weitere Gründe für das Festhalten an der Defensive. Nach der Wiedererlangung Elsaß-Lothringens im Jahre 1918 hatte Frankreich keine weiteren territorialen Forderungen mehr an Deutschland. Es hatte keinen Grund, Deutschland oder die anderen Nachbarländer Spanien, Italien, Schweiz und Belgien anzugreifen, die mit Ausnahme des faschistischen Italiens nach 1935 und Franco-Spaniens nach 1938 militärisch schwach und freundlich wie auch friedlich waren. Die Franzosen wollten sich nur innerhalb ihrer eigenen Grenzen sicher fühlen. Dafür hielt man eine starke Verteidigungsmacht für ausreichend. Es war natürlich bekannt, daß die Verpflichtungen gegenüber der Tschechoslowakei und Polen von Frankreich einen Entlastungsangriff im Westen verlangen würden, falls diese Länder von den Deutschen angegriffen werden sollten. Doch diese Notwendigkeit ergab sich nicht, solange Deutschland entwaffnet blieb. Selbst nachdem Hitler im Januar 1933 an die Macht gelangt, im Oktober aus dem Völkerbund ausgetreten war und fieberhaft aufzurüsten begann, glaubte man in Frankreich nicht, daß Deutschland skrupellos genug sein würde, die östlichen Nachbarn anzugreifen.

Europa, so glaubten die Franzosen, sei der ewigen Kriege müde, die immer wieder die Jugend dahingerafft und das Land verwüstet hatten. Solche Aussprüche las man selbst von Hitler in der französischen Presse. Schließlich war er als einfacher Soldat selbst im Ersten Weltkrieg zweimal verwundet worden. Die Franzosen glaubten, der Krieg gegen Deutschland gehöre der Vergangenheit an. Sie erkannten, daß Deutschland im Falle einer Wiederaufrüstung aufgrund der größeren Industriekapazität und des größeren Menschenreservoirs Frankreich allein überlegen sein würde. Hinzu kamen noch die »mageren Jahre«, in denen die Zahl der französischen Wehrpflichtigen für mindestens vier Jahre fast auf die Hälfte zurückgehen würde; damit wäre die französische Armee ohnehin zu klein gewesen, um etwas anderes als eine reine Verteidigungsstreitmacht darzustellen.

Zur Stärkung der Landesverteidigung wären neue Befestigungen notwendig, um nicht nur die zahlenmäßige Unterlegenheit, sondern auch den Schutzschild des Rheinlands wettzumachen, der 1930 mit dem Rückzug der französischen Truppen verlorengegangen war. Das französische Oberkommando war, unterstützt durch Parlament, Regierung und öffentliche Meinung, entschlossen, in einem eventuellen neuen Krieg mit Deutschland das Industrie- und Bergwerksgebiet entlang der nördlichen und nordöstlichen Grenze um jeden Preis zu halten. 1914 war es der Verlust dieser Gebiete gleich in den ersten Wochen gewesen, der Frankreich fast kampfunfähig machte und es der meisten Rohstoffquellen für Eisen, Stahl und Kohle sowie eines Großteils seiner Schwerindustrie beraubte.

Starke Befestigungen würden nicht nur die Deutschen an der

Grenze aufhalten, sondern Frankreich außerdem die *couverture* verschaffen, die absolut erforderlich war, um die Reserven mobilisieren und sie hinter der Front bereitstellen zu können. Da es der französischen Armee, wie schon 1914, an der Motorisierung mangelte, war sie für den Transport von Truppen und Nachschub auf die Eisenbahnen angewiesen. Die Mobilisierung und Aufstellung der Truppen würde schätzungsweise vierzehn Tage dauern. Für diesen Zeitraum mußte die Befestigungslinie jedem noch so massierten Überraschungsangriff standhalten. Die vorhandene Armee, nicht einmal halb so groß wie 1914, konnte das allein nicht schaffen.

Die Maginotlinie

Diese Überlegungen waren es, die zum überhasteten Bau der Maginotlinie führten. Nach fast zehn Jahre währenden Planungen und Debatten im Kriegsrat unter Marschall Pétain und in einem besonderen »Ausschuß für die Verteidigung der Grenzen« des Miltärs unter General Guillaumat wurden die letzten Details der neuen Befestigungslinie schließlich 1929 vom Kriegsminister Paul Painlevé gebilligt. Noch im selben Jahr genehmigte das Parlament einen Kredit in Höhe einer halben Milliarde Dollar als erste Rate für ihren Bau. Die Arbeiten begannen 1930. Sie wurden von dem Mann, dessen Namen die Anlage später tragen sollte, energisch vorangetrieben: André Maginot, einem Kriegsversehrten aus dem Ersten Weltkrieg, der als Kriegsminister diente, bis er 1932 plötzlich nach dem Genuß von Austern bei einem Bankett in New York an Vergiftung starb.

Die Hauptwerke der Anlage waren 1935 vollendet. Mit ihnen erhielt Frankreich, das nun von der Furcht vor einem rasch aufrüstenden Deutschland befallen wurde, die mächtigste Festungsanlage, die es je gegeben hatte – und einen Komplex, den sogenannten »Maginotlinien-Komplex«. Er sollte paradoxerweise mit zu der militärischen Katastrophe von 1940 beitragen, zu deren Verhütung diese Anlagen ja eigentlich errichtet worden waren.

Es war nämlich so, daß sich die Maginotlinie an der falschen Stelle befand. Die klassische Einfallsroute, über die seit fast zweitausend Jahren Völkerstämme aus Deutschland in Frankreich eingefallen waren, führte durch Belgien. Sie stellte den kürzesten und zugleich den leichtesten Weg dar, weil das Land eben war und nur wenige Flüsse überquert werden mußten. Diese Route hatten die Deutschen auch 1914 gewählt.

Hier bedeutete die Maginotlinie überhaupt kein Hindernis. Sie lag kanonengespickt und mit meterdickem Stahlbeton armiert, den keine Bombe durchschlagen konnte, viel weiter östlich, gegenüber der deutschen Grenze von Luxemburg bis zum Rhein. Im Elsaß wurde am Westufer des Stroms ein schwächeres Verteidigungssystem, bestehend aus zwei gestaffelten Reihen von Kasematten errichtet, um einen Vorstoß der Deutschen über den breiten, reißenden Rhein aufzuhalten, der an sich schon ein erhebliches Hindernis darstellte. Die nordöstliche Ecke Frankreichs war somit gut geschützt.

Das Problem, wie man die nördliche Grenze nach Belgien absichern konnte, falls die Deutschen erneut diesen Weg wählen sollten, quälte das französische Oberkommando und die Regierung in all den Jahren zwischen den beiden Kriegen. Hinter jener Grenze lag ein großer Teil der Kohlenbergwerke und der Industriezentren. Es war, wie man zugeben muß, ein schwer zu lösendes Problem. Eine Ausdehnung der Maginotlinie entlang der belgischen Grenze von Luxemburg bis ans Meer hätte mehr gekostet, als Frankreich aufbringen konnte. Wäre die Kostenfrage dennoch irgendwie lösbar gewesen, hätte man damit die Belgier vor den Kopf gestoßen, weil diese sich dann schutzlos dem Feind ausgeliefert fühlen mußten. Wie 1914 gelehrt hatte, gab es für die Belgier keine Möglichkeit, einem massiven Vorstoß der Deutschen Halt zu gebieten und sie daran zu hindern, ihr Land zu überrennen. Dafür war Belgien, was Menschen und Material betraf, einfach zu klein.

Die lange belgische Grenze zu besetzen, die nicht nennenswert befestigt war, und dort einen deutschen Angriff abzuwarten, der unterwegs durch Belgien noch an Schwungkraft gewinnen würde, kam nicht in Betracht. Mögliche Alternativen wurden im französischen Kriegsrat während der späten zwanziger und der dreißiger Jahre ununterbrochen debattiert. Es gab zwei solcher Möglichkeiten. Man konnte entweder gewisse Stützpunkte entlang der nördlichen Grenze, vom Ende der Maginotlinie bis zum Meer, befestigen, um das Haupteinfallstor nach Frankreich zu blockieren, oder man mußte sich darauf einrichten, so schnell wie möglich die französichen Armeen nach Belgien zu schaffen, damit sie den Belgiern helfen konnten, dem Feind so weit vorn wie nur möglich zu begegnen.

1932 sprachen sich Weygand und Gamelin für die erste Lösung aus und erhielten vom Parlament sogar schon vorläufige Kredite, um die Arbeit aufnehmen zu können. Pétain bestand auf der zweiten Möglichkeit, was angesichts seiner früheren Doktrin überraschend ist: Der einzige Weg zur Verteidigung der Nordgrenze, so argumentierte er, sei ein rascher Einmarsch in Belgien, wie er 1914 verspätet vorgenommen worden war.

Aber wenn sich nun die Belgier weigerten, Unterstützung zu erbitten und die Franzosen in ihr Land einmarschieren zu lassen? Diese Frage warf Ministerpräsident Poincaré auf einer Sitzung des Kriegsrates im Jahre 1927 auf. Er erinnerte Foch und Pétain daran, daß die Belgier 1914 mehrere Tage lang diese Erlaubnis hinausgezögert hatten – ein kostspieliger Aufschub. Wenn sie sich nun wiederum weigerten? Im Gegensatz zu den Deutschen würden die Franzosen niemals ungebeten in Belgien einmarschieren. Pétain antwortete trotz seiner schon legendären Vorliebe für die Defensive, dann müßten die Franzosen eben trotzdem einmarschieren.

Entscheidung darüber, was nun geschehen sollte, fiel am 7. März 1934, als Marschall Pétain, der damalige Kriegsminister, vor dem Armeeausschuß erschien, um Fragen zu beantworten. Weygand und Gamelin hatten als die ranghöchsten Führer der Armee erneut Kredite zum Bau einer Reihe von Befestigungen entlang der belgischen Grenze beantragt. Pétain widersprach ihnen. »Der Bau von Festungen an der Grenze«, sagte er, »würde sie (die Industriegebiete) nicht schützen, weil sie zu dicht hinter der Grenze liegen. *Wir müssen in Belgien einmarschieren!«*

Bei dieser Sitzung wurde auch die Frage nach den Ardennen als möglichem Einfallstor für die Deutschen aufgeworfen. Marschall Pétain gab darauf eine Antwort, an die man sechs Jahre später in Sedan, am südwestlichen Ausgang dieses waldigen und bergigen Gebietes, noch denken sollte. *»Der Ardennenwald ist undurchdringlich«*, verkündete er zuversichtlich, »wenn man dort nur gewisse Vorkehrungen trifft. Infolgedessen haben wir ihn als eine Zone der Vernichtung zu betrachten. Die Ränder auf der dem Feind zugewandten Seiten werden natürlich verteidigt. Dort werden einige Blockhäuser errichtet. Da diese Front keine Tiefe aufweisen würde, könnte sich der Feind dort nicht entwickeln. Tut er es dennoch, schießen wir seine Soldaten, wie sie aus dem Wald treten, einzeln ab. Dieser Sektor ist nicht gefährdet.«

Die Deutschen sollten 1940 gegen Belgier und Franzosen und 1944 noch einmal gegen die amerikanisch erste Armee beweisen, wie »gefährdet« er war. Doch in diesem Punkt sollte das französische Oberkommando dem Rat des »Siegers von Verdun« folgen. Die Folgen waren dann verheerend.

So wurde die gewaltige Maginotlinie gebaut und 1935 vollendet, und die lange belgische Grenze blieb bis auf wenige Punkte vor Montmédy, südöstlich von Sedan, bis Dünkirchen unbefestigt. Diese Anlagen waren nach Meinung von General Paul-Emile Tournoux kaum mehr als »Phantom-Werke«[10].

Nichtsdestoweniger fühlten sich die Franzosen hinter der mächtigen Maginotlinie sicher. Sie wurden vom »Maginotlinien-Komplex« infiziert. Die Zuversicht, daß diese Befestigungen die Deutschen das nächstemal mit nur geringfügigen Verlusten für die Verteidiger aufhalten würde, entsprach einem tief im Bewußtsein des französischen Volkes verwurzelten Gefühl; man war immer noch vom gewaltigen Aderlaß des Großen Krieges erschöpft. Fast jedermann wurde von diesem Komplex befallen: Sollte es zu einem neuen Krieg mit Deutschland kommen, dann würde die Jugend Frankreichs nicht wieder im Kampf gegen den alten Feind dahingeschlachtet werden und auch nicht viel an Leiden zu ertragen haben. Die großen Werke der Maginotlinie, sechs bis sieben Stockwerke tief in den Boden hineingebaut, wiesen so manche Bequemlichkeiten auf: Klimaanlagen, saubere Messen, Duschen, Leseräume und Kinos. Von da aus würden die Kanonen den Ansturm der Hunnen zum Halten bringen. Keine blutigen, dreckigen Schützengräben mehr wie 1914–1918.

Es gab in der Armee und außerhalb in Frankreich nur wenige, die sich skeptisch fragten, ob ein reiner Verteidigungskrieg, hinter einer Linie mächtiger unterirdischer Festungen ausgetragen, jemals zu gewinnen war oder ob man auf diese Weise das Land vor einer Katastrophe bewahren konnte? Man erinnerte sich wieder an Napoleons Worte: »Es ist ein Grundsatz der Kriegskunst, daß die Seite geschlagen wird, die in ihren Befestigungen bleibt.« General Guillaumat, Leiter der Kommission zur Verteidigung der Grenzen in der Armee, warnte bereits 1922, als dieses Gremium noch die Pläne der Maginotlinie studierte: »Es ist gefährlich, der ebenso falschen wie demoralisierenden Vorstellung Vorschub zu leisten, daß die Unverletzlichkeit unseres Vaterlandes gewährleistet sei, sobald wir nur erst einmal Forts besitzen, und daß diese ein Ersatz für harte Arbeit der Vorbereitung von Willen, Herzen und Köpfen seien[11].«

Aber das Land war nicht in der richtigen Stimmung, einem solchen vernünftigen Rat Gehör zu schenken. Es war viel leichter und beruhigender, nach Errichtung der nordöstlichen Festungsmauer in den Maginotlinien-Komplex zu verfallen und sich zufrieden einzureden, daß das Land nach tausend Jahren nun endlich gegen einen Angriff gesichert sei.

Kein Wunder, daß die dringenden Vorstellungen von Oberst de Gaulle, der im Parlament von dem Politiker Paul Reynaud unterstützt wurde, sofort eine gepanzerte Einheit der Armee aufzubauen, die die Offensive ergreifen könnte, nicht nur von Kammer und Senat, sondern auch von einem großen Teil der Presse und in den Kreisen der höchsten Militärs zurückgewiesen wurden. Generäle und Zivilisten waren gleichermaßen stolz darauf (und das zu Recht!), daß das zivilisierte und friedliebende Frankreich niemals daran dachte, ein anderes Land anzugreifen. Das Land bedürfe daher keiner Angriffswaffen. Es gehe nur um die Verteidigung des vorhandenen Besitzstandes.

Am 15. März 1935 fand vor der Deputiertenkammer eine Große Debatte über Militärpolitik statt. Reynaud setzte sich mit dem Material, das ihm de Gaulle geliefert hatte, für die Errichtung einer gepanzerten Streitmacht ein, die in der Lage war, für den Fall zum Angriff überzugehen, daß die Deutschen entweder gegen die Verbündeten der Franzosen im Osten oder wiederum im Westen durch Belgien hindurch losschlagen sollten. Der Kriegsminister General Maurin antwortete ihm:

Wie kann nur ein Mensch glauben, daß wir immer noch offensiv denken, nachdem wir so viele Milliarden für die Befestigung unserer Grenzen aufgewandt haben! Sollen wir etwa den Wahnsinn begehen, über diese Grenzen vorzustoßen und uns auf weiß Gott was für ein Abenteuer einzulassen?

Armee und Regierung hatten gesprochen, und das Parlament wie auch das Land gaben sich damit zufrieden*. Sollten die Deutschen noch einmal angreifen, dann würden sie sich an den Kanonen und Hindernissen der Maginotlinie blutige Köpfe holen. In, unter und hinter dieser Linie würden bequem die französischen Soldaten sitzen und nicht ihr Leben riskieren. So war das französische Volk eingeschläfert worden und gab sich einem angenehmen Traum hin, der auf einem falschen Sicherheitsgefühl beruhte. Die ungeschützte belgische Grenze war vergessen.

Einen Tag nachdem General Maurin seine beruhigenden Worte gesprochen hatte, zerriß Adolf Hitler in Berlin den Versailler Vertrag und verkündete, Deutschland werde unverzüglich eine Armee von fünfhunderttausend Wehrpflichtigen aufbauen. Im Kriegsministerium in der Bendlerstraße (wo der Autor, damals Korrespondent in Berlin, unter anderem regelmäßig zu tun hatte) waren von einer Gruppe junger Offiziere unter Leitung von Oberst Heinz Guderian bereits Pläne und Taktik für eine schlagkräftige, offensive Panzertruppe ausgearbeitet worden. Von diesem Tage an wußten diese Männer, daß ihnen das Geld, das Material und die Männer zur Verfügung stehen würden, um diese Truppe rasch aufzustellen.

13 Abstieg, III. Die weltweite Depression erschüttert die Dritte Republik 1931–1939

Die Depression, die nach dem »Schwarzen Freitag«, dem Börsenkrach vom 25. Oktober 1929, über die Vereinigten Staaten hinwegrollte, gelangte erst spät nach Frankreich.

In den Jahren 1929 und 1930 setzte sich der »Poincaré-Wohlstand« fort, unberührt von der Depression in Amerika. Ende 1929 schloß die

* Die Kammer unternahm zwar nichts zur Verwirklichung von Reynauds Vorschlag, eine Panzertruppe aufzubauen, aber sie sprach sich an jenem Tag immerhin mit 365 gegen 176 Stimmen für eine Verlängerung der Grundwehrzeit von einem auf zwei Jahre aus.

Staatskasse mit einem großen Überschuß ab, die Tresore der Bank von Frankreich quollen über von Gold, die Handelsbilanz des Landes war ausnehmend günstig, und der Index der Industrieproduktion war von 137 Punkten im Januar auf einen neuen Höchststand von 144 geklettert. Die braven Bürger der Republik feierten Weihnachten und Neujahr in dem wohltuenden Gefühl, daß Frankreich das reichste Land der Welt sei. Das Jahr 1930, in dem Amerika, dicht gefolgt von Deutschland und Großbritannien, noch tiefer in den wirtschaftlichen und finanziellen Morast sank, fiel für Frankreich fast ebensogut aus wie das vorangegangene Jahr. Preise und Produktionsziffern wurden zwar rückläufig, aber die Umsätze im Ganzen waren um nur 3 Prozent gesunken, und auch die 1929 unbekannte Arbeitslosigkeit (812 Nichtbeschäftigte) hielt sich in Grenzen (11952 Arbeitslose im Dezember 1930).

Erst im Herbst 1931 erreichte die Depression auch Frankreich in vollem Umfang, nachdem in Wien die Kreditanstalt zusammengebrochen war, in Deutschland finanzielle Panikstimmung herrschte und vor allen Dingen in Großbritannien am 21. September die Goldwährung aufgegeben und eine vierzigprozentige Abwertung des Pfund Sterlings vorgenommen worden war. Die Börsenkurse fielen ins Bodenlose, aus dem Haushaltsüberschuß wurde ein Defizit, die Handelsbilanz wurde negativ, die Industrieproduktion fiel um 22 Punkte, die Zahl der Arbeitslosen verdoppelte sich, und der Index der Großhandelspreise ging von 626 auf 440 Punkte zurück.

In Frankreich wirkte sich die Depression nie so schlimm aus wie in den stärker industrialisierten Ländern Deutschland, Großbritannien und den Vereinigten Staaten. Die Zahl der Arbeitslosen, in anderen Ländern ein so einschneidender Faktor, stieg selten über eine halbe Million. Aber die Rezession war auch so schon schlimm genug. Es handelte sich um die größte wirtschaftliche und finanzielle Krise, die das Land seit über hundert Jahren erlebt hatte. Verschlimmert und in die Länge gezogen wurde sie noch dadurch, daß das unsicher tastende Parlament und die rasch wechselnden Regierungen der Dritten Republik nicht imstande waren, vernünftige Maßnahmen dagegen zu ergreifen. Es war klar, daß Frankreich nachziehen mußte, nachdem Großbritannien im Herbst 1931 und die Vereinigten Staaten im Frühjahr 1933 Abwertungen vorgenommen hatten; sonst würde Frankreich vom Weltmarkt, der ohnehin einschrumpfte, ganz verdrängt werden. Aber die rasch aufeinanderfolgenden französischen Regierungen weigerten sich bis 1936, als es bereits zu spät war, eine Abwertung auch nur in Betracht zu ziehen. Wie wir gesehen haben, entwickelte sich bei den Franzosen in den zwanziger Jahren, was den Franc und seinen Verfall betraf, eine tiefgreifende Neurose. Der »Poincaré-Franc« hatte sie vier Fünftel ihrer Ersparnisse gekostet. Es wurde als heilige Pflicht des Staates betrachtet, seine Goldparität von

1928 aufrechtzuerhalten, damit die Bürger nicht noch einmal beschwindelt würden. Kein Parlament, kein Kabinett wagte es, ihn noch einmal abzuwerten. Als Ergebnis wurde Frankreich, das sich als einzige der großen kapitalistischen Mächte an den Goldstandard klammerte, als zu teuer von allen Exportmärkten verdrängt. Im Inland verfolgten die Regierungen eine verhängnisvolle Politik strenger Einschränkungen. Die Produktion wurde beschnitten, Löhne und Gehälter gekürzt. Damit nahmen Elend und Unwillen im Volke zu.

Doch während dieser Unwille in England und Amerika zu einem Groll gegen die amtierende Regierung wurde (bei den Wahlen von 1932 erlitt Präsident Hoover eine vernichtende Niederlage), richtete er sich in Frankreich wie auch in Deutschland gegen das republikanische Regime selbst. In Berlin brachte diese Unzufriedenheit Anfang 1933 Hitler an die Macht; sie führte damit zu einer raschen Auflösung der demokratischen Weimarer Republik. In Paris nährte sie eine Anzahl rechtsgerichteter Verbände, die das Ziel verfolgten, die demokratische Dritte Republik zu stürzen. Anfang 1934 glaubten ihre Führer, ihre Zeit sei – wie schon zuvor für Mussolini und Hitler – gekommen.

Die Konservativen waren bei den Wahlen von 1928 dank Poincarés Prestige an die Macht gelangt und steuerten das Land durch die ersten Depressionsjahre. Aus ihren Reihen waren neue politische Persönlichkeiten erwachsen, vor allen Dingen André Tardieu und Pierre Laval. Jeder der beiden war vom Rücktritt Poincarés im Herbst 1929 bis zum Wahlsieg der Linken im Frühjahr 1932 dreimal Ministerpräsident.

Tardieu übernahm die Regierungsgeschäfte im November 1929, als das Land in dem von Poincaré geschaffenen Wohlstand erblühte. Freund wie Feind betrachteten ihn gleichermaßen als einen aufgehenden Stern und würdigen Nachfolger Poincarés wie auch Clemenceaus, dessen Schützling er gewesen war. Tardieu war ein intelligenter, energischer und scharfsinniger Mann, den in der Politik allerdings seine auffallende Arroganz und seine kaum verhohlene Verachtung für die Massen behinderten. Er wollte das wirtschaftliche und politische System seines Landes nach dem amerikanischen Modell, das er sehr bewunderte, ummodeln. Es ist erstaunlich, daß ein so intelligenter Franzose seine Landsleute so wenig verstand: diese waren nicht im geringsten geneigt, die Amerikaner nachzuahmen. Dieses eigenartige Versagen beendete rasch seine politische Karriere. Er leitete zwischen 1929 und 1932 drei Regierungen als Ministerpräsident und stellte sich dann dem Volk zur Wahl; trotz eines üppigen Wahlfonds, den ihm die Großunternehmen und die Hochfinanz zur Verfügung stellten, erlitt er eine vernichtende Niederlage. Pikiert gab er 1934 seinen Sitz in der Deputiertenkammer auf, schloß sich bald darauf einer der faschistischen Ligen an und verspritzte sein Gift in wütenden Hetzartikeln in der rechtsgerichteten Wochenzeitschrift *Gringoire.* Er verunglimpfte darin die »rückgratlose Republik« und verlangte ihre Ablösung durch ein »autoritäres« System.

Der Aufstieg Pierre Lavals

Pierre Laval ging behutsamer vor und hielt sich länger. Dieser echte Sohn des Landes aus dem kargen Bergland der Auvergne verfügte über Bauernschläue, Härte und Zähigkeit sowie über ein grobes Auftreten, dessen er sich auch nicht schämte, nachdem er politische Macht erlangt hatte; außerdem war er Millionär. Sein Vater, Sproß einer langen Ahnenkette bodenständiger Bauern, war Gastwirt und Metzger in dem Dorf Châteldon. Dort wurde Pierre am 28. Juli 1883 geboren. Von seiner zarten und frommen Mutter hatte er die dunkle Hautfarbe und die leicht orientalischen Züge geerbt, vermutlich noch Andenken an die Besetzung durch die Mauren Jahrhunderte zuvor. Sie ermutigte den Jungen gegen den Willen des Vaters, das primitive Bergland zu verlassen und eine bessere Ausbildung anzustreben. Er arbeitete sich durch die staatliche höhere Schule hindurch und promovierte schließlich 1909 in Paris zum Doktor der Rechte. Noch im selben Jahr erhielt er seine Zulassung als Rechtsanwalt und heiratete zur Feier des Tages ein Mädchen aus seinem Heimatdorf, dem er bis zu seinem Tode treu verbunden blieb. Sein Familienleben war schlicht, harmonisch und in jeder Hinsicht vorbildlich, doch sein Leben als Politiker verlief völlig anders.

Seine politische Karriere begann 1914. Am Vorabend des Krieges wurde er zum erstenmal von dem Pariser Arbeitervorort Aubervilliers als extrem linksgerichteter Sozialist und Pazifist in die Kammer gewählt. Er widersetzte sich dem Krieg von Anfang an. Sein Name stand auf dem »Carnet B«, der Liste gefährlicher Agitatoren, die bei Kriegsausbruch verhaftet werden sollten. Er arbeitete aktiv in jenem Minderheitsflügel der Sozialistischen Partei mit, der sich für einen Verhandlungsfrieden einsetzte und deren Delegierte sich in der Schweiz mit Abgesandten der deutschen Sozialdemokraten zur Ausarbeitung der Bedingungen trafen. Wie alle Sozialisten begrüßte auch er begeistert die russische Revolution von 1917 und appellierte an die Kammer, den französischen Sozialisten die Teilnahme an dem Friedenstreffen in Stockholm zu gestatten, das die russischen Revolutionäre einberufen hatten.

Aber damals war er bereits im Begriff, jene Kehrtwendung zu vollziehen, die ihn von der extremen Linken zur äußersten Rechten umschwenken ließ. Clemenceau, dieser schlaue und zynische Menschenkenner, bemerkte es. Er bot dem jungen sozialistischen Hitzkopf einen Staatssekretärposten in seinem Kabinett an, als er 1917 die

Zügel in die Hand nahm – eisern entschlossen, Defätismus und Pazifismus im Lande auszurotten und den Krieg zu gewinnen. Zum Entsetzen seiner sozialistischen Genossen, die den »Tiger« verabscheuten und ihm mißtrauten, wollte Laval das Angebot annehmen. Die Parteidisziplin hinderte ihn daran.

Doch er hatte den Weg schon eingeschlagen, der ihn aus der Sozialistischen Partei und weg von den marxistisch-revolutionären Doktrinen führen sollte. Sein Ehrgeiz und seine Habgier waren stärker als seine linkssozialen Prinzipien. Als sich die Partei 1920 in zwei Flügel aufsplitterte, wobei sich die Mehrheit der Mitglieder zum Kommunismus bekannte und sich Lenins Dritter Internationale anschloß und die konservative Minderheit unter Léon Blum der alten sozialistischen Zweiten Internationale treu blieb, wollte Laval keiner der beiden Gruppen mehr angehören. Er wurde ein »unabhängiger Sozialist«. Schon bald ließ er dieses Etikett fallen und nannte sich nur noch einen »unabhängigen« oder »parteilosen« Politiker. Laval blieb zwar trotz der überwältigenden Mehrheit kommunistischer Wähler bis zuletzt Bürgermeister von Aubervilliers – eine seltsame, aber nicht ungewöhnliche Erscheinung in der französischen Kommunalpolitik –, aber gleichzeitig näherte er sich immer mehr der politischen Rechten, häufte dabei ein beträchtliches Vermögen an und errang in zunehmendem Maße das Vertrauen der Geschäfts- und Finanzwelt, die er einst so gnadenlos gegeißelt hatte.

Seine Gier nach einem öffentlichen Amt wurde 1925 gestillt. Painlevé berief den Zweiundvierzigjährigen als Minister für öffentliche Arbeiten in sein Kabinett. Während des Jahres 1926 gehörte er drei Briand-Kabinetten an. Damals hatte es den Anschein, als wolle er in die Fußstapfen des Ministerpräsidenten treten. Dabei spielte vielleicht die Tatsache eine Rolle, daß Briand wie Laval sein politisches Leben als polternder Sozialist begonnen hatte. Zwischen 1930 und 1932 gehörte er zwei Regierungen des Konservativen Tardieu an. Damals tauschten er und Tardieu sogar das höchste Amt untereinander aus, wobei jeder den anderen in seinem Kabinett behielt. Am 27. Januar 1931 erreichte Laval, nachdem er vier Jahre zuvor aus der Kammer in den Senat übergewechselt war, das lang angestrebte Ziel. Er wurde zum erstenmal Ministerpräsident und behielt dieses Amt bis zum Februar 1932, während dreier aufeinanderfolgender konservativer Regierungen. Er hatte Blut geleckt und drängte immer wieder zur politischen Macht.

In allen drei Kabinetten Lavals diente übrigens als Kolonialminister ein Deputierter, Angehöriger einer der gemäßigten Parteien der Mitte, dessen orientalische Gesichtszüge noch ausgeprägter waren als die Lavals. Es war Paul Reynaud, ein flinker kleiner Mann wie General Weygand, der von lebenstüchtigen Bergbauern aus den Savoyer Alpen abstammte. Inzwischen war er zu einem geschickten Rechtsanwalt und Nationalökonom geworden und vertrat in der Kammer einen vornehmen Pariser Wahlbezirk*.

Sozialisten, Kommunisten und die Entfremdung der Arbeiter

Als in den dreißiger Jahren die Depression weiter um sich griff, war die Arbeiterbewegung ebenso gespalten wie die ganze Nation. Sie fühlte sich genau wie ihre Feinde auf der extremen Rechten, allerdings aus anderen Gründen, der Dritten Republik entfremdet. Die Gewerkschaftsbewegung wurde immer noch von den Arbeitgebern erbittert bekämpft. Selbst wenn die Regierung von den Radikalen getragen und von den Sozialisten unterstützt wurde, ermutigte sie kaum die Gewerkschaften. Diese schwächten sich selbst, indem sie sich in zwei feindliche Lager aufspalteten.

Der Zusammenbruch des Generalstreiks vom Mai 1920 hatte beinahe das Ende der Gewerkschaftsbewegung in Frankreich bedeutet. Die Arbeitsniederlegung wurde von der Regierung des ehemaligen Sozialisten Millerand rücksichtslos unter Einsatz von Militär, Polizei und Streikbrechern bekämpft. Sie endete damit, daß Hunderte von Arbeiterführern im Gefängnis saßen, die CGT *(Confédération Générale de Travail)* gerichtlich verboten wurde und Tausende von Arbeitern wegen des Streiks ihre Stellungen verloren. Die verzweifelten Arbeiter traten in Massen aus den Gewerkschaften aus. Gegen Ende 1920 war die Mitgliederzahl der CGT von 2400000 auf 600000 abgesunken. Von da an blieben sechzehn Jahre lang 90 Prozent der französischen Arbeiter nicht organisiert. Sie versanken in tiefe Apathie und waren überzeugt, daß es für sie keine Hoffnung gab – weder von den Gewerkschaften noch von einer feindselig eingestellten Regierung oder einem von ländlichen Abgeordneten beherrschten Parlament, das keinerlei Verständnis für das Los des städtischen Arbeiters aufbrachte; schon gar nicht von den Arbeitgebern, die nun – ermutigt durch den Zusammenbruch des Streiks – entschlossen waren, den Gewerkschaften vollends den Garaus zu machen und individuell und nach eigenen Bedingungen mit den Arbeitnehmern zu verhandeln. Sie versuchten sogar, den 1919 vom Parlament beschlossenen Achtstundentag zu sabotieren und die milden Sozialgesetze zu unterlaufen, deren Einführung die beiden Kammern androhten, bis sie Ende der zwanziger Jahre endlich damit ernst machten.

Der als Verhandlungspartner ohnmächtige französische Arbeiter fand sich seines gerechten Anteils an den Gewinnen beraubt, die mit der Rückkehr des Wohlstandes nach dem Ersten Weltkrieg in Frank-

* Reynaud übernahm 1930 seinen ersten Ministerposten, als er in der zweiten Regierung Tardieu zum Finanzminister berufen wurde. Später überwarf er sich mit Tardieu wegen dessen erbitterten Widerstands gegen die Abwertung des Francs.

reich erzielt wurden. Die Reallöhne hinkten hinter den Zuwachsraten der Gewinne und der Produktion her. Bis 1929 stiegen sie nur auf 109 Punkte an, während der Index der industriellen Produktion bereits auf 140 stand. Als auch noch die Depression folgte, sanken die Gesamtlöhne um ein Drittel, und die Zahl der Arbeitslosen nahm rapide zu. Aber die Arbeiter fügten sich eineinhalb Jahrzehnte lang willig diesen Bedingungen. Es gab nur wenige Streiks. Die Arbeitgeber begrüßten natürlich diese Ära »sozialer Stabilität« und des »Arbeitsfriedens«. Nur wenige in der wohlhabenden Mittel- und Oberschicht waren sich der Tatsache bewußt, daß sich unter dem wirtschaftlichen Elend des französischen Arbeiters eine vielleicht noch entwürdigendere moralische Not verbarg. Wenn sie sich dieser Tatsache bewußt waren, so standen sie ihr gleichgültig gegenüber. So tief war bereits die Kluft zwischen den Klassen. Die Arbeiter überkam ein Gefühl der Demütigung, der Unterdrückung, der Hilflosigkeit. Es ist daher nicht überraschend, daß viele von ihnen dem Schicksal der Republik völlig gleichgültig gegenüberstanden, da Parlament und Regierung sich scheinbar mit den Arbeitgebern und den Besitzenden verbündet hatten, um die Arbeiter aus der französischen Gemeinschaft auszuschließen. Sie arbeiteten zwar für diese Gemeinschaft, hatten aber kaum Anteil an ihren Vorteilen und Privilegien und noch weniger zu sagen.

Das war zum Teil ihre eigene Schuld. Sie hatten sich nicht nur organisatorisch, sondern auch politisch zweigeteilt. Diese Spaltung trug zur Verminderung ihrer wirtschaftlichen und politischen Macht bei. Hierfür war ein Ereignis im fernen Ausland verantwortlich: die bolschewistische Novemberrevolution des Jahres 1917 in Rußland. Zum erstenmal in der Geschichte wurde in einem großen Land konsequent der Sozialismus eingeführt; eine weltweite kommunistische Bewegung entwickelte sich, die sich ebenso gegen die Altsozialisten und die Zweite Internationale wie gegen die Kapitalisten richtete. Diese plötzliche, mächtige Erhebung hatte das Bürgertum in Frankreich – wie überall in der westlichen Welt – aufgeschreckt und aus reinem Selbsterhaltungstrieb enger zusammenrücken lassen. Die französische Arbeiterklasse hatte den Umsturz begeistert begrüßt. Ihre Führer glaubten genau wie ihre deutschen Kollegen für eine kurze Zeit, er könne sich auch in Westeuropa vollziehen. Aber das war nicht geschehen. Die kapitalistische Welt des Westens erwies sich als zu stark.

Die Bolschewiken in Moskau waren sofort an die Aufgabe gegangen, die sozialistischen Parteien und die überwiegend sozialistischen Gewerkschaften des Westens für den Kommunismus zu gewinnen. Das gelang ihnen zwar nicht, aber sie konnten immerhin einen Keil zwischen sie treiben. In der Weihnachtswoche des Jahres 1920 übernahmen die Kommunisten auf einem außergewöhnlichen Parteikongreß in Tours mit drei Vierteln aller Stimmen die Sozialistische Partei Frankreichs. Damit fiel ihnen nicht nur das Gros der Mitglider zu, sondern auch der Parteiapparat mitsamt der Zeitung *L'Humanité.*

Léon Blum, Intellektueller, Schriftsteller, Bürgerlicher und Jude, zog mit einer Minderheit aus dem Kongreß aus und begann damit, eine unabhängige französische Sozialistische Partei von Grund auf neu aufzubauen. Er und seine wenigen Kollegen hatten sich geweigert, Lenins einundzwanzig Programmpunkte zu akzeptieren, die diese französische Partei dem Befehl Moskaus unterstellt hätte.

Die französischen Kommunisten waren ebensosehr Individualisten wie alle Franzosen. Ihre Weigerung, sich ganz und gar dem Diktat des Exekutivkomitees der Dritten Internationale in Moskau zu beugen, trug ihnen schon bald Schwierigkeiten ein. Trotzki forderte eine drastische Säuberung der französischen Partei. Agenten wurden nach Paris entsandt, um eine eiserne Disziplin zu erzwingen. Ein großer Teil der alten Parteiführer, darunter auch L. O. Frossard, Generalsekretär der Partei, wurde ausgeschlossen oder zum Rücktritt gezwungen. Um 1923 war die Mitgliederzahl von 130000 auf 55000 zurückgegangen. Die meisten enttäuschten Abtrünnigen schlossen sich wieder der Sozialistischen Partei an. Aber was die Kommunisten zahlenmäßig einbüßten, glichen sie durch streitbares Auftreten wieder aus. Eine neue Führergeneration war entstanden. Während die alten Sozialistenführer, wie zum Beispiel Jaurès und Blum, mittelständische Intellektuelle waren, waren die neuen Führer der Kommunistischen Partei echte Proletarier. Maurice Thorez, der zu Beginn der dreißiger Jahre mit dreißig Parteichef werden sollte, war Bergmann und Bauarbeiter gewesen; Jacques Doriot Stahlarbeiter; Jacques Duclos Koch. Diese durch ihre frühere Beschäftigung geformten und hart gewordenen Männer verachteten die Ideen und Ideale früherer Führer der Arbeiterbewegung. Als getreue Diener Moskaus wollten sie die französische Kommunistische Partei zu einer wahrhaft revolutionären Organisation umbilden, die nur ein Ziel hatte: den Sturz des Regimes.

Weniger erfolgreich waren die Kommunisten bei ihren Bemühungen, sich der Gewerkschaftsbewegung zu bemächtigen. 1921, ein Jahr nachdem sie die Mehrheit der Mitglieder aus der Sozialistischen Partei herausgeführt hatten, versuchten sie, die sozialistisch beeinflußte CGT zu übernehmen. Doch die Mehrheit der in der Confédération vertretenen Einzelgewerkschaften sprachen sich dagegen aus. Es gelang den Kommunisten lediglich, mit einer Minderheit aus der CGT auszuziehen und daraus die CGTU *(Confédération Générale du Travail Unitaire)* zu gründen. Dieser Bund war, wie die Kommunistische Partei selbst, schon bald von Meinungsverschiedenheiten und Säuberungsaktionen geplagt. Die meisten Gewerkschaften wollten nichts mit ihm zu tun haben. 1936 gab er den fruchtlosen inneren Kampf auf und ging in der CGT auf. Aber fünfzehn Jahre lang hatte er die Gewerkschaftsbewegung* gespalten und geschwächt, wie die Kommunistische Partei selbst bis zum bitteren Ende – wenn man von dem kurzen Intervall der Volksfront von 1936 absieht – die politische Bewegung der Arbeiterklasse spaltete und schwächte.

Die Republik in Nöten

Die Republik befand sich jetzt, als die Depression um sich griff, in höchsten Nöten. Die Frühjahrswahlen 1932 hatten in Frankreich, wie schon einmal 1924, die Linke wieder an die Macht gebracht. Und wieder weigerten sich die Sozialisten, die mehr Stimmen erhalten hatten als jede andere Partei und die 131 Deputierte in die Kammer entsandten, zusammen mit der Radikalen eine Regierung der gesamten Linken unter Ausschluß der Kommunisten zu bilden. Diese hatten fast eine Viertelmillion Stimmen eingebüßt.

Es war zweifellos verständlich, wenn die Sozialisten unter Führung von Léon Blum davor zurückschreckten, sich einer »bürgerlichen« Regierung anzuschließen, weil sie befürchten mußten, daß dann viele ihrer marxistisch gesonnenen Gefolgsleute zu den militanten Kommunisten abwandern würden. Ebenso unrealistisch war jedoch auch ihr Wunsch, die Politik der neuen Linksregierung zu formen, ohne gleichzeitig Verantwortung mit zu übernehmen. Und es war unverantwortlich von ihnen, gemeinsam mit ihren Feinden von rechts auf einen Sturz der Radikalen-Regierungen hinzuarbeiten, an denen ihnen dies und das nicht behagte. Genau das taten sie schon bald. Indem sie eine Reihe Radikalen-Regierungen stürzten, erleichterten sie nicht nur den Konservativen die Rückkehr zur Macht, sondern sie trugen auch dazu bei, das Parlament vor den Augen des Volkes in Mißkredit zu bringen. Der einfache Mann glaubte ohnehin schon bald nicht mehr daran, daß die Volksvertretung – gleichgültig ob mit einer rechten oder einer linken Mehrheit – das Land jemals aus dem Morast der Depression herausführen und damit nicht nur die wirtschaftliche Rezession, sondern auch das politische Chaos beenden könnte.

Nachdem die Sozialisten am 14. Dezember 1932 mitgeholfen hatten, Herriot zu stürzen, taten sie sich sechs Wochen später mit den Konservativen zusammen, um die Regierung des Senators Joseph Paul-Boncour aus dem Sattel zu heben. Dieser, jahrzehntelang ein prominentes Mitglied der Sozialistischen Partei, war erst kürzlich zu einem »unabhängigen Sozialisten« geworden. Um ein Haushaltsdefizit von 11 Milliarden Francs abzubauen, hatte Paul-Boncour die Anhebung der unmittelbaren Steuern um 5,5 Milliarden Francs und die Senkung der Staatsausgaben um den gleichen Betrag empfohlen.

* 1919 war noch ein katholischer Gewerkschaftsbund, die CFTC (*Confédération Française de Travailleurs Chrétiens*) gegründet worden, aber er fiel zahlenmäßig nicht ins Gewicht.

Gegen den ersten Vorschlag stemmte sich die Rechte, den zweiten lehnten die Sozialisten ab. So scheiterte Paul-Boncour, übrigens eine recht anziehende Erscheinung in der französischen Politik (er war ein berühmter Strafverteidiger, ein flammender Redner, Literaturkenner, ständiger Premierenbesucher in den Theatern und mit seiner mächtigen weißen Mähne die auffallendste Gestalt im Parlament), gleich beim ersten Anlauf an der Hürde dieses Amtes und erhielt sein Leben lang keine zweite Chance mehr.

Nach einer Abstimmungsniederlage von 300 zu 193 Stimmen in der Kammer nahm er am 28. Januar 1933 seinen Hut. Zwei Tage später wurde Hitler in Deutschland zum Reichskanzler ernannt. An diesem Tag stand Frankreich ohne Regierung da. Erst am darauffolgenden Tag gelang Edouard Daladier, einem der aufstrebenden jüngeren Politiker der Radikalsozialistischen Partei, die Bildung einer neuen Regierung – der dritten Radikalen-Regierung in den sieben Monaten seit den Wahlen. Sein Kabinett erwies sich als dauerhafter. Es wurde erst nach neun Monaten mit Unterstützung der Sozialisten gestürzt. Wie die meisten anderen Minister der Dritten Republik sollte auch er in sein Amt zurückkehren. So gelangten die beiden Männer, denen es bestimmt war, am Tage des Beginns der endgültigen Auseinandersetzung zwischen Deutschland und Frankreich an der Spitze ihrer jeweiligen Regierung zu stehen – Hitler und Daladier –, mit nur einem Tag Abstand an die Macht*.

Der Aufstieg Edouard Daladiers

Im Jahre 1933 zog mit Edouard Daladier neue Zuversicht im Lande ein. Viele hielten ihn für den Mann, den die Republik jetzt brauchte. Er war als absolut unbestechlich bekannt. Er schien hart, intelligent, tolerant und geradeheraus zu sein – genau die richtigen Eigenschaften für den Ministerpräsidenten einer Regierung, die sich ehrlich bemühte, ihre innen- und außenpolitischen Probleme zu lösen.

Daladier wurde 1884 als Sohn eines Bäckers in dem kleinen Ort Carpentras in der Provence geboren. Er brachte wie Laval die Zähigkeit und Ausdauer eines französischen Bauern mit, jedoch ohne Lavals Habgier. Wie Laval hatte er sich seine Ausbildung hart erarbeitet, aber im Gegensatz zu Laval hatte er vier Jahre lang als Infanterist in den Schützengräben gedient, das Blutbad von Verdun überlebt und sich vom einfachen Soldaten zum Hauptmann und Kompaniechef emporgearbeitet**.

* Fast gleichzeitig erschien noch ein drittes Regierungsoberhaupt auf der politischen Bühne: Franklin D. Roosevelt, der am 4. März 1933 zum erstenmal Präsident der USA wurde.

** Der Abbé Desgranges, ein Deputierter aus Morbihan, der in seiner Kompanie gedient hatte, zollte ihm ein hohes Lob. Auf die Frage, ob Daladier ein guter Offizier gewesen sei, erwiderte er: »Mehr noch: Er war ein guter Soldat[1].«

Daladier studierte an der Universität Lyon als Schüler Herriots, dessen politischer Protegé und späterer Rivale in der Radikalsozialistischen Partei er wurde. Dort erwarb er sich den schwierig zu erlangenden und ziemlich seltenen akademischen Grad eines *agrégé d'histoire,* der eine gründliche klassische und historische Ausbildung voraussetzt. Mehrere Jahre lang lehrte er Geschichte und hörte dabei nie auf, sie zu studieren. Oft suchte er nach einem harten Tag voller politischer Auseinandersetzungen in der Lektüre historischer Werke Richtlinien und Anregungen. 1924 wurde er zum erstenmal im Alter von vierzig Jahren als Minister in Herriots Regierung berufen. Zwischen 1925 und 1933 gehörte er sieben weiteren Kabinetten als Kolonialminister, Minister für Erziehung und schöne Künste und als Kriegsminister an.

Als er 1933 mit neunundvierzig Jahren zum erstenmal Ministerpräsident wurde, war er somit ein erfahrener Minister und Politiker. Seine Bewunderer nannten ihn den »Bullen von Vauclus« (das war sein Wahlbezirk), und zwar nicht nur wegen seiner breiten Schultern und seines Stiernackens, sondern auch wegen seiner Hartnäckigkeit und der ziemlich groben Art, in der er seine Attacken ritt. Sie sagten, Frankreich brauche in diesem Augenblick einen solchen Mann, der wieder Ordnung schaffen müßte.

Aber war er tatsächlich ein solcher Mann? Daran gab es einige Zweifel, die mit der Zeit noch zunehmen sollten. Seine politischen Gegner gaben wohl zu, daß er ein Bulle war, aber »ein Bulle mit Hörnern wie Schneckenfühler«. So sehr sein Aussehen und sein Auftreten auch an einen Bullen erinnern mochten, so wenig konnte man seine breite Denkerstirn, seine traurigen Augen und seine gelegentlich auftretende Melancholie übersehen – Anzeichen für einen Denker und Philosophen, aber weniger für einen Mann der Tat. In seiner nächsten Umgebung fiel auf, welche Qual es ihn zu kosten schien, bevor er eine harte Entscheidung traf. Das entsprang jedoch mehr seiner Intelligenz und seinem tiefen Verantwortungsbewußtsein und nicht mangelnder Willensstärke.

Obgleich Daladiers erste Amtszeit als Ministerpräsident volle neun Monate dauerte, dreimal so lange wie die damalige durchschnittliche Lebensdauer der Regierungen, reichte diese Zeitspanne für den neuen radikalen Führungsmann jedoch kaum aus, sich zu bewähren. Er wurde am 24. Oktober 1933 wegen einer verhältnismäßig nebensächlichen Frage der Herabsetzung von Beamtengehältern gestürzt. Sein Nachfolger wurde Albert Sarraut, ein mittelmäßiger und farbloser Politiker, aber ein mächtiger Mann in der Radikalsozialistischen Partei. Sarrauts Regierung hielt sich nur einen Monat lang. Sie stolperte über die gleiche lächerliche Hürde wie die vorangegangene Regierung. Kaum besser erging es der Regierung Camille Chautemps, der ebenfalls eine gewichtige Rolle in der Radikalen Partei spielte; von seinen Charakterschwächen war bereits im ersten Kapitel die Rede. Nach zwei Monaten trat er, ohne sich einer Abstimmung im Parlament zu stellen, aus Gründen zurück, über die wir gleich sprechen werden.

So kamen und gingen sechs Regierungen in weniger als zwei Jahren*. Die linke Mehrheit, die mit den Wahlen von 1932 in die Deputiertenkammer eingezogen war, konnte sich einfach auf kein Programm einigen, das geeignet gewesen wäre, die Regierung finanziell über Wasser zu halten oder zumindest einen ernsthaften Versuch zu starten, das Land aus der Talsohle der Depression herauszusteuern. Sechs Ministerpräsidenten der Radikalen lösten einander in schwindelerregendem Tempo ab, doch ihre Ministerlisten blieben praktisch unverändert. Die braven Bürger, insbesondere in Paris, wo der Siedepunkt niedriger lag als in der langmütigen Provinz, verloren mit der Zeit ihren Humor. Immer mehr breitete sich das Gefühl aus, das Parlament der Dritten Republik werde allmählich unfähig zu regieren oder habe diesen Punkt bereits erreicht. Zu offenen Gewaltakten kam es nach dem Bekanntwerden eines neuen Skandals, in den eine Handvoll Minister, Deputierte, Justizbeamte und die Gerichte selbst verwickelt waren, aufgedeckt durch eine skrupellose Sensationspresse und geschürt durch die rücksichtslose Propaganda der wie Pilze aus dem Boden schießenden faschistischen und antiparlamentarischen Ligen mit ihrem Geschrei: »Nieder mit den Räubern!« Das brachte die Wut vieler Pariser zum Überkochen. Zum erstenmal seit den Tagen der Kommune von 1871, den Geburtswehen der Dritten Republik, floß in den Straßen von Paris wieder Blut. Das republikanische Regime sah plötzlich seine Existenz bedroht.

* Hätten Frankreichs Frauen, die doch gewiß zu den attraktivsten der westlichen Welt gehören, einen Beitrag zur Stabilität der Dritten Republik geleistet, wenn man sie hätte wählen lassen? Auf diese Frage ließen es die alten Männer im Senat niemals ankommen. Im Jahre 1919 hatte die Deputiertenkammer mit einer Stimmenmehrheit von 329 zu 95 den Frauen die allgemeine Wahlberechtigung eingeräumt. Aber der Senat weigerte sich, diese Frage auch nur zu diskutieren. Damit fiel der Gesetzesentwurf unter den Tisch. Die Radikalen, so wurde gesagt, fürchteten, die Frauen könnten sich bei der Ausübung ihres Wahlrechts nach den Ratschlägen der Geistlichen richten. So war Frankreich zwischen den beiden Weltkriegen die einzige westliche Demokratie, die den Frauen das Wahlrecht vorenthielt. Erst nach dem Zweiten Weltkrieg sollte diese Stufe demokratischen Fortschritts und der Aufklärung erreicht werden, und erst 1966 wurden die Frauen in vollem Umfang gleichberechtigt mit ihren Männern. Es dauerte lange, bis der alte Code Napoléon, der den Mann zum unumschränkten Familienoberhaupt erklärte, liquidiert war.

3. BUCH

Die letzten Jahre der Dritten Republik 1934–1939

14 Ein schicksalhafter Wendepunkt 6. Februar 1934

Anfang Januar 1934 führte mich mein Beruf wieder nach Paris zurück. In den vorangegangenen vier Jahren hatten mich längere Aufträge in London und Wien, Indien und Afghanistan sowie ein Jahr in Spanien immer wieder für eine beträchtliche Zeitspanne von Frankreich ferngehalten. Was mir nach meiner Rückkehr am meisten auffiel, war die Hektik, zu der sich die Auseinandersetzungen der Franzosen untereinander inzwischen entwickelt hatten. Haß und Intoleranz vergifteten die Atmosphäre. Ich spürte die wachsenden Ressentiments gegen die Eskapaden des Parlaments und der rasch wechselnden Regierungen, die vor der Verantwortung zurückschreckten und nichts zur Linderung der Depression unternahmen. Am deutlichsten fühlbar waren sie auf der Rechten und bei gewissen Gruppen ehemaliger Kriegsteilnehmer, deren Mitglieder in Frankreich wie auch in Amerika zum großen Teil aus mir unverständlichen Gründen dazu neigten, sich von Reaktionären und demagogischen Holzköpfen führen und beeinflussen zu lassen*.

Rowdyhafte, antiparlamentarische Ligen waren wie die Pilze aus dem Boden geschossen. Einige davon schienen lediglich Ableger der alten antirepublikanischen und antisemitischen Vereinigungen zu sein, die im letzten Viertel des neunzehnten Jahrhunderts aufgetaucht und wieder verschwunden waren; diese entsprangen der französischen Tradition. Doch die meisten dieser Gruppen schienen mir einen neuen und häßlicheren Ton anzuschlagen, wie ich ihn bei den Schwarzhemden in Italien und den Braunhemden in Deutschland bemerkt hatte. Auch in Frankreich machten sie jetzt in ihren verschiedenfarbigen Hemden die Straßen unsicher. Der Marschtritt ihrer Stiefel hallte vom Pflaster wider; sie schlugen anständige Bürger zusammen und forderten lautstark den Sturz der Republik.

Hinter ihnen standen, wie man alsbald erfuhr, gewisse mächtige Gruppen von Geschäfts- und Geldleuten. Sie stellten die Mittel zur Verfügung, die diese Gruppen am Leben hielten und ihre Auswei-

* Dieses Phänomen gab auch dem Politologen René Rémond Rätsel auf. Er schrieb: »So unpolitisch der ›Geist ehemaliger Kriegsteilnehmer‹ in seinen offiziellen Forderungen auch sein mag, er ist tatsächlich doch eine der modernen Komponenten der Psychologie des Mannes auf dem rechten Flügel . . . Es scheint fast ein Gesetz zu sein, daß die Organisationen der Kriegsveteranen nach rechts tendieren. Der Stahlhelm, die American Legion und das *Croix de Feu* sind drei Beispiele, die das offenbar beweisen. Welches Geheimnis der politischen Psychologie . . . führt die Kriegskameradschaft, den Wunsch zur Aufrechterhaltung der Schützengrabengemeinschaft, zu einer rechtsgerichteten Ideologie[1]?« Rémond stellte zwar diese Frage, aber er versuchte nicht, sie zu beantworten. Vielleicht entzieht sie sich einer vernunftmäßigen Erklärung.

tung ermöglichten. Während ihre Angehörigen sich selbst zwar nicht die Hände mit dem Rowdytum der Straße beschmutzten, trieben sie doch heftige Propaganda mit dem Ziel, die Franzosen zu veranlassen, sich ihrer parlamentarischen Demokratie zugunsten eines totalitären Regimes zu entledigen. Sie hatten nicht mehr, wie vor einem halben Jahrhundert, eine Form von Bonapartismus oder Boulangismus im Auge. Was die wohlbetuchten Reaktionäre anstrebten, war ein zeitgemäßer faschistischer Totalitarismus nach italienischem oder deutschem Vorbild. Noch ehe das Jahr 1933 zu Ende ging, fühlten sie sich stark genug, diesen Wunsch offen auszusprechen.

Ernest Mercier, einer der Mächtigen aus den Elektro- und Öltrusts und – wie wir bereits gehört haben – Gründer der antiparlamentarischen Bewegung *Redressement Français*, erklärte am 24. Januar 1934 auf einer Versammlung dieser Gruppe in einer Hauptstadt, die bereits wegen der zunehmenden, von den Ligen provozierten Krawalle auf den Straßen nervös war:

Es gibt nur eine Lösung – und die Umstände werden uns bald dazu zwingen –, nämlich eine Regierung mit Autorität, getragen von der unwiderstehlichen Kraft der Volksmoral . . . Das ist die Aufgabe, der wir uns verschrieben haben. Und keiner von uns wird Ruhe geben, bis wir dieses Ziel erreicht haben.

Mercier hatte sich bereits kräftiger finanzieller Unterstützung von seiten der Kohle-, Eisen- und Stahlindustrien und anderer vergewissert. Einige seiner Kollegen sprachen sich noch offener aus. Bereits am 25. November 1933 hatte die *Revue hebdomadaire*, eines der Organe von Handel und Industrie, den Artikel eines führenden Industriellen veröffentlicht, in dem dieser die Errichtung eines korporativen Staates nach italienischem Muster forderte. Ein anderer Artikel von François Le Grix, einem der Wortführer der Großindustrie, sagte einen unmittelbar bevorstehenden und unvermeidbaren Staatsstreich voraus: »Er wird ganz einfach und sehr rasch ablaufen. Die Kammer wird sich auf unbestimmte Frist vertagen, und Paris wird nach Demonstrationen der Steuerzahler und der Arbeitslosen in den Belagerungszustand versetzt werden.« Zur Durchführung würden bereits geeignete Führer bereitgestellt, führte er aus, und fügte hinzu: »Da sich die Führung gezwungen sehen könnte, innerhalb weniger Wochen zur Tat zu schreiten, ist es besser, jetzt noch keine Namen zu veröffentlichen. Aber ich kann Ihnen versichern, daß bereits alles vorbereitet wird.« Drei Tage später unterrichtete *Le Capital*, die Zeitschrift der Finanzwelt, ihre Leser: »Die besten Köpfe halten das Experiment einer autoritären Regierung nach dem Modell Italiens und Deutschlands für vorstellbar.«

Am 29. Januar 1934, einen Tag nachdem die zwei Monate alte Regierung Camille Chautemps zurückgetreten war, statt sich einer feindlich gesonnenen Kammer und dem noch feindseligeren Kapital zu stellen, sagte einer der Führer des Bundes der Steuerzahler, der vom Erdnußölkönig Jacques Lemaigre Dubreuil organisiert und finanziert wurde, auf einer Massenkundgebung: »Wir werden gegen die Deputiertenkammer marschieren und diese Versammlung von Unfähigen notfalls mit Peitschen und Stöcken auseinandertreiben.« Die Pariser Massenpresse brachte seine Worte auf ihren Titelseiten. Gustave Hervé, der alte Linkssozialist und Pazifist, wurde jetzt zum chauvinistischen Rechtsextremen und stimmte in diesen Schlachtruf mit ein. In seiner Zeitung *La Victoire* stellte er am 10. Januar in fetten Lettern auf der Titelseite die Frage: »Wie können wir dieses schwache und verrottete Regime loswerden? Wo ist der Führer, der Frankreich erstehen soll, wie er auch in Italien und Deutschland erstanden ist?« Er veröffentlichte an jenem Tage zwar keinen Namen, aber den richtigen Mann hatte er sich bereits ausgesucht: Marschall Pétain[2].

Der Held von Verdun wurde allgemein immer noch als der »republikanischste« der Generäle betrachtet, aber in führenden Militärkreisen war bekannt, daß er allmählich den Glauben an die Republik verlor. Im selben Jahr machte sein Stabschef eine Bemerkung, von der man annahm, daß sie die Auffassung des Marschalls wiedergab: »Das gesamte System muß geändert werden[3].« Ebenso wie die anderen noch lebenden Marschälle Lyautey und Franchet d'Esperey stand er bereits mit den antiparlamentarischen Ligen in Verbindung und ermunterte sie insgeheim. Selbst General Weygand, der Oberkommandierende der Armee und im Herzen überzeugter Royalist, stand seit Jahren mit den ständig wechselnden republikanischen Regierungen auf Kriegsfuß. Als das Jahr 1934 herannahte, war klargeworden, daß die intellektuelle Revolte der Rechten gegen das Parlament weite Teile des Offizierskorps ergriffen hatte. Als während des ganzen Januar die Straßenkrawalle immer mehr um sich griffen und die Polizei unfähig oder ungewillt schien, sie niederzuschlagen, zweifelte man in der Regierung, ob man bei der Wiederherstellung der Ordnung auf die Armee zählen durfte.

Die Ligen

Jugendliche der Mittel- und Oberschicht, darunter viele Studenten und Universitätsabsolventen, bildeten den Kern der verschiedenen Ligen, die im Januar auf die Straße gegangen waren. Die aktivste und wirkungsvollste dieser Gruppen war die royalistische *Action Française*, deren Stoßtrupps als *Camelots du Roi* organisiert waren. Aufgepeitscht von zündenden Artikeln von Charles Maurras, dem Dichter-Philosophen und Führer der *Action Française,* von Léon Daudet, der die spitzeste Feder von ganz Paris schrieb, und von Maurice Pujo, dem Führer der *Camelots,* in der Tageszeitung *L'Action Française*, veranstalteten sie die erste große Massendemonstration am 9. Januar. An diesem Tage trat das Parlament nach den Ferien wieder zusammen. Die Demonstranten wurden von der Polizei zerstreut, bevor sie die Kammer erreichen konnten. Allerdings gelang es ihnen, auf dem Place de la Concorde, gegenüber dem Palais Bourbon, den Marineminister Albert Sarraut aus seinem Wagen zu zerren und zu verprügeln, bevor er von Polizeibeamten gerettet werden konnte.

Weder die Regierung noch die Öffentlichkeit ahnten, daß hinter den nach Neujahr plötzlich ausbrechenden Unternehmungen der royalistischen Straßenrowdys mehr steckte als nur der Wunsch, die in Paris nach rechts tendierende öffentliche Meinung gegen das Parlament auszunutzen. Der Comte de Paris, Erbe des Thronprätendenten, des Duc de Guise, hatte den Führern der *Action Française* insgeheim nahegelegt, aktiver zu werden. Der junge Prinz – er war erst sechsundzwanzig – hielt die Zeit für reif, einen ernsthaften Versuch zur Wiedereinsetzung der Orléans-Monarchie auf dem Thron Frankreichs zu unternehmen.

Gleich am ersten Tag des Jahres hatten er und sein Vater drei der Führer der *Action Française,* nämlich Maurras, Pujo und Admiral Schwerer, nach Brüssel zitiert, wo die königliche Familie im Exil lebte, und ihnen wegen ihrer Untätigkeit heftige Vorwürfe gemacht. Der Comte war davon überzeugt, daß der Augenblick gekommen war, die Republik zu Fall zu bringen. Die anderen Ligen, die rechtsgerichteten Kriegsveteranen und die im Pariser Stadtrat vorherrschenden Nationalisten, müßten, so sagte er, für die Durchführung eines gemeinsamen Staatsstreichs gewonnen werden. Der Prinz erklärte den führenden Royalisten aus Paris: »Ihr habt 1926 die Gelegenheit zur Tat versäumt. Jetzt bietet sie sich euch wieder. Werdet ihr sie wahrnehmen?«

Ein Royalist kann seinem »König« oder dem Thronerben nicht gut nein sagen. So antworteten die drei führenden Politiker, obgleich sie nach der unerwarteten Strafpredigt fast sprachlos waren, schließlich mit Ja[4]. Anscheinend wagten sie es nicht, den Prinzen oder seinen Vater darauf hinzuweisen, daß die anderen Ligen und ihre industriellen Geldgeber sich zwar den Royalisten bei dem Versuch anschließen würden, die Regierung oder gar die Republik zu Fall zu bringen, daß sie aber nicht an der Wiedereinführung einer Monarchie interessiert wären. Für sie war dieses Problem in Frankreich ausgestanden. Was sie anstrebten, war eine autoritäre Regierung faschistischer Prägung, die sie dann in der Hand haben würden. Darüber hinaus waren sie nicht geneigt, der *Action Française* die führende Rolle bei den Straßenkämpfen zu überlassen. Als ihnen die *Camelots du Roi* mit ihrer Demonstration vom 9. Januar um eine Nasenlänge voraus waren, begannen sie ihre eigenen Kräfte zu mobilisieren.

Anfang 1934 machten noch einige andere Ligen Schlagzeilen. Zu den ältesten gehörte eine Gruppe von Krawallmachern, die sich »Jeunesse Patriotes« nannte. Sie setzte sich zumeist aus Universitätsstudenten zusammen und war 1924 während der damaligen finanziellen Krise von Pierre Taittinger, einem rechtsradikalen Pariser Deputierten, gegründet worden. Während der Erholung unter Poincaré war ihre Stärke dahingeschwunden, aber als nun die Depression immer schlimmer wurde und Parlament wie auch Regierung sich als immer ohnmächtiger erwiesen, nahm ihre Mitgliederzahl wieder zu. Eigentlich handelte es sich hier um einen Ableger von Déroulèdes alter Patriotenliga, die während der Affären um Boulanger und Dreyfus die Agitation und die Straßendemonstrationen angeführt hatte. Sie strebte nicht den Fall der Republik an, sondern wollte sie nur nach der Vorstellung der Bonapartisten und Boulangisten autoritär gestalten; die Exekutive sollte gestärkt, die Macht des Parlaments beschnitten werden. Man holte sich geistige Anleihe von den Programmen (wenn nicht Praktiken) des Faschismus und Nationalsozialismus und wollte die Kapitalisten in ihre Schranken weisen und ihre Profite beschränken. Nach Unterlagen der Polizei hatte diese Gruppe 1934 im ganzen Land etwa 90000 Mitglieder, davon rund 6000 in Paris. Ihre Straßenkämpfer waren in mobilen Einheiten von je fünfzig Mann zusammengefaßt, mit blauen Regenmänteln und Baskenmützen ausgestattet und wurden von einem pensionierten General namens Desofy befehligt. Einige der jugendlichen Rowdys sympathisierten zwar mit den Royalisten, aber die Anführer betrachteten die *Action Française* als tödliche Rivalin.

Ähnlich in ihrer Ideologie war eine 1933 gegründete Organisation gelagert, die sich »Solidarité Française« nannte. Sie wurde von dem reichen Parfümeriehersteller François Coty finanziert, der auch weiterhin rechtsradikale Bewegungen und Zeitungen unterstützte, offenbar verblendet von der Hoffnung, daß er wie sein berühmter Landsmann Napoleon (Coty war auf Korsika unter dem Namen Spoturno geboren worden) vielleicht die oberste Spitze erklimmen könnte. Offizieller Anführer der Bewegung war Major Jean Renaud, ein pensionierter Kolonialoffizier mit einer Begabung für aufrührerische Reden. Ihm ging, genau wie seinem Schutzherrn, jeglicher politischer Verstand ab. Seine Stoßtrupps waren mit blauen Hemden, schwarzen Baskenmützen und Knobelbechern ausgestattet, ihr Schlachtruf lautete: »Frankreich den Franzosen!« Sie behaupteten zwar, 180000 Mitglieder zu zählen, von denen allein 80000 in Paris zusammengezogen sein sollten; es ist jedoch sehr zweifelhaft, ob sie jemals mehr als ein Fünftel davon zählten. Ihren Höhepunkt hatten sie Anfang 1934 erreicht; sie tobten ihre militante Haltung auf den Straßen aus.

Die faschistischste der Ligen nannte sich »Le Francisme«. Sie war direkt von Hitler und Mussolini inspiriert. Ein rechtsradikaler Abenteurer namens Marcel Bucard hatte sie am 11. November 1933, dem Jahrestag des Waffenstillstands, gegründet. Diese Gruppe setzte sich ganz offen für ein durch und durch faschistisches Regime in Frankreich ein. Ihre Schläger gehörten zwar zu den geübtesten Straßenkämpfern, aber sie konnten nie mehr als ein paar tausend junger Leute anziehen. Zu ihren hoffnungsvollen jungen Männern gehörte auch Paul Ferdonnet, der später als der »Radioverräter von Stuttgart« traurige Berühmtheit erlangen sollte. Er verkaufte sich zu Beginn des Zweiten Weltkriegs an die Nazis und verbreitete über Radio Stuttgart NS-Propaganda in französischer Sprache.

Zahlenmäßig wichtiger – auch hinsichtlich der Unterstützung durch einen überraschend großen Teil konservativer Kreise – war *Croix de Feu*, 1927 als unpolitische Vereinigung von Trägern dieser Auszeichnung gegründet. 1931 übernahm der energische Oberstleutnant François de la Rocque, der mit fünfundvierzig Jahren erst kürzlich aus dem aktiven Militärdienst ausgeschieden war, die Leitung dieser Gruppe. Er wandelte sie innerhalb kurzer Zeit in eine paramilitärische, antiparlamentarische Liga um, die imstande war, innerhalb einer Stunde Straßendemonstrationen zu veranstalten. *Croix de Feu* war entschlossen, Kommunismus und Pazifismus auszurotten und die Republik durch eine Entmachtung des fehlgeleiteten Parlaments zu reformieren. La Rocque erweckte zwar allgemein den Eindruck eines wohlerzogenen Gentleman, aber er hatte seine rauheren Seiten schon am 27. November 1931 herausgekehrt. Am Abend dieses Tages führte er eine Schar von *Croix-de-Feu*-Männern, unterstützt durch Stoßtrupps der *Action Française* und der *Jeunesse Patriotes*, in den großen Saal des Trocadéro, in dem Tausende von Menschen am abschließenden Galaabend des Internationalen Abrüstungskongresses teilnahmen. Er ließ die Veranstaltung platzen. Auf der Bühne befanden sich einige der hervorragendsten Männer Frankreichs und Europas, darunter auch der frühere Ministerpräsident Painlevé, Lord Robert Cecil, Salvador de Madariaga und der Vorsitzende Edouard Herriot. Sie wurden von Oberstleutnant La Rocque und seinen Raufbrüdern verjagt, während andere Stoßtrupps das Publikum und sogar die zu ihrem Schutz herbeigeeilte Polizei hinaustrieben. Ganz Frankreich wurde Zeuge des Tumults, weil der Festakt vom Rundfunk übertragen wurde. La Rocque war damit gewissermaßen etabliert.

Er war nicht sehr intelligent und verfügte auch nicht über viel Sinn für Politik. Aber er war ein guter Organisator und baute mit viel Mühe um seine Person eine Art Mysterium auf; die Ziele der Bewegung waren nämlich bewußt vage definiert, um möglichst viele Anhänger anzulocken. Zum Zeitpunkt des Trocadéro-Tumults stand er in enger Verbindung mit Laval und Tardieu, die einander auf dem Stuhl des Ministerpräsidenten abwechselten. Von ihnen erhielt er nicht nur moralische Unterstützung, sondern – das scheint festzustehen – auch finanzielle Mittel aus Geheimfonds jenes Staates, den zu unterminieren La Rocque gerade im Begriff war. Es fehlte auch nicht an privaten Beiträgen, denn zu seinen Gönnern gehörten Größen aus der Geschäftswelt wie Ernest Mercier und François Coty. Gegen Ende 1933, als in Paris die Angriffe auf die Regierung immer mehr zunahmen, zählten *Croix de Feu* und ihre Hilfsorganisationen ungefähr 60000 Mitglieder, davon ein Drittel in Paris.

Die meisten ehemaligen Kriegsteilnehmer gehörten nach wie vor den beiden alten Veteranenorganisationen an, die sich größtenteils unpolitisch verhielten, wenn es nicht gerade um die Durchsetzung eigener Interessen ging: UFC *(Union Fédérale des Combattants)* mit fast einer Million Mitgliedern und UNC *(Union Nationale des Combattants)* mit kaum weniger Mitgliedern. Die erste Organisation war überwiegend liberal und radikal eingestellt und entsprach der Mehrheit der Wahlberechtigten, insbesondere in der Provinz. Die UNC war konservativer und nationalistischer, besonders in Paris. Dort drängte es ihre Führer, zusammen mit den Ligen auf die Straße zu gehen.

Aber selbst die gemäßigten Kriegsveteranen in der UFC mochten den faulen Zauber im Parlament nicht länger mit ansehen. Am 26. November 1933, nach dem Sturz des drei Wochen alten Kabinetts Albert Sarraut, griff der Rat der UFC, der auf der Rechten als »leicht linksgefärbt« betrachtet wurde, zu einer bisher nie dagewesenen Maßnahme: Er attackierte die »politische Unordnung, den Mangel an Mut« und die Korruption im Parlament und sprach die Warnung aus: Wenn die gerade gebildete Regierung Chautemps es nicht besser mache und etwas gegen die Depression unternehme, werde es zu einer Krise nicht nur der Regierung und des Parlaments, sondern des *republikanischen Regimes selbst* kommen. Senatoren und Deputierte beachteten diese Warnung ebensowenig wie alle anderen. Sie schienen, zumindest in Paris, der öffentlichen Meinung seltsam gleichgültig gegenüberzustehen und ahnten nichts von ihrer eigenen zunehmenden Verantwortungslosigkeit. Sie setzten ihre gewohnte Pfuscherei fort, während das Land immer tiefer im Morast versank und die Stimmung im Volk, insbesondere in der Hauptstadt, immer mehr dem Siedepunkt zustrebte.

In dieser spannungsgeladenen Atmosphäre zu Beginn des neuen Jahres 1934 wurde ein Finanzskandal ruchbar, der Schlagzeilen in den Tageszeitungen machte. In ihn waren nicht nur ein altbekannter Gauner, sondern auch gewisse Politiker, Kabinettsminister, Polizeibeamte und sogar hohe Richter verwickelt.

Die Affäre Stavisky

Die Dritte Republik wurde in gewissen Abständen von Finanzskandalen heimgesucht, in die einige Minister – frühere oder auch amtierende – und Parlamentsmitglieder gemeinsam mit dunklen Existenzen oder ausgesprochenen Gaunern verwickelt waren. Der Panama- und der Wilson-Skandal hatten in den letzten Jahren des neunzehnten Jahrhunderts zeitweilig das Land erschüttert und die Bevölkerung gegen die Korruptheit des republikanisch-parlamentarischen Regimes aufgebracht. Die Korruptheit der Presse, die gerade bei der Panama-Affäre so grell beleuchtet wurde, übersah man, weil man sie vermutlich für selbstverständlich hielt.

1928 hatte eine neue Runde finanzpolitischer Skandale eingesetzt, die von den Feinden der Republik geschickt ausgenutzt wurden und die die öffentliche Meinung sehr erregten. Am Weihnachtsabend 1928 gaben zwei Fälle von finanziellen Schurkereien, in die auch Politiker verwickelt waren, der antirepublikanischen Presse neue Munition in die Hand. Louis-Lucien Klotz, ehemaliger Justizminister Clemenceaus und Mitunterzeichner des Versailler Vertrags, wurde wegen Scheckbetrugs verhaftet. Seine Leidenschaft für Pferderennen und andere Glücksspiele hatte ihn in Schwierigkeiten gebracht. Doch die dicksten Schlagzeilen erhielt die gleichzeitige Verhaftung von Marthe Hanau (einer rundlichen Dame von vierzig Jahren mit kurzem Haarschnitt und einem Auftreten, das auf manche Männer, darunter gewisse Politiker, wirkte) unter dem Verdacht, in ihren verschiedenen Finanzierungsfirmen die Investoren um Millionen Francs betrogen zu haben. Diese Affäre wurde in Frankreich für die nächsten sieben Jahre zu einem *cas célèbre;* die unerschütterliche Madame Hanau wurde abwechselnd verhaftet und wieder freigelassen, einmal nach einem Hungerstreik. Jahr um Jahr wurden zuerst die Gerichtsverhandlung gegen sie und dann ihre Berufung gegen das Urteil hinausgezögert. 1935 wurde sie schließlich wieder ins Gefängnis gesteckt, wo sie prompt Selbstmord beging.

Nach dem gleichen Schema wie die Affäre Hanau sollten auch die nachfolgenden Finanzskandale ablaufen. Die Dame konnte die Öffentlichkeit nur wegen ihrer »Beziehungen« hintergehen. Sie kannte Minister, Senatoren und Deputierte, hatte gute Verbindungen zum französischen Außenministerium und benutzte einen Teil ihres leichtverdienten Geldes zur Subventionierung von Zeitungen, darunter auch *Le Quotidien*, eine der führenden linksradikalen Tageszeitungen von Paris. Sie gab eine eigene Wochenschrift unter dem Titel *Gazette du Franc et des Nations* heraus, die sich zwar oft für die »Rettung des Franc« und die Brüderlichkeit unter den Nationen einsetzte, wie sie sagte, andererseits aber auch Tausende harmloser Geldgeber dazu verleitete, riesige Summen in ihre fragwürdigen Unternehmungen zu stecken. Aber wie hätte der Durchschnittsbürger auch Argwohn gegen diese Dame hegen sollen, wenn die prominentesten Staatsmänner Frankreichs Artikel in ihrer Zeitschrift veröffentlichten, darunter Ministerpräsident Poincaré selbst, ferner Außenminister Briand und Erziehungsminister Herriot und sogar der Kardinalerzbischof von Paris. Keiner der Herren hatte die leiseste Ahnung von den Machenschaften der Madame Hanau.

Nicht so unschuldig waren die Politiker, deren Namen beim nächsten Finanzskandal auf den Titelseiten erschienen – der Affäre Oustric. Oustric, Sohn eines kleinstädtischen Kaffeehausbesitzers, hatte es nach mehreren geschäftlichen Mißerfolgen fertiggebracht, in Paris unter seinem Namen eine kleine Bank zu errichten. Seine Spezialität bestand darin, Aktien von zweifelhaftem Wert in Umlauf zu bringen, ihre Kurse durch falsche Propaganda in die Höhe zu treiben, sie zum Höchstkurs zu verkaufen und dann, wenn sie gefallen waren, zurückzukaufen; sodann begann der ganze Kreislauf wieder von vorn. 1926 ermächtigte Raoul Péret, Finanzminister in Briands siebentem Kabinett – eine in der Kammer so angesehene Persönlichkeit, daß man ihn für einen künftigen Ministerpräsidenten hielt –, Oustric dazu, an der Pariser Börse die Aktien einer italienischen Seidenfirma aufzulegen. Seine Finanzexperten waren wegen Oustrics zweifelhaftem Ruf als Bankier dagegen gewesen, aber Péret hatte sich über ihre Einwände hinweggesetzt. Auch der Handelsattaché der französischen Botschaft in Rom war dagegen gewesen, aber von Senator René Besnard, seinem Botschafter, überstimmt worden. Im folgenden Jahr wurde Péret, der nicht mehr amtierte, aber immer noch Mitglied der Deputiertenkammer war, mit einem fetten Jahreshonorar Justitiar in Oustrics Bank. Besnard, der inzwischen seinen Posten in Rom aufgegeben hatte und in den Senat zurückgekehrt war, wurde mit einem noch fetteren Honorar Hausanwalt in einer von Oustrics Firmen.

1930 wurden die Oustric-Bank und ihre Tochtergesellschaften zahlungsunfähig und mußten geschlossen werden. Das Gericht ordnete eine Untersuchung an, aber Péret, der inzwischen in Tardieus Kabinett Justizminister geworden war, hintertrieb sie. Als diese Tatsache durchsickerte, wurde Tardieu gestürzt. Péret und Besnard mußten sich vor dem Senat, der als oberstes Gericht tagte, verantworten. Der Senat stellte schließlich fest, daß sie sich gegen kein Gesetz vergangen hatten, aber für die öffentliche Meinung galt ihre *moralische* Schuld als erwiesen. Wieder einmal erhob die Presse ein großes Geschrei gegen das korrupte republikanische Regime.

Ähnliche Skandale folgten. Sie waren zu zahlreich und zu verwikkelt, um hier im einzelnen aufgezählt zu werden. Hierzu gehörte beispielsweise die Affäre Aéropostale, bei der es um die finanziellen Schwierigkeiten einer führenden französischen Fluggesellschaft und ihre Beziehungen zu Politikern ging, in erster Linie zu Pierre-Etienne

Flandin, dem Firmenanwalt, der von 1929 bis 1932 den sechs aufeinanderfolgenden Kabinetten Tardieu und Laval entweder als Handels- oder als Finanzminister angehörte hatte. Die Öffentlichkeit, insbesondere im leicht erregbaren Paris, war solcher Vorgänge überdrüssig. Wenn Parlament und Regierung schon nicht Ordnung im eigenen Hause halten konnten, dann würde sich das Volk von Paris eben wieder einmal gezwungen sehen, auf die Straße zu gehen, wie es das bereits 1789, 1830, 1848 und 1871 getan hatte.

So war die allgemeine Stimmung, als Anfang 1934 die Affären eines altgedienten Schwindlers mit erstaunlichen Beziehungen zu den höchsten und angesehensten Kreisen der Republik ruchbar wurden und zur Krise des 6. Februar führten.

Am Morgen des 30. Dezember 1933, als sich die Bürger schon darauf vorbereiteten, trotz der zunehmenden Depression nach besten Kräften Neujahr zu feiern, war in den Zeitungen zu lesen, gegen Serge Alexandre alias Sacha Stavisky sei in Verbindung mit der ungesetzlichen Auflegung von Schwindelaktien durch das städtische Pfandhaus Bayonne Haftbefehl erlassen worden. Die Überschriften waren nicht besonders auffallend, der Name war in der Öffentlichkeit unbekannt, und die meisten Leser nahmen an, hier sei eben nur ein weiterer Gauner entlarvt worden. Dann brach diese Affäre plötzlich wie ein Wirbelsturm über die Presse und das Land herein. Rasch wurde so manches über Stavisky bekannt, aber mehr noch über seine hochgestellten »Beziehungen« und darüber, wie er sie ausgespielt hatte, um seine Betrügereien auszuführen und nicht ins Gefängnis zu wandern.

Serge Alexandre (Sacha) Stavisky, 1886 in Kiew als Sohn russischer Juden in bescheidenen Verhältnissen geboren, war mit seinen Eltern um die Jahrhundertwende nach Paris gekommen. Sein Vater eröffnete in einem ärmlichen Viertel eine Zahnarztpraxis. Mit zweiundzwanzig Jahren geriet Sacha wegen einer kleinen Betrügerei zum erstenmal mit dem Gesetz in Konflikt, und 1912 wurde er, inzwischen sechsundzwanzigjährig, wegen eines zweiten Betrugs zum erstenmal eingesperrt. Sein Vater beging aus Kummer über den schlechten Lebenswandel des Sohnes Selbstmord, doch das scheint den jungen Mann kaum beeindruckt zu haben. Er scheute jede Arbeit und hatte inzwischen Eingang in die Pariser Unterwelt gefunden. Er ließ sich von Frauen aushalten, vertrieb Rauschgift, verdiente Geld mit Glücksspielen, Fälschungen, der Verteilung gestohlener Wertpapiere und ab und zu einem bewaffneten Raubüberfall und entwickelte ein bemerkenswertes Geschick, wenn es darum ging, sich dem Zugriff des Gesetzes zu entziehen. Allmählich machte er Karriere, häufte mit seinen verschiedenen anrüchigen Unternehmungen ein Vermögen an, besuchte die Spielsalons der französischen Lebewelt, kaufte ein Theater, finanzierte eine Zeitung, ließ sich mit kostspieligen Mätressen sehen, gewann Politiker für sich und machte sich immer dann, wenn ihm die Polizei dicht auf den Fersen saß, bei der Sûreté Nationale, der geheimen Staatspolizei, beliebt, indem er Tips aus der Schattenwelt der Gauner und Abenteurer lieferte.

1926 geriet er schließlich in eine ernste Klemme. Er wurde auf Anzeige einiger Aktienmakler verhaftet. Sie warfen ihm vor, er hätte sie um 7 Millionen Francs betrogen. Achtzehn Monate brachte er hinter Gittern des Santé-Gefängnisses zu, während sich die Behörden bemühten, die verwickelten Knäuel seiner Schwindeleien zu entknoten. 1927 wurde er bis zur Gerichtsverhandlung auf freien Fuß gesetzt, doch diese Peinlichkeit blieb ihm erspart. Seine Freunde und Gönner in Justizbehörde, Gericht, Polizei, Parlament und gewissen Ministerien sorgten dafür, daß diese Verhandlung niemals stattfand. Sie wurde immer wieder aufgeschoben. Anfang 1934 war sie im Laufe von sieben Jahren insgesamt neunzehnmal vertagt worden. Inzwischen widmete sich Stavisky seinen alten Geschäften – etwas anderes hatte er ja nicht gelernt – und wurde dabei immer reicher. Er kaufte zwei Zeitungen, eine links- und eine rechtsradikale *(Volonté* und *Rampart)*, erwarb das *Empire*, eines der führenden Theater der Hauptstadt, sowie einen Rennstall, und erweiterte seinen Freundeskreis unter Politikern, Ministern und Ex-Ministern, Polizeibeamten, Zeitungsverlegern und Redakteuren. Während dieser Periode blühenden Wohlstands gingen bei der Polizei fünfundvierzig Anzeigen gegen seine dunklen Machenschaften ein. Nicht eine einzige dieser Anzeigen wurde weiterverfolgt. Verantwortlich für die neunzehn Vertagungen der Gerichtsverhandlung war der Leiter der Pariser Strafverfolgungsbehörde, Generalstaatsanwalt Pressard, der zufälligerweise der Schwager des Ministerpräsidenten Camille Chautemps war; dieser wiederum war schon seit langem ein mächtiger Mann in der dominierenden Radikalen Partei. Der für die Verschiebungen unmittelbar Verantwortliche scheint ein stellvertretender Staatsanwalt beim Pariser Strafgericht gewesen zu sein, ein gewisser Albert Prince, dessen Leiche man schon bald auf den Schienen der Eisenbahnstrecke Paris-Dijon finden sollte.

Je länger die Verhandlung hinausgezögert wurde, um so mehr Geld verdiente Stavisky mit einer ganzen Serie gesetzwidriger Unternehmungen. Einer seiner beliebtesten Tricks bestand darin, daß er sich über seine Beziehungen zu einflußreichen Politikern zum Agenten für die Auflegung der Kommunalobligationen einer Stadt ernennen ließ. Die »Deckung« pflegte er durch Hinterlegung falscher oder gestohlener Juwelen oder durch fiktive Buchungen zu bewerkstelligen. Dann ließ er die Obligationen von einer anerkannten Bank diskontieren und benutzte das Geld zur Gründung einer neuen Firma mit zweifelhaften Zielen. Auf diese Weise hatte er sich 1928 Kommunalobligationen der Stadt Orléans im Werte von 10 Millionen Francs ergaunert, konnte sie aber zurückzahlen, bevor er gefaßt wurde. In Bayonne wandte er mit Hilfe des Bürgermeisters – ebenfalls eines radikalsozialistischen Deputierten in der Kammer – den gleichen Trick an, geriet aber in Schwierigkeiten, als er fällig werdende Obligationen nicht einlösen konnte.

Am Weihnachtsabend 1933 gestand einer seiner Helfershelfer in der dortigen Stadtverwaltung, daß Obligationen im Wert von 239 Millionen Francs in Umlauf gebracht worden seien, indem man entweder die Bücher gefälscht oder für eine »Deckung« in Form von Staviskys falschen oder gestohlenen Juwelen gesorgt hatte. Der Mann wurde verhaftet, ebenso der stellvertretende Bürgermeister und ein anderer radikaler Deputierter sowie die Herausgeber zweier Pariser Zeitungen, die Stavisky subventioniert hatte: Albert Dubarry vom linksradikalen *Volonté*, damals in Paris ein berüchtigter Erpresser, und Camille Aymard vom rechtsradikalen *Liberté*. Auch weitere Komplizen wanderten ins Gefängnis.

Am 3. Januar 1934 veröffentlichte *L'Action Française*, die als erste Pariser Tageszeitung hinter der Affäre einen Skandal witterte, den Text zweier Briefe, die der damalige Kolonialminister Albert Dalimier vor zwei Jahren geschrieben hatte, als er noch Arbeits- und Sozialminister war. Dalimier hatte in seiner offiziellen Eigenschaft den Versicherungsgesellschaften und anderen Investmentgruppen aufs wärmste empfohlen, Staviskys Kommunalobligationen aus Bayonne aufzukaufen.

Auf solche Empfehlung hin hatten sie es auch getan. Der bloßgestellte Dalimier beteuerte zwar seine Unschuld, stellte aber prompt seinen Kabinettsposten zur Verfügung*.

Unterdessen war Stavisky verschwunden, und die Polizei, der er manchmal als Lockvogel gedient hatte, konnte oder wollte ihn nicht festnehmen. Es war bekannt, daß die *Sûreté* ihm erst kürzlich einen falschen Paß ausgehändigt hatte. Vielleicht hoffte man bei der Polizei, daß Stavisky ins Ausland fliehen werde. Aber in Paris forderten die Schlagzeilen der Zeitungen immer gebieterischer, ihn aufzuspüren und der Gerechtigkeit auszuliefern, und die öffentliche Empörung nahm ständig zu. So erwischte ihn die Polizei schließlich im Winterkurort Chamonix. Am 8. Januar berichteten die Zeitungen, Stavisky hätte in dem Augenblick Selbstmord begangen, als die Polizei gewaltsam in die Villa eindrang, in der er sich versteckt hielt. Die wenigsten Franzosen glaubten es. Man nahm allgemein an, daß die Polizei den

* Auch der Name Georges Bonnets, des Finanzministers in der Regierung Chautemps, tauchte im Zusammenhang mit dem Skandal auf. Der Untersuchungsausschuß bezeichnete es später als »bedauerlich«, daß Bonnet einen aktiven Stavisky-Helfer im Finanzministerium geduldet hatte. Der Ausschuß stellte ferner fest, daß Bonnet im Oktober 1922 während einer internationalen Konferenz mit Stavisky in Stresa gespeist hatte. Das Foto dieser Zusammenkunft hatte dem Schwindler als Beweis für seine Beziehungen zu hochgestellten politischen Kreisen gedient.

Gauner mit den vielseitigen Verbindungen ermordet hätte, um sich selbst Peinlichkeiten zu ersparen*.

Am nächsten Tag näherte sich die Stimmung vieler Menschen in Paris rasch dem Siedepunkt. Nach den sich mehrenden Enthüllungen über die Beteiligung von Politikern und Polizei an den Machenschaften dieses Erzbetrügers war dies das letzte Tüpfelchen auf dem i. Am Morgen dieses 9. Januar veröffentlichte *l'Action Française* auf der Titelseite einen leidenschaftlichen Aufruf an alle Pariser, sich nach Feierabend zu versammeln und mit dem Ruf »Nieder mit den Räubern! Nieder mit den Attentätern!« zur Deputiertenkammer zu marschieren. Eigentlich sollten damit die eigenen Kräfte mobilisiert werden. Sie versuchten an diesem Abend, etwa 2000 Mann stark, das Palais Bourbon zu erreichen, wurden jedoch zurückgetrieben. Zwei Abende später, am 11. Januar, schlossen sich die *Jeunesses Patriotes,* angeführt von einem Stadtrat, den royalistischen *Camelots* zu einer größeren Demonstration an. Diesmal mußten berittene Einheiten der Garde aufgeboten werden, um die Aufrührer von der Deputiertenkammer fernzuhalten. Erst das Eingreifen der Feuerwehr mit ihren Wasserschläuchen hinderte den Mob daran, in das nahe gelegene Ministerium für öffentliche Arbeiten einzubrechen. Zum erstenmal rissen die Demonstranten Bäume und Geländer nieder und eigneten sich Autos an, um daraus Straßensperren zu bilden. Sie warfen Kioske um und steckten sie in Brand. Sie schlossen die Stromzufuhr für die Straßenbahnen kurz, so daß die Wagen anhalten mußten. Auch die Omnibusse wurden zum Halten gezwungen. Nach einem Polizeibericht war der Schaden, der an öffentlichem Eigentum angerichtet wurde, der schlimmste seit zwanzig Jahren. Das Fieber des Aufruhrs breitete sich in der Stadt aus. Am nächsten Morgen forderte *L'Action Française* in fetten Schlagzeilen »eine Revolte von ganz Paris gegen die Räuber«, womit Parlament und Regierung gemeint waren.

Ministerpräsident Chautemps unterschätzte den ehrlichen Groll der Pariser gegen die laxe Moral der Politiker und weigerte sich hartnäckig, einen Sonderausschuß mit der Untersuchung der ganzen Stavisky-Affäre zu beauftragen. Zweifellos war ihm die Tatsache peinlich, daß der für die neunzehnmalige Verschiebung der Gerichtsverhandlung gegen den Betrüger verantwortliche Staatsanwalt sein eigener Schwager war und daß sein Bruder Pierre Chautemps als

* Ein Jahr später gelangte der besondere Parlamentarische Untersuchungsausschuß zu dem Schluß, es könne zwar »nicht der Schatten eines Zweifels« daran bestehen, daß Stavisky sich erschoß, als die Polizei in die Villa eindrang, daß aber sein Selbstmord »nicht ganz freiwillig« erfolgt war. Der Ausschuß brachte klar zum Ausdruck, daß die Polizei den Mann gar nicht lebend haben wollte. Es wurde zunächst beschrieben, wie sich Stavisky eine Kugel in den Kopf geschossen hatte; dann ließ die Polizei den Schwerverletzten über eine Stunde lang ohne Beistand auf dem Fußboden liegen und langsam sterben. »Durch diese außergewöhnliche Nachlässigkeit«, stand da zu lesen, »wurde das vollendet, was Stavisky begonnen hatte . . . Wäre es möglich gewesen, Stavisky lebend zu fangen? Nach unserem Dafürhalten lautet die Antwort: Ja. Es kann nicht daran gezweifelt werden, daß die Polizei keinen Versuch unternahm, einen so wichtigen Beschuldigten auf normale Weise festzunehmen und der Justiz zu erhalten[5].«

Anwalt für eine von Staviskys Firmen arbeitete. In dem zunehmenden Aufruhr der Straße sah er ein Komplott der Rechten zum Sturz seiner Radikalen-Regierung. Und als alter Hase auf dem Gebiet der Politik, als ein Mann ohne tiefere Überzeugungen, regten ihn auch die Enthüllungen kleiner Korruptionen nicht sonderlich auf. Wenn das schon bei seinen eigenen Leuten an der gemäßigten Linken passierte, so wußte er doch, daß sich das gleiche auch bei den Rechtsradikalen zutrug. Chautemps wurde bei seiner Weigerung, den Stavisky-Skandal untersuchen zu lassen, von einer parlamentarischen Mehrheit gestützt, da er auch mit den Stimmen der Sozialisten rechnen durfte; diese fürchteten, mächtige Kräfte der Reaktion könnten den Skandal ausnutzen, um mit Unterstützung des rechtsradikalen Polizeipräfekten Jean Chiappe einen faschistischen Staatsstreich zu versuchen. So goß Chautemps mit seiner Forderung, der Presse das Maul zu stopfen, nur neues Öl in die Flammen. Die Presse hielt er in erster Linie für verantwortlich, die Aufrührer angestiftet zu haben.

Aber die Unruhen dauerten fort und wurden nur noch heftiger. Am 22. und 23. Januar kam es zu größeren Unruhen. Die massivsten Demonstrationen fanden am 27. Januar statt. Sie tobten den ganzen Nachmittag und Abend. Es wurde großer Sachschaden angerichtet, achtzig Polizeibeamte wurden verletzt. An diesem Abend trat Chautemps zurück. Am Vortag war seine ohnehin schon schwankende Regierung weiterhin durch die Enthüllung kompromittiert worden, daß sein Justizminister Eugène Raynaldy in einen weiteren Finanzskandal um den Bankrott der Sacazan-Bank verwickelt war. Ihn selbst erschütterten die ernsten Unruhen dieses Tages und vielleicht auch der neue Schlachtruf des Pöbels, den man deutlich bis in die Kammer hören konnte: »Hängt die Deputierten!« Es geschah somit zum erstenmal in der Geschichte der Dritten Republik, daß eine Regierung, die in beiden Häusern von einer soliden Mehrheit getragen wurde, vor der Gewalt der Straße kapitulierte. Die Ligen hatten also ihren ersten Sieg errungen. Sie hatten die verhaßte »linksradikale« Regierung gestürzt. Dieser Triumph regte nur ihren Appetit weiter an.

Daladier schwimmt gegen den Strom

Albert Lebrun, der Präsident der Republik, beklagte bitterlich diese chaotischen Zustände und versuchte seinen Vorgänger Gaston Doumergue zu überreden, von seinem ländlichen Ruhesitz im Süden zurückzukehren, um in der unruhigen Hauptstadt eine »Regierung der nationalen Einigung« zu bilden. Doumergue lehnte aus Altersgründen ab. Er war einundsiebzig. Sodann wandte sich Lebrun an die Präsidenten der beiden Kammern: Jules Jeanneney vom Senat und Fernand Bouisson von der Deputiertenkammer. Auch sie fanden keinen Geschmack an der undankbaren Aufgabe. Auf ihren Rat hin wandte sich Lebrun an Edouard Daladier, einen Radikalsozialisten, der weder vom Stavisky-Skandal noch von den anderen Affären berührt wurde und von dem man in weiten Kreisen annahm, daß er ein entschlossener Mann sei, der mit dem augenblicklich herrschenden Durcheinander aufräumen könnte.

Daladier versuchte zuerst die Bildung einer Allparteienregierung von den Sozialisten bis hin zu den Rechtsradikalen. Aber er erhielt von beiden Seiten Absagen und mußte sich schließlich mit einem Kabinett begnügen, das wie das vorangegangene hauptsächlich aus den Reihen seiner eigenen Partei gebildet wurde. Es kamen noch zwei Gemäßigte hinzu: François Piétri als Finanzminister und Oberst Jean Fabry, ein einbeiniger Kriegsheld, als Kriegs- und Verteidigungsminister. Den Schlüsselposten des Innenministers erhielt ein junger Ex-Sozialist namens Eugène Frot, der als kommender »starker Mann« der Linken galt. Manche hatten ihn jedoch im Verdacht, diktatorische Ambitionen zu verfolgen und insgeheim Kontakte zu den rechtsradikalen Ligen zu unterhalten.

Daladier versprach sofort, das zu tun, wogegen sich Chautemps gesträubt hatte: einen parlamentarischen Ausschuß zur Untersuchung des Stavisky-Skandals einzusetzen. Unterdessen wollte er selbst »rasch und hart« gegen jene vorgehen, die sich in dem Skandal bereits bloßgestellt hatten, seien sie im Parlament, in der Polizei oder in der Justizverwaltung. Der neue Ministerpräsident vervollständigte sein Kabinett am letzten Januartag und hielt Wort. Nach seiner eigenen späteren Aussage saß er die ganze Nacht des 2. Februar wach und las persönlich die Akte der Anklage im Stavisky-Skandal sowie zwei weitere vertrauliche Berichte über das Vorgehen der beiden Polizeibehörden, der Sûreté Générale und der Pariser Polizeipräfektur. Da die Sûreté, wie bereits bemerkt, gelinde gesagt besondere Beziehungen zu dem Schwindler unterhielt und der Pariser Polizeipräfekt Jean Chiappe den Gauner mindestens einmal persönlich in seinem Büro empfangen hatte und zudem ein guter Freund des Redakteurs Dubarry war, der bereits wegen Mittäterschaft im Gefängnis saß, da außerdem die Polizei eine dicke Akte gegen Stavisky besaß, in der aber eigenartig wenig über Maßnahmen gegen ihn zu lesen stand, war Daladier entschlossen, etwas zu unternehmen.

Aber er handelte ungeschickt. Statt die beiden Polizeichefs und den Staatsanwalt Pressard zumindest wegen Vernachlässigung ihrer Pflicht hinauszuwerfen, versuchte er, sie die Treppe hinauffallen zu lassen. Chiappe erhielt den höchsten Verwaltungsposten, den die Regierung zu vergeben hatte: Er wurde Generalresident von Marokko. Pressard wurde als Richter in das Oberste Gericht versetzt. Und Thomé, der Direktor der Sûreté, wurde ausgerechnet zum Direktor des bekannten, klassischen Staatstheaters, der *Comédie Française*, ernannt. Er trat an die Stelle eines hervorragenden Dramatikers – Emile

Fabré –, der bei den Radikalen in Ungnade gefallen war, weil er in diesem Winter ein Stück auf den Spielplan gesetzt hatte, das sie als »antidemokratisch« betrachteten: Shakespeares *Coriolanus*! »Ein Polizist leitet das Haus eines Molière!« empörte sich Alexander Werth, britischer Korrespondent in Paris. Seine Empörung und sein Erstaunen wurden von den meisten Parisern, unabhängig von ihrer politischen Einstellung, geteilt[6]. Für den nüchternen, aber liberal gesonnenen Historiker François Goguel war dies »Vaudeville« – ein »Varieté«[7].

Die Sache wirbelte in der empfindsam reagierenden Weltstadt Paris unweigerlich viel Staub auf. In der Wut über Chiappes Versetzung wurde Stavisky vorübergehend vergessen. Der temperamentvolle, kühne Polizeipräfekt, ein leidenschaftlicher Korse, war über Nacht zum neuen Märtyrer der Rechten geworden. Der Zorn über seine »Entlassung« und zweifellos auch seine eigenen Intrigen mit den rechtsradikalen Ligen, die er aus seinem kochenden Groll heraus gesponnen hatte, verschärften noch die Krise der folgenden Tage.

Die Affäre Chiappe, wie sie nun genannt wurde, machte die ohnehin schon verwickelte Lage noch komplizierter und bereitete Daladier zusätzliche Schwierigkeiten. Dem Ministerpräsidenten wurde vorgeworfen, er habe den Polizeichef für Stimmen der Sozialisten, die ihn verabscheuten, geopfert; sie glaubten nämlich, daß Chiappe, ähnlich wie sein korsischer Landsmann Napoleon, an die Möglichkeit eines Staatsstreichs dachte. Darüber hinaus fiel ihnen – wie auch allen anderen – der Kontrast zwischen dem sanften Vorgehen der Polizei gegen rechtsradikale Demonstranten und der Rücksichtslosigkeit von Chiappes Männern gegenüber sozialistischen und insbesondere kommunistischen Demonstrationen auf. Die Polizeigewerkschaft hatte sich beim Präfekten bereits wegen der Milde gegenüber antiparlamentarischen Aufrührern beschwert. Später sollte er vor dem Parlamentarischen Untersuchungsausschuß zugeben, daß die Polizei Anweisung hatte, die rechtsradikalen Demonstranten nachsichtiger zu behandeln als die linksradikalen.

Die Radikalen und die Sozialisten, von deren Unterstützung Daladier abhängig war, argwöhnten auch, daß Chiappe insgeheim mit den reaktionären Ligen verbündet sei. Das schien ihnen schon Chiappes Reaktion auf seine Entlassung zu beweisen.

Am 3. Februar, einem Samstagmorgen, rief Daladier Chiappe in dessen Wohnung an und bat ihn um seinen Besuch. Als sich Chiappe damit entschuldigte, er läge mit einem Ischiasanfall zu Bett – die Krankheit scheint mehr diplomatischer Art gewesen zu sein –, teilte ihm der Ministerpräsident telefonisch seine »Beförderung« auf den höchsten Verwaltungsposten in Marokko mit. Zornig weigerte sich Chiappe, sich gewaltsam die Treppe hinaufbefördern zu lassen. Es kam zu einem hitzigen Wortwechsel, den der Polizeichef nach Daladiers Angaben mit der Drohung beschloß: »Na schön, Sie werden mich heute abend auf der Straße wiedertreffen!« Für den Ministerpräsidenten bedeutete diese Drohung, daß sich der Polizeichef der Hauptstadt den faschistischen Straßendemonstranten anschließen wollte, und er entließ ihn auf der Stelle. Später stritt Chiappe diese Äußerung ab und behauptete, er habe lediglich gesagt, dann werde er ruiniert und arbeitslos auf der Straße stehen. Bei Chiappes hitzigem korsischem Temperament und seiner scharfen Zunge erscheint die Version des Ministerpräsidenten als die glaubwürdigere, zumal sie durch die Aussage des Innenministers Frot erhärtet wurde. Frot stand neben Daladier, als dieser das Gespräch führte, und Chiappes laute, wütende Stimme war trotz der berüchtigt schlechten Telefonverbindungen im damaligen Paris laut und deutlich zu verstehen.

Jedenfalls wurde Chiappe am 3. Februar entlassen. Die beiden gemäßigten Kabinettsmitglieder, der Korse Piétri und Oberst Fabry, enge Freunde Chiappes, traten ebenfalls zurück, und die faschistischen Ligen sahen neben der Affäre Stavisky noch einen weiteren Anlaß, den Kampf auf der Straße erneut aufflammen zu lassen. Diese Gelegenheit nahmen sie begierig wahr.

Über das Wochenende war es auf den Straßen ruhig geblieben. Am Montag abend, dem 5. Februar, rief Oberst de La Rocque einen Teil seiner Kampftruppen vom *Croix de Feu* zu einer Art Probe zusammen. Sie gerieten bei ihrem Versuch, das Innenministerium zu stürmen, mit der Polizei aneinander und wurden zurückgeschlagen. Dienstag, der 6. Februar, der Tag, an dem die Deputiertenkammer zur Abstimmung über die Regierung Daladier zusammentreten sollte, war zum großen Tag der Ligen ausersehen. Am Morgen und Nachmittag richteten die großen Tageszeitungen und auch die politischen Blätter der Rechten, wie *L'Action Française*, flammende Aufrufe an die verschiedenen Ligen. Ihre Anhänger und alle Freunde unter der Bevölkerung von Paris wurden aufgefordert, am Abend zu einer Massendemonstration gegen die Regierung auf die Straße zu gehen. Das war ein Signal zum Aufruhr oder zumindest zu Gewalttätigkeiten, die zum Aufruhr führen konnten. Die giftspritzenden royalistischen Blätter hatten für den 5. Februar blutige Rache geschworen und Frot sowie andere namentlich genannt: Sie gehörten zu denjenigen, die »ohne Gnade getötet« werden sollten.

Falschmeldungen in mehreren Pariser Zeitungen, darunter großen konservativen Blättern wie *Le Jour, La Liberté* (dessen Chefredakteur bereits als Komplice Staviskys im Gefängnis saß) und der sonst seriösen Zeitung *Echo de Paris*, brachten die Bevölkerung der Stadt noch mehr auf: Die Regierung habe heimlich Panzereinheiten, Maschinengewehrkompanien und schwarze Senegalesen in die Hauptstadt verlegt, um die »friedlichen« Demonstrationen »niederzumähen«. Ein Großteil der Pariser Presse veröffentlichte an diesem Tag außerdem einen offenen Brief des Bundes der Steuerzahler an den Präsidenten der Republik, in dem dagegen protestiert wurde, daß »schwarze Soldaten, unterstützt durch Tanks, Kanonen und Maschinengewehre« von der Regierung »gegen das Volk von Paris, das als Feind betrachtet wird«, eingesetzt werden sollten.

Schließlich druckten alle großen Tageszeitungen der Hauptstadt, darunter auch die nüchterne *Temps*, nicht nur die hysterischen Appelle der Ligen an die Bevölkerung von Paris, sich gegen Parlament und Regierung zu erheben und die »Räuber« aus der an diesem Tag zusammentretenden Deputiertenkammer zu verjagen, sondern sie vermerkten auf ihren Titelseiten auch sorgfältig Ort und Zeit des Treffpunktes einer jeden Gruppe und ihrer Gesinnungsfreunde, für den Fall, daß jemand keine näheren Anweisungen erhalten haben sollte. Die Pariser Presse zeigte sich dabei noch verantwortungsloser als sonst. Unter den Tageszeitungen mit hoher Auflage forderte lediglich *Paris-Soir* das Volk auf, sich ruhig zu verhalten.

Im letzten Augenblick kamen noch die Kommunisten ins Spiel. Am Morgen des 6. Februar rief *L'Humanité*, die kommunistische Tageszeitung, alle Parteimitglieder auf, sich am Abend den Demonstrationen anzuschließen. Die Führung sollte die kleine kommunistische Kriegsveteranengruppe ARAC (*Association Républicaine des Anciens Combattants*, gegründet 1919 von dem Schriftsteller Henri Barbusse) übernehmen, die in Paris etwa 5000 Mitglieder hatte. So zögerten die Kommunisten nicht, sich an Demonstrationen ihrer schlimmsten Gegner von der extremen Rechten zu beteiligen, wenn es darum ging, die republikanische Regierung zu stürzen. Das gleiche hatte ich in den letzten Monaten der Weimarer Republik in Berlin erlebt, als kommunistische und nationalsozialistische Verbände in einem gemeinsamen Streik den öffentlichen Verkehr lahmlegten. Sie erklärten damals, sie würden alles tun, um die »bourgeoise« republikanische Regierung in Deutschland zu stürzen, die zu jener Zeit auf noch schwächeren Beinen stand als die französische am 6. Februar 1934. Durch ihr Zusammengehen mit den Nazis brachten sie das fertig, handelten sich dafür aber Hitler ein, der den Kommunismus in Deutschland bald ausrottete. So war ich nicht sehr überrascht, als ich an jenem Abend auf dem Place de la Concorde französische Kommunisten Seite an Seite mit Royalisten und Faschisten im Kampf gegen die Polizei sah, die den Weg der Demonstranten zur Deputiertenkammer verriegelten.

Die Schlacht auf dem Place de la Concorde

Am Spätnachmittag des 6. Februar wurde ich von der Pariser Redaktion des *Herald* zum Place de la Concorde, am anderen Seineufer gegenüber der Deputiertenkammer, geschickt; ich sollte nachsehen, ob von den angedrohten Demonstrationen schon etwas zu bemerken war. In den Morgenzeitungen hatte ich gelesen, wo sich die verschiedenen Ligen treffen wollten. Die Treffpunkte bildeten einen weiten Kreis um das Palais Bourbon, das gemeinsame Ziel der Demonstranten. Ich fand ein paar hundert junge Männer vor, Stoßtrupps der Gruppen *Action Française, Jeunesses Patriotes* und *Solidarité Française,* die versuchten, die Polizei in Richtung auf die Brücke abzudrängen, die von dem weiten Platz aus über die Seine hinüber zur Kammer führt. Aber es fiel der Polizei nicht schwer, die Störtrupps zu zerstreuen. Es waren ungefähr hundert Polizisten im Einsatz, verstärkt durch weitere hundert Mann der Mobilen und der Republikaner-Garde. Nach einem Telefongespräch mit meiner Redaktion ging ich ins Hôtel Crillon am Nordende des Platzes, um einen Happen zu essen. Die Demonstration versprach keine aufregende Story zu werden. Die Demonstrationen, die ich an den vorangegangen Abenden erlebt hatte, waren wesentlich wilder gewesen.

Aber als ich etwa eine Stunde später – gegen 18 Uhr 30 – wieder auf den Place de la Concorde kam, hatte sich das Bild völlig gewandelt. Auf dem Platz drängten sich mehrere tausend Demonstranten, die sich auch durch wiederholte Angriffe der berittenen, mit Stahlhelmen ausgerüsteten Mobilen Garde nicht verdrängen ließen. Drüben bei dem Obelisk in der Mitte des Platzes brannte ein Omnibus. Ich drängte mich durch die Mobilgardisten hindurch, die mit ihren Säbeln um sich schlugen, und gelangte hinüber zu den Tuilerien. Hier, von der östlichen Seite des Platzes aus, konnte man aus einer Höhe von vier bis fünf Metern die ganze Szene besser überblicken. Hinter den Absperrungen drängte sich der Pöbel und beschoß die Polizei mit Steinen, Ziegeln, Gartenstühlen und den eisernen Schutzgittern, die um die Bäume herum aufgestellt waren. Hier sah ich zum erstenmal Kommunisten Schulter an Schulter mit ihren angeblichen Feinden, den Faschisten. Unten auf dem weiten Platz tobte unterdessen die Straßenschlacht. Die Menge drang vor und zog sich dann vor den Angriffen der berittenen Garde wieder zurück. Es war keineswegs ein einseitiger Kampf. Die Aufrührer waren mit Stöcken bewaffnet, an deren vorderem Ende sie Rasierklingen befestigt hatten. Damit schlugen sie nach Pferden und Reitern. Außerdem warfen sie den Pferden Kieselsteine und Knallfrösche unter die Hufe. Einige Pferde gingen zu Boden, ihre Reiter wurden verletzt. Beide Seiten begannen damit, Verletzte abzutransportieren.

Um einen besseren Überblick zu gewinnen, ging ich hinauf zum Balkon des Hôtel Crillon im dritten Stock. Hier drängten sich etwa zwanzig Journalisten, Franzosen und Ausländer, am Geländer, darunter auch eine mir unbekannte Dame. Die ersten Schüsse hörten wir nicht. Dann sank die Dame plötzlich zu Boden. Als wir uns über sie beugten, sahen wir, daß ihr das Blut aus einer Schußverletzung genau in der Mitte der Stirn übers Gesicht lief. Sie war auf der Stelle tot*. Jetzt wurde auf beiden Seiten regelmäßig geschossen. Dabei konnte man kaum etwas erkennen, weil inzwischen fast alle Straßenlaternen durch Schüsse oder Steinwürfe zum Erlöschen gebracht worden waren. Erst später stellte sich heraus, daß eine Gruppe von Aufrührern, überwiegend von der *Solidarité Française*, damit begonnen hatte, die letzten Polizeibarrikaden vor der Brücke hinüber zur Deputiertenkammer zu stürmen. Die Polizei hatte Befehl, diese Brücke um jeden Preis zu verteidigen. Einige Polizisten und Mobilgardisten gerieten in Panik. Sie eröffneten das Feuer aus ihren automatischen Pistolen und töteten sechs der Aufrührer vor sich sowie die Frau auf dem Balkon des Hôtel Crillon auf der anderen Seite des Platzes. Vierzig Personen wurden verletzt. Endlich brachten die Polizeioffiziere ihre Leute dazu, das Feuer wieder einzustellen. Einer von ihnen, der Leiter der Stadtpolizei, sowie zwei weitere hohe Beamte waren selbst verwundet, diese sogar schwer. Sie wurden in die Deputiertenkammer geschafft, wo eilig eine Erste-Hilfe-Station eingerichtet worden war.

In der Kammer selbst ging es seit 15 Uhr, als die Sitzung zur Abstimmung über die Regierung Daladier eröffnet worden war, drunter und drüber. Der Ministerpräsident wurde daran gehindert, seine Regierungserklärung abzugeben. Seine keineswegs schwache Stimme ging im Geschrei der Konservativen und Kommunisten unter. Die ersten brüllten immer wieder »Zurücktreten!« und sangen gemeinsam die *Marseillaise*, die Nationalhymne. Die Kommunisten konterten mit dem Schlachtruf »Alle Macht den Sowjets!« und sangen die *Internationale*. Mehrfach verließen die Abgeordneten der extremen Rechten und Linken ihre Plätze und gerieten sich in die Haare. Erst als die *huissiers* und der hervorragende und würdige Quästor der Kammer selbst eingriffen, gelang es, sie zu trennen. Seit dem Juni 1899, als Waldeck-Rousseau auf dem Höhepunkt der Dreyfus-Affäre seine Regierung vorstellte, hatte es in dieser Kammer keinen solchen Aufruhr mehr gegeben. Dreimal unterbrach der Präsident die Sitzung für jeweils fünfzehn Minuten, damit sich die Deputierten wieder beruhigen sollten – vergebens. In einer der Sitzungspausen lief der rechtsradikale Deputierte Jean Ybarnegaray hinüber zur Regierungsbank und versuchte, den Ministerpräsidenten an den Rockärmeln herunterzuzerren. Daladier erkannte schließlich, daß in dem Lärm und Durcheinander eine Debatte der verschiedenen Anfragen unmöglich war. Er stellte die Vertrauensfrage. Das führte zu neuem Geschrei auf der Rechten und einer erneuten Unterbrechung der Sitzung.

Kaum war sie wieder aufgenommen worden, da vernahm man in der Kammer zum erstenmal die Schüsse auf dem Place de la Concor-

* Sie wurde später als Madame Gourlan Corentine, 33, identifiziert. Sie war nur Zuschauerin, eine von drei unbeteiligten Personen, die an diesem Abend durch Pistolenschüsse getötet wurden.

de. »Sie schießen!« schrie der Deputierte Scapini, ein Kriegsblinder. »Ihr seid eine Regierung von Meuchelmördern!« Das Krachen der Schüsse übertönte noch das Geschrei der Menge, die sich näher zu wälzen schien. Ein Deputierter rief: »Sie stürmen die Tore der Kammer!« Mehrere seiner Kollegen verließen rasch den Saal. Der Anblick, der sich ihnen draußen auf den Korridoren bot, war nicht dazu angetan, ihre Unruhe beizulegen: Hier häuften sich jetzt die verletzten Polizisten und Gardisten, die von ein paar Ärzten des Parlaments versorgt wurden. Viele Verwundete lagen bewußtlos am Boden. Um ihnen zu helfen, ließ Madame Barthe, die wackere Frau des Quästors, aus ihrer Wohnung ein paar Flaschen alten Rum holen.

Der Anblick der Verwundeten, das Geschrei der Menge und die Schießerei draußen veranlaßte einige der Deputierten, die den Sitzungssaal verlassen hatten, sich heimlich in die Nacht hinauszustehlen. Ein Parlamentarier erinnerte sich später: »Die am wenigsten Mutigen waren nicht die Letzten, die gingen.« Als die stürmische Sitzung um 20 Uhr 30 beendet wurde, befanden sich außer den Kabinettsmitgliedern nur noch fünf Deputierte im Saal[8]. Ein Deputierter stellte fest, daß der Parlamentspräsident Fernand Bouisson, ein würdiger Herr mit weißem Bart, unter seinem Pult einen Schlapphut und einen alten schwarzen Mantel versteckt hatte, um später nicht in Zylinder und Gehrock, den der Vorsitzende nach altem Brauch zu tragen hat, aufzufallen[9]. Die Verkleidung wäre für den Fall praktisch gewesen, daß sich eine rasche Flucht als notwendig erwiesen hätte. Fast eine Stunde lang wurde allgemein befürchtet, daß die Aufrührer im nächsten Augenblick die Kammer stürmen könnten. Auf der Pressetribüne hängten die Journalisten ein hastig hingekritzeltes Schild an die Tür: »ACHTUNG DEMONSTRANTEN! HIER KEINE DEPUTIERTEN ANWESEND!«

Edouard Herriots Gesicht war in der Öffentlichkeit so bekannt, daß ihm eine Verkleidung nichts genutzt hätte, selbst wenn er sie versucht hätte – was er nicht tat. Als der radikale Politiker zu Fuß nach Hause gehen wollte, ergriff ihn eine Bande von fünfzig Rowdys, schlug ihn zusammen und schleppte ihn unter wildem Geschrei »Werft ihn in die Seine!« in Richtung auf den leider nahe gelegenen Fluß. Dem altgedienten Deputierten, der gleichzeitig auch Bürgermeister seiner Heimatstadt Lyon an der Rhône war, schien das der falsche Fluß zu sein. »Meine Herren!« rief er. »Dann haben Sie wenigstens die Güte und geleiten Sie mich zur Rhône!« Er wurde gerade noch rechtzeitig von einer Gendarmerietruppe gerettet.

Bevor sich die Kammer vertagte, hatte sie der Regierung Daladier dreimal hintereinander das Vertrauen ausgesprochen, das letztemal mit 343 zu 237 Stimmen. Die breite Mehrheit war der Unterstützung durch die Sozialisten zu verdanken, deren Fraktionsführer Léon

Blum während der Debatte erklärt hatte: »Unsere Stimme für die Regierung ist kein Vertrauensbeweis, sondern ein Bekenntnis zum Kampf!« Die Sozialisten hatten nicht vergessen, was aus ihrer Partei und dem demokratischen Regierungssystem geworden war, als Mussolini in Italien und Hitler in Deutschland die Macht übernommen hatten.

Daladier verfügte über die Mehrheit im Parlament, aber das genügte an diesem Abend wilden Aufruhrs nicht. Auch die Wut der Pariser mußte mit berücksichtigt werden. Das sollte der Ministerpräsident in den nächsten entscheidenden Stunden noch erfahren.

Obgleich die Deputierten gegangen waren, hielt sich der Mob noch in den Straßen auf. Nachdem die Schießerei begonnen hatte, wurde die Stimmung immer wilder und bedrohlicher. Auf dem Place de la Concorde und einigen Straßen am linken Seineufer, die zur Deputiertenkammer führten, war die Lage ernst geworden. Allmählich erschien es zweifelhaft, ob Polizei und Garde die Brücke sowie einige der Nebenstraßen zum Palais Bourbon noch länger halten konnten. Die aufgebrachten Demonstranten wußten noch nicht, daß die Deputierten die Kammer bereits verlassen hatten und daß sie damit eines ihrer Ziele verpaßt hatten: die Mitglieder des Parlaments zu verprügeln und sie vom Sitz der Macht zu verjagen.

Wir trugen die Leiche der Frau vom Balkon hinunter in die Halle des Crillon. Dort lag eine größere Anzahl verletzter Aufrührer und Zuschauer auf dem Boden. Vornehm gekleidete Damen bemühten sich, Erste Hilfe zu leisten, so gut sie es verstanden.

Als ich aus dem Hotel auf den Platz hinaustrat, sah ich das Marineministerium nebenan in Flammen stehen. Irgend jemand erklärte mir, eine entschlossene Demonstrantengruppe hätte Lappen in Benzin getaucht, sie angezündet und durch die zertrümmerten Fenster ins Innere des Gebäudes geworfen. Aus den Fenstern quoll jetzt dikker Rauch.

Zwei Löschzüge der Feuerwehr waren eingetroffen, aber bevor die Feuerwehrleute ihre Schläuche auf das Gebäude richten konnten, hatten die Demonstranten sie bereits zerschnitten. Sie versuchten jetzt, sich Zugang zum qualmenden Ministerium zu erzwingen. Wachen der Marine wehrten sie mit gezogener Pistole ab.

Dann stießen Tausende ehemaliger Soldaten zu den Demonstranten. Kurz vor 21 Uhr verstummte auf dem Platz und rings um die belagerte Brücke plötzlich der Tumult, das Geschrei der Menge legte sich, das gelegentliche Krachen der Schüsse hörte auf. Dann sahen wir von den Champs Elysées her einen langen Zug von Kriegsveteranen der UNC heranmarschieren. Sie hatten sich mit ihren Orden geschmückt, sangen die *Marseillaise* und wurden von ihren flatternden Fahnen und Bannern begleitet. Viele trugen Spruchbänder und Plakate: »UNC. WIR WOLLEN ORDNUNG UND EHRE FÜR FRANKREICH*!« Im Gegensatz zu den Angehörigen der Ligen schienen sie in keiner sehr militanten Stimmung zu sein. Die Ordnungshüter behandelten sie betont achtungsvoll und grüßten ihre Fahnen. Der Hauptzug schwenkte nördlich des Place de la Concorde in die Rue Royale ein. Eine kleinere Gruppe von etwa tausend Mann, zumeist Mitglieder eines Veteranenverbandes mit besonderen Tapferkeitsauszeichnungen, marschierte nach Süden, auf die Brücke zu. Dort verhandelten die beiden Anführer, General Lavigne-Delville und Oberst Josse, ein früherer Deputierter und Senator, mit dem städtischen Polizeichef Marchand. Der lehnte höflich, aber bestimmt das Ansinnen ab, sie über die Brücke hinüber zur Kammer marschieren zu lassen.

Unterdessen war das Gros der Kriegsveteranen von der Rue Royale nach links in die Rue Saint-Honoré eingebogen und strebte zwei Zielen eines jeglichen Aufstandes zu: dem Präsidentenpalast, in dem Lebrun bereits vor Verzweiflung über die Entwicklung der Ereignisse die Hände rang, und dem Innenministerium, dem die nationale Polizei und die Garden unterstanden. Die ehemaligen Krieger wurden, als die Polizei sie an einer Sperre anhielt, nun auch angriffslustig. Sie stürmten die Barrikaden und dann noch eine zweite und gelangten vor den Palast. Hier wurden sie durch berittene Republikanergarden zurückgedrängt. In streitsüchtiger Stimmung kehrten sie zum Place de la Concorde zurück, nachdem sie dreiundfünfzig Schwerverletzte verloren hatten und auch die meisten anderen von Polizeiknüppeln und den langen Säbeln der Garden angeschlagen waren. Bei ihrem Rückzug schlossen sich ihnen Tausende von Anhängern der Ligen und eine große Anzahl Kommunisten an.

Diese rund 10000 Mann starke Streitmacht setzte etwa um 22 Uhr 30 zu einem wilden Sturm auf die Brücke an und hatte auch beinahe Erfolg. Innerhalb der nächsten Stunde griff sie zwanzigmal hintereinander an. Alle Angriffe wurden zwar von Gendarmen und der Mobilen sowie der Republikaner-Garde vor der letzten Sperre von Polizeifahrzeugen abgewiesen, und die Feuerwehr bestrich die vordersten Reihen der Angreifer mit drei Wasserschläuchen, doch der Mob formierte sich immer wieder neu und stürmte. Kurz vor 23 Uhr 30 erfolgte der härteste Angriff des ganzen Abends. Die Wächter wurden zurückgedrängt, einige von ihnen suchten ihr Heil in der Flucht über die Brücke. In diesem Augenblick eröffneten Polizei und Gardisten erneut in Notwehr das Feuer, und der Angriff der Aufrührer kam am Anfang der Brücke zum Erliegen.

Inzwischen war es fast Mitternacht geworden. Die angeschlagenen

* Vermutlich wußten nur wenige der Marschierer, daß Henri Rossignol, der Präsident der UNC, dem Vorstand einer Stavisky-Firma angehörte, über die eine der umfangreichsten und ungewöhnlichsten Betrügereien des Schwindlers abgewickelt worden war. Die Firma führte den ausgefallenen Namen *Caisse Autonome de Réglements des Grands Travaux Internationaux*[10].

Demonstranten waren nun wie von Sinnen. Auch einige von ihnen schossen jetzt vereinzelt. Sie schienen zu einem letzten, entscheidenden Angriff ansetzen zu wollen. Es erschien zweifelhaft, ob sich Polizei, Garden und Feuerwehrleute diesmal würden halten können. Polizisten und Gardisten waren von sechs Stunden ununterbrochener Kämpfe erschöpft, geschwächt durch den Verlust von über tausend Verwundeten und entmutigt durch den Befehl, keine Schußwaffen zu verwenden (ihre Gewehre waren ihnen bereits vor dem Ausbruch der Unruhen abgenommen worden, und sie hatten nur ihre Revolver). Sie schienen weder die Kraft noch den Willen zu haben, einem weiteren ernstgemeinten Angriff standzuhalten. Zehn der zwölf Feuerwehrmänner waren durch Wurfgeschosse außer Gefecht gesetzt, und müde Polizeibeamte hatten ihre drei Wasserschläuche übernommen.

In dieser Lage fand sich der Mann der Stunde. Oberst Simon, Kommandeur der Ersten Legion der Gendarmerie, führte an diesem Abend kein Kommando. Am frühen Nachmittag war er von der Polizeipräfektur Paris ersucht worden, in den Vororten und den Nachbargemeinden ein paar Gendarmen zusammenzutrommeln. Bei Sonnenuntergang war er mit 500 Mann erschienen und hatte sie der Pariser Polizei als Verstärkung unterstellt. Wie er später aussagte, blieb er nur in der Nähe der Brücke, weil er sehen wollte, wie sich seine Leute bewährten.

Kurz nach 23 Uhr 30 erkannte Oberst Simon, daß die Ordnungskräfte zu schwach und zu demoralisiert waren, um sich noch länger halten zu können, wenn sie sich auf bloße Verteidigung beschränkten. Der Polizeipräfekt Bonnefoy-Sibour, der vor drei Tagen das Amt von Chiappe übernommen hatte, war unerfahren und beschränkte sich den ganzen Abend über auf eine reine Zuschauerrolle. Kettenrauchend stand er herum und weigerte sich, auch nur einen einzigen Befehl zu erteilen. Wegen der Verletzung der meisten stellvertretenden Polizeichefs waren die Ordnungskräfte ohne einen starken, von allen anerkannten Führer.

Daher übernahm Oberst Simon selbst den Befehl. Seine Erfahrung im Kriege hatte ihn gelehrt, daß Angriff manchmal die beste Verteidigung sein kann; eingedenk dieser Erkenntnis sagte er sich, daß die Lage nur noch zu retten war, wenn er angriff und den Platz von den Aufrührern säuberte. Er bat die berittenen Garden, einen Angriff vorzutragen, und versprach ihnen, an der Spitze der Gendarmen und Mobilgardisten zu Fuß nachzufolgen und aufzuräumen. Innerhalb weniger Minuten war der Platz besetzt, und er blieb auch in der Hand der Polizei. Der Oberst hatte es ohne einen einzigen Schuß geschafft. Ermutigt durch den Erfolg dieser Operation, machte sich eine andere Polizeieinheit daran, den Cours-la-Reine am Fluß links von der Brücke zu säubern. Aus den Wipfeln der Alleebäume feuerten Hekkenschützen und gaben den Demonstranten unten Feuerdeckung. Mehrere Polizisten verloren die Nerven und eröffneten das Feuer. Sechs Aufrührer wurden getötet, siebzehn verwundet.

Aber es war Oberst Simons Gegenangriff, der den Place de la Concorde gesäubert, die Brücke hinüber zur Kammer entlastet und den Aufruhr erstickt hatte. Kurz nach Mitternacht legten sich die Demonstrationen. Als ich um 2 Uhr morgens nach Fertigstellung meines Berichts auf den verwüsteten Platz zurückkehrte, lag er menschenleer da. Die Aufständischen waren nach Hause gegangen, ihre Wunden zu versorgen. Auch die Polizei hatte sich bis auf kleinere Posten an der Brücke und der Kammer zurückgezogen.

Während ich müde heimwärts marschierte – die öffentlichen Verkehrsmittel waren ausgefallen –, machte ich mir Gedanken darüber, was wohl aus *Croix de Feu* geworden sein mochte, der bestorganisierten und gefürchtetsten aller Ligen. Ich wußte, daß auch diese Liga ihre Mitglieder aufgeboten hatte, aber mir waren sie den ganzen Abend über an der Seite der anderen Veteranen nicht aufgefallen. Das war rätselhaft – und sollte es auch bleiben.

Am nächsten Tag erfuhr ich, daß eine der beiden Marschkolonnen von 2000 Mann, die sich am linken Seineufer versammelt hatten, die Rue du Bourgogne hinuntergezogen war. An der Ecke der Rue Saint-Dominique, zwei Straßen von der Deputiertenkammer entfernt, war ihnen ein schwaches Aufgebot von Polizei und Mobilgarden entgegengetreten. Als sich die Männer der Liga gerade anschickten, das Hindernis zu stürmen und das Palais Bourbon zu besetzen, in dem die Deputierten noch tagten – es war 19 Uhr 30 –, da traf Befehl von Oberst de La Rocque ein, sich zurückzuziehen und in weitem Bogen von Westen her gegen die Kammer vorzudringen. Man sollte sich am Quai d'Orsay vor dem Außenamt mit einer zweiten Gruppe vereinigen.

Als die vereinigten Kolonnen von *Croix de Feu* eine Stunde später, jetzt 4000 Mann stark, vor dem Außenministerium mit der Polizei und den Gardisten ins Handgemenge gerieten und wieder einmal das Hindernis fast überwunden hatten, das sie von der nur einen Häuserblock entfernten Kammer trennte, traf ein neuer Befehl des Obersten ein: Die Stoßtrupps sollten sich nicht nur zurückziehen, sondern für diesen Abend ganz auflösen. Das war etwa um 21 Uhr, als die Straßenkämpfe noch keineswegs vorüber waren; der Ausgang war noch völlig offen, und *Croix de Feu* befand sich in einer besseren Position als die anderen Gruppen; es hätte die Kammer besetzen und die Politiker verjagen können.

Der Oberst muß wohl über den Umfang des Aufstandes an diesem Abend erschrocken sein. Er hatte zwar gegen die Hinterhältigkeit des republikanischen Parlaments gewettert, aber wohl hauptsächlich deshalb, weil sich dieses Parlament zur Zeit gerade in den Händen der Radikalen befand. Höchstwahrscheinlich wollte er die Republik nicht stürzen, sondern sie nur reformieren, sie konservativer und nationalistischer gestalten und in die Hände jener traditionsbewußten Klasse legen, der er selbst entstammte. Seine Bewegung sollte in den nächsten zwei Jahren zwar einen beachtlichen Umfang erreichen, aber seine Ideen blieben doch stets vage.

Am Morgen des 7. Februar gab er eine klingende Erklärung ab: »*Croix de Feu* hat die Kammer besetzt und die Deputierten in die Flucht geschlagen!« Das stimmte nicht. Die Deputierten waren aus eigenem Antrieb gegangen, nachdem sie der Regierung ihr Vertrauen ausgesprochen hatten. Wahr ist nur, daß La Rocques Stoßtrupps durchaus *in der Lage gewesen wären,* das Palais Bourbon zu besetzen, die Deputierten zu verjagen und die Bildung einer neuen provisorischen Regierung in die Hand zu nehmen*. Diese Gelgenheit hatte Oberst La Rocque bewußt zunichte gemacht.

Beide Seiten hatten an diesem Abend erhebliche Verluste erlitten. Von den schätzungsweise 40000 Aufrührern wurden vierzehn durch Kugeln getötet; zwei erlagen später ihren Verletzungen; etwa 655 wurden verwundet, 236 davon mußten in Krankenhäuser aufgenommen werden, die übrigen wurden ambulant behandelt. Polizei und Garden verloren einen Toten und 1664 Verwundete. 884 davon konnten nach Behandlung ihrer Wunden wieder ihren Dienst versehen. Die Bewacher der Kammer feuerten 527 Revolverkugeln ab. Die genaue Zahl der von den Aufrührern abgegebenen Schüsse konnte nie mit Sicherheit festgestellt werden[12]. Es war die blutigste Auseinandersetzung in den Straßen von Paris seit der Kommune von 1871.

Daladier gibt auf

Daladier, der als Infanterist vier Jahre blutigen Gemetzels miterlebt hatte, war über das Blutvergießen entsetzt, aber als Regierungschef war es seine Pflicht, die Republik gegen jeden Umsturzversuch, und sei er noch so blutig, zu verteidigen. Kurz vor Mitternacht, als der Place de la Concorde gerade freigekämpft worden war und die Demonstranten sich zu zerstreuen begannen, gab er im Namen der Regierung ein Kommuniqué heraus:

* Diese Ansicht vertrat auch einer von La Rocques erbittertsten Gegnern, ein Mann vom entgegengesetzten Ende des politischen Spektrums: der Sozialistenführer Léon Blum. Am 18. Juni 1946 sagte Blum als Zeuge vor dem Parlamentarischen Untersuchungsausschuß aus: »Wenn vor allen Dingen . . . die Marschkolonne (des *Croix de Feu*), die auf Befehl von Oberst de La Rocque am linken Seineufer vordrang, nicht an der lächerlichen Straßensperre an der Rue de Bourgogne haltgemacht hätte, ist nicht daran zu zweifeln, daß der Aufstand auf das Parlament übergegriffen hätte . . .« Blum fügte hinzu, daß auch die Deputierten »zweifellos« aus der Kammer verjagt und »eine provisorische Regierung ausgerufen worden wäre, wie es an derselben Stelle bereits 1848 und am 4. September (1870) geschah«[11].

Es liegen Beweise für einen bewaffneten Anschlag auf die Sicherheit des Staates vor . . . Die Regierung ist entschlossen, für die . . . Sicherheit der Bevölkerung und die Unabhängigkeit des republikanischen Regimes zu sorgen.

Nach seiner Berichterstattung beim Präsidenten der Republik begab sich Daladier ins Innenministerium. Dort fand eine improvisierte Sitzung mit den Jungtürken des Kabinetts statt. Anscheinend zählte der Ministerpräsident auf ihre Unterstützung bei der Durchführung strenger Maßnahmen zur Niederwerfung des Aufruhrs. Anwesend waren der leidenschaftliche junge Innenminister Frot, der den ganzen Abend an seinem Posten ausgeharrt hatte und nun drastische Maßnahmen forderte, Jean Mistler, Guy la Chambre, Pierre Cot, der Justizminister, der Generalstaatsanwalt und sein Stellvertreter. Die meisten der jungen Kabinettsmitglieder forderten dreierlei vom Ministerpäsidenten: 1. die Verkündung des Belagerungszustands, wobei die Armee die Verantwortung für die Aufrechterhaltung der Ordnung und den Schutz der Republik übernehmen würde; 2. die Einleitung von Strafverfarhen gegen die Rädelsführer wegen »Verschwörung gegen die Sicherheit des Staates«; 3. als Sofortmaßnahme diese Rädelsführer in »Vorbeugehaft« zu nehmen.

Daladier, der als Kriegsminister der letzten vier Regierungen über ein Jahr lang mit General Weygand in Fehde gelegen hatte, traute dem Oberkommandierenden der Armee nicht. Er befürchtete, daß sich der überzeugte Royalist als lauwarmer Verteidiger der Republik erweisen könnte. Der Generalstaatsanwalt wandte sich entschieden gegen alle drei Maßnahmen, und zwar mit der Begründung, sie seien illegal. Der Belagerungszustand, so beschied er die anderen, könne nicht ohne ein Sondergesetz des Parlaments verkündet werden. Eine Strafverfolgung wegen einer Verschwörung gegen die Sicherheit des Staates könne erst dann eingeleitet werden, wenn positive Beweise vorlägen. Solche habe er im Augenblick aber nicht, erklärte er. Vorsorgliche Verhaftungen kämen ohne richterliche Verfügung in jedem einzelnen Fall nicht in Frage.

Frot entschloß sich, im dritten Punkt auch gegen das Gesetz vorzugehen. Er rief den Polizeipräfekten an und befahl ihm, jeden Rädelsführer der Unruhen zu verhaften, dessen er habhaft werden konnte. Als Frot sodann berichtete, sowohl die Pariser Stadtpolizei als auch die nationale Polizei seien durch den nächtlichen Einsatz so sehr geschwächt worden, daß sie nicht mehr für die Aufrechterhaltung der Ordnung garantieren könnten, überwand Daladier seine Zweifel hinsichtlich der Armee und ordnete an, das Panzerregiment 512, zwanzig Bataillone Infanterie und zwanzig Schwadronen Kavallerie aus Kasernen außerhalb der Stadt anrücken zu lassen. Aber auch über diesen Punkt kam es zu Meinungsverschiedenheiten. Schließlich änderte der Ministerpräsident seinen Befehl ab und gab Anweisung, die

Truppen nur bis Saint-Cloud am Rande der Hauptstadt marschieren zu lassen.

Um 3 Uhr morgens begab sich der todmüde Daladier durch die inzwischen stillen Straßen zu seiner Residenz am Quai d'Orsay.

»Was werden Sie tun?« fragten ihn die Journalisten.

»Die Republik retten«, erwiderte er.

Am nächsten Morgen ließ er sich das noch einmal durch den Kopf gehen. Zweifel befielen diesen anständigen, aber wankelmütigen Mann, ob er unter den gegebenen Umständen tatsächlich der richtige Mann sei, die Republik zu retten.

Auch die Jungtürken ließen nun Anzeichen von Schwäche erkennen. Frot, der sich nachts so entschlossen gezeigt hatte, jeden neuen Aufruhr niederzuschlagen, hatte am Morgen die Geheimberichte der Polizei gelesen. Sie bedrückten ihn. Polizeiagenten, die in die verschiedenen Ligen eingeschleust worden waren, berichteten, daß die Anführer der Gruppen für den 7. Februar eine noch größere Demonstration vorbereiteten und daß die Aufrührer diesmal mit Revolvern und Handgranaten bewaffnet sein würden. Es hatte ein wahrer Ansturm auf alle Waffengeschäfte in Paris eingesetzt. In aller Eile waren Tausende verschiedener Waffen gekauft worden.

Mehrere Gruppen, so berichtete die Polizei, hätten Frot zum Tode »verurteilt« und seien entschlossen, dieses »Urteil« noch vor Einbruch der Dunkelheit zu vollstrecken. Da gab der kühne junge Innenminister nach. Ohne seinen Ministerpräsidenten zu unterrichten, rief er den Präsidenten der Republik an: »Die Regierung muß so schnell wie möglich zurücktreten!« Bei dem weinerlichen Lebrun bedurfte es kaum des Zuredens. Danach rief Frot Daladier an und wiederholte seinen Ratschlag.

Noch überraschter war der Ministerpräsident über die Haltung der Jungtürken, als er sich mittags mit ihnen traf. Diese jungen Männer, die noch vor wenigen Stunden so todesmutig gewesen waren, rieten nun ausnahmslos dazu, das Handtuch in den Ring zu werfen. Die Präsidenten von Kammer und Senat sowie Herriot und der Sozialistenführer Frossard erschienen und gaben den gleichen Rat. Inzwischen drängte auch Präsident Lebrun telefonisch Daladier, zurückzutreten, »um einen Bürgerkrieg abzuwenden«. Nur Léon Blum, der Chef der Sozialistischen Partei, beschwor ihn, im Amt zu verbleiben und zu kämpfen. Die Republik sei bedroht, sagte er. Dieser Drohung müsse man begegnen. Doch der von allen Getreuen – bis auf Blum – verlassene Ministerpräsident fügte sich der überwältigenden Mehrheit und der Forderung nach seinem Rücktritt. In diesem Augenblick scheint ihn nur der furchtbare Gedanke beherrscht zu haben, er könnte weiteres Blutvergießen auf den Straßen verursachen. Kurz vor 14 Uhr fuhr er hinüber zum Elysée-Palast und überreichte dem sehr erleichterten Präsidenten Lebrun sein Rücktrittsgesuch. Zum zweitenmal innerhalb von vierzehn Tagen – und in der Geschichte der Dritten Republik – hatte die »Straße« eine Regierung gestürzt, die von der Mehrheit eines demokratisch gewählten Parlaments unterstützt wurde. In einem Abschlußkommuniqué erläuterte Daladier der Öffentlichkeit die Gründe für seinen Rücktritt:

Die Regierung, Trägerin der Verantwortung für die Aufrechterhaltung von Ordnung und Sicherheit, will sich hierzu heute nicht mehr ungewöhnlicher Mittel bedienen, die dazu angetan wären, blutige Zwangsmaßnahmen und erneutes Blutvergießen zu verursachen. Sie wünscht es nicht, gegen Demonstranten Soldaten einzusetzen. Ich habe daher dem Präsidenten der Republik den Rücktritt des Kabinetts überreicht.

Diese rührende Erklärung enthüllte all die Schwäche der Dritten Republik, der in ihr dominierenden radikalen Politiker und auch Daladiers selbst, den man bisher als den »starken Mann« angesehen hatte. Man kann nicht umhin, die menschliche Haltung des Ministerpräsidenten zu bewundern. Er hatte im Krieg so viel an Blutvergießen erlebt, daß er jetzt bei der Vorstellung schauderte, Franzosen könnten sich auf den Straßen gegenseitig umbringen. Aber wenn die faschistisch orientierten Aufrührer bei ihrem Bemühen, das Regime zu stürzen, nicht vor Blutvergießen zurückschreckten – war es dann nicht die Pflicht einer republikanischen Regierung und ihres Ministerpräsidenten, diese Republik notfalls mit Gewalt zu verteidigen? Nach allem, was ich in der vorangegangenen Nacht beim Pöbel beobachtet hatte, insbesondere das Fehlen einer entschlossenen Führung, war ich überzeugt, daß die Zurschaustellung militärischer Macht am nächsten Tag, das Aufmarschieren einiger Tanks und einiger Infanterie- und Kavallerieeinheiten am Palais Bourbon und an deren strategischen Punkten, ausgereicht hätte, die Demonstranten einzuschüchtern und sie zu zerstreuen, ohne daß noch ein Schuß gefallen oder ein weiterer Blutstropfen vergossen worden wäre. Aber Daladier wollte keinerlei Machtdemonstration mehr riskieren, nachdem ihn sein mutlos gewordenes Kabinett auf Drängen eines furchtsamen Präsidenten und unter dem Beschuß einer giftigen, reaktionären Presse im Stich gelassen hatte.

Daß die Dritte Republik die Nacht des 6. Februar 1934 überlebte, war größtenteils ein reiner Glücksfall, wie schon am Abend des 27. Januar 1883, als General Boulanger sie hätte überrumpeln können, und noch einmal später, als Déroulède nahe daran schien, sie zu stürzen. »Drei wunderbare Errettungen«, nannte es Blum später. Sie waren überwiegend dem Umstand zu verdanken, daß die jeweiligen Rebellenführer es versäumten, die sich bietenden Gelegenheiten wahrzunehmen.

Am Abend des 6. Februar hielten sich die meisten Anführer der Ligen selbst von den Straßen fern. Sie waren über den Erfolg ihrer Stoßtrupps zuerst so erstaunt und dann so erschrocken, daß sie damit nichts anzufangen wußten. La Rocque dirigierte seine Mannen von einem Versteck aus; als ihm klar wurde, wie nahe sie der tatsächlichen Eroberung der Deputiertenkammer waren, befahl er ihnen auf der Stelle sich aufzulösen. Auch die Anführer der *Action Française,* deren *Camelots* und andere Gruppen ins dichteste Getümmel gerieten und auch die schwersten Verluste erlitten – allein durch Revolverkugeln vier Tote und sechsundzwanzig Verletzte –, hielten sich persönlich der Arena fern. Maurras, Chef der *Action Française,* hatte seinen täglichen Leitartikel geschrieben und saß dann bis zum Morgengrauen in seiner Wohnung über einigen Versen in seinem provenzalischen Heimatdialekt zu Ehren von Daudets Frau Pampille; danach war er von seinen poetischen Anstrengungen so erschöpft, daß er bis zum nächsten Spätnachmittag schlief. Maurice Pujo, der eigentlich die royalistischen Stoßtrupps anführen sollte, verschwand schon früh am Abend und blieb sowohl für die Polizei als auch für seine eigenen Freunde zwei Tage lang unauffindbar. Als sich die Ligen am Nachmittag des 7. Februar zu neuen Demonstrationen rüsteten und die jungen Fanatiker der *Action Française* nach Taten dürsteten, erkundigten sich einige von ihnen bei Maurras, was er von der Lage hielte. Er antwortete: »Aber ich habe doch noch gar keine Zeit gehabt, die Zeitungen zu lesen!«

Die Unentschlossenheit der Royalistenführer ließ eine Proklamation des Duc de Guise vom selben Tage noch alberner erscheinen, als sie ohnehin schon war.

Franzosen! Auf fremdem Boden, wo ich nach dem grausamen Gesetz des Exils zu leben gezwungen bin, verneige ich mich tief bewegt vor den Toten und Verwundeten, die unter Einsatz des eigenen Lebens gegen eine schlechte Regierung aufgestanden sind. Um an der Macht zu bleiben . . ., hat sie nicht gezögert, auf alte Kriegsteilnehmer zu feuern, auf Kriegsversehrte, auf eine großherzige Jugend, die Hoffnung des Landes.

Franzosen! Dahin hat euch also die Republik, eine Regierung der Parteien, in sechzig Jahren geführt.

Franzosen aller Parteien und jeglicher Überzeugung, jetzt ist die Stunde gekommen, für das Prinzip der Monarchie einzutreten, auf das sich jahrhundertelang die Größe Frankreichs begründete und das allein Frieden, Ordnung und Gerechtigkeit gewährleisten kann.

Im Exil, 7. Februar 1934
Jean, Duc de Guise

Statt des braven Herzogs und einer wiederhergestellten Orléans-Monarchie bekamen die Rebellen nach Daladiers Abgang nur wieder eine andere republikanische Koalitionsregierung aller Parteien, mit Ausnahme der Kommunisten und Sozialisten, geführt von dem einundsiebzigjährigen ehemaligen Präsidenten der Republik, Gaston Doumergue. Dieser Mann war Republikaner, Radikaler (wenn auch in hohem Alter ein gemäßigter) und noch dazu Protestant und Freimaurer. Er verkörperte all das, wogegen Royalisten und Rechtsradikale angeblich rebelliert hatten. Doumergue war ein eitler, mittelmäßiger, inzwischen seniler alter Mann, der als Präsident ebensosehr wegen seines stereotypen Lächelns bekanntgeworden war wie Präsident Lebrun wegen seines ständigen Weinens. Zuerst hatte er Lebruns Bitte abgelehnt, seinen Ruhesitz auf dem Lande zu verlassen und nach Paris zu kommen, um eine »Regierung des Waffenstillstands und der Annäherung« zu bilden. Er sei dafür zu alt und zu müde, sagte er. Aber als ihn die Präsidenten der beiden Kammern und mehrere ehemalige Ministerpräsidenten bedrängten, gab er schließlich nach. Entscheidend dafür scheint die Intervention Pierre Lavals gewesen zu sein, der den Radikalen immer noch grollte, weil sie ihn zwei Jahre lang von der Regierung ferngehalten hatten. An der Spitze einer Delegation konservativer Abgeordneter hatte er unmittelbar nach Daladiers Rücktritt Lebrun aufgesucht. Als ihm der Präsident, in Tränen aufgelöst, mitteilte, Doumergue habe abgelehnt, griff Laval nach dem Telefon und meldete ein Gespräch mit dem ehemaligen Präsidenten an[13]. Seine Überredungskünste scheinen bei Doumergue ihre Wirkung nicht verfehlt zu haben.

Aber das war nicht alles. Laval half außerdem mit, den neuen Ministerpräsidenten zu überreden, Marschall Pétain zum Kriegsminister zu ernennen. Daraus sollten sich zwei für die Republik verhängnisvolle Konsequenzen ergeben. Erstens fand der damals Achtundsiebzigjährige zum erstenmal Gefallen an der Politik. Zweitens setzte nun eine eigenartige Zusammenarbeit zwischen dem alternden Marschall und Laval ein, der in der neuen Regierung den Posten eines Kolonialministers übernahm. Nach außen hin waren die beiden ein höchst ungleiches Gespann, denn was sollte der große Kriegsheld mit dem raffinierten, prinzipienlosen Politiker gemeinsam haben, der sich 1914 als extremer linksradikaler Pazifist dem Krieg widersetzt und es fertiggebracht hatte, niemals Soldat zu werden? Schon bald stellten Beobachter fest, daß Pétain Laval als den »Mann von morgen« pries und daß Laval versteckte Andeutungen machte, man würde vielleicht einen Mann von der Größe des Marschalls brauchen, um das Land zu retten, falls das schwankende parlamentarische System eines Tages zusammenbrechen sollte. Wahrscheinlich setzte sich bei beiden heimlich der Gedanke fest, daß man einander in einer ungewissen Zukunft wohl noch einmal nützlich sein könnte[24].

Doumergue mit dem berühmten Marschall und einigen früheren Ministerpräsidenten in seinem Allparteienkabinett brachte dem aufgestörten Land vorübergehend Ruhe. Aber es dauerte noch eine ganze Woche, bis die Unruhen abklangen. Die Linke befürchtete nämlich den Erfolg der faschistischen Radaubrüder bei ihrem Versuch, die Regierung, wenn nicht gar das Regime, zu stürzen, und war fest entschlossen zu beweisen, daß auch ihre Anhänger auf die Straße gehen konnten um zu verhindern, was in Rom und in Berlin geschehen war.

Obgleich die Chefs der Ligen gleich nach Daladiers Rücktritt ihre Stoßtrupps zurückgerufen hatten, setzten sich einige tausend von ihnen, hauptsächlich *Camelots* und *Jeunesse Patriotes,* über jegliche Ordnung hinweg und zogen auch am Abend des 7. Februar lärmend durch die Straßen der Hauptstadt. Zu ihnen gesellten sich Tausende von Banditen aus der Pariser Unterwelt. Sie stifteten die übrigen dazu an, Schaufensterscheiben einzuwerfen und Läden zu plündern.

Vier Aufrührer wurden getötet, 178 verletzt. Polizei und Mobilgarde hatten 289 Verwundete zu beklagen.

Aber inzwischen breitete sich bei den Kommunisten ein Zustand der Verwirrung und peinlicher Verlegenheit aus. Ihre Anführer hatten sie am 6. Februar absichtlich an der Seite der faschistischen Ligen auf die Straße geschickt. Am nächsten Tag wiesen die Kommunisten einen Appell der Sozialisten zurück, gemeinsam am 8. Februar auf dem Place de la Bastille eine friedliche Demonstration gegen den Faschismus abzuhalten. Statt dessen riefen sie zu einer kommunistischen Massenkundgebung auf, die am 9. Februar auf dem Platz der Republik aus »Protest gegen den Faschismus« stattfinden sollte. Diesmal nahm die Polizei Verhaftungen vor, schaffte 1200 Demonstranten in die Gefängnisse und fand es nicht einmal der Mühe wert, vor der Feuereröffnung Warnschüsse abzugeben. Unter den Kugeln starben vier Demonstranten, vierundzwanzig wurden verwundet. Es war schon ein Unterschied, wem der Schädel eingeschlagen wurde. Die Tagespresse hatte die Polizei wegen ihrer »Brutalität« am 6. Februar scharf angegriffen, aber jetzt beglückwünschte sie die Behörden zu ihrer festen Haltung gegenüber den Kommunisten. Schließlich veranstaltete die vorwiegend sozialistisch orientierte CGT am 12. Februar einen Generalstreik, um damit ihre »Unterstützung der Republik gegen den Faschismus« kundzutun. Im letzten Augenblick schlossen sich die in die Enge getriebenen Kommunisten dieser Maßnahme an. Der Streik legte tatsächlich die öffentlichen Versorgungsbetriebe und die Industrie im ganzen Lande lahm. Vier Streikende wurden von der Polizei getötet, mehrere verwundet. Wie der Parlamentarische Untersuchungsausschuß später feststellte, hielt es die

Polizei auch diesmal nicht für nötig, vor der Eröffnung des Feuers Warnschüsse abzugeben. Der Streik beeindruckte selbst die konservative und feindlich eingestellte *Temps*. Er verlief größtenteils in vorbildlicher Ordnung und schien dem Land doch klarzumachen, daß die organisierten Arbeiter Frankreichs nicht tatenlos zusehen wollten – wie es ihre Genossen in Deutschland getan hatten –, wie die Faschisten den Sturz der demokratischen Republik betrieben.

Eine weitere dunkle Affäre, ein Nachspiel zum Stavisky-Skandal, drohte für einige Zeit die gereizte Öffentlichkeit noch einmal aufzubringen. Kaum vierzehn Tage nach Doumergues Versuch, dem Land die Ruhe wiederzubringen, fand man auf den Schienen der Eisenbahnlinie Paris-Dijon die verstümmelte Leiche eines Pariser Richters, der in die undurchsichtigen Machenschaften um die wiederholte Verschiebung der Gerichtsverhandlung gegen Stavisky beteiligt war. Offenbar hatte man ihn zuerst betäubt und dann gefesselt auf die Schienen gelegt. Volkspresse und rechtsradikale Zeitungen erhoben sofort den Vorwurf, der Richter Dr. Albert Prince sei von den Polizisten der Sûreté auf Veranlassung des früheren Ministerpräsidenten Camille Chautemps und seines Schwagers Pressard ermordet worden, um ihn daran zu hindern, sie als Komplicen in der Affäre Stavisky bloßzustellen. Prince war es gewesen, der als Chef der Finanzabteilung der Staatsanwaltschaft, offenbar auf Pressards Anweisung, Stavisky einen neunzehnmaligen Aufschub für seine Verhandlung gewährt hatte.

Die von einer korrupten Presse aufgewiegelte Öffentlichkeit war empört über diesen »Polizistenmord«, der der Ermordung Staviskys zu gleichen schien – und hinter dem auch noch das gleiche Motiv steckte: die Beseitigung eines Zeugen für die Korruption im republikanischen Regime. Die Wahrheit kam, wie das bei so vielen ähnlichen Affären in Frankreich der Fall war, niemals vollständig zutage. Jedenfalls blieben viele unbefriedigt. Doch der Parlamentarische Untersuchungsausschuß gelangte zu dem Schluß, es sei Selbstmord und nicht Mord gewesen. Prince habe »Stavisky durch seine Hinhaltemanöver gerettet« und sich wegen dieser Inkriminierung und verschiedener anderer privater Unregelmäßigkeiten in einem Augenblick der Depression entschlossen, aus dem Leben zu scheiden. Dabei wurde niemals geklärt, wie es der Richter fertigbrachte, sich erst durch Drogen zu betäuben und dann gefesselt auf die Schienen zu legen, bevor ihn der Zug überfuhr.

Die Pariser Presse erlebte erneut einen großen Tag. Da die Kriminalbeamten, die den Fall bearbeiteten, offenbar schleppend vorgingen, beauftragten die Zeitungen eigene Detektive mit der Aufklärung des Geheimnisses oder vielmehr mit der Beibringung des Beweises dafür, daß Prince ermordet worden war. Als drei berühmte Detektive von Scotland Yard unter Leitung ihres früheren Chefs Sir Basil Thompson, die das Massenblatt *Paris-Soir* beauftragt hatte, den »Mord« zu untersuchen, rasch zu dem Schluß gelangten, es sei Selbstmord gewesen, weigerte sich Jean Prouvost, der Herausgeber der Abendzeitung, dieses Ergebnis zu veröffentlichen. »Ein Selbstmord bedeutet den Verlust von zweihunderttausend Lesern!« rief er aus. »Ich brauche einen Mord!« Daraufhin erläuterte er den erstaunten englischen Detektiven, eine Veröffentlichung ihrer Selbstmordtheorie »würde der öffentlichen Meinung widersprechen, die an ein Verbrechen glaubt oder doch daran glauben will. Die Folge könnte ein Bürgerkrieg in Frankreich sein[15].«

Doch die Leidenschaften, die das Land am Abend des 6. Februar an den Rand eines Bürgerkriegs geführt hatten, waren bereits im Abklingen begriffen, und nicht einmal die üble Affäre Prince konnte sie noch einmal voll anheizen. Die Rechte wie die Linke und die vielen dazwischen dachten nun gründlicher über die Volkserhebung vom Februar nach. Man versuchte, sich über die wahren Ziele Klarheit zu verschaffen und über die Frage, warum der Aufstand, der um ein Haar Erfolg gehabt hätte, doch noch gescheitert war. Man dachte über die Konsequenzen für die Zukunft der Dritten Republik nach. Zumindest in einem Punkt waren sich die ansonsten zerstrittenen Konkurrenten einig: dieser 6. Februar bedeutete einen schicksalhaften Wendepunkt im Leben der Republik, deren weiterer Weg von nun an von einem Aufeinanderprallen der Kräfte bestimmt sein sollte, die an jenem kalten Winterabend auf dem Place de la Concorde Blut geleckt hatten.

Später fand eine offizielle Untersuchung der Ereignisse des 6. Februar durch die Deputiertenkammer und nach dem Krieg eine weitere Untersuchung durch die Nationalversammlung statt. Der Abgeordnete Laurent Bonnevay leitete den Untersuchungsausschuß der Kammer. Gegen Ende 1934 wurden die Ergebnisse bekanntgegeben: Die Demonstranten hätten den »Sturz des Regimes« betrieben. Bonnevay und Lebrun waren sich darin einig, daß die Nation am Abend des 6. Februar an der Schwelle »eines grausamen Bürgerkriegs« gestanden hatte, wie sich Bonnevay ausdrückte[16].

Für den Untersuchungsausschuß, den die Nationalversammlung nach dem Krieg mit der Untersuchung der zum Fall der Dritten Republik führenden Ereignisse der Jahre 1933 bis 1940 beauftragt hatte,

war der 6. Februar eine Revolte gegen das Parlament, ein Anschlag auf das Regime. Es bestand die Absicht, mittels eines allgemeinen Aufstandes die Deputierten zu zerstreuen, die Kammer zu besetzen und im Rathaus von Paris eine autoritäre Regierung auszurufen. Daran lassen der Marsch der Demonstrantenkolonnen auf das Palais Bourbon, die in verschiedenen Stadtgebieten verteilten Flugblätter und die Instruktionen der nationalistischen Ligen keinen Zweifel. Es ging nicht um eine spontane Demonstration, sondern um einen bis ins letzte vorbereiteten Aufstand[17].

Hätte sich die Armee bei einem solchen Aufstand ruhig verhalten? Hätte sie sich geweigert, zur Verteidigung der Dritten Republik, gegen die der Oberkommandierende, im Herzen ein Royalist, und mehrere Generäle eine solche Verachtung an den Tag legten, auch nur einen Finger zu rühren? Am Abend des 6. Februar, als Daladier klar wurde, daß er zur Erhaltung seiner Macht und zur Aufrechterhaltung der Ordnung die Armee brauchen würde, scheint General Weygand auf Nummer Sicher gegangen zu sein. In seinen Memoiren berichtet er, er sei an jenem Abend in seiner Wohnung geblieben, aber »über die wichtigsten Vorfälle und die vom Generalstab in Übereinstimmung mit dem Kriegsministerium vorgenommenen Truppenbewegungen« laufend unterrichtet worden[18]. Er gab sich also damit zufrieden, die Ereignisse zu beobachten, und unternahm selbst nichts, dem Ministerpräsidenten zu versichern, daß die Armee zur Verteidigung der verfassungsmäßigen Regierung bereit sei.

Es gibt keine Beweise dafür, daß General Weygand irgendwie mit einer Verschwörung zum Sturz der Regierung oder des Regimes in Verbindung stand, auch wenn General Gamelin, sein Stellvertreter, diese Möglichkeit andeutet. In einem Bericht über eine stürmische Besprechung mit seinem Chef, die am 17. Dezember 1933, etwa sechs Wochen vor dem Februaraufstand, stattfand, schreibt er, Weygand habe Daladier persönlich und seine Regierung ganz allgemein heftig angegriffen, und er, Gamelin, habe sie verteidigt. Er fügt hinzu: »Ich hatte den Eindruck, daß dem Minister eine Falle gestellt werden sollte, wenn es sich nicht gar um eine Art Verschwörung mit politischem Hintergrund handelte[19].«

Wenn schon ein royalistischer Oberkommandierender mit der rechtmäßig gewählten Regierung in Streit liegt, kann es nicht verwundern, daß Daladier daran zweifelte, ob er am Abend des 6. Februar zur Herstellung der Ordnung auf die Armee zählen durfte. Weygands Name soll weit oben auf der Liste der Verdächtigen gestanden haben, deren Verhaftung am 7. Februar das Kabinett Daladier vorgesehen hatte[20]. Gamelin selbst glaubte zeitweilig, sein Eintreten für die Regierung gegen Weygand habe ihn seine militärische Karriere gekostet; er wäre 1935 als Oberkommandierender an der Reihe gewesen, wenn sich Weygand nach Erreichen der Altersgrenze zur Ruhe setzen mußte. Gamelin berichtet: »Ich war jedenfalls als der Militärbefehlshaber abgestempelt, der sich nicht in ein Komplott gegen die rechtmäßige Regierung würde hineinziehen lassen. Damit wäre mir der höchste Posten versperrt geblieben, oder man hätte sich meiner zumindest bei der ersten sich bietenden Gelegenheit wieder entledigt[21].« Diese Bemerkung des Generalstabschefs, des zweithöchsten Offiziers der Armee, ist sehr bezeichnend für die Einstellung der Militärhierarchie gegenüber der republikanischen Regierung im Jahre 1934.

Die drei noch lebenden Marschälle von Frankreich standen zwar nicht mehr in aktivem Dienst, aber sie übten auch weiterhin aufgrund ihres Prestiges einen gewaltigen Einfluß auf das Offizierskorps aus. Keiner von ihnen war der radikalen Regierung sehr gewogen, und Lyautey sowie Franchet d'Esperey verabscheuten das ganze Regime. Lyautey hatte am 7. Februar gedroht, er werde eine Gruppe der *Jeunesse Patriotes,* deren Schutzherr er war, persönlich gegen die Kammer führen, falls Daladier nicht zurücktrete. Marschall Franchet d'Esperey sollte sich schon bald für zwei Geheimorganisationen interessieren. Eine existierte innerhalb der Armee und wurde von Loustauneau-Lacou, einem Adjutanten Marschall Pétains, geführt, die andere stand in enger Verbindung mit den bewaffneten Streitkräften. Die erste Organisation nannte sich »Corvignolles« und verfügte über geheime Zellen innerhalb der ganzen Armee. Die zweite hieß CSAR *(Comité Secret d'Action Révolutionaire)*. Im Volksmund nannte man sie »La Cagoule«, ihre Mitglieder hießen »Les Cagoulards«, die »Kapuzenmänner«. Hierbei handelte es sich um eine ausgesprochene Terroristengruppe, die vor Morden und Sprengstoffanschlägen nicht zurückschreckte. Ihr Ziel bestand im Sturz der Republik und der Errichtung eines autoritären Regimes nach dem Modell des faschistischen Mussolini-Staates. Von dieser Seite stammten auch viele Waffen und der größte Teil der geheimen Gelder der Organisation. Im Auftrag der italienischen Faschisten ermordete die Organisation zwei im Exil lebende italienische Antifaschisten. Ihr Führer war der frühere Schiffsingenieur Eugène Deloncle, Leiter der militärischen Abteilung der pensionierte Luftwaffengeneral Duseigneur. Marschall Franchet d'Esperey sollte einer der wichtigsten Verbindungsleute zwischen den beiden Gruppen werden und wesentlich zur Beschaffung von Geldmitteln beitragen. Marschall Pétain wurde durch Loustauneau-Lacou über die Arbeit der Geheimorganisationen auf dem laufenden gehalten. Den beiden Marschällen konnte kaum der Umstand entgangen sein, daß beide Geheimorganisationen, insbesondere die »Cagoule«, vorgaben, antikommunistisch zu sein, daß sie aber gleichzeitig auch antirepublikanisch waren.

Soweit sich feststellen läßt, stand Pétain, der populärste und einflußreichste der drei Marschälle, zwar mit einigen der Ligen in Verbindung, hatte aber keinen Anteil an den Unruhen vom 6. Februar. Bedeutsam waren diese Ereignisse für ihn aber insofern, als sie ihn als Kriegsminister in die nachfolgende Regierung brachten und für ihn, im Alter von achtundsiebzig Jahren, den Beginn einer politischen Laufbahn bedeuteten. Aber hätte er nicht, wenn die Ligen am 6. Februar ihre Ziele erreicht hätten, vielleicht doch eine Schlüsselrolle im neuen Regime gespielt? Das nahm zumindest ein französischer Staatsmann an.

»Wie hätte sich die provisorische Regierung zusammengesetzt?« Diese Frage stellte sich Léon Blum, als er nach dem Zweiten Weltkrieg vor dem Untersuchungsausschuß der Nationalversammlung über die Krise vom 6. Februar 1934 aussagte. »Ich weiß natürlich nicht, welcher Art Marschall Pétains Beziehungen zu den Organisatoren der Unruhen gewesen sein mögen*. Aber ich glaube sicher, sein Name hätte mit auf der Kabinettsliste der neuen Regierung gestanden, zusammen mit dem Pierre Lavals und sicherlich auch André Tardieus[22].«

Die Militärhierarchie und die Welt der Großunternehmer und Financiers waren nicht die einzigen Säulen der Nation, deren führende Persönlichkeiten an der Republik verzweifelten und in manchen Fällen daran mitarbeiteten, sie zu untergraben. Die freie Presse, die zumeist die Ansichten der Großindustriellen und Bankiers widerspiegelte, von denen viele die antiparlamentarischen Ligen finanzierten, trägt ebenfalls eine schwere Verantwortung für die Ereignisse des 6. Februar. Fast ein Jahrzehnt lang hatten die großen Tageszeitungen von Paris die Öffentlichkeit durch ihre pausenlosen Angriffe auf das Parlament und die radikalen Regierungen gegen die Republik aufgewiegelt. Anfang 1934 hatten sie den Boden für drastische Maßnahmen gegen die Deputiertenkammer bereitet. Ihren Einfluß auf die Entzündung des Aufruhrs mag man an der Tatsache messen, daß der 6. Februar in der Provinz, wo fast alle Tageszeitungen sozialistisch ausgerichtet und gegen die neue Welle des Faschismus eingestellt waren, ruhig verlief und die Nachrichten von der versuchten Erstürmung der Deputiertenkammer nicht nur Überraschung, sondern auch Erschrecken auslösten.

Die rechtsradikalen Tendenzen der großen Pariser Tageszeitungen wurden durch gewisse neugegründete Wochenschriften unterstützt,

* Blum scheint dabei nicht gewußt zu haben, daß der Marschall durch einen seiner Militäradjutanten Kontakte zu La Rocque, dem Anführer von *Croix de Feu*, unterhielt; seinen Kontakt zur Bewegung *Redressement Français* verdankte er Raphaël Alibert, einem fanatischen Royalisten ohne politischen Verstand, den Pétain um diese Zeit allmählich als politischen Ratgeber an sich zog; auch zur *Action Française* unterhielt er Kontakte und verhalf ihrem Anführer Maurras 1938 zur Wahl in die *Académie Française;* er nannte ihn einmal den »französischsten aller Franzosen«. Alle drei hatten aktiv Anteil an den Demonstrationen des 6. Februar. Maurras vertraute damals seinen Freunden an: »Wir müssen Pétain an die Macht bringen. Er wird uns den König wiederbringen.« Nach dem 6. Februar sah eine immer größere Anzahl führender Politiker der extremen Rechten in Pétain den Mann, der imstande war, Frankreich vor der Anarchie der radikalen Republik zu erretten. Ein Jahr später veröffentlichte Gustave Hervé unter Aliberts Einfluß eine Broschüre mit der Überschrift: »Pétain ist es, den wir brauchen!« Sie wurde ein Bestseller. Aber die Verwirrung in Frankreich ging so weit, daß nicht nur die Reaktionäre in Pétain den Retter sahen. Einige Linksradikale waren der gleichen Auffassung. 1935 vertrat auch der linksextreme Radikalsozialist Pierre Cot in einem Zeitschriftenartikel die Meinung, der berühmte Marschall wäre wohl als einziger in der Lage, Frankreich zu retten[23]. John Gunther, ein amerikanischer Beobachter, schrieb seinerzeit über Frankreich: »Pétain . . . ist ein ›linker‹ General, das heißt ein guter Republikaner[24].«

deren Auflage und Einfluß um die Mitte der dreißiger Jahre rapide zunahmen. *Candide*, 1924 gegründet, und die vier Jahre später ins Leben gerufene *Gringoire* erreichten um 1934 Auflagen von einer halben Million. Die beiden Wochenschriften – ganz besonders *Candide* – waren von hoher literarischer Qualität und brachten Beiträge der bekanntesten französischen Schriftsteller. Dabei wurden sie allmählich immer reaktionärer, faschistenfreundlicher und judenfeindlicher und damit der Mittelpunkt der hinterhältigsten Propaganda gegen die parlamentarische Republik und ihre führenden Politiker. *Gringoire* gehörte Horace de Carbuccia, dem Schwiegersohn des Pariser Polizeipräfekten Chiappe. Sie wandte sich nach der Entlassung des Polizeichefs im Februar 1934 mit besonders heftigen und abwegigen Angriffen gegen das Regime. Zwei Jahre später trieb sie Innenminister Roger Salengro in den Selbstmord, indem sie ihn in frei erfundenen Artikeln beschuldigte, als Soldat 1915 zu den Deutschen desertiert und danach von einem französischen Kriegsgericht zum Tode verurteilt worden zu sein. Unermüdlich hetzte die Zeitschrift gegen die Demokratie, die »Korruption« in Parlament und Regierung und gegen die Briten. Einer der Redakteure, Henri Béraud, erregte einmal im ganzen Lande Aufsehen durch die Schlagzeile auf der Titelseite: »SOLLTE MAN ENGLAND VERSKLAVEN?« Das faschistische Italien war für das Blatt das große Idol und die einzige Hoffnung; mit der Zeit trat Deutschland an die Stelle Italiens. Mit ihrer großen Leserschaft trugen *Candide* und *Gringoire* wesentlich dazu bei, die öffentliche Meinung gegen die Republik einzunehmen. Die beiden Wochenschriften wurden die Lieblingslektüre einer großen Anzahl von Offizieren in Armee und Marine.

Genauso beliebt bei Armee- und Marineoffizieren und sogar auch bei den Mannschaften war eine dritte Wochenzeitschrift, die 1930 gegründete *Je suis partout*. Wie *Candide* und *Gringoire* glitt sie allmählich zur extremen Rechten ab und gebärdete sich nach dem 6. Februar offen faschistisch. Mussolini und Hitler wurden verherrlicht, die westlichen Demokratien und die Juden verdammt, das Ende der Republik gefordert. Bei Ausbruch des Zweiten Weltkriegs gehörten etwa dreihundert Soldatenklubs zu den regelmäßigen Abonnenten, und zweihundert weitere hatten Abonnements angemeldet[25].

Da derartige Wochenschriften ihr Gift verspritzten und die großen Tageszeitungen ihr gerütteltes Maß dazu beitrugen, ist es nicht verwunderlich, daß die öffentliche Meinung in Frankreich immer mehr in eine Richtung manipuliert wurde, wo sie die Republik verächtlich machte und ihrer Politik immer zynischer gegenüberstand. Bald war es ihr gleichgültig, ob diese Republik am Leben blieb oder nicht. Wie der gemäßigte Historiker René Rémond es einmal ausdrückte: Diese allgemein informierenden Tageszeitungen mit hoher Auflage »gehorchten den gleichen Leidenschaften, förderten die gleichen Vorurteile, sahen die Welt durch die gleiche Brille« wie die ausgesprochen rechtsextremen Tagesblätter. »Die rechtsgerichtete Presse ist es, die die Meinung bildet«, fügt er hinzu. »Der Durchschnittsfranzose mochte zwar links wählen, aber er las zumeist eine der rechtsradikalen Zeitungen, die immer mehr zum Faschismus hin tendierten[26].«

Die Unruhen des 6. Februar leiteten zwei Entwicklungen ein, die die Spaltung in Fankreich noch vertieften: das rasche Anwachsen von *Croix de Feu* auf der Rechten und den Aufstieg der Volksfront auf der Linken. Von diesem kalten Wintertag des Jahres 1934 an schien die Nation unwiderruflich zweigeteilt zu sein[27].

15 Nachwirkungen: Die Kluft wird breiter 1934–1936

Während der ganzen zwei Jahre nach den Unruhen auf dem Place de la Concorde rüsteten sich sowohl die extreme Rechte als auch ein großer Teil der Linken für die entscheidende Auseinandersetzung. Die notwendigerweise konservativ ausgerichteten Koalitionsregierungen der »Verständigung« sahen sich zwischen zwei Mühlsteinen und wagten es nicht, der verschlechterten innen- und außenpolitischen Lage ins Auge zu sehen.

Die nur knappe Niederlage der rechtsradikalen Ligen am 6. Februar hatte weite Kreise der Linken auf die Gefahren hingewiesen, die von seiten des Faschismus drohten. Sie waren entschlossen, dafür zu sorgen, daß er in Frankreich nicht – wie in Italien und Deutschland – triumphieren sollte.

Innerhalb eines Monats bildeten drei bekannte Intellektuelle, der Philosoph »Alain« (Émile Chartier), ein Radikalsozialist, der Physiker Paul Langevin, ein Sozialist, und der Ethnologe Paul Rivet, der mit den Kommunisten sympathisierte, einen antifaschistischen Sicherheitsausschuß der Intellektuellen *(Comité de vigilance des intellectuels anti-fascistes)*, der schon nach kurzer Zeit 8000 Mitglieder zählte. Auf der Seite der Politiker taten sich drei Deputierte zur Gründung einer »Antifaschistischen Gemeinschaftsfront« zusammen: der Radikalsozialist Gaston Bergery, der Sozialist Georges Monnet und der Kommunist Jacques Doriot. Ihre Parteien waren damit nicht einverstanden. Doriot wurde aus der Kommunistischen Partei ausgeschlossen, Bergery mußte aus seiner Partei austreten, und auch Monnet fiel bei seinen Parteifreunden in Ungnade. Ganz besonders die Kommunistenführer waren wütend über solche »Abweichungen« von der Parteilinie, nach deren Sprachregelung die Sozialisten immer noch »Sozial-Faschisten« waren. Aber die drei Männer hatten den ersten Grundstein zur Volksfront gelegt.

Auf der extremen Rechten versuchten die Ligen ihre Erfolge vom 6. Februar durch die Bildung einer Nationalen Front auszunutzen. Aber nur zwei Gruppen, *Solidarité Français* und *Jeunesses Patriotes*, traten ihr offiziell bei. Die *Action Française* fand sich lediglich zu stillschweigender Unterstützung bereit. *Croix de Feu* wollte mit der Nationalen Front überhaupt nichts zu tun haben.

Oberst La Rocques Liga profitierte am meisten von den Ereignissen des 6. Februar, bei denen sie eine so mysteriöse Rolle – oder gar keine – gespielt hatte. Zehntausende von Franzosen schlossen sich ihr oder ihren Unterorganisationen an. Die wichtigste davon nannte sich »Nationale Freiwillige« und wurde aus jungen Männern gebildet, die noch nicht im Weltkrieg mitgekämpft hatten. 1936 hatte *Croix de Feu* rund zwei Millionen Mitglieder. Es war nicht mehr in erster Linie eine rechtsradikale Vereinigung von Kriegsveteranen, sondern eine Massenbewegung. Im Oktober 1935 nahm die Liga den Namen *Mouvement Social Français* an. Von hier war es nur noch ein Schritt bis zur endgültigen Bezeichnung *Parti Social Français*, die sie annahm, als die Regierung endlich sämtliche rechtsextremen Ligen auflöste.

Als Volksbewegung und dann als politische Partei hatte sie mehr Mitglieder als jede andere Organisation in Frankreich. Aber gerade ihr Erfolg bei der raschen Bildung einer Massengefolgschaft verwässerte ihre Schlagkraft. Die meisten der Hunderttausende von braven Bürgern, die sich um ihre Fahnen scharten, taten es nur, weil diese Partei offenbar eine Gesellschaftsordnung versprach, die sich auf die alten Tugenden Ordnung, Ehrlichkeit, Nationalismus und Patriotismus gründete, und weil sie über den ursprünglichen Ruf, eine Organisation der Straßenkrawalle zu sein, längst hinausgewachsen war. La Rocque predigte und schrieb zwar sehr ausführlich – er war ein schlechter Autor und ein noch schlechterer Redner – davon, daß man dem Land politische, wirtschaftliche und soziale Reformen aufzwingen müsse, um Einigkeit, Stabilität, Wohlstand und moralische Größe wiederherzustellen, aber er drückte sich, was die Details betraf, sehr vage aus. Dabei drängt sich einem der Schluß auf, daß der gutaussehende Oberst selbst nicht wußte, was er eigentlich wollte, es sei denn vielleicht, die Uhren zurückzudrehen. Trotz der gewaltigen Mitgliederzahl war seine Bewegung im Parlament praktisch nicht vertreten und blieb politisch daher unwirksam. Nachdem sie sich im Oktober 1935 bereit gefunden hatte, die Waffen abzuliefern, fehlten ihr auch noch die Mittel, auf direkterem Wege, gewaltsam, an die Macht zu gelangen. Vermutlich hat René Rémond recht, wenn er sagt, die Bewegung *Croix de Feu* sei kaum noch mehr als das Spiel politischer Pfadfinder[1]. Die meisten ihrer unruhigen jungen Männer traten bald aus und schlossen sich militanteren rechtsradikalen Organisationen an, wie zum Beispiel der Terroristengruppe *Cagoules*, die den gewaltsamen Sturz der Republik geschworen hatte. Sie warfen La Rocque wegen des Fehlens eines kraftvollen Programms »moralischen Schwindel« vor. Die Linke betrachtete La Rocque jedoch eingedenk der Ereignisse in Italien und Deutschland immer noch als einen potentiellen Mussolini, wenn nicht gar Hitler. Ihre führenden Köpfe schreckte die Masse von Anhängern, die er in so kurzer Zeit gewonnen hatte. Während der Jahre 1934 und 1935 gaben sie sich alle erdenkliche Mühe, die eigene Uneinigkeit und das gegenseitige Mißtrauen zu überwinden.

Unter großen Schwierigkeiten und Schmerzen begann sich allmählich die Volksfront – *Le Front Populaire* – zu formen.

Die Geburt der Volksfront

Zur Überraschung der meisten Franzosen, insbesondere aber der Sozialistenführer, revidierte die Kommunistische Partei ihren ursprünglichen Standpunkt und übernahm dabei die führende Rolle. Nach dem 6. Februar hatten die Kommunistenführer noch vier Monate lang die Sozialistische Partei verleumdet, ihr vorgehalten, sie verkaufe die Arbeiter an das Bürgertum, und die Mitglieder aufgefordert, auszutreten und sich den Reihen der Kommunisten anzuschließen. Im Juni 1934 änderten sie plötzlich ihre Taktik. Die Kommunistische Partei lud die geschmähten Sozialistenführer zu gemeinsamem Vorgehen gegen den Faschismus ein.

Das Signal zu der Kehrtwendung kam aus Moskau. Ende Mai forderte die in Moskau erscheinende *Prawda*, das Organ der sowjetischen Kommunistischen Partei, eine Zusammenarbeit von Kommunisten und Sozialisten, insbesondere in Frankreich, gegen die faschistische Gefahr. »Es wäre ein Verbrechen an der Arbeiterklasse«, schrieb die *Prawda*, »sich einer solchen Einheitsfront zu widersetzen.« Nach eineinhalb Jahren war Moskau endlich auf die Bedrohung aufmerksam geworden, die vom nationalsozialistischen Deutschland ausging. Die Leitung des Kommunistischen Partei in Paris reagierte sofort. Am 31. Mai druckte die Parteizeitung *L'Humanité* den *Prawda*-Artikel nach. Noch am selben Tage forderte die Partei die Sozialisten in einem Schreiben zu gemeinsamen Gesprächen auf. Der Sozialistenführer Léon Blum fürchtete eine Falle. Er und seine engeren Freunde standen dem plötzlichen Kurswechsel äußerst skeptisch gegenüber. Dennoch erklärte sich Blum widerstrebend zu einem Treffen mit seinen bisherigen Feinden von links bereit. Von seinen eigenen Anhängern ging ein immer stärkerer Druck aus: Man befürwortete die Einigung der Arbeiterklasse in irgendeiner Form. Die sozialistischen Arbeiter in Paris stellten diese Forderung in aller Offenheit.

Am 14. Juli, mitten in den Feiern zum Tag der Bastille, traten die Führer der beiden Parteien zu ihrem entscheidenden Gespräch zusammen. Die Kommunisten zeigten sich so verständigungsbereit, daß Blum ebenso überrascht wie fassungslos war. Er suchte nach einer »intellektuellen Erklärung« dafür. Am 27. Juli wurde in Paris ein Pakt der beiden marxistischen Parteien unterzeichnet. Er sah gemeinsames Vorgehen gegen die faschistischen Ligen vor, ihre Entwaffnung und Unterdrückung, die Auflösung der Kammer, die Einführung der Verhältniswahl, das Ende der Regierung mittels zahlloser Verordnungen, den Widerstand gegen »Kriegsvorbereitungen« und ein Ende der eigenen Streitereien zwischen den beiden Parteien. Ein Ausschuß, bestehend aus je sieben führenden Mitgliedern beider Parteien, wurde mit der Durchführung der Vereinbarung beauftragt. Wichtiger als das, worauf man sich einigte, war die Tatsache dieser Einigung an sich. Sie beendete den dreizehn Jahre dauernden Bruderkampf zwischen den beiden Arbeiterparteien in Frankreich. Und sie ebnete den Weg für die Volksfront.

Überraschenderweise waren es noch mehr die Kommunisten als die Sozialisten, die nunmehr darauf drängten, die erweiterte Volksfront müsse auch die Radikalsozialisten einbeziehen, die stärkste Partei in der Kammer und – trotz des Namens – die Repräsentanten des ländlichen Kleinbürgertums. Ohne die Unterstützung dieser dritten Partei und überhaupt ohne ein Bündnis der Arbeiterklasse mit jenem großen Teil des Mittelstandes, der seine Stimme den Radikalen gab, durfte sich keine gemeinsame Front Hoffnungen hingeben, eine Mehrheit in der Deputiertenkammer zu erreichen und an die Regierung zu gelangen. Die Radikalen betrachteten das plötzliche Hofieren der Kommunisten ebenso mißtrauisch wie die Sozialisten, doch die Kommunisten ließen in ihrer Werbung nicht locker. Am 10. Oktober 1934 forderte Maurice Thorez im Namen seines Zentralkomitees »eine breite *Front Populaire* zum Kampf gegen den Faschismus und für Arbeit, Freiheit und Frieden«. Dabei verlieh er der Bewegung übrigens auch ihren endgültigen Namen. Bisher hatte sie sich *Rassemblement Populaire* genannt. »Front« war eine militantere Bezeichnung. Allmählich erwärmten sich viele der radikalen Politiker im Parlament, die mit der Mitwirkung ihrer Partei in den konservativen Koalitionsregierungen von Doumergue, Flandin und Laval immer unzufriedener waren, für die Appelle der Kommunisten. Gemeinsam mit Sozialisten und Kommunisten riefen sie die alte *délégation des gauches* aus der Vorkriegszeit wieder ins Leben, um die Maßnahmen der linken Parteien im Parlament gegen die Regierungspolitik zu koordinieren.

Es gab noch einen weiteren Grund für die abrupte Kehrtwendung der Kommunisten und ihre neue Politik einer Arbeitsgemeinschaft mit den Linken und dem liberalen Mittelstand. Er war in Moskau zu suchen. Anders als bei den französischen Kommunisten stieg bei Stalin immer mehr die Furcht vor Hitler-Deutschland. Nachdem er im Mai 1934 in der *Prawda* das erste Signal für eine neue Parteilinie gegeben hatte, erfolgte jetzt, am 15. Mai 1935, ein noch deutlicheres Zeichen. Aus Anlaß des Abschlusses des französisch-sowjetischen Paktes, auf dessen Vorgeschichte wir gleich noch eingehen, gab Stalin auf Betreiben von Außenminister Laval eine kurze Erklärung ab, die mit einem Schlag die politischen Grundsätze nicht nur der französischen Kommunisten, sondern weitgehend auch die der französischen Sozialisten erschütterte. Die Erklärung lautete: *Die von Frankreich verfolgte nationale Verteidigungspolitik mit dem Ziel, die Kampfkraft in dem für die Sicherheit erforderlichen Maße zu erhalten, findet Stalins Verständnis und volle Zustimmung.*«

Für den sowjetischen Diktator war das lediglich eine Frage der Vernunft. Sowjetrußland konnte kaum einem deutschen Angriff standhalten, wenn Frankreich im Westen nicht über eine starke Armee verfügte. Aber die französischen Kommunisten hatten sich, wie auch die Sozialisten, nicht nur einer Stärkung der nationalen Streitkräfte, sondern überhaupt der Konzeption der nationalen Verteidigung bisher widersetzt. Erst vor knapp einem Jahr hatte Thorez in der Kammer den traditionellen kommunistischen Standpunkt bekräftigt: »Wir sind gegen die nationale Verteidigung. Wir sind Anhänger Lenins und des revolutionären Defätismus.« Er hatte an die Sozialisten appelliert, sich der Gewährung von Militärkrediten »für diese kriegstreiberische Regierung« zu widersetzen. Noch zwei Monate vor Stalins Diktum hatte Thorez kurz und bündig erklärt, die Kommunisten würden selbst im Falle einer Besetzung Frankreichs nicht einen »von kapitalistischen und imperialistischen Mächten angezettelten« Krieg unterstützen. Jetzt, im Mai 1935, schwenkte er auf die von Stalin vorgezeichnete neue Linie ein, und zwar nicht nur aus Gehorsam, sondern mit echter Begeisterung. Er ließ durch seine Partei in den Straßen von Paris große Plakate mit der Aufschrift anbringen: »STALINE A RAISON! STALIN HAT RECHT!«

Die politische Kehrtwendung des bolschewistischen Diktators erstaunte den Sozialisten Léon Blum sehr und brachte ihn in nicht geringe Verlegenheit. In seinen Augen war sie höchst »unglücklich«. Die Sozialisten hatten sich in der Kammer stets der Wiederaufrüstung Frankreichs widersetzt – trotz Hitlers fieberhaften Rüstungsanstrengungen jenseits der Grenze und trotz Hitlers kühnem Handstreich vom 16. März desselben Jahres, mit dem er sich über die militärischen Einschränkungen des Versailler Vertrags hinwegsetzte und den Aufbau einer neuen deutschen Armee von sechsunddreißig Divisionen sowie die allgemeine Wehrpflicht verkündete. Blum erklärte lahm: »Wir verneinen zwar nicht die Pflicht, den Boden unseres Vaterlandes gegen eine Invasion zu verteidigen, aber wir wollen uns keineswegs mit der militärischen Planung der Bourgeoisie identifizieren.«

Die neue Parteilinie der Kommunisten, nach der sie künftighin die Wiederaufrüstung und die Stärkung der Truppe unterstützen würden, machte es den Radikalsozialisten und anderen liberalen bürgerlichen Parteien leichter, sich mit ihnen zu einer gemeinsamen Front zusammenzuschließen. Nun brauchte man nicht mehr zu befürchten, daß die Kommunisten im Falle eines deutschen Angriffs die Landesverteidigung sabotieren würden. Innerhalb der nächsten Wochen wurde eine breite Einheitsfront der Linken geschaffen. Am 12. Juni beschloß die Sozialistische Partei auf ihrem Jahreskongreß in Mulhouse einstimmig die Förderung einer gemeinsamen Front. Am 14. Juni einigten sich die beiden rivalisierenden Gewerkschaftsgruppen, die sozialistisch orientierte CGT und die kommunistische CGTU, auf die Wiederaufnahme von Fusionsgesprächen. Am 17. Juni wurde das *Comité du Rassemblement Populaire* unter der Präsidentschaft von Victor Basch, dem Präsidenten der Liga für Menschenrechte, gebildet. Am Nationalfeiertag des 14. Juli wollte man eine Massendemonstration veranstalten, eine Zusammenfassung »aller zur Verteidigung der Freiheit entschlossenen Kräfte«. Nicht nur die drei großen Linksparteien, Kommunisten, Sozialisten und Radikalsozialisten, und die zwei Gewerkschaftsorganisationen sagten ihre Unterstützung zu, sondern darüber hinaus noch ein Dutzend verschiedener Gruppen von Intellektuellen, Künstlern und anderen Liberalen. Selbst so ausgefallene Organisationen wie *Les Travailleurs sans Dieu, Les Amis des fêtes du peuple, L'Union naturiste de France* und *L'Association pour lémancipation de la Corse* baten, an dem großen Aufmarsch am 14. Juli teilnehmen zu dürfen.

Es wurde eine der eindrucksvollsten Demonstrationen, die die Republik je erlebt hatte. In Paris marschierten Hunderttausende von dem Place de la Bastille zu den Cours de Vincennes, und in Dutzenden von Provinzstädten fanden sich gewaltige Menschenmengen zu Kundgebungen zusammen. In der Hauptstadt versammelten sich 10000 Delegierte der verschiedenen Volksfrontorganisationen zu einer Kundgebung für Frieden und Freiheit und legten einen feierlichen Eid ab:

Im Namen des französischen Volkes, das sich heute in unserem ganzen Land versammelt hat,

legen wir, die Delegierten oder Mitglieder des Rassemblement Populaire vom 14. Juli 1935 –

inspiriert von der einmütigen Entschlossenheit, den Arbeitern Brot, der Jugend Arbeit und der Welt den Frieden zu geben –

den feierlichen Eid ab, einig zu bleiben, die aufwieglerischen Ligen zu entwaffnen und aufzulösen, die demokratischen Freiheiten zu verteidigen und weiterzuentwickeln und der Menschheit den Frieden zu sichern.

Daladier, der die Radikalsozialisten gegen Herriots Willen in die Volksfront geführt hatte, marschierte Seite an Seite mit Thorez und Blum und grüßte wie sie die jubelnden Menschenmengen am Straßenrand mit dem antifaschistischen Gruß, der geballten Faust. »Ich vertrete das Kleinbürgertum«, sagte er zu den Organisatoren der Demonstration, »und ich erkläre, daß Mittelstand und Arbeiterklasse natürliche Verbündete sind.«

Die großen Kundgebungen, die an diesem sommerlichen Bastilletag in ganz Frankreich und insbesondere in Paris stattfanden, zeigten deutlich, daß die demokratische Republik trotz all ihrer Mängel und aller Korruption beim einfachen Volk immer noch massive Unterstützung fand. Damit sollte kundgetan werden – und das wurde es auch –, daß sich die große Mehrheit des französischen Volkes nicht widerstandslos einer faschistischen Machtübernahme beugen würde, wie es das deutsche Volk jenseits des Rheins und das italienische Volk jenseits der Alpen getan hatten. Doch in Frankreich ging es den Massen nicht nur darum, dem Faschismus Einhalt zu gebieten. Sie verlangten ein »New Deal« auf sozialem und wirtschaftlichem Gebiet. Das versprach die Volksfront, von der man behaupten darf, daß sie an jenem sommerlichen Festtag des Jahres 1935 geboren wurde. Es sollte noch weitere sechs Monate dauern, bis die führenden Köpfe ein Programm ausgearbeitet hatten, aber eine gemeinsame Front war immerhin gestartet, und sie weckte bei den Massen ungeheure Begeisterung. Sie war eine neue und dynamische Kraft im Leben der Republik, die schon todkrank zu sein schien. Millionen schöpften neue Hoffnung. Die Volksfront versprach einen Ausweg aus der Depression, die gerade die Armen am schwersten belastete. Und sie versprach die längst überfällige Grundüberholung der antiquierten, unzulänglichen und ungerechten sozialen und wirtschaftlichen Struktur der französischen Gesellschaft.

Die Wohlhabenden wurden von einer immer hysterischeren Angst vor dem Kommunismus und der neuen Agitation in den unteren Volksschichten gepackt. Für sie bedeutete die Volksfront eine unmittelbare Bedrohung ihrer Vermögen und Vorrechte. So begannen sich beide Seiten mit aller Entschlossenheit auf den Wahlkampf im Frühjahr 1936 vorzubereiten. Vom Ausgang dieser Wahlen sollte es abhängen, welche Seite regieren würde und vielleicht sogar, welche Art von Republik Frankreich haben sollte.

Ferment für Reformen und die Synarchisten

Auch außerhalb der politischen Parteien, der Gewerkschaften und der Linksintellektuellen einerseits und der Ligen sowie ihrer Geldgeber und intellektuellen Parteigänger andererseits (die extreme Rechte hatte nämlich, hauptsächlich dank Maurras von der *Action Française*, zahlreiche Schriftsteller, Journalisten und Lehrer angelockt), gab es eine größere Anzahl einzelner der verschiedensten politischen Schattierungen, auch ohne politische Bindung, die sich in Gruppen zusammenfanden und Gedanken darüber machten, wie man das Land aus der schädlichen Spaltung herausführen und aus dem moralischen, politischen, sozialen und wirtschaftlichen Dilemma erretten könnte.

Doch diese Gruppen und selbst die Angehörigen einer Gruppe untereinander konnten sich auf keinen vernünftigen gemeinsamen Kurs einigen. Die Zeitschriften der einzelnen Gruppen, darunter einige von hohem literarischem Rang, trugen diese Verwirrung ins Land hinaus, aber sie erregten nur wenig Interesse bei den Massen, nicht einmal bei den Politikern. Allein schon die Bezeichnungen der Schriften, die um die Mitte der dreißiger Jahre aufkamen, waren bezeichnend: *L'Homme Nouveau, L'Ordre Nouveau, Plans, Réaction, Esprit, Combat, Nouveau Cahiers*. Die verschiedenen Programme und Manifeste beleuchteten einen Dschungel widersprüchlicher Ideen. Wenn sie tatsächlich etwas gemeinsam hatten, dann war es die feindselige Haltung gegenüber dem liberalen Kapitalismus, dem Kommunismus und dem Sozialismus; obgleich die meisten dieser Zeitschriften über den Faschismus herzogen, erinnerten ihre Reformvorschläge für Staat, Regierung und Gesellschaft doch sehr an das Gedankengut, dem man bereits in Rom, München und Berlin begegnet war. Typisch dafür war ein Manifest vom *L'Ordre Nouveau*. Hier sprach man von den Vorbereitungen für eine »Revolution der Ordnung gegen kapitalistische Unordnung und bolschewistische Unterdrückung, gegen machtlosen Kapitalismus und selbstmörderischen Imperialismus, gegen Parlamentarismus und Diktatur«. Adolf Hitler hatte in seinen demagogischen Münchener Reden ähnliche Ausdrücke gebraucht.

Im Sommer 1934 sammelte der fruchtbare Romancier Jules Romains eine Gruppe von neunzehn jungen Männern um sich, die er aus den Ligen der extremen Rechten bis hin zu den Gewerkschaftsgruppen auf der Linken ausgewählt hatte. Diese Gruppe brachte er dazu, daß sie sich auf ein Programm einigte, das als »Plan des 9. Juli« weithin publiziert wurde. Es war ebenso verworren wie die anderen Programme, ebenso ablehnend gegen Liberalismus, Parlamentarismus und »totalitäre Mythen« und forderte allgemeine, verfassungsmäßige, ökonomische, soziale und moralische Reformen. Es wurde nie etwas daraus, und so geriet es zusammen mit all den anderen »Plänen« wieder in Vergessenheit.

Zu der Gruppe von Schriftstellern gehörte auch Jean Coutrot, ein Absolvent von Frankreichs berühmter Ingenieurschule, der École Polytechnique. Das Leben dieses brillanten Nationalökonomen und Technokraten blieb ebenso in Geheimnis gehüllt wie sein plötzlicher Tod, da er es vorzog, selbst im Schatten zu bleiben und ungesehen

Menschen und Bewegungen zu manipulieren. 1931 hatte er zusammen mit einstigen Kommilitonen des Polytechnikums, die inzwischen Spitzenpositionen in Verwaltung, Industrie und Banken einnahmen, unter der Bezeichnung »X-Crise« eine Gruppe zum Studium der in diesem Jahr einsetzenden Weltwirtschaftskrise gegründet. Zwei Jahre später bildete er aus dieser Gruppe *Le Centre Polytechnicien d'Études Économiques*, gewann dafür zahlreiche Nationalökonomen, Soziologen, Gewerkschaftsführer und führende Persönlichkeiten aus Industrie und Finanzwesen. Er bildete daraus eine Art Rand Corporation zur Erforschung der ökonomischen, sozialen, politischen und selbst landwirtschaftlichen Probleme der Welt im allgemeinen und Frankreichs im besonderen.

Coutrot war durchdrungen von der Überzeugung, nur die Techniker, die tatsächlich am Hebel der Industrien, Banken und Gewerkschaften saßen und die nach seiner Meinung als einzige die komplexe Industriegesellschaft des zwanzigsten Jahrhunderts wirklich verstanden, könnten Frankreich oder auch die westliche Welt retten, die sich abmühte, die Depression zu überwinden und den Kapitalismus irgendwie funktionsfähig zu machen. Den Politikern und den wohlmeinenden Intellektuellen ermangelte es in seinen Augen einfach an der Kenntnis der Dinge, die den Motor der modernen Welt bildeten. Von ihnen durfte man sich keine ernsthaften Reformen erwarten. Er war ein Genie, erfüllt von dem Drang, Organisationen zu gründen, von denen er sich die Lösung der neuen Probleme versprach; so baute er unermüdlich weitere Gruppen mit hochtrabenden Bezeichnungen auf: *Le Comité National de l'Organisation Française, Le Centre d'Organisation Scientifique de Travail* (das auf Coutrots Betreiben eigentlich von der Volksfront gegründet wurde) und, um auch andere Gebiete nicht zu vernachlässigen, *Le Centre d'Études des Problèmes Humains* sowie *L'Institut de Psychologie Appliquée*. Man konnte nicht behaupten, daß es in Frankreich an Organisationen fehlte, die sich mit seinen ungezählten Problemen befaßten. Dafür sorgte schon Coutrot, der unermüdlich eine Gruppe nach der anderen aufbaute.

Später hielt man Coutrot allgemein für die treibende Kraft hinter einer Bewegung, die sich *Synarchie** nannte. Diese Gruppe von Technokraten bleibt bis heute, trotz eingehender Studien – zumindest für den Autor, der die meisten davon aufmerksam gelesen hat –, in gewisser Weise mysteriös. Es besteht kein Zweifel daran, daß die Anhänger dieser Bewegung Zugang zu den höchsten Posten in Industrie, Handel, Finanzwesen und der Staatsbürokratie fanden. Diese nur lose verbundene Gruppe Gleichgesinnter, die aus denselben Eliteschulen hervorgegangen waren – vor allen Dingen der *Polytechnique, École Normale* und der *École des Sciences Politiques* – und Erfolge in

* Anscheinend abgeleitet von dem griechischen »*syn-archie*«, womit das Gegenteil von »*an-archie*« bezeichnet werden sollte.

der Privatwirtschaft, in den Banken und in den höchsten Rängen der Zivilverwaltung erreichten, erlangte in der zweiten Hälfte der dreißiger Jahre immer größeren Einfluß, nicht nur durch die Macht ihrer strategisch wichtigen Positionen und ihre Arbeit in Coutrots verschiedenen Organisationen, sondern auch dadurch, daß sie in der Presse und durch ihre zahlreichen Verbindungen an höchster Stelle ihre Unzufriedenheit mit den Pfuschereien der parlamentarischen Demokratie sowie die im ganzen Westen als falsch erkannte Ansicht kundtaten, daß speziell ausgebildete Fachleute, die es verstanden, ein Privatunternehmen leistungsfähig und gewinnbringend zu machen, am besten geeignet seien, eine Regierung zu lenken und eine moderne Gesellschaft zu gestalten.

Haben die Synarchisten auch, wie ihnen vorgeworfen wurde, eine Geheimgesellschaft mit dem Ziel gegründet, die parlamentarische Regierung zu stürzen und sie durch eine technokratische zu ersetzen? Es steht fest, daß einige Synarchisten bereits 1922 einen Geheimbund mit revolutionären Zielen gründeten. Er nannte sich *Le Mouvement Synarchique d'Empire* oder kurz MSE. Sein geheimer »Pakt« mit den »Dreizehn grundlegenden Punkten und 598 Empfehlungen« für die synarchistische Revolution wurde von der Vichy-Polizei im Jahre 1941 entdeckt und nach dem Kriege veröffentlicht*. Darüber hinaus scheint festzustehen, daß MSE zeitweilig mit der terroristischen *Cagoule* in Verbindung stand. Doch obgleich wahrscheinlich keine Revolutionäre in der ganzen Weltgeschichte jemals ein detaillierteres und tönenderes Programm ausarbeiteten als die Verfasser dieses Dokuments, gelangte die Geheimgesellschaft der Technokraten der Durchführung einer Revolution doch niemals auch nur nahe. Die Mitglieder redeten und schrieben zu gern, um zu handeln. Doch indem sie immer wieder gegen die Konzeption der parlamentarischen Regierung vom Leder zogen und betonten, sie sei unfähig, die wirtschaftlichen, sozialen oder auch nur die politischen Probleme des Landes zu lösen, leisteten die Synarchisten – zusätzlich zu all den anderen Gruppen – einen erheblichen, wenn auch subtilen Beitrag zur Unterminierung der Republik.

Die Regierung des stets lächelnden, etwas senilen Gaston Doumergue, die nach den Ereignissen des 6. Februar mit dem Auftrag an die Macht gelangte, zwischen den sich bekämpfenden Franzosen

* Ein wortgewaltiges Dokument! Als Ziel der Bewegung wird »die Machtübernahme zum Zweck der Errichtung eines entsprechenden synarchischen Regimes« angeführt. Die »Revolution soll von oben kommen«. Sie würde das parlamentarische System abschaffen – »dieses aus der Verfassung von 1875 hervorgegangene Potpourri, ein aus dem Ausland importiertes Regime, das sich nicht den französischen Verhältnissen anpassen läßt«. An seine Stelle sollte eine Art von korporativem Regime treten, ähnlich dem Vorbild des faschistischen Italiens. Sowohl der klassische Kapitalismus als auch der Sozialismus werden abgelehnt. Soweit man das aus der Lektüre des weitschweifigen Dokuments erkennen kann, sollte eine Art Super-Monopolkapitalismus errichtet werden; nach Abschaffung des Wettbewerbs sollten für Produktion und Verteilung endlose Pläne entworfen und das Ganze – wie auch die Regierung – von erfahrenen Technokraten geleitet werden[2].

Frieden zu stiften, bemühte sich auch um Reformen zur Stärkung und Stabilisierung der Regierung der Republik. Aber Doumergue ging dabei zu ungeschickt vor, und er kam zu spät. Wenn er unmittelbar nach den Februarunruhen auf seinen Vorschlägen für eine Verfassungsänderung bestanden hätte, so hätten sie die verschreckten Deputierten und Senatoren zweifellos akzeptiert. Der Hauptvorschlag hätte es dem Präsidenten der Republik erlaubt, ohne Zustimmung des Senats die Deputiertenkammer aufzulösen. Man hoffte, daß es sich die Deputierten angesichts einer solchen Drohung gründlicher überlegen würden, ob sie alle paar Monate eine Regierung stürzen sollten. Aber Doumergue zögerte. Er wollte zuerst Maßnahmen gegen die finanzielle und wirtschaftliche Krise, die durch die Depression hervorgerufen worden war, einleiten. Als er dann endlich für seine politischen Reformpläne Zeit fand, waren sechs Monate vergangen, und die Kammer vertagte sich für die Sommerferien.

Unvermittelt verkündete Doumergue seine Pläne für eine Verfassungsreform über den Rundfunk. Das war unklug. Es war üblich, daß sich ein Ministerpräsident nur vom Podium der Kammer oder des Senats an das Volk wandte. Die Mitglieder des Parlaments verübelten es ihm, daß er sie übergangen hatte. Als Doumergue Anfang November verkündete, er werde die beiden Kammern um ihre Zustimmung zu mehreren Dutzend Finanzverordnungen ersuchen und sie sodann zur Nationalversammlung nach Versailles einberufen, damit sie – ohne vorherige Debatte in Kammer oder Senat – über seine Verfassungsreformen beschließen solle, spielten die Radikalen nicht mehr mit und verließen die Regierung. Am 9. November wurde Doumergue zum Rücktritt gezwungen. Ihm folgte zuerst der gemäßigte Konservative Paul-Etienne Flandin und dann Pierre Laval, dessen politische Orientierung man damals ähnlich einschätzte. Beide brachten es fertig, die Koalitionsregierung am Leben zu erhalten.

Doumergue hatte die hochgespannten Hoffnungen, die sich im ganzen Lande um seine Rückkehr ins Amt rankten, enttäuscht. Auf den Straßen war zwar die Ruhe wieder eingekehrt, aber seine deflationistische Politik hatte die Auswirkungen der Depression noch verschlimmert. Es war ihm nicht gelungen, auch nur eine bescheidene Verfassungsreform durchzuführen, die vielleicht einige politische Stabilität gebracht und die Regierung in die Lage versetzt hatte, ernsthaft gegen die wirtschaftliche Stagnation vorzugehen*. In au-

* Die politische Linke glaubte, Doumergue sympathisiere heimlich mit den rechtsradikalen Ligen, stehe mit ihnen in Verbindung und wolle bei seiner Verfassungsreform viel weiter gehen, als seine ersten Vorschläge erkennen ließen. Sie sahen ihren Verdacht bestätigt, als Doumergue am Vorabend seiner Abreise aus Paris vom Balkon seiner Residenz in der Avenue Foch aus eine ihm zu Ehren abgehaltene Parade von *Croix de Feu* abnahm. Um seiner Sympathie gegenüber dieser mächtigsten aller antiparlamentarischen Ligen besonderen Ausdruck zu verleihen, hatte der scheidende Ministerpräsident seinen traditionellen *béret basque* aufgesetzt und die Marschkolonnen besonders herzlich begrüßt. Léon Blum bemerkte dazu: »Doumergue war ein Schützer und Schützling des Faschismus, mit dem er nicht nur sympathisierte, sondern dessen Komplice er war.«

ßenpolitischer Hinsicht wurde Frankreich in eine immer bedenklichere Lage gedrängt, und der innere Zwiespalt, den auch Doumergue nur vorübergehend notdürftig geflickt hatte, lähmte eine vernünftige Außenpolitik gegenüber Freund und Feind.

Verpfuschte Außenpolitik

Wie wir gesehen haben, stand in der französischen Außenpolitik seit 1918 die Furcht vor einer deutschen Rache im Vordergrund. Aber erst als Hitler im Januar 1933 die Macht übernahm, innerhalb eines Jahres seine Diktatur fest etablierte und fieberhaft aufzurüsten begann, schien die Bedrohung von jenseits des Rheins akut zu werden. Jetzt, im Jahre 1934, war Frankreich zwar von innerem Zwist zerrissen, aber wer immer in Paris auch herrschte, mußte sich nüchtern mit den Konsequenzen des plötzlichen Aufstiegs des Dritten Reichs und der fanatischen Entschlossenheit des Führers befassen, die Niederlage von 1918 zu rächen.

Den meisten politischen Führern Frankreichs – mit Ausnahme jener der extremen Rechten und Linken, die durch ihre Ideologie verblendet waren – schien es hinreichend klar zu sein, daß rasch ein neuer politischer Weg eingeschlagen werden mußte, wenn Frankreich der deutschen Drohung begegnen wollte. Es ging um folgende Punkte:

1. Frankreichs Bündnisse mußten gestärkt werden; Sowjetrußland war als einziges Land im Osten, das über die militärische und wirtschaftliche Macht zur wirksamen Eindämmung Deutschlands verfügte, mit einzubeziehen.

2. Die Deutschen mußten dazu gebracht werden, die entmilitarisierte Zone im Rheinland zu respektieren; das war erforderlich, wenn Frankreich seinen östlichen Verbündeten zu Hilfe eilen wollte, falls diese angegriffen wurden.

3. Italien mußte in die antideutsche Front eingereiht oder aber neutralisiert werden.

4. Die französische Armee mußte reorganisiert und verstärkt werden; sie konnte 1934 nur sechzig Divisionen, kaum zwei Drittel der Stärke von 1914, mobilisieren. Gleichzeitig mußte man von der durch die Maginotlinie verkörperten Strategie der Verteidigung abrücken und eine Armee schaffen, die auch die Offensive gegen Deutschland ergreifen konnte, falls Deutschland entweder im Osten oder im Westen angreifen sollte.

Flandin und insbesondere Laval, die beiden Männer, die nach Doumergues Abschied im November 1934 ein Jahr lang die Richtlinien der Politik bestimmten, hatten andere Vorstellungen. Der Idee eines Bündnisses mit Rußland standen sie abweisend gegenüber. Sie zogen eine Annäherung an das faschistische Italien und zumindest eine Beschwichtigung Hitler-Deutschlands vor, vorausgesetzt, Hitlers Expansion richtete sich nach Osten. Das war auch in etwa die Einstellung der überwiegend konservativen Regierung in London.

Unter Louis Barthou, dem Außenminister in der Koalitionsregierung Doumergue, verfolgte Frankreich fast während des ganzen Jahres 1934 eine Politik der Festigkeit gegenüber Deutschland, der Verständigung gegenüber Italien und der Annäherung an Sowjetrußland. Barthou war der letzte Überlebende der alten Garde wackerer Republikaner vom Schlage eines Clemenceau oder Poincaré, die ihr Land zum Sieg über Deutschland geführt hatten. Barthou war es auch, der die Sowjetunion im September 1934 zum Eintritt in den Völkerbund überredete, nachdem er den Widerstand mehrerer anderer Mächte ausgeräumt hatte. Das war der erste Schritt in Barthous Plan, Rußland, wie schon vor 1914, zu Frankreichs großem Verbündeten im Osten gegen Deutschland zu machen.

Am 17. April 1934 tat Barthou einen entscheidenden Schritt in dem Bemühen, die ins Schwimmen geratene französische Außenpolitik wieder in den Griff zu bekommen. Die Weltabrüstungskonferenz in Genf hatte schon seit zwei Jahren getagt, ohne Fortschritte zu erzielen. Die Alliierten hatten dreizehn Jahre gewartet, ehe sie diese Konferenz einberiefen und damit Artikel 8 der Völkerbundssatzung folgten, der eine schrittweise Abrüstung aller Mächte auf denselben Rüstungsstand vorsah. Es waren vor allen Dingen die Franzosen, die den Deutschen nicht gleich die waffenmäßige Parität zugestehen wollten. Hitlers Reaktion war, daß er mit seinem Land am 14. Oktober 1933 sowohl aus der Abrüstungskonferenz als auch aus dem Völkerbund austrat. Danach wurde die heimliche Wiederaufrüstung noch rascher vorangetrieben.

Die Briten übten unter Premierminister Ramsay MacDonald und Arthur Henderson, dem britischen Labourführer und Präsidenten der Abrüstungskonferenz, immer stärkeren Druck auf Frankreich aus: Es solle Deutschland das Prinzip der Rüstungsgleichheit zugestehen und zunächst einmal der Beschränkung der Armeen beider Länder auf 300000 Mann zustimmen. Die französische Antwort fiel überraschend deutlich aus. Am 17. April 1934 erklärte Barthou in einer Note an die britische Regierung, Frankreich »weigere sich, die deutsche Wiederaufrüstung zu legalisieren«, die im Widerspruch zum Versailler Vertrag stehe, und »von nun an wird Frankreich seine Sicherheit mit eigenen Mitteln gewährleisten«.

Damit wurde der Abrüstungskonferenz der Todesstoß versetzt. Ihr ruhmloses Ende im Juni schwächte den Völkerbund, unter dessen Schirmherrschaft die Konferenz gestanden hatte und in dessen kollektive Sicherheitsgarantie Frankreichs Außenpolitik große Hoffnungen gesetzt hatte. Das bedeutete das Ende des Traums von der kontrollierten Abrüstung. Die Franzosen waren aus eigenem Entschluß nunmehr auf sich allein gestellt. Sie standen einem Deutschland gegenüber, dessen größere Bevölkerungszahl und Industriekapazität ihm auf die Dauer eine entscheidende militärische Überlegenheit verleihen mußten.

Logischerweise – genossen die Franzosen nicht den Ruf, das logischste Volk Europas zu sein? – hätten die Konsequenzen der Barthou-Note mit der Erklärung, Frankreich werde künftighin seine Sicherheit »mit eigenen Mitteln« gewährleisten, unmittelbar zur Stärkung dieser Mittel führen müssen: nämlich der Truppe und der Bündnisse. Aber auf militärischem Gebiet wurden, obgleich der gefeierte Marschal Pétain als Kriegsminister mit im Kabinett saß, nur kleinere Schritte unternommen: die Beschleunigung des Baus der Maginotlinie und eine recht bescheidene – und unzureichende – Anstrengung um die Modernisierung der veralteten Luftwaffe. Auf diplomatischem Gebiet ging Barthou jedoch rasch und entschlossen vor. Er machte sich vor allen Dingen daran, ein französich-russisches Bündnis zu schmieden.

Um das Bündnis im Geist der Genfer kollektiven Sicherheit zu tarnen und um die britischen Zweifel sowie den polnischen Widerstand auszuräumen, schlug Barthou ein östliches Locarno vor, in dem die Grenzen Osteuropas von Deutschland einerseits und von Rußland, Polen, der Tschechoslowakei und Rumänien andererseits garantiert werden sollten – mit Unterstützung Frankreichs und, wenn möglich, auch Großbritanniens und Italiens. Aber das nationalsozialistische Deutschland hatte nicht die Absicht, sich im Osten die Hände binden zu lassen. Schon lange zuvor hatte Hitler in *Mein Kampf* seine dortigen Eroberungspläne dargelegt. Am 14. September 1934 erklärte er in aller Form, mit einem östlichen Locarno wolle er nichts zu tun haben. Drei Tage später wies auch Polen den Vorschlag zurück. Die Polen weigerten sich strikt, eine Vereinbarung auch nur in Betracht zu ziehen, nach der eventuelle Truppen der Roten Armee durch ihr Land ziehen sollten, um seine Grenzen gegen Deutschland mit zu verteidigen. Sie fürchteten, daß die sowjetischen Soldaten das Land nie wieder verlassen würden, wenn sie erst einmal da wären. Polen, dessen Regierung von einer Clique unfähiger Generäle und Obristen beherrscht wurde, die noch unter dem Diktator Pitsudski gedient hatten, setzte sich für einige Zeit sogar von seinem traditionellen Verbündeten und Beschützer Frankreich ab, um sich Deutschland anzunähern. Man glaubte, das Reich würde die polnischen Lande besser vor den Übergriffen der verhaßten Russen schützen.

Das war reine Torheit. Längst vor Hitler, schon im Jahre 1922, hatte General von Seeckt, der Schöpfer der deutschen Reichswehr, in einem geheimen Memorandum die uralte Politik Deutschlands gegenüber Polen neu bekräftigt. Seine Existenz, so sagte er, sei »unerträglich, unvereinbar mit den Lebensbedingungen Deutschlands. Es muß verschwinden und wird verschwinden . . . Dieses Ziel zu erreichen muß einer der festesten Richtungspunkte der deutschen Politik sein[3].« Aber dieses tapfere polnische Volk hatte schon immer eine beklagenswerte Kurzsichtigkeit bewiesen, wenn es um seine eigenen Interessen ging. Am 26. November 1934 unterzeichnete Oberst Josef Beck, der franzosenfeindliche polnische Außenminister, einen zehnjährigen Nichtangriffspakt mit Deutschland. Danach rückten die beiden früher so verfeindeten Länder einander näher. Für die Polen sollte das eine Falle werden.

Barthou wurde von der Kugel eines Attentäters niedergestreckt, bevor er, nach dem Mißerfolg seiner Bemühungen um ein östliches Locarno, an einem unmittelbaren Militärbündnis mit Rußland weiterarbeiten konnte. Am 9. Oktober 1934 erschossen kroatische Terroristen, die angeblich von Mussolini bezahlt und bewaffnet wurden, König Alexander von Jugoslawien und Barthou, der an der Seite des Monarchen kurz nach dessen Ankunft zu einem Staatsbesuch durch die Straßen von Marseille fuhr*.

Pierre Laval wurde Barthous Nachfolger als Außenminister. Diesen Posten bekleidete er in den folgenden fünfzehn Monaten in mehreren aufeinanderfolgenden Regierungen, darunter auch einer von ihm selbst geleiteten. So wurde er zum wichtigsten Baumeister der französischen Außenpolitik in dieser entscheidenden Periode. Der Schwung, mit dem Barthou das Zusammengehen Frankreichs und Rußlands in einem Verteidigungsbündnis gegen Deutschland eingeleitet hatte, zwang Laval zur Fortsetzung dieser Politik. Aber er ging dabei zögernd und mit seiner gewohnten Gerissenheit vor. Er mißtraute der Sowjetunion, zweifelte den Wert ihrer militärischen Macht an und fürchtete, ein Bündnis mit dieser Sowjetunion würde Hitlers Groll auf Frankreich heraufbeschwören; über die eigenen Schwächen gab er sich keinerlei Illusionen hin. Außerdem glaubte er, damit die französischen Kommunisten und die Bildung einer linksgerichteten Volksfront zu ermutigen und seine eigenen konservativen und reaktionären Freunde zu entmutigen oder gar zu erzürnen. Was er anstrebte, war ein Bündnis mit dem faschistischen Italien, so schwach es auch sein mochte, und eine irgendwie geartete Verständigung mit NS-Deutschland, die Frankreich eine neue Aggression von jenseits des Rheins ersparen und Hitlers Aggressivität nach Osten, also in Richtung auf Rußland, lenken würde.

Anfang Januar 1935 reiste Laval in Fortsetzung der von Barthou eingeleiteten Annäherungspolitik gegenüber Italien nach Rom. Dort

* General Georges wurde dabei von Kugeln so schwer verwundet, daß er sich nie wieder ganz erholte. Der Verlust Barthous sollte sich in zunehmendem Maße bemerkbar machen. Er war der letzte der französischen Staatsmänner aus der Zeit vor 1914, die niemals davor zurückgeschreckt waren, sich gegenüber Deutschland zu behaupten. Keiner seiner Nachfolger, weder Laval noch Flandin, Delbos oder Bonnet, verfügte über seinen untrüglichen Instinkt für die langfristigen Interessen des Landes, unabhängig von jeder persönlichen Ideologie. Ich hielt mich in Berlin auf, als die Nachricht von dem Attentat an Barthou eintraf, und wurde Zeuge der Erleichterung in der Wilhelmstraße.

unterzeichnete er am 7. Januar einen Vertrag mit Mussolini. Das Eis der lang andauernden Feindschaft zwischen den beiden lateinischen Ländern war damit gebrochen. Zweifellos ermutigte dieser Vertrag auch Mussolini in seinem Bemühen, Hitler in gewissem Abstand zu halten*. Was der italienische Diktator Anfang 1935 vor allen Dingen wollte, war Frankreichs Unterstützung bei der Wahrung von Österreichs Unabhängigkeit für den Fall, daß Deutschland sie erneut bedrohen sollte. Das war für ihn um so wichtiger, als er seit mehreren Monaten die Besetzung Abessiniens plante. Da dieses Projekt den größten Teil der italienischen Armee und Luftwaffe aus Europa abziehen würde, wußte Mussolini, daß sich Hitler dadurch erneut versucht fühlen würde, die Hand nach Österreich auszustrecken. In dem römischen Vertrag erklärten sich die Franzosen im Falle einer Bedrohung der österreichischen Unabhängigkeit zu »Konsultationen« und geheimen Gesprächen mit Italien zwischen den Generalstäben der beiden Länder bereit**. Sie warfen den Italienern auch ein paar Knochen in Gestalt einiger Wüstenstreifen in Nordafrika hin. Dieser Preis für die italienische Hilfe gegen Deutschland in Europa erschien den Franzosen billig genug. Aber insgeheim bezahlte Laval einen weitaus höheren Preis. In einem Privatgespräch mit dem Duce am letzten Abend der Gespräche gab er Italien freie Hand in Abessinien. Dadurch mußte Frankreich mit Großbritannien in Konflikt geraten, das in Nordostafrika weite Gebiete besaß, und auch mit dem Völkerbund, dem Abessinien als Mitglied angehörte und den seine Satzung verpflichtete, gerade solche Aggressionen zu verhindern, wie Mussolini sie plante***. Laval informierte nicht einmal die eigene Regierung über sein heimliches Zugeständnis an Italien****.

* Am 25. Juli 1934 hatten die österreichischen Nazis mit moralischer Unterstützung aus Berlin den österreichischen Kanzler Dollfuß in Wien kaltblütig ermordet und die Machtübernahme versucht. Mussolini hatte daraufhin rasch vier Divisionen am Brennerpaß gegen Deutschland mobilisiert. Das gefiel Hitler gar nicht, und der Duce, der sich als Beschützer Österreichs betrachtete, wußte das sehr wohl[4].

** Im Juni reiste General Gamelin nach Rom und verhandelte mit Marschall Badoglio über gemeinsame italienisch-französische Militäraktionen gegen Deutschland, falls Hitler die Hand nach Österreich ausstrecken sollte. Es wurde abgesprochen, daß die Franzosen ein Armeekorps nach Italien entsenden sollten, das gemeinsam in italienischen und jugoslawischen Streitkräften von Süden her gegen Wien vorstoßen sollte. Als Gegenleistung erklärten sich die Italiener bereit, ein Armeekorps an die französische Westfront zu entsenden. Gamelin sagte: »Wir gaben einander eine Garantie, die sich auf unsere sämtlichen Grenzen erstreckte: die Alpen und Afrika[5].«

*** Unter französischen Politikern und Historikern gab es erhebliche Kontroversen über die Frage, welcher Art die »freie Hand« gewesen sei, die Laval heimlich Mussolini in Abessinien gegeben hat. Im offiziellen Text des Vertrags von Rom steht darüber naturgemäß kein einziges Wort. Doch in Geheimsitzungen der französischen Regierung gab Laval mindestens zweimal zu, dem Duce »freie Hand« in Abessinien gewährt zu haben, allerdings – wie er betonte – nur unter der Bedingung eines friedlichen Vorgehens.

Die erste dieser Gelegenheiten war eine Sitzung des Haute Comité Militaire vom 21. November 1935 in Paris, bei der Laval als damaliger Ministerpräsident den Vorsitz führte. Nach Aussage von General Gamelin, des Oberkommandierenden der Armee, soll Laval gesagt haben: »Ich habe mit Mussolini einen Geheimvertrag (über Abessinien) geschlossen.«

Gamelin vertraute am nächsten Tag seinem Tagebuch an, das Zusammensein mit Laval habe ihn so deprimiert, »daß mir nach meiner Rückkehr in meine Wohnung nach der Sitzung etwas widerfuhr, was

Im April 1935 wurde das Verhältnis Frankreichs und Großbritanniens zum faschistischen Italien enger, obgleich Mussolinis Vorbereitungen zur Besetzung Äthiopiens nicht länger zu übersehen waren. Dafür war Hitler verantwortlich. Am 16. März hatte er die Sieger von Versailles auf die Probe gestellt, indem er die militärischen Beschränkungen des Vertrags in Stücke riß und den Aufbau einer Wehrpflichtigenarmee von sechsunddreißig Divisionen befahl. Das entsprach ungefähr einer halben Million Soldaten, doppelt soviel, wie Frankreich im Mutterland stationiert hatte. Man ließ ihm sein Vabanquespiel durchgehen. Nach den Bedingungen des Vertrags hätte Frankreich Deutschland mit seinen Truppen besetzen können. Das wäre vermutlich Hitlers Ende gewesen. Frankreich besaß immer noch die dafür erforderliche relative militärische Überlegenheit. Statt dessen legte Frankreich nur beim Völkerbund einen matten Protest gegen diese »Verletzung internationalen Rechts« ein. Der Völkerbund unternahm nichts weiter; er verurteilte Deutschland lediglich. Noch kläglicher war Großbritanniens Reaktion. Die britische Regierung entsandte Ende März ihren Außenminister, Sir John Simon, und Anthony Eden nach Berlin, um die Angelegenheit mit Hitler zu besprechen und einen Besuch nachzuholen, den Hitler am 6. März abgesagt hatte.

Daß sich der Führer kühn über die militärischen Beschränkungen des Versailler Vertrags hinwegsetzte, rief aber dennoch nicht nur in Rom und Paris, sondern auch im lethargischen London erhebliche Befürchtungen wach. Im April trafen sich die Regierungschefs von

seit dem Tode meiner lieben Mutter nicht mehr vorgekommen war: Ich brach weinend zusammen. Ich beweinte das Geschick meines Vaterlandes, das bisher in der Stunde der höchsten Gefahr stets die Männer gefunden hatte, deren es bedurfte: nicht nur einen Joffre und einen Foch, sondern auch einen Poincaré und einen Clemenceau. Aber heute haben wir keinen solchen Mann mehr[6].«

In einer Geheimsitzung des französischen Senats vom 14. März 1940 ließ sich Laval ausführlicher über seine vertrauliche Absprache mit Mussolini aus: »Wir kamen überein – das ist die berühmte Geheimklausel aus meinen Privatakten, aber sie ist jedermanns Geheimnis –, daß Frankreich künftig auf jeglichen Einfluß in Abessinien verzichtete und auf wirtschaftlichem Gebiet alle eventuellen Vorteile an Italien abtrete . . . Aber ich sagte zu Mussolini: ›Von nun an haben Sie freie Hand, aber freie Hand auf dem Pfad des Friedens[7].‹«

Es ist schwer zu glauben, daß ein so kluger und so zynischer Mann wie gerade Laval auch für einen einzigen Augenblick angenommen haben könnte, Mussolini würde von dem Zugeständnis auf friedliche Weise Gebrauch machen – oder daß die kriegerischen Stämme Abessiniens ihm das erlaubt hätten. Mussolinis Version von der »freien Hand« hört sich anders an. Im Dezember 1935 erklärte er dem französischen Botschafter in Rom, Laval sei nach seiner Auffassung geneigt gewesen, Italien »völlige Handlungsfreiheit« einzuräumen[8].

Am 24. Juni 1935 erklärte Mussolini auch gegenüber Anthony Eden, dem damaligen britischen Minister für Angelegenheiten des Völkerbundes, Laval hätte ihm »freie Hand« in Abessinien gegeben. Als der britische Minister erwiderte, Laval habe *ihm* jedoch versichert, daß er Italien nur in wirtschaftlichen Belangen »freie Hand« gegeben hätte, »warf sich (Mussolini) mit einer Gebärde ungläubigen Erstaunens in seinem Sessel zurück«, wie Eden berichtete[9].

**** Er unterrichtete nicht einmal den Regierungschef. Flandin, der damalige Ministerpräsident, sagt in seinen Memoiren, falls Laval Mussolini tatsächlich in Abessinien freie Hand gelassen haben sollte, »sagte er mir nichts davon«. Flandin beteuerte sehr entschieden, alle Berichte über diese geheime Abmachung seien »absolut falsch«[10].

Großbritannien, Frankreich und Italien in Stresa, um Möglichkeiten einer Eindämmung Hitlers zu besprechen. Das wäre für die Franzosen und Briten die günstigste Gelegenheit gewesen, Italien endgültig in eine wirksame antideutsche Front mit einzubauen. Mussolini hätte man nicht zu überreden brauchen. Nach Hitlers Versuch aus dem vorangegangenen Sommer, Österreich zu besetzen, und der Begründung einer neuen Armee aus Wehrpflichtigen am 16. März erkannte auch der Duce die von Hitler-Deutschland ausgehende Bedrohung. In Stresa drängte er auf ein Militärbündnis gegen die deutsche Aggression nicht nur gegen Österreich, sondern auch gegen die Tschechoslowakei und Frankreich. Aber so weit wollte die britische Regierung nicht gehen. Die Konferenz von Stresa endete lediglich mit der Übereinkunft, »sich mit allen geeigneten Mitteln der einseitigen Verletzung von Verträgen zu widersetzen, die eine Gefährdung des Friedens in Europa mit sich bringen könnte«. Ferner wurde das Festhalten am Vertrag von Locarno bekräftigt und die Entschlossenheit bekundet, Österreichs Unabhängigkeit zu bewahren. Abessinien wurde nicht einmal erwähnt, aber offenbar verließ Mussolini Stresa mit dem Gefühl, daß Frankreich und Großbritannien, die sich im vergangenen Jahrhundert gewaltsam weite Teile des afrikanischen Kontinents angeeignet hatten, jetzt, da Italien ihnen seine Unterstützung in Europa zugesagt hatte, kaum ernsthaft Einspruch erheben würden, wenn auch Italien sich nun eine kleine Scheibe von dem Kuchen abschnitt.

Dennoch schien die Stresa-Front, wie sie genannt wurde, das faschistische Italien fest in die antideutsche Front eingefügt zu haben, um die sich Frankreich bemühte. Auch wenn die Briten diese Front durch ihre ablehnende Haltung gegenüber einem Militärpakt schwächten, trug das Treffen in Stresa doch dazu bei, die bereits im Januar in Rom heimlich vereinbarten Gespräche zwischen dem französischen und dem italienischen Generalstab voranzutreiben. Die Franzosen gewannen in diesem Frühjahr den Eindruck, daß sie ihrem Ziel nahegerückt waren: das nationalsozialistische Deutschland zu isolieren und mit einer Mauer aus Stahl zu umgeben.

Die Regierung in Berlin sah sich (wenn man von Polen absah) ohne Freunde in einer Welt, die sich zunehmend mißtrauischer und feindseliger gebärdete. Nun brauchte Frankreich nur noch die letzte Großmacht Europas für die Umzingelung von Hitlers Drittem Reich zu gewinnen.

Auf Drängen von Ministerpräsident Flandin (der behauptet, sein Außenminister habe stets kräftiger Rippenstöße bedurft[11]) sowie des radikalen Politikers Herriot, der weitere Gespräche mit den Russen geführt hatte, ging nun Laval daran, die von Barthou begonnenen Verhandlungen zu einem Beistandspakt mit der Sowjetunion weiterzuführen. Dieser Vertrag wurde am 2. Mai in Paris durch den sowjetischen Botschafter und Laval unterzeichnet. Laval begab sich vierzehn Tage später nach Moskau, um ihn zu feiern*.

Eigentlich gab es nicht viel zu feiern. Dafür hatte Laval mit Unterstützung der französischen Konservativen und der britischen Regierung gesorgt. Er hatte die Bedingungen des angeblichen französisch-russischen Bündnisses bewußt so sehr verwässert, daß nicht viel übrigblieb. Der Pakt wies nur geringe Ähnlichkeit mit dem zwischen den beiden Ländern von 1914 geschlossenen Vertrag auf, der zu Frankreichs Rettung im Ersten Weltkrieg beigetragen hatte. Alle Zähne, die der erste Vertrag aufgewiesen hatte, waren dem zweiten gezogen worden. Auf diese Leistung war Laval auch noch stolz. Er sagte auf einer Sitzung des Obersten Militärrates: »Die bedenklichsten Dinge habe ich herausgenommen. Ich traue den Russen nicht[12].«

Die beiden Nationen kamen zwar überein, sich im Falle der Aggression durch eine europäische Macht (das heißt Deutschland) gegenseitig zu Hilfe zu eilen, aber es wurde (auf Betreiben Frankreichs) einschränkend hinzugefügt, eine solche Aggression müsse erst durch den Rat des Völkerbundes festgestellt werden. Angesichts des bisherigen Zögerns des Völkerbundes, wenn es um die Feststellung eines Aktes der Aggression ging (zum Beispiel beim Angriff der Japaner auf die Mandschurei im Jahre 1931), war klar, daß Deutschland zur Durchführung seiner Aggression viel Zeit haben würde, ehe der Rat etwas unternahm. Doch das war nicht die einzige Einschränkung, auf der Frankreich beharrte. Es wurde in dem Pakt weiterhin festgelegt, daß die Aggression auch durch die anderen Unterzeichnerstaaten des Abkommens von Locarno festgestellt werden müsse. In diesem Fall waren das Großbritannien und Italien. Auf diese Weise wurde eine weitere Verzögerung bei der Begegnung eines deutschen Angriffs vertraglich verankert.

Schließlich weigerte sich die französische Regierung, im Gegensatz zu ihren weitblickenden Vorgängern vor dem Ersten Weltkrieg, das Bündnis durch den Abschluß einer Militärkonvention schlagkräftig zu gestalten. Während des ganzen Jahres 1935 drang die sowjetische Regierung auf ein solches Militärbündnis. Laval wollte davon nichts wissen. Er war am 7. Juni 1935 Flandins Nachfolger als Ministerpräsident geworden und hatte dabei seinen Posten als Außenminister beibehalten. So leitete er allein die französische Außenpolitik. Noch här-

* In Moskau entlockte Laval am 15. Mai Stalin jene Stellungnahme, in der er seine persönliche Zustimmung zu Frankreichs nationaler Verteidigungspolitik ausdrückte. (Siehe hier, Seite 266.) Anscheinend glaubte Laval, ein solches Wort aus Stalins Mund würde Frankreich dabei helfen, die Opposition von seiten der französischen Kommunisten gegen die Stärkung der Streitkräfte abzubauen. In diesem Sinne war es eine Hilfe. Aber etwas konnte Laval nicht voraussehen: daß diese Aussage Stalins auch das Prestige der Kommunistischen Partei Frankreichs förderte und viel zur Bildung der Volksfront beitrug. Darüber hinaus war es in den Augen vieler Franzosen – und nicht nur konservativer – eine fragwürdige Praxis, einen ausländischen Staatschef, und noch dazu einen Bolschewiken, um eine Einmischung in die internen Angelegenheiten des Landes zu ersuchen.

ter zeigte sich sein Kriegsminister Oberst Jean Fabry. Er behauptete zu wissen, daß ein Militärpakt mit Rußland »zum Krieg führen würde«. Noch vor dem Jahresende brach er einfach alle Gespräche mit der Sowjetunion über dieses Thema ab. General Gamelin, der am 21. Januar General Weygands Nachfolger als Oberkommandierender der Armee geworden war, beugte sich wie üblich der Ansicht seiner politischen Vorgesetzten. Das Oberkommando, das sich anfangs so sehr für einen Militärpakt mit Moskau begeistert hatte, ließ diese Frage nunmehr ruhen. Unterdessen weigerte sich Laval während des ganzen Jahres 1935, das Parlament um die Ratifizierung des französisch-russischen Paktes zu ersuchen – aus Angst, er könnte Hitler provozieren, wie er sagte. Er sollte erst im Februar des folgenden Jahres ratifiziert werden, einen Monat nachdem Laval aus seinem Amt verjagt worden war*. So trat der ohnehin schon schwächliche Pakt juristisch erst fast ein Jahr nach seiner Unterzeichnung in Kraft. Inzwischen war die französische Hinhaltepolitik gegenüber Hitler gescheitert, und die Republik war außen- wie innenpolitisch zerstrittener denn je.

Die Schwierigkeit bestand darin, daß in Frankreich (ebenso wie in den USA in den fünfziger und sechziger Jahren dieses Jahrhunderts) die Außenpolitik von der Innenpolitik und von den daraus entstehenden Querelen abhängig war. Die Linke, die das faschistische Italien haßte, weil es die Freiheiten der Demokratie zerstört hatte, widersetzte sich einer Annäherung an Mussolini und schluckte den Rom-Vertrag vom Januar und die Stresa-Front vom April nur aufgrund einer noch feindseligeren Einstellung gegenüber dem nationalsozialistischen Deutschland, wie sie vor 1914 aus Angst vor dem Deutschland Kaiser Wilhelms das Militärbündnis mit dem zaristischen Rußland hingenommen hatte, obgleich ihr dessen tyrannisches Regime aus tiefstem Herzen verhaßt war. Die Linke wollte, daß Frankreich gemeinsam mit Großbritannien und Rußland den faschistischen Diktatoren die Stirn bieten sollte – allerdings nicht bis zum Punkt einer Kriegsdrohung. Ihr Pazifismus schwächte ihren Standpunkt. Ebenso pazifistisch war die Rechte eingestellt. Sie wünschte eine Verständigung mit Mussolini und Hitler, mit deren Ideologien sie in zunehmendem Maße sympathisierte. Gegenüber Moskau zeigte sie sich abweisend. In beiden Fällen beherrschten die Ideolo-

* Bei seiner Verzögerungstaktik wurde Laval von den ängstlichen Armeechefs unterstützt. Noch am 25. Februar 1936, zwei Tage bevor die Kammer über die Ratifizierung abstimmen sollte, riet der Generalstab in einer geheimen Mitteilung dem Außenministerium, die Zustimmung durch das Parlament lieber zu vertagen, da Deutschland aufgrund der Verletzung des Abkommens von Locarno dagegen Einspruch erheben würde. Man sollte die Frage dem Haager Gerichtshof und »vielleicht« dem Rat des Völkerbundes vorlegen. Die Armee vertrat die Ansicht, Hitler werde die Besetzung der entmilitarisierten Zone im Rheinland mit dem Hinweis rechtfertigen, er fühle sich auch nicht mehr an die Vereinbarungen von Locarno gebunden, da dieser Pakt sie ebenfalls verletze. Diese Befürchtung war zutreffend. Aber die deutschen Geheimarchive ließen später erkennen, daß Hitler eine andere Ausrede gefunden hätte, wenn die französische Deputiertenkammer den Pakt mit Rußland nicht am 27. Februar ratifiziert hätte. In diesem Fall bewies die Kammer mehr Mut als der Generalstab[13].

gien und nicht die wahren Interessen des Landes die einander zuwiderlaufenden außenpolitischen Standpunkte.

Im Frühsommer 1935 hätte die Rechte, sofern sie im Parlament vertreten war, dem verwässerten Bündnis mit Rußland zugestimmt. Sie litt immer noch unter dem Schock, der durch Hitlers Ausrufung der allgemeinen Wehrpflicht ausgelöst worden war, und war vernünftig genug, darin einen schweren Schlag für Frankreich zu erkennen. Die Führer der Rechten wußten 1935 ebensogut wie vor 1914, daß Rußland die einzige Macht im Osten war, deren Stärke ausreichte, um Frankreich im Falle eines weiteren deutschen Angriffs wirkungsvolle Hilfe zu leisten. Doch im Verlauf des Sommers wuchs sich in den Reihen der Rechten die Angst vor dem Kommunismus zu einer wahren Hysterie aus. Der kommunistische Stimmenzuwachs bei den Gemeindewahlen im Mai, die bereits erwähnten Massendemonstrationen der Volksfront am 14. Juli und die Fortschritte linker Gruppen beim Aufbau einer gemeinsamen Front für die im Frühjahr 1936 fälligen Wahlen ließ beim konservativen Bürgertum Panikstimmung aufkommen. In ihren Augen waren die Bolschewiken im Begriff, die Macht in Frankreich zu übernehmen, und das Bündnis mit dem bolschewistischen Rußland leistete ihnen dabei noch Vorschub. Diese sehr gefühlsbetonten und reichlich übertriebenen Befürchtungen hinsichtlich einer inneren Revolution nahm die meisten Konservativen gegen das Bündnis ein. Schon bald plapperten sie Hitlers Propaganda nach, der Pakt sei ein weiterer Schritt zur Einkreisung Deutschlands und damit ein Schritt auf dem Wege zum Krieg. Sie begannen lautstark eine Verständigung mit Deutschland und freie Hand für Italien in Abessinien zu fordern – sozusagen ein Bündnis nicht mit den traditionellen Verbündeten Rußland und Großbritannien, sondern mit den faschistischen Mächten, deren Innen- und Außenpolitik, wie sie immer mehr glaubten, die Welt vor dem Kommunismus errettete. Das war töricht. Die rechtsgerichteten Gruppen verschlossen damit ihre Augen vor den wahren Interessen des Landes, deren sie sich vor 1914 so klar bewußt waren. Die Ideologie triumphierte über die Vernunft. In Frankreich bestand die Innenpolitik der Rechten in einer Absage an die Nation[14].

Schiffbruch der französischen Außenpolitik: Abessinien und das Fehlschlagen der Sanktionen

In diesem Zustand der Verwirrung und Spaltung befand sich Frankreich, als es die Folgen des italienischen Einmarsches in Abessinien am 3. Oktober 1935 zu spüren bekam. Es handelte sich um einen klaren Verstoß gegen Artikel 16 der Völkerbundssatzung. Für Frankreich erhob sich nun die Frage, ob es gemeinsam mit Großbritannien, Rußland und der überwiegenden Mehrzahl kleinerer Nationen für die

Satzung des Völkerbundes eintreten und damit über den Aggressor Sanktionen verhängen oder Italien der Stresa-Front gegen den deutschen Aggressor in Europa erhalten sollte, indem es auf irgendeine Art und Weise versuchte, dem Duce seine Aggression in Afrika durchgehen zu lassen. Dieses Einverständnis glaubte der Duce von Laval im Januar erhalten zu haben*. Das war für die Franzosen zugegebenermaßen ein schwieriges Dilemma. Laval versuchte es mit einer zweigleisigen Politik und scheiterte, wie nicht anders zu erwarten war, in doppelter Hinsicht. Das Gebäude, das Frankreich zur Eindämmung Deutschlands errichtet hatte, stürzte ein und begrub unter sich alle Hoffnungen der französischen Außenpolitik. All die geduldige Arbeit Barthous am Aufbau eines Bündnissystems gegen Hitler, all die Jahre der Bemühungen Briands, den Traum von der kollektiven Sicherheit unter dem Schutz des Völkerbundes wahr werden zu lassen, waren vergebens.

Am 10. Oktober 1935, eine Woche nach dem Einfall von Mussolinis Legionen in Abessinien, stellten fünfzig Nationen des Völkerbundes fest, Italien habe entgegen der Satzung »sich kriegerischer Mittel bedient«; sie sprachen sich für Sanktionen gemäß Artikel 16 aus. Laval mußte dem Druck Englands, das in Genf die Initiative ergriff, sowie der öffentlichen Meinung in Frankreich nachgeben und sich widerstrebend den Beschlüssen des Völkerbundes anschließen. Aber er setzte sich sofort dafür ein, daß keinerlei Sanktionen verhängt wurden, die Italiens Anstrengungen um die Eroberung Abessiniens schaden konnten. Der Schlüssel aller Sanktionen war das von England vorgeschlagene Ölembargo gegen Italien. Da die Italiener ihren gesamten Ölbedarf importieren mußten, hätten sie in diesem Falle den Krieg nicht fortsetzen können. Laval stemmte sich gegen derlei Sanktionen. Er widersetzte sich der Konzentration britischer Marineeinheiten im Mittelmeer. Er schob die Antwort auf das britische Ansuchen auf die lange Bank, daß Frankreich Militärhilfe leisten sollte, falls Großbritannien von Italien angegriffen werden sollte. Während die italienischen Armeen unter rücksichtslosem Einsatz von Giftgas und Fliegerbomben bereits tief nach Äthiopien vorgestoßen waren, überredete Laval schließlich am 9. Dezember den britischen Außenminister Sir Samuel Hoare zur Unterzeichnung einer Übereinkunft – die später als Hoare-Laval-Plan berühmt werden sollten –, nach der Mussolini über die Hälfte Abessiniens, einschließlich der fruchtbaren Ebenen, zugestanden und dem Kaiser lediglich das alte äthiopische Königreich in den Bergen belassen wurde. Während der zweitägigen Gespräche mit Hoare in Paris telefonierte Laval immer wieder heimlich mit Mussolini, um dessen Zustimmung zu dem Ausverkauf zu

* Später rühmte sich Flandin, er habe bei einer Kabinettsitzung am Vorabend von Lavals Abreise zur entscheidenden Tagung des Völkerbundsrates und der Vollversammlung darauf gedrungen, daß Frankreich gegen die Anwendung des Artikels 16 stimmen sollte, falls Italien Abessinien angreife[15].

erlangen. Das war zu viel für die britische Öffentlichkeit. Sie begehrte auf, zwang Hoare zum Rücktritt und veranlaßte Premierminister Stanley Baldwin, dessen Regierung dem Hoare-Laval-Plan zunächst zugestimmt hatte, von diesem Pakt und gleichzeitig von seinem Außenminister abzurücken.

Lavals Position in Frankreich war so sehr erschüttert, daß auch er sechs Wochen später sein Amt zur Verfügung stellen mußte. Obgleich Frankreich so viel getan hatte, die Sanktionen so weit zu verwässern, daß sie praktisch wirkungslos blieben, nahm Mussolini den Franzosen ihr mangelndes Eintreten für seine Aggression so sehr übel, daß er am 28. Dezember 1935 die römischen Abmachungen aus dem vorangegangenen Januar, einschließlich der geheimen militärischen Vereinbarungen, und auch die Verpflichtungen aus der Vereinbarung von Stresa widerrief.

Für Frankreich bedeutete das: Verlust Italiens in der gegen Deutschland gerichteten Front, und das Ende der Konzeption von der kollektiven Sicherheit unter dem Völkerbund.

Anfang Mai 1936 floh der Kaiser aus Abessinien, die Italiener marschierten in die Hauptstadt Addis Abeba ein, und am 9. Mai ließ sich der König von Italien zum Kaiser von Abessinien ausrufen. Auch der Völkerbund, auf den sich Frankreich zwei Jahrzehnte lang in seiner Außenpolitik so sehr gestützt hatte, starb in diesem Frühjahr. Er konnte den Frieden nicht erhalten, Aggressionen nicht verhindern. Frankreich war auf sich allein gestellt und mußte sich nach besten Kräften eines rastlosen, aggressiven Deutschlands erwehren, das schon sehr bald – spätestens in ein bis zwei Jahren – auf dem Land wie auch in der Luft stärker als Frankreich sein würde.

Nachdem Frankreich Italien als Verbündeten verloren hatte, hätte es sich an Rußland wenden und ein Militärbündnis ausarbeiten können. Moskau drängte immer noch darauf. Aber diese Notwendigkeit erkannten die Franzosen erst, als es bereits zu spät war – zu sehr verblendete sie der Haß auf den Kommunismus und die Angst davor, echt oder auch eingebildet – und in Frankreich war beides anzutreffen. Schließlich bedeutete der abessinische Krieg auch für die anglofranzösischen Beziehungen eine ernste Belastung.

Weite Kreise der französischen Öffentlichkeit, insbesondere aus dem konservativen Lager, gaben Großbritannien die Schuld an dem Fiasko von Genf und vor allem auch an der Verdrängung Italiens aus dem westlichen Lager. Man vertrat weithin die Meinung, die Briten hätten mehr aus egoistischen und imperialistischen Interessen in Afrika die Verhängung von Sanktionen betrieben – vor allen Dingen, um den Oberlauf des Nils zu schützen –, als aus Achtung vor der Satzung des Völkerbundes. Und für ein Land von Wilden irgendwo in Afrika hätten sie die Sicherheit Europas vor Deutschland preisgegeben. Während der Abessinienkrise hatte die französische Regierung

London um ausdrückliche Garantien ersucht: daß die Briten Frankreich zur Hilfe eilen würden, falls Hitler unter Ausnutzung der Lage in das entmilitarisierte Rheinland einmarschieren und einen Angriff auf Frankreich versuchen sollte. Die Briten hatten diese Garantien abgelehnt und gleichzeitig die Franzosen zur Hilfeleistung im Mittelmeer verpflichtet.

Es gab noch einen letzten Grund für den Groll der Franzosen gegen die britische Doppelzüngigkeit. Kurz nachdem die britische Regierung am 16. März gegen die Verletzung der Militärklausel des Versailler Vertrags durch Hitler protestiert und sodann gemeinsam mit Italien und Frankreich in Stresa ihre Entschlossenheit kundgetan hatte, für die Einhaltung der Verträge einzutreten, hatte sie hinter dem Rükken der beiden Verbündeten von Stresa mit Deutschland ein Flottenabkommen ausgehandelt, das eine Verletzung der Marineklausel des Versailler Vertrags darstellte und Hitler das Recht sowie den Anreiz gab, so viele Kriegsschiffe zu bauen, wie seine Schiffswerften für mindestens die nächsten zehn Jahre schaffen konnten*. Das Flottenabkommen wurde am 18. Juni 1935 in London unterzeichnet. Die britische Regierung hielt es nicht für nötig, Frankreich oder Italien zu konsultieren oder die beiden Länder wenigstens nachträglich über das Geheimabkommen zu informieren, das die Deutschen in die Lage versetzte, in gewissen Kategorien mächtigere Kriegsschiffe zu bauen, als irgendeine der drei Westmächte sie seinerzeit besaß. In den Augen der Franzosen war das Verrat – was ja wohl auch stimmte. Sie sahen darin einen weiteren Beschwichtigungsversuch gegenüber Hitler, dessen Machthunger mit jedem Zugeständnis nur noch größer wurde. Und sie verübelten den Briten, daß sie für einen scheinbar privaten Vorteil den Friedensvertrag weiter aushöhlten und damit die wachsende Militärmacht des nationalsozialistischen Deutschland noch zusätzlich stärkten.

Doch unabhängig von allen Mängeln eines Freundes und Verbündeten – und im Falle Großbritanniens waren diese Fehler verheerend – muß eine Nation schließlich doch selbst die Verantwortung für die eigenen Mißerfolge tragen. Die französische Regierung hatte auf-

* Deutschland erklärte sich bereit, seine Kriegsmarine auf 35 Prozent der Tonnage der britischen zu beschränken, erhielt aber das im Friedensvertrag ausdrücklich verneinte Recht zum Bau von U-Booten bis zu 45 Prozent der britischen U-Boot-Flotte und bis zu 100 Prozent, falls Deutschland das für die eigene Sicherheit für nötig halten sollte. Dieser Fall trat bald danach ein. Deutschland verpflichtete sich ferner, mit seinen U-Booten niemals unbewaffnete Handelsschiffe anzugreifen. Dieses Versprechen erübrigte sich bald in den ersten Monaten des Zweiten Weltkriegs aufgrund der beiderseitigen Kampfmaßnahmen. Sofort nach Abschluß des Abkommens mit Großbritannien legte Deutschland zwei Schlachtschiffe mit einer Wasserverdrängung von über 45 000 Tonnen auf Kiel, die *Bismarck* und die *Tirpitz*. Durch die Marineabkommen von Washington und London mußten Großbritannien, Frankreich, Italien, Japan und die Vereinigten Staaten die Größe ihrer eigenen Schlachtschiffe auf 35 000 Tonnen beschränken. Die Franzosen erhoben den Einwand, daß Großbritannien juristisch nicht berechtigt sei, Deutschland von der Marineklausel des Versailler Vertrags zu entbinden. In den Augen vieler Franzosen hatte Großbritannien auch kein moralisches Recht dazu.

grund ihres ständigen Zögerns und Lavals Zickzackpolitik alles verloren: Italien als Verbündeten gegen Deutschland, die militärische Unterstützung Rußlands, Großbritannien als engen Freund und Partner und den Völkerbund als potentielle Macht, die sich einer Aggression hätte entgegenstellen können. Die Folge war, daß Hitler seine Vorteile erkannte und entschlossen war, sie auch wahrzunehmen.

Auch innenpolitisch ergaben sich weitere Konsequenzen. Eine davon war die Verbitterung Lavals – gegenüber den Briten, weil sie sich seiner Abessinienpolitik widersetzt, ihm Italien abspenstig gemacht und seinen Sturz beschleunigt hatten; gegenüber der parlamentarischen Demokratie in Frankreich, weil diese ihn Anfang 1936 auf die Straße setzte. Dieser tiefsitzende Groll war wie eine schwärende Wunde, die mit jedem Jahr, das er politisch mattgesetzt war, bösartiger wurde, bis ihn schließlich eine brennende Wut verzehrte. Eines Tages würde er Rache nehmen – an den hinterhältigen Briten und an der undankbaren Dritten Republik, die ihn »ausgespien« hatte – wie sein ebenso unschöner wie typischer Ausdruck dafür lautete.

Die Abessinienkrise ließ die Spaltung der Franzosen noch tiefer werden. Die Rechte kochte vor Wut wegen des Verlustes Italiens als Verbündeten; sie machte die Linke für diesen Rückschlag verantwortlich – die Linke und das »perfide Albion«. Der Haß gegen die Engländer wütete in der reaktionären Presse. »Ich hasse England!« tobte Henri Béraud in *Gringoire*. »Ich hasse es aus Instinkt und aus Tradition. Und ich sage es noch einmal: England muß in die Sklaverei geführt werden!« Noch ausgeprägter war der Haß gegen Rußland. Die Rechte wollte das Parlament zwingen, den französisch-russischen Pakt abzulehnen. »Mit Hitler gegen den Bolschewismus!« forderte Cotys Zeitung *L'Ami du Peuple*.

Die Linke nahm den Fehdehandschuh auf, auch wenn sie sich weniger feindselig gebärdete. Sie befürwortete Sanktionen gegen Italien, drängte auf eine Verständigung mit Großbritannien, gab Lavals Zickzackpolitik und seiner profaschistischen Haltung die Schuld an dem Fiasko von Genf und bestand darauf,das Parlament solle ohne Rücksicht auf Hitlers Meinung dem französisch-russischen Pakt zustimmen. Zwischen den beiden Lagern wurden zornige, heftige Worte gewechselt. Nach Meinung der Rechten war Frankreich im Begriff, den Kommunisten in die Hände zu fallen; die Linke befürchtete die Machtübernahme durch die Faschisten. In dem allgemeinen Durcheinander wurden die langfristigen Interessen des Landes aus den Augen verloren.

So trat das gespaltene Frankreich, dessen Außenpolitik in Trümmern lag, dessen innere Streitigkeiten heftiger und gefährlicher waren denn je, dessen Armee schwächer war, als selbst die Regierung ahnte, in Panikstimmung der nächsten Herausforderung entgegen. Sie kam, wie nicht anders zu erwarten war, von jenseits des Rheins.

16 Handstreich im Rheinland: Die letzte Gelegenheit, Hitler aufzuhalten und einen Weltkrieg zu verhindern März 1936

Die französische Regierung wurde nun schon seit über einem Jahr immer wieder davor gewarnt, daß Adolf Hitler sich darauf vorbereite, das entmilitarisierte Rheinland durch deutsche Truppen besetzen zu lassen.

Es handelte sich dabei um das linksrheinische deutsche Territorium und einen 50 Kilometer breiten Streifen am rechten Rheinufer, wo Deutschland laut Artikel 42 und 43 des Vertrags von Versailles weder Truppen stationieren noch Befestigungsanlagen unterhalten durfte. Diese Klausel gehörte mit zu dem Preis, der an Frankreich dafür bezahlt werden mußte, daß es 1919 von Marschall Fochs Forderung nach einer Angliederung des gesamten linksrheinischen Gebietes an Frankreich abrückte. Frankreich (und auch Belgien) sollten auf diese Weise eine gewisse Sicherheit gegen eine Wiederholung der überfallartigen deutschen Invasion von 1914 erhalten. Die entmilitarisierte Zone stellte außerdem den Schlüssel zur Wirksamkeit der französischen Bündnisse mit den neuen osteuropäischen Mächten Polen und der Tschechoslowakei dar. Sollten diese Nationen von Deutschland angegriffen werden, so konnte die französische Armee rasch durch die entmilitarisierte Zone bis an die Ruhr vorstoßen – in das Herz der deutschen Schwerindustrie und das Zentrum der Rüstungsindustrien. Der Versailler Vertrag hatte Deutschland die entmilitarisierte Zone zwangsweise auferlegt, aber 1925 hatte sich Deutschland im Vertrag von Locarno freiwillig damit abgefunden.

Erst am 21. März 1935, also nach Deutschlands Widerruf der Militärklausel und der Verkündung der allgemeinen Wehrpflicht am 16. März, hatte Hitler in einer vielbeachteten »Friedens«-Rede vor dem Reichstag feierlich versichert, Deutschland werde die *territorialen* Bestimmungen des Versailler Vertrags und die in Locarno freiwillig eingegangenen Verpflichtungen »bedingungslos respektieren«, darunter auch die Entmilitarisierung des Rheinlands. In Wirklichkeit hatte der deutsche Diktator schon drei Wochen vor diesem Versprechen insgeheim das deutsche Oberkommando mit der Ausarbeitung von Plänen für die Wiederbesetzung des Rheinlands beauftragt. Der Deckname für diese Operation lautete *Schulung*. Sie sollte »schlagartig als Überfall zur Ausführung gelangen« und ihre Planung streng geheimgehalten werden: »Beschränkung der Mitwisserschaft auf allerkleinsten Kreis von Offizieren[1].«

Keine Aufzeichnung in den französischen Archiven weist darauf hin, daß Regierung oder Oberkommando in Paris etwas über die Aktion »Schulung« erfuhren – bis sie durchgeführt wurde. Aber in denselben Archiven finden sich vielfältige Warnungen vor Hitlers Absichten im Rheinland, und zwar schon seit über einem Jahr.

Bereits im Oktober 1934 begann ein unbekannter, aber sehr reger französischer Generalkonsul in Köln namens Jean Dobler über die ersten deutschen Schritte nach Paris zu berichten. Im folgenden Frühjahr wurden seine Depeschen immer warnender. In einer umfangreichen Mitteilung vom 12. April 1935 an das französische Außenamt beschrieb er die Maßnahmen der Deutschen, mit denen sie die entmilitarisierte Zone zur Aufnahme von Truppen und Kampfflugzeugen vorbereiteten.

Er berichtete, daß in aller Hast neue Kasernen, Waffen- und Munitionslager, Garagen für Militärfahrzeuge, Flugplätze, Eisenbahnen und Straßen gebaut würden. Doch in Paris schien niemand die Warnungen des Generalkonsuls zu beachten. Wie er später aussagte, erhielt er für seine Depeschen nicht einmal eine Empfangsbestätigung. Niemand ermunterte ihn, mit seiner nachrichtendienstlichen Arbeit fortzufahren[2].

Im Herbst 1935 begannen gewichtigere Leute in der diplomatischen und militärischen Hierarchie Alarm zu schlagen. Im Oktober berichtete der französische militärische Geheimdienst, die Deutschen betrieben »aktive Vorbereitungen« für die Wiederbesetzung der entmilitarisierten Zone. Am 21. Oktober schrieb General Gamelin nach gründlicher Prüfung dieser Nachrichten an sein Außenministerium, »die Hypothese eines Widerrufs des Rheinlandstatuts durch die Deutschen muß allerspätestens noch vor dem Herbst 1936 ins Auge gefaßt werden«[3].

Von Paris aus hatte der kluge französische Botschafter André François-Poncet bereits, wie er später schrieb, »den Quai d'Orsay in diesem Sinne unterrichtet«. Am 21. November hatte er eine längere Unterredung mit Hitler, in deren Verlauf der Führer »eine lange Tirade gegen den in seinen Augen kriminellen französisch-sowjetischen Pakt« vom Stapel ließ. Der Haßausbruch des deutschen Diktators überzeugte den Botschafter, daß Hitler schon bald durch eine Besetzung des Rheinlands Vergeltung üben würde. François-Poncet unterrichtete Paris, »wenn Hitler noch zögert, dann geht es einzig und allein um den richtigen Zeitpunkt zum Handeln«. Am letzten Tage des Jahres 1935 wiederholte der Botschafter in einer Stimmung düsterer Vorahnung noch einmal seine Warnung[4]. Am Tag nach Weihnachten hatte sich bereits General Gamelin noch einmal schriftlich an das Außenamt gewandt und die neuesten Geheimdienstmeldungen weitergegeben, nach denen die militärischen Bauvorhaben in der entmilitarisierten Zone rasch vorangetrieben würden[5].

Zu Neujahr war der französischen Regierung und dem militärischen Oberkommando somit wohlbekannt, daß sich die Deutschen anschickten, in allernächster Zukunft in das Rheinland einzurücken. Man konnte der Frage nicht länger ausweichen: Was werden die Franzosen dann tun? Dieser Frage begegneten sowohl Regierung wie auch Militärs ängstlich und zögernd. Sie stimmten darin überein, daß viel von den Briten abhinge, die sowohl durch den Vertrag von Versailles als auch das Abkommen von Locarno verpflichtet waren, einer solchen Maßnahme der Deutschen gemeinsam mit Frankreich entgegenzutreten. Die Hinterhältigkeit der britischen Regierung, bewiesen durch die Unterzeichnung eines Flottenabkommens mit Hitler im Sommer 1935 hinter dem Rücken Frankreichs und in klarem Gegensatz zu den Bedingungen des Friedensvertrags, hatte in Paris ernste Zweifel geweckt. Am 11. Januar 1936 kabelte Laval, der gerade im Begriff war, gestürzt zu werden, an seinen Botschafter Corbin in London, zwei deutsche Armeekorps seien für die entmilitarisierte Zone bereitgestellt worden, und ihre »völlige Besetzung« könne schon am 30. Januar, dem Jahrestag von Hitlers Machtübernahme, stattfinden[6]. Doch die britische Regierung ließ sich davon nicht aus der Ruhe bringen.

In der letzten Januarwoche reiste Außenminister Flandin zur Beisetzung von König George V. nach London. In zwei Gesprächen, und zwar mit dem soeben zum Außenminister ernannten Eden am 27. und mit Premierminister Stanley Baldwin am 28. Januar, stellte er die entscheidende Frage: Was würde die britische Regierung unternehmen, falls die Deutschen ins Rheinland einmarschierten? Nach Flandins Aussage erwiderte der Premierminister, die Briten müßten zuvor wissen, was Frankreich zu unternehmen gedächte. Flandin antwortete, seine persönliche Auffassung sei, daß sich Frankreich einer solchen Maßnahme widersetzen werde, aber er wolle sofort nach seiner Rückkehr nach Paris die französische Regierung um eine offizielle Stellungnahme ersuchen und Eden davon unterrichten, wenn sie sich in wenigen Tagen in Genf träfen[7].

Edens Darstellung von Flandins Januar-Erkundungen in London ist bezeichnend:

Ich erwiderte, die französische Haltung zu einer Verletzung des Rheinlandes sei eindeutig eine Frage, die von der französischen Regierung entschieden werden müsse. Welche Bedeutung, so fragte ich, messe sie der entmilitarisierten Zone bei? Wünschte sie sie ihrerseits um jeden Preis aufrechtzuerhalten, oder würde es die französische Regierung vorziehen, mit der deutschen Regierung zu verhandeln, solange das Vorhandensein der Zone in den Augen der Deutschen noch von Wert sei . . . Ich hielt es für wünschenswert, daß die französische Regierung als die unmittelbar betroffene Macht klare Entscheidungen zur Frage des Rheinlands treffen solle. Falls sie mit Hitler zu verhan-

deln wünsche, solle sie dies tun; falls sie beabsichtige, eine deutsche Besetzung der Zone abzuweisen, möge sie entsprechende militärische Vorbereitungen treffen. Jede gewaltsame Lösung liege allein bei Frankreich[8].

Die Worte aus dem Munde eines Mannes, der so viel vom Gleichgewicht der Kräfte in Europa verstand, mußten den französischen Außenminister in Erstaunen versetzen. Eden wußte nur allzu gut, wie wichtig die Erhaltung der entmilitarisierten Zone im Rheinland für Frankreich war. Frankreichs Sicherheit hing von ihr ab. Und auch Großbritanniens Sicherheit. Er gab den Schwarzen Peter weiter, beschuldigte jedoch erstaunlicherweise Flandin, genau das getan zu haben. Er schrieb später: »Aus meinem Gespräch mit Flandin gewann ich den Eindruck, daß er zwar nicht bereit war, zur Verteidigung der Zone Gewalt anzuwenden, aber er war ebensowenig bereit, darüber zu verhandeln. Er schien jedoch versucht zu sein, irgendeinem anderen die Schuld für die Untätigkeit in beiden Fällen zuzuschieben.« Großbritannien nämlich.

Um dem vorzubeugen, kabelte Eden dem britischen Botschafter in Paris, Sir George Clark, und »warnte ihn vor einer Diskussion hypothetischer Fälle« mit Flandin. »Sie dürfen ihn in keiner Weise zu der Hoffnung ermutigen, daß die Regierung Seiner Majestät eventuell bereit sei, die Angelegenheit auf der Grundlage einer Fixierung der britischen Haltung zu diskutieren.«

Wie diese Haltung aussah, machte Eden in einer Mitteilung vom 14. Februar an das Kabinett klar. Zuvor hatte er sich mit dem britischen Generalstab und dem Luftwaffenstab beraten, die ihn beide auf die Folgen hinwiesen, die eine Besetzung des Rheinlands durch die Deutschen für Frankreich haben würde. Er drückte seine Überzeugung aus, es sei »unwahrscheinlich, daß Frankreich für das Rheinland kämpfen würde«.

Insgesamt betrachtet, erscheint es als nicht wünschenswert, eine Haltung einzunehmen, die uns dazu zwingen würde, entweder für die Zone zu kämpfen oder sie angesichts einer deutschen Wiederbesetzung preiszugeben. Für Großbritannien und Frankreich wäre es vorteilhafter, rechtzeitig in Verhandlungen mit der deutschen Regierung über die Bedingungen einer Aufgabe unserer Rechte in der Zone einzutreten, solange eine derartige Aufgabe noch einen Verhandlungswert hat.

Um welche Rechte ging es? Das sagte Eden nicht. Welche Rechte konnten noch existieren, wenn man die entmilitarisierte Zone erst einmal Hitler überlassen hatte? So gelangten die Briten Mitte Februar 1936 unter der Annahme, daß die Franzosen doch nicht zu den Waffen greifen würden, und abgeschreckt von dem Gedanken, sie selbst könnten dazu gezwungen sein, zu der Überzeugung, nur eine Preisgabe des Rheinlands könnte Hitler besänftigen und verhindern, daß die Kanonen losgingen.

Doch das wußten die Franzosen nicht.

Gleich nach seiner Rückkehr aus London wandte sich Flandin mit der Frage an das militärische Oberkommando, ob die Armee über die Mittel verfüge, einen bewaffneten Einmarsch der Deutschen in die entmilitarisierte Zone rasch zurückzuschlagen. Zur Klärung dieser Frage veranlaßte er Ministerpräsident Sarraut, den Obersten Militärausschuß *(Le Haut Comité Militaire)* einzuberufen*. Die Antwort des Ausschusses bedeutete für die Mitglieder der Regierung ein ebenso rasches wie schreckliches Ende aller Illusionen. Sie hatten nicht geahnt, wie schwach, lahm und unvorbereitet die Armee und wie ängstlich ihre kommandierenden Generäle waren.

In Abwesenheit von Ministerpräsident Sarraut, der wegen einer Debatte im Senat verhindert war, stellte Flandin nach seinen eigenen Angaben** dem Obersten Militärausschuß die entscheidende Frage: »Sollten deutsche Truppen ins Rheinland einmarschieren, welche militärischen Maßnahmen können dann sofort gegen sie eingeleitet werden?« Zu seiner »großen Überraschung«, wie er sagt, antwortete ihm Kriegsminister General Maurin, die französische Armee trage den Charakter einer reinen Defensivstreitmacht zur Verteidigung der Maginotlinie und sei nicht darauf vorbereitet, Angriffshandlungen zu unternehmen, wie sie erforderlich sein würden, um einen deutschen Einmarsch ins Rheinland zu verhindern. Flandin war nach eigenen Angaben entgeistert, bestand jedoch darauf, daß sich das Oberkommando auf einen Widerstand gegen die Deutschen einzurichten hätte, falls die Regierung dies verlangte.

Flandin fährt fort, die Regierung sei bei einer nachfolgenden Kabinettssitzung zu dem Schluß gelangt, die Auskünfte der Militärs seien »übereilt und oberflächlich« gewesen. Sie beschloß, eine feste Haltung einzunehmen. Flandin führt weiter aus, daß die Regierung erstens »bestätigte«, sie werde sich mit »allen Mitteln« einer Wiederbesetzung des Rheinlands widersetzen, und zweitens Flandin ermächtigte, Eden davon in Kenntnis zu setzen, die französische Regierung habe für den Fall einer Verletzung der entmilitarisierten Zone beschlossen, »ihre gesamten militärischen Kräfte dem Völkerbund zur Verfügung zu stellen, um eine Verletzung der Artikel 42 und 43 des Vertrags von Versailles zu verhindern«[9].

* Der Oberste Militärausschuß, der unter dem Vorsitz des Ministerpräsidenten tagte, setzte sich aus den Ressortministern für die drei Waffengattungen sowie den Generalstabschefs zusammen.

** In den bislang zugänglich gemachten französischen Archiven findet sich kein Protokoll der Sitzung des Obersten Militärausschusses. Flandins eigene Darstellung ist die einzige verfügbare Quelle. Wie wir noch sehen werden, hat nach der Rückkehr des Außenministers aus London Ende Januar vermutlich gar keine derartige Sitzung stattgefunden. Er bezieht sich offenbar auf ein anderes Treffen – eine Kabinettssitzung, die Ende Februar stattfand, viel später also, als die Zeit bereits knapp wurde. Die Auskünfte der Militärs entsprachen jedoch seiner Darstellung.

Dazu wie auch zu der zaghaften Antwort des Obersten Militärausschusses liegen uns nur Flandins eigene Angaben vor. Aber es gibt Geheimdokumente, in denen die Zurückhaltung des Oberkommandos bestätigt wird. Weitere Dokumente beweisen, daß Mitte Februar weder Flandin selbst noch die Regierung auch nur annähernd so entschlossen waren, wie der Außenminister glauben machen will. Der Schritt des Kabinetts, über den Flandin berichtet, war in sich widersprüchlich. Wenn die französische Regierung nämlich einer deutschen Wiederbesetzung des Rheinlands rechtzeitig und »mit allen Mitteln« entgegentreten wollte, so durfte sie sich nicht damit begnügen, ihre Armee, Flotte und Luftwaffe lediglich dem Völkerbund zu unterstellen. Die Franzosen hätten von sich aus rasch handeln müssen, weil der Völkerbund gewohnheitsgemäß erst lange überlegt hätte.

Jedenfalls erhellt aus den erst kürzlich veröffentlichten französischen Archiven, daß zuerst die Armee und später auch die französische Regierung vor der Aussicht zurückschreckten, den Deutschen allein entgegentreten zu müssen, und daß sie immer mehr dem Konzept einer konzertierten Aktion unter Leitung des Völkerbundes zuneigten. Diese mußte jedoch – wenn überhaupt – zu spät kommen.

Das war gleichbedeutend mit der schon im voraus erklärten Bereitschaft, Hitler sein Vabanquespiel durchgehen zu lassen. Dabei hielten es, wie vertrauliche deutsche Unterlagen beweisen, die Generäle des Führers aus Respekt vor der französischen Armee für zu riskant, ein solches Spiel überhaupt zu wagen[10]. Sie hätten sich ihre Sorgen sparen können, wenn sie auch nur geahnt hätten, wie sehr ihre Gegenspieler in Paris vor dem Gedanken zurückschreckten, sich mit ihnen in der entmilitarisierten Zone anzulegen. Wenn Flandin durch General Maurins Antwort tatsächlich so betroffen war, wie er angibt, konnte auch er sich keinen Illusionen mehr hingeben.

Während des ganzen Februar informierte ihn der Kriegsminister immer wieder über die Bedenken der Armee. Am 12. Februar berichtete er Flandin schriftlich über weitere Maßnahmen der Deutschen, die auf eine baldige Wiederbesetzung des Rheinlands hinzuweisen schienen. Dabei stellte er die Frage, was Frankreich unternehmen solle, wenn dieser Fall einträte? Der Kriegsminister empfahl der Regierung, »sofort eine Klage beim Völkerbund einzureichen, daß Deutschland nicht nur den Versailler Vertrag, sondern auch das Abkommen von Locarno verletzt hätte«. Was die eigentlichen französischen Vorkehrungen für diesen Fall betraf, so »müssen gewisse Vorsichtsmaßnahmen getroffen werden« – für den Fall, daß der Feind weitermarschierte und die französische Grenze selbst angriffe[11].

Eines erwähnte er nicht: das es notwendig sei, die Deutschen aus dem Rheinland zu verjagen, falls sie tatsächlich einzumarschieren begannen.

Fünf Tage später, am 17. Februar, mahnte General Maurin noch einmal im Namen des Militärs seinen Außenminister Flandin zur Vorsicht.

Es scheint mir unter Umständen gegen die französischen Interessen zu sein, unser Recht zur Besetzung der entmilitarisierten Zone wahrzunehmen . . . Wir würden damit riskieren, als der Aggressor dazustehen, allein gegen Deutschland. Eine solche Operation sollte man keinesfalls ohne die volle Zustimmung der britischen Regierung ins Auge fassen.

Im selben Brief antwortete der Kriegsminister auch auf die erneute Aufforderung Flandins vom 14. Februar, ihm »präzise« mitzuteilen, welche »Dispositionen« vom Militär gegen eine deutsche Besetzung des Rheinlands getroffen würden. Er erläuterte fortschrittliche »Maßnahmen der Alarmbereitschaft«, die die Armee aus eigener Initiative ergreifen könnte; sie würden die Besatzungen der Maginotfestungen, der Grenze und der Luftabwehrbatterien in den Kriegszustand versetzen. Es waren reine Defensivvorkehrungen. Der General erklärte ferner, daß auch die *couverture* möglich sei, wodurch Frankreich in die Lage versetzt würde, innerhalb von acht Tagen eine Million Soldaten an die Front zu werfen. Aber dies, so versicherte der Kriegsminister, sei erst nach einem Beschluß der Regierung möglich. Alles in allem, so schloß er, seien diese Maßnahmen nichts weiter als die *Vorbereitung* »auf die Rückeroberung der Rheinland-Zone durch französische und andere Truppen«[12]. Dabei sagte der General freilich nicht, an welche »anderen« Truppen er dachte. Briten? Belgier? Er mußte doch wissen, daß es hier kaum Aussichten gab. Und alle diese Maßnahmen – lediglich um einen Gegenschlag *vorzubereiten*? Konnte denn die zu diesem Zeitpunkt den Deutschen an Bewaffnung und zahlenmäßiger Stärke weit überlegene französische Armee nicht ebenso rasch ins Rheinland einrücken wie der Feind? Diese Frage wurde von den Zivilisten der Regierung immer wieder aufgeworfen. Aber die verkalkten Generäle hatten sie bereits beantwortet.

In seinem Brief vom 14. Februar hatte der französische Außenminister General Maurin noch eine weitere Frage vorgelegt. Falls es mit Deutschland zu Verhandlungen über die entmilitarisierte Zone kommen sollte, so fragte er – inwieweit konnte Frankreich dann einer »liberalen Interpretation« des Rheinland-Statuts zustimmen[13]?

Auch diese Frage beantwortete General Maurin in seinem Brief an Flandin vom 17. Februar. Jede Verhandlung über das Rheinland, so schrieb er, sei »außerordentlich gefährlich und sollte vermieden werden«. Aber General Gamelin, der Oberkommandierende der Armee, verriet nach dem Kriege, daß die Militärs schließlich auf eine modifizierte Frage doch nachgiebiger antworteten. Er sagte aus, daß die Frage aus dem Außenministerium zu dem Zeitpunkt, da sie auf seinen Schreibtisch gelangte, lautete: »Unter welchen Bedingungen könnte Frankreich, falls die Regierung zu diesem Entschluß gelangen sollte, die Stationierung verminderter (deutscher) Garnisonen auf dem linken Rheinufer zulassen?« Und er fügte hinzu, diese Frage sowie die Bitte um eine dringende Beantwortung käme ursprünglich aus Großbritannien.

Wenn man Edens oben erwähntes Ansuchen an Flandin vom 27. Januar bedenkt, gibt es kaum eine Veranlassung, an der Glaubwürdigkeit des Generals zu zweifeln.

Die Erwiderung des Generalstabs fiel nach General Gamelins Aussage folgendermaßen aus: Frankreich könnte eine deutsche Besetzung des Rheinlands unter der Bedingung akzeptieren, daß die Garnisonen und die paramilitärischen Einheiten beschränkt blieben, daß keine militärischen Güter gelagert, keine Manöver abgehalten, keine neuen Flugplätze gebaut und »vor allen Dingen keine Festungen errichtet« würden. Weiterhin müßte eine wirkungsvolle internationale Kontrolle dafür sorgen, daß die Deutschen nicht schwindelten[14]. Die Fragen des Außenministers und die Antworten des Militärs bewiesen wiederum die schwankende Haltung von Regierung und Armee.

Unterdessen häuften sich zwar die Hinweise auf unmittelbar bevorstehende deutsche Schritte, aber das Oberkommando, gleichsam gelähmt, bereitete keine Pläne vor und unternahm auch nichts, um der Wehrmacht im Rheinland entgegenzutreten. Später behauptete General Gamelin, er habe im Januar die Kommandeure der Grenztruppen aufgefordert, sich auf die *couverture* vorzubereiten und »eine Reihe von Operationen für lokale, aber rasche Vorstöße auf deutsches Gebiet zu studieren«; in Wirklichkeit ging es dabei darum, ein paar Meilen weit ins Saarland vorzudringen[15]. Doch nach dem Zweiten Weltkrieg sollte der Parlamentarische Untersuchungsausschuß in den Militärarchiven keinerlei Spuren von »diesen Projekten« entdekken können[16]. Anscheinend ließ der Armeechef stets »Studien« durchführen – aber nicht mehr.

Nun wurde er förmlich mit Warnungen vor deutschen Vorbereitungsmaßnahmen überschüttet. Doch diese Flut veranlaßte ihn keineswegs zum Handeln. Am 15. Januar warnte General Renondeau, der französische Militärattaché in Berlin, vor einem unmittelbar bevorstehenden deutschen Einmarsch ins Rheinland[17]. Am selben Tage gab der militärische Nachrichtendienst in einer »streng geheimen« Mitteilung, die nur für Gamelin bestimmt war, einen ähnlichen Hinweis[18]. Daß an einem Tage gleich zwei solche Nachrichten eintrafen, schien General Gamelin denn doch aus seinem Gleichmut aufzurütteln. Im Namen des Generalstabs verfaßte er eine Notiz, die er drei Tage später, am 18. Januar, an den Obersten Militärausschuß schickte: »Neuere Informationen lassen die Annahme als berechtigt erscheinen, daß Deutschland für die nahe Zukunft die Rückgewinnung des Rheinlands oder zumindest des rechten Rheinufers beabsichtigt.« Welche Gegenmaßnahmen empfahl der Generalstab? Er ersuchte um »zusätzliche Militärkredite«. Über militärische Maßnahmen steht in der Notiz nicht ein einziges Wort. Außerdem übertrieb General Gamelin [19], wie er es bis zuletzt tun sollte, in geradezu grotesker Weise die Stärke der deutschen Armee*.

Noch am selben Tag, dem 18. Januar, trat der Oberste Militärausschuß zur Beratung der Mitteilung zusammen. Obgleich General Gamelin berichtete, die Deutschen würden das Rheinland »baldmöglichst« wiederbesetzen und sodann befestigen, wodurch es für Frankreich unmöglich würde, Polen oder der Tschechoslowakei zu Hilfe zu kommen, fiel keine Entscheidung über Gegenmaßnahmen. Die Angelegenheit sollte auf der nächsten Sitzung »studiert« werden[20]. Trotz aller Studien – und das Oberkommando glich unter General Gamelins Ägide mehr einer Universitätsfakultät als einer Gruppe von kampferfahrenen Generälen – ist klar erkennbar, zu welchem Ergebnis sie den Oberkommandierenden gelangen ließen: daß die französische Armee trotz ihres Vorsprungs von siebzehn Jahren gegenüber den zu dieser Zeit entwaffneten Deutschen und trotz der sich bereits ergebenden allgemeinen Überlegenheit selbst nicht imstande sei, die Deutschen aus dem Rheinland zurückzuwerfen.

Am 19. Februar berief General Gamelin eine Sitzung der Chefs der Generalstäbe aller drei Waffengattungen ein, um mit ihnen »die Eventualität« einer deutschen Wiederbesetzung der entmilitarisierten Zone zu besprechen. Das Geheimprotokoll enthüllt Gamelins Ängstlichkeit. Er sagte: »Es gibt keinen Anlaß zu der Annahme, daß Frankreich allein die entmilitarisierte Zone besetzen kann.« Dennoch, so fügt er hinzu, müßten »Vorkehrungen für den Fall einer überraschenden Wiederbesetzung durch die Deutschen« getroffen werden[21]. Vorkehrungen! Nichts weiter. Die Armee versuchte auch weiterhin, Zeit zu gewinnen.

Die Regierung machte es ebenso. Es handelte sich um eine Übergangsregierung, von der erwartet wurde, daß sie bis zu den allgemeinen Wahlen Ende April auf Zeitgewinn hinarbeitete. Senator Albert Sarraut, ein altgedienter radikalsozialistischer Politiker, war am 25. Januar 1936 zu Lavals Nachfolger bestimmt worden, größtenteils deshalb, weil er die politische Figur zu sein schien, an der Rechte wie Linke am wenigsten Anstoß nahmen. Sein Denken und seine Energie konzentrierten sich nicht, wie man hätte annehmen sollen, auf die Kriegsdrohung von seiten Italiens wegen der äthiopischen Sanktionen oder diejenige Deutschlands wegen des Rheinlands, sondern nur auf die kommenden Frühjahrswahlen, in der alle linksgerichteten

* Er zählte 200 000 Mann Arbeitsdienst und 40 000 SS-Männer mit. Der Autor, der seinerzeit als Korrespondent in Berlin tätig war, kann bezeugen, daß keiner der beiden Gruppen damals irgendein militärischer Wert beizumessen war.

Parteien, einschließlich der Radikalen und der Kommunisten, in der neugebildeten Volksfront die Hand nach dem Sieg ausstreckten – eine Vorstellung, bei der dem braven Bürgertum im Parlament wie auch draußen im Land ein kalter Schauder über den Rücken lief.

Niemand könnte behaupten, Sarraut hätte etwas Heroisches an sich gehabt. Er war selbst als Politiker nur mittelmäßig, aber er verfügte über eine langjährige Erfahrung: 1906, also vor dreißig Jahren, war er zum erstenmal Staatssekretär geworden, und seit 1914 hatte er achtzehnmal als Minister dem Staat gedient, einmal – im Herbst 1933 – sogar für knapp einen Monat als Ministerpräsident. Um sich die Unterstützung der konservativen Mitte zu erhalten, ernannte er Flandin zum Außenminister. Flandin war ein kräftiger, stämmiger Mann von achtundvierzig Jahren und mit seinen 1,90 Metern für einen Franzosen ungewöhnlich groß. Er glich in seinem Ansehen, seiner Kleidung und seinem Auftreten einem Engländer und besaß in London unter den Parlamentsmitgliedern und Zeitungslords viele Freunde, die ihn als den britenfreundlichsten aller französischen Politiker betrachteten. Trotz seiner damals recht gemäßigten Haltung war er ein überzeugter Republikaner und durfte sich seiner Vorväter rühmen, die seit der Großen Revolution standhaft gegen Könige und Kaiser gekämpft hatten. Bei aller Intelligenz und Begabung und trotz seiner Erfolge hatten viele den Eindruck, daß in seinem Charakterbild etwas schwer Definierbares fehle – vielleicht eine gewisse Willensstärke oder gesundes Urteilsvermögen.

Auch Georges Mandel saß als Postminister mit im Kabinett. Mandel war Jude, parteiloser Konservativer und ein Schützling Clemenceaus, dessen Haß und Mißtrauen gegenüber den Deutschen er teilte; er hatte den größten Teil seines Lebens unauffällig im verborgenen gearbeitet. Er war ein intelligenter Mann mit einem Charakter aus Granit und eisigen Manieren, die alle bis auf seine engsten Freunde abwiesen, sowie einer tiefgreifenden Skepsis gegenüber der menschlichen Rasse; er sollte damals wie auch in den letzten Tagen der Republik das dringend benötigte Rückgrat der Regierung darstellen. Ihm eng verbunden in der Befürwortung einer harten Politik gegenüber Deutschland war Senator Joseph Paul-Boncour, Staatsminister für Völkerbundsangelegenheiten. Paul-Boncour, dieser gutaussehende, silberhaarige Exsozialist, hervorragende Rechtsanwalt, begabte Redner, Literaturkenner, Theaterfreund und Bonvivant, hatte als Politiker nie ganz gehalten, was seine vielseitigen Talente versprachen. Er verfügte über hinreichende Kabinettserfahrung, da er zweimal Kriegsminister, zweimal Außenminister und einmal, gegen Ende 1932, für sechs Wochen Ministerpräsident war. Als französischer Vertreter auf der Genfer Abrüstungskonferenz war er viel mit den Deutschen in Berührung gekommen und hatte gelernt, ihnen zu mißtrauen. Jetzt, als sich die Rheinlandkrise immer mehr zuspitzte, vertrat er die Auffassung, Frankreich müsse den Deutschen die Stirn bieten. Marcel Déat, Professor und Neosozialist, war Luftfahrtminister. Er war bereits im Begriff, in den Defätismus abzugleiten. Zuletzt sollte er als echter Kollaborateur im Lager der Nazis landen. Am 2. März schrieb er aus dem Luftfahrtministerium an Flandin, eine Wiederbesetzung des Rheinlands durch die Deutschen brauche nicht »notwendigerweise« einen Angriff auf Frankreich selbst zu bedeuten. »Das Ergreifen von Vorbeugungsmaßnahmen«, schrieb er, »könnte uns weiter führen, als wir gehen wollten[22].« Die französische Luftwaffe wollte ebenso wie die Armee nur dann zum Kampf antreten, wenn die Landesgrenze selbst überschritten wurde.

Ende Februar raffte sich die Übergangsregierung Sarraut noch einmal auf. Die Nachrichten aus diplomatischen und militärischen Quellen ließen kaum noch einen Zweifel daran, daß sich die Deutschen anschickten, ins Rheinland einzurücken. Anfang des Monats hatte man Jean Dobler, dem hartnäckigen Kölner Generalkonsul, nach mehreren Zurückweisungen endlich gestattet, zur persönlichen Berichterstattung in Paris zu erscheinen. Er unterrichtete das Außenministerium davon, daß Hitlers Vorbereitungen für die Wiederbesetzung der entmilitarisierten Zone »praktisch abgeschlossen« seien[23].

Um Mitternacht des 13. Februar kabelte Henry Noël, der französische Konsul in Düsseldorf, an Flandin, deutsche Offiziere in Zivil seien eingetroffen, um »die Wiederbesetzung der entmilitarisierten Zone vorzubereiten«[24].

Angesichts solcher und vieler ähnlicher Meldungen hielt Sarraut die Zeit für gekommen, von der Armee eine definitive Antwort auf die Frage zu fordern, was sie zu tun gewillt sei, um der deutschen Drohung zu begegnen; auch für die Regierung war es höchste Zeit, zu einem Beschluß zu gelangen. Die Empfehlung der Armee an das Außenministerium vom 25. Februar, die Ratifizierung des französisch-sowjetischen Paktes zu verschieben, weil Hitler dies als Vorwand für ein Vorgehen im Rheinland verwenden könnte, hatte ihn sehr verärgert. Dieser Schritt habe ihn, so sagt er, veranlaßt, »sich über die Moral und den Mangel an Energie im Oberkommando Gedanken zu machen«. Die Kammer sollte am 27. Februar über die Ratifizierung abstimmen, und die Regierung Sarraut war entschlossen, die Ratifizierung an diesem Tage durchzuboxen. Der Ministerpräsident berief am Morgen des 27. Februar eine Kabinettssitzung zur Beratung der Konsequenzen ein. Dabei stellte er Kriegsminister General Maurin sofort die Frage: Welcher Art sind die militärischen Pläne für einen Widerstand gegen die Deutschen in der entmilitarisierten Zone?

Fassungslos hörte er sich die Erklärung des Generals an, die französische Friedensarmee »könne lediglich in die Defensive gehen«.

Um die Offensive zu ergreifen, müßten starke Reserven einberufen und »vor allen Dingen« eine industrielle Mobilisierung durchgeführt werden[25]. Aufgrund dieser Enthüllung traf das französische Kabinett seine Entscheidung. Unmittelbar nach der Sitzung rief Flandin den belgischen Botschafter zu sich und teilte ihm vertraulich diese Entscheidung mit:

Im Falle eines Übergriffs der Deutschen gegen die entmilitarisierte Zone

a) wird die französische Regierung keine isolierten Maßnahmen ergreifen. Sie wird nur in Übereinstimmung mit den anderen Unterzeichnerstaaten von Locarno vorgehen.

b) Im Falle einer glatten und unbestreitbaren Verletzung der Artikel 42 und 43 (des Vertrags von Versailles) wird die französische Regierung unverzüglich die britische, belgische und italienische Regierung konsultieren und auf eine gemeinsame Aktion entsprechend den Bestimmungen der Völkerbundssatzung und des Abkommens von Locarno hinwirken.

c) In Erwartung der Stellungnahme der Garantiemächte behält sich die französische Regierung das Recht vor, sämtliche Vorkehrungen, auch Maßnahmen militärischen Charakters, zu treffen[26].

Flandin erklärte dem Botschafter, er werde Eden über diesen Beschluß informieren, sobald er ihn in der folgenden Woche in Genf sehe. Warum er mit der Unterrichtung der britischen Regierung fast eine Woche wartete, wurde niemals klar. In Genf überreichte Flandin am 3. März Eden schriftlich den Text des Regierungsbeschlusses. Der britische Außenminister begnügte sich mit dem Hinweis, er werde nach seiner Rückkehr nach London am 5. März mit seiner Regierung darüber sprechen[27]. Später erinnerte sich Eden: »In dieser Absichtserklärung stand nichts, woran man hätte Anstoß nehmen können[28].« Er schien erleichtert zu sein.

So hatten Anfang März 1936, als alle Anzeichen auf ein unmittelbar bevorstehendes Einrücken der Deutschen ins Rheinland hindeuteten, die britische und die belgische Regierung zu ihrer großen Erleichterung Klarheit darüber, daß Frankreich sich diesem Einmarsch nicht allein entgegenstellen würde. So liefen die beiden Länder nicht Gefahr, in einen bewaffneten Konflikt mit Deutschland verwickelt zu werden – was beide wie die Pest scheuten. Während Hitler handelte, wollte Frankreich lediglich an den Völkerbund und die Locarno-Mächte appellieren. In den Unterlagen des deutschen Außenamtes oder der Wehrmacht findet sich zwar kein Hinweis darauf, daß Hitler das wußte, doch sein Verhalten zeigt, daß er es instinktiv fühlte – wie so vieles in jenen ersten erfolgreichen Jahren seiner Regierung. Die Gleichgültigkeit, die Briten wie auch Franzosen ein Jahr zuvor an den Tag gelegt hatten, als er am 16. März 1935 die militärischen Restriktionen des Versailler Vertrags zerrissen hatte, gab ihm die Zuversicht, daß ihm auch weitere Vabanquespiele glücken würden.

Am 2. März hatte er in Berlin eine lange Unterredung mit dem französischen Botschafter, der ihn aufgesucht hatte, um erneut für ein friedliches *rapprochement* zwischen Frankreich und Deutschland zu plädieren. François-Poncet fand den Diktator »nervös, erregt und verstört; er wirkte äußerst ungeduldig und gereizt«. Der Botschafter berichtete nach Paris, Hitler hätte »erneut eine langatmige Tirade gegen den französisch-sowjetischen Pakt vom Stapel gelassen«; er wiederholte, daß er ihn für »unvereinbar mit Locarno« hielte und daß er für Deutschland »eine ernste Bedrohung« darstelle. Der Führer ersuchte um »Bedenkzeit«, um darüber nachzusinnen, was für die französisch-deutsche Verständigung getan werden könne. Er bestand ferner darauf, den Besuch geheimzuhalten – ein Ansinnen, das der Botschafter als ein wenig seltsam empfand[29].

Für Hitlers Nervosität und Erregung während dieses Gesprächs gab es Gründe, von denen selbst ein so scharfsinniger Diplomat wie François-Poncet nichts ahnen konnte. Genau an jenem 2. März erteilte General von Blomberg auf Weisung des Führers den deutschen Truppen den formellen Befehl, das Rheinland am 7. März zu besetzen. Es sollte, wie Blomberg seinen Kommandeuren mitteilte, eine »Überraschungsaktion« werden. Der General sagte, daß er einen »friedensmäßigen Charakter der Aktion« erwarte. Sollte sich das Gegenteil herausstellen – das heißt, falls die Franzosen zu den Waffen greifen sollten – , »bleibt jede militärische Gegenmaßnahme meiner Entscheidung vorbehalten«. Wie später aus vertraulichen deutschen Dokumenten ersichtlich wurde, bedeutete diese »Gegenmaßnahme«, in aller Hast zum Rückzug zu blasen, falls sich die Franzosen wehrten[30].

Die Deutschen marschieren

Im Morgengrauen des 7. März 1936 marschierten kleine deutsche Truppenkontingente ins Rheinland ein. Trotz aller Warnungen wollte es die französische Armee zunächst nicht glauben. Um 9 Uhr 45, über drei Stunden nach dem Beginn des Einmarsches, teilte der militärische Geheimdienst dem Generalstab in Paris telefonisch mit, der Berliner Korrespondent einer Pariser Tageszeitung hätte am frühen Morgen vom Einrücken regulärer Truppen in die entmilitarisierte Zone berichtet, aber »es gebe keine weiteren Hinweise in diese Richtung«[31]. Vielleicht ist François-Poncet, der in diesen letzten Tagen sein Mäntelchen immer mehr nach dem Wind hängte, schuld daran, daß in Paris die Wachsamkeit nachließ. Am 27. Februar, dem Tage der entscheidenden Kabinettssitzung, hatte er aus Berlin telegrafiert:

»Deutschland wird den Pakt von Locarno nicht offen verletzen. Es wird keine plötzliche militärische Besetzung der Rheinlandzone vornehmen[32].« Noch am Abend des 6. März, als in Berlin überall Gerüchte kursierten, Deutschland werde am Morgen das Rheinland wiederbesetzen, und als bereits offiziell angekündigt war, Hitler werde am nächsten Tage nach der Überreichung von Memoranden an die Vertreter der Locarno-Mächte vor dem Reichstag sprechen, drahtete der Botschafter an Flandin: »Was wird Hitler tun?« Sein Tip war: »Hitler würde ankündigen, daß Deutschland unter gewissen Bedingungen bereit sein werde, wieder in den Völkerbund einzutreten. Zu diesen Bedingungen würde eine Abänderung des Rheinlandstatuts gehören.« Aber, so fügte er hinzu, »es war nicht ganz ausgeschlossen«, daß der Diktator »Locarno aufkündigen und eine baldige Rückeroberung der entmilitarisierten Zone ankündigen werde«. Er hielt jedoch die erste Hypothese für »die wahrscheinlichste«[33]. Zugegebenermaßen war der Führer unberechenbar*.

Am 7. März, morgens um 10 Uhr, wurde der französische Botschafter dann abrupt mit der Wirklichkeit konfrontiert, als der deutsche Außenminister, Freiherr Konstantin von Neurath, ihn (wie auch die Botschafter Großbritanniens und Italiens sowie den belgischen Geschäftsträger) von der Rheinlandaktion in Kenntnis setzte. Er nannte sie eine »symbolische Besetzung« und überreichte ihm ein Memorandum, in dem Deutschland mit dem lächerlichen Vorwand, der französisch-sowjetische Pakt habe den Pakt von Locarno bereits verletzt, diesen aufkündigte, nachdem Hitler ihn soeben gebrochen hatte – und gleichzeitig neue Friedenspläne unterbreitete!

François-Poncet notierte bissig[35]: »Hitler schlug seinem Gegner ins Gesicht und erklärte ihm dabei: ›Ich bringe dir Friedensvorschläge!‹«

Zwei Stunden später trug der deutsche Diktator diese unechten Friedensvorschläge dem Reichstag vor. Der Autor empfand die hektische Szene, die sich dabei abspielte, ebenso faszinierend wie schauerlich und hat an anderer Stelle darüber berichtet[36]. Hitler war heiser von fast zweistündigem Schreien. Er schloß feierlich: ». . . Wir verpflichten uns, nun erst recht für eine Verständigung der Völker Europas einzutreten . . . Wir haben in Europa keine territorialen Forderungen zu stellen . . . Deutschland wird niemals den Frieden brechen!«

* Meine eigene Tagebuchnotiz von diesem Tag in Berlin hält die fiebergeladene Atmosphäre fest: ». . . Ein Tag wildester Gerüchte. Fest steht jedoch, daß Hitler den Reichstag für morgen mittag einberufen und die Botschafter Großbritanniens, Frankreichs, Italiens und Belgiens für morgen vormittag zu sich bestellt hat. Da dies die Locarno-Mächte sind, ist offenkundig . . ., daß Hitler den Vertrag von Locarno aufzukündigen gedenkt . . . Nach allem, was ich heute gehört habe, nehme ich an, daß Hitler ein Ende mit der entmilitarisierten Zone machen wird, obgleich die Wilhelmstraße das ganz entschieden abstreitet. Ob er die Reichswehr hinschicken wird, steht noch nicht fest. Das scheint ein zu großes Risiko zu sein, da die französische Armee leicht imstande wäre, sie wieder zu verjagen . . .[34]«

Die Frage war nun: Würde ihn Frankreich brechen, indem es sich dem deutschen Einmarsch ins Rheinland entgegenstellte? Den ganzen Tag über warteten Hitler und seine Generäle in höchster Spannung auf einen Hinweis darauf, was die Franzosen zu tun gedächten. Früh am Nachmittag begegnete ich im Berliner Tiergarten General vom Blomberg. Er war aschfahl, und ein Backenmuskel zuckte nervös. Wie wir später erfahren sollten, wollten er und die anderen Generäle bereits zum Rückzug blasen. Alles hing nun von der Reaktion der Franzosen ab.

Kurz nach 10 Uhr vormittags, als die Berichte aus Berlin keinen Zweifel mehr an dem tatsächlichen Geschehen ließen, berief Ministerpräsident Sarraut drei seiner Minister sowie den Kriegsminister General Maurin und General Gamelin in sein Büro im Innenministerium. Es wurde erwartet, daß er eine volle Kabinettssitzung einberufen würde, die wie üblich unter dem Vorsitz des Präsidenten der Republik tagen sollte, damit die Regierung unmittelbar handeln könnte. Doch das tat er erst am folgenden Tag. Vielleicht wollte er sich zuerst mit jenen seiner Kollegen beraten, von denen er glaubte, daß sie in dieser Notlage die festeste Haltung beweisen würden. Es waren Außenminister Flandin, Staatsminister für Völkerbundsangelegenheiten Paul-Boncour und Postminister Mandel – »der liebe und heldenhafte Mandel«, wie ihn Sarraut nannte.

Nach Sarrauts eigenen Angaben[37] sprachen sich er und seine zivilen Kollegen für rasches Handeln aus, um die Deutschen sofort wieder aus dem Rheinland zu vertreiben. Doch dabei stießen sie sofort – zu ihrer großen Bestürzung, wie sie sagten – auf den erbitterten Widerstand des zaghaften Oberkommandos. Was würde die Armee tun? Sarraut stellte den beiden Generälen diese Frage. General Gamelins Antwort warf ihn fast um. Der Oberbefehlshaber der Armee ersuchte lediglich um die Erlaubnis, »erste Vorsichtsmaßnahmen treffen zu dürfen«. Er erläuterte, was er darunter verstand: die Rückberufung von Urlaubern, die Heranschaffung von Verstärkungen mit Lastwagen und die »Vorbereitung« der Heranführung weiterer Verstärkungen per Bahn, falls sich dies als nötig erweisen sollte.

»Und das war alles!« sollte der Ministerpräsident später ausrufen, als er von der Sitzung berichtete. »Kein Wort von einer Offensive, kein Wort von einer Reihe lokal begrenzter, aber rascher Vorstöße auf deutsches Gebiet, eine Möglichkeit, von der er später behauptete, er habe sie studieren lassen. Nicht ein einziges Wort von alldem!«

Paul-Boncour warf ein: »Ich würde Sie gern so rasch wie möglich in Mainz sehen.« Darauf erwiderte General Gamelin: »Ach, das steht wieder auf einem anderen Blatt. Auch mir wäre nichts lieber. Aber Sie müssen mir die Mittel dazu in die Hand geben.« Als Oberkommandierender der Armee verfügte er doch wohl über sämtliche vorhandenen Mittel dazu. Aber den verdutzten zivilen Ministern dämmerte rasch, was die beiden Generäle wollten: eine Generalmobilmachung, beginnend mit der *couverture*, die allein schon acht Tage brauchen würde, um eine Million Mann in Kampfbereitschaft zu versetzen. Was an jenem entscheidenden 7. März, einem Samstag, erforderlich gewesen wäre, war eine Polizeiaktion der Franzosen, um ein paar im Parademarsch durch das Rheinland ziehende deutsche Soldaten zu verjagen. Soviel war an jenem Wochenende selbst einem Korrespondenten in Berlin bereits klargeworden. Aber das französische Oberkommando forderte einen Schmiedehammer, um damit eine Fliege totzuschlagen. Es fürchtete, daß schon der geringste Schritt in der entmilitarisierten Zone, der ja französische Truppen in feindliche Berührung mit deutschen Soldaten bringen könnte, einen Krieg vom Zaun brechen würde.

Eine Frage des Ministerpräsidenten förderte diese Angst zutage. Er fragte General Gamelin: »Wie stehen die Aussichten, wenn wir allein, ohne Verbündete, gegen Deutschland vorgehen?« Später erinnerte sich der Armeechef: »Ich antwortete, daß wir im Augenblick, unter den gegebenen Umständen, das Übergewicht haben würden, daß aber in einem längeren Krieg die Überlegenheit unserer Gegner an Zahl und Industriekapazität eine große Rolle spielen werde[38].«

Angesichts dieser Warnungen von militärischer Seite, schon die geringste französische Reaktion auf den deutschen Schritt könnte zu einem langen Krieg führen, den die Deutschen diesmal sehr wohl gewinnen mochten, vertagte Sarraut die Sitzung, ohne daß irgendwelche Entscheidungen getroffen worden wären.

Die Briten machten sich übertriebene Sorgen, die Franzosen könnten auf eigene Faust handeln. So eilte der britische Botschafter in Paris, Sir George Clark, auf Weisung seiner Regierung noch am selben Vormittag zum Quai d'Orsay. Flandin hatte die Besprechung im Innenministerium zu der Konferenz mit Clark und den Botschaftern der anderen Locarno-Staaten verlassen. Clark ersuchte Flandin »sehr eindringlich«, Frankreich möge keine isolierten Maßnahmen ergreifen und vor allen Dingen »auf militärischem Gebiet nichts unternehmen, was Auswirkungen für die Zukunft haben könnte, ohne sich zuvor mit der britischen Regierung abzustimmen«[39].

Aber die Angehörigen der britischen Regierung hatten sich nach alter Sitte zum Wochenende begeben*. Eine Konsultation mit der britischen Regierung war also unmöglich. Eden erklärte in London dem französischen Botschafter, daß vor der Rückkehr des Ministerpräsidenten und seiner Kollegen am Montag hier nichts entschieden wer-

* In Berlin wurde ganz ernsthaft angenommen, daß Hitler seine außenpolitischen Hasardspiele immer auf Samstage verlegte, weil er wußte, daß die britischen Kabinettsmitglieder und andere hohe Regierungsbeamte sich dann nicht in London aufhielten, sondern zum Wochenende aufs Land gefahren waren. Auch der 16. Mai 1935, an dem er die allgemeine Wehrpflicht ausrief, war ein Samstag.

den könne. Damit hätten die Deutschen volle achtundvierzig Stunden Zeit gewonnen, ihre Stellung im Rheinland ungehindert zu festigen. Weder aus den eigenen Aufzeichnungen des britischen Außenministeriums noch aus den Depeschen des französischen Botschafters über die Zusammenkunft geht hervor, daß Eden an die Folgen einer solchen Verzögerung auch nur einen Gedanken verschwendet hätte. Sein einziges Bestreben war es, die Franzosen davon abzuhalten, über das Wochenende irgend etwas zu unternehmen.

Charles Corbin, der französische Botschafter in London, war ein geschickter Diplomat alter Schule – einer der letzten dieser aussterbenden Zunft –, der sich in den letzten Jahren seiner ruhmreichen diplomatischen Laufbahn um die Wiederbelebung der anglo-französischen Entente bemühte. Diese Entente hatte Frankreich 1914 schon einmal gerettet und würde, wie er fest glaubte, sein Vaterland wieder retten, falls die Deutschen noch einmal angriffen. Er ließ sich durch die für die meisten Franzosen unbegreiflichen englischen Gewohnheiten weder entmutigen noch düpieren; nach seiner Unterredung mit Eden an diesem Samstagmorgen war er zwar nicht um eine Illusion ärmer – dafür war er ein zu erfahrener Mann –, aber doch beträchtlich enttäuscht und deprimiert.

Er kabelte nach Paris:

Der Außenminister weigerte sich trotz meines Drängens, mir einen Hinweis auf seine eigene Einstellung zu geben. Er schwieg sich auch über die Frage des Locarno-Paktes selbst aus . . .

Seine Haltung war die eines Mannes, der sich fragt, welche Vorteile man aus einer neuen Situation ziehen könnte, und nicht, welche Schranken man vor einer drohenden Gefahr errichten müsse[40].

Corbin hatte sogar den Eindruck, daß Eden über die Nachrichten dieses Morgens »erleichtert« war.

Für Paris waren das böse Nachrichten. Flandin dachte gründlich über Corbins Meldungen nach und forderte dann am nächsten Tag seinen Botschafter telegrafisch auf, die Briten endlich aufzuwecken. »Bitte werden Sie dringend bei der britischen Regierung vorstellig«, drahtete er, »und weisen Sie auf die Gefahr hin, die darin liegt, die Dinge treiben zu lassen[41].«

Etwas wußte Flandin nicht: daß der britische Ministerpräsident bereits beschlossen hatte, die Dinge treiben zu lassen, soweit Großbritannien betroffen war. Er legte seinem jungen Außenminister seine Ansichten dar, als dieser am Samstag nachmittag in Chequers eintraf. Der phlegmatische Stanley Baldwin, der in den Augen seiner Landsleute das Ebenbild des starken John Bull war, verstand wenig von Außenpolitik und kümmerte sich noch weniger darum.

Eden erinnerte sich später:

Baldwin sagte wenig, wie das bei außenpolitischen Angelegenheiten seine Art war. Trotz seiner freundlichen Haltung gegenüber Frankreich war er sich doch darüber im klaren, daß eine militärische Aktion der Franzosen in Großbritannien keine Unterstützung finden würde. Ich konnte ihm darin nur zustimmen[42].

In Paris wurde inzwischen klar, daß eine solche Aktion auch in Frankreich selbst kaum Unterstützung finden würde. Am Samstag abend erhielt Eden eine Depesche von Sir George Clark aus Paris. Flandin habe ihm mitgeteilt, so meldete der Botschafter, »daß die französische Regierung keine isolierte Haltung einzunehmen wünsche, sondern die Angelegenheit in Übereinstimmung mit den anderen Locarno-Mächten vor den Rat des Völkerbundes bringen wolle«. Eden war mit diesem »zurückhaltenden Bericht« aus Paris zufrieden. Es war genau das, wie er sagt, was er »vorausgesehen habe«[43].

Um 18 Uhr berief Sarraut eine zweite Sitzung mit einigen Kabinettsmitgliedern in Flandins Büro im Außenministerium ein. Marineminister François Pietri und Luftfahrtminister Marcel Déat waren erschienen, begleitet von ihren Stabschefs, Admiral Durand-Viel und General Pujo. Auch die Generäle Maurin und Gamelin waren da. Trotz der Anwesenheit der Führungsspitzen aller drei Waffengattungen wurden keine auch nur halbwegs bedeutsamen militärischen Entscheidungen getroffen oder von den hohen Militärs verlangt. Es wurde nur ein einziger Beschluß gefaßt: an den Völkerbund zu appellieren*.

Einige führende Köpfe Frankreichs, auch Expolitiker wie Paul Reynaud, die eine Initiative der französischen Armee erwarteten, hielten Sonntag, den 8. März, für den »entscheidenden« Tag; sie glaubten, was Sarraut schon am Samstag morgen seinen Generälen gesagt hatte: »Jetzt oder nie!« Doch die ersten Reaktionen der Sonntagspresse – der Linken, der Rechten und sogar der Mitte – ließen erkennen, daß die französische öffentliche Meinung noch weniger als die Generalität und Regierung geneigt waren, energische Schritte zu befürworten. Die Morgenzeitungen konnten sich zwar sonst auf nichts einigen, aber in einem Punkt stimmten sie überein: in ihrer Forderung, daß nichts geschehen dürfe, was zum Krieg führen könnte.

Auf der äußersten Rechten donnerte Charles Maurras in der royali-

* Aus den Dokumenten des Außenministeriums geht hervor, daß es Flandin mit dem Appell an den Völkerbund nicht annähernd so eilig hatte, wie er glauben machen möchte. Nach seiner eigenen Darstellung hatte er den Ministerpräsidenten bereits auf der ersten Samstagsitzung um 10 Uhr davon unterrichtet, er habe die Angelegenheit, »ohne auch nur eine einzige Stunde zu verlieren«, dem Sekretariat des Völkerbundes zur Kenntnis gebracht. Aber die Unterlagen des Außenministeriums beweisen, daß diese Botschaft erst am nächsten Tag um 18 Uhr 15, also zweiunddreißig Stunden später, am Ende des zweiten Tages der Rückeroberung des Rheinlandes durch die Deutschen, abgeschickt wurde. Nicht nur in London, sondern auch in Paris schien man es mit allem nicht sehr eilig zu haben[44].

stischen *Action Française*: »Wir brauchen doch nicht zusammen mit den Sowjets gegen Hitler zu marschieren!« Tagelang wiederholte er die Forderung: »Wir wollen keinen Krieg!« Der ebenfalls rechtsextreme *Le Jour* vermerkte, die Militärs seien es, die sich »gemäßigt, zurückhaltend und weise« zeigten. Die Zivilisten in der Regierung wurden davor gewarnt, etwas Törichtes zu tun, »um Moskau zu gefallen«. Die gesamte rechtsgerichtete Presse stimmte das gleiche Lied an: Ein Widerstand gegen Hitlers Einmarsch ins Rheinland würde nur den Interessen der russischen Bolschewiken entgegenkommen.

Die linksgerichtete Presse war ebenso blind. Das sozialistische Blatt *Populaire* forderte die Regierung auf, ihre Maßnahmen auf einen Appell an den Völkerbund und die Mächte von Locarno zu beschränken und im übrigen einiges Verständnis für den deutschen Schritt aufzubringen.

Es war töricht anzunehmen, daß sich ein großes Land mit über sechzig Millionen Einwohnern siebzehn Jahre nach dem Krieg mit der Entmilitarisierung eines Teils seines Staatsgebietes abfinden würde . . . Hitler hat den Vertrag zerrissen und alle seine Versprechen gebrochen, aber gleichzeitig spricht er vom Frieden und von Genf. Wir müssen ihn beim Wort nehmen.

Was die – durchweg konservativen – Pariser Tageszeitungen mit hoher Auflage betrifft, so war die Reaktion von *Le Matin* typisch. An diesem Sonntagmorgen vermittelte die ganze Titelseite ihren Lesern den Eindruck, Hitlers Einmarsch ins Rheinland sei eine gute Sache für Frankreich, und die Franzosen sollten dem Führer eigentlich dafür dankbar sein. Er hatte sie vor der »kommunistischen Gefahr« errettet! Die Schlagzeilen dieser Zeitungen lauteten folgendermaßen:

DER WIDERRUF LOCARNOS DURCH DAS REICH

ADOLF HITLER WEIST IN SEINER ELOQUENTEN UND LEIDENSCHAFTLICHEN REDE AUF DIE KOMMUNISTISCHE GEFAHR HIN

»Ich habe«, sagte er, »Frankreich gewarnt . . . Ich zittere um Europa.«

FRANZÖSISCH-DEUTSCHE GESPRÄCHE IMMER NOCH MÖGLICH

DIE KOMMUNISTISCHE GEFAHR[45]

Nach solcher journalistischer Vorbereitung traf sich am Sonntag morgen die Regierung zu einer vollständigen Kabinettssitzung unter Präsident Albert Lebrun, um zu überlegen, was zu tun sei – falls überhaupt. Kriegsminister General Maurin verlangte die Generalmobilmachung als Voraussetzung für ein Vorgehen gegen die Handvoll deutscher Soldaten, die in die entmilitarisierte Zone einmarschiert war. Später sollten General Maurin und ganz besonders General

Gamelin entschieden abstreiten, daß sie die Generalmobilmachung verlangt hätten; sie behaupteten, als ersten Schritt hätten sie lediglich die »verstärkte *couverture*« gefordert, die innerhalb einer Woche eine Million Mann kampfbereit machen sollte. Aber ihr Erinnerungsvermögen weist hier Lücken auf. Nach den heute verfügbaren Dokumenten steht einwandfrei fest, daß sie die französische Regierung auf die Tatsache hinwiesen, eine Generalmobilmachung sei erforderlich, falls französische Truppen in die Zone entsendet werden sollten. Es war dieses »Mißverhältnis zwischen dem empfohlenen Schritt und der vorgesehenen Operation«, wie Paul-Boncour es nannte, das die Mitglieder der Regierung verschreckte. Zuvor hatte man sie bereits darauf hingewiesen, eine bewaffnete Herausforderung der deutschen Truppen im Rheinland werde zu einem allgemeinen Krieg führen. Niemand in Frankreich, schon gar nicht die Politiker, da doch in wenigen Wochen eine Wahl fällig war, wollte einen Krieg riskieren oder das Land durch eine Generalmobilmachung beunruhigen.

Jean Zay, ein junger Unterstaatssekretär, erinnert sich später, wie der Defätismus des Kriegsministers die auf dieser sonntäglichen Kabinettssitzung aufgeworfene Frage »beilegte«. »General Maurin sagte mit gedämpfter Stimme: ›Der Außenminister redet von . . . einem Einmarsch ins Rheinland . . . Damit sind Risiken verbunden.‹« Jemand erkundigte sich, ob »diese Risiken auch Krieg beinhalteten«. »Keiner gab eine Antwort. General Maurin fuhr fort: ›Der gegenwärtige Zustand der französischen Armee erlaubt es uns nicht, Risiken einzugehen.‹ Sodann brachten nacheinander der Marine- und der Luftfahrtminister ähnlich zurückhaltende Standpunkte zum Ausdruck[46].« Es war klar: Die drei Waffengattungen, insbesondere aber die Armee als bei weitem stärkste unter ihnen, wollten nichts unternehmen, was ein Kriegsrisiko heraufbeschwören konnte.

Vor dieser Situation kapitulierte Flandin. Er wandte sich an den Ministerpräsidenten und sagte: »Wie ich sehe, Herr Präsident, hat es keinen Sinn, darauf zu beharren[47].« Darauf stimmte das Kabinett dem Beschluß der Regierung zu, an den Völkerbund zu appellieren und die Locarno-Mächte zu konsultieren. Ein offizielles Kommuniqué über diese Entscheidung enthielt den Hinweis, »die Truppenbewegungen« würden von der »Vorbereitung zusätzlicher Maßnahmen« begleitet sein. In Berlin atmete man erleichtert auf. Hitler und seine nervösen Generäle erwarteten nun schon seit über vierundzwanzig Stunden einen blitzartigen französischen Vorstoß in die entmilitarisierte Zone. Als nun die Neuigkeit aus Paris bekannt wurde, waren sie sehr erleichtert.

An diesem Sonntag notierte ich in Berlin:

Hitler hat es geschafft! Frankreich marschiert nicht. Statt dessen appelliert es nur an den Völkerbund! Kein Wunder, daß Hitler, Göring, Blomberg und

Fritsch über das ganze Gesicht lächelten, als sie heute mittag in der königlichen Loge der Staatsoper saßen und . . . den Heldengedenktag . . . feierten.

Ich hatte gerade erst von einer strengen Anweisung an die deutschen Truppen erfahren, sich beim Anblick vorrückender Franzosen augenblicklich zurückzuziehen. Wie erklärt wurde, waren sie für einen Kampf gegen eine reguläre Armee weder vorbereitet noch ausgerüstet[48].

An diesem Sonntagabend wandte sich Ministerpräsident Sarraut von Paris aus in einer Rundfunkansprache an das französische Volk und versuchte ihm klarzumachen, was auf dem Spiel stand. Vielleicht wollte er nebenbei auch seinen zaudernden Generälen das Rückgrat stärken. Er sagte: »Wir sind nicht bereit zuzulassen, daß Straßburg in den Feuerbereich deutscher Geschütze gerät.« Die Rede war im Außenministerium entworfen worden, aber Flandin gefiel der »kriegerische Ton« nicht. Ganz besonders mißbilligte er den Satz über Straßburg und sagte ihm das auch. Aber Sarraut war fest entschlossen, die Rede unverändert zu halten. Sein Unterstaatssekretär Jean Zay stand dicht hinter ihm, als er ans Mikrofon trat. Später erinnerte er sich: »Als ich diesen Worten lauschte, die so verschiedenartige Gefühle wachriefen, wurde mir dennoch klar, daß die Sache entschieden war[49].«

Noch weniger Illusionen wären ihm geblieben, wenn er am selben Abend einer tristen Versammlung hoher Militärs unter Vorsitz von General Gamelin hätte lauschen können. In seinen Memoiren erwähnt der Armeechef lediglich, daß dieses Treffen stattgefunden hatte, aber die erst kürzlich freigegebenen Protokolle[50] werfen mehr als jedes andere Dokument ein bezeichnendes Licht auf General Gamelins Zaudern. Außerdem widerlegen sie – nach seinen eigenen Worten – Gamelins Behauptung, er habe niemals eine Generalmobilmachung für erforderlich angesehen, um die Deutschen wieder aus dem Rheinland zu vertreiben. Auszüge aus dem geheimen Protokoll besagen alles.

GAMELIN: *Die Regierung hat mich gefragt: »Sind Sie bereit standzuhalten?« Ich antwortete, wenn sich ein Konflikt zwischen Deutschland und Frankreich auf die Landfront an der Grenze beschränke . . . werde sich die Front stabilisieren. Nur die Luftwaffe könnte dann offensiv werden . . .*

Admiral Durand-Viel, der Marinechef, erinnerte ihn, daß die Frage der Regierung an das Militär in Wirklichkeit gelautet habe: »Sind Sie darauf vorbereitet, die Deutschen aus der Zone zu vertreiben?«

General Gamelin antwortete: »Es ist eine Tatsache, daß ein Krieg ausbrechen wird, sobald wir die entmilitarisierte Zone betreten. Das wird eine Generalmobilmachung erforderlich machen.« Aber er beabsichtigte nicht, sich allein ins Rheinland zu wagen. »Es wird nötig sein, daß wir britische und italienische Kontingente bei uns haben sowie die Belgier.« Was die bereits eingeleiteten Maßnahmen betraf, so verkündete der General, die Maginotlinie sei besetzt und der ganztägige Urlaub für die Soldaten im Osten aufgehoben worden – »aber nicht im übrigen Land«, sagte er.

Das war alles. Die Deutschen standen nun schon seit zwei Tagen im Rheinland – mit schwachen Kräften, die bisher kaum mehr getan hatten, als zum Klang von Blaskapellen durch die Straßen zu marschieren. Nur drei Infanteriebataillione waren über die Städte im Rheinland hinaus bis an die französische Grenze geschickt worden, und diese waren gemütlich per Bahn angereist. Es gab keinerlei Aufmarsch zum Kampf. Kein einziger Panzer hatte die Grenze der entmilitarisierten Zone fünfzig Kilometer östlich des Rheins überschritten*. Doch am Ende dieses zweiten Tages hatte General Gamelin noch nichts unternommen, um einige der in der Nähe verfügbaren Einheiten über die immer noch unverteidigte Grenze vorzuschicken oder zu ihrer Rückendeckung eine größere Streitmacht zusammenzuziehen. Seine zaghaften Maßnahmen waren rein defensiver Art, als erwartete er tatsächlich, daß die damals noch sehr schwache deutsche Armee das gewaltige Festungswerk der Maginotlinie angreifen könnte. Wie er selbst sagte, verhängte er nicht einmal »im übrigen Land«, wo die für einen Gegenstoß nötigen Divisionen stationiert waren, eine Urlaubssperre. Diese Truppen wurden nicht in Alarmbereitschaft versetzt. Der General wartete, wie er sagte, auf britische und italienische Verstärkungen.

Doch in London ließ Eden an jenem Sonntag keinen Zweifel daran, daß es keine britischen »Verstärkungen« geben werde. Er schob sogar *diplomatische Gespräche* mit den Franzosen absichtlich auf die lange Bank. Flandin drang auf ein Treffen mit den Briten, Belgiern und Italienern, das am Montag in Paris stattfinden sollte. Doch Eden lehnte dies als unmöglich ab. Am Montag morgen mußte er an einer Kabinettssitzung teilnehmen, der ersten, die zur Beratung der Krise zusammentrat, und am Nachmittag hatte er eine Erklärung vor dem Unterhaus abzugeben.

Nachdem sich Eden am Samstag nachmittag auf dem Lande mit Baldwin getroffen und gemeinsam mit ihm beschlossen hatte, daß Großbritannien keine französischen Militäraktionen unterstützen werde, verbrachte er den Rest des Wochenendes in London über dem Entwurf zu einem Bericht an das Kabinett über die Rheinlandfrage. Gleichzeitig beschwor er die Franzosen, nichts zu übereilen.

Der Außenminister erklärte seinen Kollegen, daß »die Rückerobe-

* General Guderian erklärte rundheraus, daß beim Einmarsch ins Rheinland keine Panzer eingesetzt wurden. Die drei Panzerdivisionen, die Deutschland besaß, waren erst sechs Monate zuvor, am 15. Oktober 1935, aufgestellt worden und noch nicht einsatzbereit[51].

rung des Rheinlands uns ein wertvolles Tauschobjekt aus der Hand genommen hat«. Diese Worte klingen frivol. Er riet dem Kabinett, »einem militärischen Vorgehen Frankreichs gegen Deutschland vorzubeugen«. Eventuelle Forderungen an Hitler, das Rheinland wieder zu räumen, »sollten keinesfalls erhoben werden, wenn nicht die betroffenen Mächte bereit waren, ihnen durch militärische Maßnahmen Nachdruck zu verleihen«. Die Franzosen mochten, »falls sie noch weiter gereizt werden«, ins Saarland eindringen. »Eine solche Entwicklung sollten wir verhindern«, sagte Eden, »falls es uns möglich ist.« Nach seiner Meinung »müssen wir uns auch jedem Versuch widersetzen (gegen Deutschland), finanzielle oder wirtschaftliche Sanktionen zu verhängen«[52] – das sagte ausgerechnet der Mann, der noch vor fünf Monaten den Franzosen mit dem Verlangen in den Ohren gelegen hatte, ebensolche Sanktionen gegen Italien zu unterstützen.

Inzwischen hatte der französische Botschafter den Sonntag über versucht, den britischen Außenminister auf eine Zusammenkunft der Locarno-Mächte in Paris am Montag festzunageln. Er berichtete nach Paris, er sei dabei auf Schwierigkeiten gestoßen[53]. Endlich gab Eden nach und erklärte sich bereit, am Dienstag morgen nach Paris zu kommen, allerdings unter der Bedingung, »daß als vereinbart gilt, daß die Vertreter der beteiligten Mächte in Paris nicht dazu aufgefordert werden sollen, Sofortentscheidungen zu konkreten Empfehlungen zu treffen. Bei dieser Frage geht es um ungewöhnlich ernste Dinge«, sagte Eden zu dem Botschafter. »Sie verdient es, mit der erforderlichen Geduld geprüft zu werden. Das Treffen in Paris wird eine erste Besprechung darstellen, die am nächsten Tag in Genf wiederaufgenommen werden kann – in Erwartung der Beschlüsse des Völkerbundrates, der allein befugt ist, Entscheidungen zu treffen.« Nach Edens Vorschlag sollte die erste Sitzung des Rates am Freitag stattfinden – eine Woche nach der Verletzung des Rheinlandstatuts durch Hitler[54].

Dieses britische Verschleppungsmanöver war sehr bedeutsam. Eden wußte ganz genau, daß es am Freitag für den Völkerbund zu spät sein würde, noch etwas anderes zu unternehmen, als – unnützerweise – formellen Protest gegen die erneute Vertragsverletzung durch Deutschland zu erheben.

Die »Kriegskonferenz« vom 9. März

Am Montag abend, dem 9. März, unternahm Ministerpräsident Sarraut, während er für den nächsten Morgen die Ankunft der Briten erwartete, einen letzten Versuch, seine schläfrigen Generäle wachzurütteln. Er berief für 21 Uhr eine informelle Sitzung des Obersten Militärausschusses in seine Privatwohnung in der Avenue Victor Hugo ein und ersuchte die Generäle, ihre Stabskarten und ihre Einsatzpläne mitzubringen*. Bei seinen Gesprächen mit den Militärs hatte er während der vergangenen achtundvierzig Stunden zu seinem Erstaunen festgestellt, daß die Armee nicht nur nichts tun wollte, sondern nicht einmal Pläne für ein Zurückdrängen der Deutschen aus dem Rheinland vorbereitet hatte, obgleich seit einem Jahr diesbezügliche Warnungen eintrafen.

In den Akten des Generalstabs befand sich wohl ein Plan, aber er war überholt. Der sogenannte »Plan D« war am 22. Oktober 1932 entstanden, drei Monate vor Hitlers Ernennung zum Reichskanzler. Für den Fall eines deutschen Versuchs zur Rückeroberung des Rheinlandes sah dieser Plan einen französischen Vorstoß ins Saargebiet mit drei Infanteriedivisionen, einer Kavalleriedivision und einer Brigade von Senegalesen vor. Danach sollte eine durch die *couverture* innerhalb von sechs Tagen bereitgestellte Armee von einer halben Million Mann den Rest der Zone besetzen. Es muß zugegeben werden, daß die deutsche Armee Anfang März 1936 erheblich stärker war als 1932. Aber die ersten eingezogenen Wehrpflichtigen verfügten erst über vier Monate Ausbildung, und der Wehrmacht fehlten wegen der Beschränkungen durch den Versailler Vertrag die ausgebildeten Reservisten, die den Franzosen zur Verfügung standen. Dennoch würde es nach Schätzung von General Gamelin jetzt etwa der dreifachen Stärke der im »Plan D« vorgesehenen Streitmacht bedürfen, nur um am linken Rheinufer ein paar Kilometer tief ins Saarland einzudringen – zehn Infanteriedivisionen, eine Kavalleriedivision und »fünf organische Elemente von Armeekorps«. Damit hätte Frankreich dann etwa ein Hundertstel des Rheinlandes besetzt gehabt. Und zu diesem Zweck wollte er über eine Million Soldaten mobilisieren.

Es gab noch einen zweiten, zeitgemäßeren Plan für einen plötzlichen Gegenschlag der Franzosen im Rheinland. Er war auf Verlangen des früheren Kriegsministers Daladier von General de Vaulgrenant entworfen worden, der während der ganzen Besatzungszeit nach dem Krieg die französischen Armeeflieger im Rheinland befehligt hatte und das Gebiet sehr genau kannte. Aber an diesem krisenhaften 7. März erwähnte der Generalstab diesen Plan gegenüber dem Ministerpräsidenten nicht. Anscheinend war er auf mysteriöse Art und Weise aus den Akten verschwunden**.

* Gamelin nennt als Datum für dieses Treffen den 10. März, also einen Tag später, aber Sarraut war in seiner Zeugenaussage nach dem Krieg ganz sicher, daß es der 9. März war. Quellen siehe Anmerkungen 55 und 56.

** Der Deputierte Louis Marin erhob beim Kreuzverhör Sarrauts vor dem Parlamentarischen Untersuchungsausschuß nach dem Zweiten Weltkrieg den Vorwurf, daß die Unterlagen über diesen Plan verschwunden seien. Als er gleich nach dem Handstreich im Rheinland General de Vaulgrenant ersucht hatte, der Sache nachzugehen, war dieser im Kriegsministerium mit der Bemerkung abgewiesen worden, sein Plan sei »nicht offiziell«. Marin rief aus: »Was wurde aus diesen Dokumenten? Wie konnten sie gerade zu einem Zeitpunkt verschwinden, da man sie gebraucht hätte?« Später fragte Sarraut auch Ge-

Später versuchte Sarraut, sich seiner Gedanken noch einmal zu erinnern, die ihn am Abend jenes 9. März bewegten, als er sich auf das Treffen mit den Generälen vorbereitete[56]. Er wußte, daß Frankreich verpflichtet war, an den Rat des Völkerbundes und an die Locarno-Mächte zu appellieren; das hatte die Regierung getan. Aber er glaubte auch, daß Frankreich nach Artikel 11 des Vertrags von Locarno das Recht hatte, sich auf »berechtigte Notwehr« zu berufen und von sich aus eine Polizeiaktion einzuleiten, um die Deutschen aus der entmilitarisierten Zone zu vertreiben – und zwar ohne Maßnahmen des Völkerbundes oder der Partner von Locarno abzuwarten. Er gab sich ohnehin keiner Illusion darüber hin, ob diese Maßnahmen rechtzeitig erfolgen würden. Er wußte, daß Briten und Belgier ganz entschieden gegen eine bewaffnete Aktion der Franzosen waren.

Er beschloß daher, wie er sagt, den Militärausschuß darum zu bitten, mit ihm gemeinsam die Frage eines militärischen Gegenschlags zu klären.

. . . mit den Landkarten vor uns die praktischen Möglichkeiten, die taktischen Mittel . . . zu untersuchen und zu diskutieren sowie die Risiken einer bewaffneten Aktion, ohne unbedingt die Generalmobilmachung einzuleiten, um die General Maurin die Regierung bereits ersucht hatte.

Ich dachte: Die Briten werden nicht marschieren. Die Belgier auch nicht. Sie sind sogar dagegen, daß wir selbst marschieren. Aber wenn wir die Operation entgegen ihren Einsprüchen dennoch ausführen und erfolgreich beenden, werden sie uns dankbar sein. – Waren also nicht die Mittel vorhanden, dieses Projekt auszuführen, ohne auf eine Generalmobilmachung zurückgreifen zu müssen? Hatte das Militär nicht die Möglichkeit, ohne sie zuzuschlagen? Es erschien mir als ausgeschlossen, daß sie nicht so etwas Ähnliches wie den Vorstoß eines aus Grenztruppen gebildeten Expeditionskorps zumindest ins Auge gefaßt hatten. Oder fehlte ihnen vielleicht der Mut zu einer solchen Operation?

Die Antworten auf seine Fragen warfen ihn vom Stuhl. Sie erfolgten hauptsächlich von General Gamelin, der sie sehr ausführlich zur Verteidigung seiner eigenen Person und des Oberkommandos vortrug[57]. Sie enthüllen weitaus deutlicher, als ihm selbst klar zu sein schien, das, was Sarraut »Mangel an männlichen Eigenschaften wie Initiative, Wagemut und Fantasie« beim Armeechef und den anderen Generälen nannte. Die ebenfalls anwesenden Admirale der Marine und die Kommandeure der Luftwaffe zeigten die gleichen Mängel.

Zunächst, so erklärte General Gamelin, sei allein schon die »Idee, eine französische Expeditionsstreitmacht, und sei es auch nur eine

neral Gamelin danach. Dieser antwortete: »Ach ja, der Vaulgrenant-Bericht. Ja, von dieser Sorte gab es mehrere[55].«

mehr oder weniger symbolische, rasch ins Rheinland vorstoßen zu lassen, reine Fantasie«. Die französische Armee, so sagte er, habe keine »Expeditionsstreitmacht. Es gibt sie einfach nicht. Unser Militärsystem ist nicht darauf eingerichtet.« Dann erklärte er mit der geduldigen Ausführlichkeit, für die er ein so großes Talent besaß, auf was das französische Militärsystem denn eigentlich eingerichtet sei.

Unsere aktive Truppe stellt lediglich den Rahmen für die mobilisierte nationale Armee dar . . . 400 000 unter Waffen stehende aktive Soldaten für 3 Millionen Eingezogene. Keine unserer Einheiten kann sofort einsatzbereit gemacht werden.

Dann berichtete er, die bereits an die französisch-deutsche Grenze entsandten Verstärkungen seien »lediglich zur Verstärkung unserer Verteidigungskraft« gedacht. »Sie taugen nur zum *statischen* Einsatz auf eigenem Gebiet. Unsere Offensivkraft wird dadurch nicht verstärkt.«

Um Offensivkraft zu erlangen, um überhaupt irgendwelche vorwärts gerichteten Aktionen in die entmilitarisierte Zone unternehmen zu können, müsse die Regierung zuerst die »verstärkte *couverture*« anordnen. Dadurch würden innerhalb von acht Tagen 1,2 Millionen Mann zum Kampf bereitstehen. Und was konnte man mit einer so großen Streitmacht anfangen? General Gamelins Antwort bestand darin, daß er zwei sehr begrenzte Manöver andeutete, die ihm vorschwebten und die, wie er betonte, »das geringste Risiko« darstellten. Es ging um einen kurzen Vorstoß auf schmalster Front ins Saarland und den Einmarsch nach Luxemburg. Bisher hatten die Deutschen noch nicht die Absicht erkennen lassen, in das winzige Großherzogtum zwischen Deutschland, Frankreich und Belgien einzurücken. »Die Vorbereitung jedes der beiden Schritte«, so erklärte er, »würde *acht* Tage dauern.« Diese Mitteilung »betäubte« Sarraut regelrecht, wie er sich später erinnerte. Er wollte die französische Armee ins Rheinland einmarschieren sehen, wo sich die Deutschen aufhielten, und nicht nach Luxemburg, wo sie nicht waren. Er wollte außerdem wissen, ob das alles wäre, was Gamelin vorzuschlagen hätte. Gamelin erwiderte:

Jede andere Operation würde in beträchtlichem Maße all die Nachteile mit sich bringen, die begrenzte Aktionen nun einmal an sich haben . . . Natürlich kommt es zunächst gar nicht in Frage, den Rhein zu erreichen, an dem sich die Deutschen praktisch bereits eingerichtet haben.

Da Kehl am anderen Rheinufer gegenüber von Straßburg läge, könne man es nicht einnehmen, nicht einmal Saarbrücken, dicht an der Grenze des Saarlandes. Straßenkämpfe brächten »Schwierigkeiten«

mit sich. Städtische Zusammenballungen bedeuteten »echte Stützpunkte. So gesehen, ist Saarbrücken eine Stadt, die sich über ein gewaltiges Industriegebiet erstreckt. Es wäre absurd, sich dort ›blutige Nasen‹ zu holen.«

Der Armeechef malte ein düsteres Bild dessen, was geschehen könnte, wenn die Franzosen allmählich sehr tief ins Rheinland vorstießen. »Dort würden wir nicht nur auf die bereits vorhandenen Streitkräfte stoßen«, deren Stärke er in grotesker Weise übertrieb, »sondern auf die deutsche Hauptarmee. Dann würde es mehrerer Armeen und der Mobilisierung unserer gesamten Streitkräfte bedürfen*.« Ein Zusammenstoß mit dem Gros der deutschen Armee erschien ihm gar nicht erstrebenswert. »Deutschland ist uns an menschlichen und industriellen Reserven weit überlegen . . . Für einen langen Krieg brauchten wir Verbündete.« Zu diesem Thema hatte er einige Fragen; er schien überhaupt stets von Fragen überzuquellen.

Werden uns die Belgier durchlassen? Wird Italien auf unserer Seite oder gegen uns stehen, oder wird es neutral bleiben? Was werden Polen, die Tschechoslowakei, Rußland unternehmen, um deutsche Kräfte im Osten zu binden? Kurzum . . . wenn sich Deutschland zum Kampf stellt, kann ein totaler Krieg ausbrechen, den die Regierung kühlen Kopfes bedenken muß.

Was dem Ministerpräsidenten an jenem Abend vorschwebte, war eine Polizeiaktion gegen eine kleine Gruppe deutscher Soldaten, die singend durchs Rheinland zogen. Statt dessen erklärten ihm seine Generäle, er solle an einen totalen Krieg mit all seinen Gefahren denken. Sodann zählte General Gamelin, unterstützt vom Luftwaffengeneral Pujo, »die ganze Skala der Gefahren« auf, wie sich Sarraut erinnerte.

Unser Eindringen ins Rheinland kann einen (deutschen) Angriff auf uns nach sich ziehen, der wie 1914 durch Belgien erfolgen könnte, Luftangriffe auf Paris, auf unsere Basen und Sammelpunkte, auf London, Brüssel, Liège usw., dann Angriffe (deutscher) U-Boote, den Artilleriebeschuß unserer Städte am Rhein wie Straßburg, Mühlhausen usw.

Die Generäle übertrieben die Bedrohung durch Bombenangriffe der deutschen Luftwaffe, die erst vor knapp zwei Jahren aufgestellt worden war und zu diesem Zeitpunkt der französischen noch keinesfalls

* Wie Sarraut sagt, versuchte er seinen Generälen drei Gründe gegen eine Generalmobilmachung zu verdeutlichen: 1. war sie unnötig für die Polizeiaktion, die er forderte, 2. würde sie die durch fünf Jahre Depression ohnehin sehr angespannte Wirtschaft des Landes ruinieren, und 3. würde sie, wie er sich ausdrückte, »eine legitime Polizeiaktion, zu der wir in jeder Weise berechtigt waren, in eine praktische Kriegserklärung verwandeln, für die ganz Europa dann Frankreich verantwortlich machen werde«[58].

überlegen war. Aber ihre Schätzung der am 9. März im Rheinland befindlichen deutschen Truppen ist so übertrieben, daß sie schon lächerlich wirkt.

Man kann verstehen, daß der Parlamentarische Untersuchungsausschuß nach dem Kriege zu der Vermutung gelangte, diese Übertreibung sei »eine Art Alibi« dafür gewesen, daß das Oberkommando nicht handeln wollte.

In General Gamelins Protokoll von dem Kriegsrat des 9. März wird die *augenblickliche* militärische Stärke der Deutschen in der entmilitarisierten Zone auf »295000 Mann mit dem Kampfwert von einundzwanzig bis zweiundzwanzig Divisionen« angegeben. Aber davon waren 235000 Mann gar keine Soldaten, und weitere 30000 gehörten der Landespolizei an. Reguläre Soldaten waren nur 30000. Das französische Oberkommando führt in seiner Liste der am 9. März im Rheinland stationierten deutschen Truppen 90000 »Armeeangehörige« an – »30000 von der Wehrmacht, 30000 von der Landespolizei und 30000 vom Arbeitsdienst; sie bilden sechs bis sieben Divisionen«. Nun war, wie jeder Korrespondent in Berlin wußte, der Arbeitsdienst Anfang 1936 keine militärische Einheit. Die Männer exerzierten mit Spaten und wurden hauptsächlich für staatliche Bauarbeiten eingesetzt.

Aber diese Übertreibung genügte dem General nicht. Er zählt zu den bereits im Rheinland befindlichen deutschen Streitkräften noch 205000 »Hilfstruppen als Grundlage für fünfzehn Grenzsicherungsdivisionen« hinzu. Diese setzten sich, wie er sagte, folgendermaßen zusammen: »130000 SA, 25000 SS und 30000 NSKK.«

Das ist glatter Schwindel. Jeder, der damals wie der Autor in Berlin arbeitete, ganz gewiß aber die französischen Militärattachés, wußte, daß die paramilitärischen Formationen der NS-Partei keinerlei militärischen Wert besaßen. Die SA war ein Haufen untrainierter Parteigenossen, das NSKK eine Truppe von Meldefahrern mit Motorrädern, die SS damals nichts weiter als eine ausgesuchte Leibwache für Hitler und andere Parteiführer.

Jean Dobler, der französische Generalkonsul in Köln, dessen Warnungen vor einer deutschen Rückeroberung des Rheinlandes man in Paris in den Wind geschlagen hatte, sagte nach dem Kriege hierzu und auch zu anderen Punkten aus, die mit der zögernden Haltung des französischen Oberkommandos zu tun hatten.

Ich habe nicht den Eindruck, daß man diesen vier Formationen . . . SS, SA, NSKK und Arbeitsdienst, irgendeinen militärischen Wert beimessen kann . . . Sie hätten nicht über Nacht im Rheinland gegen unsere Streitkräfte kämpfen können . . . Mir erscheint es als übertrieben, die Angehörigen dieser Formationen zu den Truppen zu rechnen, die sich im März 1936 im Rheinland befanden[59].

Doch General Gamelin zählte sie nicht nur mit, sondern er erklärte der Regierung[60] auch, »diese paramilitärischen Formationen können rasch in die reguläre Armee eingegliedert werden«*. Um dieser Phantomgruppe entgegentreten zu können, verlangte General Gamelin die verstärkte *couverture*, die ihm 1,2 Millionen Mann zur Verfügung stellen würde. Er wies den Ministerpräsidenten darauf hin, diese Streitmacht werde pro Tag 30 Millionen Francs kosten. Gleichsam um die bittere Pille mit Schokolade zu überziehen, warf Kriegsminister General Maurin ein, vor irgendwelchen Maßnahmen müßte natürlich erst eine »industrielle Mobilisierung« vorgenommen werden. Erneut erklärte der Ministerpräsident, daß er ja nur eine Polizeiaktion verlange. Er sagte zu den beiden Generälen: »Schließlich haben Sie es doch nur mit einer symbolischen Streitmacht von rund dreißig Bataillonen zu tun.« Aber die Militärs bestanden darauf, nicht nur eine Million Soldaten, sondern auch noch die Industrie zu mobilisieren.

Das war noch nicht alles. Da waren auch noch Flotte und Luftwaffe. General Pujo, Chef der Luftwaffe, malte ein düsteres Bild von deutschen Fliegerbomben, die auf Paris und andere Städte herniederregnen könnten. Er verlangte eine sofortige totale Mobilisierung nicht nur der Luftwaffe, sondern auch der Luftabwehr im ganzen Lande – und General Gamelin hielt das »nur für logisch«. Admiral Durand-Viel verkündete, wie Gamelin berichtet: »Die Kriegsmarine kann ohne ihre eigene totale Mobilisierung überhaupt nichts von Bedeutung unternehmen.« Schließlich faßte der Kriegsminister die Lage zusammen: »Man kann nur zweierlei tun: Sicherheitsvorkehrungen treffen – das haben wir getan; Schritte zu einem gewaltsamen Vorgehen auf deutschem Boden einleiten – diese können schließlich zum Kriege führen.« Da der Ministerpräsident wußte, daß niemand – weder die Regierung noch das Parlament, noch das Volk, noch, wie es schien, die Armee – den Krieg wollte, fühlte er sich völlig mattgesetzt. Die Generäle wollten oder konnten die Polizeiaktion, die er für aus-

* Im Zeugenstand vor dem Parlamentarischen Untersuchungsausschuß nach dem Krieg versuchte Dobler General Gamelin und dem Oberkommando die Ausflüchte nachzuweisen, mit denen sie sich vor möglichen Aktionen der Franzosen im Rheinland drückten. »General Gamelin wurde empfohlen, Kehl und Saarbrücken zu besetzen. Kehl ist von Straßburg so weit entfernt wie die Madeleine von der Deputiertenkammer (das heißt, ein paar Straßen), Saarbrücken liegt dicht an der Grenze. Aber General Gamelin erwiderte, er könne nicht einmal nach der *couverture* den Rhein bezwingen, und es sei gefährlich, Saarbrücken zu besetzen. Schließlich waren die Deutschen erst seit vier Tagen in Kehl; wir waren immerhin seit achtzehn Jahren in Straßburg, und nichts war zur Rheinüberquerung unternommen worden, als es auf deutscher Seite noch keine Befestigungen gab und wir über die Artillerie verfügten, um Kehl damit einzudecken. Was General Gamelin als Ziel vorschwebte, war die Besetzung des linken Saarufers zwischen Saarbrücken und Mertzig, ein unbedeutender Landstreifen, vielleicht ein Hundertstel der entmilitarisierten Zone.«

Mit seiner nächsten Frage stieß Dobler zum Kernproblem vor: »Welche Sicherheit verlieh uns die entmilitarisierte Zone überhaupt, wenn die deutsche Armee sie in vierundzwanzig Stunden zurückerobern konnte und wir frühestens acht Tage später zu einer Antwort imstande waren? Es ist unbegreiflich, daß der Generalstab bis zum 7. März 1936 warten mußte, bis er der französischen Regierung diese Situation klarmachte[61].«

reichend hielt, nicht durchführen. Später gab er seine Gedanken nach Gamelins langer Klagerede folgendermaßen wieder:

Warum knirschte der Chef der Armee nicht mit den Zähnen, warum schlug er nicht mit der Faust auf den Tisch und legte in Gegenwart der Regierung ein klingendes Treuebekenntnis ab? Warum vergrößerte er bewußt die Hindernisse, um jedem Handeln vorzubeugen – warum schrie er nicht seinen Zuhörern ins Gesicht: »Wir müssen marschieren. Es ist unsere Pflicht. Wir werden siegen. Etwas anderes gibt es gar nicht[62].«

Der Ministerpräsident, ein Zivilist, war nicht als einziger von der Ängstlichkeit der Armeechefs enttäuscht. Tony Albord, damals ein junger Stabsoffizier, später General, hörte sich einen ganz ähnlichen Vortrag an, den General Gamelin zwei Tage später, am Abend des 11. März, vor dem Obersten Kriegsrat hielt. Nach dem Kriege erinnerte er sich daran[63]:

Jeder wartete . . . auf wichtige Entscheidungen. Die Sitzung wurde eröffnet. General Gamelin erläuterte die Situation, wie sie sich aus seiner Sicht darbot, und erklärte dann die Maßnahmen, die er der Regierung empfohlen hatte. Tiefes Schweigen legte sich auf die Versammlung. Der General sprach mit hohler Stimme, den Blick ins Leere gerichtet. Vielleicht eilten seine Gedanken seinen Worten voraus, denn er redete, wie es seine Gewohnheit war, die Sätze nicht zu Ende. Mitten hinein in sein Gestammel fiel das Wort »Generalmobilmachung« wie ein schwerer Felsklotz.

Konnten wir denn wirklich nichts unternehmen, ohne bis zum Äußersten zu gehen? War es in diesem Augenblick nicht vielmehr eine Frage der Kühnheit und Schnelligkeit? Das zumindest waren die Gedanken, die dem bescheidenen und schweigsamen Mitarbeiter damals durch den Kopf gingen. Aber zweifellos würden sich die Stimmen Berufener erheben und eine kühne Lösung des Problems vorschlagen. In dieser Versammlung mußten sich doch einige Jünger Fochs befinden, ein paar Schüler Mangins . . .

Konnten wir nicht unsere Straßburger Division nach Kehl oder Landau werfen, die aus Nancy nach Saarbrücken, die aus Metz nach Trier? Das war offenkundig die militärische Seite des Problems. Doch die Regierung schien, wenn man nach ihren öffentlichen Erklärungen urteilte, beschlossen zu haben, sofort und energisch zu handeln, notfalls auch allein. Jede Initiative dieser Art würde daher sicherlich die Unterstützung dieser Regierung finden . . .

Die Armeegeneräle zeigten sich von den Worten ihres Oberbefehlshabers überrascht und überwältigt. Sie verhielten sich zunächst schweigsam oder erhoben nur nebensächliche Einwände. In Trauer, Enttäuschung und Schrekken schleppte sich die Sitzung hin. Schließlich endete sie in völliger Verwirrung.

Einige von denen, die nun nach Hause gingen, erkannten auf der Stelle, daß Frankreich soeben seine erste Niederlage erlitten hatte. Diese Niederlage bestand in der Duldung eines untauglichen militärischen Systems, unbeweglich, unfähig, sich neuen Gegebenheiten anzupassen, das uns zwingen wollte, entweder mit einem Hammer eine Fliege zu erschlagen oder den Hammer unverrichteterdinge wieder aus der Hand zu legen, weil er zu schwer und in der Handhabung zu gefährlich war.

Da wir uns 1935 und 1936 unfähig zeigten, einen Gegenschlag mit den geeigneten Instrumenten auszuteilen, wurden wir langsam, aber sicher in den nicht mehr fernen Krieg gedrängt. Und wir waren dazu verurteilt, diesen Krieg mit einem starren, längst überholten Militärsystem zu beginnen.

Viel Gerede und wenig Taten

Edens Unterhausrede vom Montag nachmittag hatte die Franzosen nicht zu großen Hoffnungen ermutigt, als er dann am Dienstag morgen in Begleitung von Lord Halifax in Paris eintraf*. Er hatte dem Unterhaus zwar versichert, Großbritannien würde es für seine »Ehrenpflicht« halten, Belgien und Frankreich im Falle eines Angriffs zu Hilfe zu eilen, aber er hatte hinzugefügt: »Glücklicherweise kann ich sagen, daß es keinen Grund zu der Befürchtung gibt, die gegenwärtige deutsche Aktion könnte drohende Feindseligkeiten nach sich ziehen.« Er hatte dem Parlament zwar erklärt, die Besetzung des Rheinlands hätte »das Vertrauen in jegliche Verpflichtung, die die deutsche Regierung in Zukunft eingehen mag, erheblich erschüttert«, fügte aber dennoch hinzu, die britische Regierung werde Hitlers neue »Friedensvorschläge ernsthaft und objektiv« prüfen, um festzustellen, ob sie eine neue Möglichkeit zur Bewahrung der »Friedensstruktur« enthielten.

Er schloß mit den Worten: »Wenn wir den Frieden wollen, dann ist der Wiederaufbau unsere vordringlichste Pflicht**.«

Als sich die Vertreter der vier Locarno-Mächte am Dienstag morgen am Quai d'Orsay in Paris trafen, wurde rasch die im Gegensatz zur britischen Politik stehende französische Haltung offenkundig: Wenn wir den Frieden wollen, müssen wir die Deutschen auf der Stelle aus dem Rheinland hinauswerfen. Zu diesem Zwecke verlangte der französische Außenminister wirtschaftliche, finanzielle und militärische

* Nach Angabe eines britischen Historikers wurde Eden seit dem Beginn der Krise von seinen Kabinettskollegen sorgfältig beobachtet und kontrolliert. Deshalb wurde auch Halifax mit ihm nach Paris geschickt (obgleich Eden in seinen Memoiren behauptet, das sei auf seinen Wunsch geschehen). Dieselbe Quelle versichert, Edens Unterhausrede sei von seinem Kabinett redigiert worden [64].

** Der Hauptleitartikel dieses Tages in der *Times,* die bereits auf eine Beschwichtigungspolitik gegenüber Hitler eingeschwenkt war, die zwei Jahre später in der Münchener Krise gipfeln sollte, stand unter der Überschrift: »Eine Chance des Wiederaufbaus«.

Sanktionen. Was Flandin da sagte, dachte Eden, ist weitaus ernster als alles, was zuvor gesagt wurde. Flandin behauptet, sogar noch weiter gegangen zu sein, als Eden es darstellt[65]. Er sagte, Frankreich sei bereit, die Deutschen aus eigener Kraft aus der entmilitarisierten Zone hinauszujagen; er wolle weiter nichts als die moralische Unterstützung durch die anderen Locarno-Mächte. Das war ein reiner Bluff. Eden vermutete es, konnte aber seiner Sache nicht ganz sicher sein. Er wiederholte Großbritanniens Einwände gegen ein einseitiges Vorgehen Frankreichs und wurde dabei zu Flandins Überraschung von dem belgischen Ministerpräsidenten Paul van Zeeland unterstützt, der schon über die geringste Kriegsgefahr entsetzt war.

Der italienische Botschafter sagte gar nichts und weigerte sich, in die Diskussion einzugreifen, weil sein Land Sanktionen des Völkerbundes unterworfen war. Was Eden nach Flandins Angaben vorschlug, war etwa folgendes: Wenn sich Frankreich bewaffneter Schritte enthielte, könnte man Deutschland auf dem Verhandlungswege dazu veranlassen, sich – wenn schon nicht aus dem Rheinland zurückzuziehen – darauf zu beschränken, in der Wiederbesetzung eine »symbolische« Maßnahme zu sehen und darauf zu verzichten, das Rheinland zu befestigen*. Er war »froh«, wie er zu Flandin sagte, »daß keinerlei Versuch unternommen wurde, bei diesem Treffen zu einem Beschluß zu gelangen«. Nur ein Beschluß wurde gefaßt: Die Gespräche sollten fortgesetzt werden, aber nicht, wie zuerst vorgesehen, in Genf, sondern in London. Die Locarno-Mächte wollten sich am 12. März wieder treffen, die Sitzung des Völkerbundsrates sollte am 14. März beginnen. Für Frankreich war das ein diplomatischer Mißerfolg. Das erkannte auch Flandin, als sich die Versammlung auflöste. Er will zu den Briten gesagt haben: »Verhandlungen werden zu nichts führen, oder sie werden bestenfalls einen neuen Rückzug sanktionieren. Und diesmal wird dieser Rückzug von entscheidender Bedeutung sein, weil er zu einer ganzen Serie weiterer Rückzüge führen wird.« Zumindest in dieser Hinsicht erwies sich der französische Außenminister als zuverlässiger Prophet.

In London hatte er bei den Briten nicht mehr Erfolg als in Paris. Am Abend des 14. März hatte er beim Dinner in der Downing Street Nr. 10 ein entscheidendes Gespräch mit Premierminister Baldwin**. Der Premierminister erklärte ihm, wie er später berichtet, daß »er die

* Nach London zurückgekehrt, ließ Eden Hitler über den deutschen Botschafter ersuchen, in einen Abzug der Truppen bis auf eine symbolische Besatzung einzuwilligen und »nichts zur Befestigung der Zone zu unternehmen, zumindest nicht in dem Zeitraum, der zur Aushandlung der Verträge und der Normalisierung der internationalen Lage erforderlich ist«. Am folgenden Tag antwortete Hitler, er sei damit einverstanden, die Zahl der bereits im Rheinland stehenden deutschen Truppen nicht zu erhöhen, aber er »erwähnte nicht die Befestigungen«, wie Eden vermerkt[66].

** Uns liegt darüber nur sein eigener Bericht vor, und der muß, wie verständlich sein dürfte, mit einiger Vorsicht genossen werden[67]. Eden erwähnt dieses Zusammentreffen in seinem ausführlichen Bericht über die Verhandlungen in London nicht.

französische Haltung wohl verstünde, mir aber ganz offen sagen müsse, daß Britannien nicht das geringste Risiko eingehen könne, das eventuell zum Krieg führe«.

Baldwin erklärte, er verstünde zwar nur wenig von Außenpolitik, aber er könne um so zuverlässiger die Einstellung des britischen Volkes interpretieren. Das Volk will den Frieden.

Flandin erwiderte, der beste Weg zur Erhaltung des Friedens bestehe darin, Hitlers Ehrgeiz einen Riegel vorzuschieben, solange das noch möglich sei.

Ich fügte hinzu, Frankreich versuche nicht, Großbritannien in einen Krieg hineinzuziehen. Es werde selbst alle Risiken einer Maßnahme auf sich nehmen, die weiter nichts sei als eine schlichte Polizeiaktion . . . Wir bitten ja nur darum, daß Sie uns dabei freie Hand lassen.*

Baldwin hörte mir zu. Er diskutierte nicht darüber, sondern hielt mir immer wieder mit demselben Kehrreim vor: Britannien sei nicht in der Lage, einen Krieg zu riskieren. Als ich jegliches Kriegsrisiko bestritt, schloß er: »Sie mögen recht haben. Aber wenn auch nur eine Chance von einem Prozent besteht, daß sich aus Ihrer Polizeiaktion ein Krieg entwickeln könnte, habe ich kein Recht, für England eine Verpflichtung einzugehen. England ist ganz einfach nicht imstande, Krieg zu führen.«

Flandin folgerte: »An diesem Abend begriff ich, daß ich trotz aller Bemühungen nicht die britische Zustimmung zu unserer militärischen Intervention im Rheinland erhalten würde.«

Trotz seiner Bemühungen? Hat er sich denn überhaupt bemüht? Später ließen ein französisches Militärpapier und Edens Aussagen daran Zweifel aufkommen. Es existiert ein Protokoll einer Sitzung der Militärs vom 13. März unter Vorsitz von General Georges; sie wurde zur Beratung eines dringenden Telefonanrufs von Flandin aus London einberufen – Flandin wollte noch am selben Abend eine Antwort haben. Der Außenminister wollte wissen, welche Konzessionen die Franzosen einräumen konnten, falls die Deutschen im Rheinland verblieben, und welche Garantien man verlangen solle. Wäre es »unpraktisch«, so erkundigte er sich, einer Regelung zuzustimmen, nach der Deutschland und Frankreich an der Grenze die gleiche Truppenstärke unterhielten? Wäre es ferner »unpraktisch«, sich darauf zu ei-

* Dazu bemerkt Winston Churchill in seinen Memoiren: »Das ist ganz bestimmt nicht wahr. Wie hätte Großbritannien Frankreich von einer Maßnahme abhalten können, zu der es nach dem Vertrag von Locarno berechtigt war[68]?« Nachdem wir gesehen haben, was die Generäle Gamelin und Maurin Flandin und der Regierung gesagt hatten, ist es durchaus möglich, daß Flandin bluffte oder daß ihn sein Gedächtnis hinsichtlich dessen, was er zu Baldwin gesagt haben will, im Stich läßt. Gamelin hatte doch dem Ministerpräsidenten am 9. März mitgeteilt, allein schon die Idee einer Polizeiaktion sei reine »Fantasie«.

nigen, daß keines der beiden Länder in Grenznähe neue Befestigungen errichtete[69]?

Flandin befand sich trotz der mutigen Worte, die er den Briten ins Gesicht geschleudert haben will, auf dem Rückzug. Eden bezeugt in seiner Darstellung der Londoner Gespräche, der französische Außenminister habe sich privat und öffentlich unterschiedlich geäußert. Privat habe er sich mit der Wiederherstellung der deutschen Militärhoheit in der Zone unter der Bedingung abgefunden, daß diese nur »symbolisch« sei und daß keine Befestigungen gebaut würden[70]. In diesem Sinne bemühten sich die Briten nunmehr darum, die Locarno-Mächte und den Völkerbundsrat zu überreden, Hitlers gewagten Schritt als vollendete Tatsache hinzunehmen, ihn zu verurteilen, einen Versuch zur Eindämmung eventueller Konsequenzen zu unternehmen und dann den Franzosen ein Bonbon hinzuwerfen.

Am 19. März, zwölf Tage nach der Besetzung des Rheinlandes durch die Deutschen, verurteilte der Rat des Völkerbundes auch Deutschland wegen dieses Verstoßes gegen die Verträge von Versailles und Locarno. Es war nur eine leere Geste. Zwei am selben Tag getroffene Vereinbarungen schienen handfester zu sein: eine Abmachung zwischen den Locarno-Mächten und eine zweite zwischen Großbritannien und Frankreich. Die Locarno-Mächte einigten sich darauf, wie Eden es ausdrückte, »unsere Verpflichtungen aus dem Vertrag zu bekräftigen«. Aber welchen Wert hatte diese Bekräftigung, wenn die Briten soeben diese Verpflichtungen verleugnet hatten? Sie forderten Deutschland auf, die Streitkräfte in der entmilitarisierten Zone nicht zu verstärken und auch keine Befestigungsanlagen zu errichten. Sie ersuchten Deutschland, die Besetzung eines 20 Kilometer breiten Streifens auf der deutschen Seite der Grenzen mit Belgien und Frankreich durch eine gemischte Truppe der vier Garantiestaaten von Locarno hinzunehmen; eine internationale Kommission sollte zu ihrer Überwachung eingesetzt werden. Zweck dieser »Ansuchen« war es, die Wiederbesetzung der Rheinlandzone als »symbolisch« erscheinen zu lassen. Falls Deutschland diesen Bedingungen zustimme, seien die Locarno-Mächte bereit, mit Hitler in Verhandlungen über seine »Friedensvorschläge« einzutreten und auch über eine Revision des Rheinlandstatuts zu verhandeln. Schließlich gaben die Locarno-Mächte bekannt, daß Gespräche zwischen ihren Generalstäben stattfinden würden. Falls sie damit Hitler Angst einjagen wollten, so schlug der Versuch fehl. Er lehnte die Vorschläge ab.

Flandin tat sich viel um das letzte Ergebnis zugute, das er in London am 19. März erzielte: ein Schreiben der britischen Regierung des Inhalts, daß die britische Regierung im Falle eines Fehlschlagens der Verhandlungen mit Deutschland nicht nur zu Konsultationen mit Frankreich über die »neue Lage« bereit sei, sondern ihm auch im Falle eines unprovozierten Angriffs helfen werde. Die Garantie sollte auf

Gegenseitigkeit beruhen. Der Kontakt zwischen den Generalstäben beider Länder war »herzustellen und aufrechtzuerhalten«. Einen ähnlichen Brief erhielt auch Belgien. Für Flandin bedeutete dieses Schreiben, das er entgegennehmen durfte, nach seinen eigenen Worten ein Äquivalent zu einem britisch-französischen Militärbündnis – ähnlich dem, das Frankreich 1914 gerettet hatte. Er ging in seinen Behauptungen noch weiter: Der Brief sei eine britische Garantie gegen alle weiteren Übergriffe der Deutschen im Rheinland; er verpflichte die Briten, den Franzosen automatisch beizustehen, wenn es darum ging, die Deutschen an einer Verstärkung der deutschen Truppen im Rheinland oder dem Bau von Befestigungsanlagen zu hindern.

Dieser Punkt war, wie sich schließlich herausstellte, von rein akademischer Bedeutung. London und Berlin tauschten Vorschläge und Gegenvorschläge für die in Aussicht genommenen Verhandlungen aus, die schließlich zu Edens bekanntem Fragebogen an Hitler vom 7. Mai führten. Inzwischen waren seit dem Handstreich im Rheinland genau zwei Monate vergangen*. Der »Führer« hielt es nicht der Mühe wert, ihn zu beantworten. Die geforderten Antworten hatte er schließlich schon lange zuvor in *Mein Kampf* erteilt. Die Verhandlungen der Locarno-Mächte über das Rheinland und über Hitlers »Friedensvorschläge« verliefen im Sande, ehe sie ernsthaft begonnen hatten. Ebenso erging es der Krise selbst. Deutschland verfügte nunmehr über die uneingeschränkte militärische Kontrolle über das Rheinland. Straßburg lag im Feuerbereich deutscher Geschütze.

Was wurde aus der britischen Garantieerklärung vom 19. März? Flandin sagt, sie sei bei den nachfolgenden französischen Regierungen »schlicht und einfach in Vergessenheit geraten«. Als die Deutschen mit der Befestigung des Rheinlands begannen und damit die im britisch-französischen Abkommen vorgesehene »neue Lage« schufen, dachte die gerade amtierende Regierung in Paris nicht daran, sich auf das Abkommen zu berufen[72].

Konsequenzen: Rückblick auf die Rheinlandkrise

Nach dem Krieg versuchte der Parlamentarische Untersuchungsausschuß herauszufinden, warum Frankreich nichts gegen Hitlers Handstreich im Rheinland unternommen hatte und ob ein derartiger Versuch, falls er unternommen worden wäre, erfolgreich verlaufen

* Hier einige der Fragen: War Deutschland nunmehr bereit, »echte Verträge« abzuschließen? Hatte Deutschland die Absicht, den territorialen und politischen Status quo in Europa zu respektieren? Bekannte sich Deutschland zu dem Prinzip der Nichteinmischung und des Nichtangriffs? War es bereit, einen Nichtangriffspakt mit Rußland zu unterzeichnen? Den meisten Beobachtern erschienen diese Fragen als ziemlich absurd. Sie klangen wie die Fragen einer zimperlichen, altjüngferlichen Tante an ihren aufsässigen Neffen. Eden erklärte später, ihr eigentlicher Zweck hätte darin bestanden, »Hitlers wahre Absichten zu enthüllen«[71].

wäre. Alle noch überlebenden Hauptzeugen, Zivilisten wie auch Militärs, wurden dazu vernommen.

General Maurin, der damalige Kriegsminister, wurde von dem konservativen Deputierten Louis Marin vernommen, der sich im Gegensatz zu den meisten seiner Kollegen der Rechten den Deutschen bis zuletzt widersetzt hatte.

MARIN: *Herr General, was hat das Kriegsministerium in jenen Tagen vor dem 7. März, als jedermann den (deutschen) Schritt erwartete, getan?*

GENERAL MAURIN: *Nichts Besonderes . . .*

MARIN: *Aber worin bestand die Planung? Um die Deutschen an einer Überquerung des Rheins zu hindern, gehörte doch wohl mehr dazu, als ein paar Soldaten in Alarmbereitschaft zu versetzen. Das Militär verfügte doch sicherlich über einen Plan. Hatte das Kriegsministerium einen solchen Plan?*

GENERAL MAURIN: *Nein, daran erinnere ich mich nicht. Wenn man eine Überquerung des Rheins verhindern wollte, mußte man erst einmal an den Rhein gelangen. Und zwar mit Artillerie. Das bedeutete Krieg . . . Niemand im Kabinett wollte einen Krieg. Niemand im ganzen Land wollte ihn. Als der Entschluß gefallen war, daß niemand den Krieg wollte, hatten wir uns damit abzufinden*[73].

Noch ausweichender drückte sich General Gamelin in seiner Aussage nach dem Krieg aus. Er versuchte, das Militär und vor allen Dingen sich selbst zu entlasten, und gab der Regierung die Schuld daran, daß gegen die Deutschen in der entmilitarisierten Zone nicht vorgegangen worden war. Er bewies ein bemerkenswertes Talent, wenn es darum ging, den Schwarzen Peter weiterzureichen. Marin versuchte, wie schon bei General Maurin, ihn festzunageln.

MARIN: *Der Generalstab wurde doch im voraus gewarnt. Warum hat er nicht einen Gegenschlag vorbereitet, der automatisch erfolgen konnte und die Überquerung des Rheins (durch die Deutschen) verhindert oder sie dabei vernichtet hätte?*

Gamelin erwiderte, der Generalstab hätte doch gewisse Vorbereitungen getroffen, nämlich den begrenzten Vorstoß ins Saarland. Aber Marin blieb hartnäckig.

MARIN: *Nun, wenn Sie , wie Sie sagen, tatsächlich etwas vorbereitet hatten, warum wurde dann nichts unternommen?*

GAMELIN: *Zur Ausführung des Plans hätten wir Reserven gebraucht. Unsere Armee von 1936 konnte nichts unternehmen, ehe sie nicht durch diese gesetzlich vorgeschriebenen Maßnahmen verstärkt worden war.*

Er beschuldigte die Regierung, sie hätte ihm die zum Handeln erforderlichen Mittel nicht in die Hand gegeben. Er beschuldigte sie, den Briten nachgegeben zu haben.

DER PRÄSIDENT *(des Ausschusses): Hat Ihnen denn Ministerpräsident Sarraut gesagt, warum die Regierung beschlossen hatte, nichts zu unternehmen?*

GAMELIN: *Ja. Es war wegen England. Er sagte mir: »Die Engländer werden nicht marschieren*[74]*.«*

Auch Sarraut tadelte in seiner Aussage nach dem Krieg[75] die Briten:

Wir hatten das Recht, allein vorzugehen . . . Aber die Briten sagten: Wenn Sie allein marschieren, wird das zu einem Bruch zwischen uns führen! . . . Angesichts dieses Risikos sprach sich die Mehrheit meiner Regierung dagegen aus, allein etwas zu unternehmen . . . Die Briten wollten um keinen Preis etwas von bestimmten Maßnahmen hören. Wenn wir etwas unternommen hätten, wäre das der Bruch gewesen – und damit unsere völlige Isolierung. Sonst war niemand da. Die Belgier schlossen sich den Briten an. Die Italiener spielten natürlich ihr eigenes Spiel. Wir standen völlig allein da.

Doch den Briten die Schuld für die französische Untätigkeit zuzuschieben, war, wie Churchill sagte, »zwar eine Erklärung, aber keine Entschuldigung . . ., da es um eine für Frankreich lebenswichtige Sache ging«[76].

Dieser Meinung war auch Reynaud. In seinen Augen war das »eine schlechte Ausrede . . . und ein Alibi für das Versagen der französischen Regierung«.

Aus der Entfernung eines ganzen Jahrzehnts gelangte der Parlamentarische Untersuchungsausschuß zu einer toleranteren Haltung gegenüber dem britischen Verhalten in der Rheinlandkrise. Nachdem er zu dem Schluß gelangt war, daß Frankreich zusammen mit Polen und der Tschechoslowakei* am 7. März 1936 Deutschland in militärischer Hinsicht eindeutig überlegen waren, zog er die Behauptung in Zweifel, Großbritannien hätte einen Bruch für den Fall angedroht, daß die Franzosen in die entmilitarisierte Zone einmarschierten.

Unter den gegebenen Bedingungen hätten uns die britischen Einwände nicht zu beeindrucken brauchen. Ein Bruch der französisch-britischen Freundschaft stand nicht zur Debatte . . . Im Frühjahr 1936 konnte Großbritannien nicht bewaffnet vorgehen. Aber Frankreich, das bei weitem nicht im gleichen

* Polen und die Tschechoslowakei verfügten 1936 gemeinsam über mehr ausgebildete Soldaten als Deutschland. Darüber hinaus war die tschechoslowakische Armee dank der Rüstungsproduktion der Skodawerke besser ausgerüstet. Beide Regierungen gaben sofort zu verstehen, daß sie zu ihren vertraglichen Verpflichtungen stehen und Frankreich zu Hilfe eilen würden, falls Frankreich im Westen in Feindseligkeiten mit Deutschland verwickelt werden sollte. Doch soweit sich aus den verfügbaren Dokumenten erkennen läßt, hat General Gamelin niemals den Wert der Armeen Polens und der Tschechoslowakei mit berücksichtigt, wenn er das Risiko einer französischen Aktion berechnete (und übertrieb).

Ausmaß abgerüstet hatte wie die Briten, wäre imstande gewesen, Hitler Achtung vor dem internationalen Recht beizubringen . . .

Aus allen Unterlagen geht hervor . . ., daß Großbritannien die Entscheidungsfreiheit Frankreichs in jeder Weise respektierte. Großbritannien riet dringend von militärischen Maßnahmen ab. Aber niemals drohten die offiziellen Depeschen oder die Worte britischer Staatsmänner mit einem Bruch für den Fall, daß Frankreich das in Locarno anerkannte Recht auf legitime Selbstverteidigung allein wahrnahm . . . England hat uns in loyaler Weise über seine Haltung und seine Möglichkeiten informiert. Seine Politik stand weitgehend unter dem Einfluß unserer eigenen Wankelmütigkeit. Der traditionelle Pragmatismus britischer Staatsmänner hätte zu anderen Lösungen geführt, wenn französische Truppen am Morgen des 7. März, als sich die Deutschen in Bewegung setzten, die Grenze überquert und der entmilitarisierten Zone den nötigen Respekt verschafft hätten[77].

Wäre die französische Armee in der Lage gewesen, die Deutschen zu vertreiben? Der Parlamentarische Untersuchungsausschuß bejaht diese Frage nach Prüfung aller verfügbaren Beweise.

Das Verhältnis der vorhandenen Streitkräfte hätte Frankreich allein in die Lage versetzt, die deutschen Truppen aus dem Rheinland zu jagen. Aber es war erforderlich, sofort zu handeln . . . Ein sofortiger und machtvoller Gegenschlag hätte unsere Truppen bis an den Rhein gebracht und uns die Bildung von Brückenköpfen auf dem rechten Flußufer gestattet; Deutschland wäre dadurch in eine äußerst ungünstige strategische Lage geraten. Falls es dennoch die Absicht gehabt hätte, die Feindseligkeiten fortzusetzen, hätten wir unsere Offensive durch die Täler von Ruhr, Main und Neckar bis in Deutschlands wichtigste Zentren vortragen können. Damals verfügte Hitler noch nicht über die Streitkräfte von 1939 . . .

Aber offenbar war uns auch der geringste Gegenschlag unmöglich, ohne eine Million Männer zu den Fahnen zu rufen . . . Um drei Bataillione der Wehrmacht zu vertreiben, mußten wir die gesamte französische Armee in Kampfbereitschaft versetzen und sogar auch noch die ganze Nation mobilisieren[78].

Wenn sich die Franzosen gewehrt hätten – was wäre dann geschehen? Was hätten die Deutschen unternommen? Hitler gab später selbst die Antwort auf diese Frage.

Wären die Franzosen damals ins Rheinland eingerückt, hätten wir uns mit Schimpf und Schande zurückziehen müssen, denn die militärischen Kräfte, über die wir verfügten, hätten keineswegs auch nur zu einem mäßigen Widerstand ausgereicht[79].

General Jodl, ein aufgehender Stern im Oberkommando der Wehrmacht und einer der besten Köpfe, sagte bei den Nürnberger Prozessen aus: »Ich kann nur sagen, in dieser Lage hätte uns allein die französische *armée de couverture* hinweggeblasen[80].«

Hätte das Hitler das Genick gebrochen und den Fall des Dritten Reiches bedeutet (und den Zweiten Weltkrieg vermieden)? Hitlers eigene vertrauliche Antwort darauf ist uns überliefert. Lange Zeit später sagte er in der Erinnerung an das Hasardspiel im Rheinland: »Ein Rückzug unsererseits hätte den Zusammenbruch bedeutet . . . Die achtundvierzig Stunden nach dem Einmarsch ins Rheinland sind die aufregendste Zeitspanne in meinem Leben gewesen[81].«

Für Frankreich war der Verzicht auf einen Widerstand gegen die Rückeroberung der entmilitarisierten Zone eine Katastrophe, die viele andere noch verheerendere nach sich zog. Die beiden westlichen Demokratien hatten ihre letzte Chance versäumt, dem nationalsozialistischen Deutschland ohne ernsthaftes Kriegsrisiko Einhalt zu gebieten und – wie Hitler selbst eingestanden hat – den Nazidiktator sowie ein Regime zu stürzen, das es auf die Eroberung Europas abgesehen hatte, sobald es nur voll aufgerüstet war. Sie ließen die günstige Gelegenheit verstreichen.

Die gesamte europäische Friedens- und Sicherheitsstruktur, wie sie 1919 geschaffen worden war, brach zusammen. Die französischen Bündnisse mit den Ländern östlich von Deutschland wurden hinfällig. Sobald Hitler das Rheinland befestigt hatte, würde die französische Armee selbst unter energischeren Generälen nicht mehr imstande sein, rasch nach Deutschland vorzustoßen, um den östlichen Alliierten zu Hilfe zu eilen, falls diese angegriffen werden sollten. Die französische Armee war nicht einmal mehr imstande, das Gros der deutschen Streitkräfte im Westen zu binden. Sie würden zum Überfall auf Polen und die Tschechoslowakei frei werden. Das erkannte man sehr rasch in Prag und Warschau – und noch etwas anderes: Wenn die französische Armee zu ängstlich war, in das wehrlose Rheinland vorzudringen, würde sie es erst recht nicht wagen, sobald dieses Gebiet befestigt war und von Waffen starrte.

Die Nachgiebigkeit Frankreichs und Großbritanniens am 7. März 1936 und danach festigte auch Hitlers Position in Deutschland. Das Volk jubelte über diesen Beweis der Stärke und zeigte seine Freude auch in der Volksabstimmung vom 29. März: 98,8 Prozent stimmten der Aktion zu. Das geglückte Hasardspiel sicherte ihm eine weitere Überlegenheit gegenüber seinen Generälen, der letzten Gruppe in Deutschland, die noch einige Macht gehabt hätte, seinem Größenwahn entgegenzutreten. Sie hatten die französische Armee gefürchtet. Er hatte ihnen bewiesen, wie unbegründet diese Furcht war. Und er hatte ihnen im Osten neue Möglichkeiten für militärische Eroberungen eröffnet.

Frankreich verlor eigentlich nicht nur seine Verbündeten im Osten, sondern auch einen Verbündeten im Westen. Belgien trat aus dem Militärbündnis aus und wurde am 24. April 1937 von Großbritannien und Frankreich auch von seinen Verpflichtungen aus dem Locarno-Vertrag und der Londoner Vereinbarung vom 19. März entbunden. Damit kehrte Belgien zur alten Neutralität zurück. Die Initiative zu diesem törichten Schritt ergriff der junge König Leopold III. bald nach der Krise vom 7. März, aber er wurde dabei von allen Parteien, auch den Sozialisten, sowie von der großen Mehrheit des Volkes unterstützt. Nicht nur die großen westlichen Nationen wurden blind gegenüber ihren eigenen Interessen – die kleinen wurden es auch. In einer gemeinsamen Erklärung an Belgien versprachen Großbritannien und Frankreich Hilfeleistung im Falle eines Angriffs. Aber einer solchen Garantie kam nur geringer praktischer Wert zu, solang es keine Pläne der drei Generalstäbe gab, diese militärische Hilfe *rechtzeitig* zu leisten. König Leopold und die Regierung lehnten alle Gespräche auf Staatsebene und alle militärischen Übereinkünfte mit der Begründung ab, Belgien habe von Deutschland nicht mehr zu befürchten als von Frankreich. Das war Unsinn.

Frankreich ging auch noch in anderer Hinsicht geschwächt aus dieser Krise hervor. Es hatte sich davor gefürchtet, ohne britische Zustimmung etwas zu unternehmen, und sollte fortan nie wieder etwas ohne vorherige Billigung der Londoner Regierung tun. Damit hatte Frankreich seine unabhängige Außenpolitik aufgegeben. Diese Unterordnung unter Großbritannien wäre nicht so verhängnisvoll gewesen, wenn in London resolute Männer mit ausreichender Kenntnis der Geschichte, auch nur der Gegenwartsgeschichte, das Ruder in der Hand gehabt hätten. Aber die gab es nicht. Churchill hielt sich immer noch in der politischen Wüste auf. Seine konservativen Parteifreunde verwehrten ihm einen Posten im Kabinett. Neville Chamberlain sollte schon bald Baldwins Nachfolger als Premierminister werden – ein Mann, der schon jetzt der Überzeugung huldigte, ein Krieg ließe sich durch eine Verständigung mit Hitler vermeiden. Italien, das noch vor einem Jahr ein Verbündeter gegen Deutschland zu sein schien, war wegen der Sanktionen verlorengegangen und ließ bereits ein Umschwenken auf die andere Seite erkennen.

In Frankreich selbst führte die Furcht vor einem Krieg wegen der entmilitarisierten Zone, so unwahrscheinlich diese Möglichkeit auch sein mochte, zu einem verstärkten Pazifismus auf der Linken. Sie unterstützte tatkräftig die von der Regierung an den Tag gelegte Politik der Nichteinmischung in Hitlers Glücksspiel im Rheinland. Auf der Rechten breiteten sich eine weitere Enttäuschung über England und eine Verzweiflung aus, die sich schon bald zu regelrechtem Defätismus auswuchsen. Immer mehr setzte sich in konservativen Kreisen die Überzeugung durch, NS-Deutschland verkörpere die Strömung der Zukunft und Frankreich müsse sich damit abfinden. Zu diesem Schluß gelangten Flandin, Laval und viele andere. Schließlich und endlich hatte die Krise vom 7. März die Schwäche der Armee und die Ängstlichkeit des Oberkommandos, insbesondere, General Gamelin, aufgedeckt. Wenn diese Erkenntnis, die Sarraut, Flandin und Paul-Boncour so schockiert hatte, die Regierung veranlaßt hätte, die müden alten Generäle hinauszuwerfen und sie durch jüngere, energischere Männer zu ersetzen (wie Hitler es in Deutschland getan hatte), wenn man die Armee in einer Weise reorganisiert hätte, daß sie zu mehr taugte, als nur hinter der Maginotlinie zu kauern – dann wäre der Rückschlag für das ganze Land nicht so schlimm ausgefallen.

Als Sarraut nach dem Kriege vor dem Parlamentarischen Untersuchungsausschuß aussagte, wurde er eines Tages von Michel Clemenceau, dem Sohn des alten Tigers – der im Ersten Weltkrieg auch keine Zauderer als Generäle geduldet hatte –, gefragt, warum der Ministerpräsident den General Gamelin nicht gefeuert hätte, nachdem er sich als ein derartiger Defätist und, wie Clemenceau sagte, »kaum als ein großer Krieger« entpuppt hatte. Sarraut erwiderte: »Dazu wäre es erst nötig gewesen, die menschliche Psychologie zu verändern.«

Gamelin war Joffres Adjutant gewesen. Man glaubte, er hätte Joffres Lehre, seine Begabung, seine Erfahrung geerbt. Er war zudem äußerst intelligent . . . Einer der ernstesten Fehler der Politiker und Regierungsangehörigen bestand darin, daß sie dem Militär immer ein von Ängstlichkeit durchdrungenes absolutes Vertrauen entgegenbrachten. Die einzige Ausnahme bildete Ihr Herr Vater . . . Die anderen schreckten immer davor zurück, sich in militärische Kreise einzumischen. Das ist dumm, aber so ist es nun einmal[82].

Nach dem 7. März scheint der Ministerpräsident einige Wochen lang daran gezweifelt zu haben, ob es richtig war, Gamelin den Oberbefehl über die Armee zu belassen. Am 4. April rief er den General zusammen mit den Stabschefs der beiden anderen Waffengattungen und den drei zuständigen Ministern in sein Büro und fragte ohne Umschweife: »Sind denn unsere Bodentruppe und die Luftwaffe tatsächlich unfähig, irgend etwas zu unternehmen?« Als Gamelin aalglatt versicherte, die beiden Waffengattungen seien »kriegsbereit« – obgleich die Ereignisse der vorangegangenen Woche das Gegenteil bewiesen hatten –, ließ Sarraut das Thema fallen[83]. Seine Übergangsregierung bereitete sich jetzt, als die Wahlen unmittelbar bevorstanden, ohnehin auf die Übergabe der Amtsgeschäfte vor. General Gamelin und General Georges, der Generalquartiermeister der Armee, behielten ihre Spitzenposten. Sie kommandierten die französischen Armeen auch noch, als es vier Jahre später zur härtesten Prüfung kam – zu einer Prüfung, die sich hätte vermeiden lassen, wenn sie am 7. März 1936 resoluter vorgegangen wären.

Wenn an diesem wichtigen Tag das militärische Oberkommando viel zu wünschen übrigließ, so galt das auch für Regierung, Presse und Volk. Es war ein kollektives Versagen, das Frankreichs Tatkraft lähmte, ein Versagen, das sich seit langem anbahnte. Der Parlamentarische Untersuchungsausschuß stellte über ein Jahrzehnt später fest: Es war »das Ergebnis von siebzehn Jahren des Leichtsinns, der Illusionen, der Selbstzufriedenheit. In dem Augenblick, da die deutsche Wehrmacht den Rhein überschritt, begann Frankreich für die ungeheuren Fehler zu bezahlen, die es in der Außen- und Militärpolitik seit 1919 begangen hatte . . . Intellektuelle und moralische Schwächen sind der Grund für unseren Rückschlag[84].«

Doch im Frühjahr 1936 war das Land nicht in der richtigen Stimmung, über die Gründe dieses Rückschlags oder seine schicksalhaften Folgen nachzudenken. Es wurde in den erbittertsten Wahlkampf hineingezogen, den die Dritte Republik seit jener gewaltigen Schlacht zwischen MacMahon und Gambetta, zwischen der Rechten und der Linken, im Jahre 1877 erlebt hatte. Die meisten Franzosen interessierte es nicht, daß ihrem Land von außen her ein vielleicht tödlicher Schlag zugefügt worden war – ihnen ging es um die Frage, ob sich die Wähler zum erstenmal seit der Schaffung der Dritten Republik für eine echte Linksregierung, nämlich die Volksfront, entscheiden würden, die sich verpflichtet hatte, die von den Konservativen der Mittel- und Oberschicht so lange und so erfolgreich verteidigte soziale und wirtschaftliche Struktur der Nation zu reformieren. Für die Linke, die Koalition von Radikalen, Sozialisten und Kommunisten, hätte eine militärische Intervention im Rheinland die glänzenden Aussichten auf einen Wahlsieg zunichte gemacht. Für die Rechte, die von der Furcht vor den Kommunisten und vor radikalen Änderungen – und seien sie noch so überfällig – besessen war, erschien es nun wichtiger, der Volksfront an der Wahlurne Einhalt zu gebieten, als Hitler am Rhein.

17 Weitere Spaltung Frankreichs – die Volksfront und der Spanische Bürgerkrieg 1936–1937

Léon Blum, der Sozialistenführer und einer der Hauptbegründer der Volksfront-Koalition, konnte sich nicht aktiv in den Tumult des Wahlkampfes einschalten, der seinen Höhepunkt in der Wahl am 26. April 1936 und den Nachwahlen eine Woche später fand. Er war ein Opfer des derzeit grassierenden rechtsextremen Gangstertums geworden. Am 13. Februar hatte ihn eine Gruppe royalistischer Schlägertypen so übel zugerichtet, daß er seinen Verletzungen fast erlegen wäre.

Léon Blum fuhr zusammen mit seinem sozialistischen Kollegen Georges Monnet und dessen Frau im Wagen von der Deputiertenkammer zum Essen. Da wurden sie auf dem Boulevard Saint-Germain, in der Nähe der Rue de l'Université, vom Leichenzug für den vor vier Tagen verstorbenen royalistischen Historiker Jacques Bainville aufgehalten. Eine Gruppe junger Fanatiker von der *Action Française* und den *Camelots du Roi* erkannte den sozialistischen Politiker und ging sofort auf ihn los. Die Jugendlichen zerschlugen die Autofenster, rissen die Türen heraus, stießen die beiden Monnets beiseite, zerrten Blum aus dem Wagen und schlugen ihn, begleitet von Fußtritten, gnadenlos zusammen. Er wurde von einigen Bauarbeitern gerettet, die in der Nähe die Mauern des Kriegsministeriums reparierten; sie eilten ihm zu Hilfe und befreiten ihn aus den Händen der Rowdys. Blum blutete stark, vor allem aus einer Wunde an der Schläfe. Er wurde ins Krankenhaus gebracht und verbunden. Unter den Nachwirkungen des Schocks und des starken Blutverlustes litt er noch mehrere Wochen lang. Die Rekonvaleszenz verbrachte er in seinem Heimatort Vincent Auriol in Südfrankreich.

Selbst die Deputierten des rechten Flügels waren über diesen neuesten Ausbruch des Straßenterrors schockiert und verurteilten ihn ebenso wie die anderen. Noch am selben Nachmittag löste die Regierung Sarraut durch eine Verordnung die *Action Française* und zwei ihrer Studentenorganisationen auf. Charles Maurras, der Führer der *Action Française,* wurde später unter Anklage gestellt, der Anstiftung zum Mord für schuldig befunden und zu vier Monaten Gefängnis verurteilt*. Immer wieder hatte er in Leitartikeln auf der Titelseite dazu aufgerufen, »diesen naturalisierten deutschen Juden, oder den Sohn eines solchen, dieses Monstrum der demokratischen Republik« auf diese oder jene Weise zu beseitigen. Eine dieser Methoden hatte Maurras am 9. April des vorangegangen Jahres auf Seite 1 der *L'Action Française* empfohlen: »Das ist ein Mann«, schrieb er über Blum, »den man erschießen muß – aber von hinten.«

Die Mißhandlung des Sozialistenführers bescherte der Front Populaire einen Märtyrer und verbesserte damit ihre Chancen bei der Wahl. Die Arbeiter und die liberalen Elemente des Mittelstandes wurden angeregt, härter um den Sieg zu kämpfen. Viele brave Bürger erkannten mit Schrecken, daß im eigenen Vaterland der Faschismus drohte. Die Erklärung, die am darauffolgenden Tag in den Spalten

* Maurras wurde zwei Jahre später in die Académie Française gewählt.

vom *L'Action Française* zu lesen war, erhöhte auch nicht gerade die Glaubwürdigkeit der extremen Rechten in den Augen der Kräfte der Mitte: Der Überfall auf Blum sei eine bewußte Provokation gewesen, ein teuflischer Plan, ausgeheckt von Polizei, Bolschewiken und Briten, um die Royalisten in Mißkredit zu bringen und den Sowjets den Weg zur Macht im Lande zu ebnen. Diese Gemäßigten, die wegen ihrer Anzahl in jeder Wahl den Ausschlag gaben, waren zutiefst beunruhigt. Von der Rechten wurden sie gewarnt, ein Sieg der Volksfront würde die sofortige Bolschewisierung Frankreichs nach sich ziehen; die Linke machte ihnen klar, nur eine Volksfrontregierung könne das Land vor dem Faschismus erretten. Sie wollten weder den Kommunismus noch den Faschismus. Aber viele von ihnen hielten die Zeit für einen Wandel für gekommen; sie glaubten ebenso wie die amerikanische Wählerschaft im Jahre 1932, nur ein Neubeginn könne das Land aus dem Elend der Depression herausführen. Ihre Stimmen würden zu denen des gewaltigen Blocks von Arbeitern, Büroangestellten, kleinen Kaufleuten und sogar Bauern hinzukommen, die fest daran glaubten, daß nur eine Volksfrontregierung dem Volk einen neuen Aufschwung bringen könne.

Trotz heftiger Regenfälle, die am Sonntag, dem 26. April, über weiten Teilen Frankreichs niedergingen, wurde eine Rekord-Wahlbeteiligung verzeichnet: 85 Prozent aller Wahlberechtigten gaben ihre Stimme ab. Trotz beträchtlicher Gewinne der linken Koalition – die Kommunisten erhielten 700000 Stimmen mehr als 1932 – brachte die Wahl, was die Sitzverteilung in der Kammer betraf, keine Entscheidung. In 424 der 598 städtischen Wahlbezirke Frankreichs erhielt keiner der Kandidaten die erforderliche absolute Mehrheit, so daß Neuwahlen am nächsten Sonntag erforderlich wurden. Hier bewies die Volksfront, was ihre Disziplin wert war. Abgesehen von ganz wenigen Ausnahmen, wurde im zweiten Wahlgang, bei dem nur die relative Mehrheit erforderlich war, von allen linken Parteien der Kandidat unterstützt, der im ersten Wahlgang die meisten Stimmen erhalten hatte – gegen die verschiedenen Kandidaten der Rechten.

Das Abstimmungsergebnis fiel ziemlich knapp, aber doch klar aus: 5628921 Stimmen für die Kandidaten der Volksfront, 4218345 Stimmen für ihre Gegner. Aber dank der Einigkeit, die die Volksfront in den Nachwahlen bei der Stimmenkonzentration bewiesen hatte, zog sie mit einer großen Mehrheit – 378 zu 220 Sitze – in die Kammer ein. Hauptgewinner waren die Sozialisten und die Kommunisten. Mit 1977000 Wählerstimmen wurden die Sozialisten zum erstenmal in der Geschichte der Dritten Republik die stärkste Partei in Frankreich. Sie konnten die Zahl ihrer Abgeordneten von 97 auf 146 erhöhen. Im Verhältnis gesehen, schnitten die Kommunisten noch besser ab. Sie verdoppelten die Zahl ihrer Wählerstimmen auf eineinhalb Millionen und versiebenfachten die Zahl ihrer Deputierten – statt mit bisher 10

Mann zogen sie nun mit 72 in die neue Kammer ein. Zum erstenmal stellten die Kommunisten in der Kammer eine zahlenmäßig bedeutsame Fraktion. Die sozialistisch-kommunistischen Gewinne gingen hauptsächlich auf Kosten des bürgerlichen Verbündeten, der Radikalsozialisten, der bisher stärksten Partei im Land. Ihr Stimmenanteil sank um 400000 auf 1955060, die Zahl ihrer Sitze in der Kammer von 159 auf 116. Ihre Beteiligung an den konservativen Regierungen der vergangenen zwei Jahre sowie ihre Unterstützung für die deflationistischen Maßnahmen dieser Regierungen hatten viele ihrer Anhänger weiter nach links rücken lassen.

Die Massen waren begeistert über den Sieg, den sie auf friedliche und demokratische Weise an den Wahlurnen erzielt hatten. Er gab ihnen Auftrieb und erfüllte sie mit neuer Hoffnung. Das Elend der Arbeiter und Büroangestellten beschreibt ein gemäßigter französischer Historiker als »erschütternd«, und er fügte hinzu: »Der Egoismus und die Blindheit des französischen Bürgertums forderten eine revolutionäre Bewegung heraus«[1]. In einem Augenblick, da große Gefahren von außen und innen das Land bedrohten, hielt er – wie viele andere auch – die Volksfront für die vielleicht letzte Chance, das Proletariat, das so lange im Exil, auf eigenem Grund, existiert hatte, in die Nation zu integrieren. Zum drittenmal innerhalb eines Jahrhunderts klopfte die riesige Arbeiterklasse an die Tore der Stadt. 1848 und 1871 waren die Arbeiter trotz ihrer erfolgreichen Revolutionen abgewiesen worden. Jetzt, im Frühjahr 1936, fühlten sie sich sicher, eingelassen zu werden. Der Wahlsieg hatte ihren Vertretern die beherrschende Rolle in der Regierung zugewiesen. Es stimmte schon, daß die sozialistischen und kommunistischen Führer sie im voraus darauf hingewiesen hatten, ein Sieg der Volksfront werde kein Signal zu einer Revolution sein. Aber er versprach doch wenigstens längst überfällige soziale und wirtschaftliche Reformen: höhere Löhne, bezahlten Urlaub, kürzere Arbeitszeit und das Recht auf Tarifverhandlungen für alle Angestellten; ferner eine neue Politik zur Ankurbelung der stagnierenden Wirtschaft, Maßnahmen gegen finanzielle Spekulationen und eine »Demokratisierung« der Bank von Frankreich – sie sollte der Nation dienen und nicht nur jenen »Zweihundert Familien«, die sie kontrollierten. Es würde zwar keine Revolution stattfinden, aber doch eine Reform.

Die Oberschicht, betroffen vom Sieg der Volksfront, erkannte diesen Unterschied nicht. In ihren Augen hatten die »Bolschewiken« die Herrschaft über die Regierung erlangt. Sie sahen Frankreich bereits am Rande einer roten Revolution stehen. An der Börse entstand eine Panik. Schatzbriefe fielen innerhalb einer Woche von 7830 auf 7365 Francs. Eine Kapitalflucht und ein kopfloser Run auf Gold setzten ein. Am Ende der Woche nach den Wahlen hatte die Bank von Frankreich 2,5 Milliarden Francs an Goldreserven verloren.

Die eifrigen Bemühungen der Besitzenden, ihr Kapital ins Ausland zu verlagern, zielte offenbar nicht nur auf den Schutz des eigenen Geldes ab, sondern es sollten damit die Anstrengungen der Volksfront um eine Belebung der inländischen Wirtschaft durch einen produktiven Kaptaleinsatz sabotiert werden. Im Ausland war das Kapital für den Besitzer zwar »sicher«, aber es ging der Nationalökonomie verloren, die seiner dringend bedurfte. Diese Form der Sabotage war bereits nach dem Wahlsieg des *Cartel des Gauches* in den Wahlen von 1924 erfolgreich gegen die Regierung Herriot angewandt worden.

In der Erkenntnis, daß sich eine massive Kapitalflucht für das Land verheerend auswirken würde, bemühten sich die führenden Politiker der Volksfront noch vor Übernahme ihrer Ämter, den Kapitalisten zu versichern, daß ihre Geldsäcke auch im Inland sicher seien. Doch diese Zusicherungen trafen nur taube Ohren. Während des ganzen Monats Mai – während Blum ungeduldig die Amtsübernahme erwartete – fuhren die Reichen in geradezu hektischem Tempo fort, ihre Francs in Auslandswährung umzutauschen und Gold zu kaufen und zu horten. Die untaugliche Regierung Sarraut wollte keine Maßnahmen dagegen ergreifen. Blum und sein designierter Finanzminister Vincent Auriol bemühten sich um die Wiederherstellung des Vertrauens in Geschäfts- und Finanzkreisen, indem sie versprachen, auch sie würden das Recht des Kapitalisten respektieren, mit seinem Geld zu machen, was ihm beliebte.

Obgleich die Bürger ihren Willen auf die einzige Art und Weise bekundet hatten, die ihnen in einer Demokratie offensteht, nämlich an den Wahlurnen in jenem Frühjahr, war es ihnen offenbar nicht gelungen, die Kluft zu verringern, die die Franzosen trennte – in Besitzende und Habenichtse, in Rechte und Linke. Im Gegenteil. Aus den hysterischen Reaktionen der Rechten auf den Sieg der Volksfront war zu erkennen, daß die alte Spaltung, trotz aller Erklärungen Blums, er hoffe im Interesse der Gesellschaft und des Landes, die widersprüchlichen Klasseninteressen unter einen Hut zu bringen, nur noch tiefer und breiter wurde. Den objektiven Beobachtern – im Frühjahr 1936 gab es davon nur wenige in Frankreich – erschien es zweifelhaft, ob der Lauf der französischen Geschichte in dieser Hinsicht geändert werden konnte.

Ein Versuch wurde unternommen.

Gleich am Morgen nach den Wahlen, am 4. Mai, gab Blum die Erklärung ab, die Sozialistische Partei sei als stärkste Partei der Volksfront und der Kammer zur Regierungsbildung bereit. Dreißig Jahre lang hatte sich diese Partei geweigert, in einer »bürgerlichen« Regierung mitzuwirken, selbst 1924 und 1932, als eine linksgerichtete Mehrheit in die Kammer einzog und die damals vorherrschenden Radikalsozialisten die führenden Sozialisten gebeten hatten, zusammen mit ihnen ein Kabinett zu bilden. Blum und seine Parteifreunde hatten ihr ganzes politisches Leben in der Opposition zugebracht. Jetzt, mit vierundsechzig Jahren und ohne die geringste Kabinettserfahrung, brannte der Sozialistenführer darauf, sein Glück zu versuchen, »ohne einen Augenblick zu verlieren«.

Er gab sich, was ihn selbst und seine Aufgabe betraf, kaum irgendwelchen Illusionen hin. In seiner ersten Rede nach den Wahlen sagte er am 10. Mai vor dem Führungsgremium seiner Partei: »Ich weiß nicht, ob ich die für eine so schwierige Schlacht erforderlichen Führerqualitäten besitze.« Amerikanische Leser werden sich dabei an ähnliche Äußerungen Adlai Stevensons erinnern. Genau wie Stevenson neigte auch Blum zu Zweifeln an sich selbst, Selbstkritik und einer Gewissenserforschung in aller Öffentlichkeit*.

Er hatte auch kaum Illusionen, was die Frage betraf, wie weit die Volksfront bei der Erneuerung der Nation gehen konnte. In einer Rede auf dem sozialistischen Parteikongreß wies er seine Anhänger am 31. Mai, kurz vor seiner Amtsübernahme, darauf hin, die Volksfront habe nicht das Mandat zur Änderung der bestehenden kapitalistischen Wirtschafts- und Sozialordnung erhalten. Es bestehe ein Unterschied, so erklärte er, zwischen »der Ausübung der Macht im Rahmen der kapitalistischen Gesellschaftsordnung und der revolutionären Machtergreifung«.

Weder die Sozialisten allein noch die proletarischen Parteien gemeinsam verfügen über eine Mehrheit. Unsere Mehrheit stützt sich auf eine Koalition der Arbeiterklasse und des Mittelstandes, die sich um das Programm der Volksfront gebildet hat. Es ist unsere Aufgabe, dieses Programm zu verwirklichen.

Er versicherte der ganzen Nation kategorisch:

Wir werden im Rahmen des gegenwärtigen Regimes handeln, auf dessen Widersprüche und Ungerechtigkeiten wir im Verlauf der Wahl hingewiesen haben . . . Das eigentliche Problem, das uns dieses Experiment stellt, ist die Frage, ob es möglich sein wird, aus diesem sozialen System ein Maximum an Ordnung, Wohlfahrt, Sicherheit und Gerechtigkeit für alle diejenigen herauszuholen, die arbeiten und produzieren.

* Blums erste Rede nach den Wahlen und Stevensons Worte, mit denen er 1952 die Nominierung durch die Demokratische Partei akzeptierte, spielten auf einen bekannten Bibelspruch an. Nachdem Blum seinen Zweifeln hinsichtlich der eigenen Führerqualitäten Ausdruck gegeben hatte, fügte er hinzu: »Aber ich bin nicht hier, um zu sagen: ›Laßt diesen Kelch an mir vorübergehen. Ich wollte ihn nicht, ich habe ihn nicht verlangt.‹ Ja, ich habe ihn gewollt!« Stevenson gab in ähnlicher Weise seinen Zweifeln an seinen Qualitäten für eine Präsidentschaft Ausdruck – der Kongreß hätte lieber »einen stärkeren, einen weiseren, einen besseren Mann als mich« wählen sollen – und fuhr dann fort: »Ich habe den Gnädigen Vater gebeten, er möge diesen Kelch an mir vorübergehen lassen. Aber vor einer so furchtbaren Verantwortung schreckt man nicht in Angst zurück . . . Wenn also ›dieser Kelch nicht von mir genommen werden kann, ehe ich daraus trinke, dann geschehe Dein Wille‹.«

Da die Legislaturperiode des alten Kabinetts erst Ende Mai auslief, konnte Blum nicht vor dem 1. Juni offiziell sein Amt übernehmen. Noch für einen ganzen Monat mußte man sich mit der »untätigen« Übergangsregierung Sarraut abfinden. Doch die Arbeiter, die sich so lange ruhig und unterwürfig verhalten hatten, waren von ihrem Erfolg bei den Wahlen beflügelt. Sie wollten nicht länger warten. Spontan, ohne Ermächtigung durch ihre Gewerkschaften (die meisten Arbeiter waren nicht organisiert) oder Ermutigung von seiten ihrer politischen Parteien, begannen sie mit einer Serie von Streiks, die zu einer Woge anschwollen, wie sie das Land noch niemals erlebt hatte. Die Streikwelle drohte die Volksfront und sogar das Land zu ruinieren, noch bevor Blum und seine Genossen das Ruder in die Hand nehmen und etwas dagegen tun konnten. Die lahme Sarraut-Regierung legte nur die Hände in den Schoß und unternahm nichts.

Die Streiks begannen in verschiedenen Flugzeugfabriken: Bei Bréguet in Le Havre am 11. Mai, bei Bloch in Courbevoie am 14., bei Nieuport in Issy-les-Moulineaux am 26. Zunächst schien es sich nur um sporadische Streiks zu handeln, die in der Presse kaum Aufsehen erregten. Aber vom 26. Mai an begannen sie sich wie ein Waldbrand auszubreiten. Am 27. Mai streikten die 35000 Arbeiter bei Renault, der größten Automobilfabrik des Landes. Erst jetzt erfuhren die Pariser, daß etwas vorging, was sie noch niemals erlebt hatten. In Anlehnung an amerikanische Vorbilder veranstalteten die Arbeiter einen »Sitzstreik«. Sie besetzten einfach die Fabriken und verjagten die Geschäftsleitung oder sperrten sie in einigen Fällen auch in ihren Büros ein. Diese Mißachtung uralter Besitzerrechte empörte die Konservativen. Später mußte Blum in der Kammer offen zugeben, die Besetzung der Fabriken sei ungesetzlich gewesen. Daß die Streiks friedlich und in aller Ordnung abliefen, daß kein Sachschaden angerichtet wurde, daß die Arbeiter ihre »Sit-ins« in überraschend guter Stimmung veranstalteten, das alles trug keineswegs zur Besänftigung der Rechten bei. Die konservative Zeitung *Le Temps* sah gerade in der Stimmung der Arbeiter eine Bedrohung; vielleicht benahmen sie sich nur deshalb so gesittet, weil sie hofften, die Fabriken unversehrt in ihre Gewalt zu bekommen. Für das rechtsradikale Blatt *Echo de Paris* verhieß die gute Laune der Streikenden noch Schlimmeres. »Alle Revolutionen fangen so an. In Paris hat man sehr den Eindruck, daß die Revolution schon begonnen hat.«

Vergebens flehten die Führer der Sozialisten und Kommunisten sowie die Gewerkschaftsführer die Streikenden an, doch die Arbeit wiederaufzunehmen. Am 3. Juni, einen Tag vor Blums Amtsantritt, befanden sich allein im Gebiet von Paris 350000 Männer und Frauen im Ausstand und fast die doppelte Anzahl im übrigen Land. In den meisten Fällen hatten sie die bestreikten Firmen besetzt. Wenn die Streiks nicht rasch beigelegt werden konnten, drohten sie das ganze

Land zu lähmen. Im Elysée-Palast dachte der nervöse Präsident der Republik, erschüttert von der unerwarteten Entwicklung der Dinge, bereits an seinen Rücktritt. Lebrun hielt nichts von der Volksfront und fürchtete, wie er selbst sagte, ihre »Exzesse«. Als die Streiks immer mehr zunahmen, wollte er Blum überreden, sofort an Sarrauts Stelle zu treten, aber der Sozialistenführer, ein großer Vorkämpfer der Gerechtigkeit, weigerte sich mit der Begründung, das sei verfassungswidrig.

Am Abend des 4. Juni sprach Blum endlich im Palast vor, um dem Präsidenten sein neues Kabinett vorzustellen. Seine Zusammensetzung war nicht so vollständig, wie er sie erhofft hatte. Die Kommunisten hatten sich geweigert, an der Regierung mitzuwirken. Nach außen hin hatten sie erklärt, ihre Anwesenheit im Kabinett würde den Reaktionären einen Vorwand liefern, die neue Regierung zu sabotieren. Sie legten jedoch das Versprechen ab, sie in der Kammer »loyal und vorbehaltlos« zu unterstützen. In Wirklichkeit wollten die Kommunisten ihr Image als wahrhaft revolutionäre proletarische Partei nicht beflecken. Sie glaubten, Blum werde der Gefangene seiner »bourgeoisen« Verbündeten, der Radikalsozialisten, sein und keine wichtigen Änderungen in der wirtschaftlichen und sozialen Struktur des Landes zustande bringen können. Daraus hofften sie mit der Zeit selbst zu profitieren und das ganze Proletariat unter der eigenen Fahne zu vereinen.

Blum konnte sich darüber kaum beklagen. Über ein Jahrzehnt lang hatte er die Sozialistische Partei beschworen, die gleiche Haltung gegenüber Radikalen-Regierungen einzunehmen. Blum hatte auch den Allgemeinen Gewerkschaftsbund zur Teilnahme an der Regierung eingeladen, aber auch die CGT hatte abgelehnt. Die Gewerkschaftsbewegung wollte sich nicht unmittelbar politisch betätigen.

Das Kabinett, das der neue Ministerpräsident Lebrun vorstellte, setzte sich daher aus Sozialisten, Radikalsozialisten und einigen Vertretern linker Splitterparteien zusammen. Es war in zweierlei Hinsicht ein neuartiges Kabinett. Ihm gehörten mehrere noch relativ junge Männer an und zudem drei Frauen als Staatssekretäre – in einem Land ohne Frauenstimmrecht. Madame Joliot-Curie war Staatssekretärin für wissenschaftliche Forschung.

Wie stets während einer Krise, befand sich Lebrun an diesem Abend in einem Zustand höchster Erregung. Er bestand darauf, daß die neue Regierung sofort – »von diesem Augenblick, 9 Uhr abends, an« – die Ministerien des Inneren und der Arbeit übernehmen solle, obgleich ihr nach dem Gesetz zuvor die Kammer hätte das Vertrauen aussprechen müssen; die Streiks und die Bedrohung der öffentlichen Ordnung sollten der Regierung nicht noch mehr entgleiten. Blum erklärte sich damit einverstanden und entsandte sofort Roger Salengro und Jean Lebas in die Ministerien für Inneres und für Arbeit.

Nachdem die neuen Mitglieder der Regierung ihren Eid abgelegt hatten, bat der Präsident den neuen Ministerpräsidenten, bei ihm zu bleiben. Es war ein peinlicher Augenblick für Lebrun, nach dessen Meinung die Volksfront möglicherweise das Land ruinieren würde; auch brachte er Blum nur wenig persönliche Sympathien entgegen. Aber inzwischen dachte er nicht mehr an Rücktritt. Später sagte er, wenn er abgedankt hätte, dann wäre sein Nachfolger ein Kandidat der Volksfront gewesen, da die Linke jetzt über eine Mehrheit in der Nationalversammlung verfügte, die wiederum den Präsidenten wählte. »Ich gab mich der Illusion hin«, erklärte Lebrun, »daß meine Anwesenheit gewisse Mißstände verhindern, gewisse Exzesse eindämmen könnte[2].«

»Die Lage ist schrecklich«, sagte der Präsident zum neuen Ministerpräsidenten. »Wann werden Sie der Kammer Ihre Regierung vorstellen?«

»Übermorgen, am Samstag«, antwortete Blum und erklärte, daß es unmöglich sei, die Kammer zu einem früheren Zeitpunkt einzuberufen.

»Sie wollen bis Samstag warten?« fragte Lebrun. »Ist Ihnen denn nicht klar, was im Lande vorgeht?«

Das wußte keiner besser als Blum, aber er beherrschte sich. Der Präsident bestand darauf, Blum müsse augenblicklich etwas zur Beruhigung des Landes tun. Er beschwor ihn, wenigstens gleich am folgenden Tage im Rundfunk zu sprechen. »Sagen Sie den Arbeitern«, riet er Blum, »daß das Parlament zusammentreten wird und daß Sie es sofort ersuchen werden, die von den Arbeitern geforderten Maßnahmen zu billigen[3].«

Wieder erklärte sich Blum einverstanden, obgleich er Zweifel hinsichtlich der »parlamentarischen Korrektheit« eines solchen Schrittes vor seiner Bestätigung im Amt durch die Kammer hegte. Die Rechte prophezeite ohnehin schon, die Volksfront werde die Verfassung zerreißen und eine Revolution durchführen. Blum, der auf solche Vorwürfe sehr empfindlich reagierte, wollte unter allen Umständen beweisen, wie grundlos derlei Befürchtungen waren.

Am nächsten Tag wandte er sich mittags im Rundfunk an die Nation und insbesondere an die streikenden Arbeiter. Er versicherte ihnen, er werde das Parlament unverzüglich ersuchen, die Gesetze zu verabschieden, »die ihr fordert – das Recht auf Tarifverhandlungen, die Vierzigstundenwoche und bezahlten Urlaub«. Am folgenden Tag, dem 6. Juni, stellte Blum seine Regierung der Kammer vor und erläuterte das Programm der Volksfront. Es sah neben den Maßnahmen zugunsten der Arbeiter ein Programm öffentlicher Arbeiten vor, die Verstaatlichung der Rüstungsindustrie, eine Reform der Bank von Frankreich, ein Weizenbüro zur Stabilisierung der landwirtschaftlichen Preise, eine Heraufsetzung der Schulpflichtgrenze und die

Rückgängigmachung der Kürzungen von Beamtengehältern und Kriegsversehrtenrenten. Ihm wurde mit entscheidender Mehrheit – 384 zu 210 Stimmen – das Vertrauen ausgesprochen.

Das Experiment der Volksfront war gestartet.

Für ihr Debüt hätte sie sich kaum einen ungünstigeren Zeitpunkt aussuchen können. Das Bürgertum war gelähmt vor Angst, die Kapitalflucht hielt an, die Staatskasse war in Schwierigkeiten, die Wirtschaft dem Untergang geweiht, während draußen Mussolini unter Mißachtung des Völkerbundes die Eroberung Äthiopiens vollendete, Hitler seine Stellung im Rheinland festigte und fieberhaft aufrüstete und Spanien unter einer gerade neugewählten eigenen *Frente Popular* rasch in die Anarchie und den so gut wie sicheren Bürgerkrieg abglitt.

Aber nicht genug damit – Blum wurde von Anfang an mit einer Welle von Antisemitismus konfrontiert, wie Frankreich ihn seit den Tagen der Dreyfus-Affäre nicht mehr erlebt hatte. Er richtete sich gegen ihn persönlich, da er Jude war – der erste jüdische Ministerpräsident in der Geschichte Frankreichs. Auf der Eröffnungssitzung der neuen Deputiertenkammer stichelte der rechtsextreme Abgeordnete Xavier-Vallat den Ministerpräsidenten wegen seiner Rasse.

XAVIER-VALLAT: *Ihr Amtsantritt, Herr Präsident, stellt zweifellos ein historisches Datum dar. Zum erstenmal regiert dieses gallisch-romanische Land ein . . .*

HERRIOT *(der Kammerpräsident): Seien Sie vorsichtig mit dem, was Sie sagen . . .*

XAVIER-VALLAT. . . *ein Jude. Ich muß es einmal laut aussprechen, was alle insgeheim denken – daß diese Bauernnation, die Frankreich nun einmal ist, besser jemand regieren sollte, der, und sei seine Herkunft noch so bescheiden, unserem eigenen Boden entwachsen ist, als einen pfiffigen Talmudanhänger zu haben.*

Er warnte davor, daß das Land von nun an von »einem kleinen Judenklüngel« gelenkt würde. Blum war für einen Augenblick außer sich vor Wut, aber bevor er etwas erwidern konnte, erteilte Herriot Xavier-Vallat* einen Verweis und erklärte den Zwischenfall für erledigt. Für die reaktionäre Presse begann die Kampagne jedoch erst.

In *L'Action Française* hatten Maurras und Daudet ihren großen Tag. »Frankreich unter Juden« lautete die Überschrift von Maurras' erstem Leitartikel am Tage nach Blums Amtsantritt. »Wir haben nun eine jüdische Regierung«, warnte er seine Leser. Daudet übertraf ihn noch in der Erfindung beleidigender Beinamen für den neuen Ministerpräsidenten. »Blum, der leise Yidd«, »der radiophone Hebräer«, der ein »kretin-talmudisches Kabinett« leitete. Frankreich, so erklärte Dau-

* Xavier-Vallat landete schließlich in Vichy als ausführendes Organ für die antijüdischen Pétain-Laval-Dekrete.

det, sei in die Zeiten »des Verräters Alfred Dreyfus zurückgefallen. Die Vorherrschaft Léon Blums, eines Rabbiner-Juden, der unseren Bräuchen und Gewohnheiten, unseren Gefühlen und unserer Denkweise völlig fremd gegenübersteht, verzehnfacht die Kriegsgefahr.« Zuvor hatte die Rechte Blum wegen seiner pazifistischen Haltung angegriffen. Nun wurde geschrien, er werde das Land wegen seines Hasses gegen die Faschisten in einen Krieg gegen Italien und Deutschland verstricken. *L'Action Française* nutzte die allgemeine Angst aus. »Man muß Blum als Juden sehen, erkennen, verstehen, bekämpfen und erledigen«, schrieb Maurras. »Dieses letzte Wort mag ein wenig hart klingen. Ich will sogleich hinzufügen, daß Blum keinesfalls physisch niedergeschlagen werden darf – nicht bis zu dem Tage, da seine Politik uns in einen Krieg führt, den er gegen unsere italienischen Freunde führen möchte. An diesem Tage dürfen wir es jedoch nicht versäumen.« Hämisch zitierte Maurras einige Zeilen, die André Gide, dessen literarischer Ruhm in den dreißiger Jahren sehr groß war und der um 1936 gerade seinen naiven Glauben an den Kommunismus ablegte, bereits 1914 geschrieben hatte: Blum sei »viel jüdischer«, als für ihn gut sei.

Das ist darauf zurückzuführen (schrieb Gide), daß Blum die jüdische Rasse als überlegen ansieht, berufen zu herrschen, nachdem sie so lange beherrscht worden war, und daß er es für seine Pflicht hält, mit all seiner Kraft für ihren Triumph zu arbeiten. Zweifellos sieht er den möglichen Aufstieg der Rasse voraus . . . Er scheint zu glauben, daß eine Zeit kommen wird, die die Zeit der Juden sein wird[4].

Am 5. Juni, am Tag nach Blums Amtsantritt, beeilte sich Gide zu erklären, was er 1914 wirklich gemeint habe: daß den Juden eine Leidenschaft für Gerechtigkeit und Wahrheit zu eigen sei und daß diese Blum »bewegt« habe. Er fügte hinzu, der Sieg der Volksfront im allgemeinen und Blums im besonderen stimme ihn außerordentlich froh. Unter einer solchen Führung werde Frankreich sicherlich seine Rolle als »Vorkämpfer der Zivilisation« wiedererlangen[5].

Die Rechte beschwerte sich darüber, Blum habe seine Regierung mit Juden vollgestopft. Henri Béraud nannte in der antisemitischen und faschistisch orientierten Wochenschrift *Gringoire* die Namen von zweiunddreißig Juden, die, wie er sagte, wichtige Posten in den Ministerien erhalten hatten. Darunter befand sich auch ein Dreyfus. Selbst Pertinax (André Géraud), der einflußreiche außenpolitische Pressekommentator, sollte später beklagen, daß Blum unnötigerweise dem Antisemitismus Vorschub leistete, »indem er sich im Amt des Ministerpräsidenten mit zehn, wenn nicht noch mehr Juden umgab«. Dabei hatten in Wirklichkeit nur zwei Juden wichtige Posten in diesem Amt inne: André Blumel, der frühere Sozius in Blums Anwaltsbüro, und Jules Moch, ein junger Marineingenieur. Blum selbst war unter allen Kabinettsmitgliedern der einzige Jude. Erziehungsminister Jean Zay war der Sohn eines jüdischen Vaters und einer protestantischen Mutter, aber er war als Christ erzogen, hatte eine Christin geheiratet und seine Kinder im protestantischen Glauben erzogen.

So mancher französische Jude war stolz darauf, daß einer der Ihren nun zum erstenmal Regierungschef geworden war, aber andere waren darüber gar nicht so glücklich, weil sie fürchteten, diese Tatsache werde im ganzen Land eine neue Welle des Antisemitismus wachrufen. Ein prominenter Rabbi in Paris versuchte aus dieser Befürchtung heraus Blum zu überreden, den Posten des Ministerpräsidenten nicht anzunehmen. Niemand, der nicht damals selbst in Frankreich lebte, kann verstehen, wie verhaßt Blum bei den rechtsradikalen Franzosen war. Sie haßten ihn als Juden, als Sozialisten, als Kopf einer Linksregierung und selbst als empfindsamen Intellektuellen. Eine »gutbürgerliche Dame« fauchte einmal Pertinax an: »Ich möchte gern einmal Blum begegnen – und ihm ins Gesicht spucken[6]!« Auf der Linken wurde Blum als der Mann verehrt, der Frankreich vor dem Faschismus retten, die Bürde der Armen erleichtern, die Depression überwinden und den Frieden bewahren würde.

Kaum hatte Blum das Vertrauensvotum der Kammer für seine Volksfrontregierung erlangt, da bemühte er sich schon um die Beilegung der Sitzstreiks, die im ganzen Land das wirtschaftliche Leben zum Erliegen gebracht hatten. Gleich am nächsten Tag, dem Sonntag, 7. Juni, brachte er im Hôtel Matignon, dem Büro des Ministerpräsidenten, Vertreter der wichtigsten Arbeitgeberorganisationen und des Allgemeinen Gewerkschaftsbundes zusammen. Unter Blums Vorsitz begannen sie um 15 Uhr ihre Beratungen. Noch im Laufe derselben Nacht gelangten sie zu einer Einigung. Die Arbeiter sollten die Fabriken räumen und den Ausstand beenden, dafür sagten ihnen die Arbeitgeber eine Lohnerhöhung von 7 bis 15 Prozent, die Anerkennungs des Prinzips freier Tarifvereinbarungen, das Recht der Gewerkschaften zur Vertretung der Arbeitnehmer gegenüber den Arbeitgebern und den Verzicht auf weitere Repressalien gegen Mitarbeiter wegen des Beitritts zu einer Gewerkschaft zu.

Für einen objektiven ausländischen Beobachter schienen diese Vereinbarungen nichts sehr Aufregendes zu beinhalten. In Frankreich wurden erschreckend niedrige Löhne gezahlt – umgerechnet kaum 45 Pfennig in der Stunde. Das Recht, sich in Gewerkschaften zu organisieren und Tarifverträge abzuschließen, war in England und in den Vereinigten Staaten (vor Hitler auch in Deutschland) bereits weithin akzeptiert. Aber für Frankreich bedeutete die »Matignon-Vereinbarung«, wie man sie nannte, sowohl für Arbeitgeber als auch für Arbeitnehmer etwas radikal Neues. Bisher hatten sich die Arbeitgeberverbände, wie auch die meisten großen Industriekonzerne, geweigert, kollektive Tarife auszuhandeln. Die Konzerne hatten die Gewerkschaften nicht einmal anerkannt und Arbeiter hinausgeworfen, nur weil sie einer Gewerkschaft beigetreten waren. In den meisten Fällen hatten sie allein von oben herab Löhne, Arbeitszeit und Arbeitsbedingungen diktiert. Die Gewerkschaften waren zahlenmäßig zu schwach, sich gegen die Arbeitgeber behaupten zu können. Die Zusammenkunft im Büro des Ministerpräsidenten war tatsächlich das erste Gespräch, das in Frankreich zwischen Vertretern der wichtigsten Arbeitgeber und der Gewerkschaftsorganisationen stattfand. Später behaupteten einige der führenden Unternehmer, man habe sie mit vorgehaltener Pistole zum Verhandeln gezwungen, da ihre Fabriken gesetzwidrig von Streikenden besetzt waren und ein linker Ministerpräsident auf Konzessionen drängte. In Wirklichkeit waren es die Arbeitgeber, die bei Blum auf Verhandlungen mit der CGT gedrungen hatten. Die Arbeitgeber waren zu Zugeständnissen bereit, um – wie sie sagten – eine »Revolution« zu verhindern und ihre Fabriken von den Arbeitern, die sie besetzt hielten, zurückzubekommen.

Die Arbeiterbewegung begrüßte die Matignon-Vereinbarung als einen längst überfälligen großen Sieg. Jouhaux, der Führer der CGT, jubelte: »In einer einzigen historischen Nacht haben wir andere Länder eingeholt und sogar überholt, die seit fünfzig Jahren in diese Richtung marschieren. Der in der Sonntagnacht errungene Sieg bedeutet den Beginn einer neuen Ära.« Die organisierte Arbeiterschaft hatte auch allen Grund zur Freude; denn abgesehen von dem Zugeständnis höherer Löhne und der Anerkennung der Gewerkschaften sowie ihres Rechts auf Tarifabkommen nahm sie die Versicherung der neuen Regierung mit nach Hause, das Parlament werde rasch Gesetze zur Vierzigstundenwoche und zu zwei Wochen bezahlten Urlaubs verabschieden. Die kürzere Arbeitszeit, der bezahlte Urlaub und die allgemeine Lohnsteigerung um durchschnittlich 12 Prozent bedeuteten, wie CGT jubelnd verkündete, in Wirklichkeit eine 35prozentige Lohnverbesserung. Die hochgeachtete Zeitung *Le Temps*, das Sprachrohr der Eisen- und Stahltrusts, stimmte dem mißmutig zu: »Man könnte meinen, daß man nur träumt. Aber die Ziffer (35 Prozent) ist richtig.«

Es dauerte einige Zeit, die Arbeiter zu überreden, die Vereinbarung zu akzeptieren, die Fabriken zu räumen und an ihre Arbeitsplätze zurückzukehren. Es fiel den Gewerkschaftsführern nicht leicht, ihre eigenen Anhänger wieder unter Kontrolle zu bekommen. Vier Tage nach der »Matignon-Vereinbarung«, am 11. Juni, erreichten die Streiks einen neuen Höhepunkt. Sie ergriffen in Paris auch die Warenhäuser, deren Angestellte bekanntermaßen unterbezahlt wurden, sowie die Hotels, Restaurants und Cafés. Auf dem flachen Land machten es die landwirtschaftlichen Arbeitskräfte ihren Brüdern in den Städten nach. Sie legten nicht nur die Arbeit nieder, sondern sie besetzten in vielen Fällen auch die Höfe. Die Regierung schätzte die Gesamtzahl aller Streikenden an diesem Tag auf 1165000, aber sie lag in Wirklichkeit wohl näher bei zwei Millionen. Eine Woche lang bemühten sich Léon Blum und seine Minister Tag und Nacht, die Arbeiter zur Beendigung ihrer Streiks zu überreden. Der Kommunistenführer Thorez warnte sie in einer Rede am 11. Juni: »Ihr müßt nicht nur wissen, wie man einen Streik beginnt, sondern auch, wie man ihn beendet.« Zuerst trafen seine Appelle, wie auch die Blums und seiner Ministerkollegen, nur auf taube Ohren. Leo Trotzki, der sich erst kürzlich von Paris aus in sein neues Exil in Norwegen begeben hatte, fischte von dort aus im trüben. Er erklärte in dieser Woche, daß »die französische Revolution begonnen« habe, und forderte die Arbeiter auf, ihre »Unterdrücker« zu stürzen. Zu ihnen zählte er auch Blum, für den er die gleiche gewaltige Verachtung empfand, die viele Kommunisten gegenüber den Sozialisten an den Tag legten. Am 12. Juni legte das Pariser Organ der Trotzkisten, *La Lutte Ouvrière*, den Arbeitern nahe, sich zu bewaffneten Milizeinheiten zu organisieren. Blum wies die Polizei an, diese Ausgabe der Zeitung zu beschlagnahmen, und erklärte vor der Kammer, daß »seit gestern« gewisse »verdächtige Gruppen, die nichts mit den französischen Gewerkschaften zu tun haben«, versuchten, sich der Streiks zu bedienen und sie zur Unruhestiftung zu mißbrauchen.

Was die Arbeiter zur Beendigung der Streiks veranlaßte, waren nicht so sehr die Bitten Blums, Thorez' und der besorgten CGT-Sprecher, sondern das Tempo, mit dem das Parlament die versprochenen Arbeitsgesetze zu verabschieden begann. Noch nie in all den Jahren der Dritten Republik handelten die Gesetzgeber, von denen viele jetzt tatsächlich das Schreckgespenst einer Revolution fürchteten, mit solcher Eile. »Es kommt auf jede Stunde an«, erklärte Blum vor der Kammer, als er am Tag nach der Matignon-Vereinbarung die neuen Gesetzentwürfe einbrachte. Vier Tage später, am 11. Juni, verabschiedete das Parlament das Gesetz über Tarifverhandlungen mit 528 gegen 7 und das Gesetz über bezahlten Urlaub mit 563 Stimmen gegen 1 Stimme. Über die Vierzigstundenwoche wurde heftiger debattiert, aber auch dieses Gesetz wurde am folgenden Tage mit 385 gegen 175 Stimmen gebilligt. Der konservative Senat brauchte mehr Zeit, aber auch er verabschiedete die drei Gesetze am 17. und 18. Juni mit 279 zu 5, 295 zu 2 und 182 zu 64 Stimmen.

Innerhalb von zehn Tagen hatte das Parlament, das sich seit dem Ende des Ersten Weltkrieges gegen solche Schritte gesträubt hatte, dem Land mit überwältigenden Mehrheiten die einzigen bedeutsamen Sozialgesetze der ganzen Dritten Republik beschert. Blum glaubte, nicht nur sein Versprechen eingelöst zu haben, den Arbeitern zu ihrem Recht zu verhelfen – und das in Rekordzeit –, sondern darüber hinaus, was noch bedeutsamer war, das Land vor einem Bürgerkrieg bewahrt zu haben. Am folgenden Wochenende sagte Roger Salengro, Innenminister und Bürgermeister von Lille, stolz vor seinen Mitbürgern in dieser Stadt: »Wir hatten eine friedliche Revolution. Nicht eine einzige Maschine wurde zerschlagen, kein Tropfen Blutes vergossen. Es war der gewaltigste soziale Aufruhr, den die Republik bisher erlebt hat.«

An diesem Wochenende begannen die Streiks abzuflauen. Angeführt von ihren politischen und gewerkschaftlichen Sprechern sowie von etwas improvisierten Musikkapellen verließen die Streikenden zum Klang martialischer Musik und unter dem Beifall ihrer Gesinnungsfreunde die Fabriken. In den ausgedehnten Renault-Werken am Stadtrand von Paris führten ein sozialistischer Senator und ein kommunistischer Deputierter die Marschkolonne der Streikenden an. Ihnen folgte eine Musikkapelle mit den phrygischen Kappen der glorreichen Revolution von 1792.

Diese Revolution wurde in jenem Sommer, am traditionellen Gedenktag des 14. Juli, mit ganz besonderem Eifer gefeiert. In Paris bewegte sich eine gewaltige Menschenmenge durch die Straßen. Man feierte Blum und die Errungenschaften der Volksfront. Der Ministerpräsident befand sich in Hochstimmung. In einer kurzen Ansprache auf einer Massenkundgebung verglich er das – erst zur Hälfte abgelaufene – Jahr 1936 mit den großen Jahren 1792, 1848 und 1870. Nach langem Kampf hätten die Arbeiter endlich den Zugang zur Stadt errungen. »Jede Anstrengung«, sagte er, »jeder Fortschritt in Richtung auf die soziale Gerechtigkeit bindet die Arbeiter Frankreichs enger an die Republik und an das Land. Es ist das Ziel der Volksfront, ihnen neue Mittel zu seiner Verteidigung in die Hand zu geben ... Die Sache der um soziale Gerechtigkeit kämpfenden Arbeiter und die Sache der um staatsbürgerliche und politische Freiheiten kämpfenden Republikaner müssen sich zu einer unauflösbaren Einheit verbinden.« Diese Ziele hatten ihm ein Leben lang vorgeschwebt. Er glaubte einen guten Grundstein gelegt zu haben. Vier Tage später, 18. Juni, geschah im Ausland, jenseits der Pyrenäen, etwas, das seine Regierung in eine ernste Krise und Frankreich in neue Unruhen stürzte. Beide sollten sich nie wieder davon erholen.

Die Auswirkungen des Spanischen Bürgerkriegs

Die Republik Spanien, die erst vor fünf Jahren nach einer unblutigen Revolution die Monarchie abgelöst hatte und die seitdem in diesem zurückgebliebenen, anarchischen, von Leidenschaften innerlich zerrissenen Land verzweifelt um die nackte Existenz rang, hatte ebenfalls eine Volksfrontregierung. Sie war im Februar gewählt worden, kurz vor derjenigen in Frankreich. Wie in Frankreich hatte sich die

Volksfront den Haß der eingefleischten Konservativen zugezogen, insbesondere der mächtigen römisch-katholischen Kirche und der Armeegeneräle, die im Herzen Monarchisten geblieben waren. Sie waren aus diesem Grunde von der neuen Regierung mattgesetzt worden. Man hatte sie großzügig bei vollen Bezügen pensioniert, in dem naiven Glauben, das würde sie zufriedenstellen und ungefährlich machen. Statt dessen gab ihnen die Pensionierung nur noch mehr Zeit zum Intrigieren. Der Stabschef, General Francisco Franco, war von seinem Posten entbunden und in eine kleine Garnison auf den Kanarischen Inseln versetzt worden, um ihn so weit wie möglich vom Zentrum des Geschehens zu entfernen. Es war bekannt, daß er im Februar an den abgelösten Ministerpräsidenten appelliert hatte, die rechtmäßig gewählte Volksfrontregierung – notfalls mit Waffengewalt – an der Übernahme der Regierungsgeschäfte zu hindern.

Die Volksfrontregierung in Paris war dem Regime der *Frente Popular* in Madrid verständlicherweise freundlich gesonnen – nicht nur aus ideologischen Gründen, sondern auch deshalb, weil Frankreich, das an zwei Seiten an die feindseligen und aggressiven faschistischen Länder Deutschland und Italien grenzte, dadurch an seiner südwestlichen Grenze wenigstens einen freundlichen und gesinnungsgleichen Nachbarn erhielt. Aber Blum und seine Minister waren mit den eigenen Problemen so sehr beschäftigt, daß sie nicht bemerkten, wie sich die Stellung der Volksfrontregierung in Spanien verschlechtert hatte. Im Frühsommer 1936 steckte sie bereits ernsthaft in Schwierigkeiten. Das Land verfiel der Anarchie. Es entglitt der Kontrolle durch die Regierung. Die Arbeiter und Bauern jubelten über ihren Wahlsieg und dürsteten nach Jahren grausamer Unterdrückung, selbst unter der bürgerlichen Republik, nach Rache. Sie brannten Kirchen und Schlösser nieder und ermordeten manchmal auch Priester, Mönche, Nonnen und Adelige. Im ganzen Land brachen täglich neue wilde Streiks aus, viele davon unter Führung der starken, von Anarchisten gelenkten Gewerkschaften. Sie wandten sich gegen *jegliche* Regierung, selbst gegen eine Regierung der Volksfront*. Politische Meuchelmorde auf allen Seiten nahmen so sehr überhand, daß keiner der Führer, ob links oder rechts, mehr seines Lebens sicher war. Und die Generäle, von denen viele beschäftigungslos und einige im Exil oder im Halbexil waren wie Franco, schmiedeten Pläne – nicht nur zur Wiederherstellung der Ordnung, sondern zum Sturz der Republik und zur Wiedereinsetzung des Königs (der letzte Bourbonenkönig Alfonso XIII. war am 13. April 1931 unter recht schmählichen Umständen geflohen) und zur Wiederherstellung der Autorität der Kir-

* Die anarchistische Gewerkschaftsorganisation CNT *(Confederación Nacional del Trabajo)* zählte über eine Million Männer und Frauen als Mitglieder. In keinem anderen Land der Welt gab es so viele, so gut organisierte und so überzeugte Anarchisten. Ihre Gewerkschaft war der etwas größeren sozialistischen Gewerkschaft UGT *(Unión General de Trabajadores)* ebenso feindlich gesonnen wie den Arbeitgebern.

che, die jahrhundertelang so gut wie unangefochten in Spanien geherrscht hatte.

Franco, der sich bald zum Anführer emporschwang, flog mit einer britischen Chartermaschine von den Kanarischen Inseln nach Marokko. Dort meuterte das Militär unter Leitung des jungen Generals am 17. Juli. Am nächsten Tag erfaßte die militärische Erhebung auch Spanien selbst. Sevilla und mehrere andere Städte in Andalusien wurden von den Rebellen besetzt.

Léon Blum wurde, wie er später aussagte, von den Neuigkeiten aus Spanien »völlig überrascht«[7]. Am 18. Juli hatte ihn ein alter Freund besucht, der spanische Sozialistenführer und Rechtsanwalt Jiménez de Asúa, Urheber der republikanischen Verfassung. Als Blum seinen Gast fragte, wie die Dinge in Spanien liefen, hatte ihm dieser geantwortet: »Ganz gut, wir sind sehr zufrieden.« Als der Ministerpräsident zwei Tage darauf sein Büro betrat, fand er ein dringendes Telegramm des neuen spanischen Ministerpräsidenten José Giral vor, das während der Nacht in Klartext in Paris eingegangen war: »WURDEN DURCH GEFÄHRLICHEN MILITÄRCOUP ÜBERRASCHT! ERSUCHEN SIE, UNS SOFORT MIT WAFFEN UND FLUGZEUGEN ZU HELFEN. MIT BRÜDERLICHEM GRUSS, GIRAL.« Der spanische Ministerpräsident hatte Juan F. de Cárdenas, seinen Botschafter in Paris, übergangen, weil dieser als Diplomat der alten Schule vermutlich mit den militärischen Rebellen sympathisierte.

Blum rief sofort seinen Außenminister Yvon Delbos, Kriegsminister Daladier und Luftfahrtminister Pierre Cot (alle drei Mitglieder der Radikalen Partei) zu sich. Sie stimmten auf der Stelle mit ihm darin überein, daß es im Interesse der Nation liege, der spanischen Republik mit Waffen auszuhelfen, soweit man sie entbehren konnte. Da in rechtsgerichteten Kreisen Frankreichs bereits Sympathiekundgebungen für die Rebellen laut wurden, beschlossen die Minister, die Transaktion vorläufig geheimzuhalten. Aber das war in Frankreich unmöglich. Botschafter Cárdenas war über die positive französische Entscheidung informiert worden und hatte seine Regierung getreulich davon unterrichtet, aber – da er ein sehr rechtschaffener Mann war – sonst niemanden*. Doch sein Militärattaché, ein fanatischer Franco-Anhänger, hatte sofort eine genaue Liste der vorgesehenen Waffenlieferung an die rechtsextreme Presse weitergegeben. Am 23. Juli veröffentlichte Henri de Kerillis sämtliche Einzelheiten in *Echo de Paris*. Diesmal kam es bei der französischen Rechten zu einem Wutausbruch. *L'Action Française* brandmarkte Blum und Cot als »Verräter«. Aber im französischen Kabinett gab es noch einen »Verräter« anderer Art – einen Minister, dessen Identität nie festgestellt wurde –, der augenblicklich den deutschen Botschafter über die beabsichtigte

* Cárdenas trat am nächsten Tag zurück und wurde später ein Gesandter Francos.

französische Hilfe für Spanien unterrichtete. Der Botschafter setzte sich sofort telefonisch mit Berlin in Verbindung.

Unterdessen war Blum am 23. Juli, begleitet von Delbos, zu einem zuvor vereinbarten Treffen mit den Briten und Belgiern nach London gereist. Es sollte über die Zukunft des Vertrags von Locarno – falls der Vertrag überhaupt eine Zukunft hatte – beraten werden, den Hitler mit dem Einmarsch seiner Truppen ins Rheinland zerrissen hatte. Blum spürte sofort, daß bei der konservativen Regierung Großbritanniens eine gewisse Mißstimmung darüber herrschte, daß Frankreich eine Unterstützung der Republik Spanien überhaupt ins Auge fassen konnte. Er ließ auf dem Weg über französische Journalisten, die über das Treffen berichteten, verlauten, daß er sich durch die britische Haltung nicht werde abschrecken lassen. Er sei entschlossen, einer befreundeten demokratischen Regierung zu helfen, sagte er.

Der britische Außenminister Anthony Eden suchte Blum am nächsten Tag kurz vor seiner Abreise in seinem Hotel auf. »Werden Sie den spanischen Republikanern Waffen schicken?« fragte Eden. Blum bejahte. »Das ist Ihre Angelegenheit«, erwiderte Eden. »Aber um eines bitte ich Sie. Ich flehe Sie an: Seien Sie vorsichtig!« Offenbar fürchtete die ängstliche Tory-Regierung in London, daß Hitler und Mussolini Franco helfen würden, falls Frankreich die Republik unterstützte, und daß sich daraus dann der in London so sehr gefürchtete europäische Krieg entwickeln könnte. Es war außerdem zu erkennen, daß Großbritannien genau wie in den Tagen vor dem Handstreich im Rheinland auf Frankreich einwirken würde, nichts zur Beunruhigung der Lage in Europa zu tun, wie immer sich Hitler und Mussolini auch verhalten mochten.

Die erste britische Reaktion auf die französische Waffenhilfe für die spanische Regierung scheint Blum weder sonderlich überrascht noch beeindruckt zu haben. Aber auf etwas war er nicht vorbereitet: auf die stürmische Opposition, die nach seiner Rückkehr am 24. Juli losbrach, und zwar in vielen Kreisen, die sich nach seiner Meinung zunächst zustimmend gezeigt hatten. Camille Chautemps, der wendige radikalsozialistische Politiker und ebenfalls Kabinettsmitglied, erwartete ihn auf dem Flughafen Le Bourget. Er unterrichtete den Ministerpräsidenten davon, daß in seiner Abwesenheit ein heftiger Sturm losgebrochen und daß die Lage »ernst« sei. Franco-Freunde in der spanischen Botschaft, so erklärte er Blum, hätten an die rechtsextreme Presse Einzelheiten über die geplante Waffenlieferung durchsickern lassen, worauf besonders Kerillis in *Echo de Paris* eine heftige Kampagne gegen eine Unterstützung der spanischen Republik gestartet habe. Selbst die beiden Kammern seien aufgebracht.

Zuerst wollte ihm Blum kaum glauben. Er rief Jules Jeanneney, den ehrwürdigen Senatspräsidenten, zu sich. Er fand, wie er sagte, diesen weisen alten Mann »in einem Zustand höchster Erregung« vor.

Jeanneney befürchtete, die Hilfe für Madrid werde Frankreich in den Krieg hineinziehen, dem man gerade ausgewichen war, indem man nach dem 7. März nichts unternommen hatte. Düster fügte er hinzu: »England wird uns nicht folgen.« Herriot, der Präsident der Deputiertenkammer, war genauso verängstigt und flehte Blum an: *»Ah, je t'en prie, mon petit, ne vas pas te fourer là-dedans!«* (»Ich bitte dich, mein lieber Freund, laß dich nicht auf diese Sache ein!«) Delbos, der radikalsozialistische Außenminister, ein aufrechter, aber ängstlicher Mann mit beschränkter Weltkenntnis, wurde allmählich auch schwankend. Zu Beginn der Woche hatte er den Lieferungen an Madrid zwar zugestimmt, doch jetzt sah er viele Schwierigkeiten und Nachteile. Später, am selben Abend, suchte er zusammen mit Daladier, Cot und Finanzminister Vincent Auriol Blums Privatwohnung auf. Fernando de los Ríos, der eilig zur Übernahme der Botschaft nach Paris entsandt worden war, wurde hinzugezogen. Er versuchte den führenden französischen Politikern darzulegen, wie dringend nötig die Hilfe war, wenn die Republik die Krise überstehen sollte. Vor allen Dingen brauchte er Flugzeuge. Trotz Delbos' Einwänden wurde vereinbart, daß die erste Lieferung sofort abgehen sollte.

Der nächste Tag, der 15. Juli, sollte ein entscheidendes Datum werden. Der Ministerpräsident begann vor dem allgemeinen Sturm und der zunehmenden Opposition seiner radikalsozialistischen Partner in der Regierung zurückzuweichen. Die rechtsgerichteten Zeitungen drückten sich an diesem Morgen noch deutlicher aus als sonst. Kerillis verurteilte in hysterischen Ausdrücken die Lieferung von Flugzeugen nach Madrid als »abscheulich« und sogar als »kriminell«. Der Präsident sah, was die Volksfrontregierung betraf, seine schlimmsten Befürchtungen bestätigt. Er protestierte im Laufe des Tages bei Blum gegen diese »Einmischung in die inneren Angelegenheiten anderer Länder« und verlangte, daß eine endgültige Entscheidung erst nach einer Sitzung des gesamten Kabinetts getroffen werden dürfe[8].

Das Kabinett trat noch an diesem Nachmittag zusammen. Es war die erste von drei Kabinettssitzungen innerhalb von vierzehn Tagen, die sich mit Spanien befaßten und die zur sogenannten »Nichteinmischungsvereinbarung« führten, einer der empörendsten diplomatischen Farcen, die sich zwischen den beiden Kriegen in Europa abspielten. Die meisten Radikalsozialisten im Kabinett, angeführt von Delbos und Chautemps und endlich auch unterstützt von Daladier, der als Kriegsminister dabei eine Schlüsselrolle spielte, widersetzten sich nunmehr der Lieferung der bereits transportfertig bereitgestellten Waffen an die spanische Republik. Jean Zay, der junge Erziehungsminister und selbst Radikalsozialist, berichtete später, wie Chautemps kurz vor der Kabinettssitzung mehrere der jüngeren Ministerkollegen beiseite nahm, ihnen »energisch« einen Vortrag über die Risiken der Hilfe für die spanische Republik hielt und ihnen versicherte, »der Militäraufstand werde innerhalb weniger Wochen erfolgreich verlaufen, und die republikanische Regierung werde ohnehin wie ein Kartenhaus in sich zusammenstürzen«[9]. Es war nicht das erstemal und sollte auch nicht das letztemal sein, daß dieser glattzüngige Intrigant, ein Mann ohne echte innen- wie außenpolitische Überzeugung, auf raffinierte Weise im französischen Kabinett eine defätistische Stimmung verbreitete.

Es gelang Blum nicht, sich mit seiner Auffassung durchzusetzen. Er gab sich auch wenig Mühe, seine Führungsposition zu behaupten. Am Ende der Kabinettssitzung wurde offiziell mitgeteilt, »angesichts möglicher internationaler Komplikationen« werde die französische Regierung »die Lieferung von Waffen an die Republik Spanien suspendieren«. Aber damit war die Geschichte noch nicht ganz zu Ende. Blum hatte noch nicht endgültig kapituliert. Privat wurde vereinbart, daß Mexiko einen Teil der Lieferung erhalten und an Madrid weiterleiten sollte. Außerdem sollten vorläufig privaten Waffensendungen nach Spanien keine Schwierigkeiten in den Weg gelegt werden. Luftfahrtminister Pierre Cot, selbst ein Radikalsozialist, sagte seine Unterstützung bei dieser Transaktion zu, und André Malraux, der zwei Jahre zuvor mit *La Condition Humaine*, seinem Roman über die chinesische Revolution, Weltruhm erlangt hatte, wurde der Einkäufer der Madrider Regierung. So wurde den hart bedrängten spanischen Republikanern ein kläglicher Waffennachschub gesichert – genug, ihnen eine rasche Niederlage zu ersparen, aber auf lange Sicht zuwenig, um den Militäraufstand niederzuwerfen – jedenfalls nicht, nachdem sich Mussolini und Hitler mit starken Kräften eingeschaltet hatten. Jean Zay und einige andere Jungtürken in der Regierung, die sich für eine rasche Unterstützung der Republikaner ausgesprochen hatten, gelangten später zu dem Schluß, daß im Juli schon eine bescheidene französische Hilfe die Regierung in Madrid in die Lage versetzt hätte, die Rebellion rasch niederzuschlagen. Aber Blum war über das Geschrei auf der Rechten und die Panik auf der Linken so bestürzt, daß er dies erst erkannte, als es schon zu spät war. Er hatte bereits zu seinem verhängnisvollen Rückzug angesetzt.

In der darauffolgenden Woche hätte er fast eine sich bietende Gelegenheit wahrgenommen, das Blatt noch zu wenden. Am 30. Juli mußten drei italienische Savoia-Bomber in Algerien und Französisch-Marokko notlanden. Die Verhöre der überlebenden Besatzungsmitglieder ergaben, daß sie zu einem Kontingent gehörten, das Mussolini in aller Eile Franco zur Verfügung gestellt hatte. Italien handelte, während Frankreich noch zögerte. Nun hatte Blum einen Vorwand in der Hand, doch noch zu tun, was er von Anfang an beabsichtigt hatte. Aber er nutzte die Gelegenheit nur halbherzig. Er erklärte dem außenpolitischen Ausschuß des Senats, wenn andere Nationen Franco Waffen schickten, werde »sich Frankreich seine Handlungsfreiheit wieder vorbehalten«. Das war alles. Aber die italienische Intervention rief in Frankreich das genaue Gegenteil der Reaktion hervor, die der Ministerpräsident offenbar erwartet hatte. Der Beweis für die italienische Intervention zugunsten der spanischen Rebellen rief im Parlament, im Kabinett und sogar in der gemäßigten Presse erneut die Befürchtung wach, ein ideologischer Krieg könne sich vom Spanischen Bürgerkrieg aus auf ganz Europa ausdehnen, und Frankreich müsse dann mit einem Angriff Deutschlands und Italiens rechnen.

Diese Aussicht ängstigte die Beamten am Quai d'Orsay, allen voran den Generalsekretär Alexis Léger. Um ihr aus dem Weg zu gehen, brachte Léger einen Vorschlag zur Sprache: eine Vereinbarung zwischen den Großmächten und Portugal (das Franco von Anfang an geholfen hatte), keiner der beiden Seiten in Spanien Waffen oder »Freiwillige« zu schicken. So wurde die Idee der »Nichteinmischung« geboren – einer der grausamsten diplomatischen Schwindel der ganzen Epoche.

Blum griff diesen Vorschlag sofort willig auf. Er wurde dabei von den Briten ermutigt, die schon angesichts der Möglichkeit zu jammern begannen, Frankreich könnte der legalen spanischen Regierung helfen. Er ließ sich davon überzeugen, eine solche Vereinbarung werde zur Verhinderung eines größeren Krieges beitragen, der niemals stattfinden durfte. Das hatte er, sein Leben lang Pazifist, sich fest vorgenommen. Dennoch nahm die Kabinettssitzung vom 1. August, die zweite zur Spanienfrage, einen stürmischen Verlauf. Delbos legte Légers Nichteinmischungsplan vor und empfahl seine Annahme. Er wies seine Kollegen darauf hin, daß England auf Frankreich einen zunehmenden Druck wegen der Einhaltung einer »strikten Neutralität« ausübe und daß die internationale Lage immer gespannter werde. Cot widersprach ihm mit dem Argument, der Beweis für die Unterstützung Francos durch Italien zeige doch schon, daß die Nichteinmischung zum Scheitern verurteilt sei. Die faschistischen Mächte würden sich tatsächlich nie danach richten. Aber das Kabinett stand hinter Delbos. Anschließend wurde in einem Kommuniqué mitgeteilt, Frankreich werde zunächst Großbritannien und Belgien zu einer gemeinsamen Vereinbarung einladen, die eine Intervention in Spanien verbieten solle. Bis zur Unterzeichnung des Abkommens behalte sich Frankreich jedoch angesichts der Unterstützung Francos durch andere Mächte seine »Handlungsfreiheit« vor. Insgeheim wurde der ungeduldige Cot angewiesen, von dem »Mexiko-Geschäft« abzusehen und seine Flugzeuge direkt nach Madrid zu schicken. Er brachte sofort fünfundfünfzig Maschinen auf den Weg, hauptsächlich Bomber und Jagdflugzeuge.

Der französische Ministerpräsident hatte den Gedanken an einen Nichteinmischungspakt zwar akzeptiert, aber sehr glücklich war er damit nicht. Das Schreckgespenst eines mit Hitlers und Mussolinis

Hilfe errungenen Sieges Francos begann ihn zu verfolgen. Das wäre eine Katastrophe für Frankreich gewesen – und auch für Großbritannien, davon war er fest überzeugt. Aber bisher war es ihm noch nicht gelungen, die Londoner Regierung hiervon zu überzeugen. Ein Vorschlag seines alten Freundes Philip Noël Baker, eines führenden Mannes der britischen Labour Party, der ihn in Paris besuchte, veranlaßte Blum zu einem weiteren Versuch, der britischen Regierung die Gefahren eines Sieges Francos vor Augen zu führen. Baker hatte ihm nämlich gesagt, wenn es Blum gelänge, die Admiralität zu überzeugen, so werde die Admiralität die Regierung überzeugen.

Obgleich Blum, wie er später aussagte, der Haltung seines Armeegeneralstabs in der Spanienfrage nicht sicher war, hatte er doch bemerkt, daß Admiral Darlan, der Chef des Marinestabs, mit ihm hinsichtlich der Konsequenzen einer faschistischen Franco-Regierung in Madrid für Frankreich und Großbritannien übereinstimmte. Da der französische Admiral enge und freundschaftliche Beziehungen zu Admiral Lord Chatfield persönlich angeknüpft hatte, schickte ihn Blum sofort zu Gesprächen mit dem Chef der britischen Kriegsmarine nach London. Darlans Mission schlug fehl. Wie nicht anders zu erwarten war, hielt die britische Admiralität Franco für »einen guten Spanier . . . der sich schon gegen die Übergriffe Mussolinis und Hitlers zu wehren wissen wird.« Großbritannien werde auf keinen Fall etwas gegen ihn unternehmen. Das sagte man Darlan in der unverblümten Ausdrucksweise, wie sie bei der Marine üblich ist. Seine Zurückweisung, so sagte Blum später, hatte einen »erheblichen Einfluß« auf die Entscheidung, die schließlich auf der dritten Kabinettssitzung über die Angelegenheit Spanien am 8. August von der französischen Regierung gefällt wurde.

Am Vorabend des Treffens war der sozialistische Politiker wegen Spanien in eine so ernste Depression verfallen, daß er, wie er später bekannte, »sehr versucht war«, zurückzutreten[10]. Er fühlte sich völlig in die Enge getrieben. Sein persönlicher Wunsch, der spanischen Republik zu helfen, war durch die britische Opposition, die um sich greifende Spaltung im eigenen Lande und seine Angst vor einem umfassenden Krieg vereitelt worden. In der Welt, so sagte er sich selbst, war »Frankreich in der Spanienfrage in Europa praktisch isoliert«. Er selbst fühlte sich zunehmend von der öffentlichen Meinung in seinem eigenen Vaterland isoliert. Er hatte ein Versprechen eingelöst, die Sozialreformen der Volksfront in beiden Kammern durchzubringen. Nun konnte er in Ehren abtreten.

Er sagte später, daß ihn hauptsächlich seine spanischen Freunde de los Ríos und de Asúa dazu überredeten, es nicht zu tun. Sie überzeugten ihn, daß eine freundlich gesinnte Volksfrontregierung selbst dann, wenn ihr die Hände gebunden waren, für die hart bedrängte spanische Republik immer noch besser war als eine feindselig eingestellte französische Regierung. Eines Abends spielte sich in Blums Wohnung eine tränenreiche Szene ab. Nachdem de los Ríos den Heldenmut beschrieben hatte, mit dem die schlecht ausgerüstete republikanische Miliz in den Sierras Francos barbarische Marokkanerhorden bekämpfte, brach der französische Ministerpräsident zusammen und weinte. Sein spanischer Freund weinte mit[11]. Nachdem sie ihre Haltung wiedergefunden hatten, flehte ihn der Spanier noch einmal an, nicht zurückzutreten.

Am nächsten Tag, dem 8. August, tat Blum nach hartem Ringen mit seinem eigenen Gewissen den entscheidenden Schritt, der – auch wenn er es vielleicht nicht wußte – den Untergang der Republik Spanien bedeutete, die er so gern gerettet hätte. Er beschloß, im Amt zu bleiben und die Politik der Nichteinmischung in Spanien weiterzuverfolgen. Außenminister Delbos berichtete dem Kabinett von den Fortschritten bei den anderen Mächten. Italien, Deutschland und Rußland, so sagte er, hätten sich »im Prinzip« bereits mit einem Waffenembargo für beide Seiten einverstanden erklärt. Nun lag es an Frankreich, die Initiative zu übernehmen. Das tat Frankreich auch und erklärte am 9. August in einem offiziellen Kommuniqué, daß jegliche Ausfuhr von Kriegsmaterial nach Spanien suspendiert sei.

Das war eine einseitige Maßnahme Frankreichs – um so überraschender, als Blum sehr wohl wußte, daß Italien und Deutschland Waffen und Flugzeuge in das von Franco besetzte Spanien hineinpumpten, und nicht nur Flugzeuge, sondern auch gleich noch die Piloten und Mechaniker dazu. Gerade am 9. August, als Blum seine Politik vor einer Versammlung erboster Arbeiter in Saint-Cloud zu rechtfertigen suchte und in London der deutsche Botschaftskonsulent der britischen Regierung versicherte, »aus Deutschland sei kein Kriegsmaterial geschickt worden, und es wird auch keins geschickt«, beobachtete der amerikanische Konsul in Sevilla die Ankunft von zehn Savoia-Bombern aus Italien und achtzehn Junkers, sechs Jägern und sechs Flugzeugabwehrgeschützen aus Deutschland. Zu der Lieferung gehörten außerdem 20 italienische und 30 deutsche Piloten[12].

Wenn die Politik der Nichteinmischung etwas anderes sein sollte als ein Täuschungsmanöver, dann kam es darauf an, daß sie von Anfang an von allen vier Großmächten strikt eingehalten wurde und daß niemand schwindelte. Aber deutsche und italienische Geheimdokumente lassen klar erkennen, daß weder Berlin noch Rom die Absicht hatten, die Waffenlieferungen und personellen Hilfen für Spanien einzustellen, auch wenn beide Mächte später den Nichteinmischungspakt unterzeichneten. Am 28. August unterrichtete beispielsweise der deutsche Geschäftsträger in Rom sein Amt in Berlin, Italien werde den Pakt zwar unterzeichnen, »aber es ist klar, daß es ihn ohnehin nicht einzuhalten gedenkt«[13]. Deutschland unterschrieb am 24. August, aber gleich am nächsten Tag ernannte der deutsche

Reichskriegsminister Feldmarschall von Blomberg den jungen Stabsoffizier Oberst Warlimont zum Kommandeur der deutschen Streitkräfte in Spanien[14].

Englische und französische Diplomaten und Geheimdienstoffiziere wußten sicherlich, was Italien und Deutschland im Schilde führten. Zumindest hielten sie die Auslandskorrespondenten in Spanien, Deutschland und Italien auf dem laufenden. In meinem eigenen Berliner Tagebuch finden sich zahlreiche Notizen über deutsche Hilfeleistungen an Franco aus der damaligen Zeit. Es kommt mir unglaublich vor – es erschien mir damals schon unglaublich* –, daß Blum und Eden überhaupt annahmen, Hitler und Mussolini würden ihr Wort bezüglich Spanien halten. Und doch glaubten sie es. Am 6. September sagte Blum auf einer öffentlichen Versammlung, er hoffe durch Frankreichs Beispiel »die anderen Mächte bei ihrer Ehre zu packen«. Die »Ehre« des Führers und des Duce war eine fragwürdige Grundlage, wenn man noch 1936 eine lebenswichtige außenpolitische Entscheidung darauf stützen wollte.

In England ging Anthony Eden trotz seiner langen außenpolitischen Erfahrung, auch im Umgang mit Diktatoren, ebenso naiv vor. Allerdings sah er später seinen Fehler ein. In Abwesenheit des erkrankten Premierministers Baldwin setzte er am 19. August persönlich ein vollständiges Embargo auf alle britischen Waffenlieferungen für Spanien durch – zu einem Zeitpunkt, da Italien und Deutschland den Nichteinmischungspakt noch nicht einmal unterzeichnet hatten. Viel später kommentierte er diesen Schritt mit den betrübten Worten: »Ich hatte noch nicht eingesehen, wie gefährlich es ist, gegenüber Diktatoren solche Gesten zu vollziehen; sie werden sie vermutlich falsch interpretieren und nicht honorieren[16].« Eden trieb die Farce der Nichteinmischung mit gleichem Eifer voran, mit dem er sich im Vorjahr um die Anwendung von Sanktionen gegen Italien bemüht hatte.

Das Außenministerium in London wurde der Sitz des sogenannten Nichteinmischungsausschusses, der hastig eingerichtet wurde, um das Waffenembargo gegen Spanien zu »überwachen« und dafür zu sorgen, daß es auch von allen Unterzeichnerstaaten des Paktes eingehalten wurde. So wurde durch die Sitzungen des Gremiums, die am 9. September begannen und bis zum Ende des Bürgerkriegs sporadisch fortgesetzt wurden, die Spiegelfechterei und Heuchelei unter den großen europäischen Mächten bis zum bitteren und makabren Ende fortgesetzt. Der deutsche Botschafter in London, Joachim von Ribbentrop, der wie die anderen Londoner Gesandten dem Aus-

* In Berlin schrieb ich am 18. November, dem Tag der offiziellen diplomatischen Anerkennung des Franco-Regimes durch Deutschland und Italien, in mein Tagebuch: »Wie mir (Botschafter William E.) Dodd erzählt, berichtet unser Hamburger Konsulat in dieser Woche über die Abfahrt von drei mit Waffen beladenen deutschen Schiffen nach Spanien. Unterdessen geht in London die Komödie der ›Nichteinmischung‹ weiter. Seit zwei Jahren begreife ich nun die Politik von London und Paris nicht mehr, wenn man sie nach den eigenen lebenswichtigen Interessen der beiden Länder beurteilt[15].«

schuß angehörte, bemerkte später mit einem ungewohnten Anflug von Ehrlichkeit – und Humor –, die Gruppe hätte sich lieber »Einmischungsausschuß« nennen sollen.

Der Ausschuß verschloß die Augen vor den massiven Vertragsverletzungen durch Italien und Deutschland und den weniger bedeutsamen seitens der Sowjetunion, die im Oktober anfingen (drei Monate nach dem Beginn der italienisch-deutschen Intervention und auch dann erst, nachdem die spanische Republik den größten Teil der noch vorhandenen Goldreserve als Garantie für die Zahlungen nach Moskau geschickt hatte), und auch vor den kleinen Vertragsverletzungen Frankreichs, das ab und zu tröpfchenweise Waffen und Freiwillige ins republikanische Spanien durchließ. Erst als italienische U-Boote im darauffolgenden Jahr begannen, nicht nur russische und spanische, sondern auch französische und britische Schiffe im Mittelmeer zu versenken, raffte sich der Nichteinmischungsausschuß auf Verlangen der britischen Marine auf und beendete Mussolinis Piraterie auf hoher See. Inzwischen hatte die deutsche und italienische Hilfe Franco bereits eine militärische Überlegenheit und den späteren Sieg gesichert. Italien hatte eine Armee von 60000 Mann mit starken Luftwaffeneinheiten geschickt, die deutsche Luftwaffe ihre Legion Condor mit rund 10000 Mann und Hunderten von Flugzeugen, unterstützt durch Panzer und Artillerie*.

Die Auswirkungen des Spanischen Bürgerkriegs, die große Enttäuschung, die er für die französische Außenpolitik bedeutete, das Durcheinander im Lande selbst, die Schuldgefühle auf der Linken bei dem Bewußtsein, daß Frankreich die Demokratie jenseits der Pyrenäen im Stich gelassen und dem Faschismus in einem weiteren europäischen Land zum Sieg verholfen hatte, die Verschlechterung der französischen Stellung in Europa – das alles brach Blum das Herz. Es brach auch der Volksfront das Herz, beschleunigte ihr Ende und hinterließ eine Republik, die noch gespaltener und noch vergifteter von Haßgefühlen war als zuvor. Die Geschlossenheit und der Schwung in der Volksfront waren gebrochen. Zu der traditionellen Spaltung zwischen Rechter und Linker gesellten sich zusätzliche Spaltungen innerhalb der Parteien selbst sowie zwischen Katholiken und Intellektuellen. Und inmitten der erneut aufschäumenden ideologischen Leidenschaften verloren alle wieder einmal das nationale Interesse Frankreichs aus den Augen.

* Zu den Leistungen der Legion Condor gehörte auch die Vernichtung der historischen Baskenstadt Guérnica am Nachmittag des 26. April 1937. Nach dreistündigem Bombardement mit Spreng- und Brandbomben beschossen die deutschen Piloten die aus den Ruinen fliehende Bevölkerung mit Bordwaffen. Von den 7000 Einwohnern Guérnicas wurden an diesem Nachmittag 1654 getötet und 889 verwundet. Später rühmte Göring, Guérnica sei ein wertvolles Experiment gewesen. Es zeigte, wie leicht sich wehrlose Städte durch richtige Bombardierung ausradieren ließen. Zumindest die westliche Welt war entsetzt, weil man nicht wußte, was den Städten widerfahren würde, wenn später ein großer Krieg ausbrechen würde. Aber die Deutschen hatten alle Welt gewarnt.

Die meisten Offiziere der Armee sympathisierten persönlich mit Franco und seiner Rebellion. Sie dachten nicht für einen einzigen Augenblick daran, welche Folgen ein durch Deutschland und Italien ermöglichter Sieg Francos für Frankreich haben mußte. Einige wenige Flugzeuge und Tanks, ein paar Geschützbatterien, eine Handvoll »Berater«, die man entsprechend Blums erstem Vorschlag rasch über die Grenze geschickt hätte – das hätte der spanischen Republik ausgereicht, die Rebellion innerhalb weniger Tage oder Wochen zu zerschlagen, noch bevor die weiter entfernten Länder Deutschland und Italien auf dem Seeweg der Militärjunta Hilfe schicken konnten. Für Hitler und Mussolini wäre das ein entscheidender Schlag gewesen, und Frankreich hätte an seinen Grenzen zumindest ein freundlich gesonnenes Land gehabt. Aber nicht eine einzige Zeile in General Gamelins dickleibigen Memoiren deutet darauf hin, daß er oder der Generalstab auf diese Möglichkeit auch nur einen Gedanken verschwendeten, bis es zu spät war*. Für den pensionierten General de Castelnau, einen der Helden aus dem Ersten Weltkrieg, war der Konflikt in Spanien eine Auseinandersetzung »zwischen Moskowiter Barbarei und westlicher Zivilisation«. Auf diesem Thema ritt er im *Echo de Paris*, der in Offizierskreisen meistgelesenen Tageszeitung, immer wieder herum. Auch die großen Zeitungen schlugen in dieselbe Kerbe, indem sie nachplapperten, was die rechtsextremen Parteiblätter schrieben: Ein Sieg der spanischen Republik werde den Bolschewismus nicht nur nach Spanien, sondern auch nach Frankreich bringen**. In diesem Winter 1936/1937 sagten mehrere Zeitungen in Artikeln auf den Titelseiten einen »kommunistischen Coup« voraus. Die Patrioten wurden aufgefordert, bereit zu sein. Nach Meinung der französischen Reaktionäre stand in Frankreich ein Bürgerkrieg nach spanischem Muster unmittelbar bevor.

Ein solcher Coup erschien auch einigen linksgerichteten Kräften als möglich und zeitweise sogar bevorstehend, nur war er nicht von einer kommunistischen Erhebung zu erwarten, für die nicht die geringste Möglichkeit bestand, sondern von einem Coup rechter Kräfte ähnlich dem Versuch vom 6. Februar 1934, nur diesmal mit Unterstützung des

* Das geschah erst am 15. März 1938, fast zwei Jahre später. General Gamelin faßte auf Drängen von Blum eine Aktennotiz für die Regierung ab, in der er widerwillig eingestand, daß die Folgen eines durch die deutsche und italienische Intervention ermöglichten Sieges Francos für Frankreich »gefährlich« und »alarmierend« waren[17].

** In Wirklichkeit stellten die Kommunisten 1936 in der spanischen Republik nur eine kleine Minderheit dar. Sie hatten in den Cortes 14 der insgesamt 473 Sitze inne und verfügten im ganzen Land über rund 10 000 Mitglieder. Regierung und Parlament waren zum weitaus größten Teil nichtkommunistisch. Das änderte sich erst, als sich die Lage der Republik verschlechterte und sie immer mehr von sowjetischer Hilfe abhängig wurde. Als dann im Gefolge russischer Waffen und internationaler Brigaden sowjetische und Komintern-Agenten in Spanien umherschwärmten, nahm die Macht der kommunistischen Minorität rasch zu und war am Ende vermutlich beherrschend, als die Republik schon dem Untergang geweiht war. Aber in reaktionären Kreisen Frankreichs wurde die nichtkommunistische Regierung der Republik Spanien von Anfang an als »bolschewistisch« bezeichnet.

Militärs wie in Spanien. Später ließ auch Blum selbst diese Meinung glaubwürdiger erscheinen. Er war nämlich davon überzeugt, durch seine Politik der Nichteinmischung in Spanien nicht nur Europa im Jahre 1936 einen Krieg erspart zu haben, sondern auch seinem eigenen Land einen Bürgerkrieg. In einem Brief vom 9. Juli 1942 schrieb Blum vom Gefängnis aus, in dem ihn Pétain ohne Gerichtsverhandlung festhalten ließ, an einen französischen Freund in New York:

Was unsere amerikanischen Freunde vielleicht nicht begreifen . . . ist . . . daß in Frankreich ein Bürgerkrieg ausgebrochen wäre . . . Die spanische Affäre war tief eingebettet in die soziale Krise . . . Sobald die Lage den Gefahrenpunkt erreicht hätte, hätten wir in Frankreich das Gegenstück zu Francos coup de force *erlebt. Die Folge wäre ein Bürgerkrieg gewesen, in dem die Republik nur eine geringe Siegeschance gehabt hätte*[18].

Diese Ansicht wiederholte er in einer Rede nach dem Krieg:

Inzwischen habe ich erkennen müssen, daß auch wir in Frankreich dicht vor einem Staatsstreich standen . . . Damals hatte ich nur eine Vorahnung. Inzwischen weiß ich es[19].

Die Volksfront strandet

Zur Frustration des Spanischen Bürgerkriegs kam noch das Elend im Land selbst hinzu. Wirtschaftliche und finanzielle Schwierigkeiten, die von der Regierung Blum nicht gelöst werden konnten, bereiteten dem Volksfrontexperiment ein frühzeitiges Ende.

Das lag hauptsächlich daran, daß dem sozialistischen Ministerpräsidenten, wie er meinte, innen- wie außenpolitisch die Hände gebunden waren. Nach seiner Auffassung hatte er nicht den Auftrag erhalten, das kapitalistische System einer freien Wirtschaft, das sich nun schon im fünften Jahr der Depression abquälte, gründlich zu überholen, geschweige denn, es durch ein sozialistisches System abzulösen. Er konnte nur versuchen, es nach den eigenen Regeln dieses Systems wieder flottzumachen. Hierzu brauchte er aber die Unterstützung von Wirtschaft und Finanz – und er war naiv genug, sich diese Unterstützung auch zu erhoffen.

Nach dem Sitzstreik der Arbeiter hatte er es nun mit einem Sitzstreik des Kapitals zu tun. Die Eigentümer schafften ihr Geld entweder ins Ausland, oder sie saßen darauf. In beiden Fällen war es unproduktiv. Finanzminister Vincent Auriol schätzte im Juni 1936 in einem Bericht an das Parlament, daß der Volkswirtschaft rund 60 Milliarden Francs »fehlten«; davon waren 26 Milliarden ins Ausland geschickt worden. Er bat die Kapitalisten, über das »historische Geschick jener sozialen Klassen oder Regime nachzudenken, die nicht rechtzeitig erkannten, welche Opfer für die Sicherheit des Landes nötig waren«. Der Appell verhallte ungehört.

Die Industriellen selbst waren verärgert, weil ihnen höhere Löhne und kürzere Arbeitszeiten aufgedrängt worden waren. Sie unternahmen kaum einen Versuch, neue Märkte zu erschließen, die Produktion zu steigern und mehr Arbeitskräfte zu beschäftigen. Selbst die konservativ eingestellten Generäle, die der Volksfront argwöhnisch gegenüberstanden, waren über den Mangel an Unternehmergeist in der Rüstungsindustrie überrascht, an die sie jetzt immer mehr große Aufträge vergaben. Die meisten Betriebe verfügten über schlechte Ingenieurstäbe und unzureichendes Gerät. Sie schreckten vor Investitionen zurück, weil sie fürchteten, diese würden sich am Ende nicht hinreichend auszahlen. Die Hersteller von Tanks und Flugzeugen, von denen kurzfristig Tausende gebraucht wurden, fanden immer wieder neue Ausreden, mit denen sie die Lieferungen hinauszögerten und trotz lukrativer Staatsaufträge ihre Produktionsquoten niedrig hielten.

Nach einer gewissen Zeit stieg in Blum der Verdacht auf, die Geschäftswelt und insbesondere die Financiers seien entschlossen, der Volksfrontregierung den Hahn abzudrehen, indem sie die Lage nach besten Kräften verschlechterten. Damit hatte er nicht so unrecht. Dennoch hörte er nicht auf die Bitten einiger energischerer Genossen, endlich hart gegen Industrielle und Bankiers vorzugehen, wie es Hitler in Deutschland getan hatte. Statt dessen bemühte er sich, ihnen entgegenzukommen, weil er glaubte, sobald er erst einmal ihr Vertrauen gewonnen hatte, würden sie auch das Ihre dazu beitragen, die lahmende Wirtschaft neu zu beleben.

Das Parlament vertagte sich am 13. August zur Sommerpause, nachdem es die meisten Sozialreformen der Volksfront verabschiedet und versprochen hatte, die noch offenen Fragen sofort nach der Pause aufzugreifen. Abgesehen von den bereits erwähnten Arbeitergesetzen sahen die neuen Gesetzeswerke ein Dreijahresprogramm für öffentliche Arbeiten mit einem Gesamtvolumen von 20 Milliarden Francs vor, um die Wirtschaft anzukurbeln und die Arbeitslosigkeit zu lindern, die Verstaatlichung der Rüstungsindustrie, falls sie sich als nötig erweisen sollte, eine Reform der Bank von Frankreich, die darauf abzielte, die Kontrolle von den »Zweihundert Familien« auf den Staat zu übertragen, die Heraufsetzung des schulpflichtigen Alters auf vierzehn Jahre sowie die Einrichtung eines Weizenbüros, das die niedrigen und schwankenden Preise für landwirtschaftliche Produkte aufbessern und stabilisieren sollte. Insgesamt wurden in 73 Tagen 133 Gesetze verabschiedet – ein Rekord in der parlamentarischen Geschichte Frankreichs.

Einige der Reformen fielen nicht so drastisch aus, wie man aus den entsprechenden Gesetzen hätte herauslesen können. Den meisten

Herstellern von Waffen und Munition gelang es, ihre Firmen im eigenen Besitz zu behalten. Nur die Flugzeugwerke wurden schließlich verstaatlicht. Danach ergaben sich dank der staatlichen Aufträge für Militärflugzeuge einige Produktionsverbesserungen, aber das Soll wurde nicht erfüllt. Auf dem Papier erweckten die revidierten Statuten der allmächtigen Bank von Frankreich den Eindruck, als sei die Kontrolle den privaten Hauptaktionären, überwiegend Banken, aus der Hand genommen und dem Staat übertragen worden. Die fünfzehn »Regenten«, die die Bank leiteten und die von den zweihundert größten Aktionären gewählt wurden – eben jenen »Zweihundert Familien«, die nach Meinung der meisten Franzosen das Land regierten* und die es nach Ansicht der Linken gleichzeitig ruinierten –, wurden abgeschafft und durch zwanzig Beiräte ersetzt, von denen die meisten durch die Regierung ernannt wurden. Ihnen gehörten zum erstenmal Vertreter der Gewerkschaftsorganisationen, der Genossenschaften und der Bauernverbände an. Aber irgendwie brachte es die Bank dennoch fertig, die Hochburg der konservativen, orthodoxen Hochfinanz zu bleiben. Der für die Ausarbeitung des Gesetzentwurfs eingesetzte Beirat hatte eine Verstaatlichung der Bank empfohlen, aber Blum wollte sich in den Bankiers keine Feinde schaffen und hatte diese Empfehlung ignoriert. Er hoffte immer noch, durch Zurschaustellung einer gemäßigten Haltung die Finanzwelt für sich zu gewinnen und dazu zu bringen, den Karren wieder aus dem Dreck zu ziehen.

Nicht nur die Bank von Frankreich bedurfte einer drastischen Modernisierung, sondern viel mehr noch die gesamte Kreditstruktur des Landes, die mehr auf das achtzehnte als auf das zwanzigste Jahrhundert abgestimmt zu sein schien. Frankreich verfügte über beträchtliches Kapital, aber es mußte heimgeholt und zweckmäßig eingesetzt werden. Weder die Regierung noch die Industrie konnten aus privaten Quellen die benötigten beträchtlichen Anleihen erhalten. Die französischen Financiers schienen immer noch nicht gelernt zu haben, was inzwischen in den meisten anderen westlichen Ländern selbstverständlich war: daß die einfallsreiche Anwendung von Krediten, insbeondere in einer Zeit der Depression, das wichtigste Stimulans für eine wirtschaftliche Expansion ist. Falls sich die sozialistischen und radikalen Mitglieder der Regierung über die Dringlichkeit

* Daladier, der in den letzten fünfzehn Jahren der Dritten Republik siebzehnmal Minister und dreimal Ministerpräsident war, ein typischer Vertreter des soliden Bürgertums des unteren Mittelstandes, faßte die allgemeine Haltung in einer Rede vor dem Jahreskongreß 1934 der Radikalsozialistischen Partei so zusammen: »Zweihundert Familien sind die Herren über die französische Wirtschaft und eigentlich auch über die französische Politik. Sie stellen eine Macht dar, die ein demokratischer Staat nicht dulden sollte, die Richelieu im Königreich Frankreich niemals geduldet hätte. Der Einfluß dieser »Zweihundert Familien« belastet schwer den Fiskus, das Verkehrswesen, das Kreditsystem. Die »Zweihundert Familien« besitzen mit ihren Beauftragten die Machtpositionen. Sie manipulieren die öffentliche Meinung, da sie die Presse kontrollieren.«

einer Ausweitung der Kredite überhaupt im klaren waren, so taten sie kaum etwas dafür, sondern warteten vergeblich darauf, daß der Anstoß von privater Seite erfolgen würde. Das erwies sich jedoch als eine vergebliche Hoffnung.

Was in diesem Sommer und Herbst 1936, als sich die finanzielle Lage des Landes verschlechterte und die Wirtschaft kaum Anzeichen einer Belebung erkennen ließ, am dringendsten erforderlich gewesen wäre, war die Unterbindung des Kapitalflusses ins Ausland und die zweckmäßige Anwendung im Inland – notfalls mit Gewalt. Es wäre für die Regierung ein leichtes gewesen, einfach die Ausfuhr von Gold und Devisen zu verbieten und sie für die Firmen, die Rohmaterial aus anderen Ländern brauchten, genehmigungspflichtig zu machen. Aber so weit wollten weder Blum noch sein sozialistischer Finanzminister Vincent Auriol gehen. Sie fürchteten, damit die Bankiers und Geschäftsleute noch mehr vor den Kopf zu stoßen und das Vertrauen in die freie Wirtschaft zu zerstören. Blum hielt ein solches Vorgehen sogar für einen »totalitären« Akt, wie ihn Hitler in Deutschland (auf Anraten seines Bankgenies Dr. Hjalmar Schacht) erfolgreich angewandt hatte. Also flehte er auch weiterhin die Eigentümer von Kapital an, die Interessen ihres Vaterlandes zu bedenken, kein Geld mehr ins Ausland zu transferieren und die Auslandsguthaben zurückzuholen. Es war vergebens.

Von Jahresanfang bis Ende September 1936 büßte die Bank von Frankreich 16 Milliarden Francs in Gold ein. Die Veröffentlichung einer Kabinettsentscheidung vom 7. September, für eine rasche und dringend erforderliche Wiederaufrüstung einen Sonderkredit von 14 Milliarden bereitzustellen, führte in Finanzkreisen zu einer neuen Panik und zu einem weiteren Kapitalabfluß. Noch vor dem Monatsende waren die Goldreserven der Bank auf 50 Milliarden zurückgegangen; dieser Mindeststand wurde für die Liquidität des Landes als erforderlich angesehen. Die Kapitaleigentümer wußten ebensogut wie jeder andere – und vermutlich sogar besser –, daß angesichts Deutschlands energischer Aufrüstung umfangreiche neue Kredite zur Stärkung der Streitkräfte unbedingt erforderlich waren, wenn Frankreich eine erneute Invasion überstehen wollte. Am 24. August hatte Hitler die Militärdienstzeit von einem Jahr auf zwei Jahre erhöht. Sein stehendes Heer würde sich schon bald verdoppelt haben. Ein solches Wettrennen konnte Frankreich aufgrund seiner geringeren Bevölkerungszahl, wie die Jahre vor 1914 bewiesen hatten, nicht mithalten. Die Dienstzeit für die Wehrpflichtigen betrug bereits zwei Jahre. Der Generalstab wies in einem geheimen Memorandum vom 8. September darauf hin, daß Frankreich die deutsche Maßnahme nur mit einer gewaltigen Steigerung der Rüstung beantworten konnte – vor allen Dingen an Panzern und Flugzeugen[20]. Das war allen klar, selbst den Bankiers und Geschäftsleuten. Dennoch bemühten sie sich noch während des ganzen Monats September angestrengt, ihr Geld in Sicherheit zu bringen. Sie schädigten bewußt aus Gewinnsucht ihr Land. So sah der Patriotismus dieser aus Tradition so patriotischen und nationalistischen Klasse in jener schwierigen Zeit aus. Und er sollte sich bis zu dem Tag, an dem das Land überrannt wurde, nicht viel ändern.

Am 26. September sah sich die Volksfrontregierung zu einem Schritt gezwungen, den zu unterlassen sie versprochen hatte: die Abwertung des Francs. Blum hatte der Kammer in seiner ersten Rede am 6. Juni versichert, seine Regierung werde keinen neuen »monetären Staatsstreich« durchführen, indem sie den Franc erneut abwerte. Er hatte gehofft, der wirtschaftliche Aufschwung und die Rückkehr von Kapital aus dem Ausland würden ihm helfen, diese Maßnahme abzuwenden. Keines von beiden war geschehen, und der Schritt war mehr als überfällig.

Seit Briten und Amerikaner ihre Währungen um 40 Prozent abgewertet hatten, drängte Paul Reynaud, der gemäßigt-konservative Deputierte und seinerzeit ein Rufer in der Wüste, die aufeinanderfolgenden Regierungen, diesem Schritt zu folgen und Frankreich auf dem Weltmarkt wieder konkurrenzfähig zu machen, um endlich die Depression zu überwinden. Weder seine konservativen Freunde noch seine radikalen und sozialistischen Gegner hatten auf ihn gehört. Bei den Franzosen, bei arm und reich, herrschte immer noch eine ausgesprochene Neurose, wenn jemand Hand an den Franc legen wollte. Die Aufrechterhaltung des »Poincaré-Franc« von 1928, der schon vier Fünftel der Volksersparnisse verschlungen hatte, wurde von allen Regierungen als heilige Pflicht angesehen. Auch Blum wußte das, aber im September 1936 blieb ihm nichts anderes mehr übrig, als den Franc an Dollar und Pfund anzugleichen.

Einige Monate lang wirkte die Abwertung um rund 30 Prozent tatsächlich anregend auf die Wirtschaft. Die Industrieproduktion stieg von 81 Punkten im September auf 93 im März (1928 = 100). Aber ansonsten stellten sich die erhofften Verbesserungen nicht ein. Die Staatskasse erzielte durch die Abwertung einen »Gewinn« von 17 Milliarden Francs. 10 Milliarden davon wurden dem neugeschaffenen Währungsstabilisierungs-Fonds zugewiesen, aber im Januar 1937 waren diese 10 Milliarden bereits aufgebraucht. Einer der Hauptgründe für die Abwertung des Franc hatte in der Absicht bestanden, abgeflossenes Kapital zurückzulocken. Das schlug fehl. In der Hauptsache beruhte der Fehlschlag darauf, daß die Gesetzgeber in der an sich lobenswerten Absicht, Spekulanten dreißigprozentige Gewinne vorzuenthalten, verfügt hatten, daß zurückfließende Gold- und Devisenbestände nur nach dem alten Kurs in Francs umgewechselt werden durften. Für die Kapitalrückführung gab es also keinerlei Gewinnanreiz. Auch Spekulationen mit dem Franc und neue Angriffe auf die dahinschwindenden Goldreserven der Bank von Frankreich setzten erneut ein. Die Preise stiegen. Gewerkschaften und Staatsbeamte bestanden auf höheren Löhnen und Gehältern, um die höheren Lebenshaltungskosten auszugleichen. Streiks brachen aus. Der von links und rechts angegriffene Blum bat verzweifelt um eine »Pause«.

Das Defizit des Staatshaushalts belief sich Ende 1936 auf 16 Milliarden. Da der Ministerpräsident gezwungen war, große Summen für die Wiederaufrüstung auszugeben, mußte er andere Ausgaben streichen. Im Februar 1937 mußte er den Staatsbeamten, die mit eine wichtige Stütze der Sozialistischen Partei darstellten, erklären, eine Anpassung ihrer Gehälter an die gestiegenen Preise sei zwar gerechtfertigt, aber dem Staat fehle das Geld, sie gleich zu gewähren. Verschiedene Einschränkungen waren nötig, sogar auf Kosten einiger Sozialreformen. »Eine ›Pause‹ ist jetzt nötig geworden«, sagte er.

Am 7. März gab die Regierung eine ganze Reihe gezielter Maßnahmen zur Stabilisierung des Staatshaushalts bekannt: die Wiedereinführung des freien Goldmarktes (wer Gold besaß, konnte jetzt den dreißigprozentigen Gewinn einstreichen, der ihm zum Zeitpunkt der Abwertung vorenthalten worden war), ein Stopp für alle Staatsausgaben, eine Verringerung des Haushaltsdefizits um 6 Milliarden und die Ernennung eines besonderen Beratergremiums für den Währungsstabilisierungs-Fonds, dessen Grundstock von 10 Milliarden Francs so rasch ausgeschöpft worden war. Die Zusammensetzung dieses Gremiums entgeisterte die Linke. Blum bestimmte dafür außer dem Präsidenten der Bank von Frankreich drei der konservativsten Bankiers des Landes: Jacques Rueff, Charles Rist und Paul Baudouin. Was sie empfehlen würden, war vorauszusehen – wenn auch offenbar nicht für Blum.

Die »Pause« jenes Frühjahrs erregte bei den Kommunisten und Sozialisten der Volksfront tiefe Abneigung; sie sahen darin einen »Rückzug«, wenn nicht gar einen »Verrat«; aber bei Wirtschaft und Finanz, also gerade den Gruppen, die Blum damit beschwichtigen wollte, rief sie nur Verachtung hervor. Sie sahen darin ein Eingeständnis des Versagens der Volksfront. *Le Temps* kommentierte hämisch: »Das ist keine Pause. Das ist eine Bekehrung.« Blums neueste Versöhnungsversuche trugen auch tatsächlich nicht zum Abbau der Verbitterung bei, die so viele Franzosen gegeneinander empfanden. Zwei Vorfälle zeigten, wie tief die Leidenschaften in der Republik wurzelten – einer trug sich wenige Monate zuvor, der andere etwa um die fragliche Zeit zu.

Beim ersten Vorfall ging es darum, daß ein aufrechter Mann, eine angesehene Persönlichkeit, durch die Verleumdungen unverantwortlicher und skrupelloser Rechtsextremisten in den Selbstmord getrieben wurde: Roger Salengro, sein Leben lang ein gemäßigter Sozialist, Bürgermeister der nordfranzösischen Industriestadt Lille, Deputierter und Innenminister der Regierung Blum.

Am 14. Juli 1936 startete die royalistische Zeitung *L'Action Française* aus Wut darüber, daß ihr führender Kopf Maurras wegen Anstiftung zum Mord (an Blum) ins Gefängnis wanderte, eine Verleumdungskampagne gegen Salengro. Die Zeitung warf ihm vor, er habe im Oktober 1915 seinen Posten im Schützengraben verlassen und sei zu den Deutschen desertiert*. *Gringoire*, inzwischen die skurrilste und meistgelesene Wochenzeitschrift mit einer Auflage von einer halben Million und einer ausgedehnten Leserschaft beim Militär und in rechtsextremen Kreisen, griff das Geschrei auf. Sie behauptete, der Meldereiter des Bataillons sei damals eines Nachts unter dem Vorwand, die Leiche eines guten Freundes hereinholen zu wollen, in das Niemandsland zwischen den Frontstellungen gegangen, in Wirklichkeit aber zu den Deutschen übergelaufen, um ihnen wichtige Mitteilungen über die französischen Stellungen zu bringen. Die Zeitschrift erklärte rundheraus, Salengro sei für diesen Verrat von einem Kriegsgericht seiner Division in Abwesenheit zum Tode verurteilt worden. Henri Béraud, der berüchtigte Schreiber von *Gringoire*, stellte in einem offenen Brief an den Präsidenten der Republik die Behauptung auf, nicht weniger als vierzehn Poilus aus Salengros Bataillon seien Zeugen seiner Desertion geworden und hätten vor dem Kriegsgericht, das ihn zum Tode verurteilte, gegen ihn ausgesagt. Béraud verlangte von Lebrun, er solle den feigen Minister aus der Regierung werfen und so Frankreich vor weiterer Schande bewahren**.

Salengro beteuerte zwar seine Unschuld, aber die öffentlichen Anschuldigungen hatten einen solchen Sturm entfacht, daß Blum General Gamelin selbst mit der Bildung eines Ehrengerichts zur Untersuchung der Fakten beauftragte. Dieses Gericht stellte anhand der Akten rasch fest, daß Salengro tatsächlich wegen Desertion vor einem Kriegsgericht gestanden hatte, aber freigesprochen worden war. Es stand fest, daß der junge Soldat von seinem unmittelbaren Vorgesetzten die Erlaubnis erhalten hatte, nachts zwischen die Stacheldrahtverhaue zu klettern und zu versuchen, die Leiche eines Freundes zu bergen. Dabei hatte ihn ein deutscher Spähtrupp überrascht und gefangengenommen. Das einzige Kriegsgericht, das ihn jemals verurteilte, war ein deutsches – da er sich als Kriegsgefangener weigerte, in einer Rüstungsfabrik zu arbeiten, wurde er zu zwei Jahren Gefängnis verurteilt. Gamelin sagt, er habe versucht, diese Tatsachen »diskret« den Zeitungen zuzuschieben, die sich mit der Hetzkampagne befaßten, aber sie seien an der Wahrheit nicht interessiert gewesen.

* Diese Anschuldigung war schon mehrere Jahre zuvor von den Kommunisten erhoben worden, als sie Salengro und seine Sozialistische Partei in den Gemeindewahlen im Norden bekämpften.
** Béraud wurde nach der Befreiung als Kollaborateur zum Tode verurteilt, dann aber zu lebenslanger Zwangsarbeit begnadigt. Kurz vor seinem Tod im Jahre 1958 wurde er freigelassen.

Selbst nachdem Blum am 13. November vor der Kammer das Untersuchungsergebnis des Ehrengerichts unter Vorsitz von Gamelin bekanntgegeben hatte, behaupteten *Gringoire, L'Action Française* und andere Blätter der extremen Rechten immer noch, das seien nur Versuche, ihn »reinzuwaschen«. Sie blieben bei ihren Anschuldigungen. Salengro, »ein netter, schüchterner und außerordentlich empfindsamer Mann«, wie ihn Jean Zay, sein Sitznachbar im Kabinett, beschrieb, war der Verzweiflung nahe. Obgleich ihn die Kammer am 13. November mit 427 zu 103 Stimmen (von denen später auch noch etwa 40 in Ja umgewandelt wurden) von jedem Verdacht reinigte, blieb der Innenminister tief deprimiert. Die reaktionäre Presse setzte ihre Hetze gegen ihn fort. Der Tod seiner Frau im Jahr zuvor hatte ebenfalls zu seinen Depressionen beigetragen. Vier Abende nach dem überwältigenden Vertrauensbeweis der Kammer kehrte er in seine einsame, ungeheizte Wohnung in Lille zurück, sah das kalte Abendessen auf dem Küchentisch stehen, das ihm sein Hausmädchen hergerichtet hatte, ging zum Küchenherd und drehte den Gashahn auf[21].

Für die rechtsextremen Zeitungen, die sich die Anschuldigungen aus den Fingern gesogen hatten, war Salengros Selbstmord, wie sie schrieben, ein »Schuldbekenntnis«*.

Salengro hatte sich den Zorn der extremen Rechten zugezogen, weil er am 18. Juni 1936, zwei Wochen nach der Amtsübernahme durch die Volksfrontregierung, als Innenminister das Regierungsdekret unterzeichnet hatte, durch das die faschistischen Ligen aufgelöst wurden**. Oberst de La Rocque, Chef von *Croix de Feu*, ersetzte sie rasch durch eine politische Partei, die er »Französische Soziale Partei« – Parti Social Français oder kurz PSF – nannte. Jacques Doriot, der – wie wir gesehen haben – wegen seiner vorzeitigen Befürwortung einer Volksfront aus der Kommunistischen Partei ausgeschlossen worden war, gründete nun eine eigene politische Partei, die »Französische Volkspartei« – Parti Populaire Français oder kurz PPF. Sie war entschieden antikommunistisch, antisowjetisch und faschistisch ausgerichtet und forderte ein Zusammengehen Frankreichs mit Deutschland und Italien. Die Partei erhielt schon bald nennenswerte

* Auch Salengros Nachfolger im Amt des Innenministers, der aus viel härterem Holz geschnitzte Marx Dormoy, fand ein vorzeitiges Ende. Während des Krieges hielt ihn die Vichy-Regierung in einem Hotel in Montélimar unter Hausarrest. Eines Nachts explodierte unter der Matratze seines Bettes eine Bombe und tötete ihn. Sie stammte von der Terroristenorganisation *Cagoule*, die er als Innenminister bloßgestellt hatte.

Jean Zay, der in allen nachfolgenden Regierungen Erziehungsminister blieb, stellte sein Amt im September 1939 zur Verfügung und ging als Leutnant an die Front. Die Vichy-Regierung verurteilte ihn als angeblichen Deserteur und hielt ihn während der ganzen Besatzungszeit gefangen. Am 21. Juni 1944, kurz vor der Befreiung, wurde er von der Vichy-Miliz ermordet.

** *Le Temps* protestierte gegen die Auflösung der Ligen und nannte sie »einen neuen und ernsten Angriff auf das Prinzip, auf dem eine unserer wichtigsten staatsbürgerlichen Freiheiten beruht: das Versammlungsrecht«.

Mittel von Industrie und Hochfinanz, deren führende Köpfe plötzlich – wenn auch nur heimlich – diesen früheren Vorkämpfer des Bolschewismus in die Arme schlossen.

Es war die Versammlung einer dieser neuen rechtsgerichteten Parteien, der PSF, die zu dem zweiten Vorfall führte, der bezeichnend ist für den damaligen Aufruhr politischer Leidenschaften und den herrschenden Geist der Gewalt. Die Versammlung wurde in herausfordernder Weise ausgerechnet in Clichy abgehalten, einem Arbeiterviertel von Paris. Als Protest gegen die Kundgebung der PSF riefen am 16. März 1937 der sozialistische Bürgermeister von Clichy und der kommunistische Deputierte dieses Bezirks die Anhänger der Volksfront zu einer Gegendemonstration vor dem Kino auf, in dem sich die Rechtsextremisten trafen. Es kam zu einem Handgemenge. Die Polizei schoß auf die Volksfrontdemonstranten, tötete fünf von ihnen und verwundete 150 weitere. Unter den Verletzten befand sich auch Blums Bürochef André Blumel, der sofort herbeigeeilt war, um bei der Wiederherstellung der Ordnung zu helfen. Zwei Kugeln streckten ihn nieder. Blum selbst befand sich an diesem Abend in der Oper. Als er von der Schießerei erfuhr, eilte er in Zylinder, weißem Binder und Frack nach Clichy. Seine Kleidung wirkte zwischen den blutbespritzten Vertretern der Arbeiterklasse etwas grotesk. Sowohl Kommunisten wie auch Rechtsextremisten nutzten diese Gelegenheit, ihn zu verspotten und zu verunglimpfen.

Der gutmütige sozialistische Ministerpräsident war entsetzt beim Anblick der Toten und Verwundeten aus den eigenen Reihen. Er dachte an Rücktritt. Er glaubte, als Regierungschef das Recht der Opposition, und sei sie noch so reaktionär, schützen zu müssen, wenn sie öffentliche Versammlungen abhielt. In letzter Konsequenz fühlte er sich für die Aufrechterhaltung der Ordnung auf den Straßen verantwortlich. Deshalb war er zutiefst verletzt, als man ihm vorwarf, er habe wie der »Bluthund Noske« gehandelt – der deutsche Sozialistenführer im Jahre 1919, ein früherer Metzger, der brutal und rücksichtslos gegen kommunistische Aufrührer in Berlin vorgegangen war. Seine eigenen Anhänger von der Arbeiterklasse waren von ihm enttäuscht. Die extreme Rechte freute sich natürlich über seine mißliche Lage. *L'Insurgé*, ein rechtsextremes Blatt, brachte eine übergroße Karikatur von Ralph Soupault, die den blutbespritzten Blum zeigt, wie er in Clichy mitten in einer Blutlache steht und ruft: »Wer hat da behauptet, ich hätte kein französisches Blut?« Die Zeichnung trug die Überschrift: »Mörder! Zurücktreten!«

Das Blutbad von Clichy ließ auf der Weste der Volksfrontregierung einen weiteren Flecken zurück und schuf in der ohnehin schon gewitterdrohenden Atmosphäre im Lande neue Spannungen. Blum war sichtlich müde und entmutigt. In der Außenpolitik, die vom Spanischen Bürgerkrieg und der heuchlerischen »Nichteinmischung« beherrscht wurde, erging es ihm nicht besser. Die deutsche und italienische Unterstützung für Franco sorgte dafür, daß Frankreich schon bald eine weitere unfreundliche faschistische Macht an seinen Grenzen erleben würde. Italien war in Blums Augen unwiederbringlich verloren. Das hatte Mussolini in einer Rede vom 1. November 1936 bestätigt, als er in Mailand die »Achse Rom–Berlin« proklamierte. Zehn Tage vorher, am 21. Oktober, hatte Mussolinis Schwiegersohn und Außenminister, Graf Galeazzo Ciano – was Blum vermutlich nicht wußte –, in Berlin ein Geheimprotokoll unterzeichnet, in dem die gemeinsame deutsch-italienische Außenpolitik festgelegt wurde[22].

Im Herbst 1936 war Belgien aus dem Bündnis mit Frankreich ausgetreten. Nun lag die unbefestigte französische Nordgrenze ungeschützt vor einem deutschen Angriff durch Belgien da. Blum und sein Außenminister Delbos versuchten in einer Reihe von Geheimkonferenzen, den Belgiern die Neutralität auszureden, aber sie stießen dabei auf den hartnäckigen Widerstand des jungen Königs Leopold*. Für den vielgeplagten französischen Ministerpräsidenten bedeutete das nicht nur einen Schlag gegen die militärische Position Frankreichs, sondern auch ein weiteres Anzeichen für das abnehmende Vertrauen des Auslands in die Führungsmacht Frankreich und die kollektive Sicherheit. »Ich spürte mit brennendem Schmerz«, sagte Blum nach dem Kriege vor dem Parlamentarischen Untersuchungsausschuß, daß Belgiens Austritt »ein neues Zeichen, ein neues Symptom für den fortschreitenden Verfall aller europäischen Positionen war«[23].

Dieser Verfall setzte sich bei Frankreichs Verbündeten in Osteuropa fort. Blum erkannte, daß Frankreichs Untätigkeit bei Hitlers Einmarsch ins Rheinland einen guten Teil Schuld daran trug. Alle französischen Bemühungen um die Stärkung der Kleinen Entente (Rumänien, Jugoslawien und die Tschechoslowakei) schlugen fehl. Rumänien und Jugoslawien bemühten sich bereits um eine Einigung mit Deutschland. Selbst die Tschechen begannen in Berlin wegen eines »Einverständnisses« vorzufühlen. Polen betrieb unter seinem Außenminister Oberst Josef Beck eine Politik ständiger Annäherung an Deutschland. Blum versuchte persönlich, sich mit Angeboten von finanzieller und militärischer Hilfe dieser Tendenz entgegenzustemmen. Am 6. September 1936 erklärte sich die französische Regierung bereit, Polen im Laufe der nächsten vier Jahre für seine Aufrüstung zwei Milliarden Francs vorzustrecken. Aber diese großzügige Geste hatte keinen Einfluß auf die deutschfreundliche Außenpolitik Warschaus.

* Nach vergeblichen Besprechungen mit den Belgiern, die sich während des ganzen Winters 1936/1937 hinzogen, gaben Frankreich und Großbritannien am 24. April 1937 gegenüber Belgien eine einseitige Schutzgarantie für den Fall eines nichtprovozierten Angriffs ab.

Blum bemühte sich außerdem, das Bündnis mit Rußland durch ein Militärabkommen zu stärken, auf das die Sowjets seit einem vollen Jahr hinarbeiteten. Wenn Rußland nicht im Osten einen erheblichen Teil der deutschen Armee und Luftwaffe band, war Frankreich im Falle eines Krieges verloren.

All das hätte in Paris eigentlich als selbstverständlich erscheinen müssen, aber das war es nicht – jedenfalls nicht für die französischen Konservativen, die von ihrer panischen Angst vor den Kommunisten verblendet wurden, nicht einmal für das Oberkommando, und zwar aus genau dem gleichen Grund. Nur wenige in Paris sahen noch klar. Einer von ihnen war Paul Reynaud, der in den Jahren 1935, 1936 und 1937 eine einsame Kampagne für einen Militärpakt mit Rußland betrieben hatte und sich damit den Zorn der Mitte und der Rechten im Parlament und in der Presse zuzog. Bevor Robert Coulondre im Herbst 1936 als neuer Botschafter nach Moskau reiste, stattete er Reynaud einen Besuch ab. Der empfing ihn vor einer großen Europakarte an der Wand seines Arbeitszimmers. »Sehen Sie sich die Karte an«, sagte der Deputierte zum neuen Botschafter. »Hier steht unsere Außenpolitik geschrieben. Die Geographie diktierte das Bündnis der Dritten Republik mit dem zaristischen Rußland gegen das Deutschland des Kaisers. Heute fordert sie das Bündnis derselben Dritten Republik mit dem Rußland der Bolschewiken gegen das Deutschland Hitlers[24].« Doch in dieser Beziehung wie auch in seinen Bemühungen, das Oberkommando zum Aufbau gepanzerter Divisionen zu bewegen, war Reynaud eine einsame Stimme in der Wüste. Seine eigenen politischen Freunde klagten, er sei »weich gegenüber dem Kommunismus« geworden.

Blum beschloß, trotz seines echt sozialistischen Mißtrauens gegenüber den Kommunisten und der Sowjetunion, sofort nach der Amtseinführung seiner Volksfrontregierung etwas für den französisch-sowjetischen Pakt zu tun, der seit seiner Unterzeichnung vor einem Jahr ein wenig in Vergessenheit geraten war. Die Russen drängten darauf, den Pakt durch ein Militärabkommen zu bekräftigen. Doch aus Angst, Hitler vor den Kopf zu stoßen, die französischen Verbündeten im Osten, Polen und Rumänien, zu entfremden und Großbritannien zu verärgern, hatte die Regierung immer wieder gezögert. Der Generalstab bekundete nur wenig Interesse. Im November 1936 beauftragte Blum das Oberkommando, mit dem sowjetischen Militärattaché in Paris in geheimen Gesprächen die Frage zu klären, ob eine echte Grundlage für Generalstabsgespräche zwischen den beiden Ländern gegeben sei. Er benannte General Schweisguth, den stellvertretenden Generalstabschef, als französischen Verhandlungsführer.

Das war eine ganz einmalige Wahl. Zuvor im Herbst hatte Schweisguth als Beobachter an den jährlichen Manövern der Roten

Armee teilgenommen. Nach seiner Rückkehr hatte er einen äußerst ungünstigen Bericht erstattet. Er war zu dem Schluß gelangt, die Rote Armee sei nicht in der Lage, »einen Krieg gegen eine größere europäische Macht zu führen«. Wie Blum später bekundete, fiel ihm die Diskrepanz zwischen diesem Bericht und dem von General Loiseau auf, der im Jahr zuvor die russischen Manöver besucht hatte[25]. Loiseau hatte berichtet: »Die Rote Armee ist wahrscheinlich eine der stärksten Armeen in Europa . . . Sie steht insbesondere technisch auf einem sehr hohen Entwicklungsstand.« Nach Aussage des Ministerpräsidenten ergaben sich »einige Schwierigkeiten«, ehe er den Generalstab dazu brachte, den früheren Bericht zusammenzustellen, und er habe ihn auch erst nach »einer gewissen Verzögerung« erhalten. Er fügte hinzu, er sei in zunehmendem Maße »wenn schon nicht auf den Widerstand, so doch auf eine gewisse Zurückhaltung von seiten des Generalstabs« gestoßen, wenn es darum ging, sich mit den Sowjets wegen eines Militärabkommens in Verbindung zu setzen. Wie der Ministerpräsident feststellte, betrachtete das Oberkommando die polnische Armee als der russischen überlegen; sie sei für Frankreich zumindest wichtiger, »ausgenommen vielleicht in der Luftfahrt«. Der Generalstab hielt auch nicht viel von einer sowjetischen Militärhilfe für Frankreich, weil Rußland von Deutschland durch Pufferstaaten getrennt war und diese – insbesondere Polen und Rumänien – der Roten Armee den Durchmarsch bis an die Grenze zu Deutschland nicht gestatten würden.

Um diesen letzten Punkt sollten sich alle Bemühungen für den Abschluß eines französisch-russischen Militärabkommens drehen. »Wenn die Bolschewiken durch Polen marschieren«, hatte Marschall Rydz-Smigly, der Oberkommandierende der polnischen Armee, im Juli in Warschau zu General Gamelin[26] gesagt, »dann werden sie nie wieder abziehen*.« Er hatte sich nicht einmal bereit erklärt, über die Frage einer russischen Hilfe im Falle eines deutschen Angriffs auch nur zu sprechen. Während der Septemberverhandlungen um den 2-Milliarden-Vorschuß an Polen hatten Blum und Delbos keinen Versuch unternommen, daran die Bedingung zu knüpfen, daß Polen im Falle eines deutschen Angriffs auf Polen und Frankreich den Durchmarsch russischer Truppen gestatten sollte. Dieses Thema wurde nicht einmal gestreift.

Es gab noch eine weitere Überlegung, die nicht nur den französischen Generalstab, sondern auch die Regierung hinsichtlich eines

* Die polnische Regierung fürchtete außerdem, daß die Russen ihren Kommunismus mitbringen und versuchen würden, ihn in Polen durchzusetzen. Wie die Ereignisse nach dem Zweiten Weltkrieg zeigen, war das keine unbegründete Befürchtung. Die polnische Haltung ist außerdem aus einem historischen Russenhaß, insbesondere seit der Teilung, zu verstehen. Marschall Rydz-Smigly hatte zu Gamelin gesagt: »Die Russen der Zaren wie auch der Bolschewiken sind hier noch verhaßter als die Deutschen, die wir verabscheuen.« Aber die Polen konnten es sich trotz ihrer Gefühle nicht leisten, beide mächtige Nachbarn zu Feinden zu haben. Im Falle eines Angriffs waren sie auch nicht stark genug, sich ohne die Hilfe des einen erfolgreich gegen den anderen zu verteidigen.

Militärpaktes mit der Sowjetunion zur Vorsicht mahnte. Blums ängstlicher Außenminister Delbos wie Coulondre darauf hin, als er ihn auf die Übernahme der Moskauer Botschaft vorbereitete. Er frage sich immer wieder, sagte er, »ob die Sowjets nicht versuchten, Frankreich in einen Krieg mit Deutschland hineinzutreiben«[27]. General Schweisguth, der um dieselbe Zeit aus Moskau zurückkehrte, drückte sich deutlicher aus. Eine lange Unterhaltung mit dem sowjetischen Kriegsminister Marschall Woroschilow habe ihn davon überzeugt, sagte er, daß Rußland die Absicht hege, Frankreich in einen Krieg mit Deutschland hineinzuziehen. In diesem Falle könnten die Sowjets nur geringe Hilfe leisten, weil keine gemeinsamen Grenzen mit Deutschland vorhanden seien. Andererseits, so berichtete der General weiter, würde Rußland im Falle eines Militärbündnisses von Frankreich erwarten, daß es Deutschland unter vollem Einsatz aller Kräfte angreife, falls Deutschland (voraussichtlich über die baltischen Staaten) in die Sowjetunion einfallen sollte[28]. Daraufhin hatte man sowohl im Oberkommando als auch im französischen Außenministerium das Gefühl, daß es ratsam sei, bei den militärischen Verhandlungen mit Bedacht vorzugehen, neben anderen Überlegungen vor allem aus der Befürchtung heraus, in einen Krieg gegen Hitler getrieben zu werden, in dem die Russen wenig Hilfe bringen würden.

Die Sowjets drängten weiter. Am 17. Februar 1937 hatte Blum eine entscheidende Aussprache mit dem sowjetischen Botschafter Wladimir Potemkin. Das offizielle französische Protokoll des Treffens ist erhalten geblieben[29]. Aus diesem Protokoll geht hervor, daß die sowjetische Regierung im Falle eines deutschen Angriffs auf Frankreich oder die Tschechoslowakei bereit war, »mit allen militärischen Kräften Beistand zu leisten«, unter der Bedingung, daß Polen und Rumänien »ihre Pflicht erfüllen« und den Durchmarsch sowjetischer Truppen durch ihr Territorium gestatten – »entweder aus freien Stücken oder auf Beschluß des Völkerbundes«. Potemkin führte ferner aus, daß Moskau bereit sei, genau die militärischen Maßnahmen anzugeben, die man ergreifen werde, und sie in einer Vereinbarung zwischen den interessierten Staaten ausführlich niederzulegen. Er fügte hinzu: »Sollten sich Polen und Rumänien aus unverständlichen Gründen der Hilfeleistung der Sowjetunion für Frankreich und die Tschechoslowakei widersetzen und den Durchzug sowjetischer Truppen durch ihr Hoheitsgebiet nicht gestatten, würde die Sowjetunion notgedrungen nur begrenzte Hilfe gewähren können.« In diesem Falle würde Rußland Truppen per Schiff nach Frankreich schikken und Luftwaffeneinheiten nach Frankreich und in die Tschechoslowakei verlegen. Es werde ferner zur See jede mögliche Hilfe leisten und die beiden Länder mit Nahrungsmitteln, Rohöl, Rohmaterial, insbesondere Mangan, Waffen, Flugzeugen und Panzern beliefern. Nachdem der sowjetische Botschafter erläutert hatte, was Rußland zu tun bereit sei, stellte er Blum die Frage, was Frankreich zu tun gedächte, falls sein Land von den Deutschen angegriffen würde. Der Ministerpräsident versprach, diese Frage später zu beantworten. Die Franzosen ließen sich mit ihrer Antwort Zeit. Sie wurde am 10. Mai, also fast drei Monate später, von General Gamelin für den Generalstab aufgesetzt und ist typisch für die Abneigung des französischen Oberkommandierenden gegen irgendwelche Festlegungen, die über vage Gemeinplätze hinausgehen, sowie für seine Vorliebe für ständige Einwände, wenn man damit nur das Handeln hinausschieben kann. Gamelin war seit der Krise vom 7. März 1936 keineswegs kühner geworden. Er empfahl folgende Antwort an die Russen:

1. Zur Frage des Beistandes, den Frankreich der Sowjetunion gewähren könnte, falls diese von Deutschland angegriffen würde:

Frankreich ist, falls es nicht selbst von der deutschen Hauptstreitmacht angegriffen wird, bereit, entsprechend den augenblicklich herrschenden Bedingungen und im Rahmen der von den Beistandspakten mit verschiedenen Nationen niedergelegten Bedingungen sowie gemäß den Verpflichtungen aus dem Vertrag des Völkerbundes die Offensive zu ergreifen.

Zu dieser Offensive werden sämtliche französischen Streitkräfte eingesetzt, sofern sie nicht an anderen Frontabschnitten oder in unseren überseeischen Besitzungen benötigt werden.

2. Zur Frage des Durchzugs sowjetischer Truppen durch die Territorien Polens und Rumäniens:

Die Gespräche, die Frankreich mit diesen beiden Mächten führte, lassen noch keine Lösung dieses Problems erkennen.

Der französische Generalstab weist darauf hin, daß die einzige augenblicklich vorstellbare (sowjetische) Hilfe in Flugzeugen und motorisierten Fahrzeugen bestehen dürfte, da Polen und Rumänien ihre Eisenbahnlinien zum Transport der eigenen Truppen benötigen werden[30].

Angesichts einer so negativen Antwort des französischen Oberkommandos schien es für keine der beiden Seiten sinnvoll zu sein, die Gespräche fortzusetzen. Blum hatte übrigens schon vor Monaten beschlossen, sie fallenzulassen. Den Grund hierfür enthüllte er erst nach dem Krieg[31].

Ende 1936, so sagte er vor dem Parlamentarischen Untersuchungsausschuß, erhielt er eine vertrauliche Mitteilung des tschechoslowakischen Präsidenten Eduard Benesch, eines guten alten Freundes. Benesch riet ihm, bei seinen Verhandlungen mit dem sowjetischen Generalstab äußerste Vorsicht walten zu lassen. Nach Ermittlungen des tschechoslowakischen Geheimdienstes, berichtete Benesch, seien die führenden Persönlichkeiten des sowjetischen Generalstabs in »verdächtige Beziehungen« zu Deutschland verwickelt. Das bedeute kurz folgendes: Alle militärischen Pläne Frankreichs, die an die Russen weitergegeben würden, gelangten über den sowjetischen Generalstab nach Berlin, weil die Führer des Generalstabs angeblich zusammen mit Hitler ein Komplott zu Stalins Sturz und der Errichtung einer deutschfreundlichen Regierung in Moskau schmiedeten. Kurz danach ließ Stalin den stellvertretenden Volkskommissar für militärische Angelegenheiten, Marschall Tuchatschewskij, verschiedene andere hohe Offiziere sowie eine Anzahl »alter Bolschewiken« wie Sinowjew, Bucharin, Rykow und Radek, verhaften. Ihnen wurden verräterische Beziehungen zu den Deutschen zur Last gelegt. Nach einer Serie sich lang hinziehender Gerichtsverhandlungen wurden sie für schuldig befunden und erschossen. Benesch hatte seine »Geheiminformation« prompt an Stalin weitergegeben*.

Nachdem Oberkommando und Armee der Sowjetunion durch die Säuberungen dezimiert waren – angeblich wurden rund 5000 Offiziere und Funktionäre liquidiert –, glaubte das französische Oberkommando um so mehr Anlaß zu haben, weiteren militärischen Gesprächen mit den Russen aus dem Wege zu gehen. Blum selbst fühlte sich, wie er dem Untersuchungsausschuß berichtete, nach Beneschs Warnung »wie gelähmt« und unternahm keinen weiteren Versuch, seine Generäle in dieser Sache zu bedrängen. Er scheint auch keinen Versuch unternommen zu haben, die tschechoslowakische Information auf ihren Wahrheitsgehalt hin zu prüfen oder sich Gedanken darüber zu machen, der Vorwurf des Verrats gegen Tuchatschewskij und andere könnte vielleicht, wie man später weithin annahm, hauptsächlich von Stalin hochgespielt worden sein, weil dieser sich der Opposition in Partei und Armee entledigen wollte. Wenn man die Sache so betrachtet, erscheint Blums Ausrede für den Abbruch der Gespräche fadenscheinig. Man wird wohl zu dem Schluß gelangen müssen, daß er hauptsächlich durch den Widerstand des französischen Generalstabs selbst sowie eines großen Teils der Presse und des Parlaments beeinflußt war, darunter auch seiner eigenen radikalen Anhänger. Diese glaubten – oder gaben zumindest vor zu glauben –, daß ein Militärbündnis mit Rußland wenig Vorteile, dafür aber um so mehr Nachteile mit sich bringe. Hierzu gehörte beispielsweise, daß ein solches Abkommen Hitler zu einem Angriff provozieren könnte.

* Churchill, dem Benesch diese Geschichte erst viel später, im Januar 1944, erzählte, glaubte »einige Anzeichen« dafür zu erkennen, daß die Informationen des tschechoslowakischen Präsidenten eigentlich von der GPU, der sowjetischen Geheimpolizei, stammten, die »Stalin über eine befreundete ausländische Quelle erreichen wollte«[32]. Eine andere Version – eine von vielen, die später kolportiert wurden – wurde am 23. Oktober 1948 in der Pariser Zeitung *Le Monde* veröffentlicht. Danach erfuhr die sowjetische Geheimpolizei erst in allerletzter Minute von der Verschwörung, und zwar dank des Verrats von General Dybenko, Kommandeur der Militärregion Zentralasien. Dybenko soll nach Moskau gefahren sein, um zusammen mit anderen Generälen an dem Coup teilzunehmen, dann aber kalte Füße bekommen und die Geheimpolizei von dem Vorhaben unterrichtet haben. *Le Monde* führt General Dybenko als wichtigsten Kronzeugen der Anklage bei den Prozessen an. Kurz nachdem er Stalin diesen Dienst erwiesen hatte, so steht zu lesen, wurde er selbst ebenfalls erschossen.

Selbst wenn das nicht geschehen sollte, würden dann in Frankreich alle Schleusen dem Kommunismus geöffnet und Frankreich zu einem Bauern im Mächtespiel der Bolschewiken erniedrigt. Marschall Pétain hatte am Vorabend der Aprilwahlen 1936 vor den Folgen eines französisch-sowjetischen Pakts gewarnt, obgleich er selbst als Kriegsminister in der Regierung saß, als Barthou die Grundlagen dafür schuf, und Pétain vermutlich damit einverstanden war: »Wenn wir Moskau unsere Hand hinstrecken, haben wir sie dem Kommunismus hingestreckt. Wir haben den Kommunismus in den Kreis der vertretbaren Lehren aufgenommen. Das werden wir bestimmt noch bedauern.«

Nicht nur die Armee, sondern auch Regierung, Parlament, Presse und ein Großteil des Volkes atmeten erleichtert auf, als die Verhandlungen über ein Militärbündnis in aller Stille fallengelassen wurden. Sie sollten erst wiederaufgenommen – und dann hektisch vorangetrieben – werden, als es schon zu spät war: erst drei Jahre später.

Abgestoßen von dem Gedanken an sowjetische Hilfe, die 1914 so bedeutsam gewesen war, und in voller Erkenntnis der Tatsache, daß Großbritannien über keine Armee verfügte, die sie wie bei Beginn des Ersten Weltkriegs in Frankreich landen konnte, wußte das Oberkommando nunmehr, daß es – wenn man von der Unterstützung durch die Tschechoslowakei und Polen* absah – gegen Deutschland allein dastehen würde. Die hohen neuen Kredite, die im September 1936 bewilligt worden waren, gaben Frankreich Gelegenheit, zu Lande und in der Luft ernsthaft aufzurüsten und so den Vorsprung der Deutschen auszugleichen. Blum und sein Kriegsminister Daladier überließen es den Generälen, wie sie das Geld verwenden wollten – ein Fehler, den sie später bereuten. Die Frage war nun: Würden es die Franzosen den Deutschen nachmachen und selbständige Panzerdivisionen, unterstützt durch Sturzkampfbomber, aufbauen, wie es Oberstleutnant de Gaulle verlangte; oder würde man sich damit begnügen, lediglich die zur Verteidigung bestimmten Festungen zu stärken, ihre Vorräte an konventionellen Waffen aufzustocken und bei der alten Taktik zu bleiben, die sich 1914–1918 so gut bewährt hatte, wie die meisten der alternden Generäle immer wieder selbstgefällig betonten? In den beiden Jahren 1936 und 1937 untersuchte der Oberste Kriegsrat, der, wie de Gaulle damals zu Reynaud bemerkte[34], aus »gutmütigen Endsechzigern« bestand, dieses Problem. Er wurde dabei ständig von dem Schulmeister Gamelin sanft angetrieben, der durch fleißige Studien wettmachte, was ihm an Tatendrang fehlte.

* Selbst diese Unterstützung war zweifelhaft. In einem streng geheimen Memorandum vom 4. Juni 1936 warnte General Georges den Obersten Kriegsrat, daß »hinsichtlich Polens völlige Ungewißheit herrsche«. Er könne sich sogar vorstellen, daß Polen auf Deutschlands Seite kämpfen würde. In diesem Falle, bemerkte Georges, konnten auch die sechsundzwanzig deutschen Divisionen, die nach Schätzung des Generalstabs im Osten durch die Polen gebunden werden sollten, im Westen gegen Frankreich eingesetzt werden[33].

Auf einer Sitzung des Kriegsrates am 29. April 1936, kurz vor dem Amtsantritt der Volksfrontregierung, sprach sich General Gamelin gegen die Nachahmung des deutschen Beispiels beim Aufbau gepanzerter Divisionen aus. »Das Problem des Aufbaus ähnlicher Einheiten«, sagte Gamelin, »wird in Frankreich seit 1932 studiert. Aber wir sind von dieser Idee wegen der Entwicklung panzerbrechender Waffen wieder abgerückt.«

Er fuhr fort:

Wir hatten den Eindruck, daß ein Panzerangriff gegen eine gut verteidigte Frontlinie nicht erfolgreich sein kann, wenn er nicht massiv durch schwere Artillerie unterstützt wird, die die Panzerabwehrwaffen des Feindes zerschlägt. Nur eine große Streitmacht, unterstützt durch Artillerie und imstande, im Schutze der Tanks starke Infanteriekräfte einzusetzen, kann ins Gewicht fallende und dauerhafte Resultate erzielen.

Er glaube nicht, so sagte er, daß die deutschen Panzerdivisionen dazu bestimmt seien, »eine gut organisierte Front aufzureißen, sondern lediglich rasche Aktionen gegen relativ schwache Kräfte in offenem Gelände durchzuführen, wie zum Beispiel in der Tschechoslowakei, in Polen und Belgien«. Bestenfalls empfehle er den Aufbau einer zweiten leichten motorisierten Division, die eine weitere Kavalleriedivision ersetzen könne[35].

Die französische Armee war immer noch nicht willens, das Pferd aufzugeben! Über eineinhalb Jahre später, am 15. Dezember 1937, wurde auf Antrag von General Massiet, dem Generalinspekteur der Kavallerie, und mit Unterstützung von General Gamelin auf einer Sitzung des Kriegsrates unter Vorsitz von Kriegsminister Daladier und in Gegenwart des illustren Marschalls Franchet d'Esperey sowie aller anderen ranghöchsten Generäle, mit Ausnahme des abwesenden Marschalls Pétain, beschlossen, zwei Kavallerieregimenter beizubehalten, die eigentlich durch eine dritte leichte motorisierte Division hätten ersetzt werden sollen. Das sei anzuraten, sagte General Massiet, nicht nur wegen der Bedeutung der Pferdezucht in Frankreich, sondern auch deshalb, weil Kavallerieregimenter für die Aufklärung immer noch von größtem Wert seien. Er fand begeisterte Unterstützung bei General Prioux, der gleichzeitig das Fehlen von 50000 Reitpferden beklagte. Er forderte, mehr Reitpferde anzuschaffen und die Kavallerie dadurch zu »verjüngen«, daß man die derzeit oft schon recht betagten Gäule durch jüngere Pferde ersetzte[36].

Kavallerie – in der europäischen Geschichte des Jahres 1937! Für Aufklärungszwecke! Für die französischen Generäle war die Zeit stehengeblieben.

Vielleicht doch nicht ganz. Im Herbst 1936 scheint ein kleiner Lichtstrahl General Gamelins Geist erleuchtet zu haben, wennschon nicht die Köpfe vieler seiner Kollegen. Auf einer Sitzung des Obersten Kriegsrates am 14. Oktober überraschte Gamelin seine Zuhörer durch seine erstaunlich veränderte Einstellung zur Frage der Panzerdivision. Die Deutschen, so sagte er, hätten die gepanzerte Division »als Mittel zur Durchführung plötzlicher Angriffe unter Ausnutzung des Vorstoßes in die Tiefe« entwickelt. »Uns fehlt ein solches Angriffsinstrument. Wir brauchen eines.« General Prételat, einer der ranghöchsten Offiziere, widersprach ihm. Die Panzerdivision, so argumentierte er, sei nicht die richtige Antwort. Aber Gamelin blieb hart – allerdings auf seine Weise. Er trug eine »Einladung« an die Mitglieder des Kriegsrates vor, die Angelegenheit zu »studieren«[37].

Diese »Studien« scheinen eine recht gemütliche Sache gewesen zu sein. Erst vierzehn Monate später, in jener Sitzung des Kriegsrates vom 15. Dezember 1937, bei der die Beibehaltung der Reitpferde so breiten Raum einnahm, wurde die Frage des Aufbaus einer Division aus schweren Panzern erneut angeschnitten. Nach dem vertraulichen Sitzungsprotokoll[38] meinte General Gamelin, eine gepanzerte Division sei »ein ausnehmend interessantes Kriegsinstrument zur Durchführung eines Gegenangriffs oder bei der Ausnutzung eines Frontdurchbruchs«. General Dufieux, Generalinspekteur für Infanterie und Tanks, hielt das Kriegsinstrument auch für »interessant«, wies jedoch auf die »Gefahren und Risiken« hin, die sich ergäben, wenn man alle schweren Tanks in einer Panzerdivision zusammenfaßte. Auf jeden Fall, so erklärte er, würden vor 1939 ohnehin nicht genügend dieser Tanks zur Verfügung stehen, um eine Division daraus bilden zu können. Es wurde viel darüber geredet, wie man eine solche Panzerdivision aufbauen solle, was man ihr an Artillerie, motorisierter Infanterie, Fahrzeugen und Unterstützung aus der Luft beigeben solle. Die Frage werfe »viele Probleme« auf, gab Gamelin zu. Schließlich einigte sich der Kriegsrat darauf, »während des Jahres 1938 die Studien und Experimente hinsichtlich des späteren Aufbaus einer Panzerdivision sowie ihrer Verwendungsmöglichkeiten fortzusetzen«. Die Herren Generäle hatten es offenbar nicht eilig.

Was mußte da noch studiert werden? Schon vor fünfzehn Jahren hatte General Etienne, der »Vater« des Panzers, geduldig erläutert, wie eine Panzerdivision aussehen sollte. Zwei Jahre lang hatte Oberst de Gaulle öffentlich und privat bis in die letzten Einzelheiten den Aufbau einer solchen Einheit erklärt. Die Deutschen, die diese Idee zuerst von Etienne und nachher von de Gaulle entlehnt hatten, verfügten bereits über drei Panzerdivisionen, und das französische Oberkommando hatte ganz genau erfahren, wie diese aufgebaut waren. Am 20. November 1935 hatte General Renondeau, der französische Militärattaché in Berlin, dem Generalstab in Paris einen ausführlichen Bericht über die genaue Zusammensetzung jeder der drei deutschen Panzerdivisionen geschickt[39].

Auf jener Sitzung des Kriegsrates im Dezember 1937 hatte Daladier, der als Kriegsminister den Vorsitz führte, den Generälen empfohlen, über ein besonderes Kampfflugzeug nachzudenken, das die gepanzerten Einheiten begleiten könnte. Nach dem Protokoll wurde dieser Vorschlag mit Schweigen aufgenommen. Die Deutschen entwickelten bereits ein solches Flugzeug: den »Stuka«. Wie Daladier wußte, hatte Loiré-Nieuport, ein französischer Hersteller, eine Maschine dieses Typs noch vor den Deutschen entwickelt – bereits im Jahre 1935. Aber weder die französische Armee noch die Luftwaffe zeigten Interesse für das Flugzeug. Als Daladier 1937 die Luftwaffe zum Ankauf dieser Maschine bewegen wollte, erklärte ihm der Luftwaffenchef General Vuillemin, ein solches Flugzeug sei für Operationen über Land untauglich, aber vielleicht könne es die Marine auf ihren Flugzeugträgern »zum Angriff auf gegnerische Schiffe« verwenden[40]. Darauf bestellte die französische Kriegsmarine fünfzig Stück.

Als es bereits zu spät war, machte sich Blum »bittere Vorwürfe«, weil er nicht die Autorität der Regierung eingesetzt hatte, um die Trägheit des Oberkommandos zu bekämpfen, insbesondere beim Aufbau gepanzerter Einheiten. Im Oktober 1936 hatte er Oberst de Gaulle in sein Büro eingeladen und ihm im Verlauf des Gesprächs erklärt, die gerade bewilligten umfangreichen neuen Militärkredite würden große Mengen an Tanks und Flugzeugen für Frankreich bedeuten und das Oberkommando in die Lage versetzen, gepanzerte Divisionen mit den dazugehörigen Kampfflugzeugen aufzubauen. De Gaulle versuchte ihm zu erklären, die Flugzeuge, die er sich vorstellte, würden »für die Abwehr feindlicher Luftstreitkräfte, nicht aber für Offensivzwecke« taugen, und der Generalstab sei immer noch gegen den Plan, Tanks in Panzerdivisionen zusammenzufassen. Man wolle sie lieber verstreut der Infanterie zuteilen. Blum wurde ein wenig böse und beendete das Gespräch mit den Worten: »Die Verwendung der . . . Kredite ist die Sache (Kriegsminister) Daladiers und General Gamelins!«

»Ohne Zweifel«, erwiderte de Gaulle[41]. »Gestatten Sie mir aber anzunehmen, daß die Verteidigung des Landes eine Aufgabe der Regierung ist*.«

»Ich habe mir oft bitterste Selbstvorwürfe gemacht«, sagte Blum nach dem Krieg vor dem Parlamentarischen Untersuchungsausschuß, als er berichtete, daß er das Oberkommando nicht genug gedrängt hatte, die reichlich zur Verfügung stehenden Kredite zum Aufbau einer schlagkräftigen Panzerwaffe zu verwenden. »Erst spä-

* Zur Tendenz von Parlament und Regierung, »die Vorbereitungen der nationalen Verteidigung einzig und allein dem Militär zu überlassen«, folgerte der Parlamentarische Untersuchungsausschuß nach dem Krieg: »Im Zusammenhang mit dem Krieg gibt es höchst bedeutsame Aspekte, die ein Soldat nicht übersieht und niemals übersehen wird . . . Eine Regierung, die diesen Namen zu Recht trägt, darf sich nie hinter dem Militär verschanzen, sondern sie muß im Gegenteil dem Militär die entscheidenden Impulse geben[42].«

ter erkannte ich den Irrtum oder die Illusion, der ich zum Opfer gefallen war. Ich hätte skeptischer sein müssen und strenger, wenn es darum ging, nachzuforschen und mich davon zu überzeugen, daß etwas getan wurde[43].«

Er hätte dazu nicht viel Zeit gehabt. Als der Frühling 1937 herannahte, wurde offenbar, daß seine Tage im Amt gezählt waren.

Der Niedergang der Volksfront

Nun wiederholte sich genau, was seit dem Ersten Weltkrieg bisher noch jede linksgerichtete oder liberale Regierung zu Fall gebracht hatte, wie groß ihre Mehrheit in der Kammer auch sein mochte.

Die Depression wurde bedrückender. Die Staatskasse leerte sich. Der Abfluß von Francs setzte sich fort. Von März bis Juni 1937 sank die Industrieproduktion von 93 auf 88 Punkte. Am 15. Juni wies die Staatskasse nur noch einen Bestand von 2,5 Milliarden auf. In den ersten drei Wochen dieses Monats büßte die Bank von Frankreich weitere 8 Milliarden an Gold ein. Die Gold- und Devisenreserven im Währungsstabilisierungs-Fonds, der geschaffen worden war, um die Währung halbwegs stabil zu erhalten, waren erneut erschöpft, und rund 8 Milliarden in Edelmetallen waren bei der Bank aufgenommen worden. Dennoch sank der Franc von 20 auf 23 gegenüber dem Dollar. Da die Steuereinnahmen aufgrund des Rückgangs der Umsätze und Einkommen niedriger als erwartet ausfielen, versuchte die Regierung, kurzfristige Darlehen aufzunehmen – aber es gab keine Geldgeber. Die Banken und deren Auftraggeber zogen es vor, Gold und Devisen zu kaufen. Mitte Juni erschien es zweifelhaft, ob die Staatskasse imstande sein würde, für den Rest des Monats ihre Zahlungsverpflichtungen zu erfüllen. Zwei der drei Finanzexperten, die Blum im März als Wächter über den Stabilisierungsfonds gesetzt hatte, Rist und Baudouin, traten am 14. Juni von ihrem Posten zurück, weil die Regierung ihrem fachmännischen Rat nicht folgen wollte, die Ausgaben drastisch zu kürzen, die Steuern zu erhöhen und für ausländische Währungen den Markt völlig freizugeben. Am nächsten Tag reagierte Blum, unterstützt von Finanzminister Auriol, mehr als heftig.

Sie waren endlich zu der Erkenntnis gelangt, daß ihre Politik, die Financiers durch Duldung des Kapitalabflusses ins Ausland zu beschwichtigen, fehlgeschlagen war. Sie hatten versucht, das Geld wieder ins Land zurückzuholen, indem sie einen relativ freien Umtausch beibehielten, aber diese Politik hatte die Regierung nur an den Rand des Bankrotts geführt, denn das Kapital war nicht heimgekehrt. »Das französische Kapital«, so sagte Blum vor der Deputiertenkammer, ist ganz einfach »in Streik getreten«. Auriol gebrauchte vor dem sich feindselig gebärdenden Senat kräftigere Vokabeln. Er verglich die Kapitalflucht mit »Desertion in Kriegszeiten. Wenn jeder Franzose seine Pflicht getan hätte, brauchten wir jetzt nichts zu fürchten.« Hinter den Maßnahmen und der Haltung der Hochfinanz sahen Blum und Auriol den Versuch, die Volksfrontregierung zu Fall zu bringen. Baudouin teilte Auriol bei seinem Rücktritt am 14. Juni mit, was jetzt am meisten vonnöten sei, das sei »eine andere Mehrheit« – also eine konservativere Regierung[44].

Am 15. Juni hielt Blum eine Sondersitzung seines Kabinetts ab. Gemeinsam mit Auriol beschloß er, denen hart entgegenzutreten, die den Franc als Spekulationsobjekt benutzten und damit den Kapitalabfluß bewirkten. Am Nachmittag sagte Auriol vor der Presse: »Wenn sie (die Spekulanten) uns abwürgen wollen, so kann ich ihnen versichern, daß es nicht kampflos geschehen wird.« Das Kabinett kam überein, das Parlament um die Vollmacht zu ersuchen, alle in der finanziellen Krise erforderlichen Maßnahmen auf dem Verordnungswege ergreifen zu können. Diese Vollmacht hatte das Parlament Herriot 1925 in einer ähnlichen Krise verweigert, aber erst Poincaré und später auch Laval bereitwillig eingeräumt. Blum und die Sozialistische Partei waren stets gegen einen so drastischen Schritt gewesen, aber jetzt, als sie um die nackte Existenz der Volksfrontregierung kämpften, waren sie zu jeder Verzweiflungstat bereit.

Die Kammer erteilte der Regierung, trotz der Bedenken der Radikalsozialisten mit 346 zu 247 Stimmen die gewünschten Vollmachten. Der Senat, der von den Radikalsozialisten, beherrscht wurde – zwar Angehörige der Volksfrontregierung, aber jetzt verärgert –, sträubte sich. Er verwarf Blums Vorlage mit großer Mehrheit und bewilligte nur eine erheblich abgemilderte eigene Version. Noch einmal stimmte die Kammer auf Blums Antrag über die geforderten Vollmachten ab – noch einmal verwarf sie der Senat am 20. Juni.

An diesem Abend hatte es den Anschein, als würde Frankreich in eine Verfassungskrise gestürzt. Das Recht des Senats, eine Regierung zu stürzen, ist nie einwandfrei geklärt worden. In der Kabinettssitzung am folgenden Tag sprachen sich viele Anhänger Blums dafür aus, sich über den Senat hinwegzusetzen. Der Vorschlag kam auf, Blum möge den Senat und den Präsidenten der Republik ersuchen, die Kammer aufzulösen und Neuwahlen auszuschreiben. Doch die Radikalen-Regierungsmitglieder, die des Bündnisses mit den Kommunisten längst überdrüssig waren und insgeheim auch den von Blum eingeschlagenen Kurs gegenüber dem Kapital mißbilligten, verweigerten einem solchen Schritt ihre Zustimmung. Blum selbst, ausgepumpt von einem enttäuschenden Amtsjahr, war nicht in der Stimmung, eine Verfassungskrise heraufzubeschwören. Er spürte, daß sie das Land so sehr schwächen könnte, daß es vielleicht zusammenbrach. Ein zerstrittenes, bankrottes Land konnte zu leicht Hitler und Mussolini zu einem Angriff verlocken.

Am 22. Juni 1937, um 2 Uhr morgens, überreichte Blum dem Präsidenten der Republik das Rücktrittsgesuch seiner Regierung. »Ich hatte genug!« sagte er zu dem amerikanischen Botschafter William Bullitt. »Alles, was ich versucht habe, wurde mir verbaut[45].« Er hatte es gerade ein Jahr lang versucht. In dieser kurzen Zeit hatte sich das Schicksal des Volksfrontexperiments – und seine Erfahrung damit – erfüllt.

Die Volksfront hatte Erfolge und Niederlagen zu verzeichnen. Es gab soziale Fortschritte – die bedeutsamsten in der ganzen Geschichte der Dritten Republik –, aber auch wirtschaftliche Rückschläge. Was die Arbeiter, Bauern und die Armen an Vorteilen erlangten, wurde durch die spätere Bedrängnis der Mißerfolge größtenteils wieder ausgeglichen. So zum Beispiel wurden die im Juni 1936 errungenen erheblichen Lohn- und Gehaltserhöhungen im darauffolgenden Juni, als die Regierung zurücktrat, durch die steigenden Lebenshaltungskosten größtenteils wieder hinfällig. Dennoch hatten sich die Arbeiter das Recht erkämpft, sich zu organisieren und Tarife auszuhandeln; wie der Mittelstand, erhielten sie jetzt auch einen Jahresurlaub von vierzehn Tagen. Sie hatten die Vierzigstundenwoche errungen, doch dadurch waren Produktionsausfälle eingetreten, insbesondere bei den so dringend benötigten Waffen – zu einem Zeitpunkt, da die Arbeiter in Deutschland rund 60 Stunden in der Woche schufteten, hauptsächlich an der Produktion von Waffen.

Der bedeutsamste Mißerfolg der Volksfront war ihr Unvermögen, die Wirtschaft und die Finanzen der Nation in Ordnung zu bringen. Sie konnte nicht viel unternehmen, solange sich Blum verpflichtet fühlte, sich an das alte, todgeweihte System zu halten, dessen Bankiers und Geschäftsleute weder mit ihm zusammenarbeiten noch von sich aus etwas unternehmen wollten. Die französische Volkswirtschaft war ganz einfach veraltet, viele Industriezweige, wie Produktionsminister Charles Spinasse feststellte, »noch genauso organisiert und ausgestattet wie im Mittelalter oder im siebzehnten Jahrhundert«. Niemand unternahm einen ernsthaften Versuch der Erneuerung, weder die Regierung noch die Privatwirtschaft selbst.

Blum gab die Schuld dem Bürgertum und vergaß dabei, wie sehr er sich als Ministerpräsident dagegen gesträubt hatte, diese Bürger ins zwanzigste Jahrhundert zu stoßen. In einem während des Zweiten Weltkriegs geschriebenen Buch stellte er die Frage:

War es nicht offenkundig, daß das Bürgertum in sich selbst keine Energiereserven, keine Fantasie, keine Fähigkeit zur Erneuerung, zum Aufbau, zur Überwindung der wirtschaftlichen Depression fand? War es nicht offenkundig, daß es auf allen Gebieten produktiver Betätigung – Industrie, Landwirtschaft, Handel, Banken – in seiner Routine, seinen Traditionen verharrte[46]?

Blum hatte versucht, das Vertrauen und die Unterstützung der Bankiers und Industriellen zu gewinnen, indem er sie sich selbst überließ. Vor allen Dingen war es Blums Versäumnis, die Kapitalflucht durch eine strenge Kontrolle der Gold- und Devisenausfuhr zu stoppen, das einer wirtschaftlichen Wiederbelebung entgegenstand und das Land ins Chaos führte. Als erster sozialistischer – und jüdischer – Ministerpräsident in der Geschichte Frankreichs war er entschlossen, sein Wort zu halten und, wie er sagte, »Macht nur innerhalb des kapitalistischen Gefüges auszuüben«. Seine Skrupel verdienen Hochachtung. Aber in einer Welt harter Konflikte, in der klargeworden war, daß die wirtschaftliche und finanzielle Elite es auf die Vernichtung seiner Regierung abgesehen hatten – koste es das Land, was es wolle, war sein Mangel an Mut und Härte verhängnisvoll.

Es gab noch einen weiteren Mißerfolg. Trotz ehrlicher Bemühungen um eine Versöhnung im Widerstreit der Klassen und Interessen von seiten Blums war Frankreich nach der Volksfrontära gespaltener denn je. Der Sturz der Volksfront verbitterte die Massen und nahm ihnen die Illusionen. Viele glaubten, nachdem eine friedliche Revolution es nicht fertiggebracht hatte, die Macht der finanziellen und industriellen Oligarchie zu beschneiden, sei nun eine blutigere Revolution notwendig. Diese Leute strömten jetzt der Kommunistischen Partei zu. Die Rechte, erleichtert über den Sturz der Volksfront, fürchtete dennoch immer noch den Kommunismus und die Anarchie, in die nach ihrer Meinung die Massen verfallen waren. Auf der politischen Rechten traf man immer häufiger auf die Ansicht, einen Retter müsse man jenseits der eigenen Landesgrenzen suchen.

Gustave Hervé, der einst so überzeugte Sozialist und Pazifist, schwenkte nun um und wies den Weg: »Alles, nur nicht diese drekkige Anarchie! . . . Wie viele müssen in diesen Tagen zähneknirschend sagen: *Ah! Vive Mussolini et vive Hitler*[A7]!« Es war um diese Zeit, wie ich mich erinnere, daß man in hochgestellten Kreisen in Paris immer häufiger eine Bemerkung hörte, die fast zu einer Art von Beschwörungsformel wurde: »Lieber Hitler als Blum!«

Während der flüchtigen Monate der Volksfrontregierung hatte sich eine weitere Errungenschaft ergeben – diesmal auf menschlichem Gebiet. Für die Massen war das Leben ein klein wenig leichter geworden. Hervorgerufen durch die Volksfront, hing nun etwas in der Luft, das Schriftsteller, Philosophen und Historiker, aber auch Linkspolitiker später rückblickend *l'Esprit de 1936* – den Geist von 1936 – nennen sollten. Die Armen erlebten ein Gefühl der Befreiung. Endlich spürten sie, daß auch sie am Leben der Nation teilhatten. Sie hatten mitgeholfen, ein Parlament und eine Regierung zu wählen, die ihre Sehnsüchte teilten und versucht hatten, zumindest einige davon Wirklichkeit werden zu lassen.

Eine von Blums Neuerungen war die Einrichtung einer Unterabteilung für »Freizeit und Sport«. Zu ihrem Leiter bestimmte er einen fantasiereichen, energischen jungen Sozialisten, den Staatssekretär Léo Lagrange*. Innerhalb von zwei Monaten, gerade noch rechtzeitig für die traditionellen Augustferien, erreichte er Fahrpreisvergünstigungen, Preisermäßigungen in den Hotels für Bedürftige sowie eine Anzahl von Jugendlagern und Jugendherbergen *(auberges de la jeunesse)*. In diesem August strömten Millionen von Arbeitern mit ihren Familien, die ihren ersten bezahlten Urlaub ausnutzten, an die Küsten, in die Berge und aufs Land. Sie besetzten Gegenden, die bislang hauptsächlich den Wohlhabenden vorbehalten waren. Diese waren natürlich über die Anwesenheit der sogenannten »neuen bezahlten Urlauber« und den neumodischen »proletarischen Tourismus« nicht sonderlich begeistert.

»Laßt uns dem Volk die Tore der Kultur öffnen«, hatte der junge Jacques Soustelle in der neuen liberalen Wochenzeitschrift *Vendredi* gefordert – sie war von den beiden jungen Schriftstellern André Chamson und Jean Guéhenno, den Kündern der geistigen Seite der Revolution von 1936, ins Leben gerufen worden. Jean Giono, der Romanautor, schrieb an die Adresse des einfachen Volkes: »Ihr habt ein Recht zu ernten, ein Recht auf Glück, ein Recht auf die wahre Welt, ein Recht auf die wirklichen Reichtümer hernieden – jetzt, auf der Stelle, noch in diesem Leben!« Die Volksfront ermunterte diesen neuen Gedanken. Zum Jahresende konnte Léon Blum mit aller Berechtigung in seiner Neujahrsansprache im Rundfunk sagen:

Wir sehen im Land wieder neue Hoffnung, ein Gefühl für Arbeit, ein neues Lebensgefühl. Frankreich sieht anders aus, hat eine andere Ausstrahlung. Das Blut fließt rascher durch den verjüngten Leib. Jeder spürt, daß sich die menschlichen Verhältnisse in Frankreich gebessert haben.

Trotz aller Mißerfolge verlor er niemals die Überzeugung, daß die Volksfront – wie er auch seinen Richtern am 11. März 1942 während der Gerichtsverhandlung in Riom erklärte – »eine Art von Schönheit und Licht in ein Leben gebracht hat, das zuvor schwer und düster war«. Sie hat den Franzosen »Hoffnung auf die Zukunft« beschert[48].

Nachdem Blum vom Senat gestürzt worden war, lebte die Volksfront nicht mehr. Allerdings sollte sie erst ein Jahr später zu Grabe getragen werden. Ihr Mythos lebte weiter. Die drei zerstrittenen Parteien der Linken klammerten sich noch daran. Sie hatten die Volksfront gemeinsam geschaffen, sie verfügten in der vom Volk gewählten Kammer immer noch über eine deutliche Mehrheit – wenn man die Sitze

* Lagrange fiel im Juni 1940. »Er war ein Mann, den wir alle geliebt haben«, sagte Malraux nach dem Krieg über ihn.

zählte und über die Unzuverlässigkeit derer, die sie innehatten, hinwegsah. Blum selbst trug dazu bei, den Mythos am Leben zu erhalten, indem er sich bereit erklärte, als stellvertretender Ministerpräsident in die Regierung seines Nachfolgers Camille Chautemps einzutreten. Auch die Kommunisten halfen mit, indem sie versprachen, das neue Kabinett in der Kammer zu unterstützen.

Doch das Feuer der Volksfront war ausgebrannt. Es war nicht stark genug gewesen, die innere Spaltung zu überwinden, der entschlossenen Opposition von Industrie und Finanzwelt, dem Ansturm der reaktionären Presse, der wilden Feindschaft der oberen und mittleren Schichten entgegenzutreten. Diese Regierung, die durch die Verwirklichung bescheidener und längst überfälliger Sozialreformen so viel Angst verbreitet hatte, besaß nicht die Kraft, sich durchzusetzen[49].

Unter der Vorherrschaft der Radikalsozialisten, die im Herzen solide und bürgerlich waren, die Sozialisten beargwöhnten, die die Kommunisten haßten, und angeführt von dem aalglatten Chautemps, der mit seinen beschränkten Fähigkeiten doch nicht dem Gebot der Stunde entsprechen konnte, sowie einem ihm ähnlichen Radikalen-Finanzminister namens Georges Bonnet, machte sich die neue Volksfrontregierung daran, sich selbst schrittweise zu liquidieren und das zu verspielen, was die erste Volksfrontregierung gewonnen hatte.

Wieder einmal – wie schon nach 1924 und 1932 – fühlte sich das Volk, das eine linke Mehrheit in die Kammer gewählt hatte, betrogen. Gleichsam durch irgendein unerfindliches Grundgesetz der französischen Politik schmolz nun diese Mehrheit zum drittenmal innerhalb eines Jahrzehnts dahin und glitt in den Konservativismus, der aber auch eine verbrauchte Kraft war. Die Dritte Republik glitt in einem besorgten Europa, dessen Friede durch die zunehmende Kampfeslust der faschistischen Diktatoren immer mehr bedroht war, weiter abwärts.

18 Uneinigkeit und Verwirrung: Frankreich und der Anschluß Österreichs März 1938

Als Adolf Hitler in der Nacht vom 11. zum 12. März 1938 den Anschluß befahl und seine Truppen in sein Geburtsland Österreich einmarschieren ließ, um dieses alte Land unter die Herrschaft des Dritten Reichs zu bringen und sein Großdeutschland im Herzen Mitteleuropas zu begründen, erfolgte von Paris aus nur eine schwache Reaktion. Tatsächlich existierte an diesem Tage keine französische Regierung.

Am Tage zuvor, dem 10. März, war die labile Regierung der Radikalen unter Camille Chautemps zurückgetreten. Sie hatte nicht einmal vorher die Kammer um ein Vertrauensvotum ersucht, das ihr unzweifelhaft, wenn auch widerwillig, erteilt worden wäre. Diese Regierung befand sich – wie alle vorhergehenden – in Finanzschwierigkeiten, und sie hatte um Sondervollmachten ersucht, um der Finanzkrise Herr zu werden. Aber der Hauptgrund für Chautemps' Rücktritt war seine Abneigung, Hitlers jüngster Aggression entgegenzutreten, die schon seit mehreren Tagen ganz öffentlich vorbereitet wurde. Als die Truppen der Wehrmacht auf Wien marschierten, versuchte Léon Blum, auf Anregung des Präsidenten der Republik, ein Kabinett zu bilden und auf diese Weise Frankreich im Augenblick dieser neuen außenpolitischen Krise wenigstens eine handlungsfähige Regierung zu geben. Doch als Hitler sich am 12. März zum offiziellen Vollzug der Eingliederung Österreichs in sein Geburtsland begab, bemühte sich der Sozialistenführer immer noch vergebens. Aufgeschreckt von Hitlers Angriff und einer erneuten Finanzkrise im eigenen Lande, strebte Léon Blum danach, eine Koalitionsregierung zu bilden, die endlich alle Franzosen von der äußersten Linken bis zur äußersten Rechten zusammenfassen sollte – aber vergebens! Die Konservativen zeigten ihm die kalte Schulter.

Fast ein Jahr lang, nachdem er Blum abgelöst hatte, ruhten die Geschicke der Republik in den Händen des schwachen und unfähigen Chautemps. Mit dem Land war es weiter bergab gegangen. Der Franc hatte etwas an Wert verloren, die Staatsfinanzen waren ein wenig schlechter geworden, die Wirtschaft litt unter stärkeren Depressionen, und die Volksfrontmehrheit in der Kammer war noch uneiniger und schwächer geworden. Am ersten Tage des Jahres 1938 wurde die Volksfront praktisch beerdigt, als Chautemps in einem Augenblick des Ärgers den Kommunisten erklärte, er könne ohne sie auskommen. Darauf kehrten die von dem stellvertretenden Ministerpräsidenten Blum geführten Sozialisten aus Protest der Regierung den Rücken. Chautemps führte sein Amt zwei Monate lang an der Spitze einer nur aus Radikalen bestehenden Minderheitsregierung weiter und gab sich dann geschlagen.

Über Nacht besetzte Hitler Österreich. Das kostete ihn weniger Zeit als die Franzosen während dieses Märzwochenendes die Regierungsumbildung. Während Frankreich unter Chautemps sich treiben ließ, hatte sich Deutschland aufs Handeln vorbereitet.

Vier Monate vorher, am 5. November, hatte der Diktator seine Generäle und seinen Außenminister zu einer streng geheimen Sitzung nach Berlin einberufen. In einer über vier Stunden dauernden Aussprache hatte er ihnen erklärt, daß er beabsichtige, Deutschlands

»Lebensraum« zu erweitern, und zwar zunächst durch die Eingliederung Österreichs und der Tschechoslowakei – wenn möglich mit friedlichen Mitteln, notfalls über auch durch Krieg. Als sich der Oberbefehlshaber des Heeres, General Werner von Fritsch, und der Außenminister, Freiherr Konstantin von Neurath, gegenüber diesem aggressiven Programm zurückhaltend zeigten, gab er ihnen den Laufpaß. Am 4. Februar übernahm er persönlich die Führung der Wehrmacht, verabschiedete zusammen mit Fritsch sechzehn höhere Generäle und ersetzte Neurath im Auswärtigen Amt durch einen unerträglichen Ignoranten namens Joachim von Ribbentrop, einen früheren Champagnervertreter. Damit war Hitler nun in der Lage, seine Pläne ohne Einmischung von seiten der Wehrmacht oder des Auswärtigen Amtes zu verwirklichen[1].

Am 12. Februar hatte er den österreichischen Bundeskanzler Kurt von Schuschnigg nach Berchtesgaden berufen. Nachdem er den Bundeskanzler fast einen ganzen Tag lang beschimpft und beleidigt hatte, präsentierte er ihm ein Ultimatum, das praktisch verlangte, er solle Österreich den dortigen Nazis ausliefern, andernfalls könne er mit einem Angriff des deutschen Heeres rechnen[2]. Schuschnigg hatte zunächst nachgegeben. Aber als ihm klar wurde, daß die Machtübernahme durch österreichische Nationalsozialisten nur das Vorspiel zu einer Annexion durch Deutschland sein würde, rief er zu einer Volksabstimmung auf – in dem vergeblichen Versuch, das österreichische Volk selbst über sein Schicksal entscheiden zu lassen. Das war am 9. März. Am nächsten Tage befahl Hitler in einem Wutanfall über die Eigenmächtigkeit des österreichischen Kanzlers der deutschen Wehrmacht, spätestens am 12. März in Österreich einzumarschieren.

Ebenso wie im Falle von Hitlers Einmarsch ins Rheinland zwei Jahre vorher erhielt auch diesmal die französische Regierung zahlreiche Warnungen vor Hitlers Plänen. Am 18. Februar gab ein »persönlicher Freund« General Gamelin einen ausführlichen Bericht über das Hitler-Schuschnigg-Treffen und das nachfolgende Ultimatum. Die Mitteilung wurde durch den französischen Gesandten in Wien bestätigt. Gamelin sagt, er habe sich unmittelbar darauf zu Kriegsminister Daladier begeben, um »die ernsten Konsequenzen einer deutschen Besetzung Österreichs für uns« zu erläutern. Die waren selbst für den Laien nicht schwer zu verstehen. Wie Gamelin Daladier erklärte, bestanden diese Konsequenzen darin, daß die Deutschen in die Lage versetzt wurden, die Tschechoslowakei von drei Seiten zu umfassen, was die Befestigung der tschechischen »Maginot-Linie« wertlos mache, da diese nunmehr vom Rücken her angegriffen werden könne. Der Oberbefehlshaber der französischen Armee wies auch besonders eindringlich darauf hin – er führt das in seinen Memoiren aus –, daß die Deutschen, sobald ihre Befestigungen am Rhein fertig wären, »die Herren Mitteleuropas sein würden, weil wir dann nicht mehr wirksam würden eingreifen können«. Er fügt hinzu, der Kriegsminister habe, anders als am 7. März 1936, diesmal mit ihm darin übereingestimmt, daß Frankreich »etwas tun«[3] müsse.

Aber nichts wurde unternommen. Die Chautemps-Regierung war zu schwach, um irgend etwas zu tun. Das Heer faßte wie im März 1936 keine Pläne gegen eventuelle deutsche Maßnahmen. Und wiederum, wie an dem Morgen, als Truppen der Wehrmacht ins Rheinland marschierten, wandte sich Frankreich, bevor es etwas unternahm, an Großbritannien und überließ die Entscheidung, ob man Hitler entgegentreten solle, London. Niemand in Paris konnte sich irgendwelchen Illusionen darüber hingeben, welche Entscheidung London fällen würde. Bereits im November 1937 hatte Lord Halifax, der Hitler in Berchtesgaden besucht hatte, bei diesem den entschiedenen Eindruck hinterlassen, daß die neue Chamberlain-Regierung dem Anschluß keinen ernsthaften Widerstand entgegensetzen würde. Im Februar war Halifax der Nachfolger Anthony Edens geworden, nachdem dieser aus Protest gegen Chamberlains Beschwichtigungspolitik gegenüber den faschistischen Diktatoren als Außenminister zurückgetreten war. Um sich Gewißheit über die britische Haltung zu verschaffen, reiste der soeben zum deutschen Außenminister ernannte Ribbentrop am 9. März nach London, angeblich um seine Geschäfte an der dortigen Botschaft, an deren Spitze er bis dahin gestanden hatte, abzuwickeln. Er wurde vom König, dem Premierminister und dem Erzbischof von Canterbury empfangen, und am 10. März, dem Tag, an dem sich Hitler zum Einmarsch in Österreich entschloß, auch von Lord Halifax. An jenem Abend berichtete er dem deutschen Diktator aus London, England werde sich wegen Österreich nicht zu einem militärischen Vorgehen entschließen[4].

Frankreich erhielt diese Botschaft erst zwei Tage später. Am Nachmittag des 11. März, als die Nachrichten aus Wien keinen Zweifel mehr an Hitlers Plänen ließen, wurde Gamelin, so sagt er, von der bis zur Bildung eines neuen Kabinetts noch amtierenden Regierung informiert, daß »keine militärischen Maßnahmen zu ergreifen« seien. Nichts werde unternommen, bis man von London gehört habe, so wurde ihm gesagt. Später, in seiner nach dem Kriege vor dem Parlamentarischen Untersuchungsausschuß abgegebenen Aussage, sollte Daladier behaupten, Frankreich sei zum Handeln bereit gewesen.

Ich wollte etwas tun, um die Unabhängigkeit Österreichs zu bewahren. Ich besuchte Ministerpräsident Chautemps, der gerade zurückgetreten war, mehrere Male. Der Generalstab vertrat ebenfalls die Ansicht, daß es an der Zeit sei, zu handeln.

Am Morgen des 12. März traf Daladier mit dem Ministerpräsidenten, dem Außenminister Delbos und dem Finanzminister Bonnet zusammen. »Ich sagte ihnen«, so bezeugte Daladier, »daß wir beschlossen hätten, die in Aussicht genommenen militärischen Maßnahmen unter der Bedingung einzuleiten, daß wir die Mitwirkung Großbritanniens erreichen, um die das Außenministerium bereits nachgesucht habe[5].«

Welche »militärischen Maßnahmen in Aussicht genommen« waren, sagte Daladier nicht, und seine Ministerkollegen müssen sich auch gefragt haben, worin diese Maßnahmen bestanden. Gamelin zählte sie später auf: Es wurde lediglich eine Urlaubssperre für die an der deutschen Grenze stationierten Truppen erlassen. Der Oberbefehlshaber der Armee erklärte, er habe Daladier darauf hingewiesen, daß »bei einem nochmaligen Nachgeben Frankreichs wir unsere Anstrengungen steigern müßten«. Und er verlangte einen zusätzlichen Kredit von 174 Millionen Francs für die Verstärkung der Maginotlinie[6]. Die Ängstlichkeit Gamelins ist erschütternd. Zu diesem Zeitpunkt befanden sich mehrere deutsche Divisionen auf dem Marsch durch Österreich. In wenigen Tagen würden sie die Tschechoslowakei von drei Seiten einschließen. Frankreichs gesamte Position im Osten würde in Gefahr sein. Und alles, was der Oberbefehlshaber der französischen Armee glaubte tun zu können, um diesem Schlag entgegenzuwirken, war eine Urlaubssperre für die Truppen an der deutschen Grenze und das Ansuchen um mehr Geld zur Verstärkung der Maginotlinie!

An diesem Nachmittag um 5 Uhr traf die Antwort der britischen Regierung in Paris ein. Gamelin berichtet, Léger, der Generalsekretär des französischen Außenministeriums, der sie dem Kabinett und ihm weitergeleitet habe, sei ihretwegen »gebrochenen Herzens« gewesen. Sicherlich aber nicht überrascht. Großbritannien lehnte es – wie erwartet – ab, mehr zu tun, als in Berlin gegen Hitlers Angriff formell zu protestieren. Frankreich zog nach. Österreich wurde seinem Schicksal überlassen. Später gaben die französischen Politiker erneut England die Schuld an ihrer eigenen Tatenlosigkeit. Tatsächlich aber waren sie froh über den Ausweg, den ihnen London eröffnet hatte. Sie hatten nie die Absicht gehabt zu handeln und waren darauf auch gar nicht vorbereitet.

Die Deutschen wußten das längst. Ihre nach dem Zweiten Weltkrieg beschlagnahmten vertraulichen Dokumente enthüllen, wie genau sie die französische Schwäche einschätzten. Am Morgen des 12. März hatte Graf Johannes von Welczeck, der deutsche Botschafter in Paris, Berlin versichert, daß sich die Franzosen mit einem formellen Protest begnügen würden. Zwei Tage später berichtete er, daß sie sich mit dem Anschluß abgefunden hätten[7]. Der deutsche militärische Nachrichtendienst hatte sich ebenfalls rasch davon überzeugt, daß sich das französische Heer nicht rühren würde.

Das Oberkommando der Wehrmacht erhielt um 1 Uhr 20 aus Frankreich den telefonischen Bericht eines zuverlässigen Gewährsmanns:

1. Die Maginotlinie ist voll bemannt, aber ausschließlich zu defensiven Zwecken.

2. Militärische Maßnahmen sind von Frankreich nicht zu erwarten, außer im Fall eines Angriffs auf die Tschechen. Wehrministerium meldet ferner telefonisch am 13. März: Berichte unserer Vertrauensmänner in Frankreich ergeben im allgemeinen, daß Ruhe und normaler Dienstbetrieb bei der Truppe herrscht[8].

Ohne einen Schuß abzufeuern und ohne Eingreifen Großbritanniens, Frankreichs und Rußlands, deren vereinte Streitkräfte ihn hätten überwältigen können, hatte Hitler durch die Eingliederung Österreichs dem Reich sieben Millionen Menschen hinzugefügt und eine strategische Stellung von unermeßlichem Wert für seine künftigen Pläne gewonnen. Seine Heere umzingelten nicht nur die Tschechoslowakei von drei Seiten, sondern er besaß nun auch Wien. Als Hauptstadt des alten österreichisch-ungarischen Kaiserreichs war Wien lange Mittelpunkt der Verbindungslinien und Handelswege Mittel- und Südosteuropas gewesen. Jetzt befand sich dieses Nervenzentrum in deutschen Händen.

Vielleicht am wichtigsten war für Hitler der erneute Beweis, daß weder England noch Frankreich einen Finger rühren würden, um ihn aufzuhalten. Ebensowenig würden sie gemeinsam mit Rußland einen Ring um das Reich schmieden, wie sie das früher, vor 1914, getan hatten. Am 17. März, weniger als eine Woche nach dem Anschluß, hatte die Sowjetunion London und Paris eine Dreimächtekonferenz – innerhalb oder außerhalb des Völkerbundes – zur Erörterung geeigneter Mittel und Wege gegen weitere deutsche Aggressionen vorgeschlagen. Premierminister Chamberlain beharrte jedoch, trotz der Vorgänge in Österreich, auf seiner Beschwichtigungspolitik gegenüber Hitler und Mussolini. Er nahm die russische Anregung kühl auf und wies sie kurzerhand zurück.

Die unvermeidliche Folge jeder derartigen Aktion (erklärte er im Unterhaus am 24. März) wäre eine forcierte Tendenz zur Heranbildung exklusiver Staatsgruppen, die . . . den Aussichten auf einen europäischen Frieden schaden müßte.

Allem Anschein nach hatte Chamberlain keine Bedenken gegen solche »exklusiven Staatsgruppen«, die sich in der Achse Berlin-Rom oder in dem Antikominternpakt Deutschlands, Italiens und Japans zusammentaten, noch gegen jene Gruppe, die er jetzt wiederzubeleben trachtete – den sogenannten Viermächtepakt, bestehend aus

Großbritannien, Frankreich, Deutschland und Italien –, jedoch unter Ausschluß Sowjetrußlands. Wieder einmal nahm Frankreich sein Stichwort von Großbritannien auf und zeigte dem russischen Vorschlag die kalte Schulter*.

Robert Coulondre, der fähige französische Botschafter in Moskau, erwähnt in seinen Memoiren den sowjetischen Vorschlag, der abgesandt wurde, als er unterwegs zu seinem Urlaub in Paris war. Er versichert, daß er ihn nach seiner Ankunft in Paris mit dem Außenminister besprochen und auf sein Annehmen gedrängt habe, um russische Hilfe für die Tschechoslowakei sicherzustellen, die offensichtlich als nächstes Opfer auf Hitlers Liste stehe. Er ging noch weiter: er sagte, es wäre »dringend erforderlich, militärische Gespräche mit der UDSSR aufzunehmen«[10].

Keine Nation, nicht einmal das Opfer Österreich selbst, machte sich die Mühe, einen Appell an den Völkerbund zu richten, dessen Satzungen Österreichs Unabhängigkeit garantierten und alle anderen Mitgliedsstaaten verpflichteten, ihm zu helfen, falls es angegriffen würde. Der Traum Woodrow Wilsons, die Hoffnung der Welt – verkörpert im Völkerbund –, war tot.

Am 14. März hielt Hitler seinen Einzug in Wien, nachdem er das Ende Österreichs als selbständiger Staat proklamiert hatte**. An diesem Tag gelang es Léon Blum endlich, eine französische Regierung zu bilden. Aber, wie er der Kammer sagte, war es nicht die Regierung, die er erhofft und zu bilden versucht hatte. Zum zweitenmal im Augenblick einer Krise zur Bildung einer Regierung berufen, erkannte Blum, daß ein neues Volksfrontregime nicht stark genug sein würde, um der durch den jüngsten Aggressionsakt des deutschen Diktators verursachten Verschlechterung der europäischen Lage begegnen zu können. Er appellierte daher an die Rechte, sich mit der Linken in einer

* In seinen Memoiren (*Au Cœur de la Mêlé*, S. 258f., und in der gekürzten englischen Übersetzung *In the Thick of the Fight*, S. 179–181) bringt Paul Reynaud sein Erstaunen darüber zum Ausdruck, daß der russische Vorschlag »unbemerkt« durch das französische Außenministerium oder die Regierung geschlüpft sei. Doch das kann nicht stimmen. Reynaud führt das Zeugnis Blums an, daß der Vorschlag weder ihm noch seinem Außenminister Paul-Boncour zur Kenntnis gebracht worden sei. Und Paul-Boncour erwähnt ihn nicht in seinen dreibändigen Memoiren. Französische Urkunden, soweit bisher zugänglich, sind auch merkwürdig schweigsam in dieser Angelegenheit. Aber die erbeuteten deutschen Dokumente beweisen, daß die russischen Vorschläge dem französischen Außenminister »zur Kenntnis gebracht wurden«. Am 19. März drahtete die Deutsche Botschaft in Paris nach Berlin, daß der Sowjetbotschafter den französischen Außenminister besucht und mit ihm Litwinows Vorschlag zur Einberufung einer Konferenz, um die Wiederholung von Angriffen ähnlich dem auf Österreich zu verhindern, diskutiert habe. Die Botschaft berichtete, der Außenminister habe »Interesse« gezeigt, aber gleichzeitig betont, daß die russischen Anregungen gründliches Studium und sorgfältige Untersuchung erforderten, ehe man ihnen praktischen Ausdruck verleihen könne. Mit diesen diplomatischen Worten wurde die Absicht bekundet, auf der Stelle zu treten – auf unbegrenzte Zeit. Der französische Außenminister war an jenem Tag Paul-Boncour[9].

** Hitlers Proklamation vom 13. März begann mit den Worten: »Österreich ist ein Land des Deutschen Reiches.«

Regierung der Nationalen Einheit »von Thorez bis Marin« zusammenzuschließen. Thorez war der Führer der Kommunistischen Partei, Louis Marin der Chef der wichtigsten konservativen Gruppe, der Republikanischen Föderation.

Noch nie zuvor in der Geschichte der Republik hatte die Linke die Initiative ergriffen, um eine Regierung aller republikanischen Parteien zu bilden mit dem Ziel, die Nation in einer Zeit der Gefahr zu einigen. Diese Initiative war bisher immer – 1914, 1926 und 1934 – von der Rechten ausgegangen. Und die Rechte hatte solche Koalitionsregierungen im wesentlichen konservativ gestaltet, besonders innenpolitisch. Jetzt, im Jahr 1938, da das Land wiederum einer Krise gegenüberstand, zögerte die Rechte, einer Allparteienregierung unter der Führung eines Sozialisten beizutreten. Blum bot an, zugunsten eines anderen zurückzutreten, wenn die Konservativen sich an einer solchen Regierung beteiligen würden.

Samstag, der 12. März, war der entscheidende Tag. In Wien war am Abend zuvor Schuschnigg von Hitler zum Rücktritt gezwungen und vorübergehend durch ein Kabinett von örtlichen Nazi-Strohmännern unter dem »Quisling« Dr. Seyss-Inquart ersetzt worden, das die Hauptstadt hielt, bis Hitler und seine Wehrmachtstruppen eintrafen und die Macht übernehmen konnten. In Paris gewann am selben Morgen Blum ohne Schwierigkeiten seine eigene Partei, die Sozialisten und auch die Kommunisten sowie die Radikalen, die die Volksfrontmehrheit bildeten, für sich. Er appellierte dann an die Mitte und die Rechte, einer Regierung der Nationalen Einheit beizutreten. Reynaud von der Mitte und Louis Marin von der Rechten waren nicht abgeneigt, aber die Mehrheit ihrer Anhänger unter Flandins Führung verhielt sich abwartend. Blum ließ sich nicht entmutigen, er schlug vielmehr vor, sie sollten eine Versammlung ihrer Abgeordneten einberufen, die seinen Appell anhören könnten.

Um 6 Uhr abends hielt Blum im Colbert-Saal des Palais Bourbon den Oppositionsabgeordneten eine seiner mitreißendsten und, wie er später meinte, ergreifendsten Reden seines Lebens*. Die Linksparteien der Volksfront hätten ihm an jenem Tage, so sagte er, Vollmacht erteilt, sich mit den Parteien der Mitte und der Rechten zum Besten des Landes zu vereinen. Es sei für ihn »nicht vorstellbar«, erklärte er, daß die Parteien der konservativen Opposition bei ihrer langen patriotischen Tradition sich weigern könnten, mit der Majorität zusammenzugehen, um der hart bedrängten Nation die Einigkeit zu geben. Dies war für Blum so unvorstellbar, daß er, wie er später seinen Rich-

* Wie Vincent Auriol viel später, als er Präsident der Vierten Republik war, sagte: »Angesichts von Hitlers Expansion, angesichts der Kriegsgefahr . . . rief Blum mit den ergreifendsten Worten, die je ein Mann an seine Gegner richtete, zur Einheit auf und beschwor sie, gemeinsam mit ihm in einer geeinten Regierung ihr bedrohtes Land und seine Freiheit zu retten.«
Auriols Lob stammte aus einer Rede bei Blums Tod am 2. April 1950.

tern in Riom erklärte, den Plenarsaal in der Überzeugung verließ, die Deputierten der Opposition für sich gewonnen zu haben. Nachdem er gegangen war, sprachen die Führer der Mitte und der Rechten. Reynaud drängte seine Kollegen energisch, einer Allparteienregierung beizutreten. Als einige Abgeordnete gegen die Beteiligung an einer Regierung, der Kommunisten angehörten, protestierten, erwiderte Reynaud: »Es ist nicht Stalin, der heute in Wien einrückt, der morgen Prag bedrohen wird. Es ist Hitler . . . Ich sage euch, Frankreich muß sich heute einigen!« Er fand die Unterstützung Marins, Mandels und sogar Kerillis, die alle rechts von ihm standen.

Nach Aussagen der Sitzungsteilnehmer war es Flandin, der das Blatt wendete. Er hatte Berlin im vorangegangenen Dezember besucht und mit mehreren führenden Nationalsozialisten gesprochen. Er war so beeindruckt, daß er mit der Überzeugung zurückkehrte, Deutschland sei zu stark, als daß man sich mit ihm anlegen könne. Frankreich müsse sich hinfort seinem mächtigeren Nachbarn anpassen, statt ihm entgegenzutreten* und die gleiche Haltung auch gegenüber dem faschistischen Italien einnehmen. Eine von der Volksfront gelenkte Regierung, so argumentierte er, würde nicht nur die faschistischen Diktatoren verärgern, sondern überdies der Tory-Regierung Großbritanniens mißfallen.

Der Gedanke, daß für Frankreich lediglich eine Regierung in Frage käme, die nicht nur seinen Freunden, sondern auch seinen Feinden zusagte, scheint die konservativen Abgeordneten nicht schockiert zu haben. Sie wußten natürlich, was Flandins Hauptanliegen war, wenn er sich weigerte, mit der Volksfront zusammenzuarbeiten: Er wollte die Volksfront zerstören und den Weg für die Rückkehr zu einer konservativen Regierung vorbereiten, in der er Aussicht hatte, wieder Minister zu werden. Es behagte ihm ebensowenig wie Laval, daß er seit zwei Jahren keinen Kabinettsposten mehr innehatte. Flandins Eingreifen brachte, trotz Reynauds bewegendem Appell und der Unterstützung einer Regierung der Nationalen Einheit durch Marin, Mandel und Kerillis, die Entscheidung.

Die versammelten Oppositionsabgeordneten lehnten Blums Vorschlag mit der überwältigenden Mehrheit von 152 gegen 5 Stimmen ab.

Blum erklärte, er könne weder seine »Überraschung« noch seine »Betrübnis« verhehlen. Er bildete am nächsten Tag seine Volksfrontregierung. »Jedermann wußte, daß sie von kurzer Dauer sein würde«, sagte er lange Zeit später vor dem Gericht in Riom aus. »Und ich versichere Ihnen, ich wußte das ebensogut wie jeder andere[12].«

* Churchill, der Paris wenige Tage später besuchte, führte ein langes Gespräch mit Flandin und notierte: »Er war ein ganz anderer Mann als der, den ich 1936 gekannt hatte; jetzt, da er nicht mehr im (Regierungs-) Amt war, (war er) fest überzeugt, daß es für Frankreich keine Hoffnung gebe, außer durch ein Abkommen mit Deutschland. Wir stritten zwei Stunden lang[11].«

Sie hielt sich nur knapp einen Monat.

Die Gelegenheit zur Einigung des Landes war wegen der Starrköpfigkeit der Rechten vertan. Paul Reynaud drückte am 19. März in einer Rundfunkansprache sein tiefes Bedauern darüber aus.

Frankreich zeigt sich im schlechtesten Licht. All die Streitigkeiten, aller Groll, all die Erbitterung des politischen Ringens sind zutage getreten. Wäre es nicht an der Zeit, über uns selbst hinauszuwachsen, unsere Parteien- und Klassenunterschiede zu vergessen und endlich Kinder desselben Vaterlandes zu werden, eines Vaterlandes in Gefahr . . .? Ist es denn möglich, daß Frankreich seinen Selbsterhaltungstrieb eingebüßt hat?

Es erwecke diesen Eindruck, fügte er hinzu[13].

Xavier-Vallat von der äußersten Rechten begrüßte Blum wiederum mit antisemitischen Ausfällen, als der Ministerpräsident der Kammer sein neues Kabinett vorstellte. Er verteidigte die Weigerung der Konservativen, sich mit der Volksfront zu einer Allparteienregierung zusammenzuschließen und rief aus:

Mir persönlich erscheint der Versuch ungeziemend, Frankreich um einen Mann zu einen, der so augenfällig jenes Volk repräsentiert, das ein göttlicher Fluch zu einem Dasein ohne Vaterland verdammt hat.

Diese Bemerkung wurde nach dem *Journal Officiel* mit »Applaus von der Rechten, heftigen Protesten und anhaltendem Murren von der äußersten Linken bis zur Linken« quittiert.

In der Außenpolitik machte sich Blum energisch daran, die Scherben aufzulesen, die Hitlers Einmarsch in Österreich, Chamberlains zunehmende Beschwichtigungspolitik gegenüber den faschistischen Diktatoren, Francos mit deutscher und italienischer Hilfe erzielte Erfolge im Spanischen Bürgerkrieg und Chautemps' einjährige Untätigkeit gegenüber diesen Ergeignissen zurückgelassen hatten.

Am 14. März, einen Tag nach seiner Amtsübernahme, bat Blum den tschechoslowakischen Botschafter zu sich und versicherte ihm in Gegenwart seines Außenministers Paul-Boncour feierlich, daß Frankreich im Falle eines deutschen Angriffs uneingeschränkt zu seinen Verpflichtungen gegenüber der Tschechoslowakei stehen und ihr zu Hilfe eilen werde. Graf Welczeck, der deutsche Botschafter in Paris, meldete am folgenden Tage nach Berlin, daß es sich um eine »bindende Zusage« handele und daß Frankreich diesmal nicht die Reaktion des Völkerbunds oder Großbritanniens abwarten werde. Er fügte hinzu: »Der Oberste Militärrat wurde für diesen Nachmittag einberufen. Er wird sich mit der Angelegenheit befassen und Einzelheiten militärischer Maßnahmen im Zusammenhang mit dieser neuen Verpflichtung ausarbeiten.« Der Botschafter betonte, die »Periode der Untätigkeit« in Frankreich sei nun »zu Ende«. Er wies Berlin darauf hin, daß die neue Regierung Blum nicht nur bei der Verteidigung der Tschechoslowakei, sondern auch in Spanien hart bleiben werde. »Dementsprechend«, drahtete er, »wird man auch der deutschen und italienischen Intervention in Spanien entgegentreten, und allem Anschein nach wird die französische Intervention besonders durch Lieferung von Kriegsmaterial und Bereitstellung technischer Hilfe verstärkt werden[14].«

Der deutsche Diplomat mit seinen guten Beziehungen zu deutschfreundlichen Parlamentariern und wahrscheinlich sogar Regierungsmitgliedern war richtig informiert – was die Absichten betraf. Blum berief für den Nachmittag des 15. März, seinem zweiten Tag im Amt, eine Sitzung des Ständigen Ausschusses für Nationale Verteidigung ein, um die französischen Verpflichtungen gegenüber der Tschechoslowakei und eine eventuelle Intervention gegen Franco in Spanien zu besprechen. Wenn der deutsche Botschafter das Sitzungsprotokoll[15] gesehen hätte, wären seine offenkundigen Sorgen geringer gewesen. Die Bedenken der französischen Generäle und des Kriegsministers Daladier erreichten einen neuen Höhepunkt.

Paul-Boncour warf die erste Grundsatzfrage auf: Welche Hilfe kann Frankreich der Tschechoslowakei im Falle eines Angriffs durch Deutschland bringen? Eigentlich nicht viel, lautete die Antwort Daladiers und General Gamelins. Daladier erklärte, die einzige mögliche Hilfe Frankreichs bestehe in einer Mobilisierung der Streitkräfte an der Grenze und damit in einer Bindung des Gros des deutschen Heeres im Westen. In einem kühnen Augenblick vertrat Gamelin die Meinung, Frankreich könne einen Schritt weiter gehen »und angreifen«. Aber dann machte er gleich einen Rückzieher und wies darauf hin, man müsse »eine bereits befestigte Zone« angreifen, und »dies könnte zu langwierigen Operationen führen«.

»Aber Rußland würde intervenieren«, warf Blum ein.

»Ich sehe zunächst keine Möglichkeit für eine wirkungsvolle Unterstützung durch Rußland«, erwiderte Gamelin kühl und flüchtete sich in seine Gewohnheit, die Schwierigkeiten zu übertreiben. Polen und Rumänien, so erklärte er, würden den sowjetischen Truppen vermutlich das Durchmarschrecht verweigern, und selbst wenn sie es erteilten, würden für diesen Zweck die Bahnlinien nicht ausreichen, und die Straßen befänden sich für motorisierte Einheiten in zu schlechtem Zustand. General Vuillemin, Chef der Luftwaffe, äußerte sich ähnlich pessimistisch zur Frage einer russischen Unterstützung aus der Luft. Er erklärte, Polen und Rumänien müßten zuerst den russischen Maschinen die Genehmigung zum Überfliegen ihrer Territorien erteilen, und dies sei zweifelhaft. Aber selbst für den Fall einer solchen Genehmigung gebe es in der Tschechoslowakei nur vierzig für die Landung sowjetischer Flugzeuge geeignete Flugplätze, die, wie er sagte, rasch durch deutsche Bomben zerstört werden könnten. Doch den entscheidenden Einwand brachte der defätistische Luftwaffengeneral erst einige Minuten später an, als sich die Diskussion dem Risiko eines großen Kriegs zuwandte. Bei der Überlegenheit der deutschen Luftwaffe, sagte General Vuillemin, »*würde die französische Luftwaffe innerhalb von fünfzehn Tagen ausradiert sein*«.

Diese alarmierende Mitteilung machte die Versammlung nachdenklich. Die letzten Illusionen zerstörte Marschall Pétain, indem er hinzufügte: »Bei der Luftwaffe zählt weniger die anfängliche Stärke als das Vernichtungspotential. Und dieses Potential haben wir nicht.« Guy la Chambre, der Luftfahrtminister, pflichtete ihm bei. Er wies darauf hin, daß Frankreich gegen Ende des Ersten Weltkriegs monatlich 3000 Flugzeuge hergestellt habe, daß die gegenwärtige Monatsproduktion jedoch nur 40 Maschinen betrage, er jedoch hoffe, diese Zahl bald auf 60 anheben zu können. Nach dem Protokoll verglich Marschall Pétain diese Zahl mit den 250 Flugzeugen pro Monat, die in Deutschland produziert wurden.

Eine düstere Stimmung breitete sich aus. Sie wich auch nicht, als der Ministerpräsident seine zweite Frage stellte: »*Wie können wir in Spanien intervenieren?*« Könnte Frankreich, so sagte er, für ein Ultimatum an Franco geradestehen? Nachdem er innerhalb von vierundzwanzig Stunden die Hilfe Deutschlands und Italiens aufkündigen oder anderenfalls mit einer französischen Intervention im Spanischen Bürgerkrieg rechnen müsse? Blum erinnerte seine Kollegen daran, daß Hitler erst vor wenigen Tagen gegenüber Österreich ein ähnliches Ultimatum mit Erfolg angewandt hatte.

Nach Auskunft des Protokolls riefen die Fragen des Ministerpräsidenten Bestürzung hervor. Gamelin erwiderte sofort, die »Bedingungen seien nicht vergleichbar«. Deutschland verfüge, wie er betonte, über ein stehendes Heer von 900000 Mann, Frankreich nur über 400000. Daladier sagte es noch unverblümter: »Man müßte blind sein, nicht zu erkennen, daß eine Intervention in Spanien einen allgemeinen Krieg auslösen würde.« Léger vom Außenministerium unterstützte ihn. »Deutschland und Italien«, versicherte er, »würden eine französische Intervention als einen *casus belli* betrachten. Darüber gibt es keinen Zweifel.« Hier trat die Schwäche in der Grundhaltung der Franzosen zutage: die französische Intervention in Spanien würde zu einem europäischen Krieg führen – nicht aber die bereits sehr massive italienisch-deutsche Intervention. Es war ein schwerwiegendes Eingeständnis der eigenen Unterlegenheit und Hilflosigkeit. Am Ende der kläglichen Konferenz faßte Daladier das Ergebnis folgendermaßen zusammen:

Eine solche, durch keinerlei neue Tatsachen ausgelöste Intervention würde für uns das Risiko bedeuten, allein Deutschland und Italien gegenüberzustehen. Das ferne, geschwächte Rußland könnte nur geringe Unterstützung bringen, und wir hätten keinerlei Gewähr für eine Hilfe von seiten Großbritanniens.

Die Angst, gegenüber den faschistischen Diktatoren alleingelassen zu werden, sollte von nun an allen militärischen und zivilen Führern Frankreichs im Nacken sitzen und jegliche außenpolitische Initiative im Keim ersticken, die vielleicht Frankreichs Stellung in Europa gefestigt, ein Bündnis gegen die Achsenmächte geschmiedet und Hitler sowie Mussolini von weiteren Aggressionen abgeschreckt hätte. Sie hatte ihre Ursache in zwei schwerwiegenden Fehleinschätzungen: eine Unterschätzung der militärischen Stärke Sowjetrußlands und dem Nichterkennen der Tatsache, daß Großbritannien schon um seiner Selbsterhaltung willen Frankreich gegen Deutschland und Italien beistehen mußte.

Die um 18 Uhr 15 eröffnete Sitzung des Verteidigungsausschusses war zur allgemeinen Erleichterung um 20 Uhr zu Ende. Blum und Paul-Boncour kannten nun wenigstens die Grenzen ihrer Handlungsfreiheit. Eine Intervention in Spanien kam nicht in Betracht. Angesichts der Äußerungen der Generäle und des Kriegsministers konnte Frankreich auch wenig zur Rettung der Tschechoslowakei tun. Frankreich konnte natürlich das gerade von Blum erneuerte Versprechen einlösen und Hitler vielleicht allein durch die Proklamation abschrecken. Die Frage war nur: Würde Frankreich zu seinem Wort stehen? Im Laufe der folgenden sechs Monate sollte gerade diese Frage immer wieder mit zunehmender Eindringlichkeit und Leidenschaft in Paris, Berlin, London, Moskau, Rom und Prag aufgeworfen und diskutiert, bestätigt und angezweifelt werden, bis die letzten Septembertage dem unter der Kriegspsychose zitternden Europa die endgültige Antwort erteilten.

Marschall Pétain ließ am nächsten Tag eine übertriebene Darstellung von der Beratung des Verteidigungsausschusses über eine Intervention in Spanien an die reaktionäre Presse durchsickern, und zwar durch seinen früheren Adjutanten, Major Loustauneau-Lacou, der bekanntlich enge Verbindungen zur Terroristengruppe *Cagoule* unterhielt. Daraufhin brachten die Titelseiten der rechtsgerichteten Pariser Blätter Schlagzeilen zur angeblichen Regierungsentscheidung, in Spanien zu intervenieren und drei Divisionen nach Katalonien zu schicken, um Franco zurückzuschlagen. Sofort eilte der nervöse britische Botschafter, Sir Eric Phipps, zu Paul-Boncour und verlangte eine Erklärung. Genauso gereizt erkundigte sich der spanische Botschafter in Berlin, was die Deutschen angesichts dieses französischen Schritts zu unternehmen gedächten. Aber die Deutschen waren nicht besorgt. General Wilhelm Keitel, Chef des Oberkommandos der Wehrmacht, versicherte dem Auswärtigen Amt, ein Einmarsch der Franzosen in Spanien sei höchst unwahrscheinlich. Der Mangel an innerer Einigkeit und die schwache Position der gegenwärtigen französischen Regierung, so erläuterte Keitel[16], ließen das als unwahrscheinlich erscheinen*.

Das Oberkommando der Wehrmacht beobachtete ebenso aufmerksam wie Hitler selbst diese Anzeichen für ein »Fehlen innerer Einigkeit« in Frankreich – aber nicht, weil sich dadurch die Position in Spanien festigte, sondern im Hinblick auf die Tschechoslowakei.

Wie wir aus den deutschen Unterlagen wissen, sollte Hitler schon bald, nämlich am 21. April, Keitel zu sich rufen und mit ihm die bereits vor einem Jahr entworfenen Operationspläne für einen »Blitzangriff« auf die Tschechoslowakei besprechen.

Dieser von den Deutschen so aufmerksam beobachtete Mangel an innerer Einigkeit in Frankreich brachte am 8. April 1938 die zweite Regierung Blum zu Fall und schaufelte der Volksfront endgültig ihr Grab. Wie schon vor zwei Jahren beim ersten Amtsantritt Blums, kam es erneut zu einer Streikserie, die sich besonders verheerend auf die Aufrüstung auswirkte. Diesmal gaben sich die Arbeitgeber in dem sicheren Bewußtsein, daß sich die Linksregierung doch nicht halten würde, keine Mühe, sie beizulegen, aber sie taten es sofort nach Blums Abtreten – was Vincent Auriol als »einen außerordentlichen Zufall« betrachtete.

Im Parlament erreichte die Stimmung der Rechten einen neuen Siedepunkt. Als am 6. April in der Kammer die Debatte über die Finanz- und Wirtschaftsvorlagen der Regierung begann, die selbst von den meisten Konservativen als »in sich geschlossen und konstruktiv«[17] bezeichnet wurden, mußte der Parlamentspräsident die Sitzung unterbrechen, um einen Krawall zu beenden. »Tod den Juden!« schrie der rechtsradikale Deputierte Duboys-Fresney in dem allgemeinen Tumult, und Montigny, ein Radikaler, erhob den Vorwurf, daß die von Blum bis zum 1. Juli zur Durchsetzung seines Programms geforderten Sondervollmachten den sozialistischen Ministerpräsidenten in die Lage versetzen würden, »die Revolution legal durchzuführen«. Flandin führte seinen Kampf zum Sturz der Volksfront weiter und empörte sich darüber, daß es die neue Regierung wagte, eine Devisenkontrolle zu empfehlen; aber die Notwendigkeit, die fortgesetzte Kapitalflucht, die das Land seit langer Zeit schwächte, zu unterbinden, wurde allerdings von allen eingesehen.

Die Vorlage der Regierung Blum sah vor, Frankreich zum erstenmal seit Poincaré wieder ein kühnes und umfassendes Programm zum wirtschaftlichen und finanziellen Wiederaufbau des Landes zu ge-

* Keitel unterrichtete übrigens das Auswärtige Amt in derselben Aktennotiz, er ginge davon aus, daß sich Deutschland auch weiterhin so verhalten würde, als ob keine deutschen Truppen in Spanien eingesetzt seien.

ben, das Kapital produktiv einzusetzen, die Kredite stark auszuweiten, den Devisenhandel zu kontrollieren und das herrschende Chaos durch eine neue finanzielle Ordnung zu ersetzen. Es war eine Ironie, daß gerade ein Mann wie Blum, der sich jahrelang einer Erhöhung der Militärkredite widersetzt hatte, sein Programm auf eine ungeheure Steigerung der Rüstungsproduktion stützte, weil er davon überzeugt, war, daß man Hitler nur dann in seine Schranken weisen könne, wenn Heer, Luftwaffe und Marine sofort und drastisch gestärkt wurden, und weil er glaubte, daß von einer Ausweitung der Rüstungsindustrien eine starke stimulierende Wirkung auf die gesamte Wirtschaft ausgehen würde.

Das, meine Herren (sagte er vor der Kammer), sind die vorgeschlagenen Maßnahmen . . . Sie werden beherrscht von der großen Verpflichtung . . . aller Franzosen, die Verteidigung ihres Vaterlandes sicherzustellen. Es ist gewiß eine Ironie des Schicksals, daß gerade eine Nation, die sich dem Frieden und dem Fortschritt der Menschheit verschrieben hat, nun gezwungen wird, all ihre Kräfte zu einer gigantischen militärischen Leistung zusammenzufassen . . . Aber wir werden beweisen, daß freie Völker in der Lage sind . . . mit ihren Aufgaben zu wachsen, daß Demokratien durch eine freiwillig auferlegte Disziplin eine Kraft an den Tag legen können, die an anderer Stelle nur durch blinden Gehorsam erzwungen werden kann.

Aber die französische Demokratie, oder zumindest das Parlament als ihr Sprachrohr, befand sich nicht in einer so heroischen Stimmung. Politische Erwägungen behielten wie üblich die Oberhand. Die Kammer mit ihrer immer noch bestehenden Volksfrontmehrheit billigte das Programm mit 311 zu 215 Stimmen, wobei fast die Hälfte der Radikalsozialisten entgegen der Koalitionsabsprache dagegen stimmten. Am 8. April stürzte der Senat, wieder unter Führung des verbitterten Caillaux, erneut die Regierung Blum, diesmal mit 214 gegen 47 Stimmen. Sie hatte sich ganze sechsundzwanzig Tage gehalten. Ihr Zusammenbruch begrub die Volksfront trotz ihrer Mehrheit in der Kammer – so unzuverlässig waren die gewählten Abgeordneten. Zum dritten- und letztenmal seit dem Großen Krieg war eine Union der Linksparteien, trotz ihres Wahlsiegs und einer dominierenden Stellung in der Kammer, auseinandergefallen und gezwungen worden, die Zügel der Regierung aus der Hand zu geben.

Edouard Daladier wurde Blums Nachfolger als Ministerpräsident. Der Radikalsozialist hatte seine Partei in die Volksfront geführt und sich als einer ihrer zuverlässigsten Befürworter erwiesen. Nach einem bisher noch nie dagewesenen Vertrauensvotum in der Kammer (514 gegen 8) und im Senat (290 gegen 0) und nach Erhalt der zeitweiligen Vollmacht, vermittels Verordnungen zu regieren – eine Vollmacht, die der Senat Blum verweigert hatte –, vollzog der neue Ministerpräsident, der die Geschicke der Dritten Republik bis fast zum bitteren Ende lenken sollte, rasch eine Schwenkung nach rechts. Die Abwesenheit der Sozialisten, die sich zwar weigerten, seiner Regierung beizutreten, die aber die Unterstützung in der Kammer zusagten, und der Kommunisten, die zur Teilnahme gar nicht eingeladen wurden, ihr jedoch ebenfalls parlamentarische Unterstützung zusagten, machten es Daladier leicht, sich die Rückendeckung von seiten der Konservativen zu sichern. Er nahm in sein Kabinett die beiden gemäßigten Konservativen Reynaud und Mandel auf sowie mehrere Angehörige seiner eigenen Partei, die von der Volksfront enttäuscht waren.

Zu diesen gehörte auch Georges Bonnet, der Paul-Boncour im Außenministerium ablöste. Dieser eitle, gerissene, mit allen Wassern gewaschene, radikale Politiker – »ein Intrigant ohne moralische Grundsätze«, wie der sonst so zurückhaltende General Gamelin ihn nannte, nachdem er ihn am Quai d'Orsay kennenlernte – war kaum der richtige Mann für die Führung der Außenpolitik inmitten der schlimmsten Krise, die Europa seit einer Generation durchmachte. Doch die Anwesenheit Mandels und Reynauds im Kabinett versprach, auch wenn sie in der Innenpolitik zu den gemäßigten Konservativen zählten, den »verderblichen Einfluß« Bonnets – um noch einmal Gamelin zu zitieren – auf Frankreichs Beziehungen zu anderen Mächten, Freund wie Feind, auszugleichen. Sie strebten endlich eine feste Haltung Frankreichs gegenüber Hitler und Mussolini an und bemühten sich um eine Stärkung Frankreichs durch Aufrüstung und Festigung der Bündnisse, nicht nur mit Großbritannien, sondern auch mit Rußland. Das war nach ihrer Auffassung der einzige Weg zur Erhaltung des Friedens.

Auch Bonnet wünschte leidenschaftlich den Frieden, jedoch einen Frieden fast um jeden Preis, insbesondere dann, wenn es sich so einrichten ließ, daß jene Länder ihn bezahlen mußten, die Hitler im Wege standen. Seine Ernennung zum Außenminister bedeutete eine Änderung der französischen Außenpolitik, wie Daladier ganz offen gegenüber Paul-Boncour zugab, als er Bonnet zu dessen Nachfolger bestimmte.

Als Daladier am 10. April Paul-Boncour zu sich rief, um mit ihm die Besetzung des Außenministeriums in der neu zu bildenden Regierung zu besprechen, hatte dieser ihm erklärt, er werde auf einer festen Haltung Frankreichs in der tschechoslowakischen Frage bestehen, falls er seinen Posten behielte. Er hatte Daladier warnend darauf hingewiesen, wenn man dieses Land im Stich ließe, würde Polen das gleiche Schicksal erleiden, und Hitler würde Herr des Kontinents sein. Daladier hatte erwidert: »Ihre Politik ist schön und recht, aber ich glaube nicht, daß Frankreich stark genug ist, sie zu verfolgen. Ich werde Bonnet nehmen.«

»Falls Sie Ihre Außenpolitik zu ändern wünschen«, soll ihm Paul-Boncour nach seinen eigenen Worten geantwortet haben, »dann hätten Sie keine bessere Wahl treffen können.« Die Ereignisse sollten dieses Urteil schon bald bestätigen[18].

19 Der Weg nach München, I. 27. April bis 13. September 1938

Am 27. April 1938 reiste Daladier mit seinem Außenminister zu Gesprächen mit der britischen Regierung nach London. Am gleichen Tag übermittelte er General Gamelin eine knappe handschriftliche Notiz[1]: »Lassen Sie mich genau wissen, welche militärischen Maßnahmen Frankreich zur Unterstützung der Tschechoslowakei gegen Deutschland unternehmen kann, wobei ich davon ausgehe, daß die Mobilisierung nur der erste Schritt ist*.«

Die schriftliche Antwort des Armeechefs erreichte den Ministerpräsidenten am folgenden Tag, gerade noch rechtzeitig vor dem Beginn seiner Londoner Gespräche. Gamelins Vorsicht war typisch für ihn. Er wies darauf hin, daß der gegenseitige Beistandspakt zwischen Frankreich und der Tschechoslowakei durch keinerlei Militärabkommen ergänzt würde. Im Falle einer Mobilmachung könnten die Franzosen die Offensive ergreifen – aber nur unter gewissen Bedingungen. Er stellte erneut eine ganze Reihe solcher Bedingungen, wie er es bereits während der Besetzung des Rheinlands und des Anschlusses Österreichs an das Reich getan hatte. Das Vorgehen Frankreichs würde davon abhängen, wie viele französische Soldaten durch die Italiener in Nordafrika und in den Alpen gebunden würden. Frankreichs »Kampfkraft« hinge ferner davon ab, wie Rußland, Großbritannien, Rumänien und Jugoslawien vorgehen würden[3].

Bei den Londoner Gesprächen vom 28./29. April zeigten sich Daladier und Bonnet mutiger als ihr Armeechef. Der Ministerpräsident erklärte den Briten, Hitlers wahres Ziel sei nicht die Erlangung von Zugeständnissen für die Sudetendeutschen, sondern er benutze ihre Klagen als Vorwand zur Vernichtung der Tschechoslowakei und die Erlangung einer »Vorrangstellung auf dem Kontinent, im Vergleich zu der selbst Napoleons ehrgeizige Bestrebungen verblassen«.

* Nach Bonnets Angabe vertrat das französische Außenministerium seit längerer Zeit die Auffassung, daß die Mobilmachung allein, auch wenn es nicht zum Kampf kam, schon als Erfüllung von Frankreichs Hilfspflicht gegenüber der Tschechoslowakei im Fall eines Angriffs durch Deutschland anzusehen sei. Dadurch würde man, nach allgemeiner Ansicht, einen Großteil der deutschen Streitkräfte im Westen binden[2].

Heute ist die Tschechoslowakei an der Reihe (sagte Daladier), morgen werden es Polen und Rumänien sein. Sobald sich Deutschland in den Besitz des erforderlichen Öls und Getreides gesetzt hat, wird es sich dem Westen zuwenden. Sicherlich müssen wir uns verstärkt um die Vermeidung des Krieges bemühen. Aber dieses Ziel läßt sich nur dann erreichen, wenn Großbritannien und Frankreich zusammenhalten, sich in Prag für weitere Zugeständnisse einsetzen, gleichzeitig aber erklären, daß sie die Unabhängigkeit der Tschechoslowakei garantieren. Sollten die Westmächte jedoch erneut kapitulieren, würden sie nur den Krieg beschleunigen, den sie doch abzuwenden suchen.[4]

Das waren mutige Worte, die von Weitblick zeugten. Bonnet ließ sich von seinem Ministerpräsidenten mitreißen und wies erneut darauf hin, daß es Hitlers Ziel sei, »die Tschechoslowakei schlicht und einfach auf der Landkarte auszuradieren«. Frankreich und Großbritannien müßten daher, so fügte er hinzu, »gemeinsam eine feste Haltung zeigen und an ihr ohne Rücksicht auf das Risiko festhalten. Frankreich jedenfalls wird Wort halten«, erklärte er.

Wie die französischen Minister kaum anders erwartet haben dürften, traf ihr Appell bei Premierminister Chamberlain auf taube Ohren. In einer Rede vor dem Unterhaus hatte der Premierminister erst vor einem Monat ausdrücklich darauf hingewiesen, daß Großbritannien nicht verpflichtet sei, Frankreich Hilfe zu leisten, falls es wegen der Tschechoslowakei in einen Krieg mit Deutschland verwickelt würde. Insgeheim hatte er den Kleinstaat bereits abgeschrieben.

Am 20. März, eine Woche nach dem Anschluß Österreichs, hatte er an seine Schwester geschrieben:

Du brauchst nur einen einzigen Blick auf die Landkarte zu werfen, um zu sehen, daß weder Frankreich noch wir irgend etwas unternehmen können, um die Tschechoslowakei vor einer Überrumpelung durch die Deutschen zu retten, falls die das wollen . . . Ich habe deshalb den Gedanken an irgendwelche Garantien an die Tschechoslowakei oder die Franzosen im Zusammenhang mit ihren Verpflichtungen gegenüber diesem Land aufgegeben[5].

Diese Haltung machte er nun den Franzosen klar, nachdem er Daladier seinen Pessimismus vorgehalten hatte. Er glaube nicht, sagte er, daß »das Bild wirklich so schwarz ist, wie Monsieur Daladier es gezeichnet hat«. Er bezweifelte sehr (wie das britische Protokoll wörtlich zitiert), daß »Herr Hitler wirklich den Wunsch hegt, diesen oder irgendeinen anderen tschechischen Staat zu vernichten«. Sollte dies jedoch der Fall sein, so sehe er, Chamberlain, »ganz ehrlich keine Möglichkeit, dies zu verhindern«.

Alles Weitere ergab sich aus dieser Zaghaftigkeit. Die Franzosen widersprachen vergebens. Am 29. April, dem Nachmittag des zweiten Verhandlungstages, zog sich Chamberlain zurück, um mit seinem

Kabinett über die festgefahrenen Verhandlungen zu beraten. Er kehrte mit einem nichtssagenden Kompromiß in die Sitzung zurück: Großbritannien sei bereit, gemeinsam mit Frankreich die Tschechoslowaken um eine möglichst weitgehende Erfüllung der sudetendeutschen Forderungen zu ersuchen. Gleichzeitig wollte die britische Regierung in Berlin auf »Mäßigung« dringen.

Daladier berichtete später: »Es ist uns lediglich gelungen, die Briten zu einem gemeinsamen Vorgehen mit uns zu bewegen – jedoch nur bei einem rein diplomatischen Schritt.« Er kehrte niedergeschlagen und ohne Verständnis für die Haltung des britischen Premierministers von diesem ersten Treffen mit ihm nach Paris zurück.

Die hohen französischen Gäste hatten Downing Street kaum verlassen, um wieder ihr Flugzeug zu besteigen, da rief der neue britische Außenminister Lord Halifax den deutschen Geschäftsträger Theodor Kordt zu sich und versicherte ihm, daß die Franzosen und Briten keine gemeinsamen Schritte gegen Deutschlands Interessen beschlossen hätten. Großbritannien, so erklärte er, sei gegenüber den Franzosen »keine weiteren militärischen Verpflichtungen« eingegangen. Lord Halifax betonte sogar, wie Kordt nach Berlin kabelte, »sichtlich bewegt, daß es am besten wäre, wenn sich die drei blutsverwandten Nationen Deutschland, Großbritannien und die Vereinigten Staaten zu einer gemeinsamen Arbeit für den Frieden zusammenfänden«[6].

In Berlin übergab der britische Botschafter Sir Neville Henderson, den Chamberlain mit dem Auftrag nach Deutschland entsandt hatte, eine neue Ära englisch-deutscher Zusammenarbeit einzuleiten, in der Wilhelmstraße ein schriftliches Memorandum zu den französisch-britischen Gesprächen. Darin wurde erklärt, daß »die Regierung Seiner Majestät besonderen Wert darauf legt, die deutsche Regierung über gewisse, mit den französischen Ministern besprochene Themen nicht im unklaren zu lassen . . .«[7]. Am 10. Mai versicherte der Erste Sekretär der britischen Botschaft den Deutschen, die Sudetenfrage könne durch Großbritannien und Deutschland allein ohne Einschaltung anderer Mächte beigelegt werden.

Wenn die deutsche Regierung der britischen Regierung vertraulich mitteilen würde, welche Lösung der sudetendeutschen Frage sie anstrebe, so glaube er versichern zu können, daß die britische Regierung auf Prag einen gewissen Druck ausüben und die tschechoslowakische Regierung zu einem Eingehen auf die deutschen Wünsche zwingen werde[8].

In diesem Stadium dachte die deutsche Regierung gar nicht daran, die Briten – und sei es auch nur vertraulich – über ihre Vorstellung von einer »Lösung« zu unterrichten. Ende April hatte Daladier in London zwar versucht, Chamberlain über diese Lösung aufzuklären, aber der

Premierminister hatte ihn für einen Pessimisten gehalten. Schon am 21. April hatte Hitler Generaloberst Keitel, den Chef des Oberkommandos der Wehrmacht, zu einer Besprechung gewisser Änderungen des Operationsplans »Fall Grün« zu sich gerufen. »Fall Grün« war die Codebezeichnung für den bereits im Jahr zuvor ausgearbeiteten Plan eines Überraschungsangriffs auf die Tschechoslowakei. Problematisch war die »Rechtfertigung« des Überfalls. Hitler erklärte Keitel, die beste Lösung wäre ein »blitzartiges Handeln aufgrund eines Zwischenfalls (zum Beispiel der Ermordung des deutschen Gesandten im Verlauf einer deutschfeindlichen Demonstration)«[9]. Einen ganz ähnlichen »Zwischenfall« hatte er als Rechtfertigung für den deutschen Einmarsch in Österreich vorgesehen, nämlich die Beseitigung von Botschafter Franz von Papen in Wien. Sie erwies sich jedoch später als überflüssig. In Hitlers Augen waren deutsche Diplomaten im Ausland durchaus entbehrlich. Was die Taktik der Sudetendeutschen in der Tschechoslowakei betraf, so hatte ihr Anführer Konrad Henlein am 28. März, zwei Wochen nach der Angliederung Österreichs, noch von Hitler persönlich in einer dreistündigen Konferenz in Berlin Instruktionen erhalten. Henlein wurde angewiesen, auch weiterhin an die tschechoslowakische Regierung unannehmbare Forderungen zu stellen[10]. Die Bedrängnis der deutschsprechenden Minderheit in der Tschechoslowakei* war somit für Hitler lediglich ein Vorwand, die Stimmung in Mitteleuropa so lange anzuheizen, bis er ein weiteres Land, das er begehrte, vereinnahmen konnte.

Trotz der angestrengten britischen Beschwichtigungsbemühungen gegenüber Deutschland in jenem Frühjahr, die zu dem Angebot Londons führten, Hitlers Forderungen gegenüber der Tschechoslowakei durchzusetzen, drängte der Führer zu Beginn des Sommers immer energischer auf militärische Maßnahmen. Am 16. Mai, kaum eine Woche nach der von den Briten in Berlin abgegebenen Versicherung, sie würden die Tschechen zur Annahme jeder von den Deutschen gewünschten »Lösung« veranlassen, fragte Hitler von seinem Berghof in Berchtesgaden aus in einem »dringenden und streng geheimen« Telegramm beim OKW an, wie viele Divisionen an der tschechischen Grenze »im Falle der Mobilmachung innerhalb von zwölf Stunden marschbereit« seien. Das OKW antwortete unverzüglich: »12 Divisionen.« Hitler wollte es noch genauer wissen. »Bitte Divisionsnummern angeben«, drahtete er zurück. Das OKW nannte prompt die Nummern von zehn Infanteriedivisionen und fügte hinzu, darüber hinaus stehe eine Panzer- und eine Gebirgsjägerdivision bereit[11].

* Die Sudetendeutschen hatten niemals zum Deutschen Reich, sondern zu Österreich gehört (ausgenommen als Bestandteil des nicht sehr straff organisierten Heiligen Römischen Reichs Deutscher Nation). Diese historische Tatsache scheint Chamberlain nicht bekannt gewesen zu sein. Er sprach fortgesetzt von einer »Rückkehr« der Sudetendeutschen ins Reich.

Die Maikrise

Die Ereignisse strebten nun mit Riesenschritten der ersten Tschechoslowakeikrise am 20. Mai 1938 zu. Am 9. Mai brach Henlein die Gespräche mit der tschechoslowakischen Regierung ab und reiste nach Deutschland. Überall im Sudetenland brachen von den Nazis angestiftete Unruhen aus. Reichspropagandaminister Goebbels spielte sie in Presse und Rundfunk zu Schauermärchen vom »tschechischen Terror« gegen arme, wehrlose Deutsche hoch. Am 18. Mai meldete der tschechoslowakische Geheimdienst den Aufmarsch deutscher Truppen an der Grenze, den am nächsten Tag eine Leipziger Zeitung zu bestätigen schien. Sie berichtete über deutsche Truppenbewegungen in Grenznähe. Das betrachtete General Ludwig Krejči, der Chef des tschechoslowakischen Generalstabs, als – wie er dem deutschen Militärattaché mitteilte – »unwiderleglichen Beweis dafür, daß in Sachsen acht bis zehn (deutsche) Divisionen zusammengezogen worden sind«. Es waren also nicht ganz die zwölf Divisionen, die sich nach der Meldung des OKW an Hitler angeblich an der tschechoslowakischen Grenze befinden sollten. Aber die Deutschen dementierten jegliche »Truppenkonzentration«. Dennoch ordnete die tschechoslowakische Regierung am Nachmittag des 20. Mai, nach einer Sondersitzung des Kabinetts, die unter Vorsitz von Präsident Benesch auf dem Hradschin in Prag stattfand, die kleine Mobilmachung an. Ein Jahrgang sowie einige Fachreservisten wurden einberufen, die Befestigungsanlagen voll bemannt. Im Gegensatz zur Haltung der Österreicher vor zwei Monaten waren die Tschechen zu diesem Zeitpunkt nicht gewillt kampflos zu kapitulieren.

Hitler war außer sich über diesen Mutbeweis eines seiner aufs Korn genommenen Opfer, und auch die Berichte des Auswärtigen Amtes in Berlin, die er auf dem Obersalzberg vorgelegt bekam, vermochten seine Laune nicht zu bessern: Während des ganzen Wochenendes sprachen die Botschafter Großbritanniens und Frankreichs wiederholt vor und warnten Deutschland – eine Aggression gegen die Tschechoslowakei würde einen europäischen Krieg bedeuten. Die Briten und Franzosen, von den Tschechen ganz zu schweigen, schienen ihm die Stirn zu bieten. Ich erinnere mich noch gut an die Krisenstimmung des Maiwochenendes, das ich in Wien und dann in Prag verbrachte, in ständiger telefonischer Verbindung mit Paris, Berlin und London. Die Europäer hatten das Gefühl, einem Krieg näher zu sein als jemals seit dem Sommer 1914. Der Kontinent litt immer noch unter dem Schock der Besetzung Österreichs durch deutsches Militär vor zwei Monten. Es war verständlich, daß man den Berichten über deutsche Truppenaufmärsche an der tschechoslowakischen Grenze Glauben schenken konnte und besorgt reagierte.

Tatsächlich gab es an diesem Wochenende nach meiner Kenntnis keine Hinweise auf *neue* deutsche Truppenzusammenziehungen und Truppenbewegungen. Nur die von Keitel erwähnten zwölf deutschen Divisionen waren »innerhalb von zwölf Stunden marschbereit«. Wie Oberst Jodl der Wilhelmstraße am 21. Mai mitteilte, führten einige davon natürlich »friedensmäßige Manöver« durch.

Am Morgen des 20. Mai hatte der Chef des OKW Hitler den Text des umgearbeiteten Plans für den »Fall Grün« zur Unterschrift zugesandt. Eigentlich stammte dieser Plan größtenteils von Hitler selbst. Es wurde darin hervorgehoben, daß die Tschechen innerhalb von vier Tagen »niedergeschlagen« werden müssen. Da Hitler überzeugt war, daß die Franzosen nicht kämpfen würden, sah die Anweisung im Westen nur ein Mindestmaß an Truppen vor. Es wurde besonders hervorgehoben, daß der Einmarsch in der Tschechoslowakei unter vollem Einsatz aller Kräfte durchzuführen sei. Eine französische Reaktion kam für Hitler zwar nicht in Frage, aber von seiten Rußlands rechnete er mit Versuchen, der Tschechoslowakei militärische Unterstützung zu leisten. Von eventuellen Maßnahmen Großbritanniens ist nicht einmal die Rede[12].

Hitler beschäftigte sich an diesem Wochenende auf seinem Berghof noch einmal eingehend mit dem überarbeiteten Plan für seine nächste Aggression. Einen Wermutstropfen bedeutete für ihn die Demütigung durch das Vorgehen der Tschechoslowaken und die ihnen gewährte Unterstützung aus London, Paris und Moskau. Wie Jodl berichtete, war Hitler überzeugt, einen Prestigeverlust erlitten zu haben, der eine verheerende Wirkung auf seine Stimmung hatte. Doch er überwand seinen gekränkten Stolz und wies das Auswärtige Amt in Berlin an, den tschechoslowakischen Gesandten am Montag, dem 23. Mai, davon in Kenntnis zu setzen, daß Deutschland gegenüber der Tschechoslowakei keine Angriffsabsichten hege und daß alle Berichte über deutsche Truppenzusammenziehungen an der Grenze unbegründete Gerüchte seien.

Die Regierungschefs in Prag, London, Paris und Moskau atmeten erleichtert auf. Die Tschechen demobilisierten. Die Krise ging rasch vorüber. Im Westen glaubte man, die feste Haltung der übrigen europäischen Großmächte und die Entschlossenheit eines kleinen Landes hätten Hitler eine Lektion erteilt. So groß die Erleichterung überall in Europa auch war, die Annahme, daß man Hitler eine Lehre erteilt hätte, stimmte nicht. Ebenso falsch war der Eindruck, den Großbritanniens überraschend energische diplomatische Tätigkeit an diesem Wochenende erweckte: daß nämlich die Regierung Chamberlain bereit sei, den Franzosen automatisch Militärhilfe zu gewähren, falls diese wegen der Tschechoslowakei in einen Krieg mit Deutschland verwikkelt würden.

Inmitten der Maikrise hatte die britische Regierung Frankreich insgeheim eine ernste Warnung zukommen lassen. Sie traf am späten Abend des 22. Mai, eines Sonntags, ein, als in dem aufgeschreckten Europa gerade wegen der drohenden Kriegsgefahr eine Panik auszubrechen drohte und das ängstliche Paris der starken Rückendeckung aus London am meisten bedurft hätte.

An diesem Nachmittag wurde General Gamelin hastig von einer Inspektionsfahrt durch die Bretagne zurückgerufen und um 18 Uhr von Daladier und Bonnet empfangen. Sie teilten ihm mit, die Lage sei ernst. »Ich werde angreifen«, erklärte der General verbindlich und zählte dann wie üblich sämtliche Schwierigkeiten auf: »Die deutschen Befestigungsanlagen, das Gros der deutschen Armee« und so weiter. Es wäre einfacher, über Belgien anzugreifen, erklärte er, aber er mußte sich sagen lassen, daß die Belgier gerade entlang der französischen Grenze Manöver abhielten, um, wie der belgische Außenminister dem französischen Botschafter in Brüssel erläutert hatte, »Ihnen zu zeigen, daß Sie auf die belgische Armee stoßen werden, falls Sie zur Unterstützung der Tschechoslowakei durch unser Land marschieren sollten«. Gamelin fiel Daladiers und Bonnets Bestürzung darüber auf, daß die Tschechoslowaken mit ihren Zugeständnissen gegenüber den Sudetendeutschen und den anderen Minoritäten im Lande nicht weitergegangen waren. Er will die beiden darauf aufmerksam gemacht haben, daß im Fall zu weitgehender Zugeständnisse die Tschechoslowakei »von der Landkarte verschwinden und Deutschland dann in Polen und gegen uns freie Hand haben würde«. Er erinnerte Daladier daran, daß er erst am Vortag dringend die Vollmacht zur Bildung von drei weiteren Infanteriedivisionen und drei Panzerdivisionen zur Stärkung der Armee erbeten hätte. Aber für so ernst schien der Ministerpräsident die Lage wiederum nicht zu halten, denn er verweigerte diese Vollmachten. Er erklärte dem General ferner, die feste Haltung Großbritanniens an diesem Wochenende schiene den Kontinent vor einem Krieg bewahrt zu haben[13].

Es war aber nicht ganz so, wie der Ministerpräsident sich das vorstellte. Wenige Stunden später, um 22 Uhr 30, erschien Sir Eric Phipps am Quai d'Orsay und verlas vor Bonnet eine streng geheime Mitteilung, die er soeben telegrafisch von Lord Halifax erhalten hatte. Der britische Botschafter in Paris war ein nervöser kleiner Mann, dem seine frühere Tätigkeit in Berlin offenbar große Angst vor Hitlers Zorn eingeimpft hatte. Der französische Außenminister erkannte sehr wohl, wie dringend die Angelegenheit war, denn noch nie zuvor hatte ihn der Botschafter am Sonntag aufgesucht, und er wußte darüber hinaus, daß auch der britische Außenminister üblicherweise an diesem Tag keine wichtigen Telegramme versandte, da ihm, wie allen Briten, das Weekend heilig war. Selbst für einen Diplomaten war es eine sehr späte Stunde.

Nach Angabe des Botschafters las er Bonnet die Nachricht von Lord

Halifax »sehr langsam« vor, und Bonnet machte sich »sehr eifrig Notizen, er verstand sehr wohl, was gemeint war«. Die Mitteilung lautete folgendermaßen:

1. Es ist von größter Wichtigkeit, daß sich die französische Regierung hinsichtlich der Haltung der Regierung Seiner Majestät für den Fall, daß es nicht zu einer friedlichen Beilegung der tschechoslowakischen Frage kommen sollte, keinerlei Illusionen hingibt.

2. Die Regierung Seiner Majestät ist in Berlin mit sehr ernsten Warnungen vorstellig geworden. Es könnte jedoch höchst gefährlich werden, wenn die französische Regierung in diese Warnungen mehr hineinlesen würde, als der Wortlaut ausdrückt.

3. Die Regierung Seiner Majestät würde selbstverständlich jederzeit zu ihrem Wort stehen, Frankreich im Falle eines nicht provozierten Angriffs durch Deutschland zu Hilfe zu eilen.

4. Sollte jedoch die französische Regierung von der Annahme ausgehen, daß die Regierung Seiner Majestät zu sofortigen gemeinsamen Militäraktionen zum Schutz der Tschechoslowakei vor einer deutschen Aggression bereit sei, so muß die französische Regierung gerechterweise darauf aufmerksam gemacht werden, daß unsere Erklärungen keinerlei Anlaß zu derartigen Annahmen geben.

5. Die Regierung Seiner Majestät sieht die militärische Lage so, daß Frankreich und England selbst mit einer eventuell von Rußland zu erwartenden Unterstützung nicht imstande wären, Deutschland an einer Überrollung der Tschechoslowakei zu hindern. Das einzige Ergebnis wäre ein europäischer Krieg, dessen Ausgang nach Lage der Dinge zumindest zweifelhaft wäre.

6. Die Regierung Seiner Majestät ist sich der Art und des Ausmaßes der französischen Verpflichtungen vollauf bewußt, würde jedoch empfehlen, daß die französische Regierung in der gegenwärtig höchst kritischen Lage den vorangegangenen Überlegungen volle Beachtung schenken sollte . . .[14]

Das war die wahre britische Haltung, und sie sollte es auch fast bis zum Ende bleiben, wenn man von einigen Augenblicken der Unsicherheit absieht, in denen es den Anschein hatte, daß Hitler Großbritannien wegen des tschechoslowakischen Problems zu einer Unterstützung Frankreichs zwingen würde. Man kann der französischen Regierung keinen Vorwurf daraus machen, daß sie sich in den nun folgenden spannungsgeladenen Monaten diese Einstellung stets vor Augen hielt. Betrüblich war nur, daß Bonnet sie als Vorwand dafür benutzte, nichts zu unternehmen, um die Tschechoslowakei zu retten und Hitler Einhalt zu gebieten, solange der Westen gemeinsam mit Rußland dafür noch die Kraft hatte. Anstatt diese britische Einstellung zu bekämpfen und sich zu bemühen, London angesichts der Tatsachen zu einer Änderung der Haltung zu bewegen, begrüßte er sie sogar als zeitweilige und – wie sich herausstellte – verhängnisvolle

Ausflucht. Die langsame und deutliche Verlesung von Halifax' Botschaft machte Bonnet sehr betroffen. Nun zeigte sich sein wahrer Charakter. Phipps berichtete darüber in seinen nächsten Depeschen nach London. Um ein Uhr in derselben Nacht drahtete der Botschafter über sein Treffen mit Bonnet an Halifax:

M. Bonnet versicherte mir noch einmal seine Bereitschaft, auf die tschechoslowakische Regierung jede Form von Druck auszüben, die Sie im gegebenen Zeitpunkt für wünschenswert halten . . . Ich wies darauf hin, daß bei den Tschechen eigentlich eine vernünftigere Haltung angemessen wäre, da ihre einzige Alternative die völlige Vernichtung sei. Seine Exzellenz (Bonnet) pflichtete mir aus voller Überzeugung bei. Darüber hinaus sagte er, falls sich die Tschechoslowakei wirklich als unvernünftig erwiese, könnte die französische Regierung möglicherweise erklären, daß sich Frankreich von seinen Verpflichtungen entbunden fühle[15] .

Als Phipps am nächsten Abend, dem 23. Mai, erneut Bonnet aufsuchte, griff der französische Außenminister mit zunehmender Begeisterung die britischen Spielregeln auf. Seine Haltung gegenüber den Tschechen wurde härter, und er lobte die Deutschen wegen ihrer »vernünftigen Haltung«. Phipps berichtete darüber am nächsten Tag nach London:

M. Bonnet sagte mir, er hätte nach meinem Besuch letzte Nacht noch einmal äußerst eindringlich mit M. Osusky (dem tschechoslowakischen Gesandten in Paris) gesprochen und ihm empfohlen, sofort nach Prag zurückzukehren, um M. Benesch von der absoluten Notwendigkeit eines raschen und großzügigen Handelns zu überzeugen. M. Osusky schien sehr beeindruckt zu sein und reiste heute morgen auf dem Luftweg nach Prag zurück.

Der französische Außenminister war sich mit dem Botschafter darüber einig, daß Präsident Benesch, 1918 Mitbegründer der Tschechoslowakei, der eigentliche Schuldige war.

Ich gab der Hoffnung Ausdruck (berichtete Phipps weiter), daß die französische Regierung auf M. Benesch sehr erheblichen und anhaltenden Druck ausüben wird, da man unmöglich zulassen kann, daß er die jetzt günstigeren Chancen einer friedlichen Regelung zunichte macht. M. Bonnet stimmte zu und gab mir sein Versprechen.

Es scheint diesen beiden Männern trotz ihrer verantwortungsvollen Posten, trotz aller Beweise und trotz der jüngsten Geschichte nicht in den Sinn gekommen zu sein, daß es Hitler und nicht Benesch war, der diesen Frieden bedrohte. Nach Bonnets Worten gegenüber Phipps zu urteilen, schien er sich sogar davon überzeugt zu haben, daß Hitler vernünftig sei.

Phipps schloß sein Telegramm:

M. Bonnet erwähnte lobend die vernünftige Haltung der deutschen Regierung und stimmte der Auffassung zu, daß nun die Tschechen an der Reihe seien, einen erheblichen und großzügigen Beitrag zur Sache des Friedens zu leisten[16].

Während Bonnet und Phipps Berlins Zurückhaltung priesen, saß Hitler grollend auf dem Obersalzberg und brannte darauf, mit der Tschechoslowakei und insbesondere mit Präsident Benesch abzurechnen, der ihn, wie er glaubte, absichtlich gedemütigt hatte. Am 28. Mai erschien er plötzlich in Berlin und rief die ranghöchsten Offiziere der Wehrmacht zusammen, um ihnen seine Entscheidung mitzuteilen. Er selbst unterrichtete am 30. Januar 1939 den Reichstag darüber.

Ich hatte mich entschlossen, die sudetendeutsche Frage nunmehr endgültig und radikal zu lösen. Ich befahl am 28. Mai
1. die Vorbereitung des militärischen Einschreitens gegen diesen Staat bis zum 2. Oktober;
2. den beschleunigten Ausbau unserer Verteidigungsfront im Westen;
3. für die Auseinandersetzung . . . war die sofortige Mobilmachung von zunächst 96 Divisionen vorgesehen . . .

Er donnerte die versammelten Mitstreiter Göring, Keitel, Brauchitsch, Beck, Raeder, Ribbentrop und Neurath an: »Es ist mein unerschütterlicher Wille, die Tschechoslowakei von der Landkarte auszulöschen!«

Der »Fall Grün« kam erneut zur Sprache und wurde nochmals revidiert. Es ging um eine bedeutsame Änderung. Noch am 21. April hatte die Anweisung mit den Worten begonnen: »Es liegt nicht in meiner Absicht, die Tschechoslowakei schon in nächster Zukunft zu zerschlagen.« Nun hieß es hier: »Es ist mein unabänderlicher Entschluß, die Tschechoslowakei in absehbarer Zeit durch eine militärische Aktion zu zerschlagen.«

Was er mit »absehbarer Zeit« meinte, erklärte General Keitel in einem Begleitbrief: die Ausführung von »Plan Grün« bis spätestens 1. Oktober 1938 müsse sichergestellt werden.

An diesem Datum hielt Hitler trotz aller Schwierigkeiten und Krisen und der drohenden Kriegsgefahr unabänderlich fest[17].

Und Rußland?

Die Sowjetunion hatte, genau wie Frankreich, mit der Tschechoslowakei einen Beistandspakt geschlossen, der auch sie verpflichtete, diesem Land im Fall eines nichtprovozierten Angriffs Hilfe zu leisten.

Aber der Pakt enthielt eine bedeutsame Einschränkung: Er wurde nur dann wirksam, wenn Frankreich *zuvor* seine Verpflichtung gegenüber der Tschechoslowakei einhielt. Es hatte den Anschein, als zweifelte Moskau bereits am 16. Mai 1935 bei der Unterzeichnung dieses Vertrags mit Prag an den Franzosen. Es ist eine Ironie, daß gerade die französische Regierung die Tschechoslowaken auch noch gedrängt hatte, diese Bedingung zu akzeptieren, da sie fürchtete, daß Rußland sonst den Pakt zur Entfesselung eines europäischen Kriegs mißbrauchen könnte.

Im Frühjahr 1938 ging es nicht allein darum, ob Frankreich sein Versprechen gegenüber der CSR einhalten würde, sondern auch darum, ob die Sowjetunion es halten würde, und wenn ja, in welcher Form. Die UDSSR hatte mit der CSR keine gemeinsame Grenze und war von ihr durch Teile Polens und Rumäniens getrennt.

Dieses Problem besprach Bonnet am 12. Mai 1938 während einer Sitzung des Völkerbundrates in Genf mit Maxim Litwinow, dem sowjetischen Außenminister. Die tschechoslowakische Krise braute sich bereits zusammen. Was wird Rußland im Fall eines deutschen Angriffs tun? fragte Bonnet. Zu seinem Wort stehen, wenn auch Frankreich es tut, antwortete Litwinow.

»Aber wie?« will Bonnet gefragt haben[18], »da Sie doch keine gemeinsame Grenze haben? Sind Sie bereit, sich für Ihre Soldaten und Flugzeuge notfalls den Durchmarsch durch Polen und Rumänien zu erzwingen?«

Der sowjetische Außenminister erwiderte, Rußland wünsche keinen Krieg gegen Polen und Rumänien zu führen. Wenn die Genehmigung der beiden Länder zur Durchquerung ihres Territoriums nicht zu erlangen sei, so würde man davon absehen. Aber Frankreich, so fügte er hinzu, sei doch sowohl mit Polen als auch mit Rumänien verbündet und habe in beiden Ländern großen Einfluß. Es sei daher in »einer guten Position«, für den Fall eines Angriffs auf die CSR das Durchmarschrecht zu erlangen. Bonnet versprach, sich darum zu bemühen.

Aber er tat es mit halbem Herzen. Während der nächsten entscheidenden Monate brachte er die Angelegenheit bei den Regierungen Polens und Rumäniens zwar zur Sprache, aber nie mit besonderem Nachdruck. Bonnet mißtraute den Bolschewisten ebenso wie Chamberlain in England, wie alle voraufgegangenen französischen Regierungen und wie die französische Armee. Man schreckte vor dem Gedanken zurück, die Westmächte könnten als Verbündete der Sowjetunion in einen Krieg verwickelt werden – trotz der Tatsache, daß Rußland im Osten die einzige mit Deutschland vergleichbare Militärmacht war, daß bei einer Auseinandersetzung mit dem Reich seine Hilfe für Großbritannien und Frankreich bei ihrem kläglichen Rüstungsstand entscheidend sein würde, und daß »vom militärischen

Standpunkt aus alles von Rußland abhing[19]«, wie General Gamelin sagen sollte, als es bereits zu spät war.

Es ist verständlich, daß sich Polen und Rumänien mit ihren schwankenden rechtsgerichteten Regierungen dem Durchmarsch sowjetischer Truppen widersetzten. Man befürchtete, daß diese nie wieder abziehen würden – oder erst dann, nachdem sie den Kommunismus verbreitet und die Regierung untergraben hatten. Polen und Rumänien erkannten nicht, daß sich ihre Überlebenschancen verringert hatten und daß sie beide durch die Zurückweisung der russischen Hilfe reif wurden, von Deutschland geschluckt zu werden. Ihre eigene Kraft reichte zur Selbstverteidigung nicht aus, nicht einmal mit französischer Hilfe. Bonnet behauptet, er habe versucht, diesen Regierungen das klarzumachen. Aber er drängte nicht auf eine Entscheidung. Statt dessen benutzte er das Widerstreben der Russen, sich ihren Weg durch Polen und Rumänien in die Tschechoslowakei zu erzwingen, als Anlaß für die Erklärung, die Russen würden ihren Verpflichtungen gegenüber der Tschechoslowakei nicht nachkommen.

Es gab einen Franzosen, der den Wert der militärischen Stärke Rußlands und die Notwendigkeit erkannte, diese Militärmacht an den Westen zu binden, wenn die Tschechoslowakei gerettet und Hitler Einhalt geboten werden sollte.

Es war Robert Coulondre, der französische Botschafter in Moskau. Unmittelbar nach dem Anschluß Österreichs hatte er seinem Außenminister mitgeteilt, »wenn die französische Regierung beabsichtige, zu Prag zu stehen, dann sei es dringender denn je, militärische Gespräche mit der UDSSR einzuleiten[20]«.

Mit dieser Absicht kehrte er am Vorabend der Maikrise nach Paris zurück, suchte Bonnet am 20. Mai auf und bemühte sich, ihn zu seinem Standpunkt zu bekehren.

Zuerst glaubte er, dieses Ziel erreicht zu haben. Bonnet riet ihm, mit General Gamelin zu sprechen, sodann einen Vorschlag auszuarbeiten und ihn Daladier sowie ihm selbst vorzulegen. Der Botschafter stellte fest, daß Gamelin »militärischen Gesprächen nicht abgeneigt war«. Mit Hilfe von Léger und René Massigli, dem höchsten Beamten am Quai d'Orsay, verfaßte Coulondre sein Memorandum. Auf Anraten Massiglis forderte das Schriftstück »zur Vermeidung unerwünschter Reaktionen des Auslands«, daß diese militärischen Gespräche geheim und bilateral geführt werden sollten – zwischen Franzosen und Russen, Franzosen und Tschechoslowaken sowie Russen und Tschechoslowaken. Als drei Tage später, am 23. Mai, die Krise abzuflauen begann, legte Coulondre seinem Außenminister die schriftliche Empfehlung vor. Er begegnete einem veränderten Bonnet.

Was war seit dem 20. Mai mit ihm geschehen? Er war jetzt unschlüssig . . . Er gab seiner Befürchtung Ausdruck, die Aussicht auf eine sowjetische Militärhilfe könnte bei gewissen Elementen in Frankreich Kriegsgelüste auslösen.

Der unschlüssige Außenminister »bevollmächtigte« Coulondre jedoch, mit dem Präsidenten der Republik zu sprechen und sein Schriftstück Daladier vorzulegen. Auch der Ministerpräsident war unschlüssig, aber er stimmte zu.

Allerdings empfahl er, äußerste Vorsicht walten zu lassen, um Reaktionen von seiten Hitlers zu vermeiden, und er bestand darauf, die (militärischen) Gespräche geheim und auf keinen Fall dreiseitig zu führen.

Noch am selben Abend, dem 23. Mai, suchte der zielstrebige Botschafter erneut Bonnet auf.

Er war immer noch unschlüssig (schreibt Coulondre). Er wiederholte seine Vorbehalte hinsichtlich der militärischen Lage Frankreichs und Großbritanniens, das gerade erst mit der Aufrüstung begonnen hatte, der Haltung Polens sowie der undurchsichtigen Sowjetpolitik . . . Ich machte ihn darauf aufmerksam, daß man gerade dann, wenn man sich bemühte, den Frieden um jeden Preis zu wahren, das Risiko einging, in den Krieg hineingedrängt zu werden. Ich wiederholte meine Überzeugung, daß, wenn Frankreich und Großbritannien Hitler Einhalt gebieten wollten, der beste Ort dafür die Tschechoslowakei sei. Ich selbst hätte nicht den Eindruck, daß die* UDSSR *gegenüber Prag eine undurchsichtige Politik betriebe. Es gebe nur eine Möglichkeit, sich Gewißheit über den Wert ihrer Unterstützung zu verschaffen – nämlich die von mir vorgeschlagenen Militärgespräche.*

Der Botschafter fügte hinzu, daß Frankreich nach seiner Meinung Polen überschätze und Rußland unterschätze**.

Ich erklärte M. Bonnet, daß Polen nach Ansicht des Kreml nicht in der Lage sei, eine Front zu halten . . . Für Hitler gebe es nur zwei Fronten: gegen Ruß-

* Polen hatte an jenem Maiwochenende gegenüber Frankreich ausdrücklich erklärt, daß es sich nicht nur dem Durchmarsch sowjetischer Truppen mit Gewalt widersetzen werde, sondern auch Frankreich trotz des Beistandspaktes zwischen den beiden Ländern nicht zu unterstützen gedächte, falls es wegen der Tschechoslowakei einen Krieg gegen Deutschland beginnen sollte.

Am 25. Mai hatte Bonnet eine erregte Unterredung mit Lukasiewicz, dem polnischen Botschafter in Paris. Er bezeichnet ihn als einen »leidenschaftlichen und heftigen Mann, der den Ränken seines Außenministers Oberst Beck blindlings ergeben ist, dessen Größenwahn unglaubliche Formen angenommen hat«. Auf Bonnets Forderung, Polen solle gemeinsam mit Frankreich und Großbritannien die Tschechoslowakei verteidigen, erwiderte der Botschafter: »Dieses Land ist zum Tode verurteilt. Die Absicht, es zu verteidigen, war ein Fehler von seiten Großbritanniens und Frankreichs.« Als Bonnet die Frage des Durchzugs russischer Truppen durch Polen anschnitt, schrie Lukasiewicz: »Dem werden wir uns mit Gewalt widersetzen! Und das bedeutet Krieg zwischen Rußland und uns[21]!«

** Man wird sich daran erinnern, daß Blum bei seiner Amtsübernahme im Jahr 1936 feststellte, daß der französische Generalstab der polnischen Armee größere Bedeutung beimaß als der russischen. Diese Ansicht wurde offenbar immer noch vertreten.

land und gegen Frankreich. Diese könnten im Rahmen unseres Bündnisses mit Großbritannien Hitler vielleicht immer noch in die Schranken weisen . . . Die Zeit sei gekommen, von Polen eine Entscheidung für oder gegen uns zu verlangen.

Coulondre sagte, Bonnet habe darauf »die Aufnahme militärischer Gespräche endgültig gebilligt«. Der Botschafter kehrte in der Überzeugung nach Moskau zurück, »endlich« einigen Fortschritt erzielt zu haben. Die Hoffnung war nur von kurzer Dauer. Später, im gleichen Sommer, notierte er: »Die Angst hat neben vielem anderen auch die zarte Hoffnung, die ich aus Paris mitgebracht hatte, weggefegt[22].«

Er setzte in Moskau seine Bemühungen, solange er konnte, fort. Aber seine eigene Regierung erwies sich als eigenartig schweigsam und ablehnend. Am 1. Juli zeigte ihm der tschechoslowakische Gesandte in Moskau die Durchschrift einer Depesche, die Osusky soeben aus Paris an seine Regierung in Prag gesandt hatte. »Die französische Regierung«, so hieß es darin, »wird einstweilen die Militärgespräche mit den Sowjets nicht weiterführen. Sie wünscht die Empfindungen britischer Konservativer nicht zu verletzen.« Auf diesem Umweg erfuhr der französische Botschafter die Entscheidung seiner Regierung. Jetzt erkannte er, daß seine Bemühungen um eine Einbeziehung Rußlands in ein Militärbündnis gegen Hitler fehlgeschlagen waren. Außerdem wurde in ihm der Argwohn wach, daß sich die Russen zu demselben Spiel entschlossen hatten, nachdem sie von Großbritannien und Frankreich in dem hektischen Bemühen um Hitlers Wohlwollen beiseite geschoben worden waren. Im Frühsommer deutete Litwinow ihm gegenüber an, daß die Sowjetunion Polen angreifen könnte, falls Polen (über Teschen in Oberschlesien) die Tschechoslowakei angriff. Daraus schloß der Botschafter, daß Rußland »ohne ein vorheriges Einvernehmen mit Deutschland« nichts gegen Polen unternehmen werde. Dieser Gedanke »beunruhigte« ihn, wie er sagte[23]. Wie prophetisch er war, erkannte er allerdings nicht.

Die Krise wegen der Tschechoslowakei ebbte in den Hochsommertagen ab, doch war fast allen klar, daß es sich um eine Ruhe vor dem Sturm handelte. Mitte Juli stattete das englische Königspaar Frankreich einen Staatsbesuch ab. Paris und Versailles glänzten mit offiziellen Empfängen und Banketten, auf deren Veranstaltung sich das republikanische Frankreich so großartig verstand. Die farbenfrohen Zeremonien beruhigten die Franzosen. Das Wetter war herrlich. Die Menschen vergaßen das Sudetenland, Benesch und Hitler. Die Angst vor einem Krieg legte sich. Diplomatie wurde während des königlichen Besuchs kaum betrieben. Nur am 20. Juli war eine Stunde für politische Gespräche vorgesehen. Bei dieser Gelegenheit teilte Lord Halifax Daladier und Bonnet mit, daß die britische Regierung Lord Runciman als Vermittler im Streit zwischen den Sudetendeutschen und der tschechoslowakischen Regierung in die CSR entsenden werde. Der französische Ministerpräsident und sein Außenminister waren damit einverstanden.

Am 26. Juli unterrichtete Chamberlain das Unterhaus von dem vorgesehenen Besuch und betonte, Runcimans Entsendung erfolgte »aufgrund eines Ersuchens der tschechoslowakischen Regierung«. Das stimmte nicht ganz. Runciman war den Tschechen vom Premierminister mit französischer Billigung aufgedrängt worden. Doch die Entsendung eines »Schiedsmanns« nach Prag beinhaltete noch ein zweites Täuschungsmanöver Chamberlains. Er wußte sehr wohl, daß die Sudetendeutschen nicht selbst entscheiden konnten, sondern ihre Anweisungen aus Deutschland erhielten. Jede ehrlich gemeinte Vermittlung hätte daher zwischen den Regierungen in Berlin und Prag erfolgen müssen.

Die Einstellung des britischen Premierministers war zu diesem Zeitpunkt kein Geheimnis mehr. Bereits am 14. Mai hatten einige amerikanische Zeitungen Meldungen ihrer Londoner Korrespondenten über »inoffizielle« Äußerungen Chamberlains während eines Lunchs bei Lady Astor veröffentlicht. Nach den Berichten hatte er gegenüber den Reportern geäußert, im Falle eines deutschen Angriffs würden weder Großbritannien noch Frankreich und wahrscheinlich auch nicht Rußland der Tschechoslowakei zu Hilfe kommen. Ferner befürworte Großbritannien »im Interesse des Friedens« die Überlassung des Sudetenlands an Deutschland. Trotz erboster Anfragen im Unterhaus hatte der Premierminister die amerikanischen Zeitungsberichte nicht dementiert.

Am 1. Juni äußerte sich Chamberlain in ähnlicher Weise vertraulich gegenüber britischen Journalisten. Zwei Tage später veröffentlichte die *Times* den Tenor dieser Äußerungen in einem ersten von mehreren Leitartikeln, die zur Untergrabung der tschechoslowakischen Position beitragen sollten. Prag wurde empfohlen, den Minoritäten im Lande »Selbstbestimmung« zu gewähren, »selbst wenn dies deren Abfall von der CSR bedeuten sollte«. Am 8. Juni meldete der deutsche Botschafter in London nach Berlin, »die englische Regierung möchte in der Sudetenfrage eine Zusammenarbeit mit Deutschland anbahnen« . . . Unter der Voraussetzung, daß »deutscherseits nicht gewaltsame Maßnahmen ergriffen würden«[24].

Lord Runciman richtete sich getreu nach Chamberlains Anweisungen. Er reiste in jenem August durch die Tschechoslowakei, verbrachte die meiste Zeit mit Essen, Trinken und Golfspiel mit der Aristokratie des Sudetenlandes – mit Fürst Ulrich Kinsky, Prinz Max von Hohenlohe und anderen – und warb für die Empfehlung, die seine Regierung zur Vermeidung eines Zusammenstoßes mit Hitler wünschte.

Bonnet war damit einverstanden. Am 9. August bat er den deutschen Botschafter zu einem »offenen Gespräch« zu sich und sagte nach Angabe des Botschafters[25]: Er halte die Entsendung Runcimans nach wie vor für gut und richtig, obwohl die Tschechen ihn als ausgesprochenen Deutschenfreund darzustellen versuchten. Man müsse bis an die Grenze des Entgegenkommens in der sudetendeutschen Frage, auch wenn das den Tschechen nicht behage*.

Wie Bonnet bekamen auch die französischen Generäle kalte Füße bei dem Gedanken, zur Unterstützung der Tschechen möglicherweise gegen Deutschland kämpfen zu müssen. Je mehr die Armeeführer Gamelin und Georges darüber nachdachten, um so weniger begeistert waren sie. Mitte August kehrte General Vuillemin, der Chef der französischen Luftwaffe, in Panikstimmung von einem Besuch aus Deutschland zurück. Er hatte eine Woche lang die auf Volltouren laufende deutsche Luftfahrtindustrie besichtigt und als Beobachter an Luftmanövern teilgenommen. Nach einem Galaessen auf Görings Landsitz Karinhall äußerte er auf der Rückfahrt zur französischen Botschaft in Berlin gegenüber Botschafter François-Poncet seine Bestürzung über das, was er gesehen hatte**. »Wenn es, wie Sie befürchten, in diesem Herbst zum Krieg kommen sollte«, sagte er zu dem Botschafter, »wird es in Frankreich nach fünfzehn Tagen kein einziges Flugzeug mehr geben[29].«

Hinsichtlich der Armee war General Gamelin nicht so pessimistisch. Aber er blieb vorsichtig. Als ihn der Außenminister am 26. August nach der Kampfbereitschaft der Armee fragte, will ihm Gamelin geantwortet haben: »Wir sind bereit, wir brauchen nur auf den Knopf zu drücken[30].« In Wirklichkeit sah er fast unüberwindliche Hindernisse vor sich, wie er wenige Tage später zugeben mußte, als Daladier ihn in die Enge trieb. Sowohl er als auch General Georges übertrieben die Stärke der deutschen Westarmee und hielten den deutschen Westwall für viel mächtiger, als er in Wirklichkeit war. Die Generäle bezweifelten sehr, ob die Franzosen in der Lage sein würden, so rechtzeitig die Offensive zu ergreifen, daß sie für die Tschechen noch von Nutzen sein konnte. Besonders General Georges sprach sich gegen das Risiko aus, die Armee für absehbare Zeit »über die Grenze« zu schicken.

* Bonnets Version hört sich anders an. Er will dem Botschafter erklärt haben, daß Frankreich im Falle eines deutschen Angriffs auf die Tschechoslowakei »intervenieren werde . . . und es würde zum Krieg kommen[26]«. Der Parlamentarische Untersuchungsausschuß befragte Bonnet zu dem hier zitierten Ausschnitt aus dem Telegramm des deutschen Botschafters. Er bestritt »entschieden«, eine solche Äußerung getan zu haben. »Dann hat also der deutsche Botschafter gelogen?« fragte ihn ein Ausschußmitglied. – »Sicherlich«, erwiderte Bonnet[27].

** Der französische Luftwaffenattaché in Berlin, General de Goffrier, und sein Adjutant, Hauptmann Stehlin, begriffen General Vuillemins Bestürzung nicht ganz. Zwei Jahre lang hatten sie detailliert über die deutsche Flugzeugproduktion, die Leistungen der Jagdflugzeuge Me 109 und 110, des Bombers He 111 sowie der Stukas berichtet – über jene Maschinen also, mit denen die Deutschen den Luftkrieg bestreiten sollten[28].

Die Ängstlichkeit der französischen Generäle wird angesichts des Pessimismus bei den deutschen Generälen um so interessanter. Genau in diesem Augenblick spielte sich im deutschen Generalstab eine Revolte ab, die ohne Beispiel in der Militärgeschichte des Reiches ist. Ihr Anführer war kein geringerer als der Chef des Generalstabs selbst, der einen Krieg gegen die Westmächte für eine Katastrophe hielt. Darüber hinaus hatten sich einige der Generäle mit dem Generalstabschef zur Beseitigung Hitlers verschworen, falls dieser versuchen sollte, Deutschland in einen Krieg zu stürzen. Auch dieser Vorgang war in den Annalen der preußisch-deutschen Armee ohne Beispiel. Es war keinesfalls so, daß sich die deutschen Generäle aus moralischen Gründen einer militärischen Aggression gegen die Tschechoslowakei widersetzt hätten. Noch im Frühjahr hatten sie begeistert Hitlers Einmarsch in Österreich unterstützt. Sie glaubten ganz einfach, daß Deutschland noch nicht darauf vorbereitet war, es mit den Westmächten und mit Rußland aufzunehmen. Oberst Jodl, Chef des Führungsstabs im OKW, schrieb am 30. Mai in sein Tagebuch: »Das Heer vertritt die Auffassung, daß wir ihnen noch nicht gewachsen sind[31].«

Den ganzen Sommer hindurch forderte General Ludwig Beck, Chef des Generalstabs des Heeres, in wortreichen Denkschriften von General Walter von Brauchitsch, dem neuen Oberbefehlshaber des Heeres, die Wehrmacht müsse Hitler an einer Kriegserklärung hindern[32]. Der empfindsame, intelligente, intellektuelle, hochkultivierte aber unentschlossene Beck stellte eine Art deutsches Gegenstück zu Gamelin dar.

Am 5. Mai erläuterte er Brauchitsch in einer ausführlichen Aktennotiz seine Grundeinstellung. Er erklärte, ein deutscher Angriff auf die Tschechoslowakei werde einen europäischen Krieg entzünden, in dem die Gegner der Deutschen Großbritannien, Frankreich und Rußland heißen würden. Die Vereinigten Staaten würden der Waffenlieferant der westlichen Demokratien sein. Einen solchen Krieg könne Deutschland einfach nicht gewinnen. Am 16. Juli forderte er, die Wehrmacht müsse Hitler dazu bringen, seine Kriegsvorbereitungen einzustellen.

Im Bewußtsein der Tragweite eines derartigen Schrittes, aber unter Berufung auf die . . . mir erwachsende Verantwortung . . . halte ich mich für verpflichtet, die dringende Bitte auszusprechen, den Obersten Befehlshaber der Wehrmacht zu veranlassen, die von ihm befohlenen Kriegsvorbereitungen einzustellen und die Absicht der gewaltsamen Lösung der tschechischen Frage so lange zurückzustellen, bis sich die militärischen Voraussetzungen dafür grundlegend geändert haben. Zur Zeit halte ich es für aussichtslos, und diese meine Auffassung wird von allen mir unterstellten Oberquartiermeistern und Abteilungschefs des Generalstabs geteilt.

Becks Ansicht wurde sicherlich von den Truppenkommandeuren geteilt, denen die Verteidigung der Westfront gegen die Franzosen zufallen würde. Am 10. August teilte General Gustav von Wietersheim, Stabschef der Heeresgruppe West unter General Wilhelm Adam, Hitler mit, das Land sei wegen des Einsatzes fast der gesamten Streitkräfte gegen die Tschechoslowakei im Westen praktisch unverteidigt und würde von den Franzosen überrannt werden. Er erklärte sogar ganz unverblümt, der noch unfertige Westwall sei nicht länger als drei Wochen zu halten.

Jodl berichtet in seinem Tagebuch, der Führer sei wütend geworden und habe sich zu der Äußerung verstiegen, in diesem Fall tauge die ganze Wehrmacht nichts. Er schrie Wietersheim an: »Ich sage Ihnen, Herr General, die Stellung wird nicht drei Wochen, sondern drei Jahre gehalten[33]!«

General Adam, der zur Führung der deutschen Streitkräfte im Westen ausersehen war, wagte ebenfalls ein offenes Wort. Bei einem geheimen Treffen der ranghöchsten Generäle am 4. August hatte er berichtet, daß im Westen nur fünf aktive Divisionen einer überwältigenden französischen Übermacht gegenüberstehen würden*. Gegen Ende August machte General Adam, ein derber Bayer, aber sehr fähiger Offizier, zusammen mit Hitler in dessen Sonderzug eine Besichtigungsfahrt entlang des Westwalls. Im Zug wimmelte es von Parteipropagandisten, die der ganzen Welt verkündeten, der Westwall sei uneinnehmbar. Der General erklärte Hitler, daß die Befestigungen mit den ihm zur Verfügung gestellten Truppen nicht zu halten seien. Sowohl Jodl als auch Adam geben an, daß ihr Oberster Befehlshaber daraufhin einen hysterischen Anfall erlitt.

Hitler schrie den General an: »Ein Hundsfott der Mann, der diese Befestigung nicht hält[34]!«

Am 18. August trat General Beck von seinem Posten als Chef des Generalstabs des Heeres zurück. Er hatte einen »Streik der Generäle« gefordert, aber kein einziger General war seinem Aufruf gefolgt. Immerhin taten sich einige von ihnen sowie eine Handvoll Zivilisten zu einer Verschwörung zusammen, die auf einen Sturz Hitlers abzielte, falls dieser einen Krieg begann**.

Mittelpunkt war General Franz Halder, der Nachfolger General Becks. Halder war der erste Bayer und der erste Katholik, der jemals auf diesen hohen militärischen Posten befördert worden war. Ähnlich wie sein Vorgänger war er intelligent und vielseitig interessiert.

* Zu diesem Zeitpunkt schätzte General Gamelin die deutschen Streitkräfte im Westen auf »zunächst« fünfzig Divisionen, und General Georges sprach sogar von sechzig Divisionen. Sie waren weit von dem Gedanken entfernt, die Deutschen »überwältigen« zu können und schreckten sogar vor einem Angriffsplan zurück.

** Die Verschwörung jenes Sommers und Herbstes hat der Verfasser ausführlich in seinem Buch »Aufstieg und Fall des Dritten Reiches« beschrieben.

Da nur die Wehrmacht über die physischen Mittel verfügte, die für einen gewaltsamen Sturz des Diktators erforderlich waren, versicherten er und Beck sich der Unterstützung verschiedener Generäle, die in Berlin und Umgebung Heereseinheiten kommandierten. Auch einige wenige Zivilisten unter Führung des Reichsbankpräsidenten Dr. Hjalmar Schacht wurden hinzugezogen. Diese zivile Gruppe hielt die Briten auf dem laufenden und ersuchte um ihre Mitarbeit. Am 5. September unterrichtete Theodor Kordt, Botschaftsrat an der deutschen Botschaft in London und Mitglied der Verschwörergruppe, insgeheim Lord Halifax über das Datum von Hitlers geplantem Überfall auf die Tschechoslowakei (1. Oktober) sowie die Pläne zum Sturz des Diktators unmittelbar davor. Er bat Großbritannien und Frankreich, bis zum Beginn der Revolte gegenüber Hitlers Drohungen standhaft zu bleiben. Noch am selben Tag besprach Halifax diese Entwicklung mit Chamberlain, der äußerst skeptisch war. Keiner von beiden verriet dem französischen Verbündeten auch nur ein einziges Wort.

Aus diesem Grunde und noch mehr wegen der Unzulänglichkeit des französischen Nachrichtendienstes erfuhr weder Ministerpräsident Daladier noch General Gamelin etwas über die Krise in der deutschen Heeresführung, den Rücktritt General Becks Mitte August* oder das Komplott des Militärs zum Sturz Hitlers, falls er den Angriff auf die Tschechoslowakei befahl. Diese Information wäre für den französischen Generalstab, der ständig die Stärke der deutschen Wehrmacht überschätzte, von größter Wichtigkeit gewesen. Wichtiger aber noch für die französische Regierung, die mit der Zuspitzung der tschechoslowakischen Krise im September mit jedem Tag mutloser wurde und die deutsche Militärmacht immer mehr fürchtete. Doch Daladier versicherte mir gegenüber 1964, er hätte über diese Entwicklung in Deutschland erst dreiundzwanzig Jahre später durch mein Buch über das Dritte Reich erfahren**.

* Hitler verbot der Presse und selbst amtlichen Blättern von Regierung und Militär jede Erwähnung von Becks Rücktritt. Er befahl dem zurückgetretenen Generalstabschef sowie seinen Offizierskollegen, die Angelegenheit streng geheim zu halten. Das Geheimnis wurde auch gewahrt. Der Verfasser konnte keinerlei Beweise dafür finden, daß das französische Oberkommando vor dem Münchner Abkommen davon Kenntnis erhielt.

** Daladier verwies mich auf einen der drei Artikel, die er im Herbst 1961 in der französischen Wochenschrift *Candide* veröffentlicht hatte. In der Ausgabe vom 14. bis 21. September schrieb er: »Damals (1938) kannten wir noch nicht die von William Shirer in seiner Geschichte des Dritten Reiches veröffentlichten Dokumente: den Rücktritt des Generalstabschefs General Ludwig Beck am 18. August, der auf Hitlers strikten Befehl geheimgehalten wurde; die Erklärungen des Generals von Wietersheim vom 10. August und jene von General Adam, des Oberbefehlshabers im Westen, aus denen hervorgeht, daß der Westwall bis Ende August nicht fertiggestellt sein würde und daß man nicht genügend Truppen zur Verfügung gestellt hätte, um ihn zu halten.

Wir blieben auch in Unkenntnis über das, was Shirer in seinem Buch über die ›Erste Verschwörung gegen Hitler‹ geschrieben hat . . . Es ist bedauerlich, daß uns diese vertraulichen Mitteilungen der deutschen Verschwörer niemals zur Kenntnis gebracht wurden, und daß diese zwar London unterrichteten, es aber nicht für zweckmäßig hielten, auch uns zu informieren.«

Im Verlauf einer langen Unterhaltung drückte der frühere französische Ministerpräsident auch sein Bedauern darüber aus, daß ihm die britische Regierung nie einen entsprechenden Wink gegeben hätte. Schließlich weist auch nicht ein einziges Wort aus General Gamelins umfangreichen Memoiren oder in

Dennoch erfuhren der Ministerpräsident und General Gamelin genug über Deutschlands verstärkte wenn auch stillschweigend betriebene Mobilmachung sowie die Zusammenziehung deutscher Truppen an der tschechoslowakischen Grenze, um sich zu gewissen Gegenmaßnahmen veranlaßt zu sehen. Anfang September wurden die ersten Schritte in Richtung auf eine *couverture* unternommen. Bestimmte Reservisten wurden einberufen, und der Jahrgang von Wehrpflichtigen, der Ende des Monats zur Abmusterung anstand, im Dienst behalten. Aber trotz der anlaufenden Teilmobilisierung war sich General Gamelin immer noch im unklaren darüber, was im Kriegsfall wirklich geschehen sollte.

Am 12. September wartete ganz Europa gespannt darauf, was Adolf Hitler in seiner Abschlußrede auf dem Reichsparteitag in Nürnberg zum Thema Tschechoslowakei sagen würde. Nach einer Kabinettssitzung stellte Daladier seinen drei ranghöchsten Generälen Gamelin, Georges und Billotte die entscheidende Frage: »Was können Sie tun, um der Tschechoslowakei zu helfen?« Was Gamelin antwortete, ist in seinen eigenen Notizen nachzulesen:

Bis wir die deutsche Wehrmacht schlagen können, wird sie bereits den wichtigsten Teil der Tschechoslowakei eingenommen haben. Aber alles wird sich durch den Friedensvertrag wieder regeln . . .

Am Rhein kann nichts unternommen werden . . . Der einzige Weg führt durch Belgien. Aber Belgien wird uns keinen Durchmarsch gewähren, und wir werden diese Route nicht ohne belgische Zustimmung wählen[35].

Blieb noch das Gebiet zwischen Rhein und Mosel, einschließlich des Saarlands. Aber dieses Gebiet, so erklärte der General, sei zu klein für militärische Operationen. In diesem schmalen Streifen würde jede Seite über fünfzig bis sechzig Infanteriedivisionen* haben, und selbst wenn die Franzosen »schnellstmöglich« die Offensive ergriffen, wäre das Ergebnis »eine moderne Version der Schlacht an der Somme«**. Daladier, der im Ersten Weltkrieg vier Jahre lang als Infanterist an der Front gestanden hatte, hielt nichts von einer Wiederholung dieses Blutbades. General Gamelin wies sofort auf die Risiken hin, die der massierte Einsatz französischer Streitkräfte in der kleinen Pfalz mit sich bringen würde. Er erklärte, die Deutschen könnten dann durch die Schweiz oder »noch wahrscheinlicher durch Belgien in Richtung auf Maubeuge« vorstoßen, wie sie es bereits 1914 getan hatten. Man

seiner und General Georges' ausführlichen Aussage vor dem Parlamentarischen Untersuchungsausschuß nach dem Krieg darauf hin, daß sie jemals etwas von einer Krise in der deutschen Wehrmacht vermuteten.

* Er überschätzte die anfängliche Stärke der deutschen Truppen um das Vier- bis Fünffache.

** In dieser Schlacht verloren die angreifenden englisch-französischen Armeen im Sommer 1916 246000 Mann an Toten und Verwundeten, scheiterten bei ihrem Durchbruchsversuch und gewannen nur wenig an Boden.

dürfe die Gefahr eines Flankenangriffs nicht außer acht lassen. Wie die Deutschen es schaffen sollten, durch Belgien, geschweige denn durch die Schweiz zu marschieren, wenn sie im Westen tatsächlich nur zwölf Divisionen – davon sieben kampfschwache Reserveeinheiten – zur Verfügung hatten, davon wurde nicht gesprochen, da sich Gamelin nicht davon abbringen ließ, daß der Feind über das Fünffache dieser Truppenstärke verfügen würde. Rußland werde, wie Gamelin seinem Ministerpräsidenten versicherte, »zunächst nur eine zweitrangige Rolle spielen«.

Noch vorsichtiger war General Georges, der die französischen Streitkräfte im Nordosten befehligen sollte. Da die Deutschen selbst zu Beginn den Franzosen zahlenmäßig ebenbürtig sein würden, erklärte er, und darüber hinaus durch »bedeutende Befestigungen« geschützt würden, könne es keine »rasche Entscheidung« geben. Es sei daher »klüger«, riet er, »die ersten französischen Streitkräfte nicht jenseits der Grenze einzusetzen«. Es wäre besser, erst dann zur Offensive zu schreiten, »wenn die Koalition ein gewisses Kräftegleichgewicht gewährleistet«. Welche »Koalition« er damit meinte, sagte er nicht. Offenbar wollte er auf die Briten warten, die jedoch über keine nennenswerte Armee verfügten. Oder auf die Amerikaner, die sich in derselben Klemme befanden.

Von den Amerikanern kam, als sich die Septemberkrise zuspitzte, keinerlei Ermutigung. Am 4. September hatte Botschafter William Bullitt unter Druck Bonnets und mit Genehmigung von Präsident Roosevelt anläßlich der Einweihung eines Denkmals für die im Ersten Weltkireg gefallenen Amerikaner in Pointe de Grave bei Bordeaux die Warnung ausgesprochen: »Sollte in Europa ein Krieg ausbrechen, so vermag niemand vorherzusehen, ob die Vereinigten Staaten mit hineingezogen würden.« Für eine Großmacht war das eine matte Erklärung, aber der Isolationismus war in Amerika noch so stark, daß Roosevelt sie fünf Tage später praktisch schon widerrief. Seine Äußerungen bei einer Pressekonferenz wurden in französischen Zeitungen so zitiert: »Wer im Falle eines Krieges in Europa auf die von den Vereinigten Staaten zugesicherte Hilfe baut, befindet sich in einem schweren Irrtum . . . Die Vereinigten Staaten in eine französisch-britische Front gegen Hitler einzubeziehen, wäre eine hundertprozentig falsche Auslegung.« Als gegen Ende September ein bewaffneter Konflikt in Europa unmittelbar bevorzustehen schien, teilte die amerikanische Regierung Frankreich schriftlich mit, im Kriegsfall werde das Neutralitätsgestz Amerika daran hindern, die von Frankreich im Mai bestellten Flugzeuge zu liefern. Das war ein schwerer Schlag für Daladier. Er hatte damit gerechnet, daß die amerikanischen Flugzeuge mit dazu beitragen würden, die Lücken in der französischen Luftwaffe zu schließen[36]. Er war schon besorgt über General Vuillemins düstere Prophezeiung, daß alle seine Maschinen nach vierzehn Tagen

Krieg zerstört sein würden. Später sagte er vertraulich: »Selbst wenn man General Vuillemins Pessimismus in Rechnung stellt, hatte seine Ansicht doch großen Einfluß auf meine Entscheidungen[37].«

Doch als der September heranrückte und Hitler sich immer entschlossener zeigte, Krieg zu führen, machten sich bei Daladier Anzeichen einer festeren Haltung bemerkbar. Der britische Botschafter Phipps berichtete telegrafisch über eine Unterredung vom 8. September mit dem Ministerpräsidenten nach London:

M. Daladier erklärt mit aller Entschiedenheit, daß die Franzosen geschlossen marschieren werden, falls deutsche Truppen die tschechoslowakische Grenze überschreiten sollten. Ihnen ist völlig klar, daß es dabei nicht um die schönen Augen der Tschechen sondern um ihr eigenes Fell geht, da Deutschland sich nach einer gewissen Zeit mit enorm verstärkten Kräften gegen Frankreich wenden würde.

Sir Eric Phipps war inzwischen ebenso defätistisch wie Bonnet. Daladiers Festigkeit beunruhigte ihn, und er versuchte, sie zu brechen. Wie er berichtete, »erkundigte« er sich nach den Schwierigkeiten eines Angriffs auf den Westwall und die »innere Lage« in Frankreich. Dabei bemerkte er gegenüber Daladier, »es schienen immer noch eine gewisse Anzahl von Streiks im Gange zu sein«. Doch in beiden Punkten zeigte sich der Ministerpräsident optimistisch und so offenkundig entschlossen, daß sich der Botschafter veranlaßt sah, M. Daladier an das Versprechen seiner Regierung zu erinnern, England zu informieren und vor irgendwelchen Gewaltmaßnahmen zu konsultieren.

Er sicherte mir die Einhaltung des Versprechens zu, aber ich habe den Eindruck, daß auf einen deutschen Angriff auf die Tschechosklowakei schon bald französische Maßnahmen folgen würde[38].

Mitte September schien vorübergehend auch die Haltung in London fester zu werden. Am 11. September, als ganz Europa besorgt darauf wartete, was Hitler in Nürnberg sagen würde, gab das britische Außenministerium eine »autorisierte Erklärung« heraus, zweifellos in der Absicht, Hitler vor seiner Rede zu beeindrucken und die Franzosen zu ermutigen. Die deutsche Regierung wurde darin aufgefordert, sich keinen »Illusionen« hinzugeben oder zu glauben, sie könne einen Überfall auf die Tschechoslowakei ausführen, ohne mit »der Möglichkeit einer Intervention durch Frankreich und hernach auch Großbritannien« rechnen zu müssen.

Die Pariser Presse begrüßte diese Erklärung als Beweis dafür, daß sich die britische Regierung endlich entschlossen habe, Frankreich zur Seite zu stehen. Doch die französische Regierung wurde schon bald eines Besseren belehrt. Inoffiziell schlug Lord Halifax ganz andere Töne an. Am 10. September, einen Tag vor der Veröffentlichung des britischen Kommuniqués, hatte Bonnet – offenbar auf Anregung Daladiers – an Phipps die grundsätzliche Frage gerichtet: »Deutschland kann morgen schon die Tschechoslowakei angreifen. In diesem Fall werden wir marschieren. Werden Sie mit uns marschieren?« Der Botschafter hatte die Frage an das britische Außenministerium weitergeleitet. Zwei Tage später, am 12. September, antwortete Lord Halifax in einem Brief an Phipps, der dem französischen Außenminister vorgelegt werden sollte:

Soweit ich in diesem Stadium überhaupt imstande bin, M. Bonnets Frage zu beantworten, möchte ich sagen, daß die Regierung Seiner Majestät zwar niemals eine Bedrohung der Sicherheit Frankreichs zulassen würde, sich aber außerstande sieht, präzise Angaben über die Art und Weise ihrer künftigen Maßnahmen oder den Zeitpunkt, zu dem diese ergriffen werden sollen, zu machen, da sich die Begleitumstände gegenwärtig noch nicht vorhersehen lassen[39].

Die Briten vertraten demnach immer noch dieselbe Haltung wie am 22. Mai, als sie die Franzosen insgeheim davor gewarnt hatten, sich im Falle eines Kriegsausbruchs wegen der Tschechoslowakei auf eine automatische Hilfeleistung Großbritanniens zu verlassen. Bonnet erhielt erst am 14. September diese Erwiderung durch Halifax' Brief. Inzwischen drahtete der überspannte Phipps nach London, der französische Außenminister habe »einen Zusammenbruch« erlitten.

Europa erlebte Mitte September einige hektische Tage. Es mußte so kurze Zeit nach dem Ersten bereits mit einem Zweiten Weltkrieg rechnen, wenn auch der nervösen Öffentlichkeit ein Großteil der Vorgänge verborgen blieb, da Staatsmänner, Generäle und Diplomaten sich jener Geheimdiplomatie bedienten, die Präsident Wilson bereits zur Zeit des Ersten Weltkriegs so beklagt hatte. Das britische Kommuniqué vom 11. September war natürlich für die Öffentlichkeit, nicht aber Halifax' vertrauliche Mitteilung an die Franzosen, mit der er der Frage auswich. Gleichfalls am 11. September hatte General Gamelin den ungewöhnlichen Schritt getan, Generalleutnant Erich Kühlenthal, den deutschen Militärattaché in Paris, zu sich zu rufen. Er ersuchte ihn, das deutsche Oberkommando von den Mobilisierungsmaßnahmen zu unterrichten, zu denen er sich angesichts der Mobilmachung in Deutschland gezwungen sah. Der General hatte in Abrede gestellt, daß Deutschland mobilisiere.

An Hitlers Rede vom 12. September auf dem Nürnberger Reichsparteitag war allerdings nichts Geheimnisvolles. Ganz Europa hatte eine Woche lang in atemloser Spannung darauf gewartet und befürchtet, sie könnte das Signal zum Krieg sein. Die ganze Woche über hatten die NS-Führer ihre Parteigenossen bearbeitet und sie wegen der angeblichen Verfolgung der Sudetendeutschen durch die Tschechen in einen Zustand der Hysterie versetzt. Am 10. September hatte Göring in der für ihn typischen vornehmen Art dem Mob zugeschrien: »Wir wissen, daß es unerträglich ist, wie dieser kleine kulturarme Volkssplitter da unten – kein Mensch weiß, wo sie hergekommen sind – ein Kulturvolk dauernd unterdrückt und belästigt. Wir wissen aber, daß es ja nicht diese lächerlichen Knirpse aus Prag sind. Dahinter steht Moskau, dahinter steht die ewige jüdisch-bolschewistische Zerrfratze.«

Hitlers Rede vom Abend des 12. September war dem Inhalt nach so zurückhaltend, daß sich Europa täuschen und in falsche Sicherheit wiegen ließ. Ich war an jenem Tag in Prag und hörte mir die Ansprache im Rundfunk an. In den vergangenen Jahren hatte ich zwar an zwei oder drei Parteitagen in Nürnberg teilgenommen, aber noch nie eine Hitlerrede gehört, die so von Gift, Haß und Verachtung strotzte, und ich hatte es noch nie erlebt, daß die Parteimassen von ihm in einen derartigen Taumel der Erregung versetzt wurden. Dennoch ging aus seinen Worten hervor, daß er vor dem Abgrund des Krieges zurückschreckte. Er forderte »ein Ende der schrecklichen Verfolgung der gequälten Sudetendeutschen durch die Tschechen« und die Gewährung der Selbstbetimmung – das heißt die Abtretung des Sudetenlands an Deutschland. Aber er verzichtete darauf zu sagen, daß Deutschland die Tschechoslowakei angreifen werde. Durch die Hauptstädte Europas ging ein dankbares Aufatmen. Man wußte ja nur in London, daß Hitler den Termin für den Überfall auf die Tschechoslowakei insgeheim bereits auf den 1. Oktober – also in weniger als drei Wochen – festgesetzt hatte.

Dankbar war man, aber immer noch besorgt. In Paris machte sich unter den Mitgliedern der französischen Regierung Panikstimmung breit. Die Nachrichten aus der Tschechoslowakei am nächsten Tag waren beängstigend. Angefeuert von der Rede Hitlers griffen die Sudetendeutschen zu den aus Deutschland reichlich gelieferten Waffen und überfielen in einem halben Dutzend Städten Polizeikasernen, Bahnhöfe, Postämter und andere öffentliche Gebäude. Die tschechoslowakische Regierung verhängte das Kriegsrecht, setzte Truppen ein und schlug den Aufstand in zweitägigen Kämpfen nieder. Aber zwölf Tschechen und neun Deutsche wurden getötet, Hunderte auf beiden Seiten verwundet. Ich erinnere mich noch, daß man am Abend des 14. September in Prag noch vor Mitternacht einen deutschen Angriff erwartete. Aber inzwischen war in den Hauptstädten der Großmächte einiges geschehen, das den Konflikt auf tschechischem Boden in den Bereich der Großmachtpolitik erhob.

In Paris war am 13. September Bonnet nach den Worten des britischen Botschafters »zusammengebrochen«. Daladier schwankte. Die Eildepeschen, die Sir Eric Phipps an diesem Abend absandte, legen davon beredtes Zeugnis ab. Um 18 Uhr 15 kabelte er nach London, Bonnet »scheint völlig die Nerven verloren zu haben und zu jeder Lösung bereit zu sein, nur um den Krieg zu verhindern[40]. Um 19 Uhr 10 erläuterte der Botschafter in einem ausführlicheren Telegramm an Lord Halifax was geschehen war.

Ich sprach heute nachmittag nach der Sitzung des Ministerrats mit dem Außenminister. M. Bonnet war außer Fassung und erklärte, der Friede müsse um jeden Preis gewahrt werden, da weder Frankreich noch Großbritannien auf einen Krieg vorbereitet seien. Oberst Lindbergh . . . behauptet, Deutschland hätte 8000 Kampfflugzeuge und könne monatlich 1500 weitere produzieren. M. Bonnet sagte, französische und britische Städte würden dem Erdboden gleichgemacht . . .*

Er sprach von Gerüchten, nach denen auf der heutigen Ministerratssitzung die Mobilmachung beschlossen worden sei. Diese seien absolut unzutreffend. Im Gegenteil: man erwäge keine weiteren militärischen Maßnahmen, und der Friede müsse um jeden Preis gewahrt bleiben.

M. Bonnet zeigte sich erfreut darüber, daß er gestern von mir eine Kopie Ihres Telegramms vom 22. Mai erhalten hätte, in dem wir darauf hinweisen, daß wir uns nicht automatisch verpflichtet fühlten, zu den Waffen zu greifen, falls sich Frankreich einer deutschen Aggression widersetzte. Er deutete streng vertraulich an, dieses Telegramm habe ihm gegenüber gewissen Kriegsgelüsten französischer Minister gute Dienste geleistet. Er hoffe, daß die Warnung noch gelte. Ich sagte, das sei gewiß der Fall . . .[41]

Von diesem 13. September an war Bonnet entschlossen, daß Frankreich weder zur Rettung der Tschechoslowakei noch zur eigenen Rettung kämpfen sollte**. Er hatte klein beigegeben.

Phipps beschloß sein ausführliches Telegramm mit den Worten: »M. Bonnets Zusammenbruch kommt für mich so plötzlich und unerwartet, daß ich um eine Unterredung mit M. Daladier nachsuche.«

Er wurde wenige Minuten später vom Ministerpräsidenten empfangen und fand ihn zwar nicht zusammengebrochen vor, aber doch gewiß schwankend. Er sah einen ganz anderen Mann vor sich, als noch vor einer Woche bei ihrer letzten Unterredung am 7. September. Um 20 Uhr 30 berichtete Phipps in einem weiteren Telegramm an Halifax von diesem Treffen[43].

Ich habe mit M. Daladier gesprochen.

Ich war bemüht, M. Bonnet nicht bloßzustellen, denn das hätte zu einer Kabinettskrise mit bedauerlichen Folgen führen können.

* Wenn Bonnet richtig zitiert, hat Lindbergh den Bestand an Kampfflugzeugen und die Produktionsziffern um mindestens das Vierfache überschätzt.

** Die französische Presse wußte es. Wie Phipps in einem Privatbrief vom 16. September Halifax mitteilte, hatte Bonnet noch am selben Abend den politischen Korrespondenten in Frankreich erklärt, »Frankreich lehne jegliche Lösung durch Waffengewalt ab[42]«.

Der Präsident des Ministerrats sagte, er sei über das Blutvergießen in der Tschechoslowakei ernstlich beunruhigt und habe das Gefühl, daß jetzt jede Minute kostbar sei . . .

Ich fragte schließlich M. Daladier rundheraus, ob er noch an der Politik festhalte, die er mir am 8. September erläutert hat. Er erwiderte ohne rechte Begeisterung, Frankreich werde dazu gezwungen sein, falls die Deutschen Gewalt anwendeten. Er fügte jedoch hinzu, daß er sich natürlich über Recht und Unrecht des jüngsten Blutvergießens in der Tschechoslowakei Gewißheit verschaffen müsse.

M. Daladier sagte, er habe zwei Beamte per Flugzeug nach Prag entsandt, um M. Benesch eindringlich darauf hinzuweisen, wie lebenswichtig es sei, den Sudetendeutschen jedes erdenkliche Zugeständnis zu machen. Er sprach ebenso ungehalten über M. Benesch, wie es M. Bonnet zuvor getan hatte . . .

Zusammenfassend möchte ich sagen, daß ich heute einen ganz anderen M. Daladier kennengelernt habe als am 8. September. Sein Ton und seine Ausdrucksweise waren sehr verändert.

Ich fürchte, die Franzosen haben geblufft, obgleich ich sie fortgesetzt darauf hingewiesen habe, daß man Hitler nicht bluffen kann . . .

M. Daladier sagte, er werde vielleicht mit dem Premierminister telefonieren.

Das tat der Ministerpräsident noch am selben Abend. Sowohl Bonnet als auch Daladier hatten Phipps ersucht, in London die sofortige Einberufung einer Drei- oder Viermächtekonferenz anzuregen, die sich um eine Beilegung der Sudetenfrage und die Abwendung des Krieges bemühen sollte. Darauf wollte Daladier in seinem Telefongespräch dringen und für den Fall einer britischen Ablehnung, die Phipps als möglich bezeichnet hatte, eine Fühlungnahme Chamberlains mit Hitler vorschlagen, bei der die Solidarität zwischen Frankreich und Großbritannien bekräftigt werden sollte. Die telefonische Verbindung mit London kam kurz nach 21 Uhr zustande. Nach Daladiers Angabe war die Verbindung schlecht[44]. Es gelang ihm offenbar nicht, sich verständlich zu machen*. Aber er will nach eigener Angabe aus

* Daladier erkannte, daß Chamberlain ihn wegen der mangelhaften Telefonverbindung nicht verstanden hatte. Er ersuchte noch am selben Abend den britischen Botschafter, »unverzüglich eine äußerst wichtige Mitteilung an den Premierminister« weiterzuleiten. Diese Mitteilung wurde um 22 Uhr 10 telefonisch durchgesprochen. Daladier befürchtete, »die Vorgänge könnten jeden Augenblick der Kontrolle entgleiten«, und betonte, »ein Eindringen deutscher Truppen in die Tschechoslowakei muß um jeden Preis verhindert werden«, denn andernfalls »stünde Frankreich vor der Notwendigkeit, seine Verpflichtungen automatisch zu erfüllen«. Daladier schlug daher zweierlei vor:

»1. Lord Runciman soll seinen Plan unverzüglich veröffentlichen.

Sollte diese Maßnahme nicht ausreichen, schlage ich vor:

2. Ein unverzügliches Angebot an Hitler für eine Dreimächtekonferenz – nämlich Deutschland für das Sudetengebiet, Frankreich für die Tschechoslowaken und Großbritannien für Lord Runciman – mit dem Ziel einer friedlichen Regelung, wie Hitler sie gestern abend in seiner Rede befürwortet hat.«

Auf diese Weise versuchte der französische Ministerpräsident bei den Briten eine Befreiung Frankreichs von seinen Verpflichtungen gegenüber der Tschechoslowakei zu erreichen[45].

Chamberlains Antwort »verstanden haben, daß er schon vor einiger Zeit eine Entscheidung getroffen habe, die er für nützlich hielt und über die er mich später unterrichten wollte«.

So behandelte also der Premierminister den Regierungschef einer verbündeten Nation. Er lehnte es sogar ab, Daladier einen Hinweis auf seine Absichten zu geben. Heute ist bekannt, worum es ging. Noch am selben Abend um 23 Uhr sandte Chamberlain eine dringende Botschaft an Hitler.

Im Hinblick auf die zunehmend kritische Lage schlage ich vor, sofort zu Ihnen zu kommen, um zu versuchen, eine friedliche Lösung zu finden. Ich schlage vor, auf dem Luftwege zu kommen, und bin morgen zur Abreise bereit. Teilen Sie mir bitte den frühesten Zeitpunkt mit, zu dem Sie mich empfangen können, und geben Sie mir den Ort der Zusammenkunft an. Ich wäre für eine sehr baldige Antwort dankbar[46].

Zwei Stunden zuvor hatte der deutsche Geschäftsträger in London, Theodor Kordt, an Berlin telegrafiert, Chamberlains Pressesekretär habe die deutschen Pressekorrespondenten in London davon unterrichtet, daß der Premierminister »bereit sei, weitgehende deutsche Vorschläge zu prüfen, darunter auch einen Volksentscheid, bei ihrer Durchführung mitzuwirken und sich öffentlich für sie einzusetzen«[47].

Damit wurde die Kapitulation eingeleitet, die in München vollzogen werden sollte.

20 Der Weg nach München, II. 15. bis 28. September 1938

Der nächste Schritt wurde zwei Tage später, am 15. September, in Berchtesgaden getan. Dort konferierte Chamberlain in Abwesenheit der Franzosen mit Hitler. Die beiden Männer kamen rasch zur Sache*. Hitler forderte die Selbstbestimmung für die Sudetendeutschen. Um sie zu erlangen, sagte er, werde er »jeden Krieg, sogar einen Weltkrieg, riskieren«. Der britische Premierminister zeigte sich beeindruckt. Er persönlich bekenne sich zum Grundsatz der Abtrennung des Sudetenlandes, erklärte er. Doch zuerst müsse er die Zustimmung seines Kabinetts und der französischen Regierung einholen. Er sagte nichts darüber, ob man auch das Einverständnis der

* Dieses Treffen hat der Verfasser ausführlich in seiner *Geschichte des Dritten Reiches* beschrieben.

Tschechoslowaken einholen müsse. Er schlug ein weiteres Treffen innerhalb weniger Tage vor und ersuchte Hitler, inzwischen von militärischen Maßnahmen abzusehen. Zu Chamberlains Genugtuung war Hitler mit beiden Vorschlägen einverstanden[1]. Er bemerkte dazu wenige Tage später in privatem Kreis: »Trotz der Härte und Rücksichtslosigkeit, die ich in seiner Miene zu erkennen glaubte, bekam ich den Eindruck, einen Mann vor mir zu haben, auf dessen einmal gegebenes Wort man sich verlassen kann[2].«

Nach seiner Ankunft in London am Abend des 16. September berief Chamberlain unverzüglich eine Kabinettssitzung ein. An ihr nahm auch Lord Runciman teil, den man schleunigst per Flugzeug aus Prag herbeigeholt hatte. Der britische »Vermittler« war für den Premierminister eine große Hilfe. Er gab zu, daß er »sehr viel Sympathie für die Sudetendeutschen« empfinde, und empfahl, unverzüglich jene Gebiete an Deutschland abzutreten, in denen sie über eine klare Mehrheit verfügten. Darüber hatte sich Chamberlain im Prinzip bereits mit Hitler geeinigt. Aber Runciman ging noch weiter. Er empfahl nachdrücklich, die tschechoslowakische Regierung sollte es »Parteien wie Personen verbieten«, die feindselige »Agitation« gegen die »Nachbarn« ihres Landes fortzusetzen. Darüber hinaus sollte sie »ihre auswärtigen Beziehungen neugestalten und ihren Nachbarn die Gewähr geben, daß diese unter keinen Umständen mit einem Angriff oder mit irgendeiner Aggressionshandlung zu rechnen hätten, die sich aus Verpflichtungen gegenüber anderen Staaten ergeben könnten«. Lord Runciman war unwissend und voreingenommen. Doch ist es erschütternd, daß selbst ein solcher Mann sich wegen der Gefahr der Aggression und Agitation von seiten eines tschechischen Rumpfstaats gegen Großdeutschland besorgt zeigte. Dennoch scheinen seine fantastischen Empfehlungen auf das britische Kabinett Eindruck gemacht und ganz gewiß Chamberlain in seiner Entschlossenheit bestärkt zu haben, Hitlers Forderungen zu erfüllen[3].

Nachdem der Premierminister sein Kabinett auf seine Haltung eingeschworen hatte, rief er die Franzosen nach London, um auch ihre Zustimmung zu erlangen. Angesichts dessen, was Phipps an diesem 16. September Lord Halifax in einem persönlichen Brief aus Paris mitteilte, muß Chamberlain gewußt haben, daß dies nicht sehr schwierig sein würde. Phipps schrieb:

Bonnet teilte mir heute morgen noch einmal mit, er und die französische Regierung würden jeden vom Premierminister oder Lord Runciman befürworteten Plan akzeptieren und ihn den Tschechen nahelegen. Sollten diese sich unzugänglich zeigen, würde man ihnen mitteilen, daß Frankreich keinen weiteren Anteil an ihrem Schicksal mehr nehmen werde. Sollten jedoch die Deutschen unterdessen die Tschechen angreifen, würden die Franzosen gezwungen sein, ihre vertraglichen Verpflichtungen zu erfüllen.

Danach berichtete er, der französische Außenminister habe am 13. September, dem Tag seines »Zusammenbruchs«, den politischen Korrespondenten mitgeteilt: »Frankreich weise jegliche Lösung durch Waffengewalt zurück«, und faßte dann seine persönlichen Eindrücke zusammen:

Ich bin ziemlich sicher, daß die Franzosen keineswegs automatisch zu den Waffen greifen werden, selbst wenn die deutschen Streitkräfte die tschechoslowakische Grenze überschreiten sollten. Ich glaube vielmehr, daß sie die Begleitumstände dieser »Aggression« sehr genau prüfen werden, und nehme nicht an, daß wir ihnen ihre Vorsicht in dieser Beziehung verübeln werden[4].

Verübeln! Die Briten bestanden sogar auf dieser Vorsicht. Sie hatten jedoch wenig Grund zur Besorgnis, wie der Verlauf des englisch-französischen Treffens vom 18. September in London, an dem Daladier und Bonnet teilnahmen, rasch zeigen sollte. Chamberlain unterrichtete seine Gäste über seine Besprechung mit Hitler und betonte, »die Lage war viel ernster und kritischer als ich annahm«. Er erklärte, er persönlich sei für die Annahme der von Hitler geforderten Selbstbestimmung für die Sudetendeutschen. Daladier blieb zunächst hart und versuchte, seinen britischen Gastgebern klarzumachen, daß »Deutschlands wahres Ziel die Auflösung der Tschechoslowakei und das Vordringen nach Osten ist. Als nächstes Land würde Rumänien folgen. Ergebnis: Deutschland würde schon bald Europa beherrschen und sich dann gegen Frankreich und Großbritannien wenden.«

Diesen Punkt hatte Chamberlain vorsichtig in Berchtesgaden angeschnitten und sich erkundigt, ob die »Rückkehr des Sudetenlands« Hitlers »letzte territoriale Forderung« sein würde oder ob er, wie man teilweise in Großbritannien annehme, auf »die Zerstückelung des tschechoslowakischen Staates« abziele. Der Kanzler hatte ihm »versichert«, daß dies seine letzte derartige Forderung sei*. Er wolle keine Tschechen im deutschen Reich haben. Der britische Regierungschef hatte Hitlers Wort akzeptiert. Nach dem englischen Sitzungsprotokoll wurde den Franzosen erklärt: »Der Premierminister gewann durch die Beobachtung Hitlers im Gespräch den Eindruck, daß er sein Wort halten würde und daß man sich auf ihn verlassen könne, falls nicht etwas ganz Unerwartetes eintrete[5].« Daladier war zwar anderer Meinung, aber er war nicht Manns genug, die Verbohrtheit des Premierministers zu überwinden und ihm die Augen zu öffnen. Nachdem er bekräftigt hatte, daß Frankreich im Falle eines Angriffs durch die Deutschen seinen Verpflichtungen gegenüber der Tschechoslowakei nachkommen werde, begann er nachzugeben. Das amtliche britische Protokoll zeigt den Wendepunkt auf.

* Eine ähnliche Versicherung hatte Hitler bereits 1935 ausgesprochen, nachdem das Saarland an Deutschland zurückgegeben worden war.

Das Problem besteht darin (sagte der Premierminister), auf geeignete Weise zu verhindern, daß Frankreich aufgrund seiner Verpflichtungen zum Krieg gezwungen wird, und gleichzeitig die Tschechoslowakei zu erhalten und so viel von diesem Land zu retten, wie menschenmöglich ist.

Über die geeigneten Mittel und Wege wurde rasch Einigung erzielt. Die Tschechen sollten – notfalls sehr nachdrücklich – aufgefordert werden, an Deutschland alle die Gebiete abzutreten, in denen mehr als die Hälfte der Einwohner Sudetendeutsche waren. Als Gegenleistung für dieses Opfer erklärte sich Großbritannien bereit, gemeinsam mit anderen Staaten »eine internationale Garantie der neuen Grenzen . . . gegen unprovozierte Angriffe« auszusprechen. Diese Zusicherung war jedoch mit der Bedingung verbunden, daß die Tschechoslowaken ihre Beistandspakte mit Frankreich und Rußland aufkündigten. Wie scheinheilig diese Einstellung war, wird aus der gemeinsamen Note der britischen und französischen Regierung deutlich, mit der Präsident Benesch am folgenden Tag aufgefordert wurde, das Sudetenland aufzugeben:

Die französische und die britische Regierung erkennen die Größe des Opfers an, das hiermit von der tschechoslowakischen Regierung für die Sache des Friedens verlangt wird. Da es hier jedoch um Europa im allgemeinen und die Tschechoslowakei im besonderen geht, haben die beiden Regierungen es für ihre Pflicht gehalten, gemeinsam in aller Offenheit die zur Erhaltung dieses Friedens erforderlichen Voraussetzungen darzulegen.

Die britischen und französischen Staatsmänner hatten es eilig. Sie durften Hitler nicht warten lassen. Die gemeinsame Note schloß:

Der Premierminister muß seine Besprechungen mit Herrn Hitler spätestens am Mittwoch, wenn möglich früher, wieder aufnehmen. Wir ersuchen Sie daher um eine möglichst umgehende Antwort[6].

Die Vorschläge trafen am Montag, dem 19. September, gegen Mittag in Prag ein. Den Tschechen wurde nicht viel Zeit gelassen. Sie brauchten sie auch nicht. Am folgenden Tag wiesen sie die Vorschläge mit der prophetischen Begründung zurück, ihre Annahme würde »die Tschechoslowakei früher oder später völlig unter deutsche Vorherrschaft« bringen.

In der Prager Antwort wurde Frankreich an seine vertraglichen Verpflichtungen und die möglichen Folgen eines tschechischen Nachgebens für die Stellung Frankreichs in Europa erinnert. Sodann bot Prag an, die ganze Sudetenfrage durch ein Schiedsgericht gemäß den Bedingungen des deutsch-tschechoslowakischen Vertrags vom Oktober 1925 zu unterwerfen.

Die Briten und Franzosen wollten sich mit Prags Ablehnung nicht zufriedengeben, weil sie befürchteten, daß sich Hitler im nächsten Augenblick für den Krieg entscheiden könnte, falls die Tschechoslowaken nicht nachgaben. Um die tschechoslowakische Regierung zu einer Meinungsänderung zu veranlassen, griffen sie nun zu den schärfsten – und schäbigsten – diplomatischen Mitteln. Sie setzten ihrer Hinterlist dadurch die Krone auf, daß sie darauf bestanden, die Tschechen hätten trotz des drohenden Angriffs von seiten des bereits mobilisierten Deutschlands vom Beginn der eigenen Mobilmachung abzusehen. London und Paris befürchteten, ein solcher Schritt könnte den deutschen Diktator noch mehr »provozieren«. So kam es, daß Frankreich und Großbritannien ihre Politik der Opferung der Tschechoslowakei zum Teil damit begründeten, dies Land sei nicht stark genug, sich selbst zu verteidigen, und es gleichzeitig daran hindern wollten, eigene Maßnahmen zur Selbstverteidigung zu treffen.

Diese Doppelzüngigkeit war zuviel für General Foucher, den Leiter der französischen Militärmission in der Tschechoslowakei. Er wußte, daß General Gamelin im Juli die formelle Einladung des tschechoslowakischen Generalstabs zu militärischen Gesprächen mit den Franzosen mit dem Ziel einer Abstimmung über gemeinsames Handeln im Falle einer deutschen Aggression nicht beantwortet hatte[7]. Das hatte bei ihm den quälenden Verdacht erregt, sein Land könnte nicht zu seinen Verpflichtungen stehen. Aber als er am 15. September erfuhr, daß Daladier selbst den Tschechen mitgeteilt hatte, er sei wegen ihrer ersten bescheidenen Sicherheitsvorkehrungen beunruhigt, teilte er Gamelin erst schriftlich und dann telegrafisch mit, das Land könne nicht zum Kampf gegen die Deutschen antreten, wenn es jetzt nicht mobilmache[8].

Endlich wurde auch Gamelin aus seiner Lethargie aufgerüttelt – und sei es nur wegen der Erkentnnis, wie er Daladier am 18. September schrieb, daß eine nichtmobilisierte Tschechoslowakei kaum in der Lage sein werde, »einen wesentlichen Teil der deutschen Streitkräfte zu binden« – das heißt also, sie von Frankreich abzulenken. Zwei Tage später fragte der Ministerpräsident kurz nach seiner Rückkehr aus London den General, ob er einer Mobilmachung der Tschechen grundsätzlich zustimme. Gamelin antwortete in seiner typisch ausweichenden Art:

»Die Tschechoslowakei kann ihre Grenzen ohne eine allgemeine Mobilmachung nicht selbst verteidigen, aber das ist eine Frage, die das tschechische Oberkommando zu entscheiden hat. Die Frage ist nur, ob Frankreich und Großbritannien der Tschechoslowakei ohne Bedingungen volle Handlungsfreiheit gewähren wollten. Diese Frage wiederum überschreitet die Kompetenz des französischen Oberkommandos[9].«

Die Entscheidung lag nun bei der Regierung.

Noch in dieser Nacht vom 20. zum 21. September traf die französiche Regierung tatsächlich eine Entscheidung, wenn auch in anderer Sache und unter immer noch umstrittenen Begleitumständen. Aufgrund der verfügbaren Beweise könnte man von einem Täuschungsmanöver sprechen.

Die Hauptrolle bei den Geschehnissen jenes spannungsgeladenen Abends übernahm Bonnet, der sich viele Jahre später immer noch bemühen sollte, mit aller Hartnäckigkeit seine Handlungsweise als gerechtfertigt und ehrenhaft zu verteidigen.

Am Abend des 20. September diktierte kurz vor 21 Uhr Victor de Lacroix, der französische Gesandte in Prag, einen telegrafischen Bericht über die Zurückweisung des englisch-französischen Vorschlags durch die Tschechoslowakei, der telefonisch durchgegeben werden sollte. Da rief ihn Ministerpräsident Dr. Milan Hodja an und bat ihn dringend um seinen sofortigen Besuch. Hodja, der Führer der Agrarpartei und politischer Widersacher Präsident Beneschs, wurde bereits unsicher – teils aus Angst vor den Deutschen, teils aus Furcht vor der ungewissen Haltung der Franzosen. Er wollte sich vergewissern, ob sein Argwohn begründet war: daß Frankreich seine Verpflichtungen gegenüber der Tschechoslowakei nicht einhalten würde. Er stelle Lacroix diese Frage ohne alle Umschweife. Lacroix berichtete nach dem Krieg vor dem Parlamentarischen Untersuchungsausschuß über diese gespannte Unterredung[10].

Hodja fragte mich, ob ich sicher sei, daß Frankreich im Falle eines Konflikts seinen Verpflichtungen ausweichen werde. Ich antwortete ihm, darüber sei mir nichts bekannt, ich wollte aber sofort nach Paris telegrafieren und eine zuverlässige Antwort auf seine Frage einholen. Er wandte ein, dies würde zu viel Zeit beanspruchen und fügte hinzu:

»Ich bin mir von vornherein darüber im klaren, daß Frankreich nicht an unserer Seite marschieren wird, und wenn Sie noch heute nacht darüber eine telegrafische Bestätigung von Ihrer Regierung erlangen können, wird der Präsident der Republik nachgeben. Es ist das einzige Mittel, den Frieden zu wahren.«

M. Hodja erwiderte auf meine Frage, er handele in Übereinstimmung mit Benesch und dem Generalstab, nach dessen Schätzung ein Krieg gegen Deutschland ohne die Unterstützung Frankreichs einem Selbstmord gleichkäme.

Der französische Gesandte bezeugte weiter, daß er seine Regierung unverzüglich über dieses Gespräch unterrichtet hätte. Aber »bei Überprüfung der Archive des Außenministeriums stellte ich später fest, daß mein Telegramm verstümmelt worden war. M. Hodjas erste Frage und meine unschlüssige Antwort waren herausgeschnitten worden*.« Nach Bonnets Bearbeitung lautete dieses Telegramm, das er später in seinen Memoiren als »unverfälschten Text«[11] veröffentlichte, folgendermaßen:

Der Ministerpräsident hat mir soeben erklärt, daß der Präsident der Republik nachgeben werde, falls ich ihm noch in dieser Nacht versichern könne, daß Frankreich aufgrund seiner Abmachungen mit England bei Ausbruch eines Krieges wegen der Sudetendeutschen nicht marschieren wird.

Die tschechoslowakische Führung benötigt diese Rückendeckung, um den englisch-französischen Vorschlag annehmen zu können . . . M. Hodja erklärt, das von ihm vorgeschlagene Verfahren sei der einzige Weg zur Rettung des Friedens. Er möchte dies alles möglichst vor Mitternacht erledigt wissen, auf jeden Fall aber noch im Laufe dieser Nacht[12].

Nach Bonnets Behauptung wünschen die Tschechen also eine »Rükkendeckung«. Doch während er dabei bleibt, daß die Tschechen sie lediglich als Vorwand zur Annahme der Londoner Vorschläge brauchten, schien Lacroix anzunehmen, daß die Tschechen diese Erklärung lediglich für den Fall wünschten, daß Frankreich entschlossen war, nicht Wort zu halten, und bereit war, dies auch zuzugeben. Bonnet erklärte, er sehe hier keinen Unterschied. Er schrieb später zu seiner Rechtfertigung: »Wir waren bereit, der tschechoslowakischen Regierung die gewünschte ›Rückendeckung‹ zu geben, und versprachen dies auch[13].« Er war also »bereit«, im Namen der französischen Regierung zu versprechen, daß sie ihr Versprechen nicht einhalten werde**. Das wurde nun rasch erledigt.

Daladier begab sich zu Bonnet an den Quai d'Orsay, wo der Außenminister mit Unterstützung von Léger und Jules Henry, dem Direktor seines Ministerialbüros, mit der Abfassung der fraglichen Erklärung beschäftigt war. Für eine Kabinettssitzung fehlte die Zeit, man hielt es jedoch für nötig, zumindest den Präsidenten der Republik zu unterrichten, der sich auf Schloß Rambouillet aufhielt. Es war schon fast Mitternacht. Der Frühaufsteher Lebrun schlief bereits. Bonnet ließ ihn wecken und erklärte ihm telefonisch die Lage. Lebrun

* Lacroix sagte vor dem Parlamentarischen Untersuchungsausschuß: »Ich glaube, daß die Verstümmelung meines Telegramms eine Last ist, an der die französische Regierung schwer zu tragen hat, denn man kann daraus entnehmen, daß sie sich bereits entschieden hatte, ihren Verpflichtungen nicht nachzukommen, dies jedoch nicht zugeben wollte.«

Lacroix erklärte dem Ausschuß ferner, dies sei nicht sein erstes Telegramm aus der Krisenzeit, das von Bonnets Außenministerium redigiert worden war. Wenige Tage vorher, am 17. September hatte er in einer langen Depesche über ein vertrauliches Gespräch mit Benesch berichtet. »Bei Durchsicht des Archivs im Außenministerium fand ich später heraus, daß mein Telegramm verfälscht worden war.«

** Während Bonnet und Daladier am Abend des 20. September über die Form der »Rückendeckung« berieten, erhielten die Briten neue Beweise dafür, daß die Franzosen nicht zu kämpfen gedachten. Der britische Militärattaché in Paris kabelte am 21. September nach London: »Gestern abend hatte ich eine Unterredung mit Oberst Gauché (dem Chef des Deuxième Bureau). Er erklärte: ›Natürlich wird es nicht zu einem europäischen Krieg kommen, da wir nicht kämpfen werden . . .[14]‹ «

empfahl, sich etwas mehr Zeit »zum Nachdenken« zu nehmen und vor einer so schmerzlichen Entscheidung eine Sitzung des gesamten Kabinetts einzuberufen. Doch Bonnet blieb dabei, daß eine Antwort sofort erfolgen müsse. Der Präsident stimmte zu. Dreißig Minuten nach Mitternacht wurde die französische Note zur »Rückendeckung« telefonisch an Lacroix in Prag durchgegeben.

Frankreich hat in Übereinstimmung mit England das einzige Verfahren dargelegt, das nach seiner Ansicht und nach Lage der Dinge die Deutschen von einem Einmarsch in die Tschechoslowakei abhalten kann.

Durch Zurückweisung der französisch-britischen Vorschläge übernimmt die tschechische Regierung die volle Verantwortung für ein gewaltsames Vorgehen Deutschlands. Sie zerstört damit die gerade erst geschaffene französisch-britische Solidarität und nimmt damit jeder Unterstützung von seiten Frankreichs ihre praktische Wirksamkeit . . .

Die Tschechoslowakei geht somit das Risiko ein, das wir glaubten gerade beseitigt zu haben. Sie muß Verständnis für die Schlüsse aufbringen, die Frankreich mit Recht daraus zieht, falls die tschechoslowakische Regierung die französisch-britischen Vorschläge nicht unverzüglich akzeptiert[15] .

Nach Ansicht Bonnets und der französischen Regierung hatten also die Tschechen und nicht die Deutschen die Verantwortung für einen deutschen Angriff auf dieses Land zu tragen. Jedenfalls würden die beiden westlichen Verbündeten ihre Hände in Unschuld waschen, wenn Prag nicht »unverzüglich« den britisch-französischen Vorschlägen zur Überlassung des Sudetenlands an Hitler zustimmte. Nach dem Krieg sagte Bonnet vor dem Parlamentarischen Untersuchungsausschuß aus, er hätte noch in dieser Nacht mit London telefoniert und von den Briten erfahren: »Wir können der tschechoslowakischen Regierung nicht die benötigte Rückendeckung vorenthalten[16] .« Von einer solchen Rückendeckung wird jedoch in den Akten des britischen Außenministeriums nichts erwähnt. Es finden sich aber zahlreiche Hinweise darauf, daß die Briten in jener Nacht gemeinsam mit den Franzosen den Druck auf Prag verstärkten.

Um 22 Uhr 45 hatte Sir Basil Newton, der britiche Gesandte in Prag, an Halifax telegrafiert: »Es muß eine Lösung erzwungen werden . . . Wenn ich Benesch eine Art Ultimatum stellen könnte . . . würden sich er und seine Regierung in der Lage sehen, sich höherer Gewalt zu beugen[17] .« Diesen Gefallen tat ihm der britische Außenminister um 1 Uhr 20 morgens mit einer telefonischen Nachricht. Newton erhielt darin Anweisung, gemeinsam mit seinem französischen Kollegen die tschechoslowakische Regierung darauf hinzuweisen, daß

. . . ein Festhalten an ihrer Weigerung nach unserer Meinung unmittelbar zu einem deutschen Einmarsch führen würde. Sie sollten bei der tschechoslo-

wakischen Regierung darauf dringen, daß sie ihre Antwort auf die britisch-französischen Vorschläge zurückzieht und ernsthaft eine Alternative überlegt, die den Realitäten Rechnung trägt. Nach unserer Meinung sind diese Vorschläge nach wie vor die einzige Möglichkeit, einen sofortigen deutschen Angriff zu verhindern . . . Wir bitten daher die tschechoslowakische Regierung um ernsthafte und eingehende Überlegungen, bevor sie eine Lage schafft, für die wir keinerlei Verantwortung übernehmen können[18].

Genau wie die Franzosen es getan hatten, schob nun auch die britische Regierung die Verantwortung für einen deutschen Angriff nicht auf den Angreifer, sondern auf den Betroffenen. Und wenn Prag nicht nachgab, würde man es seinem Schicksal überlassen.

Gerüstet mit diesen Ultimaten ihrer beiden Außenminister fuhren Newton und Lacroix kurz nach zwei Uhr morgens zum Hradschin und holten Benesch aus dem Bett. Er war der zweite Präsident, dessen Schlaf in dieser Nacht gestört wurde. Den beiden Diplomaten, wurde klar, daß Benesch nicht mit dem Besuch gerechnet hatte und nichts davon wußte, daß sein Ministerpräsident die Franzosen um eine Bestätigung der Absicht, ihre Verpflichtungen nicht einzuhalten, ersucht hatte. Nachdem der französische Gesandte sein Telegramm verlesen hatte, erlitt Benesch fast einen Zusammenbruch. Er begann zu schluchzen. Später sagte er, die Nachricht hätte ihn wie ein Keulenschlag getroffen. Nachdem auch Newton sein Telegramm verlesen hatte, folgte eine kurze Aussprache. Benesch sagte eine Antwort zu. Die beiden Gesandten erklärten, daß sie darauf warten würden. Doch dann erklärte der Präsident, die Antwort könne erst gegen Mittag vorliegen, da er einige Zeit brauche, um sich mit seinem Kabinett und der Armee zu beraten. Es war inzwischen 3 Uhr 45 geworden. Beim Abschied ersuchte Benesch den französischen Gesandten, ihm die Note seiner Regierung schriftlich zu geben. Doch Lacroix war von Bonnet angewiesen worden, sie nur mündlich vorzutragen. Benesch sah offenbar keine Hoffnung mehr, aber er dachte wohl an das Urteil, das die Geschichte einmal fällen würde. Er selbst, seine Regierung und die Armee hatten angesichts der feindlichen Drohungen großen Mut bewiesen. Doch bei den Besprechungen, die den ganzen 21. September über andauerten, begann der Mut angesichts des Abfalls ihrer Freunde und Verbündeten zu zerbröckeln.

Im Laufe des Tages kam von russischer Seite ein kleiner Lichtblick. Am frühen Nachmittag bekräftigte Litwinow in einer Rede vor dem Völkerbund, die Sowjetunion werde zu ihrem Pakt mit der Tschechoslowakei stehen. Wenige Minuten später suchte der sowjetische Gesandte in Prag Benesch auf und bestätigte diese Erklärung. Doch dem Präsidenten war klar, daß der Vertrag mit Rußland sowjetische Hilfe nur unter der Bedingung vorsah, daß auch Frankreich seine Verpflichtungen erfüllte. Die Franzosen waren gerade abtrünnig geworden – und im Begriff, das auch noch schriftlich zu fixieren. Am 21. September, kurz vor 17 Uhr, kapitulierte die tschechoslowakische Regierung und erklärte sich mit dem englisch-französischen Plan einverstanden. »Uns blieb keine andere Wahl«, hieß es bitter in einer offiziellen Regierungserklärung an das Volk, »da wir allein gelassen wurden.« Im privaten Gespräch drückte es Benesch noch deutlicher aus: »Wir sind gemein verraten worden.«

Am nächsten Tag trat das Kabinett Hodja zurück. General Jan Sirovy, Generalinspekteur des Heeres, übernahm die Führung einer neuen Allparteienregierung. An diesem 22. September geschah noch mancherlei. In Prag zerriß General Foucher seinen französischen Paß und trat in die tschechoslowakische Armee ein. In Paris protestierten die Minister Reynaud, Mandel und Champetier de Ribes durch ihren Rücktritt gegen die Art und Weise, wie ihre Regierung die tschechoslowakische Regierung unter Druck gesetzt hatte*. In London brachten die Morgenzeitungen eine Erklärung, die Winston Churchill um Mitternacht abgegeben hatte. Er war gerade von einem zweitägigen Besuch in Paris zurückgekehrt, wo er Reynaud und Mandel beschworen hatte, nicht zurückzutreten, da die französische Regierung »ihre beiden fähigsten und entschlossensten Männer« nicht entbehren könne. Churchill erklärte weiter: »Die Aufspaltung der Tschechoslowakei unter Druck von England und Frankreich kommt einer vollständigen Kapitulation der westlichen Demokratien vor den Gewaltdrohungen der Nazis gleich. Ein solcher Schwächebeweis wird weder England noch Frankreich den Frieden und die Sicherheit bringen. Im Gegenteil: die Stellung dieser beiden Nationen wird danach noch schwächer und gefährdeter sein[19].«

Schließlich flog an diesem ereignisreichen Tag der britische Premierminister zum zweitenmal innerhalb einer Woche zu Hitler, glücklich und erleichtert darüber, daß die Tschechoslowaken es ihm so leicht gemacht hatten, dem Diktator das zu geben, was dieser sich gewaltsam zu nehmen drohte. Doch Chamberlains Hochstimmung verflog rasch, als er sich mit Hitler in Godesberg am Rhein traf.

Ein Augenzeuge berichtete, wie Chamberlain Hitler mit offenkundiger Selbstzufriedenheit bei dem ersten Zusammentreffen um 17 Uhr den britisch-französischen Plan erläuterte, der den Tschechen soeben aufgezwungen worden war.

»Habe ich recht verstanden, daß die Regierungen Großbritanniens, Frankreichs und der Tschechoslowakei mit der Abtretung des Sudetenlands an Deutschland einverstanden sind?« Später sagte er zu Chamberlain, diese weitgehenden und raschen Zugeständnisse hätten ihn in Erstaunen versetzt. »Ja«, erwiderte der Premierminister lächelnd.

* Sie zogen ihre Rücktrittserklärungen auf Bitten Daladiers zurück.

»Es tut mir schrecklich leid«, sagte Hitler darauf, »aber nach den Ereignissen der letzten Tage ist diese Lösung überholt.«

Chamberlain fuhr hoch, wie sich Dr. Paul Schmidt, der deutsche Chefdolmetscher, später erinnerte. Sein Eulengesicht lief vor Überraschung und Zorn dunkel an. Als er sich wieder beruhigt hatte, sagte er zufolge des englischen und deutschen Sitzungsprotokolls[20], er sei

... sowohl enttäuscht wie verwirrt. Er könne doch mit Recht feststellen, daß der Führer das von ihm erhalte, was er gefordert habe. Um dies zu erreichen, hätte er (Chamberlain) seine ganze politische Laufbahn aufs Spiel gesetzt ... Jetzt aber werfe man ihm in England in gewissen Kreisen vor, er habe die Tschechoslowakei verkauft und verraten, er habe sich den Diktatoren ergeben und dergleichen, und bei seiner Abreise heute früh sei er tatsächlich in England ausgepfiffen worden.

Der »Führer« blieb ungerührt vom persönlichen Kummer des britischen Premierministers. Das Sudetenland müsse sofort von Deutschland militärisch besetzt werden, sagte er. Das Problem »muß bis spätestens 1. Oktober vollständig und endgültig gelöst sein«. Anhand einer Landkarte erläuterte er, welche Gebiete sofort abzutreten waren. Sie gingen weit über die im französisch-britischen Plan vorgesehene Fläche hinaus.

»Voll düsterer Vorahnungen«, wie er später vor dem Unterhaus berichtete, zog sich Chamberlain in ein Hotelzimmer auf dem Petersberg jenseits des Rheins zurück. Die Hoffnungen auf eine friedliche Lösung waren so gering, daß nach telefonischer Beratung mit seinem Kabinett und der französischen Regierung vereinbart wurde, London und Paris sollten die tschechoslowakische Regierung am folgenden Tag, dem 23. September, davon in Kenntnis setzen, daß sie »den Rat, von einer Mobilmachung abzusehen, nicht länger verantworten könnten«*. Auch die Deutschen zogen aus den Gesprächen des Tages gewisse Schlüsse. Um 19 Uhr 20 telefonierte General Keitel von Godesberg aus mit dem Oberkommando des Heeres und befahl, die Vorbereitungen planmäßig fortzusetzen. Der »Fall Grün« werde nicht vor dem 30. September eintreten. Sollte das früher geschehen, werde man vermutlich improvisieren[21].

Während des ganzen 23. September blieben die beiden Regierungschefs grollend in ihren Hotels und verständigten sich nur brieflich. Nach dem Frühstück teilte Chamberlain Hitler in einer Notiz mit, er sei zwar bereit, den Tschechen die neuen Forderungen Hitlers nach einer sofortigen militärischen Besetzung des Sudetenlandes zu übermitteln, er glaube aber nicht, daß man sie akzeptieren werde. Am späten Nachmittag antwortete Hitler ebenfalls brieflich. Er lehnte es

* Die tschechoslowakische Mobilmachung begann am 23. September um 22 Uhr 30.

ab, etwas an seiner Einstellung zu ändern. Chamberlain ersuchte Hitler mit knappen Worten, »so freundlich zu sein«, seine Vorschläge schriftlich zu fixieren, »zusammen mit einer Landkarte«, worauf er es »als Mittelsmann für seine Pflicht« halte, sie sofort nach Prag weiterzuleiten. Er schloß mit den Worten: »Ich sehe nicht, was ich hier noch ausrichten soll. Ich beabsichtige daher, nach England zurückzukehren.«

Doch zuvor kam er noch einmal ins Hotel Dreesen zu einer Besprechung, die um 20 Uhr 30 begann. Hitler legte seine Forderungen in Form eines »Memorandums« mit beigelegter Landkarte vor. Chamberlain bemerkte das neue zeitliche Limit: Die Tschechen sollten mit der Evakuierung des abgetretenen Gebietes schon in zwei Tagen, am 26. September, 8 Uhr morgens, beginnen und sie bis zum 28. September abgeschlossen haben.

»Aber das ist ja ein Ultimatum!« rief Chamberlain.

»Nichts dergleichen«, erwiderte Hitler. Als Chamberlain meinte, darauf passe schon das deutsche Wort »Diktat«, antwortete Hitler: »Das ist doch kein Diktat. Es steht ja Memorandum darüber und nicht Ultimatum.«

In diesem Augenblick brachte ein Adjutant Hitler eine dringende Mitteilung. Nach einem raschen Blick darauf reichte er sie Dr. Schmidt, dem Dolmetscher. »Lesen Sie das Mr. Chamberlain vor.«

Schmidt las: »Benesch hat soeben im Rundfunk die Generalmobilmachung für die Tschechoslowakei verkündet.« Im Raum wurde es plötzlich totenstill, wie sich Dr. Schmidt später erinnerte. Dann sagte Hitler: »Jetzt ist alles klar. Die Tschechen werden nicht im Traum daran denken, irgendein Gebietsstück an Deutschland abzutreten.«

Nun folgte eine erregte Auseinandersetzung über die Frage, wer zuerst mobilisiert hätte.

Die Tschechen hätten zuerst mobilisiert, sagte Hitler. Der Premierminister erwiderte, daß Deutschland zuerst mobilisiert habe. Hitler aber stritt ab, daß es in Deutschland überhaupt eine Mobilmachung gegeben hätte.

Die Gespräche wurden bis weit nach Mitternacht fortgesetzt. Schließlich erkundigte sich Chamberlain, ob das deutsche Memorandum tatsächlich das »letzte Wort« sei. Hitler bejahte das. Der Premierminister erwiderte, es habe keinen Sinn, die Gespräche fortzusetzen. Er hätte sein Bestes getan, aber seine Bemühungen seien fehlgeschlagen. Er reise nun schweren Herzens ab, denn die Hoffnungen, mit denen er nach Deutschland gekommen war, seien nun dahin.

Diese Worte entlockten Hitler ein »Zugeständnis«.

»Sie sind einer der wenigen Männer, für die ich jemals so etwas getan habe«, sagte Hitler. »Der 1. Oktober soll mir als Räumungstermin für die Tschechen recht sein – falls das Ihre Aufgabe erleichtert.« Er griff nach einem Bleistift und änderte selbst die Daten. Natürlich war das keine Konzession. Der 30. September oder 1. Oktober waren seit langem als Tag X vorgesehen.

Doch Chamberlain war beeindruckt, wie Schmidt später berichtete. »Er wußte die Rücksicht des Führers in diesem Punkt voll zu schätzen.« Er sei zwar, wie er sagte, selbst nicht in der Lage, die Vorschläge anzunehmen oder abzulehnen, versprach jedoch, sie an Prag weiterzuleiten.

Nach seiner Rückkehr nach London versuchte der Premierminister am 24. September genau das, wovon er Hitler gesagt hatte, daß er es nicht tun werde: Er wollte sein eigenes Kabinett, die Franzosen und die Tschechen zur Annahme der Godesberger Forderungen überreden. Das Kabinett lehnte ab. Die Franzosen lehnten ab. Die Tschechen lehnten ab.

Die Reaktion der französischen Regierung auf Godesberg war eine beschleunigte Mobilmachung. In der Nacht vom 23. zum 24. September tauchten in Stadt und Land auf allen Plakattafeln weiße Plakate auf, mit denen sämtliche Reservisten aufgerufen wurden, deren Bereitstellungskarten die Zahlen 2 oder 3 trugen – ungefähr eine Million Mann. Am Morgen des Samstags – 24. September – erlebten die Franzosen zum erstenmal seit dem Sommer 1914 – seit 24 Jahren – wieder eine Mobilmachung. Der deutsche Geschäftsträger in Paris telegrafierte am folgenden Tag nach Berlin, die »neue Mobilmachung verläuft im ganzen Land in Ruhe und Ordnung«[22]. General Gamelin ließ bereits starke Kräfte in der Nähe der deutschen Grenze aufmarschieren.

Am Nachmittag des 24. September gab Botschafter Phipps telegrafisch nach London durch, General Gamelin hätte seinen Militârattaché davon unterrichtet, nicht nur die Maginot-Linie werde kriegsmäßig besetzt, sondern »an diesem Morgen werden 7 weitere Divisionen die Grenze erreichen. Damit sind während der letzten achtundvierzig Stunden insgesamt 14 Divisionen an die Grenze geschafft worden.«

Der britische Botschafter war alles andere als erfreut darüber, daß die Franzosen nun eventuell doch kämpfen könnten. Er teilte im selben Telegramm weiter mit:

M. Flandin besuchte mich heute spontan, um mir mitzuteilen, daß der ganze Bauernstand gegen den Krieg sei . . . Ich habe den Eindruck, daß die Regierung ohne Abstimmung in Kammer und Senat zwar die Mobilmachung veranlassen, nicht aber einen Krieg erklären kann . . . Wenn diese Abstimmung heute stattfände . . . würde das Ergebnis zweifelhaft sein[23].

Dieses Telegramm wurde am 24. September um 15 Uhr abgesetzt. Am selben Nachmittag um 17 Uhr 45 ließ ihm Phipps ein zweites mit seinen »rein persönlichen Eindrücken« folgen. Er drahtete:

Zu diesem Zeitpunkt wäre ein Krieg in Frankreich höchst unpopulär. Nach meiner Meinung sollte sich die Regierung Seiner Majestät daher die große Gefahr vor Augen halten, die darin besteht, scheinbar eine kleine, aber lärmende und korrupte Gruppe von Kriegstreibern hier zu unterstützen.*

Die besten Kräfte in Frankreich sind gegen den Krieg, fast um jeden Preis[26].

Bevor Daladier am Sonntag, dem 25. September, zu einem weiteren Treffen mit den führenden Politikern nach London reiste, rief er in Paris sein Kabinett zusammen. Um 11 Uhr hatte er eine Kopie des Godesberger Plans zusammen mit einer Landkarte erhalten. Das Deuxième Bureau hatte ihm dazu erläutert, eine Annahme dieses Plans würde für die Tschechoslowakei den Verlust fast aller Befestigungen bedeuten, und »Böhmen würde erdrosselt«. Das Kabinett wies den Plan daraufhin zurück. Wie bereitwillig Bonnet mitmachte, ist unbekannt, da bei französischen Kabinettssitzungen kein Protokoll geführt wird. Aber General Gamelin notierte: »Am Sonntag, dem 25. September, erklärt mir Präsident (Daladier), er hätte Schwierigkeiten im Kabinett. M. George Bonnet droht mit seinem Rücktritt[27].«

Am späten Nachmittag flogen der Ministerpräsident und sein wetterwendischer Außenminister nach London. Um 21 Uhr trafen sie in Downing Street mit Chamberlain, Halifax sowie deren wichtigsten Ministern und Beratern zusammen. Der Premierminister berichtete seinen Gästen über seine Gespräche mit Hitler in Godesberg; dann berieten die Staatsmänner die Lage. Aus dem britischen Protokoll[28] geht hervor, daß sich die Franzosen für eine feste Haltung gegenüber Hitler einsetzten, während die Briten – im Zweifel über die militärische Stärke der Franzosen und ohne Illusionen hinsichtlich der eigenen – ein weiteres Entgegenkommen gegenüber dem Kanzler befürworteten, um einen Krieg zu vermeiden. Bonnet sagte kaum ein Wort. Die Aussprache wurde freimütig geführt, es kam zu scharfen Wortwechseln zwischen Daladier und seinen Gastgebern. Daladier erklärte, die französische Regierung hätte »einmütig« die Godesberger Vorschläge abgelehnt, weil sie erkannte, daß es Hitler nicht so sehr

... um die Eingliederung der dreieinhalb Millionen Deutschen, sondern vielmehr um die gewaltsame Vernichtung der Tschechoslowakei, ihre Ver-

* Diese Stelle erregte im britischen Außenministerium Aufsehen. Am folgenden Tag kabelte Unterstaatssekretär Sir Alexander Cadogan an Phipps: »Wir verstehen nicht ganz, was Sie mit einer ›kleinen, aber lärmenden und korrupten Gruppe von Kriegstreibern hier‹ meinen. Zu den Kriegstreibern rechnen Sie doch wohl nicht alle diejenigen, nach deren Meinung Frankreich seine Vertragspflichten gegenüber der Tschechoslowakei einzuhalten hat. Sollte das doch der Fall sein – weshalb bezeichnen Sie die Gruppe dann als ›korrupt‹[24]?« Phipps antwortete am 26. September: »Mit der ›kleinen, aber lärmenden und korrupten Gruppe von Kriegstreibern‹ meinte ich die Kommunisten, die von Moskau bezahlt werden und hier seit Monaten auf den Krieg hinarbeiten. Auch ein wohlbekannter französischer Maler befürwortet seit vielen Monaten einen Präventivkrieg[25].« Damit war vermutlich entweder Mandel oder Reynaud gemeint, die sich einfach dafür einsetzten, daß Frankreich seine Verpflichtungen gegenüber der Tschechoslowakei erfüllen müsse.

sklavung und die nachfolgende Verwirklichung seines Ziels einer Vorherrschaft in Europa ging.

Chamberlain bemühte sich sodann, die »französischen Mißverständnisse« über Hitlers Godesberger Vorschläge auszuräumen. Dabei verteidigte er sie sogar und erläuterte, Hitler wolle nur deshalb sofort Truppen entsenden, um »Gesetz und Ordnung zu wahren«. Aber Daladier durchschaute diese Argumente und erwiderte, die Godesberger Forderungen »bedeuteten die Zerstückelung der Tschechoslowakei und die deutsche Vorherrschaft in Europa«. Das würden die Franzosen niemals akzeptieren.

Betroffen von der Standfestigkeit des Ministerpräsidenten fragte Chamberlain schließlich: »Und wie soll es nach Ihrer Meinung weitergehen*?«

DALADIER: »Unser nächster Schritt sollte darin bestehen, Hitler zu bewegen, zu den englisch-französischen Vorschlägen zurückzukehren.«

CHAMBERLAIN: »Und wenn Hitler sich weigert?«

DALADIER: »In diesem Fall muß eben jeder von uns seine Pflicht tun.«

CHAMBERLAIN: »Ich denke, wir werden ein wenig mehr als das tun müssen.«

DALADIER: »Ich habe nichts weiter vorzuschlagen.«

Chamberlain erwiderte: »Nach meiner Meinung können wir dieser Frage nicht ausweichen. Wir müssen uns mit der harten Wirklichkeit der Lage befassen . . . Hitler hat sehr entschieden erklärt, dieses Memorandum stelle sein letztes Wort dar. Wenn wir uns weigern, würde er sofort militärische Maßnahmen ergreifen . . . Wie würden sich die Franzosen dazu einstellen? . . . Würde Frankreich in diesem Fall Deutschland den Krieg erklären?«

»Die Sache ist klar«, antwortete Daladier. »Die französische Regierung wird ihren Verpflichtungen nachkommen.«

»Aber wie?« fragte der Premierminister unbeirrt. Er wolle wissen, ob der französische Generalstab über irgendeinen Plan verfüge, und wenn ja, wie dieser Plan aussehe.

Was nun folgte, bezeichnete Daladier später als »Trommelfeuer von Fragen«. Chamberlain und seine Minister wollten wissen, auf welche Weise Frankreich einen Krieg führen könne[29].

Sir John Simon fragte, ob die Franzosen »die Invasion Deutschlands in Betracht ziehen«. Daladier erwiderte, das sei »ganz gewiß« der Fall. Simon erwiderte: »Das würde eine Angriffshandlung bedeuten.« Anscheinend setzte sich im Kopf dieses Meisters juristischer

* Die in englischen Regierungsprotokollen übliche indirekte Rede wurde hier in direkte Rede gesetzt; ansonsten blieb der Wortlaut unverändert.

Haarspalterei bereits der Gedanke an eine Aggression Frankreichs fest. Daladier versuchte, das unsinnige Fragespiel abzubrechen. Er wandte sich direkt an Simon:

In meinen Augen wäre es lächerlich, die französischen Landstreitkräfte zu mobilisieren, um sie dann untätig in ihren Befestigungen herumsitzen zu lassen. Ebenso lächerlich wäre es, im Luftraum nichts zu unternehmen . . . Ich glaube daher, daß man nach Zusammenfassung der französischen Truppen einen Landangriff gegen Deutschland versuchen sollte. Dabei müßte es möglich sein, aus der Luft gewisse wichtige Militär- und Industriezentren in Deutschland anzugreifen.

Der französische Ministerpräsident begeisterte sich trotz der frostigen Stimmung seiner britischen Gastgeber. Er erwähnte auch die »moralischen Verpflichtungen«. Man habe von den Tschechen, »unseren Mitmenschen«, schwere Opfer gefordert, doch diese »genügten Hitler nicht«. Er stellte den Briten die Frage: »Wie weit wollen Sie in dieser Angelegenheit gehen?« Auch er wünsche den Frieden. Aber er werde die Godesberger Forderungen nicht akzeptieren – »komme, was da wolle«. Er habe sich dafür eingesetzt, daß eine internationale Kommission die Übernahme des Sudetenlands durch Deutschland überwachen solle. »Warum sollen wir Hitler nicht diesen Vorschlag vorlegen? Wir brauchen doch nicht jede Forderung zu akzeptieren, die ihm in den Sinn kommt.«

Aber genau das hatte Chamberlain seit seinem ersten Zusammentreffen mit Hitler in Berchtesgaden getan. Er erklärte Daladier, nach seiner Überzeugung würde der »Führer« eine internationale Kommission ablehnen. Er fragte: »Was sollen wir dann tun, wenn wir mit einem deutschen Einmarsch in die Tschechoslowakei konfrontiert werden?«

Dann folgte das nächste Argument: Der Premierminister stellte die Fähigkeit der Franzosen in Frage, die Tschechen zu retten oder erfolgreich gegen Deutschland Krieg führen zu können.

Wie M. Daladier andeutete, sieht der französische Plan Offensivmaßnahmen vor . . . Darüber hinaus die Bombardierung deutscher Fabriken und militärischer Ziele. Dazu wolle er ganz offen sagen, daß der britischen Regierung beunruhigende Berichte über den Zustand der französischen Luftstreitkräfte vorlägen . . . Er sehe sich zu der Frage gezwungen, was geschehen solle, falls . . . ein Bombenhagel auf Paris, auf das französische Industriegebiet, militärische Ziele und Flugplätze niederginge? Er stelle außerdem die Frage, welche Zusicherungen Frankreich von Rußland erhalten hätte. Der britischen Regierung . . . lägen auch äußerst beunruhigende Nachrichten über die mutmaßliche russische Haltung vor. Außerdem habe gerade heute die Presse in Frankreich keine sehr kriegerischen Töne angeschlagen . . .

Dann kam sein Fangschuß:

Pflichterfüllung und Hilfe für einen Freund wären ein schwacher Trost, wenn dabei Frankreichs Widerstandskraft zusammenbräche.

Daladier antwortete frohen Mutes mit einigen Gegenfragen. Er höre immer nur das Wort Schwierigkeiten. Sollte das bedeuten, daß man gar nichts zu unternehmen gedächte? Sei die britische Regierung denn bereit, allen Hitler-Vorschlägen nachzugeben?

Was Chamberlains Argument hinsichtlich der Presse beträfe, so empfehle er, die wahre Stimmung im französischen Volk nicht in der Presse zu suchen, sondern im Volk selbst. Dieses verstünde sehr wohl, was auf dem Spiel stehe. »Eine Million französischer Soldaten stehe nun an den Grenzen. Bei diesen werden Sie unser echtes Nationalgefühl finden.«

Wir müssen den Tatsachen ins Auge sehen und uns entscheiden. Werden wir zustimmen, falls Hitler gewisse Forderungen stellt?. . . Müssen wir denn immer Hitlers Ultimaten nachgeben? Sollte das der Fall sein, so erübrigten sich weitere Besprechungen . . .

An einem gewissen Punkt müsse man damit aufhören, und dieser Punkt sei nun gekommen . . . Nach Mr. Chamberlains Aussage habe Hitler sein letztes Wort gesprochen. Beabsichtigte die britische Regierung, sich damit abzufinden?

Das war die Schlüsselfrage, doch die britischen Minister wichen ihr aus. Daladier ließ nicht locker. Er stellte drei weitere Fragen.

1. Akzeptiert die Regierung Seiner Majestät Hitlers Plan?

2. Beabsichtigt die Regierung Seiner Majestät, die tschechoslowakische Regierung zur Annahme des Hitlerplans zu drängen, wo wir doch genau wissen, daß die Tschechen das bestimmt nicht wollen und lieber sterben als nachgeben würden?

3. Glaubt die Regierung Seiner Majestät, daß Frankreich untätig bleiben solle?

Chamberlain beantwortete die Fragen der Reihe nach:

1. Es sei nicht Sache der britischen oder der französischen Regierung, Hitlers Vorschläge zu akzeptieren oder abzulehnen. Diese Entscheidung müsse die tschechoslowakische Regierung treffen.

2. Man könnne keinen Druck auf die tschechoslowakische Regierung ausüben, da man sie nicht zwingen könne, ihre Entscheidung rückgängig zu machen. Es gehe nur um die Sorge, was geschehen werde, wenn Hitler von dieser Entscheidung erfuhr.

3. Er halte es nicht für richtig, wenn die britische Regierung dazu eine Meinung äußere . . . Das müsse die französische Regierung entscheiden.

Der Premierminister erkundigte sich, ob an der Sitzung des nächsten Tages General Gamelin teilnehmen könne. Nachdem Daladier dies zugesagt hatte, wurde die Sitzung vertagt. Dem britischen Premierminister war es nicht gelungen, Daladiers feste Haltung zu erschüttern. Dennoch entmutigte Daladier die Angst vor Hitler, die in Großbritannien herrschte, wie General Gamelin am nächsten Morgen bei seiner Ankunft in London erfahren mußte. Wenn man Gamelin Glauben schenken darf, so hegte der Ministerpräsident sogar Zweifel hinsichtlich seines eigenen Außenministers. Noch bevor dieser 26. September vorüber war, steckte Gamelin selbst voller Zweifel. Wie er später schrieb, glaubte er, das Opfer »einer höchst peinlichen Angelegenheit zu sein«, die sich aus den Intrigen von Georges Bonnet entwickelt hat. Vor der Weiterfahrt zur Downing Street suchte Gamelin zunächst die französische Botschaft in London auf und fand die französische Delegation immer noch deprimiert von den Gesprächen mit den Briten am Vortag.

Die Briten glauben, noch nichts unternehmen zu können . . . Sie wollen Zeit gewinnen . . . Ich muß heute morgen den Präsidenten (Daladier) zu Chamberlain begleiten. Aber M. George Bonnet muß aus der Sache herausgehalten werden. Seine Mutlosigkeit steckt alle an.

Nachdem die beiden Regierungschefs einige Minuten lang allein konferiert hatten, wurde General Gamelin hinzugezogen. Er zog Papiere und Landkarten aus seiner Aktentasche und unterbreitete Chamberlain seine Auffassung von der militärischen Lage. Nach seinen eigenen Aufzeichnungen vom nächsten Tag gab er folgenden Überblick:

1. Französische Landstreitkräfte: 5 000 000 Mann; am Anfang 100 Divisionen; ein Befestigungssystem, das uns Bewegungsspielraum garantiert; unterentwickelte Luftstreitkräfte, die aber auf kurzer Entfernung zur Unterstützung des Heeres eingesetzt werden können.

2. Schwächen der Deutschen: ein Oberkommando, das sich der Gefahren bewußt ist, denen es gegenübersteht. Ein unfertiges Befestigungssystem; große Lücken in den Kadern . . . das Fehlen von ausgebildeten Reservisten. Schwierigkeiten bei einem längeren Krieg wegen des Fehlens von Rohmaterial, insbesondere von Öl. Mit Sicherheit eine überlegene Luftwaffe . . .

3. Schwächen der Italiener: Allgemeine Moral im Land. Unmöglichkeit, einen längeren Krieg zu führen.

An diesem Punkt unterbrach Chamberlain: »Wenn wir marschieren, wird Italien nicht marschieren.« Das hielt Gamelin für »möglich«.

4. Möglichkeiten eines tschechischen Widerstands: 30 Divisionen, die gegenüber 40 deutschen Divisionen mobil gemacht werden. Wenn sie im Norden und Süden Mährens standhalten, ließe sich das Heer retten, jedoch müßte ein Teil des Territoriums aufgegeben werden . . .[30]

Für den Rest des Vormittags konferierte der französische Oberkommandierende mit den für die drei Waffengattungen zuständigen britischen Ministern und den drei Generalstabschefs*. Abgesehen von der Marine, schienen Gamelins Gastgeber »auf einen Krieg nicht vorbereitet zu sein«. Gegen Ende des Gesprächs wurde Gamelin aus Paris dringend am Telefon verlangt. Es war General Jeannel, sein Stabschef, der eine Nachricht von Marschall Woroschilow, dem russischen Verteidigungsminister, durchgab.

Bei den Sowjets stehen nunmehr 30 Infanteriedivisionen, starke Kavallerieeinheiten, zahlreiche Panzerformationen und das Gros der Luftwaffe für eine Intervention im Westen bereit[32].

Diese Information gab Gamelin an seine britischen Kollegen weiter. Aber es war »offenkundig«, wie er bemerkte, »daß die Hypothese eines russischen Einmarschs in Polen unserem Verbündeten kaum behagte«.

Über die bedeutsamste Entwicklung dieses Vormittags in London fanden sich im britischen Außenministerium keine Unterlagen; sie hatte sich in der privaten Unterhaltung zwischen Chamberlain und Daladier vor der Hinzuziehung General Gamelins ergeben. Der britische Premierminister hatte sich über Nacht zu einem Meinungswechsel durchgerungen, als er über die feste Haltung seines französischen Kollegen vom vorhergehenden Abend nachdachte. Er war nun davon überzeugt, daß die Franzosen ihren Verpflichtungen gegenüber der Tschechoslowakei nachkommen würden. Sollte Hitler sie tatsächlich dazu zwingen, würde Großbirtannien keine andere Wahl bleiben, als Frankreich beizustehen. Chamberlain eröffnete Daladier, er werde noch an diesem Morgen seinen persönlichen Berater, Sir Horace Wilson, mit dem Flugzeug nach Berlin senden, um noch einmal in einem persönlichen Brief an Hitler zu appellieren, durch direkte Verhandlungen mit den Tschechen über eine friedliche Besetzung des Sudetenlands einen Krieg zu vermeiden. Sollte Hitlers Antwort »negativ« ausfallen, so hatte Sir Horace Wilson Anweisung, ihm folgende britische Erklärung zu verlesen:

Die französische Regierung hat uns mitgeteilt, daß sie im Fall eines deutschen

* Nach den Notizen des britischen Dolmetschers über das Treffen antwortete Gamelin auf die drängende Frage, wie lange die Tschechen aushalten könnten: »Sicherlich einige Wochen, aber wahrscheinlich nicht einige Monate[31].«

Angriffs auf die Tschechoslowakei ihre Verpflichtungen getreulich erfüllen wird. Sollte Frankreich bei der Verwirklichung dieser vertraglichen Verpflichtungen in Feindseligkeiten mit Deutschland verwickelt werden, würde sich das Vereinigte Königreich zu einer Hilfeleistung verpflichtet fühlen[33].

Dieses Zugeständnis erfolgte spät, aber es stellte einen bedeutsamen Wendepunkt in der britischen Politik dar und war von größter Bedeutung für Frankreich. Im Verlauf des Vormittags wiederholte Chamberlain diese Erklärung gegenüber den französischen Delegierten.

Nun wußten wir (gab der Premier zu), daß die tschechoslowakische Regierung zum Widerstand entschlossen war. Die französische Regierung hatte deutlich erklärt, daß sie in diesem Fall ihre vertraglichen Verpflichtungen erfüllen werde. Wir hatten mehrfach öffentlich geäußert, daß wir es uns nicht leisten könnten, Frankreich von Deutschland überrannt oder besiegt zu sehen, und daß wir Hilfe leisten würden, falls Frankreich in Gefahr sei. Die Regierung Seiner Majestät hat nicht die Absicht, ihre früheren Erklärungen zurückzuziehen.

In London war lange Zeit die Meinung vertreten worden, daß der Kaiser 1914 Frankreich nicht so leicht den Krieg erklärt hätte, wenn die britische Regierung ihre Bereitschaft zur Unterstützung Frankreichs bekundet hätte. Nun sollte der derzeitige deutsche Regierungschef rechtzeitig erfahren, welche Absichten Großbritannien für den Kriegsfall hegte. Für den Abend dieses 26. September war eine Rede Hitlers im Berliner Sportpalast vorgesehen, und sowohl die Briten als auch die Franzosen hofften, daß die Warnung ihn davon abhalten könnte, Brücken hinter sich abzubrechen. Um 16 Uhr 10 setzte sich der Premierminister telefonisch mit Wilson in Verbindung, der für 17 Uhr in Berlin mit Hitler verabredet war.

Seit Ihrer Abreise haben die Franzosen unmißverständlich ihre Absicht kundgetan, die Tschechoslowakei, falls sie angegriffen wird, durch offensive Maßnahmen zu unterstützen. Das würde uns mit ins Spiel bringen; es sollte dem Kanzler (Hitler) klargemacht werden, daß dies die unausweichliche Alternative zur friedlichen Lösung darstellt.

Sowohl in London als auch in Paris zeigte sich angesichts der jüngsten Ereignisse plötzlich eine überraschend feste Haltung. Das merkte sogar Botschafter Phipps in Paris. An diesem ereignisreichen 26. September telefonierte er um 14 Uhr 15 mit London:

Die Stimmung ist umgeschlagen . . . Ich sprach soeben mit dem Präsidenten der Kammer (Herriot), der mir den völligen Umschwung der öffentlichen Meinung seit dem Bekanntwerden von Hitlers Forderungen bestätigte. Er versicherte mir, daß sich nunmehr in der Kammer eine überwältigende Mehrheit für einen Widerstand finden wird[34].

Das gleiche erfuhr er noch am selben Abend vom Senatspräsidenten Jeanneney. Phipps berichtete:

In seinen Augen ist ein Krieg jetzt so gut wie unvermeidlich. Wenn wir Hitlers letzter Forderung nachgeben, würden wir diesen Unglückstag nur aufschieben, und er könnte sich dann mit verstärktem Prestige und neuer Kraft gegen Frankreich wenden. M. Jeanneney versicherte mir, das ganze Land befürworte nun eine feste Haltung . . .[35].

Das galt offenbar auch für Großbritannien. Am frühen Abend des 26. September billigte Lord Halifax ein Pressekommuniqué, das offenbar Hitler vor seiner Rede noch einmal warnen sollte.

. . . Der deutsche Anspruch auf das Sudetenland wurde bereits durch die Regierungen Frankreichs, Großbritanniens und der Tschechoslowakei anerkannt. Sollte es aber trotz aller Bemühungen des britischen Premierministers zu einem deutschen Angriff auf die Tschechoslowakei kommen, so wäre die unmittelbare Folge eine Hilfeleistung durch Frankreich, wobei Großbritannien und Rußland ihrem Verbündeten Frankreich zweifellos beistehen würden[36].

Trotz dieser unmißverständlichen Äußerungen gab es sowohl in Frankreich als auch in Großbritannien einige Schlüsselfiguren, die nicht damit einverstanden waren und die nunmehr versuchten, sich nicht nur gegen die Welle der Standhaftigkeit zu stemmen, sondern sie ins Gegenteil zu verkehren. Ihr Wortführer war Bonnet. Er war ganz und gar nicht erbaut von dem britischen Kommuniqué, in dem das Beistandsversprechen an Frankreich bekräftigt wurde, sondern, wie er sagt, »höchst erstaunt über diese unerwartete Verlautbarung«. Er verlangte von Phipps eine »Erklärung«[37]. Aber er ging noch weiter: Er versuchte die Veröffentlichung dieses Kommuniqués in der französischen Presse zu hintertreiben und streute das Gerücht aus, es handele sich um eine »Machenschaft«.

Sein Verhalten erscheint um so unverständlicher, da er doch noch am selben Morgen in London eine ganz ähnliche Erklärung aus Chamberlains Mund gehört hatte und anwesend war, als dieser der französischen Delegation versicherte, diese Erklärung würde noch am selben Tag durch Sir Horace Wilson Hitler persönlich überreicht werden. Darüber hinaus war ihm bekannt, daß der Premierminister diese Erklärung zum Abschluß des Londoner Treffens Daladier *schriftlich* gegeben hatte. Die Bedeutung des am Abend des 26. September vom britischen Außenministerium veröffentlichten Kommuniqués lag darin, daß es die Erneuerung der britischen Zusage an Frankreich öffentlich bekräftigte, und damit dem verwirrten französischen Volk sowie den Tschechen die bitter nötige Sicherheit wiedergab und der deutschen Öffentlichkeit eine Warnung erteilte; wie ich aus meiner persönlichen Erfahrung in Berlin bestätigen kann, fürchtete das deutsche Volk einen Krieg ebenso sehr wie das britische und das französische.

In seinen Memoiren versucht Bonnet, seine seltsame Reaktion zu rechtfertigen. Angeblich habe ihm der britische Botschafter erläutert, die »Erklärung sei eine Machenschaft Churchills und Vansittarts«* und verdiene keine weitere Beachtung[38]. Das war mit Sicherheit unwahr**. Wie er selbst zugibt, erklärte er gegenüber einer Gruppe von Abgeordneten, die ihn aufsuchte, daß er die Echtheit des Komminiqués anzweifle. Er sagt dazu: »Ich tat es deshalb, weil ich bereits davon unterrichtet worden war, daß es sich um eine Machenschaft handelte.« Der Außenminister riet der französischen Presse, die Erklärung mit »Vorsicht« zu behandeln. Kein Wunder, daß am nächsten Morgen die auflagenstarke Zeitung *Le Matin* das »sogenannteKommunqué« als »eine geschickte Lüge« hinstellte und sich andere Pariser Zeitungen ähnlich dazu äußerten.

Doch Bonnet ging noch einen Schritt weiter. Obgleich die französische Botschaft in London gleichfalls telegrafisch den Wortlaut des Kommuniqués mitteilte, und *Havas,* die halboffizielle französische Nachrichtenagentur, ihn nach Rückfrage beim Außenministerium in London zum zweitenmal bestätigte, untersagte Bonnet die Bekanntgabe des Kommuniqués an die Abteilungen am Quai d'Orsay. Dies wurde auch von Pierre Comert bestätigt, dem ebenso mutigen wie fähigen Pressechef des französischen Außenministeriums, der bald darauf bei Bonnet in Ungnade fiel.

M. Georges Bonnet (sagte Comert vor dem Parlamentarischen Untersuchungsausschuß aus) untersagte die Verteilung des Telegramms unserer Botschaft an die Dienststellen des Außenministeriums und verbot Havas, *den Text des Kommuniqués an die Presse weiterzugeben*[39].

* Sir Robert Vansittart, von 1930–1938 Ständiger Unterstaatssekretär im britischen Außenministerium, war inzwischen oberster diplomatischer Berater des Außenministers geworden. Seine leidenschaftliche profranzösische und antideutsche Einstellung war für niemanden ein Geheimnis, nicht einmal für Bonnet.

** Dies wird durch kein einziges Wort in Phipps' zahllosen, nach dem Krieg vom britischen Außenministerium veröffentlichten Depeschen bestätigt. Bonnet berichtet ferner, »Chamberlains Rundfunkansprache« eine Stunde nach Freigabe des Kommuniqués für die Presse sei ein »entschiedenes Dementi« der Erklärung des Außenministeriums gewesen. Aber Chamberlain hielt an diesem Abend gar keine Rundfunkansprache. Er gab lediglich kurz nach Mitternacht in einer Erklärung an die Presse einen Kommentar zur Rede Hitlers. Dabei wiederholte er seinen Appell zur Versöhnung. Die britische Verpflichtung gegenüber Frankreich wird in seiner Stellungnahme jedoch mit keinem einzigen Wort »dementiert«.

Am selben Tag, dem 26. September, versagte Sir Horace Wilson in Berlin. Er erschrak vor Hitlers Wutausbrüchen und brachte es trotz seiner strikten Anweisungen nicht fertig, Hitler von der neuen britischen Zusage an Frankreich zu unterrichten.

»Eine sehr stürmische Stunde«, kabelte er nach Rückkehr von seiner Unterredung mit Hitler, die um 17 Uhr begonnen hatte, an Chamberlain. Als Hitler dann erfuhr, daß die Tschechen seine Godesberger Forderungen zurückgewiesen hatten, sprang er auf, schrie: »Es hat überhaupt keinen Zweck, noch irgendwie weiter zu verhandeln«, und rannte zur Tür. »Es war eine äußerst peinliche Szene«, berichtet der deutsche Dolmetscher Dr. Schmidt. »Zum ersten- und einzigenmal hat Hitler in meiner Gegenwart völlig den Kopf verloren[40].« Die drei überraschten britischen Diplomaten Wilson, Botschafter Henderson und Botschaftsrat Ivone Kirkpatrick, der Protokollführer, berichten übereinstimmend, der Diktator habe aufgeregt geschrien und getobt und dann ausgerufen: »Die Deutschen werden wie Nigger behandelt! ... Am 1. Oktober habe ich die Tschechoslowakei da, wo ich sie haben will. Wenn England und Frankreich losschlagen wollen, dann sollen sie es ruhig tun ... Das schert mich keinen Pfifferling[41].«

Das wäre sicherlich der richtige Augenblick für Wilson gewesen, die formelle Zusicherung abzugeben, daß Großbritannien Frankreich im Kriegsfall tatsächlich beistehen werde. Aber Wilson war unerfahren in der Diplomatie, und es fehlten ihm die Nerven, sich gegen den wütenden Diktator zu behaupten. So ließ er die Gelegenheit verstreichen. Am gleichen Abend erklärte er seine Unterlassung in einer Depesche an Chamberlain.

Angesichts der heftigen Erregung und häufiger Hinweise auf die Rede von heute abend hielt ich es für besser, Ihre Botschaft nicht zu übermitteln. Ich werde ihn morgen vormittag noch einmal aufsuchen ...

Doch gerade wegen der kurz bevorstehenden Rede Hitlers wäre es, wie Daladier später erklärte, um so wichtiger gewesen, dem Kanzler die britische Warnung vor Augen zu führen. Hätte Wilson so gehandelt, sagte Daladier, »so hätte sich Hitler vielleicht veranlaßt gesehen, an diesem Abend im Sportpalast einen etwas anderen Ton anzuschlagen. Wenn die Botschaft in seiner Umgebung bekanntgeworden wäre, hätte sie vielleicht die in Shirers Buch beschriebene Opposition ermutigt[42].«

Chamberlain schien diese Meinung zu teilen – oder doch beinahe. Am 27. September telegrafierte er um 1 Uhr morgens an seinen Sonderbeauftragten in Berlin:

Nach allem, was wir den Franzosen gesagt haben, halten wir es für ausge-

schlossen, daß Sie Berlin verlassen, ohne sich der persönlichen Botschaft zu entledigen, auch wenn Sie keine Fortschritte erzielen. Doch sollte die Botschaft mehr im Ton der Besorgnis als der Verärgerung vorgetragen werden.

Doch zu diesem Zeitpunkt hatte Hitler mit seiner Rede im Sportpalast die Brücken bereits hinter sich abgebrochen. Dieser Eindruck kam zumindest bei uns Journalisten auf, die wir mit Erstaunen (trotz unserer bisherigen Erfahrungen) seine wahnwitzigen Tiraden vor einer tobenden Menschenmenge in dieser großen Halle in Berlin miterlebten. Sein Schreien und Kreischen war schlimmer, als ich es je bei ihm gehört hatte. Haßerfüllt schleuderte er persönliche Beleidigungen gegen »Herrn Benesch«, erklärte, die Entscheidung über Krieg oder Frieden läge jetzt beim tschechoslowakischen Präsidenten, und er werde so oder so am 1. Oktober – in vier Tagen – das Sudetenland bekommen. Noch vor wenigen Stunden hatte er zu Wilson gesagt, die Annahme seiner Godesberger Forderungen durch die Tschechen müsse ihm innerhalb von 44 Stunden – am 28. September um 14 Uhr vorliegen. Doch er erklärte trotz aller Haßtiraden noch einmal, dies sei seine letzte territoriale Forderung in Europa. »Wir wollen keine Tschechen!« sagte er verächtlich.

Ich bemerkte, daß Hitler nach dem Ende seiner Rede völlig erschöpft auf seinen Stuhl sank. Aber als er am nächsten Mittag, dem 27. September, Sir Horace Wilson empfing, hatte er sich wieder vollkommen erholt. Ihn interessiere nur eines, sagte er, ob die Tschechoslowakei seine Forderungen annehme oder nicht. Im Falle einer Ablehnung, so erklärte er, werde er »die Tschechoslowakei vernichten«. Diese Drohung wiederholte er mehrmals mit offensichtlichem Genuß.

Nun sah sich Wilson endlich veranlaßt, sich zu erheben, zu räuspern und, wie er nach London berichtete, »die Dinge in einem Ton vorzutragen, den der Premierminister selbst angeschlagen hätte, wenn er hier gewesen wäre«. Damit meinte er offenbar »mehr Besorgnis als Verärgerung«. Er verlas die Erklärung (»langsam und deutlich«, wie er nach London meldete), daß Großbritannien im Fall des Ausbruchs von Feindseligkeiten Frankreich Hilfe leisten werde.

»Ich kann das nur zur Kenntnis nehmen«, erwiderte Hitler heftig. »Es bedeutet, daß, wenn Frankreich es für richtig hält, Deutschland anzugreifen, England sich verpflichtet fühlt, Deutschland ebenfalls anzugreifen.« Wilson wandte ein, das hätte er nicht gesagt, und er wisse auch nichts davon, daß »Frankreich in Erfüllung seiner Verpflichtungen Deutschland angreifen würde«, doch Hitler ließ erkennen, daß er begriffen hatte. Er geriet außer sich und brüllte: »Wenn England und Frankreich losschlagen wollen, dann sollen sie es nur tun! Mir ist das völlig gleichgültig! Heute ist Dienstag. Nächsten Montag haben wir dann Krieg!«

Von diesen drohenden Worten zeigte sich Wilson offensichtlich beeindruckt, wenn nicht gar erschreckt. Er sagte beim Abschied: »Eine Katastrophe muß um jeden Preis verhindert werden. Ich werde versuchen, die Tschechen zur Vernunft zu bringen.« Aber Hitlers letztes Wort war noch nicht gesprochen. Noch am selben Abend, als Wilson schon nach London zurückgeflogen war, diktierte der deutsche Kanzler einen geschickt formulierten Brief an den Premierminister.

Es gab gute Gründe, ihm zu schreiben. Zunächst war Hitler in seiner ersten Wut über den Zusammenstoß mit dem britischen Abgesandten einem Krieg bedenklich nähergerückt. Um 13 Uhr, gleich nachdem Wilson ihn verlassen hatte, hatte er in einem »streng geheimen Befehl« Kampfeinheiten in Stärke von 7 Divisionen in ihre Ausgangsstellungen an der tschechoslowakischen Grenze beordert. Wenige Stunden später befahl er den nächsten Schritt in der heimlichen Mobilmachung Deutschlands. Unter anderem wurden 5 neue Divisionen für die Westfront aufgestellt[43]. Aber noch während Hitler seine militärischen Vorbereitungen vorantrieb, kam es im Laufe dieses 27. September in Berlin und an anderer Stelle zu neuen Entwicklungen, die ihn nachdenklich stimmten.

Vom deutschen Militärattaché in Paris traf ein als »sehr dringend« gekennzeichnetes Telegramm ein, das nicht nur ans Auswärtige Amt, sondern auch an das OKW und den deutschen Generalstab gerichtet war. Der Militärattaché machte darauf aufmerksam, daß die Teilmobilmachung in Frankreich fast einer totalen Mobilmachung gleichzusetzen sei. »Ich rechne mit einem Abschluß des Aufmarschs der ersten 65 Divisionen an der deutschen Grenze bis zum 6. Mobilmachungstag.« Das wäre bis zum Ende der Woche. Gegen diese Streitmacht hatten die Deutschen, wie Hitler sehr wohl wußte, knapp ein Dutzend Divisionen zur Verfügung, davon die Hälfte Reserveeinheiten von zweifelhaftem Kampfwert. Die 5 neuen Divisionen, deren Aufstellung im Westen er soeben angeordnet hatte, waren noch weniger wert und konnten außerdem erst in einigen Tagen aufmarschieren. Aber der deutsche Militärattaché in Paris hielt noch weitere schlechte Nachrichten bereit. Er kabelte: »Es erscheint wahrscheinlich, daß es im Falle kriegerischer Maßnahmen von seiten Deutschlands zu einem sofortigen Angriff kommen wird, der höchstwahrscheinlich vom unteren Elsaß-Lothringen aus in Richtung auf Mainz geführt wird.« Abschließend meldete er, daß die Italiener absolut nichts unternähmen, um an der französisch-italienischen Grenze französische Truppen zu binden[44]. Der wackere Bundesgenosse Mussolini schien Hitler in dieser entscheidenden Stunde im Stich zu lassen.

Zu allem Überfluß schalteten sich auch noch der Präsident der Vereinigten Staaten und der schwedische König mit Friedensappellen ein. Falls es zu einem Krieg kommen sollte, trage Deutschland allein die Schuld, telegrafierte Roosevelt. Der schwedische König, ein verläßlicher Freund Deutschlands, wie er im Ersten Weltkrieg bewiesen hatte, ging noch weiter. Am Nachmittag des 27. September traf in Berlin eine Depesche des deutschen Gesandten in Stockholm ein: Der König habe ihm während einer kurzfristig anberaumten Audienz erklärt, daß es unweigerlich zu einem Weltkrieg kommen werde, falls Hitler den auf den 1. Oktober festgesetzten Termin nicht um 10 Tage verlängere. Deutschland hätte nicht nur die alleinige Schuld an einem solchen Krieg zu tragen, sondern es würde ihn »angesichts der gegenwärtigen Machtkonstellation« unweigerlich verlieren[45]. Vom neutralen Stockholm aus konnte der König zumindest die militärische Lage viel objektiver beurteilen als die Regierungschefs in Berlin, London und Paris.

Präsident Roosevelt konnte wohl nicht umhin, wegen der starken isolationistischen Tendenzen in Amerika seinen Friedensappell durch die Versicherung abzuschwächen, daß die Vereinigten Staaten im Kriegsfall nicht intervenieren würden. Dennoch hielt es Hans Dieckhoff, der deutsche Botschafter in Washington, für erforderlich, Berlin im Laufe des Tages in einem »sehr dringenden« Telegramm davor zu warnen, daß im Fall einer Gewaltanwendung durch Deutschland gegen Großbritannien guter Grund zu der Annahme bestehe, »daß die Vereinigten Staaten ihr volles Gewicht für Großbritannien in die Waagschale werfen würden«. Der Botschafter, der sonst Warnungen an den Führer sehr zaghaft formulierte, fügte hinzu: »Ich fühle mich verpflichtet, das mit allem Nachdruck zu betonen[46].«

Er wollte vermeiden, daß die deutsche Regierung sich dieselben falschen Vorstellungen von Amerika machte wie 1914.

Und Prag? Waren die Tschechen bereit, sich Hitlers Forderungen zu unterwerfen? Am selben Abend traf in Berlin ein Telegramm von Oberst Toussaint, dem deutschen Militärattaché in Prag, ein. Es war an das OKW gerichtet: »In Prag herrscht Ruhe. Letzte Maßnahmen zur Mobilmachung werden ausgeführt . . . Gesamtstärke der Einberufenen etwa 1 Million; Kampfeinheiten 800000 Mann . . .[47].« Das war dieselbe Zahl, die Deutschland an ausgebildeten Soldaten für zwei Fronten aufbieten konnte. Insgesamt waren die Armeen der Tschechoslowakei und Frankreichs doppelt so stark wie die deutsche Wehrmacht.

Die Nachrichten aus London klangen nicht besser. Um 20 Uhr erging der Mobilmachungsbefehl an die britische Flotte; sie war damals die stärkste der Welt und durchaus in der Lage, wie im Ersten Weltkrieg über Deutschland eine Blockade zu verhängen. Es ist nicht bekannt, ob Hitler sich dessen bewußt war, als er am Abend seinen Brief an den britischen Premierminister diktierte. Die Mobilmachung wurde im Rundfunk erst um 23 Uhr 38 bekanntgegeben. Etwas wußte

Hitler jedoch: Prag trotzte ihm, in Paris lief die Mobilmachung auf vollen Touren, Londons Haltung versteifte sich, das eigene Volk war apathisch, seine ranghöchsten Generäle waren gegen ihn, und sein Ultimatum an die Tschechoslowakei lief am nächsten Tag um 14 Uhr ab. Dr. Schmidt, der gerufen wurde, um den Brief an Chamberlain ins Englische zu übersetzen, hatte den Eindruck, Hitler scheue doch vor dem Äußersten zurück.

Sein Brief war ein schlau berechneter Appell an den britischen Premierminister. In gemäßigtem Ton stritt Hitler ab, daß seine Vorschläge die Tschechoslowakei jeder Gewähr für ihre nationale Existenz berauben würden oder daß seine Truppen nicht an den Demarkationslinien haltmachen würden. Er sei bereit, über Einzelheiten mit den Tschechen zu verhandeln, er sei ferner bereit, »für den Restbestand der Tschechoslowakei eine förmliche Garantie zu übernehmen. Er müsse es in Chamberlains Ermessen stellen«, schloß Hitler, ob dieser es in Anbetracht der Tatsachen für angebracht halte, seine Bemühungen fortzusetzen[48]. Er kannte den Premierminister inzwischen genau genug, um zu wissen, daß eine solche Einladung aller Wahrscheinlichkeit nach ihre Wirkung nicht verfehlen würde.

Hitlers Brief, der als dringendes Telegramm nach London ging, erreichte Chamberlain in der Nacht des 27. September um 22 Uhr 30, am Ende eines aufreibenden Arbeitstages.

Die beunruhigenden Nachrichten von Hitlers Unzugänglichkeit, die Sir Horace Wilson am frühen Nachmittag mit nach London gebracht hatte, waren für die britische Regierung das Signal zum Handeln gewesen. Es wurde beschlossen, die Flotte mobil zu machen, die AAF – »Hilfsfliegertruppe« – einzuberufen und den Notstand zu erklären. In den Parks und auf den öffentlichen Plätzen wurden bereits Luftschutzgräben ausgehoben, die Evakuierung der Londoner Schulkinder hatte begonnen.

Nachdem sich der Premierminister Wilsons Bericht angehört hatte, warnte er Präsident Benesch in Prag: Nach seinen Informationen aus Berlin »geht eindeutig hervor, daß die deutsche Wehrmacht unverzüglich den Befehl zur Überschreitung der tschechoslowakischen Grenze erhalten wird, falls die tschechoslowakische Regierung nicht bis morgen (28. September) 14 Uhr die deutschen Bedingungen annimmt«. Doch nachdem Chamberlain die Tschechen anstandshalber gewarnt hatte, glaubte er noch darauf hinweisen zu müssen, »daß Böhmen von der deutschen Wehrmacht überrannt werden würde und keine Maßnahme einer anderen Macht Ihr Land und Ihr Volk vor diesem Schicksal bewahren kann. Das ist gewiß, wie auch immer ein Weltkrieg ausgehen mag[49].« Chamberlain tat damit genau das, was ihm seit der Auslösung der Krise durch Hitler schon zur Gewohnheit geworden war: Er bürdete die Verantwortung für Krieg und Frieden nicht dem deutschen Diktator, sondern dem tschechoslowakischen Präsidenten auf. Und er äußerte nicht nur eine militärische Prognose zum möglichen Ausgang des Krieges, sondern seine politische Meinung zu den endgültigen Friedensbedingungen. Dafür fehlte ihm – gelinde ausgedrückt – die Zuständigkeit. Im Laufe des Tages versuchte er außerdem, die Franzosen mit denselben Argumenten zu beeindrucken.

In Paris wurde die Regierung von Kriegsgegnern der Rechten und der Linken (mit Ausnahme der Kommunisten) attackiert, durch Bonnets »Intrigen«, wie General Gamelin sich ausdrückte, erschüttert und durch den unverhohlenen Defätismus des Luftwaffenchefs entmutigt. Hinter der Fassade einer festen Haltung, die durch den glatten Verlauf der Mobilmachung und die formelle Ablehnung des Godesberger Ultimatums entstanden war, machte sich erneut Unsicherheit breit. Am 26. September hatte das halboffizielle Blatt *Le Temps* einen Brief Flandins veröffentlicht, der als früherer Ministerpräsident und Außenminister und derzeitiger Führer der wichtigsten Partei der Mitte – der *Alliance Democratique* – im Parlament und bei der Bevölkerung immer noch beträchtliches Ansehen genoß. Flandin schrieb: »Ich widersetze mich der militärischen Intervention Frankreichs bei der Auseinandersetzung zwischen den Sudetendeutschen und dem tschechoslowakischen Staat.« Am nächsten Abend ließ er an den Hauswänden von Paris Plakate mit einem flammenden Aufruf anschlagen:

Franzosen, ihr werdet betrogen! Eine hinterlistige Falle ist aufgestellt . . . von dunklen Elementen, die einen Krieg unvermeidlich machen wollen . . .

Die Polizei entfernte zwar auf Anweisung des Innenministers Sarraut sofort die Plakate, aber Flandins Aufruf wurde in Doriots faschistischem Abendblatt *La Liberté* veröffentlicht, einer von NS-Deutschland subventionierten Zeitung. Die Polizei beschlagnahmte alle greifbaren Exemplare der Auflage.

Auch auf der Linken kam es zu einer gemeinsamen Aktion gegen den Krieg. Der pazifistische Flügel der Gewerkschaft CGT gab ein leidenschaftliches Manifest gegen einen »imperialistischen Krieg« zur Unterstützung eines »willkürlich geschaffenen Staates« heraus. So wurde die CSR bezeichnet. Am 27. September veröffentlichten zwei weitere starke Gewerkschaften, die Verbände der staatlichen Lehrer und der Postbediensteten, in der Presse eine Verlautbarung. Ein Krieg wurde darin als »kollektiver Selbstmord« bezeichnet; was die Notwendigkeit eines Kampfes zur Verteidigung der Tschechen anging, werde »das Volk belogen«.

Noch am selben Nachmittag forderte eine Delegation rechtsgerichteter Abgeordneter unter Flandins Führung vom Außenministerium

»eine Erklärung«. Den verfügbaren Quellen ist zu entnehmen, daß Bonnet sich über den Besuch freute und sie nach besten Kräften ermunterte, ihre Bemühungen um einen Frieden um jeden Preis fortzusetzen. Er stellte das von Großbritannien gegebene Wort in Zweifel, indem er sagte, ihm liege »keine Bestätigung« des Kommuniqués vom 26. September vor. Er stellte sich hinter Hitlers Behauptung, es gebe eigentlich gar keinen Unterschied zwischen den Godesberger Forderungen und dem britisch-französischen Plan, zu dessen Annahme man die Tschechen gezwungen hatte. »Mit Tränen in den Augen« sagte Bonnet, wie der Deputierte Jean Montigny später berichtete: »Reynaud hat den Verstand verloren. Wir stürzen uns ins Unglück. Ich bitte Sie, alles zu tun, was in Ihren Kräften steht[50].« Dann begab sich die Delegation schnurstracks zum Präsidenten der Republik und zum Ministerpräsidenten. Doch Lebrun weigerte sich »aus verfassungsmäßigen Gründen«, sie zu empfangen, Daladier wegen arbeitsmäßiger Überlastung.

In der Kabinettssitzung an diesem Morgen hatte es Verwirrung gegeben. Daladier scheute sich, die allgemeine Mobilmachung zu beantragen, man beschloß jedoch, mit der Einberufung mehrerer Jahrgänge fortzufahren. Damit würde man über eine Million Mann unter Waffen haben. Die Aussprache über die Frage, ob man auf Hitlers um 14 Uhr ablaufendes Ultimatum eingehen sollte, führte zu ernsten Meinungsverschiedenheiten im Kabinett. Zufolge eines »sehr dringenden, streng geheimen« an den »Reichsaußenminister persönlich« gerichteten Telegramms des deutschen Geschäftsträgers in Paris, dessen Botschaft über einen hochgestellten Gewährsmann* verfügte, sprachen sich Bonnet und zwei weitere Minister für ein »Nachgeben« aus. Pierre Renouvin, einer der wenigen französischen Historiker, die Zugang zu den immer noch unveröffentlichten vertraulichen Staatsdokumenten haben, gibt an, Bonnet habe rundheraus erklärt: »Wir dürfen der Tschechoslowakei keine bewaffnete Unterstützung gewähren[52].«

* Bei diesem Gewährsmann, der als solcher in dem Telegramm erwähnt wird, handelt es sich um Graf Fernand de Brinon, einen als deutschfreundlich bekannten französischen Journalisten, der zu Bonnet und sogar zu Daladier vertrauliche Kontakte unterhielt. 1933 war er Mitbegründer des *Comité France-Allemagne*, später sein Vorsitzender. Er benutzte diese angeblich zur Verbesserung der französisch-deutschen Beziehungen gegründete Organisation zur Verbreitung von Nazipropaganda in Frankreich. Brinon war ein alter Freund von Otto Abetz, des Chefagenten der Nazis in Paris, sowie Ribbentrops, des »Spezialisten« der Nazis für Außenpolitik, der inzwischen zum Außenminister aufgestiegen war. Er versorgte die NS-Regierung mit vertraulichen Informationen, und zwar nicht nur über die Botschaft in Paris, sondern auch unmittelbar bei seinen zahlreichen Besuchen im Reich. Er rühmte sich, zwischen 1933 und 1937 fünfmal mit Hitler unter vier Augen gesprochen zu haben. Auch seine Heirat mit einer reichen jüdischen Witwe konnte seine nazifreundlichen Gefühle nicht beeinträchtigen. Brinon war nur einer von mehreren Franzosen, die um diese Zeit ihr Vaterland an Deutschland zu verraten begannen. Nach seiner Ernennung zum Botschafter der Vichyregierung bei den deutschen Besatzungsbehörden in Paris (1941–1945) wurde er einer der führenden französischen Kollaborateure. Am 6. März 1947 wurde er wegen Hochverrats zum Tode verurteilt und am 18. April erschossen. Das Telegramm des deutschen Geschäftsträgers vom 27. September 1938 warnte Berlin davor, daß Brinon von den Franzosen bereits überwacht würde; daher »wird er mich vermutlich heute abend in meiner Privatwohnung besuchen«[51].

Aus dieser Einstellung heraus hatte der französische Außenminister den Briten am Morgen empfohlen, einer deutschen Besetzung des Sudetenlands, entsprechend dem britisch-französischen Plan, am 1. Oktober zuzustimmen. Besetzt werden sollten jene Gebiete, deren Einwohnerschaft zu mehr als 50 Prozent Sudetendeutsche waren, selbst wenn noch niemand Zeit gefunden hatte, die Grenzen genau festzulegen. Phipps übermittelte um 18 Uhr 35 Bonnets Vorschlag an Lord Halifax und fügte hinzu: »M. Bonnet meint, wir müßten . . . alles in unserer Macht Stehende tun, um einen Konflikt zu vermeiden, auf den unsere beiden Länder zweifellos ungenügend vorbereitet sind[53].«

Das von Bonnet empfohlene Zugeständnis von Hitler ging tatsächlich noch über die Absichten der Briten hinaus. Noch bevor der Vorschlag in London eintraf, hatte Lord Halifax seinen Botschafter Henderson in Berlin telegrafisch beauftragt, die Deutschen sollten am 1. Oktober lediglich symbolisch den Grenzstreifen um Eger und Asch besetzen, der ins deutsche Gebiet hineinragte und bereits von tschechischen Truppen geräumt worden war. Halifax schlug ferner für den 3. Oktober ein Treffen deutscher, tschechoslowakischer und britischer Vertreter vor, auf dem die neue Grenze festgelegt, Pläne für eine friedliche Abtretung an Deutschland ausgearbeitet und der Einmarsch deutscher Truppen am 10. Oktober vorbereitet werden sollte[54].

Der britische Außenminister wollte Zeit gewinnen, aber seinem Botschafter in Berlin gefiel das nicht. Er berichtete am nächsten Tag telegrafisch nach London, er hätte den britischen Vorschlag zwar vorgelegt, aber er sei »völlig sinnlos, da nicht die geringste Chance besteht, daß Hitler ihn annimmt oder auch nur in Erwägung zieht. Mit Tatsachen muß man sich abfinden«, belehrte er seinen Chef in der Downing Street.

Wenn sich die Tschechen nicht morgen gegenüber der deutschen Regierung zur Annahme des Memorandums bereiterklären, wird der Einmarsch in die Tschechoslowakei am Donnerstag (29. September) oder bald danach beginnen. Ein allgemeiner Konflikt mit all seinen Gefahren für uns und den katastrophalen Auswirkungen für die europäische Zivilisation läßt sich nur durch die Annahme des deutschen Memorandums durch die Tschechoslowaken erreichen.

Henderson hatte gerade eine Kopie von Phipps' Telegramm zu Bonnets jüngstem Vorschlag vorgelegt bekommen und bemerkte dazu:

Es ist nutzlos und töricht von M. Bonnet, zu behaupten, unsere beiden Länder seien auf einen solchen Konflikt nicht vorbereitet, und sich gleichzeitig zu weigern, den nötigen Druck auf die Tschechoslowakei auszuüben. Man müßte ihr noch vor dem Mittag des 28. September kategorisch klarmachen, daß sie bei unnachgiebiger Haltung keine Unterstützung von uns zu erwarten hat[55].

Mittlerweile bemühten sich die Briten in verstärktem Maße, die französische Regierung davon zu überzeugen, daß die Tschechoslowakei nur durch eine Annahme des Hitler-Ultimatums zu retten sei. Am Spätnachmittag des 27. September hatte Chamberlain bekanntlich Präsident Benesch in Prag eine ähnliche Warnung zugehen lassen. Etwa drei Stunden später, um 20 Uhr 30, wies Halifax telegrafisch Botschafter Phipps an, Bonnet oder möglichst gar Daladier aufzusuchen und der französischen Regierung eindringlich vorzustellen, wie nutzlos Versuche zur Rettung der Tschechoslowakei seien.

General Gamelin machte uns am Montag klar, daß nach seiner Meinung der tschechische Widerstand nur von sehr kurzer Dauer sein würde, wenn deutsche Truppen jetzt in die Tschechoslowakei einrückten . . . Sollten daher unsere Friedensbemühungen fehlschlagen und am Donnerstag (29. September) deutsche Truppen in die Tschechoslowakei einmarschieren, was jetzt als durchaus möglich erscheint, so müssen wir innerhalb kürzester Zeit hinsichtlich der Tschechoslowakei mit vollendeten Tatsachen rechnen. Bis dahin ist es weder Frankreich noch uns selbst möglich, diese ebenso plötzlichen wie erschütternden Folgen durch Erklärungen oder Maßnahmen abzuwenden . . . Nach letzten Berichten müssen wir uns mit den Tatsachen abfinden . . .*

Sodann ersucht Halifax in seinem Telegramm die französische Regierung um eine »Abstimmung ihrer Schritte« mit Großbritannien,

. . . insbesondere im Hinblick auf Maßnahmen, die geeignet sind, sofort und automatisch einen Weltkrieg auszulösen, leider ohne etwas zur Rettung der Tschechoslowakei beizutragen.

* Dieser Einleitungssatz in der Mitteilung des Außenministers, den Bonnet bei der Veröffentlichung des Dokuments in seinen Memoiren wegließ, führte zu bitteren Vorwürfen General Gamelins gegen den französischen Außenminister. Gamelin schrieb in seinen Memoiren: »Für mich war das eine äußerst peinliche Angelegenheit. Ihre Ursache lag ausschließlich in den Intrigen von M. Georges Bonnet.« Gamelin erklärte, bei dem Londoner Treffen vom 26. September habe er nicht persönlich mit Lord Halifax gesprochen, und fährt fort: »Erst später erfuhr ich, was ich schon immer argwöhnte: daß Lord Halifax die Erklärung, die er mir zuschrieb, von Bonnet erhielt. Bonnet wollte damit deutlich machen, daß ich mich jeder energischen Lösung widersetzte.«

General Gamelin beurteilte das Stehvermögen der tschechoslowakischen Armee gewiß nicht optimistisch – noch am 12. September hatte er bekanntlich Daladier mitgeteilt, die deutsche Wehrmacht könne erst geschlagen werden, nachdem sie den größten Teil der Tschechoslowakei eingenommen hatte – aber er hatte Chamberlain am 26. September erklärt, bei einem Rückzug nach Mähren würden die tschechoslowakischen Truppen »als Streitmacht weiterbestehen«. Im übrigen hinge, wie er häufig wiederholt hatte, sehr viel von Frankreich, Großbritannien und Rußland ab. Gamelin wirft Bonnet eine fortgesetzte Verfälschung seiner Einstellung mit der Absicht vor, damit zu beweisen, daß Frankreich nichts zur Rettung der Tschechoslowakei unternehmen könne. Am 29. September schrieb Gamelin in sein Tagebuch: »M. Bonnet scheint in der Lobby der Deputiertenkammer das Gerücht zu verbreiten: ›Der beste Beweis dafür, daß wir nichts unternehmen können, ist General Gamelins Rat an das tschechoslowakische Oberkommando, zum Rückzug zu blasen[56].‹«

Wir würden uns freuen, wenn die französische Regierung mit uns darin übereinstimmte, daß von beiden Seiten aus Maßnahmen offensiven Charakters ... nur nach vorangegangener Konsultation und in gegenseitigem Einverständnis unternommen werden sollen[57].

Zu dieser späten Stunde forderte die britische Regierung ganz unverblümt ein Vetorecht gegenüber allen militärischen Maßnahmen Frankreichs, die sich aus den Verpflichtungen gegenüber der Tschechoslowakei ergeben könnten.

Der französische Außenminister kam diesem Verlangen rasch nach.

Schon kurz vor Mitternacht konnte Botschafter Phipps eine Antwort nach London telegrafieren[58].

Nach Mitteilung des Ministers für Auswärtige Angelegenheiten (Bonnet) ist die französische Regierung völlig damit einverstanden, keinerlei Offensivmaßnahmen ohne vorherige Konsultation mit uns und unserem Einverständnis durchzuführen.

*Seine Exzellenz neigt immer mehr zu der Auffassung, daß es für uns beide ratsam ist, äußerste Vorsicht walten zu lassen und unsere wahrscheinlichen sowie auch die möglichen Gegner zu zählen, bevor wir uns auf irgendeine offensive Handlung einlassen**.

Bonnet suchte verzweifelt nach einem Ausweg. Am besten schienen sich dafür die Briten zu eignen. Wenn London nämlich sein »Einverständnis« mit französischen »Offensivmaßnahmen« nicht erteilte, war das ein guter Vorwand, sie zu unterlassen. Soweit gingen Daladier und die meisten seiner Minister noch nicht. Wie der Ministerpräsident später bezeugte, war er bei der Rückkehr von dem Londoner Treffen einen Tag zuvor, am 26. September, noch von der Unvermeidbarkeit eines Krieges überzeugt. Er habe den Befehl für eine Generalmobilmachung aufgesetzt und außerdem eine Rundfunkansprache an die Nation entworfen, »um dem französischen Volk klarzumachen, daß wir trotz all unserer Friedensbemühungen angesichts der deutschen Aggression zu einer Intervention gezwungen waren[60].«

Am Spätnachmittag des 27. September wurde seine Selbstsicherheit durch seinen Luftwaffenchef schwer erschüttert. Wie er ein Vierteljahrhundert später (1964) gegenüber dem Autor in einer längeren

* Zu den Gegnern rechnete Bonnet inzwischen sogar gewisse tschechische Diplomaten. Am nächsten Morgen sandte Phipps ein persönliches Telegramm an Chamberlain: »Bonnet versichert mir, M. Benesch hätte über seine Gesandten in London und Paris eine regelrechte Kampagne gegen Sie und die französische Regierung geführt und mit allen Kräften auf einen ›Präventivkrieg‹ hingearbeitet[59].« Bonnet und Phipps schienen inzwischen davon überzeugt zu sein, daß jeder Widerstand gegen eine deutsche Aggression als ›Präventivkrieg‹ zu betrachten sei.

Unterredung in Paris freimütig zugab, war dies vermutlich der Hauptgrund für die folgenschweren Entscheidungen, die er im Laufe der nächsten vier Tage traf. Am Morgen zuvor hatte General Vuillemin mit Luftfahrtminister Guy de la Chambre konferiert und ihm gegenüber seine Warnung wiederholt, die er bereits am 15. März gegenüber dem Verteidigungsausschuß und im August gegenüber Botschafter François-Poncet in Berlin geäußert hatte: daß die französische Luftwaffe für einen wirksamen Kriegseinsatz viel zu schwach sei und von den Deutschen rasch zerschlagen werden würde. Auf Ersuchen des Ministers brachte er seine Jeremiade zu Papier. Dieses erschreckende Dokument[61] wurde Daladier am folgenden Tage vorgelegt.

Wie General Vuillemin berichtete, verfügte Frankreich nur über 700 Flugzeuge: 250 Tagjäger, 320 Bomber und 130 Aufklärer. Görings Luftwaffe sei zahlenmäßig haushoch überlegen, und die französischen Maschinen taugten ohnehin nicht viel. Die »Tag«-Bomber, so erläuterte er, könnten nur bei Tageslicht ein kurzes Stück in den deutschen Luftraum eindringen, und auch dann nur, wenn das Wetter günstig war, das heißt »unter Ausnutzung der Wolkendeckung«. Sie seien normalerweise für »Nachteinsätze« gedacht, würden aber selbst bei Nacht »beim Auffinden ihrer Ziele größte Schwierigkeiten« haben. Für Angriffe auf feindliche Truppenkonzentrationen und Rüstungsfabriken seien sie daher nur von »bedingtem Wert«.

Was die vordringliche Frage der Verluste betraf, zeigte sich der Luftwaffenchef etwas optimistischer als im März und August; damals hatte er erklärt, seine gesamte Luftflotte würde innerhalb von vierzehn Tagen vernichtet sein. Nun schätzte er:

Die Verluste innerhalb der ersten Wochen würden sehr schwer und nicht zu ersetzen sein. Sie dürften sich bis zum Ende des ersten Monats der Kampftätigkeit auf 40 Prozent und bis zum zweiten Monat auf 64 Prozent des verbliebenen Restbestands belaufen.

Die französische Luftwaffe kann daher ihren Auftrag nur unter äußersten Schwierigkeiten und um den Preis schwerer Verluste erfüllen. Ich muß hinzufügen, daß Ersatzteillager praktisch nicht vorhanden sind.

Er warnte davor, sich auf eine wirksame britische Luftunterstützung zu verlassen. »Der von den Generalstäben beschlossene britische Beitrag wird kaum ins Gewicht fallen.« Er räumte ein, daß die britischen Bombenflugzeuge von hoher Qualität seien; sie würden aber erst sehr spät eintreffen: 120 Maschinen sieben Tage nach Kriegsbeginn, weitere 120 Maschinen achtzehn Tage später.

Soviel zur beklagenswerten Unterlegenheit der Alliierten in der Luft. Doch damit begnügte sich General Vuillemin nicht. Er ließ sich lang und breit über die verheerenden Folgen für die Landstreitkräfte, die Rüstungsindustrie und die zivilen Ballungsräume aus.

Ohne ausreichende Luftaufklärung wird das Oberkommando des Heeres über die Absichten des Feindes äußerst mangelhaft unterrichtet sein, während dieser im Gegensatz dazu rechtzeitig von unseren Vorbereitungen erfährt. Dadurch werden die Operationen großer Heeresverbände erheblich gestört und die verschiedenen Waffengattungen (Artillerie, Infanterie, Panzer . . .) in ihrer Leistung ernstlich beeinträchtigt.

Der Luftwaffenchef wurde nicht müde, seine Behauptung zu untermauern, daß es die französischen Landstreitkräfte ohne hinreichende Unterstützung aus der Luft schwer haben würden, irgendwelche Erfolge zu erzielen – alles hinter Gamelins Rücken, wie dieser zwei Tage später in einer Beschwerde feststellte*.

Dadurch kann die Zusammenfassung französischer Heeresverbände ernstlich gestört und verzögert werden. Das gleiche gilt für ihren Transport.

Außerdem werden Operationen zu Lande durch schwere und häufige Luftangriffe des Feindes hinter den Linien und an der Front selbst äußerst erschwert.

Schließlich würden, wie General Vuillemin schrieb, feindliche Luftangriffe auf Rüstungsbetriebe, insbesondere Flugzeugfabriken, »erhebliche Produktionsausfälle« bewirken, während französische Bomber der deutschen Industrie kaum Schaden zufügen konnten. In diesem letzten Absatz warnte der Luftwaffengeneral vor den Folgen »massierter und wiederholter feindlicher Luftangriffe auf die großen zivilen Ballungszentren«.

Der Bericht des Luftwaffenchefs hätte jedem zivilen Minister Angst und Schrecken eingejagt. Der Ministerpräsident wurde durch ihn tief deprimiert. Aber der 27. September war noch nicht vorüber; Daladier nahm seinen Mut zusammen und hörte sich an, was der britische Premierminister in seiner Rundfunkansprache um 20 Uhr 30 dem britischen Volk zu sagen hatte. Was er da hörte, vermochte ihn nicht aufzuheitern, denn Chamberlain gab nicht nur seiner Abscheu vor dem Krieg Ausdruck, sondern auch seinen Zweifeln darüber, ob es sich lohnte, für die Tschechoslowakei zu kämpfen. Der Schluß der Rede war zwiespältig: Der Premierminister hatte die Hoffnung auf Frieden noch nicht aufgegeben, sah jedoch andererseits keine Möglichkeit mehr, etwas für diesen Frieden zu tun.

* General Gamelin schreibt: »Am 28. September erfuhr ich auf Umwegen, daß der Luftfahrtminister und der Chef der Luftwaffe gegenüber Daladier erklärten, unsere Luftstreitkräfte seien kriegsuntauglich. Trotz meiner Stellung als Chef des Zentralstabs für nationale Verteidigung wurde ich nicht unterrichtet. General Vuillemin gab das mir gegenüber erst mehrere Tage später zu[62].«

Wie schrecklich, fantastisch und unglaublich ist doch der Gedanke, daß wir nun Schützengräben bauen und Gasmasken aufsetzen sollen – wegen eines Streits in einem weit entfernten Land, zwischen Völkern, von denen wir kaum etwas wissen!

Hitler habe »im wesentlichen das bekommen, was er wollte«, erklärte Chamberlain, und Großbritannien stehe dafür gerade, daß die Tschechen es ihm auch geben würden.

Sosehr wir auch mit einer kleinen Nation sympathisieren mögen, die von ihrem großen und mächtigen Nachbarn bedroht wird, so können wir doch nicht ihretwegen das gesamte britische Weltreich in einen Krieg stürzen. Wenn wir schon kämpfen müssen, dann doch nur, wenn es um größere Dinge geht.

Ich werde die Hoffnung auf Frieden nicht aufgeben und meine Bemühungen darum nicht einstellen, solange noch die geringste Aussicht auf Frieden bleibt. Doch in diesem Augenblick sehe ich keine weitere Möglichkeit, mich als Vermittler nützlich zu machen.

Keine weitere Möglichkeit? Eineinhalb Stunden nach der Rundfunkansprache, um 22 Uhr 30, traf Hitlers Brief ein. Wie der »Führer« wohl vorausgesehen hatte, griff Chamberlain sofort nach dem Strohhalm.

Er verfaßte unverzüglich die Antwort[63].

Nachdem ich Ihr letztes Schreiben gelesen habe, bin ich sicher, daß sich alle Ihre wesentlichen Forderungen ohne Krieg und unverzüglich erfüllen lassen.

Ich bin bereit, sofort selbst nach Berlin zu kommen, um die Einzelheiten der Übergabe mit Ihnen und Vertretern der tschechoslowakischen Regierung zu besprechen – falls Sie es wünschen, in Gegenwart von Vertretern Frankreichs und Italiens.

Ich bin überzeugt, daß wir innerhalb einer Woche eine Einigung erzielen könnten . . .

Ich kann nicht glauben, daß Sie die Verantwortung für den Ausbruch eines Weltkriegs übernehmen wollen, der das Ende der Zivilisation bedeuten könnte, nur weil sich die Beilegung dieses seit langem anstehenden Problems um einige wenige Tage verzögert.*

Diesem »letzten Appell«, wie Chamberlain ihn nannte, an Hitler folgte ein weiterer an Mussolini. Chamberlain unterrichtete den Duce über den Inhalt seines Schreibens an Hitler und bat ihn, seinen Vorschlag zu befürworten, Hitler die Annahme nahezulegen und den

* Daladier will von diesem Brief erst mehrere Wochen später erfahren haben, als er in einem britischen Weißbuch veröffentlicht wurde. Doch aus den Unterlagen des britischen Außenministeriums geht klar hervor, daß der Wortlaut schon am folgenden Morgen, dem 28. September, telegrafisch nach Paris übermittelt wurde. Halifax wies Phipps ausdrücklich an: »Bitte informieren Sie die französische Regierung und bemühen Sie sich um ihre Unterstützung[64].«

Reichskanzler wissen zu lassen, daß Italien bereit sei, an einer Konferenz in Berlin teilzunehmen, um die Abtretung des Sudetenlands an Deutschland zu erörtern[65].

Der Gedanke an eine solche Konferenz hatte den Premierminister insgeheim schon lange beschäftigt. Bereits im Juli hatte Sir Neville Henderson sie von sich aus in einer Depesche an London angeregt und vorgeschlagen, die vier Mächte Deutschland, Italien, Großbritannien und Frankreich sollten das Sudetenproblem gemeinsam regeln. Aber sowohl der Botschafter als auch der Premierminister waren vom Außenministerium darauf hingewiesen worden, daß es schwierig sein werde, andere Mächte von einer solchen Konferenz auszuschließen, zum Beispiel Rußland, das einen Beistandspakt mit Prag abgeschlossen hatte, und die Tschechoslowakei selbst[66]. Chamberlain war mit der Überzeugung aus Godesberg zurückgekehrt, daß Hitler sich niemals zu einem Treffen bereitfinden würde, an dem auch die Sowjetunion teilnahm. Auch der Premierminister selbst wünschte die Anwesenheit der Russen nicht. Es war zwar offenkundig – oder hätte es zumindest sein sollen –, daß im Falle eines Kriegs mit Deutschland eine sowjetische Beteiligung auf der Seite des Westens von größtem Wert sein würde, wie Churchill der Regierung wiederholt vorgestellt hatte, doch diese Erkenntnis war dem Premierminister offenbar entgangen.

Bis zu diesem 28. September, an dem Hitler sein Brief überreicht wurde, hatte er sich noch nicht dazu verstiegen, auch die Tschechoslowaken von der Konferenz auszuschließen. Am 25. September, nach der Zurückweisung der Godesberger Forderungen durch Prag, hatte der Premierminister noch Jan Masaryk, den tschechoslowakischen Gesandten in London, zu sich gebeten und die Tschechoslowakei um ihre Zustimmung zu Verhandlungen auf »einer internationalen Konferenz unter Beteiligung von Deutschland, der Tschechoslowakei und anderen Mächten« ersucht. Am Tag darauf hatte die Regierung der CSR dem Vorschlag zugestimmt. Auch in seiner Botschaft vom Abend des 27. September an Hitler hatte Chamberlain noch ausdrücklich betont, daß »Vertreter der Tschechoslowakei« an der von ihm vorgeschlagenen Konferenz Deutschlands, Italiens, Großbritanniens und Frankreichs teilnehmen sollten.

Eine düstere Stimmung hing über Berlin, Prag, London und Paris, als der Morgen des 28. September dämmerte. In der Erinnerung an diesen Morgen, an dem ein Krieg unvermeidlich schien, nannten ihn später manche »Schwarzen Mittwoch«.

Ein großer Krieg sei kaum mehr zu verhindern, soll Göring an diesem Morgen nach Oberst Jodls Aussage erklärt haben. Deutschland werde ihn gewinnen, selbst wenn er sieben Jahre dauerte[67].

In London wurden weiterhin Luftschutzgräben gezogen, Schulkinder evakuiert, Krankenhäuser geräumt. In Paris wurden die ohnehin schon überfüllten stadtauswärts fahrenden Züge gestürmt, und die Ausfallstraßen waren mit Autos verstopft. Ähnliche Szenen waren in Westdeutschland zu beobachten, wo man einen unmittelbar bevorstehenden französischen Angriff fürchtete. Jodl berichtet an diesem Morgen in seinem Tagebuch über Erzählungen deutscher Flüchtlinge aus dem Grenzgebiet. Um 14 Uhr lief Hitlers Ultimatum an die Tschechoslowakei ab. Kein Zeichen aus Prag deutete darauf hin, daß man Hitlers Forderungen akzeptieren werde.

Einige deutsche Generäle, vor allen Dingen General Halder, der Chef des Generalstabs, hielten die Zeit für gekommen, Hitler absprachegemäß zu beseitigen und das Vaterland vor einem europäischen Krieg zu bewahren, in dem es nach ihrer Meinung unterliegen mußte. Während der letzten spannungsgeladenen Septembertage hatten die Verschwörer ihre Pläne ausgearbeitet. Am 27. September beschlossen sie, am 29. loszuschlagen. Am Morgen des »Schwarzen Mittwochs« rief General Erwin von Witzleben, dem als Kommandeur des Berliner Wehrkreises die Durchführung des Handstreichs zufiel, seinen Mitverschwörern zu: »Gleich ist es soweit!«

Aber sie wußten ebensowenig wie die meisten anderen Menschen in Berlin und in den übrigen Hauptstädten, was auf höchster Ebene vorging. Sie wußten nichts von Bonnets Vorschlag, den Botschafter François-Poncet in Berlin am 28. September um 4 Uhr morgens erhielt: die Besetzung der überwiegend deutschen Teile des Sudetenlandes durch deutsche Truppen am 1. Oktober zuzulassen. Ebensowenig war ihnen der noch wichtigere Vorschlag Chamberlains an Hitler zur Einberufung einer Viermächtekonferenz und eine Aufforderung an Mussolini, den Plan zu unterstützen, bekannt.

Während des ganzen Morgens dieses »Schwarzen Mittwochs« bemühten sich in Berlin die Botschafter Frankreichs und Großbritanniens verzweifelt, Hitler die Vorschläge ihrer jeweiligen Regierung zu überreichen, bevor er seine Truppen in Marsch setzte. Sie glaubten nämlich, der Angriff sei für 14 Uhr festgesetzt. Aber die Minuten und Stunden verstrichen, und Hitler machte keinerlei Anstalten, sie zu empfangen. François-Poncet hatte bereits um 8 Uhr morgens telefonisch um eine Unterredung gebeten. Als bis 10 Uhr immer noch kein Bescheid eingegangen war, schickte er seinen Militärattaché, General Renondeau, zum Generalstab des Heeres, um die deutschen Generäle, wie er sagte, »nachdrücklich auf die Verantwortlichkeit für den Kriegsfall hinzuweisen und sie von der Botschaft in Kenntnis zu setzen, die ich . . . bis jetzt noch nicht hatte überreichen können«[68]. Er ersuchte auch Botschafter Henderson um seine Unterstützung. Dieser war erfreut darüber, daß die Franzosen endlich bereit waren, den Forderungen Hitlers soweit entgegenzukommen. Henderson rief Göring an, und dieser versprach, sich um einen Termin für den französischen Botschafter zu bemühen.

Inzwischen war Mussolini nicht untätig gewesen. Um 11 Uhr telefonierte er mit seinem Botschafter in Berlin, Bernardo Attolico. Die Deutschen hörten mit und zeichneten das Gespräch auf.

MUSSOLINI: *Hier ist der Duce, hörst du?*

ATTOLICO: *Ja, ich höre.*

MUSSOLINI: *Geh sofort zum deutschen Reichskanzler und sage ihm, die britische Regierung habe mir durch Lord Perth mitteilen lassen, daß sie meine Vermittlung in der sudetendeutschen Frage annehmen würde. Sage dem Führer, ich stünde hinter ihm: er möge beschließen! Aber sage ihm, ich hielte die Annahme des Vermittlungsvorschlages für sehr günstig. Hörst du?*

ATTOLICO: *Ja, ich höre.*

MUSSOLINI: *Eile*[69]*!*

Außer Atem und vor Aufregung hochrot im Gesicht (wie Chefdolmetscher Dr. Schmidt bemerkte), traf Botschafter Attolico in der Reichskanzlei ein und stellte fest, daß sich der französische Botschafter bereits bei Hitler befand. François-Poncet hatte es endlich geschafft. Hitler hatte ihn um 11 Uhr 15 empfangen. Der Botschafter hatte eine flüchtig skizzierte Landkarte vorgelegt, auf der die großen tschechoslowakischen Gebiete eingezeichnet waren, die nunmehr mit Bonnets Zustimmung am 1. Oktober an Deutschland fallen sollten. Der »Führer« schien beeindruckt, insbesondere – wie Dr. Schmidt bemerkte – von der Landkarte mit ihren großzügigen Gebietsabtretungen.

Um 11 Uhr 40 wurde die Unterredung plötzlich von einem Beamten unterbrochen: Attolico sei soeben mit einer dringenden Botschaft Mussolinis eingetroffen. Hitler verließ zusammen mit Schmidt den Raum, um den immer noch nach Atem ringenden Botschafter zu begrüßen.

»Ich habe für Sie eine dringende Botschaft vom Duce!« rief der von Natur aus heisere Attolico. Er trug sie vor und fügte hinzu, Mussolini bäte den »Führer«, von einer Mobilmachung abzusehen.

Wie Dr. Schmidt als einziger überlebender Augenzeuge erklärte, fiel in dieser Sekunde die Entscheidung für den Frieden. Es war inzwischen fast 12 Uhr, zwei Stunden vor Ablauf des Ultimatums an die Tschechen.

»Sagen Sie dem Duce, daß ich den Vorschlag annehme«[70], antwortete Hitler sichtlich erleichtert.

Nun ließ die Spannung nach. Im Anschluß an Attolico und François-Poncet wurde auch Botschafter Henderson empfangen.

Hitler sagte zu Henderson: »Auf Wunsch meines großen Freundes und Verbündeten Mussolini habe ich die Mobilmachung meiner Truppen um vierundzwanzig Stunden verschoben.« Er hatte zwar bereits sämtliche halbwegs ausgebildeten Soldaten mobilisiert, aber der Botschafter war doch erleichtert, Hitler versprach ihm mehr über die vorgeschlagene Konferenz mitzuteilen, sobald er sich noch einmal mit Mussolini abgestimmt hatte. Hitlers Entschluß fiel am 28. September, wenige Minuten vor 14 Uhr, als das Ultimatum gerade ablief. In aller Eile ergingen Einladungen an die Regierungschefs Großbritanniens, Frankreichs und Italiens, um die Mittagszeit des folgenden Tages zur Beilegung der tschechoslowakischen Frage in München mit dem Führer zusammenzutreffen.

Prag und Moskau wurden nicht eingeladen. Rußland hatte zwar für den Fall eines deutschen Angriffs die Unversehrtheit der Tschechoslowakei mitgarantiert, aber nun sollte es sich nicht einmischen. Die Tschechen wurden nicht einmal aufgefordert, bei ihrem eigenen Todesurteil anwesend zu sein.

An diesem »Schwarzen Mittwoch« hielt der britische Premierminister um 14 Uhr 55 eine Rede vor dem Londoner Unterhaus. Er gab einen genauen Überblick über die Lage und erklärte, sie sei zwar immer noch ungewiß, habe sich aber gebessert. Es sei Mussolini gelungen, Hitler zur Verschiebung der Mobilmachung um vierundzwanzig Stunden zu bewegen. Nach einer Stunde und zwanzig Minuten kam Chamberlain gerade zum Schluß seiner Rede, da wurde er um 16 Uhr 15 durch einen Boten unterbrochen, der ihm eine Mitteilung überreichte.

Was auch immer die ehrenwerten Mitglieder des Unterhauses von Signor Mussolini halten mögen (sagte Chamberlain gerade), so glaube ich doch, daß jeder einzelne diese Friedensgeste begrüßen wird.

Dann hielt der Premierminister inne, warf einen Blick auf die Mitteilung und lächelte.

Aber das ist nicht alles. Ich habe dem Hohen Haus noch etwas mitzuteilen. Ich erhalte soeben die Nachricht, daß mich Herr Hitler für morgen vormittag nach München einlädt. Auch Signor Mussolini und M. Daladier sind eingeladen, Mussolini hat die Einladung bereits angenommen, und ich bezweifle nicht, daß auch M. Daladier zustimmen wird. Ich brauche wohl nicht zu sagen, wie meine Antwort lautet . . .

Das erübrigte sich. Das ehrwürdige Unterhaus, diese Mutter aller Parlamente, reagierte mit einer Massenhysterie, die in seiner langen Geschichte einmalig ist.

Wilde Schreie wurden laut, Parlamentsdrucksachen flogen durch die Luft, viele brachen in Tränen aus, und den ganzen Tumult übertönte eine Stimme, die aller Empfindungen ausdrückte: »Gott sei für unseren Premierminister gedankt!«

Was wurde nun aus den deutschen Verschwörern, die nahe daran waren – wie sie später behaupteten –, Hitler zu stürzen, und die nach General Witzlebens Aussage an jenem schicksalhaften Mittwoch kurz vor Mittag ihre Zeit für gekommen hielten? Sie bliesen das Unternehmen ab. Es erübrigte sich nach ihrer Meinung, da Chamberlain bereit war, nach München zu kommen. Sie schreckten nicht davor zurück, den Diktator zu stürzen, wenn es darum ging, Deutschland einen hoffnungslosen Krieg zu ersparen. Aber nun würde es ja keinen Krieg geben.

Generalstabschef Halder, das Haupt der Verschwörung, erklärte nach dem Krieg[71]:

Es war geplant, die Reichskanzlei . . . Ämter und Ministerien . . . militärisch zu besetzen . . . Am 28. September kam Witzleben in der Mittagszeit in mein Amtszimmer. Er bat mich um einen Ausführungsbefehl. Wir besprachen noch andere Einzelheiten – wieviel Zeit wir brauchen würden usw. Noch während wir zusammensaßen, traf die Nachricht ein, daß Chamberlain und Daladier sich zu weiteren Verhandlungen mit Hitler bereit erklärt hatten . . . Daher widerrief ich den Ausführungsbefehl, denn durch diese Tatsache wurde der Aktion die ganze Grundlage genommen . . .

Wir waren fest überzeugt gewesen, daß unser Unternehmen glücken würde. Aber nun kam Mr. Chamberlain, und die Kriegsgefahr war mit einem Schlage abgewendet.*

Die Nachricht, daß sich die Regierungschefs der vier Großmächte in München »zur Beilegung des tschechoslowakischen Problems« treffen wollten, bedeutete für Prag den Todesstoß, da man sich hinsichtlich des Ergebnisses keinen Illusionen hingab. Verzweifelt ließ Benesch über den britischen Gesandten in Prag an Chamberlain kabeln:

Ich bitte Mr. Chamberlain, in München nichts zu unternehmen, was die Lage der Tschechoslowakei gegenüber den Bedingungen der britisch-französischen Vorschläge verschlechtern könnte . . . Ich bitte daher, in München nichts ohne Anhörung der Tschechoslowakei zu unternehmen . . .[72]

Diese Depesche kreuzte sich mit einem Telegramm des Premierministers, in dem er dem tschechischen Präsidenten versicherte, »daß ich die Interessen der Tschechoslowakei im Auge behalten werde«. Als Trostpflästerchen für Prag »riet« Halifax noch am selben Abend der tschechischen Regierung, einen »geeigneten und bevollmächtigten Vertreter verfügbar zu halten, der morgen kurzfristig nach München reisen könnte«.

* Einen detaillierten Bericht über die Verschwörung gegen Hitler kurz vor der Münchner Konferenz findet man in *Aufstieg und Fall des Dritten Reiches*, Kap. 12.

Daladier nahm am Nachmittag dieses 28. September die Einladung nach München bereitwillig an. Sie bedeutete für Paris eine unendliche Erleichterung. Als die Zukunft am Vormittag noch schwarz erschien, hatte der Ministerpräsident für den Abend eine Rundfunkansprache an das Volk angekündigt. Er wollte die Generalmobilmachung verkünden und erneut bekräftigen, daß Frankreich seine Verpflichtungen gegenüber der Tschechoslowakei erfüllen werde. Die Einladung nach München brachte nun eine drastische Änderung seiner Absichten. Er teilte abends in einer kurzen Rundfunkansprache mit, daß er sich in München mit den Regierungschefs der übrigen drei Mächte treffen werde, und erklärte es angesichts der bevorstehenden Verhandlungen für seine »Pflicht, die Erklärungen aufzuschieben«, die er hatte abgeben wollen. Er versprach die Fortsetzung seiner Bemühungen »zur Sicherung des Friedens und der Lebensinteressen Frankreichs«. Die Rundfunkrede klang nichtssagend. Aber alles hing nun davon ab, wie er sich am folgenden Tag gegen Hitler – und auch gegen Chamberlain – behaupten würde.

Die Zeitungen und die Politiker aller Parteien, mit Ausnahme der Kommunisten, begrüßten begeistert seine Entscheidung, nach München zu gehen. In *Le Populaire* schrieb Léon Blum überschwenglich, die Nachricht von der Konferenz habe »ein gewaltiges Echo der Freude und Hoffnung« hervorgerufen. Es wäre »kriminell«, wie er schrieb, die Verhandlungen scheitern zu lassen. Er schloß mit den Worten: »Die heilige Flamme des Friedens, die schon verflackern wollte, wurde neu entzündet.« Das gemäßigte Blatt *L'Aube* forderte zur Rettung des Friedens notfalls weitere Zugeständnisse an Hitler.

Bonnet drückte sich davor, seinen Ministerpräsidenten nach München zu begleiten. Er sagt dazu: »Ich zog es vor, in Paris zu bleiben, und ersuchte M. Léger (den Generalsekretär des Quai d'Orsay), mich beim Regierungschef zu vertreten.« Er will in einem Memorandum die Grenzen der möglichen Konzessionen Frankreichs an Deutschland abgesteckt haben. Es dürfte jedoch seine wahre Einstellung gewesen sein, die er seinem Freund, dem britischen Botschafter, anvertraute. Der kabelte am nächsten Morgen an Halifax:

Der Minister für Auswärtige Angelegenheiten bat mich gestern abend und noch einmal heute morgen bei Daladiers Verabschiedung, Ihnen nahezulegen, daß es nach seiner Ansicht von lebenswichtiger Bedeutung sei, in München fast um jeden Preis eine Einigung über das Sudetenproblem zu erzielen[73].

General Gamelin unternahm einen zaghaften Versuch, zu verhindern, daß dieser Preis zu einem Bankrott der Tschechoslowakei und einer Katastrophe für Frankreich würde. Daladier hatte ihn gefragt, welche Grenzen für die möglichen Konzessionen des Westens vom militärischen Standpunkt aus gezogen werden müßten.

Ich sagte ihm (berichtet Gamelin), daß die Tschechoslowakei nach Verlust ihrer natürlichen Grenzen keinerlei militärischen Wert mehr haben würde. Es sei eine Mindestvoraussetzung, das ganze Befestigungssystem in ihren Händen zu belassen und die wichtigsten Eisenbahnverbindungen zwischen den östlichen und westlichen Landesteilen nicht zu unterbrechen, damit die CSR *ein »wirtschaftlich lebensfähiger Staat« bliebe.*

»Ich hoffe«, soll Daladier geantwortet haben, »daß wir nicht soweit gehen müssen[74].«

21 Die Konferenz in München 29. bis 30. September 1938

Am frühen Morgen traf Hitler, aus Berlin kommend, in München ein und fuhr mit seinem Sonderzug sofort weiter nach Kufstein an der ehemaligen österreichisch-deutschen Grenze, um sich mit Mussolini zu treffen, der in seinem eigenen Sonderzug aus Rom anreiste. Hitler war daran gelegen, mit seinem Verbündeten eine gemeinsame Handlungsbasis für die Konferenz zu finden – für den Fall, daß sich Chamberlain und Daladier als unzugänglich erweisen oder versuchen sollten, Zeit zu gewinnen. In seinem Privatwaggon gebärdete sich Hitler während der Rückfahrt nach München kriegerisch und erläuterte dem Duce anhand von Karten, auf welche Weise er die Tschechoslowakei zu »erledigen« gedachte. Er erklärte, entweder müßten die um Mittag beginnenden Gespräche unmittelbare Erfolge bringen, oder er werde zu den Waffen greifen.

»Im übrigen«, fügte er hinzu, »wird der Tag kommen, an dem wir uns vereint gegen England und Frankreich werden schlagen müssen.« Mussolini stimmte zu[1].

Chamberlain unternahm keinen ähnlichen Versuch zu einer Vorbesprechung mit Daladier, um eine gemeinsame Strategie der beiden westlichen Demokratien gegenüber den zwei faschistischen Diktatoren auszuarbeiten. Vielen von uns, die wir in München Verbindung zur britischen und französischen Delegation unterhielten, wurde im Laufe des Tages sogar klar, daß Chamberlain mit dem festen Entschluß nach München gekommen war, sich von keinem – gewiß nicht von den Tschechen und nicht einmal von den Franzosen – von einer raschen Übereinkunft mit Hitler abhalten zu lassen. Von Daladiers Seite hatte der Premierminister wohl kaum etwas zu befürchten, aber er wollte keinerlei Risiko eingehen.

Die Gespräche begannen um 12 Uhr 45 im »Führerbau« am Königsplatz in München. Sie verliefen zwanglos, ohne feste Tagesordnung und in einer recht freundlichen Atmosphäre. Dr. Schmidt, der unermüdliche Dolmetscher, war über die »Atmosphäre des allseitigen guten Willens« überrascht. Botschafter Henderson erinnerte sich später: »In keinem Stadium wurden die Gespräche hitzig.« Niemand führte den Vorsitz. Jeder der vier Regierungschefs sprach sich nach Belieben aus. Die Erörterungen wurden zumeist in ruhigem Ton geführt. Bald wurde offenkundig, daß Chamberlain und Daladier angesichts Hitlers unverrückbarer Standpunkte in allen wesentlichen Punkten zum Einlenken bereit waren. Mussolini sorgte dafür, daß man zur Sache kam. »Um eine praktische Lösung des Problems herbeizuführen, möchte ich den folgenden Vorschlag unterbreiten«, sagte er und verlas ihn dann.

Die Ursprünge dieses Vorschlags sind interessant. Sie blieben Chamberlain, soviel ich weiß, bis zu seinem Tode unbekannt; Daladier sagte mir 1964 selbst, daß er erst durch die Enthüllungen bei den Nürnberger Kriegsverbrecherprozessen davon erfuhr. Was der Duce nun als angeblich eigenen Kompromißvorschlag vortrug, war am vorhergehenden Nachmittag in aller Eile im Auswärtigen Amt in Berlin von Göring, Neurath und Weizsäcker ausgearbeitet worden, und zwar hinter dem Rücken von Außenminister Ribbentrop, dessen Urteilsvermögen die drei Männer nicht viel zutrauten. Nach Hitlers Zustimmung wurde der Entwurf von Dr. Schmidt in aller Eile ins Französische übersetzt und sodann an den italienischen Botschafter Attolico weitergeleitet. Dieser gab den Text telefonisch dem Duce nach Rom durch, kurz bevor dieser den Zug nach München bestieg. Somit waren die »italienischen Vorschläge«, die der formlos geführten Konferenz als einzige Diskussionsgrundlage dienten und schließlich die Grundlage für das Münchener Abkommen bildeten, in Wirklichkeit deutsche Vorschläge, die in Berlin entstanden waren*.

Dieser Umstand muß ziemlich deutlich aus dem Wortlaut hervorgegangen sein, der sich eng an Hitlers bereits zürückgewiesene Godesberger Forderungen anlehnte. Doch das schien weder Daladier noch Chamberlain, noch Sir Horace Wilson oder den Botschaftern Großbritanniens und Frankreichs in Berlin, die am Nachmittag zu

* Erich Kordt, Leiter des Ministerbüros im deutschen Auswärtigen Amt, berichtete am 4. Juni 1948 in Nürnberg vor dem Militärtribunal IV bei der Verhandlung gegen Ernst von Weizsäcker über den deutschen Ursprung der Mussolinivorschläge. Eine Zusammenfassung des offiziellen Gerichtsprotokolls wurde in den Akten zur deutschen Außenpolitik veröffentlicht. Kordt beschreibt diese Vorgänge auch in seinem Buch *Wahn und Wirklichkeit*, 2. Aufl. 1948, S. 133. Dr. Schmidt bestätigt in seinen Memoiren (*Statist auf diplomatischer Bühne 1923–1945*, S. 415) Kordts Aussagen. Er bemerkt, die Übersetzung von Mussolinis Vorschlägen sei ihm in München »leicht« geworden, da er sie bereits am Tag zuvor in Berlin übersetzt hatte. Der italienische Außenminister Graf Ciano berichtet in einer Tagebucheintragung aus München vom 29. bis 30. September, wie Mussolini das Dokument vorlegte, »das uns in Wirklichkeit am Abend zuvor von unserer Botschaft telefonisch durchgesagt worden war und das die Wünsche der deutschen Regierung wiedergab«. (*Ciano's Hidden Diary, 1937–1938*, S. 167.)

den Besprechungen hinzugezogen wurden, aufzufallen. Nach dem deutschen Protokoll (andere erwähnenswerte Aufzeichnungen wurden nicht geführt) »begrüßte (der französische Ministerpräsident) ganz besonders den von objektivem und realistischem Geist getragenen Vorschlag des Duce«. Der britische Premierminister »begrüßte ebenfalls die Vorschläge des Duce und erklärte, auch er selbst habe sich eine Lösung auf der Linie dieser Vorschläge vorgestellt«. Wilson sah darin »eine vernünftige Neufassung vieler Dinge, die bereits in den britisch-französischen und britisch-deutschen Gesprächen diskutiert wurde«. Botschafter Henderson schrieb später, er habe geglaubt, daß Mussolini taktvollerweise eine Kombination der Hitlerschen und der französisch-britischen Vorstellungen als seine eigenen vorgebracht hätte; Botschafter François-Poncet gewann dagegen den Eindruck, der Diskussion hätte ein »von Horace Wilson entworfenes« Memorandum zugrunde gelegen[2]. Selbst in einem so entscheidenden historischen Augenblick war es nicht schwer, die englischen und französischen Staatsmänner und Diplomaten zu täuschen!

Zwei unwesentliche Streitpunkte ergaben sich zu Beginn der Aussprache, und in beiden Fällen gaben die westlichen Demokratien Hitler nach. Chamberlain wollte wissen, wer die CSR-Regierung für staatliches Eigentum entschädigen werde, das mit dem Sudetenland in deutschen Besitz übergehen würde. Er widersetzte sich auch der Klausel, daß die aus dem Sudetenland ausziehenden Tschechen nicht einmal ihr Vieh mitnehmen dürften. »Soll das etwa heißen«, fragte er, »daß zwar die Bauern ausgewiesen werden, ihr Vieh aber zurückbehalten wird?«

Hitler herrschte Chamberlain an: »Unsere Zeit ist zu kostbar, um mit solchen Lappalien vertan zu werden!« Der Premierminister ließ das Thema fallen.

Zunächst bestand er ferner darauf, daß ein Vertreter der CSR anwesend oder doch zumindest »verfügbar« sein sollte. Großbritannien könne natürlich, wie er sagte, »nicht für eine Räumung des Sudetenlands bis zum 10. Oktober (die Mussolini vorgeschlagen hatte) garantieren, wenn keine Zusicherungen von seiten der tschechoslowakischen Regierung vorlägen«. Daladier unterstützte halbherzig diesen Standpunkt. Die französische Regierung, erklärte er, »würde keinesfalls eine Verschleppung dieser Angelegenheit durch die tschechische Regierung dulden«, aber er hielte »die Anwesenheit eines tschechischen Vertreters, den man notfalls konsultieren kann, für vorteilhaft«.

Doch Hitler blieb hart. Er sagte, er sei »an Zusicherungen der tschechischen Regierung nicht interessiert«. Er werde die Anwesenheit von Tschechen nicht dulden. Die beiden westlichen Regierungschefs begannen wieder nachzugeben. Daladier erklärte: »Wenn die Anwesenheit eines Prager Vertreters Schwierigkeiten verursacht, bin ich bereit, darauf zu verzichten.« Schließlich regte Chamberlain die Anwesenheit eines Prager Vertreters »im Nebenzimmer« an, damit bei ihm gegebenenfalls Zusicherungen eingeholt werden könnten. Darauf einigte man sich endlich.

So erschienen zur Nachmittagssitzung zwei tschechoslowakische Vertreter, nämlich Dr. Voytech Mastny, der Gesandte der CSR in Berlin, und Dr. Hubert Masaryk vom Prager Außenministerium. Sie wurden in ein Nebenzimmer geführt und mußten sich von 14 bis 19 Uhr in Geduld fassen. Dann wurden ihnen die schlechten Nachrichten mitgeteilt. Um 19 Uhr besuchte sie Frank Ashton-Gwatkin, der Runciman begleitet hatte und – wie sein Chef – von den Sudetendeutschen mehr angetan war als von den Tschechen. Er gab ihnen die ersten Hinweise auf das, was die vier Staatsmänner aushandelten. Sie hätten sich im großen und ganzen geeinigt, sagte er, jedoch könne er ihnen noch keine Einzelheiten mitteilen. Die Bedingungen seien aber viel »härter« als in den französisch-britischen Vorschlägen, mit denen die Tschechen von London und Paris aus bedrängt worden waren. Als Masaryk die Frage stellte, ob die Tschechen denn nicht gehört werden könnten, antwortete ihnen der Engländer, wie der tschechische Gesandte später seiner Regierung mitteilte, »ich schiene die schwierige Lage der Großmächte zu verkennen und verstehe nicht, wie schwer es gewesen sei, mit Hitler zu verhandeln«.

Drei Stunden später, um 22 Uhr, wurden die beiden unglücklichen Tschechoslowaken zu Sir Horace Wilson geführt, dem getreuen Paladin seines Premierministers. In Chamberlains Auftrag unterrichtete sie Wilson über die Hauptpunkte des Viermächteabkommens und überreichte ihnen eine Landkarte derjenigen Sudetengebiete, die sofort geräumt werden sollten. Als die beiden Abgesandten zu protestieren versuchten, schnitt ihnen Wilson das Wort ab. Er hätte nichts weiter zu sagen, erklärte er und verließ unvermittelt das Zimmer. Die Tschechen erhoben gegenüber Ashton-Gwatkin, der bei ihnen blieb, weitere Proteste.

Als auch er sich zum Gehen wandte, ermahnte er sie noch: »Wenn Sie nicht akzeptieren, werden Sie Ihre Angelegenheiten mit den Deutschen ganz allein regeln müssen. Die Franzosen würden Ihnen das vielleicht schonender beibringen, aber Sie dürfen mir glauben, daß sie unsere Ansichten teilen. Sie sind uninteressiert.«

Das war die Wahrheit, wie die beiden tschechischen Abgesandten schon bald erkennen mußten. Am 30. September 1938, kurz nach 1 Uhr morgens*, setzten nacheinander Hitler, Chamberlain, Musso-

* Das Abkommen wurde auf den 29. September datiert, aber erst in den frühen Morgenstunden des 30. September unterzeichnet. Es sah vor, daß die Besetzung des »überwiegend deutschen Gebiets« durch die deutschen Truppen in vier Etappen zwischen dem 1. und 7. Oktober durchgeführt werden sollte. Das übrige Gebiet sollte von einer »internationalen Kommission« neu abgegrenzt und »bis zum 10. Oktober besetzt werden. Die Kommission sollte sich aus Vertretern der vier Großmächte und der Tschechoslowakei zusammensetzen. Deutschland, Frankreich und Italien waren damit einverstanden,

lini und Daladier ihre Unterschriften unter das Münchner Abkommen. Es sah vor, daß die deutsche Wehrmacht am 1. Oktober, wie Hitler mehrfach gefordert hatte, mit dem Einmarsch in die CSR beginnen und die Besetzung des Sudetenlandes am 10. Oktober abschließen solle. Hitler hatte durchgesetzt, was ihm in Bad Godesberg verweigert worden war.

Nun blieb noch die schmerzliche Aufgabe – schmerzlich zumindest für die Betroffenen –, die Tschechen davon zu unterrichten, was sie alles abzutreten hatten und wie bald schon. An diesem Teil der Zeremonie waren Hitler und Mussolini uninteressiert. Sie zogen sich zurück und überließen diese Aufgabe den Verbündeten der CSR. Diese Szene beschrieb Masaryk sehr anschaulich in seinem offiziellen Bericht an seine Regierung.

»Um 1 Uhr 30 wurden wir in den Konferenzsaal geführt. Anwesend waren Mr. Chamberlain, M. Daladier, Sir Horace Wilson, M. Léger (der Generalsekretär des französischen Außenministeriums), Mr. Ashton-Gwatkin, Dr. Mastny und ich. Es herrschte eine gedrückte Stimmung: Die Urteilsverkündung stand bevor. Den offensichtlich nervösen Franzosen schien daran gelegen zu sein, das Ansehen Frankreichs zu wahren. Mr. Chamberlain sprach einleitend lang und breit über das Abkommen und überreichte dann Dr. Mastny den Wortlaut.«

Die Tschechoslowaken stellten mehrere Fragen, aber

Mr. Chamberlain gähnte fortgesetzt und gab sich auch keine Mühe, sein Gähnen zu verbergen. Ich fragte die Herren Daladier und Léger, ob sie eine Erklärung oder Erwiderung unserer Regierung zu dem Abkommen erwarteten. M. Daladier war auffallend nervös. M. Léger antwortete, die vier Staatsmänner hätten nicht viel Zeit. Hastig und betont gleichgültig fügte er hinzu, eine Antwort unsererseits sei nicht erforderlich. Man sehe den Plan als akzeptiert an. Unsere Regierung habe noch am selben Tag bis spätestens 15 Uhr ihren Vertreter nach Berlin, dem Sitz der Kommission, zu entsenden. Schließlich habe der dafür bestimmte tschechoslowakische Beamte am Samstag in Berlin zu sein, um die Einzelheiten für die Evakuierung der ersten Zone zu regeln. Er sagte, die Lage beginne für die ganze Welt gefährlich zu werden.

»daß die Evakuierung dieses Gebietes bis zum 10. Oktober abgeschlossen sein soll, wobei keine bestehenden Einrichtungen zerstört werden dürfen. Die Regierung der CSR wird für die Durchführung der Evakuierung ohne eine Beschädigung der genannten Einrichtungen verantwortlich gemacht.«

Ferner sollte die internationale Kommission in den Gebieten, in denen die Volkszugehörigkeit zweifelhaft war, »bis spätestens Ende November« Volksabstimmungen durchführen und die neuen Grenzen endgültig festlegen. In einem Anhang zu dem Abkommen erklärten Großbritannien und Frankreich, daß »sie zu ihrem Angebot einer internationalen Garantie der neuen Grenzen des tschechoslowakischen Staates im Falle einer nicht provozierten Aggression stehen. Sobald die Frage der polnischen und ungarischen Minderheiten geregelt ist, werden auch Deutschland und Italien ihrerseits eine Garantieerklärung gegenüber der Tschechoslowakei abgeben[3].«

Die versprochenen Volksentscheide wurden nie durchgeführt. Weder Deutschland noch Italien gab der CSR jemals eine Garantie, auch nicht nach Regelung der Frage polnischer und ungarischer Minderheiten. Großbritannien und Frankreich sollten sich später weigern, ihre Garantie einzulösen.

Er schlug uns gegenüber einen unfreundlichen Ton an. Und das war ein Franzose . . . Mr. Chamberlain machte kein Hehl aus seiner Müdigkeit. Sie gaben uns eine zweite, geringfügig korrigierte Landkarte. Dann war man fertig mit uns, und wir durften gehen[4] .

Aus jener schicksalhaften Nacht blieben mir das triumphierende Leuchten in Hitlers Augen in Erinnerung, als er nach der Sitzung die breiten Treppen des Führerbaus herunterstolzierte, die eingebildete Haltung Mussolinis in seiner betreßten Milizuniform, das Gähnen Chamberlains und der Ausdruck wohliger Schläfrigkeit, mit dem er ins Regina-Hotel zurückkehrte.

In jener Nacht notierte ich in meinem Tagebuch:

Daladier dagegen wirkte wie ein völlig geschlagener und gebrochener Mann. Er suchte das Regina auf, um sich von Chamberlain zu verabschieden . . . Jemand fragte ihn: »Herr Präsident, sind Sie mit dem Abkommen zufrieden?« Aber er war so erschöpft und niedergeschlagen, daß er keine Antwort fand. Schweigend stolperte er zur Tür hinaus[5] .

Chamberlain hatte seine Gespräche mit Hitler über den Weltfrieden noch nicht beendet. Am frühen Morgen des 30. September suchte er, erfrischt von ein paar Stunden Schlaf und offenbar zufrieden mit seinen Leistungen vom Vortag, Hitler in seiner Münchener Wohnung auf. Chamberlain wollte das Gespräch über die Lage Europas fortsetzen und ein kleines Zugeständnis erlangen, von dem er sich offenbar eine Stärkung seiner politischen Position in England versprach. Wenn man in Dr. Schmidts Aufzeichnungen[6] seinen langatmigen Monolog nach dreißig Jahren noch einmal nachliest, erscheint er einem selbst aus dem Mund eines Mannes wie Chamberlain unglaublich*. Der Premierminister zog ein Blatt Papier aus der Tasche und gab seiner Hoffnung Ausdruck, daß sie beide dieses Schriftstück unterzeichnen und zur sofortigen Veröffentlichung freigeben würden.

*Wir, der deutsche Führer und Reichskanzler und der britische Premierminister, haben eine weitere Besprechung gehabt*** *und sind uns in der Erkenntnis*

* Unter anderem äußert Chamberlain »seine Zuversicht« in die »großzügige Haltung Deutschlands bei der Durchführung des Münchner Abkommens« und seine Hoffnung, daß die Tschechen nicht so »unvernünftig sein werden, Schwierigkeiten zu machen«. Sollte das doch der Fall sein, so hoffe er, Hitler werde wegen der »schrecklichen Verluste unter der Zivilbevölkerung« Prag nicht bombardieren. In diesem Ton ging es weiter: Er empfahl ein gemeinsames Bemühen um die Beendigung des Spanischen Bürgerkriegs (den deutsche und italienische »Freiwillige« gerade für Franco gewannen), um eine fortschreitende Abrüstung, die Förderung der Weltwirtschaft, den politischen Frieden in Europa und sogar eine Lösung »des russischen Problems«.

** Dies geschah ebenso hinter dem Rücken Frankreichs wie die Unterzeichnung des britisch-deutschen Marineabkommens im Jahre 1935. Bonnet und Daladier erklären übereinstimmend, sie hätten von dem Treffen zwischen Chamberlain und Hitler sowie der von ihnen unterzeichneten Erklärung erst aus den Zeitungen erfahren. Sie erkundigten sich unverzüglich beim britischen Außenministerium, das erwider-

einig, daß die Frage der deutsch-englischen Beziehungen von allererster Bedeutung für beide Länder und Europa ist.

Wir sehen das gestern unterzeichnete Abkommen und das deutsch-englische Flottenabkommen als symbolisch für den Wunsch unserer beiden Völker an, niemals wieder gegeneinander Krieg zu führen.

Wir sind entschlossen, auch andere Fragen, die unsere beiden Länder angehen, nach der Methode der Konsultation zu behandeln und uns weiter zu bemühen, etwaige Ursachen von Meinungsverschiedenheiten aus dem Wege zu räumen, um auf diese Weise zur Sicherung des Friedens in Europa beizutragen.

Hitler las die deutsche Übersetzung und unterschrieb sie – nicht ohne Widerstreben und nur Chamberlain zu Gefallen, wie Schmidt meinte. Der britische Premierminister habe sich hocherfreut gezeigt und »dem Führer herzlich gedankt«. Der so getäuschte Chamberlain wußte natürlich nicht, daß sich Hitler und Mussolini ausgerechnet bei diesem Münchner Treffen darüber einig geworden waren, daß sie eines Tages würden »Seite an Seite« gegen Großbritannien und Frankreich kämpfen müssen.

Bevor Chamberlain in der Nacht der Unterzeichnung des Münchner Abkommens zu Bett gegangen war, hatte er noch ein Telegramm an den britischen Gesandten in Prag geschickt, um Schwierigkeiten von tschechischer Seite vorzubeugen.

Suchen Sie sofort den Präsidenten auf . . . und dringen Sie auf Annahme des Plans . . . Sie werden verstehen, daß für Erörterungen keine Zeit ist, es geht um ein bedingungsloses Ja. Ihr französischer Kollege hat ähnliche Anweisungen erhalten . . .[9]

Und tatsächlich hatte Daladier am 30. September morgens um 3 Uhr 30 den französischen Gesandten in Prag in einem dringenden Telegramm angewiesen, unverzüglich Benesch aufzusuchen »und seine Zustimmung sicherzustellen«. Der Gesandte wurde ferner angewiesen, »die tiefe Anteilnahme auszudrücken, die das Ergebnis dieses Treffens in mir weckte, bei dem es nicht mein Verschulden war, daß kein Vertreter der Tschechoslowakei hinzugezogen wurde«[10]. So gingen die unwürdigen Täuschungsmanöver unter den angeblichen Verbündeten weiter. Gegenüber der Weltöffentlichkeit suchte der

te, es wisse von nichts. Schließlich beauftragten sie Botschafter Corbin in London, Chamberlain um eine Erklärung zu ersuchen. Bonnet berichtet, der Premierminister »antwortete in seiner aufrichtigen Art«, die britisch-deutsche Erklärung sei nicht »vorhergeplant« worden, aber Hitler habe sich im Verlauf ihrer Unterhaltung als so »aufgeschlossen in bezug auf mehrere Vorschläge zu den britisch-deutschen Beziehungen« gezeigt, daß es dem Premierminister ratsam erschienen sei, dieses schriftlich niederzulegen[7]. Dagegen steht die Aussage Dr. Schmidts – der als Dolmetscher einziger Zeuge des Gesprächs zwischen Hitler und Chamberlain wurde –, daß der Premierminister ein bereits schriftlich vor seiner Ankunft vorbereitetes Exemplar der Erklärung »aus der Tasche zog«[8]. Das waren die kleinlichen Praktiken, mit denen sich damals selbst die demokratischen Verbündeten gegenseitig hintergingen.

französische Ministerpräsident bereits nach einer Rechtfertigung seiner Handlungsweise. Zu den französischen Journalisten in München sagte er: »Ich glaube, wir haben vernünftig gehandelt. Sollten denn fünfzehn Millionen Europäer getötet werden, um drei Millionen Sudetendeutsche, die deutsch sein wollen, zum Verbleib in der Tschechoslowakei zu zwingen?« Gegenüber der amtlichen deutschen Nachrichtenagentur DNB erklärte er: »Dank dem Verständnis der Vertreter der westlichen Großmächte wurde der Krieg vermieden und allen Völkern ein ehrenhafter Friede gesichert.«

In seinem Herzen empfand er, wie er später zugab, »eine große Bitterkeit« über die Preisgabe »eines treuen Verbündeten«[11]. Er befürchtete, bei seiner Rückkehr nach Paris ausgepfiffen zu werden. Als sich seine Maschine am 30. September um 15 Uhr 30 dem Flughafen Le Bourget näherte, erblickte er eine große Menschenmenge. Er bat den Piloten, über dem Landefeld zu kreisen, bis er seine Haltung wiedergewonnen und einige passende Worte zur Beruhigung der – wie er meinte – feindseligen Menge gefunden hatte. Aber es kam ganz anders. Er wurde genau wie Chamberlain bei seiner Rückkehr nach London mit stürmischem Beifall empfangen. Eine halbe Million Menschen säumten die Straßen vom Flugplatz zum Verteidigungsministerium in Paris und jubelten ihm zu. Noch auf dem Flugplatz hielt er eine kurze Rundfunkansprache an das französische Volk:

Ich komme mit der ehrlichen Überzeugung zurück, daß diese Vereinbarung für den Frieden in Europa unerläßlich war. Wir erzielten sie dank einer gegenseitigen Verständigungsbereitschaft und dem Willen zu enger Zusammenarbeit.

General Gamelin stand wartend unter den anderen Würdenträgern. Ihm flüsterte er zu: »Großartig war es nicht, aber ich tat mein möglichstes.« Gamelin dachte an den Verlust der 35 tschechoslowakischen Divisionen. Reynaud stichelte: »Wo wollen Sie jetzt fünfunddreißig neue Divisionen hernehmen?« Daran mußte auch Daladier denken, der ja nicht nur Ministerpräsident sondern gleichzeitig auch Verteidigungsminister war. Immer noch überrascht von der begeisterten Begrüßung, soll er sich auf der Rückfahrt in die Hauptstadt einem Adjutanten zugewandt haben[12]:

»Diese Schwachköpfe, wenn die nur wüßten, was sie da bejubeln!«

In Prag versuchten sich die betroffenen Tschechen mit der Tatsache abzufinden, daß das Münchner Abkommen das Ende ihres jahrhundertealten Traums von wahrer Unabhängigkeit bedeutete, einer Unabhängigkeit, der sie sich nur neunzehn Jahre lang erfreuen durften. Als die Gesandten Frankreichs und Großbritanniens im Prager Außenministerium vorsprachen, um der Regierung die Notwendigkeit einer Annahme des Viermächteabkommens klarzumachen und gleichzeitig ihr Mitgefühl auszudrücken, schnitt ihnen Außenminister Dr. Krofta das Wort ab. »Jetzt ist alles zu Ende«, sagte er verbittert. »Heute sind wir an der Reihe, morgen werden es andere sein.« Das Kabinett tagte den ganzen Vormittag zusammen mit den führenden Militärs unter Vorsitz von Präsident Benesch auf dem Hradschin. Am 30. September um 12 Uhr 50 fügte es sich in das Unvermeidliche und kapitulierte »unter Protest vor der ganzen Welt«, wie es das offizielle Protokoll ausdrückt. Der neue Ministerpräsident, General Sirovy, erklärte um 17 Uhr in einer Rundfunkansprache dem tschechoslowakischen Volk: »Wir wurden im Stich gelassen und stehen allein da.«

In Paris machte sich General Gamelin, der Grübler unter den führenden Militärs, Gedanken über die Geschehnisse von München: »C' était fini«, sagte er sich. »Deutschland hatte einen weiteren entscheidenden Sieg errungen[13].«

Aber in Regierung, Parlament, Presse und auf den Straßen wurde die Freude des französischen Volkes über die Erhaltung des Friedens deutlich. Nur darum ging es den Menschen. Der unverbesserliche Flandin sandte Hitler ein Glückwunschtelegramm und erhielt die Antwort: »Ich bin dankbar für Ihre Bemühungen . . . um eine Verständigung und vorbehaltlose Zusammenarbeit zwischen Frankreich und Deutschland . . .*«

Daladier und Bonnet wurden, von wenigen Ausnahmen abgesehen, in der Presse überschwenglich gefeiert, weil sie gemeinsam mit Chamberlain, Hitler und Mussolini den »Frieden gerettet« hatten. Selbst Léon Blum ließ sich in *Le Populaire* von der allgemeinen Stimmung mitreißen.

In ganz Frankreich gibt es keine Frau, keinen Mann, die nicht Neville Chamberlain und Edouard Daladier die wohlverdiente Dankbarkeit entgegenbringen. Der Krieg bleibt uns erspart. Das Unheil weicht. Das Leben kann sich wieder normalisieren. Man kann wieder an die Arbeit gehen und ruhig schlafen. Man kann sich an der Schönheit der Herbstsonne erfreuen.

Die rechtsgerichtete Presse bejubelte nicht nur die Beseitigung der Kriegsgefahr, sondern sie schmähte die wenigen Franzosen, die sich für eine feste Haltung der Regierung gegenüber Hitler und die Erfüllung ihres Versprechens an die Tschechoslowakei eingesetzt hatten. Stéphane Lauzanne** frohlockte in *Le Matin:* »Der Friede ist gerettet!

* Später stellte sich heraus, daß Flandin auch den anderen drei Regierungschefs ähnliche Glückwünsche sandte.

** Nach dem Kriege wurde Lauzanne als Kollaborateur zu einer langen Gefängnisstrafe verurteilt.

Gerettet trotz der Schufte, Verräter und Wahnsinnigen.« *Le Temps* vermerkte erleichtert: »Ein paar weitblickende und mutige Politiker haben über die ›Kriegstreiber‹ triumphiert.«

Auch die Dummheit blühte. Oberst de La Rocque begeisterte sich in *Le Petit Journal:* »Was für ein wunderbares und einmaliges Volk wir doch sind!« Er behauptete, Frankreich hätte »vorbildliche Standfestigkeit, Vernunft und Weisheit« bewiesen. Bonnet genoß seine augenblickliche Popularität als wichtigster französischer Förderer des Münchner Abkommens; er stellte erfreut fest, daß »viele Zeitungen selbst auf der äußersten Linken das Münchner Abkommen als einen Erfolg für die Geschicklichkeit und Festigkeit der französischen Diplomatie« darstellten. In seinen Augen war Frankreich über jeden Tadel erhaben.

Aus einer Rede in seinem eigenen Wahlkreis zitierte *Le Petit Parisien,* die größte Zeitung der Hauptstadt.

Es gibt eine Kritik, die ich energisch zurückweise: daß Frankreich nicht zu seiner Unterschrift gestanden hätte. Frankreichs Unterschrift ist heilig. Oder wurde die Tschechoslowakei etwa überfallen[14]?

Am 4. Oktober billigte die Kammer das Münchner Abkommen mit 535 zu 75 Stimmen, nachdem Daladier es im Verlauf einer kurzen Debatte leidenschaftlich verteidigt hatte. Außer den 73 Kommunisten stimmten nur 2 Deputierte, nämlich Kerillis von der Rechten und der Sozialist Jean Bouhey, dagegen. Dieses Abstimmungsergebnis spiegelte getreulich die Stimmung im französischen Volk wider. Der bekannte Historiker Pierre Renouvin bemerkt dazu: »Diese Politik der Preisgabe von Bündnissen fand die Zustimmung der Mehrheit des Kabinetts und des Parlaments. Schließlich wurde sie auch von der öffentlichen Meinung allgemein gutgeheißen[15].«

Am 5. Oktober, einen Tag nach dem Abstimmungssieg in der französischen Kammer, wich Benesch dem Druck Berlins. Er trat als Staatspräsident der Tschechoslowakei zurück und begab sich wenige Tage später nach London ins Exil, da man ihn gewarnt hatte, sein Leben sei in Gefahr.

An diesem Tag äußerte sich auch Winston Churchill vor dem Unterhaus. »Wir haben eine völlige Niederlage auf der ganzen Linie erlitten«, begann er, und mußte nach dieser Feststellung erst abwarten, bis der Proteststurm sich gelegt hatte. Dann fuhr er fort:

Wir stehen mitten in einer Katastrophe ersten Ranges. Der Weg die Donau hinab . . . der Weg zum Schwarzen Meer steht nun offen . . . Alle die Länder in Mitteleuropa und im Donautal werden nacheinander in den gewaltigen Strudel der Nazipolitik gezogen werden . . . die von Berlin ausgeht . . . Und glauben Sie ja nicht, dies sei das Ende. Es ist erst der Anfang . . .

Doch damals war Churchill nur ein Rufer in der Wüste, ausgeschlossen aus der konservativen Regierung, für die er ein Außenseiter war, ein Mann mit nur wenigen Anhängern im Parlament. Bei der überwältigenden Mehrheit im Unterhaus wie im ganzen Land herrschte, genau wie in der französischen Kammer und französischen Volk, nur ein Gefühl vor: Erleichterung darüber, daß ihnen ein Krieg erspart geblieben war.

Auch die Generäle in Berlin atmeten erleichtert auf – jedoch nur insgeheim. Sie wußten ebenso wie der zuvor zurückgetretene Chef des Generalstabs, General Beck, und der neue Chef, General Halder, was weder Chamberlain noch Daladier bekannt war: daß die deutsche Wehrmacht im Herbst 1938 nicht stark genug war, um in einem europäischen Krieg auch nur die geringsten Siegeschancen zu haben. Sie bezweifelten sogar, ob ihre Stärke zum Durchbrechen des tschechoslowakischen Festungsgürtels ausreichte, und sie gaben sich keinerlei Illusionen darüber hin, daß sie sich im Westen – wo der Westwall nach Jodls Worten ein bloßes Skelett war –, mit ihren 12 Divisionen zumeist mangelhaft ausgebildeter Reservisten nicht gegen die 100 gut ausgebildeten Divisionen Frankreichs halten konnten. Das gaben die Generäle nach dem Krieg bei den Nürnberger Prozessen freimütig zu. Im Zeugenstand antwortete General Wilhelm Keitel, der Chef des OKW, auf die Frage nach der Reaktion der führenden deutschen Militärs auf das Münchner Abkommen:

Wir waren außerordentlich glücklich, daß es zu einer militärischen Operation nicht gekommen war, weil wir . . . niemals von der grundsätzlichen Auffassung heruntergegangen sind, daß unsere militärischen Angriffsmittel gegen die Grenzbefestigungen der Tschechoslowakei unzureichend seien, also rein militärisch gesehen ein Angriff, der ein Durchstoßen der Grenzbefestigungen notwendig gemacht hätte, dazu fehlten uns die Angriffsmittel[16].

Generalfeldmarschall von Manstein, der später im Zweiten Weltkrieg einer der hervorragendsten Heerführer wurde, sagte ganz ähnlich über die Lage Deutschlands zur Zeit des Münchner Abkommens aus.

Wir hätten, wenn es zu einem Krieg gekommen wäre, weder unsere Westgrenze noch die polnische Grenze wirksam verteidigen können, und wir wären auch ganz zweifellos, wenn die Tschechoslowakei sich zur Wehr gesetzt hätte, an ihren Befestigungen hängengeblieben, denn wir hatten praktisch nicht die Mittel, sie zu durchbrechen[17].

Selbst Hitler neigte zu dieser Auffassung, nachdem er die tschechischen Befestigungsanlagen besichtigt hatte. Er sagte später zu Dr. Carl Burckhardt:

Als wir nach München in der Lage waren, die tschechische militärische Stärke in Grenzbereich zu prüfen, beunruhigte uns das, was wir da entdeckten, erheblich; wir waren in ernster Gefahr gewesen. Der von den tschechischen Generälen vorbereitete Plan war furchtbar. Ich verstehe jetzt, warum meine Generäle auf Zurückhaltung drängten[18] .«

Wie schon 1936, als die französische Armee beim Einmarsch einer Handvoll deutscher Truppen ins Rheinland untätig blieb, waren Hitlers Generäle auch 1938 wieder überrascht, daß die westlichen Demokratien die gewaltige Überlegenheit der französischen Armee im Westen nicht in die Waagschale warfen. Oberst Jodl hatte schon 1936 erklärt, die französischen Truppen an der Grenze des Rheinlands hätten »uns hinwegblasen« können. Auch er sagte in Nürnberg aus:

Es war ganz ausgeschlossen, mit 5 aktiven Divisionen und 7 Panzerdivisionen in einer Westbefestigung, die nur eine große Baustelle war, 100 französischen Divisionen standzuhalten. Das war militärisch unmöglich[19] .

Wenn es stimmte, was die deutschen Generäle zugaben – wenn Hitlers Wehrmacht tatsächlich die Mittel fehlten, die tschechischen Befestigungslinien zu durchbrechen, wenn Deutschland sich im Westen angesichts der französischen Übermacht in einer »militärisch aussichtslosen« Lage befand, wenn ferner unter den Generälen so ernste Meinungsverschiedenheiten herrschten, daß der Chef des Generalstabs des Heeres selbst bereit war, zur Vermeidung eines aussichtslosen Krieges Hitler zu stürzen –, warum kapitulierten dann Chamberlain und Daladier so feige vor Hitler? Hatte der französisch-britische Geheimdienst vollkommen versagt? War er unfähig, die militärische Stärke Deutschlands zuverlässig zu schätzen? Hier stehen wir vor einem der noch ungeklärten Geheimnisse der Münchner Zeit. Weder die britischen noch die bisher freigegebenen französischen Dokumente geben Aufschluß darüber.

Aus den verfügbaren Unterlagen geht klar hervor, daß das französische Oberkommando die Stärke der deutschen Westarmee in grotesker Weise überschätzte. Am 12. September hatten die Generäle Gamelin und Georges gegenüber Daladier erklärt, den Deutschen würden an der Westfront »zu Beginn 50 bis 60 Divisionen« zur Verfügung stehen – eine Übertreibung um das Vier- bis Fünffache[20] . Übertrieben sie die deutsche Stärke nur – wie bereits 1936 bei der Rheinlandbesetzung –, um ihre Zurückhaltung zu entschuldigen? Wenn nicht, was hatten sie sonst für einen Grund? Gamelin gibt in seinen umfangreichen Memoiren keine Antwort auf diese Frage. Vermutlich wußte er nichts von der Krise im deutschen Oberkommando, von General Becks Rücktritt am 18. August oder von General Adams Warnung an Hitler, daß er die Westfront unmöglich halten könne, weil es ihm an Truppen fehlte und weil der Westwall noch bei weitem nicht fertiggestellt war. Diesen Punkt erwähnt Gamelin nur ganz am Rande; er sagt am 26. September in London zu Chamberlain über »die deutschen Schwächen: Ein Oberkommando, das die Gefahren erkennt, denen es gegenübersteht; ein noch unfertiges Befestigungssystem; große Lücken in den Kadern; das Fehlen ausgebildeter Reserven; Mangel an Rohstoffen, insbesondere Öl.« Von Daladier, der doch in engem Kontakt zu seinem Armeechef stand, wissen wir, daß er weder über diese Schwächen in der deutschen Wehrmacht noch über General Halders Verschwörung zum Sturz Hitlers informiert war*.

Später vertraten Befürworter des Münchner Abkommens den Standpunkt, Großbritannien und Frankreich hätten durch die Preisgabe der Tschechoslowakei eine Atempause von fast einem Jahr zum Aufholen des deutschen Rüstungsvorsprungs bekommen. Tatsache ist jedoch, daß das Kräfteverhältnis zwischen den westlichen Alliierten und Deutschland nach dieser Atempause, wie die nachfolgenden Ereignisse zeigen sollten, für den Westen wesentlich ungünstiger war als zur Zeit des Münchner Abkommens. Deutschland produzierte Flugzeuge, Panzer und Waffen in weitaus größerem Tempo als die westlichen Demokratien. Bald darauf wurde das Rüstungspotential nicht nur um die Skoda-Werke, den drittgrößten Waffenproduzenten Europas, erhöht, sondern es kamen auch noch die in der Tschechoslowakei erbeuteten riesigen Vorräte an Waffen und Munition hinzu. Von der Gesamtstärke der Franzosen mußte jetzt für die fehlenden 35 vollausgebildeten Divisionen der Tschechen ein Abstrich gemacht werden, und Hitler nutzte die »Atempause« zur Ausbildung gewaltiger Reserven und zur Fertigstellung des Westwalls. Am einschneidensten war jedoch, daß die westlichen Demokratien in diesem Zeitraum Rußland als Verbündeten verloren.

Für Frankreich bedeutete München eine Katastrophe, auch wenn das in Paris nur wenige erkannten oder erkennen wollten. In Europa war Frankreichs militärische Stellung gegenüber Deutschland zerschlagen. Wenn das Reich volle Mobilmachung befahl, konnte Frankreich nur eine halb so große Armee aufstellen wie Deutschland, dessen Bevölkerungszahl fast doppelt so hoch lag und das über ein weitaus größeres Rüstungspotential verfügte. Aus diesem Grunde hatte Frankreich mit viel Mühe sein Bündnissystem mit den kleineren Ländern an der östlichen Flanke Deutschlands und Italiens aufgebaut: Tschechoslowakei, Polen, Jugoslawien und Rumänien. Gemeinsam verfügten sie über das Militärpotential einer Großmacht. Allein der Verlust von 35 tschechischen Divisionen, die mit ihren mächtigen Bergbefestigungen eine noch größere deutsche Streitmacht hätten binden können, war ein vernichtender Schlag für die französische

* Siehe Fußnote ** auf Seite 411.

Armee. Darüber hinaus brachte das auf den österreichischen Anschluß folgende Münchner Abkommen den gesamten Donauraum und den Balkan in den Zugriff der Deutschen, und die bis 1938 relativ unbedeutende Wirtschaftskraft wurde gestärkt.

Doch es ging noch etwas anderes verloren. Wie konnten die verbliebenen Verbündeten in Osteuropa nach München noch Vertrauen zu Frankreichs Wort haben? Was war jetzt noch ein Bündnis mit Frankreich wert? Die Antworten aus Warschau, Belgrad und Bukarest lauteten: »Nicht viel«. In diesen Hauptstädten bemühte man sich, mit dem deutschen Eroberer das bestmögliche Geschäft auszuhandeln, solange das noch ging und damit von Frankreich abzurücken.

Was hielt die einzige Großmacht im Osten, die wie die CSR durch einen Beistandspakt an Frankreich gebunden war, noch von dessen Wort? Die Antwort darauf erteilte das *Journal de Moskau* am 4. Oktober, dem Tag, an dem die Kammer mit überwältigender Mehrheit das Münchner Abkommen billigte.

Wer glaubt noch dem Wort Frankreichs? Wer will sein Verbündeter bleiben? Warum sollte die französische Regierung den französisch-sowjetischen Pakt respektieren, nachdem sie gerade erst »in freiem Entschluß« ihr Abkommen mit der Tschechoslowakei aufgekündigt hat?

Die sowjetische Regierung mochte zwar ungeschickt taktieren, aber naiv war sie nicht. Man erkannte in Moskau sehr wohl, daß Hitler in München nicht nur Frankreich und Großbritannien gedemütigt, sondern sie auch gezwungen hatte, gemeinsam mit ihm Rußland aus dem Kräftespiel auszuschließen, als ohne Rußland über ein Land entschieden wurde, zu dessen Verteidigung es sich im Falle von Frankreichs Eingreifen verpflichtet hatte. In Moskau ließ man sich nicht gern die kalte Schulter zeigen. Die Deutschen verhehlten keineswegs ihre Erleichterung über diese Folge des Münchner Abkommens. Das *Hamburger Fremdenblatt* frohlockte: »Es ist Deutschland gelungen, Sowjetrußland aus dem Konzert der Großmächte auszuschließen. Das ist ein historischer Aspekt des Münchner Abkommens.« Später erklärte Generalfeldmarschall Keitel in Nürnberg: »In München wurde das Ziel verfolgt, Rußland aus Europa zu verdrängen.«

Am Morgen der Münchner Konferenz hatte Halifax auf wenig überzeugende Art und Weise versucht, dem sowjetischen Botschafter in London zu erklären, warum Rußland nicht eingeladen worden war. Es sei eine Tatsache, »wie er wohl wisse, daß die Regierungschefs Deutschlands und Italiens unter den gegenwärtigen Umständen nicht gewillt seien, sich mit Vertretern der Sowjetunion an einen Tisch zu setzen«. Der Außenminister bat ihn, »diese Tatsache nicht falsch auszulegen«, und »versicherte ihm, daß unsererseits nicht der Wunsch besteht, die Sowjetregierung in irgendeiner Form auszuschließen«.

Eine derartige Heuchelei konnte auf einen so klugen und erprobten Diplomaten wie Iwan Maisky keinen Eindruck machen. Halifax berichtete, er habe ihn mit sehr vielen Fragen »bedrängt«, denen der Außenminister, wie er selbst sagte, nach bestem Vermögen auszuweichen suchte. Die »Haltung« des Botschafters »schien mir, wie nicht anders zu erwarten war, einiges Mißtrauen auszudrücken[21]«.

In Moskau wich dieses Mißtrauen der Entschlossenheit, aus München die Konsequenzen zu ziehen und entsprechend zu handeln. Als Botschafter Coulondre am 4. Oktober auf Anweisung Bonnets das Moskauer Außenministerium aufsuchte, um das Münchner Abkommen »zu erläutern« (»bei dem Gedanken an eine so unangenehme Mission« wurde ihm, wie er selbst sagt, die Kehle »ziemlich trokken«), begegnete ihm Wladimir Potemkin, der während Litwinows Aufenthalt in Genf die Geschäfte des Außenministeriums führte, zuerst sehr kühl und sodann erregt.

Ich muß feststellen, daß die Westmächte Rußland ganz bewußt von den Verhandlungen fernhielten . . . Mein armer Freund (sagte er nach längerem Schweigen), was haben Sie da getan? Sie haben den Weg zu einer vierten Teilung Polens bereitet.

Diese Andeutung entging dem französischen Botschafter nicht. Zu einer neuen Teilung Polens konnte es nur bei einem Einvernehmen zwischen Rußland und Deutschland kommen. Noch am gleichen Abend warnte Coulondre Bonnet in einer ausführlichen Depesche, daß die Sowjetunion nun höchstwahrscheinlich »zu der 1931 aufgegebenen Entente mit Deutschland zurückkehren« werde und daß beide Länder Polen untereinander aufteilen würden. Er fügte hinzu, »aus Frankreich erwartet sich die UDSSR im Augenblick nichts mehr«. Am 18. Oktober wurde der Botschafter von dem soeben aus Genf zurückgekehrten Litwinow empfangen. Er berichtete nach Paris: »Wir müssen damit rechnen, daß der Kreml schon bald in Berlin seine Fühler ausstrecken wird . . . um die dortigen Absichten zu sondieren[22].«

Auch die deutsche Botschaft meldete dieselbe Moskauer Reaktion auf das Münchner Abkommen. Ab 3. Oktober berichtete Botschaftsrat Werner von Tippelskirch in einem Telegramm nach Berlin über die »Konsequenz« der Münchner Konferenz auf die Sowjetpolitik. Stalin werde nach seiner Meinung »gewisse Schlüsse ziehen«; er sei sicher, daß die Sowjetunion »ihre Außenpolitik neu überdenken«, sich gegenüber ihrem Verbündeten Frankreich weniger freundlich und dafür »positiver« gegenüber Deutschland zeigen werde. Der deutsche Diplomat wies Berlin sogar darauf hin, »daß die gegenwärtigen Umstände günstige Bedingungen für ein neues und erweitertes Wirtschaftsabkommen Deutschlands mit der Sowjetunion bieten«[23].

Schon eine Woche nach München wurde sowohl die französische als auch die deutsche Regierung darauf aufmerksam gemacht, daß in Moskau ein anderer Wind wehte. Daraus sollten sich innerhalb der folgenden zehn Monate für beide Länder weitreichende, wenn auch unterschiedliche Konsequenzen ergeben.

Die Kapitulation in München deckte erneut die zunehmenden Schwächen der Dritten Republik auf. Regierung, Parlament, Armee, Presse und Volk schreckten im Augenblick der Gefahr davor zurück, das von der Nation gegebene Wort einzulösen und Hitler die Stirn zu bieten. Die Franzosen wurden von der Kriegsfurcht gelähmt und daran erinnert, daß der letzte Krieg gegen Deutschland sie ausbluten ließ und fast vernichtet hätte. Sie verloren die langfristigen Interessen ihres Landes aus den Augen und opferten sie zugunsten unmittelbarer und nur scheinbarer Gewinne, die sich als Illusion herausstellten. In ihrer Lähmung waren sie außerstande, die eigene Kraft richtig einzuschätzen, und sie verkannten – was noch ausschlaggebender war – die Stärke eines möglichen Bündnisses zwischen den westlichen Demokratien, Rußland und den kleineren Staaten im Osten, das stark genug gewesen wäre, Deutschland die aggressiven Neigungen ein für allemal auszutreiben. Natürlich hatte Großbritannien in einer ganz ähnlichen Verblendung gegenüber seinen langfristigen nationalen Interessen und aufgrund einer ähnlichen Angst vor dem Krieg und vor Hitler, wie schon bei der Rheinlandbesetzung 1936, Frankreich unter starken Druck gesetzt und zu einem Einschwenken auf die britische Politik der Nachkriegszeit veranlaßt. Aber eine große Nation muß auf eigenen Füßen stehen, wenn sie überleben will. Seit 1936 hatte Frankreich auf eine unabhängige Außenpolitik verzichtet und sich der britischen Außenpolitik untergeordnet. Auf dem Weg nach München war Großbritannien tonangebend, indem es Hitler ein Zugeständnis nach dem anderen machte und Frankreich verleitete, ihm auf diesem unheilvollen Pfad zu folgen.

Die militärische Führungsspitze hatte sich in dieser Krise kaum als Kraftquell erwiesen. Sie wollte den durch die Entwicklung von Panzer und Flugzeug eingeleiteten revolutionären Wandel in der modernen Kriegführung nicht erkennen, blieb in einer schalen und starren Philosophie der Verteidigung hinter der Maginotlinie stecken und schreckte ebenso sehr wie die Politiker vor einem Kriegsrisiko zurück. Den Kommandierenden General der Luftwaffe befiel Panik. Diese Panik teilte er in einem entscheidenden Augenblick der Regierung mit, indem er darüber jammerte, daß seine Flugzeuge im Fall eines Konflikts zu nichts taugten. Die Kommandierenden Generäle des Heeres mit Gamelin an der Spitze schienen ebenfalls von der allgemeinen Lähmung befallen zu sein. Wie schon einmal 1936 übertrieben sie gegenüber der Regierung bewußt die deutsche Stärke im Westen, um eine Entschuldigung für ihre ängstliche Haltung zu haben. Schlimmer war noch ihr Mangel an Entschlossenheit. Sie hätten entweder von sich aus mit den Russen und Tschechen militärische Pläne ausarbeiten oder die Regierung dazu veranlassen müssen. Solche Pläne hätten die Aussichten eines gegen Deutschland gerichteten Bündnissystems erhöht, Hitler im Fall eines Krieges zu besiegen. Generäle wie Staatsmänner wiesen alle Versuche der Russen zurück, Gespräche auf Staatsebene einzuleiten. Solche Gespräche führten sie trotz Frankreichs Vertragspflichten nicht einmal mit den Tschechen. Der Brief, den General Gamelin am 27. September auf dem Höhepunkt der Krise an General Sirovy, den Oberbefehlshaber der tschechischen Armee, schrieb, ist gleichzeitig schockierend und jämmerlich: »In der gegenwärtigen Situation kann ich mit dem tschechischen Generalstab nicht in Verbindung treten[24].« Wie sollte Frankreich seine Verpflichtungen gegenüber der Tschechoslowakei erfüllen, wenn sich der höchste Offizier der französischen Armee außerstande sah, mit dem Chef der tschechoslowakischen Armee »in Verbindung zu treten«*?

Aber wie konnte Frankreich seine Verpflichtungen erfüllen, wenn seinem Außenminister jedes Mittel recht war, um sich ihnen zu entziehen? Daladier bewies auf den beiden Londoner Treffen im September, daß er Hitlers Absicht sehr wohl erkannte – die Vorherrschaft in Europa –, aber es fehlte ihm der eiserne Wille oder die Überzeugungskraft, um sich bei der britischen Regierung oder seiner eigenen durchzusetzen.

Schließlich ist insbesondere in einer parlamentarischen Demokratie das Volk selbst verantwortlich. Henri Noguères bemerkte, daß während der tschechoslowakischen Krise die öffentliche Meinung in Frankreich ebenso wie in England »ihre Psychose bis zum Punkt kollektiver Feigheit steigerte«. Verständlich, daß dem französischen Volk, das sich kaum vom Ersten Weltkrieg erholt hatte, nicht der Sinn nach einem neuen Blutvergießen stand. Schwerer ist zu begreifen, daß ihm das instinktive Verständnis für eine der Lehren der Geschichte fehlte: Daß eine Nation manchmal um ihre Existenz kämpfen muß, wenn sie es mit einem aggressiven, machthungrigen Feind zu tun hat, der es auf ihre endgültige Vernichtung oder Versklavung abgesehen hat. Es mag sein, daß Regierung und Presse es versäumten, dem Volk dies klarzumachen. Die führenden Tageszeitungen stan-

* Dabei waren nach dem von den Außenministern Frankreichs und der Tschechoslowakei unterzeichneten Geheimabkommen vom 26. bis 31. Januar 1924, das Gamelin in seinen Memoiren veröffentlicht (Bd. 2, S. 469), Stabsgespräche zwischen beiden Ländern ausdrücklich vorgesehen. Das Abkommen, schreibt Gamelin selbst, »sah die Fortsetzung der Zusammenarbeit zwischen den Generalstäben beider Länder vor, ›sowohl in bezug auf die gemeinsame Planung zur Verhütung einer Aggression von seiten eines gemeinsamen Gegners gegen eines der beiden Länder als auch in bezug auf Studium der Möglichkeiten einer gegenseitigen Hilfe für den Fall der Bedrohung gemeinsamer Interessen‹«.

den hinter Bonnets Politik, viele von ihnen setzten sich für Flandins Ansichten ein. Was bedeuteten schon die Tschechen oder das ihnen von Frankreich gegebene Wort oder die Folgen einer Kapitulation vor Hitler? Nur eines zählte: der Friede.

Das Volk begriff auch nicht, daß es vergiftet und fehlgeleitet wurde, und zwar nicht nur durch die zahlenmäßig schwachen, aber in ihrem Einfluß starken, faschistisch gesonnenen Politiker und Zeitungen, die Hitler und Mussolini aus ideologischen Gründen das Wort redeten, sondern auch durch Franzosen, die sich von deutschen Agenten und deutschem Geld manipulieren ließen. Um diese Zeit entwickelte Otto Abetz, der geniale »Franzosenfreund« und deutsche Chefagent in Paris, seine größte Aktivität. Es gelang ihm ohne Mühe, Zugang zu politischen, wirtschaftlichen, sozialen und kulturellen Kreisen zu finden, und er warb unermüdlich um Sympathien für das nationalsozialistische Deutschland. Er arrangierte für zahlreiche Politiker, Intellektuelle, Industrieführer und Vorstände von Veteranenvereinen kostenlose Reisen nach Deutschland, wo sie mit Speisen und Getränken verwöhnt und mit Nazipropaganda gefüttert wurden. Französischen Schriftstellern vermittelte er lukrative Verträge für die Übersetzung und Veröffentlichung ihrer Bücher in Deutschland. Französischen Journalisten besorgte er Interviews mit Hitler und gab ihm damit Gelegenheit, immer wieder hervorzuheben, daß er nichts als Frieden und freundschaftliche Beziehungen zu Frankreich wünsche. Nach Ansicht der französischen Geheimpolizei, die ihn ständig beschattete, stammten die Nazigelder, mit denen französische Zeitschriften, Journalisten und einflußreiche Leute gekauft wurden, hauptsächlich aus seiner Hand. Doriots unverhohlen faschistische Tageszeitung *La Liberté* wurde fast vollständig von Berlin subventioniert. Sie stellte vermutlich eine Ausnahme dar. Pierre Comert, der Leiter des Presseamtes am Quai d'Orsay, bezeugte nach dem Krieg vor dem Parlamentarischen Untersuchungsausschuß: »Um diese Zeit kauften die deutschen Agenten nicht Zeitungen, sondern die Journalisten. Das war billiger und wirksamer[25].«

Das Münchner Abkommen bedeutete nicht nur einen Ausverkauf moralischer Werte, der sich unweigerlich aus der Preisgabe der Tschechoslowakei ergab, sondern es vertiefte und komplizierte gleichzeitig die ohnehin schon unheilvollen Spaltungen unter den Franzosen. Dieser Umstand erscheint auf den ersten Blick paradox, da sich die Mehrheit der Rechten wie der Linken anscheinend darin einig war, die Wahrung des Friedens zu begrüßen, wenn dafür kein höherer Preis zu entrichten war als die Opferung eines kleinen Landes in Mitteleuropa. In Wirklichkeit kam jedoch zu den traditionellen Meinungsverschiedenheiten zwischen der Rechten und der Linken noch ein Riß hinzu, der durch beide Gruppen ging. In jedem der beiden Lager widersetzte sich eine kleine, aber gewichtige Minderheit dem Münchner Abkommen, und zeitweise war die Verbitterung zwischen dieser Gruppe und der Mehrheit größer als die Feindschaft zwischen links und rechts.

Der Historiker Goguel bemerkte dazu:

Doch der neue Riß ließ die alten unberührt. Die Erinnerung an alle politischen Kämpfe seit 1936 vergiftete weiterhin die Atmosphäre . . . Auf der einen wie auf der anderen Seite wurden die jüngsten Ereignisse nach den alten Kriterien beurteilt, da sich niemand darüber klar wurde, daß diese als Maßstab für die konkreten Probleme Frankreichs zu Ende der dreißiger Jahre weitgehend untauglich geworden waren[26].

Für einen alten Freund und Bewunderer wie den Verfasser war das Frankreich der Zeit kurz nach München nur schwer zu begreifen. Im Anschluß an die Münchner Konferenz verbrachte ich dort einige Tage. Am 8. Oktober 1938 schrieb ich in Paris in mein Tagebuch:

Paris hat sich völlig dem Defätismus ergeben, ohne auch nur zu ahnen, was mit Frankreich geschehen ist . . . Der Mut Frankreichs, der sich an der Marne und vor Verdun erwiesen hat – wo ist er geblieben? Außer Pierre Comert hat niemand am Quai d'Orsay auch nur die leiseste Ahnung vom wirklichen Deutschland. Die französischen Sozialisten sind durch und durch Pazifisten; die französische Rechte besteht, mit wenigen Ausnahmen wie Henri de Kerillis, entweder aus Faschisten oder aus Defätisten. Ich begreife Frankreich nicht mehr . . .

Was war mit diesem großen Land geschehen? Botschafter Coulondre, der sich in Moskau seine Gedanken über München machte, begann die Wahrheit zu erkennen. Später schrieb er sie nieder.

In München wurde die Totenglocke für ein ganz bestimmtes Frankreich geläutet – la grande France *früherer Zeiten, selbst für das Frankreich von 1914 . . . Das Fanal hat nicht einen kranken Mann getötet, sondern nur seinen Tod verkündet. Das Abkommen in München löste nicht den Sturz Frankreichs aus. Es verzeichnete ihn lediglich*[27].

Das konnte natürlich noch niemand mit Sicherheit wissen, als sich das ereignisreiche Jahr 1938 seinem Ende zuneigte. Es war für Frankreich ein unheilvolles Jahr gewesen, und daß dies im Lande niemand erkannte, verschlimmerte noch die Katastrophe. Aber die Zukunft ist niemals gewiß, so voraussehbar sie auch erscheinen mag. In dieser alten großartigen Zivilisation schlummerten noch Kräfte, die sie zu neuem Leben erwecken konnten.

Ich floh im Herbst aus Paris. Alle Lichter und die Schönheit dieser Stadt, der Anblick einer alten, vertrauten, geliebten Umgebung und die Anwesenheit guter alter Freunde vermochten nichts gegen die düstere Vorahnung, die einem beim Gedanken an das bevorstehende Jahr beschlich.

22 Polen ist an der Reihe 1939

Nach den Tschechoslowaken waren die Polen an der Reihe, ebenfalls Verbündete Frankreichs.

Das war allen sonnenklar – nur nicht den politischen Führern Polens, die sich durch törichte Illusionen blenden und von einem Hang zur Selbstvernichtung treiben ließen. Diesen verhängnisvollen Fehler glauben manche Historiker im Nationalcharakter dieses tapferen Volkes entdeckt zu haben.

Sie waren sich selbst die ärgsten Feinde. »Glorreich in Revolte und Untergang, aber schmutzig und schändlich im Triumph«, so hatte sie Winston Churchill einmal genannt[1].

Polen war, nachdem es eineinhalb Jahrhunderte unter Preußen, Rußland und Österreich aufgeteilt gewesen war, von den siegreichen Alliierten in Versailles neu geschaffen worden, aber es hatte diese neugewonnene Freiheit und Unabhängigkeit weder weise genützt noch besondere Zurückhaltung an den Tag gelegt. Kaum war das Land von seinen westlichen Freunden gegründet worden, da führte es schon Krieg gegen Rußland, Deutschland, Litauen und sogar die Tschechoslowakei – und zwar ging es immer um die Aneignung umstrittener Gebiete.

Polens Westgrenzen waren von Deutschland nie endgültig anerkannt worden, ebenso wenig die Ostgrenzen von Rußland. Schon lange Zeit vor Hitler waren die Deutschen verbittert durch die Errichtung des Korridors, durch den Polen zwar Zugang zum Meer bekam, der aber gleichzeitig Ostpreußen vom Reich trennte. Sie sahen auch die Abtrennung der alten Hansestadt Danzig von Deutschland nicht als endgültig an. Danzig wurde als sogenannte Freie Stadt einem Hochkommissar des Völkerbunds unterstellt, wirtschaftlich aber von Polen beherrscht. Selbst die schwache und friedliebende Weimarer Republik war fest entschlossen, eines Tages rückgängig zu machen, was in ihren Augen eine Verstümmelung des Deutschen Reichs durch Polen bedeutete. 1922 hatte General Hans von Seeckt, der Chef der Reichswehr – wenn auch nur insgeheim –, die Haltung Deutschlands bekräftigt.

Polens Existenz ist unerträglich, unvereinbar mit den Lebensbedingungen Deutschlands. Es muß verschwinden und wird verschwinden – als Ergebnis seiner eigenen Schwäche und des Vorgehens Rußlands – mit Hilfe Deutschlands . . . Dieses Ziel zu erreichen, muß einer der festesten Richtungspunkte der deutschen Politik sein . . . und ist erreichbar durch Rußland und mit dessen Hilfe[2].

Das nunmehr bolschewistische Rußland hatte nicht vergessen, daß Polen in den beiden Kriegsjahren 1920 und 1921 auf Kosten der durch die Verluste des Weltkriegs, durch Bürgerkrieg und Angriffe der westlichen Alliierten geschwächten Sowjetunion die eigene Grenze um rund 240 Kilometer über die ethnographische Grenze der Curzon-Linie vorgeschoben hatte. Dadurch waren viereinhalb Millionen Ukrainer und eineinhalb Millionen Weißrussen unter polnische Herrschaft geraten. So betrachteten weder Deutschland noch Rußland ihre Grenzen mit Polen als endgültig – ein Umstand, an den offenbar weder die Polen noch die westlichen Alliierten mehr dachten, als sie zu ihrer Bestürzung erfuhren, daß Berlin und Moskau im Sommer 1939 einander näherrückten, obgleich sie seit Hitlers Machtübernahme unversöhnliche Feinde gewesen waren.

Ein wirksames Militärbündnis mit Frankreich hatte Polen 1920 gerettet, als dessen Armeen nach der Besetzung von Kiew am 8. Mai dann im Juli plötzlich durch einen russischen Gegenschlag bis vor die Tore Warschaus zurückgetrieben wurden. Eine französische Militärmission unter Leitung von General Maxime Weygand war in die polnische Hauptstadt geeilt, um deren Verteidigung neu zu organisieren und einen Gegenschlag vorzubereiten. Unter den französischen Offizieren, die bei der polnischen Kampftruppe dienten, befand sich auch ein junger Hauptmann, den die Deutschen 1916 bei Verdun gefangengenommen hatten und der kurz nach seiner Rückkehr aus einem Kriegsgefangenenlager in die 5. Division der polnischen Jäger eingetreten war: Charles de Gaulle. Seine Verdienste trugen ihm ein Lob General Weygands ein, den das Schicksal zwanzig Jahre später zu seinem Gegner machen sollte, sowie die Dankbarkeit der Polen, die ihn mit dem Wenzelsorden auszeichneten und überredeten, als Lehrer an der neuen Kriegsakademie in Warschau zu bleiben.

Es ist größtenteils General Weygand, seinen französischen Offizieren und den französischen Waffen zu verdanken, daß die Polen am 14. August 1920 eine großangelegte Gegenoffensive starten und die Russen zurückschlagen konnten. Am 19. Februar 1921 unterzeichnete der berühmte Marschall Foch persönlich ein geheimes Militärabkommen mit Polen, in dem sich die beiden Bündnispartner verpflichteten, einander im Falle eines deutschen oder russischen Angriffs Hilfe zu leisten. Die Franzosen versprachen, die polnische Armee aufzurüsten und auszubilden. Eine »ständige« Zusammenarbeit der beiden Generalstäbe wurde eingerichtet. Polen, das größte der neugeschaffenen Länder in Osteuropa, wurde zu einer Bastion des französischen Bündnissystems gegen Deutschland im Osten. Frankreich wurde Polens eigentlicher Schutzherr.

Dann schwenkte die polnische Führung Anfang 1934 plötzlich zu Hitler um. Auf Drängen des »Führers« unterzeichnete sie am 26. Januar einen zehnjährigen Nichtangriffspakt mit Deutschland. Die beiden Regierungen vereinbarten nicht nur den gegenseitigen Verzicht auf Waffengewalt, sondern sie verpflichteten sich darüber hinaus, Streitfragen durch »direkte Verhandlungen« beizulegen. Für Hitler war das ein schlauer Schachzug, der für Polen jedoch zur Katastrophe führen mußte.

Solange die Freie Stadt Danzig und der Korridor in ihrer derzeitigen Form bestanden, konnte es zwischen Polen und NS-Deutschland keinen dauerhaften Frieden geben. Aber vorläufig gelang es Hitler, durch die Vereinbarung über direkte Verhandlungen zwischen den Polen und ihm den Völkerbund zu umgehen, aus dem Deutschland soeben ausgetreten war, sein Bemühen um »kollektive Sicherheit«, die für Polen so viel bedeuten mußte, zu schwächen und das Versailler System, dem Polen seine Wiedergeburt verdankte, zu untergraben. So gelang es Hitler, Warschau aus seinen engen Bindungen an Frankreich, von denen Polen fünfzehn Jahre lang gelebt hatte, zu lokkern. Ein Großteil der Existenzgrundlagen Polens mußte aufgegeben werden. Als Marschall Pilsudski, der starke Mann Polens und praktisch sein Diktator, den Nichtangriffspakt mit Deutschland unterzeichnete, war er bereits ein kranker Mann. Er starb im Jahr darauf. Die Hauptverantwortung dafür, daß Polen in die deutsche Falle gelockt wurde, trug Oberst Józef Beck, seit 1932 Außenminister. Er hegte seit 1923 einen tiefen Groll gegen die Franzosen. Damals war er, als polnischer Militärattaché in Paris, aus dem Land gewiesen worden, weil er angeblich Dokumente verkauft hatte, die der französischen Armee entwendet worden waren. Mit der Nazidiktatur sympathisierte er von Anfang an. Nach der Unterzeichnung des Pakts zu Beginn des Jahres 1934 näherte sich Polen immer mehr Deutschland an – und entfernte sich immer weiter von Frankreich.

Am Tag nach dem Münchner Abkommen hatte er im Einvernehmen mit Hitler und entgegen den Bitten Frankreichs die Tschechoslowakei in einem kränkenden Ultimatum aufgefordert, die Stadt Teschen an Polen abzutreten. Am 1. Oktober stürzten sich polnische Truppen wie Hyänen auf dieses Stück Land, entrissen es der geschlagenen Tschechoslowakei und trugen auf diese Weise mit dazu bei, sie noch mehr zu schwächen und für Hitlers Absichten reif zu machen.

Diese Absichten wurden am 15. März 1939 verwirklicht. Zuvor hatte sich Hitler ein Meisterstück der Täuschung geleistet. Am 14. März hatte er eine »Unabhängigkeitserklärung« der Slowakei zustande gebracht und damit die tschechoslowakische Einheit zerbrochen. Am selben Abend empfing er in Berlin den alternden, verängstigten tschechischen Präsidenten Emil Hácha, drohte ihm, Prag »innerhalb von zwei Stunden« zu bombardieren und den restlichen Teil Böhmens und Mährens mit Hilfe des deutschen Heeres und der Luftwaffe zu verwüsten, und zwang ihn auf diese Weise zu dem »Ansuchen«, das tschechische Volk unter den Schutz des deutschen Reichs zu stellen. Das geschah am nächsten Tag. Deutsche Truppen strömten in das leidgeprüfte Land und besetzten Prag, ohne auf Widerstand zu stoßen. Hitler konnte nun vom Hradschin aus das deutsche Protektorat Böhmen und Mähren ausrufen*.

Die Tschechoslowakei hatte aufgehört zu bestehen. Großbritannien und Frankreich, die dem kleinen Land, nachdem sie so große Teile davon in München geopfert hatten, Schutz vor unprovozierten Angriffen garantierten, hielten nicht Wort. Sie begnügten sich mit matten Protesten in Berlin, die höhnisch zurückgewiesen wurden. Auch die Slowakei »ersuchte« um den »Schutz« des »Führers« – in einem Telegramm, das in Wirklichkeit in Berlin aufgesetzt worden war. Hitler kam diesem Ersuchen rasch nach und sandte seine Truppen auch in die Slowakei**. Jetzt bedrohte er Polen, das so bereitwillig bei der Zerstückelung der Tschechoslowakei geholfen hatte, von drei Seiten her.

Hitlers Einmarsch in die Tschechoslowakei am 15. März 1939 rüttelte endlich die Regierungen Frankreichs und Großbritanniens wach und öffnete ihnen die Augen über die wahren Absichten des deutschen Diktators. Nach München waren sie selbstzufrieden von der Annahme ausgegangen, der Kanzler werde nach Erfüllung seiner Wünsche Europa nunmehr in Frieden lassen. Hatte er nicht feierlich erklärt, das Sudetenland sei seine letzte territoriale Forderung in Europa, und er »wolle keine Tschechen«? Wie schon so oft, hatten Chamberlain und Bonnet ihm geglaubt.

Der französische Außenminister sonnte sich im vermeintlichen Triumph, den Frieden in München gerettet zu haben. Er hatte das Kabinett zur nachträglichen Billigung einer Freundschaftserklärung gegenüber Deutschland bewogen, die jener ähnelte, die Chamberlain am Morgen nach der Münchner Konferenz Hitler abgerungen hatte. Das Dokument verpflichtete Deutschland wie Frankreich zur Erhaltung des Friedens, freundschaftlicher Beziehungen und zu Konsultationen über beiderseitige Probleme. Ich war zufällig in Paris, als dieses Dokument am 6. Dezember 1938 von Bonnet und Ribbentrop un-

* Ein ausführlicher Bericht über Hitlers Machenschaften im Zusammenhang der Besetzung der Tschechoslowakei findet sich in meinem Buch *Aufstieg und Fall des Dritten Reiches*.

** Ungarn, dem kurz nach München ein beträchtlicher Streifen der Slowakei zugesprochen worden war, stand nun unter Hitlers Druck, die Karpato-Ukraine im Osten der alten Tschechoslowakei zu besetzen. Das geschah am 15. März.

terzeichnet wurde. Mir fiel die frostige Atmosphäre auf, die auf den Straßen und den Korridoren der Kammer und des Senats herrschte. Die Präsidenten der beiden Kammern, Herriot und Jeanneney, sowie mehrere Kabinettsmitglieder und viele führende Persönlichkeiten aus Politik, Literatur und Gesellschaft lehnten eine Teilnahme an den Feierlichkeiten zu Ehren des deutschen Außenministers ab. Man konnte den Eindruck gewinnen, daß Frankreich nach der Hoffnungslosigkeit und Panik der Münchner Tage allmählich wieder zu sich kam und sein Mißtrauen gegenüber Berlin zurückgewann. Dennoch betrachtete Bonnet diese Erklärung als einen weiteren persönlichen Triumph und einen Sieg seiner Verständigungspolitik gegenüber den Deutschen. Ribbentrop interpretierte seine Gespräche mit dem französischen Außenminister auf seine Weise und gab diese Version sofort nach seinem Besuch an Hitler weiter: Er hatte das Frankreich gesehen, das Deutschland freie Hand in Osteuropa gelassen hatte. Bonnet sollte das später ableugnen. Doch Hitler hatte sich von dieser Haltung bereits durch die Kapitulation der Franzosen in München überzeugt. Es stimmte nicht ganz: Immerhin hatte Frankreich noch ein Bündnis mit Polen und einen Beistandspakt mit der Sowjetunion. Nach dem 15. März 1939 erhob sich die Frage: Was waren diese Pakte noch wert?

Bonnet war bestürzt, als er von der Besetzung der Tschechoslowakei durch die Deutschen erfuhr. Doch seine vordringliche Sorge war, daß trotz der französisch-britischen Garantie außer einem Protest nichts geschehen dürfe. »Bonnet bleibt dabei, daß wir in keiner Weise intervenieren können«, telegrafierte Botschafter Phipps an Halifax[3]. Ein *»Fait accompli«*, erklärt Bonnet in seinen Memoiren. »Für militärische Maßnahmen ist es gleichzeitig zu spät und zu früh, da wir immer noch nicht vorbereitet sind[4].« Für ihn gab es wohl immer zwei Möglichkeiten.

Daladier nahm die Sache ernster. Er war von Hitlers »Akt der Brutalität«, wie er es nannte, zwar ebenso schockiert wie jedermann im Westen, jedoch kaum überrascht. Hatte er nicht den Briten bei den beiden Londoner Verhandlungen im letzten Herbst ausdrücklich gesagt, Hitlers wahres Ziel sei nicht die Angliederung des Sudetenlandes, sondern die Vernichtung der Tschechoslowakei, damit er sich sodann Polen und schließlich dem Westen zuwenden konnte? Nun versuchte er, den Konsequenzen aus Hitlers jüngster Aggression ins Auge zu sehen. Am 19. März erklärte er auf einer Geheimsitzung des Senatsausschusses für Auswärtige Angelegenheiten, das Münchner Abkommen und die französisch-deutsche Erklärung seien nunmehr hinfällig.

Die Ereignisse der letzten Tage haben eine völlig neue militärische und strategische Lage geschaffen. Wenn Frankreich den Konsequenzen nicht ins Auge sieht, wird unter den befreundeten Ländern, die bisher noch eine feste Haltung gezeigt haben, Panik ausbrechen. Man wird sich Hals über Kopf in die Knechtschaft stürzen . . . Und wir dürfen uns über das, was danach geschehen wird, keiner Illusion hingeben. Neue Invasionen werden unser Land zu überschwemmen drohen[5] .

Ohne Hitlers nächste Eroberung abzuwarten, hatten sich die Franzosen kurz nach dem Münchner Abkommen aufgerafft und mit dem Ausbau ihrer Militärmacht begonnen, um ihm gegebenenfalls entgegentreten zu können. Am 12. November 1938 hatte Daladier General Gamelin davon in Kenntnis gesetzt, daß die Regierung für 1939 zu Rüstungszwecken einen Sonderkredit in Höhe von 25 Milliarden Francs zur Verfügung stellen werde. Er hatte ihm empfohlen, den größten Teil davon zur Erweiterung der Luftwaffe zu verwenden. Panzer wurden nicht erwähnt. Am 5. Dezember trat der Ständige Ausschuß für Nationale Verteidigung zusammen, um über die Aufteilung der Mittel zu beschließen. Der neue Finanzminister, der energische Paul Reynaud, wies auf das Ausmaß der Anstrengungen hin, die das Land nun unternehmen müsse. Die Militärkredite in Höhe von 25 Milliarden und das reguläre Verteidigungsbudget von 15 Milliarden – insgesamt also 40 Milliarden – beliefen sich auf 85 Prozent der für 1939 erwarteten Staatseinnahmen, erklärte er.

Aber es stellte sich heraus, daß noch mehr Geld gebraucht wurde. Daladier gab bekannt, die amerikanische Regierung habe sich insgeheim bereit erklärt, 1000 Militärmaschinen neuester Bauart für zweieinhalb Milliarden Francs an Frankreich zu verkaufen und sie im Sommer 1939 auszuliefern. Zusammen mit der eigenen Produktion würde Frankreich somit zum Jahresende über 3000 neue Flugzeuge verfügen und dadurch die gefährliche Lücke zwischen der französischen und der deutschen Luftwaffe weitgehend aufheben. Der Ankauf der amerikanischen Flugzeuge wurde beschlossen.

Dann wurde das Problem der sehr zögernden britischen Aufrüstung erörtert. General Gamelin bemerkte, die Briten könnten bei Ausbruch von Feindseligkeiten in Frankreich lediglich zwei Divisionen und nur 120 Flugzeuge einsetzen. Bis von dieser Seite eine fühlbare Unterstützung zu erwarten sei, könne viel Zeit vergehen – »mehrere Jahre«, wie er sagte. Das brachte Paul Reynaud bei aller Freundschaft für die Briten in Zorn. Er sagte in scharfem Ton: »Wir werden die Briten zu größeren Anstrengungen auffordern müssen – falls sie sich nicht mit einer deutschen Hegemonie auf dem Kontinent abfinden wollen.« Doch Daladier warnte vor einem allzu »brüsken« Ton gegenüber den Briten: »Sie haben den Bankrott ihrer Abrüstungspolitik endlich eingesehen und beginnen jetzt mit der Wiederbewaffnung. Wir dürfen ihnen keine Vorwürfe machen.«

Nach Erörterung der französischen Luftunterlegenheit brachte

General Gamelin schließlich die anderen offenkundigen Schwächen in der französischen Verteidigung zur Sprache. Die Produktion von Panzern müsse gesteigert werden, sagte er. »Die Deutschen verfügen über 5 Panzerdivisionen und 2 motorisierte Divisionen. Wir sind gerade erst mit der Aufstellung der dritten motorisierten Division beschäftigt und haben nur eine Panzerdivision*.« Doch statt von den Franzosen zu verlangen, sich um eine Verkürzung des deutschen Vorsprungs bezüglich der Panzereinheiten zu bemühen, bewies Gamelin wiederum die für ihn so charakteristische Resignation. »Leider können wir nicht mehr tun . . .«[6], fügte er hinzu.

Drei Tage zuvor, am 2. Dezember, hatte sich Gamelin auf einer Sitzung des Kriegsrates in Anwesenheit von Marschall Franchet d'Esperey – nach der Anwesenheitsliste fehlte Marschall Pétain – und fünfzehn ranghohen Generälen mit der Frage der Panzer befaßt und erneut seine gewohnte Zurückhaltung und Ängstlichkeit bewiesen. Noch vor zwei Jahren hatte der die Deutschen wegen der Aufstellung selbständiger Panzerdivisionen verspottet**, doch nun begann auch er, ihren Wert zu erkennen. Er wußte nur noch nichts Rechtes damit anzufangen. Der Kriegsrat war in erster Linie deshalb einberufen worden, um über die »Zusammenstellung« einer Panzerdivision zu beraten, obgleich der französische Militärattaché in Berlin bereits 1935 bekanntlich in allen Einzelheiten über den Aufbau der deutschen Panzerdivisionen berichtet hatte und die Armee dieses Problem auf Gamelins Betreiben seitdem ununterbrochen »studierte«. Es entwikkelte sich eine lebhafte Diskussion zwischen General Gamelin und General Pierre Héring über die Frage des Aufbaus einer Panzerdivision und ihrer Einsatzmöglichkeiten. Der Oberkommandierende ließ sich zwar endlich dazu herab, eine solche Einheit als ein »sehr wertvolles Instrument« zu bezeichnen, trat jedoch dafür ein, dieses Instrument müsse »zur Verstärkung eines entscheidenden Frontabschnitts reserviert bleiben. Von seltenen Ausnahmen abgesehen sollten Panzer nicht zu Beginn einer Aktion eingesetzt werden. Beim Entwicklungsstand von Panzersperren und Panzerabwehrwaffen sollte man diese Einheit erst dann einsetzen, wenn unsere regulären großen Verbände freie Bahn geschaffen haben.« Das war ein verhängnisvoller Fehler. Die Deutschen hatten sich längst dafür entschieden, die Panzerdivision entweder für sich allein oder im Rahmen eines Panzerkorps unabhängig von den übrigen Streitkräften als Angriffsspitze einzusetzen, um damit entscheidende Durchbrüche zu erzielen. Dann sollten Infanterie und Artillerie – nach Möglichkeit

* Eine motorisierte Division bestand hauptsächlich aus leichten Tanks und schnellen Schützenpanzern. Ihre Aufgabe war in erster Linie die Aufklärung, eine Rolle, die sie von der Kavallerie übernommen hatte. Eine Panzerdivision setzte sich zumeist aus schweren und mittleren Panzern mit eigenen motorisierten Artillerie- und Infanterieabteilungen zusammen.
** Siehe hier, Seite 370.

motorisiert – rasch nachstoßen, den Geländegewinn ausnutzen und die Lücke besetzen. Gamelin spannte jedoch sozusagen den Wagen vor das Pferd. Er konnte sich eine Panzerdivision, wie er laut Protokoll betonte, »nur im Rahmen eines regulären Armeekorps vorstellen«.

General Héring widersprach ihm. Er trat für die volle Handlungsfreiheit der Panzerdivision ein.

General Gamelin ist dagegen (berichtet das Protokoll) . . . Die Panzerdivision ist nicht dafür geschaffen, ins Blaue hinein zu operieren, sondern sie muß im Rahmen großer regulärer Einheiten eingesetzt werden, die für die nötige Sicherheit sorgen. Die gleiche Meinung vertritt General Georges.

General Georges war bereits als Kommandeur des nordöstlichen Frontabschnitts vorgesehen und übernahm diesen Posten später auch. Seinen Vorstellungen vom Panzerkrieg kommt deshalb erhebliche Bedeutung zu. Er widersprach General Héring und erklärte: Wenn man die Panzerdivision ganz auf sich selbst stellen und so stark machen wolle, daß sie die Frontlinie des Feindes durchbrechen könne, würde man ein viel zu schwerfälliges Instrument schaffen. »Ich sehe nicht ein«, sagte er, »weshalb man einer Panzerdivision die Mittel zur Ausnutzung eines Frontdurchbruchs geben soll, wenn sie in der Regel doch keine Gelegenheit haben wird, diese Mittel anzuwenden.« Doch genau diese Aufgabe hatten die Deutschen ihren Panzerdivisionen zugedacht. Gamelin und Georges blieben dabei, daß Panzereinheiten stets von der regulären Infanterie und Artillerie abhängig seien.

General Héring äußerte sich besorgt über die Vorstellung, daß die weitreichende Stoßkraft der Panzerdivision auf so bedauerliche Weise beschnitten und dem schrittweisen Vorrücken der klassischen Angriffsbewegung von Infanterie und Artillerie angepaßt werden sollte. »Wenn wir wirklich etwas Neues tun wollen, dann dürfen wir die Panzerdivision nicht an die reguläre Artillerie ketten. Die Panzer tragen ihre eigene Artillerie und können außerdem durch Kampfflugzeuge unterstützt werden.«

Aber seine beiden Vorgesetzten verwarfen jeden derartigen Gedanken.

In der nun folgenden grotesken Diskussion zeigte sich deutlich, wie wenig sie vom Einsatz der Panzerdivision als Mittel des Blitzkrieges verstanden. Nach dem vertraulichen Sitzungsprotokoll wies General Garchey darauf hin, daß »die Panzer nachts zurückgenommen, aufgetankt und repariert« werden müßten. In diesem Stadium müßten sie durch Infanterie bewacht werden. General Gamelin stimmte ihm zu. Er sagte: »Höchstwahrscheinlich wird der Einsatz der Panzerdivision vor Einbruch der Nacht abgeschlossen sein. Zu diesem

Zeitpunkt werden die regulären Aufklärungsverbände oder leichte motorisierte Divisionen bereits zu ihnen aufgeschlossen haben.«

Danach wurde die Stärke der motorisierten Infanterie- und Artillerieeinheiten, die in eine Panzerdivision einzugliedern wären, besprochen. Gamelin setzte sich für kleine Einheiten ein. Trotz fortgesetzter Proteste General Hérings blieb Gamelin bei der Auffassung, die regulären Infanterie- und Artillerieeinheiten würden größtenteils zur Unterstützung der Panzerdivisionen ausreichen. Außerdem, so schloß Gamelin, sei es noch »verfrüht«, solche Fragen »endgültig« zu entscheiden. Verfrüht – Ende 1938! Man einigte sich schließlich darauf, eine zweite Panzerdivision aufzustellen, doch General Colson, der Generalstabschef des Heeres, »fügte hinzu«, daß die beiden Panzereinheiten erst Anfang 1941 voll einsatzfähig sein würden. Erst in zwei Jahren! Trotz der bedrohlichen Ereignisse jenseits des Rheins hatten die französischen Generäle keine Eile[7].

Woran lag das? General Gamelin begriff sehr wohl die Bedeutung dieser Ereignisse, und sie stimmten ihn pessimistisch. Seine wahre Einstellung brachte er am folgenden Tag, dem 3. Dezember, in einem Brief an den Ministerpräsidenten und Verteidigungsminister Daladier zum Ausdruck, der zusammen mit einem vertraulichen Lagebericht des Generalstabs des Heeres per 30. November vorgelegt wurde. Der Aufbau des deutschen Heeres und der Luftwaffe, schrieb Gamelin, mache so rasche Fortschritte

. . . daß Deutschland schon im nächsten Frühjahr imstande sein wird, gleichzeitig gegen Polen und Frankreich Krieg zu führen . . . Sollten die ehrgeizigen Pläne Roms und Berlins im gleichen Tempo vorangetrieben werden, wird sich Frankreich außerstande sehen, von sich aus mit einiger Aussicht auf Erfolg Deutschland anzugreifen. Wenn sich Frankreich damit begnügt, innerhalb der eigenen Grenzen zu verharren, wird es ohne bedeutende britische Hilfe bald nicht mehr in der Lage sein, Belgien, das von Deutschland rasch überrollt werden kann, zurückzugewinnen. Schon bald wird Frankreichs Kampfkraft vielleicht nicht einmal mehr ausreichen, um Italien über die Alpen hinweg anzugreifen . . . Die Lage kann sehr schnell äußerst ernst werden, selbst für die Verteidigung unseres eigenen Territoriums[8].

Der General war aufgrund seiner Intelligenz durchaus imstande, die Lage klar zu überschauen. Doch sein Mangel an Tatkraft ließ ihn resignieren. Er konnte zwar seinem Ministerpräsidenten erzählen, die Lage sei ernst, und die militärische Stärke Frankreichs nehme im Vergleich zur Achse Berlin–Rom ständig ab. Doch er brachte es nicht über sich, mit aller Entschiedenheit von Frankreich erheblich größere Anstrengungen zur Stärkung der eigenen Verteidigung zu fordern. So sagte er am 5. Dezember: »Leider können wir nicht mehr tun.«

Die Befürchtungen des Generals wurden im Frühjahr 1939 noch

durch eine Handlungsweise der Briten bestärkt, die ihm und vielen anderen als tollkühn erschien. Großbritannien ließ sich durch Hitlers Einmarsch in die Tschechoslowakei dazu verleiten, plötzlich den übrigen von Deutschland begehrlich ins Auge gefaßten kleinen Ländern Osteuropas jene einseitigen Garantien zu gewähren, die es der Tschechoslowakei vorenthalten hatte. Wie üblich segelte Frankreich kritiklos im Fahrwasser der Briten.

In London reagierte Chamberlain, der so viel Vertrauen in seine weitgehende Beschwichtigungspolitik gegenüber Hitler gesetzt hatte, zunächst nur zögernd auf die Besetzung der Tschechoslowakei. Vor dem Unterhaus verteidigte er am 15. März seine Entscheidung, die Garantieverpflichtung seines Landes an Prag nicht einzulösen, mit der Begründung, die »Unabhängigkeitserklärung« der Slowakei, über deren Entstehung in Berlin er sehr wohl unterrichtet war, habe unter die Existenz dieses Staates durch inneren Zerfall einen Schlußstrich gesetzt. Der Premierminister weigerte sich, Hitler Wortbruch vorzuwerfen. »Ich habe nicht die Absicht, mich einer solchen Anschuldigung anzuschließen«, sagte er. Am nächsten Tag behauptete er vor dem Unterhaus sogar, »bislang« sei in Berlin noch kein Protest eingereicht worden. Das zumindest stimmte, denn in der britischen Note vom 15. März an die deutsche Regierung wurde festgestellt, »die Regierung Seiner Majestät beabsichtigt keine unnötige Einmischung . . .« Es wurde dann lediglich hinzugefügt, sie »würde jedes Vorgehen in Mitteleuropa bedauern, das einen Rückschlag für das wachsende gegenseitige Vertrauen darstellen könnte«.

Mit einer solchen Erklärung hatte sich Bonnet nicht begnügt. Er hatte den inzwischen aus Moskau nach Berlin versetzten Botschafter Coulondre beauftragt, die Deutschen davon zu unterrichten, sie hätten sich sowohl einer Verletzung des Münchner Abkommens als auch der französisch-deutschen Erklärung vom 6. Dezember schuldig gemacht, und Frankreich weigere sich, das *Fait accompli* in der Tschechoslowakei »anzuerkennen«.

Plötzlich und unerwartet kam am 17. März, zwei Tage nach Hitlers triumphalem Einzug in Prag, das große Erwachen über den britischen Premierminister. An diesem Abend sollte er in seiner Heimatstadt Birmingham eine Rede halten. Er hatte sich ein Referat über die Innenpolitik mit besonderer Berücksichtigung der Sozialleistungen zurechtgelegt. Das Erwachen ereignete sich am Nachmittag während der Zugfahrt nach Birmingham. Er zerriß sein vorbereitetes Manuskript und notierte sich Stichworte für eine neue und gänzlich andersgeartete Rede. Darin entschuldigte er sich für seine »sehr zurückhaltende und vorsichtige . . . sowie etwas kühle Erklärung« vor dem Unterhaus vor zwei Tagen und stellte nunmehr in aller Öffentlichkeit fest, daß Hitler ihn hintergangen hätte, daß das Münchner Abkommen »bewußt gebrochen« worden sei und daß sich Großbritannien »mit allen ihm zur Verfügung stehenden Kräften« jedem weiteren Versuch Deutschlands, sich ein weiteres Land anzueignen, widersetzen werde.

Am 31. März kündigte er im Unterhaus eine einseitige Garantie Großbritanniens für Polen an. Sollte Polen angegriffen werden, würde Großbritannien es »mit allen zur Verfügung stehenden Mitteln unterstützen«. In seiner Erregung über Hitlers Wortbruch gab der friedliebende Premierminister nun ohne Vorbehalte noch weitere Garantien gegenüber anderen osteuropäischen Ländern ab, die sich ebenfalls durch deutsche Expansionsgelüste bedroht fühlten. Er veranlaßte Frankreich, sich ihm anzuschließen. Bereits am 23. März hatten Briten und Franzosen gemeinsam in aller Form erklärt, daß sie im Fall einer Aggression gegen Holland, Belgien oder die Schweiz mit militärischen Mitteln eingreifen würden. Am 13. April wurde Griechenland und Rumänien für den Fall eines Angriffs auf diese beiden Länder in einer gemeinsamen britisch-französischen Erklärung Waffenhilfe zugesagt. Eine Woche zuvor hatte der auf Hitlers Erfolge eifersüchtige Mussolini das kleine Albanien besetzt und sich damit das Sprungbrett für einen Angriff auf Griechenland gesichert. Noch am selben Tag bekräftigte die französische Regierung öffentlich und formell das französisch-polnische Bündnis, nachdem jeder der beiden Staaten »dem anderen gegen jegliche direkte oder indirekte Bedrohung lebenswichtiger Interessen sofortigen und unmittelbaren Schutz garantierte«. Einen Monat später, am 12. Mai, schloß Großbritannien einen gegenseitigen Beistandspakt mit der Türkei ab, dem Frankreich am 23. Juni beitrat, nachdem es Alexandrette, das umstrittene Gebiet der Sandschaks, an die Türkei abgetreten hatte.

Das war auf seiten der Briten eine plötzliche Kehrtwendung in der Politik, die nach Churchills Worten in der Geschichte ohne Beispiel war. Doch nach all den törichten Zugeständnissen war die Position Großbritanniens gegenüber Deutschland entscheidend geschwächt. Nach allen Seiten wurden wahllos Garantien verteilt, ohne daß man sich viel Gedanken darüber machte, wie man diesen Garantien gegebenenfalls Nachdruck verleihen könnte. In Paris stellte man sich die Frage, wie Großbritannien wohl Polen oder Rumänien – oder auch Frankreich – Hilfe zu bringen gedachte, da es doch keine Armee besaß? Natürlich begrüßten die Franzosen diese Flut britischer Garantien, zumal sie selbst bereits Verpflichtungen gegenüber Polen und in etwas geringerem Ausmaß gegenüber Rumänien und Jugoslawien eingegangen waren. Dennoch weckte das überhastete britische Vorgehen in Paris Bedenken. Die Franzosen wußten, daß es Zeit kosten würde, eine militärische Zusammenarbeit mit den ostdeutschen Ländern zu organisieren, und daß die Briten auch für den Wiederaufbau ihrer Armee Zeit brauchten – erst am 27. April hatten sie sich zur Einführung der allgemeinen Wehrpflicht entschlossen. Unterdessen war

Deutschland, wie Daladier von General Gamelin erfahren hatte, in der Lage, im Osten und im Westen gleichzeitig loszuschlagen.

In Paris verfolgte General Gamelin die rege diplomatische Tätigkeit des Quai d'Orsay und des britischen Außenministeriums mit einiger Besorgnis. Wie er sagt, bedauerte er es, daß der französische Generalstab wegen der Übernahme so vieler Verpflichtungen nicht befragt worden war. Warum war wohl Jugoslawien, das Balkanland mit der stärksten Armee, bei den Garantien übergangen worden, die doch so wahllos verteilt wurden? Er sah den Grund in Bonnets Bestreben, Italien nicht zu verärgern, das Bonnet gerade auf Frankreichs Seite zu ziehen versuchte. Vor allen Dingen hätte er, wenn sein Rat eingeholt worden wäre, empfohlen »parallel zu diesen politischen Erklärungen sachliche militärische Gespräche zu führen. Nichts gegen eine noble Geste. Aber es ist immer gut zu wissen, wohin sie führt.« Er fragte sich, warum »wir von Rumänien und Griechenland keinerlei Gegenleistungen verlangt haben«.

Er dachte dabei, was sich später als richtig erweisen sollte, an die Lieferung von Öl aus Rumänien an Deutschland. Auch war da noch die Möglichkeit, Saloniki in Griechenland als Stützpunkt gegen die Deutschen auszubauen. Diesem Zweck hatte die Stadt bereits im Ersten Weltkrieg gedient.

Zuletzt stellte er die Frage: »Könnten wir nicht die Gelegenheit nutzen und das schwierige Problem einer eventuellen Zusammenarbeit zwischen Polen und Rußland regeln – ein Problem, an dem ein Bündnis mit Rußland scheitern könnte[9]?«

General Gamelin erkannte demnach (oder behauptete es zumindest), was eigentlich jedem im Westen hätte klar sein müssen: daß nämlich in jenem unruhigen Frühjahr der Schlüssel zur Lösung der Probleme in Rußland zu suchen war, und zwar nicht nur für die westlichen Demokratien, sondern auch für Deutschland.

Die französisch-britischen Gespräche mit Rußland, I.

Am 18. März 1939, drei Tage nach dem Verschwinden der Tschechoslowakei von der Landkarte, schlug Litwinow – genau wie vor einem Jahr im Fall Österreichs – eine Konferenz vor, diesmal unter Teilnahme von sechs Mächten: Frankreich, Großbritannien, Polen, Rußland, Rumänien und der Türkei. Sie sollte unverzüglich in Bukarest zusammentreten, um eine »Friedensfront« gegen Hitler aufzubauen. In Paris und London wurde der Vorschlag kühl aufgenommen. Bonnet erwähnt ihn in seinen umfangreichen Memoiren nicht einmal, und es gibt keine Aufzeichnungen darüber, was er in dieser Sache tat – falls er überhaupt etwas unternahm. Dem britischen Premierminister erschien die Idee als »verfrüht«. Am 23. März erklärte er im Unterhaus, seine Regierung sei nicht bestrebt, »in Europa zur Bildung feindlicher Blocks beizutragen«. Er war gegenüber Moskau immer noch höchst mißtrauisch*. Als Bonnet am 21. März Präsident Lebrun bei einem Staatsbesuch in London begleitete, bemerkte Chamberlain ihm gegenüber, er sei allenfalls zu der Empfehlung bereit, Frankreich und Großbritannien sollten gemeinsam mit Polen und der Sowjetunion offiziell erklären, sie würden »unverzüglich« Schritte gegen eine weitere »Aggression in Europa beraten«. Nach Bonnets Einverständnis wurde die Empfehlung noch am selben Tag an Oberst Beck in Warschau weitergeleitet. Dieser lehnte die Beteiligung Rußlands ab. Sein Mißtrauen gegenüber der Sowjetunion war noch ausgeprägter als das Chamberlains, und darüber hinaus teilte er dessen Auffassung von der Wertlosigkeit russischer Militärhilfe.

Indem Großbritannien und Frankreich es ablehnten, auf den sowjetischen Vorschlag einer sofortigen Konferenz zum Aufbau einer gemeinsamen Front gegen Hitler einzugehen, verspielten sie bewußt die erste echte Chance, Rußland auf ihre Seite zu ziehen**. Selbst Bonnet war klar, daß man Polen ohne militärische Hilfe Rußlands nicht verteidigen konnte. Er zeigte sich plötzlich besorgt bei dem Gedanken, die Sowjetunion durch eigenes Verschulden als Partner zu verlieren, und ersuchte Daladier, zur Beratung dieser Angelegenheit eine Sitzung des Verteidigungsausschusses einzuberufen. Während der Osterfeiertage waren neue Meldungen eingegangen, die in Paris zunehmende Unruhe auslösten. Am Karfreitag, dem 7. April, waren die Italiener in Albanien einmarschiert. Nach Gamelins Aufzeichnungen wurde am darauffolgenden Tag allgemeine Alarmbereitschaft befohlen, nachdem der Geheimdienst an den Grenzen größere deutsche Truppenbewegungen beobachtet hatte. Man munkelte von einem deutschen Handstreich gegen Danzig. Der polnische Außenminister hatte es für nötig befunden, die Deutschen darauf hinzuweisen, daß ein solcher Schritt zum Krieg zwischen den beiden Ländern führen müßte. Die meisten Kabinettsmitglieder hatten Paris für die Feiertage verlassen. Nun wurden die wichtigsten Minister zurückgerufen. General Gamelin wurde von einer Inspektionsreise durch die Alpen, wo die Franzosen in aller Eile ihre Truppen an der italienischen Grenze verstärkten, nach Paris zurückbeordert. Die Sondersit-

* »Ich muß gestehen«, schrieb Chamberlain am 26. März in einem Privatbrief, »daß ich Rußland zutiefst mißtraue. Ich habe keinerlei Zutrauen in seine Fähigkeit, eine wirksame Offensive durchzuführen, selbst wenn der gute Wille da wäre. Und ich mißtraue Rußlands Beweggründen . . .« (Feiling: *The Life of Neville Chamberlain*, S. 603.)

** Lord Halifax erläuterte am 19. März gegenüber dem sowjetischen Botschafter in London, Iwan Maisky, die Gründe, warum der Vorschlag für eine Konferenz in Bukarest »nicht annehmbar« sei: Im Augenblick stehe für eine Reise nach Bukarest kein Minister der Krone zur Verfügung. Diese Ablehnung scheint die Russen auch im Hinblick auf die nachfolgenden Verhandlungen mit den Briten und Franzosen verärgert zu haben. Maisky vertraute später Robert Boothby, einem konservativen Parlamentsabgeordneten, an, die Zurückweisung des sowjetischen Konferenzvorschlags sei »ein weiterer vernichtender Schlag gegen die Politik einer wirksamen kollektiven Sicherheit« gewesen und habe Litwinows Schicksal besiegelt[10].

zung des Verteidigungsausschusses fand am späten Abend des 11. April, des Ostersonntags, statt.

Bei der Diskussion ging es hauptsächlich um Italien. Es wurde beschlossen, daß sich die französischen Streitkräfte im Falle eines Krieges zunächst auf einen vernichtenden Schlag gegen die Italiener konzentrieren sollten. Doch Bonnets Sorgen drehten sich hauptsächlich um Rußland. Polen weigere sich, mit Rußland zu verhandeln, sagte er. Daher empfehle er die Aufnahme direkter politischer Gespräche mit Moskau. Die Russen sollten sich bereit erklären; Polen und Rumänien im Fall eines Angriffs auf diese beiden Länder Hilfe zu leisten. Die Franzosen würden es anschließend unternehmen, die Angelegenheit mit Warschau und Bukarest zu klären. Doch diese Vorstellung war unrealistisch. Die Sowjetregierung hatte sich am 20. März zu einem ungewöhnlichen Schritt veranlaßt gesehen: Sie erklärte in einer öffentlichen Stellungnahme, eine Hilfszusage Rußlands an Polen und Rumänien stehe gar nicht zur Debatte, da keines der beiden Länder die Sowjetunion um eine solche Garantie ersucht habe. Dennoch billigte der Verteidigungsausschuß Bonnets Vorschlag und auch die Empfehlung, der französische Militärattaché in Moskau möge mit Marschall Woroschilow die militärischen Aspekte dieses Problems beraten[11]. Auch dieser zweite Vorschlag war unrealistisch. Die Russen hatten bereits klar zu erkennen gegeben, daß ernsthafte militärische Gespräche zwischen Frankreich und der Sowjetunion, auf die sie bereits jahrelang drängten, nur auf der Ebene der Generalstäbe möglich seien. Diese Gespräche hatte Frankreich immer wieder abgelehnt. Aus dem vertraulichen Sitzungsprotokoll, das Gamelin in seinen Memoiren veröffentlichte, geht zwar hervor, daß er nichts gegen eine Fühlungnahme zwischen dem französischen Militärattaché in Moskau und Marschall Woroschilow einzuwenden hatte, es wird aber auch deutlich, daß er dieser Angelegenheit kein großes Gewicht beimaß und auch keine militärischen Gespräche zwischen den Generalstäben empfahl. In einer Fußnote zu dem Protokoll bemerkt er selbstgefällig, er habe für die weiteren militärischen Gespräche keinerlei »genaue Anweisungen« erhalten und sei an ihnen »selbstverständlich« nur »ganz allgemein« interessiert gewesen[12].

Eines ist zu diesem Zeitpunkt bereits klar erkennbar: Während die Deutschen ganz offensichtlich einen Angriff auf Polen und Italien einen Vorstoß in die Balkanländer vorbereiteten, waren weder die Franzosen noch die Briten ernsthaft bestrebt, Rußland für ein Militärbündnis gegen Hitler zu gewinnen. Sie sahen offenbar nicht ein, daß sie an diesem kritischen Wendepunkt dringender auf die Sowjetunion angewiesen waren als diese auf sie. Sie waren zur Verteidigung Polens und Rumäniens verpflichtet, Rußland dagegen nicht. Die Sowjetunion hatte noch die Wahl. Darüber hinaus hatten die französisch-britischen Garantien für Polen und Rumänien Rußlands Sicherheit im Westen erhöht, ohne daß es seinerseits zu Gegenleistungen gezwungen war. Wenn die Zusagen eingelöst wurden, würde es für die deutsche Armee schwieriger sein, durch diese Pufferstaaten zur sowjetischen Grenze vorzudringen, da Großbritannien und Frankreich in diesem Fall verpflichtet waren, Deutschland vom Westen her anzugreifen.

Etwas war zumindest klar – oder hätte es sein müssen: Der sehr realistisch denkende Diktator im Kreml hatte nicht die Absicht, eine Bindung seines Landes an die Westalliierten zu riskieren, wenn er nicht Garantien dafür bekam, daß die beiden Regierungen diesmal Wort halten würden. Dazu mußten sie genau darlegen, mit welchen militärischen Maßnahmen und mit welchen Truppen sie ihre Verpflichtungen zu erfüllen gedachten. Nach München blieb der Kreml gegenüber dem Westen höchst mißtrauisch. Er befürchtete, Chamberlain und Daladier könnte mehr daran gelegen sein, Deutschland in einen Krieg gegen die Sowjetunion hineinzudrängen, als gegen die Deutschen einen Dreibund zu schaffen, an dem sie im Ersten Weltkrieg schon einmal gescheitert waren.

Stalin hatte den Westen fünf Tage vor dem Einmarsch der Deutschen in die Tschechoslowakei gewarnt. Am 10. März 1939 hatte er in einer Rede vor dem 18. Parteikongreß in Moskau Frankreich und Großbritannien beschuldigt, sie hätten Österreich und die Tschechoslowakei im Stich gelassen und versuchten nunmehr, Deutschland in einen Krieg gegen die Sowjetunion zu treiben. Sie seien, wie er sagte,

... bestrebt, die Deutschen weiter nach Osten abzudrängen, indem man ihnen leichte Beute in Aussicht stellte und sagte: »Beginnt nur ruhig einen Krieg gegen die Bolschewiken, alles andere wird sich schon finden!«

Am 15. April unterbreiteten Großbritannien und Frankreich ihre Vorschläge. Die Briten ersuchten die Sowjetunion lediglich um eine Erklärung an Polen und Rumänien im Sinne der von den westlichen Alliierten gegebenen Zusicherungen. Die Franzosen gingen einen Schritt weiter. Sie schlugen eine Vereinbarung zwischen den drei Großmächten vor, sich gegenseitig Hilfe zu leisten, falls einer der Partner in einen Krieg gegen Deutschland verwickelt würde. Aber den Russen ging dieser Vorschlag nicht weit genug.

Zwei Tage später, am 17. April, antwortete Litwinow mit dem Vorschlag eines echten Dreibundes zwischen den drei Ländern. Es war keine vage Zusicherung, wie sie Paris vorschwebte, sondern ein sehr detaillierter und weitreichender Pakt. Die Partner sollten nicht nur gegenseitige Unterstützung vereinbaren, sondern darüber hinaus in einem besonderen Militärvertrag genau festlegen, wie sich Heer, Marine und Luftwaffe des betreffenden Landes im Kriegsfall verhalten sollten. Die Signatarmächte, denen gegebenenfalls Polen beitreten könnte, sollten sämtlichen Staaten Mittel- und Osteuropas, einschließlich der baltischen Länder – ob es ihnen paßte oder nicht –, Schutz gegen jede Aggression garantieren. Die militärischen Gespräche sollten unverzüglich parallel zu den politischen aufgenommen werden.

Das war Litwinows letztes Angebot für ein gegen Deutschland gerichtetes Bündnis mit dem Westen. Der sowjetische Außenminister hatte für seine Politik, Hitler durch ein gemeinsames Vorgehen mit Frankreich und Großbritannien Einhalt zu gebieten, seine Karriere aufs Spiel gesetzt. Nun glaubte er offenbar, daß ihm endlich Erfolg beschieden sei. Nach Botschafter Coulondres Meinung war das sowjetische Angebot fast zu schön, um wahr zu sein. Er drängte darauf, es anzunehmen. Churchill war einverstanden und erklärte Chamberlain: »Es gibt keine Möglichkeit, ohne die aktive Unterstützung Rußlands im Osten eine Front gegen die Aggression der Nazis zu halten.« Später schrieb er, ein solches Bündnis wäre ein schwerer Schlag für Deutschland gewesen und hätte Hitler möglicherweise davon abgehalten, einen Krieg zu riskieren. Doch in London rief der sowjetische Vorschlag Bestürzung hervor und in Paris zumindest die gewohnte Zurückhaltung. Einflußreiche französische Kreise – und nicht nur auf der Rechten – waren gegen jede militärische Allianz mit der Sowjetunion. Der radikalsozialistische Deputierte Jean Montigny hatte noch vierzehn Tage zuvor, am 28. März, in der Kammer eine Anfrage wegen »der Irrtümer und Illusionen einer jeglichen Außenpolitik eingebracht, die sich, und sei es nur teilweise, auf ein Vertrauen in die Schlagkraft der russischen Armee außerhalb ihrer Grenzen und die Loyalität der Sowjetregierung stützt«.

In der ersten Aprilhälfte fanden keine Verhandlungen mit Rußland statt. Am 22. April erklärte sich das französische Kabinett widerstrebend bereit, die sowjetischen Vorschläge als Verhandlungsgrundlage zu akzeptieren. Doch die Briten blieben hart. Chamberlain und Halifax bestanden darauf, daß Rußland zuvor in ähnlicher Weise wie Großbritannien eine einseitige Garantie an Polen und Rumänien aussprechen müsse, erst dann könne man die Frage einer Übereinkunft mit der Sowjetunion prüfen. Dem Quai d'Orsay wurde in einem *Aide mémoire* bedeutet, die Sowjetunion »ist nicht so unmittelbar bedroht«. Am 29. April unternahm Bonnet einen weiteren Versuch: Er schlug Moskau einen Beistandspakt auf Gegenseitigkeit zwischen den drei Mächten vor, der in Kraft treten sollte, sobald sie infolge »eines gewaltsamen Versuchs zur Veränderung des Status quo in Mittel- oder Osteuropa« in einen Krieg mit Deutschland verwickelt werden sollten. Damit glaubte Bonnet den Punkt zu umgehen, nämlich die Polen zur Annahme russischer Hilfe zu bewegen. Aber Moskau zeigte sich unbeeindruckt, und London reagierte ausgesprochen kühl.

Stalins Geduld gegenüber dem Westen ging zur Neige. Das ließ er am 3. Mai deutlich erkennen. An diesem Tag erschien auf der Rückseite der Moskauer Parteizeitung *Prawda,* versteckt in einer Spalte mit der Überschrift »Neues in Kürze« eine kurze Meldung: »Genosse Litwinow ist auf eigenen Wunsch vom Amt des Volkskommissars für Auswärtige Angelegenheiten zurückgetreten.« An seine Stelle rückte Wjatscheslaw Molotow, der Vorsitzende des Rats der Volkskommissare.

Eigentlich hätte der Grund für Litwinows plötzliche Abberufung allen Beteiligten einleuchten müssen – die Deutschen erkannten ihn sofort –, aber in Paris und London schien man nicht begreifen zu wollen. Bonnet gab seine Zufriedenheit mit der am folgenden Tag abgegebenen Erklärung des sowjetischen Botschafters zu erkennen, Litwinows Abtreten »bedeute keinerlei Änderung in der sowjetischen Außenpolitik«. Selbst Botschafter Coulondre schien trotz seiner großen Moskauerfahrung der Spürsinn verlorengegangen zu sein. Am 4. Mai unterrichtete er Bonnet von seinem Posten in Berlin aus über ein Gespräch, das er kurz zuvor mit dem sowjetischen Geschäftsträger geführt hatte[13]. Dieser versicherte ihm, Litwinows Abtreten von der politischen Bühne werde nichts an der sowjetischen Außenpolitik ändern, und fügte hinzu:

Unter Molotow, einem Mitglied des auf Stalin eingeschworenen Politbüros, könne die sowjetische Außenpolitik nur an Klarheit und Sicherheit gewinnen, und weder Frankreich noch England würden Anlaß haben, diesen Wechsel zu bedauern.

Coulondre fügte in seinem Telegramm hinzu: »Die Anzeichen sind beruhigend. Natürlich müssen wir erst abwarten, ob sie von den Tatsachen bestätigt werden*.«

Er brauchte nicht lange zu warten. Es trat ein, was die Deutschen sofort erkannt hatten: Litwinows Abdankung brachte eine deutliche Wende in der sowjetischen Außenpolitik mit sich. Um ganz sicherzugehen, daß die deutsche Regierung die Bedeutung dieses Wechsels auch richtig interpretierte, machte der sowjetische Geschäftsträger in Berlin, Georgi Astachow, am 5. Mai einen seiner seltenen Besuche im Auswärtigen Amt. Er sprach mit Dr. Julius Schnurre, der mit der sowjetischen Botschaft Wirtschaftsverhandlungen geführt hatte, bis sie im Februar abgebrochen worden waren. Schnurre berichtet:

Astachow streifte auch die Entlassung Litwinows und versuchte zu erfahren, ob dieser Vorgang eine Änderung unserer Haltung gegenüber der Sowjet-

* In seinem Buch erwähnt Coulondre dieses Telegramm nicht. Statt dessen schreibt er: »Ich war sehr betroffen darüber, daß Litwinow in Ungnade gefallen ist . . . Seine Ablösung kann nur außenpolitische Hintergründe haben[14].«

union herbeiführen könnte. Er unterstrich die Bedeutung der Persönlichkeit Molotows und seinen Einfluß auf die künftige sowjetische Außenpolitik[15].

Der sowjetische Diplomat lud außerdem die Deutschen zur Wiederaufnahme der Wirtschaftsverhandlungen ein.

Geheime Annäherung zwischen Berlin und Moskau, I.

Das war nicht der erste Fühler, den die Russen in Berlin ausstreckten. Vierzehn Tage zuvor, am 17. April – an diesem Tag schlug Litwinow den Franzosen und Briten einen Dreibund gegen Deutschland vor –, hatte der sowjetische Botschafter in Berlin, Alexei Merekalow, zum ertenmal seit Übernahme seines Postens vor fast einem Jahr dem Staatssekretär im Deutschen Außenministerium, Ernst von Weizsäkker, einen Besuch abgestattet. Wie dieser später berichtete, hatte ihn der Botschafter »unverblümt« gefragt, was er von den deutsch-russischen Beziehungen hielte. Nachdem Weizsäcker erwidert hatte, Deutschland wünsche »beiderseits befriedigende Wirtschaftsbeziehungen zu Rußland«, ging der Botschafter ein ganzes Stück weiter.

»Ideologische Meinungsverschiedenheiten brauchen die Beziehungen zwischen Rußland und Deutschland nicht zu stören«, meinte er. Laut Weizsäcker sagte der Botschafter darüber hinaus:

Sowjetrußland habe die jetzigen Reibereien zwischen Deutschland und den westlichen Demokratien nicht gegen uns ausgenutzt und wünsche das auch nicht zu tun . . . Es bestehe für Rußland kein Grund, warum es nicht mit uns auf einem normalen Fuße leben sollte. Aus normalen Beziehungen können auch wachsend bessere werden.

Weizsäcker hatte das Gefühl, daß der Botschafter die Unterhaltung auf diese Bemerkung »hingeführt« habe. Dieses Gespräch vermerkte er in einer Aktennotiz für seinen Außenminister[16].

Bereits im April hatten die Russen demnach begonnen, auf beiden Schultern zu tragen*. Sehr bald schon sollten die Deutschen auf diese Angebote weitaus realistischer – und zynischer – reagieren, als es die westlichen Alliierten vermochten. Versuchte Stalin ein Doppelspiel, so konnte Hitler das schon lange; er war ein Meister des doppelten

* Wenn man dem angeblichen Tagebuch Litwinows (als *Notizen für ein Tagebuch* veröffentlicht) einigen Glauben schenken darf, dann erwog Stalin schon bald nach der Münchner Konferenz eine Annäherung an Deutschland. Rußlands Ausschluß von dieser Konferenz hatte seinen Argwohn gegenüber dem Westen verstärkt. Nach einem Tagebucheintrag soll Stalin gegen Ende 1938 zu Litwinow gesagt haben: »Wir sind bereit, uns mit den Deutschen zu verständigen . . . und auch Polen unschädlich zu machen.« Im Januar 1939 notiert Litwinow, daß die gesamte Korrespondenz mit der sowjetischen Botschaft in Berlin über Stalin laufen müsse und daß Botschafter Merekalow auf Stalins Anweisung kurz vor Verhandlungen mit Weizsäcker stehe, bei denen Hitler »sinngemäß« mitgeteilt werden sollte: »Bislang konnten wir keine Verständigung erzielen, aber jetzt können wir es.«

Spiels. Dabei war völlig unwichtig, daß seine Innenpolitik auf dem Antikommunismus (alle deutschen Kommunistenführer waren entweder im Gefängnis oder geflohen) und seine Außenpolitik auf der Isolierung Rußlands in Europa beruhte, die er in München durchgesetzt hatte. Trotz seiner Verachtung für die Sowjetunion, die schon in *Mein Kampf* so leidenschaftlichen Ausdruck fand und die er seitdem wiederholt zu erkennen gab, erkannte Hitler, daß die Sowjetunion durchaus in der Lage war, durch ein Bündnis mit dem Westen ihn an seinen nächsten Aggressionen zu hindern. Gelang ihm jedoch eine Vereinbarung, durch welche die Sowjetunion von Großbritannien und Frankreich gelöst werden konnte, so hatte er freie Hand, seine Absichten planmäßig Schritt um Schritt auszuführen*.

Diese Pläne waren bereits Anfang April entstanden, wenige Tage nachdem Chamberlain Großbritanniens einseitige Garantie für Polen verkündet hatte. Am 3. April billigte Hitler einen streng geheimen Befehl an die Wehrmacht zum »Fall Weiß«. Das war der Codename für die Operationen zur Vernichtung Polens. Die polnischen Streitkräfte sollten »durch einen überraschenden Angriffsbeginn« vernichtet werden. Als Termin wurde vorläufig der 1. September festgesetzt. Und dieser bedeutsame Termin wurde ebenso pünktlich eingehalten wie der vor einem Jahr für die Besetzung des Sudetenlands festgesetzte Termin – der 1. Oktober 1938. Was die Terminfestlegung betraf, so konnte man sich auf das Wort des Diktators verlassen.

Rasch begann Hitler mit den Vorbereitungen. Am 28. April kündigte er in einer Reichstagsrede den deutsch-englischen Flottenvertrag und – was noch wichtiger war – den Nichtangriffspakt mit Polen. Ich hörte mir die zweistündige Ansprache an; das bedeutsamste daran war in meinen Augen, daß Hitler seine gewohnten Angriffe auf die Sowjetunion unterließ. Rußland wurde mit keinem Wort erwähnt. Dies schien die sowjetische Regierung zu ermutigen, denn am 17. Mai suchte der sowjetische Geschäftsträger in Berlin erneut Dr. Schnurre im Außenministerium auf. Nach einem Meinungsaustausch über die Wiederaufnahme der Wirtschaftsverhandlungen kamen die größeren Probleme zur Sprache. Astachow erklärte: »Außenpolitisch bestehen keine Gegensätze zwischen Deutschland und der Sowjetunion, und es gibt daher auch keinen Anlaß zu einer Feindschaft zwischen den beiden Ländern[18].«

* Diese Absicht versuchte am 30. April der deutsche Luftfahrtminister General Karl Bodenschatz einem sehr erstaunten jungen Mitarbeiter des Luftwaffenattachés der französischen Botschaft in Berlin, Hauptmann Paul Stehlin, mit dem er sich angefreundet hatte, zu erläutern. Als Bodenschatz, ein enger Freund Görings und Vertrauter Hitlers, bemerkte, »im Osten täte sich etwas«, gab Stehlin sein Erstaunen darüber zu erkennen, daß sich der Erzkommunistenfeind Hitler nun Rußland zuwandte. Bodenschatz antwortete: »Sie sollten seine Worte nicht zu ernst nehmen. Hitler ist Soldat. Wenn es um die Ausführung eines Plans geht, dann spielen rechtliche oder ideologische Bedenken keine Rolle. Hitler denkt nicht mehr daran, den deutsch-polnischen Konflikt ohne Rußland zu regeln. Drei Teilungen Polens hat es bereits gegeben – glauben Sie mir, es wird noch eine vierte geben[17].«

Drei Tage später, am 20. Mai, führte der deutsche Botschafter in Moskau, Friedrich Werner Graf von der Schulenburg, ein längeres Gespräch mit Molotow. Nach dem Bericht des alten deutschnationalen Schulenburg, der sich stets für engere Beziehungen zwischen der Sowjetunion und Deutschland eingesetzt hatte, verlief die Unterhaltung in einer »äußerst freundschaftlichen Atmosphäre«. Der neuernannte Volkskommissar für Auswärtige Angelegenheiten teilte dem Botschafter mit, die Wirtschaftsverhandlungen könnten wiederaufgenommen werden, »falls sich hierfür die notwendige politische Grundlage schaffen ließe«[19]. Schulenburg war fasziniert. Er begriff auf der Stelle, daß die Russen zu einer weitgehenden Annäherung an Deutschland bereit waren, und zwar nicht nur zu einer Ausweitung der Wirtschaftsbeziehungen, sondern auch zu einer *politischen* Verständigung.

Trotz strengster Geheimhaltung entgingen die behutsamen Fühlungnahmen zwischen Berlin und Moskau nicht dem wachsamen Auge des französischen Botschafters in der deutschen Hauptstadt. Coulondre hatte bekanntlich noch als Moskauer Botschafter vor einer möglichen russisch-deutschen Annäherung nach den Münchner Verträgen gewarnt. Im Frühjahr 1939 fielen ihm nun in Berlin weitere Anzeichen in dieser Richtung auf. Er war sehr beeindruckt von Hauptmann Stehlins Bericht über sein Gespräch mit General Bodenschatz am 30. April*, und reichte es am 7. Mai mit entsprechenden Randbemerkungen an Bonnet weiter. Aufgrund von Bodenschatz' Vertrauensstellung sei er überzeugt, daß seine Bemerkungen »ziemlich genau Hitlers Absichten« widerspiegelten. Dennoch könnte es sich bei den russischen Sondierungen, so warnte er, lediglich um ein diplomatisches Manöver handeln, durch das die westlichen Alliierten zu weiteren Zugeständnissen gegenüber Moskau gezwungen werden sollten. Er schloß[20]: »Für Hitler ist es schwierig, eine gemeinsame Basis mit den Sowjets zu finden, da sowohl seine Innen- als auch seine Außenpolitik auf der Grundlage des Antibolschewismus beruhen**.«

Zwei Tage später, am 9. Mai, drahtete er jedoch an Bonnet: »Seit vierundzwanzig Stunden wird in Berlin von bereits erfolgten oder unmittelbar bevorstehenden Vorschlägen Deutschlands an Rußland

* In seinem Buch nennt Coulondre auf S. 270 ein falsches Datum (6. Mai) und schreibt den Namen des Hauptmanns falsch.

** Dennoch hielt Coulondre die Bodenschatz-Information für so wichtig, daß er Hauptmann Stehlin ersuchte, nach Paris zu fliegen und sie persönlich am Quai d'Orsay vorzutragen. Er gab dem Luftwaffenattaché einen persönlichen Brief an Bonnet mit, in dem er eine ausführliche Befragung Stehlins über dessen zweistündige Unterhaltung mit Bodenschatz empfahl. Stehlin berichtet, daß Bonnet es ablehnte, ihn zu empfangen. Alle seine Bemühungen, im französischen Außenministerium Gehör zu finden, seien auf »ausweichende und unhöfliche« Antworten gestoßen. Nachdem er in Paris sechs Tage lang vergeblich antichambriert hatte, flog er nach Berlin zurück. Später teilte ihm ein Freund am Quai d'Orsay warnend mit, für einen Luftwaffenattaché sei es besser, sich um seine eigenen Angelegenheiten zu kümmern und die Finger aus der Diplomatie zu lassen[21]!

gemunkelt, die zu einer Teilung Polens führen sollen[22].« Am 22. Mai berichtete er in einem langen Telegramm nach Paris über die mutmaßlichen Erwägungen des deutschen Außenministers: Ribbentrop sei der Überzeugung, Polen müsse »früher oder später verschwinden und zwischen Deutschland und Rußland aufgeteilt werden. Nach seiner Meinung gibt es einen engen Zusammenhang zwischen dieser Teilung und einer Annäherung zwischen Berlin und Moskau . . . Eines seiner Ziele ist es, Rußland bei der Zerschlagung Polens die gleiche Rolle zuzuweisen, die Polen hinsichtlich der Tschechoslowakei gespielt hat[23].« Eine Woche später, am 1. Juni, teilte der Botschafter Bonnet mit:

Hitler wird einen Krieg riskieren, wenn er nicht gegen Rußland zu kämpfen braucht. Sollte es andererseits feststehen, daß er auch gegen Rußland kämpfen muß, so wird er eher einen Rückzieher machen als sein Land, seine Partei und sich selbst dem Untergang auszuliefern.

Coulondre fügte hinzu, Hitler hätte von seinen beiden ranghöchsten Generälen, dem Chef des Oberkommandos der Wehrmacht, Keitel, und dem Oberbefehlshaber des Heeres, Brauchitsch, erfahren, daß Deutschland im Falle eines Krieges gegen Rußland »nur eine geringe Chance hätte, diesen Krieg zu gewinnen«. Der Botschafter, der sich bereits seit Jahren für ein französisch-russisches Militärabkommen eingesetzt hatte, unterstrich abschließend gegenüber Bonnet die »Dringlichkeit«, unverzüglich eine Einigung zwischen Großbritannien, Frankreich und Rußland in Moskau zu erzielen[24]. Daraus war ebenso wie aus all seinen letzten Depeschen zu entnehmen, daß die Deutschen das Rennen machen könnten, falls sich die westlichen Alliierten nicht beeilten.

Wie Hitler später zu seinen Generälen sagte, war er in dieser Hinsicht sehr zuversichtlich. Anfang Juni hatte er es jedoch noch nicht eilig*. Er hatte soeben Italien vertraglich an Deutschland gebunden und dadurch eine gewisse Handhabe gegen Frankreich und Großbritannien bekommen. Am 22. Mai war in Berlin der sogenannte »Stahlpakt« zwischen Italien und Deutschland unterzeichnet worden. Es handelte sich dabei um ein ausgesprochenes Militärabkommen, in dem sich jeder Partner verpflichtete, dem anderen im Falle von »kriegerischen Verwicklungen mit allen seinen militärischen Kräften zu Lande, zur See und in der Luft zu Hilfe zu kommen«. Am nächsten Tag befahl Hitler seine führenden Militärs zu sich in die Berliner Reichskanzlei. An diesem 23. Mai eröffnete er ihnen, »wir müssen die

* »Ich war überzeugt«, sagte er am 22. August zu seinen Generälen, »daß Stalin nie auf das englische Angebot eingehen würde . . . Rußland ist an der Erhaltung Polens nicht interessiert . . . Litwinows Ablösung war die Entscheidung. Die machte mir schlagartig die veränderte Haltung Moskaus gegenüber den Westmächten klar. Ich habe die Umstellung gegenüber Rußland allmählich durchgeführt . . .[25].«

Brücken hinter uns abbrechen«, Polen werde »bei erster passender Gelegenheit« angegriffen und »Danzig ist gar nicht das Streitobjekt«, sondern vielmehr »die Arrondierung des Lebensraums im Osten und die Sicherstellung der Ernährung«. Er fügte hinzu: »Es wird zum Kampf kommen!«

Einen Krieg gegen Frankreich und Großbritannien sowie Polen, jedoch wahrscheinlich nicht gegen Rußland. »Es ist nicht ausgeschlossen«, sagte er, »daß Rußland sich an der Zertrümmerung Polens desinteressiert zeigt[26].«

Die westlichen Alliierten waren zu diesem Zeitpunkt darum bemüht, Rußland für die »Verteidigung Polens« zu gewinnen. Daran mußte auch Rußland interessiert sein, weil es ja schließlich um seine eigene Verteidigung ging. Doch die Polen lehnten ab. Der Stein des Anstoßes war der gleiche wie ein Jahr zuvor während der tschechischen Krise: die Polen weigerten sich, den sowjetischen Truppen den Durchmarsch durch ihr Gebiet zu gestatten.

Für die Franzosen ergab sich eine Gelegenheit, die Polen hinsichtlich der russischen Hilfe zur Vernunft zu bringen, als der polnische Kriegsminister, General Kasprzycki, in Begleitung des stellvertretenden polnischen Generalstabschefs, Oberst Jeklicz, Mitte Mai zur Besprechung eines Militärabkommens mit Frankreich in Paris eintraf. General Gamelin, der französische Verhandlungsführer, hätte nicht nur darauf bestehen können, daß Polen im eigenen Interesse russische Militärhilfe annehmen müsse – er hätte sogar Frankreichs militärische Zusagen an Warschau davon abhängig machen können. Doch Gamelin erwähnte diese Angelegenheit während der ganzen Verhandlungswoche nicht ein einziges Mal. Ohne auch nur die Frage zu stellen, wie der polnische Generalstab ohne sowjetische Hilfe den Deutschen standzuhalten gedächte, unterzeichnete er am 19. Mai das Abkommen. Darin wurde für den Fall eines deutschen Angriffs auf Polen eine Großoffensive der französischen Armee im Westen zugesagt*. Nichts deutete darauf hin, daß Daladier seinen Armeechef dazu gedrängt hätte, die Frage der sowjetischen Militärhilfe für Polen zur Sprache zu bringen, und auch Bonnet scheint es nicht getan zu haben, obwohl er den polnischen Militärpakt nach besten Kräften zu sabotieren suchte, indem er seine Unterschrift für die ihm zugrunde liegende politische Vereinbarung verweigerte. Dieses seltsame Verhalten gibt weiteren Aufschluß über Charakter und Methoden des französischen Außenministers sowie das Chaos, das in jenem Frühjahr in Paris herrschte, während sich die Polenkrise zuspitzte. Das alles blieb nicht ohne unmittelbaren Einfluß auf gewisse nachfolgende Ereignisse[27].

* Es wird noch davon die Rede sein, wie sich General Gamelin durch eine eigene Interpretation der Zusage um ihre Einlösung drückte – damals, als sie gegeben wurde, und auch später, als es ernst wurde.

General Gamelin und General Kasprzycki stellten am 28. Mai den Entwurf für das Militärabkommen fertig. Der französische Armeechef legte ihn vor der Unterzeichnung am selben Nachmittag Daladier zur Billigung vor. Diese wurde am nächsten Tag erteilt. Gamelin unterschrieb das Vertragswerk und erklärte in einem Begleitbrief an den polnischen Kriegsminister, das Abkommen werde erst nach Unterzeichnung eines neuen politischen Vertrags zwischen Frankreich und Polen in Kraft treten. Wie er erfahren habe, sei diese politische Vereinbarung im Entwurf bereits fertiggestellt und gebilligt. Sie werde vermutlich noch am 19. Mai unterzeichnet. Das geschah aber nicht.

Bonnet behauptet, er sei »fassungslos« gewesen, als er am 18. Mai »zufällig« von der Unterzeichnung des Militärabkommens durch Gamelin erfuhr[28]. Er habe dem politischen Vertragswerk »seine Unterschrift verweigert«, weil darin auf Polens Verlangen eine Klausel enthalten war, nach der Polen eine deutsche Besetzung Danzigs als *Casus belli* betrachten würde. Das war ganz vernünftig. Sogar in einem Angriff auf Polen selbst sah die französische Regierung nur widerstrebend einen Kriegsgrund. Danzigs wegen wollte es sich in keinen Konflikt verwickeln lassen. Aber war dies tatsächlich der Grund, aus dem Bonnet den politischen Vertrag ablehnte? Die Beweise sprechen dagegen.

Gamelin veröffentlichte in seinen Memoiren[29] den Wortlaut des Begleitbriefs, mit dem Bonnet am 18. Mai Daladier ein Exemplar des vorgesehenen politischen Abkommens zwischen Frankreich und Polen vorlegte. Er erklärte dazu: »Dieser Wortlaut wurde, wie bereits öffentlich bekanntgegeben, vom Kabinett am 12. Mai einstimmig gebilligt«, und »sollte in Kürze unterzeichnet werden«. Darin war die Erklärung enthalten, der französische Außenminister nehme den polnischen Standpunkt zur Kenntnis, daß »Danzig für Polen von lebenswichtigem Interesse sei«. Dagegen erhob Bonnet in seinem Brief keinen Einwand*. Nach Angabe des polnischen Botschafters in Paris, M. J. Lukasiewicz, hatte ihm Bonnet am 17. Mai versichert, er habe keine Einwände gegen die Danzig-Erklärung und sei damit einverstanden, daß die politische Vereinbarung zwei Tage später unterzeichnet werde[30].

Zu einer Unterzeichnung des Abkommens kam es jedoch erst am 4. September, vier Tage nach dem deutschen Angriff auf Polen. Daraus zog General Gamelin einige bedeutsame und folgenschwere Schlüsse. Als er in der darauffolgenden Woche erfuhr, daß die französische Regierung auf eine Unterzeichnung des politischen Vertrags »verzichtet« habe, bedeutete das für ihn, wie er sagt: »daß infolgedessen unser militärisches Protokoll wertlos und nicht bindend für uns sei«. Er gibt zu: »Insgeheim war ich damit sehr zufrieden[31].«

* Diesen Brief veröffentlicht Bonnet in seinen Memoiren nicht.

Er scheint erleichtert gewesen zu sein, daß er dadurch jeglicher Verpflichtung zu einer tatkräftigen Unterstützung Polens im Fall eines deutschen Angriffs enthoben wurde. Er schien dabei zu vergessen, daß sich Frankreich bereits durch das am 19. Februar 1921 von Marschall Foch unterzeichnete geheime Militärabkommen gegenüber Polen verpflichtet hatte, im Falle einer deutschen Aggression seinem Verbündeten »wirksame und rasche Unterstützung zu gewähren«*.

Doch unabhängig davon, wie »wirksam und rasch« Frankreich Polen auch unterstützen mochte, indem es im Westen angriff und deutsche Streitkräfte von der Ostfront abzog – und General Gamelin läßt in seiner Interpretation der Zusagen an Polen aus den Mai-Gesprächen deutlich erkennen, daß ein allzu rascher und allzu schwerer Angriff gar nicht in seiner Absicht lag[33] –, so wußte er doch, daß Polen vor einer Überrollung durch Hitlers Armee nur dann zu retten war, wenn es rechtzeitig und unmittelbar von den sowjetischen Streitkräften unterstützt wurde**. Das erklärte er immer wieder. In seinen

* Die Torpedierung des politischen Vertrags durch Bonnet vergiftete noch mehr das ohnehin schon schlechte Verhältnis zwischen ihm und General Gamelin, das sich bereits zur Zeit des Münchner Abkommens bemerkbar gemacht hatte. Gamelin machte in seinen Memoiren Bonnet schwere Vorwürfe wegen seiner Fehler bei den Verhandlungen mit Polen im Mai. Dann fügte er in seiner bewährten spitzen Art hinzu: »Damit keine Mißverständnisse aufkommen: Ich behaupte keineswegs, Bonnet sei ein Verräter gewesen, wie man mir oft vorgeworfen hat. Aber ich muß feststellen . . ., daß seine Handlungsweise den Interessen Frankreichs schadete.« Bonnet wiederum macht dem Armeechef zum Vorwurf, das Militärabkommen zunächst unterzeichnet und dann – nach der verspäteten Unterzeichnung des politischen Vertrags am 4. September – fortgesetzt behauptet zu haben, es sei »nicht existent«. Nach der Besetzung Frankreichs durch die Deutschen setzte sich Bonnet in einem Interview mit einer Pariser Zeitung zunächst für eine französisch-deutsche Zusammenarbeit ein und rühmte sich seiner Weigerung im Mai 1939, Frankreichs militärische Verpflichtungen gegenüber Polen auszuweiten[32].

** Dabei wuchs im Laufe des Sommers das Zutrauen des französischen Generalstabs in die Kampfkraft der polnischen Armee, ebenso das der französischen, britischen und amerikanischen Militärattachés in Warschau. Das mußte einem in militärischen Dingen so unerfahrenen Zivilisten wie dem Autor seltsam erscheinen – ebenso seltsam wie die Blindheit der Polen gegenüber ihrer katastrophalen strategischen Lage und der Notwendigkeit einer russischen Militärhilfe. Ich hatte die erste Aprilwoche in Polen verbracht und notierte am 2. April in Warschau in meinem Tagebuch:

Besuchte Sonntagnachmittag eine klägliche Luftwaffenschau. Meine polnischen Freunde entschuldigten sich wegen der schwerfälligen, langsamen Bomber und der ebenso veralteten Doppeldecker, die als Jäger eingesetzt wurden. Sie zeigten ein halbes Dutzend moderner Jäger, die wohl schnell genug waren – aber das war auch alles. Wie will Polen mit einer solchen Luftwaffe gegen Deutschland kämpfen?

Am 6. April verkündeten die Regierungen Großbritanniens und Polens ihre Absicht, einen gegenseitigen Beistandspakt zu unterzeichnen. An diesem Tag notierte ich in Warschau, daß die Polen mit britischer und französischer Hilfe zu kämpfen beabsichtigten. Dreierlei beunruhigte mich immer noch:

1. Polens hoffnungslose strategische Lage (seit der Besetzung der Tschechoslowakei auf drei Seiten von Deutschland in die Zange genommen);

2. der deutsche Westwall, der nach Vollendung im kommenden Winter Frankreich und Großbritannien abschrecken wird, Deutschland von Westen her anzugreifen und dann Polen zu helfen;

3. Rußland. Ich habe in dieser Woche mit einem Dutzend Polen beisammengesessen – aus dem Außenministerium, der Armee und mit alten Pilsudski-Legionären, die das *Polske Radio* leiten. Sie wollen einfach nicht erkennen, daß sie sich den Luxus nicht leisten können, gleichzeitig Rußland und Deutschland zum Feind zu haben, daß sie sich entscheiden müssen und daß es ihre Rettung wäre, Rußland zusammen mit Frankreich und Großbritannien auf ihre Seite zu ziehen. Sie weisen auf die Gefahren einer russischen Hilfe hin. Natürlich besteht die Gefahr . . ., daß die Rote Armee nicht mehr abziehen wird, wenn sie erst einmal polnischen Boden betreten hat, daß sie das Land mit Hilfe ihrer Propaganda bolschewisieren wird (ein Land, das von den Obristen so schlecht regiert wurde, daß es für die Bolschewiken zweifellos einen fruchtbaren Acker darstellt) und so weiter . . . Dann macht doch euren Frieden mit den Nazis! . . . Niemals! sagen sie[34].

Memoiren äußert er sich »äußerst verärgert« über den plötzlichen Besuch General Kasprzyckis in Paris am 14. Mai:

Ich hatte nicht den Wunsch, konkrete Gespräche mit den Polen zu führen, bevor . . . wir Gelegenheit zu Unterredungen mit dem russischen Generalstab hatten. Es war klar, daß ein längerer Widerstand Polens ohne die Hilfe der UDSSR *undenkbar war.*

Das erkannte er und er sah auch, wo die Hauptschwierigkeit lag: »Ich wußte sehr wohl, daß die Polen dies mit den Sowjets niemals auch nur diskutieren würden[35].« Und doch schreckte er nach seinen eigenen Worten vor den Konsequenzen zurück. Er versuchte von sich aus nicht, die Polen zu einem realistischen Denken zu bewegen. Wie bei so vielen anderen Fragen der Militärpolitik gab er sich damit zufrieden, der Zivilregierung die Initiative zu überlassen. Aber Initiative war genau das, was der Regierung Daladier ebenso fehlte wie der Regierung Chamberlain-Halifax in London. Noch im Sommer 1939 schienen es die Staatsmänner in Paris und London keineswegs eilig zu haben, das Problem der Sowjethilfe zu regeln, obgleich es ihnen allmählich dämmerte, daß Polen und wahrscheinlich auch dem Westen ohne diese Hilfe eine Katastrophe drohte.

Das französische Parlament übte keinen Druck auf die Regierung aus, diese Frage anzupacken. Was die Außenpolitik betraf, schien es während dieses Frühjahrs im Halbschlaf zu liegen. Zu einiger Erregung war es nur in der Debatte über die Einführung des Verhältniswahlrechts gekommen, einer Maßnahme, mit der die Konservativen die Bildung einer neuen Volksfrontmehrheit verhindern wollten; es wurde kurz vor den Sommerferien im Juni von der Kammer verabschiedet. Das Abstimmungsergebnis (339 zu 234) ließ die Deputierten, wie ein Reporter berichtete, »am 27. Juni in Krach und Erregung aufbrechen« – ein weiteres Zeichen für die künftige Spaltung.

Die Legislaturperiode der 1936 gewählten Kammer lief im Mai 1940 aus. Daladier befürwortete, daß die Deputierten nach ihrer Rückkehr zur Ende August beginnenden neuen Sitzungsperiode auf dem mutmaßlichen Höhepunkt der deutsch-polnischen Krise sich lediglich auf ihre Wiederwahl vorbereiten und nichts für die bitternötige Einigung des Landes tun würden. Aufgrund seiner Sondervollmachten verlängerte er am 30. Juli durch Regierungserlaß die Legislaturperiode bis zum Mai 1942. Im Lande gab es darüber weniger Erregung als erwartet. Die meisten Politiker hatten nichts dagegen, daß ihre Amtszeit automatisch um zwei Jahre verlängert wurde, und die Masse des Volkes schien es nicht zu kümmern, da man ohnehin kaum an die Möglichkeit glaubte, bessere Volksvertreter zu bekommen. Diese Deputiertenkammer verfügte anfangs bekanntlich über eine Volksfrontmehrheit, aber die merkwürdigen Spielregeln dieses Hohen Hauses, deren Ergründung schon an anderer Stelle versucht wurde, hatten ohne zwischenzeitliche Neuwahlen zur Bildung einer konservativen Mehrheit geführt. Die Männer waren dieselben – nur ihre politischen Bindungen hatten sich geändert. Jedenfalls mußte sich das Land nun für weitere drei Jahre mit dieser wenig vertrauenswürdigen Kammer abfinden – wenn die Republik so lange überdauerte.

23 Sommerliches Zwischenspiel in Paris Mai bis Juli 1939

In diese schöne französische Hauptstadt, die sich immer im Juni und Juli von ihrer allerbesten Seite zeigt, hielt der Sommer, trotz drohender Kriegswolken am Horizont, seinen strahlenden Einzug. Die Republik feierte den 150. Jahrestag der glorreichen Revolution. Erziehungsminister Jean Zay, der mit der Vorbereitung der Gedenkfeiern beauftragt war, gab der Hoffnung Ausdruck, sie würden »all das symbolisieren, was an unseren Grenzen bedroht wird«. Am 5. Mai begannen die Feierlichkeiten mit einem Festakt in Versailles. Die illustre Festversammlung hoher Offiziere, Würdenträger und ausländischer Diplomaten traf sich zuerst im Hôtel des Menus Plaisirs (wo vor genau 150 Jahren die drei Stände das Ende der alten Monarchie eingeleitet hatten) und begaben sich dann in den Spiegelsaal des großartigen Versailler Schlosses, um sich die Festrede Edouard Herriots anzuhören. Der Präsident der Deputiertenkammer war gleichzeitig ein hervorragender Historiker und der mitreißendste Redner der Republik.

Neben den staatlichen Festakten fanden auch zahlreiche Festlichkeiten der eleganten Gesellschaft statt. Manche erinnerten sich lange daran, daß das elegante Paris selten zuvor so viele schöne Frauen in kostbaren Roben erlebt hatte. Die Salons der großen Couturiers wie Schiaparelli, Maggy Rouff, Lanvin, Robert Piguet und Marcel Rochas waren überlaufen. Die Moderichtung des Sommers wurde in der Presse als »äußerst weiblich« beschrieben. Den Männern gefiel das. Eine ähnliche Tanzwut wie 1925 brach aus. Die Nachtklubs hatten Hochbetrieb. Der Filmschlager des Jahres trug den Titel *Toute la ville danse.* Auch die Theater erlebten eine der erfolgreichsten Saisons seit Jahren. Selbst Molières altehrwürdige Comédie Française wich von ihrem klassischen Spielplan ab und gab das neue Stück *A Souffert sous Ponce-Pilat* von Paul Raynal. Im Athéné triumphierten Louis Jouvet und seine neue Partnerin Madeleine Ozeray in Jean Giraudoux' *Ondine.*

Selbst für die Bedürftigen in Frankreich schienen bessere Zeiten anzubrechen, und sie mochten einfach nicht glauben, daß ein Krieg diesem Aufschwung nach fast einem Jahrzehnt der Depression ein Ende bereiten könnte. Man rechnete mit einer guten Ernte. Im Juni übertraf die Industrieproduktion die des gleichen Monats im Vorjahr um 17 Prozent. Im selben Zeitraum ging die Zahl der Arbeitslosen um 20000 auf 343000 zurück. Die Lebenshaltungskosten waren in den voraufgegangenen zwölf Monaten um nur 3 Prozent gestiegen, die Stundenlöhne dagegen um 5 Prozent und die Gehälter um noch mehr. Der schwindsüchtige Franc war endlich stabil. Der Goldexport hörte auf. Die Zahlungsbilanz war ausgeglichen, und die Börsenkurse waren gegenüber dem Vorjahr um 16 Prozent gestiegen. Die Streikwelle hatte sich völlig gelegt. Am 1. Mai, dem Tag der Arbeit, hatten die Arbeiter Frankreichs auf den gewohnten freien Tag verzichtet. Die meisten von ihnen durften sich auf zwei Wochen bezahlten Urlaub im August freuen. Im sommerlichen Sonnenschein schien das Leben wieder lebenswert zu sein. Der Durchschnittsfranzose konnte es nicht fassen, was die Schlagzeilen der Zeitungen und die Nachrichten im Radio meldeten: daß Hitler offenbar zum Krieg gegen das ferne Polen entschlossen war. Einen Krieg konnten die Franzosen jetzt ganz und gar nicht gebrauchen.

In dem kleineren Kreis der Gebildeten und Belesenen – der hier größer war als in fast jedem anderen Land der Welt – verkauften sich neue Bücher ungewöhnlich gut: *Terres des hommes* von dem empfindsamen Flieger und Schriftsteller Saint-Exupéry, *Gilles* von Drieu la Rochelle, der seine großen Talente immer mehr mit Verirrungen in den Faschismus vergeudete, *Scandale de la vérité* von Georges Bernanos, *La Douceur de vivre* von Jules Romains und *Mémorial de la guerre blanche* von dem Arzt und Schriftsteller Georges Duhamel. In diesem Sommer wurde man auch auf zwei talentierte junge Autoren aufmerksam: Jean Paul Sartre, den vierunddreißigjährigen Existentialphilosophen, Romancier und Essayisten, durch seine Kurzgeschichtensammlung *Le Mur,* und auf den sechsundzwanzigjährigen Albert Camus, der durch *Noces* auffiel, eine Serie von Alltagsskizzen aus Algerien. Er war dort als Sohn einer französischen Familie zur Welt gekommen, die immer noch in Algerien lebte. In den meisten dieser Werke spiegelten sich die unruhigen Zeiten, doch sagte keines voraus, was dieser Sommer an seinem Ende noch bringen sollte. In diesem Jahr erschien auch Luc Durtains letzter Roman. Ironischerweise trug er den Titel *La Guerre n'existe pas – Es gibt keinen Krieg.*

Und doch dachten die meisten Franzosen, insbesondere die politische und gesellschaftliche Elite, an die Möglichkeit oder gar Wahrscheinlichkeit eines bevorstehenden Krieges. Im Rückblick auf das strahlendste und bunteste gesellschaftliche Ereignis des Sommers erinnerten sie sich später an die drohenden Vorzeichen. Nach übereinstimmenden Berichten war der Galaabend in der Nacht vom 4. zum 5. Juli in den prächtigen Gärten der damals im Hôtel de Prince de Sagan untergebrachten polnischen Botschaft der Höhepunkt der Pariser Saison. Niemand vergaß, wie der polnische Botschafter und fünf seiner Mitarbeiter gegen drei Uhr morgens Aufstellung gegenüber sechs elegant gekleideten Polinnen nahmen, darunter auch Madame Arthur Rubinstein, der Frau des gefeierten Pianisten, und eine Mazurka tanzten – schneller und immer schneller, während Hunderte von erlesenen Gästen ihnen zusahen, in die Hände klatschten und zu dem sich steigernden Tempo der Musik mit den Füßen stampften. Schließlich war »jeder einzelne hingerissen«, bemerkte Pierre Lazareff, der junge und dynamische Chefredakteur des Massenblatts *Paris-Soir.* Auch er ließ sich mitreißen vom Tanz und »dieser wunderbaren Sommernacht unter einem strahlenden Himmel in einem Märchengarten, in dem chinesische Laternen, Ketten elektrischer Lichter und bengalische Feuer die Balustraden und die große Sphinx aus weißem Marmor in allen Regenbogenfarben erstrahlen ließen«; da war ihm plötzlich, »als sei die drohende Wirklichkeit weit weg«.

In dieser gehobenen Stimmung traf er auf Paul Reynaud, der ihn mit der scharfen Bemerkung in die Wirklichkeit zurückrief: »Es ist wohl gelinde ausgedrückt, wenn man sagt, sie tanzen auf einem Vulkan. Was ist schon ein Vesuvausbruch im Vergleich zu dem Naturereignis, das sich hier unter unseren Füßen anbahnt[1]?«

Für den Schriftsteller Alfred Fabre-Luce, der wie sein Freund Drieu la Rochelle und eine ganze Reihe anderer Franzosen von der Linken zur äußersten Rechten umgeschwenkt war, bedeutete der Galaabend in der polnischen Botschaft einen »Abschied – und jeder wußte es«. Georges Bonnet und General Gamelin sowie einige andere hochgestellte Persönlichkeiten waren erst nach einem Diner der britisch-französischen Gesellschaft in der polnischen Botschaft erschienen. Während des Essens hatte Hore-Belisha, der britische Kriegsminister, erklärt: »Frankreich verfügt über die beste Armee der Welt, befehligt von unserem General Gamelin.« Der französische Minister blieb nicht lang. Später schrieb er: »Dieses üppige Fest bedeutete für mich das Ende einer Epoche. Ich kehrte mit dem Gedanken zum Quai d'Orsay zurück, daß dieser Wirbel von Frohsinn all diese sorglos dahintanzenden Menschen auf eine Katastrophe ohne Beispiel zuriß[2].«

Zwei andere Ereignisse dieser ersten Julihälfte wurden mit unterschiedlichen Gefühlen aufgenommen. Am 2. Juli erklärte General Weygand in Lille: »Die französische Armee befindet sich in einer besseren Verfassung als je zuvor in ihrer Geschichte. Sie verfügt über hervorragendes Kriegsmaterial, erstklassige Befestigungsanlagen, eine ausgezeichnete Moral und ein bemerkenswertes Oberkommando. Niemand in unserem Lande wünscht den Krieg, aber wenn man uns zu neuen Siegen zwingt, werden wir sie erringen.« Dieses optimistische Urteil eines Mannes, dessen militärisches Ansehen in Frankreich nur noch von Marschall Pétain übertroffen wurde, machte Schlagzeilen in den Zeitungen und gab der Öffentlichkeit neuen Mut*. Monzie, der damals noch dem Kabinett angehörte, fürchtete das Aufkommen »einer kriegerischen Stimmung«. Er trat inzwischen für einen Frieden um jeden Preis ein.

Ein anderes Ereignis flößte den Franzosen noch mehr Vertrauen in ihre Armee und Luftwaffe ein: die traditionelle Militärparade auf dem Champs Elysées am 14. Juli, dem Tag der Bastille, die den Höhepunkt der öffentlichen Festlichkeiten zum 150. Jahrestag der Revolution darstellte. Die Generäle hatten eine besonders eindrucksvolle Parade vorbereitet, und zwar nicht nur, um dem nationalen Gedenktag einen würdigen Höhepunkt zu geben, sondern auch um beim zweifelnden Volk das Vertrauen in die Fähigkeit Frankreichs zu stärken, sich gegen Großdeutschland behaupten zu können. Kolonialtruppen in farbenfrohen Uniformen wechselten mit Einheiten der französischen Heimatarmee ab. Es marschierte auch eine Einheit britischer Gardegrenadiere in ihren leuchtendscharlachroten Uniformen und den hohen, mit einem Pferdeschwanz geschmückten Fellmützen mit. Insgesamt waren es 35000 Soldaten. Die begeisterte Menschenmenge, die dicht gedrängt die Allee säumte, begriff: Dies war eine Demonstration nicht nur des französischen, sondern auch des mit ihm vereinten britischen Weltreichs. Trotz allen Geredes über die englisch-französische Luftunterlegenheit schien der Anblick von dreihundertfünfzig französischen Flugzeugen, begleitet von einem Geschwader der britischen Luftwaffe, die im Formationsflug über die Champs Elysées dahindonnerten, doch zumindest das Gefühl zu geben, daß die beiden verbündeten Mächte auch in der Luft stark seien. Über das Straßenpflaster ratterten die neuesten schweren Panzer, angeblich die besten der Welt, gefolgt von Abteilungen furchterregender Ferngeschütze.

Die Armee, so notierte Bonnet, erweckte den Eindruck von »Ordnung, Disziplin und unwiderstehlicher Stärke. Wie konnte man da noch Angst vor Deutschland haben?« Der Außenminister, der selbst voller Angst steckte, und befürchtete, die Parade könnte falsche Hoffnungen wecken, traf auf den ehrwürdigen Senatspräsidenten Jules Jeanneney. Als die letzten Trommelwirbel verklangen, rief die-

* Erst viel später zwangen die Ereignisse General Weygand zu einer Entschuldigung für seine optimistischen Worte. Er schrieb: »Als ich sie aussprach, gehörte ich seit vier Jahren nicht mehr dem Oberkommando an und war in diesem Zeitraum auch niemals konsultiert worden. Als ehemaliger Chef der Armee hatte ich die Aufgabe, am Vorabend eines Krieges – niemand bezweifelte, daß er unmittelbar bevorstand – etwas für die allgemeine Moral zu tun, und nicht das Vertrauen in eine Armee zu schwächen, die man zu dieser späten Stunde doch nicht mehr ändern konnte[3].«

ser laut und stolz aus: »Wie gut, daß der deutsche Botschafter und sein Militärattaché sich aus erster Hand von der Stärke unserer Armee überzeugen konnten. Von nun an muß Deutschland wissen, daß es nicht mehr mit Zugeständnissen unsererseits rechnen kann. Bei einer solchen Armee wird die öffentliche Meinung in Frankreich dies nicht zulassen[4].« Der Schriftsteller Joseph Kessel war von dem militärischen Schauspiel so begeistert, daß er Freunden zurief: »Es wird keinen Krieg geben! Ich garantiere euch, nach einem solchen Morgen wird es sich Herr Hitler noch einmal überlegen[5]!«

In ganz Paris breitete sich die Zuversicht aus, daß sich Frankreich gegen Deutschland und seine Drohungen behaupten könne und auch würde. Jean Fabry, früherer Kriegsminister und seit langem auf die Republik nicht gut zu sprechen, schrieb in der Zeitung *Le Matin*, die stets für eine Verständigung mit Deutschland eingetreten war:

Auf unserer Seite stehen von Schottland bis in die Sahara 106 Millionen Menschen an der gemeinsamen Front: 46 Millionen Briten, 42 Milionen Franzosen, 18 Millionen Nordafrikaner, diese 106 Millionen Menschen haben die freien Weltmeere und alle Reichtümer ihrer Imperien im Rücken[6].

Sogar der frühere Ministerpräsident André Tardieu, der seit 1934 zuerst an der Republik und dann seiner eigenen Fähigkeit, sie zu reformieren, verzweifelt war, strahlte plötzlich Zuversicht aus.

Der Feind wünscht weder Krieg, noch kann er einen führen – das beweist seine Handlungsweise der letzten vier Jahre. Ihm fehlen Rohmaterial, Goldreserven, Staatsvermögen und Bargeld. Ihm fehlt auch . . . die Stabilität im Innern . . . Er blufft nur. Die Achse (Berlin–Rom) führt einen Nervenkrieg gegen uns. Wenn wir fest bleiben, wird die Achse zurückweichen. Das Geheimnis Hitlers . . . beruht darauf, daß er wie ein Gehetzter auf der Flucht Drohungen ausstößt, um einen Zusammenstoß zu vermeiden[7].

Aber es gab andere – darunter hochgestellte Persönlichkeiten –, die nicht daran glaubten und übrigens auch Frankreich nicht die Kraft zutrauten, dem Erbfeind zu widerstehen. Und es gab sehr viele, die gar nicht widerstehen wollten, teils aus Furcht, teils aufgrund ihrer deutschfreundlichen und faschistischen Überzeugung oder aus Haß gegen die demokratische Republik. Am 10. Juli veröffentlichte Marcel Déat, der vom Sozialismus zum Neo-Sozialismus übergewechselt war und kein Hehl aus seinen Sympathien für den totalitären Faschismus machte und schon ein Jahr später zu einem Kollaborateur der Deutschen werden sollte, einen Leitartikel in *L'Œuvre,* der schon bald berühmt und in gewissen Kreisen berüchtigt wurde. Die Überschrift lautete: »Warum für Danzig sterben?« Der Schluß ging dahin, daß es »idiotisch« sei, für Danzig zu sterben. Diese Auffassung wurde sicherlich in der allgemeinen Verwirrung von vielen Franzosen geteilt. Déat genoß zwar den Ruf, einer der intelligentesten französischen Politiker zu sein, doch er begriff nicht, was Hitler seinen Generälen gesagt hatte: daß es gar nicht um Danzig gehe, sondern um die Vernichtung Polens als nächsten Schritt in Richtung auf eine deutsche Hegemonie in Europa. Flandin, der frühere Ministerpräsident und Außenminister sowie derzeitige Führer der parlamentarischen Mitte, erkannte es vielleicht. Um Deutschland nicht ins Gehege zu kommen, sprach er sich dafür aus, Polen im Stich zu lassen, wie er ein Jahr zuvor die Preisgabe der Tschechoslowakei befürwortet hatte. Er gab später zu, daß er den ganzen Sommer über darauf drängte, Frankreich solle seine Zusagen an Polen zurückziehen[8]. Auch er war jetzt, wie Monzie, für einen Frieden um jeden Preis.

Auch Otto Abetz, dem geschickten deutschen Chefagenten in Paris, gelang es mit großem Erfolg, die Franzosen davon zu überzeugen, wie »idiotisch« es sei, für Danzig zu sterben. Am 2. Juli raffte sich Daladier endlich dazu auf, Abetz auszuweisen. Diese Maßnahme hatte er monatelang aufgeschoben, um Hitler und Ribbentrop nicht zu verärgern. Der kleingeistige deutsche Außenminister kochte vor Wut. Abetz war nicht nur sein Schützling, sondern gleichzeitig der Pariser Beauftragte der sogenannten »Dienststelle Ribbentrop« in Frankreich, die ihn ebenfalls gedeckt hatte.

Ribbentrop drahtete seinem Botschafter in Frankreich: »Ich bin keinesfalls gewillt, diesen Schritt hinzunehmen, und habe die Absicht, Abetz nach Frankreich zurückzuschicken.« Graf Welczeck wurde angewiesen, dies Daladier persönlich mitzuteilen und ihm, falls sich der Ministerpräsident nicht umstimmen ließ, zu sagen, daß Abetz »sich seines Wissens bereits wieder in Frankreich befinde«. Obgleich der Botschafter kein Freund des Naziagenten war, entledigte er sich pflichtgemäß dieses Auftrags. Erwartungsgemäß schaltete sich Bonnet mit einem Kompromißvorschlag ein, der die erregten Gemüter in Berlin besänftigen sollte. Er lud Welczeck am 10. August in sein Landhaus ein. Am darauffolgenden Tag kabelte der Botschafter nach Berlin:

Bonnet beabsichtigt, Daladier vorzuschlagen, Abetz eindeutige Ehrenerklärungen zu geben, daß er weder der Spionage verdächtig sei noch sonst sich gegen französische Gesetze vergangen habe . . . Wenn sich die Wellen politischer Erregung in einigen Wochen geglättet hätten, könne man eine Einreiseerlaubnis für Abetz wieder ins Auge fassen[9].

Diese von Bonnet empfohlene »Ehrenerklärung« wurde auch in *Le Temps* als offizielle Velautbarung der französischen Regierung veröffentlicht. Aber Frankreich hatte Abetz nicht zum letztenmal gesehen. Nach der Besetzung Frankreichs kehrte er als Hitlers Botschafter nach

Paris zurück und nahm – diesmal von einer wesentlich stärkeren Position aus – seine Bemühungen wieder auf, die Franzosen untereinander zu entzweien.

Dies taten bereits einige französische Autoren, manche davon aus ehrlicher Überzeugung. Ein gutes Beispiel dafür war Graf Alphonse de Chateaubriant, der gefeierte Autor von *La Brière.* Während einer Pilgerfahrt durch NS-Deutschland wurde er 1937 rasch bekehrt, ein fanatischer Verehrer Hitlers, in dem er eine Christus gleiche Gestalt sah, und ein uneingeschränkter Bewunderer des nationalsozialistischen Deutschlands. Dort entdeckte er den Humanismus und christliche Ideale, den Friedenswillen gegenüber allen Nachbarn, insbesondere Frankreich, keine Spur von »Beutegier« und eine noble Einstellung. Diesen ganzen Unsinn verkündete der Graf mit überschwenglichen Worten in einem Buch *La Gerbe des forces,* das in seinem Vaterland sofort große Beachtung fand. Bei der Lektüre war Henri de Kerillis entsetzt. Er hatte zwar die Pressekampagne gegen Abetz angeführt, bewunderte jedoch Chateaubriant wegen seines Talents und seiner »männlichen Aufrichtigkeit«. Er schrieb dazu: »Man fällt von einer Überraschung, von einer Verblüffung in die andere.« Kein Wunder! Chateaubriant schrieb unter anderem:

Hitler ist unendlich gut . . . Wenn er die Massen mit der einen Hand grüßt, streckt er die andere gläubig nach Gott aus . . . Das Denken Hitlers wurzelt tief in den Urgründen des Christentums. Hitler ist bemüht, für Deutschland einen christlichen Tempel zu errichten . . . Mit den Nationalsozialisten beginnt das Werk Gottes.

So ging es weiter bis zum Überdruß – und das von einem gefeierten französischen Schriftsteller, der nach Kerillis' eigenen Worten »weder käuflich noch korrupt noch von der deutschen Propagande bestochen war«. So seltsam das auch erscheinen mag, das Buch fand in den militärischen Kreisen Frankreichs viele Leser. Kerillis erinnerte sich später, eines Tages im *Cercle Interallié* einem General begegnet zu sein, der Chateaubriants Buch aus der Tasche zog und ihn nach seiner Meinung darüber befragte. Als Kerillis erwiderte, dieses Buch sei Gift für das Land, sah ihn der General erstaunt an und rief achselzuckend: »Sie gehen immer zu weit!« Bei dem General handelte es sich um Weygand[10], sagt Kerillis.

Chateaubriant war nicht gekauft. Er hatte lediglich den Verstand verloren. Aber andere ließen sich kaufen, und als der Krieg näherrückte, begann Daladier widerstrebend, ihnen das Handwerk zu legen. Die beiden Journalisten Loys Aubin, Nachrichtenredakteur der angesehenen *Le Temps,* und Poirier, früher Verlagsleiter bei *Le Temps* und derzeit Anzeigendirektor von *Le Figaro,* wurden verhaftet und wegen »Beziehungen zu ausländischen Staaten« angeklagt. Aubin gestand angeblich, aus Deutschland mehrere Millionen erhalten zu haben.

Wen kümmerte jetzt noch das Wohl der Republik? Gewiß die Masse des Volkes, die von der Korruption in den höchsten Kreisen unberührt blieb, sowie die große Mehrheit der Parlaments- und Regierungsmitglieder, sowenig sie auch die Ereignisse begriffen. Selbst die meisten Zeitungen und Zeitschriften standen dem Wohl des Staates nicht gleichgültig gegenüber, aber einflußreiche Kräfte arbeiteten geschickt gegen sie.

Am 8. Juni wurde Charles Maurras, Führer der royalistischen Bewegung *Action Française* und erbitterter Gegner der Republik, feierlich in die Académie Française aufgenommen und wurde damit einer der »Vierzig Unsterblichen«, wie man ihre Mitglieder zuweilen nannte. Maurras Wahl im vorangegangenen Juni erfolgte kurz nach seiner Entlassung aus dem Gefängnis. Wer in die Académie gewählt wurde, genoß in Frankreich allerhöchstes Ansehen, ob er nun Schriftsteller, Politiker, General oder Philosoph war. Jederman wußte, was diese Auszeichnung Maurras' bedeutete. Georges Bidault, der junge Redakteur der liberalen katholischen Tageszeitung *Aube,* nannte sie eine Herausforderung des republikanischen Regimes und forderte gemeinsam mit anderen Zeitungsmännern den Präsidenten der Republik auf, die Ernennung nicht zu ratifizieren. Lebrun lehnte es aus Bequemlichkeit ab, von seinem Vetorecht Gebrauch zu machen, weigerte sich allerdings auch, das neugewählte Mitglied entsprechend alter Sitte zu empfangen*.

Auch die französische Kurie kam den französischen Royalisten zu Hilfe. Einen Monat nach der Aufnahme Maurras' in die Académie – am 7. Juli 1939 – hob der neue Papst Pius XII. den Kirchenbann gegen die *Action Française* auf und erleichterte es dadurch den französischen Katholiken, guten Gewissens durch diese Organisation für die Aushöhlung der Republik zu arbeiten**. Auch hierbei hatte Georges Bonnet die Hand im Spiel. Er führte hinter dem Rücken seines Botschafters beim Heiligen Stuhl, Charles-Roux, und gegen den Willen

* Am 5. April 1939 war Albert Lebrun von der Nationalversammlung für weitere sieben Jahre zum Präsidenten der Republik gewählt worden. Er verdankte seine Wiederwahl größtenteils der politischen Geschicklichkeit Daladiers. Auf ihn entfielen 506 der insgesamt 994 Stimmen. Das war für den farblosen achtundsechzigjährigen früheren Senator keine überwältigende Mehrheit. In der Nationalversammlung herrschte das Gefühl vor, daß Frankreich angesichts der sich zuspitzenden Krise in Europa eigentlich eine energischere und stärkere Persönlichkeit an der Spitze brauchte – 1914 war es Poincaré –, doch konnten sich die Parlamentarier auf keinen stärkeren Mann einigen, und vielleicht gab es ihn auch nicht. Die Wahl Lebruns war ein weiteres Mißgeschick für Frankreich.

** Eugenio Kardinal Pacelli wurde am 2. März 1939 zum Papst gewählt. Einige französische Zeitungen wiesen sofort darauf hin, daß er als Nuntius zwölf Jahre in Deutschland verbracht hatte, und zwar erst in München und dann in Berlin. Als päpstlicher Staatssekretär hatte er ein Konkordat mit NS-Deutschland ausgehandelt und am 20. Juli 1933 unterzeichnet. Dieses Konkordat bedeutete damals für das neue Naziregime eine dringend benötigte Aufwertung. Sein Stillschweigen zu Massenmorden an Juden sollte nach dem Krieg eine heftige Kontroverse auslösen, und dem deutschen Protestanten Rolf Hochhuth als Vorlage für sein vieldiskutiertes Theaterstück *Der Stellvertreter* dienen.

der Kabinettsmehrheit eine Reihe vertraulicher Gespräche mit französischen Royalisten und Vertretern des Vatikans. Als Valerio Valeri, der Nuntius in Paris, beim französischen Außenminister anfragte, ob die Regierung etwas gegen die Aufhebung der Sanktionen gegen die *Action Française* einzuwenden habe, erwiderte Bonnet, hierbei handele es sich um eine religiöse und nicht eine politische Angelegenheit, und ein Pardon für die Royalisten käme der Regierung nicht ungelegen*. Damit hatte der neue Papst grünes Licht und handelte auch rasch[11].

Der herrliche Sommer verblaßte allmählich, die Hochstimmung, hervorgerufen von Galaabenden bei den Feiern zum 150. Jahrestag der Revolution, all den prachtvollen Festen der glanzvollsten Saison, die Frankreichs Hauptstadt seit Jahren erlebt hatte, durch die allgemein gute Wirtschaftslage und die Aussicht der Arbeiter auf bezahlte Ferien, wich nun einer allgemeinen Unruhe. Die Schlagzeilen aus Berlin klangen immer bedrohlicher. Die Kriegsfurcht machte sich breit. Es bestand keine große Hoffnung mehr, daß es der Republik gelingen könnte, den Frieden zu retten oder zumindest ein Bündnis mit Großbritannien und Rußland zu schmieden, durch das Deutschland auch im letzten Krieg besiegt worden war. Instinktiv fühlte man, daß das Land schwächer, uneiniger und weniger zuversichtlich war als am Vorabend der großen Prüfung von 1914.

24 Gespräche mit Rußland
Sommer 1939

Die französisch-britischen Gespräche mit Rußland, II.

Bonnet beschäftigte sich in jenem Sommer überwiegend mit diplomatischen Verhandlungen, die wichtiger waren als die zwielichtigen Kontakte zu dem neuen Papst wegen der Stärkung der antirepublikanischen Royalisten in Frankreich. Er wollte eine gemeinsame Front der Sowjetunion, Frankreichs und Großbritanniens gegen Deutschland schaffen, bevor Hitler Polen angriff und Europa in einen Krieg stürzte. Trotz seiner eigentümlichen Methoden war Bonnet nicht unintelligent. Aus den Unterlagen geht hervor, daß er – viel deutlicher als die Briten – erkannte, wie sehr alles von Rußland abhing.

* Diese Affäre erwähnt Bonnet in seinen Memoiren allerdings nicht.

Wenn Rußland sich einem Bündnis des Westens anschloß, würde Hitler zögern, einen Krieg zu beginnen. Rußlands Militärmacht im Bündnis mit den Armeen des Westens hätte Hitlers Niederlage bedeutet.

Im Juni stockten die Verhandlungen mit Rußland immer noch. Am 1. Juni notierte Monzie, der Minister für Öffentliche Arbeiten, in seinem Tagebuch: »Die englisch-französich-sowjetischen Verhandlungen sind in eine Sackgasse geraten. In Wirklichkeit ist der Plan bereits tot, doch um das zu verschleiern, wird er nicht zu Grabe getragen[1].« Vielleicht war hier der Wunsch der Vater des Gedankens. Mehrere Minister dachten wie Monzie.

Daladier und Bonnet freilich hatten den Eindruck, daß die Briten die Verhandlungen verschleppten, und daß dies größtenteils Chamberlains Haltung zuzuschreiben war. Der Premierminister mißtraute den Russen nicht nur, er glaubte auch nicht, daß ihre Militärmacht ausreichend sei, um den westlichen Alliierten viel zu nützen*. Doch am 27. Mai beugte er sich der heftigen Kritik im Unterhaus, deren Wortführer Winston Churchill, Lloyd George und Anthony Eden waren. Er wies den britischen Botschafter in Moskau an, das Einverständnis der britischen Regierung zu Verhandlungen über einen gegenseitigen Beistandspakt, ein Militärabkommen und Garantien an die von Hitler bedrohten Länder bekanntzugeben. Wie der deutsche Botschafter in London nach Berlin berichtete, entschloß sich die britische Regierung nur »äußerst widerwillig« zu diesem Schritt, nachdem sie von »deutschen Fühlern in Moskau« erfahren hatte[3].

Die Russen drängten die Briten, ihren Außenminister zur Beschleunigung der Verhandlungen nach Moskau zu entsenden. Doch Lord Halifax weigerte sich, dorthin zu reisen. Er erklärte dem sowjetischen Botschafter gegenüber mit allem Nachdruck, er sei »wirklich unabkömmlich«[4].

Eden hatte zwar derzeit kein Regierungsamt inne, erbot sich jedoch, an Halifax' Stelle zu fahren. Davon wollte Chamberlain nichts wissen[5]. Statt dessen entschloß er sich zur Entsendung von William Strang, einem fähigen Berufsdiplomaten, der weder im Inland noch im Ausland bekannt war und der von seiner Dienstzeit in Moskau eine Abneigung gegen die Bolschewiken mitgebracht hatte. In Churchills Augen war diese Ernennung »ein weiterer Fehler«. Die Entsendung eines Beamten von so untergeordnetem Rang »kam schon einer Kränkung gleich«[6]. Das ließen auch die Russen deutlich erkennen. In ihren Augen war es ein Beweis dafür, daß Chamberlain an der Verwirklichung eines Bündnisses gegen Hitler nicht viel gelegen war.

* Dies war die Meinung der britischen Militärexperten. Am 6. März hatten beispielsweise die britischen Militär- und Luftwaffenattachés in Moskau in ausführlichen Telegrammen nach London berichtet, die Verteidigungskraft der sowjetischen Armee und Luftwaffe seien zwar beträchtlich, doch fehlte die Fähigkeit, eine ernsthafte Offensive vorzutragen[2].

Schon am 23. März hatte Molotow in seiner ersten öffentlichen Rede als Außenminister schwere Vorwürfe gegen die westlichen Demokratien wegen ihrer zögernden Haltung erhoben. Falls es ihnen ernst sei, gemeinsam mit Rußland der Aggression entgegenzutreten, müßten sie nunmehr in die Sachverhandlungen eintreten und drei Hauptpunkten zustimmen:

1. Abschluß eines dreiseitigen Beistandspaktes.

2. Garantien an die Staaten Mittel- und Osteuropas, einschließlich *aller* an die Sowjetunion angrenzenden europäischen Länder.

3. Abschluß eines klarumrissenen Militärabkommens über Art und Umfang der unmittelbaren und wirksamen Hilfe, die sich die drei Staaten untereinander sowie gegenüber den kleineren Ländern im Falle einer Aggressionsdrohung zu leisten hatten.

Noch am selben Tag rief er die Botschafter Frankreichs und Großbritanniens zu sich. Er bestand darauf, die in Betracht gezogenen Garantien müßten wegen des langwierigen Verfahrens im Völkerbund automatisch wirksam werden, ohne die von den Briten vorgeschlagene Einschaltung des Völkerbunds, und die Garantien an die baltischen Staaten, einschließlich Finnlands, müßten unabhängig von deren Zustimmung und notfalls gegen ihren Willen erteilt werden.

Die französische Regierung stimmte dem sowjetischen Vorschlag rasch zu, aber der britischen Regierung ging er zu weit. Sie lehnte eine Garantie für ein Land gegen dessen Willen ab. Diese Haltung war vom ethischen Standpunkt aus gesehen bewunderungswürdig. Da jedoch Polen, Rumänien und die baltischen Staaten deutlich festgestellt hatten, daß sie keine Garantien Rußlands wünschten, machte diese Haltung ein wirksames Bündnis mit Rußland praktisch unmöglich, wie Bonnet während des ganzen Monats Juni gegenüber London erklärte. Chamberlain und Halifax gaben schließlich nach, aber unter der Bedingung, daß die Garantieerklärungen an die kleineren Länder *geheimgehalten* werden sollten. Inzwischen waren die westlichen Demokratien zu jedem Zugeständnis bereit – die Briten höchst widerwillig und die Franzosen nur aus Verzweiflung.

Am 4. Juli gab es zwischen beiden Seiten nur noch zwei ernsthafte Streitfragen: die Verständigung über den Begriff der »indirekten Aggression« und die Klärung der Frage, ob die politische Vereinbarung vor einem Militärpakt unterzeichnet werden sollte. Zur ersten Frage hatten die Briten erklärt, nur die Regierung eines Staates selbst sei befugt zu entscheiden, ob dieser Staat das Opfer einer Aggression sei oder nicht. Doch die Russen hatten das Beispiel der Tschechoslowakei angeführt, deren Regierung unter äußerstem Druck einer fremden militärischen Besetzung *zugestimmt* hatte. Molotow erklärte, für einen solchen Fall müsse Vorsorge getroffen werden, und schlug vor, unter »indirekter Aggression« auch »den Fall eines internen Staatsstreichs oder eines für den Aggressor vorteilhaften politischen Umschwungs«

zu verstehen. Er befürchtete, die bedrängten baltischen Staaten Estland, Lettland und Litauen könnten sich Drohungen aus Berlin beugen und die Deutschen schlicht zum Einmarsch »einladen«, wie es die Tschechoslowakei bereits getan hatte. Damit stünden Hitlers Truppen an der Grenze zur Sowjetunion.

Die Briten waren zwar bereit, gegen einen ähnlichen Fall wie die Tschechoslowakei Vorsorge zu treffen, weigerten sich jedoch, dabei so weit zu gehen wie die Russen, und wiesen die auch in diesem Punkt konzessionsbereiten Franzosen darauf hin, nach dem russischen Vorschlag könne schon ein Regierungswechsel in einem der Staaten, an die Garantien erteilt werden sollten, Moskau als Vorwand für eine Intervention und den Beginn eines europäischen Krieges dienen. Dieses Hindernis konnte bis zuletzt nicht beseitigt werden.

Am 8. Juli hatten zumindst die Franzosen den Eindruck, daß Molotow nach einer Besprechung mit den alliierten Botschaftern zu weiteren Zugeständnissen in dieser Frage bereit sei. Er bestand jedoch darauf, daß vor Abschluß eines Militärabkommens kein politischer Vertrag unterzeichnet werden sollte. Diese Forderung verärgerte London und brachte Bonnet »aus der Fassung«. Er protestierte mit der Begründung, dieses Verfahren sei »gefährlich und stehe im Widerspruch zu allen Präzedenzfällen«. Er räumte ein, die sowjetische Regierung könne vielleicht an jenen »Präzedenzfall« gedacht haben, den Frankreich 1935 schuf, als es sich nach Unterzeichnung eines Beistandspakts mit Rußland weigerte, ein Militärabkommen zu schließen. Er hätte auch noch hinzufügen können, daß sich die Franzosen selbst bekanntlich erst im Mai geweigert hatten, die politischen und militärischen Verträge mit Polen aufeinander abzustimmen. Schließlich empfahl Bonnet den Briten einen Kompromiß: die Unterzeichnung eines » politischen Abkommens mit der UDSSR, das auch Molotows Definition der »indirekten Aggression« enthielt, mit dem Vorbehalt, daß dieses Abkommen erst nach Abschluß einer Militärkonvention in Kraft treten solle. Doch Londons Geduld war zu Ende. Die britische Regierung wies mit einem *Aide-mémoire* vom 13. Juli sowohl die sowjetische Definition der »indirekten Aggression« als auch den zweiten sowjetischen Vorschlag zurück, den politischen Vertrag vom Abschluß eines Militärpakts abhängig zu machen.

Wir haben den Punkt erreicht, an dem wir nicht länger jede neue Forderung der sowjetischen Regierung akzeptieren können.

Das *Aide-mémoire* zählt sechs Zugeständnisse an Moskau auf und schließt mit den Worten:

Unsere Geduld ist fast erschöpft, und die sowjetische Regierung darf in Zukunft nicht mehr mit unserer Bereitschaft rechnen, jeder neu erhobenen For-

derung nachzugeben. Die Regierung Seiner Majestät könnte sich gezwungen sehen, ihre Haltung grundsätzlich zu überprüfen[7].

Im Gegensatz dazu muß man Bonnet zugute halten, daß seine Geduld unerschöpflich war. Er fand sich mit der britischen Haltung nicht widerspruchslos ab und begann, das Außenministerium in London über seinen dortigen Botschafter und auch über den britischen Botschafter in Paris mit Telegrammen zu bombardieren. Am 18. Juli beauftragte er Botschafter Corbin, unverzüglich Lord Halifax aufzusuchen und darauf zu »bestehen«, den britischen Botschafter in Moskau noch »heute abend« neue Anweisungen zu erteilen, die ihm »ausreichenden Handlungsspielraum« geben sollten, um das politische Abkommen zu den besten noch erreichbaren Bedingungen abzuschließen[8]. Am 19. Juli rief er Sir Eric Phipps zu sich und überreichte ihm einen persönlichen Brief an Lord Halifax zur telegrafischen Weiterleitung. Die britische Regierung wurde darin aufgefordert, ihre Zurückhaltung aufzugeben und den politischen Vertrag zu unterzeichnen.

Unsere Verhandlungen dauern nun schon vier Monate . . . Sowohl der Ministerpräsident als auch ich sind der Auffassung, daß es äußerst wichtig ist, sie nunmehr zu einem erfolgreichen Abschluß zu bringen . . .

Am selben Tag wurde Corbin »dringlich« angewiesen, bei der britischen Regierung auf »Erfüllung aller sowjetischen Forderungen und dem unverzüglichen Beginn militärischer Gespräche« zu bestehen.

Die zögernde Haltung der britischen Regierung an der Schwelle der entscheidenden Verhandlungsphase stellt nicht nur eine Einigung in Frage, sondern auch die Konsolidierung unserer diplomatischen und strategischen Stellung in Mitteleuropa. Alle Bollwerke unserer Sicherheit in Europa werden zerstört werden . . .[9]

Am nächsten Tag stimmte die britische Regierung der Aufnahme militärischer Gespräche zu, lehnte jedoch nach wie vor die sowjetische Definition der »indirekten Aggression« ab, und zwar wegen der Befürchtung, wie Corbin am 20. Juli an Bonnet telegrafierte, daß die Sowjets daraus das Recht ableiten würden, »in die inneren Angelegenheiten bestimmter dritter Staaten einzugreifen und sie einem Druck auszusetzen, der mit der Aufrechterhaltung ihrer Selbständigkeit unvereinbar wäre«[10].

Am 24. Juli suchten der französische und der britische Botschafter in Moskau Molotow auf. Sie trafen ihn zu ihrer Überraschung in versöhnlicher Stimmung vor. Wie der französische Missionschef, Paul Emile Naggiar, telegrafisch nach Paris meldete, erklärte sich der sonst so unbeugsame Sowjetkommissar bereit, nach Einigung über die wesentlichen Punkte des politischen Beistandspaktes – die unterschiedlichen Auffassungen über die Definition der »indirekten Aggression« seien »zweitrangig« – nunmehr zur Ausarbeitung eines Militärabkommens zu schreiten, das die im Beistandspakt enthaltenen Verpflichtungen erläutern sollte. Die Sowjetunion sei zur sofortigen Aufnahme von Gesprächen bereit.

Frankreich war es auch. Daladier hatte bereits Armeegeneral André Doumenc, den früheren stellvertretenden Generalstabschef unter General Weygand und einen der fähigsten Offiziere der französischen Armee, zum Leiter der französischen Militärmission ernannt und ihn angewiesen, sich zur sofortigen Abreise nach Moskau bereitzuhalten. Aber die Briten ließen sich wiederum Zeit. Chamberlain hatte die ganze Angelegenheit der Staatsgespräche mehr als lässig betrieben und seine Zustimmung zu diesen Verhandlungen erst am 31. Juli vor dem Unterhaus bekanntgegeben*.

Die personelle Zusammensetzung seiner Militärmission erregte im In- und Ausland Erstaunen. Der Chefdelegierte war erwartungsgemäß ein Marineoffizier, Admiral Sir Reginald A.R. Plunkett-Ernle-Erle Drax, bis vor einem Jahr Stützpunktkommandant in Plymouth. Ein junger Hauptmann der französischen Mission hatte den Eindruck, er sähe aus, wie »einem Porträt des Admirals Rodney entstiegen«. (George Brydges Rodney war ein englischer Seeheld des 18. Jahrhunderts.) Er war ein schlichter, aufrichtiger Seebär und, wie sich schon sehr bald herausstellen sollte, völlig ungeeignet für Verhandlungen auf dieser Ebene.

Die Russen kamen ihm vor wie Marsmenschen. Die Royal Air Force wurde durch Luftmarschall Sir Chalres Burnett vertreten, einen hervorragenden Piloten, der sich vom einfachen Flieger emporgedient hatte, der aber weder etwas von Strategie noch von Diplomatie verstand. Vertreter des Heeres war Generalmajor T. G. G. Heywood, ein sehr fähiger Offizier mit diplomatischer Erfahrung.

Der deutsche Botschafter in London, Herbert von Dirksen, beschreibt in einer Depesche vom 1. August die britische Delegation. Gleichzeitig weist er auf die Skepsis hin, die in London hinsichtlich der Aussichten der Moskauer Gespräche mit dem Westen herrschte.

Diese Skepsis ergibt sich aus der Zusammenstellung der britischen Militärmission. Der Admiral . . . ist praktisch im Ruhestand und war nie im Admiralstab; der General ist ebenfalls reiner Frontoffizier; der Fliegergeneral ist als hervorragender Pilot und Fluglehrer bekannt, aber nicht als Stratege. Dies

* Genauso abwartend verhielt sich William Strang, der seit dem 14. Juni an den Moskauer Gesprächen teilgenommen hatte. »Es ist in der Tat außergewöhnlich«, schrieb er am 20. Juli an das Außenministerium, »daß man von uns verlangt, mit der Sowjetregierung über militärische Geheimnisse zu sprechen, bevor wir sicher sein können, daß die Sowjets tatsächlich unsere Verbündeten werden[11].«

spricht dafür, daß die Militärmission mehr den Auftrag hat, den Gefechtswert der Sowjetkräfte festzustellen, als operative Abmachungen zu treffen . . . Die Wehrmachtsattachés stellen übereinstimmend in britischen Militärkreisen eine überraschende Skepsis hinsichtlich der bevorstehenden Gespräche mit den sowjetischen Streitkräften fest[12].

Die Skepsis der britischen Regierung ging sogar so weit, daß sie Admiral Drax nicht einmal eine schriftliche Verhandlungsvollmacht mitgab, ein Versehen – falls es überhaupt eines war –, über das sich Marschall Woroschilow beim ersten Treffen der Stabsoffiziere beklagte.

Aber wenn Admiral Drax auch keine schriftliche Vollmacht besaß, so hatte er doch geheime schriftliche Anweisungen für sein Vorgehen bei dem Treffen in Moskau. Er wurde darin ermahnt, »bei den (militärischen) Gesprächen Zeit zu gewinnen und so die Fortschritte der politischen Verhandlungen im Auge zu behalten«, bis eine solche politische Vereinbarung abgeschlossen war[13]. Es wurde ihm klargemacht, daß bis zur Unterzeichnung des politischen Abkommens keine vertraulichen militärischen Informationen an die Russen weitergegeben werden dürften. Aus den vertraulichen britischen und französischen Dokumenten geht hervor, daß die Regierung Chamberlain entschlossen war, sich bei der Präzisierung der militärischen Verpflichtungen eines jeden Landes – insbesondere des eigenen – in dem vorgeschlagenen Beistandspakt viel Zeit zu lassen*.

Die Franzosen hatten es zwar eiliger, doch waren General Gamelins Anweisungen vom 29. Juli an General Doumenc, wie der gewitzte junge Stabsoffizier Hauptmann Beaufre sofort erkannte, »in vielen wesentlichen Punkten vage und ausgesprochen negativ in den vermutlich entscheidenden Fragen«**.

Während Anfang August die deutsche Wehrmacht bereits mit überwältigender Übermacht an der polnischen Grenze aufmarschierte, schien die wichtigste Frage immer noch die eventuelle Unterstützung Polens durch die Rote Armee zu sein. Aber General Gamelin versuchte, dieser Frage auszuweichen.

Gamelins Anweisungen lauteten:

* Die Franzosen erhielten am 31. Juli eine Kopie der britischen Anweisungen an Admiral Drax. Nach Angabe des damaligen Hauptmanns André Beaufre, eines Mitglieds der französischen Militärmission, »empfahlen sie, behutsam vorzugehen, keinerlei wichtige Informationen preiszugeben, immer an die Möglichkeit eines deutsch-sowjetischen Zusammengehens zu denken und bei den Verhandlungen auf Zeitgewinn hinzuarbeiten«[14]. Daß die Angehörigen der britischen Militärmission ihre Anweisungen begriffen hatten, verdeutlichte Luftmarschall Burnett in einem Schreiben an den Chef seines Luftwaffenstabes: »Der Regierung ist bekanntlich daran gelegen, die Verhandlungen möglichst in die Länge zu ziehen . . .[15].«

** Bei aller Ausführlichkeit in so vielen anderen Dingen erwähnt Gamelin diese Instruktionen in seinen Memoiren nicht. Die Historiker verdanken ihre Enthüllung dem späteren General Beaufre, von dem auch die einzige, bis 1967 greifbare umfassende und belegte Darstellung der Militärgespräche in Moskau aus französischer Sicht stammt. Die britische Regierung hat ihre Version ausführlich in DBrFP VII, insbesondere Anhang II, dargestellt, der alle Sitzungsprotokolle sowie die dazugehörigen vertraulichen Aktennotizen und Depeschen enthält.

Die Polen können zu Friedenszeiten nicht offiziell eine Intervention russischer Streitkräfte auf ihrem Territorium für den Kriegsfall zulassen. Im Augenblick der Gefahr werden sie jedoch zweifellos die Hilfe der sowjetischen Luftwaffe und vielleicht sogar motorisierte Einheiten akzeptieren. Es ist nach wie vor unwahrscheinlich, daß sie ihre Grenzen für russische Truppen aller Waffengattungen öffnen werden[16].

So nahte der August, der Monat, in dem nach Einbringung der Ernte der Krieg beginnen konnte; so war es 1914 gewesen, und so drohte es wieder zu sein. Immer noch fand sich General Gamelin seelenruhig mit der starren Haltung Polens hinsichtlich einer russischen Hilfe ab, obgleich er bekanntlich wußte, wie unheilbringend diese Politik war. Selbst jetzt noch bewies er, wie Beaufre sagt, daß Frankreich die Frage der russischen Hilfe nicht ernst nahm, da er in ihr noch nicht die Grundlage eines erfolgreichen Widerstands gegen Deutschland sah – nicht nur in Polen, sondern auch im Westen. Ironischerweise begriffen die Deutschen das.

Inzwischen wußte es vielleicht auch Daladier. Am 31. Juli empfing der französische Ministerpräsident General Doumenc zu einer Abschiedsvisite. »Bringen Sie uns ein Übereinkommen mit – koste es, was es wolle«, sagte er ihm[17].

Dennoch schien man es weder in Paris noch in London eilig zu haben. Per Flugzeug wäre die französisch-britische Militärmission an einem Tag nach Moskau gelangt, aber die beiden Regierungen beschlossen, daß sie mit einem langsamen Dampfer nach Rußland reisen sollte, nämlich der 9000-Tonnen-Dampfer *City of Exeter*, einem Passagierschiff und Frachter, der zuvor auf der Südafrika-Linie eingesetzt war.

Wie der stellvertretende sowjetische Außenminister Wladimir Potemkim bemerkte, fuhr das Schiff »nicht über dreizehn Knoten«. Er schätzte richtig: die alliierte Militärmission brauchte bis Moskau sechs Tage. Die *Queen Mary* hätte sie in kürzerer Zeit quer über den Atlantik nach New York schaffen können.

Am 5. August lief die *City of Exeter* mit ihrer indischen Besatzung und den sechsundzwanzig Offizieren der französisch-britischen Militärmission von Tilbury aus und nahm Kurs auf die Ostsee und Rußland.

An Bord des Schiffes arbeiteten die Mitglieder der Mission einen Entwurf für ein Militärabkommen aus. Nach Hauptmann Beaufres Auffassung war es von genau jenem Geist getragen, mit dem die alliierten Militärs in die Verhandlungen mit ihren Moskauer Kollegen eintraten. Der wichtige Artikel Nr. 7 begann mit den Worten:

Die Verteidigung des polnischen und rumänischen Territoriums ist im wesentlichen Aufgabe der Streitkräfte dieser beiden Mächte.

Sollten die beiden Länder jedoch um Hilfe ansuchen, würden die drei Alliierten darauf eingehen, insbesondere mit »Luftunterstützung, Kriegsmaterial und Fachberatern«[18].

Die westlichen Militärexperten ahnten noch nicht, wie wenig dies den sowjetischen Forderungen – oder der rauhen Wirklichkeit – entsprach. Sie sollten es bald erfahren. Doch schon zu Beginn machte sich die breite Kluft zwischen der russischen und der westlichen Welt bemerkbar. Beaufre fühlte sie, als das Schiff um Mitternacht des 9. zum 10. August unter einem fahlen nördlichen Himmel in Leningrad einlief. Während die indische Besatzung mit dem Festmachen beschäftigt war, standen die britischen und französischen Offiziere in ihren Paradeuniformen auf der Brücke und sahen hinunter auf das schäbig gekleidete Volk. Beaufre notierte später: »Der Kontrast zwischen den beiden Welten, die nun zusammentreffen sollten, ließ sich kaum deutlicher versinnbildlichen.« Bald nachdem diese beiden Welten zusammentrafen – und zusammenstießen – berichtete Luftmarschall Sir Charles Burnett, der Beaufre an einen englischen Stahlstich von einer Fuchsjagd erinnerte, über seine Eindrücke von den beiden hohen sowjetischen Generälen, die ihm gegenübersaßen: »Ich habe selten so unangenehme Gesichter gesehen[19].«

Am 19. August erreichte die französisch-britische Militärmission endlich Moskau und traf sich am darauffolgenden Tag mit der sowjetischen Delegation unter Führung von Marschall Kliment E. Woroschilow, dem Volkskommissar für Verteidigung, und General Boris Schaposchnikow, dem Chef des Generalstabs der Roten Armee, zu ihrer ersten Arbeitssitzung. Es war höchste Zeit.

Geheime Annäherung zwischen Berlin und Moskau, II.

Vielleicht war es sogar schon zu spät.

Auch die Deutschen hatten sich an Moskau gewandt. Den ganzen Mai und Juni hindurch konnte sich Hitler nicht schlüssig werden, ob er der von ihm so verachteten Sowjetunion entgegenkommen sollte, um die Verhandlungen zwischen ihr und den Alliierten zu hintertreiben. Am 25. Mai wurde das Auswärtige Amt in Berlin unterrichtet, der »Führer« wünsche »erträglichere Beziehungen zwischen Deutschland und der Sowjetunion herzustellen«. Botschafter Schulenburg erhielt entsprechende neue Anweisungen und wurde ersucht, Molotow »baldmöglichst« aufzusuchen. Hitler billigte zunächst den Entwurf dieser Anweisungen, überlegte es sich am folgenden Tag jedoch anders und verbot ihre Absendung. Vier Tage später, am 30. Mai, änderte er seine Meinung noch einmal und befahl eine »modifizierte Fühlungnahme« mit Molotow. In Moskau wurden Gespräche über ein neues Wirtschaftsabkommen aufgenommen, aber bereits am 29. Juni von Hitler abrupt wieder abgebrochen.

Die Initiative zu ihrer Wiederaufnahme ging von den Russen aus. Am 18. Juli gaben sie den Deutschen zu verstehen, sie seien zu einer »Ausweitung und Vertiefung« der deutsch-sowjetischen Wirtschaftsbeziehungen bereit. Hitler zeigte sich interessiert, da er für seinen Krieg ausländisches Rohmaterial dringend brauchte. Schulenburg wurde angewiesen, »zum frühestmöglichen Zeitpunkt« ein Handelsabkommen abzuschließen und die Fäden seiner früheren politischen Gespräche mit Molotow wiederaufzunehmen. Er wurde über geheime Verhandlungen zwischen der Wilhelmstraße und der sowjetischen Botschaft in Berlin unterrichtet, in deren Verlauf die Deutschen zum erstenmal andeuteten, sie hätten Rußland mehr zu bieten als die westlichen Demokratien, insbesondere »hinsichtlich der lebenswichtigen sowjetischen Interessen in Polen und im Baltikum«. Hier werden zum erstenmal die Themen erwähnt, die nach Ansicht der Deutschen Grundlage für ein Geschäft mit der Sowjetunion werden könnten – für ein Geschäft auf Kosten Polens und der baltischen Länder, wie es die westlichen Alliierten in dieser Form weder schließen konnten noch wollten. Genau das sollte Schulenburg Molotow klarmachen. Die Depeschen aus Berlin klangen jetzt drängender. Am 31. Juli wurde er in einem »dringenden und geheimen« Telegramm aufgefordert, sich unverzüglich um ein Treffen mit Molotow zu bemühen und zur Sache zu kommen. Dieses Datum verdient es, festgehalten zu werden. Am selben Tag verkündete Chamberlain vor dem Unterhaus, daß eine alliierte Militärmission nach Moskau reisen werde.

Diese Ankündigung spornte die Deutschen an. Der 3. August – zwei Tage vor der Abfahrt der englisch-französischen Delegation nach Rußland – war für Berlin ein entscheidender Tag. Die deutsche Regierung hatte ihre Beschlüsse gefaßt. Ribbentrop unterrichtete Botschafter Schulenburg persönlich in zwei »geheimen, sehr dringlichen« Telegrammen, die durch ein drittes von Weizsäcker ergänzt wurden[20]. Der deutsche Außenminister teilte seinem Moskauer Botschafter über seine Unterhaltung mit dem sowjetischen Geschäftsträger Astachow am Tag zuvor folgendes mit:

Ich habe dabei den deutschen Wunsch nach Neugestaltung der deutsch-russischen Beziehungen zum Ausdruck gebracht und erklärt, daß von der Ostsee bis zum Schwarzen Meer kein Problem vorliege, das nicht zur beiderseitigen Zufriedenheit gelöst werden kann. Auf Wunsch Astachows nach Konkretisierung des Gesprächs auf beide Länder interessierende aktuelle Fragen habe ich mich zu solchem Gespräch bereit erklärt . . .

In einem zweiten Telegramm gab Ribbentrop bekannt, er habe gegenüber Astachow »eine leichte Andeutung gemacht, daß wir uns mit Rußland über das Schicksal Polens verständigen könnten«. Weizsäkkers Mitteilung lag zwischen den beiden Depeschen Ribbentrops. Er unterrichtete Schulenburg, der noch für denselben Abend mit Molotow verabredet war, »daß wir ... nach politischer Lage und im Interesse der Beschleunigung ... zu konkreter Fortsetzung bereit wären«.

Nun hatten es die Deutschen eilig. Bis zum 1. September, Hitlers Termin für den Überfall auf Polen, blieb nur noch knapp ein Monat. Als Schnurre, ebenfalls an diesem 3. August, mit Astachow zusammentraf, betonte er, wie wichtig es sei, »innerhalb der nächsten Tage ... schnellstmöglich eine Grundlage zu schaffen«. Aber die Deutschen hatten es nicht nur eiliger als die Franzosen und die Briten, sie waren auch zu einer viel weitergehenden Verständigung mit den Bolschewisten bereit.

Dem erfahrenen französischen Geschäftsträger in Berlin, Jacques Tarbé de Saint-Hardouin, fiel die veränderte Atmosphäre in der deutschen Hauptstadt auf. Am 3. August, diesem Tag eifriger Tätigkeit der deutschen und sowjetischen Diplomaten, berichtete er nach Paris:

Im Laufe der letzten Woche war in Berlin eine einschneidende Veränderung der politischen Atmosphäre bemerkbar ... Auf die Zeit der Verlegenheit, des Zögerns und der Neigung zur Improvisation oder gar Nachgiebigkeit folgt unter den NS-Führern nun eine neue Phase[21].

Hitler hatte endlich beschlossen, die westlichen Demokratien in Moskau zu überbieten. Er war nun seines Erfolgs sicher. Der französische Diplomat hatte richtig beobachtet: In Berlin war die Periode der Unsicherheit vorüber. Nach einer Einigung mit Rußland konnte Deutschland in den Krieg eintreten.

Am 12. August erklärte Hitler auf dem Obersalzberg Graf Ciano, er werde nun tatsächlich Ende August losschlagen, da der Oktoberregen die schlechten polnischen Straßen unpassierbar machen werde. Gegen Ende des Treffens wurde Hitler ein »Telegramm aus Moskau« überreicht, wie das deutsche Protokoll angibt. Hitler überflog es und wandte sich dann an den italienischen Außenminister. Er sagte: »Die Russen sind mit der Entsendung eines deutschen politischen Unterhändlers nach Moskau einverstanden[22].«

Ein »Telegramm aus Moskau« ist in den erbeuteten deutschen Akten zwar nicht auffindbar, aber es kann kein Zweifel daran bestehen, daß ein Fernschreiben vom 12. August aus dem Auswärtigen Amt in Berlin gemeint war. Die sowjetische Botschaft hatte das Auswärtige Amt an diesem Tag davon in Kenntnis gesetzt, daß Molotow nunmehr bereit sei, die von den Deutschen aufgeworfenen Fragen, einschließlich »der polnischen Frage«, zu besprechen, und daß die sowjetische Regierung Moskau als Besprechungsort vorschlage. Molotow betonte jedoch, diese Gespräche müßten »etappenweise« geführt werden[23].

Aber Hitler konnte »etappenweise« Verhandlungen mit den Russen nicht abwarten. Am 1. September mußte der Angriff auf Polen beginnen, und inzwischen war es Mitte August. Wenn es ihm noch gelingen sollte, die britisch-französischen Verhandlungen in Moskau zu torpedieren – die ersten militärischen Gespräche hatten an diesem 12. August begonnen – und Stalin für seinen eigenen Vorschlag einzunehmen, so mußte dies rasch und in einem Zug geschehen und nicht schrittweise.

Auch Montag, der 14. August, wurde ein entscheidender Tag für die Deutschen. Um 22 Uhr 53 sandte Ribbentrop ein ausführliches »sehr dringliches« Telegramm »an den Botschafter persönlich«. Er wies Schulenburg an, Molotow den Inhalt in Form einer Verbalnote zur Kenntnis zu bringen. Eine »rasche Klärung der deutsch-russischen Beziehungen« sei nötig, drahtete er, ebenso eine Vereinbarung über »territoriale Fragen in Europa. Da sich . . . diese Klärung über die normalen diplomatischen Kanäle nur langsam herbeiführen läßt, bin ich zu einem kurzen Besuch in Moskau bereit, um Herrn Stalin die Ansichten des Führers zu erläutern. Es sollte nicht unmöglich sein, hierbei das Fundament für eine endgültige Bereinigung der deutsch-russischen Beziehungen zu legen.«

Worum es sich dabei handeln sollte, das wurde schlauerweise so formuliert, daß es Stalin gefallen mußte. Die westlichen Demokratien »versuchen Rußland in einen Krieg mit Deutschland hineinzutreiben«, erklärte Ribbentrop. Genau das hatte Stalin bereits im März auf dem Parteikongreß gesagt.

Die Deutschen hatten aber einen weiteren Köder ausgelegt, der dem sowjetischen Diktator noch mehr zusagen mußte:

Reale Interessengegensätze zwischen Deutschland und Rußland bestehen nicht . . . Die Reichsregierung ist der Auffassung, daß es zwischen Ostsee und Schwarzem Meer keine Frage gibt, die nicht zur vollen Zufriedenheit beider Länder geregelt werden könnte. Zu diesen Fragen gehören: Ostsee, Baltikum, Polen, Südost . . .[24]

Das war ein Angebot an die Sowjetunion, Osteuropa, darunter auch Polen, aufzuteilen. Ein Angebot, wie es die Franzosen und Briten nicht zu bieten hatten – und selbst, wenn sie es gekonnt hätten, auch nicht wollten, obwohl die Russen versucht hatten, dieses Thema bei den Militärmissionen vorsichtig anzusprechen, insbesondere was das Baltikum betraf, die einstigen russischen Provinzen. Der deutsche Vorschlag brachte Stalin einen doppelten Vorteil: Einmal vermied er einen Krieg mit Deutschland, den er ohnehin sehr fürchtete, und zum anderen bekam er – sozusagen auf einem Tablett serviert, ohne das

Risiko kostspieliger Konflikte eingehen zu müssen – all jene Territorien zurück, die der Sowjetunion nach dem Ersten Weltkrieg auf Drängen der Westmächte im Baltikum, in Polen und in Rumänien abgenommen worden waren. Andererseits bedeutete ein Zusammengehen mit Frankreich und Großbritannien mit Sicherheit die Verwicklung in einen Krieg mit Deutschland, in dem die westlichen Alliierten vielleicht untätig zuschauen würden, wie Hitlers motorisierte Armeen Polen und Rußland überrannten. Selbst im Falle eines endgültigen Sieges mochte dann von der Sowjetunion und dem bolschewistischen Regime so wenig übrig sein, daß keine Aussicht auf eine Rückgewinnung der verlorenen Gebiete bestand. Diese Faktoren, wie Stalin sie sah, muß man sich vor Augen halten, wenn man die Verhandlungen mit den westlichen Alliiierten in der sowjetischen Hauptstadt betrachtet.

Die französisch-britischen Gespräche mit Moskau, III.

Auch für die militärischen Gespräche in Moskau war dieser 14. August ein entscheidender Tag. Sie hatten seit dem Beginn vor zwei Tagen unter keinem guten Stern gestanden. Marschall Woroschilow hatte dagegen protestiert, daß Admiral Drax keine schriftliche Verhandlungsvollmachten vorlegen konnte. Er selbst und General Doumenc, der eine von Daladier unterschriebene *Ordre de Service* besaß, hatten ihre Vollmachten[25] vorgewiesen*.

Die bürokratischen Russen entnahmen daraus die Absicht der Briten, die Verhandlungen nicht mit dem entsprechenden Ernst zu führen. Ihr Zutrauen in die westlichen Alliierten wurde durch die zweite und dritte Arbeitssitzung am 13. August auch nicht gefördert. Die Sowjets wollten harte Tatsachen hören, was die französisch-britischen Streitkräfte und Pläne betraf, während General Doumenc und Admiral Drax nach bestem Vermögen ihren Instruktionen folgten, so wenig an Informationen wie nur möglich preiszugeben, wovon manches offenbar noch nicht einmal der Wahrheit entsprach.

Hauptmann Beaufre bemerkte zu General Doumencs Darstellung der Streitkräfte, die Frankreich im Falle eines Angriffs auf Polen gegen Deutschland einsetzen würde: »Gelinde ausgedrückt ist das eine leichte Übertreibung.« Unter anderem erklärte der französische General den Russen, die Maginotlinie erstrecke sich jetzt »von der Schweizer Grenze bis zum Meer«, während doch jeder Zeitungskorrespondent wußte, daß sie nicht einmal halb so lang war und die britische Armee südlich Belgiens entlang einer unverteidigten Grenze ex-

* In Anmerkung 25 sind die wichtigsten Quellen, auf die sich der Verfasser bei diesem Abschnitt über die Militärverhandlungen in Moskau und deren Widerhall in London, Paris und Warschau stützt, zu finden. Besondere Anmerkungszahlen für die einzelnen Quellen sind unterblieben, um den Text nicht zu belasten. Aber alle Erklärungen, Zitate, Depeschen und Noten sind in den angegebenen Quellen voll belegt.

ponierte. Selbst die mit den Tatsachen vertrauten Franzosen waren von der Größe der britischen Armee überrascht, die nach General Heywoods Worten ins Feld geführt werden sollte: 16 Divisionen »in den Anfangsstadien eines Krieges«, und später noch weitere 16 Divisionen. Nach Beaufres Schätzung war dies »drei- bis viermal« soviel, wie die Briten den Franzosen in den jüngsten Staatsgesprächen zugesichert hatten. Aber Woroschilow, der den britischen und französischen Offizieren bereits sein dickes Fell bewiesen hatte, ließ sich nicht irritieren. »Wie viele Divisionen werden Sie zur Verfügung haben, falls schon bald ein Krieg ausbricht?« fragte er, und zwang damit den britischen General, der sich so mannhaft um eine Ausflucht bemüht hatte, zu dem Eingeständnis, im Augenblick stünden England nur »5 reguläre Divisionen und 1 motorisierte Division« zur Verfügung. Beaufre hatte zu diesem Zeitpunkt das Gefühl, daß »die sowjetische Delegation nunmehr die ungeheure Schwäche des britischen Weltreichs noch deutlicher erkannte«.

Während der beiden Sitzungen des 13. August stellte der »schreckliche Woroschilow«, wie ihn der französische Hauptmann nicht ohne eine gewisse Zuneigung nennt, bohrende Fragen an seine Besucher, die doch Anweisung hatten, gerade diesen Fragen nach Möglichkeit auszuweichen. Welche Streitkräfte kann Polen gegen Deutschland aufstellen? Und wie sieht der polnische Verteidigungsplan aus? Der arme Doumenc konnte nur zugeben, daß er das nicht wisse. Und wie steht es um Belgien? fragte Woroschilow, wobei er zweifellos an die Überrennung dieses kleinen Landes durch die Deutschen im Jahre 1914 dachte. Die Verteidigung Belgiens, erwiderte Doumenc, sei »in erster Linie Aufgabe der belgischen Streitkräfte. Französische Truppen dürfen das Land nicht unaufgefordert betreten, aber Frankreich ist bereit, einer solchen Aufforderung Folge zu leisten.«

Gegen Ende der Nachmittagssitzung des 13. August stellte Woroschilow sodann die entscheidende Frage: *Wie stellten sich die Generalstäbe Frankreichs und Großbritanniens die möglichen Aktionen der Roten Armee im Falle einer Aggression gegen Polen und Rumänien vor, da doch Rußland keine gemeinsame Grenze mit Deutschland habe und »auf dem Territorium anderer Staaten operieren muß«?* Er erbat eine Antwort bis zum nächsten Tag. Daß die Russen diese Grundfrage stellten und die westlichen Alliierten ihr auszuweichen suchten, führte zur Krise des 14. August und den nachfolgenden Ereignissen.

Als Woroschilow am 14. August gleich zu Beginn des Treffens eine Antwort auf seine Frage forderte, wollten ihn Admiral Drax und General Doumenc zunächst hinhalten. Der französische General erklärte, es sei die Pflicht Polens und Rumäniens, »ihre eigenen Grenzen zu verteidigen, doch müßten die drei hier vertretenen Mächte zur Hilfe bereit sein, wenn um eine solche ersucht wird«. Woroschilow gab zu bedenken, sie »könnten zu spät um Hilfe ansuchen«, und bis zu deren Eintreffen von den Deutschen bereits überrollt sein. Daraufhin erklärte Admiral Drax, es sei sicher, daß sie »um Hilfe bitten werden, sobald sie von ihren Grenzen zurückgedrängt werden. Wenn sie im Notfall keine Hilfe anfordern und sich überrennen lassen, müssen sie damit rechnen, deutsche Provinzen zu werden.«

Deutsche Provinzen, in denen es von Truppen wimmelte, wollten die Russen nun ganz und gar nicht an ihren Grenzen sehen. Woroschilow sprang zornig auf und erklärte, die sowjetische Delegation nehme die Aussage des Admirals »mit Interesse zur Kenntnis«, und er hoffe, alle Anwesenden würden dies ebenso tun. Der Admiral habe auf die russischen Offiziere den denkbar schlechtesten Eindruck gemacht, erklärt Beaufre, nachdem ihn die Franzosen schon in der vorangegangenen Woche an Bord des Schiffes »gebeten« hatten, von einer solchen Erklärung abzusehen.

Admiral Drax schien seinen Fehler einzusehen, da er nach Angabe des britischen Protokolls um eine Vertagung ersuchte. Aber Woroschilow war dagegen. Er lief nach Beaufres Angabe dunkelrot an, erhob sich und stellte seine Frage zum vierten- und letztenmal – diesmal sehr detailliert.

1. *Wird man es den sowjetischen Streitkräften gestatten, über polnisches Gebiet und insbesondere durch die Pforte von Wilna gegen Ostpreußen vorzustoßen?*

2. *Wird es den Sowjettruppen gestattet sein, durch das polnische Galizien vorzudringen, um dem Feind entgegenzutreten?*

3. *Wird es den sowjetischen Streitkräften im Falle eines deutschen Angriffs auf Rumänien erlaubt sein, rumänisches Gebiet zu betreten?*

»Wir bitten um klare Antworten auf diese Fragen«, sagte er und fügte hinzu: »Nach meiner Meinung wäre es sinnlos, diese Militärgespräche ohne solche exakte, unmißverständliche Antworten fortzusetzen.«

Die Briten und Franzosen zogen sich während einer kurzen Verhandlungspause zur Beratung zurück. Als die Offiziere in den Garten hinausgingen, hörte Beaufre, wie Admiral Drax sagte: »Ich fürchte, unsere Mission ist beendet!« Nach einer kurzen Beratung entwarfen die westlichen Delegierten eine schriftliche Antwort, die General Heywood den Russen verlas.

Die Lage wurde dadurch nicht besser.

Es darf nicht übersehen werden, daß Polen und Rumänien souveräne Staaten sind und daß die von der Sowjetdelegation verlangte Vollmacht bei diesen beiden Regierungen eingeholt werden muß. So wird eine politische Frage daraus, und wir empfehlen der sowjetischen Regierung, die Regierungen Polens und Rumäniens um die Antwort zu ersuchen . . .

Die französisch-britische Erklärung fuhr mit der Aufforderung fort, bis dahin, angesichts der Möglichkeit »eines schon morgen beginnenden Einmarschs deutscher Armeen in Polen«, damit aufzuhören, »kostbare Zeit zu verlieren«, und bei der Fortsetzung der Gespräche von der Annahme auszugehen, daß die Antwort auf die russische Frage ein Ja sein würde.

Nun ersuchte Woroschilow um eine Verhandlungspause. Beaufre war sicher, daß der Marschall inzwischen von Stalin selbst telefonische Anweisung erhielt, wie er antworten sollte. Nach einer Stunde verlas er die Antwort. Sie klang ebenso sarkastisch wie hart.

Die russische Militärmission, so hieß es darin, »hat nicht übersehen, daß Polen und Rumänien souveräne Staaten sind«. Im Gegenteil, dies sei gerade der Grund, aus dem die Sowjets Frankreich und Großbritannien gebeten habe, bei diesen beiden Regierungen die Genehmigung zum Durchmarsch sowjetischer Truppen zu erwirken. Da die Franzosen und Briten, nicht jedoch Rußland, gegenüber Polen und Rumänien Garantien abgegeben hätten, sei dies Aufgabe der genannten Länder.

Die sowjetische Militärmission drückt ihr Bedauern darüber aus, daß die britische und französische Delegation zur Frage des Durchmarschrechtes für die sowjetischen Streitkräfte durch polnisches und rumänisches Territorium keine präzise Antwort erteilt hat. Nach Ansicht der sowjetischen Delegation sind ohne eine Lösung dieser Frage alle Verhandlungen über den Abschluß eines Militärabkommens . . . zum Scheitern verurteilt. Aus diesem Grunde kann die sowjetische Militärdelegation ihrer Regierung nicht die Teilnahme an einem Unternehmen empfehlen, das so offenkundig aussichtslos ist.

Für Hauptmann Beaufre war die sowjetische Antwort »außerordentlich freimütig und zu unserem Leidwesen von unwiderlegbarer Logik«.

Die Botschafter Großbritanniens und Frankreichs in Moskau wurden über diese Krise unterrichtet. Sie trafen sich sofort zu einer Besprechung und sandten dann Telegramme an ihre Regierungen.

Sir William Seeds drahtete:

Der französische Botschafter und ich . . . sind übereinstimmend der Ansicht, daß die Russen nun die Grundfrage aufgeworfen haben, an der sich Erfolg oder Mißerfolg der militärischen Gespräche entscheiden werden . . . Nämlich das Problem, wie man zu einer nützlichen Übereinkunft mit der Sowjetunion gelangen könne, solange ihre Nachbarstaaten noch eine Art Boykott aufrechterhalten, der erst durchbrochen werden soll . . . wenn es schon zu spät ist . . . Nach unserer übereinstimmenden Meinung sind die sowjetischen Unterhändler durchaus im Recht, wenn sie es Großbritannien und Frankreich auferlegen, an diese Länder heranzutreten.

Der französische Botschafter und General Doumenc telegrafierten in ähnlichem Sinne. Seeds ersuchte wie sie, sofort mit Nachdruck darauf hinzuwirken, daß die polnische Regierung dem zustimme. Er unterstrich die »äußerste Dringlichkeit« einer unverzüglichen Antwort. »Leider kam diese Antwort nie«, sagte Beaufre. Die Regierungen Frankreichs und Großbritanniens versuchten zwar, die Polen zur Vernunft zu bringen, aber sie versuchten es eben nicht nachdrücklich genug.

Georges Bonnet berichtet, er sei am 15. August um 5 Uhr morgens von einem Beamten geweckt worden, der ihm die Depesche Botschafter Naggiars mit der sowjetischen Forderung überreichte. Er habe auf den ersten Blick »ihre außerordentliche Bedeutung« erkannt und sofort mit dem polnischen Botschafter telefoniert, der nichts von der entstandenen Krise ahnte und am Strand der Bretagne Urlaub machte. Bonnet bat ihn, unverzüglich zur Besprechung der Lage nach Paris zurückzukehren. Er erreichte damit nicht viel. Als der Außenminister eindringlich darauf hinwies, daß Polen auf die Hilfe der Sowjetunion angewiesen sei, wenn es sich retten wolle, erwiderte Lukasiewicz: »Niemals!«

Bonnet erinnerte ihn daran, daß Hitler erst kürzlich damit geprahlt hätte, er werde Polen innerhalb von drei Wochen überrennen.

»Im Gegenteil«, erwiderte der Botschafter. »Die polnische Armee wird nach Deutschland vorstoßen – und zwar gleich in der ersten Stunde.«

Wie Bonnet seinem Gesandten in Warschau telegrafisch mitteilte, hatte der Botschafter keine Ahnung »von der Gefahr, die eine solche Uneinsichtigkeit für sein Land heraufbeschwor«. Zu Polens Unglück traf dies auch auf die Männer zu, die das Land in Warschau regierten. Dennoch bemühte sich der endlich aus seiner Ruhe aufgeschreckte französische Außenminister verzweifelt, der polnischen Regierung die Tatsachen vor Augen zu führen.

Am Abend des 16. August wies er Botschafter Léon Noël in Warschau telegrafisch an, bei Beck auf eine Annahme der sowjetischen Militärhilfe zu »bestehen«. Diesmal war gegen Bonnets Argumentation nichts einzuwenden.

Weisen Sie mit allem Nachdruck darauf hin, daß die russisch-polnische Zusammenarbeit an der Ostfront eine unabdingbare Voraussetzung für unseren gemeinsamen Widerstand gegen die Aggression der Achse ist; daß es gefährlich wäre, mit dieser Zusammenarbeit bis zum Ausbruch von Feindseligkeiten zu warten, bevor man seine Zustimmung gibt, und daß . . . bei einer Weigerung, die strategischen Bedingungen der russischen Intervention zu diskutieren, die Verantwortung für den Zusammenbruch der militärischen Verhandlungen in Moskau sowie aller sich hieraus ergebenden Folgen Polen allein tragen müsse.

General Musse, der französische Militärattaché in Warschau, wurde ebenfalls aus seinem Urlaubsort in Frankreich geholt und schleunigst nach Polen zurückbeordert, um zusätzlichen Druck auf den polnischen Generalstab auszuüben. In Moskau beschloß General Doumenc auf eigene Verantwortung, Hauptmann Beaufre nach Warschau zu schicken, damit er General Musse unterstützen konnte und den führenden polnischen Militärs »die unleugbare strategische Bedeutung einer russischen Hilfe und die nicht minder große Bedeutung eines Militärpakts« klarmachte.

Als Beaufre am 17. August nach Warschau reiste, war die Lage in Moskau nach seinen eigenen Worten »äußerst gespannt. Wir standen kurz vor dem Abbruch der Gespräche . . . und hatten auf unsere Telegramme noch keinerlei Stellungnahme zu dem von Woroschilow vorgetragenen Hauptpunkt erhalten.«

Die Sitzungen der Militärdelegationen vom 15. und 16. August waren ergebnislos verlaufen. Am 15. August hatte sich General Schaposchnikow, der Generalstabschef der Roten Armee, darüber beklagt, die Franzosen und Briten hätten über ihre militärischen Pläne »nichts Konkretes« verlauten lassen, und sodann seine eigenen Pläne vorgetragen. Er erklärte, »gegen eine Aggression in Europa« werde die Sowjetunion 120 Infanteriedivisionen, 16 Kavalleriedivisionen, 5000 schwere Geschütze und Haubitzen, 9000 bis 10000 Panzer und 5000 bis 5500 Jagdflugzeuge und Bomber einsetzen. Diese Zahlen verschlugen den westlichen Offizieren den Atem, obgleich sie sie für übertrieben hielten. Aber dann kamen die Russen unerbittlich wieder auf denselben Punkt zu sprechen. Schaposchnikow erklärte, eine solche Streitmacht könne er nur dann wirkungsvoll einsetzen, wenn sie durch Polen und Rumänien auf Deutschland vorstoßen dürfe.

Am folgenden Tag bemühten sich Admiral Drax und General Doumenc um das Einverständnis der Sowjets zu einigen allgemeinen Prinzipien gemeinsamen Handelns, die sie ausgearbeitet hatten. Doch daran waren die Russen nicht interessiert. »Alles viel zu abstrakt«, erklärte Woroschilow, »und niemand übernimmt dadurch irgendwelche Verpflichtungen . . . Wir sind nicht hier, um abstrakte Erklärungen abzugeben, sondern um einen vollständigen Militärpakt auszuarbeiten, in dem der Beitrag jedes der drei Länder an Divisionen, Artillerie, Panzern, Flugzeugen und Marineeinheiten zahlenmäßig genau fixiert ist.« Vor einer Beantwortung der »Kardinalfrage des Durchmarsches sowjetischer Truppen durch Polen und Rumänien ist es sinnlos, unsere Gespräche fortzusetzen«.

Am nächsten Tag, dem 17. August, kam es zum unvermeidlichen Höhepunkt des Dramas. Woroschilow forderte eine Vertagung der Gespräche bis zum Eingang einer definitiven Antwort. Drax und Doumenc widersprachen mit der Begründung, bis dahin könne man wertvolle Stabsarbeit leisten, und außerdem würde die Nachricht von einer unbefristeten Vertagung der Konferenz unheilvolle Auswirkungen auf die ohnehin schon gespannte Lage in Europa haben. Man einigte sich schließlich auf eine Vertagung bis zum 21. August. Das ungelöste Problem des Durchmarschrechts für sowjetische Truppen war zwar für ein beabsichtigtes Militärbündnis von ausschlaggebender Bedeutung, aber nicht die einzige Veranlassung der Sowjets, so unbeugsam auf einer Vertagung zu bestehen. Unter strengster Geheimhaltung kam es in diesem Augenblick schon zu Annäherungen zwischen Berlin und Moskau. Doch dies wußten weder die Regierungen in Paris und London noch deren Militärexperten in Moskau. General Doumenc war immer noch davon überzeugt, daß die Russen ein Militärabkommen wünschten*.

Gleich nach der Vertagung der Konferenz am 17. August schickte Doumenc ein dringendes Telegramm nach Paris:

Die Sitzung am 21. August wurde nur anberaumt, um nicht im Ausland den Eindruck zu erwecken, die Gespräche seien unterbrochen worden . . . Die UDSSR *wünscht einen Militärpakt . . . Sie will von uns kein Stück Papier ohne faßbare Verpflichtungen. Marschall Woroschilow steht auf dem Standpunkt, daß alle Probleme . . . ohne Schwierigkeiten gelöst werden könnten, sobald die entscheidende Frage – wie er sie nennt – beantwortet ist. Es ist nun unerläßlich, daß ich zu einer bejahenden Antwort ermächtigt werde.*

Dieses Ja hing jedoch von der polnischen Regierung und dem polnischen Generalstab sowie den Überredungskünsten der französischen und britischen Regierung ab. Obgleich sowohl Paris als auch London Polen leichtsinnige Zusagen gegeben hatten, ohne dabei an Rußland zu denken, wurde nunmehr – Mitte August – beiden klar, daß ihre Hilfe von Westen her Polen nur dann retten konnte, wenn ihm gleichzeitig Rußland im Osten zu Hilfe kam. Davon versuchten sie in den nächsten drei Tagen, vom 17. bis 20. August, die Polen zu überzeugen.

Gerüstet mit den neuen Anweisungen vom Quai d'Orsay, die am 17. August in Warschau eintrafen, statteten Botschafter Noël dem polnischen Außenminister Beck und General Musse dem polnischen General Stachiewicz einen Besuch ab. Sie rannten beide gegen Mauern an. Beck erklärte dem Botschafter, seine Zustimmung zum Durchmarsch sowjetischer Truppen durch Polen würde Hitler zum sofortigen Angriff provozieren. Selbst wenn sich Polen mit der russischen Hilfe einverstanden erklärte, sei er sicher, daß die UDSSR ihre

* Dieser Ansicht war sogar Luftmarschall Burnett, der die slawischen Gesichter der russischen Generäle so »unangenehm« gefunden hat. In einem Brief vom 16. August an seinen Staatschef stellte er fest: »Wir nehmen an, daß Rußland eine Einigung mit den Alliierten erzielen möchte, jedoch befürchtet, nicht so lange warten zu können, bis die deutschen Truppen Polen überrannt haben und Rußland sich auf eigenem Boden gegen sie verteidigen muß . . .«

militärischen Zusagen nicht einlösen werde. Außerdem sei sie dazu »materiell nicht in der Lage«. Auf Noëls Drängen, sich die Sache noch einmal zu überlegen, versprach Beck, er werde das tun und ihm am folgenden Tag, nach Rücksprache mit Marschall Rydz-Smigly*, den endgültigen Entscheid der Regierung mitteilen. Er schloß: »Aber ich habe keine große Hoffnung. Wir Polen befürchten, daß die sowjetischen Truppen unser Land nie wieder verlassen werden, wenn sie es erst einmal betreten haben.« General Musse erging es beim Chef des polnischen Generalstabs nicht besser. General Stachiewicz erklärte ihm, er habe kein Vertrauen zu den Russen, und »sie wollten doch lediglich polnisches Territorium besetzen und beabsichtigten gar nicht, sowjetische Truppen offensiv einzusetzen«.

Wie aus Bonnets Telegrammen und Memoiren deutlich wird, glaubte er, daß der französische Militärattaché sich nach besten Kräften bemühte, den polnischen Generalstab zur – sogar bereitwilligen – Annahme der Sowjethilfe zu überreden. Später wurde jedoch bekannt, daß General Musse nur mit halbem Herzen bei der Sache war und daher kaum viel erreichen konnte**. Er teilte das Mißtrauen der Polen gegenüber Rußland, ihre Selbstüberschätzung und die Unterschätzung der sowjetischen Kampfkraft. Als Hauptmann Beaufre am Abend des 18. August von Moskau kommend in Warschau eintraf und die bei den Militärgesprächen entstandene heikle Lage erläuterte, stieß er bei General Musse nur auf geringe Sympathie. Der Militärattaché erklärte ihm kurz und bündig, es bestehe keine Aussicht, daß Polen die Hilfe der Sowjets annehmen werde. »Der Haß zwischen Polen und Russen macht dies unmöglich«, sagte er und fügte hinzu, auch er zweifle am »guten Willen« der Russen. »Sie wollen, daß wir intervenieren«, fuhr er fort. »Damit kommen wir nur den Russen entgegen, die niemals den Gedanken an eine Wiedergewinnung der 1921 verlorenen Landstriche aufgegeben haben. Wir sollten uns nicht zu Maklern eines solchen Vorhabens hergeben.« Beaufre wandte ein, selbst die Briten gäben nun zu, daß sich die polnische Armee allein höchstens fünfzehn Tage lang gegen die Deutschen behaupten könne, und daß daher eine russische Waffenhilfe unerläßlich sei. General Musse antwortete »heftig«, es sei »absurd, eine so hervorragend und gut ausgerüstete Armee zu unterschätzen, deren taktische Konzeption noch dazu so große Fortschritte erzielt habe«.

Beaufre meint deprimiert, daraus könne man ersehen, wie leicht ausländische Beobachter selbst an Ort und Stelle »zu Fehleinschät-

* Marschall Eduard Rydz-Smigly. Generalinspekteur der Armee, nahm den zweiten Rang nach dem Präsidenten ein, war jedoch als Nachfolger Marschall Piłsudskys der eigentliche Chef der Regierung und der Streitkräfte. Er hatte das letzte Wort.

** Wie aus General Gamelins eigenen Aufzeichnungen und allen verfügbaren Unterlagen hervorgeht, unternahm er nichts, um General Musse oder den polnischen Generalstab aufzurütteln, obgleich es um eine Frage von lebenswichtiger Bedeutung für die französische Armee ging.

zungen gelangen können«, insbesondere, »wenn sie lange Zeit in einem Land gelebt haben und sich diesem Land in tausendfältiger Weise verbunden fühlen, wobei die Sympathien das Urteil verfälschen«. Diese Feststellung fand der Verfasser, der zwanzig Jahre lang als Auslandskorrespondent in einem Dutzend verschiedener Hauptstädte gearbeitet hat, im Hinblick auf die meisten Botschafter (zum Beispiel Henderson in Berlin) und fast alle Militärattachés (einschließlich der amerikanischen) bestätigt. Beaufre schließt mit den Worten: »General Musse machte kein Hehl daraus, daß er für die Polen und gegen die Russen eingestellt war und dazu neigte, sich für die polnische Auffassung einzusetzen.«

Das hätte möglicherweise nicht viel ausgemacht, wenn General Musse ein objektiver und weitblickender Mann gewesen wäre. Den Polen schien es nämlich im August 1939 ähnlich zu ergehen wie ihren Vorfahren seit Jahrhunderten: sie waren blind gegenüber ihrem eigenen Vorteil und schienen, wie schon so oft in ihrer tragischen Geschichte, dazu verdammt zu sein, sich selbst ihr Grab zu schaufeln.

Am 19. August sollte die Entscheidung fallen. Beck hatte versprochen, bis zum Abend eine endgültige Antwort zu erteilen. Am Vormittag unternahm der britische Militärattaché in Warschau zusammen mit seinem französischen Kollegen einen weiteren Vorstoß im polnischen Generalstab. Ihre Vorstellungen stießen jedoch bei General Stachiewicz auf taube Ohren. Er erwiderte: »Polen kann unter gar keinen Umständen sowjetische Truppen auf seinem Territorium dulden. Es ist völlig sinnlos, darüber zu diskutieren.« Er war lediglich zu dem gleichen Zugeständnis bereit, wie Beck am Tag zuvor, daß die endgültige Entscheidung am Abend nach Rücksprache mit Marschall Rydz-Smigly fallen sollte. Er ließ keinen Zweifel darüber aufkommen, wie diese Entscheidung aussehen würde.

In Paris konferierte der inzwischen fast verzweifelte Bonnet am frühen Nachmittag mit dem britischen Geschäftsträger Sir Ronald Campbell – auch Botschafter Phipps befand sich im Urlaub.

Es wäre verhängnisvoll, wenn die Verhandlungen mit Rußland infolge einer polnischen Weigerung zusammenbrechen sollten . . . Die Polen können sich doch unmöglich darauf versteifen, die einzige unmittelbare verfügbare Hilfe zurückzuweisen, die ihnen im Fall eines deutschen Angriffs zur Verfügung steht. Es würde die Regierung Großbritanniens und Frankreichs in eine unmögliche Lage bringen, wenn wir von unseren Ländern verlangen müßten, zur Verteidigung Polens in einen Krieg einzutreten, nachdem Polen diese Hilfe zurückgewiesen hat.

Bonnet »hoffte«, daß die britische Regierung ihn auch weiterhin in seinem Bemühen, »Herrn Beck zu überzeugen«, unterstützen werde. Doch an diesem Abend machte Beck es in Warschau endgültig klar, daß weder er noch die polnische Regierung noch der Generalstab sich überzeugen lassen wollten. Das »Orakel« – wie Beaufre Marschall Rydz-Smigly nennt – war befragt worden und hatte die Entscheidung gutgeheißen. Beck sagte dem französischen Botschafter: »Ich lasse keinerlei Diskussion über die Benutzung von Teilen unseres Gebiets durch ausländische Truppen zu. Wir haben keine Militärvereinbarung mit der UDSSR, und wir wollen auch keine.«

Man war an einem schicksalhaften Scheideweg angelangt. Die Franzosen und Briten konnten gegenüber den Polen nur noch einen einzigen Trumpf ausspielen: ihnen mitteilen, daß die britisch-französischen Zusagen zurückgezogen würden, falls sie nicht ihre Entscheidung rückgängig machten und sich mit einer russischen Militärhilfe doch noch einverstanden erklärten. Der offizielle britisch-polnische Beistandspakt war trotz Becks Drängen noch nicht unterzeichnet. Bonnet hielt immer noch die politische Vereinbarung mit Polen zurück, deren Unterzeichnung er im Mai verweigert hatte. Bereits am 3. April, vier Tage nach Verkündung der einseitigen britischen Garantie für Polen durch Chamberlain, hatte Lloyd George im Unterhaus die Regierung aufgefordert, die Einlösung dieser Garantien von der Bedingung abhängig zu machen, daß Polen sowjetische Hilfe annehmen müsse.

Wenn wir ohne Rußlands Hilfe einschreiten, dann laufen wir in eine Falle. Es ist das einzige Land, dessen Armeen dorthin (nach Polen) gelangen können . . . Ich begreife nicht, warum wir uns auf ein so gewaltiges Unternehmen eingelassen haben, ohne uns vorher der Mitwirkung Rußlands zu versichern . . . Wenn Rußland von der Sache ferngehalten wurde, weil manche Leute in Polen die Russen nicht auf ihrem Gebiet sehen wollen, so liegt es an uns, Bedingungen zu stellen. Sollten die Polen nicht bereit sein, die Bedingungen anzunehmen, ohne die wir ihnen nicht erfolgreich helfen können, dann tragen sie die Verantwortung.

Aber so weit wollten weder Chamberlain und Halifax in London noch Daladier und Bonnet in Paris gehen. Sie waren zwar nahe daran, aber dann schreckten sie doch vor dem letzten Schritt zurück. Am 19. August sagte Bonnet in seiner Unterhaltung mit Campbell, er sei »froh, daß noch kein politischer Vertrag mit Polen abgeschlossen sei, da wir auf diese Weise vielleicht ein Druckmittel in der Hand halten«. Aber dabei war es geblieben. Halifax wagte sich etwas dichter an den entscheidenden Schritt heran. Am 20. August wies er seinen Botschafter in Warschau darauf hin, die polnische Regierung habe

auf den baldigen Abschluß eines formellen englisch-polnischen Vertrags mit der Begründung gedrängt, dieser werde . . . das Vertrauen in Europa stärken.

Aber die Regierung Seiner Majestät ist der Ansicht, daß die positiven Auswirkungen (dieses Vertrags) kaum die wahrhaft verhängnisvollen Folgen wettmachen würden, die sich aus einem endgültigen Abbruch der britisch-französisch-sowjetischen Verhandlungen in Moskau ergeben würden ... Wenn Polens Unabhängigkeit gewahrt bleiben soll, muß Polen selbst alles in seinen Kräften Stehende tun, die ihm angebotene Hilfe voll wirksam werden zu lassen. Ich wäre Ihnen dankbar, wenn Sie Herrn Beck diese Überlegungen mit allem gebotenen Ernst vor Augen halten würden.

Weiter ging auch Halifax nicht. Ebenso wie Bonnet appellierte er an die Polen, schreckte jedoch davor zurück, harte Bedingungen zu stellen. Obgleich sich auf diese Weise Becks Entscheidung vom Abend des 19. August vielleicht noch hätte rückgängig machen lassen. Sie wußten natürlich nicht, daß in Moskau an diesem Abend auch Stalin eine schicksalhafte Entscheidung getroffen hatte.

Geheime Annäherung zwischen Berlin und Moskau, III.

Zu Hitlers großer Erleichterung hatten die Russen positiv auf den deutschen Vorschlag vom 14. August reagiert, Gespräche aufzunehmen. Als Botschafter Schulenburg am Abend des 15. August Molotow aufsuchte und ihm den Inhalt von Ribbentrops Telegramm vortrug, »der deutsche Außenminister sei bereit, unverzüglich nach Moskau zu kommen, um alle Probleme ›vom Baltikum bis zum Schwarzen Meer‹ beizulegen«, erwiderte der sowjetische Außenminister, er »begrüße aufrichtig die Absicht der Deutschen, ihre Beziehungen zur Sowjetunion zu verbessern«. Er ging noch einen Schritt weiter. Er stellte die Frage, ob Deutschland an einem Nichtangriffspakt zwischen den beiden Ländern und einer gemeinsamen Garantie für die baltischen Staaten interessiert sei. Über diese Fragen, sagte er, »müsse konkret« gesprochen werden.

So kam der Vorschlag zu einem deutsch-sowjetischen Nichtangriffspakt ursprünglich von russischer Seite – zu einem Zeitpunkt, da Rußland mit Frankreich und Großbritannien darüber verhandelte, daß man eine weitere deutsche Aggression notfalls mit kriegerischen Mitteln zurückschlagen müsse*.

* In Washington hatte am 17. August Staatssekretär Sumner Welles versucht, den Briten hinsichtlich der Vorgänge zwischen Molotow und den Deutschen die Augen zu öffnen. Er rief den britischen Botschafter, Sir Ronald Lindsay, zu sich, erläuterte ihm die Unterhaltung zwischen Schulenburg und Molotow vom 15. August und das deutsche Angebot, und enthüllte in aller Ausführlichkeit Molotows Antwort darauf, einschließlich des Vorschlags für einen Nichtangriffspakt und ein Abkommen im Baltikum. Die Information stammte von US-Botschafter Lawrence Steinhardt, der am 16. August ein längeres Gespräch mit Molotow geführt hatte. Warum unterrichtete er wohl den amerikanischen Botschafter? Der Kreml mußte doch wissen, daß diese Information an die Briten weitergegeben würde. War Stalin am 16. August immer noch unschlüssig, für welche der beiden Seiten er sich entscheiden sollte? Wollte er auf diese Weise die britisch-französischen Unterhändler in Moskau davor warnen, daß er auf den günstigen Vorschlag der Deutschen eingehen werde, falls sie nicht endlich zur Sache kämen? Die Antwort wird man

Es gab keinen Zweifel darüber, welche Antwort Hitler geben würde. Durch diesen Nichtangriffspakt konnte Hitler Polen ohne Furcht vor sowjetischer Intervention planmäßig angreifen – Rußland würde keinen Krieg gegen ihn führen. Außerdem würde dieser Pakt Frankreich und Großbritannien in Konflikte mit den von ihnen gegebenen Garantien bringen.

Hitlers Antwort erreichte Moskau am nächsten Tag, dem 16. August. Ribbentrop wies Schulenburg an, unverzüglich Molotow aufzusuchen und ihm mitzuteilen, »daß Deutschland zum Abschluß eines Nichtangriffspakts mit der Sowjetunion . . . und zu gemeinsamen Garantien an die baltischen Staaten bereit sei«.

Hitler hatte es sehr eilig. Ribbentrop schlug vor, er werde am 18. August »mit dem Flugzeug« – die Deutschen hielten nichts von langsamen Dampfern – nach Moskau kommen, versehen mit »Vollmachten des Führers . . . zur Unterzeichnung der entsprechenden Verträge«[27].

Nach den traurigen Erfahrungen mit der Verzögerungstaktik der Westmächte machte die Note der Deutschen im Kreml Eindruck. Am Abend des 17. August empfing Molotow noch einmal Botschafter Schulenburg und teilte ihm mit:

Die Sowjetregierung sei hochbefriedigt von Ribbentrops Vorschlag, persönlich nach Moskau zu kommen, denn die Entsendung eines Politikers und Staatsmannes von solchem Rang unterstreiche die Ernsthaftigkeit der Absichten der deutschen Regierung. Dies stehe in deutlichem Gegensatz zum Vorgehen Englands, das in der Person Strangs nur einen zweitrangigen Beamten nach Moskau entsendet habe[28].

Der schlaue sowjetische Außenminister ging jedoch nicht auf Ribbentrops Ersuchen ein, am 18. August empfangen zu werden. »Die Reise erfordere sorgfältige Vorbereitungen«, teilte er Schulenburg mit.

Aus den von den Alliierten erbeuteten vertraulichen deutschen Dokumenten geht deutlich hervor, daß Hitler und Ribbentrop inzwischen zu verzweifeln begannen. Die Befehle, die deutschen U-Boote und Westentaschenkreuzer mit Kurs auf die britischen Gewässer auslaufen zu lassen, wurden zurückgehalten, bis der Vertrag mit den Russen unter Dach und Fach war. Die Kriegsschiffe hätten unverzüg-

wohl erst erfahren, wenn eines Tages die sowjetischen Archive geöffnet werden. Aber falls es tatsächlich die Absicht des Kreml war, Druck auf die westlichen Alliierten auszuüben, so war es ein untauglicher Versuch, da London trotz Welles' Bemühen am 17. August die Information zu spät erhielt. Der britische Schlendrian ist fast unglaublich. Anstatt ein dringendes Telegramm nach London abzusetzen, schickte Botschafter Lindsay die Information per Luftpost, die 1939 noch viel langsamer befördert wurde als heute. Seine Meldung ging erst am 22. August im Londoner Außenministerium ein, und da nützte sie nichts mehr. Wäre sie am 17. oder auch noch am 18. August eingetroffen, so hätte die Geschichte vielleicht eine andere Wendung genommen. Soweit sich feststellen läßt, hatte sich Stalin am 18. August noch nicht endgültig entschieden[26].

lich auslaufen müssen, wenn sie bis zu Hitlers Stichtag für den Kriegsbeginn noch ihre vorbestimmten Operationsgebiete erreichen sollten. Bis zum 1. September waren es nur noch zwei Wochen. Auch die beiden für den Überfall auf Polen vorgesehenen Heeresgruppen mußten unverzüglich ihre Ausgangsstellungen beziehen.

Am Abend des 18. August schickte Ribbentrop von Hitlers Berghof aus ein weiteres »äußerst dringliches« Telegramm an Schulenburg in Moskau. Er solle Molotow sofort aufsuchen und sich um die Zusage der Russen bemühen, daß der deutsche Außenminister »unverzüglich« empfangen würde. Er dürfe sich nicht abweisen lassen, wurde Schulenburg bedeutet. Der Außenminister wiederholte noch einmal, er sei von Hitler ermächtigt, »den gesamten Fragenkomplex voll und endgültig zu regeln«.

Die Nazis nahmen kein Blatt vor den Mund. Er, Ribbentrop, sei bereit, »ein spezielles Protokoll zu unterzeichnen, das Interessen beider Teile . . . regelt, zum Beispiel Regelung Interessensphäre im Ostsee-Gebiet, Frage Baltenstaaten usw.«[29].

Das Telegramm traf am 19. August morges um 5 Uhr 45 in der deutschen Botschaft in Moskau ein. Schulenburg traf eine Verabredung für 14 Uhr, um Molotow den Inhalt mitzuteilen.

Der 19. August brachte nicht nur in Moskau, sondern auch in Warschau die Entscheidung. Er begann ungünstig für die Deutschen. Als Schulenburg um 14 Uhr Molotow aufsuchte, weigerte sich dieser, einen Termin für Ribbentrops Reise festzulegen. Er sagte: »Dafür wären sorgfältige Vorbereitungen erforderlich, und außerdem müßte zuvor das Wirtschaftsabkommen unterzeichnet werden.«

Kaum war Schulenburg niedergeschlagen in die deutsche Botschaft zurückgekehrt, da ersuchte ihn Molotow telefonisch um einen weiteren Besuch um 16 Uhr 30.

Im Kreml war etwas geschehen. Nach seiner Rückkehr von dem zweiten Gespräch mit Molotow sandte Schulenburg um 18 Uhr 22 ein triumphierendes Telegramm nach Berlin.

Geheim! Citissime!

Sowjetregierung einverstanden, daß der Herr Reichsaußenminister eine Woche nach Veröffentlichung der Unterzeichnung des Wirtschaftsabkommens nach Moskau kommt. Molotow erklärte, daß, wenn der Abschluß des Wirtschaftsabkommens morgen veröffentlicht wird, der Herr Reichsaußenminister am 26. oder 27. August in Moskau eintreffen kann.

. . .Molotow übergab mir Entwurf für Nichtangriffspakt[30].

In einem zweiten Telegramm berichtete Schulenburg: »Gründe für seine plötzliche Sinnesänderung gab Molotow nicht an. Ich nehme an, daß Stalin eingegriffen hat[31].«

Diese Annahme war zweifellos richtig. Es ist bekannt, daß der Sowjetdiktator am Abend des 19. August das Politbüro von seiner Entscheidung unterrichtete*.

Am selben Nachmittag – zwischen dem Ende von Schulenburgs erstem Besuch um 15 Uhr und dem zweiten Termin um 16 Uhr 30 – hatte Stalin seine schicksalhafte Entscheidung an Molotow weitergegeben und ihn angewiesen, die Deutschen sofort zu benachrichtigen.

Hitler war erfreut über die sowjetische Antwort – bis auf einen Punkt. Er konnte nicht bis zum 26. oder 27. August warten, bis Ribbentrop in Moskau den Vertrag unterschrieb. Er war inzwischen beinahe entschlossen, das Datum für den Schlag gegen Polen um sechs Tage vorzuverlegen – vom 1. September auf den 26. August. Also rang er sich zu einem langen, persönlichen Telegramm an Stalin durch und bat den so häufig geschmähten Sowjetdiktator, seinen Außenminister am 22. oder »spätestens« am 23. August in Moskau zu empfangen. Er akzeptiere Molotows Entwurf für den Nichtangriffspakt und ebenfalls »die wesentlichen Punkte des von der Sowjetunion gewünschten Zusatzprotokolls« (in dem, wie man noch sehen wird, die beiden Länder Osteuropa unter sich aufteilten). Dieses Protokoll müsse jedoch noch »geklärt« werden, wozu Ribbentrop zusammen mit den Russen »innerhalb kürzester Zeit« imstande sei[34].

Mehrere Augenzeugen berichten, daß Hitler in den darauffolgenden Stunden einem Nervenzusammenbruch nahe war. Am 21. August um 21 Uhr 35 traf endlich Stalins Antwort in Berlin ein.

* Bei seiner Aussage vor dem Parlamentarischen Untersuchungsausschuß[32] legte Daladier eine lange Havas-Meldung aus Moskau vor, die über Genf eingegangen war. Sie enthielt angeblich das Protokoll der Politbürositzung vom Abend des 19. August, auf der Stalin seinen Entschluß bekanntgab und erläuterte. Daladier sagte zwar, er könne sich »für die Echtheit der Meldung nicht verbürgen«, hielte sie jedoch für »authentisch«. Was Stalins Begründung betrifft, so klingt sie echt, insbesondere wenn man den Wortlaut mit dem vergleicht, was der Diktator 1942 Churchill sagte. Stalins ausführlich wiedergegebene Begründung kann man so zusammenfassen: Wenn die UDSSR ein Bündnis mit dem Westen abschließt, könnte Hitler seinen Angriff auf Polen verschieben, und nach einem anderen *Modus vivendi* mit dem Westen suchen, »was für uns sehr gefährlich wäre«. Wenn Rußland einen Vertrag mit Deutschland unterzeichnete, konnte es sich zumindest so lange aus dem unvermeidlichen Krieg heraushalten, »bis wir an die Reihe kamen«. Der Krieg würde zweifellos sowohl Deutschland als auch den Westen so sehr auspumpen, daß keine dieser beiden Seiten »für ein ganzes Jahrzehnt« Krieg gegen Rußland führen konnte. Bis dahin – dank einer Vereinbarung mit Deutschland sofort – würde Rußland »einen Teil Polens, freie Hand in drei baltischen Staaten und Bessarabien« zurückerlangen. So gab jedenfalls die französische Meldung Stalins Argumente wieder. Die UDSSR sollte zwar 1940 entsprechend Stalins Vorhersage ihre verlorenen Territorien rasch wiedergewinnen, doch seine Annahme, daß Deutschlands Kräfte erschöpft sein würden, bevor es sich gegen Rußland wenden konnte, sollte sich als beinahe verhängnisvoll erweisen. Genau drei Jahre später erläuterte Stalin »in den frühen Morgenstunden« eines Augusttages im Jahr 1942 während eines Gesprächs mit Churchill einen der Gründe, aus denen er keinen Militärpakt mit den westlichen Alliierten abgeschlossen hatte.

»Wie viele Divisionen wird Frankreich bei einer Mobilmachung Deutschland entgegenstellen?« hatte Stalin gefragt. Die Antwort lautete: »Etwa hundert.« Dann fragte er: »Und wie viele wird England schikken?« Antwort: »Erst zwei und später zwei weitere.« – »Aha, erst zwei und später zwei weitere«, hatte Stalin wiederholt und gefragt: »Wissen Sie eigentlich, wie viele Divisionen wir im Fall eines Krieges mit Deutschland an die russische Front werfen müssen . . .? Über dreihundert[33].«

Bezeichnenderweise übertrieb Stalin. Am 16. August erklärte Schaposchnikow der alliierten Militärdelegation, Rußland werde in Europa 120 Infanteriedivisionen, 16 Kavalleriedivisioen und die erforderlichen Artillerie- und Panzereinheiten einsetzen (s. Seite 530).

An den Reichskanzler Deutschlands, Herr A. Hitler.

Ich danke für den Brief.

Ich hoffe, daß deutsch-sowjetischer Nichtangriffspakt eine Wendung zur ernsthaften Besserung der politischen Beziehungen zwischen unseren Ländern schaffen wird.

Die Völker unserer Länder bedürfen friedlicher Beziehungen zueinander; das Einverständnis der deutschen Regierung mit dem Abschluß eines Nichtangriffspaktes schafft die Grundlage für die Liquidierung der politischen Spannung und für die Aufrechterhaltung des Friedens und die Zusammenarbeit zwischen unseren Ländern.

Die Sowjetregierung hat mich beauftragt, Ihnen mitzuteilen, daß sie einverstanden ist, mit dem Eintreffen des Herrn von Ribbentrop in Moskau am 23. August.

J. Stalin[35]

Kurz vor dem Ende des ereignisreichen 21. August wurde das Musikprogramm des Deutschlandsenders plötzlich von der Stimme eines Sprechers unterbrochen:

Die Reichsregierung und die Sowjetregierung sind übereingekommen, einen Nichtangriffspakt abzuschließen. Der Reichsaußenminister wird am Mittwoch, dem 23. August zum Abschluß der Verhandlungen in Moskau eintreffen.

Die französisch-britischen Gespräche mit Rußland, IV.

Während Stalin am 21. August seine Antwort an Hitler überlegte, die noch am selben Abend abgesandt werden sollte, nahm Marschall Woroschilow mit den alliierten Delegationen die vertagten Militärgesprächewieder auf. Admiral Drax hatte zwar vorgeschlagen, »noch weitere zwei bis drei Tage zu warten«, da weder er noch General Doumenc von ihren Regierungen eine Antwort auf die Frage der Sowjets nach dem Durchmarsch der Roten Armee durch Polen erhalten hatten, doch der Sowjetmarschall hatte entsprechend der Vereinbarung vom 17. August auf einer pünktlichen Wiederaufnahme der Verhandlungen am 21. August, 11 Uhr, bestanden. Als einer der engsten Vertrauten Stalins kannte er vermutlich die Entscheidung des Diktators vom 19. August, sich mit Hitler zu einigen.

Die Sitzung begann mit einer fast lächerlichen Geste. Admiral Drax legte stolz seine schriftliche Vollmacht vor, ohne zu wissen, daß diese zu spät eingetroffen war. Sodann forderte Woroschilow die Vertagung auf unbestimmte Zeit oder zumindest bis zum Eintreffen der Stellungnahmen zur Frage des Durchmarsches sowjetischer Truppen durch Polen. Für den Fall einer negativen Antwort »sah er keine Aussicht auf ein erneutes Zusammentreffen«. Als Briten und Franzosen gegen eine weitere Verschleppung der Gespräche protestierten, zogen sich die Russen zurück – zweifellos zur Beratung mit Stalin. Sie kamen mit einer *schriftlichen* Antwort wieder, die Woroschilow feierlich verlas.

Das Ziel der Sowjetdelegation war und ist eine Vereinbarung über die Art der militärischen Zusammenarbeit zwischen den Streitkräften der drei vertragschließenden Parteien . . . Da die UDSSR *keine gemeinsame Grenze mit Deutschland aufweist, kann sie Frankreich, Großbritannien, Polen und Rumänien nur unter der Bedingung Hilfe leisten, daß ihre Truppen das Durchmarschrecht für polnisches und rumänisches Territorium erhalten. Dies ist die einzige Möglichkeit zur Feindberührung mit den Truppen des Aggressors.*

Er erinnerte seine Gäste daran, daß im Ersten Weltkrieg britische und amerikanische Truppen den Deutschen nur entgegentreten konnten, da man ihnen erlaubte, auf französischem Boden zu operieren.

Es ist der sowjetischen Militärdelegation unerklärlich, wie die Regierungen und Generalstäbe Großbritanniens und Frankreichs Abordnungen in die UDSSR *entsenden konnten . . . ohne ihnen bezüglich einer so grundlegenden Frage gewisse Direktiven mitzugeben . . . Allein dies ist Grund genug, ihren Wunsch nach einer ernsthaften und wirksamen Zusammenarbeit mit der* UDSSR *anzuzweifeln. Die Verantwortung . . . trifft natürlich die Delegationen Großbritanniens und Frankreichs.*

Damit wurde der Schwarze Peter weitergereicht. Sicherlich war Woroschilows Einwand logisch. Die Alliierten verlangten von Rußland, gegen Deutschland zu kämpfen, verweigerten ihm jedoch den Zugang zum Kampfplatz. Daß dieses Argument jedoch noch am 21. August erneut vorgetragen wurde – zwei Tage, nachdem der Kreml einen Pakt mit den Nazis beschlossen hatte –, zeigt die Perfidie der sowjetischen Regierung.

In Unkenntnis der Vorgänge zwischen Berlin und Moskau, aber endlich aufgerüttelt durch die dringenden Telegramme General Doumencs und Botschafter Naggiars* und verärgert über die starre Haltung Polens, entschloß sich Daladier am 21. August zu drastischen Maßnahmen. Nach eigener Darstellung[36] rief er am Vormittag den polnischen Botschafter zu sich und versicherte ihm, die westlichen Alliierten sorgten für einen Abzug der Roten Armee aus Polen nach Abschluß der Kampfhandlungen, wenn Polen ihr zuvor den Zutritt gewährten. Dann verlangte er die Zustimmung Warschaus.

* Naggiar hatte am 20. August telegrafisch um zustimmende Antwort gebeten und für »General Doumenc unverzüglich die Vollmacht gefordert, im gemeinsamen Interesse den Militärpakt auszuhandeln und zu unterzeichnen«.

Ich fügte außerdem hinzu, die Lage erscheine mir als so ernst, daß wir den Militärpakt unbedingt abschließen müßten, wenn wir einen Krieg vermeiden wollten. Nur dadurch könne man Hitler dazu bringen, es sich noch einmal zu überlegen. Ich erklärte ihm ferner, er müsse seine Regierung nachdrücklich auf die Notwendigkeit einer Entscheidung hinweisen. Sollte ich bis zum Nachmittag von ihm keine negative Antwort erhalten, würde ich General Doumenc von mir aus telegrafisch die Vollmacht zur Unterzeichnung der Militärkonvention mit Rußland erteilen.

Als um 16 Uhr 15 von der polnischen Regierung immer noch kein Bescheid eingegangen war, telegrafierte Daladier an Doumenc:

Sie werden hiermit bevollmächtigt, in unser aller Interesse . . . Die Militärkonvention vorbehaltlich der Ratifizierung durch die französische Regierung zu unterzeichnen.

Aber solange Polen nicht zugestimmt hatte, war dies nur eine leere Geste, noch dazu nutzlos, nachdem Stalin sich bereits vor zwei Tagen entschieden hatte. Außerdem gab es gar keine »Militärkonvention« zu unterzeichnen. Da die Antwort auf die Frage der Sowjets ausstand, war es nicht einmal zu einem Entwurf gekommen. Der französische Ministerpräsident scheint an diesem kritischen Tag in einem Trancezustand gehandelt zu haben. Später sagte er aus, am Nachmittag London um die Absendung eines ähnlichen Telegramms an Admiral Drax (er nennt ihn »Diaz«) und die »Zustimmung« der Briten ersucht zu haben. Er glaubte vielleicht wirklich daran, aber er täuschte sich. Aus den vertraulichen Dokumenten des britischen Außenministeriums geht hervor, daß London auf Daladiers Ersuchen nicht reagierte – auch nicht am folgenden Tag. Als Admiral Drax am 22. August telegrafisch in London anfragte, ob man damit einverstanden sei, daß die britische Delegation zusammen mit General Doumenc die Frage der Russen bejahe, erhielt er keine Antwort. Strang gibt später über diese Depesche zu Protokoll: »Dieses Telegramm konnte nicht beantwortet werden, da keine Entscheidung getroffen wurde[37].«

General Doumenc erhielt Daladiers Telegramm um 22 Uhr 30. Er teilte sofort Woroschilow mit, er sei jetzt bevollmächtigt, einen Militärpakt zu unterzeichnen, der das Recht Rußlands auf Truppenbewegungen in Polen anerkenne. Er verabredete sich mit ihm für den folgenden Abend. Aber es war wieder zu spät. Eine Stunde nach dem Eingang des Telegramms aus Paris meldete der Deutschlandsender, ein Langwellen-Sender, der in ganz Europa zu empfangen war, daß sich Deutschland und die UDSSR über den Abschluß eines Nichtangriffspakts geeinigt hätten. Ribbentrop werde in zwei Tagen zur Unterzeichnung des Abkommens nach Moskau reisen.

Als Doumenc am 22. August um 19 Uhr Woroschilow aufsuchte, war der deutsche Außenminister bereits mit dem Flugzeug zum ersten Abschnitt seiner Reise gestartet; er wurde um die Mittagszeit des 23. August in der sowjetischen Hauptstadt erwartet. Der rauhe Sowjetmarschall gab sich redliche Mühe, General Doumenc, für den er inzwischen offenbar Respekt oder gar Zuneigung empfand, die schlechte Nachricht so schonend wie möglich beizubringen. Er erklärte ihm, die französische Antwort sei ohne irgendeinen Bescheid aus Großbritannien und Polen bedeutungslos.

Ich fürchte nur eines, von französischer und britischer Seite aus wurden die politischen und militärischen Gespräche zu lange verschleppt. In einem solchen Fall läßt sich die Möglichkeit nicht ausschließen, daß inzwischen gewisse politische Ereignisse eintreten.

Diese »gewissen politischen Ereignisse« traten, wie wohl auch der arme französische General inzwischen ahnte, am nächsten Tag, dem 23. August, ein. Während sich die Gespräche zwischen Rußland und den westlichen Demokratien fünf Monate lang hingeschleppt hatten – seit den letzten Märztagen –, wurden die Verhandlungen zwischen Ribbentrop und Stalin in den zwölf Stunden zwischen Mittag und Mitternacht des 23. August erfolgreich abgeschlossen. Im Gegenteil zu den westlichen Alliierten gingen die Deutschen bereitwillig auf jedes von den Russen geforderte Zugeständnis ein. Als Gegenleistung wurde ihr einziger Wunsch erfüllt: Sie bekamen die feierliche Zusicherung, daß sich die Sowjetunion nicht in Hitlers Krieg einmischen werde. Diese Zusicherung war in dem veröffentlichten Nichtangriffspakt enthalten. Der Preis, den Hitler dafür bezahlte, wurde in dem »geheimen Zusatzprotokoll« zu dem Vertrag festgelegt. Dieses Dokument wurde erst nach dem Zweiten Weltkrieg bekannt, als die Alliiierten in den Besitz der deutschen Unterlagen gelangten. Es ging ganz einfach um die Aufteilung Osteuropas, Rußland erhielt ein Drittel Polens, alle Gebiete östlich einer von den Flüssen Narew, Wisdula (Weichsel) und San gebildeten Linie sowie zwei der drei baltischen Staaten – Lettland und Estland. Deutschland sollte Litauen bekommen, Finnland, das vor dem Ersten Weltkrieg als autonomer Staat zu Rußland gehört hatte, wurde der »sowjetischen Interessensphäre« einverleibt. Rußlands »Interesse« an Bessarabien, das es 1919 an Rumänien verloren hatte, wurde von Deutschland ebenfalls anerkannt.

Wie schon in den Tagen der Könige und Zaren hatten sich Deutschland und Rußland wieder einmal auf eine Teilung Polens geeinigt. Hinsichtlich der Rückgewinnung verlorener russischer Gebiete im Baltikum und auf dem Balkan hatte Hitler Stalin freie Hand gelassen.

Am 25. August trafen sich die alliierten Militärdelegationen ein letztesmal mit Woroschilow. Benommen von den inzwischen eingetretenen Ereignissen, erkundigten sie sich, ob die Russen eine »Fortsetzung der Gespräche« wünschten. Die Antwort des Marschalls fiel kurz aus. »Angesichts der veränderten politischen Lage ist die Fortsetzung der Gespräche sinnlos.«

Daß die französischen und britischen Offiziere überhaupt noch zwei Tage lang in Moskau blieben, nur um diese im voraus feststehende Antwort abzuwarten, läßt sich lediglich mit dem Schock und der Verwirrung erklären, die der deutsch-sowjetische Pakt in Paris und London angerichtet hatte*.

Noch am späten Abend des 23. August, als Ribbentrop und Stalin bereits ihre Unterschriften unter den Pakt setzten und groteske Trinksprüche austauschten**, erhielt Doumenc in Moskau ein langes Telegramm von Gamelin. Schon während der verschleppten Militärgespräche waren von Gamelin keine Initiativen ausgegangen. Nun wurde deutlich, wie wenig er begriff, was geschehen war.

*Noch gestern bekräftigten Molotow wie auch Marschall Woroschilow ihren Willen zu einer Politik des Widerstandes gegen jede Aggression***. Der Fortgang militärischer Vorbereitungen in Deutschland läßt die Möglichkeit eines deutschen Angriffs auf Polen akut werden . . .*

Es besteht somit die Gefahr, daß die Verhandlungen in Moskau von den Ereignissen überholt werden . . . Den Russen muß daher die Frage vorgelegt werden, ob sie bereit seien, zusammen mit uns einer Aggression entgegenzutreten. Es ist ferner dringend erforderlich, das Militärabkommen zu den derzeit erreichbaren Mindestbedingungen abzuschließen . . . Bei aller Unvollkommenheit wird diese Bekräftigung der Verteidigungsbereitschaft eine Mauer gegen die deutsche Aggression errichten . . .[40].

* Am 22. August rieten die Botschafter Frankreichs und Großbritanniens ihren Regierungen, es könnte »nützlich« sein, wenn die Militärdelegationen für den Fall in Moskau verweilten, daß »die Sowjets und Ribbentrop nicht übereinkommen«, wie es eine Depesche formuliert. Beide Regierungen stimmten dem zu.

** Beispielsweise Stalins Toast auf Hitler: »Ich weiß, wie sehr die deutsche Nation ihren Führer liebt. Ich möchte daher auf seine Gesundheit trinken[38].«

*** Natürlich war diese Behauptung von der Wahrheit weit entfernt. Molotow empfing am 22. August sowohl den französischen als auch den britischen Botschafter, um ihnen die Ankündigung aus der vorangegangenen Nacht zu erläutern, daß Deutschland und die UDSSR sich auf einen Nichtangriffspakt geeinigt hätten und daß Ribbentrop zur Unterzeichnung am 23. August nach Moskau kommen werde. Er behauptete, die sowjetische Regierung sei erst zu Verhandlungen mit den Deutschen bereit gewesen, als sie erkennen mußte, daß die westlichen Alliierten kein Militärbündnis ernsthaft wünschten – was auch nicht ganz der Wahrheit entsprach. Vermutlich bezog sich General Gamelin in seiner Erklärung auf einen Satz in Botschafter Naggiars Bericht über seine Unterhaltung mit Molotow: »Molotow erklärte mir, an den politischen Grundsätzen der UDSSR habe sich nichts geändert, und seine Regierung trete weiterhin mit aller Entschiedenheit für die Erhaltung des Friedens und die Bekämpfung jeder Aggression ein[39].«

Aber selbst General Gamelin hätte einen solchen Unsinn durchschauen müssen. In seinen Memoiren erwähnt er das Telegramm übrigens nicht. Der Wortlaut findet sich bei Beaufre: a. a. O., S. 173 f.

Wie alle Beteiligten auf seiten der Alliierten, raffte sich General Gamelin zu spät auf. Durch sein Prestige als Heerführer hätte er vielleicht den polnischen Generalstab zur Vernunft bringen können. Wenn ihm dies nicht gelungen wäre, verfügte er jedoch über genügend Einfluß auf die französische Rierung, insbesondere auf Daladier, der ihn als militärisches Genie betrachtete, um durchzusetzen, daß die Annahme der russischen Hilfe durch Polen zur Bedingung für die Aufrechterhaltung der französischen Bindungen an Polen gemacht wurde. Aber in seiner bequemen Art hatte er weder das eine noch das andere versucht. Der Augenzeuge Beaufre bekundet, daß er nicht einmal General Doumencs verzweifelten Bitten entsprach, ihm eine positive Antwort auf die Frage nach dem Durchmarschrecht für sowjetische Truppen zu schicken.

Selbst nach der Bekanntgabe des deutsch-sowjetischen Pakts blieben die Polen völlig blind gegenüber ihrer bedrohlichen Lage. Am 22. August berichtete der französische Botschafter in Warschau nach Paris:

Beck ist völlig gelassen und scheint sich wegen dieses »Theatercoups« nicht die geringsten Sorgen zu machen. Er glaubt, daß sich in Wirklichkeit kaum etwas geändert hat[41].

25 Am Vorabend des Krieges 23. bis 31. August 1939

Georges Bonnet war klüger. Er erkannte sofort, was nun deutlich wurde: daß sich das Kräftegleichgewicht in Osteuropa plötzlich zugunsten Deutschlands verschoben hatte. Er saß am Abend des 21. August an seinem Schreibtisch am Quai d'Orsay und grübelte über einem soeben eingegangenen Telegramm von Botschafter Paul Emile Naggiar aus Moskau.

Wenn es nicht bald zu einem Abschluß der alliierten Gespräche mit den Russen käme, warnte der Botschafter, könnte Hitler Stalin eine Teilung Polens und Rumäniens sowie einiger baltischer Staaten anbieten, und es sei nicht ausgeschlossen, daß Stalin darauf eingehen würde. Wenige Minuten vor Mitternacht gab ihm der Direktor von *Havas* telefonisch die letzten Meldungen aus Berlin durch: Deutschland und Rußland haben sich auf die Unterzeichnung eines Nichtangriffspaktes geeinigt, und Ribbentrop reist zu seiner Unterzeichnung nach Moskau. Bonnet war bestürzt. Er rief sofort Daladier an, der sich schon zur Ruhe begeben hatte. Bonnet sagte, der Ministerpräsident habe den Bericht für eine »Zeitungsente« gehalten, jedoch um Nachprüfung gebeten. Bonnet rief die französische Botschaft in London an. Roger Cambon, der derzeitige Geschäftsträger, berichtete ihm, daß *Reuter* die Berliner Meldung soeben verbreite. Mehr wisse er auch nicht. Verzweifelt wies der Außenminister Naggiar an, sich um nähere Einzelheiten zu bemühen.

Als Molotow selbst am darauffolgenden Tag die schlechte Nachricht bestätigte, erkannte Bonnet, daß sie für Frankreich »ein Unglück« darstellte. Er sagte zwar am Vormittag zum britischen Geschäftsträger, es sei am besten, »ganz ruhig zu bleiben«, aber sein eigenes Denken kehrte wieder zu der defätistischen Einstellung aus der Zeit der Münchner Verträge zurück. Er sagte: »Ich hielt einen Krieg gegen Deutschland zur Unterstützung Polens ohne die Zusicherung russischer Waffenhilfe für ein Unternehmen voller Imponderabilien und Gefahren.«

In dieser Verfassung suchte er am Morgen des 23. August Daladier auf. Er legte ihm nahe, unverzüglich den Verteidigungsrat einzuberufen, um festzustellen, ob Frankreichs militärische Führung unter diesen ungünstigen Umständen überhaupt auf einen Krieg vorbereitet sei. Er fragte den Ministerpräsidenten: »Sollten wir nicht unsere Verpflichtungen gegenüber Polen neu überdenken?« Was er damit meinte, war klar: Falls man sich diesen Verpflichtungen entziehen konnte, bliebe Frankreich vielleicht ein Krieg erspart. Der Verteidigungsrat trat um 18 Uhr im Kriegsministerium zusammen. Bonnet legte den führenden Militärs seine Frage vor. Der Entschluß des Außenministers war bereits gefaßt, wie er sich später rühmte: »Ich war der Meinung, daß Frankreich versuchen mußte, einem Krieg auszuweichen, dessen volle Last es wegen des russischen Rückziehers, der mangelhaften britischen Vorbereitungen und der Isolationspolitik Amerikas würde tragen müssen[1].«

Aber nach Bonnets Worten war es Sache des Verteidigungsrats, darüber zu befinden, ob Frankreich kampfbereit war oder nicht. Die Beratungen über diese lebenswichtige Entscheidung wurden so geheim abgehalten, daß selbst wichtige Minister wie Mandel und Reynaud erst nach dem Zusammenbruch Frankreichs davon erfuhren. Daladier führte als Ministerpräsident und Verteidigungsminister den Vorsitz. Außer ihm und Bonnet waren noch Marineminister César Campinchi, Luftfahrtminister Guy la Chambre, Marinekommandeur Admiral Darlan, der Luftwaffenchef General Vuillemin, der Chef des Generalstabs des Heeres, General Colson, und General Gamelin anwesend, der nun den Rang eines Generalstabschefs für Nationale Verteidigung (État Majeur) trug. Die Aufmerksamkeit konzentrierte sich auf ihn als den Oberbefehlshaber, der das letzte Wort zur Kampfbereitschaft der französischen Truppen zu sprechen hatte.

Bonnet berichtet, er sei vor Beginn der Sitzung zufällig mit General Decamp (er gibt den Namen falsch wieder) zusammengetroffen, dem Leiter von Daladiers militärischen Beratungsstab, dessen verkürztes Sitzungsprotokoll später noch zu scharfen Kontroversen führen sollte. Er gab der Hoffnung Ausdruck, von Gamelin zu »erfahren, ob die französische Armee in der Lage ist, die deutsche Armee zu schlagen«.

»Es wird Ihnen schwerfallen, von General Gamelin eine direkte Antwort zu erhalten«, zitiert er Decamp. »Er ist aalglatt[2].«

Nach dem Protokoll eröffnete Daladier die Sitzung mit drei Fragen:

1. *Kann Frankreich untätig bleiben, während Polen und Rumänien oder zumindest eines dieser Länder von der europäischen Landkarte gestrichen wird?*
2. *Welche Mittel hat Frankreich dagegen einzusetzen?*
3. *Welche Sofortmaßnahmen sind möglich?*

Bonnet erinnerte an die ernsten Folgen des Abfalls Rußlands und stellte sodann die Frage, die ihn bis zuletzt am meisten beschäftigen sollte:

Sollen wir in dieser Situation getreulich unseren Verpflichtungen unverzüglich in den Krieg eintreten oder unsere Haltung überdenken und die so gewonnene Atempause zur Stärkung unserer militärischen Kraft nutzen? Wobei man davon ausgehen muß, daß Frankreich innerhalb weniger Monate selbst einem Angriff ausgesetzt sein dürfte?

Die Antwort auf diese Frage ist überwiegend militärischer Art.

Er wandte sich an General Gamelin und Admiral Darlan. Nach dem Protokoll erwiderten beide:

Heer und Marine seien bereit. In den Anfangsstadien des Konflikts können sie nur wenig gegen Deutschland unternehmen. Aber die Mobilmachung in Frankreich wird Polen automatisch einige Entlastung bringen, da an unserer Grenze eine gewisse Anzahl größerer deutscher Einheiten gebunden werden.

Das war typisch für Gamelin. Die Armee stehe bereit, sagt er, aber sie könne zunächst wenig gegen die Deutschen tun – und das zum einzigen Zeitpunkt, zu dem Polen möglicherweise durch den versprochenen Großangriff im Westen noch zu retten gewesen wäre. Das Heer werde mobil machen, aber zunächst nicht kämpfen. Daladier erkundigte sich, wie lange die Polen unter solchen Umständen wohl standhalten könnten.

Ich glaube, daß Polen tapferen Widerstand leisten wird, so daß sich das Gros der deutschen Streitkräfte nicht vor dem kommenden Frühjahr gegen uns wenden kann. Und dann wird uns England zur Seite stehen.

Im Grunde seines Herzens war General Gamelin hinsichtlich der Möglichkeiten der französischen Streitkräfte noch pessimistischer als das kurze amtliche Protokoll erkennen läßt. Das bringt er unfreiwillig in dem langen zweiten Kapitel des 1. Bandes seiner Memoiren unter der Überschrift »*Das sogenannte Sitzungsprotokoll vom 23. August 1939*« zum Ausdruck. Dies Kapitel besteht hauptsächlich aus Aktenvermerken, die er zu seiner Entlastung in dem Prozeß vor dem Gerichtshof in Riom vorlegte.

Gamelin kritisiert, General Decamps Protokoll sei in seiner Kürze irreführend. »Wie ist es möglich«, fragt er, »auf drei Seiten eine Diskussion von eineinhalb Stunden wiederzugeben*?« Dann wiederholt Gamelin aus dem Gedächtnis, was er bei dieser Sitzung wirklich sagte. Bei dem Versuch unterstützt er unfreiwillig einen gegen ihn erhobenen Vorwurf: daß er für einen Heerführer bemerkenswert ängstlich und wankelmütig war, daß ihm jegliche Kühnheit fehlte, wie sie beim letzten Waffengang zwischen Franzosen und Deutschen so charakteristisch für Foch gewesen war.

Als Beispiel sei hier seine Version dessen angeführt, was er Daladier und Bonnet auf ihre Fragen zum »Verschwinden Polens« geantwortet haben will:

Wenn sich Deutschland nach der Vernichtung Polens mit fast den gesamten Streitkräften gegen Frankreich wendet, werden uns Mobilmachung und Truppenaufmarsch sehr schwerfallen. In diesem Falle wäre ein Eingreifen in das Ringen nicht mehr möglich.

Dieser Darstellung kann man nur mit Mühe folgen. Zum Zeitpunkt des polnischen Zusammenbruchs mußte Frankreich doch längst die Mobilmachung abgeschlossen und den Truppenaufmarsch »beendet« haben. Außerdem hatte Gamelin bei seinen Zuhörern den Eindruck erweckt, als könnte Polen bis zum Frühjahr standhalten. Außerdem hatten er und General Georges bekanntlich im Mai dem polnischen Generalstab versprochen, am 15. bis 17. Tag nach Beginn der Mobilmachung mit dem »Gros« ihrer Streitkräfte zum Großangriff im Westen anzutreten.

Aber hat Gamelin tatsächlich gesagt, was das Protokoll ausführt – nämlich daß der »tapfere Widerstand Polens das Gros der deutschen Streitkräfte daran hindern wird, sich vor dem nächsten Frühjahr gegen Frankreich zu wenden«?

Sicher habe ich es weder so formell noch so schlicht ausgedrückt . . . Ich habe damit lediglich gemeint, falls Deutschland die Polen noch vor dem Winter be-

* Bei seiner Aussage vor dem Parlamentarischen Untersuchungsausschuß bestätigte auch Daladier, die Aufzeichnungen seien gar kein richtiges Sitzungsprotokoll gewesen, sondern nur »Notizen General Decamps, dessen geistige und moralische Qualitäten niemand anzweifelt«. (Evènement, I, S. 54.)

siegen sollte, werde es nach dem Aufmarsch gegen uns die erforderliche Kampfkraft nicht vor dem Frühjahr erreichen. Ich gab abschließend meiner Hoffnung Ausdruck, daß wir bis zum Frühjahr mit britischer Hilfe und materieller Unterstützung Amerikas notfalls in der Lage sein würden, eine Verteidigungsschlacht zu schlagen. Ich fügte hinzu, nur in einem längeren Krieg könnten wir uns einen Sieg erhoffen. Ich habe stets die Ansicht vertreten, daß wir erst in etwa zwei Jahren – 1941 bis 1942 – offensiv werden könnten.

Das waren also nur leere Versprechungen, wenn er den Polen zugesagt hatte, in siebzehn Tagen und nicht nach zwei Jahren anzugreifen.

Schließlich streitet Gamelin ab, auf Bonnets Frage geantwortet zu haben, das Heer sei bereit.

Das kann ich gar nicht gesagt haben – jedenfalls nicht in dem Sinne, daß die Armee voll gerüstet sei . . . Ich sagte lediglich, die Armee sei bereit, mobil zu machen und ihre Kräfte zu konzentrieren[3].

Diese Ausflüchte, diese ängstliche Haltung am 23. August 1939, muß man im Auge behalten, wenn man Gamelins kurze Karriere als Oberkommandierender in dem nur noch eine Woche entfernten Krieg betrachtet.

Nach eineinhalbstündiger Diskussion wurde ein Beschluß gefaßt. General Decamp verzeichnet ihn in seinen spärlichen Notizen[4].

Im Verlauf des Gedankenaustauschs wird darauf hingewiesen, daß wir in einigen Monaten zwar stärker sein werden, daß Deutschland jedoch einen höheren Kräftezuwachs verzeichnen wird, weil ihm dann die Hilfsquellen Polens und Rumäniens zur Verfügung stehen werden.

Daher hat Frankreich keine andere Wahl.

Die einzige Lösung ist die Einhaltung unserer Verpflichtungen gegenüber Polen, die noch vor der Eröffnung von Verhandlungen mit der UDSSR *eingegangen wurden**.

So kam es also doch zu einer für Frankreich ehrenvollen Entscheidung. Diesmal wollte Frankreich nicht, wie vor einem Jahr gegenüber

* General Decamps Protokoll wurde nur in einfacher Ausfertigung erstellt. Im Mai 1940 ließ Daladier ein zweites Exemplar für Bonnet anfertigen, das dieser im Dezember nach dem Fall Frankreichs in der berüchtigten faschistischen Wochenschrift *Gringoire* veröffentlichte. Inzwischen war Bonnet offenbar bestrebt, zu beweisen, daß er sich dem Krieg widersetzt und bezweifelt hatte, ob es klug sei, wegen Polen an einem Krieg teilzunehmen.

Gamelin behauptet, Bonnet habe das Protokoll dem Gerichtshof von Riom überreicht, vor dem der Oberkommandierende im Auftrage der Vichy-Regierung unter Pétain zusammen mit einigen politischen Führern angeklagt war, das Land in einen aussichtslosen Krieg hineingetrieben zu haben. Gamelin sagte später aus, »dieses sogenannte Sitzungsprotokoll war es, auf das sich zunächst die Anklage gegen Daladier, Guy la Chambre und mich stützten, Frankreich leichtsinnig und verantwortungslos in einen Krieg gestürzt zu haben«[5].

der Tschechoslowakei, seine Versprechungen verleugnen, sondern gegenüber Polen Wort halten – obgleich es damit ein weitaus größeres Risiko einging, als 1938, wo die Sowjetunion ihre Hilfe gegen eine deutsche Aggression zugesagt hatte. Immerhin hatten General Gamelin und Admiral Darlan der Regierung versichert, Heer und Marine stünden bereit*.

Die meisten Teilnehmer waren zwar erleichtert, daß es überhaupt zu einer Entscheidung gekommen war – wenn auch zu einer so schicksalhaften –, doch der Verlauf der Sitzung verstärkte noch den alten Groll zwischen Gamelin und Bonnet.

Gamelin erklärte später gegenüber Daladier seine Ausflucht: er habe nicht sagen wollen, die »Armee sei bereit«, sondern lediglich »unsere Mobilmachung und der Truppenaufmarsch seien vorbereitet«. Es sei ihm unangenehm gewesen, in Gegenwart Georges Bonnets auf die Schwächen der Armee hinzuweisen.

Natürlich hielt ich es nicht für richtig, die immer noch vorhandenen Mängel unserer Bewaffnung und Rüstung zu unterstreichen. Sie wissen darüber Bescheid, Georges Bonnet gingen sie nichts an.

»Sie hatten recht«, soll Daladier nach Gamelins Angabe geantwortet haben, »wenn Sie diese Mängel enthüllt hätten, wären die Deutschen am nächsten Tag informiert gewesen.«

Wie schon beim Bericht über die Mai-Episode mit den Polen wird Gamelin auch diesmal hämisch und spitz.

Damit keinerlei Mißverständnis aufkommt: Der Ministerpräsident wollte damit keineswegs sagen, Georges Bonnet sei ein Verräter mit Verbindungen zu den Deutschen. Aber er hatte offenbar das Gefühl, daß Bonnet so sehr vom Gedanken erfüllt war, einen Krieg verhindern zu müssen, daß man ihm zutrauen mußte, über unseren mangelhaften Rüstungsstand etwas verlauten zu lassen. Eine solche Bemerkung hätte in gewissen Kreisen rasch die Runde gemacht und wäre den Agenten der Deutschen in Frankreich zu Ohren gekommen[7].

»Auf der Sitzung vom 23. August fiel keine Entscheidung über den Krieg[8]«, erklärte Daladier später. Er wußte, daß diese Entscheidung

* Der Luftwaffenchef, General Vuillemin, hielt während dieser Sitzung gewohnheitsgemäß den Mund. Aber drei Tage später bekräftigte er in einem Schreiben an den Ministerpräsidenten die recht optimistische Einschätzung der französischen und britischen Luftwaffenstärke, die der Luftfahrtminister Guy la Chambre am 23. August geäußert hatte. Der Minister hatte seinem Kollegen versichert, hinsichtlich der Kampfflugzeuge seien die westlichen Alliierten Deutschland und Italien etwa ebenbürtig, und er betonte, »die Lage unserer Luftstreitkräfte braucht nun nicht mehr, wie 1938, die Entscheidungen der Regierung zu belasten«. Bekanntlich hatte General Vuillemin im Jahr zuvor kurz vor der Münchner Konferenz die Regierung darauf hingewiesen, die Deutschen würden im Kriegsfall die französische Luftwaffe innerhalb von zwei Wochen ausschalten. Nun versicherte er Daladier, »die Lage ist in keiner Weise mehr jener vom September 1938 vergleichbar«[6].

bei Hitler lag. Aber eines wußte er nicht: daß der »Führer« sie bereits am Tag zuvor getroffen hatte – und zwar »unwiderruflich«, wie er seinen Generälen mitteilte.

Er hatte sie noch spät am Abend des 21. August in seinen Berghof oberhalb von Berchtesgaden gerufen, nachdem Stalin in einer persönlichen Botschaft mitgeteilt hatte, die Sowjetunion sei bereit, bei Ribbentrops Besuch in Moskau am 23. August einen Nichtangriffspakt mit Deutschland zu schließen. Hitler erklärte seinen Militärführern am Mittag des 22. August in der geräumigen Halle des Berghofs: »Ich habe Sie zusammengerufen, um Ihnen ein Bild der politischen Lage zu geben, damit Sie Einblick tun in die einzelnen Elemente, auf die sich mein unwiderruflicher Entschluß zu handeln aufbaut . . .« Hitler hielt seinen führenden Militärs einen Vortrag über die eigene Größe* und wandte sich dann der politischen Lage zu.

Hitler sagte: »England wird auf das äußerste bedroht . . . und Frankreichs Stellung ist ebenfalls schlechter geworden . . .« Er hielt es für »höchstwahrscheinlich, daß der Westen jetzt, wo er Rußland als Partner verloren hatte, nicht mehr zum Kampf bereit sein würde, aber das Risiko, daß er dennoch kämpfe, müsse in Kauf genommen werden«. Daladier und Chamberlain seien »kleine Würmchen, ich sah sie in München«. Dann erklärte er, auf welche Weise er die Sowjetunion eingewickelt hatte.

Ich war überzeugt, daß Stalin nie auf das englische Angebot eingehen würde . . . Rußland ist an der Erhaltung Polens nicht interessiert . . . Litwinows Ablösung war ausschlaggebend, Zeichen für den Abschluß der Interventionspolitik . . . Ich habe die Umstellung gegenüber Rußland allmählich durchgeführt . . . Dann kam ein universeller Vorschlag von Rußland für einen Nichtangriffspakt. Vor vier Tagen habe ich einen besonderen Schritt getan, der dazu führte, daß Rußland gestern antwortete, es sei zum Abschluß bereit. Die persönliche Verbindung mit Stalin ist hergestellt. Von Ribbentrop wird übermorgen den Vertrag abschließen. Nun ist Polen in der Lage, in der ich es haben wollte . . . Anfang zur Zerstörung der Vormachtstellung Englands ist gemacht. Der Weg für den Soldaten ist frei, nachdem ich die politischen Vorbereitungen getroffen habe.

Nur eines fürchtete er: daß sich Chamberlain und die Franzosen – oder vielleicht Mussolini – um ein zweites München bemühen könnten. Wörtlich sagte er: »Ich habe nur Angst, daß mir noch im letzten

* »Wesentlich hängt es von mir ab«, sagte er, ». . . wegen meiner politischen Fähigkeiten. Dann die Tatsache, daß wohl niemand wieder so wie ich das Vertrauen des ganzen deutschen Volkes hat. In der Zukunft wird es wohl niemals wieder einen Mann geben, der mehr Autorität hat als ich . . .« Eine ausführlichere Darstellung dieses entscheidenden Treffens findet sich in meinem Buch *Aufstieg und Fall des Dritten Reiches*, S. 553–557. Sie stützt sich auf Aufzeichnungen mehrerer Teilnehmer, insbesondere die des Generals Franz Halder, der sich in seiner altmodischen Gabelsberger Kurzschrift umfangreiche Notizen machte.

Moment irgendein Schweinehund einen Vermittlungsplan vorlegt.«

Nach der Mittagspause bemühte sich Hitler, seine Generäle in die richtige Stimmung zu versetzen. Die Aufzeichnungen einiger Teilnehmer vermitteln einen Eindruck vom Tenor seiner Rede.

Eisernste Entschlossenheit bei uns. Vor nichts zurückweichen . . . Kampf auf Leben und Tod . . . Vernichtung Polens im Vordergrund . . . Ich werde propagandistischen Anlaß zur Auslösung des Krieges geben, gleichgültig, ob glaubhaft oder nicht. Der Sieger wird später nicht danach gefragt, ob er die Wahrheit gesagt hat oder nicht. Bei Beginn und Führung des Krieges kommt es nicht auf das Recht an, sondern auf den Sieg.

Herz verschließen gegen Mitleid! Brutales Vorgehen! . . . Der Stärkere hat das Recht. Größte Härte . . . Seien Sie hart, seien Sie schonungslos! . . . Wer über diese Weltordnung nachgedacht hat, weiß, daß sie ihren Sinn durch mit Gewalt errungenen Erfolg der Besten erhält . . .

Nach diesen bombastischen Worten beruhigte sich Hitler etwas und besprach mit den Generälen seine Weisungen für einen raschen Feldzug, der Polen noch vor dem Herbstregen vernichten sollte. Da diese Regenfälle vielleicht verfrüht einsetzen und die polnischen Straßen unpassierbar machen konnten, werde er »wahrscheinlich das Angriffsdatum vom 1. September auf Samstagmorgen, den 26. August, vorverlegen«. Also in vier Tagen.

Und genau das geschah auch am darauffolgenden Tag. General Halder vermerkte am 23. August in seinem Tagebuch: »Tag Y endgültig auf Samstag, den 26. August, festgesetzt. Über Y-Tag und X-Zeit erfolgt kein weiterer Befehl. Alles läuft automatisch[9].« Der Beginn des Angriffs war auf 4 Uhr 30 morgens angesetzt.

Daladier wußte zu diesem Zeitpunkt zwar noch nicht, daß der Termin für den Angriff der Deutschen auf Polen auf den 26. August angesetzt worden war, aber er erklärte am 23. August dem britischen Geschäftsträger in Paris, Hitler werde nach seiner Meinung »in zwei oder drei Tagen« in Polen einmarschieren[10]. Am Tag zuvor hatte Botschafter Coulondre aus Berlin gewarnt, der Angriff stehe »unmittelbar bevor«[11].

Der französische Ministerpräsident traf nun seine Vorbereitungen. Im Laufe des 22. August befahl er die *Alerte,* dadurch wurde die *Couverture* eingeleitet, d.h. die Grenzbefestigungen und die Maginot-Linie wurden in Kampfbereitschaft versetzt. Seit Anfang des Monats wurden schon Reserveeinheiten einberufen. Nach einer vertraulichen Mitteilung an die Briten hatte Frankreich bis zum 25. August die Stärke seiner Streitkräfte auf 1,9 Millionen Mann erhöht[12]. Nach General Gamelins Angabe erreichte die Gesamtstärke aller Waffengattungen 2674000 Mann, davon 2438000 Mann beim Heer[13]. Und das alles ohne Mobilmachungsbefehl!

Offenbar meinte es der Ministerpräsident diesmal ernst. Aber im Kabinett kam es wegen dieser Kriegsvorbereitungen zu Meinungsverschiedenheiten. Am 22. August hatte Gamelin kurz nach einer Kabinettssitzung eine Aussprache mit Daladier.

Er (Daladier) sagte mir, im Kabinett gebe es zwei Strömungen. Auf der einen Seite erklärten Paul Reynaud und Mandel: »Das Militär ist ängstlich und nicht entschlossen genug«, andererseits bildeten Bonnet und Chautemps »einen Clan, der Frieden um jeden Preis wünscht«. Daladier sagte mir, seine eigene Entscheidung sei gefallen. Wenn das Kabinett nicht mitziehe, werde er gehen. Ich versicherte ihm, ich würde in diesem Fall mitgehen[14].

Ein anderes Kabinettsmitglied, nämlich Monzie, erwähnt Gamelin mit keinem Wort. Dafür taucht dieser Name in einer vertraulichen Depesche auf, die der britische Geschäftsträger Campbell am darauffolgenden Tag nach London sandte. Eine Bemerkung des Ministers für Öffentliche Arbeiten wird zitiert: »Nach dem deutsch-sowjetischen Pakt bleibe nun nichts anderes übrig, als den Deutschen ihren Willen zu lassen[15].«

Das Kabinett trat am 24. August erneut zusammen. Daladier erwähnte nichts vom Beschluß des Vortags, im Falle eines deutschen Angriffs auf Polen müsse Frankreich zu den Waffen greifen. Reynaud und Mandel wußten davon nichts und waren besorgt, Bonnet, Chautemps und Monzie könnten auf ein zweites München zusteuern – diesmal auf Kosten Polens.

Der 25. August war ein kritischer Tag für ein Europa, das ohnehin schon einen jederzeit möglichen Kriegsausbruch fürchtete. Mittelpunkt des Dramas war jetzt Berlin. Ich erinnere mich, welche fast unerträgliche Spannung den ganzen Tag über in der deutschen Hauptstadt herrschte. Kurz nach Mittag wurden auf Befehl der deutschen Regierung sämtliche Rundfunk-, Telegrafen- und Telefonverbindungen zur Außenwelt abgeschnitten. Diese Maßnahme schien Berichte zu bestätigen, die uns vorlagen: daß Hitler seinen Truppen befohlen hatte, im Morgengrauen des nächsten Tages in Polen einzumarschieren (wir wußten damals natürlich noch nichts von seinen endgültigen Anweisungen vom 23. August). Am Abend zuvor waren die letzten französischen und britischen Korrespondenten und Zivilisten eilig in Richtung auf die nächste Grenze abgereist. Wir erfuhren, daß das Auswärtige Amt die Botschaften und Konsulate in Polen, Frankreich und Großbritannien aufgefordert hatte, für eine möglichst rasche Ausreise aller deutschen Staatsbürger zu sorgen. Es war ein drückend warmer, schwüler Tag, und in Berlin herrschte eine gereizte Stimmung, insbesondere in der Wilhelmstraße, wo die meisten Ministerien und die Reichskanzlei lagen.

Die Gegenseite hatte nun deutlich zu erkennen gegeben, daß sie von ihrem Standpunkt nicht abweichen werde. Am 23. August war der britische Botschafter nach Berchtesgaden geflogen und hatte Hitler einen Brief Chamberlains mit der Versicherung überreicht, daß Großbritannien trotz des deutsch-sowjetischen Paktes seinen Verpflichtungen gegenüber Polen mit »allen zu Gebote stehenden Kräften« nachkommen werde. Wie der Botschafter berichtete, hatte der Führer wutentbrannt erwidert, wenn Großbritannien angreife, werde es Deutschland »vorbereitet und entschlossen« finden. Er sei jetzt fünfzig Jahre alt und führe lieber jetzt Krieg als mit fünfundfünfzig oder sechzig Jahren[16].

Zwei Tage später, an jenem entscheidenden 25. August, veranlaßten ihn gewisse Ereignisse zu einer – vorläufigen – Meinungsänderung.

Die französische Regierung hatte zwar den Wortlaut von Chamberlains Brief an Hitler gebilligt, jedoch selbst keinen ähnlichen Vorstoß unternommen. Dazu ergab sich eine Gelegenheit, als der inzwischen nach Berlin zurückgekehrte Hitler den französischen Botschafter um 17 Uhr 30 zu sich rief. Inzwischen war zu erkennen, daß er ein letztesmal versuchen wollte, Frankreich und Großbritannien zum Fernbleiben von einem Krieg gegen Polen zu überreden*. Er ersuchte Coulondre, eine Erklärung an Daladier weiterzuleiten.

Ich habe keine Feindschaft mit Frankreich. Ich habe auf Elsaß-Lothringen verzichtet und die französisch-deutsche Grenze anerkannt. Der Gedanke, wegen Polen mit Frankreich Krieg führen zu müssen, ist für mich sehr schmerzlich . . . Ich werde Frankreich nicht angreifen, aber wenn es in den Konflikt eingreift, werde ich bis zum Ende gehen . . . Ich glaube, daß ich siegen werde – Sie glauben, daß Sie siegen werden. Aber sicher ist nur, daß deutsches und französisches Blut fließen wird, das Blut von zwei sehr mutigen Völkern. Ich wiederhole, daß es für mich äußerst schmerzlich ist, wenn es dazu kommen sollte. Bitte, sagen Sie das M. Daladier.

Dann erhob sich Hitler und wollte damit die einseitige Unterhaltung beenden. Aber auf diese Weise ließ sich Coulondre nicht abfertigen. »Ich bin doch schließlich nicht nur ein Briefkasten«, sagte er später. Er versicherte Hitler feierlich, falls er Polen angreife, werde er Frankreich »mit allen seinen Kräften an Polens Seite« finden[18].

Bonnet gibt an, den Bericht des Botschafters über die Unterredung sofort nach dem Eintreffen am Quai d'Orsay kurz vor Mitternacht tele-

* Um 13 Uhr 30 hatte Hitler den britischen Botschafter zu sich gerufen und Großbritannien ein »letztes Angebot« unterbreitet, das geradezu lächerlich war. Er sei bereit, »die Existenz des britischen Weltreichs zu garantieren, aber erst *nach* der Lösung des deutsch-polnischen Problems«. Er fügte hinzu, dies sei sein letzter Vorschlag, und im Falle einer Zurückweisung werde es Krieg geben[17].

fonisch an Daladier weitergeleitet zu haben. Die erste Reaktion des Ministerpräsidenten sei ein nachdrücklicher Hinweis auf die »Notwendigkeit einer Beschleunigung unserer militärischen Vorbereitungen« gewesen[19]. In einer Rundfunkansprache über alle Sender hatte Daladier am selben Abend Frankreichs Entschlossenheit bekräftigt, im Falle eines Angriffs auf Polen zu seinen Versprechungen zu stehen.

Am Freitag, dem 25. August, bestätigte Hitler um 15 Uhr noch einmal seinen Befehl, im Morgengrauen des folgenden Tages loszuschlagen. Um 18 Uhr wußte er endgültig, daß er in diesem Fall auch gegen Frankreich und Großbritannien kämpfen mußte. Falls er hinsichtlich der Briten tatsächlich noch gewisse Hoffnungen hegte, so wurden diese um 18 Uhr endgültig zunichte gemacht: Aus London traf die Meldung ein, Großbritannien und Polen hätten soeben einen Beistandspakt unterzeichnet. Der Chefdolmetscher, Dr. Paul Schmidt, hielt sich in Hitlers Büro auf, als diese Nachricht eintraf. Er erinnerte sich später, daß dieser sie las und dann lange grübelnd an seinem Schreibtisch saß[20].

Sein Grübeln wurde durch ebenso ungünstige Nachrichten aus Rom unterbrochen. Am selben Morgen hatte er Mussolini in einem dringenden persönlichen Schreiben darauf vorbereitet, daß ein deutscher Angriff auf Polen unmittelbar bevorstehe. Sollten die Ereignisse in Polen unerträglich werden, würde er sofort handeln. Hitler ersuchte Italien nicht ausdrücklich um seinen Beistand. Nach den Bedingungen des italienisch-deutschen »Stahlpakts« hätte eine solche Hilfe automatisch erfolgen müssen. Der Brief wurde von Ribbentrop persönlich telefonisch an den deutschen Botschafter in Rom durchgegeben und erreichte Mussolini um 15 Uhr 20[21]. Es wurde um rasche Beantwortung gebeten. Die Antwort traf auch prompt ein.

Nach einem Vermerk auf dem Original[22] wurde sie Hitler durch Botschafter Attolico »gegen 18 Uhr« überreicht. Nach Angabe des ebenfalls anwesenden Dr. Schmidt traf sie den »Führer« wie ein Bombenschlag. Der Duce erklärte Hitler nämlich rundheraus, bei einem Krieg gegen Polen dürfe er nicht auf Italien rechnen. »Die italienischen Kriegsvorbereitungen« seien einfach noch nicht abgeschlossen. Das Land könne nicht »einem Angriff standhalten, den die Franzosen und Engländer vorwiegend gegen uns richten würden«. Mussolini erinnerte seinen Kollegen und angeblichen Verbündeten daran, daß »bei unseren Besprechungen ein Krieg für 1942 ins Auge gefaßt wurde, und zu diesem Zeitpunkt wäre ich auch bereit gewesen«.

Schmidt hörte, wie Hitler murmelte: »Die Italiener benehmen sich genau wie 1914!« Als er seine Haltung halbwegs wiedergefunden hatte, war es 18 Uhr 30. Der ereignisreiche 25. August hatte ihm die Augen hinsichtlich gewisser Realitäten geöffnet: daß Italien neutral bleiben und Großbritannien wie auch Frankreich sich einer deutschen Aggression »mit all ihren Kräften« widersetzen würden. Diese Aggression sollte in zehn Stunden beginnen. Bei Einbruch der Dunkelheit setzten sich die deutschen Truppen bereits in Richtung auf ihre endgültigen Ausgangsstellungen in Bewegung. Hitler stand vor der schwerwiegendsten Entscheidung seines Lebens.

Gegen 19 Uhr sah Schmidt plötzlich General Keitel, den Chef des OKW, aus dem Büro des »Führers« stürzen. Er rief seinem Adjutanten zu: »Der Vormarschbefehl muß sofort widerrufen werden!« In Nürnberg gab Keitel vor dem Tribunal an: »Ich wurde plötzlich zu Hitler gerufen – in die Reichskanzlei –, und er sagte mir nur: ›Sofort alles anhalten . . .‹[23].« Ein Eintrag vor diesem Abend im Tagebuch der Seekriegsleitung berichtet knapp:

25. August: Der bereits angelaufene »Fall Weiß« wird um 20 Uhr 30 angehalten, »aufgrund veränderter politischer Lage«. Enges Bündnisabkommen England-Polen vom 25.8., mittags, und Mitteilung Duce, zwar zu seinem Wort zu stehen, aber notwendig, großen Rohstoffbedarf erbitten zu müssen[24].

Es war nicht ganz einfach, die deutsche Wehrmacht an diesem Abend noch zu stoppen, da sich viele Einheiten bereits in Marsch gesetzt hatten. In Ostpreußen erreichte der Befehl zum Abbruch des Angriffs General Petzels erstes Armeekorps erst um 21 Uhr 37. Sofort wurden mehrere Offiziere zu den vordersten Einheiten geschickt. Es gelang ihnen mit äußerster Mühe, den Vormarsch zu stoppen. Weiter südlich hatten die motorisierten Verbände des General von Kleist unterstellten Armeekorps bereits in der Abenddämmerung damit begonnen, bis zur polnischen Grenze vorzurücken. Sie wurden dicht davor durch einen Stabsoffizier angehalten, der mit einer kleinen Aufklärungsmaschine landete und diese Einheiten stoppte. In einigen Abschnitten hatten die Schießereien bereits begonnen, als der Befehl eintraf. Und der polnische Generalstab war immer noch ahnungslos.

Der Angriff war aufgeschoben – aber nicht aufgehoben*. Wieder ergibt sich aus General Halders unersetzlichem Tagebuch, in welcher Verfassung sich Hitler an diesem kritischen Punkt befand. »Führer ziemlich zusammengebrochen«, notierte er am Abend des 25. August, nachdem die Nachrichten aus Rom und London Hitler noch einmal veranlaßt hatten, vom Abgrund des Krieges zurückzuweichen. Aber am nächsten Nachmittag fiel dem Generalstabschef beim Führer ein plötzlicher Stimmungsumschwung auf. »Führer sehr ru-

* Es gibt bisher keinerlei Beweise in den französischen oder britischen Dokumenten – soweit sie verfügbar sind –, daß Paris oder London jemals von der Verschiebung erfuhren. Was sie erfuhren, war, daß Hitler am oder um den 26. August möglicherweise in Polen einrücken werde. Am 24. August unterrichtete der französische Generalstab den britischen, er habe erfahren, daß »der Angriff zwischen dem 26. und 28. August stattfinden werde«[25]. Sir Neville Henderson stellt in seinen Memoiren (S. 266, 271) fest, daß nach »definitiver Information« um den 25. oder 26. August mit dem Angriff zu rechnen sei.

hig und klar«, schrieb er um 15 Uhr 22 in sein Tagebuch. Halder nennt auch den Grund dieses Umschwungs: »Fertigmachen zum 7. Mobilmachungstag früh ... Angriffstermin 1.9.« Diesen Befehl erteilte Hitler telefonisch dem Oberkommando des Heeres. Hitler sollte seinen Krieg mit Polen bekommen. Der Angriff war auf den 1. September festgelegt. Das stand fest. Doch in den nun folgenden fünf Tagen wollte er sich ein letztesmal bemühen, Frankreich und Großbritannien aus den Kriegsverwicklungen herauszuhalten. Dies beleuchtet eine weitere Tagebucheintragung Halders vom 26. August: »Leise Hoffnung, daß man auf dem Verhandlungsweg England zur Annahme der Forderungen bringt, die Polen ablehnt* ... Plan: Wir verlangen Danzig, Korridor durch den Korridor und Volksabstimmung auf gleicher Basis wie Saar. England wird vielleicht zustimmen. Polen wahrscheinlich nicht. *Keil zwischen sie treiben*.«

Die Hervorhebung in seinem Tagebuch stammt zweifellos von Halder selbst. Sie gibt sicherlich bis zu einem gewissen Punkt wieder, wie Hitler dachte. Er wollte einen Keil zwischen Polen und England treiben und damit Chamberlain einen Vorwand bieten, sich seinem Versprechen an Polen zu entziehen.

Und Frankreich? Hitler schien sicher zu sein, daß es dem britischen Beispiel folgen würde – wie es das seit der Rheinlandkrise 1936 immer wieder getan hatte. Darüber hinaus wußte er um die Meinungsverschiedenheiten in Frankreich und dem wachsenden Widerstand in die Zumutung, »für Danzig« oder auch für Polen in den Krieg zu ziehen. In der erwähnten Tagebuchnotiz Halders findet sich auch hierzu eine kurze Bemerkung: »In Frankreich immer mehr Resolutionen an die Regierung gegen Krieg.«

Einige dieser »Resolutionen« stammten von einflußreichen französischen Politikern, darunter auch von Flandin, der immer noch großen Einfluß im Parlament besaß. Seit München hatte er, wie er selbst zugibt, eine Absage Frankreichs an die Verpflichtungen Polens befürwortet[26]. Am Morgen des 27. August suchte er Daladier im Kriegsministerium auf, »um ihn zu bitten, sich nicht in einen Krieg hineinziehen zu lassen«, wie er sagte. Er fügte hinzu, er sei von politischen Freunden »bevollmächtigt« worden, dem Ministerpräsidenten mitzuteilen, »daß wir alle uneingeschränkt hinter einem Kompromiß stehen würden, durch den sich ein Krieg vermeiden läßt«.

In einer längeren Unterredung wies ich ihn auf die für Frankreich so ungünstige diplomatische Lage, seine militärische Unterlegenheit und die zusätzliche Unruhe hin, die der Abfall Rußlands, insbesondere im Hinblick auf die Haltung der Kommunistischen Partei Frankreichs, im Lande stiften werde. Er bestritt weder die mangelnde Kampfbereitschaft des Heeres noch die Unter-

* Damit war Hitlers Angebot vom 25. August für eine »Garantie« des britischen Weltreichs gemeint.

legenheit der Luftwaffe . . . Er blieb dabei, daß die Danzig-Frage und der Korridor von untergeordneter Bedeutung seien. Jetzt gehe es um größere Dinge. Polen sei unser letzter Verbündeter im Osten. Der deutsche Generalstab wollte diese zu Frankreichs Sicherheit zweite Front beseitigen, bevor Frankreich selbst angegriffen würde . . . Er glaube an einen tapferen Widerstand der polnischen Armee. Dies bestritt ich, doch er hielt mir die Ansicht General Gamelins entgegen.

Nach dem Gespräch begegnete Flandin zufällig dem General selbst, der sich, wie er sagt, hinsichtlich der polnischen Streitkräfte sehr zuversichtlich zeigte.

Als ich ihm entgegenhielt, daß Hitler glaube, den polnischen Widerstand innerhalb von drei Wochen brechen zu können, tadelte mich General Gamelin wegen meines Glaubens an Hitlers Vorhersagen: »Ich kenne die polnische Armee sehr genau. Die Soldaten sind ausgezeichnet, das Oberkommando ist seiner Aufgabe gewachsen. Die Polen werden standhalten und uns genügend Zeit lassen, ihnen zu Hilfe zu kommen . . .« Als ich ihn fragte, auf welche Weise dies geschehen solle, antwortete er voller Überzeugung: »Die Polen werden sich mindestens sechs Monate lang behaupten, und wir werden ihnen auf dem Weg über Rumänien Hilfe bringen.«

»Ich verließ das Kriegsministerium«, schließt Flandin[27], »und war wie vor den Kopf gestoßen*.«

Trotz aller Betroffenheit setzte sich Flandin immer noch, wie Monzie und viele andere hochgestellte Persönlichkeiten, entschieden dafür ein, daß Frankreich einen Krieg um jeden Preis vermeiden müsse – ohne Rücksicht auf das Vorgehen Hitlers oder der Briten. Rechtsgerichtete Kreise in Paris machten keinen Hehl aus ihrer Überzeugung, daß Großbritannien Frankreich in einen Krieg hineinziehen wolle.

Am 26. August, einen Tag vor Flandins Unterredung mit Daladier, drahtete der deutsche Geschäftsträger in Paris den Wortlaut eines Leitartikels nach Berlin, der an diesem Morgen in der royalistischen Zeitung *L'Action Française* erschienen war. Sowohl der Autor Charles Maurras als auch die Zeitung selbst hatten viele Leser im Offizierskorps von Heer und Marine. In dem Artikel wurde vor den britischen und jüdischen Drahtziehern gewarnt, die Frankreich in einen Krieg zu verwickeln suchten – das gleiche, was auch die Nazipresse in Berlin schrieb. Mandel, Campinchi, Jean Zay und Paul Reynaud, die vier Kabinettsmitglieder, die sich bei Daladier für eine feste Haltung gegenüber Hitler einsetzten, wurden von Maurras so hingestellt, als gehörten sie »zu der europäischen Clique, die den Weltfrieden stören möchte«.

* General Gamelin behauptete später, Flandin habe den »Sinn seiner Worte mißverstanden«[28].

Ob Jude oder Judenfreund – diese Herren stehen in enger Verbindung zu der mächtigen jüdischen Clique in London . . . Wenn heute unser französisches Volk bereit ist, sich ahnungslos und vergebens hinschlachten zu lassen, dann geschieht dies nach dem Willen der englischsprechenden Juden oder ihrer französischen Sklaven. In diesem Fall muß sich eine französische Stimme erheben und der Wahrheit die Ehre geben[29].

1914 war der rechte Flügel in Frankreich, einschließlich Maurras und seiner royalistischen Anhänger, gemeinsam mit allen anderen politischen Elementen dafür eingetreten, daß Frankreich sich unter allen Umständen gegen Deutschland behaupten müsse. Jetzt, fünfundzwanzig Jahre später, verkündeten sie die gegenteilige Überzeugung und vertieften damit die Kluft, die dieses seit langem gespaltene Land durchzog.

Die Pazifisten nahmen an Zahl, Lautstärke und Einfluß zu. Sie setzten sich im wesentlichen für die gleiche Forderung ein: den Krieg um jeden Preis vermeiden! Paul Faure hatte die Mehrheit der mächtigen Sozialistischen Partei, die früheren Anhänger Blums, für seine Politik eines Friedens um jeden Preis gewonnen. Einige der größten und – paradoxerweise – am weitesten links stehenden Gewerkschaften agitierten, angeführt vom Lehrerbund und den Gewerkschaften der Postbediensteten und Beamten mit lautstarken Manifesten für den Frieden. Monzie berichtet von der »Pazifisten-Parade« zu seinem Amt während der letzten Augustwoche. Unter den Teilnehmern waren viele sozialistische Abgeordnete und Gewerkschaftsführer.

Die Kommunisten waren inzwischen eine der stärksten politischen Parteien geworden. Sie erfaßten einen großen Teil der Arbeiterschaft. Seit der Unterzeichnung des deutsch-sowjetischen Pakts am 23. August, der in der kommunistischen Presse Frankreichs – zweifellos auf Anweisung Moskaus – sklavisch als »Friedensrettung« bejubelt worden war, schienen sie für die Nation verloren zu sein. Das glaubte zumindest Daladier in seiner Verbitterung über die Doppelzüngigkeit Moskaus und seinem Ärger über die Kehrtwendung der Kommunistischen Partei Frankreichs, die noch am Tag zuvor in schrillen Tönen ein Bündnis Frankreichs mit Rußland gegen Hitler gefordert hatte. Am 26. August verbot er die beiden kommunistischen Tageszeitungen in Paris, *Humanité* und *Ce Soir*.

Diesen Schritt hielten die weitblickenderen Männer der Rechten für übereilt und unüberlegt – obleich der Abfall der Sowjetunion sie nicht verärgerte, sondern erleichterte, weil Frankreich dadurch die Pflicht erspart blieb, an der Seite der verhaßten Bolschewiken kämpfen zu müssen. Diesen Männern wäre es nur recht gewesen, wenn man jeden französischen Kommunisten mit einem Mühlstein am Hals in die Seine geworfen hätte. In Wirklichkeit hatte Stalins zynischer Handel mit Hitler die französischen Kommunisten nämlich in einen Zustand völliger Verwirrung gestürzt. Nach der Ankündigung am Abend des 21. August, daß der Pakt unterzeichnet würde, hatten die Kommunistenführer Maurice Thorez, Jacques Duclos und Gabriel Péri drei Tage lang in ebenso ungewohntem wie betretenem Schweigen verharrt. Péri, der außenpolitische Experte der Partei, verbrachte diese drei Tage als geschlagener Mann an seinem Schreibtisch in der Redaktion der *Humanité,* unfähig zu schreiben, kaum in der Lage zu sprechen. Die undankbare Aufgabe, den Pakt in Leitartikeln zu preisen und Stalin als den »Retter des Friedens« zu feiern, blieb irgendeinem kleinen Redakteur überlassen.

Der kommunistischen Fraktion in der Deputiertenkammer war klar, daß die Masse ihrer Anhänger diesen Kurswechsel nicht schlukken würde. Sie veröffentlichte am 25. August eine Erklärung Thorez', die der Nation die Unterstützung der Kommunisten zusicherte.

Wenn Hitler einen Krieg entfesselt, dann laßt ihn wissen, daß er das französische Volk mit den Kommunisten in der vordersten Reihe gegen sich geeint finden wird . . . Die Kommunistische Partei billigt die von der Regierung getroffenen Maßnahmen zum Schutz unserer Grenzen und zur Hilfeleistung an jene uns verbündete Länder, die von einer Aggression bedroht werden.

Aber es war zu spät. Stalins Kehrtwendung hatte die Kommunistische Partei auseinandergerissen. Léon Blum sagte am 25. August zu Sir Eric Phipps: »Dies ist der Todesstoß für die Kommunistische Partei in Frankreich. Es wäre ein Fehler, wenn die Regierung sie auflösen würde[30].« Er und viele andere waren davon überzeugt, daß sie von selbst bald ihr Leben aushauchen würde. Aber Daladier wollte nicht auf ihren Rat hören. Er verbot die Kommunistische Presse und kurz danach auch die Partei. Damit rettete er sie nach Ansicht eines konservativen französischen Historkers »aus ihrer tiefen Ratlosigkeit und eröffnete ihr die ungeheuren Möglichkeiten der Untergrundtätigkeit«[31].

Zu den Kräften der Rechten, die sich dem Krieg widersetzten, weil sie die Republik haßten und Sympathien für Hitler und Mussolini empfanden, gesellten sich schon bald jene Millionen von Kommunisten, die sich durch Stalin betrogen fühlten. Polizei, Gerichte und Regierung behandelten sie als Geächtete und trieben sie damit in den Widerstand. Auch sie wandten sich gegen den Krieg, sabotierten die Rüstungsindustrie und trugen den Defätismus in die Reihen der Streitkräfte – bis Hitler Rußland angriff. Aber da war es bereits zu spät, noch etwas zur Rettung ihres Vaterlandes zu tun.

Doch noch andere Dinge trugen zur beklagenswerten Verfassung der Republik am Vorabend des Krieges bei. Das Kabinett war, wie bereits aufgezeigt wurde, uneinig. Bonnet, Chautemps, Marchandeau und Monzie waren entschlossen, Frankreich aus dem Krieg herauszuhalten. Reynaud, Mandel, Champetier de Ribes und Jean Zay vertraten ebenso entschlossen die Überzeugung, daß Frankreich den Krieg erklären müsse, falls Hitler Polen angriffe. Hinzu kamen noch die vermehrten persönlichen Reibereien zwischen Daladier und Reynaud. Sie stimmten zwar in ihrer Überzeugung überein, daß Frankreich diesmal feste Haltung beweisen und notfalls kämpfen müsse, aber seit Reynauds Widerstand gegen das Münchner Abkommen hatte sich zwischen den beiden ein gegenseitiges Mißtrauen herausgebildet. Außerdem glaubte Reynaud, ein außerordentlich selbstbewußter Mann, daß Daladier sowohl die Kraft als auch die Fähigkeit fehlte, Frankreich durch die schwere Zeit eines Krieges zu führen. Er hielt sich selbst für geeigneter. Da Reynaud kaum ein Hehl aus seinen Ambitionen machte, nahm bei Daladier die Sorge zu, daß sein Finanzminister seine Ablösung betriebe.

Dieses gegenseitige Mißtrauen wurde noch durch ihre Mätressen geschürt – Gräfin Hélène de Portes bei Reynaud und die Marquise de Crussol bei Daladier. Ehrgeizig betrieben sie die Karriere ihres jeweiligen Geliebten, strebten gierig nach Macht für ihn und sich selbst – dies galt besonders für die ausgesprochen energische Gräfin – und wühlten so im Schlamm von Rivalität und Intrigen zwischen den beiden wichtigsten Köpfen der Regierung.

»Die Geschichte hat ein Recht, sie unter die Lupe zu nehmen«, rechtfertigte einmal Pertinax, der äußerst freimütige Redakteur und Kolumnist seine Bemerkungen über die Rolle der Marquise de Crussol[32]. Dieses Vorrecht des Chronisten nutzte er hinsichtlich der Gräfin de Portes noch weidlicher aus. Eine ganze Anzahl anderer französischer Schriftsteller und Historiker taten es ebenfalls und beleuchteten insbesondere die Handlungsweise und den Einfluß der ebenso energischen wie hartnäckigen Mätresse Reynauds. Reynaud selbst erwähnt ihren Namen in seinen umfangreichen Memoiren nicht; er sprach ihn auch bei den zahllosen Unterhaltungen und dem Schriftwechsel mit dem Verfasser nicht ein einzigesmal aus. Offenbar betrachtete er dies als seine Privatangelegenheit, in der kein anderer herumzuschnüffeln hatte. Die gleiche Haltung nahm Daladier ein, als ich ihn aufsuchte. Ich habe diese Haltung in beiden Fällen respektiert. Doch bei diesem kleinen, aber bedeutsamen Stück Geschichte ging es eben doch um mehr als nur eine Privatangelegenheit – insbesondere im Hinblick auf Reynaud, der in einem äußerst kritischen Augenblick die Zügel der Regierung in die Hand nahm. In den letzten Monaten der Dritten Republik spielte Madame de Portes, wie noch deutlich wird, eine recht bedeutsame Rolle im öffentlichen Leben, wie vor ihr schon die Marquise de Maintenon unter Ludwig XIV. und mehr noch die Marquise de Pompadour bei Ludwig XV. In den zwanzig Jahren von 1745 bis 1764 wurde Frankreich praktisch von der Marquise de Pompadour regiert. Das schaffte Madame de Portes zwar nicht – ihre

Lebenszeit war zu kurz bemessen –, aber sie versuchte es zumindest. Ihr Einfluß auf Reynaud und die Ereignisse, die schon bald über ihn hereinbrechen sollten, müssen in diesem Bericht Erwähnung finden.

Wer waren diese beiden Damen von Rang und Namen eigentlich, die in so enger Verbindung zu Daladier und Reynaud standen? Beide entstammten wohlhabenden Bürgerfamilien, beide erwarben ihr Adelsprädikat durch Heirat, und beide benutzten Titel und Geld als Ausgangsbasis auf dem Wege zu politischer Macht durch Liaisons mit jenen Politikern, die am wahrscheinlichsten den höchsten Gipfel erreichen würden.

Die Marquise de Crussol war eine geborene Jeanne Beziers, die Tochter eines Geschäftsmanns aus Nantes, der durch Ölsardinen sehr reich geworden war. Auf der Suche nach einem passenden Titel war sie auf den Marquis de Crussol gestoßen, einen Enkel der gefürchteten Herzogin d'Uzes, der zeitweilig auch Hélène de Portes den Hof gemacht hatte. Schon bald erfanden Pariser Witzbolde für die Marquise das Wortspiel »*La sardine qui se crue sole*« – die Sardine, die sich für eine Seezunge hält; *crue sole* und Crussol klingen beide gleich. Daladiers Frau war nach zehnjähriger Ehe gestorben. Als er die Marquise kennenlernte, bewohnte er eine bescheidene, ziemlich düstere Wohnung in der Rue Anatole-de-la-Forge. Seine Schwester führte den Haushalt und versorgte seine beiden Söhne. Madame de Crussol führte ihn in das mondäne Leben ein und förderte seine Laufbahn durch ihre Beziehungen zur eleganten Gesellschaft von Paris.

Pertinax bezeichnet sie als »geistvolle Frau, sehr attraktiv mit ihrer geschwungenen Nase, aber raffgierig und geizig« und dazu noch herrschsüchtig[33]. Für André Maurois war sie eine »elegante schöne Frau, blond und von jugendlichem Aussehen«, jedoch mit »einem Drang zur Macht und einer bedauernswerten Leidenschaft für ökonomische und politische Lehren«[34]. Von diesen Lehren schien sie allerdings wenig zu verstehen. Beide Autoren berichten übereinstimmend, daß sie sich im Gegensatz zu Madame de Portes im Hintergrund hielt und ihre Macht sowie ihren Einfluß diskret ausübte.

Hélène de Portes war die Tochter eines gewissen Rebuffel, eines wohlhabenden Reedereibesitzers aus Marseille. Das kluge, intelligente Mädchen voller Energie und Ehrgeiz heiratete den Grafen Jean de Portes, einen Sohn des Marquis de Portes und der Herzogin de Gadagne. Der Graf bekam prompt eine Stellung in einem der Betriebe seines Schwiegervaters in Marseille. Lazareff bemerkt, die beiden »hochwohlgeborenen Ehemänner ließen ihren Frauen ziemlich viel Freiheit«[35]. Die Gräfin wie auch die Marquise machten sich auf, Paris zu erobern. Dort wurde Madame de Portes von André Tardieu mit Reynaud bekannt gemacht, der doppelt so alt war wie sie. Zunächst kam es nur zu einem kleinen Flirt. Die ehrgeizige junge Dame wurde sogar eine gute Freundin Madame Reynauds. Aber das dauerte nicht lange. Sobald Hélène de Portes erkannte, daß Reynauds Stern immer höher stieg am politischen Himmel, wurde sie seine Geliebte. Pertinax schreibt über die Folgen:

Die beiden Frauen gerieten wegen ihres Opfers heftig aneinander, und wer als Eingeweihter wußte, daß diese Affäre im gegenseitigen Einvernehmen schon seit einiger Zeit gedieh, war erstaunt über die verspätete Explosion. Von morgens bis abends belauerten und verfolgten sich die beiden Frauen gegenseitig. Der Streit wurde in aller Öffentlichkeit ausgetragen. Wenn Reynaud mit der einen ausging, mußte er gewärtig sein, daß die andere plötzlich auftauchte.

1938 übersiedelte Reynaud aus seiner Wohnung in ein Junggesellenapartment an dem Place du Palais Bourbon, das er bis an das Ende seines langen Lebens behielt. Dort hatte er die Gräfin für sich allein. Das Geheimnis ihrer Macht über diesen so klugen und willensstarken Mann wurde nie ganz gelüftet. Viele, die sie kannten, haben der Nachwelt ihre Eindrücke von der Dame hinterlassen. General Sir Edward L. Spears, der ihre Gesellschaft häufiger genoß als ihm lieb war, beschreibt sie folgendermaßen:

Sie war von mittlerer Größe, dunkel, und ihr hochgebürstetes, lockiges Haar wirkte unordentlich. Ihr Mund war groß, ihre Stimme schrill . . . In den Augen des Durchschnittsmannes fehlte ihr jeglicher Charme . . . Sie hatte schöne Fesseln, aber einen fahlen Teint[36].

Auch Lazareff sah sie öfter, als ihm angenehm war. Er hielt sie für »ein wenig plump . . . aber mit hübschen Augen und Beinen, stets nachlässig gekleidet und unordentlich frisiert«. Ihre etwas vorstehenden Schneidezähne waren für ihn ein Zeichen »für Machtgelüste«[37]. Clare Boothe Luce, eine amerikanische Expertin für Weiblichkeit, beschrieb die Dame als »hausbackene, redselige kleine Frau . . . Nach ihrem ganzen Aussehen mehr eine deutsche Hausfrau als eine französische Mätresse . . .[38]«

André Maurois, Mitglied der angesehenen *Académie*, geriet beim Gedanken an Hélène de Portes leicht aus der Fassung.

Sie war leicht verrückt, reizbar, aufdringlich und gefährlich, wie sich im Verlauf der Ereignisse noch zeigen sollte . . . Ihr vorherrschender Charakterzug war wohl der Ehrgeiz. Es genügte ihr nicht, daß Reynaud Finanzminister wurde; sie war fest entschlossen, ihn zum Ministerpräsidenten zu machen. Sie verbreitete in den Pariser Salons Berichte über Daladiers Mangel an Energie und gab jedem zu verstehen, wie dringend es sei, Reynaud zu seinem Nachfolger zu machen. Natürlich wurden Daladier solche Äußerungen jeweils noch am selben Abend zugetragen. Dadurch vertiefte sich seine Abneigung gegen Reynaud[39].

Maurois traf ihn zwei Monate nach seiner Ernennung zum Ministerpräsidenten:

Er war deprimiert und nervös. Auf seinem Schreibtisch standen drei Telefone: ein Hausapparat, eine normale Amtsleitung und eine direkte Verbindung zum Zimmer von Madame de Portes. Dieser dritte Apparat klingelte ununterbrochen. Reynaud hob dann den Hörer ab, lauschte einen Augenblick und rief gereizt: »Ja . . . ja natürlich . . . aber selbstverständlich . . . aber ich bitte dich, laß mich doch endlich arbeiten . . .« Zuletzt ließ er den Apparat klingeln.

Alle Berichte stimmen darin überein, daß Reynauds Muse äußerst reizbar war. Lazareff berichtet, sie hätte sich zweimal im Ausland wegen ihres Nervenzustands Kuren unterzogen und sei bei dieser Gelegenheit in Wien mit einigen österreichischen und deutschen Nazipersönlichkeiten zusammengetroffen. Er glaubt, daß sie nach ihrer Rückkehr nach Paris Verbindung zu französischen Hitleranhängern unterhielt und für den Nationalsozialismus schwärmte. Je weiter Reynaud nach links rückte, um so mehr wandte sich Madame de Portes der Rechten zu[40].

So gab es in einer ohnehin schon von Meinungsverschiedenheiten geplagten Republik Streit zwischen Reynaud und Daladier, Streit zwischen ihren Mätressen, Streit zwischen diesen und dem Freund der Rivalin, weil keine der beiden sich von der Überzeugung abbringen ließ, daß ihrem Liebhaber der Platz an der Spitze gebührte. Im Augenblick hatte ihn Daladier inne, aber Reynaud und Madame de Portes warteten schon ungeduldig darauf, daß endlich ihre Stunde schlug.

In dieser für das Land so entscheidenden Stunde nahmen schließlich auch Marschall Pétain und Pierre Laval wieder Verbindung miteinander auf. Damit begann eine neue Phase in den Beziehungen zwischen diesen beiden denkbar unterschiedlichen Persönlichkeiten. Pétain war im Frühjahr zum Botschafter in Spanien ernannt worden. Ende August erkundigte er sich diskret bei Laval nach dessen Ansicht über die politische Lage in Paris. Das Land stand am Rand eines Krieges, und der dreiundachtzigjährige Marschall war sein berühmtester Soldat. Doch seit seiner ersten Amtszeit als Kriegsminister im Kabinett Doumergue im Jahr 1934 ließ ihn die Politik nicht mehr los. Inzwischen interessierte er sich nicht nur – wie ganz natürlich gewesen wäre – für den Zustand der Armee, sondern auch für die allgemeine politische Verfassung seines Vaterlands vor dem Krieg.

Laval war verbittert darüber, daß ihm seit langem politische Macht vorenthalten blieb. Er hatte seit Jahr und Tag den Marschall hofiert und dabei gehofft, ihn vielleicht eines Tages als Strohmann zum Ministerpräsidenten oder gar Präsidenten zu machen und dann Frankreich mit Hilfe von Pétains unermeßlichem Prestige zu regieren. Schon 1932, als Laval noch in Amt und Würden war, setzte er sich in der Lobby des Parlaments für die Wahl Pétains zum Präsidenten der Republik ein. Der Marschall bat ihn, davon abzusehen. Ab dem Tag der Beerdigung des ermordeten Barthou im Jahr 1934 zeigte sich Pétain erkenntlich, indem er Doumergue riet, Laval zum Außenminister zu ernennen. Der Ministerpräsident folgte seinem Rat. Ein Jahr später trafen sich die beiden Männer wieder bei einer Beerdigung, nämlich der Piłsudskis in Warschau. Pétain riet dem damaligen Ministerpräsidenten Laval, sich über die Opposition im Parlament hinwegzusetzen und alles zu tun, was »im Interesse der Nation« notwendig war. Laval erklärte ihm, für einen Politiker sei dies schwierig. Pétain sei mit seinem Prestige und seiner über jede Parteipolitik erhabenen Position der einzige Mann in Frankreich, der dies könnte. Der Marschall wies dieses Ansinnen aufgrund »seiner Unerfahrenheit« zurück[41]. Aber der autoritäre Gedanke ließ beide Männer nicht mehr los. Beide hatten sie die gleichen Sympathien für Franco im Spanischen Bürgerkrieg. 1937 berichtete ein Vertrauensmann Francos seinem Chef über den Inhalt eines geheimen Gesprächs, das er mit Laval im April in Paris geführt hatte. Der frühere Ministerpräsident versprach den Nationalsozialisten seine Unterstützung und erwähnte dabei auch Pétain[42].

*Laval vertrat die Meinung, die Rettung Frankreichs liege in den Händen einer Regierung Pétain. Der Marschall sei auch bereit, dieses Amt zu übernehmen . . . Er stehe mit Pétain in Verbindung**.

Laval und Pétain waren viel zu vorsichtig, um sich öfter in aller Öffentlichkeit zu treffen. Aber sie hatten in Graf René de Chambrun, der 1935 Lavals einzige Tochter Josée geheiratet hatte, einen nützlichen Mittelsmann. Chambrun berichtet, daß er sich bis zum Kriegsausbruch zwei- bis dreimal in der Woche mit dem Marschall traf, wenn beide sich in Paris aufhielten[42].

Ein weiterer Mittelsmann war Major Georges Loustauneau-Lacou, der eigenartige frühere Adjutant des Marschalls, der seit Jahren rechtsradikales Gedankengut in der Armee verbreitete. Diesen Major hatte Pétain Ende August 1939 in der französischen Botschaft in San Sebastian zu Gast. »Sie fahren doch nach Paris«, sagte Pétain zu ihm. »Gehen Sie doch einmal zu Laval, und erkundigen Sie sich, was er von der Lage hält. Ich bin in dieser tragischen Stunde unzureichend informiert.«

* Dieser Bericht wurde an den deutschen Botschafter in Salamanca übergeben, der ihn nach Berlin weiterleitete. Nach dem Krieg fand er sich in den erbeuteten Dokumenten des Auswärtigen Amts. Dies war der erste, doch keinesfalls der letzte Hinweis, den die deutsche Regierung hinsichtlich der Absichten Pétains und Lavals in Frankreich erhielten.

Laval nahm bei der Antwort kein Blatt vor den Mund. Loustaune-au-Lacou berichtete nach dem Krieg im Prozeß gegen Pétain darüber.

Die Lage ist sehr einfach, antwortete Laval. Wir müssen nur Daladier beseitigen. Sagen Sie dem Marschall, Daladier sei un fumier et un salaud – *ein Mistvieh und ein Schmutzfink. Ich kann es beweisen*[44].

Die Schimpfworte ließ der Major in seinem langen Brief an den Marschall weg. Laval habe ihm zu verstehen gegeben, eine »Regierung Pétain sei jetzt unerläßlich«. Sollte der Marschall wegen seines hohen Alters vor einer solchen Bürde zurückschrecken, so versicherte ihm Laval, er und andere würden ihn von der »alltäglichen Routine« entlasten[45]. Nach der Aussage eines Botschaftssekretärs begann der berühmte Botschafter nun schon bald mit der Aufstellung von Kabinettslisten, zu der ihm von Laval und anderen Politikern der Rechten Vorschläge zugingen. Von dieser Seite bekam er nun großen Zulauf. Diese Leute schmeichelten ihm, bestärkten ihn in seinen Ansichten und überzeugten ihn allmählich davon, nur er könne in dieser Situation zum Retter Frankreichs werden und es von der verrotteten Republik befreien.

Daladier bekundete später, er habe von den Intrigen Lavals und Pétains nichts gewußt. Ihm war nur klar, daß sein Kabinett und das ganze Land gespalten waren (das Parlament machte noch Ferien). Er war jetzt, in den letzten Augusttagen, sicher, daß Hitler innerhalb der nächsten Tage Polen angreifen werde. So schwach und uneinig Frankreich auch sein mochte, er war fest entschlossen, als Regierungschef die Zusagen gegenüber Polen einzuhalten. Am 26. August unternahm er einen letzten Versuch, Hitler hiervon zu überzeugen und ihn womöglich zur Vernunft zu bringen. Er beantwortete Hitlers persönliche Botschaft vom Vortag* mit einem eindringlichen Appell, der um 14 Uhr 50 telegrafisch nach Berlin übermittelt wurde. Er sagte dem Reichskanzler darin: »Nur in Ihren Händen allein liegt jetzt die Entscheidung über den Frieden«, und beschwor ihn, diesen Frieden zu retten. Anderenfalls . . .

Wenn Sie vom Ehrgefühl des französischen Volkes eine ebenso hohe Meinung haben wie ich von dem des deutschen Volkes, können Sie nicht daran zweifeln, daß Frankreich seine feierlichen Versprechen gegenüber anderen Nationen wie zum Beispiel Polen getreulich einhalten wird.

Wenn erneut französisches und deutsches Blut fließen soll, wie schon vor fünfundzwanzig Jahren, so wird jedes der beiden Völker im Vertrauen auf den eigenen Sieg kämpfen, den sichersten Sieg werden jedoch Vernichtung und Barbarei davontragen[46].

* Daladier erinnerte Hitler daran, sie seien doch beide Soldaten im letzten Weltkrieg gewesen und kannten »Schrecken und Unheil« des Krieges. Es sei nicht notwendig, dies noch einmal heraufzubeschwören.

Botschafter Coulondre überbrachte Hitler diesen Brief um 19 Uhr und sah dessen »verbissene« Miene, als er ihn las. Der Botschafter sagt dazu: »Ich erkannte, daß der Kampf zwischen uns erbarmungslos sein würde.« Hitler las den Brief und begann dann mit »harter und trockener« Stimme zu sprechen. Er wiederholte noch einmal das Argument, das die Botschafter Frankreichs und Großbritanniens in Berlin kaum noch hören konnten: Es gebe keine Hoffnung auf eine friedliche Lösung, da die westlichen Alliierten durch ihre Garantien erreicht hätten, daß Polen keiner Vernunft mehr zugänglich sei. »Nichts in der Welt«, sagte Coulondre, »hätte die Worte aufhalten können, die sich mir jetzt auf die Lippen drängten«. Es waren, wie er selbst zugibt, leidenschaftliche Worte. Am Abend berichtete Coulondre nach Paris:

Ich beschwor ihn im Namen der Geschichte und der Menschlichkeit, diese letzte Chance (für den Frieden) nicht vorübergehen zu lassen. Ich bat ihn, sein Gewissen nicht mit Blutvergießen zu belasten, von dem nicht nur Soldaten betroffen sein würden, sondern auch Frauen und Kinder. Ich erinnerte ihn an die furchtbare Verantwortung, die er gegenüber der westlichen Zivilisation übernehmen würde . . .

Alles war vergebens. »Ach! Frauen und Kinder – ich habe oft an sie gedacht«, murmelte Hitler und wandte sich dann an Ribbentrop, der nach Coulondres Worten mit »steinerner Miene« an der Tür stehengeblieben war. Die beiden Deutschen besprachen sich flüsternd. »Ich erlebte eine Minute der wahnsinnigen Hoffnung«, berichtet der Botschafter. »›Wahnsinnig‹ ist sicher das richtige Wort.« Dann wandte sich Hitler mit »kaltem und brutalem« Gesichtsausdruck wieder ihm zu und sagte: »Es hat keinen Zweck. Polen wird Danzig nicht zurückgeben. Aber ich werde Daladiers Brief beantworten.«

Coulondre kehrte in die französische Botschaft zurück und telefonierte mit Daladier.

»Der Kanzler hat Ihren Vorschlag zurückgewiesen«, sagte er ihm.

»Aber Sie sollten ihm doch meinen Brief vorlesen und erläutern!« rief Daladier.

»Herr Ministerpräsident«, sagte der Botschafter. »Vierzig Minuten lang habe ich alle Argumente vorgetragen, alle Ermahnungen und Beschwörungen.«

Am Abend berichtete Coulondre in seiner Depesche an Bonnet »zutiefst betrübt« von seinem Mißerfolg: »Vielleicht war Hitler gerührt, aber seinen Sinn konnte ich nicht ändern. Sein Entschluß stand bereits fest[47].«

Abgesehen von Hitlers förmlichem Antwortbrief an Daladier am nächsten Tag war dies der letzte diplomatische Verkehr zwischen Frankreich und Deutschland.

Der Ministerpräsident schien zu erkennen, daß weitere diplomatische Bemühungen in Berlin sinnlos waren. Aber sein Außenminister mochte sich noch nicht mit der brutalen Wahrheit abfinden, daß ein Krieg nun unvermeidlich geworden war, weil Hitler ihn nun einmal wollte. Er klammerte sich an jeden noch so dünnen Strohhalm – in Berlin, in Warschau und auch in Rom.

Ende August kreisten Bonnets Hoffnungen für einige Tage um die Überzeugung, Hitler hätte echten Verhandlungen mit den Polen zugestimmt. Er bestürmte Warschau, die Vorschläge anzunehmen. Aber in Wirklichkeit waren die Dinge, wie so oft in diesen letzten hektischen Tagen des Friedens, weitaus verwickelter und ganz anders, als Bonnet sie sehen wollte.

Am Abend des 29. August hatte der britische Botschafter in Berlin eine – wie er sagt – stürmische Unterredung mit Hitler. Am Tag zuvor hatten die Briten dem Reichskanzler direkte Verhandlungen zwischen den Regierungen Deutschlands und Polens vorgeschlagen und ihn davon unterrichtet, daß die Polen dazu bereit seien. Am 29. August überreichte Hitler nun Sir Nevil Henderson seine formelle Erwiderung: Er sei »skeptisch« hinsichtlich der Erfolgsaussichten und stimme »ausschließlich« den Briten zu Gefallen direkten Verhandlungen mit den Polen zu. Aber die Sache hatte einen Haken. Die polnische Regierung müsse einen mit Verhandlungsvollmachten versehenen Beauftragten nach Berlin entsenden. Und er müsse am Mittwoch, dem 30. August, hier eintreffen. Das war am nächsten Tag.

»Das klingt wie ein Ultimatum«, beschwerte sich Henderson, aber Hitler widersprach energisch. Die Zeit dränge, sagte er. Der 29. August neigte sich bereits dem Abend zu. Der polnische Beauftragte sollte am nächsten Tag eintreffen. Der Botschafter berichtet, er habe die Reichskanzlei an diesem Abend »voll düsterer Vorahnung« verlassen[48].

Aber Bonnet reagierte ganz anders, als er um Mitternacht Coulondres Bericht über das Treffen zwischen Hitler und Henderson erhielt. Er drahtete sofort seinem Botschafter in Warschau, Hitler hätte »erstmalig« direkten Gesprächen mit den Polen zugestimmt, und es wäre »schwierig, mit einer krassen Ablehnung zu antworten«. Am folgenden Tag wies er Noël in Warschau an, die polnische Regierung zu einem Einverständnis zu bewegen. Bonnet durchschaute Hitlers Absichten nicht. Selbst Coulondre ließ sich vorübergehend täuschen. Am 30. August um 2 Uhr morgens telefonierte er mit Bonnet und sprach sich dafür aus, die »polnische Regierung sollte der Entsendung eines Bevollmächtigten zustimmen«. Zwölf Stunden später war er anderer Meinung, nachdem er Hitlers Vorschlag im Wortlaut gelesen hatte. Er teilte Bonnet telefonisch mit, der deutsche Vorschlag sei »brutal und ähnele einem Diktat, das einem besiegten Land auferlegt wird, als einem Verhandlungsangebot an einen souveränen Staat«[49].

Etwas konnte oder wollte der französische Ministerpräsident nicht einsehen: daß es zwischen zwei Regierungen verschiedene Arten »direkter Gespräche« gibt. Was Hitler von Polen forderte, war die Entsendung eines bevollmächtigten Vertreters innerhalb von vierundzwanzig Stunden, der ein Abkommen unterschreiben sollte, das ihm unter der Drohung mit einer bewaffneten Intervention aufgezwungen wurde. Genauso hatte er es mit dem österreichischen Bundeskanzler Schuschnigg und dem tschechoslowakischen Präsidenten Hácha gemacht.

General Halder durchschaute Hitlers Spiel sofort. Am 29. August notierte er:

Führer hofft, Keil zwischen Briten, Franzosen und Polen zu treiben. Grundgedanken: Mit demographischen und demokratischen Forderungen nur so um sich zu werfen . . . 30. 8. Polen in Berlin. 31. Zerplatzen. 1. 9. Gewaltanwendung.

Die Polen bereiteten sich auf diese Gewaltanwendung vor, aber sie wurden dabei durch die Botschaft Frankreichs und Großbritanniens in Warschau behindert. Am Nachmittag des 29. August rief der stellvertretende polnische Außenminister Graf Szembeck die beiden genannten Botschafter zu sich und eröffnete ihnen, die polnische Regierung habe sich angesichts der ernsten Lage zum Erlaß der allgemeinen Mobilmachung entschlossen. Die Botschafter protestierten sofort gegen diese »unzeitgemäße und extreme Maßnahme«. Sie gaben zu bedenken, eine Mobilmachung werde Hitler zum Angriff reizen. Hitler war zu diesem Zeitpunkt in vollem Umfang mobilisiert und zum Angriff auf Polen gerüstet, aber Polen sollte darauf nach Ansicht der Botschafter nicht mit ähnlichen Schritten reagieren, da man fürchtete, Hitler zu reizen. Als Daladier diese Meldung von Botschafter Noël zu Gesicht kam, telefonierte er sofort mit Bonnet und wies ihn an, Warschau unverzüglich davon in Kenntnis zu setzen, daß weder er selbst noch sein Generalstab irgend etwas zu tun gedächten, um die polnische Regierung von einer Mobilmachung abzuhalten, falls ein solcher Schritt als unerläßlich betrachtet würde. Bonnet bemerkt selbstgefällig, er habe dem Ministerpräsidenten bedeutet, Botschafter Noël hätte den Polen lediglich geraten, das »möglichst geheimzuhalten«*.

Die polnische Regierung hielt die Bekanntgabe der allgemeinen Mobilmachung tatsächlich bis zum Mittag des nächsten Tages, des

* Das stimmte nicht. Bonnet führt in dem französichen *Gelbbuch* das Telegramm, das Daladier so erregte, nicht auf, aber aus den Unterlagen des britischen Außenministeriums geht eindeutig hervor, daß die Botschafter Frankreichs und Großbritanniens in Warschau gegen den Mobilmachungsbeschluß scharf protestierten. Siehe Depeschen von Sir H. Kennard in DBrFP, Bd. VII, Nr. 473, S. 364, und Nr. 370–371. Bonnets irreführende Darstellung stammt aus seinen Memoiren, a. a. O., Bd. II, S. 325.

30. August, zurück. Beck versuchte den beiden alliierten Botschaftern zu erklären, eine Mobilmachung könne man nicht geheimhalten, da man zu diesem Zweck »die Verordnung plakatieren« müsse. Er stellte ihnen die Frage, ob sie die Verantwortung für den Rat übernehmen könnten, nicht mobil zu machen und damit »die Existenz Polens aufs Spiel zu setzen«[50]? Diese Frage war es, die Daladier zum Eingreifen veranlaßte. Die Verzögerung der Mobilmachung sollte den Polen noch teuer zu stehen kommen.

Während des ganzen 30. August bedrängte Bonnet die Polen, »direkten Gesprächen« zuzustimmen. Er gibt zu, dabei vorwiegend an die Vierundzwanzigstundenfrist Hitlers gedacht zu haben und behauptet, in Übereinstimmung mit den Briten gehandelt zu haben. Indessen steht fest, daß London nicht Bonnets Auffassung teilte, Polen solle Hitlers Ultimatum entsprechen und noch am selben Tage einen bevollmächtigten Unterhändler nach Berlin entsenden. Das geht deutlich aus zwei Telegrammen Halifax' nach Berlin hervor. Im ersten Telegramm von 2 Uhr morgens teilt er Botschafter Henderson mit, »es ist natürlich unsinnig anzunehmen, daß wir heute noch einen polnischen Unterhändler nach Berlin schaffen können, und die deutsche Regierung rechnet sicher auch nicht damit«. Um 18 Uhr 50 telegrafierte er Henderson noch einmal: »Wir können der polnischen Regierung nicht anraten, sich einem so völlig unsinnigen Verfahren zu unterwerfen[51].« Um 19 Uhr wies der britische Außenminister seinen Botschafter in Warschau an, Beck hiervon in Kenntnis zu setzen, zu versichern, daß Großbritannien seine gegebenen Zusagen halten werde, der polnischen Regierung jedoch anzuraten, »die deutsche Regierung wissen zu lassen, daß sie grundsätzlich mit direkten Verhandlungen einverstanden sei«. Das war bei weitem noch kein Eingehen auf Hitlers Forderung, noch an diesem Tag einen bevollmächtigten Unterhändler zu stellen, wie Coulondre (und Henderson) zunächst empfohlen hatten und wie es Bonnet verlangte. Beck sagte den Botschaftern Frankreichs und Großbritanniens in Warschau eine endgültige Antwort bis zum Mittag des nächsten Tages zu.

In Bonnets Augen war dies ein Hinhalten. Er war über Beck erzürnt, weil dieser »fortgesetzt schwieg und nicht erkannte, wie tragisch die Lage war«. Die Lage war tatsächlich noch viel »tragischer«, als selbst Bonnet ahnte. Dafür war jedoch nicht Beck, sondern Hitler verantwortlich. Einen der letzten Taschenspielertricks leistete sich der machtgierige Diktator in der Nacht vom 30. auf den 31. August, während der französische Außenminister angstzitternd in seinem Büro am Quai d'Orsay auf und ab lief und auf Nachricht aus Warschau wartete.

Um dieselbe Stunde suchte Henderson in Berlin Außenminister Ribbentrop auf und überreichte ihm die britische Antwort auf Hitlers Note vom 20. August. Sie war in ebenso versöhnlichem wie unnachgiebigem Ton gehalten. Darauf folgte eine dramatische Auseinandersetzung, die Dr. Schmidt, der einzige Augenzeuge, später die »stürmischste, die ich während meiner 2jährigen Tätigkeit als Dolmetscher mitgemacht habe«, nannte. Hendersohn fand Ribbentrop

in einer Stimmung, welche die Hitlers in der Stunde der Entscheidung zwischen Krieg und Frieden widerspiegelte, und dessen Haltung an jenem Abend mir gegenüber von Anfang an starke Feindseligkeit verriet, die an Heftigkeit zunahm, als ich ihm eine Note nach der anderen vorlegte. Er blieb in großer Aufregung stehen und fragte mich, ob ich sonst noch etwas zu sagen hätte. Ich antwortete, daß dies allerdings der Fall wäre.

An dieser Stelle, berichtet Schmidt, sprangen beide Männer von ihren Stühlen auf und maßen sich mit so »funkelnden Augen«, daß der Dolmetscher schon glaubte, sie »würden zu Handgreiflichkeiten übergehen«.

Wichtig für die Geschichte ist jedoch nicht der groteske Verlauf dieser Unterredung, sondern das, was sich gegen Ende abspielte. Ribbentrop hatte kaum Augen für Hendersons Dokument noch Ohren für seine Erläuterungen. Als sich der Botschafter nach den deutschen Vorschlägen für eine Beilegung des Polenproblems erkundigte, die den Briten in Hitlers letzter Note zugesagt worden war, erwiderte Ribbentrop verächtlich, dafür sei es jetzt ohnehin zu spät, da der polnische Abgesandte bis Mitternacht nicht eingetroffen sei. Die Deutschen hätten die zugesagten Vorschläge jedoch ausgearbeitet. Er sei bereit, die Entwürfe zu verlesen.

Er las sie in deutscher Sprache vor, »äußerst schnell, kaum verständlich für mich, in einem Ton höchster Gereiztheit«, berichtete Henderson nach London. Die Vorschläge enthielten sechzehn Artikel, aber davon konnte der Botschafter nur sechs oder sieben »sinngemäß« erfassen, und auch da war er seiner Sache nicht sicher. Er bat daher um die Niederschrift. Ribbentrop lehnte mit der Begründung ab, sie seien inzwischen ohnehin überholt, und warf das Schriftstück mit verächtlicher Geste auf den Tisch*.

Vielleicht waren die Vorschläge überholt, weil die Deutschen es so wollten. Wichtig ist jedoch, daß diese deutschen »Vorschläge« gar nicht dafür bestimmt waren, ernstgenommen oder überhaupt in Betracht gezogen zu werden. Sie wurden den Polen niemals zugeleitet und waren nichts weiter als ein Täuschungsmanöver. Das deutsche Volk und die Weltöffentlichkeit sollten damit getäuscht und in dem

* Ribbentrop wurde in Nürnberg zum Tod verurteilt. Im Zeugenstand sagte er aus, Hitler hätte die sechzehn Punkte persönlich diktiert und ihm ausdrücklich untersagt, sie Henderson auszuhändigen. Er stritt ab, sie so rasch verlesen zu haben, daß Henderson sie nicht verstehen konnte. Schmidt bestätigte, daß Ribbentrop »sich nicht besonders dabei beeilt habe«. Nach Schmidts Auffassung lag es an den mangelhaften deutschen Sprachkenntnissen des Botschafters, daß er dem Text nicht ganz folgen konnte[52].

Glauben bestärkt werden, Hitler hätte in letzter Minute einen Versuch unternommen, seine Forderungen an Polen auf friedlichem Wege beizulegen. Das gab Hitler selbst zu. Dr. Schmidt hörte ihn später sagen:

Ich brauche ein Alibi, vor allem dem deutschen Volk gegenüber, um ihm zu zeigen, daß ich alles getan habe, den Frieden zu erhalten. Deshalb machte ich diesen großzügigen Vorschlag über die Regelung der Danziger und Korridor-Frage.*

Henderson kehrte in den frühen Morgenstunden des 31. August in seine Botschaft zurück und war, wie er später sagte, überzeugt, »daß die letzte Hoffnung auf Frieden dahingeschwunden war«. In Paris wollte Bonnet dies nicht einsehen. Er sagt: »Wir waren nicht berechtigt, die Hoffnung aufzugeben.«

Am 31. August rief ihn Coulondre um 10 Uhr 20 aus Berlin an und hatte ihm neue unheilvolle Nachrichten zu übermitteln. Henderson hatte ihm soeben mitgeteilt, er habe aus gutunterrichteten Kreisen erfahren, daß unverzüglich der Befehl zum Angriff auf Polen erteilt werden solle, falls bis Mittag keine Antwort Polens vorläge. In seiner Aufregung empfahl der sonst so kühle französische Botschafter, die polnische Regierung möge ihren Botschafter Josef Lipski anweisen, sich als Bevollmächtigter seiner Regierung mit den Deutschen in Verbindung zu setzen – das heißt versehen mit einer Verhandlungsvollmacht. Bonnet gibt an, sich sofort telefonisch mit der britischen Regierung in Verbindung gesetzt und ihr dringend nahegelegt zu haben, sie möge in diesem Sinne auf Warschau einwirken; Polen solle »die von unserem Botschafter in Berlin genannten Bedingungen« akzeptieren. Um 11 Uhr 45 setzte sich Bonnet mit Noël in Warschau in Verbindung, wies auf den »äußersten Ernst der Lage« hin und instruierte ihn, noch einmal bei Außenminister Beck auf direkte Gespräche zu dringen. Noël teilte ihm mit, er rechne mit einer unverzüglichen Antwort Becks.

Darauf gestützt, telefonierte Bonnet um 12 Uhr 30 mit Coulondre, erklärte ihm, »Warschau hat direkten Verhandlungen mit den Deutschen zugestimmt«, und wies ihn an, unverzüglich die Wilhelmstraße hiervon zu unterrichten. Er gab seine voreilige Mitteilung auch telefonisch nach London durch und drängte die britische Regierung,

* Im Vergleich zu seinen Forderungen der vorangegangenen Tage waren sie wirklich »großzügig«. Hitler verlangte lediglich die Rückführung Danzigs ins Reich. Über die Zukunft des Korridors sollte nach zwölf Monaten, wenn sich die Gemüter wieder beruhigt hatten, durch eine Volksabstimmung entschieden werden. Polen durfte den Hafen Gdingen behalten. Der Staat, dem nach dem Volksentscheid der Korridor zufiel, sollte dem anderen exterritoriale Straßen- und Eisenbahnverbindungen gewähren. Bevölkerungsteile sollten ausgetauscht und den Volkszugehörigen des einen Landes volle Gleichberechtigung im anderen Land gewährt werden. Wäre dieser Vorschlag gemacht worden – er ging den Polen überhaupt nicht zu –, so hätte er eine Grundlage für ernsthafte Verhandlungen dargestellt. Der Zweite Weltkrieg innerhalb einer Generation hätte sich dadurch wohl vermeiden lassen.

von sich aus sofort Berlin von der positiven Antwort Polens zu verständigen. »Wir dürfen keine Minute verlieren«, warnte er.

Beck antwortete den Botschaftern Frankreichs und Großbritanniens tatsächlich am Mittag des 31. August und erklärte ihnen, daß die polnische Regierung »ihre Bereitschaft zu einem direkten Gedankenaustausch mit der deutschen Regierung auf der Grundlage der britischen Vorschläge bestätigt«. Das bedeutete eine Zustimmung zu Verhandlungen, jedoch nicht nach den Bedingungen der Deutschen, sondern denen der Briten. Beck habe Botschafter Lipski angewiesen, sich um eine Unterredung mit dem deutschen Außenminister zu bemühen und ihm mitzuteilen, Polen habe die britischen Vorschläge für direkte Gespräche angenommen.

Um 13 Uhr, wenige Minuten nach Erhalt dieser Anweisungen, suchte Lipski telefonisch im Auswärtigen Amt um eine Unterredung mit Ribbentrop nach. Nach einer Wartezeit von mehreren Stunden wurde er von Weizsäcker angerufen. Dieser fragte ihn, ob er in seiner Eigenschaft als Bevollmächtigter Unterhändler »oder in irgendeiner anderen Eigenschaft« kommen werde.

Lipski sagt: »Ich erwiderte, daß ich als Botschafter empfangen werden wollte, um eine Erklärung meiner Regierung zu überreichen.«

Wieder folgte eine lange Wartezeit. Um 18 Uhr 15, fünf Stunden nach seiner Bitte um die Unterredung, wurde Lipski von Ribbentrop empfangen.

Der Botschafter verlas folgende schriftliche Mitteilung:

Die polnische Regierung steht den Vorschlägen der britischen Regierung (zu direkten Gesprächen) aufgeschlossen gegenüber und wird innerhalb der nächsten Stunden in dieser Angelegenheit eine formelle Antwort erteilen.

Das entsprach nicht dem, was Beck den Alliierten Botschaftern in Warschau versprochen hatte, aber inzwischen spielte es keine Rolle mehr. Als Ribbentrop Lipski nach seiner Vollmacht fragte, mußte dieser verneinen. Darauf entließ ihn Ribbentrop mit der Bemerkung, er werde den Führer unterrichten.

Lipski berichtete später: »Nach Rückkehr in meine Botschaft konnte ich keine Verbindung mit Warschau aufnehmen. Die Deutschen hatten meine Telefonleitung unterbrochen.«

Mussolini schlägt ein neues München vor

Am frühen Nachmittag des 31. August hatte Bonnet in Paris einen neuen Strohhalm entdeckt, an den er sich in der verzweifelten Hoffnung klammerte, den Frieden vielleicht doch noch retten zu können. Um 12 Uhr 50 hatte ihn Botschafter François-Poncet dringend aus

Rom angerufen und ihm mitgeteilt, Mussolini werde im Falle der französischen und britischen Zustimmung Deutschland für den 5. September zu einer Konferenz einladen, um »jene Klauseln des Versailler Vertrags zu überprüfen, die Ursache der gegenwärtigen Schwierigkeiten sind«. Das gleiche Angebot hatte Graf Ciano den Briten vorgelegt. Er bat um rasche Antwort.

Hier wurde offenbar ein neues München vorgeschlagen, wie Ministerpräsident Daladier und Premierminister Chamberlain aus böser Erfahrung heraus rasch erkannten. Um 13 Uhr 15 teilte Botschafter Corbin aus London Bonnet telefonisch mit, Chamberlain halte den Vorschlag für eine Falle. Daladier reagierte noch heftiger, wie Sir Eric Phipps prompt nach London berichtete.

M. Daladier hat mir soeben (15 Uhr 30) mitgeteilt, er habe den französischen Botschafter beauftragt, den Premierminister davon in Kenntnis zu setzen, daß er (Daladier) Mussolinis Einladung für den 5. September zu einem zweiten »München« in Italien nicht annehmen werde. M. Daladier bemerkte mir gegenüber, er werde lieber zurücktreten, als eine solche Einladung zu akzeptieren[53].

Doch Bonnet war ganz anderer Meinung. »Ich begrüßte diese Intervention mit tiefer Bewegung«, sagte er. »Sie brachte uns neue Hoffnung . . . und war aufrichtig gemeint.« Polen könne auf einer solchen Konferenz »gegenüber der öffentlichen Meinung im eigenen Lande leichter die Zugeständnisse rechtfertigen, zu denen es sich gezwungen sehen wird«[54]. Bonnet berichtet von einer Besprechung dieser Dinge mit Daladier; Daladier habe aufgrund seiner Münchener Erfahrung gewisse Einwände vorgebracht, aber schließlich gesagt: »Sie haben recht! Wir können diesen Vorschlag nicht ablehnen.« Im Hinblick auf das, was Daladier gegenüber Phipps äußerte, klingt diese Darstellung unglaubwürdig. Der Ministerpräsident versprach jedoch, für 18 Uhr eine Kabinettssitzung einzuberufen.

Es wurde eine stürmische Auseinandersetzung, Bonnet setzte sich, unterstützt von Monzie, für eine Annahme des italienischen Vorschlags ein. Der Außenminister brachte vor, die britische Regierung erwarte dringend von ihm die Antwort Frankreichs, damit sich London und Paris möglichst bald auf eine gemeinsame Erklärung einigen könnten. An dieser Stelle kam es zwischen ihm und Daladier zu einem »unglaublichen Zwischenfall«, wie Bonnet ihn nennt*. Der Ministerpräsident wandte Bonnet, wie Monzie berichtet, den Rücken zu. Sein »empörtes Gesicht« zeigte »Verachtung und Ekel«. Im Gegensatz zu Bonnets Behauptung teilte Daladier dem Kabinett nunmehr mit, die Briten hätten es mit einer Antwort an Mussolini gar

* Reynaud nennt es »die peinlichste Szene, die ich je erlebte«[55].

nicht so eilig. Das wisse er von Corbin in London, der es gerade von Chamberlain erfahren habe.

Wem sollten die Minister nun Glauben schenken? Ihre Verwirrung und Ratlosigkeit wurde durch einen neuen Zwischenfall vertieft, der für Bonnet ebenso peinlich war. Ein Offizier aus Daladiers militärischem Beraterstab unterbrach die Sitzung und überreichte dem Ministerpräsidenten einen persönlichen Brief von Coulondre. Während Bonnet behauptet hatte, nur eine Zustimmung zu der Konferenz könne den Frieden retten, wies nunmehr Coulondre aus Berlin mit allem Nachdruck darauf hin, der Frieden könne nur bewahrt werden, wenn Frankreich gegenüber Hitler eine feste Haltung einnehme. Der Kanzler sei unsicher geworden, berichtete er.

In der Kraftprobe zeichnet sich eine Wende zu unseren Gunsten ab. Ich erfahre aus verläßlicher Quelle, daß Hitler seit fünf Tagen zögert, daß Unsicherheit in der Partei herrscht und daß alle Berichte auf eine wachsende Unzufriedenheit in der Bevölkerung hinweisen . . . Hitler versucht zur Zeit, einen Ausweg aus diesem Dilemma zu finden. Wir können nichts weiter tun, als fest bleiben[56].

Daladier las den Kabinettsmitgliedern diese Mitteilung vor. Sie schien auf die meisten von ihnen tiefen Eindruck zu machen**. Monzie sagt, das Schreiben habe die Debatte unterbrochen. Doch Bonnets Hartnäckigkeit wurde belohnt. Man einigte sich darauf, die Einladung aus Rom anzunehmen, nachdem man sich mit den Briten über den Inhalt der Note abgestimmt hatte. Während des ganzen Abends telefonierte Bonnet mit London und bemühte sich um das britische Einverständnis, die Antwort noch im Laufe der Nacht abzuschicken. Aber Halifax und Chamberlain lehnten ab. Dafür sei es morgen noch immer früh genug. Gegen Mitternacht teilte Corbin Bonnet schließlich mit, es hätte keinen Sinn mehr, sich noch länger zu bemühen. Halifax habe das Außenministerium bereits verlassen.

Auch Monzie ließ nicht locker. Auch er telefonierte mit Bonnet:

Georges . . . wenn der Konferenzplan scheitert . . . geraten wir unter die Räder des Krieges und werden zermahlen. Wenn wir morgen nicht zurücktreten, wird es übermorgen schon zu spät sein . . . Laß uns gemeinsam gehen.

»Ausgeschlossen, mein lieber Freund«, soll Bonnet geantwortet haben, »wenn wir jetzt gehen, wird es sicherlich zum Krieg kommen[57].« In Wirklichkeit waren all diese verzweifelten Versuche besorgter und erschöpfter Diplomaten und Minister, an diesem 31. August 1939, noch fünf Minuten vor zwölf den Frieden zu retten, ebenso vergebens wie die feierlichen, eindringlichen Appelle des Papstes, Präsident

** Diese Szene erwähnt Bonnet in seinem Bericht nicht.

Roosevelts, des Königs der Belgier und der Königin von Holland. Alle Schritte der Deutschen in diesem Stadium waren vorsätzlicher Betrug.

Am 31. August um 12 Uhr 30 – noch bevor Lord Halifax die Polen zu größerer Nachgiebigkeit aufgefordert und bevor Lipski bei seinem Besuch im Auswärtigen Amt sich mit direkten Gesprächen einverstanden erklärt hatte, bevor Mussolini mit seinem Konferenzplan einzugreifen versuchte und bevor Bonnet einer solchen Konferenz zustimmte – hatte Hitler bereits seine endgültige Entscheidung getroffen und jenen verhängnisvollen Befehl erteilt, der unseren Planeten in den blutigsten aller Kriege stürzen sollte.

GEHEIME KOMMANDOSACHE
Chefsache – Nur durch Offizier *Berlin, den 31.8.1939*
Weisung Nr. 1 für die Kriegführung:

1. Nachdem alle politischen Möglichkeiten erschöpft sind, um auf friedlichem Wege eine für Deutschland unerträgliche Lage an seiner Ostgrenze zu beseitigen, habe ich mich zur gewaltsamen Lösung entschlossen.*

2. Der Angriff gegen Polen ist nach den für den »Fall WEISS« getroffenen Vorbereitungen zu führen mit den Abänderungen, die sich beim Heer durch den inzwischen fast vollendeten Aufmarsch ergeben.

Aufgabenverteilung und Operationsziel bleiben unverändert.
Angriffstag: 1.9.39
Angriffszeit: 4 Uhr 45 . . . *Adolf Hitler*[58]

26 Der Ausbruch des Krieges 1. bis 3. September 1939

Die Nachricht über den deutschen Angriff auf Polen erreichte Daladier am 1. September um 8 Uhr morgens. Der Außenminister erinnerte sich später, daß es ihm schwerfiel, »die schreckliche Nachricht« zu begreifen. Auf jeden Fall galt sein erster Gedanke nicht Frankreichs Verpflichtungen gegenüber Polen, sondern er überlegte, ob man nicht den italienischen Vorschlag einer Konferenz – trotz des deutschen Angriffs – vorantreiben könne. Als der polnische Botschafter ihn um neun Uhr aufsuchte, um den Angriff zu bestätigen, erklärte ihm Bonnet – wie er selbst schreibt –, daß die Verfassung Frankreich daran hindere, sich in Kriegshandlungen gegen Deutschland zu verwickeln oder ihm auch nur ein Ultimatum zu stellen, bevor das

* Hervorhebungen im deutschen Original.

Parlament einen Beschluß gefaßt habe. Die Kammer und der Senat, fügte er hinzu, würden am nächsten Tage zusammentreten. Die Mitglieder brauchten vierundzwanzig Stunden, um von ihren Ferienorten zurückzukehren.

Er bombardierte dann London mit Telefonanrufen und bemühte sich, mit den Briten bezüglich der französischen Zusage auf Mussolinis Konferenzvorschlag zu einer Übereinstimmung zu gelangen. (Reynaud zufolge berichtete Bonnet dem Kabinett, er habe versucht, Halifax zu erreichen, aber den Bescheid erhalten, dieser sei bei seinem Zahnarzt[1].) Schließlich, um 11 Uhr 50, nachdem London mitgeteilt hatte, man habe gegen eine französische Antwort an Mussolini nichts einzuwenden, diktierte Bonnet in diesem Sinne an François-Poncet, den französischen Botschafter in Rom. Darin dankte Bonnet der italienischen Regierung überschwenglich für ihre Friedensbemühungen. Frankreich verpflichte sich, jeden Versuch zu unterstützen, um den deutsch-polnischen Konflikt friedlich zu lösen. Es nehme mit Freude den Vorschlag zu einer Konferenz an und stelle nur eine Bedingung: daß auch Polen dazu eingeladen werde.

Die gleichzeitige britische Antwort war den Erfordernissen der Stunde angemessener. Halifax dankte den Italienern für ihr Bemühen, einen Konflikt verhindern zu wollen, fügte aber hinzu, daß angesichts der Nachrichten dieses Morgens »die deutsche Regierung bereits gehandelt« habe.

Nicht für Bonnet. Die Italiener, sagt er, baten ihn, die Polen zu einer positiven Antwort auf den Konferenzvorschlag zu veranlassen, und er ging mit großer Energie daran, dies durchzusetzen. Er beauftragte Botschafter Noël in Warschau, die Polen zu einer raschen und zustimmenden Antwort zu drängen. »Ich halte das für sehr wichtig«, sagte er, »in der gegenwärtigen Situation darf man keine Mühe scheuen, den Frieden zu retten«. Eine Telefonverbindung mit Warschau herzustellen, war wegen der Geschehnisse dieses Tages in Polen sehr schwierig. Bonnet brachte seine Weisungen an Noël erst um 16 Uhr durch, aber die Verbindung war schlecht, und er war nicht sicher, ob er voll verstanden worden war. Er wiederholte seine Weisungen an die französische Botschaft in Bukarest und trug ihr auf, sie telefonisch nach Warschau weiterzugeben.

Noël telegrafierte Becks Antwort um 21 Uhr 31 zurück[2];

Ohne Herausforderung befinden wir uns mitten im Krieg. Es geht nicht mehr um eine Konferenz, sondern darum, daß sich die Alliierten durch gemeinsames Handeln der Aggression widersetzen müssen.*

Der Botschafter fügte als eigene Bemerkung hinzu, daß »es für eine Schlichtung zu spät« sei. Er berichtete auch an Bonnet, daß bereits verschiedene polnische Städte unter ständigen deutschen Bombenangriffen lägen und nach Becks Angaben die Zivilbevölkerung zahlreiche Verluste erlitten habe**.

Um 10 Uhr 30 trat das französische Kabinett kurz zusammen, um über Frankreichs Reaktion auf Hitlers Angriff zu beraten. Es wurde beschlossen, die allgemeine Mobilmachung anzuordnen, das Parlament für den folgenden Tag einzuberufen und es über die nötigen Haushaltsmittel für die Armee abstimmen zu lassen. Nach Ansicht der Mehrheit, allerdings nicht nach der Monzies, würde es sich auf diese Weise erübrigen, das Parlament um eine Kriegserklärung zu ersuchen. Die Verfassung von 1875 stellt nämlich fest, daß der Präsident der Republik nicht ohne vorherige Zustimmung beider Häuser des Parlaments den Krieg erklären kann. Aber Verfassungsfachleute hatten die Ansicht vertreten, daß die Befürwortung der Kriegskredite von Senat und Kammer als eine »Zustimmung« ausgelegt werden könne. Und genau das hatte Daladier im Sinn. Denn er schreckte davor zurück, um eine ausdrückliche Kriegserklärung nachzusuchen.

Im Kabinett herrschte eine gewisse Besorgnis, ob Italien zur Unterstützung Hitlers angreifen würde. Aber während des Abends erhielt Bonnet aus London eine Nachricht, die der britische Botschafter am Vorabend aus Rom gesandt hatte. Ciano hatte ihn unterrichtet, daß die italienische Regierung ihre Entscheidung gefällt habe: »Italien wird weder gegen England noch Frankreich kämpfen.«

Das Problem war nun, wie man die Garantien gegenüber Polen erfüllen und im Einklang mit Großbritannien handeln sollte. Es war offenbar, daß eine gemeinsame Note an Hitler übersandt werden mußte, bevor der Tag zu Ende war, und beide Regierungen mußten ihm mitteilen, daß sie ihre Verpflichtungen erfüllen würden. Die Briten wollten eine feste Linie in Berlin verfolgen und verlangen, daß Deutschland unverzüglich seine Truppen aus Polen zurückziehe. Bonnet teilte mit, er habe London erklärt, dies sei ein Ultimatum. Die französische Regierung dürfe aber kein Ultimatum ohne eine Ermächtigung des Parlaments absenden, und das könne nicht vor dem nächsten Tag zusammentreten. Um 17 Uhr telefonierte Halifax mit Bonnet und drängte, die Botschafter ihrer beiden Länder in Berlin sollten noch am selben Abend ihre Pässe verlangen. Bonnet berichtet, er habe den englischen Außenminister gebeten, die Abstimmung der beiden Kammern des französischen Parlamentes abzuwarten. Er

*Noëls Telegramm erreichte Paris erst um 15 Uhr am nächsten Tag. Bonnet erwähnt es nicht in seinem ausführlichen Bericht über die Ereignisse des Tages. Er sagte den Engländern auch nicht in seinen zahlreichen Londoner Telefongesprächen, daß er versuchte, Polen an den Konferenztisch zu bringen. Eine Aufzeichnung des Foreign Office vom 2. September verzeichnet: »Die Regierung Seiner Majestät wurde wegen dieser *démarche* weder konsultiert noch unterrichtet[3].«

** Trotz dieser und weiterer Mitteilungen von Noël über Bombenangriffe auf polnische Städte – einschließlich eines Telegramms vom 2. September mittags, daß sich die Deutschen beim Bomben nicht auf militärische Ziele beschränkten – erklärte Bonnet am selben Tag dem britischen Botschafter, »bisher haben die Deutschen in Polen keine offenen Städte, sondern nur militärische Ziele bombardiert«[4].

sagte den Briten auch, daß er mit ihrer negativen Haltung gegenüber dem italienischen Konferenzvorschlag nicht einverstanden sei. Jedoch war er schließlich mit der Form der alliierten Erklärung an Deutschland einverstanden und stimmte dem Text der Note zu, die die beiden westlichen Botschafter in Berlin der deutschen Regierung am Abend übergaben:

Falls die französische Regierung von der deutschen Regierung keine befriedigenden Zusicherungen erhält, daß die deutsche Regierung alle Aggressionshandlungen gegen Polen einstellt und daß sie bereit ist, ihre Truppen von dem polnischen Hoheitsgebiet zurückzuziehen, wird die französische Regierung ohne Zögern ihre Verpflichtungen Polen gegenüber erfüllen[5].

Es wurde kein Termin für die deutsche Antwort gegeben – eine Unterlassung, die während der nächsten achtundvierzig Stunden erhebliche Reibereien zwischen Paris und London zur Folge hatte.

In Berlin hatten die beiden Botschafter darauf gedrängt, gemeinsam empfangen zu werden, um die Einigkeit ihrer Regierungen zu unterstreichen. Aber Rippentrop hatte dies abgelehnt. Er empfing Henderson um 21 Uhr, Coulondre erst eine Stunde später; beiden gegenüber äußerte er, was der französische Botschafter als »einige weitere Lügen« bezeichnete, so zum Beispiel, daß Polen und nicht Deutschland der Angreifer sei. Er sagte, er werde ihre Noten an Hitler weiterleiten.

Der 2. September, als die deutschen Armeen immer tiefer nach Polen eindrangen und die Luftwaffe Bomben auf polnische Städte abwarf, war für alle Beteiligten ein nervenaufreibender Tag des Wartens. Mussolini versuchte verzweifelt, Deutschland und Großbritannien für sein Angebot einer Konferenz zu gewinnen (Frankreich hatte schon angenommen), Chamberlain und Halifax wurden über Frankreichs Zögern immer ungeduldiger, und Bonnet spielte mit der Hoffnung, daß ein neues München Frankreich den Krieg ersparen würde.

Um 9 Uhr morgens erschien der erregte polnische Botschafter am Quai d'Orsay, um sich bei Bonnet über Frankreichs Saumseligkeit seinen Verpflichtungen gegenüber zu beschweren. Er verlangte zu wissen, ob Frankreich in seiner Note an Deutschland einen Termin gesetzt habe[6].

»Keinen Termin. Wir können ohne Vollmacht des Parlaments nichts tun«, antwortete Bonnet. »Es tritt heute nachmittag zusammen, und erst wenn es zugestimmt hat, können wir unser Ultimatum an Deutschland absenden.«

»Wann wird dieses Ultimatum ablaufen?« fragte der Botschafter.

»Nach achtundvierzig Stunden, nehme ich an.«

»Diese Verzögerung ist viel zu groß! Polen befindet sich seit sechsunddreißig Stunden im Krieg*!«

Reynaud zufolge habe Bonnet hinzugefügt: »Wollen Sie, daß die Frauen und Kinder von Paris massakriert werden[8]?« Vielleicht dachte auch der Botschafter an die Frauen und Kinder in Polen, die bereits dem Krieg zum Opfer gefallen waren.

Während der Morgen verging, wurde die britische Regierung immer ungeduldiger über die Haltung Frankreichs.

Lord Halifax brachte das um 11 Uhr 55 in einem Telegramm an Phipps zum Ausdruck:

Verzögerungen in Paris und die Haltung der französischen Regierung verursachen hier einige Befürchtungen. Wir wären dankbar für alles, was Sie tun können, um M. Bonnet in seinem Mut und seiner Entschlossenheit zu bestärken[9].

Das war eine recht große Zumutung. Aber Bonnet war nicht die einzige bedeutende Persönlichkeit in Paris, die darauf bestand, langsam voranzugehen. Daladier berichtete seinem Außenminister, daß Gamelin und der Generalstab soviel Zeit wie möglich verlangten, um die allgemeine Mobilmachung ohne Gefährdung durch Luftangriffe durchzuführen und die Zivilisten aus den Grenzgebieten zu evakuieren. Sie wünschten keine Feindseligkeiten bis mindestens 21 Uhr am 4. September. Nach Angabe des britisch-französischen Ultimatums am Abend des 2. September in Berlin forderten die Generäle eine Frist von achtundvierzig Stunden. Gamelin gab später ausdrücklich zu, daß er und der Generalstab es gewesen seien, die auf Daladier Druck ausgeübt hätten, nichts zu überstürzen.

Er sagte später[10]:

Die Briten bestanden darauf, die Feindseligkeiten so bald wie möglich zu eröffnen, um Polen unverzüglich eine wirksame Hilfe zu gewähren. Sie befürchteten, glaube ich, daß wir im letzten Augenblick zögern würden. Sie mißtrauten unserem Außenminister. Ich hatte, das muß ich gestehen, gegenüber dieser Forderung ein taubes Ohr, denn wir mußten für unsere Vorbereitungen Zeit gewinnen, die in keiner Weise die Stunde hinauszögern würde, in der wir angreifen könnten**.

Was Gamelin von einem »Angreifen« hielt, für das er so viel Zeit gewinnen mußte, werden wir in Kürze sehen.

* Obgleich Bonnet selbst diese Unterhaltung mit dem polnischen Botschafter erwähnt, leugnete er gegenüber den Briten später, daß der Botschafter um Hilfe gebeten habe. Sir Alexander Cadogan, Ständiger Unterstaatssekretär im Foreign Office (entspricht einem deutschen Staatssekretär), telefonierte um 17 Uhr mit Bonnet und fragte u. a., »ob die Polen Frankreich um Hilfe gebeten hätten, weil dort eine große Schlacht tobe«. Der Bericht des Foreign Office verzeichnet Bonnets Antwort; sie lautete: »Noch nicht.« Bonnet fügte hinzu, »daß er mit London telefonieren werde, wenn der polnische Botschafter in Paris deswegen vorstellig werde«[7].

** Hervorhebung von Gamelin.

Die Meinungsverschiedenheiten zwischen Paris und London beruhten naturgemäß auf den unterschiedlichen militärischen Funktionen der beiden Länder. Die Briten dachten, was ganz natürlich war, in erster Linie an den Krieg zur See. In London drängte die Admiralität die Regierung, sofort den Krieg zu erklären. Die britische Marine konnte dann deutsche Schiffe auf hoher See aufbringen – beispielsweise den großen deutschen Schnelldampfer »Bremen«, der vor ein oder zwei Tagen aus New York ostwärts ausgelaufen war –, oder sie konnte deutsche Unterseeboote, die in der Nordsee erschienen, vernichten, bevor sie ihre Positionen an den für England lebensnotwendigen atlantischen Schiffahrtsrouten eingenommen hatten.

Der französische Generalstab war daran interessiert, den Abschluß seiner Mobilmachung und der Aufstellung neuer Armeen zu erreichen, ohne durch deutsche Luftangriffe gestört zu werden, wie sie Gamelin befürchtete, besonders angesichts der ausführlichen Berichte über die massiven deutschen Bombenangriffe auf Polen. Und kein einziger britischer Soldat würde zur Unterstützung der Franzosen für mehrere Tage verfügbar sein, geschweige denn eine nennenswerte britische Armee, und wenn, dann erst innerhalb der nächsten Monate.

Inmitten dieses ärgerlichen Meinungswechsels zwischen London und Paris, wann man nun gegen Deutschland zu Felde ziehen sollte, tauchte wieder die Frage von Mussolinis Konferenz auf und machte die unterschiedlichen Auffassungen der beiden westlichen Bündnispartner nur noch deutlicher. Am Morgen des 2. September hatte der Duce eine Botschaft an Hitler geschickt:

... Italien läßt wissen, wobei es natürlich jede Entscheidung dem Führer überläßt, daß es noch die Möglichkeit hätte, von Frankreich, England und Polen eine Konferenz auf folgenden Grundlagen annehmen zu lassen:

1. *Waffenstillstand, der die Truppen läßt, wo sie jetzt sind;*
2. *Einberufung der Konferenz in zwei bis drei Tagen;*
3. *Lösung des polnisch-deutschen Konflikts, welche, wie die Sachen heute liegen, sicher günstig für Deutschland sein würde.*

Für den Gedanken, der ursprünglich vom Duce ausgegangen ist, setzt sich heute besonders Frankreich ein.

Mussolini erinnerte Hitler daran, daß Danzig bereits deutsch sei und Deutschland schon Pfänder in seiner Hand habe, die ihm den größten Teil seiner Ansprüche sicherten. Außerdem habe Deutschland seine »moralische Genugtuung« gehabt. Nähme es jetzt den Konferenzvorschlag an, dann würde es »alle seine Ziele erreichen und gleichzeitig einen Krieg vermeiden, der schon heute als allgemein und von außerordentlich langer Dauer betrachtet werden muß«[11].

Ribbentrop hatte erwidert, Hitler werde »in ein oder zwei Tagen«

antworten, wenn Rom bestätige, daß die britisch-französischen Noten vom Vorabend keine »Ultimaten« seien.

Um 14 Uhr, gerade als nach Bonnets Meinung jede Aussicht, den Frieden zu retten, verloren zu sein schien, belebte ein Telefonanruf von Ciano erneut seine Hoffnungen. Der italienische Außenminister übertrieb ein wenig, wenn er sagte, daß Hitler dem Projekt einer Konferenz »nicht abgeneigt« sei, aber wissen wolle, ob die britisch-französischen Noten »Ultimaten« gewesen wären. In diesem Falle könne er eine Konferenz nicht in Betracht ziehen; Hitler wolle ferner wissen, ob er bis zum Mittag des 3. September Zeit habe, zu antworten.

Der Aufzeichnung dieses Telefongesprächs[12] zufolge dankte Bonnet Ciano »wärmstens für seine Friedensbemühungen« und erklärte ihm: 1. sei die französische Note kein Ultimatum gewesen und 2. glaube er, die deutsche Antwort könne bis Sonntag (3. September) mittags zurückgehalten werden, doch müsse er darüber mit Daladier und der britischen Regierung sprechen.

Bonnet sagt, bei »der unerwarteten Nachricht, daß Hitler eine Konferenz angenommen habe«, sei in ihm eine »schwache Hoffnung« aufgeglommen, und er habe sich entschlossen, seine ganze Kraft einzusetzen, um die »Feindseligkeiten abzustoppen, solange das noch ginge«. Aber Ciano hatte ihm keineswegs gesagt, Hitler habe angenommen – der Außenminister in Paris griff nichtsdestoweniger nach Strohhalmen, die gar nicht vorhanden waren. Er berichtet, er sei mit der guten Nachricht zu Daladier gestürzt, und der Ministerpräsident sei mit ihm einverstanden gewesen, Berlin vor Sonntag mittag kein Ultimatum zu stellen. Auf jeden Fall würden die Feindseligkeiten nicht vor der Nacht vom 4. auf den 5. September beginnen. Auf Daladiers Drängen rief Bonnet um 15 Uhr Lord Halifax an, um sich mit ihm zu besprechen.

Er vernahm, daß der britische Außenminister auch einen Telefonanruf von Ciano erhalten, aber weniger begeistert darauf reagiert hatte als er selber. Zwar bestätigte Halifax Ciano, daß die britische Note nicht als Ultimatum zu betrachten sei – man muß sich schon über die Haarspalterei wegen eines einzigen Wortes wundern, denn die britisch-französischen Noten waren unmißverständlich –, er fügte jedoch hinzu, seiner Ansicht nach – und er sei sicher, daß auch das Kabinett so denke – könne keine Rede von einer Konferenz sein, wenn sich Deutschland nicht zuvor einverstanden erklärte, seine Truppen aus Polen zurückzuziehen.

Dem britischen Protokoll zufolge sagte Bonnet in seinem Gespräch mit Halifax, er glaube, es sei »für Hitler wahrscheinlich unmöglich, einen Rückzug als Bedingung anzunehmen, obgleich das offenbar wünschenswert sei. Er fügte hinzu, daß er glaube, eine Konferenz könne in Betracht gezogen werden, vorausgesetzt, Polen sei vertreten. Das wäre wirklich der wesentliche Punkt.« Bonnet erwähnte diesen Teil der Unterhaltung weder in seinen Memoiren noch in seinen im französischen Gelbbuch veröffentlichten Notizen.

Aber der »wesentliche Punkt« war für die Briten ein anderer als für Bonnet. Um 17 Uhr 20 telefonierte Halifax mit seinem französischen Kollegen und sagte ihm, das britische Kabinett opponiere »einstimmig« gegen eine Konferenz, wenn sich die Deutschen nicht vorher bereit erklärten, ihre Truppen zurückzuziehen[13]. Um 18 Uhr 38 rief Halifax Ciano in Rom an und ließ ihm die gleiche Nachricht zukommen. Der italienische Außenminister erwiderte, er glaube nicht, daß Hitler eine solche Bedingung annimmt. »Versuchen Sie Ihr Bestes«, sagte Halifax zu ihm. Aber Ciano hielt weitere Versuche für nutzlos.

Es ist nicht meine Aufgabe (schrieb er in sein Tagebuch), Hitler einen solchen Rat zu geben. Er würde den Vorschlag mit Entschlossenheit, vielleicht mit Verachtung zurückweisen. Das sagte ich Halifax, den beiden Botschaftern und dem Duce, und schließlich telefonierte ich nach Berlin, daß wir die Unterhandlungen aufgeben, falls nicht die Deutschen einen gegenteiligen Wunsch äußern. Der letzte Hoffnungsschein ist erloschen[14].

Die Hoffnung auf eine Konferenz war für alle geschwunden – außer für Bonnet, der zu Cianos größter Überraschung verzweifelt weitere zwölf Stunden lang – die ganze Nacht hindurch – versuchte, sie wiederzubeleben. Es blieb zwischen Paris und London das Problem, sich über den Zeitpunkt eines endgültigen Ultimatums an Hitler zu verständigen und ihn davon in Kenntnis zu setzen, daß die westlichen Verbündeten in den Krieg eintreten würden, wenn er nicht unverzüglich seine Truppen aus Polen zurückziehe. Um 13 Uhr 30 drahtete Halifax an Phipps in Paris, er solle die Franzosen ersuchen, eine Erklärung zu akzeptieren, die der Premierminister um 15 Uhr im Unterhaus abgeben wolle. Er würde deutlich machen, daß seine Regierung nicht mehr länger auf eine deutsche Antwort zu den britisch-französischen Noten vom Vorabend zu warten beabsichtige. Sie müsse aber im Einvernehmen mit Paris handeln und deshalb auf das Vorgehen des französischen Parlamentes warten, das um 15 Uhr zusammentrat.

Um diese Stunde traten die Deputiertenkammer und der Senat, die von Daladier trotz der sich steigernden Krise der letzten Tage in den Ferien belassen worden waren, endlich zusammen. Abgekämpft – wie alle anderen Staatsmänner in Europa – von den Tag und Nacht währenden Belastungen der letzten Zeit trat der Ministerpräsident mit enttäuschtem Gesicht, aber entschlossener Haltung an das Rednerpult der Kammer, um eine ziemlich pathetische Botschaft des Präsidenten der Republik zu verlesen und seine Regierungserklärung abzugeben. Es war die beste Rede seiner politischen Laufbahn, fest und doch versöhnlich. In der Tat waren es seine Worte – noch in dieser letzten Stunde drückten sie den Wunsch nach Versöhnung aus –, die bei den vor einem Krieg zitternden Deputierten den lautesten und längsten Beifall auslösten. Als er erklärte: »Was wir vor dem Ausbruch des Krieges getan haben (um den Frieden zu retten), sind wir bereit fortzusetzen. Wenn Versöhnungsmaßnahmen ergriffen werden, sind wir immer noch bereit, an ihnen teilzunehmen«, erhoben sich alle Mitglieder der Kammer und applaudierten.

Wenn der Kampf abgebrochen wird, wenn der Angreifer an seine Grenzen zurückkehrt, wenn freie Verhandlungen noch stattfinden können, wird die französische Regierung keine Mühe scheuen, ihren Erfolg im Interesse des Weltfriedens zu sichern.

An dieser Stelle erfolgte wiederum langanhaltender Beifall.

Aber die Zeit drängt. Frankreich und Großbritannien werden nicht abseits stehen und bei der Vernichtung eines befreundeten Volkes zusehen, bis sich dann neue Gewaltakte auch gegen England und Frankreich richten.

Geht es hier nur um einen deutsch-polnischen Konflikt? Nein! Es ist ein neuer Schritt auf dem Marsch der Hitlerdiktatur zur Beherrschung Europas und der Welt . . .

Man sagt uns, wenn die deutschen Forderungen von den Polen erst einmal befriedigt seien, dann werde Deutschland der Welt versprechen, den Frieden für zehn, zwanzig, fünfundzwanzig Jahre oder für immer zu respektieren. Unglücklicherweise kennen wir diese Versprechungen.

Frankreich, sagte Daladier, werde seine Verpflichtungen erfüllen:

Es geht nicht nur um die Ehre unseres Landes, sondern auch um den Schutz unserer Lebensinteressen.

Denn ein Frankreich, das diesem Angriff bis zum Ende tatenlos zusieht, wird bald ein verachtetes, isoliertes, diskreditiertes Frankreich ohne Bundesgenossen und ohne Unterstützung sein und wird, daran dürfen Sie nicht zweifeln, bald einem furchtbaren Angriff gegenüberstehen . . . Die durch ihre Eroberungen noch mächtiger gewordenen Aggressoren, die die Beute Europas geschluckt haben und Herren unermeßlicher natürlicher Hilfsquellen geworden sind, werden sich bald mit ganzer Kraft gegen Frankreich wenden.

Abschließend brachte Daladier nochmals sowohl seine Entschlossenheit als auch seine Bereitschaft zur Versöhnung zum Ausdruck:

Es ist unsere Pflicht, der Aggression und der Gewalt ein Ende zu setzen. Mit friedlichen Mitteln, wenn wir das noch können – und wir werden es bis zum Schluß versuchen. Durch Einsatz unserer Macht, wenn bei den Aggressoren jedes moralische Gefühl und jede Vernunft geschwunden sind.

Die Deputierten sprangen von ihren Sitzen und brachten dem Ministerpräsidenten Ovationen dar, als er das Rednerpult verließ. Aber das sollte nicht heißen, daß alle Deputierten für einen Krieg waren. Als der Finanzausschuß während einer kurzen Vertagung des Plenums zusammentrat, um die Forderung nach Kriegskrediten in Höhe von 70 Milliarden Francs zu billigen, fragten einige Mitglieder Daladier, ob die Annahme dieser Forderung von der Regierung als Vollmacht zur Kriegserklärung betrachtet werde. Daladier erwiderte, wenn der Krieg erklärt werden müsse, werde er auf das Parlament »zurückkommen«. Aus dieser Antwort ergab sich später der von Flandin und anderen Kriegsgegnern erhobene Vorwurf, daß Daladier nicht nur sein Wort gebrochen habe, als er ablehnte, das Parlament um eine förmliche Kriegserklärung zu ersuchen, sondern daß der Kriegseintritt Frankreichs verfassungswidrig gewesen sei, da das Parlament nicht ausdrücklich seine Zustimmung gegeben habe.

Reynaud, der als Finanzminister den Beratungen des Ausschusses beigewohnt hatte, gibt zu, daß Daladier versprochen habe, auf das Parlament wegen der Kriegserklärung »zurückzukommen«. »Aber nach der Sitzung«, fährt Reynaud fort, »änderte er seine Absicht. Er nahm an, es bestehe keine Notwendigkeit für ein zweites Votum.« Reynaud war gemeinsam mit den meisten französischen Verfassungsautoritäten der festen Meinung, daß die Zustimmung zu den Kriegskrediten gleichbedeutend mit einer Zustimmung zum Kriegseintritt war, und daß man verfassungskonform gehandelt hatte[15]. Präsident Lebrun behauptete später, daß jedes Parlamentsmitglied, als es frei seine Stimme abgab, »genau wußte, was es tat«. Für ihn lag keine Verletzung der Verfassung vor[16]. Aber der Streit über diesen Punkt trennte die politischen Führer noch mehr, und der Vorwurf der Verfassungsverletzung wurde gegen die Regierung vor allem dann erhoben, als sich ihr Schicksal verschlechterte. Pierre Laval bestand später darauf, die Regierung sei 1939 ohne Zustimmung des Parlamentes in den Krieg eingetreten.

Kurz vor der Sitzung beider Häuser hatten sich alle Parteiführer, einschließlich der Kommunisten, zusammengefunden und einer Forderung der Regierung zugestimmt, daß vor der Abstimmung über die Kriegskredite keine Debatte stattfinden solle. Nur im Senat ergriff Laval das Wort. Er war seit den Wahlen von 1936 nicht mehr am Rednerpult erschienen und mittlerweile hatte er seine Verärgerung gegen diejenigen genährt, die ihn seiner Ansicht nach so lange von der Macht ferngehalten hatten. Er wählte nun diesen Tag, um seine Rückkehr in die Öffentlichkeit einzuleiten und den Boden für die Art von Zukunft zu bereiten, die er für Frankreich mit Hilfe des Marschalls Pétain voraussah. Trotz eines Proteststurms von allen Seiten versuchte er zu sprechen und verlangte von der Regierung, mit Italien zusammenzuarbeiten, wie er es 1935 getan hatte, um den Frieden zu erhalten. Aber seine Worte gingen in den Protestrufen unter und er setzte sich wieder.

In der Kammer gab es auch nur eine Stimme des Widerspruchs, obgleich später viele Deputierte für sich in Anspruch nahmen, sie würden gesprochen haben, wenn man ihnen die Gelegenheit geboten hätte. Der einzige Opponent war der Einzelgänger Gaston Bergery, der, wie so viele andere Politiker in Frankreich, eine schnelle Reise von der äußersten Linken zur Rechten hinter sich gebracht hatte – er war ein glühender Befürworter von München gewesen. Er bestand darauf, daß die Kammer in geheimer Sitzung tagen und über die Frage des Kriegseintritts debattieren solle, aber auch er wurde durch stürmische Proteste zum Schweigen gebracht.

Die Abstimmung für die Kriegskredite erfolgte in beiden Häusern durch Handaufheben und war nach dem *Journal Officiel* einstimmig. Aber selbst hierüber gab es später Meinungsverschiedenheiten. Einem späteren Bericht des Abgeordneten Jean Montigny zufolge, den er verfaßte, nachdem er ein begeisterter Vichyanhänger geworden war, und nach Meinung von Benoist Méchin[17], der später wegen Kollaboration mit den Deutschen zum Tode verurteilt wurde, lehnte es Kammerpräsident Herriot nach der Frage, wer für die Kredite sei, ab, die Gegenprobe vorzunehmen. »Die Sitzung ist vertagt«, erklärte er plötzlich*.

Bonnet wohnte der Kammersitzung nicht bei. Im Einvernehmen mit Daladier, sagte er, entschied er, es sei wichtiger für ihn, am Quay d'Orsay zu bleiben, wo er telefonisch mit London in Kontakt stand. Um 17 Uhr 20 rief ihn, wie wir wissen, Cadogan an, um ihm mitzuteilen, daß die britische Regierung den italienischen Konferenzvorschlag ablehne, falls Hitler seine Truppen nicht aus Polen zurückzöge. Wichtiger aber war für die Briten, die Zustimmung der Franzosen für den Zeitpunkt des endgültigen Ultimatums an Hitler zu erhalten. Die britische Regierung, berichtete Cadogan jetzt Bonnet, beabsichtige, ihr Garantieversprechen gegenüber Polen zu halten, wenn Hitler nicht bis Mitternacht zugestimmt habe, seine Truppen zurückzuziehen.

Bonnet erhob Einspruch gegen solche Eile. Zufolge dem Bericht des Foreign Office über die Unterhaltung ersuchte der französische Außenminister die Londoner Regierung »hierüber nachzudenken. Wenn sie weiter auf dem Mitternachtsultimatum besteht, geht sie eine ernste Verantwortung gegenüber Frankreich ein, weil die französische Evakuierung noch nicht beendet ist und es noch zwei weitere Tage dauern wird, bis sie abgeschlossen werden kann[19].«

Laut seinem eigenen Bericht erklärt Bonnet, der glaubte, mit Lord

* Beau de Loménie, ein Gegner der Regierung, nimmt an, daß hundert Abgeordnete ihre Hände nicht erhoben hatten. Die Kommunisten hätten mit Ja gestimmt[18].

Halifax zu sprechen, er habe »Lord Halifax daran erinnert, daß wir die Evakuierung unserer großen Städte noch nicht beendet haben. Alle unsere Bahnhöfe sind überfüllt mit Fahrgästen, und wir riskieren ein fürchterliches Blutbad, falls Luftangriffe erfolgen.« Bonnet sagt, Lord Halifax sei von diesen Worten »sehr stark bewegt« gewesen und habe versprochen, die Sache mit dem Kabinett zu besprechen[20]. Die britische Version verzeichnet nur, daß Cadogan – der Gesprächspartner am Telefon – fragte, wann die französische Regierung ihren Entschluß über die »Frist« für das Ultimatum fassen würde, und daß Bonnet antwortete: »Gegen 21 Uhr.«

Londons Ungeduld über Paris näherte sich jetzt dem Siedepunkt. Um 18Uhr, kurz nachdem Bonnet und Cadogan ihr Gespräch beendet hatten, telefonierte Halifax mit Sir Eric Phipps in Paris.

Die Haltung der französischen Regierung (sagt er) wäre sehr peinlich für die Regierung seiner Majestät. Eine Regierungserklärung müsse an diesem Abend im Parlament abgegeben werden, aber bis zum gegenwärtigen Augenblick bestehe keine Vereinbarung darüber, . . . welche Frist in dem endgültigen Ultimatum verlangt werden solle.

Sir Eric Phipps erwiderte, die französische Regierung sei nicht in der Lage, einer Frist unter 48 Stunden zuzustimmen,. . . und erklärte, daß diese Frist vom Augenblick der Übergabe des Ultimatums an in Kraft trete.

Der Außenminister antwortete, eine Frist von 48 Stunden sei für die Regierung Seiner Majestät völlig unmöglich. Die Marinebehörden beschwerten sich, daß bei einer so langen Verzögerung die Deutschen allerlei Dispositionen ohne unser Eingreifen treffen könnten. Wäre es möglich, M. Daladier zu überreden, daß das Ultimatum heute um Mitternacht abläuft?

Sir Eric Phipps erwiderte, für die französische Regierung sei das völlig unannehmbar – angesichts der Tatsache, daß die Evakuierung der Frauen und Kinder noch nicht abgeschlossen sei . . . Er fügte hinzu, das französische Kabinett tage noch, und man erwarte, daß die Sitzung bis 20 oder 21 Uhr dauern werde[21].

Eine Stunde später rief Phipps London an: Daladier sei einverstanden, daß der Premierminister seine Erklärung im Unterhaus abgebe, »obgleich M. Bonnet Schwierigkeiten gemacht hat«. Mit wachsender Unruhe erwartete London die Ergebnisse der französischen Kabinettssitzung.

Sie war kurz nach der parlamentarischen Abstimmung über die Kriegskredite einberufen worden, und einige Kabinettsmitglieder hatten dagegen rebelliert, so schnell – wie sie sagten – von den Briten in den Krieg getrieben zu werden. Als ein Mitglied sagte, es sei »bedauerlich«, daß die beiden Regierungen über den Zeitpunkt des Ultimatums verschiedener Meinung seien, erwiderte Monzie, »dieses einemal können wir uns den Luxus leisten, uns einen Schritt hinter den Briten zu befinden«. Um diese Zeit kreidete Monzie den Briten den Krieg an. Am Tag zuvor, als Hitler ihn begonnen hatte, hatte Monzie in seinem Tagebuch notiert: »Das Hindernis für den Frieden befindet sich ohne Zweifel in London.« Er nahm Bonnet nach dem Ende der Kabinettssitzung um 20 Uhr 30 beiseite und »drängte« ihn, wie er sagt, den britischen Druck zu ignorieren. »Den Rückzug der deutschen Truppen aus Polen zu verlangen« (will Monzie zu Bonnet gesagt haben), »ist eine unerträgliche Anmaßung, die der deutsche Außenminister als solche erkannt haben sollte.«

Monzie sagt, er habe einen Kompromiß angeregt: die Deutschen aufzufordern, sie sollten einen »symbolischen Rückzug« antreten. Er werde in Kürze mit dem italienischen Botschafter dinieren, ob er diesen »ehrenhaften Vorschlag« den Italienern unterbreiten könne[22]? Bonnet, der behauptet, im Kabinett habe es »keine Diskussion« darüber gegeben, ob Frankreich seine Verpflichtungen Polen gegenüber erfülle, nachdem das Parlament in Aktion getreten sei, sagte zu Monzie, das könne er tun.

Wenn der britische Druck auf die Franzosen, sie sollten ihr Ultimatum an Berlin beschleunigen, beträchtlich war, so war der Druck auf die britische Regierung aus dem Unterhaus vielleicht noch viel größer. Um 21 Uhr 50 rief Chamberlain Daladier an, um ihn davon zu unterrichten. Cadogan, der mithörte, fertigte einen Vermerk für die Akten an. Chamberlain sagte:

Die Situation hier ist sehr ernst. Es hat eine ärgerliche Szene im Unterhaus gegeben, nachdem ich meine Erklärung abgegeben habe ... Wenn Frankreich auf einer achtundvierzigstündigen Frist ab morgen mittag besteht, wird für die Regierung hier die Lage unhaltbar.

Der Premierminister führte weiter aus, er sei sich vollauf bewußt, daß Frankreich die Hauptlast des deutschen Angriffs zu tragen habe. Aber nach seiner Überzeugung müsse noch heute abend ein Schritt unternommen werden. Er schlage einen Kompromiß vor: Wir sollten ankündigen, die Botschafter seien beauftragt, das Ultimatum morgen früh um 8 Uhr zu überreichen. Wenn die deutsche Regierung nicht bis zum Mittag die geforderte Zusicherung gegeben habe, sollten wir uns von dieser Stunde an als im Kriegszustand befindlich betrachten.

Daladier verhielt sich ausweichend. Wie Bonnet hing er noch der Hoffnung an, daß »eine Fünf-Mächte-Konferenz« den Frieden retten könne. Er drückte sich zunächst um die von Chamberlain gestellte Frage herum und ließ sich des längeren und breiteren über Cianos Initiative aus.

... *Graf Ciano (so heißt es in dem britischen Protokoll über Daladiers Äußerungen) habe bemerkt, daß noch Hoffnung für ein deutsches Einverständnis bestehe, wenn wir unsere démarche bis morgen mittag verschieben könnten, und das französische Kabinett habe diese Absicht gutgeheißen. Wenn sich die deutsche Regierung bis morgen mittag ablehnend verhielte, dann würde es möglich sein, ein Ultimatum an die deutsche Regierung zu richten.*

Jetzt drehte Daladier den Spieß um. Gamelin sei von einer unheiligen Furcht vor deutschen Luftangriffen besessen, obwohl er wisse, daß die deutsche Luftwaffe in Polen vollauf beschäftigt sei – er habe ihm, Daladier, seine Befürchtungen mitgeteilt. Überdies habe sich Großbritannien noch nicht einverstanden erklärt, seine Luftstreitkräfte einzusetzen, falls Frankreich plötzlich bombardiert würde – so unwahrscheinlich dieser Gedanke auch sei. Wenn die Briten sofort Flugzeuge schickten, dann sähe die ganze Sache schon anders aus, und daran erinnerte Daladier Chamberlain jetzt.

Wenn nicht sofort britische Bomber bereitgestellt werden würden (sagte Daladier), sei es für Frankreich besser, nach Möglichkeit die Angriffe auf deutsche Armeen um einige Stunden hinauszuschieben.

An diesem Punkt brach Daladier plötzlich die Unterredung ab und erklärte, »er könne am Telefon nichts Genaueres sagen«[23].

Knapp eine halbe Stunde später, um 22 Uhr 30, rief der ungeduldige englische Außenminister seinen französischen Kollegen an. Cadogan hörte wiederum mit und fertigte eine Aufzeichnung an. Bonnet führt diese Unterredung in seinen Vermerken über die verschiedenen im französischen Gelbbuch veröffentlichten Ferngespräche nicht mit auf, aber er berichtet darüber in seinen Memoiren. Wie zu erwarten, unterscheidet sich seine Aussage ein wenig von der britischen Version. Die letztere verzeichnet, Halifax habe vorgeschlagen, die Botschafter sollten

den (deutschen) Außenminister um acht Uhr morgens (am Sonntag, 3. September) aufsuchen und ihm mitteilen, wenn er nicht bis Mittag eine befriedigende Antwort erteilen könnte, würden wir uns als handlungsfrei betrachten, unsere Verpflichtungen Polen gegenüber zu erfüllen.

Wenn die französische Regierung diesem Zeitplan nicht zustimmen könne, schlage die britische Regierung vor, daß sie allein vorgehe und

Seiner Majestät Botschafter in Berlin gesonderte Anweisungen erteile, ohne seinen französischen Kollegen zu handeln, vorausgesetzt, die französische Regierung gebe die Versicherung innerhalb 24 Stunden zu folgen*.

Bonnet machte wiederum geltend, daß die Briten es allzu eilig hätten.

* Hervorhebung vom Verfasser.

Was für einen Unterschied bedeuteten schon ein paar Stunden? Feindseligkeiten könnten in jedem Fall erst achtundvierzig Stunden nach Überreichung des Ultimatums beginnen, da die Franzosen diese zusätzliche Zeit zum Abschluß ihrer Mobilmachung und zur Evakuierung von Frauen und Kindern benötigten.

Ich beschrieb (sagt er) dem britischen Außenminister das Schauspiel am Gare d'Orsay (ein Pariser Bahnhof), wo ich gerade die langen Schlangen von Frauen mit ihren Kindern auf den Armen gesehen hatte. Wenn ein schwerer Luftangriff stattfände, würde ein fürchterliches Massaker die Folge sein. Ich wies auch auf den schlechten Eindruck hin, den ein separates Vorgehen unserer Botschafter in Berlin hervorrufen würde . . .

Bonnet behauptet, Lord Halifax sei von seinen »Überlegungen sehr erschüttert« gewesen und habe versprochen, die Frage mit dem Kabinett nochmals zu überprüfen. Aber das steht keineswegs in den britischen Protokollen.

Der Außenminister wiederholte, daß es sehr fraglich sei, ob sich die Regierung hier halten könne . . . Er sähe keine ernsthaften Bedenken dagegen, daß wir um 8 Uhr handelten und die französische Regierung gegen Mittag. Auf jeden Fall wäre es Seiner Majestät Regierung unmöglich, so lange zu warten.

Es wurde – laut dem britischen Protokoll – schließlich vereinbart (wenn Bonnet dies auch nicht erwähnt), daß die Briten um 8 Uhr morgens und die Franzosen gegen Mittag ihre jeweiligen Ultimaten übergeben sollten. Bonnets letzter Schuß auf die Briten ähnelte dem Daladiers kurz zuvor. Wenn die britischen Bomber, sagte er, bereit seien, sofort auf Bombenangriffe zu antworten, dann verändere das die Situation[24].

Chamberlain und Halifax hatten in ihren Telefongesprächen die unsichere Lage der Tory-Regierung in dem brodelnden Unterhaus nicht übertrieben. Um 2 Uhr in dieser Nacht rief Botschafter Corbin Bonnet an und warnte ihn, die Regierung Chamberlain riskiere ihre Entmachtung, wenn sie nicht dem Unterhaus in der Sitzung um 10 Uhr morgens versichern könne, daß das britische Ultimatum bereits in Berlin übergeben sei. Corbin fügte hinzu, daß die britische Regierung endgültig beschlossen habe, das Ultimatum in Berlin um 9 Uhr morgens übergeben zu lassen – mit dem Beginn der Feindseligkeiten, was Großbritannien betraf, um 11 Uhr vormittags.

Corbin fragte auch an, ob Paris nicht »den Aufschub verkürzen« könne. Bonnet berichtet, daß er deswegen telefonisch im Kriegsministerium angefragt und die Antwort erhalten habe:

Fragen Sie London, ob es die britischen Bomber morgen früh zu unserer Ver-

fügung stellen kann. In diesem Fall kann der französische Generalstab eine Verkürzung des Aufschubs akzeptieren.

Diese Mitteilung wurde, sagt Bonnet, dem britischen Außenministerium durch Corbin übermittelt, aber der britische Generalstab konnte seine Entscheidung nicht sofort treffen. »Wieder einmal«, erklärt der Außenminister, »werden wir durch die Unzulänglichkeit unserer Kampfmittel aufgehalten[25].« Man fragt sich, warum Daladier und Bonnet auf britischen Bombenflugzeugen bestanden. Jäger, nicht Bomber, wären das Mittel gewesen, um einem deutschen Fliegerangriff zu begegnen, und die Franzosen besaßen genug Jagdflugzeuge, um alle Bomber abzufangen, die Deutschland in Polen nicht einsetzte.

Die Telefonanrufe des britischen Premierministers und seines Außenministers hatten ihre Wirkung bei der französischen Regierung nicht verfehlt. Um Mitternacht schickte Bonnet im Einvernehmen mit Daladier ein Telegramm an Coulondre in Berlin, das besagte: »Morgen vormittag werde ich Ihnen die Bedingungen einer neuen *démarche* mitteilen, die ich Sie bitte, um 12 Uhr mittags der Wilhelmstraße zu übermitteln.« Selbst der Außenminister schreckte davor zurück, das Wort »Ultimatum« zu benutzen. Hoffte er immer noch, daß Mussolini Frankreich aus der Klemme helfen könne? Sollte das der Fall gewesen sein, dann wurde diese letzte Hoffnung zerstört, als die lange Nacht zu Ende ging. Um 5 Uhr morgens, sagt Bonnet, rief ihn Monzie an, der den größten Teil der Nacht mit dem italienischen Botschafter zusammengesessen und dessen unechtes »Friedensangebot« diskutiert hatte. Monzie hatte es seinen eigenen Tagebuchaufzeichnungen zufolge dabei auch nicht versäumt, die Briten wegen ihrer Unnachgiebigkeit kräftig zu verfluchen. Er berichtete Bonnet:

Guariglia hat Rom angerufen, um zu erfahren, ob Hitler einen Rückzug seiner Truppen akzeptiert, so daß dann eine Konferenz stattfinden kann. Ciano hat geantwortet: »Unmöglich!«

Ciano vertraute seine Version dieses letzten französischen Bemühens, den Krieg mit Deutschland zu vermeiden, seinem Tagebuch an:

Während der Nacht werde ich geweckt, weil Bonnet bei Guariglia angefragt hat, ob es nicht möglich wäre, von den Deutschen einen symbolischen Rückzug der Streitkräfte aus Polen zu erreichen. Da kann nichts mehr getan werden. Ich werfe den Vorschlag in den Papierkorb, ohne auch nur den Duce zu informieren. Aber das beweist immerhin, daß Frankreich ohne Begeisterung und unsicher der großen Prüfung entgegengeht[26].

Die Auffassung der deutschen Botschaft in Paris darüber, wie Frankreich der großen Prüfung entgegengehe, war vom dortigen Geschäftsträger am 2. September um 12 Uhr 20 nach Berlin gekabelt worden

Die gestern angeordnete Generalmobilmachung ist von der französischen Bevölkerung mit Ruhe aufgenommen worden und wird . . . ordnungsgemäß nach Plan durchgeführt . . . Erfüllung französischer Bündnispflichten gegenüber Polen unterliegt keinem Zweifel. Frage, ob dann sofortiger Eintritt Frankreichs in Feindseligkeiten erfolgt, ist offen . . .[27].

Um 8 Uhr morgens am Sonntag, 3. September 1939, begab sich Bonnet ins Kriegsministerium, um mit Daladier über die Frist im französischen Ultimatum zu sprechen, das in Berlin um 12 Uhr überreicht werden sollte. Der Ministerpräsident – als Kriegsminister – setzte die Eröffnung der Feindseligkeiten für Montag, 5 Uhr morgens, an. Er erklärte, der Generalstab weigere sich, eine kürzere Frist zu akzeptieren. Nach der Rückkehr zum Quai d'Orsay ging Bonnet daran, das französische Ultimatum zu entwerfen, »jedes Wort dieser historischen Botschaft abwägend«, wie er sagt. Coulondre wurde beauftragt, um 12 Uhr mittags persönlich in der Wilhelmstraße vorzusprechen und um eine Antwort auf die französische Note vom 1. September zu ersuchen.

Wenn die Antwort . . . negativ ausfällt . . ., werden Sie dem deutschen Außenminister oder seinem Vertreter mitteilen, daß Frankreich ab morgen, dem 4. September, 5 Uhr morgens, seine Verpflichtungen gegenüber Polen, die der deutschen Regierung bekannt sind, erfüllen wird[28].

Selbst bei diesem letzten Schritt sträubte Bonnet sich dagegen, die Kriegserklärung formell auszusprechen. Er gab den Text des Ultimatums telefonisch an Botschafter Coulondre in Berlin um 10 Uhr 20 durch.

Um diese Zeit hatte Botschafter Henderson das britische Ultimatum der deutschen Regierung ausgehändigt. Pünktlich um 9 Uhr, gemäß seiner Anweisung aus London, war er im Auswärtigen Amt in der Wilhelmstraße erschienen. Ihm war gesagt worden, Ribbentrop stehe noch nicht »zur Verfügung«, er könne aber seine Mitteilung Dr. Paul Schmidt, dem amtlichen Dolmetscher, übergeben. An diesem historischen Morgen hatte Schmidt verschlafen. Er erreichte gerade mit einem Taxi das Auswärtige Amt, als er den britischen Botschafter die Stufen emporsteigen sah. Henderson las ihm das britische Ultimatum vor. Falls die deutsche Regierung nicht bis 11 Uhr vormittags eine befriedigende Zusicherung gebe, erklärte er, daß sie ihre Truppen aus Polen zurückziehe, *»wird zwischen den beiden Ländern von dieser Stunde an Kriegszustand bestehen«*. Die Briten waren nicht mehr zimperlich in dem, was sie sagten.

Schmidt eilte mit dem britischen Ultimatum zur Reichskanzlei. Er berichtete später:

Ich . . . betrat das danebenliegende Zimmer, in dem Hitler an seinem Arbeitstisch saß, während Ribbentrop etwas rechts von ihm am Fenster stand . . . Ich blieb in einiger Entfernung vor Hitlers Tisch stehen und übersetzte ihm dann langsam das Ultimatum der britischen Regierung. Als ich geendet hatte, herrschte völlige Stille . . .

Wie versteinert saß Hitler da und starrte vor sich hin . . . Nach einer Weile, die mir wie eine Ewigkeit vorkam, wandte er sich Ribbentrop zu, der wie erstarrt am Fenster stehengeblieben war. »Was nun?« fragte Hitler seinen Außenminister mit einem wütenden Blick in den Augen, als wolle er zum Ausdruck bringen, daß ihn Ribbentrop über die Reaktion der Engländer falsch informiert habe. Ribbentrop erwiderte mit leiser Stimme: »Ich nehme an, daß die Franzosen uns in der nächsten Stunde ein gleichlautendes Ultimatum überreichen werden[29]*.«*

Zu jener Stunde hatten die Franzosen noch Schwierigkeiten, sich über die Frist ihres Ultimatums zu einigen. Kurz nachdem Bonnet Coulondre seine Weisungen übermittelt hatte, empfing er einen Anruf aus London – er sagte nicht, von wem, doch vermutlich von der französischen Botschaft. »Hier wird die Nachricht verbreitet«, wurde ihm mitgeteilt, »daß Frankreich nicht vor Montag, 5 Uhr morgens, in den Krieg eintreten werde, und das ruft in England einen schlechten, für die alliierte Sache sehr abträglichen Eindruck hervor.« Bonnet rief Daladier an, der die gleiche Nachricht erhalten hatte. Der Ministerpräsident sagte, er werde einen letzten Versuch unternehmen, um den Generalstab zu einer Verkürzung der Frist im französischen Ultimatum zu bewegen.

Die Zeit drängte. Es war jetzt fast 11 Uhr 30 vormittags. Coulondre würde in dreißig Minuten seine Botschaft in der Wilhelmstraße überreichen. Um 11 Uhr 30 rief Daladier Bonnet wieder an und teilte ihm mit, er habe General Colson, dem Chef des Generalstabes des Heeres, ein Zugeständnis abgerungen. Der Zeitplan für die Eröffnung der Feindseligkeiten war um zwölf Stunden, also auf 17 Uhr am 3. September, vorverschoben worden. Bonnet meldete ein dringendes Gespräch an die Botschaft in Berlin an. Es wurde um 11 Uhr 45 vermittelt, gerade als sich Coulondre zur Wilhelmstraße begeben wollte. Bonnet diktierte ihm die neue Frist von 17 Uhr, und der Botschafter korrigierte handschriftlich den Text seines Ultimatums.

Plötzlich befielen ihn Zweifel. Sprach er tatsächlich mit dem französischen Außenminister? Er verlangte eine Bestätigung von jemandem am Quay d'Orsay, dessen Stimme ihm vertrauter war. Bonnet ließ Léger und Bressy mit ihm verbinden und die neuen Anweisungen bestätigen.

Der französische Botschafter konnte Ribbentrop nicht sofort um die Mittagszeit erreichen. Ribbentrop nahm an einem kleinen Empfang in der Reichskanzlei teil, wo der neue sowjetische Botschafter Alexander Schkwarzew von Hitler herzlich willkommen geheißen wurde – ein Ereignis, das diesem historischen Sonntag in Berlin eine bizarre Note verlieh. Coulondre, der darauf bestand, getreu seinen Weisungen genau um 12Uhr mittags in der Wilhelmstraße vorzusprechen, wurde daher von Weizsäcker empfangen. Auf die Frage des Botschafters, ob der Staatssekretär ermächtigt sei, den Franzosen eine »befriedigende« Antwort zu erteilen, erwiderte Weizsäcker, er könne ihm »überhaupt keine Antwort« geben.

Es folgte nun in diesem ernsten Augenblick der Geschichte eine kleine diplomatische Komödie. Als Coulondre versuchte, Weizsäkkers Erwiderung als die von ihm sowieso erwartete deutsche Ablehnung auszulegen und dem Staatssekretär das französische Ultimatum überreichen wollte, verweigerte dieser die Annahme. Er schlug vielmehr dem Botschafter vor, »er möge sich doch lieber kurz gedulden und bei dem Herrn Reichsaußenminister persönlich vorsprechen«.

Derart vor den Kopf gestoßen – und das war nicht zum erstenmal –, mußte Coulondre eine halbe Stunde lang warten. Um 12 Uhr 30 wurde er zu Ribbentrop in die Reichskanzlei geführt.

Obwohl der deutsche Außenminister wußte, in welcher Mission der Botschafter ihn aufsuchte, ließ er sich diese – allerletzte – Gelegenheit nicht entgehen, dem französischen Botschafter eine seiner üblichen Geschichtsklitterungen zu servieren. Er, der noch zwei Tage zuvor Coulondre versichert hatte, daß Polen, nicht Deutschland, der Angreifer sei, fügte jetzt noch ein paar Lügen darüber hinzu, daß Deutschland den italienischen Konferenzvorschlag angenommen habe. Mussolini hätte ihn unterrichtet, erklärte er, daß Frankreich ihn gebilligt habe. »Gestern«, fuhr er fort, »hat Deutschland dem Duce mitgeteilt, daß es ebenfalls bereit sei, dem Vorschlag zuzustimmen. Später am Tage habe der Duce dann wissen lassen, daß sein Vorschlag an der Intransigenz der englischen Regierung gescheitert sei.«

Aber Coulondre hatte in den vergangenen Monaten genug von Ribbentrops Verfälschungen gehört. Ungeduldig vernahm er den Kommentar des Außenministers, der erklärte, wenn Frankreich sich an seine Verpflichtungen gegenüber Polen gebunden fühle und in den Krieg eintrete, würde er das außerordentlich bedauern.

Deutschland habe immer einen Ausgleich mit Frankreich gesucht . . . Sollte die französische Regierung dennoch . . . eine feindselige Haltung gegenüber Deutschland einnehmen, so würde die deutsche Regierung dies als einen durch nichts gerechtfertigten Angriffskrieg ansehen.

Coulondre unterbrach ihn mit der Frage, wegen der er ihn aufgesucht hatte:

»Ist den Äußerungen des Herrn Reichsaußenministers zu entnehmen, daß die deutsche Regierung auf die französische Note vom 1. September eine negative Antwort erteilt?«

»Ja«, erwiderte Ribbentrop.

»In diesem Fall«, sagte Coulondre, »muß ich im Auftrag meiner Regierung noch einmal auf die schwere Verantwortung hinweisen, die die Reichsregierung durch den Angriff auf Polen ohne Kriegserklärung und durch ihre Ablehnung des britisch-französischen Ersuchens um Abzug der deutschen Truppen auf sich genommen hat. Ich habe nun die traurige Pflicht, Sie darüber zu informieren, daß ab heute nachmittag, 17 Uhr . . ., die französische Regierung genötigt sein wird, ihre Verpflichtungen gegenüber Polen zu erfüllen, die der Reichsregierung bekannt sind.«

»Dann wird Frankreich der Angreifer sein«, erklärte Ribbentrop.

»Darüber wird die Geschichte urteilen«, erwiderte Coulondre[30].

An diesem Sonntag in Berlin schienen alle Mitwirkenden im Schlußakt des Dramas darauf bedacht zu sein, sich auf das Urteil der Geschichte zu berufen.

Also würde sich Frankreich in Erfüllung seines Polen gegebenen Wortes ab 17 Uhr im Krieg mit Deutschland befinden. Aber für General Gamelin war das zu früh. Um 16 Uhr 30, eine halbe Stunde vor dem im französischen Ultimatum festgesetzten Zeitpunkt, erließ er geheime Weisungen an die Armee, Marine und Luftwaffe, die Eröffnung der Feindseligkeiten um zwölf Stunden hinauszuschieben.

Unser Ultimatum (heißt es in seinem Befehl) läuft um 17 Uhr heute nachmittag ab, wenn die Deutschen es nicht akzeptieren. Um aber im Einvernehmen mit den britischen Luftstreitkräften zu handeln, haben wir entschieden, die Operation nicht vor morgen für 5 Uhr zu beginnen[31].

Das Zögern des französischen Oberbefehlshabers begann wahrhaftig in der ersten Stunde des Krieges.

In den Straßen von Paris und in den anderen großen und kleineren Städten Frankreichs gab es kein Geschrei, als der Krieg ausbrach. Es herrschte keinerlei Begeisterung, keine Leidenschaft und kein festes Vertrauen in die Gerechtigkeit der nationalen Sache, die die Franzosen aller Volksschichten empfunden und zum Ausdruck gebracht hatten, als Frankreichs Soldaten 1914 in die Schlacht marschierten – genau vor fünfundzwanzig Jahren. Die Millionen einberufener Männer gehorchten der Mobilmachung stoisch, aber die meisten von ihnen waren nicht mit dem Herzen bei einem Krieg, dessen Ausbruch sie überrascht hatte und dessen Ursachen sie nicht begriffen – obgleich Hitlers Angriff auf Polen wie auch seine übrigen Absichten für fast jeden deutlich genug sein mußten. Viele waren von der Plötzlichkeit der Katastrophe wie betäubt.

An der Oberfläche schien Frankreich eine gewisse Einigkeit wiedergefunden zu haben. Die allgemeine Mobilmachung verlief glatt, ebenso die Evakuierung der Zivilbevölkerung aus dem Frontgebiet und die Verschickung vieler Frauen und Kinder aus den Großstädten. Das Parlament hatte mit überwältigender Mehrheit die Kriegskredite bewilligt. Die – sicherlich unter scharfer Zensur stehende – Presse war fast einmütig in ihrer Zustimmung, daß die Regierung ihr Wort gegenüber Polen hielt. Und obgleich keine Begeisterung für den Krieg herrschte, hatte man sich in den Gedanken ergeben, daß Hitler den Kampf haben wollte, daß die von dem deutschen Diktator seit 1936 provozierten Krisen nicht ewig weitergehen konnten und daß es vielleicht am besten war, »jetzt darüber hinwegzukommen« und Frankreich und Europa von der immer wiederkehrenden deutschen Drohung zu befreien.

Unter der Oberfläche jedoch nagte an vielen Franzosen der Zweifel, ob es von der Regierung weise gewesen war, das Land in einen Krieg zu stürzen, und bei einigen gab es bittere Opposition gegen den Kurs, den die Regierung eingeschlagen hatte. Wenige nur wagten es, dies im Augenblick offen auszusprechen. Sie würden es später tun – in ihren Memoiren oder in Artikeln, wenn keine Gefahr mehr bestand. So würde Senator Lémery, ein enger Freund Marschall Pétains, später ein glühender Anhänger Vichys, schreiben: »Die Kriegserklärung betäubte Frankreich. Wie konnten seine Führer sich selber und ihr Land so täuschen? Und warum dieser Krieg[32]?« Monzie, der im Kabinett bis zur letzten Minute gegen den Eintritt in den Krieg gekämpft hatte, würde in sein Tagebuch, das er nach der Niederlage veröffentlichte, schreiben: »Dieser 4. September, Frankreich im Krieg, doch es hält nicht viel davon[33].«

In seinen in einem französischen Gefängnis in Algier 1944 geschriebenen Memoiren enthüllt Flandin, der Führer der Mittelpartei, wie erbittert er über den Eintritt Frankreichs in den Krieg war. In diesem Zusammenhang verrät er eine geistige Verwirrung, die von vielen geteilt wurde. Er vertrat die Ansicht, wie wir gesehen haben, die Regierung habe die Verfassung verletzt, weil sie ohne ausdrückliche Zustimmung des Parlaments den Krieg erklärte. Er deutet an, die Regierung habe befürchtet, daß die Deputiertenkammer und »vielleicht« auch der Senat die Kriegserklärung ablehnen würden. Er leugnet, daß Frankreich verpflichtet war, Polen automatisch zu helfen, wenn es angegriffen würde. Er vertritt den Standpunkt, daß Frankreichs Verpflichtungen Polen gegenüber mit seinen Bindungen an den Völkerbund verknüpft waren, der erst hätte feststellen müssen, ob ein Angriff stattgefunden hätte. Tatsächlich beharrt er darauf,

Frankreich hätte zunächst den Völkerbund um seine Meinung ersuchen müssen, bevor es in den Krieg eintrat[34]! Und diese drei Politiker rechnete man damals zu den Pfeilern der Republik!

Auf der äußersten Rechten war die Opposition noch irrationaler. Lucien Rebattet, ein Schriftsteller nicht ohne Talent, der als Royalist zum Faschismus übergetreten und bereits eine der jungen Leuchten des faschistischen Blattes *Je Suis Partout* war, schrieb:

So also ist der Krieg von den gräßlichsten Possenreißern des gräßlichsten jüdischen und demagogischen Regimes begonnen worden . . . Wir sollen vermutlich noch einmal die Republik retten, eine Republik, die schlimmer ist als die von 1914 . . . Nein! Ich spüre nicht den geringsten Ärger gegen Hitler, aber viel Ärger gegen alle französischen Politiker, die zu seinem Triumph beigetragen haben[35].

Es war dies eine Art geistiger Abirrung – zum Teil von Dr. Goebbels, dem Reichspropagandaminister in Berlin, inspiriert –, mit der Rebattet sowie andere begabte junge Schriftsteller, die weit nach rechts getrieben waren, und nicht wenige frühere Linkspolitiker zu dem traurigen Ende direkter Kollaboration mit den Deutschen geführt wurden. Sie bildeten jedoch eine krankhafte Randerscheinung, die zu dieser Zeit wenig Gewicht im Land hatte.

Bedeutsamer auf der Rechten waren jene, die schon erhebliche Verantwortung in der Republik getragen hatten – wie Marschall Pétain, Frankreichs berühmtester Soldat, der als Privatperson gegen den Krieg war und die Republik verachtete. Wie wir gesehen haben, stand er jetzt in Kontakt mit Laval, einem früheren Ministerpräsidenten und Außenminister, der auch gegen den Krieg und gegen die Regierung opponierte und für eine Machtübernahme des Marschalls zu manövrieren begann. Im Grunde hegte die Rechte aus ideologischen Gründen nicht den Wunsch, gegen das Deutschland der Nationalsozialisten zu kämpfen. Sie bewunderte Hitlers unbekümmerte Diktatur und teilte seine Verachtung für die Demokratie. Auf der anderen Seite verachtete die viel größere Linke zwar den Totalitarismus Hitlers, aber sie wünschte keinen Krieg gegen Deutschland oder irgendein anderes Land, weil sie dem Pazifismus huldigte, der einer tiefen Überzeugung entsprang. Diese Überzeugung, daß alle Kriege böse und sinnlos in ihrer Vernichtung des Menschen, seines Eigentums und seiner Moral seien und deshalb um jeden Preis geächtet werden müßten, war in den staatlichen Schulen seit 1919 genährt worden.

Inmitten all dieser Spannungen und Verwirrungen nimmt es kaum wunder, wenn Frankreich uneinig in den Krieg eintrat. Aber es gab noch eine grundsätzlichere Ursache für das Unbehagen unterhalb der Oberfläche. Der Krieg war für Frankreich zu früh gekommen. Es hatte sich noch nicht vollständig von der Erschöpfung des letzten erholt, der knapp zwei Jahrzehnte vorher zu Ende gegangen war. Instinktiv wußten die Franzosen, daß sie einen solchen Aderlaß in einem zweiten Krieg gegen Deutschland nicht würden überleben können, gleichgültig, wer ihn gewann. Und selbst wenn sie mit Hilfe der Engländer und später vielleicht der Amerikaner, wie das letztemal, gewinnen sollten, würden sie nicht wieder den Frieden verlieren, wie das ihrer Meinung nach 1919 geschehen war? »Was nutzt dann das kämpfen?« sollen viele gefragt haben. Senator Lémery erinnert sich, einen der mit ihm befreundeten Rechtsanwälte am Mobilmachungstag im Justizpalast getroffen zu haben. Der Mann hatte sich als Soldat im Ersten Weltkrieg ausgezeichnet. »Diesmal«, sagte er, »werde ich mich zurückhalten. Ich beabsichtige nicht, wegen Polen mein Leben zu verlieren[36].«

Die Furcht vor einem neuen Blutbad quälte nicht nur die meisten Franzosen, sondern auch Daladier, der das letztemal vier Jahre lang in den Schützengräben gekämpft hatte, und – was man ihnen hoch anrechnen muß – die Generäle, die entschlossen waren, in diesem Krieg mit dem französischen Blut sparsam umzugehen. Es war dies eine humane und zivilisierte Haltung, aber sie ließ die Frage unbeantwortet, wie Frankreich eine Niederlage und Kapitulation vermeiden sollte. Konnte Frankreich dies ohne harte Kämpfe und die sich daraus ergebenden schweren Verluste erreichen?

Die nächsten acht Monate schien es – wunderbarerweise – so, als ob das möglich sei. Zur Überraschung der Franzosen und zu ihrer unermeßlichen Erleichterung folgte nun im Westen einer der merkwürdigsten Abschnitte in der Kriegsgeschichte. Die Franzosen gaben ihm den Namen *La Drôle de Guerre* – zu deutsch *Sitzkrieg* und auf englisch, weniger elegant: *Phony War*. Es gab keine harten Gefechte, keine Blutverluste, und allerlei Illusionen keimten. Aber er war nur ein Vorspiel.

Anmerkungen Bd. 1

1 Debakel Sommer 1940

1 Marc Bloch: *L'Etrange défait,* S. 21.
2 Jacques Maritain: *A Travers le désastre,* S. 14.
3 William L. Shirer: *Berlin Diary,* S. 330.
4 Generalmajor Sir Edward L. Spears: *Assignment to Catastrophe,* Bd. 1, S. 205f.
5 Henri Amouroux: *La Vie des français sous l'occupation,* S. 69.
6 Jean Vidalenc: *L'Exode de mai-juin 1940.* S. 262, aus E. Dubois: *Paris sans lumières,* S. 60.
7 Paul Reynaud: *Au Cœur de la mêlée, 1930 bis 1945,* S. 452 (zitiert als *Cœur).*
8 Vincent Sheean: *Between the Thunder and the Sun,* S. 145–148.
9 Vidalenc, a.a.O., S. 263. Nach Auskunft der S.N.C.F., der Staatlichen Französischen Eisenbahn.
10 Shirer: *Aufstieg und Fall des Dritten Reiches,* S. 1010 (hier und im folgenden nach der deutschen Taschenbuchausgabe).
11 Vidalenc, a.a.O., S. 269. Nach einem Augenzeugenbericht.
12 Ebenda, S. 273, 286. Ausführliche Dokumentation italienischer Luftangriffe auf Flüchtlinge in Frankreich, siehe Anhang, S. 421f.
13 Albert Lebrun: *Témoignage,* S. 79.
14 Vidalenc zitiert auf S. 273 aus den Akten des Generalstabs der siebten Armee, Deuxième Bureau.
15 Vidalenc zitiert auf S. 316 aus J. Charpentier: *Au Service de la libertée,* S. 88, sowie J. Albert-Sorel: *Le Champs de Croix,* S. 137f.
16 Paul Baudouin: *Neuf mois au gouvernement, avril-décembre 1940,* S. 145f. Hier handelt es sich um das veröffentlichte Tagebuch eines Mannes, der während der letzten entscheidenden Wochen ein enger Vertrauter Reynauds war, sich dann gegen ihn wandte und der erste Außenminister der Vichy-Regierung wurde. Diese Aufzeichnungen sind zwar außerordentlich wertvoll, aber sie müssen mit Vorsicht bewertet werden und sind stellenweise ungenau und irreführend.
17 Aussage von Senator Louis Rollin, ehemaliger Kolonialminister, vor dem Parlamentarischen Untersuchungsausschuß der Nachkriegszeit. *Les Evénements survenus en France de 1933 à 1945. Témoignages et documents recueillis par la commission d'enquête parlementaire.* Bd. VII, S. 2, 136. Der Ausschuß wurde 1946 von der Nationalversammlung eingesetzt und mit der Untersuchung der Ursachen des Sturzes Frankreichs im Jahre 1940 beauftragt. Die Hälfte seiner Mitglieder wurde aus den Reihen der Widerstandsbewegung gewählt, es waren nicht Angehörige des Parlaments. Der Ausschuß konnte zwar bis zum Auslaufen seines Auftrags die gestellte Aufgabe nicht bewältigen, doch sein in elf Bänden veröffentlichter Bericht ist eine unschätzbare Informationsquelle hinsichtlich der in diesem Buch behandelten Ereignisse. Er enthält nicht nur die Aussage der meisten beteiligten Schlüsselfiguren und die vieler wichtiger Zeugen, sondern auch eine ganze Reihe wichtiger Geheimdokumente, insbesondere die Protokolle der Sitzungen des Kabinetts und des Conseil Supérieur de la Guerre. Die Zeugen wurden fünf Jahre lang, von 1946 bis 1951, unter Eid vernommen, zumeist auch einem ausführlichen Kreuzverhör unterworfen. Viele von ihnen zogen während der Vernehmung aus ihren Taschen oder Aktenmappen wichtige vertrauliche Dokumente, die sonst noch jahrzehntelang nicht ans Tageslicht gekommen wären – vielleicht niemals. Dieser Bericht des Parlamentarischen Ausschusses wird im weiteren Verlauf kurz als *Evénements* zitiert. Er liegt nur in französischer Sprache vor.

Zu Rollins Aussage, die in den abschließenden Kapiteln dieses Buches noch ausführlicher erwähnt wird, siehe auch sein Tagebuch, zitiert bei Reynaud, S. 571.
18 Spears, a.a.O., Bd. II, S. 190f.
19 Ebenda, S. 243.
20 Baudouin, a.a.O., S. 219.

2 Eine Mißgeburt und die ersten Kinderkrankheiten 1871–1891

1 René Rémond: *La droite en France,* 2. Aufl. 1963, S. 147.
2 Alexandre Zevaes: *Histoire de la troisième républic. 1870–1926.* 1. Aufl., S. 126.
3 Ebenda, S. 126f.
4 Ebenda, S. 290.
5 Ebenda, S. 303.
6 David Thomson: *Democracy in France,* S. 156.

3 Die Dreyfus-Affäre 1894–1906

1 Abgesehen von einer großen Anzahl von Papieren und Dokumenten in den Archives Nationales und der Bibliothéque Nationale in Paris existiert eine umfangreiche Literatur über die Dreyfus-Affäre. Die erschöpfendste Studie stammt von Joseph Reinach: *Histoire de l'affaire Dreyfus* (7 Bde., 1901 bis 1911). Reinach war einer der führenden Revisionisten. Das beste Anti-Dreyfus-Werk in französischer Sprache ist von Henri Dutrait-Crozon: *Précis de l'affaire Dreyfus* (1909). Dreyfus selbst beschreibt sein Leben als Häftling in *Cinq années de ma vie.* Das Vorwort zur Ausgabe von 1962 hat François Mauriac geschrieben.
Hier noch einige der neueren französischen Bücher: Maurice Baumont: *Aux sources de l'affaire* (1959); Giscard d'Estaing: *D'Esterhazy à Dreyfus* (1960); H. Guillemin: *L'Enigme Esterhazy* (1962); H. Mazel: *Histoire et psychologie de l'affaire Dreyfus* (1934); Pierre Miquel: *L'Affaire Dreyfus* (1959); G. Charensol: *L'Affaire Dreyfus et la troisième république* (1930); Jacques Kaiser: *L'Affaire Dreyfus* (1946).
Eines der bewegendsten neueren Bücher in englischer Sprache ist Nicholas Halasz: *Captain Dreyfus: the Story of a Mass Hysteria* (1955). Guy Chapman: *The Dreyfus Case* (1955) und Douglas Johnson: *France and the Dreyfus Affair* (1967) beruhen auf gründlichen Nachforschungen sowohl in älterem als auch neuerem Material, aber beide Bücher scheinen mir voreingenommen zu sein. Diejenigen, die Dreyfus auf die Teufelsinsel verschifften, kommen dabei besser weg als ihre Gegner, insbesondere Oberst Picquart, dem Johnson keineswegs gerecht wird. Sie neigen dazu, nicht nur den zerstörenden Einfluß der Affäre auf die französische Gesellschaft, sondern auch das sich daraus ergebende Anschwellen des Antisemitismus zu verniedlichen. Einen wesentlich besseren Bericht über diese Entwicklung bringt Robert F. Byrnes in seinem Buch *Antisemitism in Modern France,* Bd. 2 (1950). Patrice Boussel: *L'affaire Dreyfus et la presse* (1960) ist ausgezeichnet geschrieben und enthält eine nützliche zusammenfassende Bibliographie. Schließlich liegen auch sämtliche Protokolle der Verhöre und Gerichtsverhandlungen veröffentlicht vor.
2 Siehe François Goguel: *La Politique des partis sous la IIIe République,* 3. Aufl. 1958, S. 98–100.
3 Shirer: *Aufstieg und Fall des Dritten Reiches,* S. 987.
4 Léautauds Protestbrief und Valérys Bemerkung sind zitiert in Patrice Boussel: *L'Affaire Dreyfus et la presse,* S. 196f.
5 Saul K. Padover: *France in Defeat,* S. 312.
6 Nicholas Halasz: *Captain Dreyfus: the Story of a Mass Hysteria,* S. 124.

7 Max von Schwartzkoppen: *The Truth about the Dreyfus Affair – from the Schwartzkoppen Papers,* New York 1931.
8 Henriette Dardenne: *Lumières sur l'affaire Dreyfus* (1964).

4 Die Konsolidierung der Republik 1880–1914

1 H. Luethy: *France Against Herself,* S. 25.
2 E. Beau de Lomenie: *Les Résponsabilités des dynasties bourgeoises,* Bd. 1, S. 21.
3 Siehe Dudley Kirk: *Population and Population Trends in Modern France,* S. 313–316, in *Modern France,* Hrsg. Edward Mead Earle. Außerdem Paul Leroy-Beaulieu: *La Question de la population* (1913), sowie J. Bertillon: *La Dépopulation de la France* (1911).
4 Neueste Studien dazu siehe Alfred Sauvy: *Théorie génerale de la population* (2 Bde.), 1952–1959; *De Malthus à Mao Tse-Toung,* 1959; *La Montée des jeunes,* 1959.
5 Alle drei Zitate stammen aus Maurice Ribet: *Le Procès de Riom,* S. 461. Ribet, ein prominenter Pariser Anwalt, verteidigte Daladier im Riom-Prozeß.
6 Barbara W. Tuchman: *The Guns of August;* deutsche Ausgabe: *August 1914,* S. 53.

5 Klassen und Konflikte 1875–1914

1 Das Zitat stammt aus Gaëtan Pirou: *Georges Sorel* (1927), S. 52f. Zitiert von Scott H. Lytle in dem erwähnten, von Earle herausgegebenen Werk, S. 288.

6 Die permanente politische Krise 1875–1914

1 Jacques Ollé-Laprune: *La Stabilitée des ministres sous la troisième république. 1879–1904,* S. 11.
2 Ebenda, S. 299.
3 Carleton Hayes: *Modern Europe. 1815–1915,* Bd. II, S. 362.
4 Goguel, a.a.O., S. 26.
5 Ollé-Laprune, a.a.O. Dieser Abschnitt über die »Stabilität der Minister« stützt sich auf seine eingehenden statistischen Untersuchungen. Er verzeichnet jedes Kabinettsmitglied von 1879 bis 1940 mit der Anzahl und den Bezeichnungen der Ministerien, die es innehatte.
6 Ich habe mich bei dem Schweizer Historiker Herbert Luethy zu bedanken, der in seinem lebendig geschriebenen Buch *Frankreichs Uhren gehen anders* (übrigens ein viel besserer Titel als in der englischen Ausgabe: *France Against Herself*) eine tiefschürfende, stellenweise humorvolle Darstellung der französischen *Administration* gibt und mich daran erinnerte, wie einige dieser Bürokraten arbeiteten und wie sie aussahen.
7 Thomson zitiert auf Seite 55 aus Daniel Halévy: *Décadence de la liberté.*
8 Albert Guérard: *The France of Tomorrow,* S. 144.
9 »Alain«: [4]*Eléments d'une doctrine radicale,* S. 25.

7 Die Errungenschaften der Dritten Republik 1875–1914

1 Die meisten Zahlen über die wirtschaftliche und koloniale Entwicklung stammen von Hayes, a.a.O., S. 356f., sowie von Gordon Wright: *France in Modern Times,* S. 343–353 und 380–384.
2 Zitiert in Wright, a.a.O., S. 377, aus Maurice Reclus: *Grandeur de la troisième* (1948).
3 *Histoire des littératures,* Bd. III, Encyclopédie de la Pléiade, S. 1259f.

8 Das Herannahen des Ersten Weltkrieges 1905–1914

1 Tuchman, S. 61, aus Péguys Besprechung: *Cahiers de la quinzaine,* 22. Oktober 1905.
2 Ebenda, S. 20 f., aus Bernhardis Buch zitiert.
3 Winston Churchill: *The World Crisis,* Bd. I, S. 207. Albert Ballin, Generaldirektor der Hamburg-Amerika-Linie, soll das im Juli 1914 in London zu ihm gesagt haben.
4 Jacques Madaule: *Histoire de France,* Bd. II, S. 301 f.

9 Die größte Stunde der Dritten Republik 1914–1918

1 Tuchman, S. 415.
2 Interview, das Kluck 1918 einem schwedischen Journalisten gab, zitiert in Gabriel Hanotaux: *Histoire illustrée de la guerre de 1914,* Bd. IX, S. 103, angeführt bei Tuchman, S. 518.
3 *Encyclopedia Britannica,* Bd. 14, S. 929.
4 Clemenceau: *Grandeurs et misères d'une victoire,* S. 22.
5 Ebenda.
6 Verlustzahlen des Ersten Weltkrieges, nach einer Zusammenstellung des US-Kriegsministeriums.

10 Siegreiches Frankreich – »Die stärkste Großmacht Europas« 1919–1931

1 Die Verlustziffern stammen aus Tabellen des US-Kriegsministeriums; Jacques Chastenet: *Histoire de la troisième république,* V, S. 14 f.; *This Age of Conflict,* S. 315; Alfred Sauvy: *Histoire économique de la France entre les deux guerres,* 1918–1931, I, S. 19–24, 438–441. Sauvy stützt sich auf das erschöpfendste Werk zu diesem Thema, nämlich Michel Huber: *La population de la France pendant la guerre.* Huber war Direktor von Statistique Generale.
2 Die demographischen Statistiken stammen aus *Encyclopédie politique de la France et du monde,* II, S. 201–215; Chastenet, V, S. 233 f.; Earle (Hrsg.): *Modern France,* ein Artikel von Dudley Kirk: »Population and Population Trends in Modern France«, S. 316–318; Alfred Sauvy: *La Montées des jeunes,* besonders S. 59 f. zum Übergewicht der Alten.
3 Siehe auch Shirer: *Aufstieg und Fall des Dritten Reiches,* S. 245 f.
4 Diese Zahlenangabe wurde einer deutschen Quelle, Ploetz: *Auszug aus der Geschichte,* 24. Aufl., Würzburg 1951, S. 723, entnommen. Der Verfasser nennt eine Summe von 22 891 000 000 Goldmark. Er bezieht seine Reparationsziffer aus: J.-B. Duroselle: *Histoire diplomatique de 1919 à nos jours,* sowie Sauvy: *Histoire économique,* I. Beide Autoren beziehen ihre Zahlenangaben aus dem Standardwerk zu diesem Thema: Etienne Weil-Raynal: *Les réparations allemandes et la France,* 3 Bde.
5 Zahlen zu den interalliierten Schulden aus *Encyclopedia Britannica,* Bd. 12, S. 462 bis 467, Artikel über »Inter-alliierte Schulden«, sowie Walter C. Langsam: *The World Since 1914,* S. 165–169; schließlich Sauvy, a. a. O., S. 168–183.

11 Abstieg, I. Politisches und finanzielles Chaos und Erholung unter Poincaré 1924–1930

1 Zitat aus *Journal des Finances* vom 23. Juli 1936, in Beau de Loménie: *Les Responsabilitées des dynasties bourgeoises,* IV, S. 222.
2 Sollte diese Bewertung des französischen Bürgertums einigen Lesern als extrem erscheinen, so seien sie auf mehrere französische und amerikanische Historiker ver-

wiesen: Madaule, Loménie, Goguel, die *Encyclopédie Politique, I,* und Albert Guérard sowie Charles A. Micaud in den USA.

3 Professor Alfred Sauvy vom Collège de France. Siehe seine *Histoire économique,* I, S. 363. Seine Ermittlungen brachten ihn zu dem Schluß, »daß sie im Finanzministerium nicht einmal richtig addieren können«.

4 Artikel von Germaine Martin in der *Revue de Paris,* 15. August 1926, zitiert bei Sauvy, I, S. 84.

5 Aus der *Statistique Générale* und anderen Quellen, zitiert bei Sauvy, S. 349f., 353f.

6 Goguel, a.a.O., S. 271–273.

12 Abstieg, II. Die Aushöhlung der Militärmacht 1925–1934

1 Zeugenaussage von Marschall Pétain vor dem Parlamentarischen Untersuchungsausschuß am 10. Juli 1947. *Evénements,* S. 170.

2 Ein Entwurf, den General Weygand dem Kriegsrat am 15. Januar 1935 vorlegte. Text in *Evénements, Rapport,* S. 121–125. Die hier angeführte Aussage ist auf Seite 122 zu finden.

3 General E. Ludendorff: *Meine Kriegserinnerungen, 1914–1918,* S. 547, 549, 551, 558.

4 J.-R. Tournoux: *Pétain et de Gaulle,* S. 156f.

5 General Estiennes Aussage stammt aus Major Eddy Bauer: *La Guerre des Blindés,* I, S. 27f., der dem Text der Brüsseler Version folgt. Außerdem J.-R. Tournoux: *Pétain et de Gaulle,* S. 154f., der sich nach der Pariser Lesart richtet.

6 Zeugenaussage des früheren Finanzministers Germain Martin: *Evénements,* III, S. 702. Aussage des Generalsekretärs im Ministerium für Nationale Verteidigung, Jacomet, ebenda, S. 196–198.

7 General Tony Albord: *Pourquoi cela est arrivé.* S. 30; General André Beaufre: *Le Drame de 1940,* S. 56–60.

8 Text zitiert aus *Evénement, Rapport,* S. 76.

9 Bericht des Ausschusses, ebenda, S. 67.

10 Artikel von General Paul-Emile Tournoux: »Les Origines de la Ligne Maginot«, *Revue d'Histoire de la Deuxième Guerre Mondiale,* Nr. 33, Januar 1959, S. 14.

11 Ebenda.

13 Abstieg, III. Die weltweite Depression erschüttert die Dritte Republik 1931–1939

1 Pertinax: *The Gravediggers of France,* S. 89, Fußnote.

14 Ein schicksalhafter Wendepunkt 6. Februar 1934

1 Rémond: »Les Anciens combattants et la politique« in *Revue Française de Science Politique,* 1955, S. 290, ebenso Rémond: *Le Droite en France,* S. 213. Fußnote.

2 Die Zitate sind entnommen: *Evénements, Rapport,* S. 13f.

3 Loustauneau-Lacou: *Mémoires d'un Français rebelle,* S. 84. Als Major in Pétains persönlichem Mitarbeiterstab blieb er in Verbindung mit den Ligen und später mit den terroristischen *Cagoules.* Er baute auch sein eigenes geheimes Nachrichtennetz in der Armee aus, das zwar nach außen hin antikommunistisch ausgerichtet war, aber die Regierung, die ihn schließlich entließ, betrachtete es außerdem als antirepublikanisch.

4 Eugen Weber: *Action Française,* S. 333f. Weber erklärt, seine Information über dieses Treffen habe er hauptsächlich vom Comte de Paris erhalten.

5 *Rapport général* über die Affäre Stavisky, von dem Deputierten Ernest Lafont, Dokument Nr. 4886, S. 287.
6 Alexander Werth: *The Twilight of France,* S. 15.
7 François Goguel, a.a.O., S. 485.
8 Edouard Bonnefous: *Histoire politique de la troisième république,* Bd. V, S. 210, Fußnote. Der Autor erhielt diese Aussage von dem radikalen Deputierten André Cornu.
9 Paul Reynaud: *Mémoires, I. Venu de ma montagne,* S. 367f. Reynaud erklärt, dem Vorsitzenden gesagt zu haben, »was ich davon hielt«. Georges Suarez in *Les heures héroiques du Cartel,* S. 262. Darin wird die Aussage bestätigt.
10 Weber, a.a.O., S. 331, Fußnote.
11 *Evénements,* I, S. 123.
12 Laurent Bonnevay: *Les journées sanglantes de février 1934,* S. 167–170. Die *Commission d'Enquête,* der Bonnevay vorstand, nennt etwas andere Zahlen. *Supplément,* Dokument 3386, S. 16.
13 J. C. Fernand-Laurent: *Gallic Charter,* S. 127f., und Chastenet, Bd. VI, S. 84. Hier wird – unter anderen – über Lavals Telefonanruf vom Elysée-Palast aus berichtet. Fernand-Laurent war damals Deputierter.
14 Pertinax, a.a.O., S. 336–338.
15 Jacques Debu-Bridel: *L'Agonie de la troisième république,* S. 261. Pierre Lazareff: *Dernière Edition,* S. 238.
16 Bonnevay, S. 22, 244. Präsident Lebruns Erklärung, die Unruhen vom 6. Februar seien ein »Angriff gegen die republikanischen Institutionen« gewesen und daß er zur Vermeidung »eines Bürgerkriegs« zum Rücktritt riet, finden sich in *Evénements,* IV, S. 95 und 951.
17 *Evénements,* I, S. 13. *Rapport* des Präsidenten des Ausschusses, Charles Serre.
18 Weygand, a.a.O., S. 409.
19 Gamelin, *Servir,* Bd. II, S. 106.
20 Georges Suarez, a.a.O., S. 272.
21 Gamelin, a.a.O., Bd. II, S. 109.
22 Aussage Blarins. *Evénements,* I, S. 123.
23 Robert Aron: *Histoire de Vichy,* 1940–1944, S. 30–33.
24 John Gunther: *Inside Europe* (1936), S. 141.
25 Weber, a.a.O., S. 508.
26 Rémond, a.a.O., S. 228f.
27 Hauptquelle zur Stavisky-Affäre und zu den Unruhen des 6. Februar sind die Berichte, Protokolle und Dokumente, die von den beiden Untersuchungsausschüssen der Kammer vorgelegt wurden: dem ersten unter Vorsitz von Ernest Lafont (zu Stavisky) und dem zweiten unter Vorsitz des Deputierten Laurent Bonnevay (zu dem Aufruhr des 6. Februar). Ich habe diese Unterlagen herangezogen, wo es darum ging, Hintergrund und besondere Fakten zu ergänzen, meine eigene Erinnerung aufzufrischen und meine Berichterstattung über die Ereignisse zu ergänzen. Wie in den Fußnoten angegeben, sind die Aussagen in dem umfangreichen Bericht des Untersuchungsausschusses der Nationalversammlung für die Ereignisse seit 1933, die zum Fall der Republik führten, enthalten. Sie haben sich als sehr wertvoll erwiesen. Eine ausgezeichnete Zusammenfassung der Ereignisse um den 6. Februar ist in einem Artikel von Max Beloff enthalten, der unter der Federführung von James Joll in *The Decline of the Third Republic* erschienen ist.

15 Nachwirkungen: Die Kluft wird breiter 1934–1936

1 René Rémond, a.a.O., S. 222.
2 Der vollständige Text des *Pacte Synarchiste Révolutionnaire pour L'Empire Français*

wurde veröffentlicht bei Geoffrey de Charnay: *Synarchie;* bei Roger Mennevée: *Documents politiques es financiers,* herausgegeben von seiner Agence Independante d'Informations Internationales; sowie bei Henry Coston: *Les Technocrates et la Synarchie.* Die besten Beiträge zu diesem Thema stammen von de Charnay und Mennevée. In den USA wurde man durch die Broschüre »*Concerning France*«, herausgegeben von Lilian T. Mowrer von der Union for Democratic Action im Jahre 1944, auf die synarchistische Bewegung in Frankreich aufmerksam.

3 Shirer: *Aufstieg und Fall des Dritten Reiches,* S. 245f.

4 Ebenda; ein anderer Bericht auf S. 311–313.

5 Gamelin, a.a.O., Bd. II, S. 162–167. Der französische Armeechef behandelt die Gespräche in Rom sehr ausführlich. Flandin: *Politique française, 1919–1940,* teilt weitere Einzelheiten der militärischen Gespräche mit und behauptet, sie vorangetrieben zu haben.

6 Gamelin, a.a.O., Bd. II, S. 178f.

7 Debatte vom 14. März 1940 im Senat, der in seiner Eigenschaft als Geheimausschuß tagte. Das stenografische Protokoll wurde nach dem Kriege, am 2. August 1948, in einer Sonderausgabe des *Journal Officiel* veröffentlicht. Lavals Aussage ist auf Seite 7 des Protokolls vom 14. März zu finden. Die Debatte wurde am darauffolgenden Tag fortgesetzt. Bereits am 7. April 1948 hatte das *Journal Officiel* das stenografische Protokoll der ebenfalls geheimen Debatten der Kammer vom 19. März und 19. April 1940 publiziert. Von diesem äußerst wichtigen Dokument wurden so wenige Exemplare gedruckt, daß ich 1965 feststellen mußte, daß nicht einmal die Kongreßbibliothek eines besaß. Im selben Jahr machte ich in Paris ein Exemplar ausfindig und ließ es fotokopieren.

8 Pierre Renouvin: *Les Crises du XX*[e] *Siècle,* II, *de 1929 à 1945,* S. 80.

9 *The Memoirs of Anthony Eden, Earl of Avon. Facing the Dictators. 1923–1928,* S. 251.

10 Flandin, a.a.O., S. 104f., Fußnote.

11 Ebenda, S. 170, 194.

12 Gamelin, a.a.O., Bd. II, S. 180. Das Treffen fand am 21. November 1935 statt.

13 Der Text der geheimen Mitteilung wurde in den *Documents Diplomatiques Français* (künftig DDF genannt) veröffentlicht: 1932–1939, 2e Série (1936–1939), Tome I (1. Januar bis 31. März 1936), Dokument Nr. 227, S. 322–333.
Eine Fußnote besagt, das Dokument sei im Kriegsministerium aufgefunden worden, »aber es hat sich weder der Ursprung noch wem es ausgehändigt wurde, feststellen lassen«. Doch General Gamelin klärt in Bd. II, S. 198–200, diese Angelegenheit auf. Er sagt, das Dokument sei vom Generalstab auf Verlangen des Kriegsministers für das französische Außenministerium abgefaßt worden.

14 Das sind die Worte des französischen Historikers Jacques Madaule. Siehe Madaule, a.a.O., S. 380f.

15 Flandin, a.a.O., S. 183–185.

16 Handstreich im Rheinland: Die letzte Gelegenheit, Hitler aufzuhalten und einen Weltkrieg zu verhindern   März 1936

1 Shirer, a.a.O., S. 324. Dort sind auch die deutschen Quellen angeführt.

2 Zeugenaussage Jean Doblers vor dem Parlamentarischen Untersuchungsausschuß nach dem Krieg. *Evénements,* II, S. 469–515, insbesondere S. 504f.

3 Gamelin, a.a.O., Bd. II, S. 194f.

4 André François-Poncet: *The Fateful Years. Memoirs of a French Ambassador in Berlin. 1931–1938,* S. 188f.

5 Gamelin, a.a.O., Bd. II, S. 195.

6 DDF, I, Dok. Nr. 36, S. 52–54.

7 Flandin, S. 194 f. Außerdem seine Aussage vom 4. Juli 1947 vor dem Parlamentarischen Untersuchungsausschuß, *Evénements,* I, S. 138.
8 Eden, a.a.O., S. 373–376.
9 Aussage Flandins, *Evénements,* I, S. 144.
10 Shirer, a.a.O., S. 324.
11 General Maurin an Flandin, 12. Februar 1936, DDF, I, Dok. Nr. 170, S. 245–247.
12 General Maurin an Flandin, 17. Februar 1936, DDF, Dok. Nr. 196, S. 290–293.
13 Flandin an General Maurin, 14. Februar 1936, DDF, Dok. Nr. 186, S. 277 f. Die Frage steht auf der letzten Seite.
14 Gamelin, a.a.O., Bd. II, S. 197. Außerdem Aussage von General Gamelin vor dem Parlamentarischen Untersuchungsausschuß am 16. und 23. Dezember 1947, *Evénements,* I, S. 451, 517.
15 Gamelin, a.a.O., Bd. II, S. 197 f.
16 *Evénements, Rapport,* S. 50.
17 Text der Depesche, DDF, I, Dok. Nr. 63, S. 91–93.
18 Ebenda, Dok. Nr. 62, S. 89 f.
19 Ebenda, Dok. Nr. 82, S. 116–120.
20 Als »Geheim« gekennzeichnetes Protokoll der Sitzung. Ebenda, Dok. Nr. 83, S. 121 bis 124.
21 Protokoll des Treffens vom 19. Februar, ebenda, Dok. Nr. 203, S. 301
22 Ebenda, Dok. Nr. 269, S. 277 f.
23 Ebenda, Dok. Nr. 126, S. 177.
24 Ebenda, Dok. Nr. 175, S. 253.
25 Zeugenaussage Sarrauts am 3. Februar 1948. *Evénements,* III, S. 620 f.
26 DDF, I, Dok. Nr. 241, S. 339. Sarraut berichtet darüber auch in geringfügig abgeändertem Wortlaut in seiner Aussage vor dem Untersuchungsausschuß am 13. Januar 1948, *Evénements,* III, S. 574.
27 DDF, I, Dok. Nr. 283, S. 397. Flandin berichtet über dieses Treffen mit Eden in Genf in einer Depesche an Botschafter Corbin in London am 5. März. Anscheinend hörte der Botschafter dadurch zum erstenmal von der Entscheidung der Regierung.
28 Eden, a.a.O., S. 378 f.
29 François-Poncet, a.a.O., S. 191 f. Depesche des Botschafters mit Bericht über die Unterredung siehe DDF, I, Dok. Nr. 265, S. 373–375, weiterer Bericht Dok. Nr. 272, S. 381–385.
30 Shirer, a.a.O., S. 324. Die Quellen werden dort angegeben.
31 DDF, I, Dok. Nr. 297, S. 409.
32 Ebenda, Dok. Nr. 242, S. 344.
33 Ebenda, Dok. Nr. 294, S. 405.
34 Shirer, *Berlin Diary,* S. 193.
35 François-Poncet, a.a.O., S. 193.
36 Shirer: *Berlin Diary,* S. 40–45; *Aufstieg und Fall des Dritten Reiches,* S. 325 f.
37 Aussage Sarrauts am 3. Februar 1948 vor dem Parlamentarischen Untersuchungsausschuß, *Evénements,* III, S. 622 ff.
38 Die Fragen Paul-Boncours und Sarrauts sowie seine Antworten zitiert General Gamelin in seinen Memoiren; Gamelin, a.a.O., II, S. 201.
39 Aussage Flandins am 4. Juli 1947, *Evénements,* I, S. 201
40 Edens Memoiren und Corbins zwei Depeschen sagen im wesentlichen das gleiche über das Gespräch aus. Siehe Eden, a.a.O., S. 383. Corbins Depeschen, DDF, I, Dok. Nr. 301, S. 413 f., Dok. Nr. 316, S. 426 f.
41 Flandin an Corbin, 8. März 1936, DDF, I, Dok. Nr. 317, S. 427 f.
42 Eden, a.a.O., S. 389.
43 Ebenda, S. 386.
44 Flandin an Avenol, den Generalsekretär des Völkerbundes, datiert in Paris am 8.

März, 18 Uhr 15, DDF, I, Dok. Nr. 321, S. 430f. Flandins Behauptung, er habe gehandelt, »ohne auch nur eine Stunde zu verlieren«, siehe sein Buch, S. 198.
45 Die Schlagzeilen aus *Le Matin* verdanke ich Charles A. Micaud: *The French Right and Nazi Germany, 1933–1939. A Study of Public Opinion,* S. 89. Zitate aus anderen Zeitungen wurden während der Aussagen Sarrauts und Flandins vor dem Untersuchungsausschuß verlesen. Siehe *Evénements,* I, S. 151, und III, S. 566f.
46 Jean Zay: *Souvenirs et Solitude,* S. 66.
47 Paul-Boncour, a.a.O., S. 35.
48 Shirer: *Berlin Diary,* S. 45.
49 Jean Zay, a.a.O., S. 67.
50 Protokoll der Sitzung in General Gamelins Hauptquartier am 8. März, siehe DDF, I, Dok. Nr. 334, S. 444–446.
51 Guderian: *Erinnerungen eines Soldaten,* S. 30, 32.
52 Eden, a.a.O., S. 387f.
53 Corbin an Flandin am 8. März, 15 Uhr, DDF, I, Dok. Nr. 322, S. 431f.
54 Corbin an Flandin am 8. März abends. Den Text dieser Depesche stellte Sarraut bei seiner Aussage vor dem Untersuchungsausschuß am 27. Januar 1948 zur Verfügung. *Evénements,* III, S. 591f. Wortlaut in DDF nicht angeführt.
55 Aussage vor dem Untersuchungsausschuß am 10. Februar 1948, *Evénements,* III, S. 656f. Einzelheiten von »Plan D« werden in *Evénements, Rapport,* S. 47–50, angeführt.
56 Aussage Sarraut, *Evénements,* III, S. 601–618.
57 General Gamelins eigene Aufzeichnungen über dieses Treffen siehe seine Memoiren, a.a.O., Bd. II, S. 204–207. Das von Gamelin abgefaßte und von General Maurin gegengezeichnete Protokoll der Sitzung ebenfalls in Gamelins Memoiren, a.a.O., Bd. II, S. 208–211. Außerdem in *Evénements, Rapport,* S. 51f., sowie DDF, I, Dok. Nr. 392, S. 504–506. General Gamelins Vorstellungen von diesem Abend sind ausführlicher behandelt in einer »Aktennotiz zur Frage des allmählichen Eindringens französischer Truppen ins Rheinland«, die er am 28. März 1936 für den Obersten Kriegsrat abfaßte. Wortlaut in *Evénements, Rapport,* S. 53–56, sowie DDF, I, Dok. Nr. 525, S. 696–700.
58 Aussage Sarrauts vor dem Untersuchungsausschuß, *Evénements,* III, S. 604.
59 Aussage Jean Doblers vom 19. Dezember 1947 vor dem Parlamentarischen Untersuchungsausschuß, *Evénements,* II, S. 510f.
60 In seiner Notiz vom 28. März 1936, DDF, I, Dok. Nr. 525, S. 698.
61 Aussage Doblers vor dem Untersuchungsausschuß. *Evénements,* II, S. 513f.
62 Aussage Sarrauts vor dem Untersuchungsausschuß. *Evénements,* III, S. 646.
63 General Tony Albord: *Pourquoi cela est arrivé – ou les responsabilités d'une génération militaire, 1919–1939,* S. 49–52. Sarraut zitiert den vollen Wortlaut in seiner Aussage, *Evénements,* III, S. 644f.
64 Ein Dokument von W. F. Knapp: *The Rhineland Crisis of March 1936,* Hrsg. James Joll: *The Decline of the Third Republic,* S. 83.
65 Eden, a.a.O., S. 390–397; Flandin, a.a.O., S. 202–204.
66 Eden, a.a.O., S. 398f.
67 Flandin, a.a.O., S. 207f., Aussage Flandins, *Evénements,* I, S. 135–154.
68 Churchill, a.a.O., Bd. I, S. 197.
69 Protokoll einer Sitzung vom 13. März 1936 im Büro von General Georges, unter Beteiligung von drei weiteren Generälen und einem Admiral, DDF, I, Dok. Nr. 425, S. 549 bis 552.
70 Eden, a.a.O., S. 400, 402f.
71 Ebenda, S. 418.
72 Flandins Aussage, *Evénements,* I, S. 157f.
73 Aussage von General Maurin am 20. Mai 1948, ebenda, IV, S. 912–919.
74 Aussage von General Gamelin vom 16. Dezember 1947, ebenda, II, S. 450.

75 Aussage von Sarraut, ebenda, III, S. 619ff., sowie S. 668 über die britische Verantwortung.
76 Churchill, a.a.O., Bd. I, S. 193.
77 *Evénements, Rapport,* S. 81.
78 Ebenda, S. 65, 79f.
79 Paul Schmidt: *Hitler's Interpreter,* S. 41.
80 *Trial of the Major War Criminals,* Nürnberger Dokumente und Aussagen, XV, S. 352.
81 Paul Schmidt, a.a.O., S. 41; *Hitler's Secret Conversations,* S. 211f. Ich habe die Zitate aus den beiden Quellen zusammengefaßt.
82 Aussage Sarrauts vor dem Untersuchungsausschuß, *Evénements,* III, S. 670f.
83 Gamelin selbst berichtet über den Vorfall in Bd. II, S. 212f.
84 *Evénements, Rapport,* S. 83–85.

17 Weitere Spaltung Frankreichs – die Volksfront und der Spanische Bürgerkrieg 1936–1937

1 Madaule, II, a.a.O., S. 381.
2 Lebrun, a.a.O., S. 233–234.
3 Blums Version von seinem Gespräch mit Lebrun wird dargestellt in *L'uvre de Léon Blum,* V, 1940–1945, S. 259f. Dieses siebenbändige Werk enthält Blums Schriften und Reden. Band V wurde auch getrennt unter dem Titel *La Prison, Le Procès, La Déportation, Mémoires & Correspondance* veröffentlicht. Er umfaßt die Zeitspanne von 1940 bis 1945 und enthält unter anderem das bewegende Kapitel *A l'Echelle humaine.*
4 Zitiert in L. Bodin und J. Ouchard: *Front Populaire,* 1936, aus Gide: *euvre complètes,* Bd. VIII, S. 574–577.
5 Ebenda, S. 89, aus Gides Artikel in *Vendredi,* 5. Juni 1936. Das war der Tag nach Blums Amtsantritt.
6 Pertinax (André Géraud): *Les Fossoyeurs,* Bd. II, S. 74f.
7 *Evénements,* I, S. 215. Diese und andere entscheidende Auswirkungen des Spanischen Bürgerkriegs auf seine Regierung und sein Land sind seiner Aussage von 1947 vor dem Parlamentarischen Untersuchungsausschuß entnommen. Siehe ebenda, S. 215–220, 251–254.
8 Lebrun, a.a.O., S. 244.
9 Jean Zay, a.a.O., S. 114.
10 Blums Aussage, *Evénements,* I, S. 218f.
11 Hugh Thomas: *The Spanish Civil War,* S. 258f. Seine Hauptquelle sind die unveröffentlichten Memoiren von Pablo Azcárate, S. 257. Azcárate war der Botschafter des republikanischen Spaniens in London. Ich verdanke einen guten Teil des Materials über die Auswirkungen des Spanischen Bürgerkriegs auf Frankreich und insbesondere die Farce der »Nichteinmischung« Thomas und auch Joel Coltons ausgezeichneter Biographie *Léon Blum*, habe jedoch auch, wo immer das möglich war, die einschlägigen Dokumente eingesehen, insbesondere die Aussagen darüber in *Evénements.* Außerdem konnte ich damals die Ereignisse von Berlin aus genau beobachten. Die daraus gezogenen Schlüsse sind meine eigenen.
12 *Foreign Relations of the United States,* 1936, II, S. 481.
13 *Documents on German Foreign Policy,* Serie D, III, S. 60.
14 Thomas, a.a.O., S. 263. Aus General Warlimonts eidesstattlicher Aussage vor dem US-Geheimdienst, 1946. Bericht des Sicherheitsrates der Vereinten Nationen über Spanien, S. 76.
15 Shirer: *Berlin Diary,* a.a.O., S. 55f.
16 Eden, a.a.O., S. 453.
17 Der Text von Gamelins Notiz entstammt Gamelin, a.a.O., Bd. II, S. 329–331.

18 Colton, a. a. O., S. 264. Aus einem Brief an die seinerzeit in New York lebende Suzanne Blum. Madame Blum, eine Rechtsanwältin, war mit dem Ministerpräsidenten befreundet, aber nicht verwandt.
19 Ebenda, S. 265. Rede vor der Internationalen Sozialistischen Konferenz, 1946.
20 *Evénements*, II, S. 177–181.
21 Hauptquelle für die Salengro-Tragödie war Gamelin, a. a. O., Bd. II, S. 225–258; ferner Bodin und Touchard, a. a. O., S. 210–220; Jean Zay, a. a. O., S. 116f.
22 Shirer: *Aufstieg und Fall des Dritten Reiches,* S. 332.
23 Blums Aussage, *Evénements,* I, S. 131.
24 Robert Coulondre: *De Stalin à Hitler – Souvenirs de deux sades. 1936–1939,* S. 17.
25 Blums Aussage, *Evénements,* I, S. 128.
26 Gamelin, a. a. O., Bd. II, S. 230.
27 Coulondre, a. a. O., S. 13.
28 Aussage von General Villelume, der General Schweisguth nach Rußland begleitete. *Evénements,* IX, S. 2742. Außerdem Pierre Renouvins Referate vom 26. und 27. März 1965 in Paris, veröffentlicht in Edouard Bonnefous, a. a. O., Bd. VI, S. 405.
29 Gamelin, a. a. O., Bd. II, S. 286f.
30 Notiz General Gamelins vom 10. April 1936 an Kriegsminister Daladier. Gamelin, a. a. O., Bd. II, S. 286f.
31 Blums Aussage, *Evénements,* II. S. 129.
32 Churchill, a. a. O., Bd. I, S. 288–298, Fußnote.
33 *Evénements, Rapport,* S. 132f.
34 Brief de Gaulles an Reynaud vom 26. August 1936, veröffentlicht in Reynaud, *Memoires,* Bd. II, S. 84. Der Band trägt den Titel: *Envers et contre tous.*
35 Protokoll der Sitzung des Obersten Kriegsrates vom 29. April 1936. *Evénements,* II, S. 182f.
36 Protokoll der Sitzung des Obersten Kriegsrates vom 15. Dezember 1937. *Evenements,* II, S. 186f.
37 Auszüge aus dem Protokoll der Sitzung des Obersten Kriegsrates vom 14. Oktober 1936. Zitiert von Reynaud. *Evénements,* I, S. 107, und in seinen *Mémoires,* I, a. a. O., S. 231. Dieser erste Band trägt den Titel *Au Cœur de la Mêlée, 1930–1945 (Cœur).*
38 Protokoll der Sitzung des Obersten Kriegsrates vom 15. Dezember 1937. *Evénements,* II, S. 184–186.
39 Bericht General Renondeaus vom 20. November 1935 über die deutschen Panzerdivisionen. *Evénements, Rapport,* II, S. 164–167.
40 Protokoll der Sitzung in *Evénements,* II (Dokumente), S. 185. Siehe auch Daladiers Aussage, *Evénements,* S. 25.
41 de Gaulle: *Memoiren; Der Ruf – 1940/1942,* S. 26; Blum: *Mémoires, Œuvre,* Bd. V, a. a. O., S. 113–115; Blums Aussage, *Evénements,* I, S. 223.
42 *Evénements, Rapport,* S. 89f.
43 Blums Aussage, ebenda, I, S. 115 und 223.
44 Auriol: *Hier . . . demain,* II, S. 127, Anmerkung 1.
45 *Morgenthau Diaries,* S. 474, zitiert in Colton, a. a. O., S. 273.
46 *A l'Echelle humaine* –ein bewegendes Buch. Auch veröffentlicht in *Œuvre,* Bd. V, S. 440.
47 Zitiert in Weber, a. a. O., S. 402, Fußnote, aus *L'Action Française* vom 1. Januar 1938.
48 Blums Aussage, *uvre,* Bd. V, S. 289. Blums Silvesteransprache ist zu finden in Bodin und Touchard, a. a. O., S. 165. Hier ist auch Blums Aussage zu diesem Thema bei der Gerichtsverhandlung von Riom zu finden.
49 Darauf weisen auch Bodin und Touchard hin; a. a. O., S. 221.

18 Uneinigkeit und Verwirrung: Frankreich und der Anschluß Österreichs März 1938

1 Wegen eines detaillierten Berichts über die Geheimversammlung vom 5. November 1937 und die Veränderungen in der Heeresleitung und im Auswärtigen Amt, der sich auf die 1945 erbeuteten deutschen Akten stützt, siehe W. Shirer: *Aufstieg und Fall des Dritten Reiches,* S. 337–354.
2 Weitere Einzelheiten bei Shirer, a.a.O., S. 358–364.
3 Gamelin, a.a.O., Bd. II, S. 315.
4 ADAP, Serie D, Bd. I, S. 217.
5 Daladiers Zeugenaussage, *Evénements,* I, S. 26.
6 Gamelin, a.a.O., Bd. II, S. 316.
7 Meldungen Graf Welczecks nach Berlin, 2. und 14. März, ADAP, Serie D, Bd. 475 und 487.
8 Ebenda, S. 482f.
9 Ebenda, S. 498.
10 Coulondre, a.a.O., S. 132–136.
11 Churchill, a.a.O., Bd. I, S. 282.
12 Blum, *uvre,* Bd. V, S. 241.
13 Reynaud, *Mémoires,* Bd. II *(Envers),* a.a.O., S. 197f.
14 ADAP, Serie D, Bd. I, 493.
15 Protokoll in vollem Umfang wiedergegeben bei Gamelin, a.a.O., Bd. II, S. 322–331.
16 ADAP, Serie D, Bd. III.
17 Bonnefous, a.a.O., Bd. IV, S. 298.
18 Zeugenaussage Paul-Boncour, *Evénements,* IV, S. 96–101.

19 Der Weg nach München, I. 27. April bis 13. September 1938

1 Gamelin, a.a.O., Bd. II, S. 318.
2 Bonnet, a.a.O., Bd. I, S. 101.
3 Der Text des Schreibens über eine mögliche Aktion Frankreichs zugunsten der Tschechoslowakei befindet sich bei Gamelin, a.a.O., S. 318f.
4 Daladiers Zeugenaussage, *Evènements,* I, S. 29f. Er zitierte, wie er sagte, aus dem *Procès verbal* der Besprechung. Der englische stenografische Bericht findet sich in DBrFP, III, Serie Bd. I, S. 198–223.
5 Keith Feiling, *Life of Neville Chamberlain,* S. 347f.
6 ADAP, Serie D, Bd. II, S. 195.
7 Ebenda, S. 208.
8 Ebenda, S. 209.
9 Ebenda, S. 190.
10 Ebenda, S. 158.
11 Text von vier Telegrammen, NCA, III, S. 308–309 (N. D. 388-PS).
12 Text des revidierten Planes »Grün« in ADAP, Serie D, II, S. 237–240.
13 Gamelin, a.a.O., Bd. II, S. 334f. Er reproduziert Notizen, die er unmittelbar nach dem Zusammentreffen aufgezeichnet hat.
14 Text in DBrFP, Serie III, Bd. I, S. 346f., datiert *Foreign Office,* 22. Mai 1938, 4.30 nachm. Bonnet gibt eine französische Übersetzung; Bonnet, a.a.O., Bd. I, S. 129f.
15 DBrFP, Bd. I, Doc. No. 286, S. 357.
16 Ebenda, Doc. No. 301, S. 366f.
17 Shirer, a.a.O., S. 395f.
18 Bonnet, Zeugenaussage, *Evénements,* IX, S. 2, S. 618.
19 Gamelin, a.a.O., Bd. II, S. 360.

20 Coulondre, a.a.O., S. 135
21 Bonnet, a.a.O., Bd. I, S. 152–154.
22 Coulondre, a.a.O., S. 142–146. Coulondre sagt, er wiederhole »textgetreu« die Notizen, die er seinerzeit gemacht habe. Bonnet sagte bei seiner Vernehmung nach dem Kriege, als er befragt wurde, er »erinnere sich nicht genau« der Maigespräche mit Coulondre. Eingehend befragt, erinnerte er sich endlich, aber drückte sich um eine genaue Aussage herum.
23 Coulondre, a.a.O., S. 151–154.
24 ADAP, Bd. II, S. 315.
25 Ebenda.
26 Bonnet, a.a.O., S. 195f.
27 Zeugenaussage Bonnets, *Evénements,* IX, S. 2600f.
28 Unterhaltung des Generals Paul Stehlin mit dem Verfasser; siehe auch sein Buch: *Témoignage pour l'Histoire,* S. 90–92.
29 Zeugenaussage von François-Poncet, *Evènements,* III, S. 773.
30 Gamelin, a.a.O., Bd. II, S. 341.
31 Aus Jodls Tagebuch, TMWC, XXVIII, S. 373.
32 Die Texte der Memoranden sind enthalten bei W. Foerster: *Ein General kämpft gegen den Krieg,* S. 109–121.
33 Aus Jodls Tagebuch, TMWC, XXVIII, S. 374.
34 Das Zitat ebenda, S. 375. Adams beschreibt die Szene ausführlicher in seinen unveröffentlichten Erinnerungen, die von Telford-Taylor in *Sword and Swastica* zitiert sind.
35 Gamelin, a.a.O., Bd. II, S. 344–347.
36 Daladiers Artikel in *Candide* vom 7. bis 14. September 1961. Auch Zeugnis Bonnets, *Evénements,* IX, S. 2624, sowie Bonnet, a.a.O., Bd. I, S. 212.
37 Daladier in dem erwähnten Artikel in *Candide.*
38 DBrFP, Bd. II, Doc. No. 807, S. 269f.
39 Bonnet, a.a.O., Bd. I, S. 217–219. In einem Anhang veröffentlicht Bonnet ein Faksimile des Originalbriefes auf englisch.
40 DBrFP, Bd. II, Doc. No. 852, S. 309.
41 Ebenda, Doc. No. 855, S. 310f.
42 Ebenda, S. 444. Fußnote beschreibt Inhalt des Briefs von Phipps an Halifax vom 16. September.
43 Ebenda, Doc. No. 857, S. 311f.
44 Daladiers erwähnter Artikel in *Candide* vom 7. bis 14. September 1961.
45 Phipps an Halifax, 13. September. DBrFP, II, Doc. No. 861, S. 313f.
46 ADAP, II, S. 601.
47 Ebenda.

20 Der Weg nach München, II. 15. bis 28. September 1938

1 Das Deutsche Protokoll des Treffens, aufgezeichnet von dem amtlichen deutschen Dolmetscher Dr. Paul Schmidt, ist abgedruckt in ADAP, II, S. 627–636. Außenminister Ribbentrop lehnte es ab, Chamberlain eine Abschrift auszuhändigen, so daß dieser sich auf sein eigenes Gedächtnis verlassen mußte. Sein Bericht ist abgedruckt in DBrFP, II, S. 338–341.
2 Feiling, a.a.O., S. 367.
3 Der Text von Runcimans Bericht wurde am 28. September veröffentlicht, als er nur noch akademisches Interesse hatte. Er wurde als Weißbuch, Cmd. 5847, No. 1, veröffentlicht. Es besteht Grund zu der Annahme, daß er teilweise umgeschrieben wurde, nachdem er zwanglos dem Kabinett am 15. September vorgelegt worden war und am 21. September formellen Charakter erhielt.

4 DBrFP, II, S. 444, Fußnote. Brief von Phipps an Halifax vom 6. September.
5 Das britische Protokoll des Treffens ist in DBrFP, II, S. 379–399, abgedruckt. Das französische ist noch nicht veröffentlicht, aber Bonnet gibt einige Auszüge in Bd. I seiner Memoiren, S. 234–241, und Daladier berichtet über das Treffen in seinem erwähnten *Candide*-Artikel.
6 Der englische Text der gemeinsamen Note findet sich im britischen Weißbuch Cmd. 5847, No. 2, und in ADAP, II, S. 664. Der französische Text findet sich bei Bonnet, a.a.O., Bd. I, S. 244–246, und in Henri Noguères: *Munich ou la drôle de paix,* S. 407f.
7 Zeugenaussage des Generals Foucher, *Evénements,* IV, S. 1202. Er sagt, General Gamelin habe einfach den Empfang der Anforderung bestätigt und sie an die Regierung weitergeleitet, die keine Antwort erteilte.
8 Ebenda, S. 1203, und Gamelin, a.a.O., Bd. II, S. 340.
9 Gamelin, a.a.O., Bd. II, S. 340–350.
10 Zeugenaussage von de Lacroix, *Evénements,* II, Documents, S. 268.
11 Bonnet, a.a.O., Bd. I, S. 248.
12 Diesen Text gibt Bonnet, a.a.O., Bd. I, S. 248, und in *Evénements,* II, Documents, S. 273. In *Evénements* sind eine Anzahl von Dokumenten enthalten, die Bonnet nach dem Kriege dem Außenministerium zurückgab, deren Authentizität aber von vielen französischen Historikern in Frage gestellt wird, besonders nach der Zeugenaussage von Lacroix.
13 Bonnet, a.a.O., Bd. I, S. 252.
14 DBrFP, II, Doc. No. 1012, S. 454.
15 *Evénements,* II. Documents, S. 275.
16 Ebenda, IX, S. 2639.
17 DBrFP, II, Doc. No. 979, S. 425.
18 Ebenda, Doc. No. 991, S. 437–438.
19 Churchill, a.a.O., Bd. I, S. 303f.
20 Dr. Schmidts deutsches Protokoll der Godesberger Verhandlungen findet sich in ADAP, II, S. 694 und 702. Die von Kirkpatrick geführten protokollarischen Aufzeichnungen sind in DBrFP, II, S. 463–473 und 499–508. Die Texte der Briefe zwischen Chamberlain und Hitler befinden sich in ADAP, II, und auch im britischen Weißbuch, Cmd. 5847, Doc. No. 3.
21 Jodls Tagebuch, 26. September 1938, Nürnberger Dokumente 1780-PS.
22 ADAP, II, S. 745.
23 DBrFP, II, Doc. No. 1075, S. 509f.
24 Ebenda, Doc. No. 1094, S. 535.
25 Ebenda, Doc. No. 1099, S. 544.
26 Ebenda, Doc. No. 1076, S. 510.
27 Gamelin, a.a.O., II, S. 350.
28 Das britische Protokoll des Zusammentreffens und des zweiten Treffens einen Tag später sind in DBrFP, II, Doc. No. 1093, S. 520 bis 535, veröffentlicht bzw. in Doc. No. 1096, S. 536–541. Die französischen Aufzeichnungen sind noch nicht veröffentlicht, aber eine Fußnote in DBrFP, II, S. 520, zeigt, daß der französische Bericht der Gespräche der britischen Regierung zur Verfügung gestellt wurde und mit der britischen Aufzeichnung bis auf einen Absatz übereinstimmt. Deshalb haben die Briten in ihrem Protokoll die französische Version auf französisch eingefügt. Daladier in seiner Zeugenaussage vor dem Parlamentarischen Untersuchungsausschuß (*Evénements,* I, S. 34f.) und seinem Artikel in *Candide,* 7.–14. September 1961, sowie Bonnet in seinen Memoiren, Bd. I, S. 267–271, geben kurze Berichte.
29 Daladier in seinem erwähnten Aufsatz in *Candide.*
30 Notizen vom Gamelin über seine Gespräche in London am 26. September 1938, a.a.O., Bd. II, S. 350–354.
31 DBrFP, II, S. 575, Fußnote.

32 Gamelin, a. a. O., Bd. II, S. 348, 350.
33 Daladier in seinem Artikel in *Candide*, 14.–21. September 1961; Bonnet, a. a. O., Bd. I, S. 271. DBrFP, II, Doc. No. 1129, S. 565 f., letzteres in der Form, die Wilson ihm zu geben versuchte inmitten ärgerlicher Unterbrechungen durch Hitler.
34 DBrFP, II, Doc. No. 1106, S. 546 f.
35 Ebenda, II, Doc. No. 1122, S. 560.
36 Ebenda, Doc. No. 1111, Fußnote, S. 550.
37 Bonnet, a. a. O., Bd. III, S. 216–218. Der Band ist betitelt: *Le Quai d'Orsay sous trois républiques.*
38 Ebenda.
39 Zeugenaussage von Pierre Comert, *Evènement*, VII, S. 2177. Hamilton Fish Armstrong schrieb einen interessanten Aufsatz über das Thema in der Januar-Nummer 1939 von *Foreign Affairs.* Sein Bericht steht in gutem Verhältnis zu den Nachkriegsdokumenten.
40 Dr. Paul Schmidt; *Statist auf diplomatischer Bühne*, 1923–1945, S. 407 f.
41 Die Telegramme Wilsons über seine beiden Zusammentreffen mit Hitler und die von Kirkpatrick darüber geführten Notizen sind publiziert in DBrFP, Doc. No. 1115, 1116, 1118, 1127, 1128, 1129, S. 552–567.
42 Daladiers Artikel in *Candide*, 14.–21. September 1961.
43 Punkte 31–33 der Akte »Grün«. NCA, III, S. 350–352. Nürnberger Dokumente 388-PS.
44 Drahtbericht von Paris, ADAP, II, S. 782.
45 Drahtbericht von Stockholm, ebenda, S. 780.
46 Drahtbericht von Washington, ebenda, S. 768.
47 Drahtbericht von Prag, ebenda, S. 781 f.
48 Text von Hitlers Brief an Chamberlain vom 27. September 1938, ADAP, II, S. 773 f.
49 Chamberlains Botschaft an Benesch und eine zweite, die er kurz darauf folgen ließ, sind in Wheeler Bennet: *Munich*, S. 151 f. und 155, nach den tschechischen Archiven zitiert. Interessanterweise sind sie in den nach dem Kriege veröffentlichten vertraulichen Papieren des Foreign Office nicht enthalten.
50 Noguères, a. a. O., S. 214 f.
51 Drahtbericht von Paris, ADAP, II.
52 Renouvin, a. a. O., Bd. II, S. 129.
53 DBrFP, II, Doc. No. 1139, S. 571 f.
54 Ebenda, Doc. No. 1140, S. 572 f.
55 Ebenda, Doc. No. 1155, S. 584–586.
56 Siehe Gamelin, a. a. O., Bd. II, S. 353–357, wegen seines Berichts über diese Affäre und Bonnets Antwort in seiner Nachkriegsvernehmung durch den Parlamentarischen Untersuchungsausschuß, *Evénements*, IX, S. 2642.
57 DBrFP, II, a. a. O., Doc. No. 1143, S. 575 f.
58 Ebenda, Doc. No. 1150, S. 582.
59 Ebenda, Doc. No. 1160, S. 538.
60 Aussage Daladiers, *Evénements*, I, S. 35.
61 Brief des Generals Vuillemin an Guy la Chambre, 26. September 1938. Eine fotografische Kopie befindet sich im Besitz des Verfassers. Sie trägt die Nr. 127 *E. M. G. A. A.*
62 Gamelin, a. a. O., Bd. II, S. 358.
63 Text von Chamberlains Brief an Hitler, DBrFP, II, Doc. No. 1150, S. 587.
64 Daladier in *Candide* vom 14.–21. September 1961. Die britischen Telegramme an Paris: DBrFP, Doc. No. 1156, 1158, S. 586 f.
65 Text von Chamberlains Appell an Mussolini, telefoniert von London nach Rom. DBrFP, II, Doc. No. 1159, S. 587 f.
66 Sir Neville Henderson: *Fehlschlag einer Mission*, S. 161.
67 Jodls Tagebuch, 28. Sept. 1938, NCA, IV, S. 368. Nürnberger Dokumente, 1780-PS.

68 François-Poncet, a.a.O., S. 266.
69 Erich Kordts Memorandum (dem Verfasser zur Verfügung gestellt).
70 Paul Schmidt, a.a.O., S. 412.
71 Aus Halders Vernehmung in Nürnberg am 25. Februar 1946, NCA, Suppt. B, S. 1553 bis 1558.
72 DBrFP, II, Doc. No. 1194, S. 604.
73 Ebenda, Doc. No. 1206, S. 613.
74 Gamelin, a.a.O., Bd. II, S. 358.

21 Die Konferenz in München 29. bis 30. September 1938

1 *Ciano's Hidden Diary, 1937–1938,* S. 166. In einem vom 20. Juni 1940 datierten Telegramm erinnerte Mussolini Hitler daran, daß er in München versprochen habe, an dem Angriff auf Großbritannien teilzunehmen. Der Text des Telegramms befindet sich in ADAP, X, S. 23. Um diese Zeit hatte Mussolini wenigstens den ersten Teil seines Versprechens, am Angriff auf Frankreich teilzunehmen, erfüllt, was er allerdings erst tat, nachdem die Deutschen bereits die französischen und britischen Heere entscheidend geschlagen hatten.
2 Wilsons Kommentar ist in DBrFP, II, S. 631, in einer Aufzeichnung, die er nach dem Gedächtnis über die Konferenz schrieb, enthalten; Henderson, a.a.O., S. 190, François-Poncet, a.a.O., S. 271.
3 Text des Münchener Abkommens, ADAP, II, S. 675.
4 Aus dem amtlichen Bericht des tschechischen Außenministers Dr. Masarik an das Prager Außenministerium.
5 Shirer: *Berlin Diary,* S. 145.
6 ADAP, IV, S. 287–293.
7 Bonnet, a.a.O., Bd. I, S. 296f.
8 Paul Schmidt, a.a.O., S. 417.
9 DBrFP, Doc. No. 1225, S. 629f.
10 Noguères, a.a.O., S. 301f.
11 Daladier, Aufsatz in *Candide* vom 21.–28. September 1961.
12 Noguères, a.a.O., S. 134. Er zitiert darin vier verschiedene Quellen für die Bemerkung.
13 Gamelin, a.a.O., Bd. II, S. 359.
14 Aus *Le Petit Parisien,* zitiert von Alexander Werth in *France and Munich,* S. 345.
15 Renouvin, a.a.O., S. 129.
16 Keitels Zeugenaussage am 4. April 1946 beim Nürnberger Kriegsverbrecherprozeß, TMWC, XV, S. 509.
17 Mannsteins Zeugenaussage am 9. August 1946 beim Nürnberger Kriegsverbrecherprozeß, TMWC, XX, S. 606.
18 Pertinax: *The Gravediggers of France,* S. 5.
19 Jodls Aussage, 4. Juni 1946, TMWC, X, S. 361.
20 Gamelin, a.a.O., Bd. II, S. 345–347.
21 DBrFP, II, Doc. No. 1221, S. 623f.
22 Coulondre, a. a. O., S. 165–171.
23 ADAP, III, S. 529f.
24 Gamelin, a.a.O., Bd. II, S. 356.
25 Aussage von Pierre Comert, *Evénements,* VII, S. 2176.
26 Goguel, a.a.O., S. 539f.
27 Coulondre, a.a.O., S. 181.

22 Polen ist an der Reihe 1939

1 Churchill, a.a.O., Bd. I, S. 323.
2 Zitiert von Telford Taylor in *Sword and Swastica,* S. 41, aus den Papieren Seeckts, die sich jetzt im Nationalarchiv in Washington befinden.
3 DBrFP, IV, Doc. No. 270, S. 263.
4 Bonnet, a.a.O., Bd. II, S. 153.
5 Zitiert von Gamelin, a.a.O., Bd. II, S. 410f.
6 Protokoll der Versammlung am 3. Dezember 1938. *Evénements,* II (Docs.), S. 188 bis 197.
7 Ebenda.
8 Gamelin, a.a.O., Bd. I, S. 133–135.
9 Ebenda, Bd. II, S. 143.
10 Halifax' Stellungnahme zu Maisky, DBrFP, IV, Doc. No. 433. Maisky zu Boothby nach dessen Buch *I Fight to Live,* S. 189.
11 Protokoll der Versammlung am 9. April 1939. Gamelin, a.a.O., Bd. II, S. 403–407.
12 Ebenda, S. 406.
13 Bonnet, a.a.O., Bd. II, S. 184,
14 Coulondre, a.a.O., S. 270.
15 ADAP, IV, S. 355.
16 Ebenda, S. 221f.
17 General Paul Stehlin: *Témoignage pour l'histoire,* S. 376f.
18 ADAP, VI, S. 444.
19 *Nazi-Soviet Relations, 1939–1941,* S. 5–9.
20 *Le Livre Jaune Français, Documents Diplomatiques, 1938–1939.* Doc. No. 120, S. 153–155 (Originalausgabe des französischen Gelbbuches). In späteren Anmerkungen abgekürzt *LJ*.
21 Stehlin, a.a.O., S. 151f.
22 *LJ,* Doc. No. 125, S. 164f.
23 Ebenda, Doc. No. 127, S. 172f.
24 Ebenda, Doc. No. 132, S. 180f.
25 Shirer: *Aufstieg und Fall des Dritten Reiches,* S. 553–557.
26 Protokoll des Zusammentreffens Hitlers mit seinen Generalen am 22. August 1939, ADAP, VII, S. 467ff.
27 Gamelin über seine Verhandlungen mit den Polen, a.a.O., Bd. II, S. 413–426. Bonnet gibt seine Version in seinen Memoiren, a.a.O., Bd. II, S. 217–233, und Bd. III, S. 266f.
28 Bonnet, a.a.O., Bd. II, S. 223–232.
29 Gamelin, a.a.O., Bd. II, S. 424f.
30 Text des Briefes von Lukasiewicz an Bonnet vom 26. Mai 1939 in L. B. Namier's *Europe in Decay,* S. 310–312.
31 Gamelin, a.a.O., Bd. II, S. 423.
32 Ebenda, Bd. II, S. 426, Fußnote. Ferner Bonnet, a.a.O., Bd. II, S. 227–232, und Bd. III, S. 266f. Bonnets Interview wird von Namier, a.a.O., S. 72, nach *Le Temps* v. 3. 11. 40 zitiert.
33 Gamelin, a.a.O., Bd. II, S. 418–421.
34 Shirer: *Berlin Diary,* S. 131f.
35 Gamelin, a.a.O., Bd. II, S. 414f.

23 Sommerliches Zwischenspiel in Paris Mai bis Juli 1939

1 Pierre Lazareff: *De Munich à Vichy,* S. 121–125.
2 Bonnet, a.a.O., Bd. II, S. 257.
3 Weygand: *En Lisant les mémoires de Géneral de Gaulle,* S. 17.

4 Bonnet, a.a.O., Bd. II, S. 258f.
5 Lazareff, a.a.O., S. 132.
6 Zitiert bei Bonnefous, a.a.O., Bd. VII, S. 90.
7 Ebenda, S. 90.
8 Flandin, a.a.O., S. 283.
9 Welczecks Telegramm, 11. August 1939, ADAP, Bd. VII, S. 18. Der Telegrammwechsel Ribbentrop–Welczeck über die Ausweisung von Abetz, ADAP, Bd. VI, S. 743f., 761f., 767, 794.
10 Henri de Kerillis: *Français, voici la vérité*, S. 170–178.
11 Weber, a.a.O., S. 248–251. Der Verfasser nennt als Quellen Depeschen des französischen Außenministeriums, von denen er Kopien erhielt, und auch eine Note von Bonnet, in der dieser seinen Anteil an den Verhandlungen resümiert.

24 Gespräche mit Rußland Sommer 1939

1 Monzie, a.a.O., S. 121.
2 DBrFP, IV, Doc. No. 183.
3 ADAP, IV, S. 512.
4 DBrFP, V, Doc. No. 5.
5 Eden bestätigt das in seinen Memoiren: *The Reckoning,* S. 55.
6 Churchill, a.a.O., Bd. I, S. 389.
7 Bonnet, a.a.O., Bd. II, S. 196–198.
8 Ebenda, S. 198.
9 Ebenda, S. 199f.
10 Ebenda, S. 200f.
11 DBrFP, VI, Anhang II, Doc. No. 376.
12 Zwei Telegramme, 1. 8., von Botschafter v. Dirksen, ADAP, VI, Dok. Nr. 752/3.
13 DBrFP, VI, Appendix V, S. 763.
14 General André Beaufre: *Le Drame de 1940,* S. 123f.
15 DBrFP, VII, Appendix II, S. 600.
16 Beaufre, a.a.O., S. 122.
17 Ebenda, S. 124.
18 Ebenda, S. 127f. Der ganze Text des Entwurfs findet sich in DBrFP, VII, S. 595–597.
19 Ebenda, S. 598.
20 Die drei Depeschen finden sich in ADAP, VI, S. 757–760.
21 *LJ*, S. 250f.
22 ADAP, VII, S. 39f.
23 Ebenda, S. 48, und Fußnote S. 39.
24 Ebenda, S. 51f.
25 Es existiert beträchtliches Material aus erster Hand über die Militärverhandlungen in Moskau, besonders auf britischer Seite. Dieses findet sich in DBrFP, 3. Serie, Appendix II, S. 558–614. Es enthält die britischen Protokolle aller Zusammenkünfte sowie die Berichte der drei Hauptdelegierten Admiral Drax, Luftmarschall Burnett und General Heywood. Einbezogen ist auch ein wörtlicher Bericht aus den russischen Protokollen über das dramatische Zusammentreffen Generals Doumenc mit Marschall Woroschilow am Abend des 22. August. Die erste Hälfte von Bd. VII enthält die Texte der vertraulichen Telegramme über die militärischen Gespräche zwischen der britischen Botschaft in Moskau und dem Foreign Office in London.
Die beste französische Quelle ist General Beaufre, ein Mitglied der französischen Mission, der in seinem erwähnten Buch darüber Bericht erstattet. General Doumenc gab seinen eigenen Bericht kurz in einem Aufsatz in *Carrefour* vom 21. Mai 1947 und in einer Erklärung in Lille am 16. Februar 1948, die am folgenden Tage in *Le Monde* veröffentlicht wurde. Beide Berichte sind enttäuschend kurz und werfen wenig Licht

auf das Geschehen. Bonnet, a. a. O., Bd. II, Kap. 10 und 15, gibt einen Überblick über die diplomatische Seite in Paris und druckt eine Anzahl von Telegrammen ab, solche aus Moskau und aus Warschau Daladiers in *Evénements,* I, S. 39ff., veröffentlichte Aussage ist wertvoll, aber unausgeglichen. Die französische Regierung hat bis zur Abfassung dieses Buches weder die französischen Protokolle der Verhandlungen noch den militärischen und diplomatischen Telegrammwechsel veröffentlicht, obgleich Beaufre – ebenso wie Bonnet – eine Anzahl von beiden bietet.
Unglücklicherweise haben die Sowjets, soweit mir bekannt ist, niemals ihre Dokumente über die Verhandlungen veröffentlicht, obwohl ein sowjetischer Bericht in Nikonows *Origins of World War II* vorliegt, in dem reichlich von den britischen Foreign-Office-Dokumenten Gebrauch gemacht wird. Eine Sowjetversion enthält auch die *Histoire de la diplomatie,* die von V. Potemkin herausgegeben ist.

26 Text Lindsays durch Luftpost übermittelter Depesche vom 17. August, DBrFP, VII, S. 41f. Eine Fußnote auf S. 42 gibt die Zeit des Empfangs im Foreign Office an.
27 ADAP, VII, S. 70.
28 Ebenda, VII, S. 95f.
29 Ebenda, VII, S. 100–102.
30 Ebenda, VII, S. 111f.
31 Ebenda, VII, S. 124f.
32 Aussage Daladiers, *Evénements,* I, S. 49f.
33 Churchill, a.a.O., S. 391.
34 Text von Hitlers Telegramm an Stalin, 20. August, ADAP, VII, S. 141.
35 Text von Stalins Antwort, 21. August, ebenda, S. 159.
36 Daladiers Aussage, *Evénements,* I, S. 47.
37 DBrFP, VII, Doc. No. 130 und Fußnote S. 119.
38 ADAP, VII, S. 191.
39 Naggiars Telegramm wird von Bonnet zitiert, a.a.O., Bd. II, S. 295f.
40 Beaufre, a.a.O., S. 173f. Gamelin erwähnt dieses Telegramm in seinen Memoiren nicht.
41 Ebenda, S. 287.

25 Am Vorabend des Krieges 23. bis 31. August 1939

1 Bonnefous, a.a.O., Bd. VII, S. 327; bei Bonnets Notiz an den Verfasser in der dritten Person geschrieben.
2 Bonnet, a.a.O., Bd. II, S. 301f.
3 Gamelin, a.a.O., Bd. I, S. 23–34.
4 Protokolltext, *Evénements,* II, S. 276–278. Bonnet veröffentlicht es auch in seinen Memoiren, a.a.O., Bd. II, S. 305–308.
5 Gamelin, Zeugenaussage, *Evénements,* II, S. 398.
6 Daladier zitierte General Vuillemins Brief in seiner Nachkriegszeugenaussage vor dem Interparlamentarischen Untersuchungsausschuß, *Evénements* I, S. 55f.
7 Gamelin, Zeugenaussage, ebenda, II, S. 398.
8 Daladier, Zeugenaussage, ebenda, I, S. 50.
9 Halders Tagebuch, Eintragung vom 23. August 1939. In der 1962 veröffentlichten deutschen Ausgabe in Bd. I, S. 27f. Die Quellen für Hitlers Zusammentreffen mit seinen Generälen sind ausführlich enthalten und analysiert in Anm. 611 von William Shirers deutscher Ausgabe seines Buches »Aufstieg und Fall des Dritten Reiches«. Der Verfasser hat sich besonders auf General Halders Aufzeichnungen und die des Admirals Hermann Böhm gestützt. Admiral Böhms Aufzeichnungen befanden sich in Admirals Raeders Verteidigungsurkunden im Nürnberger Prozeß. Vgl. auch ADAP, VII, S. 167–170, und ADAP, VII, S. 467ff.
10 DBrFP, VII, Doc. No. 201, S. 163f.

11 *LJ*, Doc. No. 213, S. 296.
12 DBrFP, VII, Doc. No. 308, S. 249.
13 Gamelin, a.a.O., Bd. II, S. 448.
14 Ebenda, S. 445.
15 DBrFP, VII, Doc. No. 203, S. 166.
16 Hendersons Depesche vom 23. August, Britisches Blaubuch, S. 98–100.
17 Text von Hitlers Erklärung an Henderson, ADAP, VII, S. 233–235; siehe auch Henderson, a.a.O., S. 298f.
18 Coulondres Telegramm vom 25. August, *LJ*, Doc. No. 242, S. 312–314; siehe auch Coulondre, a.a.O., S. 287–289, und Paul Schmidt, a.a.O., S. 451f.
19 Bonnet, a.a.O., Bd. II, S. 319.
20 Paul Schmidt, a.a.O., S. 450f.
21 Text von Hitlers Brief an Mussolini, ADAP, VII, Dok. Nr. 266, S. 235.
22 Text von Mussolinis Brief an Hitler vom 25. August; Ebenda, Dok. Nr. 271, S. 239.
23 Keitels Zeugenaussage, TMWC, X, S. 514f.
24 NCA, VI, S. 977f., N. D. C–170.
25 DBrFP, VII, Doc. No. 244, S. 206.
26 Flandin, a.a.O., S. 283.
27 Ebenda, S. 317, Fußnote.
28 Gamelin, a.a.O., Bd. I, S. 41f.
29 ADAP, VII, Dok. Nr. 300, S. 257f.
30 DBrFP, VII, Doc. No. 305, S. 244f.
31 Lomenie, a.a.O., Bd. I, S. 116.
32 Pertinax, a.a.O., Bd. I, S. 131.
33 Ebenda, S. 130f.
34 André Maurois: *Tragedy in France,* S. 67.
35 Lazareff, *Munich,* a.a.O., Bd. I, S. 103.
36 Spears, a.a.O., Bd. I, S. 90f.
37 Lazareff, a.a.O., S. 104.
38 Clare Boothe: *Europe in the Spring,* S. 147, Fußnote.
39 Maurois, a.a.O., S. 147.
40 Lazareff, a.a.O., S. 104f.
41 Pertinax, *Les Fossoyeurs,* a.a.O., Bd. II, S. 37f.
42 ADAP, III, Dok. Nr. 244, S. 230.
43 Alfred Mallet, *Pierre Laval,* Bd. I, S. 135.
44 Zeugenaussage von Major Loustauneau-Lacou, Pétain-Prozeß, 30. Juli 1945, S. 355 bis 357, nach stenografischem Bericht.
45 Brieftext. Louis Noguères, *Le véritable procès du maréchal Pétain, Annexes,* S. 631–634.
46 Text von Daladiers Brief an Hitler, 26. August, *LJ*, Doc. No. 253, S. 321f. Französischer Text auch ADAP, VII, S. 276f.
47 Coulondres Depesche, *LJ,* Doc. No. 261, S. 328f.; siehe auch seine Memoiren, a.a.O., S. 290f.
48 Henderson, a.a.O., S. 305–307.
49 Coulondres Depeschen, 30. August, 2 Uhr morgens, 13 Uhr 30 nachm. *LJ,* Doc. No. 296, S. 352f., und No. 300, S. 367.
50 Kennards Depesche mit Bericht über Gespräch mit Beck, 29. August, DBrFP, VII, Doc. No. 482, S. 370f.
51 Zwei Depeschen von Halifax an Henderson, 30. August, DBrFP, VII, Doc. No. 504, S. 391; Doc. No. 538, S. 410.
52 Ribbentrops Zeugenaussage, TMWC, X, S. 275; Schmidts Aussage, ebenda, S. 196 bis 222; auch Schmidt, a.a.O., S. 456–460.
53 DBrFP, VII, Doc. No. 604, S. 449.
54 Bonnet, a.a.O., Bd. II, S. 335.

55 Monzie, a. a. O., S. 149, Fußnote. Er gibt als Quelle Jean Zay an.
56 Coulondre, a. a. O., S. 299, Fußnote.
57 Monzie, a. a. O., S. 148f.
58 Der deutsche Text von Hitlers Weisung in TMWC, XXXIV, S. 456–459. Auch in ADAP, VII, Dok. Nr. 493, S. 397f.

26 Der Ausbruch des Krieges 1. bis 3. September 1939

1 Reynaud, *Cur,* a. a. O., S. 334.
2 Telegramm von Noël, 1. September, *LJ,* Doc. No. 343, S. 388f.
3 DBrFP, VII, Doc. No. 749, S. 530f.
4 Ebenda, Doc. No. 704, S. 503.
5 *LJ*, Doc. No. 345, S. 390.
6 Bonnet selbst liefert diesen Meinungsaustausch, a. a. O., Bd. II, S. 353.
7 DBrFP, VII, Doc. No. 718, S. 514.
8 Reynaud, *Cur*, a. a. O., S. 336.
9 DBrFP, VII, Doc. No. 699, S. 501. Das Absendedatum ist fälschlich als 1. September angegeben.
10 Gamelin, a. a. O., Bd. II, S. 456.
11 Text in ADAP, VII, Dok. Nr. 535, S. 424f.
12 *LJ*, S. 431.
13 Obgleich Bonnet feststellt, Halifax habe ihn angerufen, besagt das britische Protokoll, daß es Cadogan war, DBrFP, Doc. No. 718, S. 513f. Bonnets Notiz über das Gespräch befindet sich in *LJ*, S. 431, und sein Bericht in seinen Memoiren, a. a. O., Bd. II, S. 358.
14 *The Ciano Diaries,* 1939–1943, S. 136f.
15 Reynaud, *Cur,* a. a. O., S. 32.
16 Lebrun, a. a. O., S. 32.
17 Zitiert von Bonnefous, a. a. O., Bd. VII, S. 108f., aus Benoist-Méchin: *Histoire de l'armée allemande,* VI.
18 Beau de Lomenie: *La Mort de la troisième république,* S. 136.
19 DBrFP, VII, Doc. No. 718, S. 513f.
20 Bonnet, a. a. O., S. 358f.
21 DBrFP, VII, Doc. No. 727, S. 518.
22 Monzie, a. a. O., S. 157, S. 512.
23 DBrFP, VII, Doc. No. 740, S. 524f.
24 Das britische Protokoll über das Telefongespräch Halifax-Bonnet findet sich in DBrFP, Doc. No. 741, S. 525f. Bonnets Bericht steht in seinen Memoiren, a. a. O., S. 362f.
25 Bonnet, a. a. O., Bd. II, S. 364.
26 *The Ciano Diaries,* a. a. O., S. 137.
27 ADAP, VII, Dok. Nr. 538, S. 426.
28 Bonnet gibt den Text in seinen Memoiren, a. a. O., Bd. II, S. 366. Der Text in *LJ,* Doc. No. 365, S. 411, enthält die Frist 17 Uhr 30 nachmittags, 3. September, die erst in letzter Minute eingefügt wurde.
29 Paul Schmidt, a. a. O., S. 464. Auch seine Zeugenaussage in Nürnberg, TMWC, X, S. 200f.
30 Coulondres Telegramm, das seine letzte Begegnung mit Ribbentrop beschreibt, befindet sich in *LJ*, Doc. No. 367, S. 412f. Er berichtet darüber auch in seinen Memoiren, a. a. O., S. 314. Der deutsche Bericht, ein Memorandum von Schmidt, findet sich in ADAP, VII, Dok. Nr. 563, S. 533f.; Weizsäckers Bericht über den Empfang Coulondres im selben Band, Dok. Nr. 562, S. 532. Der Botschafter erwähnt ihn kurz in seinen Memoiren, a. a. O., S. 313.

31 Gamelin, a.a.O., Bd. II, S. 457.
32 Bonnefous, a.a.O., Bd. VII, S. 114.
33 Monzie, a.a.O., S. 150.
34 Flandin, a.a.O., S. 336–339.
35 Loménie, *Mort,* a.a.O., S. 128f.
36 Bonnefous, a.a.O., Bd. VII, S. 114.